中国陶瓷史の研究

亀井明德

六一書房

中国陶瓷史の研究

目　次

例　言

はじめに …………………………………………………………………………………………………… 3

Ⅰ　南北朝青瓷の展開と白釉陶瓷の創造 ……………………………………………………………… 5
1. 南北朝期貼花文青瓷の研究 ………………………………………………………………………… 7
2. 北朝−隋・初唐期罐，瓶の編年的研究 …………………………………………………………… 51
3. 武寧王陵随葬青瓷杯再考 …………………………………………………………………………… 79
4. 北朝・隋代における白釉，白瓷碗・杯の追跡 …………………………………………………… 90

Ⅱ　隋唐白釉陶瓷の推移と三彩陶の形式 ……………………………………………………………… 117
1. 隋唐期竜耳瓶の形式と年代 ………………………………………………………………………… 119
2. 隋唐期陶范成形による陶瓷器 ……………………………………………………………………… 147
3. 隋唐水注・浄瓶・罐の形式と編年 ………………………………………………………………… 172
4. 隋唐弁口瓶・鳳首瓶・銀瓶の形式と年代 ………………………………………………………… 186
5. 隋唐扁壺の系譜と形式 ……………………………………………………………………………… 203
6. 三彩陶枕と筐形品の形式と用途 …………………………………………………………………… 221
7. 隋・唐・奈良期における香炉の研究 ……………………………………………………………… 242
8. 日本出土唐代鉛釉陶の研究 ………………………………………………………………………… 268
9. 渤海三彩陶の実像 …………………………………………………………………………………… 338

Ⅲ　唐宋代青瓷の系譜と編年 …………………………………………………………………………… 355
1. 越州窯と竜泉窯−転換期の青瓷窯 ………………………………………………………………… 357
2. 唐代玉璧高台の出現と消滅時期の考察 …………………………………………………………… 364
3. 唐代の「秘色」瓷の実像 …………………………………………………………………………… 405
4. 続・日本出土の越州窯陶瓷の諸問題 ……………………………………………………………… 417
5. 竜泉窯青瓷創焼時期の具体像 ……………………………………………………………………… 434
6. 元豊三年銘青瓷をめぐる諸問題 …………………………………………………………………… 444
7. 12世紀竜泉窯青瓷の映像 …………………………………………………………………………… 453
8. 北宋早期景徳鎮窯白瓷器の研究 …………………………………………………………………… 476
9. 日本出土の吉州窯陶器について …………………………………………………………………… 496
10. 中国東北部出土の陶瓷器 ………………………………………………………………………… 515

中国陶瓷史文献目録－東晋から宋代　524
挿図出典一覧　540
論文初出一覧　561
あとがき　563

例　言

1. 本文中の（　）内に引用文献の略称，引用頁等を記載し，その詳細は「中国陶瓷史文献目録」項と一致している。なお，「文物参考資料」および「考古通迅」は，発行年にかかわらず，それぞれ「文物」，「考古」と表記した。
2. 引用した各写真，図面（fig., pl.）の下に出典を略記し，「挿図出典一覧」の項で詳細を記した。著者が撮影した写真は自撮と表記した。
3. 本書においては，博物館等の正式名称を慣用的な用例にしたがい略記している。日本，中国では，東京国立博物館を東博，大阪市立東洋陶磁美術館を大阪東洋，陝西歴史博物館を陝西歴博，中国社会科学院考古研究所を社考研のようにしている。欧米については，ASM. =Ashmolean Museum and University Galleries, BM. = British Museum, PDF. =Percival David Foundation of Chinese Art, V&A. =Victoria and Albert Museum, 等であり，欧米のその他の略称は，「中国陶瓷史文献目録」の末尾に掲載した。
4. 各論文中の外国語要約の翻訳については，英文：Richard Wilson（ICU.），コリア文：金成洙（専修大学），中国文：方伸（翻訳家），ロシア文：垣内あと（翻訳家）の作成にかかる。
5. 本文中の敬称は原則として省略した。

Researches in Chinese Ceramic History

Kamei, Akinori
Professor Emeritus, Senshu University

Contents

Explanatory notes
Introduction

I. Development of Celadon in the Northern and Southern Dynasties and the Creation of White Ware
   1. Celadon Decorated with Applied Ornaments in the Northern and Southern Dynasties
   2. Chronological Research on Jar and Vase Forms from the Northern Dynasties, Sui, and Early Tang
   3. Research on the Celadon Bowls from the Tomb of King Muryeong
   4. The Early Development of White Ware: Focusing on the Bowl Form from the Northern Dynasties and the Sui Dynasty

II. Transition in Sui and Tang White Ware and Style of Tang Sancai
   1. Style and Chronology of Sui and Tang Vases with Dragon-Shaped Handles
   2. Mold-Made Ceramics of the Sui and Tang Dynasties
   3. Style and Chronology of Sui and Tang Ewers, Vases and Jars
   4. Style and Chronology of the Sui and Tang Petal-Mouth Vase, Phoenix-Head Vase and Silver Vase
   5. Lineage and Style of Sui and Tang Pilgrim Flasks
   6. Style and Function of Three-Color Ware Pillows and Box-Shaped Objects
   7. Research on Incense Burners from the Sui, Tang and Nara Periods
   8. Research on Tang Lead-Glazed Wares Discovered in Japan
   9. The True Picture of Bohai Three-Color Ware

III. Lineage and Chronology of Tang and Song Celadons
   1. Yue and Longquan Kilns: The Celadon Kiln in Transition
   2. Inquiry into the Origins and Decline of the "Bi"Disc Shaped Foot Ring in the Tang Dynasty
   3. The Term *Mi Ce Ci* Mentioned in Japanese Historical Documents
   4. Problems Surrounding Yue Wares Excavated in Japan (sequel)
   5. Definitive Picture of Longquan Celadon in its Incipient Period
   6. Various Problems Concerning Celadon Inscribed "Third Year of the Yuanfeng Era"
   7. Picture of the Longquan Ware Celadon in the 12th Century
   8. Research on White Ware of the Jingdezhen Kilns in the Early Northern Song Dynasty
   9. Concerning the Jizhou Wares Excavated in Japan
   10. Ceramics Excavated in Northeast China

Documentary Resources on Chinese Ceramics: Eastern Jin through Song
List of Figures
Initial Publication Citations
Afterword

中国陶瓷史の研究

亀 井 明 德

はじめに

　本書は，南北朝後半から，隋・唐・五代・宋にいたる，おおよそ700年間の中国陶瓷史に関する考古学的研究である。この間，おのおのの時代において中心的位置を占めている陶瓷があり，南北朝では豊かな装飾性をもつ青瓷，隋代では白釉・白瓷があらたに創出され，盛唐代には三彩陶が随葬品として様々な形姿を造り出している。ついで晩唐から北宋代においては青瓷として越州窯と竜泉窯が主流となり，江南地域を中心にして大量に生産され，景徳鎮窯に代表される青白瓷がくわわり，民需に応え，さらには外銷（貿易）品として，わが国はもとより，アジア全域からアフリカ東海岸に輸出されている。宋代においては，北の磁州窯，南の竜泉窯が隆盛をきわめ，周辺地域に類似製品を生み出していた。

　広大な中国の各地で生産された陶瓷を，おしなべて概説的に論述することを避けて，各時代において主導的役割を担っていたと考える陶瓷に視点をしぼり，それらを個別に詳述し，その総体として，この間の中国陶瓷史を叙述することが本書の目的である。

　著者は，すでに1986年に『日本貿易陶磁史の研究』（同朋舎出版），2009年に『元代青花白瓷研究』（亜州古陶瓷学会）を公にし，本書の刊行によって南北朝から元代までの間において，鍵をにぎると考えている陶瓷について，連続的なものとして理解を進めることができたと確信する。

　これらの研究の基になったのは，中国窯跡の踏査，各国研究者との議論，大宰府・博多遺跡群の調査報告，古琉球グスク出土品の調査，福建省出土陶瓷の研究，モンゴル・カラコルム遺跡，フィリピン，マレーシア出土陶瓷研究，インドネシア・トローラン遺跡出土の青花瓷器の集成，さらに16ヶ月におよぶ欧州各地美術館所蔵品の調書作成，その他各地域での遺物調査である。これらのフィールドワークの多くは，国内外の各地で地道に研究を積み重ねている方々のご示教に基づくところが多く，私はそれらを単に綴り合わせているに過ぎないのであろう。

　中国陶瓷史の全体構造は三角錐と考えている。最上段にきわめて僅かな官窯陶瓷，2段目には，それに準ずる優品が少数あり，それ以下の3段目は中国国内の民需に供する陶瓷，国外への外銷（貿易）陶瓷であり，この割合が圧倒的な量を占めている。各段の三角形は，北は黒竜江，南は広西・貴州，西は陝西に点在する生産窯とその製品，外銷陶瓷が及んだ東・東南アジアから東アフリカの範囲を表している。これに時間軸を組み合わせた三角錐の全体が中国陶瓷史研究であり，本書のめざしているものである。したがって，本書には貿易陶瓷史に関する論文も収録しているが，それは中国陶瓷史の一分野としてとらえている。

　今日，陶瓷研究に関する日々発見される情報を，個人の力で対応するには，有り余るエネルギーをもってしても不可能である。そこで求められている対応は，情報の早さや量ではなく，当該研究を推進するに値する正確で，詳細な資料をいかにして確保し，自家の薬籠に整理できるかにかかっている。

　良質な学問情報は，重く，硬く，長く，微視的である。軽薄で，啓蒙的で，入り易い情報は，それ自身，似而非情報の法被をまとい，しばしば不可知論的感想とオブスキュランティズムに陥る。陶瓷器そのものの細かい観察は，ゆたかな空間的広がりと，ふかい時間的奥行きをそなえ，細部にして細部にあらざるもの，つまり全体への志向と展望をたえず内にひめた性質をもっている。重箱の隅を突きつづけることによって，はじめて表出する現象の裏側に潜む発見が生まれ，わずかな前進が獲得できる。

さらに，知は刻一刻と古くなり，陳腐化し，誤謬だらけとなる宿命を負っている。とりわけ陶瓷研究は，日々更新される発見にさらされ，時間とともに情報の劣化がおこり，これを放置すれば，安易にして軽薄な学問の縮小再生産をおこす。そのためには，絶えずそこに新しい情報を付加し，研究の総体を大きく，かつ深化させ，知の拡大再生産過程にしていかなければならないであろう。

　研究は，それが発表された瞬間から，他の研究によって打ち破られ，時代遅れとなることを，自ら欲するのであり，それは宿命ではなく，共通の目的でさえあるとする意見がある。それゆえに，つねに価値ある研究が更新され続けられることが求められている。しかしながら，そうした行為はほぼ不可能である。

　学問研究のpathosは，永遠に持続するという錯覚に人はしばしばとらわれる。学問研究はendlessであるが，情熱は，生命体と同じように，消えうせ，限定的な，あやふやなものである。生存の最も本質的な特性は，その猶予不可避性にある。

　本書が今後どのくらいの時間，その生命を保ち続けるのか，いささか悲観的であるが，現在の中国陶瓷史研究に多少の刺激を与えると確信している。

　　　　本書は，独立行政法人日本学術振興会平成25年度科学研究費助成事業（研究成果公開促
　　　進費）JSPS KAKENHI Grant Number 255109 の交付を受けた。

Ⅰ　南北朝青瓷の展開と白釉陶瓷の創造

1. 南北朝期貼花文青瓷の研究

はじめに

　本稿では，南北朝青瓷のなかで，モニュメンタルな作品として評価されている貼花文青瓷に焦点をあて，その出現の過程から，短期間に姿を消していく軌跡に迫ろうとするものである。

　ここでいう貼花文青瓷とは，以下に示す尊（瓶）形品を中心として，罐・壺・瓶などで，主として5から7世紀の製品を指している。

　これら尊に共通する特徴は，口頸部・胴部・脚（裾）部の3部分からなり，蓋を欠損しているものが多いが本来は蓮華文の蓋がついている。身には，2本紐を接合した4-6箇の環状縦系を肩に付け，装飾は，肉厚で，先端を反らせた複弁式蓮華文を密に貼付け，その他にパルメット・連珠文・蓮華文・獣面文などの貼付文をほどこしている。貼花文と刻花蓮弁文の組あわせと，貼花文のみのタイプがあり，いずれも華縟なまでに器面を隙間なく飾りたてている。青瓷釉は脚部までかけられ，平底は露胎のままであり，釉色は黄緑から青緑にわたり，釉溜まり箇所では青濁色から黒みを帯びている。胎土は，破面で観察できるものでは白灰色，露胎の表面では赤みのテリを帯びているものが多い[1]。

　青瓷貼花文罐（壺）も胎土および釉調は尊形品と共通し，尊と類似のデザインの貼花文があるが，刻花文は少ないようであり，また尊ほど貼花文を密に配列していない。この他に，貼花文の装飾をもつ同時期のものとしては，青瓷盤口瓶および鉛釉陶器も存在するので，これらにも触れておきたい。

　これら青瓷など貼花文装飾を有する陶瓷器は，明器としての属性をもっていることはあらためて言うまでもないことである。今日優れた作行をもつ陶瓷器として評価されていようと，製作時点においては，墳墓に随葬するための，いわば特殊な陶瓷器であり，日常的にこれらが使用されることはなかったであろう。この厳然たる事実から派生する属性を重く考えておきたい。これらは，人の死に対して冥界での安穏を祈る宗教儀礼に伴う随葬品であり，のちに南朝四百八十寺と詠われた当時の盛んな信仰からみても，これらに仏教的色彩が濃厚に看取できても不思議ではなく，あるいは当時の葬送思想がこれら陶瓷器に如実に具現されているとみられる。

　青瓷貼花文尊については，すでにいくつかの研究が発表されている（矢部良明1981, pp. 73-76, 謝明良 1994, pp. 1-37）。生産窯は依然として明確ではないが，北朝地域の産品とする論者が多いようであり，その

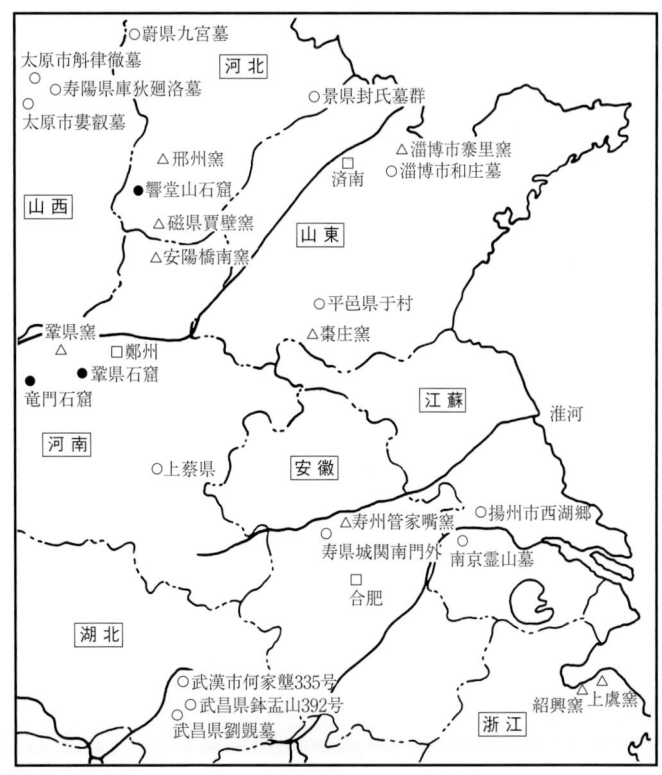

fig. 1　貼花文青瓷出土遺跡・窯跡

根拠は,河北・景県封氏墓から4点の青瓷貼花文尊が1948年に発見されたことに主に基づいている。しかし,その後,湖北省から類品3点があることがわかり,しかもその内の2点は封氏墓品と相似していることが,封氏墓発見直後から注意されていた (故宮博物院院刊 1958-1,馮先銘「略談北方青瓷」)。

さらに,南朝の都である建康(南京)麒麟門外霊山からも類似の青瓷貼花文尊が出土していることが判明し,南朝製品の可能性も否定しがたくなり,その産地の問題について再検討が必要とする意見も出されている[2]。しかし,これらに対しても若干の注意がはらわれているが,本格的な検討が加えられることもないようである。注意してみると,上記の湖南・武昌周辺をはじめ,河南,山東など北の地域からも類品が複数発見されており,各国の美術館の所蔵資料も散見されるので,これらを個別に検討して考察をすすめたい (fig. 1)。

また,後述するように封氏墓出土の青瓷貼花文尊の化学的分析も行なわれているので,これについても触れておきたい。青瓷貼花文尊を北朝の領域で生産されたものと考えるのは,結論として至当なものと思われるが,厳密な検討は必ずしも十分とは言えない感がするので,生産地についてはひとまず白紙として,再検討をこころみたい。

この貼花文青瓷をめぐる問題は,これらの産地の同定の問題にとどまらず,6世紀代の多くの青瓷の生産窯の問題,南朝陶瓷器が北朝陶瓷器に与えた影響関係,青瓷と鉛釉陶器との関係,さらには出現期の白瓷と青瓷の関係などを,一連の,連続性をもった流れとして理解する上の起点の位置を占めていると考える。したがって,その意味で,南北朝から隋・初唐の陶瓷器の推移を理解する上で,モニュメンタルな資料といえる。

1. 封氏墓と湖北墓出土品の異同点

さて,これらの問題に取り組むにあたって,可能な限り陶瓷器資料のみの比較検討を基本におき,被葬者など関連する歴史的状況については既に紹介されているので,最小限にとどめ割愛したい。まず,封氏墓出土の青瓷貼花文尊を基準資料として,これとの比較で論を展開していきたい。なぜならば,この資料が青瓷貼花文尊の,ほとんど唯一のまとまった,かつ紀年銘共伴資料であるからである。

(1) 封氏墓群・南京霊山墓の出土品
河北・景県十八乱塚 封祖氏墓(中興元年・531)および封子絵墓(河清4年・565)出土の青瓷貼花文尊
　　張季「河北景県封氏墓群調査記」考古 1957-3, pp. 28-37

封祖氏墓および封子絵墓から各2点,計4点の青瓷貼花文尊が出土し,現在,故宮博物院2点,旧中国歴史博物館(現中国国家博物館)と河北省文物保護中心に各1点が保管されている。これらと別に化学分析試料として頸部の小破片がある (旧中国歴史博物館保管カ)。

発見されたのが1948年であり,出土品と個々の墓との所属関係が判然とせず,青瓷貼花文尊については,中国側の文献もすべて封氏墓群等出土としており,封「子絵」墓とは記載していない。4点の形態は,基本的にはよく似ており,被葬者は特定できないが,これらが封子絵墓埋葬年以前の製作であるという点では立論に支障は生じないので,従来からこれらを565年ころの作品として取り扱ってきた。しかし,『北斉書』子絵伝の記載等を検討すると,祖氏は子絵の実母にあたり,中興元年末ないし中興初(531-532)に死没し,533年ごろに造墓されている[3]。このことは,封氏墓群の青瓷貼花文尊の製作年代が両者の葬年の間にある蓋然性があり,後述の湖北地域出土の尊が著しく年代的に先行するものではないという,重要な事実を提供することになる。

以下実見した範囲内で，保管研究機関別に施文などの異同点をのべる。

① 封氏墓群出土　青瓷貼花文尊　中国歴史博物館保管　総高69.8cm，口径19.4cm　（pl. 1-1）
　『中国美術全集』工芸美術編1，no. 228，1991，『中国歴史博物館』中国の博物館，no. 10，講談社1982，以上封氏墓出土と表記。『世界陶磁全集』10，no. 101 小学館，1982，および今井敦『青磁』no. 14 平凡社，1997ではこれを封子絵墓出土としている。

　蓋の中心の正方形の鈕は，上面を4から5本の刻線によって碁盤目状につくり，その周囲を高肉の8葉の単弁蓮華文で囲み，各弁は鋭い鎬をいれ，先端を反らし，間弁を挟んでいる。その外周に複弁10弁の蓮華文をめぐらし，各弁先が周縁でつよく立ち上がるように反り，小型の間弁を挟んでいるため，その側面観は大小の鋸歯文を並立したようにみえる。発掘報告書では，有蓋2点とあり，現在本品と河北省文物保護中心品がそれに該当する。この蓋は，武定5 (547) 年の河北・茹茹公主墓出土の青瓷罐（文物1984-4，図版5-3），河北・呉橋県小馬廠東魏墓（河北文物1980，no. 311）に類似例がみられ，このタイプの蓋の年代は6世紀前半まで遡りうる[(4)]。

fig. 2. pl. 1-1 青瓷貼花文尊頸部，封氏墓群

　やや細身の頸部の3箇所に突帯文を貼り付け，下の2段には貼花文をいれ，口沿に近い最上段の突帯文には半円形の2つの紐環を付けている。上の狭い2段は素文であるが，3段目の蓮華文は，中央の花芯珠文の周囲に半円形の印花文で花弁の内側輪郭線を表わし，9-11花弁文をつくり，頸部6箇所に貼付している。その下に3本の突帯文を挟んで4段目は，6箇の獣面を貼付している。各々が6箇の縦系をはむ形で，系の直上の左右に目を印花丸文で表わし，眉間の位置に珠文を，その左右にかぎ型の角を，そして上縁に4箇の三角形文をそれぞれ表現している（fig. 2）。一見複雑怪異であるが，後述の南京麒麟門外例とモチーフは同じである。

　肩から高肉で子弁も大きな複弁蓮華文を，2段にわたって密着させて貼付し，胴中位の主文ともいうべき俯蓮文は，先端を尖らせ，かつ強く反らせ，鋭く，厳しく刻み出されている。各々の弁の輪郭線は定規を用いてきっちりと限られ，その中央の1本が尖頭形の間弁に結ばれ，表面にはアカンサス形の花綵文（菩提樹葉文）を垂下させている。これらの刻花蓮華文は，開花直後の蓮の花のもつ清新さを表現するかのごとく，器体の中心で大きく裾を広げ，この意匠の初期製作者のみがもちうる力強い創造性が表現されている。のちのアシュモレアン美術館蔵などの尊が，この刻花文を略することによって卵形胴の優美さを獲得すると同時に，初期製品のもつ雄渾さを失っていることと対照的であることに注意を払っておきたい[(5)]。

　腰部は2段仰蓮の貼花文で，先端を鈍く三角に突起させて蓮弁の反りを表現している。脚部には，胴部下半と同形の細身の刻花蓮弁文を2段に重ね，その下に無文の台が共通して付けられている意匠のもつ意味も注意しておきたい。

② 封氏墓群出土　青瓷貼花文尊　故宮博物院保管　高55.8，口径15.5，底径17.8cm　（pl. 1-2）
　李知宴『中国陶磁史』1981，no. 20，中国外文出版社＋美乃美，1981，『故宮博物院展』図録，no. 41，1982，李輝柄編『故宮博物院蔵文物珍品全集—晋唐瓷器』no. 57　商務印書館，1996

　3本の突帯文で頸部を2分し，各段に6箇ずつの貼花文を配する。上段の文様は判然としないが，2種類あり，1つは上半には小葉1枚を中心として4枚の葉，下半にも太く短い幹の周囲に葉文が看取でき，菩提

10　I　南北朝青瓷の展開と白釉陶瓷の創造

1. 封氏墓群出土, 旧中国歴史博物館（中美全集・1991）, 2. 封氏墓群出土, 故宮博物院（李輝柄編 1996）, 3. 封氏墓群出土（故宮博物院 1996）, 4. 封氏墓群出土, 河北省文物保護中心（出土陶瓷器 3）, 5. 南京市麒麟門外霊山墓, 南京市博（中美全集・1991）, 6. 湖北・武昌県鉢盂山 392 号墓（出土陶瓷器 13）, 7. 湖北・武昌県何家大湾・劉覬墓（中美全集・1991）, 8 武漢市武昌区南朝墓 M335,（大分市歴 1990）, 9. 伝河南・上蔡県（香港芸術館 1997）

pl. 1.　青瓷貼花文尊

樹文であろうか。他の1は飛天文であり，地文に雲文が刻まれている。下段も2種類であり，1つは判然としないが獣面文であり，他の1は双竜が中央の蓮の未開の蕾をはみ，尾を丸めた団竜文の形姿であり，竜の頸部や蓮蕾に細かい線が表現されている（fig. 3a）。貼花文外の地の部分は上下段ともに線刻の半円弧形文がみられ，簡素な雲文を表現しているのであろう。口沿の大部分は後補のようであるが，これにも小型の環状系がのこり，6箇の縦系が肩に付けられており，蓋の緊縛のための環であろう。

fig. 3a, b. 青瓷貼花文尊，pl. 1-2の肩・脚部　封氏墓群

　胴部は複弁蓮華文の貼付，その下はアカンサス花綵文を貼付した刻花蓮弁文と，他例と同じ形態であるが，刻花蓮弁文間の直線は南京例および旧中国歴史博物館例と異なり，1本の線刻文であり，脚部も同じ表現である。胴部下半の貼付仰蓮弁文も形状は他と同じであるが，本品のみ単弁を2段ではなく，1段に配列している（fig. 3b）。すべて点において，①-4の河北省文物保護中心蔵品と類似している。

③封氏墓群出土　青瓷貼花文尊　故宮博物院保管　高 66.5cm，口径 19.2，底径 20.6cm　（pl. 1-3）
『故宮蔵瓷選集』1962，『世界陶磁全集』10, no. 248, 小学館, 1982，李輝柄編『故宮博物院蔵文物珍品全集—晋唐瓷器』no. 57　商務印書館, 1996

　頸部は2本の突帯文で3段に分け，各々に貼花文をめぐらしている。上段は飛天文6箇を貼付し，天女が飛翔し，衣が翻る様を表現し，地文の線刻半円弧文は雲の表現である。この飛天文の図像は南京出土品と類似している。中段の花文は，旧中国歴博保管品と同じであり，同笵の可能性もあるほど類似している。下段は鬼面が6箇の系をはむ一種の鋪首形につくり，意匠は旧中国歴博のそれとは異なるが，南京出土品と同巧である。
　南京出土品との相似性は胴部以下のすべてについて指摘できる。貼花複弁蓮華文の形

fig. 4a, b. pl. 1-3の頸部，肩部

12　I　南北朝青瓷の展開と白釉陶瓷の創造

状，中間に3本の直線をいれる刻花蓮弁文とその間弁のつくり，花綵文の形態，腰部分の2段構成の貼花蓮弁文，そして裾部分の刻花蓮弁文の雕刻のすべてについて，本品は南京出土品ときわめて類似しており，同一窯の，同一陶工の作とさえ見なせる。蓋は付いていない（fig. 4a, b）。

④封氏墓群出土　青瓷貼花文尊　河北省文物保護中心保管　総高61.2，身高54.4，口径15，底径17，腹径173cm（pl. 1-4）

『河北省出土文物選集』301図，1980，文物出版社，『中国文物精華大辞典』p. 211，上海辞書出版社，1995，『河北省博物館文物精品集』1999, no. 55，河北省博物館，『中国出土陶瓷器全集3　河北』科学出版社，2008, no. 10

fig. 5. pl. 1-4 蓋・頸部

故宮博物院蔵の②と施文および法量など全ての点できわめて類似しているが，本品には蓋がのこり，旧中国歴史博物館品の蓋と同巧の側面観をもち，格子文の方形紐の周囲に単弁10弁をめぐらせ，沿部には間弁をいれた10弁を立てている。身の口沿部はほぼ半周を欠損しているが，小型の紐環1が遺存している（fig. 5）。

突帯文で2分された頸部上段の文様は，菩提樹文と飛天文各2が貼付されている。下段は獣面文と団竜文が交互に貼付され，地文は上下段ともに線刻の半円弧形文がみられなど，すべての点において，前掲の故宮博物院品②と一致している。

胴部以下の貼花文も同じであり，2段の複弁蓮華文の貼付，その下はアカンサス花綵文を貼付した刻花蓮弁文であり，弁間も1本の線刻文であり，脚部も同じ表現である。胴部下半の貼付仰蓮弁文を1段に配列している点も共通し，表面が釉切のように赤褐色の胎土がみえる。なお，『河北省出土文物選集』には蓋は付いていない。

これら4件について，中国側のいずれの説明文も「封氏墓群」ないし「封子絵和祖氏墓」出土と表記しているので，封祖氏墓なのか封子絵墓なのかは明らかにし得ない。葬年の差は34年であり，これらを封氏墓例と略称して，以下類品の基準資料とし，問題となっている南京例などについてその異同点を考えてみよう。

⑤南京市麒麟門外霊山墓　青瓷有蓋貼花文尊　南京市博物館保管　通高79.0cm，口径21.5cm，底径20.8cm（pl. 1-5）

南京博物院編『江蘇六朝青瓷』no. 105，1980，文物出版社，『中国美術全集』工芸美術編1, no. 211，1991，上海人民美術出版社

この墓は1972年に南京市文物管理委員会によって発掘調査がおこなわれた大型南朝墓であり，一対の大型青瓷蓮華文尊が出土し，被葬者を天康元（566）年6月に葬られた陳文帝陳に当てる説がある[6]。

蓋は刻みの入れられた角形の鈕の周りに，胴部上半と同形態の肉盛りの豊かな複弁蓮華文を2段にめぐらし，周縁までのばして強く反り返らせ，間弁を挟み込むことによって，大小の山形（鋸歯）文を交互に配列して連続文のような装飾を刻んでいる（fig. 6a）。この特徴的な蓋については，上記のように旧中国歴史博物館蔵品などと類似している。さらに河北省磁県・茹茹墓出土の青瓷罐の蓋と類似し（文物1984-4，図版5-3），その葬年は武帝8（550）年であり，この蓋は封氏墓群と接近している形式といえる。

広がる口沿の直下に小さな紐環を付け，頸部は，突帯文により3分され，各々に貼付文が装飾されている。

fig. 6a, b. pl. 1-5, 蓋, 頸部

上段は飛天文であり，衣を翻す天女6体が貼付されている。中段には走駆する6頭の熊と説明されているが，とりあえず走駆獣文としておこう。下段には辟邪であろうか獣面6体が6系をはむ鋪首形につくる。これら各段の地には半円弧状の篦文が空間を埋めている（fig. 6b）。頸部の文様構成は，前述したように封氏墓出土の故宮博物院保管品③と，中段以外はきわめて類似している。

　胴部へは段を付けて接続し，上半は複弁に型押しされた蓮華文大小を2段に貼付し，胴の中位には先端を大きく反らし，パルメット文を貼付した蓮弁文を鋭い刀で浮き彫りにし，弁間中心の直線が間弁にのびる。胴部下半には型作りの単弁形式の仰蓮弁を2段に貼付し，先端を反らし，脚部には胴中位と同じく細身の蓮弁文を裾広がり状に鋭利に力強く，大小2段に刻み，その下に無文の台をめぐらしている。

　胴部のつくりの全てが故宮博物院保管の封氏墓出土品③と同一と見なしてもよく，全体としても頸部中段の貼付文1箇所を除いて極めて似ており，これらを同一窯の産品であることを否定することは難しい。

　すなわち，問題となっていた南京例は，封氏墓例，とりわけ③との相違点を見つけだすことは不可能であり，同一窯の産品の可能性がきわめて強いと言わざるを得ない。この場合，両墓の位置が南朝と北朝の異なる領域という政治的な意味あいや，文物の移動という流通状況を意識的に排除して，単純に出土品を比較したとき，このように結論できる。

　この南京例を，文帝陳蒨永寧陵に比定する説（566年葬）をとると，奇しくも封子絵の葬年と1年違いで，ほぼ同年に随葬されたと考えることができる。これを否定して，墓の構造が普通2（521）年に類似している考えや蓋の装飾形式を勘案すると，533年頃に埋葬された封祖氏墓に近い6世紀前半代の可能性もあり，その結論は総合的に考察して後述したい。ところが，これらをさらに朔上する可能性がある資料が湖北・武昌例である。

（2）湖北省武漢周辺の出土例

⑥湖北・武昌県鉢盂山392号墓出土　青瓷貼花文尊　湖北省博物館保管
現在高43.7，口径12.0，底径14.4cm（pl. 1-6）

　湖北省文物管理処「湖北地区古墓葬的主要特点」考古1959-11，図版6-2，『新中国出土文物』no. 128，1972，『湖北省博物館』no. 171，中国の博物館6，1989，講談社・文物出版社，『中国出土陶瓷器全集13　湖北』科学出版社，2008，no. 52

　これは1956年に南朝墓から発見されたが，詳細な報告はない。蓋は，円座の上にのる方形鈕の周囲に，肉厚の蓮弁文を重弁状にめぐらし，周縁

fig. 7. pl. 1-6 脚部

14　Ⅰ　南北朝青瓷の展開と白釉陶瓷の創造

は弁先が反転しているので他例と同様に鋸歯文にみえているが，この箇所は後補が多い。頸部も上半はすべて欠損しており，その文様，口沿直下の環状系の有無，長さも不明である。頸部下半では，左右に各2枚のパネル状に付けられた型造りの獣面が肩の系をはみ，その間には飛天文が貼付されている。

　肩に付けられた系は，獣面に向い合う位置に2箇，その間に1箇，計6箇あるが，これらは発掘時点では欠損しており，付根部分を除いてすべて後補である。胴部に型作りの複弁蓮弁文が2段にわたり隙間なく貼付されているが，封氏墓例にみる蓮弁文にくらべて肉薄であり弁内の子葉が少し短く小型である。3段目には上と形状を異にする刻花蓮弁文の上に型作り花綵文を貼付し，間弁も鋭く刻み出し，その形は小形の三角形で封氏墓例の長方形とは異なる。胴部の下半の腰の部分には幅広で丸みをもち，先端に反りを表現した貼花仰蓮弁文と，上向きの花綵文を間弁として印花で配置している。印花と貼花の2種類の花綵文が共伴している例であり，本品以外で印花文の例はみられない。脚部には細身の蓮弁文を浮き彫りにし，その上にも同一の印花文を並捺する。

　本品は，封氏墓例と比較すると，身高が10cmほど小形であるが，全体の文様構成，蓋の形態および個々の貼付文・刻花文の配置は基本的に同じである。細部の形状についてみれば，貼花・刻花の蓮弁文および花蘂文の形状，球形に近い胴部の形状などが異なっている。なによりも異なる点は，腰部の蓮弁文の間に印花花綵文を多用することであり，この意匠技法は，湖北省北部にある湘陰（岳州）窯において，南朝から隋・唐にかけて用いられている（周世栄 1988, pp. 89-97，考古学報 1959-1, pp. 75-97，文物 1978-1, pp. 69-81）。窯跡からはこうした特殊な器形である類似の青瓷尊は発見されていないが，本品の生産窯の可能性があり，少なくとも封氏墓品とは産地を異にしていると考える。武昌地区には，湘陰窯よりも南に離れる長沙銅官窯製品の出土例も多く，物流が古くから行われている（考古 1989-12, pp. 1126-1132）。これを封氏墓例などに影響を与えた祖形とみるのか，あるいは封氏墓例と同じ窯の古式の産品であると考えるのかによって，問題はより一層複雑に，広がりをもってくるわけであり，この認識の相違が論の一つの分岐点である。

⑦湖北・武昌県何家大湾193号・劉覬墓出土　永明3（485）年買地券　青瓷貼花文尊　中国国家博物館保管　総高 32.8，口径 12.2，腹径 21.1，底径 11.8cm　（pl. 1-7）

湖北省文物工作隊「武漢地区1956年－至8月古墓葬発掘概況」文物 1957-1（図1），湖北博物館「武漢地区四座南朝紀年墓」考古 1965-4（図版 3-3），『中国美術全集』工芸美術1，227図，1991

　この尊は墓室甬道の入口から他の随葬品（青瓷壺3，小碗9，三足硯1他）とともに発見された。この墓は盗掘を被っているので，本品が対をなしていたか否かは不明である。

　装飾は刻花・劃花であり，貼花技法は用いられていない。子母口形につくられた蓋の頂部の円座上に，蓮子形につくる方形鈕が刻まれ，5弁の複弁蓮華文がこれをめぐり，間弁ともに弁先に軽く反りをいれている。身は頸部，卵形の胴部と脚部からなり，平底である。2本の突帯文で分けられた頸部の上段には，⑥の鉢盂山例の脚部蓮弁文と同形の剣頭形の仰蓮弁10が刻まれ，口沿に小型の半環状（紐環）の横系2がつけられている。この系の用途は理解しにくいが，封氏墓例などにもつき，常にその垂直の位置に肩部の系がある。突帯文の下には半パルメッ

fig. 8a. 青瓷刻花蓮弁文長頸瓶，南京宋家梗

ト唐草文を刻んでい
る。2連の6系をつけ
た肩から胴の中位まで
は単弁12弁の刻花文
をめぐらし，表面に篦
で溝をつけ，先端はか
るく反らせ，間弁は鋭
く稜をだして削ってい
る。

この形態の弁は，南
朝青瓷にしばしば例が
あり，貴州・平壩出土

fig. 8b. 青瓷罐，江蘇・泰州市蘇北電廠

fig. 8c. 青瓷劃花巻草文壺，故宮博物院

の青瓷蓮華文罐（新中国 1972, no. 131）をあげておきたい。胴の下半以下は，特徴的な劃花線刻唐草文と，片切彫りの幅広の9弁の仰蓮弁文は，湖州青瓷罐に多用される意匠であり，脚部分には篦による溝をいれ反花の表現であろうか。破損後補の箇所はないようである。釉薬はムラがあり，厚い部分は緑色，薄い箇所は黄色であり，涙痕もみられる。本品を湖北地区の窯の産品とする意見がある[8]。この劉覬墓品は，頸部に刻花された蓮弁文の形態が，武昌鉢盂山例に通ずるものがあるが，貼付文がないこと，刻花文・劃花文を用いること等，異なる要素が多く，封氏墓例との直接的な共通点は見出し難い。

これらの青瓷に共通する特徴として，胴部の上下に刻花ないし劃花による蓮弁文を並列し，その間に線刻唐草文を配置することにある。青瓷尊に限らず，斎から梁の時期の，南京（建康）を中心として周辺地域を含めた墳墓などから，罐・瓶などがかなり普遍的にみられる。これと同巧のモチーフをもつ例として，南京宋家㘵から出土した青瓷蓮華文瓶（頸部欠損，残高29.7cm）は，胴部上半は刻花蓮弁文，中位に劃花唐草文，下半刻花単弁蓮華文であり，南朝青瓷の特徴をもっている（fig. 8a, 南京博物院 1980, 第107図）。類例は，上海博物館蔵品や，揚州の東にある江蘇・泰州市蘇北電機廠窯蔵出土の青瓷罐（fig. 8b, 文物 1996-11, pp. 35-38），さらに刻花蓮弁文を上下にはさみ劃花巻草文を胴部の中位に配する青瓷壺がある（fig. 8c, 故宮博物院，器高 21.5cm，中美全集 1991, 218図）。これらは南朝地域窯の産品と考えられ，長江流域の湖南・湖北・安徽などが想定できるが，窯跡出土品との同定は未だ不明である[9]。

⑧武漢市武昌区何家䂨南朝墓（M335） 青瓷貼花文尊 武漢市
博物館保管 高 30.9，口径 12.8，底径 13.8cm

「武漢地区出土的三件瓷器」文物 1993-2, p. 93, 大分市歴史資料館『中国武漢文物展』no. 26, 1990[10]，(pl. 1-8)

1979年に出土しているが，墓誌や共伴品など不明である。口沿下の対称の位置に小型の無孔紐環をつけ，頸部は2本連接の突帯文を挟んで，上段には貼花神獣文と，線刻5弁花の周囲にアカンサス形文を押印し，下段には神獣文を貼り付ける。肩の6箇の縦系の間に，劃花俯蓮文を，その下に唐草文を線刻でめぐらしている。中位の刻花蓮弁文は，弁間に線をいれて間弁に結び，鋭く削り出す弁先など封氏墓に例がみられる手法であ

fig. 9. pl. 1-8 頸部

るが，弁中にアカンサス形文は貼付していない。下半部は線刻の唐草文と単仰蓮文をいれ，裾にも同様な刻花俯蓮弁文で飾っている。釉薬は黄色の青瓷釉とみられ，口頸部にのこるが，全体に剥落部分が多い（fig. 9）。

本品は，上記湖北の2例に類似する部分と，封氏墓例に共通する要素をみせる興味ふかい尊である。胴部中位と脚部下半の刻花蓮弁文は，湖北例にはみられず，封氏墓例にあり，脚部上半部の劃花蓮弁文は，⑦の劉覬墓例の同位置の手法であり，頸部下段の貼付文は，⑥の鉢盂山392号墓にみられる。2箇所の線刻唐草文は，やはり劉覬墓例のほぼ同位置に施文され，江南青瓷にしばしば見られるが，封氏墓例など華北に少ない手法である。封氏墓例と湖北例の両者の装飾を併せもつ特徴を有しているが，小型品である。

⑨伝河南・上蔡県出土　青瓷貼花文六系尊　旧中国歴史博物館保管　高49.5，腹径31，口径16.6，頸高13.5　足高8.8，底径16.3cm　（pl. 1-9）

楊文和他「青瓷蓮花尊」文物1983-11, p. 86　香港芸術館1997『国寶－中国歴史文物精華展』no. 79, 香港芸術館

河南省南部から出土したと伝えられる尊である。蓋の一部と口沿を欠損し，他は全形をのこしている。碁盤目をいれた方形鈕のまわりに蓮弁文を配し，端部に間弁をいれて三角形に反転させる。頸部は3本の弦文で中位を2分し，上段には2つの飛天文を対面に貼付し，大小の印花蓮華文と地は線刻雲文であり，これは南京例，故宮博物院蔵の封氏墓例とモチーフは類似しているが，印花文技法の有無は異なる。下段は，飛天文から少しずらした位置に，光背をもち交脚の座した仏像を向い合せて1単位として，対面に貼付する。仏像の両側には4弁花をしたがえた蓮華文を印花でいれ，封氏墓例ではみられない技法をつかっている。

肩には15の複式の仰蓮弁文を2段に配しているが，封氏墓例などと比較して，弁先に強い反りをつくり，弁に丸みがあり，子葉も少し短く，むしろ⑥の武昌県鉢盂山392号墓に近い。2段目の弁間から垂下されたパルメット（菩提樹葉）文は封氏墓例などと同巧である。胴中位は刻花蓮弁文であるが，封氏墓例のように直線的な側線で長方形につくるのではなく，先端から3分の1附近から丸みをもち，これも上記の鉢盂山例に近い形状である。胴下半部は13箇の単蓮弁を貼花しているが，その上部には劃花文で間弁をいれた蓮弁を表現している。脚部は類例がなく，通常は長手の蓮弁文を1ないし2段に刻むところを，非常に短い11箇の蓮弁文を鋭い間弁を挟んでめぐらしている。

釉薬は，透明感のつよい青緑色で釉溜まり部分は深緑の玻璃質の青瓷釉であり，灰褐色の胎土となじみ，脱釉現象はなく，平底の底部附近は露胎で茶色である。

fig. 10. pl. 1-9 口頸部

（3）封氏墓・南京梁墓・武漢周辺墓品の異同点

これら例示した青瓷貼花文尊について，次の2点を指摘しておきたい。まず第1に，南京市麒麟門外霊山出土品（pl. 1-5）は，封氏墓群出土の故宮博物院蔵の内の1点（pl. 1-3）と極めて類似している。相違する部分は，頸部中段の貼付文のみであり，南京品が走駆獣文であるのに対して，故宮博物院品は蓮華文であり，頸部の他の2段は飛天文と獣面文であり，文様の細部は一致していないが，類似意匠である。胴部および脚部の装飾，法量は同一と表現できる。この故宮博物院品に蓋がないが，旧中国歴史博物館品の蓋と比較すると細部では南京品とは異なる。封氏墓品も細かく観察すると微妙な相違があるが，故宮博物院品（pl. 1-3）

と南京博物院品（pl. 1-5）は，非常に似ており，同一工房の，同一時期の製品と想定でき，これらを以下「封氏墓例」と表記する[11]。

　第2に，封氏墓例と，湖北省出土品とは次の点で相違している。最大の相違点はその法量にあり，封氏墓および南京墓例が総高60cmをこえ，80cmに達するのに対して，湖北例は総高33cmから43cmと半分の高さに過ぎない。両者を並置したとき，貼花文のもつ立体的力強さとあいまって，その造形力の相違は歴然としている。仮に封氏墓例が，紀年銘共伴資料が先行する湖北例の影響を受けたとしても，この相違は，別の，新たな創造性をもった造形品と考えたほうがよい。細かい異同点をみると，湖北例では，頸部や胴部に線刻唐草文をめぐらし，印花文を多用しているが，封氏墓例にはこうした技法はみられない。胴部の貼花蓮弁文の形態が異なり，劃花蓮弁文は封氏墓例にはない。印花文が鉢盂山392号墓や武昌区何家壟墓（M335）に使用されているが，これも封氏墓例にはない。こうした相違点とともに，共通点もあり，突帯文によって分ける頸部，蓮弁文を主とする胴部と脚部の3部分から器形が構成され，貼花蓮弁文を主文として，獣面文などを頸部に貼付すること，口沿部に環状の小系をつけることなどである。相違点は湖北・湖南の5-6世紀青瓷に共通してみられる要素であり，逆に華北青瓷にはみられない技法である。これらを以下「湖北例」と表示する。

2．卵形尊と貼花文罐形品の共通点

　上記の9点の尊と類似しているが，細部をみると相違している要素を多く含んでいるのが，アシュモレアン，ネルソン各美術館蔵の2点であり，全体の形姿が卵形胴である。

（1）青瓷卵形胴貼花文尊

⑩青瓷蓮弁文四系尊　アシュモレアン美術館（no. 1956.964）　現存高38.3cm　イングラム旧蔵品　脚部の全てと系の一部欠損。(pl. 2-1)，Mary Tregear"Catalogue of Chinese Greenware, Ashmolean Museum, Oxford, 1976

　破面でみると，胎土は灰白色であり，かなり硬く焼締まり，全体は暗黄緑色の透明釉で細かい氷裂文がみられ，突帯文附近などの釉溜まり部分は黒みの強い緑色に呈発している。頸・肩・胴の下半部の3箇所に突帯文をめぐらし，この部分で接合しているのであろう。突帯文で2分された頸部の上半には，小型の間弁を

fig. 11a, b, c. pl. 2-1の頸部，胴部，腰部

18　I　南北朝青瓷の展開と白釉陶瓷の創造

1. アシュモレアン美術館, 2. ネルソンギャラリー・アトキンス美術館（東博 1994）, 3. 山東・淄博市淄川区和荘村石室墓（出土陶瓷6）, 4. ハーグ・ゲメンテ美術館,（Beatrice Jansen1976）, 5. 東京国立博物館（東博1994）, 6. 安徽寿県城関南門（安徽省博物館編2002）, 7.（『京都国立博物館蔵品図版目録』1987）, 8. 故宮博物院（李輝柄編1996）, 9. フリードリッヒ・M・メイヤー旧蔵（Oriental Ceramic Society 1971）, 10. 山東・平邑県于村（呂常凌編1996）

pl. 2. 青瓷貼花文尊・貼花文罐.

挟む 8 単弁文の周囲に珠文をめぐらす 24 箇の蓮華文につくり[12]，弁先をわずかに反らせ，中心の円形の蓮房上には蓮子の表現が観察できる。このような小型の弁の造形にも時代を反映した共通の形態がみられる。その下には中心に長円形，周囲に 8 箇の珠文をいれた連珠文を貼付する。頸部の下半は，中心に 3 葉の蓮弁に支えられた宝珠形の子房をおき，左右をパルメット文で包む蓮蕾形宝華文である。この鮮明な単位文を系の間から覗かせるごとく 4 箇貼付している (fig. 11b)。封氏墓および湖北例に共通してみられた口沿直下に付けられていた紐環がここには貼付されていないことに注意しておきたい。

卵形の胴部には 2 段にわたり 8 弁から構成される蓮弁文を配置し，その高肉で，先端部を反転する複弁蓮華文の個々の形態は封氏墓出土品などとほぼ類似している。ただしここでは蓮弁の基部に，蓮肉を表現していると見られる櫛文と綾杉文が型押しされている点が相違しており，同一施文がネルソン・アトキンス品にみられ，両者は同笵かと疑われるほど蓮弁の形状がよく似ている。さらに，封氏墓例との相違点は，蓮弁文の密集度にあり，下段の弁間から連珠文 4 箇を紐状の綬にして，パルメット文を垂下させる，この文様を挿入することにより，華やかさを一層増していると同時に，蓮弁文を重畳した封氏墓例の緊張感は失われている。このパルメット文は，封氏墓例などに類似形は認められるが，葉文の数は左右各 2 箇に減少し，輪郭線内も埋める形態に変化している。垂下文の間には頸部上半と同笵の蓮華文を貼付する (fig. 11a)。

胴部下半で目につくのは仰蓮弁の上に貼付された 8 箇の渦巻き形につくる回転蓮華文である (fig. 11c)[13]。この文様はネルソン品と共通しているが，他の青瓷貼花文尊には類例は無く，唐三彩の貼付文，例えば東京国立博物館蔵三彩貼花文竜系瓶 (TG647) や大阪東洋陶磁美術館蔵の三彩貼花文壺 (ACC. 10211) の宝相華文の中心飾り文は，形状を少し異にするが類似文様といえる。脚部はすべて後補 (写真赤線で表示) である。

⑪青瓷蓮弁文四系尊　ネルソンギャラリー・アトキンス美術館 (40-3/3)　高 52.1 cm　(pl. 2-2)

R. E. Taggart "Handbook of the Collections in the William Rockhill Nelson Gallery of Art and Atkins Museum of Fine Arts" vol. Ⅱ, p. 79, Kansas City, 1973, Nelson Atkins Museum of Arts web site, 2011, 東京国立博物館『中国の陶磁展』図録 no. 96, 1994

釉調はアシュモレアン品と似ており，釉溜まりは黒緑色である。露胎となっている脚部下半はいわゆるテリとみられる赤茶色に発色している (fig. 12b)。胴部中位に刻花蓮弁文がないために，全体が卵形の器形を呈するのは，アシュモレアン品などと共通し，さらに貼付文もそれと類似している部分が多いので，異なる点を中心に述べる。

口頸部はかなり欠損し後補部分が多いが，上半には茎で囲まれたなかに貼花文がみられるが，ほとんどは後補であり，残存部分から推定すると，後述の東京国立博物館保管個人蔵の青瓷五系罐の胴部に貼付されている二連の蓮華文に近い形態かとみられる (pl. 2-5)。突帯文を挟んで頸部下半に 4 箇の獣面文が各々の系の上部に貼付されている。この貼付文の間には扇形 3

fig. 12a, b. pl. 2-2 の胴部，脚部

枚を重ねたような文様と、三角形3枚を重ねたいずれも樹木とみられる文様とが交互に貼付されており、これらはいずれも沙羅双樹を表現しているのであろう。胴部の下半にも同一笵型の文様を貼付しているが交互ではなく、扇形文は3ヶ所だけで、あとは沙羅双樹文である。

卵形胴の上下2ヶ所にみられる綬に垂下するパルメット文は、アシュモレアン品と同一形態ではあるが、紐帯が珠文を列ねる表現から簡素な竹管文の印花に変化している（fig. 12a）。この点をのぞくと、胴部下半から脚部にかけては回転蓮華文（螺旋文）を含めて、両者は類似し、共通した要素が多く認められが、同時に封氏墓例と比較したとき、刻花蓮弁文を欠いていることは大きな相違である。この差異は、つぎの出土例によって一層裏付される。

⑫青瓷小形四系尊2件　山西・太原市沙金村斛律徹墓　山西省考古研究所　高18.2, 口径6.7, 底径6.2, 腹径8.4cm, 開皇17（597）年葬（fig. 13a, b）

山西省考古研究所他「太原隋斛律徹墓清理簡報」文物 1992-10, p. 12, 図30・31

アシュモレアン、ネルソン例と同形の青瓷尊であるが、蓋が無いとはいえ、それらの3分の1位の小形品であり、また破損部分が多い（fig. 13b）。突帯文を挟んだ頸部の上下の位置に貼付文があるようであるが、残念ながら報告では判然としない。肩に1段の俯蓮とその弁間から棗椰子束文を垂下している。しかし、ここにみられる蓮弁の形態は基部が細くな

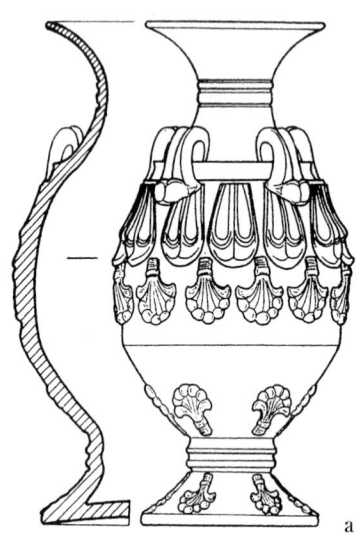

fig. 13a. 青瓷貼花文尊　　fig. 13b. 太原市沙金村斛律墓（文物 1992-10）

り、後述の鉛釉陶器の貼花蓮弁文に近く、アシュモレアン、ネルソンさらには封氏墓品などとは形状をやや異にしている。棗椰子束文は胴部下半と脚部にもみられ、これは褐（鉛）釉貼花瓶（世界陶磁1976, 図1）に類似例があり、そこでは肩と胴下半に横列に貼付している。

この墓は、磚築単室墓であり、被盗を免れていたが、長期にわたり水浸されていた。随葬品は328件で、陶俑が多くを占め、青瓷尊など4, 白瓷杯1が検出されている。出土した2件のうち実測図のない別の胴部には巻葉文などが貼付されているようである（fig. 13b）。器形は卵形胴に頸部と脚部を接合し、底部は平底である。アシュモレアン・ネルソンの類似形式の尊であるが、それらよりも一層文様の簡便化と小型化がみられるが、隋代の紀年銘を伴う点において重要な資料といえる。なお本品は白瓷坏などとともに遺体がおさめられた木棺上の胸の位置から一対として出土しており、こうした青瓷貼花文尊が随葬品のなかで占める位置と数量を示唆している。

⑬青瓷貼花蓮華文尊　山東・溜博市溜川区竜泉公社和荘村　北斉石室墓　溜博中国陶瓷館保管　器高59cm 口径13.1, 底径16cm（pl. 2-3）

溜博市博物館他「溜博和荘北朝墓葬出土青釉蓮華瓷尊」文物 1984-12, pp. 64-67, 『山東省文物展』no. 88, 朝日新聞社, 1986, 『山東文物精萃』no. 66, 山東美術出版社, 1996, 『出土陶瓷 - 山東』no. 35, 2008

黄色みをおびる青色の釉薬が全体にかけられ，釉溜まり箇所では黒茶色を呈し，脚部附近などでは白いカセた表面をみせ，鉛釉の疑いもあるが，報告の通り「青釉瓷」としておきたい。蓋は，転用された素焼碗が口内で発見されている。頸部は8本の沈圏線をめぐらしているが，この部分には貼花文はなく，また口沿に紐状環は付けられていない。胴部との接合部に縄目文帯を細くめぐらし，アシュモレアン，ネルソン例の蓮弁基部のそれと同巧の意匠であり，卵形胴の形態も共通している。

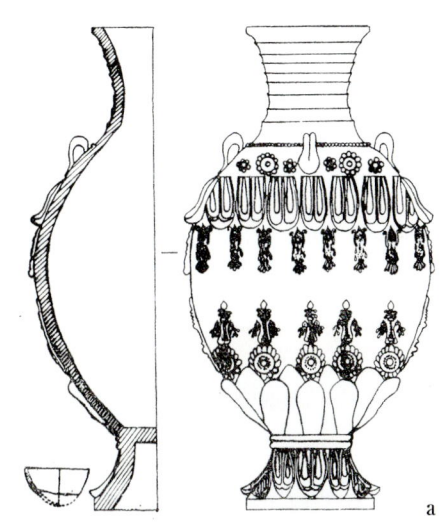

fig. 14a, b. pl. 2-3 の実測図，胴部

肩に複式環状の四系を付け，その間に大1小2の蓮華文を単位として貼付しているが，アシュモレアン例の頸部の施文に近い。その下の1段の複弁蓮華文は，わずかに基部を細くするが21弁で構成され，古式の様式をのこしている。胴部中位に2段で構成される貼花文のうち，上段は21箇で，蓮蕾形宝華文と棗椰子束文を連結させた複合文である。前者はアシュモレアン例の頸部にあり，宝珠を蓮弁座の上にのせ，蕨手状の曲線で包む形をとる。後者の棗椰子束文は後掲する⑮(pl. 2-5)の青瓷罐の肩部の文様が似ている。下段は，ネルソン例の胴下半部にみられ綬の意匠と類似し，パルメット文を連珠文帯で結び，さらに蓮華文と接合させ10箇をめぐらしており，これも宝華文であろう。腰部分には単弁俯蓮弁文を2段11箇貼付して返花形につくる。封氏墓例などの仰蓮弁は先端部を反転させているが，それはここでは見られないが，高肉であり，脚部は2本の隆圏線の下に肩部と同形の蓮弁文11を貼付しており，ネルソン例と同巧である (fig. 12b)。本品は，この発見地と9キロの地にある寨里窯の製品と完全に一致しているとする見解がある（山東文物2002, p.172）。本品は旧稿では鉛釉陶としたが，実見により青瓷釉に変更する。

太原市斛律徹墓の青瓷小形尊を含めたこれら卵形胴の4点に共通する装飾の特徴は，刻花文技法が姿を消し，貼花文のみによって器面が覆われている点が，封氏墓例との大きな相違点である。他に封氏墓例にみられない綬や沙羅双樹文のような貼花文意匠の出現，口沿下の紐状環の消失などを指摘でき，一群の封氏墓例とアシュモレアン例との間には型式的な前後関係が想定できるようである。隋の595年の紀年銘をもつ斛律徹墓例をあわせて考えるとき，これらは，封氏墓例および湖北例よりも後出と考えられ，北朝末の6世紀第4四半期から隋代前半の7世紀初めの時代を想定する。同じように見えるけれども，細部を点検するとこれら4点との相違は明確であり，形式的に先後関係を看取できよう。このタイプを「アシュモレアン例」と表記する。

（2）青瓷貼花・刻花文罐

ところが，これらの青瓷貼花文尊は貼花文装飾の罐形品の特徴と，装飾技法，意匠において共通するものが認められるので，次にそれらに資料の範囲を広げていきたい。

⑭ハーグ・ゲメンテ美術館（no. OCVO-78-30）　青瓷貼花文四系罐　高25cm，胴径23.5cm　(pl. 2-4)

22　Ⅰ　南北朝青瓷の展開と白釉陶瓷の創造

Beatrice Jansen "Chinese ceramiek" Haags Gemeentemuseum 1976

　短い立ち上がりの口沿部をもち，球形胴の四系罐である。釉は内面のほとんどと，外面は腰まで施され，暗い黄緑色を呈し，釉溜まりでは黒色に近い緑色に呈発している。露胎部分は，茶褐色に発色し，やや粗い胎土であり，口唇部分の釉剥落箇所においても胎土は赤褐色である。平底の中心部分をわずかに凹め，底の接地面には黒色の炭化物などのクッツキが斑点状に固着しているが，越窯青瓷にみられる焼成痕は認められない。

　器体には上下２本の突帯文をめぐらし，肩には２本組み紐による４系の間に，間弁をはさみ，先端の尖っ

fig. 15a, b. pl. 2-4 の肩部，胴部

た５弁の複弁蓮華文を貼付し（fig. 15a），これは麦積山石窟第 123 号脇侍の宝冠中央に６弁花ではあるが類似の蓮華文がみられる（中美全集 1988, no. 124）。

　胴部に貼付された文様は３種類であり，豊かな花綵状のパルメット文６を垂下させているが，これはアシュモレアン，ネルソン品に貼付されているものとモチーフを一にする。パルメット文の間に２種類の組み合わせ文がみられる。その上部はいわゆる対葉文であり，中心の珠文からパルメット文を四辺形にのばし，ここでは下辺だけに葉文をのこす（fig. 15b）。本来は四葉文とパルメット文との組み合わせ文様とみられ，太和 17 − 景明 3（493-502）年間の開鑿と考えられている竜門石窟の古陽洞南壁第Ⅲ層第１第２龕間にこの原形をみる。さらに，三彩貼花文鳳首瓶の胴部（ワニエック旧蔵，世界陶磁 1975, no. 117）にほぼ近似した意匠をみる。

　青瓷貼花文尊・罐と唐三彩陶の貼花文との間に，厳密な意味での文様の類似性は多くないが，上記アシュモレアン例の回転蓮華文とともに，本品の貼花文は，年代的にはこれらの三彩陶と連続した時間内に位置していると考えられる。唐三彩陶の出現時期については別に触れるところであり，南北朝・隋・初唐の陶瓷器がどのような形で継承され，あるいは断絶をみせるのか，このこと自体が興味深い課題である（本書Ⅱ-2，補注）。この対葉文の下に続くのは団蓮文であり，１＋６の中房から間弁を大きく表現した６弁文で，これも先端を尖らせた弁形であり，周縁に 12 の珠文をめぐらす（fig. 15b）。これら貼花文の意匠は，封氏墓例との共通点はみられない。

⑮　青瓷貼花蓮華文五系罐　高 24.1，口径 10.5，底径 10.5cm（pl. 2-5）
東京国立博物館 1994『中国の陶磁展』図録 no. 94，個人蔵

　ハーグ品とほぼ同じ法量の罐である。釉薬は下方の突帯文の位置まで掛けられ，それ以下はきっちりと箆けずりで露胎にしていること，釉溜まりが空色に発色している点が特徴的である。器表面はすこし赤みを帯びた褐色であるが，破面は灰白色であり，平底の周囲に沿って焼成時の砂が付着している。

　貼花装飾は胴部に唐草で２連の蓮華文を連結させる。蓮の開花・蕾・葉などを型造りで鮮明に表現してお

fig. 16a, b. pl. 2-5 の肩部，胴部

り，ネルソン尊の頸部の貼花文に類似している（fig. 16b）。肩の 5 箇の系の付根の蓮華文は，小さな蓮子を竹管文で印花し，反りをもつ蓮弁文を周囲にまわしている。系の中間の貼付文も珠文ではなく蓮弁文であり，中房から棗椰子束文をのばして結んでいる（fig. 16a）。この棗椰子束文は淄博市寨里窯址出土破片と類似しているようである（後述）。また，青瓷三系瓶（器高 20.4cm，個人蔵，佐藤雅彦 1977，佐藤はこれを棗椰子の花薬を束ねた意匠と表現している）は器形を異にするが，その肩に同様な貼花文があり，系の付根の蓮華文も相似している。さらに棗椰子束文のみを貼付する簡素な装飾の四系罐を例示する（fig. 16c，東京大学考古学教室，c-778，器高 11.5cm）。

fig. 16c. 青瓷貼花棗椰子束文四系罐，東大考古学教室

⑯安徽・寿県城関南門外出土，青瓷貼花文八系罐　高 22.3，腹径 21.8，底径 9.5cm　（pl. 2-6）

『安徽省博物館』no. 48，中国の博物館第 2 期 5，1988，蘇希聖・李瑞鵬「安徽寿県出土的両件隋陶瓷器」文物 1990-2，p. 93，安徽省博物館編 2002『安徽省博物館蔵瓷』no. 19，文物出版社，『出土陶瓷 - 安徽』no. 42，2008，科学出版社

罐形品でパルメット文などを貼付することは，上記のハーグ品などと共通するが，胎土・釉調は異なっているようにみえる。氷裂文のある釉は暗緑黄色の透明で，白褐色の胎土となじみが悪いようである。

肩には角形の横系と 2 本紐組みの縦系が交互につけられているのは大きな特徴である。系下に簡化した蓮華文，系間には斛律徹墓例にみられた棗椰子束文を貼付している。胴部の中位にはやや間隔の狭い突帯文をめぐらし，走駆する四足獣の間に蓮華文を挟み込んでいる。下方の突帯文の下には 2 種の貼付文がみられ，1 つは珠文から垂下するパルメット文であり，封氏墓品と同じく内くぼみの輪郭線を明瞭につくる形態である。先端が 3 分して独鈷形を呈している（fig. 17）。アシュモレアン・ネルソン例の胴部垂下文がこれに類似している。他の 1 つは，蓮華文とパルメット文を組み合わせた蓮蕾形宝華文であ

fig. 17. pl. 2-6 の胴部

り，類例はアシュモリアン品の頸部にみられるが，左右のパルメットが蕨手状にのびて変形している（fig. 11b）。

胴部裾は，横方向に篦削りされた胎土がみえ，大小の幅を違えて釉薬が垂れ下がっている。並列して貼付

24　I　南北朝青瓷の展開と白釉陶瓷の創造

されたパルメット文の1つが下にずり落ちているものがあり，貼付が不安定のようである。このように他の青瓷貼花文尊と共通性は認められ，個々の貼花文にも力はあるが技術的にやや雅拙の感は否めない。本品は寿州窯早期の産品とみなされ，南北朝の領域の接点に近い地域の製品である点は興味ふかい。

　この罐と類似しているのが次にしめす資料である。

⑰青瓷貼花文四系罐　京都国立博物館蔵（G甲210）　高19.7，口径9.5，底径9.0cm　（pl. 2-7）

『京都国立博物館蔵品図版目録』no. 25，1987

　寿州県出土品と同一窯の産品と推測できる特徴を有している。二本組

fig. 18. pl. 2-7の底部

の環状四系，付根には上記罐と同じく蓮華文を貼付し，その間に舌を出す鬼面文を配している。突帯文にはさまれた胴中央部分には，複弁蓮弁文と獣面文＋パルメット文を10箇ずつ交互に貼る。前者の基部には，アシュモレアン，ネルソン例などにみられた縄目文をいれている。後者は，角をもつ獣面であり，口附近にパルメット文が接合されている。

　氷裂のある透明で黄緑色に呈発する釉薬がかけられ，腰部の釉薬が上記⑯と同様な特徴的な流れ方をしている。すなわち，ヘラ削りされた露胎の上を，大小不揃いながら間隔をあけて，釉薬が流れ落ちており，あたかも貼花文が剥落したように見えるが，その痕跡は認められない。この露胎部の直上に釉薬が淡茶色に変色している箇所がつねに見られる。胎土は表面が白黄色であり，かなり白く，平底の周囲には上から釉がたれて固着している（fig. 18）。

　この釉薬の垂下状態はこの種の罐に類例があるようで，ケルン東アジア美術館の目録記載の四系罐も下まで垂れていないが，同じような状態がみられる。これは肩に小型の蓮華文を，珠文帯ではさんで連続して貼付し，その下に俯蓮文を並べている（器高17.5cm, "Chinesische Keramik, Meisterwerke aus Privatsammlungen" no. 6, 1988）。

⑱青瓷貼花文四系罐　高17.7，口径9.6，底径9cm，故宮博物院蔵（pl. 2-8）

李輝柄編『故宮博物院蔵文物珍品全集－晋唐瓷器』no. 72，商務印書館，1996

　上記の⑯および⑰の罐と同様な釉調であり，かつ貼付文も共通している。球形胴で，短く直立する頸部，胴部に2本の突帯文をめぐらし，下半部は露胎で赤変する鉄分を含む胎土，平底におわる点など上記と同一窯の産品の可能性がある。胴部には3種類の貼花文がみられ，1つは寿県出土品にみられたと同形の蓮蕾形宝華文であり，ここでは上部を樹葉文形につくる。この間に，憤怒の獣面文と回転蓮華文（螺旋文）を貼付し，肩の四系の間にも螺旋文を付ける（fig. 19）。この螺旋文が既述のように，アシュモレアン，ネルソン品にあり，これらもまた本品と関連が出てくる。本品を安徽淮南（寿州）窯の産品と考えている。

⑲青瓷刻花蓮弁文蓋罐　フリードリッヒ・M・メイヤー旧蔵　器高34cm　（pl. 2-9）

Oriental Ceramic Society "The Ceramic Art of China" no. 32, London, 1971

　短く直立する口沿をもち，肩に付けられた2本紐組の系の間に，2箇を1組として並列する蓮華文と鬼面文を交互に貼付する。蓮華文は，中房は1＋6の蓮子，複弁8弁蓮華文であり，周沿に密に珠文をいれる。鬼面文は怒髪，憤怒の相であり，牙をむき出す口に環をいれる鋪首型に型押ししている（fig. 20a）。

胴部は太目の，定規を用いたような線で幅の広い長方形の蓮弁が刻まれ，弁先は短く反転して刻み出されている。こうした刻線で仕切り，蓮弁文を削り出す施文は，封氏墓尊の胴部に見られるものと，弁幅の広狭の相違はあるが，同巧といえる。蓮弁文の上沿にめぐる 2 列の綾杉文帯は，アシュモレアン，ネルソン例に単体としてみられる文様の連続形である。明瞭で整った 2 種類の貼付文とともに，硬調ながらも刻花蓮弁文を施文していることは，上掲の罐と異なる特徴である。

下半部以下は露胎にし，後述の安陽窯などと同じく黄緑色の透明釉が部分的に垂れ下がり，胎土は灰色で赤みはなく，内くぼみの外底の周縁に焼成時の黒砂がわずかに付着しているが，越窯のような目跡は認められない。本品と胴部の刻花蓮弁文および綾杉文帯が類似し，貼花文がない四系罐が，山東省南部で江蘇省に近い棗庄市陳郝窯から発見されている（fig. 20b, 出土陶瓷 - 山東, no. 47, 2008, 文物編輯委員会 1984『中国古代窯址調査発掘報告集』p. 377, 棗庄市文管）。

⑳青瓷刻花蓮弁文四系罐　山東・平邑県于村出土　高 25.9, 口径 13, 底径 11.1cm, 平邑県文化館蔵（pl. 2-10）

呂常凌編『山東文物精粋』no. 69, 山東美術出版社, 1996

灰白色の細かい胎土に，黄色みを帯びた青瓷釉が胴部中位までかけられている罐であり，⑲と釉調・胎土ともによく似た同形品であり，胴部の刻花蓮弁文も共通している。系は 2 箇を 1 単位としたループ状の縦形であり，その間の貼付文は，5 葉の蓮弁に支えられた宝珠を，左右から半パルメット文で包み，頂部にもパルメット文をおいている。この文様はアシュモレアン卵形尊の蓮蕾形宝華文のモチーフにちかい。胴部には線刻により 8 弁に分け，先端を反転させた蓮弁文をめぐらし，各弁の中心に，綬から垂れ下がるパルメット文を印花文でいれる。この装飾文は，アシュモレアン，ネルソン尊の胴部にみられる貼花文と同様な意匠である。さらに白瓷弁口瓶にも，この文様は共通している（Cernuschi, 五島美術館品など，本書Ⅱ-4 参照）。

⑲・⑳の 2 つの罐が他の罐と異なり，胴部に貼花ではなく，刻花蓮弁文をめぐらしている点が，年代の先後関係を考えるとき意味をもってくる。この他に山東・泰安市博物館保管の青瓷貼花文罐（器高 21.4, 口径 11, 底径 9.5cm）は，角形 4 系で，棗椰子，花文を付け，棗里窯，棗庄窯産品の可能性がある（山東文物 2002, pp. 175-176）。

㉑-1 青瓷貼花文盤口壺　江蘇・揚州市西湖郷荷葉村王庄出土　器高 46, 口径 9.8cm　（pl. 3-1）

㉑-2 青瓷貼花蓮弁文鶏首壺　同上出土　器高 23, 口径 11.2cm（pl. 3-2）

揚州博物館・揚州文物商店編『揚州古陶瓷』文物出版社, 1996, 19・20 図

fig. 19. pl. 2-8 の胴部

fig. 20. a. pl. 2-9 の肩部, b. 青瓷貼花文角形 4 系罐, 山東・泰安市博物館（山東文物 2002）

両者ともに1972年に，同一遺跡から出土したとされているが，詳細の報告はない。ともに茶褐色の青瓷釉が胴下半部までかけられているが，胎土とのなじみが悪く，剥落している部分が多い。大型の盤口壺は（pl. 3-1），肩に角系と縦系を各4箇と系間に蓮弁文を貼り付け，2条の綾杉文突帯を胴部中位にめぐらし，その下に単弁8弁の蓮華文と同形の走駆鹿文各8箇を交互に貼付し，頸部にも同巧の蓮華文4箇をつける。胎土は灰色である。安徽・寿県出土（pl. 2-6）の青瓷罐の装飾のうち，胴部中位より上の貼花文に類似し，蓮華文と走駆獣文を互文にしている点，縦丸系と角系各4箇を相互に貼付する点が共通し，釉調も近い。

青瓷鶏首壺の特徴は（pl. 3-2），胴部をめぐる貼花蓮弁文にあり，先端を反らせた各弁の基部に不鮮明ながら珠文が横列しており，アシュモレアン例の蓮弁にかなり共通している。鶏首壺の胴部に刻花で蓮弁文を施す例は，567年山西・北斉韓裔墓（器高37.2cm，文物1975-4，5・6図-4），太原市北斉壁画墓（器高49.8cm，文物1990-12，7図）の，いずれも北斉期にある。韓裔墓例は，角形の4系をつけ，胴部に幅広の蓮弁を刻花文で表現している点がおきな相違であり，本例のように貼花文にするのはそれらよりも形式的に後出と考える。

これら盤口壺・鶏首壺ともに共通したモチーフであり，それがアシュモレアン例と共通した要素をもち，かつ釉薬・胎土・貼花文の意匠において寿州窯と考えられている青瓷罐と類似した部分がある。

(3) 青瓷罐の年代と卵形胴尊との接近

東魏・北斉から隋にいたる華北青瓷罐・瓶の形式は，胴部・系の形状，装飾文の相違などによって，大きく2分でき，その詳細については別稿で論じた（本書I-2参照）。そのうち刻花文を有するものについてみると，第1の類型は，上記の⑲・⑳の刻花蓮弁文罐2点である。胴部中位に，間弁をいれた幅広で，定規で刻線をひいた直線的な蓮弁を刻む特徴をもっている。刻花蓮弁文罐は，早くは武定5 (547) 年の河北・茹茹公主墓にみられるが（文物1984-4, 図版5-3）。輪郭に定規を用いることにより，やや硬化した蓮弁につくる本品などの類似例は，河南省の北斉の武平6 (575) 年の范粋墓出土の白釉罐（文物1972-1, p. 57）や，武平7 (576) 年の李雲墓出土の黄釉緑彩罐2件（考古1964-9, 図版10-3・5）にある。

しかしこれらは角系ないし角・丸系併置であり，⑲・⑳の丸縦系とは異なる。系の形は年代の指標となり，北周保定5 (583) 年の咸陽市王士良墓の青瓷刻花文罐（貝安志1992, 図版245）が丸縦4系であり，隋初を境として系の形態の変化を明証できる。刻花蓮弁文の装飾は，河北・崔昂墓（文物1973-11, 図版5-2）の年代を開皇8 (588) 年と考え，かつ西安・楡林の徳□□墓出土の罐がこの装飾の疑いがあり，これらを含めても590年代以降の資料は現在のところ見出せず，それ以前に盛行したと考えている。したがって，これら2点の罐は隋初，より限定すれば580年代の蓋然性がある。

系の形状に注目すると，㉑-2の鶏首壺は角系で，貼花蓮弁文であり，⑯の安徽・寿県出土罐，㉑-1の揚州出土盤口壺は角・丸系併置の形式をとり，これは576年の李雲墓とやはり588年の崔昂墓に例があり，紀年銘資料中にはそれ以降にはみられない。したがって，これら5点の青瓷は，遡っても北斉末の570年代から隋初の580年代までにおさまるであろう。さらに貼花文や印花文の意匠においても，アシュモレアン卵形尊に類似したモチーフがみられ，それと接近した時期の産品と想定できる。

第2の類型とするものは，⑭から⑱に例示した5件の貼花文罐であり，これらには共通する特徴として，胴部に間隔の広狭はあるが2本の突帯文をつけ，いずれも丸縦系であり，蓮弁文は貼花にし刻花文ではない。この特徴を共有する罐は，河南・武平7 (576) 年李雲墓出土の青瓷六系線刻文罐が初出とみられ（考古1964-9, 図版10），肩と胴部に貼花文ではなく，線刻文をいれる。隋代後半の資料は多く，大業4 (608) 年の李静訓墓（社考研1980, 図版18-5），大業7 (611) 年の西安田元徳墓（文物1957-8, p. 66），西安白鹿原の大業11 (615) 年の劉世恭墓（考古学報1956-3, p. 51），大業年間に合葬されたとみられている咸陽市底張湾14号墓（貝安志

1992, p. 145)，西安西郊隋唐墓 408，516 号，600 号（社考研 1965，図版 33・34）などを例示でき，隋代から一部は初唐期まで続いている。したがって，こうした突帯文を上下に貼付し，丸縦系を基本形とする球形胴の青瓷罐は，北斉末に初現し，刻花蓮弁文よりも後出であり，580-590 年代の紀年銘共伴資料はないが，形式としても継続するであろうし，青瓷盤口壺には同様な施文がみられ，隋代を通じてつくられている。初唐期の良好な資料を欠いているが，白瓷四系壺にみるように，すでに無文化が始まっており，この形式の青瓷罐は隋代におさまると考える。

器面の装飾については，封氏墓例にみられる刻花で，かつ蓮弁文を密接して配列することはここでは姿を消し，アシュモレアン尊例のように蓮弁文の間に花綵文を挟んでいる。花綵文を刻花蓮弁文の中心に貼付する封氏墓例に替って，⑯のように独立した形にして垂下させるのは，アシュモレアン例と一致する。蓮華文を系の基部や系間に多用することや，アシュモレアン品の頸部にみられる蓮蕾形宝華文の類似文様が，⑮・⑯・⑰にも見出せること，回転蓮華文（螺旋文）の存在も，アシュモレアン例に共通し，封氏墓例にはない特徴である。

上述したように，貼花文青瓷罐および壺をみると，2 形式に分けられるが，連続した時期であり，570 年代の後半からはじまり，少し幅をみれば隋代後半までの間におさまる。さらに，これら青瓷罐・壺とアシュモレアン例との貼花文意匠の類似性を看取でき，その年代観に示唆をあたえる。

3．貼花文青瓷と鉛釉陶器との関係

以上，青瓷貼花文尊および罐・瓶について考えを述べてきたが，これらとほぼ同時代に鉛釉陶器が華北の地に復活し，同様な貼花文をもつものが散見されている。この点はすでに指摘されているとおりであるが，そこに用いられている装飾文について，青瓷と鉛釉陶器との関係について考えておきたい。まず，主な資料は以下に掲げるとおりである。

（1）鉛釉貼花文尊

㉒黄釉貼花蓮華蓮弁文尊　山西・寿陽県賈家荘　庫狄廻洛墓出土　太寧 2（562）年　通高 39.7，口径 10cm　山西省博物館保管（pl. 3-3）

王克林「北斉庫狄廻洛墓」考古学報 1979-3, pp. 377-402, 図版 7-5，『中国美術全集・工芸美術編 1』no. 236，『出土陶瓷―山西』no. 10, 2008

この墓は，胡州貴族である庫狄廻洛・夫人・妾の合葬墓であり，盗掘を免れて随葬品は 300 余件あり，優れた塗金銅器 60，釉陶器 33 件などがある。黄釉貼花蓮華蓮弁文尊だけでも，形制が同じとされている 7 件があり，甬道から墓室に入った所の正面に横に並び置かれた黄釉盤 7 件の上に置かれている。この位置からみて，これら黄釉尊・盤が随葬品のなかで，純然たる凶明器として葬送儀式において主たる役割をもっていたことを示している。

吸水性のつよい白色の軟質の胎土に，淡黄色の低火度釉が底部をのぞいた全面にかけられた瓶形品である。蓋は僧帽形につくり，宝珠鈕，周沿は 5 箇所に単弁蓮華文を貼付し，その間に鋸歯文を刻ん

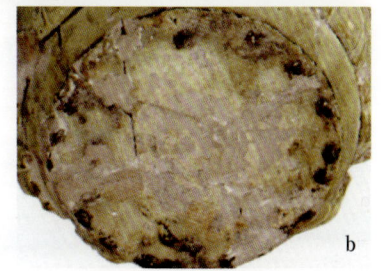

fig. 21a, b., pl. 3-3 の胴部上半，底部

28   I   南北朝青瓷の展開と白釉陶瓷の創造

でいる。蓋の甲は素文のようで，子母口につくる。

　頸部から胴部の全面に貼花文を横列し，頸部と裾は同一形の摩尼宝珠文で上下をしめる。この意匠は，菩薩像などの宝冠にみられ，白釉や緑釉博山炉の蓋などにあり—故宮博物院（李輝柄1996, no. 81），大和文華館（no. 961），ホノルルアカデミー美術館（世界陶磁11, no. 8）—より繊細な形であるが，本例はつくりがやや粗雑である。胴部は複弁蓮弁文を基本体として横列4段で構成し，初段は3箇の蓮弁文の間に単体を星形にする団蓮文（あるいは宝相華文）をはさむ。2段目は，蓋と同じ小型の蓮華文と，やや大ぶりの剣頭単弁蓮華文を交互に貼付する。3・4段目は蓮弁文だけであり，この蓮弁の形は基部を締めているため封氏墓例などのそれとは形状が異なる（fig. 21a）。

　本品は鉛釉であるので他の青瓷貼花文尊と異質な感がするが，それは器形や釉調にとどまらず，蓋のシャープさを欠く小型蓮華文のつくり，単体で貼り付けられている胴部の蓮弁文など，全体の文様配置に空間があり，そのために緊密感に欠け，青瓷品にみる重厚感とは異なる。露胎の底部の周沿に黒焦げ状になった焼成痕がみられる（fig. 21b）。

㉓黄釉貼花文灯　山西・太原市晋祠公社王郭村　婁叡墓出土　武平2（571）年葬　山西省考古研究所保管
（pl. 3-4, 3-5, 3-6）

　山西省考古研究所「太原市北齊婁叡墓発掘簡報」文物 1983-10, pp. 1-23, 山西省考古研究所・太原市文物考古研究所 2006『北斉東安王婁叡墓』文物出版社，北京

　婁叡は，北斉東安王であり，北斉の最高統治階層の一郭を構成していた重要な一員であった。その墓は，太原市南郊，汾河の西にあり，単室の磚郭構造で，墓道・甬道・墓室に彩色壁画が残っていた。被盗され，水没状態になっていたが，墓室内の東南隅に釉陶などが集中して遺存していた。遺存した随葬品は848件で，その内訳は鎮墓獣・武士俑など608件，鉛釉陶器は三彩盂1をはじめ76件である。この他に金銀器・玉器の多くは失われたとみられる。以下，貼花文を施された鉛釉陶について述べる。

　㉓-1および㉓-2．黄緑釉褐彩貼花文灯，通高50，灯盞径18，底径20，柄長28cm（pl. 3-4, pl. 3-5）
　㉓-3および㉓-4．黄緑釉褐彩貼花文灯，通高45.5，灯盞径17，底径19.5，柄長25.9cm（pl. 3-6, fig. 22a, b）

　大きさと柄の装飾がわずかに異なる2組の灯は，磚敷の棺床の隅付近から検出され，これらが原位置に近いとみると，木棺の脇に立てられていたと考える。灯盞・柄・座の3部分からなり，柄と座は連結してつくられ，灯盞は別につくり，柄に挿し込んでいる（fig. 22a, b）。高嶺土を使用し，柄には孔を焼成前に1ないし2を穿っている。釉の剥離箇所をみると，白色に近い軟質胎土で，器壁は厚く，型造り文様を貼付した後に削り調整をしている。全体に掛けられた釉は，灯盞の部位は緑黄色，柄の上半は濃く発色し，座の部位は淡黄色で薄く施釉されている。

fig. 22a, b., pl. 3-6 の灯盞部，脚部

1. 南北朝期貼花文青瓷の研究　29

㉓-1および㉓-2の装飾文をみると、灯盞は口沿に連珠文を密にめぐらし、腹部に摩尼宝珠を火炎で包み、その上部に小型の摩尼宝珠を新月文の上に付け、これらの間にパルメット文を、いずれも4箇所に均等に貼付し、全体を蓮弁文で支える意匠である。柄は中位近くに突帯をめぐらし、その上位に細長い蓮弁文を刻み、下位に線刻で綬を垂らして6組のパルメット文と摩尼宝珠を貼り付けている。覆蓮座は豊満な複弁蓮弁文であり、弁間に刻線で間弁を刻んでおり、その下に上沿と同じように連珠文を密にめぐらしている。

㉓-3（pl. 3-6）および㉓-4は、少し小さく、装飾もわずかに異なる。火炎摩尼宝珠文の両脇に葉文で包み、上端に新月文をのせた宝珠文をつけ、口沿の連珠文の上に貼付する。パルメット文も上掲品とは少し異なる意匠である。柄の意匠も異なり、中位の連珠文の上位に2種類の葉文を貼付し、刻線でも葉文をいれる。下位でも線刻葉文を上向きのパルメット文を貼付し、その下に蓮弁文を貼付し、円座をへて、上掲と同様な覆蓮座につくっている。この覆蓮座の意匠は封氏墓例に近く、共伴した石雕の礎石の蓮弁文と同じ形態である。

貼花文と刻花文の両方の技法を巧みに使い分けている点において、この種の鉛釉陶器のなかでは出色の装飾といえよう。パルメット文などアシュモレアン例と共通する意匠がみられるが、本例の方が力感がある。

㉓-5 黄釉鬼面貼花文瓶，高 23.5，腹径 26cm（pl. 3-8）
㉓-6 黄釉鬼面貼花文瓶，通高 39.8，腹径 28cm（pl. 3-9）

緑黄色の鉛釉がかけられ、貼花文など多少異なるが基本的に類似した壺である。有蓋の㉓-6は、宝珠紐の周りに肉盛のある蓮弁文を貼り付け、その外周に線刻で蓮弁文を、各々8弁いれる。身は、広口の口頸部、鼓腹の胴部と平底からなる。頸部は突帯文により二分され、上段には3箇の団竜文、下段は舌を長く延ばし、怒髪・憤怒の形相の鬼面文3が貼付されている。個々の文様は一致しないが、頸部のこうした貼付文の構成は青瓷尊形品と同じである。肩に太い段をつけて、鬼面鋪首と、中房が異常に大きく、青瓷尊の鈕座を思わせる単弁8弁の蓮華文を各々3箇貼付している。（pl. 3-9）このように個々の貼花文が大きく、異様な感じを与えるところは、青瓷貼花文罐と通じるところがある。邪悪をはらう明器としてみればかえって迫力のある図像構成であろうか。

蓋のない㉓-5は（pl. 3-8），頸部に3本の突帯をめぐらす他は装飾がなく、胴部に鬼面鋪首4を貼付しているが、上掲品とは意匠が異なる。これら貼花文瓶は、木棺に近い東側から並立して検出されている。

㉓-7 黄釉螭竜柄貼花文鶏首壺　高 48，腹径 23.5cm（pl. 3-7a）
㉓-8 黄釉螭竜柄貼花文鶏首壺

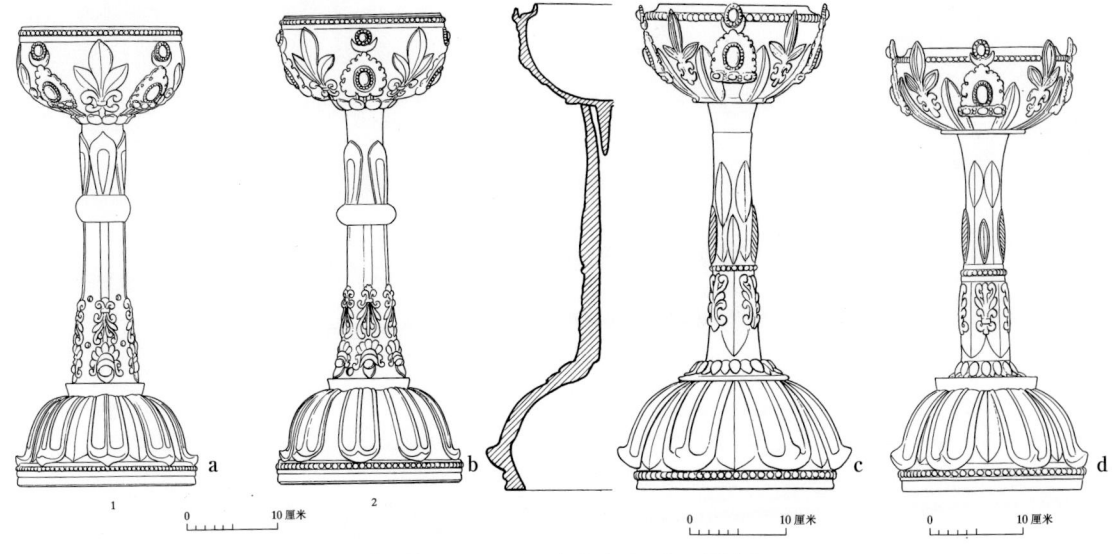

fig. 23a, b, c, d., pl. 3-4, 5, 6の実測図

30 I 南北朝青瓷の展開と白釉陶瓷の創造

1. 青瓷貼花文盤口壺, 揚州市西湖郷荷葉村王庄出土 (揚州博物館 1996), 2. 青瓷貼花蓮弁文鶏首壺, 同 (同), 3. 黄釉貼花蓮華蓮弁文尊, 山西寿陽県　庫狄廻洛墓 (『出土陶瓷5』), 4, 5, 6. 黄緑釉褐彩貼花文灯, 太原市婁叡墓 (山西省考古研究所他 2006), 7a, b, c. 黄釉螭竜柄貼花文鶏首壺, 太原婁叡墓 (同左), 8, 9. 黄釉鬼面貼花文瓶, 太原婁叡墓 (同左)

pl. 3. 鉛釉貼花文尊, 鶏首壺, 瓶, 灯

㉓-9 黄釉螭竜柄貼花文鶏首壺　高51，腹径24cm（pl. 3-7b. c）

㉓-10 黄釉螭竜柄貼花文鶏首壺

㉓-11 黄釉螭竜柄貼花文鶏首壺

　これら5点は類似しているが，胴部の線刻文，系などの意匠を異にしており，報告では2分している。盤口を鬣（立て髪）をつけた螭竜がはみ，鶏首を対面に付け，2本紐を合わせた柄をつけ，頸部には4本の圏線をいれる。胴部の装飾は，㉓-7（pl. 3-7a）と-8は，肩に一対の扁方形円孔のパネル計4箇を立て，その間の横系から，灯盞の脚部と同じ形の宝珠を包むパルメット文が垂下し，鶏首の下に鬼面文を貼付しており，胴中位まで線刻蓮弁文を刻み，中位の段に間弁を刻んでいる。胴の下半に類例の少ない4羽の展翅鳳文が同じく貼付され，平底でおわる。㉓-9（pl. 3-7b. c），-10，-11では，前後両面に，高肉8弁蓮華文からパルメット文を垂下させ，その両側にはパルメットの綬を垂下し，先端に宝珠をつけている。鶏首と把手の下にはパルメット文を配置している。胴中位に段を設け，その下には展翅鳳文を貼付し，腰をしぼる形につくる。全体に緑黄色の鉛釉がかけられるが，濃淡のむらがみられる。

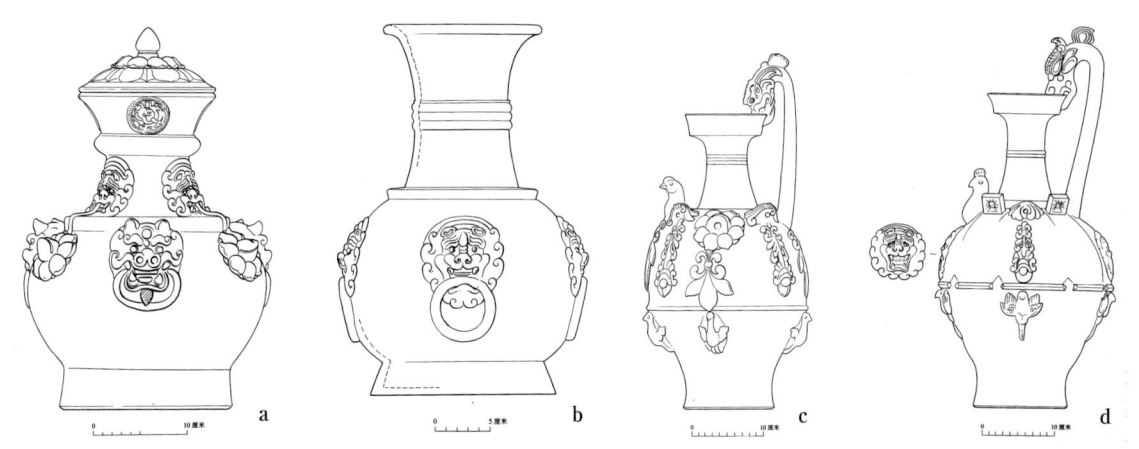

fig. 24. a. pl. 3-9, b. pl. 3-8, c. pl. 3-7b, d. pl. 3-7a の各実測図

　これらの5点は，上記の黄釉鬼面貼花文瓶2点に接した棺床隅付近からまとまって検出されていて，他の彩釉陶器や俑が墓室東南隅に置かれていたとは異なり，これらに対して，葬礼において特別な役割が付与されていたと推測する。封氏墓などの尊の出土状況については全く不明であるが，封氏墓では2対が随葬され，被葬者は封祖氏と封子絵の2人であること，南京・麒麟門外霊山墓も2点あったと記録されており，本来は一対で置かれていたと推察でき，これらは被葬者に対して漿水をいれた特別な随葬品と考えることができる。

（2）鉛釉貼花文罐・瓶・壺

　以下に例示する鉛釉貼花文陶器は，封氏墓・アシュモレアン各例の青瓷尊と貼花文様のモチーフに共通点は認められ，一見類似しているようにみえるが，厳密な意味でその差異のほうが多い。個々の貼付文の間隔があき，その配列にも整合性，バランス感に乏しく，緊張感が欠けている。個別の貼花文については，アシュモレアン例の卵形胴尊にみられるが，封氏墓例にない文様を小型，矮小化している傾向性を看取できる。

㉔緑釉貼花文罐　セルニヌスキー美術館蔵，MC9916，器高39.0cm　（pl. 4-1）

　緑釉罐の肩および胴部に貼花文装飾を施す罐であり，口頸部は短く折り，胴部最大径は上部にあり，その位置に貼花文を5箇所に貼付する。無釉の内面に穿孔があるが，その目的とするところは解せない。半球を十字花形弁（中房1+4）に配し，その周囲を連珠文で囲むが，それらの大きさは不揃いであり，イッチン技

法であろうか（fig. 25a）。破面でみると，胎土は褐色であり，緑釉の鮮やかな発色からみて，白化粧されているとみるが，貼花文の部分は白みをおびている。全体に銀化している部分が多く，腰は全周にわたって釉の剥離がみられる。内面は無釉で灰白色である。ほとんど同じデザインの罐がロイヤル・オンタリオ美術館（器高 35.9cm, no. 909.12.81）にある。この種の製品には，本品のような短頸罐と，長頸にのばすフリーア美術館品（pl. 4-4, 器高 59.8cm, F1906.243, 世界陶磁 11-168），ボストン美術館（fig. 25c, 50.1851, 器高 41.5cm）があり，さらに無頸の常盤山文庫（pl. 4-2, 器高 39.8cm, 佐藤サアラ 2010, pp. 54-58），根津美術館（pl. 4-3, no. 41360, 器高 36.5, 口径 16.0, 底径 15.7cm, 世界陶磁 11-2 図）などの貼花文の意匠をみると，共通しているのは本品と同じような団花文であり，常盤山文庫品では，乳頭状半球形の大型団花文＋6 弁花文 3 を配置し，この間に小型団花文・摩尼宝珠文・獣面文を上下 2 段にいれる。注意されるのは胴部に短い管 2 を付けることと，大型団花文の乳頭頂部に穿孔があり，赤色顔料が認められる。フリーア美術館は口頸部をのこす完品であり，団花文 4 と獣面文を配し，上段に摩尼宝珠文を並列し，ここでも管 8 を貼付する。V&A（pl. 4-5, C. 175-1932）は長頸瓶であるが，これにも管が貼付されているが，その機能は不明である。

　出土例では，河北・蔚県九宮口磚室墓から，直立した頸部を鼓腹の胴部と接合した平底の緑釉罐が発見されている（口径 12.4, 最大腹径 41.2, 器高 48cm, 考古 1993-8, pp. 709-711, 図 2-4）。これには全体で 24 箇の型造り文が貼付されている。肩部には，菱形蓮華文 5, 大菱形文 3, 円形小蓮華文 3, 腹部には，大獣首文 5, 小獣首文 2, 円形大蓮華文 5, 飛鳥文 2 が，対称的でもなく不規則に貼付されている。掲載の写真が小さいので，文様意匠の細部がわからないが，上引の緑釉貼花文罐および瓶の意匠と類似した蓮華文・鬼面文がある[14]。

　これら緑釉罐・瓶は相互に貼花文の意匠を共通しており，接近した時期の所産と考えられ，隋代を中心とした年代が想定されているが，明証は現在のところ求められない。文様構成において，青瓷貼花文尊・罐と比較するとき，これら緑釉陶器に共通する，散漫の印象はまぬかれない。

fig. 25a, pl. 4-1 貼花文　-b. pl. 4-3 部分，-c. ボストン美術館

㉕-1 緑釉貼花文尊　メトロポリタン美術館蔵（no. 1996.15），器高 35.3cm（pl. 4-6）

『徐氏芸術館』1991, no. 8, Suzanne G. Valenstein "Preliminary Findings On A 6th- Century Earthenware Jar" Oriental Art vol. XLⅢ, no. 4, 1997/8

㉕-2 黄褐釉貼花文尊　個人蔵，器高 45.8cm,『世界陶磁全集』11 第 1 図（pl. 4-7）

　漢代の緑釉鍾を復原したかのような器形であり，鉛釉をほどこし，台脚をつける相似た貼花文尊がある。まず，㉕-1 のメトロポリタン品は，頸部・胴部・脚部からなり，装飾はすべて貼花文である。突帯文で二分された頸部の上段は無文であるが，下段には蓮華文，蓮蕾形宝華文，長円形の連珠文を配する。封氏墓例などに見られた口沿下の紐環はここでも付けられていない。胴部には珠文で囲む人面を 4 箇所におき，長円形連珠文，蓮蕾形宝華文とともに，垂れ下る棗椰子束文を挟み込んでいる。脚部の貼花文は顆粒形につくる葡萄文とみておきたい。蓮蕾形宝華文は，アシュモレアン尊の頸部・安徽・寿州出土 8 系壺の胴部（pl.

2-6）などにみられるが，形状が近いのは故宮博物院蔵の青瓷罐（pl. 2-8）にある。棗椰子束文も次の㉕-2褐釉貼花文尊，ネルソン例にみられるが，基部の火焔宝珠形は庫狄廻洛墓尊（pl. 3-3）に近似している。連珠円環内に人面を陽出し（fig. 26），4箇所に配置しているが，この種の人面文は，李和墓（開皇2-582年葬）の石棺蓋の周沿に集合体として彫られており，死者を一人にさせない配慮であろうか。他にBM.蔵の白瓷象形杯にみられる人面について別に考察したが（本書Ⅱ-2），この文様は隋代になって盛行するのであろう。これらの貼付文は，個々には均整のとれ，丁寧な型抜き文であるが，青瓷貼花文尊と比較する時，散漫の印象をぬぐえない。さらに，いずれも封氏墓例には貼付されていないことを注意しておきたい。

次の㉕-2の黄褐釉貼花尊は，5種類の貼花文を全面に配しているが，それらの意匠はこれまで紹介してきた青瓷・鉛釉陶器のほとんどと共通してみられる。頸部には突帯文を挟んで仰・俯の複弁蓮華文を貼付し，基部を細くするこの形は庫狄廻洛墓例（pl. 3-3）や⑫の太原市斛律徹墓の青瓷小形四系尊にみる。胴部の4段に整然と配列された施文の1段目は，獣面文と棗椰子束文，2段目と4段目は同一構成であり蓮弁文と棗椰子束文，胴中位の3段目は4箇所に鋪首をいれ，メトロポリタン品と類似する蓮蕾形宝華文とパルメット文を間にいれ，また棗椰子束文は595年埋葬の斛律徹墓と類似し，接近した年代を示唆する。鋪首文も595年の張盛墓出土の青瓷尊に類例を指摘できる。脚部は突帯文を間にして，上段には角のある蓮弁文と，下段には蓮弁文とパルメット文を各々貼付している。パルメット文の場合，封氏墓例の青瓷貼花文尊につねに用いられているが，その場合輪郭線をつくる形であるのに対して，アシュモレアン，ネルソン，ハーグ品など平板なべた造りであり，本例もその範疇にある。

本品はメトロポリタン品と，文様構成の点において共通している。すなわち，胴部中位の鋪首と人面文はともに連珠文でかこまれ，棗椰子束文は，本品では小形を上下に配するに対して，後者では火炎宝珠文から垂下させる。ただ，後者には蓮弁文がみられないこと，脚部の垂下パルメット文が葡萄文と結合している点などは異なる。本品も，器面の大きさに対して，個々の貼付文が小型であり，空間が生じているところに，青瓷貼花文尊との相違がつよく印象づけられる。しかし，この空間の処理に時代の推移を，円熟期の洗練さから，創造性を欠いた終末期へのうつろいを看取できるのではなかろうか。

さらに，これらの鉛釉尊の器形は，595年の張盛墓出土の青瓷有蓋壺2件と類似している（総高39cm，考古1959-10, pp. 541-545）。これは長頸・偏円胴・台脚の3部分を接合した形態をとり，扁平な蓋を被せる。

fig. 26. pl. 4-6 の胴部人面文

頸部と脚部に2-3本の突帯文をめぐらせているのも鉛釉尊と同じである。胴部には鋪首10箇を貼付している。器形においては，個人蔵品（pl. 4-7）は球形胴，メトロポリタン品（pl. 4-6）が偏円胴であるがよく似ている。これら鉛釉陶の2点はともにほぼ全面に多種類の貼花文が見られるのに対して，張盛墓品は胴部のみに1種類を貼りつける相違がある。しかし，生産年代としては，これら2点はほぼ同時期とみて，奇しくも同年の斛律徹墓と合せて，これらの年代が6世紀末にあると考える。

（3）貼花文青瓷・鉛釉陶の編年

以上青瓷および鉛釉陶の尊・罐等について例示し，それら相互の異同点と年代観について所見をのべた。ここでそれらはtab. 1のようにまとめることができ，これに関して次の諸点を指摘しておきたい。

34　I　南北朝青瓷の展開と白釉陶瓷の創造

1a. 緑釉貼花文罐，セルニヌスキー美術館，2. 緑釉貼花文罐，常盤山文庫，3. 緑釉貼花文罐，根津美術館（世界陶磁11），4. 緑釉長頸瓶，フリーア美術館（世界陶磁11），5. 緑釉貼花文瓶，V&A., 6. 緑釉貼花文尊　メトリポリタン美術館（S. G. Valenstein1997, 8），7. 黄褐釉貼花文尊　個人蔵（世界陶磁11）

pl. 4. 鉛釉貼花文罐，瓶，尊

第1に，湖北・劉覬墓品は485年の買地券を伴い，その特徴は貼花文はなく，すべて劃花文装飾であり，年代的には遡る。しかし，祖氏墓の年代が北魏末年の531年に推定できることにより，またそれと近い形式である南京麒麟門外霊山墓品，伝河南上蔡県墓品の存在によって，華北においては，6世紀後半と考えられていたこの種青瓷尊が，遅くとも6世紀第2四半期には存在していたことが判明し

tab. 1. 青瓷・鉛釉尊・罐の年代観　　　[　] は鉛釉陶

485年葬	武昌・劉覬墓尊
531	封祖氏墓尊
	伝河南上蔡県墓尊
	武昌鉢盂山392号墓尊
	武昌何家壟335号墓尊
562	[山西・庫狄廻洛墓尊]
565	封子絵墓尊
	南京麒麟門外梁墓尊
567	[山西・韓裔墓刻花文鶏首壺]
570	[山西婁叡墓灯・瓶・鶏首壺]
571	[山西徐顕秀墓尊・壺・灯]
	溜博市北斉墓尊
580	安徽寿県罐，F・M・メイヤー罐，山東平邑県于村墓罐，揚州瓶　同・鶏首壺
	ハーグ罐，東博罐，京博罐，故宮罐
	アシュモレアン尊，ネルソン尊
597	太原斛律徹墓尊
	[メトリポリタン瓶]
600	[セェルニスキー罐，ロイヤル・オンタリオ罐，フリーア罐　V&A.瓶]
864	河北蔚県九宮口墓罐

た。すでに指摘したように，これらは湖北例とは異なる造形力をもち，新たに創造された別種の青瓷である。550年前後の葬年と推定されている武昌・鉢盂山392号墓品と，それに近い年代と考えられる武昌・何家壟335号墓品ともに，華北地域のものと並行した存在となり，湖北が終始先行している状況ではない。あるいは，これらは逆に華北の影響を受けて矮小化された形の製品とする想定も考慮の内におかれるべき状況となってきた。封子絵墓はこのタイプの尊の絶対年代資料としては，むしろ終末期に位置付けられるのではなかろうか。

第2に，青瓷罐については，蓮弁文の刻花表現と，系の形状を年代推定の指標とすれば，⑳の山東平邑県于村墓品および⑲のF・M・メイヤー蔵品は，570年代にさかのぼる可能性もあるが，隋初，より限定すれば580年代の蓋然性がある。⑯の寿県出土罐は突帯文貼り付けであるが，角・丸系並存であり，580年代とみる。揚州出土の2点のうち，㉑の揚州出土の瓶は角・丸系併置の形式をとり，同じく鶏首壺は角系ではあるが貼花蓮弁文であり，これも下限の紀年銘共伴資料は588年の崔昂墓にあり，それ以降にはみられないようである。したがって，これら5点の青瓷は，隋初の580年代までにおさまる。かつ注意されるのは，器面装飾の意匠において，これら罐はアシュモレアン例と類似し，接近した時期の産品と想定できる。

第3に，アシュモレアン，ネルソン品，さらに⑬の山東・溜博市北斉墓品をくわえた卵形胴で刻花・劃花文をもたない青瓷貼花文尊は，封氏墓例に見られない貼花文の意匠の存在，口沿部に紐環を欠失し，形式的にも封氏墓例に比較して後出であり，隋の595年の紀年銘共伴をもつ斛律徹墓例との共通性をあわせて考えるとき，これら一群の尊は，6世紀第4四半期に出現し，7世紀初めまで存続する年代を推定できる。

第4に，胴部に2本の突帯文をもちループ系のハーグ (pl. 2-4)，個人蔵 (pl. 2-9)，京博 (pl. 2-7)，故宮博 (pl. 2-8) 各蔵の青瓷罐は，丸系のみを貼付する形式の出現する，6世紀の80年代以降の産品であり，初唐初めまでに位置づけられる。器面の貼花文の意匠においては，アシュモレアン例と共通するものが多く指摘でき，同時代性をうかがわせる。

第5に，鉛釉陶器における貼花文装飾は，㉒の庫狄廻洛墓例 (562年葬) と㉓の婁叡墓例 (570年葬) では封氏墓例と貼花文において直接の関連性は薄いが，相対的に古式の，省略のない初期的な雰囲気をもっている。これらに対して，鉛釉罐における㉔のセェルニスキー品，㉕のメトリポリタン品などの貼花文の意匠はアシュモレアン例と共通している。したがって，鉛釉陶器の場合は，青瓷貼花文を追随する形で尊・罐において始まり，封氏墓例と並存し，アシュモレアン例に類似形を派出し，隋代においても存続していると考える。

4. 生産窯をめぐる問題

（1）貼花文青瓷の胎土分析値

　封氏墓出土の4口の青瓷貼花文尊の1点について胎土・釉薬の化学分析の成果が出されている。こうした分析が試料の量や質に規制されることが多く，絶対的な根拠とは思えないが，逆にこれを軽視することもできないのであり，生産窯の同定に関する資料のひとつであることは言うまでもない。

　封氏墓試料は，旧中国歴史博物館保管の尊の頸部下半の鬼面貼付文部分のようであり（中国珪酸塩学会 1982-2，図版 44-1 試料写真），掲げられた胎土成分比率のうち，その 90% 以上を占める珪酸 SiO_2 と酸化アルミニウム Al_2O_3 をみると，前者の成分が越窯においては 75% を超えるのに対して，封氏墓試料は 67.29%，後者については越窯が 16% 以下に対して，封氏墓試料は 26.94% とあきらかに相違している。すなわち，単味で用いられたとみられる胎土について，越窯との成分比率の相違が歴然としている事実は否定できない。

tab. 2. 北朝封氏墓青釉器砕片陶瓷胎的化学組成和分子式・%

SiO_2	TiO_2	Al_2O_3	Fe_2O_3	CaO	MgO	K_2O	Na_2O	MnO	総数	分子式
67.29	1.17	26.94	1.11	0.59	0.53	1.86	0.20	0	99.69	$0.172ROR_2O \cdot R_2O_2 \cdot 4.177RO_2$

　北方瓷器の胎土の化学的組成分析につては，すでに指摘されているところについて要約すると，Al_2O_3 の含有量が高く，100 分の 26 以上あり，多いものでは 100 分の 33 以上，Fe_2O_3 の含有量が少なく 100 分の 2 以下，TiO_2 は多く 100 分の 1 以上であるのに対して，南方では 100 分の 1 を超えることはない。さらに焼成温度も比較的高温であり，封氏墓品は 1200 ± 20℃ に対して，南方では 1200℃ 以下であると報告されている（考古学報 1960-1, pp. 287-306）。

　こうした数値をより一層明確にするために，ゼーゲル式をもちいて，化学組成をモル分率に換算して，瓷胎中の主成分である SiO_2 と Al_2O_3 の組成分布状況をみると fig. 27 のようになる。試料は，晋代から唐代の南北陶瓷－邢窯・鞏県窯・定窯・寿州窯・安陽窯・禹県扒村窯・越窯・紹興官山窯・婺州窯・湘陰窯・楊梅亭窯・揚州出土青彩瓷を用い，汝窯・臨汝窯・耀州窯・鈞窯・武昌青山窯・景徳鎮湖田窯・竜泉窯などについては宋代以前に限定して使用した。試料総数 91 点，その内訳は青瓷 44 点，白瓷 47 点である[14]。fig. 27 にみるように，北方瓷胎区と南方瓷胎区に，青瓷・白瓷の区別なく胎土組成は 2 分でき，封氏墓試料は前者の区内に完全におさまり，鞏県白瓷残片，唐三彩陶残片ときわめて近い位置にあり，邢窯・臨汝窯・汝窯とも近似値で，さらに寿州窯の 4 試料中の 3 点は封氏墓試料にきわめて接近した分析値を示している。安陽窯の試料はわずか 1 点であるが，これもまた至近の位置にある。

　いっぽう，問題となる湖北省の唐以前の試料が見出せないので，湖南省湘陰窯の 8 試料について調べると，と $RO \cdot R_2O$ のモル値が越窯などに比較して低く，竜泉窯青瓷に似ているが，その値は南方瓷胎区の特徴を示している。越窯の試料が隋以前は 1 点であるが，それは五代・北宋代の紹興官山窯のものと近似値を示し，南方瓷胎区中の $RO \cdot R_2O$ の大きい部分にまとまりをみせ，封氏墓試料とはかなりの隔たりがある[15]。

　分析で問題となるのは，北方青瓷で隋代以前の試料は封氏墓だけであり，また古越瓷の試料数が少なく，生産地に関して鍵を握っているとみられる湖北省のサンプルも少ない。しかし現時点で，封氏墓品が胎土の組成において北方陶瓷に属することは否定できない。封氏墓試料の釉薬については，三国から五代にいたる越瓷と変わることなく，Al_2O_3-SiO_2，CaO-K_2O，CaO-Fe_2O_3，P_2O_5-CaO，SiO_2-P_2O_5 の含有量相関分布のいずれを取っても，浙江青瓷と同一の範囲内にはいり（李家治他 1998 pp. 114-142，郭演義 1984 pp. 146-161），両

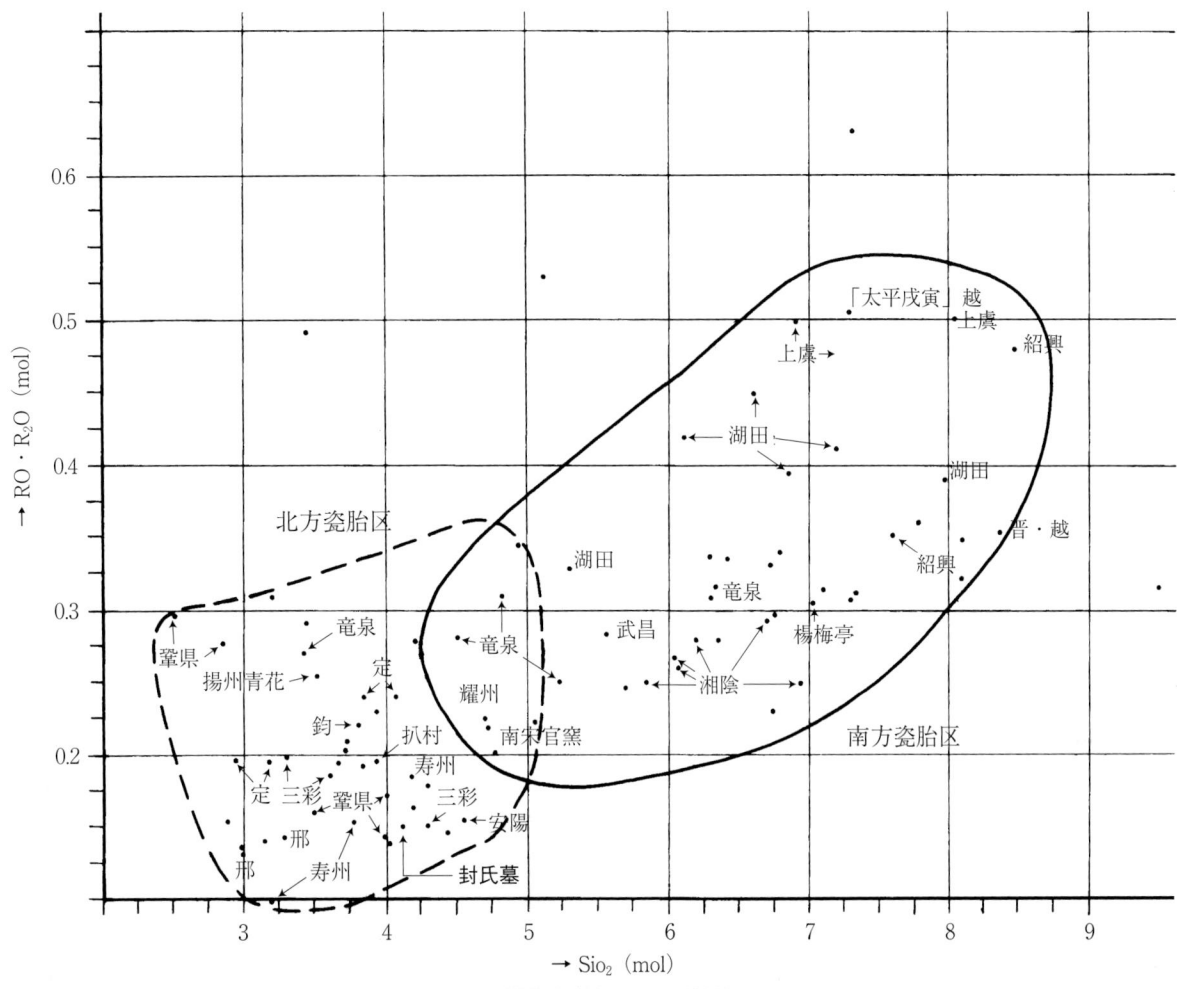

fig. 27. 貼花文青瓷の胎土分析値図

者を識別することはできない。これは肉眼でも釉調がよく似ていることを裏付けているのかもしれない。要するに，この分析値からいえることは，封氏墓例は北方瓷胎区の産品であること，それらは湖北例とは生産窯を異にしている可能性が強いことである。

（2）窯跡出土品との比較

　南北朝期の青瓷貼花文尊および罐などの窯跡を同定することは難しい。上記の胎土分析による結果に基づき，北方瓷胎区に属する安徽・寿州（管家嘴）窯，山東・淄博寨里窯，河南・安陽（安陽橋南）窯が，現状では研討の対象になる。その場合，釉調，胎土などは同一窯跡資料でもさまざまであり，結局のところ貼花文の類似性を比較することになる。しかし，窯跡出土の貼花文資料もきわめて限定されていて，不十分であることを前提にして比較せざるを得ない。

　貼花文資料で比較できるのは寿州（管家嘴）窯と淄博寨里窯との2箇所である。

　寿州管家嘴窯跡採集の破片（fig. 28a）の右側の蓮蕾形宝華文は，アシュモレアン品（pl. 2-1）の頸部下半部や⑱故宮博物館の青瓷罐（pl. 2-8）に類似例が指摘できる。左側の蓮華文は花弁が角ばり，的確な類例を探し出せない。この窯の青瓷釉が溜まる箇所は青白色になる傾向があり，⑮の青瓷罐の釉調が類似している（fig. 16a）。

　寿州窯跡そのものから検出された資料ではないが，この窯の産品の可能性が強いと認められているのが，

38　I　南北朝青瓷の展開と白釉陶瓷の創造

⑯の青瓷貼花文8系罐である (pl. 2-6, 考古 1988-8, pp. 735-750)。腰部にみる3種類の貼花文であり (fig. 17), 1は珠文から垂下するパルメット文であり, 先端が3分して独鈷形を呈している。アシュモレアン・ネルソン例の胴部にみる綬からのびる垂下文がこれに類似している。その2は, 蓮華文とパルメット文を組み合わせた蓮蕾形宝華文であり, 類例はアシュモリアン品の頸部 (fig. 11b) にみられるが, 左右のパルメットが蕨手状にのびて変形している。その3は, 肩部にある棗椰子束文であり, 本品は型崩れしているが, ⑮青瓷罐の系間に明瞭な型造り文 (fig. 16a) と類似している。

　溜博寨里窯跡から出土したのは青瓷貼花罐の上胴部破片で, 肩にめぐらされた突帯文を挟む上下の位置に, 4種類の貼付文がみられる (fig. 28c, 窯址報告 1984, 193図)。その1は, 2本紐をよった縦系の付根に, 人面を連珠文で円形に囲む貼付文であり, この人面文の類例として陝西・三原李和墓誌および石棺 (開皇2-582年, 文物 1966-1, 39図), BM.蔵の白瓷獅子頭角盃 (OA. 1968.4-22.21), ㉕の緑釉貼花文尊などがあり, 隋から初唐代に用いられた意匠である。その2は, 系に接して長円形の周囲を連珠文でめぐらす摩尼宝珠文であ

fig. 28. -a. 寿州管家嘴窯跡採集の破片, -b. 寿州管家嘴窯跡採集の破片図 (考古 1988-8), -c. 溜博寨里窯跡採集青瓷貼花文罐片 (窯址報告 1984), -d. 安陽橋南窯出土青瓷片 (文物 1977-2)

り, アシュモレアン品の頸部上半および花綵文の上半部の形状に近い (fig. 11a)。

　その3は, 肩の突帯文から垂下する2箇の貼花文があり, その位置関係は, 文様は異なるが⑭のハーグ罐と同巧である。ひとつは連珠を紐状の綬とし, 2箇のパルメット文を連結しているようである。他の1は, 蓮華文と花葯文の結合文であり, ⑬の溜博市北斉墓出土の青瓷貼花蓮華文尊の胴部貼花文とかなりよく似ている (fig. 14b)。この結合文のうち, 上半の蓮華文は⑦のアシュモレアン例の頸部にあり (fig. 11b), 宝珠を蓮弁座の上にのせ, 蕨手状の曲線で包む形をとる。後者の花葯文は⑮の青瓷罐の肩部左側の文様と類似する (fig. 16a)。いずれにしても, この溜博寨里窯は出土貼花文尊・罐の一部の生産窯であることは確実である。また上述のように, 同じく山東省の棗庄窯の周辺から, 貼花文を欠くが, F.M.メイヤー蔵の罐 (pl. 2-9) と類似したものが発見されている (文物編輯委員会 1984, 棗庄市文管, 図4-4)[16]。なお, この窯は, 北朝期に黄色の鉛釉陶を生産しており, 東魏の房悦墓出土の醤褐色釉陶器, 北斉崔氏墓出土の黄釉高足盤などが同定されており, 青瓷とともに鉛釉陶陶も焼成している (中国硅酸塩学会 1982-1, pp. 171-173)。

　安陽橋南窯の出土資料で該当するのは, 青瓷複弁蓮弁文の大型器皿 (皿の破片と記述されているが, 断面図では槽状器である), 印花パルメット文の鉢形品および桃形貼花パルメット文などである (fig. 28d)。さらに, 素

焼の複弁覆蓮華文の器座が出土しており，青瓷とともに緑釉陶器も焼成している（文物 1977-2, pp. 50-51, 8・9・10 図）。同時に検出されている青瓷四系罐，高足盤，碗の特徴は，慶応義塾大学蔵の安陽出土品と類似しているようである。こうした特徴点は北約 30 キロにある河北省の賈壁窯にも見られるので，この地域の共通した特徴であろう[17]。

　これらの溜博寨里窯，棗庄窯，安陽橋南窯および寿州（管家嘴）窯は，ともに北朝の領域ないしそれに接した地域に属しており，現在までのところ，南朝地域の窯跡から該当青瓷の出土報告例がない状況のもとでは，湖北出土品をのぞくこれらの貼花文青瓷が，いずれかは特定はできないが，北の地域の複数の窯で焼造された蓋然性が高い。これらの青瓷に貼花文の一部が関連性をもつ鉛釉陶器が，北朝末期から隋代に北の地域で連続して生産されていることも，その推定を補強するものであろう。

　重言するならば，南北朝期の青瓷および鉛釉陶の尊・罐の生産窯は，試料の胎土分析の結果と，窯跡出土品の断片的とはいえ類似・関連性から判断する限り，南と北の別々の窯で類似した装飾をもつ製品が焼造された。封氏墓例として一括できる製品生産窯は，現段階では，安徽・寿州（管家嘴）窯，山東・溜博寨里窯，河南・安陽（安陽橋南）窯にその可能性があると推定できる。しかし，南方瓷胎区から発見される一連の湖北省墳墓品の生産窯については現在の段階では手がかりとなる資料は欠いており，不明といわざるを得ない。

5．むすび

つぎの2点を指摘して結びとしたい。

（1）貼花文意匠の意味

　これまで述べてきた北朝青瓷および鉛釉の尊・罐にに貼付された繁褥な文様は，いったい何を意味しているのであろうか。この種の施文に煩多なまでに加飾する制作者の意図は那辺にあったのであろうか，これらについて所見をまず第一に述べておきたい。

　あらためて文様を整理して掲げると，青瓷貼花文尊の頸部には，蓮華，飛天，団竜，走駆獣，鬼面，仏座像，宝珠蓮華などの文様，胴部には，蓮弁，パルメット，蓮華，螺旋，樹木，棗椰子束文などである。

　これらの中で，封氏墓例などに共通して見られるのは，胴部下半から脚部の3-4段に重畳する蓮弁文である。これは，仏像にみられる重成の八重蓮華座を想起させる。故宮博物院蔵の封氏墓を例にとると（pl. 1-3），2段の請花形につくる貼花蓮弁文は仰蓮華座，その下の短い刻花

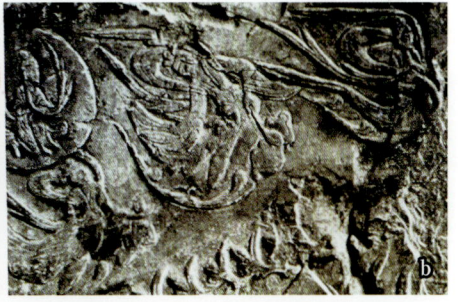

fig. 29. 飛天文，-a, pl. 1-3 封氏墓青瓷貼花文尊，-b（中国石窟竜門 1988）

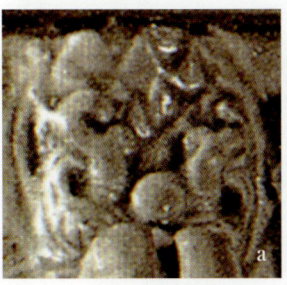

fig. 30. 鬼面文，-a, pl. 1-3，-b．竜門石窟奉先寺洞北壁天王像（中国石窟竜門 1988）

40　I　南北朝青瓷の展開と白釉陶瓷の創造

蓮弁文は，上返花に相当し，裾に刻まれた同じく蓮弁文は下返花を，そしてそれらの間に挟まれた部分は中台の表現に相当している。接地部分の無釉の台も，あるいは単に焼成技術上につくられたものではなく，框座の表現とも想定される。すなわち，尊の下半部にみられる蓮華文は，仏像の台座の表現と共通している。また，アシュモレアン例などの卵形胴尊も蓮華座につくり同様な意図とみられるが，蓮弁文以外の文様が挿入され，蓮華座の原形からみれば少し距離があり，これが制作年代の差に反映していると考える。

　頸部の貼花文は多様であるが，北朝を中心とした石窟の仏龕龕楣などにそれらはしばしば見出される。なかでも飛天文はもっとも普遍的にみられ，封氏墓例をあげると（fig. 29a），竜

fig. 31.　-a. 蓮蕾形宝華文，アシュモレアン，-b. 石榴形宝華文，響堂山石窟第7洞（中美全集1989）

fig. 32.　走獣文，婁叡墓墓室東壁（山西考古研2006）

門石窟古陽洞北壁第1層小龕龕楣（中国石窟竜門1988，109図）では上部左右に各3体を配し，くわえて尊の頸部と同じく円文内に飛天文をいれ，また簡素な雲文を配することも尊の頸部の地文と共通している（fig. 29b）。ここではこの下端の方形区画内には鬼面文を結伽仏と交互にいれている。飛天文は龕楣だけでなく，例えば鞏県第3窟の天井部分や第4窟南壁西側では対葉文，蓮華文，蓮蕾形宝華文と並列されており，数多く例示できる。鬼面文として（pl. 1-1）の系上の貼付文を例示すると（fig. 30a），上記例とともに雲崗第7窟主室仏龕龕楣では，楣拱額の下に帷幕をかけ，帷幕のひきしぼったところに鬼面と下に飛天文を配している。神将像の胸部および二の腕の獅噛や，竜門石窟奉先寺洞北壁の天王像の腹部などに大きく鬼面をかざっている。

　アシュモレアン瓶の頸部下段に貼付されている蓮蕾形宝華文は（fig. 31a），上述したように寿県出土罐，淄博市和荘村瓶などにもみられ，これを摩尼宝珠文とすることもできる。この宝華（宝珠蓮華）文は，香炉と蓮華文が結合した図像と考えられており，「佛前に捧げられた供養華葉，供養香と一緒に提示せられ並べられて，この香と気分との源泉をより豊かなものにする。造像に際しても，供養華と供養香炉とが盛んに表現される」（長広敏雄1946, p. 148）。中心の香炉の位置に宝珠形

fig. 33.　パルメット文，-a. pl. 1-2，-b. 五葉パルメット文（竜門文保・北大1987），-c. 五葉パルメット文，pl. 2-2 ネルソン美術館

や石榴形が置かれることがあり，荘厳化された蓮華座をつねに伴う。墓誌石にもみられ，神亀3（520）年銘の元煥暉墓誌蓋に五弁のパルメットをつけた蓮蕾形宝華文，永安2（529）年銘の筍景墓誌では，方形の如意摩尼を包む逆ハート形の宝珠形が香炉の位置におかれており（西川寧1966, pp. 19-20)，石榴形の宝華文は響堂山石窟第7洞にみられる（fig. 31b)。他に武定5（547）年の河北・尭趙墓の墓蓋の四隅にもみられる（考古1977-6, p. 399)。

伝河南・上蔡県出土品の頸部の仏座像文や蓮華文は，言うまでもなく，いずれの石窟においても仏龕や光背などに多数みられる。走獣文は⑯安徽・寿県出土青瓷罐の胴中位に走獣がめぐる形に貼付されている（fig. 17)。墓葬の壁画にも描かれており，婁叡墓（562年葬）の墓室東壁には，虎・牛・兎などが走狗する姿で表現されている（fig. 32, 山西考古研2006, p. 81)。開皇2（582）年の葬年銘のある陝西・三原県の李和墓の石棺蓋石には，山野を走り，棲む，さまざまの鳥獣が四周に線刻されており（文物1966-1, p. 37, 図39)，これらは北朝の葬送観念のひとつの表現である。

つぎに胴部の貼付文の例を石窟雕刻にもとめてみると，まず共通しているのはパルメット（アカンサス・花綵・忍冬）文であり，これには封氏墓例のように刻花蓮弁文の上に貼付する形をとる。左右に3ないし4葉形の7葉ないし9葉全パルメット文である。パルメット文を単体で用いる例は，下記の宝冠や，竜門石窟天統洞菩薩像の胸飾りでは五葉パルメット文を垂下させている（fig. 33b, 龍門文保・北大1987, 109図)。しかし多くの場合，金銅仏や司馬金龍墓の石製方座，石彫頭光，石窟龕楣などの部位に唐草文帯として用いられている（北九市美1977, 70図)。封氏墓例（fig. 4b）のように上下の蓮弁文と組あわさって使われている的確な例を見出せない。

同じようにアシュモレアン，ネルソン例のように，蓮華文帯ないしはその簡略形の綬の先端に五葉パルメット文を垂下させる形態は（fig. 11a)，封氏墓例のパルメット文を蓮弁文上から分離して，弁間に独立させた形とみることができるが，その例を石窟や石棺などのなかに見出せない。こ

fig. 34. 回転蓮華文，青瓷貼花文罐，ネルソン美術館

fig. 35. 樹木文（中国石窟竜門1987）

fig. 36. 火焔宝珠文，-a, pl. 3-6 庫狄廻洛墓，-b.（中国石窟麦積山1987）

の形はむしろ菩薩像などので数珠と組あわさった胸飾り，あるいは瓔珞にもとめられる感じがするが，実際には同一形態を見いだし得ない。この種の文様は，あるいは陶工の創意にかかるものであろうか。

ネルソン例に明らかな回転蓮華文（螺旋文）は（fig. 34)，宝冠に同形例があり，雲崗石窟第9窟前室の菩薩交脚像の宝冠では，中央に周縁を蓮華文でめぐらす座像，その隣に五葉パルメット文，それに接して螺旋文を浮き彫りにしている。中心の環状文から時計回りに花弁状文をめぐらしており，同じく第9窟主室南壁の蓮上の菩薩像にも逆時計回りの螺旋文がみられる。竜門石窟恵簡洞正壁の菩薩立像の瓔珞の交叉部分に形

状の類似した文様があるが，これは本来蓮華文で結ぶものの省略形であり，別の文様である。

　樹木文は，ネルソン例の胴部下半にみられるが（fig. 34），1本の幹から多くの枝を派生させ，扇形の樹形につくるのは菩提樹である。この類例は，天保10（559）年の刻銘をもつ石製台座（東京国立博物館），河北・臨漳県出土の北斉期の樹下七尊像の透彫文（河北省博物館），竜門石窟皇甫公窟に弟子が乗る樹木があり，同じく樹下で思索する菩薩半跏座像として表現されている（fig. 35，中国石窟竜門 1987，187 図）。同じネルソン例には3枝で笠形につくる樹木がみられるが，東京国立博物館蔵の東魏の石像如来三尊立像に類似形があり，これも菩提樹としておきたい。棗椰子束文は，尊形では斛律徹墓例（fig. 13a）にみるが，葡萄と同様に顆粒を多くもつ，吉祥果，瑞果として使われている。

　つぎに青瓷罐の貼花文について考えると，上記の尊と共通している文様は，蓮華文，蓮弁文，連珠文帯とパルメットの連結文，棗椰子束文，宝珠蓮華文，走獣文，鬼面文であり，尊に見出せないのは，対葉文，団蓮文，二連蓮華唐草文，獣面パルメット複合文である。共通文のうち，ハーグ罐は，5箇の連珠文帯の下に11葉のパルメット文が垂下し，連珠は数珠ないし瓔珞と考えられるが（fig. 15b），このような多葉のパルメット文を付加する他例をしらない。新出の文様のうちでは，対葉文についてはハーグ罐の項で既述したとおりである。東京国立博物館個人蔵例の罐にみる連結蓮華文は（fig. 16b）は，同じ東京国立博物館蔵の天保3（552）刻銘の石像菩薩立像（山西・長子県附近出土）の光背に類似形を見出せる。

　鉛釉陶器の文様は上記と共通しているものが多いが，庫狄廻洛墓の頸部などにみられる火焔宝珠形は（fig. 36a），竜王の脳のなかにあるとされる清浄な摩尼宝珠を表現し，竜門石窟潜渓寺洞南壁の菩薩像や麦積山石窟第54号龕の左脇侍菩薩立像の花鬘宝冠に飾られている（fig. 36b，中国石窟竜門 1988，4 図，中国石窟麦積山 1987，第 204）。

　このように貼花文の類似例が菩薩像のなかに見出されることは，被葬者に対する一つの意味がこめられている。菩薩，すなわち仏陀と在俗者との中間にある存在であり，被葬者は仏陀への道に入ったとはいえ，脱俗していない存在であることを自覚せしめられているように，全身をにぎにぎしく飾り立てているわけである。ほぼ時期を同じくする青瓷の貼花文に共通した意匠がみられるのは興味ふかく，菩薩像に具現している葬送観念と共通しているといえよう。

　石窟との類似例の考察のおわりに一つの興味ふかい資料を掲げておきたい。竜門石窟皇甫公窟は北魏孝明帝の孝昌3（537）年に完工をみているが，その北壁の仏龕の左側の二尊の間に，6本の蓮華を挿した1口の尊が彫られている。胴部の肩の重圏線の下に俯蓮，腰に仰蓮を，そして頸部に3本の圏線を線刻し，脚部を開いた形態である（fig. 37，中国石窟竜門 1987，194 図）。これが金属器の描写であることも想定できようが，いかにも青瓷貼花文尊そのものの描写に一致し，しかもその完工年は封祖氏墓の年代に近いことは注目される。

fig. 37. 竜門石窟皇甫公窟石刻挿花尊形（中国石窟竜門 1987）

以上縷々説明したように，青瓷貼花文尊などの装飾は，そのほとんどを仏像雕塑や石棺・墓誌雕刻・墓室壁画のなかに類例を見出すことができる。これらの装飾に関しては，金属器や金属工芸との強い影響関係が説かれ，あるいはパルメット・人面文などを根拠にするのであろうか西方からの影響説がある。これらの考えは，一部をのぞいてとくに明証をあげて具体的に述べられているようではなく，筆者は異論を唱えるつもりもないが，仏像雕塑などに直接的な範が求められることは例証したとおりである[18]。

（2）青瓷貼花文青瓷の終焉

　第2に，こうした青瓷尊・罐などの器面に貼花文をもって飾る技法はいつまで続いたのであろうか。初唐の青瓷のなかにはこうした繁縟なまでの装飾は登場していないようである。その終焉の時期と消滅の原因について考えを述べたい。

　紀年銘共伴の資料では既述の山西・斛律徹墓出土の開皇17（595）年の青瓷小形四系尊2件が下限である。また安陽張盛墓から出土した蓋壺の胴部には10箇の鋪首が貼り付けられており，この葬年も開皇17年である。しかし共伴の罐などほかの青瓷には装飾はみられない。隋代の後半から初唐の青瓷資料のなかに貼花文装飾を追い求めたが，その姿に到達できない。例えば，開皇15年（595）年の山西・梅淵墓，開皇20（600）年の安徽・王幹墓，仁寿3（603）年の安陽・卜仁墓，大業3（607）年の安徽・□爽，開明2（620）年の洛陽斐氏墓，永徽2（651）年の陝西・張士貴墓，藍彩壺が発見された麟徳元（664）年の陝西・鄭仁泰墓，咸亨4（673）年の遼寧・左才夫妻墓，上元2（675）年の陝西・李鳳墓など，相当量の青瓷尊・罐の出土をみているが，貼花文の姿を発見できない。

　江南の同時期の青瓷の装飾についても，同様に器面を飾ることは少ない。浙江・江山県の開皇18（598）年，大業3（607）年，上元3（676）年の3墓には婺州窯青瓷が随葬されているが，盤口瓶の肩に線刻蓮弁文と，印花文碗がわずかにみられるだけであり，無文が大多数をしめる。湖南・東江水力発電工事に伴う隋唐墓16座から多数の青瓷が発見されているが，全て装飾はみられない。武徳8（625）年の浙江・衢州市隋墓M4・M21，貞観12（638）年の広西・全州県M1墓，上元3（676）年の福建・莆田唐墓など越窯・婺州窯・湘陰窯・長沙窯などの系統に属するとみられる青瓷であるが，それらの器面を刻花・劃花・線刻などで飾る例を，この時期においてはほとんど見つけることができない。

　すなわち，6世紀代にみられた貼花文に代表される繁縟なまでの装飾は，その世紀を特徴づけるものであり，隋代の後半，すなわち7世紀の20年頃までの確実な資料を現在までのところ見出せない。すこしの幅をもたせたとしても，青瓷貼花文の装飾は，隋代までであり，初唐には既に存在しないといえそうである。

　しかし，すべての陶瓷器から貼花文が消えたのではなく，白瓷（あるいは白釉陶）と鉛釉陶器には継続しているようである。この問題に関して，初唐期の白瓷の年代を確実におさえられる資料は少ないが，上記の華北のいくつかの墓に随葬された白瓷は端麗な器形と，装飾のないシンプルさを特徴としている。そのなかにあって，乾封2（667）年の陝西・段伯陽夫妻合葬墓出土の白瓷貼花文高足杯では，貼花連珠文・方形花文・蓮華文，印花花文を体部に横刻し，腰と脚部に仰蓮・俯蓮を貼花する（文物1960-4, p. 48）。また咸亨3（672）年の西安・牛弘満墓から出土した白瓷長頸瓶（現在高22cm）には，頸部に6条の突帯文をめぐらし，それに重ねて4箇の七弁花を貼付する。肩には宝珠蓮華文にやや類似しているかとみられる貼花文，腹部にも花文を各々2箇対称の位置に置いている（文物資料叢刊1, 1977, 図版16-2）。これら2点は既述の北朝・隋代の青瓷および鉛釉陶器にみられた貼花文の配置を髣髴させる。もちろんこの他に，白瓷竜柄瓶や弁口瓶の把手あるいは注口下にパルメット文などの貼花文があり，これらは7世紀代の所産とみられるので，白瓷のなかに貼花文は存続しているといえる。

44   Ⅰ 南北朝青瓷の展開と白釉陶瓷の創造

鉛釉陶器の場合も隋から初唐に明確な紀年銘共伴資料があるわけではなく，唐三彩陶との連続性・併存性を考慮するとき，初唐まで貼花文の下限を含めておき，新資料の出現を俟ちたい。

さて最後に，遅くとも隋代後半を境にして，青瓷は何故にその華麗な装飾性を失ったのであろうか。私は，本稿の冒頭において，つぎのように述べた。これら青瓷など貼花文装飾を有する陶瓷器は，明器としての属性をもっていること，今日優れた作行をもつ陶瓷器として評価されていようと，製作時点においては，墳墓に随葬するための，いわば特殊な陶瓷器である。すなわち，7世紀にはいると青瓷貼花文尊は，他にこれに替る陶瓷器が出現したことによって，明器としての役割を喪失しとことにその因が求められる。

隋後半代から始まる厚葬の風習と黄泉の国への葬送観念の変化（小林太市郎 1974, pp. 59-71）が随葬品の内容を変え，大量の加彩俑と埋葬用の陶器，少数の日常容器としての陶瓷器を墓室に持込むことになる。貞観4（630）年に陝西・三原県に埋葬された李寿墓には，300点以上の加彩俑と，少数の灰陶罐，黒瓷碗，白瓷四系罐が，華麗で現代的な壁画の下に埋納されていたが，ここには青瓷の姿はみられない（文物 1974-9, pp. 71-87）。7世紀後半代においても，顕慶3（658）年の陝西・張士貴墓では207点の俑，7点の黄釉陶器，2点の白瓷唾壺（考古 1978-3, pp. 168-178），麟徳元（664）年の鄭仁泰墓では，53点の俑，4点の鉛釉陶器と10点の瓷器が随葬されている（文物 1972-7, pp. 33-44）が，貼花文青瓷の姿は確認できない。

これらの墳墓は被掘されており，数字は当初のものではないが，ここには，少数の白瓷はあるが，俑が主役の位置をしめ，容器は灰陶，加彩灰陶，やがて三彩陶器が主たるものであり，青瓷は生前の身の回りのものかとみられる日常品が，江南地域をふくめて，随葬されているだけであり，かつて明器として焼造された貼花文青瓷の姿はここにはない。厚葬の風習の広がりと，現世の延長としての黄泉国という考え方の変化は，大量生産が難しい貼花文青瓷から，製作の容易な灰陶・三彩陶器へと，暗い陰湿とした青瓷から華麗な加彩陶器・三彩陶器へと葬送観念は推移し，北朝貼花文青瓷は時代の波から取り残され，姿を消していったのであろう。

南北朝青瓷・鉛釉貼花文尊・罐から，加彩・三彩陶器へは器形および施文に代表されるように，厳密に観察するとき，その相違点がおおく，両者の間にはまだかなりのヒアタスがあり，既述したように直接的に結びつかない。しかしながら，このことは筆者にとって別の新しいテーマの入口にすでに踏込んでいるように思えるので，ひとまずここで擱筆としたい。

［注］
(1) 尊は必ずしも明確な概念ではなく，長頸・鼓腹・高い脚部の3部分からなり，瓶と呼称することもできるが，多くの中国研究者がこの名称を用いているので，敢えて変更せずに本稿でも使用したい。
(2) 謝明良も生産窯については，慎重な姿勢をとっているようであり，例示したいくつかの資料の一つとして，韓国・百済王宮里廃（官宮）寺出土の青瓷陽刻蓮華文瓶片をあげている（fig. 38a，崔孟植他 1993）。これは封氏墓出土の青瓷貼花文尊の肩部と同形の破片であり，貼花パルメット文の間にのこる3本の刻線は旧中国歴史博物館品などと

fig. 38. -a. 百済王宮里廃（官宮）寺出土の青瓷陽刻蓮華文尊片（崔孟植他 1993），-b. 扶余陵寺跡出土の青瓷陽刻蓮華文尊片（大邱博物館 2004）

一致する刻花蓮華文の輪郭線である。謝明良は，百済は南朝と密接に通交していたことを指摘し，これが南方の所

1．南北朝期貼花文青瓷の研究　45

産であると主張している。その後，扶余陵寺跡（fig. 38b）からも尊の口沿下に貼付された飛天文片が発見されており（大邱博物館 2004, p. 27），封氏墓尊のうち故宮博物院保管（pl. 1-3）や，南京博物館保管品（pl. 1-5）の頸部貼付文と意匠が類似している。

　なお，『中国陶瓷史』（中国硅酸塩学会主編，1982，文物出版社）p. 165 では次のように述べている。南方発見の蓮華文尊として，武昌県盂山六朝墓 2 件，武昌周家湾南斉永明 3 年（485）6 系蓮華文尊，南京林山梁代大墓 2 件，このほか英国及び米国の 2 件について，多くの考古研究者がこれらを南朝の産品と認定している。それ故，化学分析により北方青瓷と認定されている封氏墓出土の青瓷蓮華文尊との，両者の関係が問題となり，まだまだ研究を進める価値が十分にある。

　最近の論考として次の 3 点がある。

　Suzanne G. Valenstein 1997 "Preliminary Findings On A 6th-Century Earthenware Jar" Oriental Art vol. XLⅢ no. 4 (pp. 2-11)

　劉毅 1997「青瓷蓮花尊研究」中国古陶瓷研究 第 4 輯（pp. 48-55）

　Suzanne G. Valenstein 2003 "Western Influences On Some 6 th-Century Northern Chinese Ceramics" Oriental Art Magazine vol. XLIX No. 3, pp. 2-11, New York

（3）封氏墓については，静岡大学の山田智准教授の直接の教示に依拠しているので，以下その概要を記す。

　原報告では「魏故郡君祖氏墓誌銘」と題する墓誌蓋については，その系譜上の関係を含めて一切の考察はなされていない。そこで当該墓群中および渤海封氏における「魏故郡君祖氏」についてみると，『北斉書』巻 21 封隆之伝に 533 年のこととして「時高祖自洛還師於鄴。隆之将赴鄴，因過謁…尋封安徳郡公，邑二千戸，進位儀同三司…詔隆之参議麟趾閣，以贈其妻祖氏范陽郡君」とある。祖氏は隆之の妻であり，范陽郡君に封ぜられたこと，そして封地からみて范陽の祖氏に属する人物と考えられる。この范陽祖氏とは『元和姓纂』巻 6 祖氏や敦煌出土の『新集天下姓望氏族譜』（S.2052）范陽九姓および『姓氏録』（p. 8418）范陽三姓にも確認できる名族である。以上をもとに当該墓群に直接関係する人物の関係は，右の系図のとおりである。

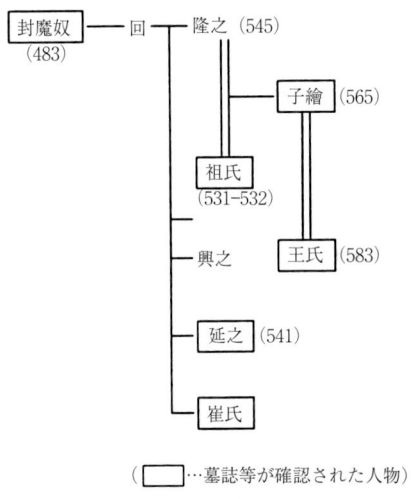

fig. 39. 封氏系図

　しかし祖氏の死没記事は北斉書（以下書名を略す）の封隆之伝にはみられない。そこで封隆之伝に付された次男であり隆之を継いだ子繪伝の以下の記事から検討をすることができる。「中興元年，転大丞相主簿，加伏波将軍。従高祖征尒朱兆。及平中山軍還，除通直常侍・左将軍・領中書舎人。母憂解職，尋復本任。太昌中，従高祖定并・汾・肆数州，平尒朱兆及山胡等，加征南将軍・金紫光祿大夫。」この間の事情について子繪の墓誌では以下のように記すのみである。「中興初，除左将軍・散騎常侍・領中書舎人。稍遷征南将軍・光祿大夫，金章紫綬。」

　年号から考えれば，北斉書に見える子繪の「母」の死は中興年間（531 から 532）年のことである。ただしこの史料のみでは子繪の「母」が，父・隆之の正妻である祖氏であるか否かは判然としない。先に述べたように，封隆之伝にはこれに対応する記事が見られないからであり，また服喪期間がほとんど無かったかとも見られるためである。

　封隆之の妻については，巻二神武紀下　天平元（534）年に以下の記事が見られる。「魏帝既有異図，時侍中封隆之与孫騰私言，隆之喪妻，魏帝欲妻以妹。」この記事によれば遅くとも 534 年までに隆之の妻は亡くなっていたことになる。封隆之伝にみられる「又贈其妻祖氏范陽郡君」という記事は，時期的に神武紀の直前と考えられるので，おそらく隆之の亡妻に対する追贈と考えられる。これらの記事は先に見た子繪伝の記事と時期的にも極めて近く，このことから子繪の「母」が隆之の正妻である祖氏と考えられる。

　以上のことから封祖之の没年は子繪伝で確認できる 531 末から 532 年と推定できる。また出土した墓誌蓋に「范陽郡君」とあるから，改葬の可能性を無視すれば，533 年以降の造墓と考えられる。ついでながら，この時期華北は北魏末の混乱のさなかにあり，件の封隆之・子繪親子は高歓の片腕として戦乱の最中にあり，とくに隆之は鄴か

46　I　南北朝青瓷の展開と白釉陶瓷の創造

ら離れられなかったため，妻の喪にも十分に服しえなかったのであろう。このような事情が封隆之伝中における記事の欠落を生んだと考えられる。なお，関連する論文として周錚「河北景県封氏墓群」文物春秋1992-2, pp. 31-36がある。なお，この山田准教授の研究メモは，彼が専修大学院生であった1990年代の作成である。

(4) 河北・磁県東魏茹茹墓（武帝8年-550年葬）出土の青瓷蓮弁文罐の蓋は，花芯を表わす口字形鈕をめぐって複弁蓮華文が浮き彫りにつくられ，外周の6弁は先端を反り返らせ間弁をはさみ，その側面観はあたかも大小山形文の連続のようにみえる。この身には胴部中位に蓮弁をめぐらし，横角系をつけている（文物1984-4, 図版5-3）。

(5) 青瓷罐などの胴部の中位に刻花蓮華文を削り出し，弁端部を反る形態は，南北朝のいずれが先行，創始したかについては研討が必要であり，にわかに結論はだせない。南朝においても，南京博物院蔵品のなかで，南京市五台山出土などの俯蓮四系罐（南京博物院編『江蘇六朝青瓷』no. 110-113）など6世紀前半代と目される資料がある。

(6) 出土地を「江寧県其林門東北」あるいは「林山梁代大墓」発見と記述されている資料も同一墓と思われる。南京市の中心から東へ18km離れた霊山の南麓につくられた磚室墓であり，その構造は南京中央門外燕子磯発見の梁の普通2（521）年と類似していると記されている。1956年に発見され（文物1957-3, pp. 44-45），1972年に発掘調査された際に一対の青瓷貼花文尊が出土しているが，正式の報告は未刊である（文物1980-2, p. 28 注③）。その注には，通高85cmと記載され，本品よりも大きく，類似した大・小2点が出土したとも記されている。この一対であったという記録は封氏墓でも被葬者2人で4点が随葬されている点と共通している。朱偰・羅宗真などは墓主を文帝陳蒨に当てているが（羅宗真1980, 1図, 同1984, pp. 77-80, 同1996, p. 268），墓誌あるいは文字記録の出土はなく，確証は得られないとする意見もある（来村多加史1988, pp. 1020-1021）。

(7) 東京国立博物館蔵の南朝地域産品の可能性がつよいと考えられている青瓷六系壺（TG2213,『世界陶磁全集』10, no. 245, 器高24.2cm）は蓋の蓮華文が少しシンプルであるがこれに類似している。蓋の方形の鈕も特徴的であり，江蘇・泰州市蘇北電機工場内発見の土坑から南朝青瓷16件出土品の一つに，青瓷刻花蓮華文蓋罐の鈕がこの形態である（文物1996-11, p. 38, 10図）。

(8) 李知宴「三国，両晋，南北朝制瓷業的成就」（文物1972-2, p. 54）では，これら青瓷の生産窯として湖北地域をあげ，武昌娘子湖青瓷窯址を指摘しているが，詳報には未だ接することがない。湖南省岳州（湘陰）窯製品のなかに貼花蓮弁文装飾の燭台があり（出土陶瓷-湖北・湖南2008, no. 173），しいて挙げればこの窯の可能性もある。

(9) この他に，胴部の上下に幅広の単弁蓮弁文を浮き彫りにし，その中間に線刻唐草文をめぐらす瓶および罐の例は南朝墓の出土例を掲げることができる。例えば，上海博物館蔵の青瓷蓮弁文六系壺（『世界陶磁全集』10, 第99図）は，南京宋家挭出土品と共通する施文である。線刻唐草文で器面を飾ることは封氏墓例などにみられない技法であり，南朝青瓷の特徴の一つであろうか。やはり南朝青瓷とみられるものに，南京市対門山南朝墓出土の青瓷蓮弁文六系壺があり，これには唐草文はないが，頸部に長円形の貼付文と口沿に半環状系をつけ，劉覬墓例と共通する特徴を有している（文物1980-2, p. 26, 4図）。報告ではこの墓は南京中央門外燕子磯の梁の普通2年（521）墓と磚室構造が類似した年代とされている。

(10) 文物1993-2の報告の写真が不鮮明であるが，大分市歴史資料館展示品と同一とみられる。しかし法量は報告では，通高38，口径12.6，底径14.5cmと，器高がことなっており，大分市図録では武昌区関山出土と表記されている。この資料については木村幾太郎前館長から資料の提供を受けた。

(11) このほかに青瓷貼花文尊の例として，河南・鶴壁市博物館蔵（fig. 40, 趙青雲『河南陶瓷史』図版11-37, 紫禁城出版社, 1993）や，Sotherby's 目録, June 1995にある。

(12) これを連珠文とする見方もあるが（中野徹「隋唐陶磁の文様」『世界陶磁全集』11, p. 294, 1976），子細にみると蓮弁であり丸文の連続ではない。

(13) 八木春生の教示によると，これは蓮華文の一種で，半パルメットをいくつも回転させ，蓮華文（団花文）とする場合もある。

(14) この蔚県九宮口磚室墓からは，緑釉弁口長頸瓶・塔形器・塔形罐，弁口紅陶瓶などが出土し，報告では晩唐墓としており，さらに同様の貼付文をもつ

fig. 40. 青瓷貼花文尊，河南・鶴壁市博物館（趙青雲, 1993）

無釉長頸壺が出土している河北・易県北韓村唐墓（文物 1988-4, pp. 66-70）では咸通 5（864）年の墓誌を伴っている。これら花文罐は型式としては隋代まで遡る可能性があるように思えるが，年代的には問題を残していることを注意しておきたい。

(15) 胎土分析においてわが国では通常 TiO_2, Fe_2O_3, MnO を除外して分子式としているが，中国ではこれを含めて数値を出している。本表では中国方式にしたがって作製している。ここで使用した数値は以下の論文から抽出した。

李国木貞他『中国名瓷工芸基礎』p. 73, 上海科学技術出版社, 1988

李家治・郭演義「中国歴代南方著名白瓷」，陳士萍・陳顕求「中国古代各類瓷器化学組成総匯」『中国古代陶瓷化学技術成就』上海化学技術出版社, 1984

張福康他「中国歴代低温色釉和上彩的研究」『中国古陶瓷論文集』中国珪酸塩学会編, 1982

林淑欽他「唐寿州窯黄釉瓷器」中国古陶瓷研究会 '95 年会論文集・文物研究 10, 1995

周仁他「竜泉歴代青瓷焼制工芸的科学総結」竜泉青瓷研究, 文物出版社, 1989

周世栄『湖南陶瓷』紫禁城出版社, 1988

周燕児「略談紹興両処唐宋越窯的瓷業成就」景徳鎮陶瓷 6 巻 1（総第 71），1996

(16) ここでは直接関係ないが，竜泉窯青瓷および南宋官窯青瓷の 9 試料は北方瓷胎区の中に完全に包み込まれている。また封氏墓青瓷の胎土中に含まれる Al_2O_3 とともに TiO_2 も南方青瓷に比較してかなり高い数値を示すことが指摘されている。

(17) 河北・磁県賈璧窯については，断片的な調査と報告のようであり，類似品の有無についてはよく判らない。報文による限りでは，装飾は単純な蓮弁文や波文の劃花文であり，貼花文はみられない。

(18) 西方影響説については，パルメット文に代表される西方起源の文様の存在を一つの根拠にしている。この種の意匠がインド・ギリシャなど西方から中国にもたらされたものであることは知られているが，それは既に 5 世紀代の仏像雕塑などに用いられ，中国において消化・定着しているわけであり，青瓷製作者もそれらから引用していると考えられ，西方の影響は間接的であり，かえって事実をあいまいなままにする表現ではなかろうか。金属器説の場合，いつ，どの地域で製作されたものと，どのような相関関係が指摘できるのかについての具体性をもつ説明を寡聞にして知らない。

＊［追加資料］前稿の発表（1999 年）以降に明らかになった資料を掲げる。

1. 山西省太原市迎沢区郝庄郷王家峰村・徐顕秀墓　武平 2（571）年葬出土鉛釉陶（文物 2003-10, pp. 4-40），太原市文物考古研究所編 2005『北斉徐顕秀墓』文物出版社（fig. 41）

被葬者である徐顕秀は，東魏・北斉の刺史を歴任した武人である。被掘されていたが墓室の状況は乱れが少ないようである。壁画・石刻がよくのこり，墓室内から鎮墓獣を含む加彩陶俑約 320 点とともに，以下の緑釉陶が随葬されていた。

貼花文尊 1，鶏首壺 7，灯 4，灯盞 2，罐 3，壺 1，盤 7，碗 110，盆約 30。これらのうち，貼花文のある尊，鶏首壺，灯について述べる。これらは，同年に，同じく太原市南郊，北斉晋陽城の南，汾河の西岸の近接地に埋葬された婁叡墓（571 年葬）出土の鉛釉陶と共通した特徴を有しているので，比較して述べたい。

1-1 尊（fig. 41-b, 通高 41.5, 腹径 26cm）は，頸部に 4 弦文を

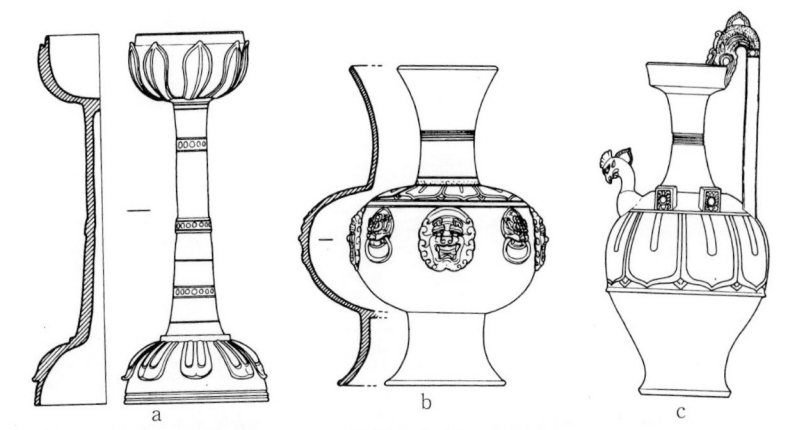

fig. 41a, b, c. 鉛（黄）釉灯，尊，鶏首壺，山西・太原市迎沢区徐顕秀墓（文物 2003-10，太原市文物考古研究所編 2005『北斉徐顕秀墓』）

48   I   南北朝青瓷の展開と白釉陶瓷の創造

めぐらし，その基部と胴部中位に円文を型押しし，胴部には獣面文 4 を配し，その間に鋪首文を貼付している。胴部上半には刻花複蓮弁文 8 を廻らしている。全体に黄緑色の鉛釉がムラなく掛けられている。婁叡墓品（pl. 3-8, -9）よりも器高が大きいが，ともに貼花文は鬼面と鋪首を交互に配置し，かつ鬼面の意匠がほぼ一致し，同一范型使用の疑いがある。徐顕秀墓品の刻花文と管文を入れる点が異なる。

　1-2 鶏首壺（fig. 41-c，器高 50，腹径 22cm）は，婁叡墓品と同大であるが，胴部上半に刻花蓮弁文と肩に方形パネルを立てるだけの簡素な意匠であり，婁叡墓品 4 点のなかでより装飾の少なく，方形パネルを立てる㉓-9（pl. 3-7a）に近いといえる。ただ，胴部下半部に展翅鳳文を貼付することはない。太原市・庫狄業墓（567 年葬）出土の鉛釉鶏首壺にもこの形のパネルが付いている（文物 2003-3，pp. 26-36）。

　1-3 灯（fig. 41-a，通高 48，灯径 14，底径 18cm）も婁叡墓品と同大であるが，灯盞部の蓮弁文と柄の管文の装飾は，婁叡墓品が（pl. 3-4, -5, -6），パルメット文と摩尼宝珠の綬文を貼付するのに比較して簡素である。台座の貼花蓮弁文は同一陶工の作かと疑うほど類似しているが，その下の連珠文はない。このように徐顕秀出土の鉛釉陶品は，婁叡墓品に比較して装飾が少し簡素であるが，随葬品数，組み合わせ，釉調，装飾文など非常に類似した特徴をもち，北方瓷胎区のいずれかで焼成されたとみられるが，近隣の窯では渾源窯が挙げられるが，現在のところ唐代以前の製品の有無は不明である。

fig. 42. 青瓷鏤空貼花套尊　江蘇・鎮江市鋼鉄廠（出土陶瓷－江蘇）

fig. 41a, b, c. 鉛（黄）釉灯，尊，鶏首壺，山西・太原市徐顕秀墓（太原市文物考古研究所編 2005）

fig. 43. Metropolitan Museum 貼花文盒（Valenstein. S. G. 2003）

fig. 44a, b, c. 青瓷貼花文 4 系罐，Metropolitan Museum（Valenstein. S. G. 2003）

2. 青瓷鏤空貼花套尊　江蘇・鎮江市鋼鉄廠出土　残高40.7, 底径16cm　鎮江市博物館保管, 出土陶瓷－江蘇, 2008, no. 64. (fig. 42)

　　貼り付けられた口頸部は欠損しているが, 胴部に鏤空装飾をもつ特異な形の明器である。肩に環状４系と二重連珠環のなかに鬼面文４を間に挟んでいる。この鬼面文は, 胴部中位のものと同一范型のようである。隆起圏線の間に刻まれた忍冬唐草文が南朝青瓷の特徴をよく表している。胴部中位は, 摩尼宝珠を忍冬唐草文で縁取りした文様, 方形鬼面文からパルメット文を垂下させ, 円形の鏤空を配置している。下半部は, 仰蓮弁と俯蓮弁を貼付しており, ネルソン品 (fig. 12b) や封氏墓の蓮弁と類似している

3. New York Metopolitan Museum 蔵の貼花文盆 (器高38.4cm, no. 2002.143) があり (fig. 43, Valenstein. S. G. 2003, p. 2), 灰色陶胎に白化粧され, 無釉とされている。実見していないが類例がないので参考までに掲示する。

4. 青瓷貼花文４系罐, 同上所蔵 (fig. 44, 器高17.8cm, no. 2002.268, Valenstein. S. G. 2003, p. 8)。貼花文が鮮明な弾琵文と棗椰子束文である点と, 角形の系である点において, 前述のものとは異なる。

［南北朝期貼花文青瓷の研究・要旨］

　5-6世紀の中国陶瓷器を代表する青瓷貼花文尊と罐について, 可能な限り全ての出土品と美術館所蔵品を提出して, わたしの意見を以下のように述べる。

①河北・封氏墓群から出土した４点の青瓷貼花文尊 (pl. 1, 1-4) の内２点は, 565年に死亡した封子繪墓から発見されたが, 他の２点は祖氏墓の随葬品であり, 「北斉書」子繪伝によると, 彼女は封子繪の実母で, 533年ころ葬られている。したがって, この青瓷貼花文尊は, 既往の見解よりもその製作年代が約30年遡り, 遅くとも６世紀第２四半期には, 北朝の領域に出現していたと考える。

②南京市出土品 (pl. 1-5) は, 封氏墓群品と極めて類似し, 同時期に, 同一生産窯の製品である。これにたいして, 湖北・武漢周辺出土品 (pl. 1-7) は, 封氏墓品と比較して, はるかに小型であり, 装飾技法などに類似する要素はあるが, 封氏墓例は大型で, 豊な装飾性を有し, 北朝において新たに創造された器形と考えられる。

③アシュモレアン, ネルソン品 (pl. 2-1, 2) などは, 封氏墓例と比較して, 形式的に後出であり, ６世紀第４四半期に中心をおき, 山西・斛律徹墓 (595年葬) の年代に近い。

④青瓷貼花文罐のなかに青瓷貼花文尊と共通した装飾文様がみられ, pl. 2-9, 10のように刻花蓮弁文, pl. 2-6のような角形系をもつ形式は, 580年以前に位置づけられる。黄釉貼花文瓶など (pl. 3-3) もほぼ同時期につくられている。これらよりも後出の形式である胴部に２本の突帯文をもつ pl. 2-7 の罐および鉛釉陶器 (pl. 4-4) は隋代と考える。

⑤封氏墓品などの青瓷貼花文尊および罐の生産窯は, 胎土分析の数値において, 華北地域で作られたと推定でき, 安徽・寿州窯 (fig. 28a), 山東・溜博窯 (fig. 28c), 河南・安陽窯 (fig. 28d) の出土品に類品を見出す。

⑥青瓷貼花文尊の装飾は, 金属器や西アジア文物との類似関係が指摘され, その影響を受けていると従来説明されている。しかし, 文様を個別に考察すると, むしろ石窟寺院に見られる彫刻などに直接的なモデルが求められる (fig. 37)。

［後記］

　1976年に, 職場 (九州歴史資料館) の厚遇を得て２週間にわたって, 独り全米の主要な美術館の収蔵品をみることができた。その時, ネルソン・ギャラリーでこの青瓷尊をはじめて実見して驚き, 妙に印象にのこったが, その後は眼にする機会もなかった。1996年の滞英中に, アシュモレアン美術館のインピー氏 Oliver Impey が, 館蔵品を日本に貸し出すので暫くは見られないから, 触ってみてはいかがですかと勧められ,

この青瓷を手に持つことができ，その重量感に圧倒され，制作者への憧憬の念と強い関心が生じた。翌年に帰国後，すでに作成・整理していた欧州の美術館資料およそ 2000 枚の調書のなかから，最初に選んだテーマが本論文である。この選択は今から思うと的を射ていて，その後，隋唐から宋・元・明と中国陶瓷を追跡する出発点としてふさわしい，手強い相手であった。この青瓷の貼花文のなかには，南北朝期の人々の思いと情報が凝縮されており，私にとって知識がかけていた石窟寺院の装飾や釉胎の化学分析の計算方式など無知を啓く思いを抱き続けて執筆した。しかし，この論文は重厚すぎて，他の私の論文とともに読まれることが少なかったが，謝明良や S. G. Valenstein (Metropolitan Museum) が強い関心を示した数少ない読み手であった。最近若い研究者が読まれ，厳しく批判をしていただき，まだ命を存続している論文なのかと嬉しい思いをもっている。本稿では，批判を受けた部分，私の思い違い，資料解釈などを修正している。この青瓷は，南北朝期のモニュメンタルな作品であるとともに，私にとっても記念すべき出発点となり，その邂逅にお礼をしたい気持である。

[English Summary]

Celadon Decorated with Applied Ornaments in the Northern and Southern Dynasties

This essay analyses celadon vases and jars decorated with applied ornaments made during the 5th and 6th centuries, using as many excavated and museum pieces as possible.

① There are four celadon vases decorated with applied ornaments found in the tomb of Feng family(封氏墓)in Hebei (pl. 1, 1-4). Two were found in the tomb of Feng Zihui(封子絵)dated to 565, but the other two were found in the tomb of one Zu(祖氏墓)who was Feng Zihui true mother and buried around 531 according to the biography of Feng Zihui in a document from the Northern Chi Dynasty(北斉書). Thus this vase must have been made about thirty years earlier than previously believed, and no later than the second quarter of the 6th century in the territory of the Northern Dynasties.

② The pair of vases discoverd in the Nanjing tomb(南京霊山墓, pl. 1-5)is very similar to the finds from the tomb of Feng family, and were fired at the same period, in the same kiln. Compared to the Feng family finds, three vases excavated from Wuhan(武漢市周辺墓)in Hubei province(pl. 1-7)are much smaller in size, and although somewhat similar in decorating techniques, the vases from the Feng family tomb are larger in size and have abundant decoration. Therefore the Feng vases are thought to be more recent products from the territory of Northern Dynasties.

③ The vases preserved in the Ashmolean Museum and Nelson-Atkins Gallery of Art(pl. 2-1, 2), were fired after the Feng vases, and are attributable to the fourth quarter of the 6th century and are similar to the tomb of Hulu Che(斛律徹墓)of 595 in Shanxi province(fig. 13).

④ Compared to the above-mentioned vases, smilarities can be found in decorated celadon jars and the types like pl. 2-9, 10 with carved lotus-petals design on the body and pl. 2-6 with attached square-type handles on the shoulder are thus placed before the year 580. They are also similar to the yellow lead-glazed wares(pl. 3-3) produced at about the same time. The celadon jars formed with two belts on the body and attached loop hanndles on the shoulder(pl. 2-7), and green lead-glazed wares(pl. 4-4)are attributed to the Sui Dynasty.

⑤ Except for three vases from the Wuhan area, chemical analysis of the body clay of these celadon vases and jars shows that they were made in northern China, and we can find similar fragments at the Shou kilns(寿州窯)in Anhui (fig. 28a), the Zibo kilns(淄博窯)in Shandong(fig. 28c)and the Anyang kilns(安陽窯)in Henan(fig. 28d).

⑥ The decoration of these celadon vases is seen to reffect an influence from metalwork of West Asia, but looking at the designs closely, we can find the direct models for the carving in Buddhist cave-temples(fig. 37).

2．北朝－隋・初唐期罐，瓶の編年的研究

はじめに

　南北朝から隋唐にかけての陶瓷器は魅力的である。中国陶瓷が一般的にもつ魅入られる不思議な力とともに，新しいものが誕生する時期の独特の雰囲気が，個々の陶瓷器を通じて感じ取れる

　この期間の南北の地域において，貼花文尊に代表されるように，優れた造形性を有する青瓷がつくられているが稀少な存在であることは否定しがたい。それに対して，かなり普遍的に墳墓の随葬品として検出されているのは，青瓷罐と瓶である。しかもそれらは華北だけでも各地で様々な形と釉調と装飾をそなえており，その複雑な様相のゆえにつながりのない，印象的な感想が述べられているようである[1]。

　罐は，胴部がふくらみ，広口，短頸の容器の総称であり，わが国では壺と呼称している。中国で壺とするのは直頸小口，例えば盤口壺，扁壺があげられ，それ以外の多くを罐としている。瓶のうち本稿で論及するのは，長胴で頸部を細く直立させ口沿部を盤状につくる盤口壺・瓶に限定する。いずれも貼花文青陶瓷および鉛釉陶は除いている。

　ここでいう南北朝時代は，439年，北魏第3代太武帝による華北統一以降をさし，隋の統一をへて，初唐は，高宗治下の終わる683年までとする。旧稿の南北朝の時期に根拠が示されていないので，本稿ではそれをより明確にし，かつ幅を広げて資料を収集した。この時間幅のなかに，継続して創造的な製品を焼成し続ける青瓷を中心にして，鉛釉陶器の継起的復活と白瓷器の創出に象徴されるように，この時期の施釉陶瓷は，生産地域による多様な様相をみせ，その後の盛唐からはじまる画一性をもつ陶瓷器生産の前段階として位置づけられる。さらに，この時期においては青瓷が，生産と消費の両面において，その主導的な役割を担っていたとみられ，短期間において，形式の変化を観察できる。別表に示すのは，主として紀年銘を有する墳墓から検出された罐および盤口壺・瓶であり，本稿においては，北朝の後半からおよそ100年間にわたるそれらの形式の変遷を，生産地域の相違を加味して，考古学的明証をもって明らかにしようとするものである。南朝については，いずれ成稿する予定である。

1．青瓷・鉛釉罐の編年

　この時期の青瓷および鉛釉罐の形態変化は，胴部の形状と装飾，系（耳・繋）の形式にあらわれ，以下の3形式に分けることができる．すなわち，

① 刻花蓮弁文橋（角）形系・環状（丸）系罐；俯蓮弁文を球形胴に刻花技法で配し，橋形系ないし環状系を肩部に付ける形式。通常，橋形系は横位，環状系は縦位に貼付する。

② 突帯文貼付環状系罐；肩と胴部に突帯文を貼付し，主に環状系を付ける罐であり，この形式は，胴部の形態，突帯の装飾，施釉方法などの相違に基づき細分できる。

　(a) 胴部中位に襞状突帯（縄絡文，pie-crust）文を貼付し，肩に環状ないし橋形系を貼付する球形胴の罐の形式。

　(b) 胴部の上下に素文の突帯文を貼付し，施釉がその附近まで流し掛けされ，環形系が多いが，橋形系を並立する球形胴の形式。

(c) 同じく球形胴，類似の釉調のもので，肩の突帯文を縄目文にし，環形4系の先端を両側からつまんで尖らすものがある。素文の突帯文を肩と胴部下位の2箇所に貼付し，他の要素を同じくする形もここに含める。

③ 突帯文環状系鼓腹（杏）形罐；肩に沈圏線文をめぐらし，胴部中位に素文の突帯文をもつ鼓腹形胴部で，環形3ないし4系を付け，有蓋の形式で，中位以下は露胎である。これに類似し大形で，沈圏線文環形系紡錘形罐があり，最大径を胴部の中位から少し下がった位置におき，2本の沈圏線文をそこにめぐらす。環状形縦4系で，他の罐に比べてやや大きい。

こうした形式の相違は，生産窯の地域の相違に起因し，これに年代の前後関係がからんでいる。以下この形式分類について個別に述べたい。〔 〕内に典型品を例示する。

① 刻花蓮弁文系罐

この形式は，6世紀の中葉から出現し，罐の球形胴部の上半部に蓮弁形を線刻で表現し，下半部を削り出して，間弁をいれた蓮弁文を雕出し，立体的に表出する。肩には橋形の4から6系を付ける特徴的な形を創出している。

A. 北朝後半橋形系罐〔pl. 1-4〕：この種の罐の一連の装飾文の祖形をなしていると考えられ，②以下の甕状突帯などのなかに，その省略形を見出すことができる。さらに華北地域に限定されることなく，隋代以前の南北両地域にみられる装飾であり，したがって，その中で地域性が生れ，これらを押し並べて論じることは状況をみ誤るおそれがある[2]。

現時点でもっとも遡る紀年銘資料は，550（武定8）年に葬られた河北磁県・茹茹公主墓に随葬され青瓷刻花蓮弁文罐であり，肩からやや細長い弁形を線刻によってわけ，弁端を反転させ，間弁も刻みだしている。肩には6箇の橋形（角形）系を貼付する。蓋は方形の紐を中心におき，複弁6弁の蓮華文を二重に配している（pl. 1-1，通高25.5cm，文物1984-4，図版5-3）。この特異な蓋の形状は北斉の時期には封氏墓群出土の青瓷尊蓋など，他にも類例がみられる。安徽池州市貴地区阮橋郷出土の刻花蓮弁文蓋罐は，蓮弁を刻むだけで浮彫にしていないが，力強い橋形系，方形鈕など，この時期の特徴を備えている（pl. 1-2）。湖南・湘陰窯の製品とする意見もある

茹茹公主墓品に装飾文が類似していると思われるのは，東京国立博物館蔵品（pl. 1-4，TG2213，通高24.2cm）で，球形胴の中位に，鋭い線で弁を画し弁端を反転させ，両端を深く彫り，鋭い鎬をもつ間弁をいれる。肩に貼付された6箇の橋形で面取りされた系の配置も茹茹墓例と同じである。蓋は円紐をめぐって6弁の蓮華文を単層に刻み，弁端および間弁をつよく反転させている。黄色みがつよく，こまかい氷裂のある透明釉が腰までかけられ，白灰色で赤みのない露胎部にほぼ等間隔で垂れ下がっている。これに刻花蓮弁文はないが蓋が類似しているのが，河北・呉橋県小馬厰の東魏墓出土品であり，546（武定4）年の墓誌を伴っている（pl. 1-3，河北文物1980, no. 311）。蓋を欠くが同形品が佐野美術館にも類似品がある（pl. 1-5，佐野美術館1991, no. 98）。これらは同一窯の製品の可能性がある。こういう形式の罐が，比較的出土資料数が集中しているのは，河南省北部から河北省南部の墳墓随葬品である。

茹茹公主墓に次ぐ紀年銘資料として，天統2（566）年に河北・平山県崔昂・前妻墓出土の鉛釉刻花蓮弁文橋形4系二彩罐1である。この墓は，開皇8（588）年に合葬された崔昂の後妻墓と随葬品との区別がつきがたいが，形式的に見て本品は566年の随葬品と推定できる。黄緑色の鉛釉がかけられ，円蓋に葫芦形鈕，肩には円孔方形（橋形）の4系が付けられている。胴部には間弁を挟む複弁8弁文が削り出されている（pl.

tab. 南北朝－隋・初唐の青瓷罐・瓶紀年銘等共伴資料

卒年・葬年	墓主	出土罐・瓶	文献
439（元嘉16）	江蘇句容県春城郷袁相村南朝墓	青瓷鶏首壺1	江蘇出土瓷器 no.58
447（元嘉24）年銘磚	浙江黄岩県劉宋 M45	青瓷盤口2系壺1, 青瓷鶏頭壺1, 青瓷4系罐1	考古学報 1958-1
450（元嘉27）年銘磚	湖北武漢・劉宋 M101	青瓷四系蓋罐1	考古 1965-1
462（大明6）年銘磚	福建政和村・M831	青瓷2系盤口壺1, 青瓷盤1, 青瓷鉢2, 青瓷盅8	文物 1986-5
470（泰始6）	江西清江県樟樹鎮	青瓷盤9, 青瓷分格盤1	考古 1962-4
474（元徽2）没	南京太平門外・明曇憘	青瓷刻花蓮弁文碗2	
477（太和1）	山西大同・宋紹祖墓	無釉罐1	文物 2001-7
484（太和8）合葬	山西大同市・司馬金龍・夫人合葬墓	青瓷盤口壺1（緑釉蓋1, 緑釉灯座1, 三彩人物・騎馬俑, 単彩鉛釉俑多数）	文物 1972-3, 朝日 1984
485（永明3）	湖北武漢・劉覬墓	青瓷貼花文尊1, 青瓷6系盤口壺1, 青瓷4系壺1, 青瓷杯9, 青瓷三足硯1	考古 1965-4
493（太和17）	山東淄博・崔猷墓(M15)	素焼（橋形2系罐1・碗4・盤2）青瓷杯7, 青瓷獅子形水盂1	考古 1985-3
北魏1	山西大同迎賓大道墓群	鉛釉壺（M62）1, 同3系罐（M16）2 他	文物 2006-10
北魏2	山西大同南郊	M23-黄鉛釉罐1, 同壺形紐蓋罐1, 同壺1	文物 1992-8, 大同南郊北魏墓群
493（永明11）年銘磚	江西吉安県・無名氏墓	青瓷蓮弁文盤3, 青瓷蓮弁文托盤2, 青瓷小盤9, 青瓷杯7, 青瓷5盅盤2, 青瓷刻花蓮弁文碗1, 青瓷3足硯1, 青瓷燭台1	文物 1980-2
497（建武4）年銘磚	江西贛県・無名氏墓	青瓷碗4, 青瓷杯2, 青瓷盤8, 青瓷托盤2, 青瓷分格盤1, 青瓷三足炉1, 青瓷竈1, 青瓷硯1, 青瓷盂1	考古 1984-4
499（永元1）年銘磚	広東英徳県・無名氏墓	青瓷4系罐3, 青瓷6系罐1, 青瓷碗3	考古 1961-3
502（天藍1）年銘磚	浙江桐渓県・M159	青瓷罐2, 青瓷盤口壺1, 青瓷刻花蓮弁文碟1	考古 1960-10
506（天藍5）年銘磚	福建建甌県・無名氏墓	青瓷双系壺2, 青瓷碗杯7, 青瓷三足盤1, 帯盤三足杯1, 青瓷盤1, 青瓷盂1 他	考古 1959-1
508（永平1）	山西大同・元淑夫妻合葬墓	無釉壺1, 同鉢1, 把手壺4	文物 1989-8
510（天藍9）年銘磚	浙江瑞安・無名氏墓	青瓷蓮弁文罐2, 青瓷4系罐1, 青瓷碗2, 青瓷鉢2, 青瓷盞托1, 青瓷唾壺1, 青瓷盂1	浙江紀年瓷（浙江省博 2000）
515（延昌4）	洛陽・宣武帝景陵	青瓷竜柄（鶏頭）橋形4系盤口瓶3, 青瓷盤口橋形4系盤6, 青瓷唾壺2, 青瓷鉢1, 緑釉碗1	考古 1994-9
515（延昌4）葬	河北河間県・邢偉墓	青瓷唾壺1, 青瓷碗1	考古 1959-4
516（熙平）葬	河南偃師・元叡墓	青瓷碗4（他陶灯など陶器）	考古 1991-9
520（神亀3）	山西太原・辛祥墓	青瓷鶏首壺1, 青瓷杯3, 青瓷托1	考古学集刊 1
南梁	南京対門山・無名氏墓	青瓷貼花刻花蓮弁文橋形2系壺1, 青瓷盤口壺1, 青瓷碗3, 青瓷三足硯1, 青瓷三足灯1	文物 1980-2
522（正光3）	河南洛陽・郭定興墓	無釉罐1, 同盆1, 長頸瓶2, 唾壺1, 灯2, 蓮華文盤1, 薫炉1	文物 2002-9
524（正光5）	洛陽孟津県・侯掌墓	無釉長頸瓶2, 同碗7, 同杯7, 同鉢2, 盒7 他	文物 1991-8*
524（正光5）	河北曲陽・高氏墓	無釉碗10, 同盒1	考古 1972-5
526（孝昌2）葬	河南偃師・染華墓	緑釉蝋台1, 青瓷碗2	考古 1993-5
526（孝昌2）	河南洛陽・元義墓	青瓷蟾座蝋（燭）台1, 青瓷破片2	文物 1974-12
527（孝昌3）葬	河南偃師・元邵墓	青瓷鶏首壺1, 青瓷刻花蓮弁文碗4, 青瓷杯3, 青瓷盤5	考古 1993-5*
北魏3	河南偃師県聯体磚廠 M2	青瓷鶏首壺1, 青瓷刻花蓮弁文碗4, 青瓷杯3	考古 1993-5
533（永熙2）	西安長安区・韋輝和墓	青瓷唾盂1	文物 2009-5
534（永熙3）	西安長安区・韋乾墓	青瓷盤口鶏首壺2, 青瓷橋形4系盤口長頸壺1, 青瓷罐1	文物 2009-5
北魏河南1	河南偃師市南蔡庄北魏墓	青瓷竜柄鶏首橋形複2系壺1	河南出土瓷器
北魏4	山東淄博・崔氏7号墓	無釉竜系瓶1, 同2系罐1, 同碗2	考古学報 1984-2
北魏5	山東淄博・崔氏6号墓	無釉壺1, 青釉器蓋1	考古学報 1984-2
北魏6	山東淄博・崔氏9号墓	青瓷高足盤1, 青釉罐底1	考古学報 1984-2
536（天平2）	洛陽宜陽県・揚機夫妻合葬墓	青瓷碗9	文物 2007-1
537（天平4）葬	河北景県・高雅夫妻合葬墓	黄褐釉線刻蓮弁文橋形4系獣首柄瓶1, 醤釉瓷罐1, 黄釉瓷罐1, 醤釉瓷碗1	文物 1979-3
537（天平4）葬	山東淄博・崔鴻夫妻合葬墓	無釉盞1, 同碗3, 同奩1	考古学報 1984-2

537（大同3）年銘磚		江西清江県・無名氏墓	青瓷瓶1	考古1962-4
538（元象1）葬		山東淄博・崔混墓	青瓷4系蓋罐1, 青瓷碗1	考古学報1984-2
538（元象1）葬		山東済南・崔令姿墓	無釉盤2, 同瓶1, 同碗2	文物1966-4
541（興和3）		河北河間県・邢晏墓	青瓷唾壺1	河北省出土文物選集1980
542（興和3）葬		山東高唐県・房悦墓	黄釉盤口瓶1, 褐釉盤口壺1, 黄釉灯2	文物資料叢刊1978-2
542（大同8）年銘磚		浙江桐渓県・M124	青瓷碟1, 青瓷硯台1, 青瓷杯1	考古1960-10
544（武定2）		河北呉橋県・無名氏合葬墓	青瓷長頸4系罐1, 青瓷6系罐1	考古1956-6
544（武定2）合葬		山東寿光県・賈思伯夫妻墓	青瓷4系罐1（河北磁県, 呉橋などの北朝墓品と類似）, 青瓷碗1	文物1992-8
546（武定4）		河北呉橋県・封柔夫妻合葬墓	青瓷蓮弁文6系罐1, 青瓷盤口橋形4系壺1『出土瓷器－河北 no.6, 7 該当品カ』	文物1979-2, 河北省出土文物選集1980
547（武定5）葬		河北磁県・趙胡仁墓	青瓷瓶1, 醤褐釉陶4系壺2（544-2と類似）, 醤褐釉双系瓶1, 醤褐釉壺2, 醤褐釉双系瓶1, 醤褐釉長頸瓶1	考古1977-6
547（武定5）葬		河北磁県・堯趙墓	青瓷長頸瓶1, 醤褐釉4系壺2, 同双系瓶1, 同壺2, 同双系瓶1, 同長頸瓶1	考古1977-6
548（武定6）葬		河北景県・高長命墓	青瓷碗5, 獣足陶樽1, 陶盒1	文物1979-3
550（武定8）葬		河北磁県・茹茹公主墓	青瓷刻花蓮弁文橋形6系蓋罐1, 他に陶器23	文物1984-4
551（天保2）葬		山東臨朐県・崔芬墓	青瓷刻花蓮弁文橋形4複系罐1, 青瓷橋形4系鶏首壺1, 青瓷豆, 青瓷碗	文物2002-4
553（天保4）葬		河北磁県・元良墓	青瓷碗3, 青瓷宝相華文盤1, 青瓷高足盤1, 青瓷蓋罐1, 青瓷虎庫1	考古1997-3
553（天保4）		山西太原・賀抜墓	無釉細頸瓶1, 無釉1	文物2003-3
555（天保6）		山西太原・侯莫陳墓	無釉（盤1, 鶏首壺1, 細頸瓶1, 広肩罐瓶1, 碗11, 灯盞1）	文物2004-6
562（太寧2）		河北磁県・垣氏墓	緑釉四系壺1	考古1959-1
562（河清1）葬		山西寿陽県・庫狄廻洛夫妻妾合葬墓	（鉛釉尊7 三者合葬墓であるから1対×3人カ・盤7・碗8・杯8, 盒4）	考古学報1979-3
565（河清4）		河北景県・封子絵墓	青瓷貼花文尊2, 青瓷盤1, 青瓷唾壺1, 醤褐釉長頸瓶1, 緑釉碗1, 青瓷4系罐2	考古1957-3
565（河清4）葬		山東淄博・崔徳墓	青瓷高足盤4, 青瓷碗4	考古学報1984-2
565（河清4）葬		山西太原・張海翼墓	緑釉カ碗3, 同杯2, 無釉盤口壺1, 同長頸瓶1	文物2003-10
567（天統3）卒		山西祁県・韓裔墓	青瓷（緑釉カ）刻花蓮弁文橋形4系鶏首壺3, 盤4, 青瓷盒3	文物1975-4 山西出土瓷器no.11
567（天統3）葬		山西寿陽県・庫狄業墓	鉛釉カ鶏首壺1, 同灯1, 同高領瓶1, 同唾壺1, 同盤1	文物2003-3
569（大統13）		寧夏固原県・李賢墓	（鍍金銀水注1, 銀提梁小壺1 他）	文物1985-11, 原州古墓集成
570（武平1）葬		山西太原・婁叡墓	鉛釉罐2, 青瓷4橋形系貼花文鶏首壺5, 鉛釉三彩盂1・灯4・盤10・貼花瓶2・托杯2・盒11・碗39	文物1983-10, 山西出土瓷no.14, 山西考研2006北斉婁叡墓
571（武平2）葬		河北磁県・堯峻夫妻墓（565, 567卒と合葬）	青瓷環形3系盤口瓶1, 青瓷高足盤1, 青瓷罐3	文物1984-4
571（武平2）葬		山西太原・徐顕秀墓	鉛釉鶏首壺7, 同尊1, 同灯4, 同盤8, 同碗110, 同蓋罐2, 同盒30余, 同灯盞2, 同罐1, 同盤口壺1	文物2003-10, 山西出土瓷no.19
571（武平2）葬		山東済南・道貴墓	青瓷碗6, 無釉長頸壺	文物1985-10
571（武平2）葬		河北黄驊・常文貴墓	青瓷碗5, 無釉碗1	文物1984-9
573（武平4）葬		山東淄博・崔博墓	青瓷碗1, 青瓷高足盤1, 無釉罐1 他	考古学報1984-2
574（建徳3）葬		西安咸陽・叱羅協墓	三彩奮片（胴部下・脚）1, 瓷器片43, 陶器23	中国北周珍貴文物1992
575（武平6）		河北賛皇県・李希宗夫妻合葬墓	青瓷系付罐2	考古1977-6
575（武平6）		河南安陽・范粋墓	白釉緑彩刻花蓮弁文環形4系罐2, 白釉緑彩刻花蓮弁文環形4系罐2, 黄鉛釉扁壺4, 白釉緑彩長頸瓶3, 白釉壺1, 白釉碗1, 無釉盤1, 盒2 他	文物1972-1, 考古1972-1, 考古1972-5, 文物1980-7, 中国文物精華1992
576（武平7）葬		河南濮陽・李雲夫妻合葬墓	青瓷突帯文橋形2系環形4系球形胴罐2, 白釉緑彩刻花蓮弁文橋形・環形4系罐2	考古1964-9, 中国文物精華1992
576（武平7）葬		河北磁県・高潤墓	黄釉（鉛釉カ）沈線文橋形4系鶏首壺1, 黄釉（鉛釉カ）刻花蓮弁文蓋罐2, 青瓷罐6, 青瓷燭台3, 青瓷碗4, 緑釉扁壺1	考古1979-3
576（武平7）葬		河北賛皇県・李希宗夫妻合葬墓	青瓷碗16, 青瓷帯系罐2, 黒釉瓷片	考古1976-6
576（建徳5）		陝西咸陽・宇文倹墓	（陶罐24, 陶盂1）	考古与文物2001-3

576（建徳5）葬	陝西咸陽・王徳衛墓	青瓷橋形4系盤口瓶1，青瓷碗14（銅瓶1，銅盤口壺1）	員安志1992
北斉山西1	山西太原・無名氏墓	鉛釉鶏首壺1（陶器・長頸瓶2，壺2，罐1，碗5）	文物1990-12
北斉山東2	山東兗州	青瓷刻花蓮弁文橋形6系蓋罐1	山東出土瓷器
北斉山東3	山東臨沂市	青瓷橋形4環形4系刻花蓮弁文蓋罐1	山東出土瓷器
北斉河南1	河南河南県沙窩村墓	青瓷複橋形2系竜柄鶏首壺1	河南出土瓷器15
南朝江蘇1	江蘇泰州市泰西郷魯庄墓出土収集品	青瓷橋形6系環形4系罐1（579年鋳造銭共伴）	文物1986-1 江蘇出土瓷器 no. 63
南朝江蘇2	江蘇泰州市潜水電泵廠工地	青瓷橋形2系鶏首壺1	江蘇出土瓷器 no. 60
南朝江蘇3	江蘇泰州蘇北電廠内窖蔵	青瓷鶏首壺1，青瓷橋形型4系壺3，青瓷刻花蓮弁文蓋罐1，青瓷4系罐3，青瓷碗7	文物1996-11，江蘇出土瓷器 no. 62
南朝江蘇4	江蘇揚州西湖郷荷葉村王荘	青瓷貼花蓮弁文盤口瓶1，青瓷貼花蓮弁文鶏首壺1	揚州古陶瓷
北朝江蘇5	江蘇建湖上岡磚瓦廠	青瓷刻花蓮弁文橋形4環形4系印花文罐1	江蘇出土瓷器 no. 65
南朝湖南1	湖南郴州市筑路機械廠	青瓷刻花蓮弁文橋形4系盤口壺1（湘陰窯カ）	湖南出土瓷器 no. 140
南朝湖南2	湖南郴州市竹葉冲国土局	青瓷刻花蓮弁文橋形6系罐1（湘陰窯カ）	湖南出土瓷器 no. 141
南朝	福建建甌県・無名氏墓2基	青瓷2系盤口壺1，青瓷長頸瓶1，青瓷4系蓋罐2，五盅盤1，青瓷碗2，青瓷杯4，青瓷盤1	考古1965-4
南朝	湖北武漢市	青瓷貼花文尊1	考古1959-11
南北安徽1	安徽懐寧県皖河郷官山	青瓷刻花蓮弁文橋形2系鶏首壺1	安徽出土瓷器 no. 41
南北安徽2	安徽淮南市唐山郷	青瓷橋形複4系盤口壺1	安徽出土瓷器 no. 43
南北安徽3	安徽淮南市華家岡	青瓷貼花4鳳形蓋罐1	安徽出土瓷器 no. 44
南北安徽4	安徽池州市貴地区阮橋郷湖村	青瓷橋形複6系刻花蓮弁文蓋罐1（湘陰窯系統カ）	安徽出土瓷器 no. 45
南朝浙江1	浙江瑞安市	青瓷劃花文複2系盤口壺1	浙江出土瓷器 no. 94
南朝浙江2	浙江桐盧鎮高荷村	青瓷環形2系竜柄鶏首壺1	浙江出土瓷器 no. 95
南朝浙江3	浙江瑞安市陶山泮垡下湾	青瓷橋形2系竜柄鶏首壺1	浙江出土瓷器 no. 96
南朝浙江4	浙江紹興県塩湖鎮新竹村	青瓷刻花蓮弁文橋形4系罐1	浙江出土瓷器 no. 98
南朝湖北1	湖北武漢市武昌区関山M535	青瓷橋形2系鶏首壺1	湖北出土瓷器 no. 51
南朝福建1	福建閩侯県光明村	青瓷刻花蓮弁文橋形2系鶏首壺1（越窯製品カ）	福建出土瓷器 no. 41
南朝福建2	福建政和県石屯鎮松源村	青瓷橋形2系盤口壺1，青瓷橋形6系罐1	福建出土瓷器 no. 42, 43
南朝広東1	広東広州市太和岡御竜庭M10	青瓷橋形2系鶏首壺1	広東出土瓷器 no. 13
南朝広東2	広東掲陽市仙橋鎮平林村口山	青瓷線刻蓮弁文環状6系罐	広東出土瓷器 no. 14
578（宣政1）卒	西安咸陽・独孤蔵夫妻墓	青瓷刻花蓮弁文橋形6系盤口瓶1，白瓷盤口唾壺1，黒釉盤口唾壺1，褐色盤口4系壺1，青瓷碟1，青瓷深腹形碗9	員安志1992，中国文物精華1992
578（宣政1）葬	陝西咸陽・若干雲墓	青瓷唾壺1	員安志1992
582（開皇2）葬	河北景県・高潭夫妻合葬墓	青瓷鬈状突帯文環形4系罐2，青瓷碗7	文物1979-3
583（開皇3）葬	陝西咸陽・王士良夫妻合葬墓	青瓷刻花蓮弁文環形4系罐1，緑釉唾壺1	員安志1992
583（開皇3）葬	安徽合肥・張静墓	青瓷橋形複4系盤口壺1，青瓷環状系4系盤口壺1，青瓷碗7	文物1988-1 安徽出土瓷器 no. 46
583（開皇3）頃	湖北武昌・馬房山墓	青瓷4系罐2，青瓷4系盤口壺1，青瓷瓶1，青瓷唾壺1，青瓷高足盤1，青瓷盅12，青瓷碗11，青瓷盞5，青瓷盂2，青瓷硯台1	考古1994-11
584（開皇4）葬	山西沁源県・韓貴和	（陶器壺2，碗8，他）	文物2008-8
584（開皇4）葬	山東嘉祥・徐敏行墓	青瓷環状系4系盤口瓶1	文物1981-4
584（至徳2）カ	江西清江・無名氏墓	青瓷環状系2系盤口壺1，青瓷唾壺1，青瓷瓶1，青瓷盤1，青瓷6聯罐1，青瓷杯4，拓1，帯盤4足炉1，青瓷甑1	文物1987-4
585（開皇5）葬	河北平山県・李麗漢墓	青瓷四系罐1	考古2001-2
586（開皇6）葬	安徽合肥・伏波将軍墓	青瓷突帯文環形4系印花文盤口瓶1，白釉カ碗1，青釉盞1，灯盞1	考古1976-2
隋	安徽合肥・白水壩隋墓	青瓷突帯文縦環状系4系印花文盤口瓶1	文物精華1993
587（開皇7）卒	河南安陽・韓邑墓	青瓷突帯文環形4系鼓腹形罐4，青瓷杯6，青瓷高足盤1，青色釉瓷硯1	中原文物1986-3
588（開皇8）合葬	河北平山・崔昂夫妻，566年合葬墓	青瓷鬈状突帯文橋形2系環形2系罐1，鉛釉刻花蓮弁文橋形4系二彩罐1，黒褐釉4系罐1，緑釉盤1，碗9，青瓷盤口壺2，青瓷唾盂1	文物1973-11

I 南北朝青瓷の展開と白釉陶瓷の創造

589（開皇9）葬	西安楡林・徳□□墓	醤釉唾壺1，緑釉環状系4系罐1，米黄色長頸盤口瓶1	考古与文物1988-1
589（開皇9）葬	河南安陽・宋楷墓	青瓷突帯文環形4系腹形罐3，青瓷単系瓶1，青瓷八盅盤1	考古1973-4
589以前卒	河北景県・封延之夫人崔	青瓷突帯文環形4系盤口瓶1，青瓷4系罐1	考古1957-3*
590（開皇10）	河南・安陽M404氏名不詳墓	青瓷突帯文縦3系鼓腹形罐2，青瓷碗5，青瓷杯15	考古学報1981-3
590（開皇10）年銘磚	江西清江県黄金坑・無名氏墓（M1）	青瓷刻花蓮弁文6系壺1	考古1960-1, 考古与文物1991-2
592（開皇12）	西安・呂思礼夫妻合葬墓	鉛黄釉盤口瓶1，双系罐1，黄釉燭台1，白瓷唾壺1	考古与文物2004-6, 社考研1965
594（開皇14）	江西黎渓・無名氏墓	青瓷4系盤口壺1，青瓷碗1，青瓷盞2，青瓷帯托五流瓶1	江西文物1990-3
595（開皇15）	河北平山県・崔大（圉）	（陶器罐5，碗11，盤口壺4）	考古2001-2
595（開皇15）卒	山西大原・角斗律徹墓	青瓷突帯文環形3系鼓腹形罐1，青瓷貼花文尊1，青瓷硯1，白瓷高足杯1	文物1990-10
595（開皇15）葬	河南安陽市・張盛墓	青瓷壺6，青瓷鐏4，青瓷瓶1，青瓷罐4，青瓷鉢1，青瓷3足炉3，青瓷3足帯杯盤1，青瓷3足双系盂1，青瓷鉢1，青瓷碗4他	考古1959-1
595（開皇15）葬	山西・梅淵夫妻墓	青瓷竜柄環状系3系鼓球形胴瓶1，青瓷鼓腹罐2，青瓷高足盤2，青瓷唾壺1，青瓷高足灯1，矮足灯1，青瓷碗8，青瓷杯4	文物1992-10
596（開皇16）卒	河南安陽琪村・鄭平墓	青瓷突帯文環形4系鼓腹形罐4	考古1956-6
596（開皇16）	福建泉州村・無名氏墓	青瓷壺1	文物1960-2
597（開皇17）	福建恵安県・無名氏墓	青瓷2系盤口壺2，青瓷4系罐3，青瓷2系罐8，青瓷瓶3，青瓷唾壺1，托杯5，托座1，鉢3，碗2，盂1，博山路2，五盅盤1他	考古1998-11
598（開皇18）	浙江江山県・無名氏墓	青瓷盤口壺1，青瓷2系罐1，青瓷碗5	考古学集刊3
598（開皇18）	山西太原・虞弘合葬墓	白瓷碗	文物2001-1, 隋代虞弘墓
600（開皇20）葬	安徽亳県・王幹墓	青瓷突帯文環形縦4系盤口瓶1，青瓷4環状系盤口瓶1，黄釉高足盤1，黄釉瓷碗1，白瓷大盅4，白瓷小盅1，白瓷硯1	考古1977-1 安徽出土瓷器no.47
601（仁寿1）	陝西咸陽・尉遅賀抜夫妻合葬墓	青瓷小盂1，白瓷鏤空香炉1・深腹形碗1・臘台1，瓶残欠1	員安志1992
北周・大業年間	西安咸陽・国際機場14号墓	青瓷盤口4系罐1，青瓷環形4系罐1	員安志1992
603（仁寿3）葬	河南安陽・卜仁墓	青瓷突帯文環形4系鼓腹形罐4，青瓷高足盤2，青瓷灯1，青瓷碗5，青瓷杯2	安陽発掘報告第2巻, 文物1958-8
603（仁寿3）卒	河南安陽・M103氏名不詳墓	青瓷突帯文4系鼓腹形罐4，青瓷碗16，青瓷盤1	考古学報1981-3
603（仁寿3）	河南安陽・M103氏名不詳墓	青瓷突帯文3系鼓腹形罐2，青瓷突帯文4系鼓腹形罐1	考古学報1981-3
605（大業1）	西安長安区・李裕墓	白瓷4系鶏首壺1，白瓷碗3，白瓷杯4，白瓷碟1，白瓷盤1，白瓷辟雍硯1	文物2009-7
606（大業2）頃	浙江嵊県・無名氏墓	青瓷環状系2系盤口壺2(M9)，青瓷盤口瓶1(M10)，青瓷盤口壺1(M11)	文物1987-11
607（大業3）葬	安徽亳県・□爽墓	青瓷突帯文環形4系球形胴罐1，黄釉2系罐1，黄釉高足盤1，白瓷鉢1	考古1977-1
607（大業3）葬	山西襄垣県・浩喆墓	（陶罐2）	文物2004-10
607（大業3）葬	浙江江山県・無名氏墓	青瓷刻花蓮弁文盤口瓶2，青瓷碗5	考古学集刊3
608（大業4）葬	西安西郊・李静訓墓	青瓷沈線文環形4系球形胴罐1，青瓷突帯文環形4系鼓腹形罐2，青瓷無文環形6系罐1，青瓷沈線文環形2系盤口瓶1，青瓷沈線文環形4系橋形4系印花文罐1，青瓷沈線文橋形4系印花文罐1，白瓷沈線文環状形鋲縦4系罐1，白瓷沈線文環状系鋲2系鶏首壺1，白瓷沈線文双把双身盤口瓶1	考古1959-9 社考研1980
610（大業6）葬	西安郭家灘・姫威墓	白瓷蓋罐3	文物1959-8
610（大業6）葬	西安慶華廠・李椿夫妻墓	白瓷沈線文環形4系卵形胴罐2，白瓷盤口壺1，緑釉香炉1	考古与文物1986-3
610（大業6）	寧夏固原県・史射勿墓	青瓷4系罐1，白瓷鉢1	文物1992-10, 原州古墓集成1999
610（大業6）	湖南湘陰・無名氏墓	青瓷6系盤口瓶1，青瓷蓮華文長頸瓶1，青瓷竜頭形柄盉1，青瓷印花文唾壺1，青瓷杯5，醤釉硯1他	文物1978-1
610（大業6）年銘 年銘磚	広東韶関・無名氏墓	青瓷6系罐2，青瓷印花文碗6，青瓷杯1	考古1965-5
611（大業7）卒	西安郭家灘・田元徳墓	青瓷突帯文環形4系球形胴罐3，白瓷罐1，瓶1，硯1，青瓷盂1	文物1957-8
611（大業7）	江西清江県・李法珍墓	青瓷唾壺1，青瓷硯2，青瓷小碗1	考古1977-2
611（大業7）	江西清江県・熊諫墓	青瓷壺1，青瓷四系壺1，青瓷唾壺2	考古1977-2
612（大業8）	河北曲陽県・尉仁弘墓	青瓷4系罐1，白釉盤口瓶1	文物1984-2

2. 北朝－隋・初唐期罐, 瓶の編年的研究   57

612（大業 8）葬	遼寧朝陽・韓暨墓	青瓷環状 6 系罐 1, 灰陶罐 5, 陶硯 1	遼寧文物 1980-1, 遼寧出土瓷 no. 46
615（大業 11）卒	西安白鹿原・劉世恭墓	青瓷突帯文環形 4 系球形胴罐 2, 青瓷沈線文環形 4 系盤口瓶 1	考古学報 1956-3
615（大業 11）	江西清江県・無名氏墓（M31）	青瓷唾壺 3	考古 1960-1, 江西出土瓷 no. 22
大業年間（605-6017）	陝西咸陽機場・14 号墓	青瓷突帯文環形 4 系球形胴罐 1, 青瓷沈線文環形 4 系盤口瓶 1	員安志 1992
大業年間（605-6017）	湖北武漢・無名氏墓	青瓷（鶏首壺 1, 4 系罐 2, 唾壺 1, 高足盤 2, 天鶏壺 2, 盤口壺 2, 碗 1, 水盂 1）	考古 1983-9
637（貞観 11）	河北平山県・崔仲方墓	(陶器碗 1, 壺 1)	考古 2001-2
隋代天津 1	天津市津南区寶庄子墓	青瓷環形 4 系罐 1	天津出土瓷 no. 2
隋代天津 2	天津市静海県張村墓	青瓷 2 系瓶残欠 1	天津出土瓷 no. 3
高句麗 1	吉林集安市高句麗禹山墓区 M3319	青瓷 4 系盤口壺 1（越窯カ）	吉林出土瓷 no. 164
隋代遼寧 1	遼寧朝陽県七道泉子鎮呉家洼村	青瓷環状 2 系壺 1	遼寧出土瓷 no. 47
隋代 1	西安西郊・熱電廠 M64	青瓷突帯文縦環状系 4 系盤口壺 1, 白瓷パルメット文扁壺 1	考古与文物 1991-4
隋代－初唐 2	西安郊区・M408	青瓷突帯文鋲環形 4 系球形胴罐 1	社考研 1965
隋代－3	西安郊区・M600	青瓷突帯文鋲環形 4 系球形胴罐 1	社考研 1965
隋代－4	西安郊区・M516	青瓷沈線文鋲環形 4 系球形胴罐 2	社考研 1965
隋代陝西 1	西安市郊区	青瓷環形 4 系罐 1	陝西出土瓷器 16
隋代陝西 2	西安市西郊運東公司	青瓷貼花縄文環形 4 系罐 1	陝西出土瓷器 17
隋代河北 1	河北石家庄市柳辛庄	青瓷竜柄環形 2 系盤口壺 1	河北出土瓷器 no. 21
隋代河北 2	河北任邱市鄭州	青瓷環形 2 系罐 1	河北出土瓷器 no. 22
隋代河北 3	河北邯鄲市峰峰砿区	青瓷環形 4 系罐 1（安陽タイプ）	河北出土瓷器 no. 23
隋代 5	河南鄭州万福華園・無名氏墓	青瓷碗 5, 青瓷杯 2, 姜黄色釉唾壺 1	中原文物 1997-3
隋代 6	河南滎陽計委住宅・無名氏墓	青瓷碗 2, 青瓷高足盤 1, 4 系罐 1	中原文物 1997-3
隋代 7	河南鄭州第 2 印染廠・無名氏墓	円帯文碗 4, 青瓷 3 系罐 1, 黄釉壇 2, 青瓷唾壺 1	中原文物 1997-3
隋代 8	河南安陽梅元荘・無名氏墓	青瓷突帯文環形 4 系鼓腹形罐 2, 青瓷盤 1, 青瓷杯 6, 青瓷碗 1	考古 1992-1
隋代 9	河南安陽橋村・無名氏墓	青瓷 4 系罐 1, 青瓷蓋罐 6, 青瓷唾壺 1, 青瓷杯 6, 青瓷碗 12, 青瓷炉 1, 青瓷壺 1, 青瓷盆 1, 青瓷高足盤 1, 青瓷盒 8, 青瓷三足炉 1, 青瓷奩 1, 青瓷案 1, 青瓷硯 1 他	考古 1992-1
隋代江蘇 1	江蘇揚州市郊区	青瓷環形 4 系鶏首壺 1（湘陰窯製品カ）	揚州古陶瓷, 江蘇出土瓷 no. 67
隋代江蘇 2	江蘇連雲港市錦屏山	青瓷環形 2 系鶏首壺 1	江蘇出土瓷 no. 68
隋代山東 10	山東済南・無名氏墓	青瓷 4 系盤口壺 1, 青瓷 4 系罐 1, 青瓷盤口瓶 7, 青瓷盂 4, 青瓷碗 4, 青瓷杯 2	文物 1981-4
隋代山東 11	山東泰安市邱店	青瓷竜柄蹲猴盤口壺 1	考古 1988-1, 文物 1988-8
隋代山東 12	山東棗庄市中陳郝窯跡	青瓷環形 4 系盤口壺 1	山東出土瓷器
隋代山東 13	山東棗庄市中陳郝窯跡	青瓷環形 4 系罐 1	山東出土瓷器
隋代山東 14	山東棗庄市中陳郝窯跡	青瓷橋形 4 環形 4 系刻花蓮弁文罐 1	山東出土瓷器
隋代山東 15	山東鄒城市鳧山街道	青瓷環形双系盤口壺 1	山東出土瓷器
隋代山東 16	山東新泰市翟鎮劉官庄	青瓷環形双系盤口壺 1	山東出土瓷器
隋代山東 17	山東兗州市北門外	青瓷環形 4 系罐 1	山東出土瓷器 no. 54
隋代山東 18	山東桓台県庄鎮筍召村	青瓷環形 4 系罐 1	山東出土瓷器 no. 55
隋代山東 19	山東高唐県北湖 27 号井戸	青瓷環形 4 系罐 1	山東出土瓷器 no. 56
隋代山東 20	山東鄒城市太平鎮天啓廟後	青瓷環形 4 系罐 1	山東出土瓷器 no. 57
隋代山東 21	山東鄒城市太平鎮天啓廟後	青瓷環形 4 系罐 1	山東出土瓷器 no. 58
隋代山東 22	山東新泰市中寨南関村	青瓷刻花蓮弁文環形複 4 系罐 1	山東出土瓷器 no. 61
隋代安徽 1	安徽合肥市西門・無名氏墓	青瓷 4 系盤口瓶 1, 青瓷刻花蓮弁文碗 1, 青瓷盞 1, 青瓷四系罐 1	文物 1984-9
隋代安徽 2	安徽合肥市義興郷梁河塘郢隋墓	青瓷環形 6 系盤口壺 1（湖南岳州窯製品カ）	安徽出土瓷器 no. 49
隋代安徽 3	安徽合肥市白水壩原墓	青瓷印花環形 4 系盤口壺 1（寿州窯製品カ）	安徽出土瓷器 no. 50

隋代安徽 4	安徽鳳陽県臨淮関	青瓷印花文環状 4 系盤口壺 1（寿州窯製品カ）	安徽出土瓷器 no. 51
隋代安徽 5	安徽当塗県護川鎮竜居村	青瓷橋形 4 系盤口壺 1	安徽出土瓷器 no. 52
隋代安徽 6	安徽無為県	青瓷環形複 2 系鶏首壺 1	安徽出土瓷器 no. 53
隋代安徽 7	安徽合肥市大興鎮宋伏竜村隋墓	青瓷環状 4 系印花文盤口壺 1（湖南岳州窯製品カ）	安徽出土瓷器 no. 54
隋代安徽 8	安徽六安県蘇南郷黄集窯跡	青瓷環状 4 系印花文罐 1（寿州窯製品カ）	安徽出土瓷器 no. 55
隋代安徽 9	安徽寿県城関南門外	青瓷貼花文角型環状 4 系罐 1	文物 1990-9
隋代安徽 10	安徽六安県・無名氏墓	青瓷杯 3，青瓷盂 2，青瓷複 4 環形系罐 1，青瓷高足盤 1，青瓷環形 4 系盤口壺 1	考古 1977-5
隋代浙江 1	浙江義烏市平疇郷白蓮橙塘村	青瓷環形 2 系鶏首壺 1	浙江出土瓷器 no. 99
隋代広東 1	広東英徳光石墩嶺 M22	青瓷環状 6 系罐 1	広東出土瓷 no. 15
隋代－初唐湖北 1	湖北武漢・周家大湾 241 号墓	青瓷 6 系盤口壺 3，青瓷 4 系印花文壺 1，青瓷 4 系蓋罐 2，青瓷高足杯 15，青瓷碗 2，青瓷杯 18，青瓷鶏首壺 1，青瓷盂 2，青瓷碟 3	考古 1957-6
隋代湖北 2	湖北武漢周家大湾 M241	青瓷複 4 盤口壺 3，青瓷 4 系壺 1，青瓷 4 系蓋罐 2，青瓷豆 15，青瓷碗 2，青瓷杯 26，青瓷竜柄鶏首壺 3，青瓷盂 2，青瓷四系蓋罐 4，青瓷碟 3	考古 1957-6
隋初湖北 3	湖北武昌区馬房山・無名氏磚室墓	青瓷碗 11，青瓷盞 5，青瓷盅 12，青瓷高足盤 1，青瓷唾盂 1，青瓷劃花印花文環状 4 系盤口瓶 # 1，青瓷硯台 1，青瓷 4 系罐 1（579 年鋳造銭共伴）	考古 1994-11 湖北出土瓷器 no. 57
隋代湖北 4	湖北武漢市武昌区岳家嘴	青瓷環状 4 系巻草文鶏首壺 1	湖北出土瓷器 no. 59
隋代湖南 1	湖南長沙市解放四村 1 号墓	青瓷印花文唾壺 1，青瓷印花文長頸瓶 1（湘陰窯カ）	湖南出土瓷器 no. 142，143
隋－初唐湖南 2	湖南郴州・無名氏墓	青瓷盤口壺 2，青瓷罐 1，青瓷碗 1	考古 1985-8
隋代	四川綿陽・無名氏墓	青瓷角型 4 系盤口壺	四川文物 1991-5
隋代	遼寧朝陽・于 M2	青瓷環形 3 系紡錘形無文罐 1	文物資料 6
667（乾封 1）合葬	西安韓森寨・段伯陽墓	青瓷縄目突帯文環形 4 系球形胴罐 1	文物 1960-4
668（総章 1）葬	西安羊頭鎮・李爽墓	青瓷縦 4 環状形無文卵形胴罐 2	文物 1959-3
670（咸亨 1）葬	河北清河・孫建墓	青瓷縦環状形 2 系無文球形胴罐 1	文物 1990-7
676（上元 3）	浙江江山県・無名氏墓	青瓷 2 系盤口瓶 2，醬釉 2 系罐 1，青瓷多足硯 1，青瓷碗 9	考古学集刊 3

2011 年 5 月現在（紀年銘共伴資料以外は主要な陶瓷器に限定）

＊こうした集成表は，膨大なエネルギーをもって日々更新を迫られており，作成した瞬間に古くなり，修正されることを目的に作成しているといえる。その意味では論文と同じ宿命と目的を有している。

1-6，文物 1973-11）。この罐を 566 年墓随葬とする根拠の一つは，その翌年に山西・祁県（忻州）の韓裔墓から鶏首壺ではあるが，鉛釉刻花蓮弁文 3 点があり，この 4 系の形態が類似していることにある。

ついで 575 年葬の河南・安陽の范粋墓から鉛白釉緑彩刻花蓮弁文環形 4 系罐 2，白釉緑彩刻花蓮弁文環形 4 系罐が随葬されている（pl. 1-7a, 7b）。この系は，隅丸形の系を縦位置に付けている点に特徴があり，范粋墓の翌 576 年に葬られた同じく河南の濮陽・李雲夫妻墓からも類似した白釉緑彩刻花蓮弁文橋形・環形 4 系罐 2 が発見されている。この二彩罐も類似した隅丸の環状形 4 系と，角張った 4 系をもち，共に肩には北朝鉛釉陶では類例が少ない線刻唐草文をめぐらし，蓮弁内にも子弁を表現している（pl. 1-8，考古 1964-9，図版 10）。同年埋葬の河北・磁県の高潤墓からは肩に劃花（篦刻）蓮弁文を付け，無系の鉛釉罐があり，共伴の瓶は橋形系を付けているので北朝末期と考える（pl. 1-9，考古 1979-3）。線刻巻草文を除くと，類似しているのが上海博物館の白釉 4 系罐であり，やや幅広の 8 弁文を刻み，氷裂をみせる白釉が全体にかけられているが，下半部は薄い（pl. 1-10）。これは白瓷釉の可能性がある。北斉の時期の青瓷および鉛釉罐の特徴は，球形胴の胴部中位に刻花蓮弁文をめぐらし，肩に橋形の系を付ける形式と認識できる。こうした形式は，後述の青瓷盤口瓶や鶏首壺においてもほぼ共通して認められる[2]。これらはいずれも鉛釉であり，黄色ないし緑黄色

を呈しているが，白釉をめざしていたと推測できる。明器であるから鉛釉陶でよいわけではあるが，青瓷も並行して焼造されていたと考えている。

これら刻花蓮弁文罐について，次の2点を注意しておきたい。系の形が，范粋墓にみられるように，北斉末から橋形横系から環状縦形に変化していることである。この傾向は，刻花蓮弁文装飾ではない他の4系罐などや鶏首壺などにもほぼ接近した時期から変化している。系の機能は蓋との緊縛にあると考えられるが，橋形から環状系への変遷は生産年代の指標になることは確かであるが，その変化の理由は説明できない。他の1点は，これらの発見地が，河南・安陽を中心にして濮陽，河北の磁県，平山にあり，全資料数が多いとはいえず，窯跡出土資料は未確認ではあるが，この形式が安陽窯付近に生産地があると推定する (fig. 1)。

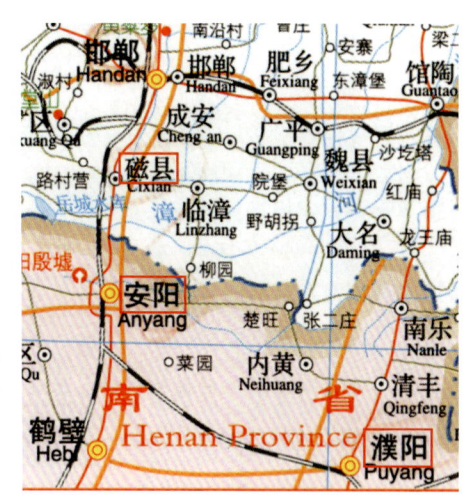

fig. 1. 河北・河南省界地域地図

B. 山東地域の青瓷刻花蓮弁文罐〔pl. 2-12〕：山東地域から発見されている青瓷刻花蓮弁文罐は，上記の安陽周辺地域出土品と同様に蓮弁文を削り出しているが，意匠は異なり，洗練されていない。山東・(兗)州后李村出土品は胴部中位に削り出された蓮弁文の削り出しが鈍いが，横6橋形系を肩部に付け，蓋甲に線刻で花文を表し，沿に複弁反花をめぐらしている。装飾は稚拙であるが北朝青瓷罐の特徴はA地域と共通するものがある (pl. 2-12, 出土陶瓷6, no. 39)。

棗庄市中陳郝窯跡出土とされる青瓷罐は，正確に蓮弁文を削り出しており，上記北斉時期の製品とモチーフはおなじであり意匠が洗練されている。これは橋形と環状系をまじえており，貼花縄目文とあわせて，形式的には北斉末ないし隋初の製品と考える。新泰市中南関村出土品も蓮弁文を削り出してはいるが，退化しつつある意匠であろう。これらの生産窯を棗庄古窯跡群の産品に限定することはできないが (中国古代窯址調査報告書pp. 374-385)，これら罐は棗庄市の北側地域から発見されているので，淄博寨里窯，臨沂市朱陳窯，泰安県中淳于，曲阜県泗水窯なども生産窯の候補地と考慮におく必要があろう。いずれにしても安陽窯の製品とは微妙な異同点があり，山東省内に生産窯を想定する。窯跡以外の山東省内の遺跡から種々の装飾をもつ青瓷罐があり，省内に生産窯の存在をうかがわせる (pl. 1-11, 2-12)[3]。

北朝末期から隋代にはいると，胴部装飾と系の形の変化に年代設定の根拠があり，山東・臨沂市北十里堡出土品では，球形胴の上半に線刻で蓮弁を表し，中位で蓮弁を反り花として削り出しており，安陽地域の罐と形状は類似している。しかし肩には横橋形と縦環状系を交互にはさみ6系としている点は北斉末期から隋に位置づけられる (pl. 2-17, 出土陶瓷6, no. 40)。とりわけ，この系の形状の変化は北朝の広範囲にわたり確認できる。

583年の咸陽・王士良・妻合葬墓出土の青瓷罐においては[4]，肩に付けられた系が2本紐組の環状系 (ループ・半環状) 形に変わり，胴部の蓮弁文も線刻であり，弁先を反転させることなく，中位の突帯文のところに留っている (pl. 2-18, fig. 2, 器高21cm, 陝西考研1992, 図版245, p. 116, 図6)。

またループ系は隋に始まるものではなく，北斉末の576年の李雲墓の青瓷罐では橋形2とループ系4が組み合わされており，この頃に漸

fig. 2. 青瓷刻花蓮弁文罐 (pl. 2-18図)

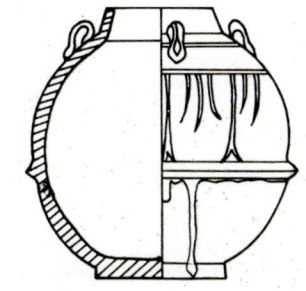

次的に始発することを示唆している（pl. 3-33）。江蘇・建湖県上岡収集品（pl. 2-19，南京博物院 1981，no. 78，器高 20.0cm）は，竹管文と細かい列点文を器面に印花し，江南地域の特徴をもつ罐で，橋形とループ系を各4箇つける。肩に縄目文をめぐらしている点も注意しておきたい。山東・棗庄周辺地域の出土例も橋形・環状系を併存させ，縄目文突帯を肩につける刻花文罐である（窯址報告 1984，p. 377 図 4-4）。サンフランシスコ美術館蔵（pl. 2-20，B60P154，器高 20.9cm）も，橋形と環状形系を交互に付け，刻花蓮弁文内に線刻で子弁を表現している。

環状系・刻花蓮弁文の組み合わせは，紀年銘資料には少ないが，589 年の西安・徳□□墓例は，球形胴の肩に尖端形のループ系をつけ，不鮮明な写真であり実見していないが，刻花蓮弁文の形骸が，波をうつ突帯文にうかがえる（考古与文物 88-1，p. 63，図 3）。この遺例はいくつか例示できる。ＭＯＡ美術館蔵（pl. 2-21，ＭＯＡ図録 1982，No. 9，器高 28.9cm）は，灰白色の胎土に茶褐色釉がかかり，明快にきられた蓮弁は力強く弁端を反らせている。肩には 2 連のループ系が 4 箇所に付けられている。F. M. Mayer 旧蔵品（OCS1971，no. 32，器高 33.5cm）は，やはりループ 4 系，弁間をあけた刻花蓮弁文であるが，系間に 8 弁蓮華文と獣面文を 2 箇ずつ貼付し，肩に蓮肉を表している縄席文をめぐらす特徴をみせる。山東・平邑県于村出土例も，肩の 4 箇所に，宝珠をパルメット文で包み，頂にもパルメット文をおく貼花文をみせる。弁端を反転させる刻花蓮弁文内には，綬を垂下するパルメット文を印花文でいれる（pl. 2-22，山東文物 1996，no. 69，器高 25.9cm）。肩に貼付されたループ系は 2 連であり，これら南北朝貼花文青瓷については別稿で詳述しており（本書Ⅰ-1 参照），隋初の年代を推定している。

刻花蓮弁の形が便化している例として，インドネシア・スマトラ出土とされている四系罐をあげたい。胴部中位に縦刻線をおろした先端部分の突帯を押して波状につくるが，これは蓮弁文の簡略形であり，短い重線は子弁を表しているのであろうか。上記のサンフランシスコ美術館蔵品と似ているが，環状系系や蓮弁文のつくりが，より簡化されている。蓋は宝珠鈕の周囲に 6 箇の団花文を貼付している。これも隋初の年代と考える（pl. 3-24，総高 26.0cm，インドネシア国立博物館 No. 3294，陶磁大観 1977，6 図，1977）。

このように，同じく刻花蓮弁文ではあるが，系の形態からみると，橋形で面取りのある形から，板状穿孔橋形型系，そしてループ系へと，相互に重複期をもちながら形式的推移が考えられる。橋形系を付す青瓷刻花文罐は，東魏から北斉末以前に位置付けられ，ループ系の始発点は，現有の紀年銘資料に基づくと，北斉末の 570 年代であり，崔昴墓の年代が問題になるとしても[5]，刻花文罐は隋初の 580 年代までに収まると考える。

橋形系が環状系に変移する理由については，製作技術の簡略化にあると考える。すなわち，こうした青瓷罐が遺体の頭部付近に置かれる例からみて，随葬品の中で必須の容器の位置を占めていたと考えられ，隋代になると，その需要が前代よりも増加し，すなわち，厚葬を行う階層が増大したことが背景にある。台形に削り孔を穿つ方法よりも，2 本の粘土紐を貼付する方法がより簡単で能率的である。578（宣政 1）卒の西安咸陽・独孤蔵夫妻墓に随葬された青瓷罐の横系は橋形ではあるが，粘土紐造りであり，かつての削り出しとは明らかに異なり，この系形態の変移時期にあたる象徴的な形とみる（pl. 3-25）。この他に無系罐として，595 年葬の山西・梅淵夫妻墓蓋付罐がある。

② 突帯文貼付環状系罐

肩と胴部に突帯文を貼付する形式は，胴部の形態，突帯の装飾，施釉方法などの相違に基づき細分できる。

A. 襞状突帯文球形胴罐：胴部中位に襞状突帯文（縄絡文，pie-crust）を貼付し，肩に環状系ないし橋形系を

貼付する球形胴の罐の形式は，隋初には確実に出現している。開皇2 (582) 年の河北景県の高潭墓があげられ，肩に圏線沈文をめぐらす球形胴で，環状4系，中位に襞状突帯文を貼付する意匠である。この襞状部分をみると，一定の間隔をおいて襞がつくられており，単に機械的な装飾文ではない (pl. 3-23, 文物 1979-3, 図41)。これを遡る天平4 (537) 年に埋葬された同じ一族の高雅夫婦子女合葬墓から出土した青瓷獣把手4橋形系瓶の胴部には，線刻俯蓮文に下接して，反転する弁端と間弁の表現が襞状突帯文状にみえ，ここまで朔上する可能性がある。V&A. には襞状突帯文まで到らない蓮弁文を髣髴させる突帯文の例がみられる環状系罐があり (pl. 3-26, 器高 19.5cm)，このように初源形態とおもわれる襞状突帯文をみると，刻花蓮弁文の弁端が簡略化された形式である。もちろん襞状突帯文を指頭によって連続した押圧文につくる形式化した例もある。BM. 蔵品 (pl. 3-29, OA 1924.12-15.43) の襞状突帯文は管状器具で均一の大きさに押圧している。かなり白い胎土に黄色の青瓷釉がかけられ，釉溜まりでは灰青色を呈し，口沿の上面に3箇所目跡がある。

　胴中位に襞状突帯文を貼付する形式は，環状系が付く例がほとんどであるが，河北・崔昂夫妻合葬墓においては橋形系と混合している。肩に板状に穿孔した橋形系とループ系を各2箇付け，突帯文のうち，胴部中位のそれは襞をつけた形である (pl. 3-31, 32, 中美全集工芸 1, no. 230, 文物 1973-11)。注記したように，崔昂夫妻合葬墓の場合，崔昂の566年から，後妻の仲華夫人の葬年である588年と時間幅があるが，本品は崔昂・前妻の随葬品の蓋然性がある。橋形系と環状系の並存は，576年の李雲墓に典型例があり，青瓷突帯文罐は連接する橋形系4の間に環状系4をはさんでいる。共伴している鉛白釉緑彩罐は刻花蓮弁文の胴部装飾に，橋形4系であり，釉薬の相違はあるが，こうした系の形状の変化が北斉末に出現した現象を示唆している (pl. 3-33, 34, 中美全集工芸 1, no. 232, 中国文物精華 1992, no. 23)。これと類似し，橋形4系と襞状突帯文を付け，黄緑色透明釉が腰までかけられた罐がベルリン東洋美術館にあり (pl. 4-35, 器高 17.7cm, no. 1988-27)，すでに形式化しているこの襞状突帯文が蓮弁文の簡略化されたデザインであるとする指摘がなされている (ベルリン 1992, no. 49 解説)。山東兗州市北門外出土罐も同巧品である (pl. 4-37)。

　このように，刻花蓮弁文が襞状突帯文に簡略化され，系も橋形から環状系に変化する罐は，北朝末から隋初を前後した時期に登場し，隋代前半代におさまる。

B. 突帯文球形胴罐：胴中位の襞状突帯文を素文の突帯文に変えて，球形胴の肩と胴部の位置に貼付する形式がある。透明な青瓷釉は下方の突帯附近までかけられている。武平7 (576) 年の李雲墓出土の青瓷罐がこの祖形とみられ (pl. 3-33)，環状系と橋形系を併置させ，線刻文をいれる。同じく橋形・環状系併置例は，安徽省博物館蔵品にあり，環状系品を含めて貼花文青瓷として論じたところである。胴部は丸まるとした球形で，いずれも4縦環状系罐である。緑から黄色の間の酸化気味に呈発する釉は，高台脇までかけられているものがある。この罐でも，橋形系から縦丸 (環状) 系に隋初で変化している。

　隋代になっても，継承されるこの形式は，出土例をさぐると，大業3 (607) 年葬の安徽・□爽墓は，下記王幹墓の100m西側の至近に築かれ，球形胴の肩と胴の中位を下がったところに突帯文をつくり，4系の先端は尖らしている (fig. 3-2, 高 20cm, 考古 1977-1, p. 65, 図 3-3)。初唐期と報告されている西安郊区 600 号墓 (pl. 4-36, 社考古研 1965, 図版 34-4) は，肩に2，胴に1本の突帯を貼付し，鋲をはめこむ系を付けている。陝西省内出土品とされている西北大学蔵品 (pl. 4-38, 器高 32.5cm) も同巧で，透明青瓷釉が高台脇まで滑らかにかけられているが，剥離している箇所も多く，肩に2本の突帯，鋲をつけた環状系罐の特徴を共通している。611年の西安・田元徳墓品 (文物 1957-8, p. 66)，大業年間に合葬されたとみられている咸陽飛行場14号墓品があり (pl. 4-40, fig. 3-1, 器高 24.5cm, 陝西考研 1992, 図293) がある。さらに隋末から初唐と報告されている西安郊区のM600号墓などまで継続している。陝西歴史博物館蔵品も球形胴で，寿州窯青瓷などにみ

られる釉溜まりが暗青色を呈し，口沿3箇所に目跡がある。山東棗庄市中陳郝窯跡からもこの形式の罐が報告されている。

西安・白鹿原43号墓は，大業11 (615) 年の同所劉世恭墓の年代に近いとみられ，球形胴・鈬環状系で，肩附近などに釉ハゼ現象がみられる青瓷罐が出土している (pl. 4-41, 器高27.2cm, 考古学報1956-3, 図版4-5)[6]。したがって，この形式の内，環状系を付ける形式は隋代前半に遡る例はなく，いずれもその後半，7世紀初頭から出現している。なお，緑釉罐でこの形式に近いものが西安市東郊から出土しているが数は少なく (pl. 4-42, 陝西歴史博物館蔵)，類似品が愛知県陶磁美術館にあり，緑黄色釉が薄くかけられ，外底部は釉の一部が拭き取られ3箇の支釘痕がある (器高20.6cm)。

これら突帯文とした形式は細分できるが，いずれもが刻花蓮弁文から継起して生まれたとみなされる。すなわち，北斉末の570年代から隋代初めの580年代において，刻花蓮弁文は姿をしだいに消して，襞状突帯文に省略されていく。同じころに素文の突帯文も出現し，橋形系も伴うものもあり，その推移の北朝末・隋初から存在し，隋代の後半から初唐まで長く連続し，青瓷罐の主流を形成した感がある。細かくみれば，この形式でも突帯文の位置が下がり，胴径が大きく，鈬文系をもつ形態が隋代後半の紀年銘資料をもち，ややこれらの中で後出であろうか。初唐にはいると，無文化の傾向は否定できず，明証はないが，一部をのぞいて，これら突帯文装飾も姿を消していくのであろう。

これらに類似しているとおもわれるのが，たましん地域文化財団蔵品で (器高20.1cm, たましん1992, p. 15)，かなり白い胎土に淡緑色釉が薄くかけられ，口沿に目跡があり，上下2箇所の突帯は丁寧に貼付され，露胎の外底に焼成痕がみられる。大阪市立美術館蔵品 (器高21.8cm, no. KT6867.8) もこの形式である。この形式はポピュラーであり，製作年代の上限は北朝末で，初唐まで追跡できる。

C. 縄目突帯文球形胴罐：同じく球形胴，類似の釉調のもので，肩の突帯文を縄目文にする点に特徴があり，環状形4系の先端を両側からつまんで尖らすものがある。山口県立萩美術館蔵品 (pl. 4-43, HUM/T345, 器高30.7cm) がその典型例であり，上下2列の突帯文を斜刻して縄目文につくり，胴中位に沈圏線文，下位に素文の突帯文を貼付する。灰緑色の透明な青瓷釉は一部に釉ムラや剥落を見せながら，底部にもかけられ，3箇の支釘痕をのこす。これと類似しているのが，乾封2 (667) 年の西安韓森寨・段伯陽夫妻墓出土品である (pl. 4-44, 器高36cm, 文物1960-4, p. 50)。釉は薄く全体にかけられ，尖端形の4系，球形胴，縄目文の構成である。この墓については詳細な報告がないが，この卒年どおりとすると，7世紀中葉にこれらが位置付けられることになる[7]。同じく球形胴で縄目文をもつ西安市西郊運東公司出土品は，上記の萩美術館蔵品と類似し，環状系，縄目文の刻み方，外底部にも施釉され，支釘痕をみせ，同一工房の作の可能性がある (pl. 4-46, 高30, 口径13.5, 底径11.2cm, 出土陶瓷15, no. 17)。この青瓷罐の類品は，寧夏回族自治区固原九竜山M4墓に，邢州窯白瓷杯・盤と共に，遺体の頭部におかれている (pl. 5-47, 通高34cm, 文物2012-10, pp. 58-65)。

しかし，①で例示した刻花蓮弁文のなかに，同形式の縄目文を肩にめぐらす例－江蘇・建湖県出土品，F. M. メイヤー蔵品－があり，尖系の丁寧なシャープなつくりなどからみると，この形式を7世紀中葉まで下げずに隋代前半期に，刻花蓮弁文に引続いて出現したものではなかろうか。この他に肩に縄目文を貼付する点では類似しているが，サンフランシスコ美術館品 (器高20.9cm, B60P1500) は，球形胴ではなく，④の鼓腹形 (棗形) であり，別形式と考える。

③ 突帯文環状系鼓腹形罐

　肩に沈圏線文をめぐらし，環形3ないし4系，胴部中位に突帯文をもつ鼓腹形（棗形）胴部が特徴的であり，中位以下は露胎の有蓋罐がある。青瓷釉は黄色気味に呈発するものが多く，上からかけられた釉が胴部突帯上に溜まる。卵形胴の中位で接胎しているようであり，そこに突帯文を貼付し，最大径があるので，尖るような側面観となり，これもまた突帯文の範疇である。蓋は子母口で，低く，鈕は宝珠形と円餅形がある。

　北斉に遡る出土例はなく，いずれも隋代に始まり，開皇7（587）年の安陽韓邕墓が早い紀年銘資料であり，豆青色釉であるが，黒色の斑点が多く見られるようである（器高17cm，中原文物1986-3，p. 42）。ついで，開皇9（589）年の同じく安陽宋楢墓例も，円座をもつ宝珠紐以外はよく似ており（考古1973-4，p. 232図1），この形式は隋初の580年代には確実に存在している。

　それ以降も少なくとも隋代をつうじて，これらとほぼ同一の形態が安陽や西安地域の墳墓から出土している。例えば，開皇10（590）年の安陽404号墓（器高12.3cm，考古学報1981-3，p. 387図12-3），開皇16（596）年の鄭平墓（器高25cm，考古1956-6，p. 72図4），仁寿3（603）年の卜仁墓（器高18.2-18.4cm，文物1958-8，p. 48図5），紀年銘品では，大業4（608）年の西安・李静訓墓（pl. 5-48，器高16.5cm，陝西考研1982，図版18-5），隋末と報告されている安陽梅元庄村墓（器高24.5cm，考古1992-1，図4-1）など隋代に属している。

　さらには安陽小屯村等の隋墓16座のうち（考古学報1981-3，p. 387図12），随葬品が発見された28座中，この形式の罐が16座から出土し，1座に2-4箇と複数が随葬され，総数47点に達している。盗掘にあっていることを考えると，安陽地域の隋墓にかなり普遍的に随葬されていたことが看取できる。紀年銘をもつ590年代の402，404号，仁寿3（603）年の103，104号墓など3ないし4系と数の相違はあるものの，器形に変化は見られない。したがって，この形式は，隋代の580年代になって出現し，橋形系の例はなく，すべて環状系であり，ほとんど形態を変化させることなく，隋代後半まで，随葬品としては普遍的に用いられている。また，安陽を中心とした地域の墳墓に集中していることからみても，安陽市北郊安陽橋南窯など，この地域の産品であろう（文物1977-2，p. 50，図8-2）。初唐の良好な資料がないので，この形式の罐の終焉時期は明らかにしえないが，急速に姿を消しているようである。

　この形は，もちろん安陽地域に限定されることはなく，華北にその分布は広がっている。例えば，河北邯鄲市峰峰礴区（pl. 5-49，河北出土瓷器，no. 23），山東高唐県北湖27号井戸（pl. 5-50，山東出土瓷器，no. 56），天津市津南区寶庄子墓（pl. 5-51，天津出土瓷，no. 2）など類例は多い。

　同形の遺例を求めると，粗製の感をあたえるのであろうか，わが国の蔵品には意外と少なく，東京大学美術博物館（器高23.1cm），慶応大学考古学教室（pl. 5-52，挿図1-3，器高17.2cm，伝安陽出土）にあり，国外では故宮博物院（李輝柄1996，no. 71，器高20.5cm），上海博物館，広東省博物館（広東省博1991，no. 30，通高20.5cm），アシュモレアン美術館（1956.982，器高17.4cm，Tregear. M 1976，no. 107），イエール大学美術館（器高16.8cm，Boston1973，no. 80），コーネル大学美術館（72.109.6，器高18.1cm，New York Museum1991，no. 17），ロイヤルオンタリオ美術館（960.238.327，器高13.5cm；955x197.25ab，器高19.5cm）などにあることが確認できる。

　これとよく似た形式であるが大形品もある。最大径を胴部の中位から少し下がった位置におき，2本の沈圏線文をその箇所にめぐらす。環状形縦4系で，器高が30cm近くある紡錘形を呈し，他の罐に比べてやや大きく，粗製である。釉は灰緑色から黄緑色を呈し，ほぼ圏線文附近にまでかけられている。西安東郊の西北国綿五廠51号墓の出土例は，系を欠損しているが，やや肩の張った紡錘形を呈し，短く直立する口頸部，腰に施された重圏線文が緊張感を与えている。詳細な報告はないが，この遺構は隋墓とされている（pl. 5-53，器高27cm，陝西考研1993，no. 82）。遼寧・朝陽県于家窩M2墓の3系罐も器形と，黄緑色の釉調が類似しているようであり（器高29.8cm，文物資料6，p. 88図4-6），隋代の墓と報告されている。また同じく朝陽師

範学校の M2 は方形磚単室墓で，唐代と考えられている出土品に類品がある（同上 p. 100, 図 30）。河北任邱市鄭州出土の双系罐もここにはいる形である（pl. 5-54）。

出土例は他に探し出せないが，ロイヤルオンタリオ美術館品（pl. 5-55, 926.21.138, 器高 26.7cm）と，クリーブランド美術館品（pl. 5-56, no. 54.371, 高 25.5cm）が類似している。前者の肩には圏線文はないが，腰には明確な沈線がめぐり，鋲をはさむ系，肩から流し掛けられたオリーブグリーンの釉がその下まで垂下している。後者の系も鋲を貼付する形状で，ほぼ同形を呈し，上下に重沈圏線文を旋回させ，灰緑色で透明な釉中に小さく鉄斑が混じっていることを注意したい。この大形例は資料数が少ないが，発見遺構や鋲系をみると，隋代後半から初唐の年代が与えられる。この他に，印花文装飾の環状系青瓷罐が安徽・合肥市大興鎮宋伏竜村隋墓（pl. 5-57）と，窯跡とされている六安県蘇南郷黄集から発見されている（pl. 5-58）。

以上論及してきた青瓷罐は，北朝から隋代に位置づけられ，一部は初唐まで及んでいるとはいえ，初唐期の墳墓から青瓷罐の出土は少ない。隋代などと比較して，全体的に初唐期の良好な遺跡の調査例が希少なことや，随葬品が白瓷に替ることなどに起因しているようであるが，少数の出土資料のなかで推定をすると，ほとんど全ての装飾を省くようである。例示すると，総章元（668）年の紀年銘資料である西安・李爽墓出土の青瓷罐は，円唇につくり，縦 4 系，卵形胴であるが，突帯や圏線文などはみられない（器高 22.3cm，文物 1959-3, p. 43）。河北・清河県の孫建墓（咸亨元・670 年）出土で黄釉が流し掛けされた双系罐は，円唇・球形胴であり，これも装飾はない（pl. 6-59, 器高 29cm, 文物 1990-7, p. 52 図 24），同じく河北・邢台市糧庫遺跡出土品（pl. 6-60, 器高 13cm, 出土陶瓷 3, no. 39）。河南・栄陽茹茴の唐代窯跡出土からも同様な青瓷罐が検出されている（考古 1991-7, 器高 16.6cm, p. 665 図 1）。山東・高唐県北湖 55 井出土の 4 系罐は肩・胴部に沈圏線を巡らしてはいるが，環状系の作りも力強さに欠けている（pl. 6-61, 器高 16.5cm, 出土陶瓷 6, no. 78）。これらは，いずれもかなり球形胴になる共通性は認められ，装飾をそぎ落とした形ではあるが，強い創作意欲が感じられない。

したがって，上記の分類した①-③のほとんどは隋代までに収まり，一部は初唐まで残る形式であると想定できる。

2．青瓷盤口瓶・壺の編年

青瓷盤口瓶および壺は，やや長く頸部をのばし，盤口をのせ，胴部の膨らみと頸部の長さの割合によって瓶と壺にわけている。盤口瓶・壺は，豊かな装飾性をもたず，北朝後半・末から隋代にかけて刻花文を胴部に刻む特徴的な時期をのぞいて，突帯文などシンプルな装飾をほどこすにすぎない。
北朝から初唐期の青瓷盤口瓶・壺の資料は少なく，以下，同時期の青瓷罐・鶏首壺と共通した特徴をもっているとみられるので，関連させて考えたい。

析出できる形式は形態および装飾技法の相違によって，

A．倒卵形胴部，橋形系
B．胴部刻花蓮弁文，橋形系
C．突帯文球形胴，環形系
D．突帯文卵形胴環形系

A．倒卵形胴部，橋形系

北魏 5 世紀代の紀年銘共伴資料として，山西・大同の司馬金竜墓随葬の橋形復系品があり，装飾はなく，

盤口径が胴部最大径に近く、肩に紐造りで橋形系にする形である（pl. 7-1, 文物 1972-3）。北魏による華北統一以前の5世紀中葉までの資料は少ない。河北・景県の高雅墓（天平4・537年）の黄褐釉獣首柄瓶は、4箇の橋形系の下に線刻で花弁を表現し、突帯文に間弁をきざむ（文物 1979-3, p. 31 図 49）。

河北磁県の高潤墓出土の青瓷鶏首壺は、刻花蓮弁文はみられないが、橋形系をつけ、頸部は突帯文に近い沈線文である。この墓の葬年は武平7（576）年であり、この形の存続年の資料となる（pl. 7-2, 考古 79-3, 図版 9-4）。6世紀前半代にみられる長胴形の鶏首壺－例えば正光3（522）年の太原・辛祥墓（考古学集刊1, p. 198 図3）は、胴部に装飾はみられないが、いずれも橋形系であり、その流れは580年前後まで継続されており、この点は罐と共通している。

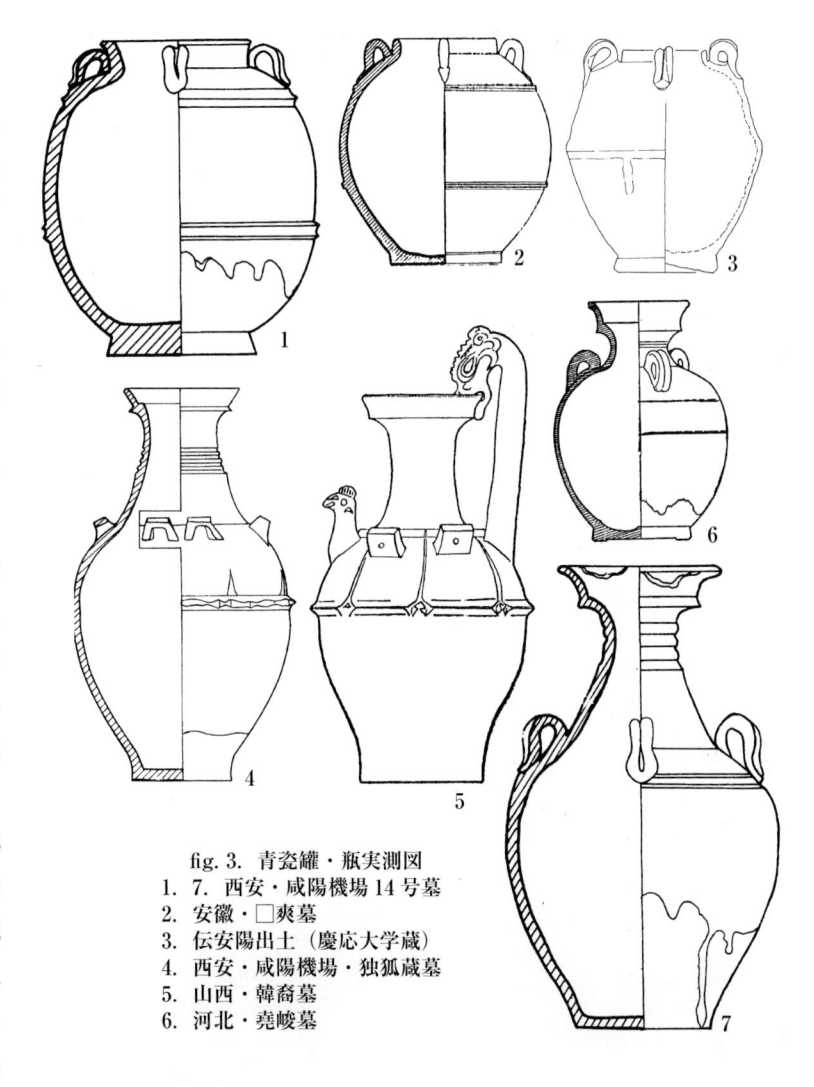

fig. 3.　青瓷罐・瓶実測図
1. 7. 西安・咸陽機場14号墓
2. 安徽・□爽墓
3. 伝安陽出土（慶応大学蔵）
4. 西安・咸陽機場・独狐蔵墓
5. 山西・韓裔墓
6. 河北・堯峻墓

これに対して、東晋の地域は、いわゆる古越州窯青瓷の生産によって墳墓随葬品がしられている。例えば、浙江・温州市双嶼雨傘寺にある東晋の永和7（351）年墓随葬の盤口壺をみると、盤口は鋭い口沿の作りであるが、4系は紐造りで環状と鈍い橋形の間であり、口沿の小さい鉄斑文と肩の圏線以外、球形胴には装飾がない。これ以前を含めて、この両器種は装飾がほとんどない（pl. 7-3, 器高 31.8cm, 出土陶瓷 9, no. 71）。東晋の同様な類品は数例をあげることができる。例えば南京象山7号墓壺（器高 30cm, 南京博物院 1980, no. 96）、江蘇句容市石獅公社瓶（器高 27cm, 同書 no. 97）、羊頭盤口壺ではあるが南京幕府山出土壺（器高 36.8cm, 徐湖平他 1999, no. 37, 上海古籍出版社）などは、胴部に装飾はなく、粘土板造りの橋形系を肩につけている。

北周地域で、6世紀前半の鶏首瓶でみても、胴部には装飾がなく、肩に橋形横系をつける点が時代の指標をしめしている。515（延昌4）年洛陽・宣武帝景陵に随葬されていた青瓷竜柄（鶏頭）橋形4系盤口瓶3は、青瓷盤口橋形4系壺6などと共伴しているおり（pl. 7-4, 考古 1994-9）、534（永熙3）年葬の西安長安区・韋乾墓（pl. 7-5, 文物 2009-5）を例示する。後者の鶏首瓶と共伴して肩に俯蓮を篦刻し、頸部に2条の突帯文をめぐらす盤口瓶が共伴しており、蓮弁文装飾としては年代の遡る例である（pl. 7-6, 文物 2009-5）。これに年代的に近い546（武定4）年の河北・呉橋県・封柔夫妻合葬墓出土の青瓷盤口橋形4系壺1の頸部に2条の突帯文がみえ（pl. 7-7, 文物 1979-2, 挿図 p. 52）や、安徽当塗県護川鎮竜居村無銘氏墓出土の同形品（pl. 7-8, 安

66　Ⅰ　南北朝青瓷の展開と白釉陶瓷の創造

1. 青瓷刻花蓮弁文罐，茹茹公主墓（文物 1984-4），2. 青瓷刻花蓮弁文蓋罐，安徽池州市貴地区阮橋郷（安徽出土瓷器 8），3. 青瓷刻花蓮弁文蓋罐，河北呉橋県小馬廠東魏墓（河北文物 1980），4. 青瓷刻花蓮弁文罐（東博 1998），5. 青瓷刻花蓮弁文罐（佐野美 1991），6. 鉛釉刻花蓮弁文二彩罐，河北・崔昂墓（文物 1973-11），7-a, 7-b. 白釉彩刻花蓮弁文罐，安陽・范粋墓（中国文物精華 1992），8. 白釉緑彩刻花蓮弁文罐，李雲夫妻墓（考古 1964-9），9. 無系鉛釉罐，河北磁県・高潤墓（考古 1979-3），10. 白鉛釉 4 系罐，上海博物館，11. 青瓷刻花蓮弁文罐，山東・新泰市中東南関村墓（出土陶瓷 6）

pl. 1. 青瓷・鉛釉罐

2. 北朝－隋・初唐期罐, 瓶の編年的研究　67

12. 青瓷刻花蓮弁文罐, 山東兗州后李村 (出土陶瓷 6), 13-1, -2. 青瓷 4 系罐, 山東鄒城市天启宙后 (出土陶瓷 6), 14. 青瓷劃花文 6 系罐, 河南李雲墓 (文物精華 1992, no. 23), 15. 青瓷刻花蓮弁文罐, 棗庄市中陳郝窯跡 (出土陶瓷 6), 16. 同左 (同左), 17. 青瓷刻花蓮弁文罐, 山東臨沂市北十里堡 (同左), 18. 青瓷刻花蓮弁文罐, 咸陽王士良妻合葬墓 (陝西考研 1992), 19. 青瓷刻花蓮弁文罐, 江蘇建湖県上岡収集品 (南京博物院 1981), 20. 青瓷刻花蓮弁文罐, サンフランシスコ美 (Li. H. 1997), 21. 青瓷刻花蓮弁文罐 (MOA 図録 1982), 22. 青瓷刻花蓮弁文罐, 山東平邑県于村 (山東文物 1996)

pl. 2. 青瓷・鉛釉罐

I 南北朝青瓷の展開と白釉陶瓷の創造

23. 青瓷突带文環状系罐, 河北・高潭墓 (文物 1979-3), 24. 青瓷刻花蓮弁文罐, インドネシア国立博物館 (陶磁大観 1977), 25. 青瓷盤口4系壺, 咸陽機場独孤蔵墓 (員安志 1992), 26. 青瓷4系罐 (陶磁大観 6) 27. 青瓷4系罐, 山東垣台県旬召村磚廠 (出土陶瓷 6), 28. 青瓷蓋罐, 山西汾陽市梅淵墓 (出土陶瓷 5), 29. 青瓷襞状突带文罐, BM., 30, 31, 32. 青瓷襞状突带文罐, 崔昻夫妻合葬墓 (文物 1973-11, 馬自樹 2001), 33. 青瓷刻花蓮弁文罐, 李雲墓 (中国文物精華 1992), 34. 鉛白釉緑彩刻花蓮弁文罐, 李雲墓 (中国文物精華 1992)

pl. 3. 青瓷・鉛釉罐

2. 北朝－隋・初唐期罐, 瓶の編年的研究　69

35. 青瓷襞状突帯文罐, ベルリン東洋美術館, 36. 青瓷突帯文罐, 西安郊区 600 号墓（社考古研 1965）, 37. 青瓷襞状突帯文罐, 山東充州市北門外（出土陶瓷 6）, 38. 青瓷突帯文罐, 西北大学蔵, 39. 青瓷突帯文罐, 陝西歴博, 40. 青瓷突帯文罐, 咸陽機場 14 号墓（員安志 1992）, 41. 青瓷突帯文罐, 西安白鹿原 43 号墓, 陝西歴博, 42. 緑釉突帯文罐, 西安市東郊, 陝西歴博, 43. 青瓷縄目突帯文罐（萩美 1996）, 44. 青瓷縄目突帯文罐, 西安段伯陽夫妻墓（文物 1960-4）, 45. 青瓷縄目突帯文罐, 陝西長安県南里王村 154 号墳（陝西省考古研 1998）, 46. 青瓷縄目突帯文罐, 西安西郊運東公司（出土陶瓷 15）

pl. 4. 青瓷・鉛釉罐

I　南北朝青瓷の展開と白釉陶瓷の創造

47. 青瓷縄目突帯文罐，寧夏固原九竜山 M4 墓（文物 2012-10），48. 青瓷鼓腹形罐，西安李静訓墓（陝西考研 1982），49. 青瓷鼓腹形罐，邯鄲市峰峰砿区（出土瓷器・河北），50. 青瓷鼓腹形罐，山東高唐県北湖 27 号井戸（出土瓷器 6），51. 青瓷鼓腹形罐，天津市津南区實庄子墓（天津出土瓷），52. 青瓷鼓腹形罐，伝安陽出土，慶大考古学教室，53. 青瓷紡錘形罐，西安西北国綿五廠 51 号墓（陝西考研 1993），54. 青瓷紡錘形罐，河北任邱市鄭州（出土瓷器 3），55. 青瓷紡錘形罐（Royal Ontario Museum 1972），56. 青瓷紡錘形罐，クリーブランド美術館（Mino, Yutaka 1987），57. 青瓷紡錘形印花文罐，安徽・合肥市大興鎮宋伏竜村隋墓（出土瓷器 8），58. 青瓷紡錘形印花文罐，安徽・六安県蘇南郷黄集窯跡（出土瓷器 8）

pl. 5. 青瓷・鉛釉罐

59. 青瓷双系罐，河北・清河県孫建墓（文物 1990-7），60. 青瓷双系罐，河北・邢台市糧庫遺跡（出土陶瓷 3），61. 青瓷 4 系罐，山東・高唐県北湖 55 井（出土陶瓷 6）

pl. 6. 青瓷・鉛釉罐

徴出土瓷 no. 52）は，次の時代への幕開きを感じさせる。

B. 刻花蓮弁文，橋形系

　刻花蓮弁文を胴部に飾る瓶は 550 年代に河北や山東など北魏の地に登場している。胴部がほぼ同形の鶏首壺を手がかりにすると，567（天統 3）年卒の山西祁県・韓裔墓（pl. 7-9, fig. 3-5, 高 37.5, 口径 9.8, 底径 10.6cm, 文物 1975-4，図 5-4, 6-4, 山西出土瓷, no. 11），570（武平 1）年山西太原・婁叡墓出土の青瓷 4 橋形系貼花文鶏首壺（pl. 7-10, 高 50.5, 口径 11, 底径 13cm, 文物 1983-10 山西出土瓷 no. 14），571（武平 2）年葬の山西太原・徐顕秀墓出土の鉛釉鶏首壺 7（pl. 7-11, 高 49.6, 口径 12, 底径 12.7c m, 文物 2003-10, 山西出土瓷, no. 19）などが北朝に属する遺品である。韓裔墓品は，竜柄鶏首壺で，頸部下から胴部上半に 8 枚の蓮弁を削り出し，反り花状にみせ，間弁をのぞかしている。肩に貼り付けられた 4 系は橋形というよりも，方形に穿孔した形である。釉は淡緑色の鉛釉で，細かい氷裂もみられ，外底部には 3 箇の支釘痕がある。

　婁叡墓出土品も全体の器形，削り出された蓮弁の技法など，韓裔墓品とよく類似した大形品であり，蓮弁上に貼り付けられたパルメットと獣首をのぞくと，同一工房の作の疑いもある。鉛釉とみられ，こまかい氷裂のなかに土錆がはいり，外底部には 3 箇の支釘痕がある。この墓からは刻花蓮弁文がなく，貼花文装飾の同形でほぼ同大の緑釉品がある。刻花蓮弁文では，同じく山西出土の徐顕秀墓の鉛釉鶏首壺があり，胴下半部をしぼり，上半部に蓮弁文 8 枚を篦刻でつくり，方形系は唐草文をいれた型作りである。うすく緑釉がかけられ，底部にはおよんでいない。山西・太原周辺から緑釉鶏首壺は他にもあり，一例として太原市金勝村無銘氏墓品をあげておきたい（文物 1990-12, pp. 1-10）。同時期の河南・安陽・范粋墓から出土の白釉緑彩長頸瓶は，盤口瓶ではないが，釉色の変化だけで装飾はないすっきりとした形姿品である（文物 1972-1, 考古 1972-1, 考古 1972-5, 文物 1980-7）。こうした北魏末期の太原周辺を中心とした墳墓に随葬された鶏首壺など，橋形系を付ける製品は，凶明器として緑釉陶が多いようである。

　鉛釉ではなく，青瓷釉刻花蓮弁文盤口壺もあり，隋初墓であるが，安徽・合肥市の開皇 3（583）年葬の張静墓から，篦により蓮弁文を胴部の上下に刻み，肩に復橋形系 2 組と単橋形系，合わせて 6 を貼り付けた盤口瓶が発見されている。胴部下半まで，青瓷釉が滑らかにかけられ，それ以下は露胎のままである（器高 36.8, 口径 16, 底径 11.8cm, 文物 1988-1, pp. 85-92, 安徽出土瓷 no. 46）。ここには環状 4 系を付けた青瓷盤口無文瓶 1 も共伴しており，刻花蓮弁文で橋形系をつけた青瓷瓶としては現在最も遅い紀年銘共伴資料である。

青瓷釉では蓮弁文装飾は少数例であり，寿州窯の焼造と報告されている。青瓷釉として，河北・河間県沙窩村無銘氏墓に随葬されていた複橋形2系竜柄鶏首壺1も大形の青瓷であり，北方地域で焼造されていたと考えられる（pl. 7-12., 器高 50.5, 口径 12.5, 底径 19cm, 河北出土瓷器 15）。河南偃師市南蔡庄北魏墓出土の青瓷複橋形2系竜柄鶏首壺1は，削り出しの橋形4系をつけ，玻璃質感のつよい透明釉がかけられている（pl. 8-13, 器高 28.2, 口径 8.2, 底径 9.6cm, 河南出土瓷器 19）。

北周の地域では，576（建徳5）葬の陝西咸陽・王徳衛墓からは，青瓷橋形4系盤口壺1が検出されている（pl. 8-14, 器高 35.5, 口径 14.6, 底径 11.2cm, 貟安志 1992, 図版 118）。橋形4系を肩に貼り付け，頸部に3条の突帯文をめぐらし，肩をはった器形である。氷裂文のある青瓷釉が腰ちかくまでかけられ，外底部は無釉である。同じく咸陽機場から発見された宣政元（578）年卒の独孤蔵墓には，青瓷盤口6系瓶1があり，胴部に直線で区切った蓮弁文を刻み，弁先を突帯上で尖らし，間弁も表現している。肩には角（橋）形の6箇の横系を付し，頸部には弦文4周，肩には2周を，各々いれる。白色の胎土にかけられた青釉はわずかに緑色を呈し，内面全てと，外面は腰までかけられている（pl. 8-15, fig. 3-4, 貟安志 1992, 図版 206, 器高 32.5cm）。刻花文と橋形系の組み合わせであり，上記の同形の罐と並行関係にあるとみるが，この種の資料は非常にすくない。同墓には褐色盤口4系壺があり，橋形4系の青瓷であり，氷裂文がみられる（pl. 8-16, 器高 10, 口径 3.8cm, 同書図版 209）。北魏の青瓷および緑釉陶との間に橋形系，頸部突帯文での共通点はみられ，胴部刻花蓮弁文も資料数は少ないが共通した装飾であり，時代性を反映している。また，青瓷罐における刻花蓮弁文で，橋形系を伴う形式は，580年代初めの紀年銘資料をもってほぼ終わっており，刻花蓮弁文盤口瓶も同様な時間的位置づけができる。

C. 突帯文球形胴，環形系

丸みのある胴部で，頸部に突帯文をいれ，環状系をつける形式であり，球形に近い胴部の形態をもつ3環状系青瓷瓶が，河北磁県・堯峻夫妻墓（武平2年・571）から出土し（fig. 3-6. 文物 1984-4, p. 19, 図 14-1），これに類似していると見られるものがプリンセスホッフ美術館にあり，ムラのおおい透明釉で，系は2連につくる（pl. 8-17, 器高 33cm, BP3001WL. Harrisson, B1978, no. 5）。いずれも系は，紐造り橋形と環状系との中間型ではあるが，大ぶりで他の環状系とは異なる。この形式として北朝末期の初源的なものと考える。この青瓷球形胴盤口壺は，隋代につづき，浙江・嵊県雅致村で，「大業」2（606）年銘磚室墓出土品は，口沿の明確な圏線，紐造り双系であり，前代の形式を遺している（pl. 8-18, 器高 26, 口径 13.6, 底径 11cm, 文物 1987-11, pp. 61-62, 浙江省博物館編 1999, no. 157）。同じく球形胴の青瓷盤口双連系壺が，浙江・新昌県元家山仁寿4（604）年墓から出土している（pl. 8-19, 浙江省博物館編 1999, no. 156, 口径 11.5, 底径 11.6, 高 28.8cm）。

環状系は，粘土紐を2本にし基部に鋲文を貼り付ける形であり，この例としては，山西・梅淵夫妻墓（開皇15年・595合葬）から竜柄をつけた青瓷3系瓶があり，鋲をつけ先端が尖る系である（pl. 8-20, 文物 1992-10, p. 24, 図 3-1）。西安西郊熱電廠 M64 隋墓出土4系瓶がこの形式であり，球形胴の肩に突帯文をめぐらし，黄緑色で光沢をもつ釉が流し掛けされ，底部に8箇の目跡がある（器高 41.4cm, 西安市文物保護考古研究所蔵，考古与文物 1991-4, p. 75 図 23-2）。この墓からは白瓷刻花文扁壺1が共伴しているのは注意される。この頃までに，白釉陶および白瓷がすでにその姿を現してきており，鉛釉陶とともに青瓷は凶明器としての主たる位置から退いていくようである。

D. 突帯文卵形胴、環形系

卵形の胴部の最大径を中位よりも上におき撫肩，突帯文ないし沈圏線文を頸部にめぐらし，胴部は絞腰形，

環状系は，粘土紐撚り合わせで鋲文は略されている。

　まずこの形式で年代の考定ができる資料を掲げると，封氏墓群から出土している青瓷縦環状4系盤口瓶が，この形式である。これが封氏のだれに属する随葬品であるのか判らないが，最後の封延之の妻・崔夫人の葬年である開皇9（589）年以前の製品であることは言える（器高39.5cm，考古1957-3，図版9-2）。大業4（608）年の西安市李静訓墓に随葬されていた青瓷盤口環状2系瓶もも細頸で沈線をめぐらしこの形式であり（pl. 8-21，器高20，口径6.7，底径5cm，中国社考研1980，p. 13），西安白鹿原・劉世恭墓出土品は，大業11（615）年の墓誌をともなっている（器高26.3cm，考古学報1956-3，図版3-6）。さらに大業年間に合葬されたと報告されている咸陽飛行場14号墓出土例がこれに近く（pl. 8-22, fig. 3-7，器高24.5cm，陝西考研1992，図版292）も同一形式である。

　西安市周辺だけではなく，山東省南部からも類似の青瓷品が発見されている。鄒城市鳧山街道隋墓（pl. 8-23，器高17cm，山東出土瓷，no. 48），新泰市翟鎮劉官庄隋墓（pl. 8-24，器高19cm，同書no. 49）があり，棗庄市中陳郝窯跡からの出土報告品と類似している（pl. 8-25，器高21.3cm，同書no. 44）。これら山東南部品は，西安周辺出土品と比較して，肩の丸みが大きい。安徽・六安県の隋画象磚墓の出土品（器高32.8cm，考古1977-5，p. 359図2-6）もこの形式である。

　この形の瓶のなかに，器面を印花文で飾るものがある。合肥市西郊五里崗の伏波将軍墓（開皇6・586）年は，頸部に2本の突帯文をめぐらし，肩部には印花蓮華文，胴部には俯蓮文が3段にわたり隙間なく印花されており，報告では寿州窯の製品としている（器高47cm，考古1976-2，図9-1，考古1988-8，p. 742，図版6-2）。さらに同じく合肥市白水壩の隋墓の出土品とみられる盤口瓶は，頸部および胴部に，より精緻にかつ密に印花文を填め，頸部に突帯文をめぐらしている（pl. 8-26，器高40cm，文物精華1993，11図）。類似品が安徽鳳陽県臨淮関隋墓から発見されている（pl. 8-27，安徽出土瓷器，no. 51）。これは寿州窯製品説がある。この他に，頸部を直立させ，環状横系6箇をつける青瓷盤口壺が，安徽合肥市義興郷梁河塘郢隋墓から発見されており（pl. 8-28，安徽出土瓷器，no. 49），同形品が大業6（610）年の墓誌をともなって湖南・湘陰・無名氏墓から出土しており，湖南岳州窯からの搬入品の可能性がある（文物1978-1，p. 72図3）。いずれの地域においても，この形式の盤口壺は隋代に位置づけられる。類例は故宮博物院蔵品（李輝柄1996，no. 67，器高42.5cm）にあり，頸部に鈍い2本の突帯文がみられるが，ループ系の下には突帯文は略されて，浅い沈線がめぐり，黄緑色の透明釉が中位までかけられている。

　無文の形式の遺例はかなりあり，シカゴ美術館品は（pl. 9-29，no. 1959.299，器高41.6cm），盤口からつづく頸部に2本，肩部に1本と貼付された突帯には緑青色で玻璃質の釉薬の溜まりがあり，寿州管家咀（嘴）窯のものなどと共通している。しかし，釉中に鉄分は少ないようであり，玻璃質の透明性をもち，腰まで掛けられている。環状縦四系の間には，牙をむいた憤怒相の獅子面が貼付されている（Mino, Yutaka1987，no. 40，大阪東洋美1989，no. 46）。類似例をあげると，インドネシア・スマトラ・パレンバン出土と報告されている同国立博物館蔵品（pl. 9-30，器高38.0cm，no. 1813），アシュモレアン美術館（器高41.2cm，no. 1956.981），ギメ美術館（pl. 9-31，器高36.0cm，陶磁大観1975-3，no. 15），ロイヤルオンタリオ美術館（器高31.5cm，no. 921.1.131）などがある。

　頸部の突帯文の有無は，地域間差を保留にしておいて，隋代のなかで微妙な時間差がみとめられる。開皇20（600）年葬の安徽・亳県の王幹墓品では，頸肩交接部に1本の突帯をめぐらしているが，頸部には付けられていない（pl. 9-32）。大業4（608）年の李静訓墓出土の青瓷盤口双系壺では，胴部はふくらみ，頸部が細くなるとともに，肩の突帯文は消えている。大業11（615）年の劉世恭墓出土の青瓷四系壺も李静訓墓例と形姿は類似し，ここでは肩部の圏線も消えている。600年頃から頸部突帯文の退化が始まっているとみる。

74　I　南北朝青瓷の展開と白釉陶瓷の創造

　以上の例示から帰納して、青瓷盤口瓶の形式の変遷は、以下のようにまとめられる。
　青瓷盤口壺は南北朝以前から、ほとんど器面に装飾のない形で現れ、6世紀前半ではそれを継承し、北・南・西地域ともに無装飾で倒卵形胴部、橋形系を付けている。6世紀第3四半期になると、刻花蓮弁文を胴部に飾る鶏首壺が盤口壺と胴部形状が類似しており、北魏から隋初まで鉛釉・橋形品につくり、北周では青瓷釉として継続している。球形胴・突帯文・環形系は隋初に現われ、初唐まで下がる資料は確認できない。卵形胴・撫肩・環形系は、隋初から並行して現われ、その後半から初唐におよんでいるが、次第に姿を消している。

おわりに

　上記の青瓷罐・壺のおおくは、隋代後半まで追跡できるが、初唐期になると、にわかに不鮮明な様相を呈する。その最大の原因は、全体の資料総数、すなわち青瓷を随葬する墳墓の報告例が極端に減少することにある。ちなみに北朝から初唐までの紀年銘資料を50年単位にかぞえてみると、500-549年は34件、550-599年は33件、600-649は19件、650-699年は32件と、7世紀前半が少なく、そのうち、隋の620年までは12と平均値であるが、それ以降の初唐の資料はわずか7件である。紀年銘墳墓以外の報告もこの時期やはり少なく、種々の要因がからむのであろうが、その理由を明確に説明できない。青瓷随葬例として、顕慶3（658）年に合葬された陝西・張士貴墓のように409件という大量の随葬品があり、白瓷唾壺など数点が報告されているが、青瓷の有無については述べられていない例もある。
　この初唐期に青瓷生産が、質量ともに衰退する方向にあったことは首肯できるが、白瓷自体の出土例も少なく、随葬品として青瓷に全面的に取って替ったとはいえない[8]。例えば、631年の陝西・李寿墓においては白瓷4系罐とともに青瓷壺が検出されており（文物1974-9、p.77）、やや北方地域に偏るが、遼寧・朝陽唐墓27座においては、青瓷罐10、白瓷・青瓷瓶各1と三彩盃1、陶器31と報告され、未だ青瓷が随葬品として一定の役割を果たしている（文物資料6、pp.86-100）。
　このような状況のもとで、初唐期の青瓷については微々たる、断片的な資料を継ぎ合わせて、その推移を追跡しよう。上記の朝陽唐墓は、M1は貞観9（635）年に亡くなった張秀墓で、他は無名氏墓であるが、この墓群は、初唐に中心がある。出土の青瓷罐10点は、球形胴・長卵形・紡錘形がある。いずれにも共通しているのは、口沿部が隋代では短く直立していたのに対して、これらは口沿を肥厚する特徴をもっている。
　隋代にポピュラーな器形である突帯文・球形胴品は、数条の沈圏線をめぐらすが、突帯文はみられない。河北・清河県の孫建墓（貞観8・670年葬）青瓷2系罐は球形胴であるが、素文で肩から黄釉が流し掛けされ、口沿は折り返している（器高29cm、文物1990-7、p.52図24）。紡錘形は、上記図29・30の胴部の形態・圏線文を継承しているが、口沿を肥厚する点が異なる（pl.5-54）。
　初唐期の青瓷罐では、球形胴から長卵（胴）形に変化する傾向性が看取でき、朝陽・唐墓にもみられ、さらに総章元（668）年に合葬された西安・李爽墓出土の環状系4系罐2件は、器高22.3cmの卵形胴で、口沿を円唇状に肥厚させる（文物1959-3、p.43）。初唐期に起源をもつとみられる白瓷四系罐（壺）は、長卵形の胴部をもち、貼花文などの装飾はほとんどなく、こうした初唐期の青瓷罐と共通する点がある。ただし口沿部が白瓷では隋代以来の短く直立する形を継承している。

fig. 4. 青瓷双2連系盤口壺、集安市高句麗禹山墓M3319（出土陶瓷吉林 no. 164）

2. 北朝－隋・初唐期罐, 瓶の編年的研究　75

1. 青瓷橋形系盤口瓶, 大同・司馬金竜墓（文物 1972-3）, 2. 青瓷鶏首壺, 河北磁県高潤墓（考古 1979-3）, 3. 青瓷盤口壺, 温州市双嶼雨傘寺墓（出土陶瓷 9）, 4. 青瓷竜柄（鶏頭）盤口瓶, 洛陽・宣武帝景陵（考古 1994-9）, 5. 青瓷竜柄（鶏頭）盤口瓶, 西安長安区・韋乾墓（文物 2009-5）, 6. 青瓷蓮弁文盤口瓶, 同左（同左）, 7. 青瓷盤口壺, 河北・呉橋県・封柔夫妻合葬墓（文物 1979-2, 出土陶瓷河北）, 8. 青瓷盤口壺, 安徽当涂県護川鎮竜居村無銘氏墓（安徽出土瓷）, 9. 青瓷刻花蓮弁文盤口壺, 山西祁県・韓裔墓（山西出土瓷）, 10. 青瓷 4 橋形系貼花文鶏首壺, 太原・婁叡墓（山西出土瓷器）, 11. 鉛釉鶏首壺, 太原・徐顕秀墓（山西出土瓷器）, 12. 青瓷竜柄鶏首壺, 河南・河間県沙窩村無銘氏墓（河北出土瓷器）

pl. 7. 青瓷盤口瓶・壺

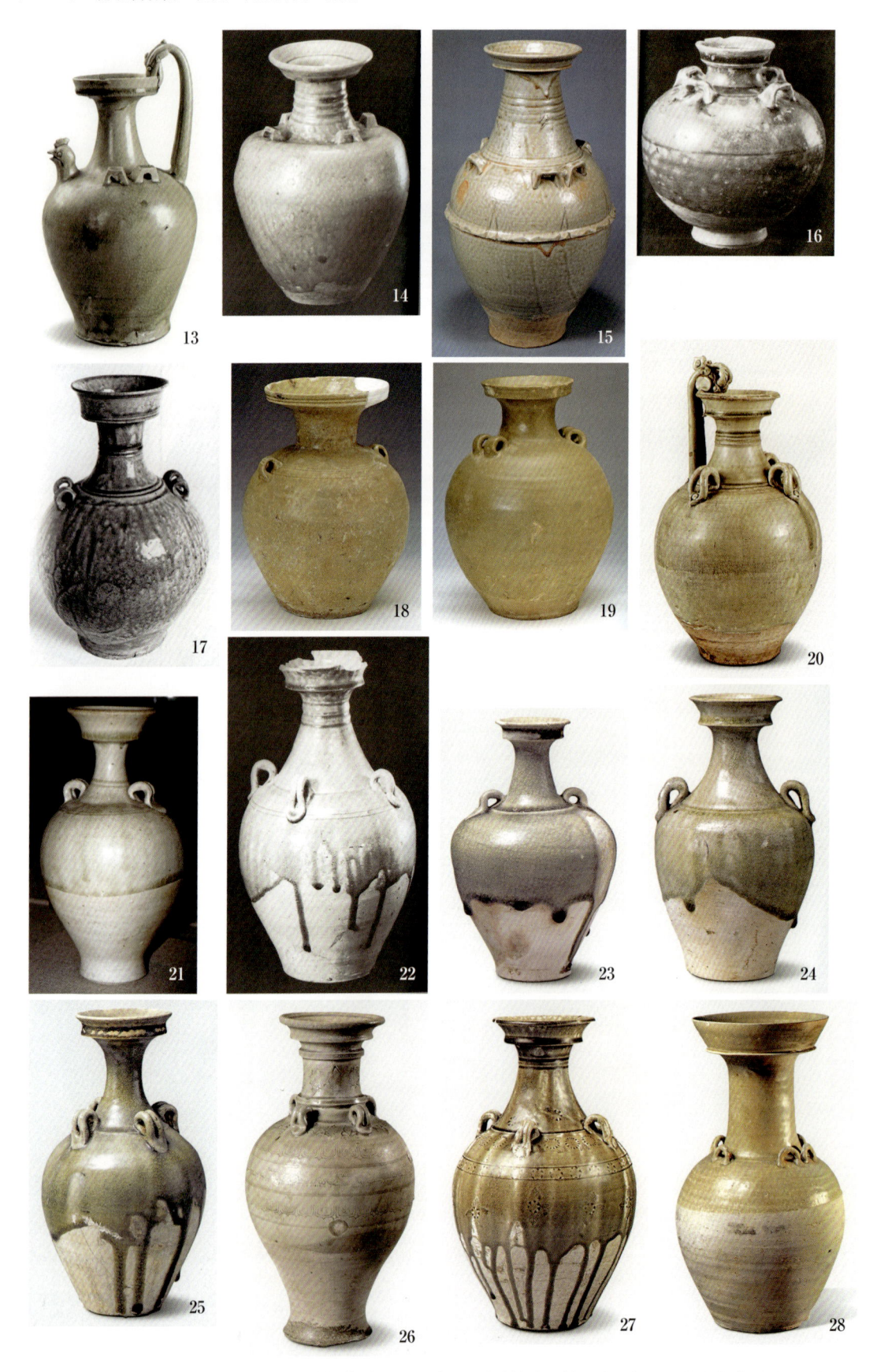

I 南北朝青瓷の展開と白釉陶瓷の創造

13. 青瓷竜柄鶏首壺, 河南偃師市南蔡庄北魏墓 (河南出土瓷器), 14. 青瓷橋形4系盤口壺, 咸陽・王徳衛墓 (員安志1992), 15. 青瓷盤口6系瓶, 咸陽・独孤蔵墓 (同206), 16. 青瓷盤口4系壺, 同 (同209), 17. 青瓷環状系瓶, プリンセスホッフ美術館 (W. L. Harrisson, 1978), 18. 青瓷球形胴盤口壺, 浙江・嵊県雅致村磚室墓 (文物1987-11), 19. 青瓷盤口壺 (浙江省博物館編1999), 20. 青瓷3系竜柄壺, 山西・梅淵夫妻墓 (文物1992-10), 21. 青瓷盤口環状2系瓶, 西安市李静訓墓 (中国社考研1980), 22. 青瓷盤口環状2系瓶, 咸陽飛行場14号墓 (陝西考研1992), 23. 青瓷環状2系瓶, 山東鄒城市鳧山街道隋墓 (山東出土瓷), 24. 青瓷盤口環状2系瓶, 山東新泰市翟鎮劉官庄隋墓 (同), 25. 青瓷盤口環状2系瓶, 山東棗庄市中陳郝窯跡 (同), 26. 青瓷盤口橋形4系瓶, 合肥市白水壩隋墓 (文物精華1993), 27. 青瓷盤口橋形4系瓶, 安徽鳳陽県臨淮関隋墓 (安徽出土瓷器), 28. 青瓷盤口壺環状6系瓶, 安徽合肥市義興郷梁河塘郢隋墓 (安徽出土瓷器)

pl. 8. 青瓷盤口瓶・壺

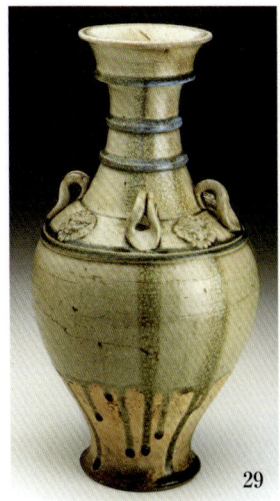

29. 青瓷盤口環状 4 系瓶, シカゴ美術館 (大阪東洋美 1989), 30. 青瓷盤口環状 4 系瓶, 伝インドネシア・スマトラ・パレンバン出土, ジャカルタ博物館 (陶磁大観 1975-3), 31. 青瓷盤口環状 4 系瓶, ギメ美術館, 32. 青瓷盤口環状 4 系瓶, 安徽・亳県王幹墓 (安徽出土瓷器)

pl. 9. 青瓷盤口瓶・壺

初唐期の青瓷は資料の絶対数が不足しており, 瓶などを含めてこれ以上論及することは現在のところ難しく, 白瓷との関係など編年以外にも多くの課題をのこしている。

[注]

(1) この点で, やや資料的に古くはなってはいるが, 矢部良明 1981「北朝陶磁の研究」(東京国立博物館紀要 16 号, pp. 31-144) は極めて優れた論考であり, 北朝陶磁の全体像を美術史的視点で縦横に描こうとする意欲が十分に発揮されている。わが国ではこの分野と真正面から取り組む研究者がいない故であろうか, 等閑視されていることは残念である。本稿も彼の論考に導かれたことが大きい。

(2) 南朝の地域においても類似の青瓷刻花蓮弁文罐が出土している (「江蘇句容陳家村西晋南朝墓」考古 1965-4, p. 154)。

(3) 546 年河北滄州市呉橋県・封柔夫妻合葬墓出土青瓷のうち 2 点は刻花蓮弁文ではない。『出土瓷器-河北 6』no. 7 とみる。その理由は文物 1979-2, p. 52 李知宴論文中の表 2 と一致している。

(4) この墓は, 王士良 (583 年), 妻薫栄 (565 年), 無名妾 (585 年以降) の合葬墓で, 被盗されているので, 各随葬品が誰に属していたかは不明である。ここでは 583 年墓として取り扱った。

(5) 崔昂墓は, 妻 2 人との合葬墓であり, 随葬品が混ざっているため, その年代に開きが生じてくる。崔昂は天統元 (565) 年に亡くなり, 既に天保 2 (551) 年に死亡していた前妻の修娥とともに, 翌 566 年に河北・平山県上三汲村の単室磚墓に埋葬された。それから 22 年後の開皇 8 (588) 年に後妻の鄭仲華がここに合葬されている。100 余件の随葬品は, 崔昂・前妻の埋葬時と推定できるものと, 後妻のものとがあり, 出土状況での判別は困難のようである (文物 1973-11, pp. 27-33)。

(6) この青瓷罐は陝西歴史博物館に展示されており, 出土地の表記はないが, おそらく白鹿原 43 号墓であろう。

(7) 段伯陽墓は 667 年葬と報告されているが, 墓誌 (西安碑林博物館蔵) からみると, 彼は竜朔元 (661) 年に亡くなり, 乾封 2 (667) 年に亡くなった妻高氏と合葬されている。共伴する白瓷貼花文高足杯・同胡人頭部は, 彼の卒年を遡る感がする。陝西歴史博物館の展示品のなかに「西安市出土・西晋」と表記されている罐があるが, これが段伯陽墓の出土品とみられる。

(8) 白瓷の出現後, 華北地方の青瓷はその地位を緩やかにゆずり, 7 世紀後葉までには姿を消したとする見解がある。しかし, 華北における青瓷生産が消滅したことは考えがたい。すなわち, 随葬品は葬送儀礼に規定されて制約を受

けており，現状ではほとんど墳墓出土の資料のみを分析の対象としており，随葬陶瓷器の様相イコール陶瓷器生産の状況にはならない。

［追加注］

　吉林・集安市高句麗禹山墓 M3319 出土の青瓷双 2 連系盤口壺は，鋭い口沿，橋形系のつくりなどからみて，東晋時期の寧紹地域の製品説を支持する（fig. 4，出土瓷吉林 no. 164，器高 24.4，口径 14.5，底径 14cm）。さらに，公州・武寧王（525 年埋葬，王妃 529 年合葬磚室墓）に随葬されていた盤口壺 1，刻花蓮弁文罐 2 はいずれも橋形系であり，かつ北朝青瓷とは施文技法を異にしている（本書 I-3 参照）。

3．武寧王陵随葬青瓷杯再考

はじめに

　白瓷の発明が，中国陶瓷史において画期的な意義を有していることは言をまたない。白色瓷胎・透明釉薬・高火度焼成の組み合わせが，容易に到達できない技術的な壁として立ちふさがっていた時間をのり越えて，6世紀の華北地域において実現したのは，高火度青瓷の出現から2,500年以上が経過している。その後の，青白瓷・青花白瓷・五彩・粉彩と，今日まで陶瓷器生産の基底的な主流は，白瓷にあり，その出現の経過の具体的な様相を把握することは重要な問題と考える。

　白瓷器の出現は，6世紀の後半・末にあることは既往の研究によって，指摘されているところである。ところが，韓国・武寧王陵墓随葬の青瓷杯について，これを白瓷とし，その夫妻合葬年である529年とあわせて，これを最古の白瓷器とし，白瓷出現を考える見解が内外にある。そこでまず，これらの青瓷杯を調査し，白瓷とする見解の当否を検討したい。

　大韓民国・公州市宋山里において，1971年に発見された武寧王陵墓は，百済史研究はもとより，東アジアの文化史研究にとって重要な資料を提供していることは，重言の要はない。本稿では，ここから発見された中国陶瓷器について，報告書（韓国文化財局1974）および先行研究に導かれて，所見を述べるものである。武寧王（斯麻王）は，西暦501年に即位，523年に62歳で崩じ，殯の期間をへて525年に埋葬された。武寧王陵墓は，彼の王妃で，526年に没し，529年に王の隣に合葬された磚室墓であることが，墓室に置かれた2枚の買地券に記されている。

　墓室内から発見された中国陶瓷器は以下の9点であり，これらについては既に研究論文が発表されている。今回，国立公州博物館の許しを得て，そのうちでとくに青瓷杯について調査をおこなった。この杯については，報告書においては青瓷との見解が示されているが，その後，韓国の研究者によってこれを白瓷とする見解が出されている。中国における白瓷の発生時期については，570-90年代と考えられるが，武寧王陵墓出土杯が白瓷ならば，この問題に関して重要な資料となるわけである。ここに問題の所在があり，この杯の観察が不可欠と考える。

1．出土中国陶瓷器の観察

（1）青瓷杯（盞）　6点

　報告書では，燈龕におかれていた杯5点については，燈盞と表記されているが，他に墓室内から1点の青瓷盞が発見され，現在計6点が保管・展示されている。その大部分は，炭化物が付着し[1]，手を触れることが憚れるような状態であったが，内3点について，自然光のもとで，手にとっての調査を許された。
（　）は報告書記載名称，「分…」内は遺物に記載されている分類番号。
①青瓷杯（青瓷盞）「分681」口径8.9，底径3.4，器高4.4-4.6cm，口径／器高比：1.97（fig. 1-1, pl. 1-a, b, c）
　分類番号から推定して，この1点が燈龕内におかれたものではないとみられる。報告書中の「科学的保存のための研究」章には「内部には，燈盞とは異なり芯地はなく，土があっただけである」と記されており，燈盞の使用ではないことも考えられるが，口沿付近には他の5点よりも少ないけれども，炭化物の付着が確

80　I　南北朝青瓷の展開と白釉陶瓷の創造

認できる[2]。

　平底の丸杯であり，丸みを
もつ腰から直口口沿にそのま
まのばし，外底はナデ調整さ
れている。腰上からかけられ
た釉薬は，黄緑色，透明，ガ
ラス質でこまかく氷裂をみ
せ，内底の釉薬が厚くたまっ
た箇所では，黄色がより一層
つよく呈色し，くぼんだとこ
ろでは白濁状になり，逆に口
沿内外の直下では，釉薬が流
れて薄くなっているため胎土
の色調を映して淡黄色をおび
て白くみえる。外面の腰の釉
溜り部分も黄緑色であり，露
胎部分は淡褐色で硬質であ
る。外底に3，内底に3箇の
托珠痕（目痕，直径各10mm前
後）が付着したままであり，
とくに外底ではその突起（直
径1.3cm）のため，杯が正置
できない。

　本品は他の5点に比べて汚
れがうすく，本来の状態が観
察できるが，胎土は白色では
なく，釉薬は緑黄色ないし黄
緑色を呈する高火度による典
型的な青瓷釉であり，本品を白瓷と考えることは難しい。

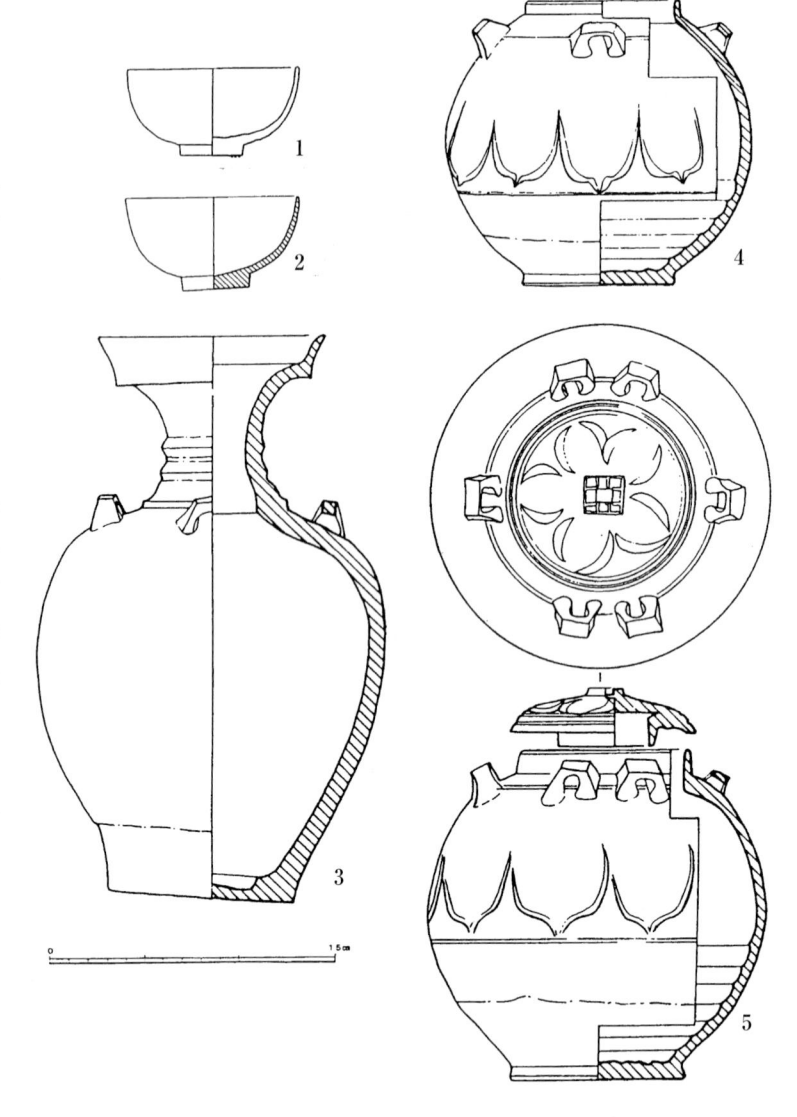

fig. 1. 青瓷杯・罐実測図，武寧王陵随葬
(1. 亀井，2, 4, 5. 岡内三眞測，3. 報告書)

②青瓷杯（燈盞）「分682　5-4」口径8.6，底径3.7，器高4.5-4.9，口径／器高比：1.83（fig. 1-2, pl. 2-2a, b, c）
　以下の5点は，燈龕内に置かれていたものであり，①とほぼ共通した特徴をもつ青瓷杯であるので，重複
する記述はさけたい。施釉は同様に漬けがけであり，①に比べてより黄色みがつよく，酸化気味の焼成であ
る。釉の薄い口沿の一部は黄白にみえる。底から1.3cm付近以下は淡褐色の露胎であり，轆轤ナデの痕跡が
みえ，外底は静止糸切りで未調整のままである。平底で，高台の高さは0.55cm，外底3箇の托珠痕は共土
ではなく，少し鉄分を含む耐火土とみられ，支脚の先端に釉薬が付着し，重ね焼きを示している。内面のほ
ぼすべてに炭化物が付着し，外表面には鉄分の付着がみられる。

③青瓷杯（燈盞）「分682　5-3」口径8.8，底径3.8，器高4.8-5.0，口径／器高比：1.79（pl. 2-3a, b, c）
　上記の2点と同じ特徴をもち，内側の半面には炭化物がよくのこり，燈芯とみられる繊維状の炭化物（幅
0.7，長さ1.5cm）が固着する。内半面は本来の器面が観察でき，淡緑黄色で，こまかい氷裂をみせる釉がか

けられ，3箇の托珠痕がのこる内底の釉溜りでは黄緑色の青瓷釉に発色している。外側の露胎部は淡褐色，硬質でよく焼結し，糸切り離しの外底には托珠痕が高さ0.3mmに突起し，底は接地できない。

④，⑤，⑥青瓷杯（燈盞）　この他の3点の杯（「分682　5-1」，「分682　5-2」，「分682　5-5」，pl. 2-4, 5, 6）について，ケース外からの観察に基づくと，上記3点とほぼ同じ特徴をもっており，特にこれらが青瓷ではないとする要素は見いだせない。そのなかで，報告書で器高5.4cmと記されている1点の杯は（pl. 2-4），口沿に1条の圏線をめぐらし，他よりも器高が0.5cm前後大きく，深めの腰につくる点で，少し異なるが，胎土・釉調は他の5点と同じである。この器形は，墓室内発見の金銅杯（青銅盞）に同形品があり，より忠実なその模倣である。

　重言すれば，これら6点の杯の胎土は白色ではなく，釉薬は透明な緑黄色ないし黄緑色を呈し，高火度焼成による典型的な青瓷釉であり，白瓷と考えることは難しい。むしろ，作行や托珠痕をそのままにしている点など，上手とはいえない，普通あるいはやや粗製の青瓷である。

（2）青瓷刻花蓮弁文六系罐（青磁六耳壺）2点，黒釉四系長頸瓶　1点
⑦青瓷刻花蓮弁文有蓋罐，口径11.3，底径11.8，器高21.7cm　（fig. 1-5, pl. 2-10）

　これは球形胴の肩に角型6系を貼付する有蓋罐である。直径13.2cmの蓋は，中心に花芯を表す方形鈕をつけるが，その中心の方形孔は深く抉られている。鈕をめぐって，5弁蓮華花が片切り彫りで表されるが，弁先端は閉じず，やや粗放である。外周に2本の圏線をまわすが，これも太細があり，丁寧な刻線とはいえない。釉は，澄んだ，若草色を呈する透明釉である。この蓋は，胴部と離れた位置で発見されている。

　直立する短い頸部から，肩の重圏線上に付けられた横系は，対面2連＋1対面の6系で，橋形にしっかりと付着され，その下方から俯蓮が片切り彫り，単弁11で胴部をめぐる。腰までかけられた釉は，肩付近では透明で，澄んだ淡緑色をみせ，とくに系の下に隠れる箇所など釉が薄いために，かなり白色に近い色調をみせる。胴部では黄色みをおび，釉上から灰白色の付着物がつき[3]，内面には黒色の帯状の汚れが付着し，埋納時の食物の残滓と推定されている。羨道入口東側出土。

⑧青瓷刻花蓮弁文罐，口径10.2，底径9.8，器高18cm（報告書挿図31はaと記されているが，bの実測図であろう，fig. 1-4, pl. 2-11）

　これは，蓋を欠くが，⑦と類似した六系罐である。2箇所の2連系と単系の6系で，そのつくりはほぼ同じであるが，圏線の位置が⑦では系の中心にあるのに対して，これは系の下方に接している。10弁俯蓮の刻線は，蓮弁の左側線は通常の線刻であり，先端部を尖らすのも⑦と同様な形態であるが，右側線は隣接する弁と重ねる手法をとり，かつ俯蓮の下にやや太く圏線で，引き締める表現の違いがある。釉は，こまかい氷裂をみせるオリーブグリーンの色調で，腰から頸部内側の立ち上がりまで，やや厚めにかけられている。腰の露胎部分は，粗い横ナデがみられ，褐色で茶色のよごれが付着し，破面では灰色である。羨道入口西側出土。なお，本品については，1999年11月に群馬県立歴史博物館に出展された際に，再調査した。

⑨黒釉四系長頸瓶（青磁四耳瓶）1点　口径11.8，底径9.7，器高27.5cm（fig. 1-3, pl. 3-6）

　シャープなつくりの盤口形の口沿から，焼成時点で歪んだとみられる2本の突帯文をつける長頸部につづけ，肩に角型4系を貼付け，最大径を肩においた卵形胴であり，下半部から強くしぼる形につくる。平底の底部には沿にそって数条の刻線がみられ，器面は赤みをおびた炻器質であり，破面においても赤みのある灰色を呈している。

　胴部に施されていた釉薬は，ほとんど剥落しているとみられ，露胎の状態になっており，補修によるとみられるコーティングと着色および石灰質の付着によって，本来の色調は観察できない。これは，本品が焼成

時において胎土と釉薬のなじみが悪かったことと，出土状態が王の棺台の前面に横転していたことによる釉薬の剥離に因がある。発見時下側にあったとみられる部分は，完全に釉が剥落しているが，反対面は，胴部中位まで黒釉が残っている箇所もある。肩から頸部・口沿内外にはわずかに褐色をおび，光沢をもつ，高火度とみる黒色釉がかけられ，これが本来の釉調であり，頸部突帯文の間や盤口側面には白濁した釉がみられ，その表面はカセた状態になっている。腰部の露胎の赤褐色とその直上の色調の相違は，白化粧が黒釉下に施されていた可能性がある。

2．青瓷杯，罐，長頸瓶の考察

青瓷杯については，報告書では「一見白磁のようであるが，やはり青磁の範疇にはいるであろう」とされたが，その後の図録などでは白瓷とされている。

この杯について，早く注目した三上次男は報告書を引用し「胎土はいずれも白色あるいは淡灰白色であって，これに淡い黄緑釉がかかっている。釉色は淡く，青白釉のように白っぽく見えるものもあるけれど，報告者のいうとおり青磁の一種に違いない」とし，さらに白胎から推測して，浙江省永嘉県の后背山窯や瓦窯山窯を考え，これらが唐代には内外に目跡があるという記載とも一致しているとする（三上次男1978，pp. 155-191）。

しかし，その後，白瓷とする見解が支配的である。その見解を紹介すると，1980年の岡内三眞論文において，「なによりも胎土が白いこと…釉薬のたまった部分でみると乳白色を帯びていて」白瓷と断じてもよいと考えるに到ったとし，類似例を提示し，これらを南朝における確実に年代が推定できる最古の白瓷としている（岡内三眞1980，pp. 223-227）[4]。韓国においても，金元竜は「白胎に淡緑の透明釉がかっている…いわゆる青白瓷とみられる」としている（金元竜1979，pp. 72-73）。

金弘男は，出土陶瓷器について最も詳細に観察し，論じている（金弘男1991，pp. 153-174）。その論旨は，①これらの盞（杯）の胎土の色は，鼠色，部分的にうすい黄色で，小量の酸化鉄が含まれていると推測する。したがって，鉄分がほとんど無いカオリンと仮定してもよく，このような白胎のみが高火度焼成で，白色をだすことができる。器面が硬く，多孔質，カサカサであり，透明度は低い。胎土と釉薬との間の溶融が十分ではない。②釉は，下に垂れ下がり固まり，淡緑色を呈している部分をのぞき，基本的に無色である。釉薬中の酸化鉄が還元して，淡い緑色となり，胎土との接着性はよく，氷裂・気泡がある。③白色陶質土に，うすく施釉して，陶工は白色陶器の効果をだしている。半世紀後につくられた白瓷と比べて，胎土・釉薬に改善すべき相異があるが，青瓷とは異なる意図を陶工はもち，白瓷の初期発展段階に属すものである。④これらは，武寧王の在世中（501-523年）に梁の領域でつくられ，三上次男の指摘したように，武寧王の死に際して，弔意品として梁王から贈られたと考える。

さらに，李鍾玟は，白色胎土に無色透明釉がかけられ，器面が多孔質になった釉薬と胎土の密着度が不完全であること，釉色が黄色であることなどを観察し，一見白瓷とみることに躊躇はしているが，金弘男の説を支持している（李鍾玟1997，pp. 165-194）。公州博物館武寧王陵図録では，白瓷は，白色胎土に玻璃質の釉薬がかけられて，高火度焼成されたものと定義した上で，出土6点の杯を「白磁燈盞」と表示し，白瓷生産の先駆的な資料として掲げている（公州博物館1998，p. 55）[5]。さらに，同館の学芸員で中国陶瓷の研究者である鄭相基も，これを白瓷と認定している（公州博物館2001，p. 159）。わが国でも，「青瓷とする見方もあるが，白磁の早い例とみたい」とする所感もある（蓑豊1998，p. 89）[6]。

今回の調査に当って，自然光下で観察した結果は上述したとおりである。白瓷の条件として，白色の胎土，

ないし化粧土をもって白色胎土としたものを含めて白色であること，無色透明ないしそれにきわめて近い状態の釉薬がかけられ，かつ高火度で焼成されているものと考える。出土の6点の杯は，胎土は褐色ないし灰褐色であり，白色とはいい難いこと，釉薬中に鉄分が相当量含有されているため，緑黄色ないし黄緑色に呈発し，同一器体で薄く施釉された箇所が，たとえ白色気味に見えたとしても，釉薬の本質は青瓷釉である。今回の調査にあたって，あるいは鉛釉による白釉杯の可能性も期待したが，これは高火度焼成である。これによって，この6点の杯は，青瓷釉がかけられた通有の杯であり，残念ながら白瓷出現の資料とはならない[7]。

これらの青瓷杯は，南北朝期の各地で生産された通有の器形であり，その窯をつきとめることは極めて困難である。器高比が1.7から1.9という深腹形を呈している点については，別稿で示したように（本書Ⅰ-4），北朝の6世紀前半代に合致し，南朝でも同じような値，すなわち深腹形である。この点に関しては，武寧王陵随葬の杯は葬年と一致しており，彼我の地で前代から保管していたものではないであろう。

武寧王陵青瓷杯の一つの顕著な特徴は，内外底にのこる托珠痕跡であり，畳焼（重ね焼き）の際釉薬の粘結を防ぐための塾焼具のうちの一つである。この托珠について，中国の報告書では支釘・塾珠・乳釘などと表記され，最も早くから用いられた塾焼具である[8]。

華南地域の托珠を瞥見すると，安徽・寿州窯（出光美術館1982, nos. 309, 寿州余家溝窯カ，文物1961-12, pp. 60-88, 考古1988-8, pp. 735-750, 故宮博物院院刊1988-3, pp. 70-88, 中国古陶瓷研究5号），浙江省では，寧波市雲湖窯・余杭窯（出光美術館1982, nos. 32・34），慈渓市彭東地区・上林湖鱉裙山・上虞市雑草湖窯においても南朝期に托珠を用いての畳焼がおこなわれているようである（林子民1999, pp. 120-129）。他に，広東新会官沖窯など東南沿海地域や，湖南・湘陰窯の東晋代で確認できる。

6世紀前半代と推測できる遺跡出土の青瓷杯をみると，共通した特徴，すなわち，杯の口径／器高比（以下器高比と表記）が1.8-2.2前後の数値を示している。江蘇省泰州市蘇北電機廠内の土坑中から一括出土の青瓷杯大・中・小16点のうち，碗の露胎の内底に3粒の托珠痕跡があり，越窯産品とされている（文物1996-11, pp. 35-38）。器高比は大型碗2.2，中型碗1.8と2.2，

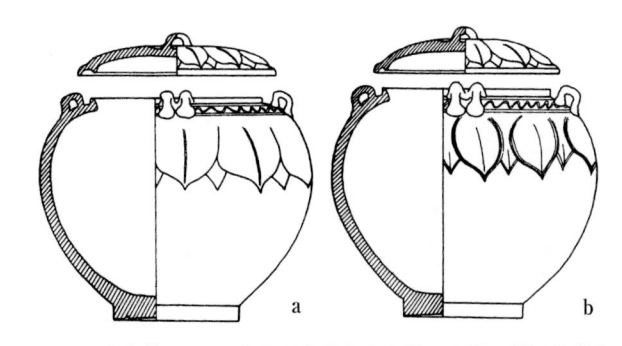

fig. 2. 青瓷罐 -a, -b 青瓷刻花蓮弁文有蓋6系罐，浙江省瑞安市磚室墓(文物1996-11)

杯4件は2.0である。南京栖霞区対門山南朝墓は，南京燕子磯の普通2（521）年墓に近い年代と想定されている。随葬の直口青瓷杯3点の器高比は，2.1-2.2（文物1980-2, pp. 24-28）であり，共伴の青瓷刻花蓮弁文角型六系壺は，胴部の上下2段に線刻蓮弁文が配置されている。刻線での蓮弁文の表現は武寧王陵品と共通する。

托珠から推定できる窯跡の範囲として安徽・江蘇・浙江の地域であり，さらにこれを限定することは不可能である。それにしても，托珠は製品として出された際には，外底の痕跡は，通常除去されるが，武寧王陵品は正置できない状態で突起し，そのまま燈龕に収められていたことになり，異例である。これを弔意贈答品とするイメージとは異なる。

⑦，⑧の青瓷刻花蓮弁文六系罐は特徴のある器形と装飾を有している。球形の胴部に刻まれた蓮弁文，角型の6系を2連接＋対面に1を配置すること，蓋に蓮弁文を刻み，方形紐を付ける点など，安徽省池州市貴池区出土品（pl. 2-12, 通高24.2, 口径11.1, 底径11.9cm）が，⑦品と法量を含めて類似している。ただし，この釉は，透明度の高い青灰色である点が武寧王陵墓品と異なる（安徽出土陶瓷器2007, no. 8, p. 45）。発見地

84　I　南北朝青瓷の展開と白釉陶瓷の創造

は，長江中流域の南岸にあたり，遺構など詳細な情報はない。

　蓋はないが，南京市秦淮河出土の青瓷罐も類似しているが，単純な4系である点は異なる（pl. 3-2, 文物展覧工作委員会 1956, 図版第 116）。ギメ美術館蔵品もこれに類似している（pl. 3-1）。これらの胴部に刻まれた蓮弁文を浮雕につくる一層丁寧な罐として，江蘇・泰州市蘇北電機廠の窖蔵から 16 件の青瓷器と共伴して発見されている（pl. 3-3, 文物 1996-11, pp. 35-38）。泰州市は南京市の東北東に位置し，長江と運河に接近した地である。この罐は，胴部の上下に刻花蓮弁文，その間に巻草文を線彫りで刻み，角型 6 系を付け，蓋も方形紐の周囲に複弁蓮弁文を浮雕する。この窖蔵からは，⑨と形態が類似している青瓷長頸瓶や，青瓷杯で器高比が 1.9，托珠をのこすものなどが共伴している。さらに刻花蓮弁文を胴部に飾り，方形紐をもつ青瓷角型 6 系罐（口径 11.0, 底径 11.1, 通高 24.3cm）が，南京の南にある句容市張廟公社東斛村墓から 1965 年に発見されている（pl. 3-5, 考古 1966-3, pp. 152-154, 南京博物院 1980, no. 110）。以上は紀年銘墓の出土ではないが，浙江省瑞安市の磚室墓からは，胴部蓮弁文を浮雕にするものと片切り彫りにする有蓋青瓷 6 系罐が，天監 9(510)年の銘文磚墓から検出されており，これら青瓷の年代の 1 点を確認できる。この青瓷については，甌窯製品と考えている（fig. 2a, b, 文物 1993-11, pp. 24-28）。これに共伴する青瓷杯および鉢 4 点の器高比は，1.9, 2.0, 2.1 であり，紀年銘によって 6 世紀前半の青瓷杯の器形的特色が共通した数値として把握できる。さらに，羅振玉寄贈の南京雨花台出土と伝えられる青瓷杯（東京国立博物館 TJ1577）は深腹形で，器高比は 2.1 である（東博 1988, no. 151）[9]。この他に，刻花蓮弁文有蓋罐は，東京国立博物館（pl. 3-4, TG2213），ホノルルアカデミー蔵品にもみられる。

　この他で⑦青瓷刻花蓮弁文有蓋罐に類似しているのは，湖南省湘陰県郴州還出土の青瓷罐である。蓋を欠いているが⑦と同様な系を付け，胴部上半に蓮弁文を刻んでおり，湘陰（唐代の岳州）窯製品とされている（周世栄 1998, p. 100）。この窯跡調査は不十分であるが，洞庭湖の水運を利して南朝各地に運ばれている[10]。黒釉盤口長頸瓶は，遺存状態が悪く，胴部に施されていた釉薬は，ほとんど剥落しているとみられるが，黒釉の一部の残存が確認できる。浙江省徳清窯の製品が一つの候補であり，徳清県三合劉家山墓出土品（pl. 3-7, 器高 25.8, 口径 10.8, 底径 9.4cm, 出土陶瓷 9, no. 86）を例示する。

　これらの類似の青瓷と黒釉瓷の発見地をみると，江蘇・安徽・浙江省であり，南朝の梁の領域に含まれている。これらの生産窯は明確にはしがたいが，安徽省の寿州窯，繁盛窯，浙江省の徳清窯，甌窯などが候補としてあげられ，これらの製品が，梁代の流通の拠点となっていた建康，揚州，南徐州などに集積され，百済へと運ばれたと推定する。

　韓国出土の南朝期の青瓷・黒釉瓷をみると，青瓷杯は，忠西南道の天安市・竜院里，釜山福泉洞，刻花蓮弁文鉢が天安市・竜院里，角型 4 系罐が全羅北道の益山市・笠店里，扶安郡・竹幕洞の各遺跡から発見され

pl. 1.　青瓷杯 1a, b, c, 武寧王陵随葬

3. 武寧王陵隨葬青瓷杯再考 85

2a, b, c, 3a, b, c, 4, 5. 青瓷杯（青瓷盞）以上武寧王陵墓, 7. 青瓷杯, 安陽県霊芝窯, 揚春棠1997, 8. 青瓷杯, 浙江・瑞安市天監9年墓（浙江省博2000）, 9. 青瓷刻花蓮弁文杯, 10. 青瓷刻花蓮弁文有蓋罐, 武寧王陵墓, 11. 青瓷刻花蓮弁文罐, 武寧王陵墓, 12. 青瓷刻花蓮弁文罐, 安徽池州市（安徽出土瓷）

pl. 2. 青瓷杯・罐, 武寧王陵随葬品他

86　Ⅰ　南北朝青瓷の展開と白釉陶瓷の創造

ているが（国立大邱博物館 2004, pp. 23-26）。これらの生産窯も個別には明らかにできないが，上掲の窯の可能性が考えられ，いずれも梁の領域に含まれている。これらの製品の出土によって，百済が通交をしていたのは梁であることが証明でき，文献史料はこのことを裏付けている。武寧王陵墓随葬の陶瓷器は，漢代以来の中国陶瓷請来の流れの中で，この時点で通好関係にあった梁からもたらされたものであることを再確認できる。

［注］
(1) 炭化物について脂肪酸分析がされ，主として植物性油脂であり，一部のものについては動物性油脂が混入している（公州博物館 2001, pp. 201-208）
(2) 岡内三眞は，この杯の出土状態について，金元竜からの教示として，墓室内の一段低い床面から出土し，壁燈龕内にあった杯よりも草の根や堆積土による汚れが多く，保存処理を施して汚れが除去されている（岡内三眞 1980, p. 267）。なお，この①以外の2点の杯については，炭化物が剥落する危険があるため，実測を避け，調書の作成のみにとどめた。
(3) 三上次男は，この部分を，おそらく「銀化を呈している」としているが誤認であろう（公州博物館 2001, p. 160）。

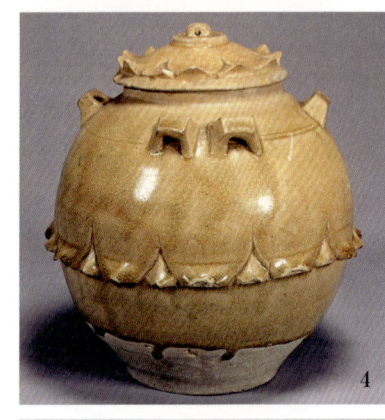

1. 青瓷刻花蓮弁文六系罐，ギメ美術館，2. 青瓷刻花蓮弁文六系罐，南京市秦淮河（文物展覧工作委会 1956），3. 青瓷刻花蓮弁文罐，江蘇・泰州市蘇北電機廠窖蔵（文物 1996-11），4. 青瓷刻花蓮弁文有蓋罐（東博 1994），5. 青瓷角型6系罐，江蘇句容市東斛村墓，南京市博物院，6. 黒釉4系長頸瓶（青磁四耳瓶）武寧王陵随葬（韓国文化財局 1974），7. 黒釉盤口長頸瓶，浙江徳清県三合劉家山墓（出土陶瓷9）

pl. 3. 青瓷罐，黒釉長頸瓶

(4) 岡内論文の注43によると,白瓷説はこの発掘報告書の日本語翻訳版 (1974年) の際に既に出されていたという (岡内三眞 1980, p. 271)。
(5) 国立清州博物館編 1989, no. 16 や,国立大邱博物館 2004 においても「白磁燈盞」と表示されている。
(6) 中国研究者のなかでも,史料を引用してこれを支持する意見もある。すなわち,晋人呂忱『字林』中に「白瓷長軨」などを掲げて,晋代に白瓷出現の可能性を指摘している。たとえ,この史料が有効であったとしても,武寧王陵杯は,白瓷ではなく,青瓷である。
(7) 岡内は,武寧王陵のように燈明皿として燈龕におかれた類例を南朝でさぐり,南京市対門山Ⅲ式,南京市涂家村Ⅰ式,江蘇省東善橋の3例の磚室墓にあり,墓構造も武寧王陵に類似しており,南朝墓との深い関係を指摘している (岡内三眞 1980, p. 269)。
(8) 托珠について,熊海堂の見解は,西周晩期から春秋早期では,太湖周辺や杭州湾沿い窯跡で確認でき,戦国では徳清窯や紹興富盛窯で,西晋では江蘇・宜興竜Y窯,東晋では湖南・湘陰窯,南朝では浙江省寧波雲湖窯や広東新会官冲窯など東南沿海地域で確認できる。北方の窯がこの技法を採用するのは,隋代になって,河南・安陽窯が確認できる嚆矢であり,それ以降7・8世紀には華北各地で多用されている (熊海堂「中国古代的窯具与装焼技術研究 (前編)」東南文化 1991-6, pp. 85-113)。
(9) 広東省揭陽南朝墓の青瓷杯のなかには,器高比が1.6とのびる形態も現われている (考古 1984-10, pp. 895-903)。
(10) 湘陰窯は,洞庭湖に東接する河川に沿って点在している。2003年に,岳陽市から南下し,岳陽県鹿角窯跡,湘陰県鉄角嘴窯跡を踏査し,唐代の破片はあるが,それを遡る資料が存在する良好な遺構に遭遇できなかった。

[後記]

　この論文の原題は「公州・武寧王陵墓出土青瓷碗再研討」亜州古陶瓷研究Ⅰ, 2004, 亜州古陶瓷学会である。新資料の追加によって,後半部分は新たに書き改めている。執筆時では,この杯を白瓷とする意見が内外で支配的であったが,写真で見る限り青瓷であり,自然光下で観察することが必須と思い,旧知の尹龍二 (円光大学)・吉良文男に,公州博物館の孫明助館長・鄭相基学芸員に紹介を依頼し調査を実施できた。館の都合で,ソウルから2日間公州に通い,これら国宝を,館の外廊下まで持ち出して観察したことが想起される。さらに想い起こせば,1970年代の初めに,亡き鏡山猛先生から青瓷六系罐の写真をいただいたのが,これらの随葬品との最初の出会いであり,改めて感謝の念を強くする。本稿では,はじめに南朝・梁との交流ありきではなく,随葬陶瓷器が梁の地域の生産品である可能性が高いことを基にして,梁との交渉にわずかに触れた。

[English summary]

Research on the Celadon Bowls from the Tomb of King Muryeong

(1) The tomb of King Muryeong is located in Gongin City, the former capital of the kingdom of Baekje, presently part of the Republic of Korea. Muryeong acceded to the throne in 501 A. D., died in 523, and was buried in 525 after a period of mourning. Muryeong's widow died in 526, and was buried together with the king in 529. An excavation of their tomb yielded a group of Chinese ceramics, including six celadon bowls, two celadon jars with six lugs per jar, and one black-glazed bottle.

(2) The celadon bowls excavated from this tomb are identified by some researchers, South Korean specialists among them, as white porcelain, and therefore the earliest datable specimens of white porcelain. This paper considers whether or not such an attribution is justifiable.

(3) The dimensions of these celadon bowls (cups) are as follows. The mouth diameter ranges between 8.6 and 8.9 cm.; the base diameter ranges between 3.4 and 3.8 cm.; the height ranges between 4.4 and 5.0 cm. With the exception of one piece, the vessels were used as oil lamps, set into niches in the wall. Several wicks remained and carbonaceous material

was found adhering to the inner and outer walls of the vessels.

(4) The overall vessel shape is rounded with a flat base. The median is rounded and the mouth rim is straight. The vessel was separated from the potter's wheel using a cord; the wheel was stationary when the cut was made. The ratio of the mouth diameter to the height of the vessel ranges from 1.79 to 1.97, that is, the diameter is roughly double the height, giving the vessel a short, stocky appearance.

(5) The exterior glaze application extends down to the lower half of the median. The glaze is yellowish-green in color, with a glossy transparency. It is finely crazed. The glaze has thicky congealed in places in the cavetto and lower median, and there a yellowish color is more prominent. It is more whitish in the recessed areas. In the area just below the mouthrim, both on the inside and outside, most of the glaze has flowed off, leaving a light yellow or nearly white color approaching the color of the body.

(6) Unglazed areas reveal that the body was hard-fired, with a light brown or gray rather than white color. Three scars from stacking spurs(each about 10 mm. diameter)are present on the base and in the cavetto; the vessels cannot stand level due to spur remnants projecting from the base. The spurs are thought to have been made of an iron-bearing refractory clay rather than the body used to make the vessels.

(7) In summation, the clay body of these six bowls is not white in color, and the glaze assumes a transparent greenish-yellow or yellowish-green quality. In other words, it is a typical celadon glaze achieved through high-temperature firing. Moreover, the ratio of mouthrim diameter to height, between 1.79-1.97, differs significantly from the ratio of 1.3 seen in the cylindrical vessels from the second half of the Northern Dynasties and the Sui Dynasty that are commonly understood as early white porcelain. Considering the disparity in color and shape, it is difficult to consider the Korean finds as white porcelain.

(8) Although it is difficult to pinpoint the kilns that manufactured these bowls, they may have been products of Liang Dynasty(502-533)workshops from an area which is now within Anhui, Jiangsu, and Zhejiang provinces. In view of the ratio of mouth diameter to height of the vessels, they may considered as ordinary celadon bowls from the turn of the sixth century.

[요약] 武寧王陵 隨葬 靑瓷碗의 再考

①大韓民國・公州市에 武寧王(斯麻王)의 墓가 있다. 이王은 西曆 501 年에 卽位하여 523 年에 서거하여 殯의 期間을 거쳐 525 年에 埋葬되었다. 그 후 왕의 王妃는 526 年에 서거하여 529 年에 같은 墓에 合葬되었다. 이墓에서 中國의 陶瓷器 靑瓷碗이 6 点, 靑磁六系罐(靑磁六耳壺)이 2 点, 黑釉四系長頸甁(靑磁四耳甁)이 1 点 出土되었다.

②이 중에 靑瓷碗에 관해서는 이것들을 白瓷로 보고 白瓷創出 最古의 資料라고 하는 見解가 韓國等의 硏究者로부터 提起되고 있다. 本稿는 그런 타당성에 대해서 논하는 것이다.

③靑瓷碗(靑瓷盞)은 口徑 8.6-8.9, 低徑 3.4-3.8, 器高 4.4-5.0cm 로 측정되었다. 1 個를 빼고 나머지는 燈龕 안에 놓여 燈盞으로 사용되었기 때문에 燈芯도 잔재하고 內外面에 炭化物이 付着되어 있다.

④모양은 밑이 평평한 둥근 碗이고 腰는 둥그스름하고 口沿은 直口이다. 外底는 가는 선이 끊어져 있듯 점선을 이루고, 口徑 / 器高 비율은 1.79-1.97 이다 口徑이 器高의 거의 2 倍로 소위 땅딸막한 형태를 하고 있다.

⑤釉藥은 體부분의 아래 반 이상 입혀져 있고, 黃綠色의 透明한 유리질로 미세하게 氷裂을 보이고 있다. 內底에 釉藥이 두껍게 쌓여있는 곳과 外面의 腰에 釉가 고여있는 部分에는 黃色이 한층 더 강하게 發色하고 있고 움푹 패어 들어간 부분은 白濁상태로 되어있다. 반대로 口沿 內外의 直下에는 釉藥이 흘러서 엷어져, 胎土의 色에 가까운 淡黃色을 띠고있기 때문에 하얗게 보인다.

⑥胎土는 露胎 부분에서 보면 白色이 아니고 淡褐色 또는 灰色의 硬質이다. 外底에 3 個, 內底에 3 個의 托珠痕(直徑 各 10mm 前後)이 付着된 상태이고 특히 外底의 그 突起때문에 碗이 반듯하게 놓여지지 않는다. 托珠는 共土가 아니고 약

간의 鐵分을 포함한 耐火土로 보여진다.

⑦따라서 이것들 6点의 碗의 胎土는 白色이 아니며, 釉藥은 본디 透明한 綠黃色 또는 黃綠色을 띠는 高火度의 燒成의해 변한 전형적인 靑瓷釉이다. 게다가 器高比가 1.79-1.97이며 이러한 比例값을 가진 白鉛釉·白瓷는 北朝後半·隋代가 되었어도 보여지지 않고 白鉛釉·白瓷는 器高比 1.3 以下의 筒型으로서 出現하고 있다. 이러한 器形의 点에서 보더라도 武寧王陵의 墓에서 나온 碗은 白釉·白瓷라고는 할 수 없다.

⑧이것들의 靑瓷碗의 生産窯의 同定은 어렵지만 梁(502-533)의 地域 안에서는 現在의 安徽·江蘇·浙江 3省의 製品이라고 보는 것이 妥當하다. 口徑/器高比에서 보면 500年 前後의 通有 靑瓷碗이다.

4. 北朝・隋代における白釉，白瓷碗・杯の追跡

はじめに

　白瓷は，隋代後半の7世紀初めに，安定した釉調と清新な器形をともなって出現したことについては，異論のないところである。すなわち，李静訓墓（608年葬）や姫威墓（610年葬）に随葬されている螭竜双把双身瓶（壺）・印花獣面文扁壺の小品，あるいは姫威墓の束腰蓋罐などは，北朝青瓷にみられない清新な器形と純白に近い釉が滑らかに器面と一体になり，すでにこの時点では白瓷が完成していることを如述に物語っている。

　こうした白瓷の出現がどこまで朔上できるのか，従前から指摘してきたように范粋墓（575年葬）出土品は，鉛釉陶であることが明らかになり，現在，その初源として認定できるのは，595年に葬られた張盛墓であるとするのがほぼ一致した見解である。白瓷の創出は，中国陶瓷史にとって画期的なできごとであることは確かであり，それ故に，これが生まれ出ずるプロセスについて，より具体的な考察が求められている。この課題に取り組む方法として，特異な器種ではなく，装飾性を付加せず，かつ窯内において，もっとも生産量が多い碗と杯をとりあげ，創生期に，微妙に変化する器形のなかから，揺籃期白瓷器の姿を追跡することが本稿の主題である。

　論を進める前に，まず明確にしておきたいのは，白瓷の概念を次のように規定したい。邢州窯や定窯に代表され，そこで焼造され，白瓷として一般的に異論がないと認識されている出土品から帰納された定義として，①白色の胎土ないし白化粧によって白色の器表面をもつこと。②鉄分含有量が1%以下の透明釉ないしそれに近い透明性をもち，鉛を含まない高火度白（透明）釉が施こされ，ただし初期においては微妙な着色も許容範囲とする。③高温で焼成された結果，充分に堅く焼結した胎体をもつ白い焼きものである[1][補1]。

　論を展開するまえに，碗は口径10cm以上で20cm未満，杯は口径が10cm未満として区別している。この法量に器高3.5cmの指標を加える考えもあるが，普遍的ではないので除外する[2]。さて，北朝・隋代から盛唐期にいたる間にみられる碗と杯は，深腹形，筒形（斜腹），平形の3形態（器形）に大別され，筒形のなかに開口筒形を含み，青瓷碗から，白（鉛）釉・白瓷碗の出現と雁行した動きをみせると考えている。これらの形態の区別，とりわけ前二者は，視覚的な主観要素が多く，厳密には境界線上にある資料が多いが，口径／器高の比率（以下，器高比）が視覚的な相違を明確にする指標値となるのでこれを援用する。

1. 北朝後半期から隋代青瓷碗・杯の形態

(a) 北朝後半 6世紀前半期

　北朝期の6世紀前半代における青瓷碗および杯は，器高が低く，腰が張った深腹形で，側面は直立ないし口沿付近でわずかに内弯する器形である。碗の器高は7cm以下が多く，これを越える場合も含めて器高比が1.7から2.2を示し，いわゆるずんぐりとした形状であり，器高比1.5以上が視覚的に深腹形といえる。北魏の例をあげると，永平4（511）年葬の河南省孟県の司馬悦墓から青瓷碗7口が出土し，口径は11.3-14.3cmと大小があるが，器高はいずれも7.8cm以下で，器高比は，平均2.0，すなわち口径が器高の2倍前後のずんぐりとした形を呈し，これが北魏の一般的な数値かとみられる（考古1983-3, pp. 279-281）。孝昌2(526)

年の河南堰師県染華墓出土の青瓷碗の器高比は 1.8 であり (fig. 2-1)、無釉陶碗は 2.7 である。これに対して青瓷と無釉杯のなかに、器高比 1.3-1.4 で縦長の筒形が混ざり始める (fig. 2-2、考古 1993-5、pp. 414-425)。この器高比値が筒形の指標である[補2]。

　つぎの東魏の紀年銘墓として、興和 3 (542) 年葬の山東省高唐県房悦墓から出土の青瓷碗・杯 6 点については、個別の数値は示されていないが、口径 8.5-13.0、器高 5.5-8.5cm であり、その器高比は平均値 1.5 であり、器高が 8.5cm と高いものもみられるが、基本的にはずんぐりとした形状である (文物資料叢刊 2、pp. 105-109)。525 年の紀年銘共伴資料である韓国・武寧王陵出土の青瓷杯の器高比は 1.9-1.7 であり、生産窯は不明としても、6 世紀前半代の数値の内にあり、これらを白瓷とするのは論外であることは、形と釉調が連結していることを、図らずも証明している (本書 I-3 参照)。伝安陽出土とされ、慶応大学考古学教室蔵の青瓷杯は、器高 5.5cm、器高比 1.5 の深腹形であり、灰色の胎土に、透明な淡緑色の釉が腰までかかり、内底には 3 ヶの支釘痕がある (fig. 2-7、pl. 1-10a, b, c, d、松本信広 1941、図版 34)。

　こうした北朝青瓷碗・杯の深腹形態の中から筒形が出現する。その初源に近いと思われる 1 例は、北斉の天保 4 (553) 年葬の河北磁県元良墓出土品であり、青釉 (瓷) 碗は、器高 9cm で腰から口沿に直立した形であり、器高比が 1.3 (fig. 2-4)、青瓷杯 2 点は器高比 1.2-1.3 であり、青瓷筒形が 6 世紀中葉の北斉の地で少数ながら出現しつつある (fig. 2-3・4、考古 1997-3、pp. 33-39)。したがって、この 6 世紀前半期において、青瓷碗・青瓷杯ともに、深腹形を主流としているが、その中葉には筒形品出現の予兆がうかがえると考えている。

(b) 北朝末 6 世紀後半の鉛釉碗・杯

　北朝 6 世紀の第 3 四半期にはいると、青瓷深腹形碗・杯の器形に微妙な変化が現れてくるが、その変化の兆しは、鉛釉陶が青瓷に先行しているようである。この背景には、調査が随葬品に依存していることに起因した跛行性がある。

　この時期の鉛釉の発色は、醤色と緑色にくわえて、鉛釉に呈色剤をいれていない淡黄色の 3 種類があり、これを緑彩した淡黄 (白) 色緑彩陶の罐などがある。この 3 種の鉛釉陶の色調のなかで、淡黄色鉛釉陶が深腹形か筒形をとるのか、その器形との組み合わせが、白瓷碗出現への過程に介在している。以下そのいくつかを例示したい。

　第 1 に、濃い緑釉になっている碗として、封子絵墓 (565 年葬) 出土の緑釉碗は (pl. 2-1)、器高比は 1.3 で、すこしずつ深腹形から筒形に推移しつつある。破面にみる白色胎土にかけられた緑釉は、口沿に溜まり、伏焼かとみられ、体部の釉は斑状に流れている (考古 1957-3、pp. 28-37、中国国家博)[3]。この碗は、封氏墓群のなかの封子絵墓に随葬されていたと考えている (本書 I-1 参照)。

　乳釘文装飾をもつ一群の鉛釉陶は、装飾として興味をひきつけられるが、器形としても一つの鍵をにぎっている資料である。白釉緑彩杯としては、長崎県壱岐市勝本町立石東触にある双六古墳出土の乳釘文杯は、復元口径 8.2、器高 7.2cm と推定でき、器高比は 1.1 と筒形碗となっている (pl. 3-2a, b, c)。この杯は、特異な文様で注目され、体部の装飾は型押しとみるが、連珠文で囲まれた直径 1.1cm ほどの円文 1 (小乳 14) の周囲に、円文 8 を花文状におき、同形文を対面に配し (pl. 3-2d)、これらの間の対面に 6.5mm ほどの小乳 1+6 の小形花文で埋め、さらに口沿に連珠文をめぐらしている。体部は直立であり、口沿は外反せず、高さ 0.9cm の高台は基部で破損している。内面には明るい緑釉が流し掛けされ、外面はわずかに黄色みおびた白色に明るい緑釉が掛けられた白釉緑彩陶で、釉の一部は露胎の外底部にながれている。この釉調は、575 年葬の范粋墓出土の長頸瓶に類似している。胎土は、淡褐色の細土であり、破面は白色であり、白化粧がされているとみられ、白鉛釉が黄色みを帯びずに白くぬけている。共伴の須恵器などの年代は、初葬を 6 世紀第

3四半期と報告され，この鉛釉碗も北魏末に生産年代を考えことができる（壱岐市教委 2006, pp. 23-24）[補3]。

　これと印花文の意匠と器形が類似している白鉛釉碗がある（pl. 3-6, 口径 11.9cm, 常磐山文庫）。淡黄色に呈発しているが，白色を志向したものと考えている。北魏洛陽城大市跡から出土している緑釉杯も，器高比 1.4 で筒形であり，緑釉陶（破片，報告書では醤釉盞）の類似した文様の杯も出土している（器高 5.6, 口径 8.2, 底径 3.8cm, 考古 1991-12, pp. 1009-1095），韓国・慶州市雁鴨池遺跡（pl. 3-3a, 国立大邱博物館 2004, p. 67）から緑釉片 1 や，徐氏芸術館所蔵の緑釉品が類似していることが（pl. 3-3b, 器高 6.5cm, 『徐氏芸術館』1993, no. 64），既に明らかにされている（謝明良 2010, pp. 104-107）。この他に，高火度白瓷釉の高足杯が安陽市相州窯跡から発見され（pl. 3-4, 5, 中国古陶瓷 15 輯, 2009, 彩図 7, 8），河北・邢台沢豊の隋墓文物と報告されている緑釉印花同心円文杯は，口沿が外反し，唐代の器形である（河北省文研 1998, pp. 163-169）。

　さらに，緑釉陶に器形を追跡すると，浅緑釉を施した碗が，太原市の天統 1（566 年）葬の張海翼墓に 5 件あり，そのうち計測値が明らかなものの内，大 3 件は口径 12.2, 器高 9cm, 器高比は 1.3 で筒形碗であり，小 2 件は口径 8.2, 器高 6.9, cm, 器高比 1.1 であり，筒形である（fig. 2-27, 28, pl. 2-2, -3, 文物 2003-10, pp. 41-49）。安陽市北郊にある安陽県洪河屯村の趙明度墓は，537 年葬墓に 550 年以降に亡くなった夫人との合葬墓であり，浅緑釉碗が 6 件随葬され，器高比はいずれも 1.3 である（pl. 3-1, 考古 2010-10, pp. 93-96, 図版 12）[補4]。この筒形の形式が緑釉陶において出現しつつあったことを，これら北斉墓の資料は明らかにしている。

　第 2 に，鉛釉陶の大部分を占める淡黄色ないし黄緑色の例として，同じく太原市所在の武平元（570）年に葬られた婁叡墓では，釉陶器 76 件は全て黄色の低火度釉陶である。このうち，間違いなく三彩が掛けられた盂 1 がここに出現していることは注目される発見であり，これだけは黄色みがなく，白地が透明であることは特に注意される。報告書では大碗 14（口径 11.2, 器高 8.6cm, 器高比 1.3），小碗 10（口径 10.6, 器高 7.5cm, 器高比 1.4），盞 15（口径 7.9, 器高 5.4cm, 器高比 1.5）とされているものは，器形・釉調は同じであり，法量によって分けている。代表的なものの数値が記されているようであり，大碗の器高比は 1.3 であり，視覚的にも筒形品に接近している（fig. 2-29・30, 文物 1983-10, pp. 1-23, 山西省考古研他 2006, pp. 144-146）。さらに，同じく，婁叡墓の翌 571 年に葬られ，類似形式の緑釉鶏首壺・尊・灯などを随葬する徐顕秀墓も緑釉碗 110 件が同形式であり（fig. 2-31），数値の示された碗（口径 11.5, 器高 8cm）の器高比は 1.4 の筒形碗である（pl. 2-4, 文物 2003-10, pp. 4-40）。山西省寿陽県の北斉庫狄廻洛墓（大寧 2・562 年葬）に随葬されている彩釉陶器 33 件は，よく知られている黄釉蓮華宝相文尊をはじめ，すべて低火度鉛釉陶である。碗 8 件も，白色胎土で浅黄色であり，器高も 8cm を越えるものもあるが，器高比は，1.6-1.8 と深腹形を脱していない。しかし，小型品の杯と分けられた共伴品のなかに，器高比が 1.0 の筒形品があり，黄色を呈する鉛釉が，筒形の形態として現れてくる状況がわずかに確認でき，北斉末の淡黄色に呈発する鉛釉碗のなかにも筒形が胚胎している（fig. 2-29・30, pl. 2-5, 6, 7, 8 各 a, b, 考古学報 1979-3, pp. 377-402）。范粋墓（575 年葬）出土の杯は，灰白色の胎土に白化粧が施されているようであり，透明釉は淡黄色を呈し，白色鉛釉陶を志向しているが成功していない。器高比 1.3 の筒形である（出土瓷器・山西 2008, no. 25）。

　これらの淡黄色釉は意識的に作り出された色調であろうか。よく知られている河南・范粋墓（575 年葬）や李雲墓（576 年葬）などから，この色調の地に緑釉をかける四系罐や長頸瓶が発見されている[5]。淡黄色には幅があり，かなり白色のものは緑彩が映えるが，黄色みのつよい地では不鮮明は緑色彩となる。鉛釉は，PbO 70%, SiO_2 30% 前後の値で白色となるが，Fe_2O_3 を 1% 以下でも含むと黄色に呈発する。「正倉院造仏所作物帳」の分析では，鉛丹 Pb_3O_4 56%, SiO_2 44% で白透明釉が得られるが，Fe_2O3 など不純物を含めば黄色になるとされている（山崎一雄『古文化財の科学』）。褐色ないし橙色に出色させる技術は既に存在しているわけであり，淡黄色の基礎釉は，本来白色を目標としていたが，鉛に不純物が含まれており，酸化焔焼成

でこの色調になってしまったと推定する。したがって，これら淡黄色碗を白釉碗の名称を与えてもよいと考える。このように，565年の庫狄廻洛墓から575年の范粋墓に随葬された鉛釉陶のなかに，筒形を呈する器形が多く出現している。

　遺跡から遊離した鉛黄色釉碗の遺例も少数ながら確認できる (fig. 2-38, pl. 3-7, 浦上満2011, p. 55)。図示した碗の同形同大品3件があり，ほぼ同じ特徴をもち，器高は8cmをこえ，器高比は1.2-1.3，側面はすっきりと垂直に立ち上がり直口，典型的な筒形品であり，器厚が薄くつくられ，高火度白瓷筒形碗と共通する特徴である。平底ではあるがその中心は斜めに削り，器肉もうすく，胎土はやや pinkish な白色，軟質であり盛唐三彩陶のそれと同質である。釉薬は，淡黄色ないし淡緑色に呈発し，外底部にもおよぶ総釉であり，内底の釉溜まりでは茶色の銀化現象をおこし，目視観察でもその成分に鉛が含まれていることが明らかである。外底に3箇の支釘痕がある。V&A.所蔵の白釉碗 (pl. 3-8, C. 18-1948) もこの特徴を共有し，鉛白釉とみられ，黄白色釉の剥離が著しい。

　これらの白鉛(釉)碗の位置づけは難しいが，北朝末から隋代に入っているものも含まれると考えており，高火度白瓷釉筒形碗に先行した白釉として想定できる。その後も，高火度白瓷とも並行して，実用器としては質的には劣るが明器としては，両者が並存している。重言すれば，高火度白瓷器の出現前夜に，白鉛釉が登場している段階を設定できる[4]。

(c) 6世紀後半から隋代青瓷碗・杯

　この時期の華南地域で，青瓷碗・杯の形態は，伝統的な深腹形の流れが継続している。浙江省の婺州窯青瓷産とみられる江山県の隋から唐代までの紀年銘墓があり，青瓷は深腹形を変化させることなく継続している (考古学集刊3, pp. 162-167)。浙江・江山県の隋開皇18 (598) 年墓の碗5件はいずれも深腹形で，器高比は約1.7であり (fig. 2-8)，大業3 (607) 年の青瓷杯5件 (fig. 2-9) は，器高比をほとんど変えることなく同形でつづき，ここには筒形品はみられない。越州窯青瓷とみられる浙江・嵊州市で大業2 (606) 年の磚銘をもつ墓からも深腹杯が検出され，平民家族墓と報告されている (文物1987-11, pp. 61-62)。これらはすべて，単体で随葬されており，盤・高足盤との組み合わせはない。江西省東部の黎川県黎渓墓は，開皇11および14 (591, 594) 年紀年銘磚が共伴し，出土の青瓷は華南地域の産品とみられ (fig. 2-11・12・13)，碗の器高比1.5，杯の1点の器高比は1.4でと筒形に接近しているが，他の杯は1.8と深腹形を持続している (江西文物1990-3, pp. 64-65)。

　さらに大業年間 (605-618) と報告されている武漢市東湖岳家嘴隋墓に随葬されている青瓷は，湖北周辺の産品とみられ，青瓷杯6件のうち，2件は器高比が1.2, 1.3の数値を示すが (fig. 2-14)，器高は4cmで腹にふくらみをもち深腹形であり，形姿として筒形とは言いがたい。同時に碗と分類されているものは1.9と典型的な口沿内弯で深腹形を呈している (fig. 2-15, 考古1983-9, pp. 793-798)。このように，隋代華南地域の碗・杯は，基本的には深腹形を持続しており，隋代華南の地域に白瓷が生まれない理由は陶土にあるとしても，青瓷に新しい器形が創出されていないこととの関連を示唆させる。

　これに対して，6世紀後半の北朝末期から隋初の華北地域において，青瓷深腹形と筒形が並存している。その状況について，まず，深腹形碗・杯についてさぐってみる。

　tab. 1にみるように，陝西・北周大定元 (581) 年葬の陝西省咸陽市・王徳衡墓発見の青瓷碗14件をみると，碗の器高比は1.2-1.3であり，杯も1.3と筒形の数値を示しているが (fig. 2-26, 貟安志1992, pp. 48-53)，同じく咸陽市の独孤墓 (578年葬) では，体部が内弯し，王徳衡墓と器形が異なり，深腹形碗である。すなわち，北朝末から隋初においては,同一地域で両形式が存在している例である。584年葬の山西・韓貴和の陶製杯や，

隋初と報告されている河南・鄭州市の万福花園 ZWN 出土の青瓷，同第 2 印染廠 ZYN 出土の鉛釉で円文装飾をもつ碗・杯は，器高比が 1.5 をこえており筒形ではない。すなわち，この時期において両器形が並存しているといえる。

青瓷深腹形碗は基本形であり，北朝－隋代の北方青瓷を代表する一つとして，安陽窯産とみられる青瓷に焦点をしぼると，深腹形碗が継続して焼造されている。その例として，安陽市小屯村および梅園庄北地にひろがる隋墓群からは多量の青瓷が検出されており，北方青瓷の良好な資料である（考古学報 1981-3，pp. 369-405）。青瓷碗・杯も 60 件が検出されており，次の点が指摘できる。第 1 に，仁寿 3（603）年 M103 紀年墓から青瓷盤と組合わさって五盅盤として随葬されていた青瓷碗は（fig. 2-16），いずれも深腹形で，器高比は 1.7 を示し，こうした用途においては，小型の深腹形碗は，7 世紀になっても形式として継続している。同様な例をさらに年代を遡って追求すると，同じく安陽の開皇 9（589）年葬の宋楯墓では，八盅盤として高足盤上の青瓷は深腹形杯である（考古 1973-4，pp. 232-231）。

深腹形碗を単体で随葬する例もあり，隋初の下級墓とみられる鄭州市万福花園隋墓および鄭州第 2 印染廠隋墓では，青瓷碗などが棺外に並べられ，被葬者への食物の奉献をおもわせる容器としての使用例であり，陶器碗も含めて器高比 1.5 以上の深腹形を継続している（中原文物 1997-3，pp. 61-69）。河北省景県高潭夫妻墓（開皇 3・582 年葬）でも，器高比 1.5-1.4 の深腹形青瓷碗である（pl. 1-1，文物 1979-3，pp. 17-31，千年邢窯編輯委会 2007，p. 29）。

同じような現象は，山西省汾陽北関の開皇 15（595）年に夫人と合葬された梅淵墓にもあり，シャープな造形の青瓷盤口壺・高足灯・高足盤など安陽窯産品とみられ，碗・杯 12 件のうち，器高 7 cm 以下の杯では，器高比 1.3 前後を示し筒形の数値にあるが見かけ上は口沿を内彎するので深腹形碗にちかい（fig. 2-21）。器高 7.8 cm の碗では，口径が 12.2 cm であり，1.5 の器高比の深腹形である（fig. 2-22，文物 1992-10，pp. 23-27，出土瓷器・山西 2008，no. 24，25）。安陽窯以外で，隋初に位置づけられる寿州窯青瓷を随葬している合肥市西郊の姓名不詳で開皇 6（586 年）葬墓から深腹形とともに，器高比 1.3 で淡青釉白瓷胎と報告されている筒形に近い器形碗がある（fig. 2-25，考古 1976-2，pp. 134-140）。徐州市雲竜区獅子山 M1 墓出土の青瓷十系罐は，肩に方 2・丸 1 系を交錯させ，胴部に重圏線をはさんで，ラフな線刻蓮弁文を配置する（器高 30 cm）。これは，安徽省合肥市西郊の隋開皇 3（583）年墓出土の青瓷角型六系盤口瓶の施文と類似し，寿州窯産品とみられ，共伴する青瓷碗 16 件の器高比は，1.6 前後の数値を示し，6 世紀前半代の形とは異なるものの深腹形であり，なかに，三足形托珠痕をみせる大型碗がある（考古 1988-8，p. 742）。墓誌はないが，「常平五銖」銭の出土からみて葬年は 553 年以降であり，梁・陳に接する北斉の領域に属し，北朝青瓷の特徴が看取できる（考古学集刊第 13 集，pp. 222-268）。すなわち，580 年代の前半までは少数の筒形碗は出現しているが，大勢は深腹形とみられ，深腹形は基本形として隋代にも継続し，安徽省六安県三十舗画像磚墓（考古 1977-5，pp. 359-360）や，合肥市西門磚墓から出土した青瓷碗は典型的な深腹であり，いずれも隋初とみられる（文物 1984-9，p. 96）。個人蔵品では（pl. 1-11a，b，c），露胎の器面は淡褐色であるが，破面はかなり白色にちかく，中位までかけられた透明釉は，武寧王陵青瓷碗よりも白色に近い淡褐色であるが，内底および釉際に溜まる釉薬は黄緑色に呈発し，青瓷釉の特徴をみせている。内外底には支釘痕がみられ，器高比は 1.5 前後の数値である。

これら深腹形に対して，筒形碗・杯は，580 年代の後半から急速に随葬品中に出現してくる。北周大定元（581）年葬の陝西省・王徳衡墓発見の青瓷碗・杯 14 件をみると，両器形ともに器高比が 1.3-1.2 の筒形である（fig. 2-26，員安志 1992，pp. 48-53）。上記の安陽隋墓群の 587 年葬の安陽市活水村の韓邑墓では，青瓷杯 6 件と高足盤 1 がみられ，この組み合わせの青瓷杯は，器高比が 1.3 の筒形である（中原文物　1986-3，pp. 42-43）。安陽市 M404，開皇 10（590）年墓から，碗は深腹形（fig. 2-18）であり，共伴する杯は，器高が 6.7 cm

と低いが器高比1.1-1.2の筒型品がみられ（fig. 2-17），その周囲の600年前後の墓から，深腹形とは形態を異にし，筒形に近い青瓷碗がみられる（fig. 2-17）。仁寿年間（601-604年）と推定されている安陽・梅元庄墓出土の青瓷碗6件は，器高比は1.2と筒形に近いが（fig. 2-19・20），わずかに腰にふくらみをもち，すっきりと直立していない（考古1992-1, pp. 32-45）。外見上，器高が8cmをこえない小型品のなかに筒形に近い形があり，590-600年にかけた時期の青瓷碗のなかに，深腹形碗とともに，杯は筒形に変化している。

これら杯が，盤と組合わさっていた資料は少ないが，仁寿3（603）年の墓誌をもつ安陽・卜仁墓では，器高が7cm以下で，器高比1.3の筒形に近い青瓷杯5件が，青瓷高足盤上から検出されている（fig. 2-23, 文物1958-8, pp. 47-49）。河南省の鄭州市の西にある滎陽市計委隋墓群は，600年前後の時期とみるが，ここから出土の青瓷杯のなかに器高比1.3と筒形に近い形態がみられる（fig. 2-24, 中原文物1997-3, pp. 61-69）。これらも五・八盅盤として使用されていたと考える。

河北省平山県の崔昂墓は前・后妻との合葬であり，天統2（566）年から開皇8（588）年と年代幅があり，かつ随葬品も区別されずに報告されているが，器高比1.6の深腹形の豆青色北方青瓷碗（pl. 2-11）と，黄緑色に呈発する鉛釉杯は器高比1.0-1.2であり，1.5が1点共伴している（pl. 1-7, 文物1973-11, pp. 27-33）。山西太原市・斛律徹墓随葬（595年葬）の陶製・鉛釉陶は，いずれも筒形である（文物1992-10, pp. 1-14）。ダーラム大学（マクドナルド・コレクション1969-M11，器高7.2cm）蔵の青瓷碗もかなり筒形に近づき，灰白色の胎土に黄色みを帯びた青瓷釉がかけられ，内底に3箇の目跡がある（pl. 1-9）。このように，華北隋代における青瓷碗・杯は，深腹形が継続して焼造されているが，筒形品が580年代後半から隋代を通して出現していたと考える。その背景には，青瓷筒形碗は，鉛白釉と白瓷の出現とともに生まれてきた器形である可能性を考えるが，何故にこうした器形の変化が生まれるのか，碗は茶器，杯は酒器を主たる用途とみても，明確な説明は困難であり，今は現象として指摘するに留めざるをえない。

3．白瓷の出現時期

明らかに高火度焼成による白瓷と認定できる最古の明証について，現在，創出期白瓷の例とされているのは，周知のように595年に葬られた安陽・張盛墓随葬品である。この墓は，磚築単室墓で，盗掘されていないようであり，随葬品は192件，その内俑類が95，陶瓷器が53件である[補5]。白瓷創出に問題となるのは，侍吏俑2，武士俑2，鎮墓獣2である（考古1959-10, pp. 541-545, 東博1973, pp. 121-134, 李輝柄1983, 河南省博1983）。白釉黒彩侍吏俑は（fig. 1-2），2体とも高さ72cmと大型俑であり，浅灰色でかすかに黄色を帯びる釉が掛けられており，白色とはいえない。釉はほぼ一様に融解しているが，薄くはなく，蓮弁座の箇所は厚い。束髪・冠・眉・眼・口顎鬚・腰束帯・蹬履および剣鞘などの箇所は，白色釉を施釉後に削りとり，釉薬が混ざらないように刻線で区分けし，茶黒色の釉を塗布していると報告されている。あるいは，鉄釉塗布のために白色釉が下には施釉されていないことも考えられる。白色釉の表面に赤色とわずかに緑の顔料がのこり，本来は加彩されており，白色を志向したのではなく，加彩を目的にしていた俑である。

この俑は，低火度鉛釉陶ではなく，多くの研究者は白瓷と考えているが，その根拠を示す論文は少ない。胎土は浅褐色で，高火度焼成と考えるならば，白色は透明な長石釉であり，これに高火度で溶解する鉄釉を同一面に塗り分け，1250℃以上の高温還元焔で焼成したと推定できる。長石釉を薄く一様に施釉することは簡単ではないので，厚い箇所が生じており，わずかに黄色みがあるのは，攻焚の際に酸化した時間を挟んでいるのであろう。

次に，白釉黒彩鎮墓獣2体の内，人面と獅子の顔部分の白色釉は塗布されているようで，眉毛・眼などに

黒釉が点彩されている。前肢の膝部分は，浅い茶色であり，白色釉の上から黒釉が掛けられと報告されている（fig. 1-1）。鎮墓獣2体の釉は厚くはない。白釉武士俑2体も，高64と73cmの大型品であり（fig. 1-3），ともに一方の手で武器を握っていた。侍吏俑と異なり黒釉装飾はなく，白色釉のみであるが，下半身に下がるに従い釉が厚みをまして掛けられ一様ではなく，ぼってりし感じであり，本品は鉛釉陶の可能性も捨てがたい。

fig. 1. 張盛墓随葬白釉俑
1. 白釉黒彩鎮墓獣，2. 白釉黒彩侍吏俑，
3. 白釉武士俑（出土陶瓷12）

鉛釉による白色ない淡黄色陶と高火度白瓷との区別は，容易ではないが，ある程度は可能である。釉薬が溜まり厚くなっている箇所である口沿端部，頸部接合部，釉が流下し溜まる腰部，高台の基部などにおいて，釉が淡緑色ないし淡黄色を呈し，ガラス化している場合は高火度焼成である。もちろん胎土が堅く焼結していることは第1条件ではあるが，全ての資料において，それが観察できる部分は少ない。白化粧は，高火度の場合，釉と胎土との溶着に必要であるから，一つの条件にはなるが，胎土の性質によって必要でない場合もある。

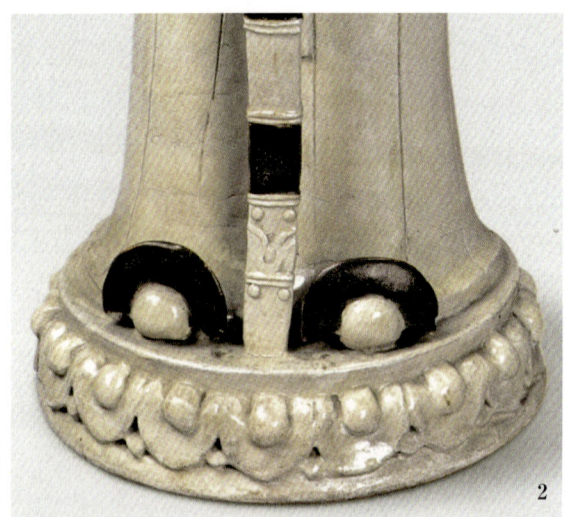

張盛墓の俑が加彩されている点は注意される。これらの俑は，白瓷誕生の明証と見られているが，陶質加彩俑の替わりに白瓷俑を志向したものではなく，瓷質の俑としての試作品にすぎない。しかし，実際に作ってみると，平滑な表面への彩料の付着は難しく，かつ剥落しやすいので，唐代に少数の類例はあるが，こうした白瓷加彩は主流とはなりえず，継続して作るのは止めていることが，俑としての類例が極めて少ないことによって証明される。すなわち，白瓷俑は，試作品であり，かつ加彩俑には不向きな材質である。この白瓷俑を含めて加彩陶の欠陥は，数年後に合葬などの時点で後継者が墓室に入った時，かつて多彩色で飾られていたものが，目視に耐えないほどに，色あせ，顔料が剥落した姿をみつめて，改良を施さねばならないという考えが芽生え，同時に安定を取り戻しつつあった初唐貴族社会の葬送通念において華美への変化と一致したとき，耐久性のある加彩陶として，より耐性があり，すでに獲得していた技術である鉛釉三彩陶が生まれるのであろう。張盛墓随葬の白瓷俑は，三彩陶への継承性はない製品である。

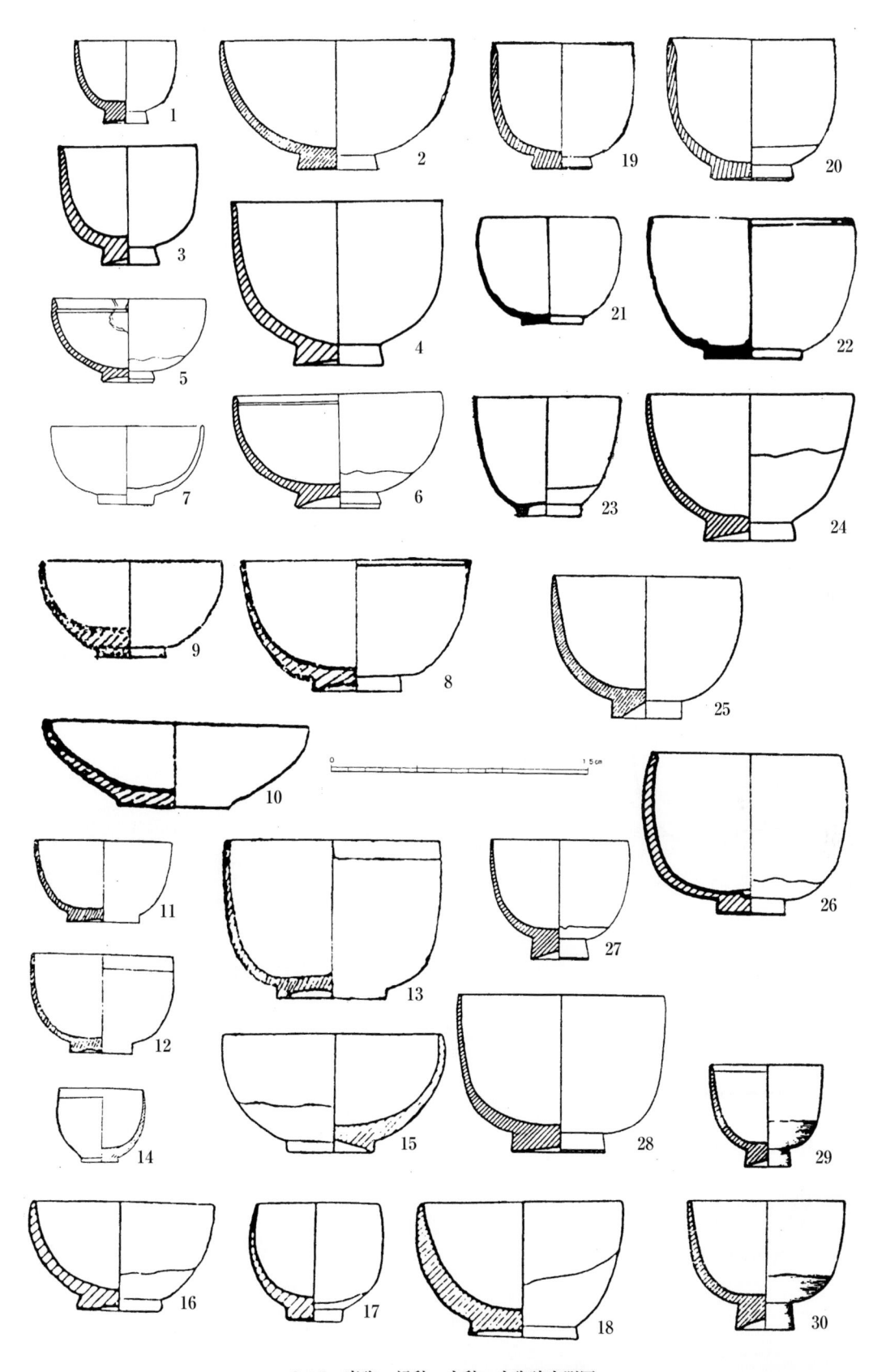

4. 北朝・隋代における白釉,白瓷碗・杯の追跡　97

fig. 2. 青瓷・緑釉・白釉・白瓷碗実測図

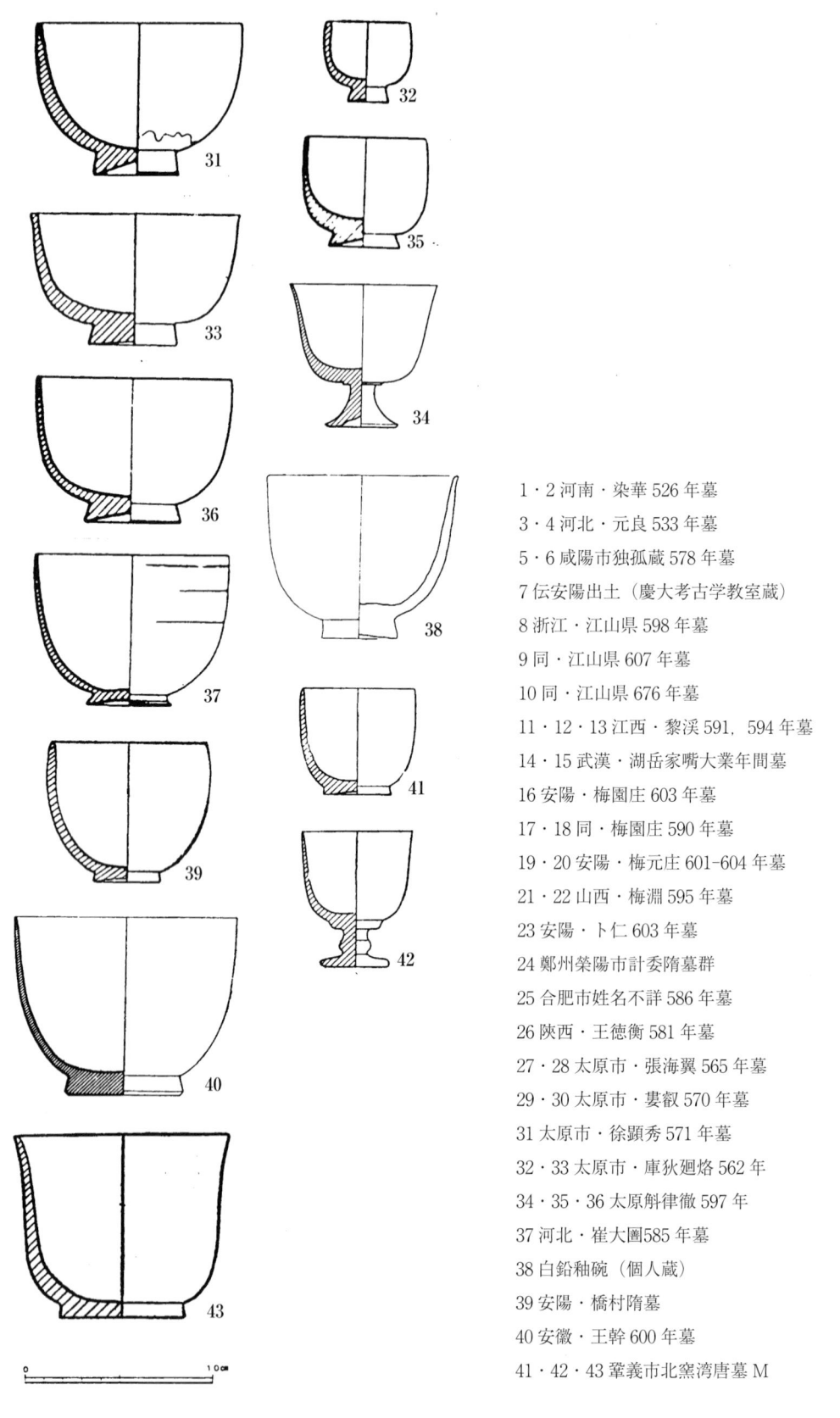

I　南北朝青瓷の展開と白釉陶瓷の創造

1・2 河南・染華 526 年墓
3・4 河北・元良 533 年墓
5・6 咸陽市独孤蔵 578 年墓
7 伝安陽出土（慶大考古学教室蔵）
8 浙江・江山県 598 年墓
9 同・江山県 607 年墓
10 同・江山県 676 年墓
11・12・13 江西・黎渓 591，594 年墓
14・15 武漢・湖岳家嘴大業年間墓
16 安陽・梅園庄 603 年墓
17・18 同・梅園庄 590 年墓
19・20 安陽・梅元庄 601-604 年墓
21・22 山西・梅淵 595 年墓
23 安陽・卜仁 603 年墓
24 鄭州滎陽市計委隋墓群
25 合肥市姓名不詳 586 年墓
26 陝西・王徳衡 581 年墓
27・28 太原市・張海翼 565 年墓
29・30 太原市・婁叡 570 年墓
31 太原市・徐顕秀 571 年墓
32・33 太原市・庫狄廻洛 562 年
34・35・36 太原斛律徹 597 年
37 河北・崔大圜 585 年墓
38 白鉛釉碗（個人蔵）
39 安陽・橋村隋墓
40 安徽・王幹 600 年墓
41・42・43 鞏義市北窯湾唐墓 M

fig. 2. 青瓷・緑釉・白釉・白瓷碗実測図

4. 北朝・隋代における白釉,白瓷碗・杯の追跡　99

1. 青瓷碗, 河北景県高潭夫妻墓（千年邢窯 2007）, 2. 青瓷碗, 邢州臨城窯跡, 3. 4. 5. 6. 青瓷碗, 山西汾陽梅淵墓（出土瓷器5）, 7. 青瓷碗, 河北平山県崔昂墓（文物 1973-11）, 8. 青瓷筒形碗, 西安郊区 M588（社考研 1965）, 9. 青瓷碗, Durham Univ., 10a. b. c. 青瓷碗, 伝安陽（慶大考古学教室）, 11a. b. c. 青瓷杯, 個人蔵

pl. 1. 北朝・隋代の青瓷碗・杯

I 南北朝青瓷の展開と白釉陶瓷の創造

1. 緑釉碗, 山東封子絵墓, 2. 緑釉碗, 太原張海翼墓 (文物 2003-10), 3.緑釉碗, 安陽県趙明度夫妻墓 (考古 2010-10), 4. 緑釉碗, 太原徐顕秀墓 (文物 2003-10), 5 から 8 各 a, b. 緑釉碗, 北斉東安王婁叡墓 (山西考研 2006), 9. 10. 青瓷碗, 范粋墓 (河南出土瓷器 12), 11. 緑釉碗, 河北平山県崔昂墓 (文物 1973-11)

pl. 2. 北朝・隋代の鉛釉陶 (1)

4. 北朝・隋代における白釉,白瓷碗・杯の追跡　101

1. 緑釉碗,安陽県趙明度墓 (考古 2010-10),2a. b, c, 緑釉乳釘文杯,長崎県壱岐双六古墳,3a. 緑釉乳釘文杯片 (大邱博物館 1998),3b., 緑釉乳釘文杯 (徐氏芸術館 1993),4. 5. 白釉乳釘文高足杯,相州窯跡 (中国古陶瓷 15 輯),6. 白鉛釉乳釘文碗,常磐山文庫,7a. b. c. d. 白釉碗,個人蔵,8. 白鉛釉碗,V&A.

pl. 3. 北朝・隋代の鉛釉陶 (2)

次に，白瓷創出時期について，より詳細な過程を知るために，隋代の資料をさぐってみたい。現在，紀年銘共伴墓において白瓷の初出資料は，張盛墓をわずかに遡る西安市東郊旧寧安郷所在の開皇12（592）年合葬の呂武墓（M586）に随葬されている盤口（唾）壺である。これは硬質な白色瓷胎土に，透明釉でわずかに青みをもち，釉厚の箇所では浅緑色を呈し，開片のある釉がかけられており，高火度焼成による白瓷と認定できる（fig.7, 通高15.5, 口径10, 底径11.1cm）。共伴する玻璃製料器の高杯の杯部は，口を広げる筒形であり，邢州窯白瓷碗の形態に類似し，盂も白瓷である（社考研1965, p.68, 図版35-2, 40-2）。これが現時点では紀年銘を伴う白瓷資料としては最も古いとみるが，さらに遡る資料の発見の可能性は十分にある[補6]。

隋代の白瓷碗・杯の器形にもどると，伝統的で北朝青瓷を継承し，さらに後代まで基本形である深腹形と，北朝末の鉛釉陶にはじまり隋代に盛行する筒型の2種類がある。この筒型品は，細かくみると微妙に異なる2つの形態がある。その1は，体部が腰から直立せずに斜めに口沿に向かって開く特徴（開口筒形）であり，邢窯白瓷碗に共通する特徴で，邢台市邢窯跡発見の碗・杯の器高比が1.5-1.6の数値をしめしているが，明瞭に筒形である。その2は，その開きが小さく，ほぼ直立する形であり，鞏義市白河窯跡では器高比が1.2であり，上述の青瓷筒形碗・杯の延長線上にある。青瓷もこうした器形を模倣し，上記呂武墓に近く，同じく隋の五銖銭を伴い，埋葬年代も近いとみられる西安郊区無名氏墓M588から出土した青瓷筒形碗は器高9.1cm，器高比1.2であり，筒形碗の器形が白瓷創出との間に連関性があると考える（pl.1-8, 社考研1965, pp.64-87, 図版36-1）。このことは後述する窯跡出土資料で例証できる。

隋代には，高足杯を含めると，筒形碗の白瓷資料がかなり豊富に析出できる。紀年銘順にあげると，太原市西郊沙溝村所在の開皇17（597）年の斛律徹墓に随葬された白瓷高足杯（pl.4-1, 口径7.2, 器高7.7cm）の杯部は開口筒形であり，白色胎土にかけられた透明釉はわずかに青緑をおび，光沢をたもっている（fig.2-34・35・36, 文物1992-10, pp.1-14, 出土瓷器・山西2008, no.32）。共伴する無釉と報告されている碗12件は大小があるが，器高比1.2の筒形である（fig.2-35・36）。無釉品も筒形に変化しているようであり，開皇5（585）年葬の河北省平山県崔大圏墓出土例（fig.2-37, 器高8.8cmで器高比1.2）をあげられる（考古2001-2, pp.55-70）[4]。開皇20（600）年の安徽省亳県の王幹墓では，大小の白瓷筒形碗（fig.2-40）5件がみられる（考古1977-1, pp.65-68）。紀年銘墓ではないが，隋代前半期と推定できる安陽・橋村隋墓出土の杯と報告されているなかに（fig.2-39），器高比1.1で，腰がややふくらみをもつが白瓷とされているものがある（考古1992-1, pp37-45）。

基準資料として知られるのは，李静訓墓（608年葬）と姫威墓（大業6・610年葬）に随葬されていた小品である。前者の金釦玉杯は器高4cmの小型の筒形品であり（pl.4-8, 考古1959-9, pp.471-472, 社考研1980, p.21），後者の料器杯は玻璃製で，器高3cmにみたないが，器高比は1.2と筒形であり（文物1959-8, pp.4-7），その葬年とともに，隋代には筒形が求められ，白瓷の志向した器形と合致している点で興味がひかれる。

さらに白瓷資料を追跡すると，西安市長安区所在の大業3（607）年に葬られた張綝墓出土白瓷碗は薄手の開口筒形碗の典型作であり，口径8.8, 器高7.6cm, 器高比1.1であり（pl.4-2, 出土瓷器・陝西2008, no.14），同じ葬年の西安市李裕墓に随葬されている碗3, 杯4は，見事なまでに完成された白瓷である（pl.4-11, -12, 文物2009-7, pp.4-20）。さらに西安市西簡家村出土の白瓷碗（pl.4-3, 口径8.8, 器高7.8cm）も全面に氷烈が斜行し，滑らかに融解した透明釉がかけられ，白瓷開口筒形碗として完成された形姿をもっている（陝西歴博2001, p.44）。また，邢台市糧庫遺址Ⅲ M19随葬の開口筒形碗で，器高比1.5であり，607年の墓誌が共伴している（邢台市文管2005, pp.256-257）。これは邢窯産品の可能性が高いと考えている。

こうした590年代から600年代の初めにおける白瓷筒形碗・杯は，北朝期に青瓷と鉛釉陶で姿を現し，白瓷釉の発明とともに，良質の陶土を発見したこと，器壁を薄く一気に引き上げる轆轤技術の向上と，釉薬を安定した状態で焼成する技術力が，てらいなく発揮され，無装飾でひたすらシンプルな筒形碗・杯のなかに

実現されている。白瓷釉を創出した人々の秘めた誇りと，創出期に共通してみられる無為ゆえの研ぎ澄まされた感性が看取できる。

その中にあって技術的に頂点に達したとみられるのが，大業4（605）年に葬られた西安市長安区所在の蘇統師墓に随葬された透影（光）白瓷筒形碗1（pl. 4-7，口径8.3，高6.9，底径3cm，器高比1.2）である。器壁は極めて薄く，最薄のところでは0.08cmと報告され，まさに透影状の脱胎瓷であり，光沢をもつ白瓷釉である[補7]。605年にこの地に仮葬されたと墓誌にあるが，史書にはみられず，被葬者は中高級の官吏と推定されている（考古与文物2010-3, pp. 3-6）。この墓は刀形土洞墓で，中規模であり，盗掘されているが，遺体の周囲の棺床上は乱れが少なく，随葬品はかなり残存しているようであるが仮葬とはいえ少なく，土洞墓の規模は中級官吏墓であり，この種の上質の白瓷が長安の有力高級貴族の所持品とする推定には賛成しがたい。被葬者の位は，原則的に随葬品の質よりも墳墓の規模によって規定されている（亀井明徳2008, pp. 739-752）。

この透影白瓷は，張盛墓随葬の白瓷類と同様に邢窯製品であるとされている。この透影白瓷碗は，重言するまでもなく，鉄分をほぼ完全に除去し，白色で可塑性が強い胎土，光沢と透明度が保たれている釉薬，還元焔焼成が完璧に整合一致したとき実現できた白瓷器である。さきに述べた張盛墓の黒彩白瓷俑でみせた長石釉をかなり厚めにかけることによって白瓷として実現できたものと比較したとき，これも邢窯製品と考えるならば，両者の差，葬年でいえば，10年の技術力の相違は，信じがたいほど向上している。上述してきたように，隋代590年代以降には，高火度焼成による良質の筒形白瓷器が生産されていたことが，あらためて確認できる[補8]。

隋代白瓷の連続性について，これら白瓷筒形碗の有力な生産窯とみられる邢州窯跡出土の白瓷碗によって検証をくわえたい。よく知られているように，河北省内丘（唐代邢州）・臨城両県の20余処に窯跡の分布が確認されており，臨城県では，岡頭・祁村・西双井（文物1981-9, pp. 37-43），陳劉庄（文物1984-12, pp. 51-57），内丘県では県城西関・中豊洞（文物1987-9, pp. 1-10，文物春秋1997, 38期pp. 8-14）などの資料が報告されている。しかし，そのうちのほとんどにおいて，発掘調査が行われているわけではなく，表面採集品に，古墓出土品などから得られる既往の年代観を当てはめる方法をとっており，考察を進める上で，このことが前提である。

これら窯跡のなかで，生産の状況は少しずつ差異があるが，内丘県城一帯がもっとも集中し，器物の質量が最高とされている。そこで，上記の報告と踏査から，県城に接する西関窯跡区の北朝から隋代を中心にのべたい（文物1987-9, pp. 1-10，文物春秋1997, 38期pp. 8-14）。内邱県文物保管所が行った調査に基づき，一部は試掘調査が行われているので（考古学集刊第14, 2004），その結果を加味して編年的な考察を試みる。窯跡は，県城西側に接した河岸段丘上に広がる畑地であり，灰坑と瓷片堆積は20箇所，そのなかに三彩陶散布地3

fig. 3. 内邱西関窯跡採集白瓷・青瓷片内外面，自撮

箇所を含み，堆積層の厚さは 0.6-1.8m とかなり濃密である（fig. 3)。

報告で第1期, 北朝後期と推定している資料は, 青瓷器が多く, 深腹・仮圏足・三角支釘痕をもち, 器高比 1.5-1.6 の青瓷碗 (fig. 4-1・2) と, 少数の粗白瓷 (fig. 4-3・4) そのうち, 3 は, 青瓷 2 とよく似ているが, 腰から体部の立ち上がりの膨らみが少なく, 微細な違いではあるが, 筒形に接近している。4 は口沿にむかって開く器形であるが, 器高比は 1.8 と深腹形青瓷の数値である。報告では, これらが北魏高潭墓や北斉崔昂墓出土の碗との類似性から年代を設定している。同じく青瓷碗で, 邢州臨城前泊村出土品も器高比, 1.5 である (pl. 1-2, 千年邢窯編輯委会 2007, p. 28)。

第2期とする隋代では, 粗瓷の青瓷・白瓷・黄釉が多く, 精細白瓷が少数ある。青・白瓷碗ともに, 口沿にむかって開くのがこの窯の特徴である。青瓷碗は, 仮圏足・三角支釘痕であり, 器高比は 1.8 の深腹形 (fig. 4-5・6・7) と, 体部をほぼ直線的に口沿にむかって開き, 器高比 1.4 の筒形開口碗である (fig. 4-8・9・10)。白瓷は口沿にむかって開く直口形であり, 粗製白瓷碗も (fig. 4-11・12), 器高比が 1.4-1.5 と開口形態であり, 腰のふくらみは少なく, 胎土は青瓷と共通する褐灰色であるが, これに化粧土をかけ, よく溶解した高火度白瓷釉を腰までかけている。精細白瓷碗は, 完全に筒形となっている器高比 1.2 の形態 (fig. 4-13) と, 開口により器高比 1.3-1.4 の数値があり (fig. 4-14・15), 器肉を著しく薄くつくり, 口唇部など尖がり, これにも化粧土をかける。BM. 所蔵の 2 点は, 遺跡遊離品であるが, 邢州窯白瓷とみられるものである。腰以下の露胎部および破面は褐灰色で, 芥子粒状の茶色の点が混ざり, 白化粧がほどこされ, 牙白色の釉が滑らかにかけられている。口沿は内外ともに薄釉状となり, 厚く釉の流下した箇所は氷裂文がみられ, 一部は淡緑色を呈している。内底に 3 箇の支釘痕, 外底中心は厚さ 5 ミリにみたないほど薄く削り, 高台脇, 基部ともに鋭く削る。器高比 1.3 である (pl. 4-10)。個人蔵品も同様な釉調であり, 露胎部は灰色で胡麻状の小粒が混ざる胎土である (pl. 4-9, a, b, c)。この時期の鉛釉については, 記載がなく不明であるが, 緑釉破片はみられる (文物春秋第 38 期, pp. 8-14, 1997 年増刊, 文物 1984-12, pp. 51-57, 1987-9, pp. 1-10)。

このように, 深腹形の青瓷とそれに近い形の白瓷が共伴した北朝の段階から, 遅くとも隋代には, 青瓷は深腹形を持続し, 一方で, 筒形白瓷が, とくに精製品として生まれ出てくる。白瓷にも深腹形 (pl. 4-6, 出土陶瓷・河北, no. 24, 口径 9.4, 器高 6.5cm) と筒形 (pl. 4-4, -5, 千年邢窯 pp. 30, 31, 口径 8.4, 器高 8.4cm, 口径 11.4, 器高 8.4cm) があり, 後者は白瓷釉の発明に伴って創出された清新な形態と考えられる。おそらくこの時期と考える採集品のなかに, 白瓷碗と青瓷碗が畳焼き状態で融着した破片がある (fig. 3-1)。ともに淡灰色の胎土で, 白瓷には化粧土があり白色釉がよく融解しており, 一方青瓷には化粧土は施されず, 胎土色はわずかに明度が低く, 酸化炎の透明黄緑色に呈発している。還元炎としての青瓷と白瓷が畳焼になっている資料である。細白瓷は筒形匣鉢で三角支釘が使われ, 耐火磚を積み上げた瓷器窯である。

邢台市橋東区順徳路西側から発見された窯跡の調査によって隋代白瓷の実像がより鮮明になった (河北省邢台市文管 2006)。遺構は 3 箇所の灰坑であり, ほぼ同じ器種構成で, 白釉・黒釉・黄 (青) 釉の破片数 3 万余で, すべて高火度焼成の瓷器であり, 鉛釉陶はみられない。3,297 片が登記されており, 完整品は 300 である。碗・杯が大部分を占め, 他に少数の双系盤口瓶, 高足杯, 鉢, 長頸瓶, 罐などがある。白釉を主とし, 黒釉がこれにつぎ, 黄釉は少ない。胎土は鉄分が含まれ, 露胎部では灰色から茶色になり, 白釉と黄釉のすべてに化粧土が掛けられている。報告書では深腹形と浅腹形碗 (器高比 2.0 以上) と一括されているが, 前者のなかに器高比 1.6 以下の筒形品の占める割合が多い。腰から直立することなく口沿が開く関係で, この数値の器高比が視覚的には筒形である。

同時期と考える鞏義市白河窯跡から検出された白瓷碗は, 腰から直立し体部を口沿にのばす形状であり, 器高比は 1.1-1.2 と典型的な筒形であり, これに器高比 1.5 の深腹形碗が同時生産されている構成である (河

南省文物考古研究所他 2009)。白河窯は釉薬がやや黄色みをおび,直立する器形とともに,牙白色の邢台窯製品と区別が可能である[補9]。

さらに特徴的なことは,現在各地の美術館に蔵せられているこの器形をみると,非常に画一的である。そのうちの代表的なものを例示すると,BM.(pl. 4-10, OA1973. 7-26, 212・1967.12-12, 1,),V&A.(C. 18-1948),バローコレクション(C2),アシュモレアン美術館(1956.1176),セルニスキー美術館(MC9551),ストックホルム東アジア博物館(K15112, 8-5),ケルン東洋美術館(F86.194),ボストン美術館(50.1366),サンフランシスコ・アジア美術館(B60P218),東京国立博物館(TG646),出光美術館(同館図録 1986, no. 302),大和文華館(YB34)などをあげる。なお,白瓷直口碗の他に,同形態の青瓷・緑釉陶・三彩陶もみられ,緑釉筒形杯で口沿部をまっすぐに延ばす例として,オランダのフロニンゲン美術館蔵品(1953-93, pl. 5-9a, b)をあげるが少数例である。

白瓷筒形碗・杯は,7世紀の初頭にはその形態と白瓷釉を安定させ,ひとつの形式として華北において確立したと考えられる。その後,初唐期の白瓷碗はこの形式が継続しているとみられるが,墓の随葬品としての明証を見出すことは困難である。初唐代の華北の墳墓出土の碗形品の資料はなぜか非常に少なく,初唐代,7世紀の第2四半期においては,直口の白瓷筒形碗は存在しなかったかのごとく姿を消している。この魅力的な形姿をもつ筒形白瓷碗は,結局のところ隋代に現われて,短期間に生産を停止してしまった感があるが,その理由は解らない。それに代るかのように平形碗が散見してくるが,その造形美ははるかに劣る実用器である。

4.7 世紀中葉・後半の形態変化

邢窯西関窯跡の調査では,この時期に該当する製品は,一般に粗瓷であり,胎土は深灰色で,釉層は薄く,黄釉ないし黄緑色である。碗・杯ともに,筒型は姿を消して,主流は,口径が器高の2倍前後の大きさであり,すなわち器高比2以上の平形が占めている(fig. 4-16 から 22)。体部は内弯ぎみに丸みをおび,平底であり,玉壁高台で直線的な体部はこの時期では未だ出現していないようである。他の器種でも造形的に優れて特徴のあるものは窯跡からは検出されておらず,生産体制や造形意欲の一時的な衰退を感じさせ,次の8世紀の回復に向けて雌伏しているかのごとき停滞を看取できる。

こうした様相のなかにおいて,初唐の器形を特徴づけ,新規に出現し標識となりうる器形がある。内邱県邢窯跡出土資料のなかに,初唐期と考えている細白瓷外反口沿の杯がある(fig. 4-23, pl. 5-3, 文物 1987-9, 図版 1-3)。鞏義市白河窯でも把手付杯が発見され,長安礼泉坊窯跡にもみられ,広範に生産されていたことが実証できる(陝西省考古研 2008, 彩版 113-1)。

この資料に関して興味深い出土例として,河南省鞏義市北窯湾の唐墓M6があり,ここにも同形品が発見されている。この墓は,7世紀後半と推定されているが,随葬品のなかに,それを遡る時期の陶瓷器がみられる(考古学報 1996-3, pp. 361-397)。三彩杯と高足杯(pl. 5-6, 7a, b)の体部は,いずれも開口せずに器高比 1.1 の直口・筒形であり,隋代白瓷碗の器形を忠実に継承しており,生産地は,河南省鞏義市黄冶窯とみられる(奈文研 2003, no. 102)。この類品は管見では他になく,形式からみると,7世紀中葉以前に遡りうる。これらに共伴する白瓷とみられる筒形碗は(fig. 2-43),隋代にはみられない口沿を外反する器形であり,これが初唐形式を瞥見できる資料である。この墓の随葬品は,別に触れたが(本書Ⅱ-1参照),陶俑の人物・馬はもとより,白瓷竜耳瓶・盤口壺・三彩の碗盤・燭台・高足杯などあり,いずれも初唐の形式をうかがわせる興味深い墓相である[補10]。

このように口沿部をかるく外反する白瓷筒形碗の類例はある。例えば，英国リーズ市郊外のテンプル・ニューザムハウス美術館にある白瓷筒形杯（no. 1・38-66, pl. 5-1a, b）は，やや酸化気味に黄色をおびた白瓷釉が腰までかかり，口沿は明瞭に外反しており，さきにみた隋代の直立した形のタイプとは異なっている。ロイヤルオンタリオ美術館品（918.21.514）も同形である。スウェーデン・ヨーテボリ美術館品（RKM109.110-28）は，黄色気味でカセた釉がかかる。こうした口沿外反形は，資料数としては白瓷よりも三彩および緑釉碗に多くみられる。三彩では同じくテンプル・ニューザムハウス（no. 1・183・66, pl. 5-2a, b），ブリストル市立美術館（N2392），サセックス大学バローコレクション（2C. 377），オランダのプリンセスホッフ美術館，ボルチモアー美術館（口径 8.5cm, 1945.59.14），シラキュースのエバーソン博物館（61.67），大原美術館（Ⅶ-149）などかなり多く，V&A.，ボルチモアー美術館（器高 9.7cm, 1939.243）には，緑釉端反り碗（FE. 163-1974）がある。白瓷，三彩陶ともに平底である。

口沿外反で，体部に弦文をいれるものが新たにみられ，グラスゴー博物館のバレルコレクション例は（no. 38・216），内外面を緑と橙に色分けし，2本の弦文をめぐらすが，個人蔵緑釉例（久保惣記念美術館 1989, no. 62）も同じであり，これらの高台は少し高く，付根が細い。同じく V&A. の黄緑釉碗（pl. 5-8, FE162-1974）は，内面緑釉で外面を褐釉にして，圏線で4段にわけ，各々に印花同心円文をめぐらす装飾の碗もある。これらは，隋代白瓷の厳しさを秘め研ぎ澄まされた形態とは異なり，おだやかで温かみのある器形となっている。いずれも平底であり，内底に3箇の目跡をもつものがみられる。これに円環把手をつける杯の例もあり，一例をあげると，BM.（OA1947-.7-12.24）は黄釉品であり，他にも多数あるが割愛する。

出土例をみると，神功2（698）年葬の西安・独孤思貞墓（社考研 1980, pp. 29-43），盛唐期の西安東郊十里鋪 337 号墓（文物 1956-8, pp. 33-40），洛陽関林出土品（器高 6.8cm，洛陽博 1985, no. 90），銅川黄堡三彩作坊遺址の出土品（文物 1987-3, pp. 23-31）など，いずれも鉛釉外反口沿形である。これらは初唐に出現し，盛唐に継続して生産されたと考える。

盛唐期になると，三彩品で明確のように，外反形式が盛行することは確かであるが，その初源を示す明確な紀年銘共伴資料は見出せない。さきに指摘した7世紀の第2四半期に直口筒形碗・杯の出土資料がみられないことは，あるいは外反碗・杯の初現が意外に早い，7世紀前半まで遡る可能性を秘めているのかもしれない。この点は三彩の盛行開始と関連することになる[6]。

口沿外反白瓷碗・杯の資料は，墳墓の出土例は少なく，盛唐期において冥器としての役割は三彩碗に移ったようで，生産量が少ないと考えられ，かつ隋代にみられた切れるように鋭い造形美はすでに失われ，魅力的な白瓷器の評価を失っている。8世紀の中葉あるいはそれ以前の時期には，新たな装いをもつ斗笠形・玉璧底の白瓷碗が出現しようとしているわけであり，この器形については既に触れたところであり，ここに接続しつつあると自覚している（本書Ⅲ-2 参照）。

[注]
(1) しばしばカオリンが白瓷胎土に含まれていることを条件にしている論考があるが，「胎土はカオリンやセリサイト（絹雲母）質原料が一定量含有していることは白瓷胎土の条件ではない」（水上和則 2001, pp. 45-63）
(2) わが国では「汲み出し碗」のように，碗と表記される場合もあるが，小型品は，五あるいは八盌盤や七星盤のように杯盤としての組あわせを考慮するならば，杯あるいは盌と呼称することも可能である。碗と杯の区別については，中国側でも必ずしも統一されていないが，隋代邢州窯跡の調査報告書に基づき両者を分けた（河北省邢台市文管処 2007『邢台隋代邢窯』p. 35, 科学出版社, 北京）。
(3) 封氏墓群は，すでに考察したように『北斉書』子絵伝の記載等を検討して，祖氏墓（531-532 年卒）から封子絵墓（565 年葬）の間にあり，この緑釉杯はこの封子絵の随葬品の蓋然性が高いと考える（本書Ⅰ-1 参照）。

4. 北朝・隋代における白釉, 白瓷碗・杯の追跡　107

1. 白瓷高足杯, 太原斛律徹墓 (山西出土瓷器 2008), 2. 白瓷碗, 西安・張綝墓 (出土瓷器 15), 3. 白瓷碗, 西安市西簡家村 (陝西歴博 2001), 4. 5. 白瓷碗 (千年邢窯), 6. 白瓷碗, 邢州窯跡 (河北出土陶瓷), 7. 白瓷筒形碗, 西安蘇統師墓 (考古与文物 2010-3), 8. 金釦玉杯, 李静訓墓, 9a. b. c. 白瓷筒形碗, 個人蔵, 10. 白瓷筒形碗, BM., 11. 白瓷碗, 西安李裕墓 (文物 2009-7), 12. 白瓷碗, 西安李裕墓 (文物 2009-7)

pl. 4. 隋・唐白瓷碗

108　I　南北朝青瓷の展開と白釉陶瓷の創造

1a. b. 白瓷碗, テンプル・ニューザムハウス美術館, 2a. b. 三彩杯, テンプル・ニューサムハウス, 3. 邢州窯跡（文物 1987-9）, 4. 緑釉杯, セルニスキーM., 5. 三彩盌セルニスキー, M., 6, 7a. 7b. 三彩碗・高足杯, 鞏義市北窯湾唐墓 M6（奈文研 2003）, 8. 黄緑釉印花同心円文碗, V&A., 9a. b. 緑釉筒形杯, フロニンゲン美術館

pl. 5.　唐代白瓷・三彩碗, 杯

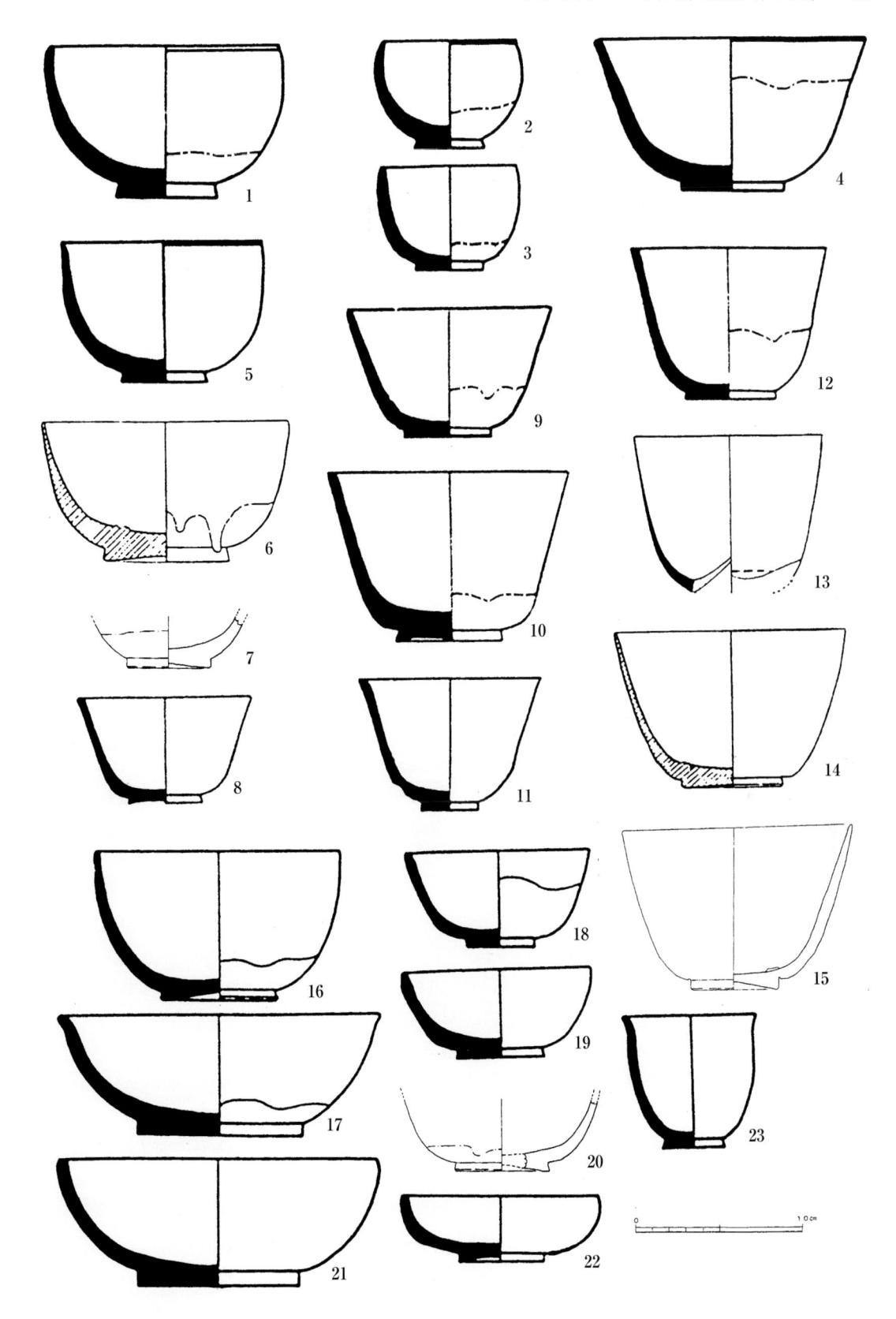

4. 北朝・隋代における白釉,白瓷碗・杯の追跡　109

fig. 4. 邢州窯出土杯・碗実測図

(4) 鉛白釉陶器が, 白瓷に先行して作られていたとする考えは, すでに指摘されているところであるが (矢部良明 1981, pp. 31-144, 謝明良 1986, pp. 133-136), わが国では, とり上げられることがほとんど無かった。

(5) 旧稿の范粋墓に関するこの (注) は, すでに学史的な意味しかもっていないが, この墓から発見された二彩罐などについて, 初期階段の白瓷とする意見が顕著であった。以下, 旧稿のまま残しておきたい。

　　中国の研究者が, 范粋墓出土瓷器 13 件のどれについて「白瓷初起階段的産品」と考えているのかはよく分からない。全体をおしなべての特徴として, 胎・釉は白く, 焼成は硬度であり, 白瓷に近いが, 釉色は乳濁淡青色, 薄い箇所は乳白色で, 鉄分がかなり含まれ, 焼成火候は低く, 一種の白瓷の初期階段の産物とし, 明確に白瓷の初源とは考えていないようである。李知宴の意見にも鉛釉三系罐をも白瓷にいれており, 混乱がある (考古 1972-5, 李輝柄 1988, pp. 88-94)。さらに, 中国の研究者のなかにも, これらを高火度釉と断定できないとする見解もある。すなわち, 白釉三系罐について, 表面観察によれば, 白釉中に鉄分含有量が多く, 焼成温度は低いとみられ, 白釉緑彩の罐・瓶についても, 緑釉の化学分析が未だおこなわれていないので, 高温銅釉か否か断定できない (趙青雲 1993, p. 62)。日本の研究者も同様の意見が既にだされており, 河南濮陽の李雲墓出土の白釉緑彩四系罐が, 釉面の一部にラスターが吹いており, 低火度鉛釉陶であり, 范粋墓出土の白釉緑彩四系罐と釉法は等しいと報告されている。したがって, これらは低火度釉であり, 白釉緑彩長頸瓶も同じとみられる (佐藤雅彦 1974, pp. 13-15)。

(6) 唐壁画墓のなかに, 白瓷直口筒形碗をおもわせるものが描かれている。総章元 (668) 年に埋葬された西安南郊羊頭鎮の李爽墓北および西壁に, 侍女が黒色盤の上に 6 および 4 箇の碗をのせて仕える図がある (群馬県立歴史博物館『唐墓壁画集錦』 nos. 34・40, 1989)

(補 1) 鉛釉を用いた白釉陶とし, 高火度釉の白瓷については, 碗・杯を材料にして 2004 年に発表し, 基本的に論旨構成は変えていない。しかし, 新発見の資料を追加していく過程で, 観察の部分に誤りの箇所があり, 本稿は, 旧稿を相当部分において書き直している。2004 年の旧稿発表当時, 一般には白瓷初出資料として, 范粋墓出土品とされていた。しかし, 実物を観察すると, 鉛釉陶と確信したので, これを初出とすることは誤りと考えた。旧稿の該当部分に変更を加えず, 学史的意味で以下に掲出する。

　　現在, 多くの研究者が承認し, 白瓷の出発点として広くみとめられている, 武平 6 (575) 年葬の河南省安陽県范粋墓出土品は「白瓷」であろうか。報告書にもとづくと (文物 1972-1, pp. 47-51), 瓷器 14 件 (報告では 13 件) の内訳は, 黄釉印花胡騰舞文扁壺 4・白釉緑彩三系罐 2・白釉および白釉緑彩長頸瓶 3・乳白釉刻花蓮弁文四系罐 2・白釉壺 1・白釉瓷碗 2 である。このうち, 黄 (鉛) 釉扁壺をのぞき, 白色釉の器形は, 乳白色透明釉で, 凝脂状の滴痕もみられ, 胎土は比較的白く, 化粧土はなく, 堅く, 火候は高いとされている。白釉刻花蓮弁文四系罐などは, 胎土が高嶺土に類似し, 釉色は白色, 玻璃質・焼結がよく, これらを「白瓷初起階段的産品」としている (文物 1973-7, 馮先銘論評, p. 24, 馮先銘 1998, p. 97)。

　　しかし, 実見し得た黄釉扁壺・白釉緑彩長頸瓶・白釉緑彩三系罐についてみると (河南省博物院展示), 釉は黄色みのある白色で, 釉下に緑釉が筋状に流しかけられ, 肩付近の透明釉の一部が銀色を呈した箇所があり, これらはあきらかに鉛釉陶である。他の乳白釉刻花蓮弁文四系罐は, これら瓶および三系罐の釉調に類似しているとされており, 鉛白釉の可能性がつよく, これらをもって高火度釉白瓷の初現とすることはできない。あるいは, これらをもって白瓷の初期的産品とすることも, 状況をあいまいのままに停滞させる役割を果たすだけである。

　　さて, 問題は残された白瓷碗 2 件・白釉壺であるが, いずれも実見しえないので, 釉調について確信はもてない。碗については, 雑色斑点のない胎土に, 乳白色釉がかけられ器高 9.5cm と, 7.5cm の小型品と報告され, 器高比 1.3-1.2 の筒型である。中国側の見解にしたがえば, 白瓷釉碗の初現とされているので, ひとまずこれを高火度白瓷釉としておき, 実見したのちに改めて所見を述べることとする。

(補2) tab.1　北朝・隋代の青瓷・白釉・白瓷碗・杯計測表　（＊は鉛釉陶，碗は口径10.0cm-19.9cm，杯は口径9.9cm 以下，空欄は不詳）

墳墓名	葬年（西暦）	口径	器高	口径/器高	形状			12	6.2	1.9	直口
								11.8	5.8	2.0	直口
河南孟県・司馬悦	511	14.3	7.5	1.9	直口			11.5	5.5	2.2	直口
		14	7.8	1.7	直口			11.3	5.6	2.0	直口
		13.3	6.9	1.9	直口			8.0	3.5	2.2	直口
		7.8	4.1	1.9	直口			12.4	7.8	1.5	直口
		7.6	3.8	2.0	直口	山西長治・韓貴和	584	＊12.8	6.2	2.0	
百済・武寧王陵	525	8.9	4.5	1.9	直口			＊13.0	8.4	1.5	
		8.6	4.7	1.8	直口	安陽市活水村・韓邕	587	8.7	6.4	1.3	直口
		8.8	4.9	1.7	直口			8.2	6.1	1.3	
河南堰師県・染華	526	13.7	7.5	1.8	内弯	河北平山県・崔昂	566, 588	12.4	7.6	1.6	直口
		6.2	4.7	1.3	直口			9.0	5.8	1.5	直口
		＊13.9	5.1	2.7				7.7	6.0	1.2	
		＊6.2	4.2	1.4				7.1	6.7	1.0	
河北磁県・元良	553	11.8	9.0	1.3	直口			7.6	6.7	1.1	
		9.2	7.4	1.2	直口	河南安陽市・M404	590	12.1	7.8	1.5	直口
		8.5	6.5	1.3	直口	同上	同上	7.9	6.4	1.2	内弯
		＊13.9	5.1	2.7	直口	同上	同上	7.6	6.7	1.1	直口白瓷カ
		＊6.2	4.2	1.4	直口	山西太原市・斛律徹	595	＊10.3	7.4	1.3	直口
山西寿陽県・庫狄廻洛	562	＊13.3	8.7	1.5	直口			＊6.8	5.6	1.2	直口
								7.7	7.2	1.0	鉛白釉
		＊11.0	6.7	1.6	直口	山西汾陽県・梅淵	595	12.0	7.8	1.5	直口
		＊4.6	4.2	1.0				8.1	6.0	1.3	直口
河南北魏洛陽城・大市遺跡		8.2	5.6	1.4	内弯	河北平山県・崔大圖	595	＊11.0	8.8	1.2	直口
長崎県壱岐市・双六古墳		＊8.2	7.2	1.1	直口			＊10.0	7.7	1.2	直口
								＊8.6	6.3	1.3	直口
山西太原市・婁叡墓	570	＊11.2	8.6	1.3	直口	安徽亳県・王幹	600	11.6	9.0	1.2	白瓷開口
		＊10.6	7.5	1.4	直口			8.0	7.0	1.1	白瓷開口
		＊7.9	5.4	1.5	直口	河南鄭州・栄陽計委 XJM	598以降	13.4	9.0	1.5	開口
山西太原市・徐顕秀	571	＊11.5	8.0	1.4	直口						
河南安陽市・范粋	575	＊9.5	7.0	2.5	鉛釉，直口			12.2	9.0	1.3	開口
陝西咸陽市・独孤蔵	578	12.5	6.4	1.9	内弯	河南安陽市・M103	603	11.0	6.2	1.7	内弯
		13.0	6.4	2.0	内弯	河南安陽市・M109	隋代	10.6	6.2	1.7	開口
		11.2	5.9	1.8	内弯	河南安陽市・M401	隋代	11.7	7.9	1.4	直口
		11.2	7.7	1.4	内弯	同上	同上	8.0	6.1	1.3	直口
		9.2	4.8	1.9	内弯	河南安陽市・M201	隋代	11.8	9.1	1.3	直口
		10.7	5.5	1.9	内弯			8.9	6.8	1.3	直口
陝西咸陽市・王徳衡	581	11.5	9.0	1.2	直口	河南安陽市・M306	隋代	11.2	8.2	1.3	直口
		11.5	8.7	1.3	直口			7.9	5.9	1.3	開口
		11.0	8.2	1.3	直口			8.3	7.0	1.1	内弯
		10.5	8.0	1.3	直口	河北邢台市邢窯・白瓷40口	隋・碗	12.8	7.9	1.6	開口
		8.6	6.5	1.3	直口						
		8.9	6.5	1.3	直口	同上・白瓷31口資料平均	同・杯	8.7	5.7	1.5	開口
		8.6	6.4	1.3	直口						
河南鄭州市・万福花園 ZWN	隋初	12.0	7.4	1.6	直口	河南鞏義市白河窯・白瓷12口	北魏・隋・碗	11.5	9.2	1.2	開口
		12.6	8.2	1.5	直口	同上・白瓷6口資料平均	同上・杯	8.1	6.7	1.2	開口
		9.0	5.8	1.5	直口						
		9.0	5.8	1.5	直口	河南鞏義市白河窯・青瓷24口	北魏・隋・碗	12.5	8.8	1.4	直口
河南鄭州市・第2印染廠 ZYM	隋初	10.2	5.6	1.8	円文・直口	同上・青瓷8口資料平均	同上・杯	8.5	6.3	1.3	直口
		9.8	6.0	1.6	円文・直口						
河北景県・高潭夫妻	582	12.6	8.7	1.4	直口						

(補3) なお，この遺物に関しては，長崎県教委・壱岐市教委・滋賀県立安土城考古博物館の援助を受けた。乳釘文装飾高足杯の破片が飛鳥・石神遺跡第11次調査において，7世紀後半-末の土器と共伴して検出されている。乳釘は基部が四角錐形で先端の尖る形を，体部に2段，口沿下に1を貼付している。被火しているが緑釉陶である。シリ

ア出土とされるガラス製高足杯に類似器形がある（fig. 5，奈文研年報 1994，p. 11）。

　石神遺跡出土の緑釉高足杯は2個体分の破片であり，7世紀後半から末ころの土器と共伴している（小田裕樹 2012，pp. 104-110）。生産窯については，早くから安陽市橋南窯跡で発見が報告され（文物 1977-2，pp. 48-56），2009年に安陽市相州窯出土品が少し明らかになり（中国古陶瓷 2009，pp. 97-109，佐藤サアラ 2010，pp. 64-65），安陽市付近で生産されたことがほぼ確実となった。

(補4)　共伴の緑釉4系刻花蓮弁罐は角型系であり，この初源を崔昻墓主人の葬年566年とすれば，趙明度の夫人もこれに近い葬年を想定する（常平五銖銭出土）。緑釉刻花蓮弁文4橋形系罐（fig. 6）

(補5)　安陽張盛墓（595年葬）出土品は，報告書では52件のうち，3件の緑釉瓷碗をのぞいて青瓷とされているが（考古 1959-10，pp. 541-545），その後の研究の進展にともない，白瓷（釉）とされるものも相当数ある（東博 1973，李輝柄 1983，河南省博 1983）。この他に白瓷に近いとみられるが四環足盤・竜柄象首壺・碁盤各1であり，黄ないし青みおびた透明釉である。青瓷とみられるのは，貼花舗首文壺・薫炉・銭倉であり，これらは釉薬中にかなりの鉄分が含有され，薄釉の部分では白くみえるが，開片のある釉溜まりでは青瓷釉の特徴をもっている。

(補6)　呂武墓592年葬から検出された白瓷盤口壺（fig. 7，通高 15.5，口径 10，底径 11.1cm，考古与文物 2004-6）を図示する。白瓷として最古品の一つと考える。このほかに白瓷資料として，河北・平山県三汲郷所在の開皇20（600）墓出土の白瓷盤口瓶（器高 37，口径 8.6cm）は，古式の竜耳瓶と同様に長胴形の3箇所に複線圏線文を配しており，白灰色の胎土に白化粧がされ，腰まで薄く施釉され，すこし黄色みを帯びている（出土瓷器・河北 2008，no. 18）。607年に葬られた李椿夫妻墓白瓷盤口壺，4系罐，（考古与文物 1986-3）がある。さらに，北周末の宣政元（578）年に埋葬された咸陽市の独孤蔵墓出土の9件については，報告書では青瓷とされているが，「瓷胎白色」とされ，透明釉がかけられ，白瓷の可能性がある。形態はいずれも典型的な深腹形であり，器高比 1.9 であり，口沿内側に沈圏線がめぐるのも深腹形青瓷碗にはみられない（fig. 2-5・6，員安志 1997，p. 87）。くわえて，後述するように，共伴している白瓷盤口壺について白釉ないし白瓷の可能性があるのは注意される。

(補7)　西安市蘇統師墓（605年葬，考古与文物 2010-3，pp. 3-6）からは，透影白瓷碗以外に四系罐・長頸瓶・盂・辟雍硯各1の白瓷が発見されている（fig. 8a, b, c）

　この透影（光）白瓷碗の破片が，1984年には内丘境内から発見され，注目されていた（葉喆民 1988）。2点の破片の化学分析が行われ，以下の点が指摘されている。邢州窯の細白瓷胎土には通常 AlO_3 が 40-45％含有するが，これらは 26％ほどであり，他所の原料と混ぜ単味ではないこと，K_2O が多い，鉄分は通常 0.57-0.88％の間であるが，これは 0.44-0.34％と少ないこと，釉薬中にも K_2O が通常 1.50-0.40 に対してこれらは 4.7 と 6.4％と多いこと，焼成温度は，通常 1350℃前後であるのに対して，1230-1250℃の間にあり低いこと，吸水率が通常 1.4％前後であるが，これらは 0.60 と 0.56％であること，硬度は通常の邢州窯白瓷に比較して軟質であること等が指摘され，非常に興味深い数値を示している（邢台市文管 2007，所収楊文山論文，pp. 344-355）。

(補8)　隋代の590年代以降の高火度焼成による白瓷とされている資料は一様ではなく，釉色・器形にバラエテイがあるのは創始期に共通する現象であり，それは魅力的な課題となる。すなわち，大別すると，a. 李静訓墓出土の双胴

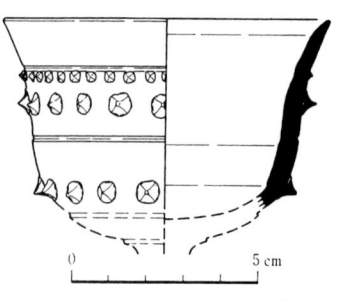

fig. 5. 緑釉乳釘文装飾高足杯片，飛鳥・石神遺跡第11次調査（奈文研年報 1994）

fig. 6. 緑釉刻花蓮弁文4橋形系罐（考古 2010-10）

fig. 7. 白瓷盤口壺，呂武墓（考古与文物 2004-6）

4. 北朝・隋代における白釉，白瓷碗・杯の追跡 113

fig. 8. a, b, c, 盂・辟雍硯，白瓷長頸瓶，西安市蘇統師墓（考古与文物 2010-3）

竜耳瓶に代表されるように，器面の汚れた箇所を除いて，黄色みをおび，光沢が少なく，軟質な白瓷である。b. その対極にあるのが透影白瓷にみられる器肉が薄く，純白に呈発した釉薬が施された白瓷である。a. のケースは，北方白瓷胎土の主原料であるカオリンは耐火度がたかいので，焼結不足となり，軟質の結果をもたらし，張盛墓の白釉黒彩侍吏俑の地色にみるように，灰白色ないし黄白色に呈発する。これは鞏義黄冶窯跡出土の白瓷にみられる。焼成温度についてみると，1285±20℃と報告されている。b. 邢州窯の焼成温度は，低くても1210±20℃，平均

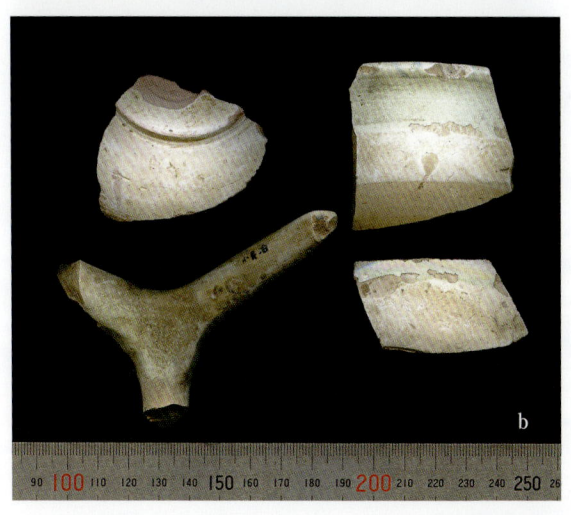

fig. 9. a. 1-6, 邢窯窯跡，b. 7-10, 鞏義黄冶窯跡出土破片

114　I　南北朝青瓷の展開と白釉陶瓷の創造

1350℃前後，最高では 1370 ± 20℃の高温まで上げることによって，堅く焼結し，釉薬は透明度が大きく，ガラス質で光沢の強い白瓷としている。透影白瓷はその完成品といえる。鞏義市白河窯の白瓷碗などがここに属している（奈文研 2013）。ただし，例示した張盛墓品と透影白瓷がこれらの窯の製品に限定されることは，現時点では決めがたく，ここでは例示しているだけと理解していただきたい。透明感があり，光沢に富んでいることは，釉薬中の SiO_2/Al_2O_3 の重量比値が 5.0 から 9.0 の範囲で，アルミナが 0.5 前後に収まっていることが，一つの条件である。邢州窯白瓷については，隋代 15 試料の蛍光 X 線による分析値が公表されており，それに基づくと（上海硅酸塩研究所分析値），平均 4.94 である。釉薬の Fe_2O_3 含有量は，1.0 以下のものと 1.5％の試料がある。胎土・釉の白度は，邢州窯 69.00％，鞏義窯 59.25％，永楽白瓷釉 57.94％，定窯 57.29％とされている（邢台市文管 2007，所収，張志剛・李家治，pp. 318-319）。要するに，隋代から初唐白瓷の高火度焼成品には肉視観察で，釉色が灰白または黄白色で，軟質なタイプと，純白に近く，硬質，薄手のタイプの 2 種類に大別できる。これに，白鉛釉がかけられた白釉陶が存在し，前者の軟質タイプとは肉視観察では区別が難しいものがある。

（補 9）邢窯白瓷（fig. 9a, 1-6）と鞏義黄冶窯鉛釉陶（fig. 9b, 7-10）との相違は，窯跡採集の破片でみると，明確に区別できる。邢窯白瓷の胎土は，新しい破面でみると，白灰色と暗灰色であり，no. 5 のように内外に黄色の青瓷と白瓷が溶着している資料では，両者の胎土はともに白灰色で，白瓷には白化粧が施されている相違がある。no. 6 の外面で白化粧上に掛けられた透明釉は白く発色するのは当然として，無化粧の部分の釉際は淡緑色で青瓷釉の色調である。no. 3 は，灰黒色の胎土に，白化粧がされ濃い黄釉が掛けられ，釉溜まりは飴色に，内面は化粧土がなく，施釉箇所は茶褐色になってしまう。白瓷釉の外面は，無数の氷裂がみられ，no. 1 の口沿下は釉溜まりで，淡色の透明釉がみられ，高温焼成の特徴の一つである。一方，鞏義（大・小）黄冶窯採集品の胎土は，桃色（no. 7）と白褐色（no. 8, 9）で，いずれも白化粧が施され，非常に軟質であり，容易に削ることができる。no. 8・9 は同一個体の碗とみるが，口沿に藍色で線をいれ，薄く緑釉をかけており，マットでガラス化していない。これに対して no. 9 では，内外面に淡緑釉がかけられ，ガラス化して細かく氷裂がみられ，釉薬の剥離もある。no. 10 の支釘は大型品用とみるが，緑釉と黄釉が付着している。

（補 10）この他に，直口および肥厚口沿で，器高の低い平型碗があり，白瓷と鉛釉に類例が多くみられる。平形碗の例として，浙江省江山県の上元 3（676）年墓出土の白瓷碗（fig. 2-10）は，普通にみられる形であろう。また，七星盤の上におかれる盅と称される形があり，白瓷でもつくられるが，明器の色彩が強いのであろうか，鉛釉におおく，造形的には優れているとは云いがたい。セルニスキー七星盤（pl. 5-5，M. C. 9541，緑釉杯 pl. 5-4），V&A.（Cire. 235-1923）の鉛釉陶を例示しておきたい。

[後記]

この旧稿を発表した 2004 年当時，白瓷の前に，白い焼き物の代替品として鉛白釉陶の存在を指摘したが，日本の研究者のなかには問題外として笑止され，受け入れられない雰囲気があった。ところが，2009 年に公刊された中国古陶瓷学会報告書では，その存在が新発見のごとく俎上にあがっているのは興味深く，今昔の感がする。本稿は，新資料を追加することによって，部分的には改稿をせまられ，その仕事は，忍耐を要求されるものであり，東日本大震災の憂愁な秋であった。2011 年 3 月 11 日，東日本大震災発生時刻に，奈良市埋蔵文化財センターでの三釉陶の調査を終えて，帰京するため，京都駅からの新幹線の車内に数時間閉じ込められたが，被災地のことを考えれば，些々たる事であった。

[中文要旨]

关于北朝・隋时期的初创期白釉、白瓷碗的追跡

本文的主题是以生产量最多且最普遍的碗类产品为对象，追踪初创时期白瓷的状况。
① 瓷是指在白色的胎体表面，施一层无铅的透明釉，经高温烧成后，胎体坚硬的白色瓷器。

②北潮的青瓷碗以深腹形为主流。口径与器高之比（以下简称为器高比）平均为2.0，也就是说口径是器高的2倍左右，造型矮胖。

③隋代的青瓷碗，在华南地区仍旧延续传统的深腹形造型，而不见筒形的造型。在華北地区，除延续深腹形的造型之外，在590-600年也出现了少量的筒形造型的小件器物。这类筒形的小件器物，与鉛白釉器及白瓷器同时出现。

④北朝560-570年代，在绿釉碗中出现器高且瘦长形的筒形碗，而同时期的白色鉛釉碗的資料也散见其中。

⑤这类鉛白釉筒形碗是指在白色胎土之上施一层低温鉛釉，釉色发黄。此类碗在北齐库狄廻洛墓（大宁2·562年葬）中出土，被称之为高温白瓷釉产品的先导。

⑥在范粹墓（575年葬）出土的器物中铅釉产品较多。其中白釉壺1件、白釉瓷碗2件，全部为高温白瓷产品。但是还存在着检讨的余地。白瓷确切出现的时间是590年代的呂武墓（592年葬）以及安阳張盛墓（595年葬）以降。而在王幹墓（600年卒）中也有白瓷筒形碗被发现。

⑦从邢窯出土的白瓷碗来看，在北朝，深腹形青瓷及器形接近的白瓷共伴出土。隋代，在延续深腹形青瓷的同时，筒形白瓷作为精製品也随之出现了。但不见深腹形白瓷。筒形白瓷被认为是伴随着白瓷釉的出现而诞生的一种清新的形态。到了初唐时期，筒形形态消失，而变为平型碗。

⑧到了初唐，器形产生了变化。其一，出现了直口及肥厚口沿，器形低矮的平型碗，此类产品铅釉品种较多。其二，在继承筒形器形的同时，口沿外翻的白瓷及铅釉器出现。

[English Summary]

The Early Development of White Porcelain: Focusing on the Bowl Form from the Northern Dynasties and the Sui Dynasty

This subject of this paper is the initial development of Chinese white porcelain, and instead of focusing on the unusual or unique specimens, we consider the bowl form, which is considered to have been produced in the largest numbers.

(1) White porcelain can be defined in terms of its white surface, its transparent glaze with a negligible percentage of lead, its high firing, and its hard, vitrified body.

(2) Celadon bowls made in the Northern Dynasties have, as a general characteristic, uplifted, flaring bases and bulging medians. The ratio of the mouth diameter to the height of these bowls averages 2.0, in other words, the diameter at the mouthrim is double the height. This gives the bowl a short, stocky appearance.

(3) Celadon bowls made in the Sui Dynasty in southern China show a continuation of the bulging median type; a cylindrical type is not in evidence in the south. In northern China, the bulging median type also continues, but a small cylindrical type appears in limited numbers between 590 and 600. The cylindrical shape is significant, for it is a marker for the development of white ware, both in lead-glaze and porcelain.

(4) In the Northern Dynasties, from the 560s and 570s, a type of tall, slim, cylindrical green lead-glazed bowl appears. White lead-glazed bowls are known from this period as well.

(5) A white-bodied cylindrical bowl whose low-fired lead glaze gives it a yellowish tint was excavated from the Northern Qi tomb of Kudi Huilo (buried 562). This type is considered to be a forerunner of the white, high-fired cylindrical bowls that followed.

(6) Excavation of the tomb of Fan Cui (buried 575) has yielded considerable quantities of lead-glazed ware. A white-glazed bottle and two similarly glazed bowls are identified as high-fired white porcelain, but this attribution is debatable. The definitive appearance of white porcelain takes place from the 590s, for example in the tomb of Lu Wu (buried 592) and the Anyang tomb of Zhang Sheng (buried 595). A cylindrical bowl in white porcelain was unearthed from the tomb of Wang Gan (died 600).

(7) Looking at the evidence from Xing kiln sites, in material from the Northern Dynasties small celadon bowls with a bulging median are accompanied by similarly-shaped white porcelain bowls. In the Sui Dynasty finds from Xing, the

celadon bowls with the bulging median continue, but the white porcelain products are represented by a newly-developed and refined cylindrical shape. The bowl with bulging median is not seen among the white products, and thus the cylindrical type is considered to be a new form that developed with the invention of a white glaze. In the early Tang Dynasty, the cylindrical shape disappears and is replaced by a wide, shallow bowl.

(8) Vessel forms undergo a change in the early Tang. One variety is a wide shallow bowl with either a vertical or slightly thickened rim; similar shapes frequently can be seen in lead-glazed wares. The other variety, seen as heir to the cylindrical shape, has an everted rim; it is evidenced in white porcelain as well as lead-glazed ware.

Ⅱ 隋唐白釉陶瓷の推移と三彩陶の形式

1．隋唐期竜耳瓶の形式と年代

問題の所在

竜耳瓶は，隋から唐中期におよぶおよそ150年間にわたって，白瓷および三彩陶器などとして，華北の地でつくられた。その華麗にして，壮観な形姿は，この時期の中国陶瓷器を代表するものであるとともに，この間の陶瓷器の変遷過程をさぐる上で標識的な器種である。

隋唐期において，盤口形に口作りする器種は，盤口壺（唾壺），徳利型の盤口瓶，鶏首壺（天鶏壺），竜耳瓶，四耳壺があり，白瓷・青瓷・三彩陶にみられる。その中で竜耳瓶は，把手の先端につけられた2ないし3匹の竜頭が，舌をのばして盤口内の液体を飲む形につくられた瓶である。竜頭ではなく，角のない竜である螭竜や，鳳首，あるいは獅子とみられる獣頭も区別せずに竜耳瓶と表現されることが多い。中国では竜柄瓷壺・双竜耳瓶（尊）・双柄盤口壺などと呼称されている。

竜耳瓶を理解することは，つぎの2つの問題に集約できる。第1は，この特異な形状をもつ器形が，いかなる道筋をとおって，いつごろ生まれてきたのであろうか。一つの仮説として提示できるのは，竜耳瓶は，西晋期から北方系青瓷として作られてきた鶏首壺に祖形をもち，双把双身瓶をへて，7世紀前半に出現した器形とする考えである。この仮説を検証することを手がかりにしたい。

第2に，白瓷および三彩陶の竜耳瓶を細かく観察すると，器形および装飾において様々のバラエティがみられる。これらを作品の優劣ではなく，この器形の誕生から衰微の過程を時間軸で追跡して，形式分類することによって，相対年代の位置づけが可能ではなかろうか。この2方向から竜耳瓶について考察をくわえたい[補1]。

1．鶏首壺の構成要素

鶏首壺は，三国末年から両晋・隋唐まで，形や釉調を変えながら連続して生産された陶瓷器であり，この間の変遷をたどるのに最適な資料である。旧稿では十分な資料探索が不足していたので，この章を全面的に改稿し，北朝領域に焦点をあて，北魏後半の6世紀前半から変遷の軌跡を探っていきたい。

鶏首壺は，把手の先端を盤形の口に竜（螭）がはみ，東晋では球形や横長の胴部から，北魏後半の段階では，長胴形になり，その最大径を肩におき，並列する力強い橋形角系（角耳）を肩につけ，貼付された鶏頭は，胴部と通口せず，明（冥）器としての使用を目的にしており，このことは以降も継承している。

まず第1の課題に関連した鶏首壺から論を出発させたい。北魏後半から隋代までのほぼ100年間の変遷をさぐる鍵は，胴部の器形，器高，系（耳）の形態にあり，これに青瓷・鉛釉陶・白釉陶瓷の釉薬の違いがからんでいる。6世紀の第1四半期の紀年銘共伴資料について瞥見すると，器高が30cmに達していないものが多いようではあるが，球形胴の東晋の器高（大約20cm以下）から高くなりつつある。例えば，522年葬の太原市・辛祥夫妻墓（pl. 1-1，考古学集刊1，pp. 197-202），526年葬の偃師市・染華墓近接出土品は30cmに達していない（pl. 1-2，考古1993-5，pp.414-425）。しかし，この時期に大形品も出現しており，北魏宣武帝景陵墓（515年葬）に随葬された青瓷鶏首壺3件のうち，2件は器高が推定30cmほどであるが，1件（鶏首欠損）は43cmである（考古1994-9，pp. 801-814）[補2]。534年葬の西安市・書乾墓品（口沿後補）も器高40.7cmであ

Ⅱ　隋唐白釉陶瓷の推移と三彩陶の形式

1. 青瓷鶏首壺, 太原辛祥夫妻墓（考古学集刊 1）, 2. 青瓷鶏首壺, 偃師 M2（考古 1993-5）, 3. 青瓷鶏首壺, 西安書乾墓（文物 2009-5）, 4. 青瓷鶏首壺（出光美 1986）, 5. 青瓷鶏首壺（大阪東洋 1990）, 6. 青瓷鶏首壺, 河北河間県墓（河北文研 2007）, 7. 青瓷鶏首壺（MOA1982）, 8. 緑釉鶏首壺, 太原 TM62 墓（文物 2004-6）, 9. 青瓷鶏首壺, 山東兗州市后李村（出土陶瓷 6 山東）, 10. 緑釉鶏首壺, 庫狄墓（文物 2003-3）, 11. 緑釉鶏首壺, 太原小井峪（山西省博 1999）, 12. 緑釉鶏首壺, 韓裔墓（文物 1975-4）

pl. 1.　青瓷鶏首壺

1. 隋唐期竜耳瓶の形式と年代　121

13. 緑釉鶏首壺，太原金勝村（文物 1990-12），14，15，16，17. 緑釉鶏首壺，斐叡墓（山西省考研他 2006），18. 緑釉鶏首壺，徐顕秀墓（文物 2003-6），19. 緑釉鶏首壺，高潤墓（考古 1979-3），20. 青瓷鶏首壺，山東兗州市夏村（出土陶瓷 6），21. 青瓷鶏首壺，梅淵墓（文物 1992-10），22. 白瓷鶏首壺，李裕墓（文物 2009-7），23. 白瓷鶏首壺，李静訓墓（中美全集 1991），24. 白瓷鶏首壺，愛媛文華館（根津美 1988）

pl. 2. 青瓷鶏首壺

る（pl. 1-3, 文物 2009-5, pp. 21-49）。そして，6世紀の第2四半期になると，器高が 40-50cm と大型化するものが多くなり，随葬品の中で際立つ存在となり，すべて青瓷釉がかけられている。その多くは白色に近い胎土に，鉄分をわずかに含む透明青瓷釉が掛けられ，器形および橋形系の意匠などの共通性からみて，華北地域の同一ないし近隣窯の産品と推定できる[補3]。山東・兗州市后李村出土の青瓷鶏首壺も器高 34.2cm ある（pl. 1-9, 出土陶瓷6 山東, no. 38）。大阪市立東洋陶磁美術館品（pl. 1-5, 大阪東洋 1990）などにみるように，肩に透明な青瓷釉が二度掛けされ，その形姿とともに鶏首壺が造形としての完成度が最頂に達した作といえよう。

ところが，北斉にはいると，3つの変化が現われる。その1は，青瓷釉に替わって緑釉・黄釉品が出現し，鉛釉陶が主流となったと看取する。天保6（555）年の石碑断簡を伴う太原市晋源区 TM62 土洞墓出土品は，釉薬がほとんど剥離しているが，胴部中位以上に緑釉がかけられている（pl. 1-8, 文物 2004-6, p.40 図 13）。その2は，肩に貼付された橋形系に替わって，その位置に印花文や，有孔方形を施したパネル2箇を屹立する形が北斉を通じてみられるが，系としての実用性はない（pl. 1-10 など, 文物 2003-3）。その3は，胴部中位に蓮弁文を大きく刻む装飾（pl. 1-12, pl. 2-13 など）と腰部を絞る器形の変化がある。

青瓷釉で橋形系も継続しているようであるが，実用には適しているとはいえない鉛釉品が主となったとみられ，570年に葬られた婁叡墓に代表される緑釉製品が占めている（pl. 2-14, 15, 16, 17）。あいかわらず 50cm におよぶ大形品が多く，かつ徐顕秀墓では7件，婁叡墓では5件と随葬時ではその数も多く，棺床に近い壁際に並列されており，その大きさとともに，随葬品の中での主たる存在を占めていたとみる。婁叡墓の緑釉鶏首壺は，むしろ例外的に装飾性が豊かであり，肩には印花忍冬文を施した2箇のパネル立て，細長くなりつつある頸部には数本の弦文がめぐるのが基本形である。胴部中位に蓮弁文を刻みだし，蓮華文から全パルメットの瓔珞を数本貼付している。さらに花形につくるループ状に近い系が現われている。山東・兗州市夏村出土品も夥多な装飾文が貼付されている（pl. 2-20, 出土陶瓷6）[補4]。青瓷鶏首壺も消えたわけではないようで，隋代になって 595 年埋葬の梅淵墓は青瓷であるが（pl. 2-21, 文物 1992-10），576 年埋葬の高潤墓品は緑釉とみられ，北魏に盛行した有孔橋形系をつけており，前代の形式が残っている例である（fig. 1-19, 考古 1979-3）。北斉期における鶏首壺は，従来からの青瓷釉とともに，むしろ鉛釉陶が主流となったのではなかろうか。これは，ひとり鶏首壺だけではなく，他の明器にも共通しているのであろうか。

なぜ，北斉ころから鉛釉陶に変化したのであろうか。それは上層階級による葬礼儀式の社会的要求，すなわち墓室のほぼ全面を飾る壁画や大量の加彩俑にみられるように，墓葬を華やかに飾る厚葬化の風潮がこの時期に盛んとなり[補5]，随葬品も地味な色彩の青瓷や，次世代の人々が追葬時に墓室内で目撃する色彩の剥落した加彩陶ではなく，鮮やかな色彩を保てるものが要求されたのであろう。このことは，隋代をへて盛唐まで連続して鉛釉陶が随葬品の主流を占めている理由と考えるが，青瓷も含めて生産窯に関してほとんど不明の状況にあるので，製品からの推考だけである。これらの製品は，山東省淄博寨里北朝窯はその候補のひとつであり，有孔方形四系罐片は北斉の李雲墓と類似していると指摘され，さらに黄色に呈発する鉛釉陶も焼成されている（文物編集委員会 1984, pp. 352-359）[補6]。緑釉鶏首壺に，婁叡墓の過剰なまでの装飾を除くと，上記の3点の特徴に共通性があり，同一ないし近接窯でつくられたものであろう。

2．鶏首壺の竜耳瓶への接近

隋代に入ると，緑釉陶とともに，白瓷鶏首壺が出現し，肩にループ状の縦系がつけられ，胴部が細身となる変化が現われる（pl. 2-22, 23, 24）。605 年に葬られた李裕墓は白瓷釉とみられ（器高 23.4cm），弦文をいれ

た細い頸部，肩には二本紐を合わせた環状（ループ）系を4箇つける点が前代と異なる[補7]。608年葬の李静訓墓（pl. 2-23）および610年に葬られた姫咸墓品（文物1959-8）も同巧であり，白鉛釉陶ではなく白瓷釉と判断するが，愛媛文華館品（pl. 1-24）とあわせて，いずれも器高が25cm前後と小型化しており，随葬品の中でその地位に変化が出てきたのであろう。背後に竜耳瓶の存在が見え隠れしている。この間の推移は以下のように図式化できる。

```
   [500]  橋形双系 [570]  方形有孔パネル  [590]  環状縦系    環状縦系   貼花文 [690]  装飾無
   ─────────────────────────────────────────────────────────────────────────
   青瓷鶏首壺  →   鉛釉鶏首壺  →       白瓷鶏首壺 →（竜耳双胴瓶）→竜耳瓶→   竜耳瓶
```

いっぽう，青瓷鶏首壺ものこり，595年の梅淵墓品は，器高46.7cmの堂々たる大きさであり，卵形の胴部，頸部に2条の弦文をいれ，珠文のない竜柄を付け鶏首壺の形をとりながら鶏頭を略しており，それに意味を付与する意識が消滅し，鶏首は無用な装飾として略されている。隋代の白瓷鶏首壺と同じくループ縦系をつけているが，すでに鶏首壺は，随葬品として盛時を過ぎていたようである（pl. 2-21，文物1992-10, pp. 23-27）。

こうした鶏頭の省略，頸部に2本ほどの太い弦文を強調してめぐらす例の出現は，竜耳瓶の誕生に看過できない変化の過程である。武漢市周家大湾241号隋墓出土の青瓷鶏首壺（考古1957-6, pp. 30-34）もその例であり，鉛釉とみられる瓶ではあるが，592年埋葬の西安市呂武墓出土の陶器盤口瓶の頸部にも2条の突帯文がみられる（考古研究所1965，685号墓，図31-3）。

こうした鶏首壺の隋代における器形変化のなかで，安徽省寿州窯産品とみられる青瓷が象徴的な過程を示している。ここの隋代製品では，細い頸部に2-3の強い突起帯をめぐらす形が共通している。すなわち，安徽省無為県隋代磚室墓出土の鶏首壺は，器高44.5cmの堂々たる大きさであり，長胴形の中位に印花花文をめぐらし，その上下を劃花蓮弁文ではさむ意匠であり，肩に並列する縦系，無珠文の竜柄をつける（fig. 1-1, 出土瓷器8, no. 53）。同じく寿州窯青瓷とされている安徽・長豊県孫廟郷隋墓出土品は，鶏首を欠き，4箇の縦系，力のある竜頭など粗製品であるが隋代の特徴を表している。これも無珠文の竜柄をつける（fig.1-2）。江蘇・連雲港市錦屏山出土の鶏首壺は（器高24.4cm，中美全集1991, no. 13, 新中国1972, no. 141），透明な青瓷

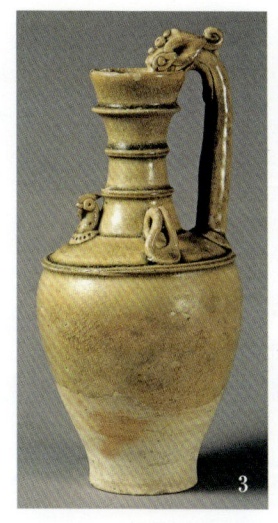

1. 青瓷鶏首壺，安徽無為県隋代墓（出土瓷器8），2. 青瓷鶏首壺，安徽長豊県孫廟郷隋墓，考古1988-8，3. 青瓷鶏首壺，江蘇連雲港錦屏山（中美全集1991），4. 青瓷鶏首壺，山東泰安市旧県隋墓（文物1988-8）

fig. 1. 寿州窯青瓷鶏首壺

124 Ⅱ 隋唐白釉陶瓷の推移と三彩陶の形式

釉がかけられ，頸部に3本の突帯文を付け，器高が25cmにみたないが，竜柄には3箇の珠文が現出してくる（fig. 1-3）。山東・泰安旧県隋墓出土例は（文物1988-8, p. 95），蹲猴をつけた青瓷竜把手瓶であり，3箇の珠文を竜柄背面に貼付し，器高も24.2cmと共通した小型品である（fig. 1-4, 文物1988-8）。頸部の突帯と，珠文を貼付した竜柄は，竜耳瓶への胚胎をひめているのか，すでにこの他方において竜耳瓶が生まれ出ている可能性もある。

　鶏首壺はその後も続いてつくられ，初唐代の華北地域の例として，乾封3（668）年の西安・李爽墓出土の竜把手付の青瓷壺は，筒形の口沿部，2本の帯状の弦文，矮小化した鶏首をもつが，すでに硬直化した器形に堕ちている（文物1959-3, pp. 43-53）。さらに降ってこの特徴は三彩陶にもみられる，アシュモレアン美術館（fig. 2-2, 高20.0cm, no. 1956.1080），ハンブルグ美術館（fig. 2-3, no. 161, 高16cm, Watoson1984, no. 71），松岡美術館品のように，小型化し，変形した鶏首に表れているように，既に造形的意欲を欠いた遺制としての存在にすぎないようであり，器高も20cmにみたないものが多い。青瓷でも，石家庄市柳辛庄出土品（出土陶瓷河北, no. 21）は，作行きも鋭さを欠き，器高も21cmと小型化している。しかし，竜耳瓶の出現によって，鶏首壺のすべてが消滅したのではない事をここでは確認しておきたい。

　以上のように，鶏首壺が隋代にはいると，胴部形態を倒卵形にし，頸部に弦文をめぐらし，竜柄に珠文を貼付するものが出現しており，これらが竜耳瓶の構成要素と一致していることに注意しておきたい。さらに，白瓷鶏首壺の類例は非常に少なく，管見の及ぶところ出土例は李静訓墓（fig. 2-1）と李裕墓（pl. 1-22）の2例である。この器種が盛行しなかったことを示すとともに，鶏首壺に替わって随葬品のなかで主要な地位を占める陶瓷器が別にあらたに出現したことと表裏の関係にあるのではなかろうか。それが白瓷竜耳瓶である。

1. 白瓷鶏首壺, 李静訓墓（中美全集1991），2. 三彩鶏首壺, ASM., 3. 三彩鶏首壺, Museum für Hamburg

fig. 2. 白瓷・三彩鶏首壺

3．竜耳双胴瓶の位置づけ

　鶏首壺とならんで竜耳瓶出現過程で看過できない存在は，竜耳双胴瓶（双把双身壺）である。管見では以下の8例をあげられる。李静訓墓（fig. 3-1, 器高18.6cm, 東博1979, no. 24, 中美全集1991, no. 9），天津市芸術博物館蔵（fig. 3-2, 文物1977-1, 図版5-1），個人蔵（fig. 3-3, 器高27.3cm），ボストン美術館蔵（fig. 3-4, 器高14.9cm, Acc. 54.1126, Boston1964, no. 107），シアトル美術館（Fontein. 1973, p. 161），安徽省博物館（fig. 3-5, 器高14.9cm, 考古1988-8, 図版6-5），シカゴ美術館寄託品（Los Angeles 1975, no. 220），洛陽城宮城出土品（fig. 3-6, 器高18.6cm, 四日市博1995, no. 47）で，後2者の胴部は型造り前後接合である。

　これらに共通する特徴は，器高が20cm以下の小型品が多く，胴部が倒卵形で，裾の部分を強くしぼり，

そして開く形態であり，これは李静訓墓出土の白瓷鶏首壺と類似している。さらに，形状からみて実用器としては使用不可能であり，明器専用品である。くわえて資料数がきわめて少ないことは，盛行することが少なかった特異な製品と考えられるが，竜耳瓶への推移を探るうえでは看過できない。青瓷は Boston Fin Arts 品と安徽省博物館品，緑釉は洛陽城宮城品であり，その他の3点は白釉陶とみる。

よく知られている李静訓墓の白釉双把双身壺（器高 18.6cm）は，同墓出土の鶏首壺2口を接合した形態であり，細かな特徴を含めて白瓷鶏首壺と類似している。すなわち，盤口・螭竜頭の形状・竜柄・凸隆起圏線をめぐらす頸部，胴部の肩と中位にめぐる圏線，2本紐を合せた竜柄であり，ともに珠文の貼付はみられない。汚れた部分を除くと，白色でわずかに黄色みをおび，細かな氷裂をもつ釉が胴部中位を下がった位置までかけられ，化粧土は釉よりもわずかに下位まで施されている。邢州窯白瓷に類似している要素が多い。

李静訓墓品の双柄は，竜耳瓶のものによく類似しているが，珠文を欠いているのに対して，天津市芸術博物館蔵の白釉品は（fig. 3-2, 文物 1977-1, 図版 5），竜柄に珠（鋲）文3箇を貼付しおり，竜耳瓶に一層接近している。全体の形状は李静訓墓に類似し，器高 18.5cm とほぼ同高であるが，接合部に耳をつけ，綬をさげ，胴部4箇所に圏線をめぐらしている。灰白色の胎土に化粧土が施され，わずかに黄色みをおび開片をみせる透明釉が掛けられている。露胎の外底に「此傳瓶　有圙」の墨書が記されている[補8]。個人蔵品（fig. 3-3）も低火度釉とみるが，胴部下半まで白化粧があり，黄色みを帯びたマットな釉の溶解が良くないようである。李静訓墓品と形状が少し異なり，胴部下半のしぼりが弱く，筒状になり，裾端を広げて平底におわる。頸部と胴部2箇所に弦文をめぐらしてはいるが浅く，2箇の胴部の独立性が減少し，盤口の下端部の屈曲が丸く緩やかであり鋭さを欠いている。竜柄の基部と中間に，竜耳瓶と同じ鋲文が貼付されているのは天津例と同じである。器高は他例と比べてひとり大きく，27.3cm をはかる。

ボストン美術館品は（fig. 3-4, Boston 1964），器高 14.9cm と小型で，緑褐色の青瓷釉がかけられ，胴部の形態，圏線をいれる点は李静訓墓品と共通しているが，接合部にループ形縦系をつけている。双柄の頭部は，洛陽城宮城出土例と類似し，鳳頭であろうか。安徽省博物館品は（fig. 3-5, 考古 1988-8），寿州窯青瓷とみられ，小型品であり，竜柄の基部と双胴の間に塑像が貼付され，黄緑色の剥落気味の青瓷釉がかけられているようである。竜柄など粗製の感は否めないが，寿州窯製品と報告されており，上記した無鶏首壺とともに，この器形が焼成されていたことが判る資料である。

隋洛陽城宮城跡出土品は（fig. 3-6, 四日市博 1995），器高 18.6cm で胴部は型合わせに製品であり，胴部の形態は上記品と共通する点が多い。鳳頭無鋲柄がつき，腰をしぼる卵形胴につくり，頸部の圏線は不鮮明ながらめぐり，盤口は個人蔵品（fig. 3-3）と同様に鈍角な屈曲である。黄褐色の軟質胎土に，白化粧が施され，緑釉には濃淡のムラがあり，胎土と剥離している箇所が目立っている。印花文は，中央にパルメット＋蓮華＋珠文綬，左右の胴部は蓮華＋剣頭状の蓮弁文である。胎土の質・色調は鞏義黄冶窯などにみられ，低火度による素焼きで焼結度が低く，低火度釉焼品である。シカゴ美術館寄託品（器高 17.5cm）は型造りで，クリーム色の氷裂のある釉がかかり，双胴部の対面する鳳凰文に挟まれて人面と，その1部にパルメット文が型造りされる。2箇の瓶が完全に結合した双胴形となり，他の竜耳双胴瓶と異質のようにみえるが，個々の瓶の形態は他のものと共通している。

これら7点の竜耳双胴瓶の製作年代は，隋代の7世紀初頭と考える。その根拠は，胴部の形態，頸部の突帯文とともに，ほとんどの胴部の形態が李静訓墓品と共通している。この裾をしぼる形態は，同墓共伴の青瓷双系壺・同八系罐・同四系罐や（考古研究所 1980, 図版 16-1・3・4），大業 11（615）年の西安・白鹿原劉世恭墓出土の黄釉4系瓶（考古学報 1956-3, 図版 3-6）と共通し，隋代の華北瓶の一つのパターンとみられる。出光美術館品のみ裾のしぼりが弱く，形式的にはやや遅れるとしても，頸部および胴部の弦文の存在をみれ

126　Ⅱ　隋唐白釉陶瓷の推移と三彩陶の形式

1. 白釉竜耳双胴瓶, 李静訓墓 (中美全集 1991), 2. 白釉竜耳双胴瓶, 天津市芸術博物館 (文物 1977-1), 3. 白釉竜耳双胴瓶 (個人蔵), 4. 青瓷竜耳双胴瓶, ボストン美術館 (Boston1964), 5. 青瓷竜耳双胴瓶, 安徽省博物館 (考古 1988-8), 6. 緑釉竜耳双胴瓶, 隋洛陽城宮城出土 (四日市博 1995)

fig. 3. 竜耳双胴壺

ば，初唐前半を下がることはないであろう。

　ボストン品のループ系は，北斉末の河南・李雲墓（武平7年・576）が初期例であり（考古 1964-9, pp. 482-484），本品の上限をここに求めることも可能であるが，上述の李静訓墓の白瓷鶏首壺もこの形態の系であり，この形は遅くとも初唐期まで続くであろう。天津市芸術博物館例は，李静訓墓品と最も類似しており，鋭い盤口のつくりや，シャープな頸部の反りなど，あるいはそれに先行する年代の設定も可能である。型作りの2点についても，そこに見られる印花文の意匠は北斉から隋代の青瓷貼花文尊に見られたものと基本的に共通しており，轆轤造りのものとの間に年代の開きはないと考える。

　このように，竜耳双胴瓶は，倒卵形の胴部，突帯文の施された頸部，一部に鋲文を貼付した竜（鳳）瓶の出現，これらは上記の隋代鶏首壺の構成要素と共通し，そこに祖形がもとめられる。もちろん白瓷竜耳瓶とも特徴を共有するものが多いが，相違点もあげられる。すなわち，竜頭把手を一つの胴につけるか，二つの

胴部につけるかの相違と，竜耳双胴瓶は，器高が出光美術館例をのぞいて 20cm 以下の小品であり，一方，古式と推定できる竜耳瓶が 50cm，あるいはそれをも超える器高をもっていることは，墓室内における明器としての地位を勘案するとき看過できない要素である。

さらに重要なことは，竜耳双胴瓶のほとんどの遺例が，共通した形態をみせ，非常に限られた時間内に製作され，例品が少数であり，これ以降の遺例を見出せないことである。すなわち，これら竜耳双胴瓶は，鶏首壺から発展した器形とおもわれるが，隋代後半に生まれ，そして短期間で消えていった特異な器形であるといえよう。したがって，鶏首壺→竜耳双胴瓶→竜耳瓶の直線的な図式のみを必ずしも考えなくともよいことを，ここでは指摘するにとどめる。

冒頭で掲げた第1の課題，すなわち竜耳瓶の出現してくる過程とその時期について，解決の曙光がほのかに見えてきたようである。しかしここで結論を急がずに，ひとまずこの課題を先送りして，第2の課題とした，初唐・盛唐期の白瓷および三彩竜耳瓶をさぐり，そのなかから最古式のタイプを析出して，そこから帰納して鶏首壺との連続性あるいは非連続性を再考することにしたい。

4．盛唐期竜耳瓶の特徴

鶏首壺から竜耳瓶への展開を考える方法として，資料数，すなわち生産量が多く，年代設定が比較的容易な盛唐期竜耳瓶を最初にとりあげ[補9]，ここに基点をおいて，紀年銘資料など葬年の不明な資料が多い初唐期に遡って考察を試みたい。

華北の河北・河南・陝西・山西・山東地域などの墳墓に随葬されていた盛唐期の竜耳瓶の器形の特徴をあげると，胴部の肩に最大径をもつ倒卵形とともに，最大径が胴部中位にある球形に近い形がある。頸部の長さは，この時期以前に比較して短くなり，弦文が消えていることが指標である。竜柄は，頂部に渦巻き状をつける竜頭ないし螭竜であり，柄に印花半弧文などの装飾はなく，その基部から鋲文3を貼付する。胴部にメダリオンを貼付するものはない。器高は，40-30cm であり，初唐期における 50cm におよぶものに比べて小型化しており，随葬品中における竜耳瓶の位置に衰微してゆく変化が感じられる。

これらの器形の特徴は，白瓷・三彩陶・単色釉陶に共通しており，生産窯が同一箇所に存在したことを推測させるが，鞏義黄冶窯，同・白河窯，邢台邢州窯，西安礼泉坊窯，同・平康坊窯，銅川黄堡窯など調査が進展している窯跡出土資料中に竜耳瓶の姿を確認できない。未報告の破片や范型片の中にあるのかもしれないが，未だそれに接することはないが，釉調・胎土からみて上記窯の製品の可能性は高いと考えている[補10]。この時期の竜耳瓶は，出土品はもとより，欧米の美術館収蔵品のなかで最も多く，大量に生産されていたとみる。

まず，この時期の出土例として，長安3（703）年の河南偃師・張思忠墓から淡黄色釉の白瓷竜耳瓶2点があり（器高38cm，考古 1986-11，pp. 994-999），倒卵形胴，短頸，弦文消滅，無装飾の竜柄である。神龍2（706）年の河南偃師の宋禎墓（M1008）からは，ほぼ同形でやはり頸部に弦文を欠く三彩竜耳瓶（器高35cm，考古 1986-5，pp. 429-457）がみられ（pl. 3-1），同じ墓群で同年に葬せられた宋祐墓（M1003）から同巧の白瓷品が発見されている（考古研究所 2001，p. 59）。黄釉竜耳瓶では，洛陽市関林 M1288 の景雲3（712）年墓（器高35.8cm）と同形品が盛唐期の M1283（器高31.2cm）から発見され，上記の特徴を具備している（考古学報 2008-4，pp. 509-561）[補11]。

白瓷品の出土例として，河南・孟津県大樹村墓（pl. 3-2，器高40.5cm，考古 2007-4，p. 57）はやや細身であり，釉薬の融解が悪いようである。河南・偃師市邙嶺郷劉波村の盛才墓から発見された淡青釉のかけられた竜

128　Ⅱ　隋唐白釉陶瓷の推移と三彩陶の形式

耳瓶は，丸みをもつ胴部と頸部および胴部の装飾を欠き，上記例と同じ特徴をもっている（器高29.7cm）。この墓は長寿3（694）年に亡くなり，聖歴元（698）年に葬せられた墓誌を伴っており，この形式が7世紀末まで遡ることを示している（華夏考古 1995-1, pp. 18-19）。

　紀年銘墓誌を共伴しないが，墓の構造や他の随葬品からみて，盛唐期に属する出土資料を数例あげたい。洛陽市竜門鎮三彩品（pl. 3-3，器高 34.4cm，考古 2007-12, p. 54），洛陽の南にある河南・伊川県白元唐墓からは三彩（器高36cm）と青みを帯びた白瓷釉（器高41cm）のかかった竜耳瓶が出土し，後者の胴は丸みをおび，ともに盤口部分のつくり，とくに口沿部が丸みをもち，シャープさを欠き，頸部弦文も見られない。竜頭のつくりも共通し，両者が同一工房の制作にかかわると理解できる（pl. 3-4）。鞏義黄冶窯の西側10キロにあるアルミ工場出土の黄（棕）釉竜耳瓶（pl. 3-5，器高 35cm，中原文物 2004-4, pp. 15-17, 鄭州市文考研 2006, p. 162）も同巧で，球形胴である。

　参考例として，山口県立萩美術館，ハーグ美術館（OC35-1936），Cernuschi Museum（pl. 3-6, M. C. 9538）の各所蔵品をあげたい。この他に白瓷竜耳瓶の類似品をかかげると，故宮博物院（李輝柄 1996, no. 158, 器高 26cm），プリンセスホッフ美術館，ストックホルム東アジア博物館（K15075），ニューザムハウス博物館（器高 26.7cm, Temple Newsam House1966, d-3），ブリストル市立博物館（N2410），ダーラム大学（1969-M13, 器高 42cm, M. Macdonald 1972, no. 9），ギメ美術館（器高 37.3cm, G5002, 陶磁大観 1975-1），ハンズ・ポッパー・コレクション（C-133），ロイヤルオンタリオ美術館（918.22.33，918.21.201，918.21.566，918.21.562，918.21.563，平均器高 33.4cm, Royal Ontario 1968），フィッツウイリアム博物館（C. 608-1991），ハンブルグ博物館（no. 1927.278, 器高 37cm, Hamburg 1990），松岡美術館，出光美術館（器高 32.0cm, 出光美 1986, no. 298），福岡市美術館（器高 37.2cm, 6-Ha-127, 福岡市美 1992）などがある。これらの類品のなかで，紹介されることが少ない Linden Museum Stuttgard（A. 30.856, pl. 3-7）と Kunstindustri Museet Oslo（no. 不明, pl. 3-8）を例示する。同様にして，三彩竜耳瓶のこの形式は，ブリストル市立博物館 Bristol Museum（N2378, fig. 3-9），ギメ美術館（器高 30.2cm, MA2139, 陶磁大観 1975），大原美術館（器高 51.5cm, Ⅶ 141, 大原美 1991, pl. 3-14），褐釉竜耳瓶は，出光美術館（器高 37.0cm, 出光美 1986, no. 311），チェルニスキー美術館 Cernuschi Museum 2点（MC9538），ハーバート・ジョンソン美術館（YoungM. W. 1976, no. 27）などがあり，緑釉品は出光美術館にある。

　再び出土品を観察すると，鞏義黄冶窯から西南に10キロ離れた鞏義市芝田墓群のうち，93HGSM1 からは白瓷品1が発見され（鄭州市文考研 2003, p. 196），92 HGSM1 からは三彩と白瓷各1が随葬されていた（pl. 3-10・11）。両墓ともに7世紀の80-90年代を葬年と報告されている。白瓷は青みを帯びて，肩部の釉薬の融解が不十分で，降灰のような現象を呈している。うち1点の短い頸部には1本の隆起突起がみられる（pl. 3-12）。三彩竜耳瓶は，上記の器形の特徴をもち，隆起弦文はみられないので，両形式がこの時期に共存している。鞏義市行政中心工地出土の三彩品は，肩部に筆によるとみられる彩釉を塗布した簡素品ではあるが，器高47.8cmと大型品である（鄭州市文考研 2006, p. 160）。このように鞏義市周辺の墳墓から相当量の白瓷および彩釉竜耳瓶の出土をみることができ，黄冶窯が有力な生産窯のひとつと考える。

　頸部の隆起弦文のある例として，西安市新西北火車駅東側唐墓品の頸部に弦文3をめぐらせ，頸部は短く，胴部の形態はまるまると張っている（pl. 3-13）。この墓は，680-90年代の武則天期と報告されており（器高 35.0cm, 文物 1990-7, pp. 43-46），上記の芝田墓例とあわせると，隋代にこの種の瓶に出現している頸部弦文がこの頃まで継続していると推定する。同じく西安市の産河東側段丘上に群在する唐代古墓群出土の白瓷品があり（pl. 3-14, 中国出土陝西 2008, no. 69），灰白色の胎土に白化粧され，わずかに黄色みをおびたマットな白瓷釉が薄く掛けられている。以上のすべての竜耳瓶にはメダリオンは全くみられない[補12]。

　したがって，竜耳瓶に関しては白瓷と三彩陶の器形はパラレルな関係が看取でき，相当数の竜耳瓶がこの

時期のものであり，これらを第4形式とし，7世紀第4四半期から8世紀前半の盛唐代に位置づけることができる[補13]。

以上を第4形式の竜耳瓶としたとき，これらとは異なる形式が多くある。それらの位置付けについて，次に検討をくわえたい。細かい形式について述べるので，結論をさきに整理して提示すると，次表のように考えている。

要は，北朝・隋代鶏首壺，隋代竜耳双胴瓶と，盛唐竜耳瓶の間，ほぼ100年間の白瓷・三彩竜耳瓶について，形式による相対編年の位置付けを考える試みである（tab. 1参照）。

tab. 1 竜耳瓶の形式

形式	胴部	竜柄	頸隆起線	貼花文	器高	資料例	時期	釉調
第4	球形	3鋲	無	無	30-40	宋禎706年墓	盛唐	白瓷，三彩陶多数
第3	倒卵形	3鋲・刻文	1-3本	無	35-40	李鳳675年墓	初唐後半	白瓷，三彩陶少数
第2	倒卵形	3鋲・刻文	5本以上	無	35-45	鞏義市北窯湾M6	初唐前半	白瓷，三彩陶少数
第1	倒卵形	3鋲・刻文	全体	有	50	富山市佐藤美術館	隋-初唐前半	白瓷，三彩陶少数

5．初唐後半期・前半期竜耳瓶の特徴

まず，7世紀後半の竜耳瓶の出土資料をさぐると，紀年銘共伴品は，陝西・富平県李鳳墓（上元2年・675）の白瓷竜耳瓶2点が初出資料である（pl. 4-1，考古1977-5，図版9-1）。鋭角な盤口，2本の弦文をめぐらす頸部，卵形胴，頭部を渦巻き状につくる特徴の螭竜で，竜柄の基部に鋲をはさむ形にし，メダリオンはなく，小型品である[補14]。この時期の出土例として，上記の鞏義市芝田墓群の資料とともに，洛陽市関林1305墓随葬の白瓷品も頸部に3本の明確な隆起文をめぐらし，竜頭には印花円文があり，器高は36.6cmの中型であり，遺物の組み合わせからみて，7世紀後半，報告では盛唐早段としている（考古2006-2，p. 54）。これら出土例と時間的に並行関係，および先行すると考えられる白瓷竜耳瓶は，主に頸部および胴部の装飾の相違によって，次の第3・第2・第1形式に分けられる。いずれ場合も，胴部は倒卵形で，釉は白化粧の上に黄色みをおびた透明釉で，邢州窯碗などにみられる純白で透きとおるような玻璃質のものはなく，また胴部の下半以下は露胎である。

その第3形式とする白瓷品は，上記の李鳳墓品を標識とし，頸部の弦文1-3本程度を中位にめぐらし，貼花文を付けないタイプであり，Barlowバローコレクション（pl. 4-2，C265，器高34.7cm，Barlow1963），ダーラム大学蔵品（pl. 4-3，1969-M4，器高29cm，M. Macdonald 1972），頸部を細長く延ばすBurrellバレルコレクション（no. 38-185），東京国立博物館（TG386，器高37.5cm），早稲田大学会津八一資料（pl. 4-4，no. 143，器高35.5cm）などを例示したい。三彩陶の資料は少なく，出光美術館（器高33.4cm，出光美1986，no. 22）をあげたい。

この形式は，上引の李鳳墓出土の白瓷竜耳瓶の特徴と共通し，上元2（675）年の葬年を厳密にかんがえると，この形式の生産年代は7世紀第3四半期まで遡るが，7世紀後半に盛行するタイプとしておきたい。隋代にみられた頸部弦文が次第に発展し，やがて省略されて，盛唐期には消滅する過程の最後の余韻形態ともいえる。

次に，第2形式は，頸部全体に5本以上の弦文を密にめぐらすが，胴部にメダリオンを貼付していないタイプであり，確認している資料はすべて白瓷である。河南・鞏義市北窯湾唐墓M6の白瓷品もこの形式とみられ，黄色のかなり強い色調であり，頸部に4条の弦文をめぐらし，器高は51cmをはかり，竜柄部分全体に竹管と篦刻文で竜の体部の表現がみられ，形式的に李鳳墓品に先行するが，これにも貼花文はみられない。この墓の出土陶瓷器は，報告では7世紀末とされているが，それを遡上する形式が含まれているようである

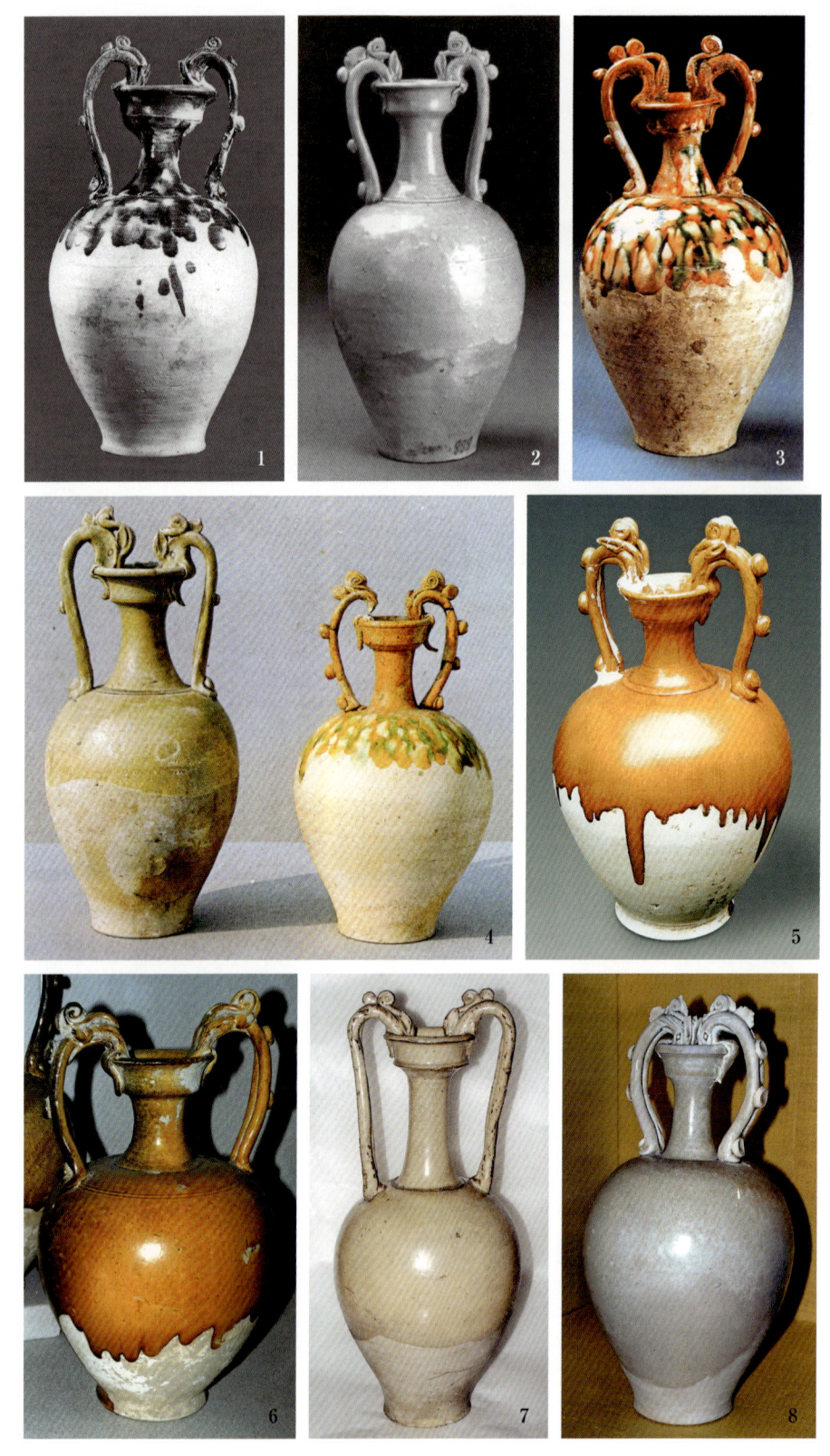

130　Ⅱ　隋唐白釉陶瓷の推移と三彩陶の形式

1. 三彩竜耳瓶, 偃師宋禎墓 (考古 1986-5), 2. 白瓷竜耳瓶, 河南・盂津県大樹村墓 (考古 2007-4), 3. 三彩竜耳瓶, 洛陽竜門鎮第 14 中学 (考古 2007-12), 4. 三彩および白瓷竜耳瓶, 河南伊川県白元唐墓 (考古 1985-5), 5. 黄釉竜耳瓶, 鞏義アルミ工場 (鄭州市文考研 2006), 6. 黄釉竜耳瓶, Cernuschi Museum, 7. 白瓷竜耳瓶, Linden Museum Stuttgard, 8. 白瓷竜耳瓶, Kunstindustri Museet Oslo

pl. 3.　第 4 形式・8 世紀の竜耳瓶

1. 隋唐期竜耳瓶の形式と年代　131

9. 三彩竜耳瓶, Bristol Museum, 10. 11. 12. 三彩および白瓷竜耳瓶, 鞏義市芝田墓92 HGSM1（鄭州市文考研2003），13. 三彩竜耳瓶, 西安市新西北火車駅唐墓（文物1990-7），14. 白瓷竜耳瓶, 西安市紡績医院唐墓（出土瓷器陝西2008）

pl. 3. 第4形式・8世紀の竜耳瓶

1. 白瓷竜耳瓶, 李鳳墓（考古1977-5），2. 白瓷竜耳瓶, Barlow C., 3. 白瓷竜耳瓶, M. Macdonald C., 4. 白瓷竜耳瓶, 早稲田大学会津八一資料

pl. 4. 第3形式竜耳瓶

132　Ⅱ　隋唐白釉陶瓷の推移と三彩陶の形式

1. 白瓷竜耳瓶，鞏義北窯湾唐墓 M6（楊春棠 1997），2. 白瓷竜耳瓶，洛陽東郊揚凹村（出土瓷器河南 2008），3. 白瓷竜耳瓶，鄭州市出土（斎宮歴博 1990），4. 白瓷竜耳瓶，故宮博物院（中美全集 1991），5. 白瓷竜耳瓶，サンフランシスコ・アジア美術館（Li.H.1997），6. 白瓷竜耳瓶，黒川古文化研究所，7. 白瓷竜耳瓶，新潟市立美，8. 白瓷竜耳瓶，Goteborg 博物館

pl. 5．第 2 形式竜耳瓶

（pl. 5-1，考古学報 1996-3，pp. 361-397，楊春棠 1997，no. 12）。洛陽東郊揚凹村出土品（pl. 5-2，器高 44.5cm，世田谷美 1989，no. 50，出土瓷器河南 2008，no. 88）は，頸部にめぐらされた 8 本の隆起文は断面の先端を尖らしており，各竜頭に異種の小鳥を付けている。釉調は，化粧土の上に黄色ぎみの釉を薄くかけている。鄭州市出土品とされる白瓷品も遺跡の情報が判明しないが，器高 51.4cm と大型品であり，竜柄に列点文がみられ，6 本の隆起文を頸部にめぐらしている（pl. 5-3，斎宮歴博 1990，p. 98）。故宮博物院（pl. 5-4，中美全集 1991，no. 43，器高 51cm）は，頸部隆起文の断面方形の 4 本で，全体に配置されている。

　この形式に属する資料として以下をかかげる。ハーグ美術館，サンフランシスコ・アジア美術館（pl. 5-5，器高 46.9cm，B60P1098，Li. H. 1976），旅順物館（京都文化博 1992，no. 10，器高 43.5cm），V&A．（C70-1910），Goteborg ユーテボリ博物館（pl. 5-8，器高 50cm，RKM37-55，RKM1980，p. 2069），ロイヤルオンタリオ美術館（器高 37.5cm 918. 22.32 器高 50.3cm 918.21.192，Royal Ontario Museum1974），リモージュ美術館，新潟市立美術館（pl. 5-7，器高 34.3cm），町田市立博物館（町田市博 1992，No. 20，器高 38.6cm），黒川古文化研究所（陶 137，黒川 1990，no. 112，器高 38.0cm），松岡美術館の各所蔵品をあげる。

このうちハーグ品とリモージュ美術館品の竜柄部には斜刻線をいれ，後者の鋲文は蓮華文につくり，頸部には5本の稜線の明瞭な弦文をめぐらす[補15]。サンフランシスコ・アジア美術館も，鋲文とともに，竜柄に鱗を表している刻線をいれ，柄の外側に尾鰭とみられる形象を貼付している (pl. 5-5)。上記の鞏義市北窯湾唐墓M6と同様に，竜柄に施文するものは，より古式であるが，胴部に貼花文がなく，後述する第1形式にみられるが，この形式では少数である。弦文を盤口の基部から胴部肩まで頸部全体に密にいれるのは，Goteborgユーテボリ博物館，松岡美術館，V&A.を例示する。黒川品の頸部弦文は4本を2分する沈圏線がめぐり，滑らかによく融解している釉は白黄色を呈している (pl. 5-6)。町田市立博物館品の弦文も同様な意匠につくり，やや鉄分の多い胎土に白化粧して，釉溜まりでは緑がかり，高火度焼成であることを証明している。この白瓷瓶の把手には貼付箇所に焼成時に亀裂がはいり，把手を持つことは難しく，町田博品に限ることではないが，最初から非実用器としてつくられたことは明確である。この形式は器高が35cm前後から45cmの中型品が多い。

6. 隋代から初唐前半期竜耳瓶の特徴

以下に第1形式とした竜耳瓶に共通しているのは，貼花文を肩・竜柄基部・盤口につけることであり，竜柄の装飾の有無，頸部弦文の粗密さ，貼花文の数により相違があり，単純ではなく，混合しているが1形式としてまとめる[補16]。これらは制作過程における，より丁寧なものと，少し省略している相違，的確な表現ではないが，質の良い製品のなかでの精粗の違いであり，これを年代差まで及ぼす根拠は欠けている。この第1形式が盛行したとみる年代は，後述するように，隋代後半の7世紀の初めから，李鳳墓（675年葬）品がつくられた時期を7世紀中葉・後半と考えると，わずか50年前後の期間内である。しかも俎上にあげる資料はすべて遺跡から遊離しており，第2・3・4形式を除外して残った形式による相対編年によって析出できた資料である。

第1形式とする資料の特徴は，肩部，竜柄基部にメダリオンを貼付するタイプである。その内，まず頸部の弦文が2-5本程度と密ではない例として，天理参考館（器高49.7cm，天理大1988，no.58），アシュモレアン

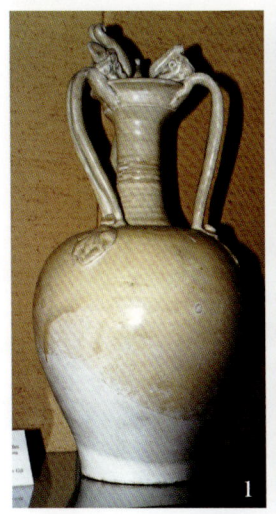

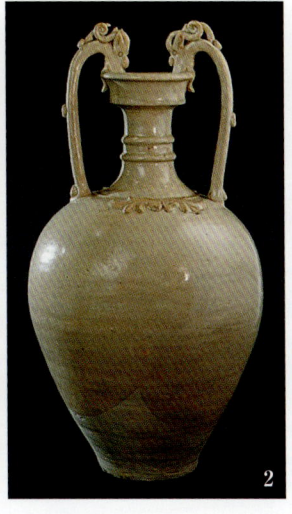

1. 白瓷竜耳瓶, ASM., 2. 白瓷竜耳瓶（Los Angeles1957），3. 白瓷竜耳瓶（出光美1986），4. 白瓷竜耳瓶（MOA1982）

fig. 4. 第1形式竜耳瓶

134　Ⅱ　隋唐白釉陶瓷の推移と三彩陶の形式

美術館（fig. 4-1，器高 37.5cm，no. 1956.1072），ロスアンジェルス美術館（fig. 4-2，器高 53.9cm，Los Angeles1957，no. 219），ロイヤルオンタリオ美術館 3 点（914.7.106 器高 53.5cm，921.21.99 器高 59.8cm，918.21.565 器高 55.5cm，Royal Ontario Museum1974），出光美術館（fig. 4-3，器高 60.8cm，出光美 1986，no. 22），ＭＯＡ（fig. 4-4，器高 49.8cm，MOA1982，no. 28），フィリーア美術館（器高 52.9cm，陶磁大観 1975-2），東京富士美術館（器高 53.4cm，富士美 1991，no. 40），根津美術館（器高 55.5cm，根津美 1988，no. 17）などがある。器高が 50cm を超す大型品が多く，メダリオンは竜柄基部や肩につけ，竜柄に装飾はなく，倒卵形の胴部に圏線はない。

　天理大品は竜柄の基部に，蓮華文を中にはさんで五葉パルメット文を組み合わせ，同形のパルメットを肩にもつける。アシュモレアン品は 3 本の竜柄をもつタイプとして知られ，把手基部に先端を尖らす 5 葉パルメット文をつける中型品である。東京富士美術館例は，肩の 4 箇所に獣面，頸部の対面する位置に鋪首と蟠竜を貼付する。ロスアンジェルス美術館およびロイヤルオンタリオ美術館品も，よく整ったパルメット文を肩の 2 箇所に対置し，出光美術館品は器高 60.8cm をはかり竜耳瓶としては最大とみられ，フィリーア美術館品と同じような把手基部につけられた獣面は，竜頭とともに型くずれしており，下半部まで白化粧し，かなり黄色ぎみの透明釉は上半まで施され，釉たまりは淡緑色を呈しており，高火度焼成を示している。さらに獣面に赤色が加彩されていた痕跡があり，本来白瓷加彩品であったことは注意される。隨葬品は，白瓷志向とする単眼視は誤るであろう。露胎の外底部でみると，胎土の表面は桃色であり，外周にそって付着物をのこす焼成痕があるが，これは竜耳瓶では一般的で，disk 型の焼台が使用されていたと推定する[補17]。東京富士美術館品の長めの頸部装飾も異様であり，隆起文を挟んで，上に玄武のような文様，下に獣面をつける。

1. 白瓷竜耳瓶，ストックホルム東アジア博物館，2. 白瓷竜耳瓶，コペンハーゲン工芸美術館，3. 白瓷竜耳瓶，Stuttgart Linden Museum，4. 白瓷竜耳瓶，V&A.，5. 白瓷竜耳瓶（Royal Ontario Museum1974）

fig. 5. 隋－初唐前半の竜耳瓶

　この形式の中でも次に丁寧に作っているとみられるのは，ストックホルム東アジア博物館（fig. 5-1，OM1966-031），コペンハーゲン工芸美術館（fig. 5-2，88-1949，器高 53.8cm），ロイヤルオンタリオ美術館（918.21.5 器高 48.4cm，Royal Ontario Museum1974），Stuttgart Linden Museum（fig. 5-3，OA23.830，器

1. 隋唐期竜耳瓶の形式と年代　135

高 42.3cm)，V&A.(fig. 5-4，C85-1939, 器高 52.6cm) をあげる。これらは，肩・竜柄基部などに貼花文を複数つけ，頸部隆起文も全体にめぐらしている。上記および下記品との相違は，竜柄に装飾が無く鋲文だけであり，胴部に圏線がみられない点である。Linden Museum（OA23.817L）品は竜柄に刻み文があり，下記の群に入れてもよいが胴部に圏線がない。

　これらのうち，ストックホルム品，Stuttgart Linden Museum，V&A 品は，同一窯の産品の可能性があるほど類似しており，3者とも竜柄の基部に，パルメット文を組み合わせて団花文とした大柄なメダリオン，その間の対面にパルメット文を，さらに間に蓮華小文を，前2点の盤口部にもパルメット文貼付する。ともに黄釉気味の剥落しやすい釉薬が胴中位の下ぐらいまで掛けられ，灰色の素地がみえる。コペンハーゲン品とロイヤルオンタリオ美術館品もまた同一窯の産品かと思われるほど類似しており，小型のメダリオンを多用し，盤口部にパルメット文，頸部の基部に8弁複弁蓮華文，肩には3種のパルメット文を，いずれも対面する位置に配している。

　以上例示してきた白瓷竜耳瓶よりも，さらに一層丁寧な造形を施している例として以下の資料を掲げたい[補18]。すなわち，西安碑林博物館（fig. 6-1, 京都文化博1994, no. 129, 器高51.5cm), Stuttgart Linden

1. 白瓷竜耳瓶，西安碑林博物館（京都文化博1994)，2a, b. 白瓷竜耳瓶，Stuttgart Linden Museum，3. 白瓷竜耳瓶（松岡美1991)，4a, b. 白瓷竜耳瓶，富山市佐藤記念美術館品，5a, b. 白瓷竜耳瓶，中国国家博（佐川美2005)

fig. 6. 隋－初唐前半の竜耳瓶

136　II　隋唐白釉陶瓷の推移と三彩陶の形式

Museum（fig. 6-2, OA23.817L），ロイヤルオンタリオ美術館（918.21.5, 器高48.4cm, Royal Ontario Museum1974），松岡美術館（fig. 6-3, 器高53.5cm, 松岡美1991, no. 24），富山市佐藤記念美術館品（fig. 6-4, 器高55.6cm），中国国家博物館品（fig. 6-5, 器高43.5, 佐川美2005, no. 50）を例示したい。これらに共通する特徴は，大部分が器高50cmを超える大型品であり，竜柄に竹管文・刻線文によって竜の胴部を表し，背部の鋲文は印花文あるいは穀粒文とし，竜頭は蝸牛形を耳からのばし，頸部全体に隆起圏線文をいれる。貼花文は肩・竜柄基部とともに，鋭い作りの盤口側面にも複数箇をつけ，多くは胴部に3筋圏線をめぐらしている。胎土は，淡褐色と淡紅色の2種があり，素焼きの焼結度が低く軟質であり，容易に削れる。その後に，釉薬と胎土の接着をはかるために黄白色の化粧土がかけられ，透明釉がかけられて高温焼成され，青瓷釉と白釉の2種類がある。碑林博物館品，Linden Museum品および中国国家博物館品は黄色に呈発し，青瓷釉とみる。これに対して，松岡美術館と富山市佐藤記念美術館品は白瓷釉とみられ，わずかに黄色を含むが灰白色の還元焔状態を保って焼成されている。露胎の外底部は外周に焼成の際の痕跡がdisk状にみえ，中心部とは色調を異にする。これらの数点は，非常に丁寧に作られた精品であり，形式の相対的な前後関係から推定して，青瓷および白釉鶏首壺，白釉双胴瓶から継続し，初期の製品に青瓷釉があるのは自然の推移と考えられる。これについて次節で再述したい。

1. 三彩竜耳瓶（東博1994），2. 三彩竜耳瓶，ケルン東アジア博物館（東武美1997）

fig. 7. 三彩竜耳瓶

　以上は白瓷竜耳瓶についてであるが，ここに上記の特徴を具備した三彩竜耳瓶2点がある。東京国立博物館品は（fig. 7-1, 器高47.4cm, TG647, 東博1994），胴部最大径を中位よりも上におき，2本一組の圏線を胴部3箇所にめぐらし，竜柄には深く鋭い斜線が刻まれ，各3箇の鋲文は，盤口側面と同じ蓮華文であり，胴部に大型の宝相華文3が貼付され，その外周の半弧文は型抜き後に整形されている。上記の白瓷竜耳瓶と異なる点は，頸部隆起圏線文が2本であり，轆轤痕はあるが，全体には施されていないことである。

　他の1点は，ケルン東アジア博物館の三彩竜耳瓶（fig. 7-2, DL93.5, 東武美1997, no. 26）である。胎土は微紅色で，腰まで白化粧がなされ，三彩釉の発色が群を抜いて鮮やかである。器高68.0cmの堂々とした，大型品であり，長卵形の胴部に4段にわたり，計20箇の貼花文が付けられている。肩に対面して獣面文，胴部には同形のパルメット文が天地を違えて貼付されている。

　2本紐を合わせた竜柄には5-8mm間隔で，細く鋭い斜刻線を全体にいれ，背部には背鰭の表現であろうか，鋲文14箇を付け，その左右に半弧線文を刻む。頸部の隆起文は15本と密にいれるが，胴部には轆轤痕以外に圏線はない。三彩釉は，最初に全体に白色をかけ，貼花文の箇所は緑釉を意識的に塗布し，橙色釉は流し掛けにしているとみられ，流釉が白色箇所を避けている。底の一部に小さい欠損箇所がある以外は無傷である[補19]。本品は，上記の白瓷竜耳瓶の特徴を具備しているが，胴部の最大径がほぼ中位にあり，楕円形を呈

するのはこの形式と異なる点である。他にこの類例は見出しえないが，釉調は，松岡美術館所蔵の三彩大壺（器高 40.0cm，松岡美術館 1991，no. 31），貼花文を胴部に重置する白瓷竜耳瓶がジャカルタ国立博物館（no. 3068，器高 36.5cm，陶磁大観 1975-3）がある。

　この 2 点の三彩竜耳瓶は，第 1 形式の内でも，上記のように丁寧に作られた初期的ないし，それに近いと考える。したがって，隋代後半から初唐の 7 世紀前半代に作られた蓋然性が高いとみる。別稿で述べたように，すでに，570 年の婁叡墓出土の盃は，三彩陶であり，隋初に三彩陶が存在していてもなんら矛盾するところが無くなり，これら 2 点を最古形式の三彩陶と考える。

7．貼花文と生産窯

　これらの白瓷および三彩竜耳瓶が，どこで生産されたのかについては明証に基づいた説明は難しい。白瓷竜耳瓶の胎土には，灰白色でやや硬質なものと，紅胎で軟質なものと 2 種類があり，いずれも白化粧が施されている。三彩・黄釉竜耳瓶の胎土も同じである。白瓷釉は薄く掛けられ，鞏義市北湾窯 M6，碑林博物館，富山市佐藤美術館品などにみるように淡黄色に発色するものが大部分を占め，窯焚の工程のなかで酸化炎焼成の時間が入っている。高火度焼成であることは，コペンハーゲン工芸美術館品などにみるように，頸部の隆起文の間の釉溜まりが淡緑色透明にガラス質化していることで判明する。釉の表面に関して，注意されるのは，出光美術館と東京富士美術館品の獣面で判るが，赤色顔料が溝の中に残っており，あるいは，この現象は特異例ではなく，他の白瓷竜耳瓶もまた本来は加彩されて随葬されていたのではなかろうか。葬送の随葬品は，白瓷が望ましいというのは今日的の思い込みかもしれない。

　周知のように黄堡窯，鞏義黄冶窯，同白河窯，西安市礼泉坊窯，同平康窯，邢州窯などの窯跡から，隋唐代の白鉛釉陶・白瓷・三彩陶などが検出され，とりわけ，鞏義黄冶窯は詳細な報告書が刊行されている。しかし，これらの遺跡から，竜耳瓶の破片が発見された報告に接していない。鞏義黄冶窯では高火度の白瓷と黒白釉瓷器を少数ながら焼いているようであるが，硬質で白色の釉調品が報告されているのみであり，竜頭の范型は未発見である。邢州窯もまた，黄色で薄く施釉された白瓷を報告では見いだせない。

　生産窯をさぐるもう一つの手がかりとして，貼付されているメダリオンの意匠について考えたい。 まず，竜耳瓶相互で類似しているのは，Linden Museum（fig. 8-2, OA23.830）とスットクホルム東アジア博物館品（fig. 8-1, OPM1966-031）の宝相華文である。竜柄基部の宝相華文，肩の正面のパルメット文，その間に蓮華文を挟み，盤口にパルメット文を配置し，個々の文様が同范型ではないかと疑いをもつほど類似しており，この 2 点は，同一工房の同時期の製品の可能性が大である。V&A. 品は宝相華文が基本的には似てはいるが細部では異なり，貼花文の配置も異なる。

　次に窯跡から発見された製品の貼花文や模印のなかに類似品がないであろうか。そのなかで，鞏義黄冶窯跡出土の宝相華文印模をみると（fig. 9-1，河南省文考研他編 2005，no. 134-2），上掲の V&A. 品などに比較すると著しく簡略化されており，形式として後出であり，この意匠を貼付した白瓷および三彩陶はみいだせない。パルメット文につても同様なことがいえ，窯跡発見の素焼き品（fig. 9-7，奈文研 2003，no. 75）と，三彩三足炉に貼付された鞏義黄冶窯出土の破片を例示するが，竜耳瓶とは一致していない（fig. 9-6，河南省文考研他編 2005，no. 67）。すなわち，竜耳瓶に貼付された宝相華文とパルメット文に関しては，鞏義黄冶窯出土品に類似品は未だみいだせない。

　東博所蔵竜耳瓶の貼花文は（fig. 8-4），従来，宝相華文と説明されているが，中心の回転花文から雌・雄蕊をのばし，周囲を放射線でうめる意匠であり，これらを珠文縁の円形板の上にのせている。この円形板を

138　Ⅱ　隋唐白釉陶瓷の推移と三彩陶の形式

1.〈団花文〉V&A., 2. Linden Museum, 3. ストックホルム東アジア博, 4.〈宝相華文〉東京国立博物館, 5.〈パルメット文〉ケルン東洋美術館, 6. ストックホルム東アジア博, 7. 富山市佐藤美術館, 8. Linden Museum, 9. 富山市佐藤美術館, 10. 碑林博物館, 11. 箱根美術館, 12. 碑林博物館, 13. ジャカルタ国立博物館, 14.〈蓮華文〉Linden Museum, 15. コペンハーゲン工芸美術館, 16. 天理参考館, 17. 碑林博物館, 18. 東京国立博物館, 19.〈珠文帯花文〉コペンハーゲン工芸美術館, 20. 東京富士美術館, 21. Royal Ontario Museum1974, 22.〈獣面文〉東京富士美術館, 23. ジャカルタ国立博物館

fig. 8. 貼花文

　省略した類似の意匠は，鞏義黄冶窯の素焼き製品（fig. 9-2, 奈文研2003, no. 75）や河南博物院三彩陶片（鞏義市文管2000, 図版34, 彩版4-2）にあり，もちろん洛陽金家溝出土罐（洛陽博, no. 71），大阪市立東洋陶磁美術館所蔵の三彩壺や河南博物院三足炉貼花文と類似している。これら東博品などが鞏義黄冶窯製品の可能性がある。

　さらに，貼花文の類似例を竜耳瓶以外の器種にさぐると，パルメット文については，富山市佐藤記念美術館品（fig. 8-7）の把手基部と肩の8箇のメダリオンは，バレルコレクションの隋代とみる白瓷竜柄弁口瓶

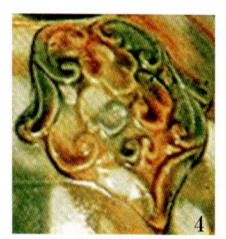

1. 隋唐期竜耳瓶の形式と年代　139

1, 2. 鞏義黄冶窯范型・模印（奈文研2003），3. バレルコレクション弁口瓶頸部，4. 東博三彩鳳首瓶肩部，5. 愛知県陶磁資料館・弁口瓶肩部，6. 鞏義黄冶窯三足炉肩部（鞏義市文管2000），7. 鞏義黄冶窯三足炉肩部素焼片（奈文研2003）

fig. 9. 貼花文

（38/173）の頸部のものと同笵の可能性がある（fig. 9-3）。この意匠は，中心に蔓草を結い，周囲を内巻きの蔓草で取り囲む形である。ストックホルム東アジア博物館（fig. 8-6）のパルメット文は，東博三彩鳳首瓶（fig. 9-4, TG2172）と細部の表現は異なるが，基本形は類似している。簡素な3ないし5葉パルメット文，例えば碑林博物館品は（fig. 8-10），白瓷弁口瓶として五島美術館（03-062），愛知県陶磁美術館（fig. 9-5, no. 2665, 愛陶1998），Cernuschi Museum（9209）など隋代白瓷と考えられているものと共通し，Guimet（MA4677）の隋代と考えられる緑釉弁口瓶にもあり，いずれも唐三彩陶まで続いている。蓮華文も北朝に出現する貼花文であり，獣面文とともに唐代につづいている[補20]。これらの器種の生産窯についても明証は得られない部分が多いが，東博所蔵三彩竜耳瓶の貼花文が鞏義黄冶窯の産品の可能性など少数は確認できる。

8．鶏首壺から最古式竜耳瓶へ

上記の第1と第2形式は，李鳳墓（675年葬）出土品を年代の基準とする第3形式よりも先行する。したがって，これらは7世紀第3四半期以前，遅くとも7世紀中葉およびそれ以前に位置づけられる。とりわけ第1とした竜耳瓶は形式的には最も遡るタイプとおもわれるが，その出現の年代をいつ頃におくのが妥当であるのかが問題の核心部分であり，それは竜耳瓶誕生の過程を明らかにすることに連動している。

この稿の初めの部分で，鶏首壺と竜耳双胴瓶について次のように所見をのべた。鶏首壺は，隋代にはいると，胴部形態を倒卵形にし，頸部に弦（突帯）文をめぐらし，一部の器形の竜（鳳）柄に珠（鋲）文を貼付するものが出現する。竜耳双胴瓶は，鶏首壺を祖形として，隋代後半期に出現するが，その資料数の少なさから判断して，短期間にその製作を止め，以後に連続しない特異な器形である。したがって，竜耳瓶出現の過程を，鶏首壺→竜耳双胴瓶→竜耳瓶とする，特異な器形を間に挟む道筋を考えなくてもよく，鶏首壺から竜耳双胴瓶と竜耳瓶が並存した複線を想定したほうが合理的である。

したがって，問題は絞られ，隋代鶏首壺と第1形式の竜耳瓶との異同をどのように理解するかにある。第1形式の竜耳瓶は，若干の相違点をのぞくと，すでに指摘したように隋代鶏首壺の構成要素を完全に共有している。さらに，最も丁寧に作られた初源的で，かつ最古式竜耳瓶とした碑林博物館・松岡美術館・富山市佐藤記念美術館・Linden Museumの4例には（fig. 6），細かな点ではあるが，胴部の肩・中位など3箇所以上に明瞭な圏複線をめぐらしており，これは鶏首壺，例えば李静訓墓品にも明確にみられる。この圏線が何に由来しているのかは別にして，竜耳瓶の創出期には既存の器種を忠実に継承していることを読み取ることができる。もちろん頸部隆起文，竜柄の意匠などはすでに指摘した鶏首壺との類似点である[補21]。

鶏首壺と竜耳瓶との，残された若干の相違点とは，貼花文の有無と，頸部の弦文の粗密である。貼花文という装飾技法は，初唐期の竜耳瓶以外の白鉛釉陶・白瓷・青瓷などにはほとんど見られないが，隋代および北朝の青瓷および鉛釉陶器には，かなりの貼花文を抽出できる。しかしそれらの中で，竜耳瓶の意匠に一致ないし類似している貼花文は厳密に比較すると少ない。

しかし，上述したように竜耳瓶の貼花文で北朝陶瓷と類似した意匠をみいだせない。むしろこうした一致した意匠がないことに意味があるのではなかろうか。竜耳瓶は北朝以来の伝統的な貼花文装飾技法の流れを継続しつつも，それらが終焉する7世紀の初めに，若干の時間的・地理的なヒアタスをおいて，新たに意匠を創出したことを意味しているのではなかろうか。貼花文についてみれば，橋形系→有孔パネル→環状系の流れの中から肩部貼花文に発展したと考える。

つぎに白瓷竜耳瓶の頸部に密にめぐらされる弦文に注目すると，すでに鶏首壺で触れたように，北朝−隋代の瓶の弦文は3本前後が多い。山東・溜川区和荘出土の黄釉蓮華文四系壺（山口県美1986, no. 88）の頸部には8本の圏線をめぐらしているのは，むしろ例外的である。6世紀後半−7世紀初めに考えられている青瓷・緑釉・褐釉貼花文瓶，例えば封氏墓群出土の青瓷貼花文尊や，徐氏芸術館品蔵品（徐氏芸術館1990, no. 8）の頸部弦文は3本である[補21]。この点においても，白瓷竜耳瓶第1形式の密なる頸部弦文は，頸部を長く延ばす形状に連動して，意匠を新たに拡大する創意を看取できる。それは李静訓墓の年代（608年）を基礎におけばその前後に開始された蓋然性が高いと推測する。

さらに両者の相違点として，竜頭把手が単数か複数かの相違，および隋代鶏首壺の器高の多くは20cm台であり，第1形式竜耳瓶が50cmあるいはそれをも超える鶏首壺の2倍の高さになることである。この2つの相違点は，鶏首壺のなかに胚胎するものではなく，竜耳瓶が，既存の器形の伝統を継承しながらも，1ステップを飛び越えて，新たに白瓷の明器として創造されたことに起因していると考える。

すなわち，白瓷竜耳瓶は伝統的な鶏首壺の継承者として，おそらく7世紀初頭に，ある種の青瓷に替って，明器の主役として出現した。ほぼ同時期に白瓷・緑釉陶などの竜耳双胴瓶も出現したが，短期間に消え去り，鶏首壺はその後も存続するものの，主たる役割を終わる。墓室内において主要な明器としての役割を求められた竜耳瓶は，鶏首壺の頸部を延長して，50cmをこえる器高の高い堂々たる瓶につくり替え，そこに密な弦文をいれ，ループ耳を竜柄の基部に移し，いくつかのメダリオンを肩などに貼付する。すなわち，華奢な竜柄と，注口部を塞ぐ竜頭はこの器形をして当初から実用を目的にしない，明器専一として作製されたとことを物語っている。

竜耳瓶は通常一対で随葬されているようであり，墓室内では最大の陶瓷器である[補22]。上述のある種の青瓷の継承とは，北朝に出現した青瓷貼花文尊の随葬品としての位置を，この白瓷竜耳瓶が引き継いだと推測する。青瓷貼花文尊は，別に論じたように（本書I-1），煩雑なまでの貼花文を全身におい，飛天・蓮華・蓮弁・パルメット文など仏教的な色彩を濃厚に表現した明器であり，形状は異なるといえ，竜耳瓶にも同様な仏教的表象をモチーフとする貼花文を有し，器高50cmという大型品の共通性がこの役割の継承性を示唆している。

青瓷貼花文尊の終焉を遅くとも7世紀の初頭，鶏首壺もまた608年の李静訓墓がひとまず最後の紀年銘資料であり，これに替る大型明器としての白瓷竜耳瓶の出現を，随葬品における継続的必要性からみて，これに近い年代，7世紀前半代の早い時期にあると考える。鶏首壺からの2つの流れ，すなわち竜耳双胴瓶と竜耳瓶が，おそらくほぼ同一時期に出現し，前者は発展することなく，短時間で消滅し，後者が主流となった。隋代後半から初唐期の随葬品としての白瓷は実用にもできるものが多い中にあって，竜耳瓶は純然たる明器専用といえる。それ故に，末端をいたずらに誇張，肥大させた瓶として異常に発達させた姿が竜耳瓶であり，

北朝青瓷貼花文尊の後継者としてつくられ，初唐期の白瓷および三彩陶として，その造形性を遺憾なく発揮した．しかし盛唐期にはいると，その造形的継続性すらほとんど失い，衰微した老体を引きずるようにして，あるいは徒に肥満し，遅くとも中唐期には，その生命の終焉をむかえるのであろう．

おわりに形式的に最も遡上する三彩竜耳瓶として，ケルン東アジア博物館品と東京国立博物館（TG647）各蔵品をあげ，これらを第1形式，すなわち7世紀第2四半期を中心とする年代と考えている．よく知られているように，かつて，唐三彩陶器の最古の紀年銘資料は，672年の遼寧・勾竜墓出土の陶范成形の灯火器で（遼海学刊 87-1, pp. 45-50），671年の趙王李福墓出土の罐片が確実に三彩陶であり，さらに麟徳2（665）年の硯台も深緑釉の三彩陶とされていた．

別稿で詳述したが（本書Ⅱ-2），陶范成形の三彩陶器のなかに，7世紀中葉まで生産年代が遡る可能性があり，こうした一群の小品を形式的にさらに遡上する竜耳瓶をはじめとして，鳳首瓶・弁口瓶・盤口瓶・杯などの中に7世紀中葉以前の年代を想定したほうが妥当とみられる三彩陶器がある．ここに論及した上記2点の三彩竜耳瓶は形式的にみて，7世紀中葉以前の蓋然性が高いと推断したと，旧稿において既にのべた．この考えの欠陥は，現在まで7世紀前半代の遺構から1点の唐三彩陶も発見されていないことと，該当する第1形式の三彩竜耳瓶の資料がきわめて少ないことにある．

しかしながら，今日 2006年の時点で状況は一変し，570年の葬られた婁叡墓随葬の「二彩盃」と称されているものは，橙・緑色＋白色鉛釉からなる疑念の余地のない三彩陶である（山西考研 2006, p. 134, 彩版 137）．鉛釉により，白色（黄色）＋緑色は当時すでに存在していたわけであり，施釉技術上，三彩陶焼造はなんらの困難性も生じていない．こうした三彩陶が初唐前半まで明器として盛行しなかったのは，この時期に紀年銘墓資料が少ないことによる不明部分が多いこともあるが，本質的には葬送儀礼に関する社会的な要求に起因している．すなわち，簡略に述べれば，王侯貴族社会の安定を背景にして，唐の高祖（618-625）つづいて太宗（625-649）時代から，彼らの墓室を極彩色な壁画と大量な多色加彩俑で華麗に飾り立てる風潮が広範に再興したと考えると，加彩俑とともに，半永久的に変色しない三彩陶を用いる社会的な要求が発生したと考える．三彩陶の盛行は，生産技術の問題ではなく，葬送儀礼の風潮の変化が根源にあるとする所以である．

（補1）本稿は，最近10年間の新資料の追加と，文意が伝わるように改稿をしている箇所が多いが，旧稿の論理構成である鶏首壺→竜耳双胴瓶→盛唐から初唐竜耳瓶→最古形式竜耳瓶の部分の変えることがなく，新資料の追加はあるが，それによって論旨の変更はない．

（補2）北魏宣武帝景陵墓（515年葬）随葬の青瓷鶏首壺（fig. 10-1, 鶏首欠損, 器高43cm, 考古 1994-9, 図版 4-6）と，ほぼ同時期とみる河南・偃師市南蔡庄北魏墓出土の青瓷鶏首壺（fig. 10-2, 出土瓷器河南 2008, no. 19, 器高 28.2cm）は，墓室内における器高の大小は，随葬品におけるそのものが占める位置と関係する大きなファクターである．

（補3）張盛墓随葬の白瓷竜（螭）柄象首瓶は（fig. 11, 器高15cm），鶏首壺と同じ範疇に属し，共通した特徴をもっている．環状縦系2列4箇所につけ，盤口に特異な管状鈕蓋を被せ，褐色のやや粗い胎土に，光沢のある釉が外底をのぞいて掛けられている．盤口の下端に溜まる釉薬が淡緑色で氷裂をみせ，高火度焼成を推測させる根拠になる．化粧土の有無は確認できないが，褐色胎土であるので，おそらく掛けられ，長石釉がやや厚めに施され，透明ではなく白濁色を呈し，氷裂が多いのであろうか．同じ張盛墓出土の生活用具類としてその他に，貼花帯蓋壺，四環足盤，帯柱碗，倉，囲棋盤などは，「白釉」おそらく白瓷と考えられているようであるが，色調は青瓷と紙一重の微妙な相違である．高火度還元焰焼成であることは確かとみるが，単純に考えると，白色の釉色は，胎・釉中の酸化鉄 FeO の含有量が，ともに1％以下で，終始，還元焰焼成であることが最低条件である．焼成過程で窯構造により，酸化

II 隋唐白釉陶瓷の推移と三彩陶の形式

fig. 11. 白瓷竜(螭)柄象首瓶，張盛墓（河南出土陶瓷）

1. 青瓷鶏首壺，北魏宣武帝景陵墓（考古 1994-9），2. 青瓷鶏首壺，偃師市南蔡庄北魏墓（出土河南瓷器 2008）
fig. 10. 青瓷鶏首壺

tab. 2 邢窯，河南，陝西唐三彩釉的化学組成（楊文山 2004）

样品产地名称	化学組成 (%)										
	SiO₂	Al₂O₃	Fe₂O₃	CaO	MgO	K₂O	Na₂O	MnO	P₂O₅	CuO	CoO	PbO
邢窯出土棕黄釉残片	39.83	8.68	4.46	1.40	1.21	0.38	0.32					47.40
河南鞏義出土黄釉	28.65	8.05	4.09	1.65	0.42	0.72	0.45		0.32			54.59
陝西墓葬出土黄釉	30.54	6.93	4.87	1.20	2.10	0.20	微量					50.54
邢窯出土緑釉残片	36.73	6.61	0.46	1.43	0.27	0.78	0.33		0.26	4.88		43.53
河南鞏義出土緑釉	30.66	6.56	0.56	0.88	0.25	0.79	0.36		0.29	3.81		49.77
陝西墓葬出土緑釉		6.71		1.28	0.38	0.81	0.28		0.06	5.24		59.51
邢窯出土藍釉残片	39.83		2.16	1.40	0.61	0.38	0.32				1.23	41.64
河南鞏義出土藍釉	34.40		1.07	2.28	0.54	0.30	0.10				1.22	42.11
陝西墓葬出土藍釉			0.99	0.79	0.43	0.88	0.22	0.03		0.38	1.03	45.00
邢窯出土白釉残片	39.83	8.68	0.66	2.03	1.21	0.38	0.32					48.23
河南鞏義出土白釉												
陝西墓葬出土白釉	31.98	5.83	2.10	2.20	1.38	0.20	0.10					52.66

焔が出ると酸化第2鉄 Fe_2O_3 になり，黄色みをおびてきて，これに釉薬の厚みも加わり，釉色は単純ではない。しかし，釉・胎ともに酸化鉄の含有量が 0.5% をわずかに超えた分析値の場合は，他の北方青瓷にあるような微妙な色調をみせるであろう。当該資料の化学分析の報告はみないので，推定にすぎないが，上記の明器類は，胎土が灰白色ないし白灰色と報告され，白化粧はなく，釉薬が薄く掛けられており，青瓷との境界にある。

（補4）pl. 2-20 青瓷貼花竜柄鶏首壺の装飾は興味深い（器高 24，口径 5，底径 10.2cm）。全体に細身につくられ，鋭い盤口端部につづく頸部には6組の獣面文が珠文繋ぎの内に表され，胴部4箇所にも同様な獣面の下にパルメット文を下げ，鶏首の下と，ループ系（欠損）の下からも花文＋パルメットの綬を垂下させている。さらにこれらの周囲から刻線により雲文などで器面をうめている。こうした貼花文による加飾は，北朝貼花文尊の項でも指摘したが，淄博窯の産品の可能性がある。本品は，器体が細身であることと，ループ系であることから北斉末から隋代と考える。遺構についての情報は見つけられない。この他に，異形の鶏首壺も隋代には出現し，河南・新郷市博物館蔵品に，緑釉カ竜柄四系盤口円管状壺がある（文物 1983-11, p. 73）。江南地方では，隋代においても，鶏首壺の随葬例をいくつかあげることができ，華北とは状況が異なっているようであり，また器形の細部の形態にかなり相違が認められるが，本稿では北朝に限定している。

(補5) 厚葬化がいつごろから顕著になったのかという点について，俑随葬の大量化傾向は東魏末から顕著になり，文宣帝高洋の武寧陵（560年葬）からは陶俑1805体，鎮墓獣4体が発見されているとする報告がある（小林仁2008, pp. 43-50）。

(補6) 北斉代の鉛釉陶の色彩は，緑色はもとより，范粋墓の罐にみる淡黄色とともに，楽舞文扁壺にみる濃黄色があり，この時期にはこの色彩が目につき，意識的にこの呈発をねらっているようである。少数の化学分析のなかで，邢州窯の棕黄釉陶，鞏義黄冶窯の黄釉陶，陝西省墓葬出土黄釉陶の3例は，Fe_2O_3が4-5％間であり，緑釉陶ではCuOが同じような数値を示しており，黄釉陶を意識的に焼成している（楊文山2004, tab. 2）。他の分析でも同様な数値，すなわち棕黄釉中の二酸化鉄の含有量が4.721％とされている（張福康1982, p. 25）。これらは，いずれも蛍光X線分析である。この色彩が，金属器やガラス器を意識したものとする意見があることは指摘するにとどめる（謝明良2008, pp. 41-42）。

(補7) 倒卵形胴や環状縦系の同様な形態は竜柄のない青瓷盤口四耳瓶にもみられる．例えば開皇20（600）年の安徽・王幹墓（考古1977-1, pp. 65-68），同・六安県東三十舗隋初墓（器高32cm, 考古1977-5, p. 359），サンフランシスコ・アジア美術館（B60P160, 器高37.5cm）も同形である。

(補8) この器形を当時「傳瓶」と呼称した場合があったとする見解もあるが，単純に「此に伝わる瓶…云々」の意とも考えられる。傳瓶は，重陽の日に傳杯する，すなわち杯を重ねると同じ意味であり，「有𦈢」は併列と同義であり，双胴である（金鵬2009, pp. 145-146）。

(補9) 旧稿では，唐詩における時期区分である盛唐（713-766年），初唐（618-712年）の表示をしていたが，三彩陶などの変遷時期区分とは一致しないのは当然である。本稿では，「盛唐」を則天武后の大周年間（69-704年）から，中宗の神竜年間をへて，玄宗の天宝の終わる755年までとした。また。「初唐後半」は高宗代の7世紀中葉から680年代を，7世紀前半の隋の煬帝から唐高祖・太宗時期を「隋・初唐前半」と各々表記した。

(補10) 鞏義黄冶窯跡については，かなり詳細な報告書も刊行されているので，ここに観察を含めて覚書きとしてまとめておきたい。鞏義黄冶窯跡の主な調査報告は下記のとおりである。胎土，釉などについては覚書を記す。

① 1957年窯跡発見，馮先銘「河南鞏県古窯跡調査記要」文物1959-3
② 1976年7月　郭建邦・劉建州「鞏県黄冶唐三彩窯跡の試掘」河南文博通迅1977-1
③ 1984年3月調査：鄭州市文物考古研究所・鞏義市文管「鞏義市大小黄冶唐三彩器窯址調査」中原文物1992-4，小黄冶西側台地下の道路工事（黄冶西岸猪場窯跡群）
④ 2000年6月，鞏義市文物保管所　劉洪淼・廖永民『黄冶唐三彩窯』科学出版社，従前の窯跡出土品，窯道具，流伝国外品などの集成。
⑤ 2002年3月　河南省文物考古研究所・奈良文化財研究所・鄭州市文物考古研究所・鞏義市博物館『鞏義黄冶唐三彩』（中国版）大象出版社，従前の出土品等の集成。
⑥ 2003年3月　奈良文化財研究所『鞏義黄冶唐三彩』（日本版），奈良文化財研究所，中国版と写真は同じであるが，製作技法など丁寧な解説をし，中国版よりも研究報告書として優れている。
⑦ 2005年3月　河南省文物考古研究所・中国文物研究所・奈良文化財研究所『黄冶窯考古新発見』大象出版社。2002, 2003年，公路拡張工事に伴う発掘調査で，窯跡・作坊などの遺構と出土品が記述されている。

　　この他，鞏義市白河窯，葦園窯跡出土品については，河南省文物考古研究所『河南古代瓷窯』，国立歴史博物館（台北）2002，河南省文物考古研究所等編著『鞏義白河窯考古新発見』大象出版社，2009。

　　2006年以降の研究書については本書の「中国陶瓷史文献目録—東晋から宋代」を参照されたい。

胎土：白色，灰白色，微紅色があり，陶胎である。中国側の報告書と奈文研報告書では瓷胎と報告されているが，伴出の白釉瓷や黒釉瓷の瓷胎と比較すれば陶胎である。鞏義白土は耐火度が高く，焼成温度は素焼1100℃では焼結しにくいとみられる，色釉焼は800から950℃前後である。この遺跡の窯で焼成された白釉瓷の胎土の成分は類似しており，焼結は，1280-1340℃でおこり，鉛釉陶の素焼きとの相違は焼成温度にある。邢州窯白瓷もこの焼成温度である（李家治主編『中国科学技術史—陶瓷巻』pp. 143-151，科学出版社，1998）。鞏義白土は邢州窯，定窯と同じく，鉄分の含有量は胎・釉ともに1％以下である。

白化粧土（護胎釉）：施すものと施さないものがある。刷毛塗りを主とし，胎土の色彩を白く覆う役割だけではなく，

II 隋唐白釉陶瓷の推移と三彩陶の形式

高火度釉を施す場合は，釉薬との接着の役割を果たしている。化学成分は，SiO_2 と Al_2O_3 の結合であり，方解石と白雲石類の泥漿状態で施している。

釉薬：透明に発色する基礎（鉛）釉薬を，白陶胎または白化粧土に掛けるが，浸しがけだけではなく，筆塗りと観察できる場合がある。胎土と同じく，鉄分の含有量が少なく，低火度，酸化炎焼成なので，透明であるが，わずかに黄色みを帯びる場合があり，露胎箇所では黄色がつよく発色する。その上に掛けられる色釉は，珪酸鉛を培（助）溶剤として，鉄・銅・コバルト・マンガンを基礎釉と混ぜ，あるいは単色彩の場合もある。釉の含鉛量について，緑釉37-54，黄釉28-33％（山崎一雄1992, p.32），鞏義小黄冶窯出土の緑釉49.7，同黄釉54.59，同藍釉450-.0，52.0％の分析値がある（張福康1987, p.70）。

施釉：瓷土堆花（充填）法，李知宴説では刷毛塗りを多用する。三彩陶の蝋抜き技法について，従前から白抜き箇所は予め塗られている蝋による施文とされてきた。しかし，蝋は，木蝋と蜜蝋ともに融点は80℃以下であり，鉛釉が融解する前にすでに気化してしまい，白抜き技法については早くから疑問が出されていた（水野清一1965, pp11）。白色点などの上に，施釉段階で蝋を塗り，他の色釉を流し掛けないし筆塗りで施文すれば，白色釉の箇所と混ざることはない。焼成時に蝋は気化するが白釉箇所が消えることはないが，白色箇所の表面にのみ，ほとんど例外なく気泡がみられるのは，蝋が被せられた痕跡ではなかろうか。

焼成：素焼きと本焼きの2回であり，真筒形匣鉢出土（上記④の鞏義市文管2000, p.7, 匣なし説あり），三叉支釘，塾餅上に三叉支釘を使用する。半倒炎式饅頭窯で，燃料は薪である。同様な構造の窯で，白（釉）瓷・黒（釉）瓷を焼成しており，温度調整をどのようにしているのかは報告では不詳である。大部分は仰焼であり，碟・碗・盤などでは直接重ね焼き法をとるが，覆焼法もあり，支圏と器物の口径を一致させ，芒口器を重ね焼きする。焼成温度は，素焼 1100 ± 20℃，釉焼 850-950℃（山崎一雄1992, pp.29-34）とされている。

白釉藍彩碗：これには2種類があり，釉上彩：白化粧→白釉→細筆で藍釉を細線をえがくものと，釉下彩：白化粧→藍彩梅花文→白釉を刷毛で掛ける資料が確認できる。

＊唐三彩陶生産比率：器皿類35％，用途別器種分類：飲食器─鉢・碗・豆・盤・盂・碟，水器─洗・罐・尊・瓶，茶具・酒具─盤・托・壺・執壺・盅・盞・杯，臥室用具─枕・炉・灯・熏炉・唾盂・奩，文房具─水盂・水注・硯・硯滴，化粧用具─粉盒・薬盒・油盒

俑類30％であるが，大形品は少ない，模型類20％，小型鑑賞品としての建物・家具・交通工具が含まれ，玩具類15％，建築材料類は少なく，方磚・花磚などがあり，大形の俑（天王，鎮墓獣，文官）の出土例は少ない。しかし，窯跡西方至近に位置する芝田唐墓ではこれらが発見されているので，鞏義窯で焼成されていたと推定する。

(補11) 河南偃師市の同年に葬られた706年墓，（左）宋祐，（右）宋禎墓出土三彩竜耳瓶（fig.12）。

(補12) 開元26（738）年の鶴壁市王仁波墓出土の竜耳瓶（中原文物1988-2, 図版4-3）は希少な黒釉品であり，竜の前爪が盤口，後爪が球形に近い肩に，それぞれ付着し，頸部に4本の弦文がめぐる。他に神竜2（706）年の懿徳太子墓から三彩品（文物資料6, pp.139-149, 1982,）が出土しているが詳細はわからない。

(補13) この他に，竜耳瓶出土資料とされるものとして，偃師市恭陵哀皇后墓（687年葬）から濃緑釉品（高32.2cm）が公開されている（朝日新聞社他2004）。この墓は盗掘されたが，随葬品は回収されたとされ，底部に収蔵品番号が記載されていないものが混じるなど，資料としてやや不安な部分があるので割愛する。出土品については，中原文物2000-3, pp.66-67, 考古与文物2002-4, pp.9-18があり，内容も少し異なる。

(補14) 陝西・富平県李鳳墓について（考古1977-5, p.321）2点のうち1点は高9, 腹径10cmと報告されているが，この数値の器形は考えにくく，器高が誤植とすれば，腹径から推定して，器高15-20cmほどの小型品であろう。他の1点は破損品で復元されていない。

(補15) ハーグ博物館とリモージュ美術館の各所蔵の竜柄部分には刻線が明瞭にみえる。

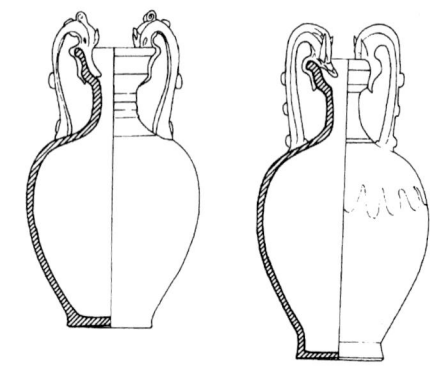

fig.12. 三彩竜耳瓶図，河南偃師市宋祐墓（左），（右）宋禎墓

(補16) 旧稿では,「初唐期竜耳瓶」として第2形式をa, bに分けていたが, このうち, bとしていたものを, 明確な区別をすることが無理であり, かつ分けることの意義が薄いと判断して, 第1形式に変更している。したがって, 第1形式に属する資料数は多いが, 旧稿と同様に, そのなかでも最古形式を析出しており, 論旨に大幅な変更はない。

(補17) 白瓷竜耳瓶の焼成痕跡として, 出光美術館所蔵 (fig. 13-1a, b) と, Linden Museum (fig. 13-2a, b) を例示する。

(補18) 最も丁寧な作りの竜耳瓶として, 本文で掲げた他に, 個人蔵 (高49.5cm, 佐藤雅彦1975, 色10), クリスティーズ品 (高53.3cm, Christies1995, no. 262), 英国個人蔵 (Adrian M. Joseph1970) があるが, 実見していないので割愛する。また, 台湾国立歴史博物館品 (宇字137, 高55cm, 台湾歴博1997, no. 58) は, 竜柄の中間部分のほとんどが後補と観察できるので除外するが, 胴部圏線, 頸部竜区文, パルメット貼花文からみて, 第1形式の範疇に属する。

1a, b 白瓷竜耳瓶, Haags Museum,
2a, b 白瓷竜耳瓶, Linden Museum

fig. 13. 白瓷竜耳瓶頸部・焼成痕

(補19) このケルン東洋美術館 (Museum of East Asian Art Cologne) 所蔵の三彩竜耳瓶を最初にみた時の感激は忘れられない。1996年秋日, ケルン中央から西に路面電車で美術館までは25分位かかるが, 途中電車の乗り換えで迷っていた時に, 僥倖なことに幼児の手を引いた在住の邦人女性に親切に教えられて大学前の電停に独りたどり着けた。最初の印象は, あまりにも美しいので倣古品ではなかろうかという疑問があったので, 穴があくほど観察したので遅緩してしまい, 閉館時間をずらして私ひとりのために待機していただいた館の方々に有難い思いを今でももっている。当時はまだ個人の寄託品であったが, 翌1997年に東京での展覧会に出展されて再会できたことも僥倖であった。数ある唐三彩のなかで, 私が見た範囲内では, バッハロー科学博物館の香炉 (Martie W. Young, no. 25), 西安西郊の中堡村唐墓出土の三彩台付き罐 (考古1960-3, pp. 34-38) など優れた作品があるが, それらに劣るとも劣らない華麗さを誇っている。

(補20) 蓮華文については, 隋代に想定できる F. M Mayer 蔵の青瓷刻花蓮弁文四系壺 (OCS1971. pl. 24, 龍泉堂1976, no. 108) の肩に4箇貼付されている蓮華文が, 白瓷竜耳瓶のコペンハーゲン美術館およびロイヤルオンタリオ美術館品に類似しているのが, 厳密に言うと蓮華文は単純な模様構成であり, これを論拠にすることは難しい。

(補21) 咸陽市底張湾の581年銘の王徳衡墓, 同じく隋代の咸陽市14号墓 (陝西考研1992, 図92, 279) 出土の青瓷四系壺には, 鶏首壺よりも明確に3本ほどの頸部弦文がみられ, 盤口・卵形胴なども共通しているので, 竜耳瓶の形態を生み出す素地が観察できる。

なお, 竜耳瓶の起源や類似性をアンフォラに求める見解や, 単なる形容詞として用いる説明が通説書にみられるが, アンフォラの柄の形状とその制作年代からみてこれを否定する見解に賛意する (内田サアラ, 根津美1988, p. 79)。

(補22) 墓室内における随葬品の大きさが, それが葬送儀礼中で主要なものであるのか, 付随的なものであるのかの判断材料になる。墓室のなかの主役は加彩俑であり, そのなかで隋代の張盛墓に随葬された白釉鎮墓武人俑と侍吏俑が高さ72-73cmであり, 李和墓の鎮墓武人俑も高さ約75cmと群を抜いているが, 大体35から50cm程度と総じて大型である (小林仁2000, p. 349)。第1形式白瓷竜耳瓶も器高50cm前後から68cmに達するものもあり, 北朝期の青瓷貼花文尊の器高55から79cmに匹敵し, 随葬品の主役の系譜を継承しているといえる。大きいものは存在自体が自己主張している。

Ⅱ　隋唐白釉陶瓷の推移と三彩陶の形式

旧稿所載の注記は削除し，必要な記述は（補注）に合した。掲載の写真をそれぞれ文献目録中に出典を明らかにした。旧稿は，1999 年 6 月に「隋唐龍耳瓶的型式与年代」美術史研究集刊第 6 期，国立台湾大学芸術史研究所，台北，に中文で発表した論文があるが，本稿は改編しており中文論文とは少し異なっているので，本稿を定稿とする。

[English Summary]

Style and Chronology of Sui and Tang Vases with Dragon-Shaped Handles

This article investigates the origin and evolution of the amphora with dragon-shaped handles of the Sui and Tang dynasties. The author questions the validity of the theory that places these wares at the end of an evolution from chicken-head ewer, via double-bodied amphora with dragon-shaped handle, to amphora with dragon-shaped handle. He classifies these amphoras into four different categories in terms of their respective shape, decoration, as well as the chronological stage of development.

The author indicates how the double-bodied amphora and the amphora with dragon-shaped handle both evolved from the chicken-head ewer, appearing by the beginning of the seventh century. The first type of amphora disappeared from the historical stage within a short while after its emergence. The white porcelain amphora with dragon-shaped handle, however, would eventually come to play the leading role in funerary ceramics, replacing as such the large celadon *zun* with applied floral ornament in relief. During the period lasting from the seventh to the first half of the eighth century, that is from the Sui through the high Tang, production as well as formal evolution of the amphora with dragon-shaped handles was sustained in northern China.

The author finally points out that since the oldest type of *sancai* amphora with dragon-shaped handle is datable to the second quarter of the seventh century, there clearly exists a link between the emergence of *sancai* ware and the chronological development of amphora shapes with dragon-shaped handles.

2．隋唐期陶范成形による陶瓷器

はじめに

本稿は，隋から初唐期にみられる陶范を使用して作られた白瓷および三彩陶器などの形式と年代について考察をくわえ，唐三彩陶器の初現についてふれようとするものである。

すでによく知られているように，三彩陶器の最も遡る紀年銘資料は，1973年に発見された上元2（675）年に埋葬された陝西・李鳳墓出土の三彩双連盤1，三彩榻残欠2とされていたが，1983年に，それよりも3年ほどさかのぼる咸亨3（672）年に遷葬された遼寧・勾竜墓から三彩盂1点が発見されている。さらにそれら以前にも詳細は不明ではあるが，いずれも陝西省の墳墓である麟徳元（664）年の鄭仁泰墓から藍彩鈕片，麟徳2（665）年の李震墓および咸亨元（670）年の王大礼墓から三彩硯台，咸亨2（671）年の趙王李福墓から三彩器残件が各々出土している[1]。

これらの資料の出現によって，三彩陶器は660-670年代には確実に存在していることは動かし難い事実となっている。そこで問題は，限られた現存資料の制約下において，それら初現期の三彩陶器を具体的に把握することと，現在の紀年銘共伴資料の上限である，7世紀の第3四半期よりもそれらがさらに遡上する可能性の有無にある[補1]。

本稿ではこれら2点を念頭におきながら，いわゆる型ものとよばれている白釉陶瓷器[補2]および三彩陶器など，一群の小品をとりあげ，初現期の唐三彩陶の具体相の一端に迫ろうとするものである[2][補3]。

1．三彩盂・杯・碗の形式

初現期の三彩陶器として，現時点で明証をあげうる器形は型造り盂・杯・碗の小品に限定されているが，これらにくわえて三彩竜耳瓶・鳳首瓶・弁口瓶・盤口瓶・杯・高脚杯などの一部が形式的に初現期に属する可能性が十分にあるが，これについては別に稿をおこした（本書Ⅱ-1など参照）。

新たに明確になってきた遼寧・勾竜墓や，湖北・李徽墓，さらに三重県縄生廃寺出土品など，盂・杯などの陶范造りによる小型品の一群が，三彩陶器の初現期に存在していたことは確実である。これらについて，内外の資料を集成してその具体的な姿を整理しておきたい。

陶范成形による三彩陶器にはつぎの器形がみられる。

① 二・三彩盂

現在最古の紀年銘共伴資料である遼寧省勾竜墓出土品や，これと同巧とみられる遼寧・朝陽市綜合廠M2出土の二彩盂がある。前者の勾竜は，官に出仕することのなかった処士であり，貞観17（643）年に没し，29年後の咸亨3（672）年に遼寧省朝陽市八里鋪郷中山営子村に遷葬された。この墓は，円形単室の穹窿式の磚室墓で，すでに盗掘されており，二彩盂1，陶罐底片1，亀趺頭1，加彩俑（牛・馬・人物）9および墓誌1合であり，随葬品は少ない。

勾竜墓報文によると，二彩盂（口径12.1，器高4.0cm，遼海文物学刊1987-1, pp. 45-52）の平面形は楕円を呈し，丸底，口沿の内側に波状文の襞をはり出し，長軸方向の2箇所に注口をひろげている。外面全体は，范型成

148　Ⅱ　隋唐白釉陶瓷の推移と三彩陶の形式

形であり，珍珠（魚子）文をいれた数枚の葉文とその間に果実数房をはさむ文様である。施釉は内面に緑釉，外面には深黄釉をかけた 2 色である（fig. 1-1）。

　この特異な形態の盃は，管見では他に 5 例を摘出できる。勾竜墓品とほとんど同一とみられるのは，遼寧・朝陽市綜合廠 M2 墓出土品と，英国リーズのテンプル・ニューザムハウス博物館（Leeds Art Gallery and Temple Newsam House）蔵品などである。勾竜墓と同じ朝陽市の綜合廠 M 2 出土品は，器高 5，口径 11cm，半球形，型造りで，口沿を内側に折りまげ，外底に珍珠をいれた蓮華文と周囲に水波文を配しており，内面緑釉，外面は黄釉の 2 色である。この墓は唐墓とされており（fig. 1-2，文物資料叢刊 6，1982，p. 93，図 15-24），共伴品として，葡萄唐草文銅鏡 1 があり，勾竜墓並行の年代と考えられるが[3]，紡錘形の青瓷双系壺の形式は，隋代後半から初唐の可能性がつよい（本書Ⅰ-2 参照）。

　テンプル・ニューザムハウス博物館蔵品（fig. 2-1a，1b，no. 125-66，器高 4.4cm）は[4]，法量もほぼ近く，丸底に珍珠文をいれた葉文数枚と茎，その間に実をつけた房を配し，注口下には縦方向に篦刻線をいれる文様構成である。口沿部 2 箇所の注口部をのぞいて，型押し文をいれた沿を内側に折り曲げ，平坦面をつくる。内面は白地に緑釉と黄釉をうすく筋条に流し，外面は濃い黄色釉にする三彩品である。朝陽市綜合廠 M 2 墓品と葉文の配置が多少異なっているように見えるが，きわめてよく似た類品と認められる。

　これら 3 点は同一陶范の製品とはいえないが非常に類似しており，同一窯の，同時期の産品とすることができる。葉文と実房は葡萄を想起させるが，葡萄の葉は先端が 3-5 裂に表現するのが普通であり，あるいはこれを蓮弁文とし，注口下に篦刻線を水波文に比定すると，実房との関連が理解でき難い。珍珠文は，銀器では地文に入れ，葉文部分は平滑に抜くのが通常の方法であるが，これらは異なる手法である。

　上記 3 点と文様が多少異なるが，同じ形態の二・三彩盃として，出光美術館蔵（fig. 2-2a，-b，出光美 1986，no. 340）と，ボストン美術館・ホイット・コレクション品（Museum of Fine Arts Boston, Hoyt, no. 50.2028）がある。出光美術館品（口径 10.6，器高 3.8cm）は，珍珠文が細かく，果実の表現が篦刻である点がわずかに異なるが，黄褐釉の外面から口沿を水平に折り返していることが，茎が連続していることにより観察でき，2 箇所に注口をつける。延ばした平坦面は 4 箇所に抉りをいれた波状につくり，その凹部に紐を挟むような構造につくられている。内面にはうすく緑釉がかけられた二彩である。ボストン品（口径 10.7，器高 4.2cm）は，注口部の下が無文であるが，その他は出光美術館品と類似している。

　以上の 5 点[補4]の施釉は共通し，外面は黄褐色，内面は白・緑色の 2 色に塗り分け，白抜き技法はみられず，リーズ品の内面は緑釉のべた塗りではなく，透明釉の上に緑を流し掛けにしており，三色をほぼ均等に施釉するものとは少し異なっている[5]。外底に 3 箇の支釘（目）痕がみとめられないものが多く，口唇部に釉薬が溜まり，なかには突起状に盛り上がっているものもあり，伏焼である。この他に，広東省博物館蔵品の形状は上記 5 点と同じで（口径 9，器高 3cm，広東省博 1991，no. 34），施文も近いとみられるが，外面を白・緑・黄色の 3 色，内面は無釉で，他の釉調とは異なる[補5]。

　これらは，2 箇所に注口を設け，口沿部に両側から張り出す平坦面をもつ特異な形態であり，その用途について言及したものはないが，灯火器ではなかろうか。この形態とつながりが想定されるが，海螺を半裁し，口沿の一部に 1 孔を有する平坦面をつけた三彩螺杯（器高 4.6cm，個人蔵，世界陶磁 1976，no. 233）がある。バローコレクション（fig. 2-3, Barlow collection, C. 6）には，同形で平坦面に大小 2 孔と，注口をもつより整美された三彩品があり，これらはランプと考えられている（口径 10.4，器高 5.9cm）[6]。後述の鴨形容器は，羽根が包み込む形に両側を内彎させ，6 曲形の皿を尾部につけ，おそらくここに灯芯をたらす構造の灯火器と考える。これらに比べて，上記 5 品は平坦面と注口を有する共通性をもち，よりプリミテイブな形ではあるが，灯火器としての用途を想定しておきたい[補6]。

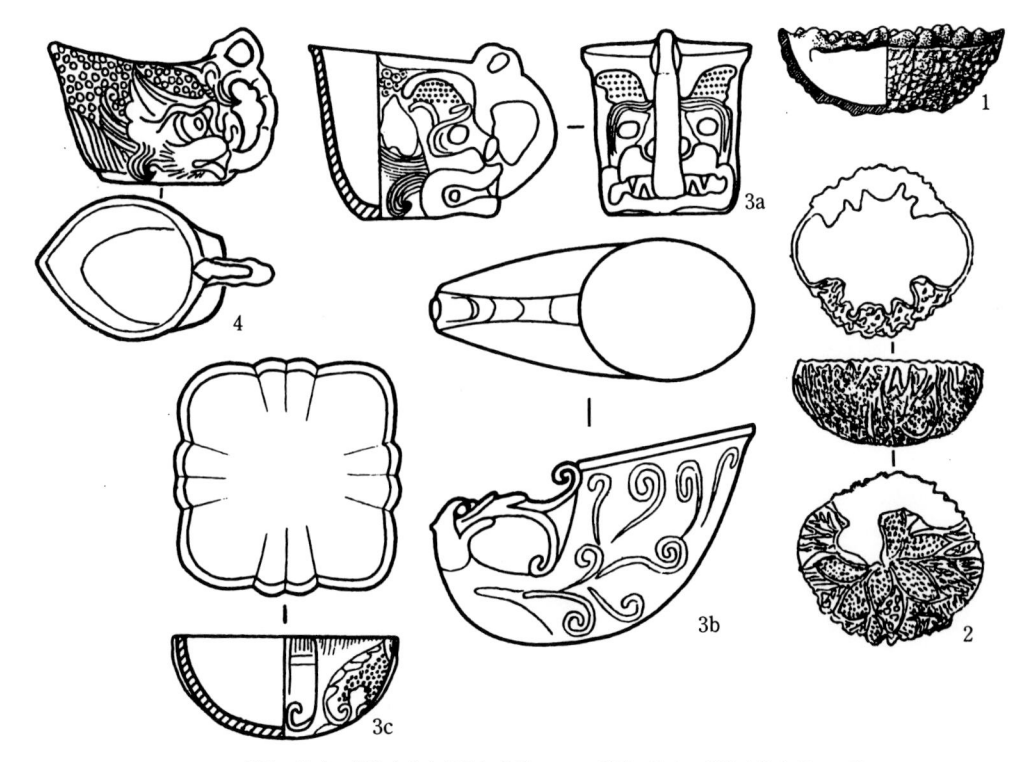

2. 隋唐期陶范成形による陶瓷器 149

1. 二彩盃　遼寧・朝陽市中山営子勾竜墓, 2. 二彩盃　遼寧・朝陽市総合廠 M2 墓,
3. 湖北・鄖県李徽墓　a. 竜首瓶　b. 角形竜首瓶　c. 碗, 4. 竜首瓶　河北・滄県 M2 墓
fig. 1. 二・三彩盃・杯実測図

　同様な盃で，口沿部に張り出し平坦面をつけない直口の器形もみられ，V&A. (fig. 2-4, C. 25-1946) 品は，黄釉をかける外面全体を実房文でうめ，内面のすべてに濃いめの緑釉をかけている。同じ釉調の直口品で，9 曲に口沿をわけるもの（ESKENAZI 1973, no. 37），蓮弁文と珍珠文をパネル状に組み合わせ，白・緑・黄の三彩にわける上海博物館個人寄託品を例示できる。

　同じく李徽墓からは方形の三彩碗が出土しており（fig. 1-3c），ほぼ方形の体部の全体を 8 蓮弁状にわけ，各弁の内を珍珠（魚子）文でうめ，内面緑・黄・白色，外面紅褐色を呈する。丸底で，内面に 3 箇の目跡がある（口径 9.4，器高 4cm）。この類例は少ないが，松岡美術館と上海博物館（暫得楼陶瓷館）蔵の彩色釉陶蓮形洗（fig. 2-6a, -6b, 器高 4.9cm）がよく似ている。後者は，方形の各辺を花弁状につくり，その中央に珍珠文をいれた蓮弁を型押し，口辺には蓮実の托を表現する櫛歯文をいれる[補7]。方形ではないが，8-10 弁の瓜割形につくるものとして，上記リーズに 2 点（fig. 2-5a, -5b, 1.280.66, C-1・2），BM. に 2 点（OA1930.7-19.49, 50）があるが，いずれも文様が異なる。

　以上のように，勾竜墓をふくめて類似 5 例は，672 年以前の製作に係わると想定できるが，どこまで遡上できるのかは明確にし難い。また，こうした型造り品を金属器から影響をうけたものとする意見があるが，本品についてはその原形の金属器を具体的に指摘することは，管見の範囲ではできない[7]。

② 二彩・三彩竜首および象首形杯

　嗣聖元（684）年に葬られた湖北・鄖県の李徽墓から三彩竜首杯 1，三彩角杯 1，三彩瓶 1，三彩碗（盃と表記）1，三彩長頸瓶 1，滑石製盒 1 などが出土している（fig. 1-3a, 文物 1987-8, p. 32 図 2）。このうち三彩竜首杯は，竜口に有節の茎をはむ形の把手をつくり，先端をパルメット文状に分枝させ口沿に接合させる。その

150　Ⅱ　隋唐白釉陶瓷の推移と三彩陶の形式

対面は鋭角に尖らして注口をつくる。内外に緑・白・黄色に施釉し，口径7，高さ7cmをはかる。

　河北・滄県紙房頭郷前営村　M2出土の三彩竜首杯がこれに類似しているようであり，口沿部を欠損しているが，器高6.7，口径7.2×11cmとほぼ同大である。竜の怒髪・怒眼，空間を珍珠文でうめること，竹節状の把手など李徽墓品と相似している。施釉は白を主として緑・赭色である。この墓には墓誌を伴わないが，李徽墓と近い年代が想定される（fig. 1-4，考古1991-5, p. 432, 図4）。さらに洛陽市苗湾唐墓出土品もこれらに類似し，より鮮明な型が使用されている。大きく見開いた眼孔，背後に靡かす怒髪の地を珍珠文で填め，牙をみせて吼怒する口からのびる把手の先端は分枝してパルメット文につくり，口沿につづけている。内面は3色に，外面は赭色を基調にして，緑・白彩色にする（pl. 1-1, 器高6cm，洛陽博1980, no. 114）。

　British Museum（BM., pl. 1-3, OA1929.3-12.1），Boston美術館（Watoson. W. 1984, no. 50.1968, 器高6.3，長8.6cm），ギメ美術館（no. 不明）には，竜がとぐろを巻き，小さく人物を配する乗竜仙人図が表現されている杯がある。BM.品は，その形姿が明瞭ではなく[8]，凸線で輪郭が表され，体部を珍珠文でうめる。口沿部分は円形ではなく，不整な6角形状を呈し，把手の対面が稜角になり，内面が緑釉，外面を黄釉の2色にわけている。こ

1a, b. 三彩盃，リーズ・テンプル・ニューザムハウス博物館，2a, b. 三彩盃，出光美術館，3. 三彩盃，Barlow collection，4. 三彩盃，V&A，5a, b. 三彩盃，リーズテンプル・ニューザムハウス博物館，6a, b. 三彩盃，上海博物館（暫得楼陶瓷館）

fig. 2. 三彩盃

の文様が，より明らかなボストン美術館品をみると，竜の上に人物がみえ，乗竜仙人文である。ギメ美術館品は，外面は黄釉であるが，内面は三彩である。

つぎに，竜首部分を象形にかえた形の杯は，1957年に西安南郊唐墓の出土例がある (pl. 1-2，器高 6.9cm，陝西博 1981，no. 87，陝西博 1995，p. 67)。象頭の上に篭を載せた形につくり，両眼を瞠り，上端を巻く扇形の双耳，延ばした長鼻を把手とする造形である[9]。眼の上下に縄索が表現された馴象であり，篭の部分には半パルメットで支えられた2箇の摩尼宝珠文を唐草文でつなぎ，珍珠文で地をうめる。

この他に類似の象首形三彩品は，日本個人蔵2点 (久保惣 1989，no. 123，器高 7.2cm)，BM. 品 (pl. 1-4，OA1937.7-16.34) もほぼ似た意匠ではあるが型がやや明瞭さをかき，アメリカ個人蔵品 (Los Angeles1957, no. 217) もある。個人蔵品 (pl. 1-5a. -b. 器高 7.2cm) も同巧であり，身は縦にほぼ同范型でつくられ，珍珠文地に尖端部では対称の蕾文を配し，外底には釉薬が流れて，灰褐色の露胎に接合線がみえ，3支脚の焼台痕がのこっている。

これらの竜首杯と象首杯は，口沿の一端を尖らす平面形が同じであり，把手のつくり，珍珠文をふくめた施文など，細部では異なるが，共通した要素が多く，同一時期の産品とみられる。施釉についても，2色ではなく，李徽墓出土品と同じく三彩につくるものが多い点は注意したい[補8]。

③　単彩・三彩鳳首角形杯および鴨形杯

犀角 (rhinoceros horn) 形杯に鳳形をつけ，リュトン rhyton 形と呼称されている型造りの器形は，三彩・緑釉・黄釉にみられる[補9]。このうち，鳳口から茎をのばして杯の口沿と結んで把手とする形式と，口に珠をはみ，把手が付かない形式がある。湖北・李徽墓 (嗣聖元・684年) 出土の三彩品は前者であり，鳳口からのばした茎は先端で分枝して杯に接合され，その対面の口沿をすこし尖らせ注口につくる。体部には巻草文を型造りし，珍珠文を地文として黄釉をかけ，内面は黄と緑釉を流しがけしているようである (fig. 1-3b，口径 7，長さ 13.2cm)。

これに形状が類似しているのは，ブリストル市立美術館 (pl. 1-6, Bristol City Museum and Art Gallery, N2380)，ギメ美術館品 (National museum of Arts Guimet, L. O. 142, Goldschmidt. D. L. 1954, no. 7-B) であり，両者は同一范型品の可能性がある。ともに内外面を黄釉にした単彩品で，3葉の草茎を細く施文し，地の空間は珍珠文をいれる。上記品とはこの体部の文様がことなるが，形態は同じであり，鳳口からのばすアカンサス様の有節の茎は箆により2次調整されている。体部の文様を異にするのが陝西歴史博物館にあり (pl. 1-7, 器高 8cm, 陝西省文物 1987, 65図)，器形は同じであるが，体部に複弁4弁花文を主文にして，珍珠文などを配し，緑・黄・白色釉を掛け分けている。鳳形を変形させて，把手の接合部に胡人をはさむ三彩杯がロイヤルオンタリオ美術館 (Royal Ontalio Museum, no. 920.20.1, 高 7.5cm, Los Angeles1957, no. 215) にあり，外面は黄釉，内面は緑・白・黄色釉で，円文を全体にいれたリュトン形につくる。

把手を付けず，竜口に珠文をはむ形につくる杯があり，平置きしたとき，杯の口沿部が斜めになる点は上記品とは異なる。個人蔵 (pl. 1-8, 長さ 12.8cm, Chapman. J. 1987, p. 19, 陶瓷大全 1987, no. 334, 世界陶磁 1975, no. 129, 水野清一 1977, no. 69) は緑釉品で，鳳の頸部から葉文をいれ花文を配するパルメット文であり，空地を珍珠文でうめている。これら2つの形態に大きな差は認められず，ともに680年代には確実に存在していたといえる。

これら鳳形杯の類似品と考えられるのが鴨形杯である。これには2つの器形があり，犀角形の杯の口沿部を鴨が嘴をのばして把手につくるタイプと，杯部を皿形につくり，鴨の嘴がそれをくわえる形がある。ともに三彩と緑釉品を確認できる。

このうちの前者が上記の鳳首角形杯と似ている。鴨が頭を回して尾を咬む動きを表現し，杯部と体部の施文として，故宮博物院蔵品（pl. 1-9, 器高 7cm, 中美全集 1991, no. 73）とボストン美術館品（no. 50.882, 高 7.9cm, Boston1964, no. 94）は，杯部が十字花，体部は珍珠文であり，口頸部は異なるが体部文様が類似した三彩品である。BM. 品（pl. 1-10, OA. 1972.7-24.2, 長さ 11.7cm）は，両部分ともに対葉文であるが，杯部は緑釉，体部は三彩にしている。ストックホルム東アジア博物館品（K15090）は，濃いめの緑釉をかけ，鴨の足を羽毛の間からのぞかせている[補10]。

杯部を皿形につくる形は，三彩が多いが緑釉品もあり，皿の口沿部を6曲につくり，珍珠文をいれる例が多い。体部は頸部下に孔をあけ，施文は上半部は先端を巻いた羽根を表現しているようであり，BM. 品（pl. 1-11, OA. 1972.7-24），ブルッセル美術館品（EO753），ボストン美術館品（器高 7.2cm, Boston1953, no. 38），バンクーバー中央美術館（器高 8.4cm, Vancouver1976, no. 67），洛陽出土品（器高 7.5cm, 洛陽市博 1980, no. 115），個人蔵品（長さ 11.3cm, 久保惣 1989, no. 121）は，ほぼ共通している。これらも体部下半の文様は異なり，バンクーバー品や洛陽品は十字花であり，後述の半球形碗の文様と共通している。個人蔵品は珍珠文である。

この他に体部の文様としては，ブリストル博物館品は（pl. 1-12, N2379），体部全体を巻草文にして，空地に珍珠文をいれる。メトロポリタン美術館品は（長さ 12.4cm, no. 26.292.50）羽根を綾杉文であらわし，日本個人蔵品（水野清一 1977, no. 69）では上半を珍珠文，下半を宝相華に型造りにしている。この他にやや大型品としてボストン美術館（器高 12.7cm, Boston1953, no. 47）があり，施文も異なる[補11]。鴨の脚を表しているものもあり，マリモン Musee Royal de Mariemont 美術館（pl. 1-13, 器高 16.6cm）にあり，大型品でわが国に紹介されたことのない資料である。以上のべた鴨形杯は，飲器とするよりも，灯火器と考えられ，とくに皿形杯はその可能性がつよい[補12]。

④ 半球形碗

平底のボウル形の碗で直口，内面は無文で3箇の支釘痕を有する覆焼であり，口沿部内外に釉薬がたまる[補13]。口径 9-11cm で，珍珠地文をいれる例が多く，外面の型造り文に違いがある。大別して，小型の花文などを繰り返して施文するものと，唐草文などを体部にめぐらす少数例があり，ともに銀器碗にその原形がもとめられる。

少数例の後者は，黄褐釉の側面に葡萄唐草文をめぐらすＭＯＡ美術館品（pl. 2-1, MOA1982, no. 17）や，果実文を並べる個人蔵品（器高 3.0, 口径 10.1cm, 根津美術館 1988, no. 77）があり，サンフランシスコ・アジア美術館品（pl. 2-2, Asian Art Museum of San Francisco, 器高 3.8, 口径 9.5cm, BP60P1595）は，硬化した花文が黄褐釉に型造りされている。ＭＯＡ品と同じように体部に唐草文をめぐらす銀器が，アシュモレアン美術館（pl. 2-3, Ashmolean Museum and University Gallery, ASM1956.1032）にあり，外底に蛇・蟹を，側面に唐草文を打ち出しており，三彩品にくらべて施文が丁寧である。

ダーラム大学マルコム・コレクション品は（M. M. Collection, Durham），花弁と重圏文を配置し，藍・白・橙色で縦方向に塗りわける（pl. 2-4, 1967-20, 口径 9.5cm）。東京国立博物館蔵品（TG683, 口径 10.1, 器高 3.6cm）も花弁文を横列し，縦方向に施文する意匠に共通性が認められる。

大多数をしめる前者は，いずれも同一文様をくりかえし，層重する施文であり，30数例を確認できるが，それぞれ異なり，同范型と考えられるものはほとんど見出せない。それら個々の文様は白鶴美術館蔵の花文銀碗（pl. 2-7, 口径 10.0, 高 3.8cm）のなかに凝縮されている。この銀碗は，「唐代銀器によくみられる打ち出しと彫刻，溶接，かしめなどの技法を併せて完成されているのに対して，鋳造して研磨しただけで仕上られている」[10]。そのため細かい鬆（ス）が表面にみられ，器胎が厚く，3.5mm をはかる。こうした技法は従来

2. 隋唐期陶范成形による陶瓷器 153

1. 三彩竜首形杯，洛陽苗湾唐墓（洛陽博 1980），2. 三彩象首形杯，西安南郊唐墓（陝西博 1981），3. 三彩竜首形杯，BM.，4. 三彩象首形杯，BM.，5a, b. 三彩象首形杯，個人蔵，6. 黄釉鳳首角形杯，ブリストル市立美術館，7. 三彩鳳首角形杯，陝西博物館（陝西文物 1987），8. 緑釉鳳首角形杯，個人蔵（Chapman. J. 1987），9. 三彩鴨形杯，故宮博物院（中美全集 1991），10. 緑釉鴨形杯，BM.，11. 三彩鴨形杯，BM.，12. 三彩鴨形杯，ブリストル博物館，13. 三彩鴨形杯，Musee Royal de Mariemont

pl. 1. 三彩竜首杯

ほとんどみられないようであり、さらにこれに類似した銀鋺は、管見の範囲では見出し得ず、これがほとんど唯一の資料である。

この銀器の文様についてみると、外底中央の凸圏線内に宝相華文から花芯をとりだした四弁花に間弁をいれた8弁花文、周囲に7弁花文、圏線文をはさむ外側に14の蓮弁文とみられる花弁文を配する。側面には、外底中央の8弁花文から間弁を省略した十字花文を、上・下段ともに14箇ずつ並べている。この十字花の中心は、中点と円文からなる、いわば同心円文である。この銀鋺とかなり近い文様の三彩碗はあるが、同一文様は見出せない。

この器形の三彩碗は、側面の文様によって以下の3種類——外底の文様と共通した小花文（8弁花ないし略形としての4弁花）、花弁文（蓮弁）、同心円文に分けられる。しかし、外底中央部の文様はかなり共通しており、圏線をめぐらした内に8弁花文をいれるものが多く、銀鋺と類似したモチーフである。これにも8弁花文を中央に1箇おくタイプは、ハーグ美術館緑釉品（pl. 2-14, Haags Gemeentemuseum, no. 34-36,）と、小花様にして10箇前後をめぐらすタイプは、バローコレクション（pl. 2-10, no. C. 7a）がある。以下側面の文様によって分けてのべる。

　　a　**花弁文**[12]：おそらく蓮弁文とみられる花弁文を5-7段積み重ねる文様構成であり、三重県縄生廃寺塔心礎出土品がこのタイプである（pl. 2-6, 朝日町教委1988, PL. 21）。外底に二重に圏線をめぐらし、その内側の中心に四弁花文とその周囲に数箇の小花文を、その外側に同一形の四弁花文9をならべる。側面には珍珠を6-7箇いれた花弁文を5段に配し、口沿および内面は無文である。釉は、かなり濃いめの緑・黄褐色と、うすく黄色みをおびた白色であり、内底に支釘痕をのこしている。縄生廃寺は、出土瓦の形式などからみて、7世紀後半代に創建されたと推定されており、塔心礎に埋納されていたので、遅くともその時点までにわが国に請来されていたわけである。

すでに指摘されているように（巽淳一郎1988, p. 35）、出光美術館蔵品（pl. 2-5, 口径9.0cm, 出光1986, no. 52）が側面の花弁文や珍珠文の入れ方がこれに類似している。しかし、外底中央部の文様が不鮮明であり、内圏は小花文かと思われるが、ほとんど判明せず、両者を同一の陶范品とするのはためらう。外圏は、縄生廃寺品と類似する四弁花文であり、圏線側は1弁省略されて、三弁花になる。側面に層重された花弁文は、左右からのびる曲線が弁先でくいちがっているものが観察され、意識的に花弁文の表現と理解でき、弁内の珍珠文は中央に1、その外周に6-7箇を配する。口沿部は横なでによって文様が消えている。釉調は出光品のほうが明度がたかい明るい色調になっている。河南省文物交流中心の収集品は、各花弁内が珍珠文ではなく、単純な1隆起線であり、甲部も文様は不鮮明である。3箇の支釘痕があり、重ね焼き、覆焼である（pl. 2-11a, -b, 鄭州市2006, p. 173）。類似例は鶴壁煤業集団出土品が北京・古典芸術博物館にある（鄭州市2006, p. 174）[補13]。

この花弁文のタイプは外底の文様に違いがあり、愛知県陶磁美術館蔵品（pl. 2-8, 『図録Ⅱ』no. 2489）は、上記のバロー・コレクション品（pl. 2-10, C70, 1996年ブライトンBrighton美術博物館展示）と同じく、小型8弁を方形にした花文10箇をめぐらし、バレル・コレクション品（pl. 2-9, Burrel Collection, 口径10.0cm, 38. 212）では、大きな十字花と間弁文1を圏線内にいれる。大和文華館蔵品は、（pl. 2-12, 口径10.8cm, 大和文華1991, no. 43）瓜割り形の范型をつかい、内外面に縦方向に筆により施釉分けしているので、異なる印象をうける。

ハンブルグ博物館品（Museum für Kunst und Gewerbe, Hamburug, 高3.7, 口径9.8cm, Hempel. B. R. 1974, no. 21）は圏線3で花弁文を区画している。ダーラム大学マルコム・コレクション（Malcom Collection 1972, no. 37）も同巧である。これらはすべて三彩品であるが、同じく花弁文のタイプで、故宮博物院蔵品（器高3.7,

口径9.9cm, 李輝柄1996, no. 181) は, 外面が黄褐色, 内面は緑釉の二彩であり, 両者の相違は問題ではない。

b **十字花文**：十字花は, 外底円圏文を中心にして, 先端がわずかに尖る花弁を十字形につくり, 単位文とする。外底は圏線をめぐらし十字花を二重にかさねたハーグ美術館品（pl. 2-14, no. 34-36）は数少ない緑釉品であり, こうした大型の花弁文を外底に配する三彩陶の例は, 香港中文大学文物館品（pl. 2-19, 口径10.1cm, 屈志仁1981, p. 14), 個人蔵（水野清一1965, no. 42）にあり, 大阪市立美術館品では（pl. 2-22, 田万コレクション3426, 口径9.8, 高3.9cm), 4重の圏線をめぐらし, 中心に十弁花をいれ, 側面は3段に十字花文をならべる。

アシュモレアン美術館品（pl. 2-17, no. 228）の外底は, 3葉形を十字に並べる。これと形が類似した十字花文品が, リーズ・テンプルニューザムハウス博物館（pl. 2-15, no. 1.264/66), ストックホルム東アジア美術館（pl. 2-16, Ostasiatiska Museet, HM0591), V&A.（pl. 2-18, FE. 18-1991), にあり, 同范の可能性がある。

側面および外底に肉厚で, 輪郭線をもち反り花の8弁花を横並し, 空地に珍珠文でうめる意匠の三彩品が, 洛陽馬坡村唐墓（pl. 2-13, 口径10, 器高4cm, 洛陽市博1980, no. 98）から出土しているが詳細な情報はない。

バローコレクションの黄褐釉を外面に施した品（pl. 2-20, c. 7b）では, 外底に巻草文をいれ, 側面に圏線を廻らし, その内に横列された十字花文もかなり硬化・矮小化されており, 日本個人蔵（久保惣1989, no. 109）では, 菱形文と4弁花文を上下に配列し, 上記の一群との間に形式的な差がある。

c **同心円文**：側面に同心円文を2-4段に重ねるタイプであり, 間に圏線をはさむものが多い。一種の省略形のようにみえるが, ギメ美術館品（D. O. 09, Goldschmidt. D. L. 1954, p. 7）のように, 密に4段にわたり同心円文を横列し, 珍珠文の圏線ではさみ, 外底中心に大柄な十字花文をいれる意匠は簡略化されたものとはいえない。また, 同心円文と十字花文を並列する意匠がみられ, ハーグ美術館品（pl. 2-21, no. 53-3）は上記の大阪市立美術館品（pl. 2-22）と同様に6本の圏線で区画して, 2段の同心円文を4弁花文ではさみ, 外底は8弁花文にしている。ダーラム大学美術館品では, 圏線で区画して, 同心円文と十字花とを交互に配置する意匠がある（pl. 2-23, Malcom Collection1972, no. 20）。同心円文のみを側面に重ねる意匠は, ロンドン郊外のクロイドン文化センターに所蔵されている。

圏線で区切って同心円文を並列するデザインは, BM.蔵の黄釉把手杯（OA21947.7-12.24, 器高6.3cm）と共通しており, これも同時期の所産であろう。この圏線を略して円文をいれる例として, 洛陽竜門煤炭地質隊出土品（口径9.3, 高37cm, 洛陽工作隊1990, no. 88）や大阪市立東洋陶磁美術館蔵の入江氏蒐集品（口径9.8, 器高4.0cm, 大阪東洋1997, no. 26）がある。

これらとやや趣を異にするが, 圏線を縦に区切って, 小さい円文3箇を縦列にいれる施文が, プリンセスホッフ美術館（pl. 2-24, Museum het Princessehof, National Museum of Ceramics, no. 1511), 山口県立萩美術館・浦上記念館（pl. 2-25, 口径10.2cm, HUM/T177）にあり, 外底は同心円文, 側面の各段には細かく象形文を, いずれも范型で配している三彩半球形碗である[補14]。

以上のべた半球型碗は, そのなかで形式的に前後はあると考えられるが, 縄生廃寺の出土例からみれば, その生産年代を7世紀後半以前の, 中葉まで遡る可能性があるが, さらにそれを遡上することは現段階では難しい[補15]。

把手は付けないが同様な型造りで, 獣首をつけた二彩・三彩・白釉陶瓷の八角杯がある。

2. 二・三彩および白釉八角杯

①**八角杯**：三彩ロイヤル・オンタリオ美術館蔵の牛首形八角杯（fig. 3, 器高8.7cm, Mario Prodan1960, no.

156　Ⅱ　隋唐白釉陶瓷の推移と三彩陶の形式

1. 三彩半球形碗（MOA1982），2. 三彩半球形碗，サンフランシスコ・アジア美術館（Li. H. 1997），3. 半球形銀鋺，ASM，4. 三彩半球形碗，ダーラム大学マルコム・コレクション，5. 三彩半球形碗（出光1986），6. 三彩半球形碗，三重県縄生廃寺塔心礎出土，7. 花文銀鋺，白鶴美術館，8a, b. 三彩半球形碗，愛知県陶磁美術館

pl. 2.（1）三彩杯

2. 隋唐期陶笵成形による陶瓷器　157

9. 三彩半球形碗, バレル・コレクション, 10. 緑釉半球形碗, バロー・コレクション, 11a, b. 三彩半球形碗 (鄭州市 2006), 12. 三彩半球形碗 (大和文華 1991), 13. 三彩半球形碗, 洛陽馬坡村唐墓 (洛陽市博 1980), 14a, b. 緑釉半球形碗, ハーグ美術館, 15a, b. 三彩半球形碗, リーズ・テンプルニューザムハウス博物館, 16. 三彩半球形碗, Ostasiatiska Museet

pl. 2.（2）三彩杯

158　Ⅱ　隋唐白釉陶瓷の推移と三彩陶の形式

17. 三彩半球形碗, ASM., 18. 三彩半球形碗, V&A., 19. 三彩半球形碗, 香港中文大学文物館（屈志仁 1981）, 20. 黄釉半球形碗, バローコレクション, 21. 三彩半球形碗, ハーグ美術館, 22. 三彩半球形碗, 大阪市立美術館, 田万コレクション, 23. 三彩半球形碗（Malcom Collection1972）, 24. 三彩半球形碗, プリンセスフォフ美術館, 25a, b. 三彩半球形碗, 山口県立萩美術館・浦上記念館

pl. 2.（3）三彩杯

99) があり，水牛のような大型の角，見開く円形の眼と，そこにみられる縄索の表現が上掲の象形品 (pl. 1-2, 1-4) と類似している。牛頭の上に載せられた8角形も，象形品と同じく籠かとみられ，連珠文で区画されたパネル状の8面はそれを表す縄蓆文と，やや硬化したパルメット文が交互に型押しされており，鳳形杯の意匠と共通している。内面は橙色，外面は緑釉である。

②緑釉および白釉獣首八角杯：①の三彩品と微妙な相違がみられる。よく知られているBM.蔵の白釉獣首角杯は（fig. 4-a/b/c/d/e, OA1968.4-22.21, 長さ12.7, 高さ9.0cm)，平面八角形の杯に獣首形を接合したものである。杯部分は4辺ずつの半裁品を接合しており，側面では接合の痕跡は消されているが，獣首の背後の上辺部分には接合の痕跡があり，底部には継目を篦でなでた痕がのこり，半裁型を接合している。獣首部分は，これとは別に型でつくり，八角形の1頂角に貼り付けられている。

　杯部はこの接合線を境にして，8枚のパネル状をなす各面の文様が面対称になっているが，それの相互の細部をみると微妙に異

fig. 3. 三彩牛首形8角杯，ロイヤル・オンタリオ美術館（Mario Prodan1960)

なっている。共通しているのは，上辺輪郭線の二重の連括弧文と縦界線の連珠文，各面の上部の2ないし3箇の人面文，そして小型で連珠文にみえるが，中房の周囲に蓮弁形につくる蓮華文である。連珠文で囲まれた計14箇の人面文は，細かく観察すると多様な表情をみせるところに特徴があり，喜怒哀楽の表情が各面に入りまじる。

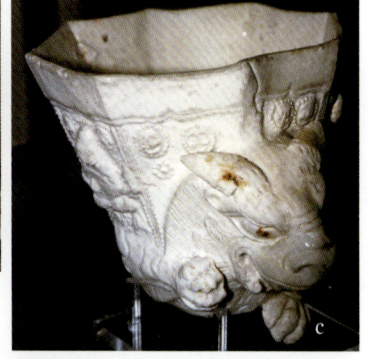

　胎土は，破面でみると，純白で軟質であるが，目の細かい土ではない。釉薬は鉛釉とみられ，薄く，幅2mm弱の口端面から丸底に至る内外の全面に施され，黄白色に呈発し，透明性があり，内面の一部では細かい氷裂文が認められる。唐三彩陶にしばしばみられる微紅色を帯びた褐白色の胎土とは異なり，釉が黄変色しているのが特徴である。丸底にクッツキが2箇所ある。

fig. 4a, b, c, d, e. 白釉獣首角杯，BM.

以下やや煩瑣であるが、獣首から時計周りに各面を A-D に分けて施文をみたい。A 面は（fig. 4-c）、獣首がパネルの大部分をしめているため施文面積は小さく、上辺に沿って 2 箇の人面が 21-22 箇の珠点円文（珠点人面文）内に型押しされ、獣耳の左側には中心に 1、その周囲には、珠文ではなく 9 箇の花弁形がめぐり、小型ながら蓮華文につくっている。珠点人面文の左側の顔は、口を三日月型に開き、破顔のようにもみえるが、眼は厳しく、叫号しているかのようである。その右側の顔は、頬骨を大きくふくらます共通した特徴をもち、おだやかな表情のなかに、口に微笑を含んでいるようにみえる。中心線を挟んで対称に位置する A' は蓮華文の位置も対称となり、右側の人面文の下にある。上辺で測ると、A は 39mm、A' は内側に歪んでいるので 34mm である。D と D' の 32mm をのぞくと、ほぼ 1 辺の長さは 36-39mm の間にあり、一見不整八角形のようにみえるが、焼き歪をも考慮すると、かなり正確な八角形に型造りされている。

B 面は（fig. 4-b, fig. 4-e）、交接した足の上に琵琶をのせた人物が型造りされ、左足の下には衣の襞とみられる細かい表現があり、右手で爪弾かれる琵琶の隆起線は 4 本である。髪型は丸く高髻状に結い上げ、石窟にみられる伎楽天像の髪型である。顔の左右に蓮華文、人物の両肩から蕨手状の飾文をのばす。頭部の左右には人面文が配され、左側の顔は、口を大きく開き、目尻をさげており、笑顔であろうか。これに対して右側の顔は、眼を丸く大きく開き驚愕の表情をみせている。

この対称に位置する B' 面は（fig. 4-a）、足は交接しているようにも見えるが、右足は立てた半跏趺坐にし、横笛をふく人物である。横笛をもつ手の下方、腹部の位置に球形のふくらみが、足の下方にやや繁密な表現の衣文が、それぞれみられる。高髻の髪型は B 面と似ているが、頭の両側につづく三角形は巾皮の表現であろう。この横笛人物の上方の左右に人面文があり、B と同じ表情、すなわち左側は破顔、右側は頬をふくらませ、いわゆる団栗眼にし、童顔のような表情をみせている。蓮華文は突起物があるために、右側のみに、1 + 10 の珠文がある。

琵琶および横笛をふく人物は、石彫品などにしばしばみるところであり、大同・司馬金竜墓（太和 8 年・484）の柱礎に琵琶伎楽童子、石棺床には横笛天女と獣が組あわされているが（中美全集 1988-1, 81・83 図）、石窟には飛天文や伎楽天像として普遍的にみられる[12]。BM. 蔵の玉製品の櫛や腰飾り品（OA1973.7-26.149a, 1937.4-16.129-137）、あるいは、三彩・黄釉・無釉の陶俑にも類例がもとめられる。盛唐期の陶俑、例えば、西安・中堡村出土の三彩駱駝載楽俑の男性演者、黄釉伎楽俑・無釉女俑（中美全集 1988-2, 178・180 図）などは、その髪型・衣文・足の組み方において、B, B' 面のそれとは異なっている。

この B, B' 面にもっとも類似しているのは、仏龕の壁面などに彫られた伎楽天である。頭部の形態・琵琶および笛を奏する形姿、衣の表現の類似性など、これらの人物は菩薩に仕える伎楽天を表している。そう考えると、これらの上に施文された 2 つの顔は、その音を聞いている衆生であろうか。喜怒哀楽を顔面いっぱいに表しているわれわれ俗世界の、人間界の表現ではなかろうか。楽人の文様が鮮明な例として、BM. 展示の石刻弥陀西方図（fig. 5-a, OA1937.7-16.1）をあげておきたい。

つぎの C（fig. 4-a 左端）と C'（fig. 4-b 右端）は中央にパルメット文、上辺に 3 つの珠点人面文を並列しており、両面は完全な左右逆転で、文様自体は同じである。中央のパルメット文はいわゆる柏葉型の側面観であり、大きく 3 葉を浮き彫り様にし、各々に

fig. 5-a. 石刻弥陀西方図, BM.

葉脈線を隆起させ，蕨手状文をほぼ左右対称の位置に添付している（fig. 4-d）。さらに細かくみれば，C'では左側に上方から1本の巻草が垂れ下がっている。

　上辺の3つの顔は，他のパネルに比較して鮮明であり，口を横一文字に結び，やや悲壮な表情をした顔を中央におき，左側には口の両端あげ，かつ大きく開き，三角眼をし，怒れるかのごとき表情，右側には同じく口を三日月状に開けてはいるが，両眼尻がさがる笑顔の表情をみせる。C'は左右の人面の位置が逆であるが，表情は同じである（fig. 4-e）。それにしても，これらの珠点人面文の大きさは，周囲の珠文を含めて直径8mmであり，そこに表情を巧みに表しており，制作者の卓抜した技の冴えを感じることができる。それを正確に読み取ることはかなり難しいが，深い感銘を覚える。

fig. 5-b. 木彫パルメット文頭柱，ローラン出土，BM.

　DとD'は背面中央接合線を挟んで対称に位置し，基本的にはよくにている文様である。他のパネルと異なるのは珠点人面文が見られないこと，上辺も珠点でめぐらし，左右とあわせて三方を珠文で囲んでいる。主文は柏葉型パルメットの側面観であり，Dは3葉とそれにつづく2葉を連続する構成で，その中位で結束し，上下にさらに連続する唐草文状の一部を切り取った形である。D'はDの反転型であるが，中位の結束部分の表現が少し異なる。DとD'の間には接合線を挟んで幅8mmほどの無文部分がみられ，丸底部にあたり，ヘラ調整痕の上に施釉されている。

　C-C'，D-D'にみられるパルメット文は，6世紀代の青瓷にみられるものと，少し形を異にしており，この角盃の場合，獅子の身中線を延長した線によって角盃の文様構成が面対称になっていることに注目すると，柏葉パルメット文の正面観の縦半裁形（half-palmette）と考えることもできる。陶瓷器にはこの形状のパルメット文は例がすくないが，雕塑にはかなり多くみられるわけであり，パルメットの側面観，すなわち半パルメット文とみることが妥当である。

　この半パルメット文の類例を北朝から唐代までの雕塑に求めると，相当に多いがそのなかで近似し

fig. 6a, b, c, d. 緑釉八角杯，出光美術館

ているものを挙げると，C-C'は鞏県石窟寺第3窟の西壁仏龕龕木眉彫飾（河南省文物 1983，第 109 図），D-D'は，光背や胸飾りに連続した半パルメット文をいれる例に近いが，本例は変形しており，近似例を見出し得ない。本例をパルメット文が中軸線を境として，半裁されているとみると，BM．蔵のローラン出土の木彫パルメット文頭柱（fig. 5-b，OA1928.10.-22.11）は興味ふかい。角柱の角を境にして2分したのが，C-C'の形に類似している。

各面にみられる人面文は，さまざまな喜怒哀楽の表情をみせ，あたかも人が一生にみせる表情を集約しているかの如くである。こうした人面文は，タクラマカン砂漠の南端に位置するコータン（Khotan）附近の出土例が紹介されており[13]，連珠文で囲まれた内にさまざまな表情をみせる。また BM．蔵のスタイン将来のスタコ（stucco）にもみられる（OA MAS1067）。

しかし，これら中央アジアの遺品よりも，陝西・三原県の李和墓（開皇2年葬・582）の石棺蓋に線刻された大小 55 の人面がより類似している。連珠文で囲まれた正円内に，象・虎・馬・鴨などの禽獣とならぶ人面は，白瓷8角杯ほど豊な表情ではないが，髭をたくわえた男性の顔が線刻されている（fig. 17，文物 1966-1，39 図）[補17]。さらに，新疆アスターナ M337 墓（顕慶2年・657）から発見された騎士文錦にも，高鼻多髭の人物が連珠文内にあると報告されている（文物 1962-7・8，p. 74）。7世紀前半代に位置付けられるメトロポリタン美術館蔵の緑釉貼花文尊（器高 35.3cm，no. 1996.15）もある。したがって，この種の意匠の盛行の1点が，6世紀第4四半期の隋初から7世紀中葉にあると推測できる。

この杯部分に接合する獅子型は，眼をかっと開き，口も大きく阿型に開き，口腔内の歯牙も表現され，舌は口腔の喉近くまで挿入されて貼付けられている。耳はヘラで刻み列点文，立て髪，胸毛には櫛目文をいれている。右前肢は珠を握りしめたかのようにして，やや持上げているのに対し，左肢は下につけ，挑みかかるかの如き動態に表現し，通常の蹲踞の姿勢をとってはいない。この両脚などの表現は，これが型造りによるものを感じさせるが，少なくとも顔の部分は型出し後に整形し，さらに口腔内をつくるなど，全体として塑像状につくり，杯部との間に接合の痕跡が見られる。鼻・耳と，両眼には茶色の鉄彩で天睛されている。

この獅子形を，辟邪あるいは麒麟と考えることもできようが，無翼，無角や，側面の立髪，吼口の下に櫛文で表現されている髭などの表現からみて，雄獅を想定するのが妥当であろう。石像にみる蹲獅は，開元4（716）年銘品（中美全集 1988-2，112 図）のように，前肢を揃えているのが普通であり，本品のような形態は，北朝期の辟邪や麒麟と同じく前後する形をとっている。これは北斉・北周の仏石像などにおいて，側面観ではあるが，左右の肢を違える形につくり（中美全集 1988-4，第 121・122・140・141 図，中美全集 1988-3，第 80 図），隋代になると，開皇5（585）年刻銘の白石弥勒三尊立像の台座にみるように，一対の蹲獅は前肢を揃え，香炉を挟んで静態として表現されることが多いようであり，金銅・石像仏（中美全集 1988-2，図 1・6・11）でも同一の傾向がある。したがって，本品のように動態の表現は北朝期の特徴をのこしているといえよう。

③単彩（緑・褐釉）八角杯：出光美術館，メトロポリタン美術館，ドレスデン陶瓷資料館（Staatliche kunstsammlungen, Porzellansammlung）にある。そのなかで出光美術館品が基準作ともいうべき精美品であり，すでに詳細に報告されている（fig. 6-a, b, c, d，高 9.2cm，弓場紀知 1996, pp. 118-119）。胎土は白く，かなり硬く，外面の緑釉，内面の褐釉の発色のよい二彩品である。各辺は 3.6-4.5cm をはかり，対面はほぼ同じ長さであり，BM．蔵の白釉八角杯品よりも一回り大きい。8面のすべての上部に，蓮華文（1+12）と，その下にビーズ連鎖文を界線として，主文のパルメット文を大きくいれる。このパルメット文の意匠は3種類であり，獣首の身中線を界として，同一文様が面対称で構成されている点は BM．品と同じである。

獣首の上部　A-A' は3葉ずつの半パルメット文が心中線を境にみられ，隣接の他面と合せて全パルメット文につくる（fig. 6-a 右端，同 -b 左端）。時計回りにみると，B-B' は（fig. 6-a 中，同 -b 中），中心の宝珠を左

右と上にパルメット文を配して包みこむ形につくる。このより精緻な文様は，故宮博物院蔵の白瓷貼花文鳳首瓶の腰部にみられる（中美全集1991，第36図），やや簡略化されているのは褐釉貼花文尊（個人蔵，世界陶磁1976, no. 1）の胴部にみえ，本品はその中間に位置づけられ，これをより簡化したのは，静嘉堂文庫美術館蔵の三彩万年壺の肩と胴に貼付されている。C-C'は3葉パルメット文の上下に巻毛をつけるものであり，これも鎬をとおした葉の表現であり，D-D'は，心中線を境にして，左右に分割した形の同形のパルメット文である（fig. 6-c）。

獣首はBM.例と共通した特徴をもつ獅子とみるが，耳のつくり，巻毛の立髪などは異なり，底には腹部を表現している。焼成は，D-D'を下にしておこなわれ，この箇所に3箇の支釘痕と釉薬が心中線上にたまっている（fig. 6-a）。

ドレスデン旧蔵の褐釉獣首八角杯は（fig. 7, 器高9.5cm, Alfred Salmony1926, Tafel78.1），出光美術館品に近いとみるが，現存していないようである。灰色をおびた褐釉の単彩品ようで，精悍な風貌の獅子形獣首であり，開口し，目鼻や立て髪・脚の動きなどの形状が出光美術館品に類似している。8面の文様は判然としないが，宝珠を抱いたパルメット文のようであり，各面の上半に蓮華文1を配列している構成も，文様の形状の細部は異なるが，法量をふくめて，出光美術館品と同巧といえる[14]。

最後にメトロポリタン蔵の八角杯（fig. 8-a・b, 高8.5cm, no. 1924.24.180.1）は，器肉は薄くつくられ，白色胎土にわずかに青みをおびた透明釉が滑らかに掛けられている。高火度釉の可能性がある。球形の体部には，左側面をみせる鳳形と（fig. 8-a），その対面に5葉の全パルメット文を配置し（fig. 8-b），その他に3葉半パルメット文と蓮華文を球体部に配している。8稜形に開く上半部の各面には珍珠を繋いで12弁の蓮華文各1をいれ，この蓮華文は，中心1+8珍珠＝花弁と精巧な文様である。球体部との境は，間弁をはさむ複弁16からなる俯蓮弁文を帯状にめぐらし，いずれも型抜きがよく，文様にくずれがない（ValensteinS. G. 1975, p. 56, Vancouver1977, no. 10）。

ここにみられる全パルメット文は，出光美術館品の後面のそれと形状が同巧の均整のとれた形であり，竜門石窟魏字洞では天幕尖拱龕の中心におかれ，左右に半パルメット文をつなぐ構成をとっている。複弁蓮弁文は南北朝から隋代の青瓷貼花文尊・罐などの肩部に貼付された形態に近く，7世紀代には少ないようである（本書I-1, I-2参照）。以上のBM., 出光美術館，ドレスデンとメトロポリタン品には，白瓷・鉛釉彩の相違はあるが，形態と施文に共通したものが認められ，ほぼ同時期の所産であろう。年代を推定できる有力な明証はないが，李和墓（開皇2年葬582）と共通する人面装飾，宝珠をつつむパルメット文の形態などを根拠にすれば，遡れば隋代前半であり，その後半から初唐をふくめた7世第1四半期までの間に位置づけられよう。

fig. 7. 褐釉獣首八角瓶，ドレスデン美術館旧蔵（Alfred Salmony1926）

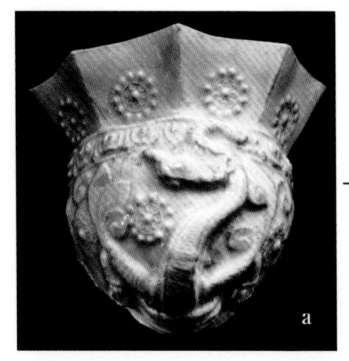

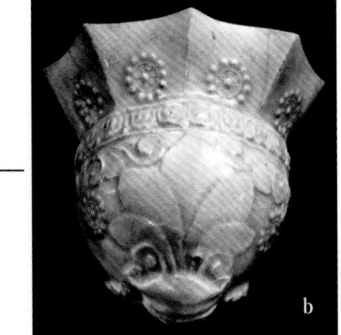

fig. 8. a, b. 白瓷八角瓶，メトロポリタン美術館（ValensteinS. G. 1975）

しかし，前掲の三彩牛首形杯（fig. 3, ロイタルオンタリオ美術館）は，一見類似しているようであるが，両者に共通するパルメット文の形一つをみても異なり，むしろこれは，前述の三彩竜・象形品と共通している。この相違は，時間差であり，その時間の経過内に単彩・二彩から三彩の出現が隠されているようである。それは7世紀中葉をわずかにさかのぼる第2四半期の内でおこっている現象のように推測している。

小 結

以上のべたように本稿において，陶范成形による単彩・二彩・三彩の形式分類をこころみた。これらを総合的にみると，第1は，述べてきた盃および半球形碗の一部の埋納年代は，7世紀の第3四半期まで遡ることは確実であり，現段階では7世紀第4四半期の紀年銘をもつ鳳形・象首形杯，竜角形・鴨形杯についても，その可能性は十分予測できる。問題は，これらの生産年代が，さらにどこまで遡上できるかにあり，結論からいえば，7世紀中葉までと推考する。

その根拠として，これら1．節で例示した鉛釉陶（fig. 1, fig. 2, pl. 1, pl. 2）は単彩，二彩および三彩の差異はあるが，この器形に該当する白釉品をみいだせないことである。すなわち，隋・初唐代の遺構出土の白釉器および隋・初唐代の形式の蓋然性が高いといわれる白釉器のなかに，これら陶范成形による彩色釉の小品は現時点では未発見である。重言すると，これら范型品は，隋代，おそらく7世紀第1四半期に朔上する可能性は少ないとおもわれ，初唐期は資料の紀年銘墓に闕があるため明証をもって論ぜられないが，第2四半期に出現している可能性も少なく，遡上しても7世紀中葉ではなかろうか。

第2に，これに対して，BM.蔵の八角杯など4点は，隋代の，遅くとも7世紀第1四半期には生産されていると推定しているが，これと類似した三彩角杯をみいだせず，メトロポリタンの白釉品1点以外は鉛釉の白，緑ないし褐色釉である。鉛釉の1色と3色との間には，技術的に解決すべき困難性はないと考えられ，すでに2色を使用することは，575年の范粋墓，576年の李雲墓など技術的に可能であり，実現している。色数の，1ないし2と，3色という差異が無視できない鍵であり，BM.などのタイプの八角杯が存在した時点では三彩陶器は盛行していないであろう。すでにふれたが，2色の場合でも，透明釉が色釉の下にある，厳密にいえば3色であり，表出された色数が問題となる。2色の場合，色を同一面に混在させることはなく，内外面で塗り分けており，透明な白地をみせないことが，一種の施釉の規範となっていたのではなかろうか。三彩陶器の出現は，白地を表出したところに始り，これは技術的な問題ではなく，それを求める側の葬送思想の変換にある[補18]。

第3に，上述の勾竜墓など出土の范型小品は，三彩陶器としては，中心的・主導的なものとは言い難く，これのみを基準として，その初現について言及することは状況を誤るであろう。冒頭でのべた大型三彩陶器の，竜耳瓶・鳳首瓶・弁口瓶・盤口瓶（唾壺）・杯・高脚杯などの一部が形式的に初現期に属する可能性が十分にあり，別に述べた。そのうち，竜耳瓶について，別に詳述したので（本書Ⅱ-1参照），ここではその要旨にふれておきたい。

隋代から盛唐までの白釉（瓷）・三彩・単彩の竜耳瓶は，器形，頸部の突帯文，メダリオンによって，4形式に分けられる。第4形式とするのは新しく，三彩品が多く，球形胴，短い頸部，突帯文・メダリオンを欠き，白釉とともに8世紀前半の紀年銘品がある。第3形式は突帯文が1-2本程度でメダリオンを欠くもので，675年の李鳳墓出土の白釉品がここに属する。三彩陶では出光美術館（出光，no. 330）などがある。第2形式aは，密に突帯文を付けるが，メダリオンを欠くタイプであり，第2形式bは，東京国立博物館蔵の三彩竜耳瓶（TG647）にみるように，頸部突帯文がやや疎であるが，大型のメダリオンを貼付する。またケルン東アジア博物館蔵品（DL93.5）もこの形式である。

最古とみられる第1形式は，頸部に10本以上の突帯文をめぐらし，数箇のメダリオンを貼付ものであり，そのなかでも最古式に属するものとして，西安碑林博物館（京都文化博1994, no. 129），松岡美術館（松岡美1991, no. 24）など管見では4点を抽出できる。

これらの形式の実年代は，第4は7世紀第4四半期から8世紀前半，第3は7世紀第3四半期にそれぞれ中心があると想定できる。白釉（瓷）竜耳瓶の初現は隋代の後半と考えており，したがって東京国立博物館品およびケルン東アジア博物館蔵の三彩品は，7世紀中葉以前で，第2四半期のなかに収まる可能性がある。

三彩陶器の出現時期は，軽軽には論ぜられないので，隋唐白釉（瓷）の形式編年を個々に詳述して，再度発言したいと考えているので，とりあえず見通しをのべるに止めたい。

三彩陶器出現に主導的役割をはたしているとは考えがたい陶范成形の小品でさえ，7世紀中葉までさかのぼり得るのであり，竜耳瓶など明器としての地位の高い器物は，遅くとも7世紀の第2四半期に三彩陶として作られたのではなかろうか。

[注]

(1) 王仁波1982「陝西省唐墓出土的三彩器綜述」文物資料6, pp. 139-140
(2) 唐三彩陶出現期に関して既往の見解をみると，李鳳墓段階（660-670年代）の唐三彩陶器は，いずれも白釉あるいは淡黄釉を地釉にして藍釉や緑釉を斑にさした三彩釉で，装飾性の美的効果は低く，一般にいわれている唐三彩陶としては未熟の段階にあり，ついで690年代の契芯明墓や独孤思貞墓などから様式的にも完成された唐三彩の俑が出土し，唐三彩陶の熟成は武則天の治政下にすすめられていたことが確かめられる（矢部良明1981「唐三彩の成熟過程とその展開」考古学ジャーナル196, pp. 2-6）。未熟から成熟した三彩へのプロセスが初唐末から盛唐初年，すなわち670-690年代に展開されたと理解されており，こうした考えはひろく支持されているようである。

これに対して，弓場紀知の見解は，李鳳墓段階において，すでに「初期唐三彩」と規定したいわゆる成熟した精緻な作品が存在していたと考えている（弓場紀知1995）。氏が規定する「初期唐三彩」とは，北朝末から隋・初唐にかけての白磁や黄釉陶器のスタイルを強く残し，すなわち器形・装飾において6世紀後半-7世紀前半の作風が認められ，7世紀代の後半（660-670年代，初唐−盛唐）に製作されたと考えられる三彩陶器である。

この考え方は，未熟から成熟へのプロセスではなく，未熟な李鳳墓段階に，成熟した初期唐三彩の一群がすでに同時存在し，盛唐期になると「やきものとしての性格を十分に備えた，柔らかい雰囲気の作品が多くなる」としている（同論文p. 114）。これは従来の見解とは異なるものであり，概念規定として曖昧で漠然としている部分があるが，首肯できる部分が多い。

(3) 勝部明生（橿原考古学研究所，龍谷大学）のご教示によると，この鏡は「走獣式海獣葡萄鏡より新しい段階のものと考えられ，海獣葡萄鏡の形式変化のなかでは，棚形帯圏式から定型式（勝部分類）にかけてと共通項がみいだせ，年代的には勾竜墓の672年は上限にちかいと考える」。
(4) この博物館の蔵品については "Chinese Ceramics-Leeds Art Gallery and Temple Newsam House" 1966, London の小冊子があるが，本品は掲載されていない。
(5) 2色を二彩と表現しないのは，施釉の最初に透明釉（白色）がかけられ，その上に緑ないし黄褐色の呈色剤をいれた釉がかけられているものがある。白地を見せずに2色に塗り分けることと，白抜きなどの方法で白地を見せる，あるいは残しておき，3色すなわち三彩とすることとの相違をあきらかにする必要を考えている。それ故，単色・2色・3色の相違は注意されるところである。
(6) 『漢唐陶瓷大全』（芸術家出版社，台北，1987）p. 316 はバローコレクション品とおもわれる。
(7) 金属器，とりわけ銀器との影響関係を説く意見が多いが，その根拠は珍珠文に依拠しているようであり，器形や施文について具体的に原形を例示した意見を探し出し得ない[補12]。
(8) British Museum の説明文では，竜文ではなく vegetal decolation としている。
(9) 殷・周の青銅器に象尊酒器があり，この形は古くから用いられているが，大象が九貢（祝・嬪・器・布・材・貨・

166　Ⅱ　隋唐白釉陶瓷の推移と三彩陶の形式

服・遊）を進める説話にもとづく形象であろうか。

(10) 中野徹他『飲器－杯・碗・托』久保惣記念美術館 1989, p. 45, 本品については白鶴美術館　山中理のご教示による。

(11) これを蓮弁文と推定するのは，本来地文につかう珍珠文を弁内に打っており，これは唐代銀器にみられる蓮弁文の花葉などを毛彫りで表現する例を想起できるからである。一例として咸陽市出土金壺の裾部文様をあげる（考古与文物 1982-1, p. 53 図 1）。

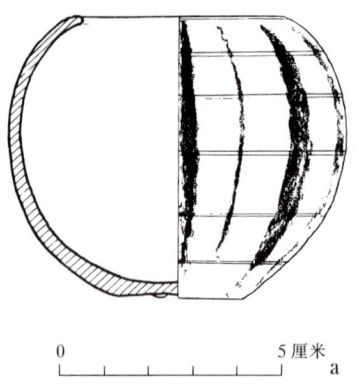

fig. 9-a, b.　三彩盃，太原市婁叡墓（文物 1983-1）

(12) 参考とした像は，次のとおりである。鞏県石窟（『中国石窟－鞏県石窟寺』平凡社，1983，第 64, 102, 108, 111, 158, 160 図）。竜門石窟（『中国石窟－竜門石窟寺』平凡社，1987，第 157, 172, 174 図），雲崗石窟（『中国石窟－雲崗石窟』平凡社，1989，第 117, 161, 182, 198 図），麦積山石窟（『中国石窟－麦積山石窟』平凡社，1987，第 242 図）。

(13) Suzanne G. Valenstein "Preliminary Findings On A 6th-Century Earthenware Jar" Oriental Art vol. XLⅢ, 1997-8, pp. 5-9

(14) 1996 年に，ドレスデン陶瓷博物館の Kustos の Fredrich Reichel 氏に，この褐釉角杯について照会し，収蔵庫を探していただいたが本品を発見できず，おそらく第 2 次大戦の前後に失われた多くの収蔵品と同じ運命を辿ったのではないかと，慨嘆の返事をいただいた。エルベ川に沿うこの古都は，現在（1996 年）でも崩れ落ちたままの大聖堂（聖母教会）をみるとき，第 2 次大戦の英米軍による無差別爆撃による惨禍が想像できる。その後街の再建が始まった 2001 年にも再訪してこの角杯の存否を確認したが，残念ながら戦火によって失われたようであり，見つからなかった。

［補注］

（補 1）三彩陶の初源については，明確な資料が確認された。すなわち，武平元（570）年に葬られた山西省太原市の北斉婁叡墓に随葬された三彩盃 1 である（fig. 9-a, b, 文物 1983-1, pp. 1-39, 山西省考古研究所・太原市文物考古研究所 2006, p. 134, 彩版 137）。報告書では「釉陶二彩盃」とされているが，純白できめ細かい胎土に，内外の器面にわずかに豆青色をおび，全面に光沢があり，氷裂をみせる白色鉛釉がけられ，その上から濃い緑釉と黄（橙）色鉛釉の太・細縦線，各 7 本を筆かとみられる用具で引いている。内湾する口唇部は釉を削り取り，外底に 3 箇の支釘痕がみられる（口径 4.6, 高 6.2cm）。この他に，西安咸陽・叱羅協墓（574・建徳 3 年葬）から三彩瓮片（胴部下・脚）1 が発見されている（中国北周珍貴文物 1992, 図版 85）。

　　三彩陶の定義を，盛唐期に多い製品から帰納すると，白色ないし白色化粧土の上に，鉛釉を用いて，白・緑・黄（橙）・藍など 3 色以上の色釉を，流し掛けや，筆などを用いて描き，焼成は，低火度，酸化炎であり，素焼き（1100 度以下）と施釉後（800-900 度）の 2 度焼きである。婁叡墓随葬の三彩盃 1 は，この条件を満たしており，三彩陶の出現が，北斉末にあった明証が確認されたこととなる。残る問題は，北斉および隋から 7 世紀前半の紀年銘墓からは，同様な三彩陶が未発見であり，その理由付けが求められる。

　　三彩陶の出現を紀年銘共伴資料に依存することではなく，北朝・隋から唐代に連続して製作されている白釉陶瓷，例えば竜耳瓶などに着目して，型式変遷を追跡して，7 世紀第 2 四半期に出現の可能性を論じた。これは「出現」ではなく，相当量が生産されたと訂正すべきと考えているが，北朝から主に隋代に三彩陶がきわめて少ない理由に絞られてくる。この原因は，三彩陶に対する葬礼思想に求められることは，すでに述べている。なぜならば，単彩・

2. 隋唐期陶范成形による陶瓷器　167

二彩・三彩陶は技術的に変わるところはなく，現段階では，北斉以後，社会的な要望があれば，生産できる状況にあったからである。

(補2) 旧稿で「白瓷」としたものを，以下「白釉陶瓷器」に変更している。その理由については別稿で述べたとおりである（本書Ⅰ-3参照）。

(補3) 唐三彩陶の初源期を絶対年代に基づくと，7世紀第3四半期であり，そこに陶范成形による小品が含まれている。ただし，三彩陶の初源に関しては，北朝に遡ることは述べたとおりである。唐三彩陶の初源期において，隋代からつづく白釉竜耳瓶など轆轤成形による大形品の存在については別に述べたところであるが，陶范成形小品が確実に初源を明証する鍵を握っていると判断している。くわえて，これらの窯跡が中原地域で判明し，陶范と一致する事実が明らかになり，しかもそれが遼寧省という生産地から遠方の地からも発見されていることは看過できない。

(補4) 前稿発表以後に発見された資料として，河南省鞏義市芝田2電廠墓群M89出土例がある（fig. 10a. b. c. d, fig. 12, 鄭州市文物考古研究所編2003, pp. 198-208, 朝日新聞社2004, p. 102）。

　これは土洞墓で，墓室に2体が埋葬された合葬墓であり，墓誌は伴わず，盗掘は受けていない。随葬品は，鎮墓獣・武官・文官・馬など動物の各俑，海獣葡萄鏡1，褐釉罐・碗・碟などとともに，三彩盤・三足炉1・盂（耳杯）1・鴨型杯1（fig. 12），黄釉絞胎盤1を検出している（鞏義市博物館保管）。報告者は，墓葬型式や随葬品の内容から650-675年の第3四半期の営造と考えている。三彩盂は（fig. 10, 口径9.3×9.4, 高4.5cm），外面は黄釉，内面には，これに白・緑加えて三彩陶とし，内底に3箇の支釘，口沿張り出し面に4孔があり，釉薬が口沿に溜まり，濃い赤橙色になっている。形態・模印は前掲の他の5例と近いが，口沿

fig. 10a, b, c, d. 三彩盂，河南・鞏義市芝田2電廠墓群M89（鄭州文考研2003，朝日新聞社2004）

fig. 11. 三彩曲腹器片，唐長安城崇化坊寺院跡（文物2006-9）

fig. 10e. 盂范型，鞏義黄冶窯（奈文研2003）

168　Ⅱ　隋唐白釉陶瓷の推移と三彩陶の形式

のつくりは鞏義黄冶窯発見の范型と非常に類似している。窯跡とこの墓群とは直線距離にして6キロであり，この三彩盃が，黄冶窯の製品であることは確実である。

　この特異な形態の三彩陶を，金銀器に類似品を求めると，西安市何家村遺跡（陝西歴史博物館他編『花舞大唐春―何家村遺宝精粋』文物出版社，2003），法門寺地宮埋納品（法門寺博物館編2009），韓偉1989，斎東方1999などの研究書中に見出しえない。

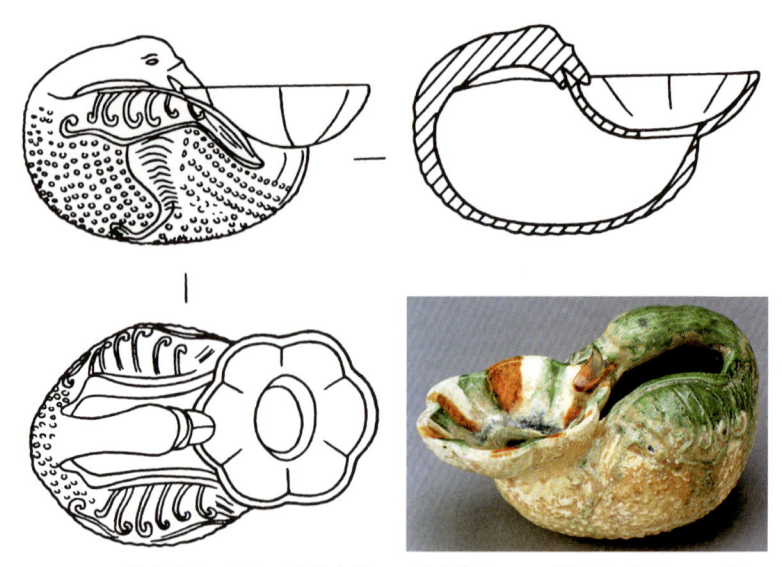

fig. 12. 三彩鴨型杯，河南・鞏義市芝田2電廠墓群M89（鄭州文考研2003，朝日新聞社2004）

（補5）この特異な形の盃の范型が鞏義黄冶窯から発見されている（fig. 10e，河南省文物考古研究所他2002，奈良文化財研究所2003，no. 84）。写真の上・中が同一品の范型であり，製品よりも10％ほど大きく，丸底で葡萄状文に型押ししてつくり，上面の平坦面も2箇型押して，身に貼り付ける。fig. 10c. 下の范型は，（補注1）に所載した芝田M89出土品に類似している。これらは，他の地域の三彩窯跡からは発見されておらず，かつ製品の胎土からみて，鞏義黄冶窯の製品の可能性が強い。

fig. 13. 三彩方形盃（広東省博物館1992）

（補6）灯火器の場合は，豆のように内面に施釉していないが，上掲の例品の多くは施釉されている。口沿から葡萄葉を伸ばす銀製杯の例はあり，例えば湖南省常徳地区窖蔵発見品として銀枝梗瓜杯（湖南省博物館編2009，no. 227）を例示できる。あるいは，筆洗の可能性も考えており，清朝期に「端石荷葉式筆洗」（香港中文大学1996）がこの形に近いところがある。灯火器とする私説には再考の余地がある。

（補7）広東省博物館品では，外面に8稜凸線で分け，白・淡緑・橙色をかけ，内底に支釘痕があり，口沿部は黄茶色の釉が溜まっている（fig. 13，広東省博1992，no. 34）。范型は方形であろうか。この種の杯の施釉の状態は，内底に三点支釘痕，口沿部に釉薬が厚く溜まっており，鞏義黄冶窯報告書にあるように覆焼法と考える。また，唐長安城崇化坊にあった寺院跡から三彩曲腹器とされる破片が発見され，三彩碗・盆などとともに生活用品と推定している（fig. 11，文物2006-9，p. 50）。

（補8）これら竜首および象首形杯，鳳首角形杯および鴨形杯などが，その大きさや形から見て日常生活の飲水の場で使用されていたことは考えがたい。李徹墓の出土状態をみると，棺の外側の脇の位置にあり，納棺後に行われた葬儀のなかで，なんらかの形で使われて，そのまま置かれたような状況にみえる。いずれにしても，もっぱら凶明器にのみに使われていたのであろう。

（補9）旧稿ではこの把手を竜首とみていたが，鳳首と訂正したい。

（補10）すでに（補注4）でのべた鞏義市芝田墓88HGZM1から三彩盃と共伴して三彩鴨形杯が検出されている（fig. 12，鄭州市2003，pp. 204-207）。外面は淡白釉の部分が多く，頸と羽毛は緑釉，16辺につくる皿部分は黄・緑である（長12.2，幅7.6，器高7.2cm）。これによって，この種の三彩鴨形杯が7世紀の第3四半期に遡る明証の一つを得たことになる。

（補11）三彩鳳形角杯の追加出土資料として，河南省鄭州市西郊后庄王出土品（fig. 14a，高7.0，口径7.0，長14.0cm，河南博物院，朝日新聞社編2004，no. 75）をあげる。1976年出土とされるが，この遺跡については他に情報を探し出せない。体部の文様が孔雀羽根に類似しているので，孔雀形角杯と紹介されているが，鳳凰ではなかろうか。pl.

1-7で掲出した鳳首角杯の体部は花文をいれており、口頸部は同形である。鳳凰は、孔雀に類似した図柄があるようで、重慶市石闕例をあげる（fig. 14b, 文物 2007-1, p. 72）。

fig. 14. a. 三彩鳳形角杯，鄭州市西郊后庄王，河南博物院（朝日新聞社編 2004），b. 鳳凰文石闕，重慶市（文物 2007-1）

（補12）補6の重複になるが、三彩豆など灯火器と想定されている器種の内底は無釉であり、本来施釉されていない、あるいはその必要がないと考えるので、これら竜首杯・鴨形杯を灯火器とすることには躊躇する。把手の対面に注口の機能をはたす尖口があり、少量の液体を注ぐ儀式用の注水器も考えられる。あえて用途に関する類例として、乾隆期の倣古雲竜文玉水（筆）洗をあげる（徐湖平 2001, no. 20）。

（補13）半球形碗の内底部には支釘痕3が釉上にみられるが、外底にはその痕跡は少数に認められ、かつ口沿部に釉薬が厚く溜まっているので、伏焼され、甲部に支釘をおき、重ね焼きされたと推定する。冒頭で紹介した三彩盃など内底に支釘を入れるのは容易とも思えないが、同様な方法をとっている。

（補14）鞏義芝田唐墓（92HGS）M1から白釉飛鳳文半球杯（口径10，器高4.1cm）が発見されている。外面に飛鳳25羽が彫雕され、口沿などに櫛状線で表現され、白鉛釉が内外面に掛けられているようである。この墓からは他にも鎮墓獣を含めた多数の俑、三彩陶が随葬されており、報告者は690-700年の埋葬を考えている（15a, b, 鄭州市文物考古研究所編 2003, pp. 191-192, 朝日新聞社 2004, p. 104）。

（補15）瓜割り形につくる小型品として、外底に花弁文、8稜の各側面に十字花などを藍彩に塗り分けた三彩品がある（fig. 16a, BM. OA1930.7-191.49）。同じく八稜形の三彩碗で、外面に黄釉小乳釘で飾るもの（口径18，底径9，高7cm）が河南省伊川県の盛唐墓に随葬されている（fig. 16b, 考古 1985-5, 図版6）。これに類似の器形とみられる花形の「料器」で赭黄色と緑色の2点が、総章元（668）年墓誌をもつ西安・李爽墓から出土している（文物 1959-3, p. 47）。

（補16）半球形碗で三彩釉ではなく、黄白色を呈し、側面に飛禽文・雲文を横列し、口沿に櫛歯文を、型押しでいれる

fig. 15a, b. 白釉飛鳳文半球杯，鞏義芝田唐墓 M1（鄭州市文考研編 2003，朝日新聞社 2004）

fig. 16a. 八稜形三彩碗，BM.

fig. 16b. 三彩八稜形碗，河南省伊川県盛唐墓（考古 1985-5）

170　Ⅱ　隋唐白釉陶瓷の推移と三彩陶の形式

fig. 17a, b.　(a) 陝西省三原県双盛村李和墓石棺蓋人面図，
（文物 1966-1），(b) 徐顕秀墓壁画侍女人面（太原市文物考古研究所 2005）（右図）

　　　　例がある。鞏義市孝西村食品廠 1 号唐墓出土品であり，半製品ではないので，おそらく
　　　　鉛釉がかけられ黄白色になっているとみる（鄭州市 2006, p. 174）。三彩陶と白瓷竜耳
　　　　瓶各 1，三彩盤口壺 1 などが共伴し，7 世紀末から 8 世紀初頭と報告されている（文物
　　　　1998-11，p. 46）。
（補 17）三彩半球形杯（碗）の資料例は多く抽出できるが，現在のところ施文と一致する
　　　　范型は未発見である。鞏義黄冶窯の報告書に所載されている范型は，ほとんど完形品に
　　　　限定されており，あるいは破片のなかに，文様が一致する資料がすでにあるのかもしれ
　　　　ない。可能性が強いのはこの窯跡であり，いずれかの機会に実見できるであろう。また，
　　　　中国出土の三彩半球形杯のほとんどは墓から遊離しており，年代が推定できる資料は，
　　　　縄生廃寺跡出土品だけであり，これも将来の発見に期待したい。
（補 18）BM. 蔵の白釉獣首八角杯は，北斉末まで遡ると訂正する。その理由は，杯の体部
　　　　上端に施された連珠環文内の人面文をさぐる上で，陝西省三原県双盛村にある隋代の李
　　　　和墓石棺蓋に彫刻された文様との関連がある。この蓋の中央の主文の男女人物文に挟ま
　　　　れて人面文 38 があり，蓋の外周（fig. 17a）にも人面と動物文が並べられている。李和
　　　　氏は 582（開皇 2）年に葬られている。さらに，北斉の武平 2（571）年に葬られた徐顕秀墓壁画にみる侍女の裙裾
　　　　に並べられている円環内の女性の顔の意匠も同じ傾向をもつ人面図である（fig. 17b，文物 2003-10，pp. 4-40，太
　　　　原市文物考古研究所 2005，p. 40）。旧稿では，この白釉獣首八角杯を隋初から 7 世紀中葉に位置付けるとしたが，
　　　　さらに遡り，北斉後半までには作られたと推定する。
（補 19）このパラグラフのうち，次の結論は修正する必要はないと考えている。すなわち，鉛釉陶に呈色剤をいれた 1，
　　　　2，3 色の違いは，技術的な問題ではなく，三彩陶の出現は，葬送形態の社会的な要請に起因する変化の過程で生ま
　　　　れたものである。しかし，施釉方法に関して，従来，あるいは今日でも，基礎釉である鉛釉白色ないし透明釉をま
　　　　ず施釉範囲全体に施し，必要な箇所を蝋抜きなどにより白色を現出させると考えられており，この旧稿でもそれを
　　　　踏襲している。しかし，蝋抜き法を否定する考えもすでに出されており（李知宴 1989，pp. 144-146），わが国では
　　　　問題にされることがなかったが，鞏義黄冶窯跡の調査によって，これを否定する半製品が発見されている（奈文研
　　　　2006，p. 165，巽淳一郎解説）。素焼き地に，白・褐などの鉛釉で直接文様を筆で描いており，従来白抜きと考えて
　　　　いた箇所は筆による塗り分けである。これから推定すると，素地の上の同一面に筆を用いて 3 色に塗りわけ，色の
　　　　重なり具合で，その順序もわかり，滲むような箇所は色が交じり合っているにすぎないのである。
　　　　　こういう明証が出現したことによって，旧稿の「2 色のばあいでも，透明釉が色釉の下にある」という記述は否
　　　　定される。そこから導きだされた「白地をみせないことが，一種の施釉の規範となっていた」箇所は正確さに欠け
　　　　ている。この問題は，隋から初唐期に出現する白釉緑彩陶，白釉藍彩陶などと，唐三彩陶とが連続した技術的系譜
　　　　にある大きな課題に発展する。
（補 20）鞏義黄冶窯跡の発掘調査に関して，河南省文物考古研究所・鄭州市文物考古研究所・鞏義市博物館『鞏義黄冶
　　　　唐三彩』2002，大象出版社，鄭州市，河南省文物考古研究所・中国文物研究所『黄冶窯考古新発見』2005，大象出
　　　　版社，鄭州市が公刊されており，奈良文化財研究所との共同調査である。奈良文化財研究所は，これらの報告書と
　　　　は別に 2003『鞏義黄冶唐三彩』，2006『黄冶唐三彩窯の考古新発見』，2010『河南省鞏義市黄冶窯跡の発掘調査』を

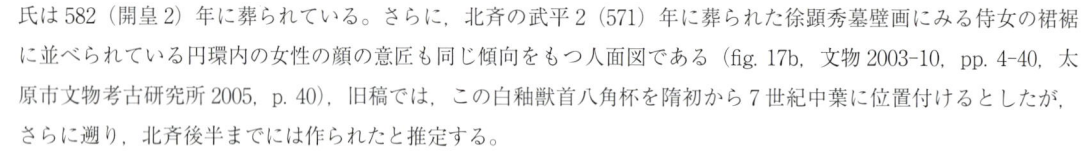

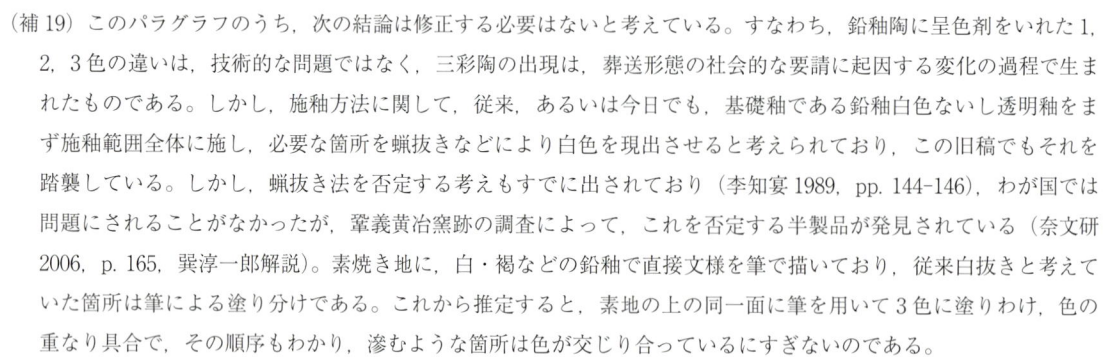

2. 隋唐期陶范成形による陶瓷器　171

奈良文化財研究所報告として刊行している。使用している写真は同じであるが，奈文研版は中国版の翻訳ではなく，調査所員による克明な観察所見が記述されており，中国版よりもはるかに優れた解説である。窯跡出土品であるので，半製品など製作過程の観察が可能であり，従前の唐三彩陶についての実証性を欠く概説本や図録解説を打破する学問的意義のある著作である。一言だけ言わしていただくと，唐三彩陶の胎土をおしなべて原著を引いて「瓷胎」としているのは「陶胎」にしたほうが良いであろう。この窯では，少数の白瓷と黒と白釉を内外に塗り分けた製品は「瓷胎」とみられ，同じ窯で生産されていたことも新しい所見である。奈文研版は，唐三彩陶研究に新局面を切り開く報告書であり，高く評価することに吝かではない。

[後記]

　旧稿は，三彩陶の初出時期について考察した。その方法は，紀年銘共伴資料にあり，672年に葬られた遼寧・勾竜墓出土の陶范成形品を最古としている。この資料は，中原から離れた地の出土品であることと，掌中に載るような小型品であるという2点からして，これをもって三彩陶の初出と考えることはできず，旧稿でも指摘しているように，この資料でさえも672年であるので，その初出はさらに遡り，7世紀第2四半期ないし中葉まで遡上するとした。この推定には，ほぼ同時に研究していた竜耳瓶の型式学的な相対編年について隋から初唐に連続して編年が組み立てることができ，そのなかで最古ないしそれに近い位置に三彩竜耳瓶を位置付けられことを論じ，その時期を7世紀前半代の初唐期とした。このように，紀年銘共伴資料は，年代決定の上で重要な鍵を握ってはいるが，実に不安定なものであり，より古い時期を示す新資料の出現によって一夜のうちに崩壊する学説である。よりオーソドックスな相対編年の列との組み合わせが求められている。こうしたことが如実に現われたのが，（補注1）に記したように，570年の北斉・婁叡墓まで遡る資料の出現であり，初出時期に大幅に変更が加えられた。現在の時点で，この婁叡墓から，私が竜耳瓶の相対年代から設定した7世紀前半代の初唐期の間に三彩陶資料が発見されていないことについての説明が必要である。この点についても（補注1）で触れたように，葬送における三彩陶の必要性に因っていると考えている。

　本稿は，旧稿に大幅に手を入れずに，補注で加筆し，新発見の三彩陶資料を追加し，写真版を組みなおしている。1990年代に発表した一連の南北朝から唐代陶瓷のなかで早い時期のものであり，執筆時にわくわくとした興奮を覚えている。

II　隋唐白釉陶瓷の推移と三彩陶の形式

1. 白釉水注，個人蔵（浦上満1991），2. 黒釉白斑水注，河南汝窯博（文物1989-11），3. 黒釉水注，河南浚県辛村唐墓（出土瓷器12），4. 白釉水注，ストックホルム東アジア博，5. 三彩水注，鞏義黄冶窯跡（河南省文考研他2005），6. 緑釉水注，セェルニスキー美，7. 白釉水注，故宮博物院（李輝柄1996），8. 白釉水注（考古研究所1965），9. 藍釉水注（Mario Prodan1961），10. 黒釉水注，故宮博物院（中美全集1991），11. 黄釉水注（文物1989-6），12. 黒釉水注，ケルン東アジア博物館（ケルン美術館1997）

pl. 1. （1）水注

3. 隋唐水注・浄瓶・罐の形式と編年　175

13. 白釉水罐，西安市三橋南何家村（兵庫歴博 1989）．14. 白釉水罐（李輝柄 1996）．15. 黒釉水罐，セルニュスキー美術館．16. 白釉水罐，故宮博物院（李輝柄 1996）

pl. 1. (2) 水注

6, pp. 45-52, 員安志 1993, no. 48），西安市三橋南何家村出土（pl. 1-13, 器高 17.3cm, 兵庫歴博 1989, no. 35），腰をわずかに絞る個人蔵品（世界陶磁 1976, no. 115），あるいは初唐から盛唐期の白釉陶瓷四系罐に注口をつけたもの（pl. 1-14, 器高 29.5cm, 李輝柄 1996, no. 160），藍彩双系罐に注口をつけたもの（V&A., C808-1936）もある。いわゆる万年罐と同じく丸々とした胴部の形態からみて，盛唐期の所産とみる。水注というよりも水（酒）罐の名称をとりたい。

　これらと同形の胴部に竜頭把手を付けた黒釉品がセルニュスキー美術館（pl. 1-15, MC. 9562），British Museum（OA1936.10-12.215）にあり，竜頭のつくりはやや粗雑であるが盛唐の形式を踏んでいる。

　さらに他に，小口の白釉水注が故宮博物院にあり（pl. 1-16, 李輝柄 1996, no. 87, 器高 10.5cm），これも盛唐期とみなされる。東京国立博物館の白釉水注（TG402, 器高 13.9cm）は，頸部が太く，球形胴よりもやや縦長く，板状の把手をつけ，形式的には盛唐以前の可能性があるが類例の増加を俟ちたい。なお銅製水注の出土例として河南偃師の宋禎墓神竜 2（706）年があるが（考古 1986-5, 図 7-2），陶瓷器の器形との直接的な関連性は認めがたい。

2．浄瓶

　唐僧・義浄の『南海寄帰内法伝』巻第 1「六水有二瓶」のなかに，「凡そ水は浄，触に分つ，瓶に二枚有りて，浄はみな瓦瓷をもちい，触は兼ねて銅鉄に任す」とあり，つづけてその用法について，胴についた添水口から水をいれ，頂部の注口（尖台）から水を飲むと記している（宮林昭彦・加藤栄司訳 2004, pp. 444-450）。したがって，こうした 2 口を付けた陶瓷製水瓶を「浄瓶」，銅鉄製を「触瓶」とすることは唐代の呼称といえる。しかし，その時点において両者は厳密な使い分けはされていないようであり，本稿では素材の相違に関係なくこの形態の水瓶を浄瓶と表現する。kundika（クンディカー）の音訳語である「軍持」も，初唐の貞観年間末の撰述とされる『玄應音義』に双口の水瓶を指しており，浄瓶と同じ器形の呼称とみられる（松本伸之 1992, p. 83, 百田篤弘 1994, pp. 3-25）。

　浄瓶は，盛唐期の資料は確認できるが，初唐期に遡る陶瓷器の例は現在のところ摘出できない。しかし『玄應音義』の成立年代からみると，響銅器は存在しているが，陶瓷器の開始は遅れるのであろう。

盛唐期の響銅器の浄瓶には2形式がある。その第1は，法隆寺献納宝物（pl. 2-1，総高33.0cm，法245）を標識とするもので，尖台は法輪状に匕面取りされ，上端に算盤玉状の突起をもち，反りのある頸部との境は凹面状に整形される。卵形胴に外反する台脚を鋳出し，端部に紐帯をめぐらす。添水口は，基部を半球状にし，上部の鉢形の受口との間に3条の突帯がつけられている。唐製の可能性がある（松本伸之1992, p. 85, 東京国立博物館1996, no. 125）。

この形態の白釉陶瓷の類例は多く，まず紀年銘資料では，景竜3（709）年の洛陽市竜門の安菩夫妻墓出土品があげられる。ここでは白釉陶瓷長頸瓶を随葬しているが，それと同形なスリムな長卵形の胴部で，そこから延ばした頸部に鍔縁をつけて短い尖台をのばしている（器高26cm, 中原文物1982-3, pp. 21-26）。開元26（738）年の墓誌銘を共伴した鶴壁市王仁波墓も同形の黒釉品で，斜めに張り出した高台の端部には紐帯状に肥厚させる。これは脆弱な材質の金銀器にみられる補強のための折り返しの遺制であろう（器高28.3cm, 中原文物1988-2, pp. 32-34）。洛陽市竜門禅宗七祖荷沢神会墓出土の白釉浄瓶（pl. 2-4, 器高20.7cm, 出土陶瓷12, no. 47, 洛陽市博物館）はこの形式に入れておきたい。

さらに，この形式の浄瓶の遺例を求めると，揚州唐城遺址文物保管所蔵（pl. 2-2, 器高25cm, 揚州市博1996, no. 73），故宮博物院（器高25cm, 李輝柄1996, no. 156），ロイヤルオンタリオ美術館（930.21.1, 器高23.3cm），新潟ＢＳＮ美術館（器高26.3cm, Wiliam Watson1984, no. 141），個人蔵（久保惣1986, no. 59, 器高21.0cm）などがある。

これらに共通する特徴は，短い尖台の端部に2本の突帯をめぐらせ，鍔縁の甲盛は角張り，頸部の基部には響銅器と同じく凹面にし，卵形胴・ラッパ形に開く脚台とつづけている。添水口は，響銅器の半球形ではなく，滴形の縦長で，1条の突帯をはさんで受口に接続させる。これらは施釉・釉調は，器形とともに相互によく似ており，同一の産窯の可能性がある。響銅器とくらべて，尖台の法輪状の匕面取り，算盤玉状の突起，添水口の突帯などが省略されている。また白釉陶瓷には有蓋例はなく，響銅器にみる留め金の痕跡もない。『南海寄帰内法伝』第1に，蓋のないものは竹木，布葉で添水口を覆うとある。

胴部を卵形ではなく，球形につくる白釉陶瓷例として，陝西・高陵県墳墓出土品（pl. 2-3, 陝西歴史博物館），サンフランシスコ・アジア美術館（B60P344, 器高19.0cm），個人蔵（器高17.8cm, 佐藤雅彦1975, no. 14），個人蔵（久保惣1986, 器高20.4cm），藍釉品として洛陽東郊出土品（洛陽工作隊1990, no. 93）があるが，尖台・頸部・脚台・添水口の構造が卵形胴例と同じである。

これら第1形式とした浄瓶は，8世紀の前半代におさまるが，前述のようにそれを遡る可能性ものこる。

第2の形式は，響銅器では洛陽市竜門禅宗七祖荷沢神会墓出土品である（pl. 2-5, 中国展覧公司1986, no. 111, 器高33cm）。これは胴部の最大径を肩におき，高台はほとんど目立たないほど矮小化し，頸部は反りがない直立形で，長く細くなり，その基部の凹面は消える。尖台の施文や端部の突帯は省略され，添水口は膨らみのない長円形となっている。この墓は，永泰元（765）年の墓誌を共伴しており，8世紀後半の標識資料であり，形式的にも第1形式につづくものとして首肯できる。8世紀後半の墓とみられる河北省晋県唐墓出土の銅浄瓶（考古1985-2, pp. 150, 図5）もほぼこれに似ている。類例の響銅器では，奈良国立博物館蔵品（器高27.4cm）がこれに近い。陶瓷浄瓶で類似しているのは，V&A. 蔵の黒釉白斑文浄瓶である（pl. 2-6, C. 874.1936, 器高28.6cm）。

しかし，その他の陶瓷浄瓶の形は，尖台は短く，法輪状の匕面取りや算盤玉状の突起は省略されているが，高台は逆に裾広がりに大きくする傾向がある。すなわち，尖台や添水口では省略化がされているが，卵形胴，裾広がりの高台のつくりなど，全体の形はむしろ第一形式を踏襲している。そのことを如実に表しているのは，洛陽市竜門禅宗七祖荷沢神会墓出土品であり，ここには響銅器と白釉浄瓶が共伴し，上述のように響銅

1. 響銅浄瓶, 法隆寺献納宝物 (松本伸之 1992, 東博 1996), 2. 白釉浄瓶, 揚州唐城保管所 (揚州市博 1996), 3. 白釉浄瓶, 陝西高陵県墳墓, 陝西歴博, 4. 白釉浄瓶, 洛陽竜門荷沢神会墓 (出土陶瓷 12), 5. 響銅浄瓶, 洛陽市竜門荷沢神会墓 (中国展覧公司 1986), 6. 黒釉白斑文浄瓶, V&A., 7. 緑釉浄瓶, 鞏義市黄冶窯跡 (奈文研 2006), 8. 三彩浄瓶, 西安市三橋, 陝西歴博

pl. 2. 浄瓶

器は第一形式とは異なる要素が多いが, 白釉浄瓶は, むしろ第一形式を踏襲している。上述のように, この変化が, 墓誌に記されてた8世紀の第3四半期を中心にした時期におこっている現象であろうか。尖台や添水口では省略化しているが全体の形が第一形式に近い資料を掲げると, 河南省鞏義市黄冶窯跡出土の緑釉品 (pl. 2-7, 器高 19.6cm, 奈文研 2006, p. 103) や三彩品も添水口を欠くがこの形式に近い (器高 14cm, 中原文物 1981-3, 図版 3-3)。同じく西安市三橋出土の三彩品 (pl. 2-8, 陝西歴史博物館) も同形であり, 太く短い頸部, 尖台も短いが圏線がめぐらされている。ほかに掬粋巧芸館に緑釉品 (no. 144) がある。白釉浄瓶は古い形式を継承していることを指摘しておきたい。これらのなかにはやや小型品であり, 明器と実用品の作り分けがここでも見られるのであろうか。この形態が北宋期における静志寺塔基出土の定窯品にみるような形態の出発点に位置している。

3. 罐（壺）

隋唐代の白釉陶瓷罐は，四系罐・長胴形罐・球形胴罐（万年壺）・兎系罐などに大別できる。

(1) 隋代の白釉四系罐

白釉陶瓷の始原に近いとみられるのは，良く知られているように北斉の武平7（575）年の河南范粋墓から出土した四系罐であり（文物1972-1, pp. 47-57, 器高20cm），胴部に幅広い蓮弁文を刻花で表現し，短頸，隅丸の角系をつける。同形の四系罐が，河南の武平7（576）年の李雲墓（考古1964-9, 図版10-2・3），開皇8（588）年の河北・崔昂墓（文物1973-11, 図版5-2, 器高17.7cm）などにおいて，青瓷・鉛釉でつくられており，白釉陶瓷独自の形態を創出したとはいえない。

7世紀第1四半期に位置付けられる青瓷四系罐は，開皇20（600）の安徽・亳県王幹墓（考古1977-1, pp. 65-68），603年の安陽卜仁墓（考古1958-8, pp. 47-49），大業3（607）年の安徽・□爽墓（考古1977-1, pp. 65-68），大業11（615）年の西安白鹿原の劉世恭（42号）墓（考古学報1996-3, 図17-2），同43号初唐墓（同，図版7-5），安陽隋墓29座（考古学報1981-3, 図12）などの調査例がある。これらの青瓷四系罐には共通した特徴がみられ，短く直立する頸部，肩にめぐらされた突帯ないし圏線文，胴中位の最大径の位置にかつての刻花蓮弁文のなごりである突帯をめぐらし，ループ状の縦系を付ける（本書I-2参照）。

草創期の白釉陶瓷四系罐は，これらの青瓷にみられた球形胴・短頸・ループ状縦系の基本形態を引き継いでいるが，肩・胴部のすべての装飾を，とりわけ胴部の突帯文を棄去し，すっきりとした新しい姿を創出した時点で出現したと考える。その最古の明証は，開皇13（583）年に亡くなり，大業3（607）年に夫人とともに合葬された西安東郊の李椿夫妻墓の出土品である（考古与文物1986-3, pp. 22-31, 器高29.8cm）。この四系罐の形状は，唐代にほぼ形を変えずに連続する祖形ともいうべきものであり，胴部中位に最大径をおく卵形胴形を呈し，肩に圏線をめぐらしている他は装飾をもたない。したがって，遅くとも7世紀初頭の段階までには，伝統的な青瓷四系罐の器形から脱した白釉陶瓷四系罐が生まれていると云えよう。

青瓷四系罐の胴部中位にみられた刻花蓮弁文の遺制である突帯を消去しているのが大きな変化であり，この形態は，小型ではあるが，608年の李静訓墓にも鋲ループ系文の白釉四系罐があり（pl. 3-1, 考古研究所1980, 図版18-2, 器高8.3cm），丸々とした球形胴であり，肩に明瞭に圏線をめぐらしている。また済南市洪家楼の17件の隋代一括出土品中にある四系罐1件（器高20.8cm）は，肩・胴部に浅く圏線をいれて，青瓷四系罐のわずかな装飾をのこすが，白釉陶瓷釉に近く，器形はまさに白釉陶瓷四系罐である（文物1981-4, pp. 44-46, 器高20.8cm）。

隋代後半の7世紀の初頭には，白釉陶瓷四系罐が独自の器形を獲得していたと考えられる。共伴の青瓷にもこうしたシンプルな形態が生まれているのを見ると，青瓷においても変化が生じているのかもしれない。初唐期の青瓷四系罐の資料はきわめて少ないが，乾封3（668）年の紀年銘墓である西安・羊頭李爽墓出土品をみると。口沿は直口ではなく円唇にしているが，白釉陶瓷四系罐と同じく卵形胴に近い形態に装飾はみられない（文物1959-3, p. 43）。白釉陶瓷ではないが類似した褐釉四系罐が大阪市立美術館（pl. 3-2, OM221, 器高18.8cm, 大阪市美1986, no. 237）にあり，白化粧の上に鉛釉とみられる濃い橙色を呈している。李静訓墓随葬の白釉陶瓷品と同じく肩と胴中位に圏線がのこる。

青瓷の遺制である胴部の圏線文は初唐に入ってもしばらく残るようであり，個人蔵（pl. 3-3, 世界陶磁1976, no. 108, 器高31.4cm）は，やや青みをおびた透明釉が白胎にかけられ，腰にめぐる重圏線まで施釉され

ているのは，青瓷四系罐と同巧であり，胴部の形態からみて隋代後半から初唐期に位置づけたい。また鋲文を包むループ系も隋代の青瓷にしばしば見られ，個人蔵（根津美術館 1988, no. 18, 器高 15.5cm）は，李静訓墓品（pl. 3-1）と同様な鋲文をくるむループ系がつけられた小型品であり，これも青瓷の遺制と看取できる。これらは，隋代の形式をもっている遺例である。

(2) 唐代の白釉陶瓷四系罐の 2 形式

遅くとも隋代後半までに確立した白釉陶瓷四系罐の形態が，初唐から盛唐にかけての主流をしめていく。胴部を卵形に，丸々とさせ，短頸部に四つの縦系をとりつけ，ほとんどの装飾を削ぎ落として，シンプルなものこそ美しいと主張するかのように，ひたすら白釉の美しさを誇る形姿は，青瓷四系罐から確実に脱却して，清新な形式を確立したといえる誇りさえ感じとれる。

この白釉陶瓷四系罐は，初唐から少なくとも盛唐まで，その形姿をほとんど変えることなく連続してみられる。しかし，この間においてすこしずつ微妙な変化が看取できる。確実に初唐期とみられる資料をさぐると，紀年銘資料では顕慶 3 年（658）年の陝西・張士貴墓が古く（考古 1978-3, pp. 168-178, 器高 28cm），竜朔元（661）年の紀年を伴う寧夏固原の史索岩夫妻墓（pl. 3-4, 固原博物館 1996, pp. 31-54, 器高 21.3cm），そして咸亨 4（673）年の遼寧・左才夫妻墓の小型品（文物資料 6, pp. 102-107, 器高 8.6cm）は，李静訓墓品と形態がほぼ同じである。これら 7 世紀中葉前後の遺例に共通しているのは，卵形胴というよりも，丸々とした球形胴に近い形態をもち，腰をしぼることなく，なかには肩に圏線が残存しているものもある。

こうした眼でみるとき，紀年銘を有しない長安県南里王村 227 号墓品（器高 27cm, 考古与文物 1993-6, pp. 45-52, 員安志 1993, no. 46），西安郊区隋唐墓 576 号墓（器高 28.3cm, 考古研究所 1965, 図版 36-4），鞏義市 M6（器高 26.2cm）および M13 墓（考古学報 1996-3, 図版 16-4）も上記の特徴がみられ，初唐期の産品と考える。鞏義市 M6 墓は三彩陶の盛行などにも関係する重要な遺構であるが，白釉陶瓷四系罐からみても 7 世紀中葉の年代が推定できる。同 M13 墓品には宝珠鈕の挿し蓋が付いている（器高 31.5cm, 図 26-5）。

この初唐形式ともいうべき白釉陶瓷四系罐の類例として，BM.（pl. 3-5, OA1968.4-22.23, 器高 30.5cm），ニューザムハウス美術館（1.154-66, 器高 26.3cm），クリーブランド美術館（器高 27.6cm, 618-907.30.323），セドィック旧蔵品（器高 30.1cm, Los Angeles County Museum, 1957, no. 228），故宮博物院（李輝柄 1996, no. 153, 器高 32cm），大阪市立美術館（OM2158, 器高 27.7cm），早稲田大学会津八一資料（器高 32.4cm, no. 144）などがあり，小型例としてのストックホルム東アジア博物館品（no. 284, 器高 8.5cm），ロイヤルオンタリオ美術館（926.21.179, 器高 14.3cm）など多数の資料を挙げ得る。多くの墓室に随葬されていたことを物語っている。

これらの中で，BM. と故宮博物院品が，ともに細かい開片をもつ光沢のある釉調で，形状・法量もほぼ同じであり，類品中の双璧である。BM. 品を例にとると，ふくよかな卵形胴にかけられた釉薬は，水平方向に長い氷裂文をみせ，腰部分まで垂下して波形線を描いて溜まる釉が花綵状を呈し，それ以下の高台脇までの釉は薄い。露胎の外底は軟質の白色胎土がみえ，中心部には凹みがのこる。故宮博物院品などとともに肩・胴に圏線などの一切の装飾はない。釉調は同じ BM. 蔵の筒形碗および盤口罐と似ており，同一窯の産品であろう。本来は蓋付とおもわれる。

ところが，7 世紀末ころから胴部の膨らみが弱くなり，腰をしぼり，縦長の卵形胴に変化し，四系のつくりも初唐期のものと比較するとやや弱くなっている。その指標となるのは，西安独孤思貞墓（pl. 3-6, 神功 2 年・698, 器高 22.5cm, 考古研究所 1980 図 58-6），景竜 3（709）年の洛陽安菩夫妻墓（器高 33cm, 中原文物 1982-3, pp. 21-26），河南温県古城村唐墓（文物資料 6, pp. 126-129, 器高 25cm）である。これらにも扁平で宝珠鈕をもつ蓋がのこるものもある。

その遺例をさぐると，バロー・コレクション品（pl. 3-7，器高 28.1cm，C366）は，白釉陶瓷釉がよく融解して高台の脇までかかり，露胎の外底は白色土をみせる。肩には不明瞭ながらも圏線がめぐる。ユーテボリ美術館（RKM1202-15，器高 27.3cm）品は釉が黄色みをおびるがこれに類似している。ロイヤルオンタリオ美術館の3例（926.21.163, 922.20.221, 926.21.160ab）は盛唐期の基準例と考えられ，器高は 29.2-34.9cm をはかり，宝珠鈕の偏平な蓋を被せ，長卵形ともいうべき細長くなる傾向がよく看取できる。これらも釉は白化粧に黄白色を呈し，胴部中位までであり，やや粗製である。個人蔵品（福井陶芸 1996, no. 57）もこの類品である。なおこれに短い注口を付けて酒罐とした例もあることは，水注の項で述べた。

したがって，白釉陶瓷四系罐は，隋代後半の7世紀初めに出現し，初唐期の球形胴のタイプから，盛唐期の長卵形へと，微妙な変化をみせ，少しずつ細身に形態を変化させ，9世紀の肩のはる形態に推移していくと考える。

この器形には三彩品が非常に少ないことは興味ふかい。管見では陝西歴史博物館に，球形胴で肩に圏線をいれ，緑・黄釉を流し掛けしたものがあり，三彩陶というよりも白地が大部分を占める白釉陶瓷彩色品である（pl. 3-8）。他には河南・鶴壁付近墓（pl. 3-9，器高 19cm，鄭州市文考研 2006, no. 625）出土品は白地に藍彩を施したものである。西安西郊熱電廠 M19 墓から，藍釉に黄釉の彩斑をほどこした小型品があり，これも通常の三彩陶とはやや様相がことなる（考古与文物 1991-4, p. 66, 図 19-13）。隋唐代の白釉陶瓷のうち，三彩陶と器形を共通するものはかなり多く，例えば竜系瓶は白釉陶瓷として出発し，やがて三彩陶もつくられており，これは終始明器であり，実用器となりがたいことは明白である。三彩三足罐も白釉陶瓷品を欠いている。それに対して，四系罐は，墓の随葬品として，墓室において李静訓墓のように棺外の頭部や隅角など枢要な位置に配されている。この場合は，白色であることに意味があるのであろうか。

(3) 無系長胴罐

7世紀の第3四半期前後に系を付けず，長胴形につくる器形の一群が散見していることは注意される。まず河南・堰師市北窯村2号楊公墓（咸亨3年・672）出土の緑褐色（鉛カ）釉（器高 27.3cm）および浅黄色釉（27.1cm）の2件は，ともに口沿を巻唇にし，短頸，長胴形で，肩に圏線がめぐる（考古 1992-11, 図版 8-3）。證聖元（695）年の墓誌を伴う偃師李園の宋思真墓出土の白釉長胴罐（pl. 3-10，中国社会考研 2001, 図版 15-1）を例示する。さらに鞏義市 M6 墓（器高 22.8, 29.2cm，考古学報 96-3, 図 11-4, 図版 16-2）の出土品2点も，胴部中位まで青釉がかけられ，器形は類似し，この墓は7世紀中葉から初唐末と考える。さらに河南・孟県店上村唐墓出土の白釉陶瓷罐も長胴形（器高 31cm，考古 1988-9, 図4右）を呈し，類品といえる。

ここで注意をひくのは，一連の三彩貼花宝相華文罐が長胴形ではないが，口作りが巻唇で共通している。よく知られているように，大阪市立東洋陶磁美術館（10211S. G，器高 30.9cm），洛陽金家溝出土品（pl. 3-11，洛陽博物館蔵，器高 30cm，中美全集 1991, no. 99），シカゴ美術館（pl. 3-12，大阪東洋 1989, no. 50, 1924.292, 器高 23.5cm），個人蔵（世界陶磁 1976, no. 33，器高 29.1cm）などがある。これらは長胴形が上記例にくらべて，胴部最大径を中位におき，前3点はやや丸みをもつが，巻唇，短頸は共通し，法量も近く，肩・胴部中位に圏線をめぐらしている。胴部3箇所に貼付された宝相華文は4者とも同型あるいは同笵の可能性がある。

さらに，咸亨3（672）年の西安市牛弘満墓（器高 41.8cm，文物資料叢刊 1, 1977, pp. 199-200）出土の白釉陶瓷無系罐は，最大径を胴の中位より少し上におき，底部にむけて収斂させる形であり，三彩貼花宝相華文罐および上記河南・楊公墓などの長胴罐と共通している。したがって，これらの器形を7世紀の中葉から第3四半期にみられた器形と考える。三彩貼花宝相華文罐も遅くともこの時期には出現していると思われる。

かなり特異な器形であるが，倒卵形胴で，その一端を切りとり，偏平な蓋にして被せた如き形状で，口沿

部に立ち上がりのない無頸長胴罐がある。上掲の鞏義市M6から薄白釉が胴部下位までかけられた有蓋罐(pl. 3-13, 器高22.8cm) が出土している（楊春棻1997, no. 13）。これと同形の三彩品がV&A. (pl. 3-14, C. 876-1936, 総高27.6cm), サンフランシスコ・アジア美術館（蓋欠, B60P153), 個人蔵（水野清一1965, no. 26, 器高29.0cm）にあり，白釉陶瓷罐と同形である。この鞏義市M6墓からは，上述したように，球形胴四系罐・長胴形罐が共伴しており，7世紀中葉前後にこれらが同時存在していたことが確認できる。

(4) 球形胴罐（万年壺）・兎系罐

つぎに球形胴をした，いわゆる万年罐の遺例は多いが，遺跡出土の明確なものは少ない。白釉陶瓷および鉛釉陶にあるが，形態にほとんど変化がなく，宝珠鈕をつけ甲盛りをもつ皿形の挿し蓋，広口，短く外反する口沿部，球形胴から平底でおわる。蓋を笠形につくるものの中に，やや胴長にする形態がみられる。

出土資料も報告のあるものは極めて少なく，開元26 (738) 年の河南・鶴壁市の王仁波墓から褐釉小型品（中原文物1988-2, pp. 32-34, 器高10.3cm), 天津市軍粮城磚室墓から海獣葡萄鏡とともに出土している三彩陶（考古1963-3, pp. 147-148）がある。西安郊区隋唐墓504から典型的な白釉陶瓷四系罐が発見されているが，墳墓の年代は8世紀中葉すぎに推定されている（考古研究所1965, 図版38-1)。初唐期の白釉陶瓷に明証が得られない消極的理由によって，盛唐期に出現してくると推定するが，それ以上の限定は現在のところできない。

白釉陶瓷では京都国立博物館（G甲289, 総高18.0cmおよびG甲198, 器高15.4cm), 東京国立博物館（TG349, 器高18.9cm, TG350, 器高14.5cm), 大阪市立東洋陶磁美術館（器高30.8cm), 町田市立博物館（器高20.8cm), 出光美術館（同館図録no. 23, 総高29.0cm), 山口県立萩美術館（総高21.0cm, 山口県萩美1996, no. 33, 1996), 大原美術館（Ⅶ-139器高19.6cm), V&A. (pl. 3-15, C. 78&a-1935), 掬粋巧芸館（同館図録p. 13下), プリンセスホッフ美術館, ロイヤルオンタリオ美術館 (922.20.222, 926.21.165), 故宮博物院（李輝柄1996, no. 154, 器高20.3cm）など多数をあげうる。

単彩・三彩陶の遺例は非常に多い。三彩陶では貼花文例は意外に少なく静嘉堂文庫美術館（総高24.5cm）を筆頭とし，ロイヤルオンタリオ美術館 (Mario Prodan1961, no. 119, 器高19cm), バロー・コレクション (C. 4) にも矮小化した4個の貼花植物文がみられる。このうち，静嘉堂文庫美術館蔵の万年罐の貼花文は，簡略化された摩尼宝珠文と大小の8弁蓮華文であり，前者は東京富士美術館蔵の三彩貼花文弁口瓶（世界陶磁1976, no. 39) の肩と腰の文様に近い。これには大型の宝相華文が主文として貼付されており，弁口瓶の形態を勘案すると，盛唐前半期の所産と考えられ，初唐まで遡らせる根拠はないようである。この静嘉堂文庫美術館品の摩尼宝珠文と故宮博物院蔵の白釉陶瓷貼花文鳳首瓶の宝珠文とはかなり異なり，両者を結びつけて年代を推定することは困難である。万年罐のなかできわだって美しい作行であるが，やはり初唐期まで遡上させる根拠は現段階では見出せない。

その他の三彩陶の国内の類例はすでに諸本に紹介されているので割愛し，管見でふれた国外品をあげると，BM. (1936.10-12.207), V&A. (C. 881-1936, 882-1936, 825-1936), ダーラム大学, バレル・コレクション (38/227), コペンハーゲン工芸美術館 (pl. 3-16, 79/1949, 総高19.0cm, 70/1950), バウワー・コレクション（器高15.3cm, no. 596) などがある。

出土例では，洛陽市関林3号墓（器高30cm), 同232号墓（通高22cm), 洛陽市竜門1号墓（通高24.5cm), 18号墓2点（通高28cm), 洛陽市北窯76号墓（器高18cm), 洛陽金家溝（器高18cm) などがあるが，墳墓の詳細報告を見出せない（洛陽市博1980)。

藍釉では，バロー・コレクション (C. 253, 器高14.1cm), ブリストル美術館 (N2403), アスコット・コレクション (William Watoson1984, no. 81), 出光美術館（出光美術館図録1986, no. 25), 藍彩ではアシュモレアン

美術館（pl. 3-17, 1956.1089），ブリストル美術館（N2398），セントルイス美術館（William Watoson1984, no. 153），東京国立博物館（TG669），黒川古文化研究所（黒川 1990, no. 113），藍彩梅花亀甲文では著名なコペンハーゲン工芸美術館（器高 20.4cm, 77-1949），藍彩梅花文図では洛陽市白馬寺溝唐墓出土品（器高 19cm, 洛陽市博 1980, no. 127）を列挙できる。

緑釉陶ではニューザムハウス美術館（pl. 3-18, 1.138-66, 総高 22.7cm），バローコレクション（C27），ブリストル美術館（N. 2398），V&A.（C91-1933），バレル・コレクション（38/195），ストックホルム東アジア博物館（K15095），町田市立博物館（器高 18.0cm），大原美術館（Ⅶ -140, 器高 19cm），五島美術館（03-036, 器高 24.1cm）などを例示できる。

褐釉陶ではバロー・コレクション（C. 3, 器高 20.6cm），アシュモレアン美術館（pl. 3-19, 1956.195）が美しく，黒釉白斑文品では，バレル・コレクション（38/227），伝・河南鄭県出土のV&A.（pl. 3-20, 器高 28.6cm, C60-1935）セルニュスキー美術館（M. C. 9651），ネルソンギャラリー（総高 29.2cm, F80-34）をあげたい。

兎形の双系をつけた白釉陶瓷罐がある。広口，短頸，球形胴の特徴は万年罐と同じであり，白釉陶瓷では，三彩万年罐にもみられた重圏線が肩にめぐるプリンセスホフ品（pl. 3-21），ニーザムハウス博物館２件（1.229a, b），V&A.（C. 36-12965），故宮博物院（李輝柄 1996, No. 152, 器高 17cm），個人蔵（器高 12.7cm, 浦上満 1991）などを確認できる。希少なものとして藍彩にした兎系白釉陶瓷罐もある（pl. 3-22, 器高 20cm, Mario Prodan1961, pp. 155）。兎は月を望んで子を孕むという説話があり，それを象形したのであろうか。万年罐と同時代の所産と考える。

なおこの他に，類例の少ない古式の罐として，ブリストル市立博物館（pl. 3-23, Bristol1948, N2404）に隋代まで遡上できる白釉陶瓷がある。横に長い胴部２箇所に突帯文を明確にめぐらし，蓋は鈕座をもつ宝珠鈕であり，わずかに黄色みをおびた白釉陶瓷釉がなめらかに掛けられている。この形の蓋は，開皇９（589）年の安陽宋楯墓出土の青瓷四系罐のそれと類似しており（考古 1973-4, pp. 232-233），隋代白釉陶瓷と認定できる。

以上のべた白釉陶瓷罐の他に，最大径を肩にもつ，いわば倒卵形で，系はつかない白釉陶瓷罐がある。これには，V&A.（C. 360&a-1926），ハーグ美術館（20-27, 器高 20.3cm）などがある。前者は，口沿は短く外反し，輪状鈕に子母口の蓋が被り，剥落のみられる白釉陶瓷釉がかけられている。後者も同様な釉調であり，倒笠形の蓋がかかり，大中５（851）年銘の鞏義市 M18 墓の出土品と類似しており（pl. 3-24, 香港大学他 1997, no. 16），晩唐期に属するので別稿にゆずりたい。

3. 隋唐水注・浄瓶・罐の形式と編年　183

1. 白釉四系罐，李静訓墓（考古研究所1980），2. 褐釉四系罐（大阪市美1986），3. 白釉四系罐，個人蔵（世界陶磁1976），4. 白釉四系罐，寧夏固原史索岩夫妻墓（固原博1996），5. 白釉四系罐，BM.，6. 白釉四系罐，西安独孤思貞墓（考古研究所1980），7. 白釉四系罐，バロー・コレクション，8. 白釉三彩四系罐，陝西歴博，9. 白釉藍彩四系罐，河南・鶴壁付近墓（鄭州市文考研200）

pl. 3. 白釉・三彩四系罐

184　Ⅱ　隋唐白釉陶瓷の推移と三彩陶の形式

10. 白釉長胴罐, 偃師李園宋思真墓 (中国社会考研 2001), 11. 三彩貼花宝相華文罐, 洛陽金家溝, 洛陽博 (中美全集 1991), 12. 三彩貼花宝相華文罐, シカゴ美術館 (大阪東洋 1989), 13. 白釉無頸長胴有蓋罐, 鞏義市 M6 (楊春藻 1997), 14. 三彩無頸長胴有蓋罐, V&A., 15. 白釉球形胴罐, V&A., 16. 三彩球形胴罐, コペンハーゲン工芸美術館 79/1949, 70/1950, 17. 藍彩球形胴罐, アシュモレアン美術館, 18. 緑釉球形胴罐, ニューザムハウス美術館

pl. 3. 白釉・三彩罐

19. 褐釉球形胴罐, ASM., 20. 黒釉白斑文球形胴罐, 伝・河南鄴県, V&A., 21. 白釉兎系罐, プリンセスホッフ, 22. 兎系白釉藍彩罐（Mario Prodan1961）, 23. 白釉罐, ブリストル市立博物館（Bristol1948）, 24. 白釉罐（香港大学他 1997）

pl. 3. 罐

まとめ

　隋唐代の陶瓷器においては，白釉陶瓷が主導的な位置をしめ，鉛釉陶がこれに追随する形をとり，青瓷の姿は見えにくい。本稿においては，水注・浄瓶の2種の注器と，罐（罐）をとりあげ，その形式と年代的位置づけをこころみた。水注においては4形式が析出でき，この注口をもつ形態は，隋・初唐期にはみられず，盛唐期になって出現し，その後注器の主流となる器種である。白釉陶瓷浄瓶は響銅器を模したとみられ，盛唐期には2形式がある。罐のなかで，白釉陶瓷四系罐は遅くとも隋代後半には出現し，三彩陶に写されることなく，実用器として盛唐までほとんど形態を変化させずに推移するが，7世紀末を境として，腰をしぼり，胴部の膨らみが小さくなる。三彩貼花宝相華文罐は一部の無頸長胴罐との類似性から7世紀中葉−第3四半期に，球形胴罐（万年壺）および兎系罐は初唐期に遡上させることは難しいことなどを論証した。

4．隋唐弁口瓶・鳳首瓶・銀瓶の形式と年代

はじめに

　隋唐期の陶瓷器を代表する存在である白釉・白瓷および三彩陶などの特徴として，その形態や文様に，西アジア文明のもつエキゾチズムの雰囲気が表現され，さらに金属器の影響をつよく受けた陶瓷器がつくられている。この見解は，わが国だけではなく，欧米の研究者もひとしく指摘するところであり，とりわけ，本稿で論及しようとする弁口瓶と鳳首瓶は，これらの特徴をあきらかに備えているものとして，しばしば指摘されてきた。

　この2つの特徴──西アジア文明と金属器の影響──は，相互に関連のあるものであるが，それを具体的な明証をあげて論ぜられることは少なく，ややもすれば，そうした雰囲気をもっているという範囲で終始している感がする。西アジアのどの地域の金属器が，陶瓷器のどの箇所と共通性があり，逆に模倣のなかから中国陶瓷器の独自性がどの部分で発揮されているのか。こうした課題を考えるためには資料が未だ不足していることは否めないが，あいまいなままで終わらせずに一定の見通しをつけるために，まずは両器種の形態を整理して，論をすすめていきたい。

　さらに，弁口瓶と鳳首瓶は，主として名称区別の由来である口沿部の形状の相違によって別の器種として取り扱われている。しかし，両者の口沿部を除いた部位，すなわち，胴部・把手・脚部およびこれらに施された装飾をみると，共通した要素が多いことに気がつかされる。しかも，この共通要素が，ほぼ同時代の銀器の模倣に淵源があることも看取できる。したがって，これら3器種は別々に考察するのではなく，まとめて共通する特徴点を俎上して論ずることが，北朝から唐代につづく陶瓷器の実像の根底に接近できることになると考えている。

　こうした見通しをもちつつ，これら3器種の個別の姿が整理されていない研究の現状をかんがみ，個別に資料を解析し，3器種をつなげるキーを論じてみたい。

1．弁口瓶

　口沿部を嘴状に変形させた一群を弁口瓶あるいは弁口水注と一般によんでおり，中国では鷄頭瓶と呼称している研究者もおり，その理由も後述したいが，ひとまずわが国の慣用にしたがい，弁口瓶として論述したい。中国における発掘調査による出土例は非常に少ないので，各美術館の収蔵品をもとにして，まずはその形式と年代的位置付けなどについて検討をくわえたい。

　弁口瓶は白釉・緑釉・三彩陶の鉛釉軟質陶器であり，胎土が瓷土と認められるものは確認できず，軟質な白色胎土ないし化粧がけされた上に鉛釉が掛けられている。これらは，頸部・胴部および脚部の形状により3形式にわけると理解しやすく，製作年代を追跡が可能となる。

（1）第1形式弁口瓶の年代

　第1の形式とする無頸の器形は，口沿部から胴部への移行が，短い頸部か，ほとんど頸部をつくらずに胴部につづく形態である。頸部の突帯文または弦文の有無が，第2形式の有頸弁口瓶と分ける一つの指標とな

る。白釉弁口瓶では，セェルニスキー美術館蔵品（pl. 1-1, MC. 9209Achat1960, 器高 26.5cm）に代表される形式であり，口沿部を両側からつまみ嘴状に押え，引き延ばし，上沿を三角形に鋭く削り鶏冠状につくり，その下に竹管押文などで眼を表し，帯（板）状の柄の上端には竜頭，あるいは猴頭・人頭などを貼付し，口沿部をはむ形につくる[1]。胴部は，突帯文をつけない頸から緩やか曲線をもって長卵形につくり，脚部は短く筒状にのばして，覆皿状に広げる。外底は幅広の接地部をのこして，筒状部分にまで抉りをいれている。高台直上から無釉であり，軟質で白色の胎土がみえている。

この底部の筒状部分が不明瞭な無頸形式の白釉例として，五島美術館（pl. 1-2, no. 03-062, 器高 29.5cm），シカゴ美術館（pl. 1-3, no. 1964.699, 大阪東洋 1989, no. 58, 器高 33.0cm），出光美術館（pl. 1-4, 弓場紀知 1996, p. 123, 器高 29.5cm），緑釉例としてギメ美術館（pl. 1-5, MA4077, Musee Guimet1987, no. 11, 器高 31.5cm）があり，おおくは化粧がけされ，白釉はクリーム色に呈発している。いずれも貼花文（メダリオン）をつける特徴がある。

五島美術館，ロイヤルオンタリオ美術館 2 点（pl. 1-6, 918.22.1 器高 31.5cm, 920.71.1, 器高 23.3cm）および山西省太原市石荘頭村出土品（pl. 1-7, 出土陶瓷 2008, 5, p. 47, 陶瓷全集 1984, no. 28-25, 器高 31.5cm）は，口頸部・人頭形貼付文・胴部および脚部の形態，大きさ（器高 29.5-31, 5cm），さらに注口の下の装飾として，台形様の単位を連続した組み紐の綬と，その先端の三葉パルメット文，これら構成要素のすべてが，同一工房の作かと疑えるほど非常に類似している。セェルニスキー品は，同巧のパルメット文を貼付する点は似ているが，注口下の綬の部分に円文が連続してスタンプされ，把手の側面にも同じ施文があり，竜頭が口沿をはむ形につくり，脚部の形態も上記の一群とはわずかに異なるが共通要素が多い。

ところが，シアトル美術館品（pl. 1-8, 51.82, 器高 27.9cm, Watson. W. 1984, no. 73）が，把手に印花円文はないがセェルニスキー品などと同形の竜頭をつけ，注口下に綬をさげずに鬼面とパルメットを組み合わせた貼花文をつける。この貼花文は，鬼面の上下に大小の 5 葉パルメット文をくみあわせる構成であり，出光美術館品（fig. 1）とは同巧であるが，より精美され，かつ力強い意匠であり，器体も，きっちりと面取りされた把手や，口沿部の三角形は手に刺さるかのような鋭い削りをみせ，黄白色釉が滑らかにかけられている。しかし，これは竜頭把手ではなく，ギメ美術館蔵の緑釉品と同じく猴頭が貼付されている。ギメ美術館品にある蓮華貼付文は，シカゴ美術館品の把手と同巧の貼付文がみられ，半裁竹管文の綬にさがる五葉パルメット文は五島美術館品と似ている。すなわち，難渋な表現を繰り返したが，これら例示した 7 点は，相互に施文を共通しており，造形，釉薬の類似性とともに，すべて同一時期の，同一窯の産品の可能性がある。

これらの年代推定の指標として貼花文に注目したい。プリンセスホッフ美術館品は（pl. 1-10, BP3002BL, Harrisson, B. 1978, 器高 26cm），上記の 7 点と同様に，口沿上沿の削り，螭竜頭を貼付した把手を付け，脚部は盤口を倒置した形で削り出している。肩にめぐらされた重圏線の上に付けられた貼花文に注目すると，山西・庫狄廻洛墓（北斉・562 年）出土の鉛釉貼花文瓶の頸部と腰部にみられる火焔宝珠文と類似している要素があり（考古学報 1979-3, 図版四 -5），したがって本例の上限は北斉まで遡る可能性がある。上記の出光美術館品の大型の貼花文は鬼面文とパル

fig. 1. pl. 1-4（出光美），パルメット文（部分）

fig. 2. 西安・史君夫妻墓 580 年葬石門柱の弁口瓶

II 隋唐白釉陶瓷の推移と三彩陶の形式

1. 白釉弁口瓶, セェルニスキー美術館, 2. 白釉弁口瓶, 五島美1985, 3. 白釉弁口瓶, シカゴ美術館 (大阪東洋1989), 4. 白釉弁口瓶 (弓場紀知1996), 5. 緑釉弁口瓶 (Musee Guimet1987), 6. 白釉弁口瓶 (Royal Ontario Museum1974), 7. 白釉弁口瓶, 太原市石荘頭村 (出土陶瓷5), 8. 白釉弁口瓶, シアトル美術館 (Watson. W. 1984), 9. 三彩弁口瓶, Royal Ontario Museum (同左), 10. 白釉弁口瓶, プリンセスホッフ美術館 (Harrisson, B. 1978), 11. 白釉弁口瓶, バウアーコレクション, 12. 白釉弁口瓶 (Royal Ontario Museum1974)

pl. 1. (1) 弁口瓶

メット文の結合であり，570年埋葬の北斉・婁叡墓出土の青瓷鶏頭壺の貼花文と完全には類似しないが，そのモチーフを共通しており，北斉上限説が裏付けられる。さらに，北周の580年に合葬された西安市史君夫妻墓の石門柱に刻まれた人物の右手に無頸卵形胴品がみられ，この第1形式が隋初に遡ることが裏付けられる（fig.2，国家文物2004，pp.132-139）。ただしこれは金属器の可能性がある。

この形式の下限については，陝西・李鳳墓（上元2・675年）から，白釉弁口瓶の残欠品（脚部等欠損）が2点出土しており，これには把手や胴部いずれにも貼付文がなく，上記の例と比較して簡略化され，形式的には後出で，残存形態と考える（考古1977-5，図版9-2）。したがって，この第1形式の年代をさぐる根拠として，北朝青瓷には見られない新しい器形の創出，青瓷と共通するパルメット文の存在，創出期の白釉製品であること，これらを勘案すると，年代の上限は北斉末から隋初であり，下限は初唐までの間の製作にかかわるものと推定する。

三彩弁口瓶のなかにも頸部に突帯文がない無頸形がある。舞踊童子と葡萄文などを貼付しているロイヤルオンタリオ品（pl.1-9, no.20.183, Watoson.W.1984, no.4，器高24.7cm）と，大型の宝相華文3箇を貼付する個人蔵（水野清一1965, no.8，器高25.4cm）である。これらの三彩品では，口沿部は尖らした鶏冠形に削りだすことなく，半弧状にして，胴の上下に複数の弦文をめぐらし，脚部は白釉例とは異なり，筒状が短いが，喇叭状に開いてはいない。把手頂部の貼付文は消えているが，胴部に白釉品よりも大型の貼花文を貼付し，盛唐三彩陶に多い胡旋舞文である。第1形式品よりも後出であり，第2形式に近い要素が内包されている。

(2) 第2形式・第3形式年代

第2形式の弁口瓶としてバウワーコレクション品（pl.1-11, 33.3cm, no.657）がある。口沿は削ることなく，ひねるようにして曲線に作り，頸部に弦文がない卵形胴であり，脚部は短い筒型から開く形態で円盤形ではなく，形式的には第1形式の遺制がみられる。ロイヤルオンタリオ美術館品（pl.1-12, 921.50.3，器高26.8cm，Royal Ontario Museum1974, no.24）は，同じく頸部に突帯文はないが，球形胴に近づき，底部は円盤形ではなく，扇型に開き，第3形式と共通している。

この形式にいたると三彩陶にも少数例が出現し，出光美術館品は（pl.2-13，出光美1986, no.32，器高33.0cm），卵形胴で，貼花文はなく，長く延ばした頸部に3本の突帯文をつけている点は第2形式の特徴であるが，脚部の形状は短く筒型にのばして円盤形に削り出している。この三彩の釉調は，7世紀中葉と推定しているケルン東アジア博物館の三彩竜耳瓶の雰囲気をもっている（本書Ⅱ-1参照）。これらの白釉および三彩弁口瓶を第2形式と考える。

第2形式で球形胴の遺例は少ないながらも例示できる。頸部に数条の弦文，球形胴の肩に数箇の貼花文を貼付し，2本紐を結合した竜柄をつけ，有頸卵形胴品と同じく，脚部を円盤状につくり，外底を浅く削り出している。類例として，ストックホルム東アジア博物館（pl.2-14, K15.074，器高28.0cm），愛知県陶磁美術館（pl.2-15a/b，佐藤雅彦1975，原色版8，器高27.2cm）をあげる。この両者は非常に類似している。弁口部分の削りが第1形式よりも緩やかな鈍角の三角形となり，その一端を竜耳瓶と同形の鋲文付把手で，竜頭が口沿をはむ形につくり，基部に三葉パルメット文を貼付する点や，頸部の弦文，さらに黄色みのある釉薬が腰までかかる点，すべてにおいて7世紀中葉と考える竜耳瓶と同一形式である。愛知県陶磁美術館品の外底は2段に削りだして，輪高台状を呈する。パルメット貼付文は，咸亨3（672）年の西安市牛弘満墓の白瓷瓶頸部のそれに類似しているので（文物資料叢刊1，図版16-2），この簡素な文様は長期間にわたり存続し，少なくとも7世紀中葉から後半までであり，これら白釉球形胴の年代をこの頃と想定すると，次の第3形式に分ける三彩弁口瓶との間に形式が断絶していない。

II 隋唐白釉陶瓷の推移と三彩陶の形式

13. 三彩弁口瓶（出光美 1986），14. 白釉弁口瓶，ストックホルム東アジア博物館，15a, 15b. 白釉弁口瓶，愛知県陶磁美術館（佐藤雅彦 1975），16. 三彩弁口瓶，東京富士美，17a. 17b. 三彩弁口瓶，大阪東洋陶磁2点，18. 三彩弁口瓶，出光美術館（弓場紀知 1995），19. 三彩弁口瓶，British Museum，20. 三彩弁口瓶，天理参考館（天理 1988），21. 三彩弁口瓶，クリーブランド美術館，22. 三彩弁口瓶，西安市東郊長楽坡（陝西博 1981），23. 三彩弁口瓶，コペンハーゲン工芸美術館，24. 藍彩弁口瓶，東京富士美，25. 白瓷弁口瓶，バレルコレクション

pl. 2．(2) 弁口瓶

4. 隋唐弁口瓶・鳳首瓶・銀瓶の形式と年代   191

　第3形式とするのは，三彩弁口瓶の大部分がこれに含まれており，類例は最も多い。その特徴は，口沿を
つまむように曲線に尖らせ，頸部を細く延ばしその中位に2-3条の突帯文をいれ，丸々とした球形胴，2本
組の把手の頂部には竜頭が口沿をはむ形をとり，基部と頂部に鋲文各1をほとんど例外なく付け，盛唐期竜
耳瓶などと共通した意匠である。脚部の形態が，上記第2形式の球形胴の白釉品などとは異なり，貼付高台

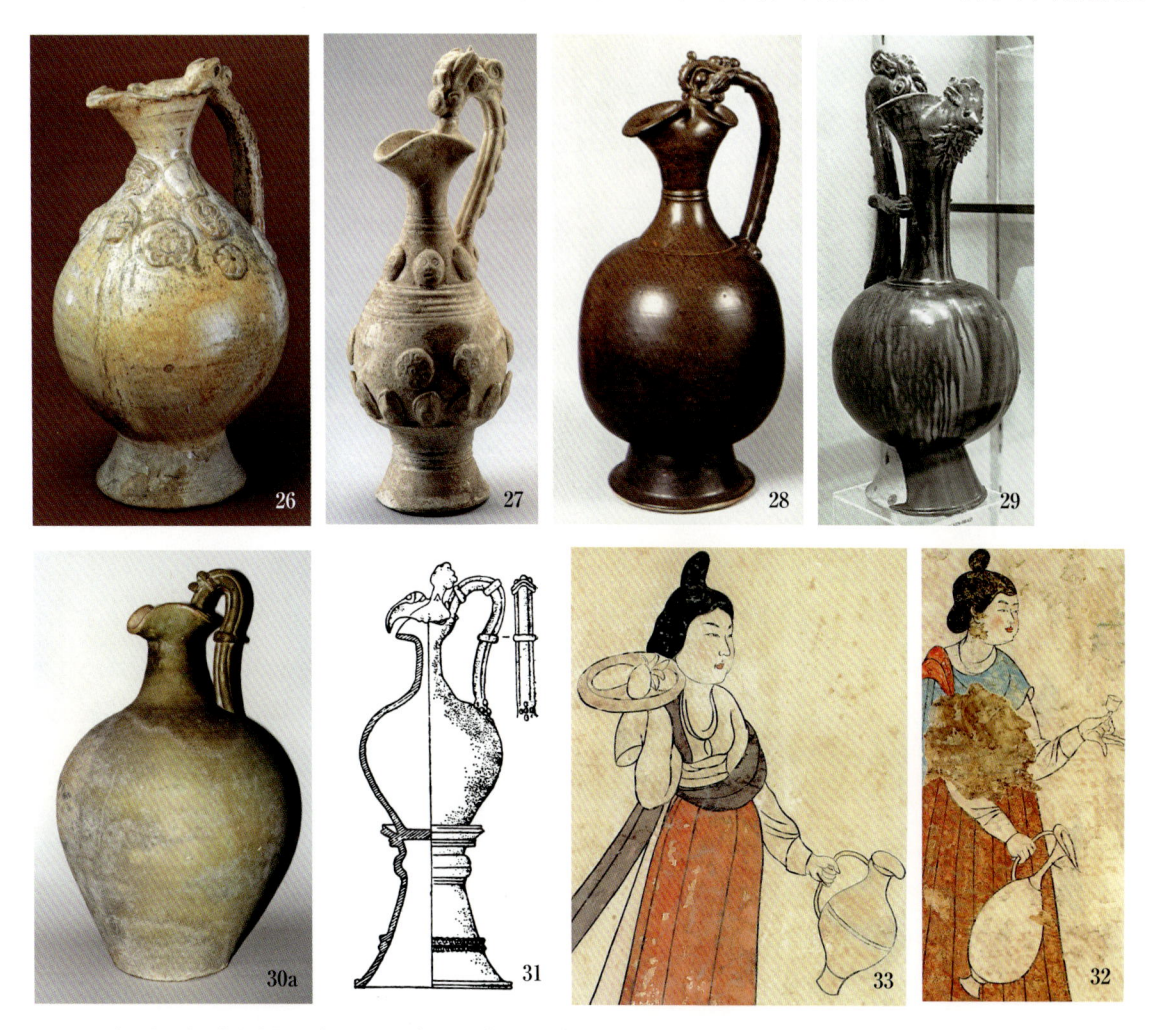

26. 白瓷弁口瓶，故宮博物院（李輝柄 1996），27. 白釉竜把手弁口瓶，西安市三橋村（セゾン美術館 1992），28. 黒釉弁口瓶（M O A 1982），29. 三彩鶏頭瓶，バレルコレクション，30. 緑釉弁口瓶，大和文華館，31. 脚台付緑釉弁口瓶，河北・蔚県楡澗 M1 唐墓（考古 1987-9），32. 房陵公主墓壁画（群馬県博 1989），33. 李震墓壁画（群馬県博 1989）

pl. 3. (3) 弁口瓶

で，喇叭状に開き，外底を抉る形にしており，この特徴は長頸瓶などと共通して盛唐期にみられる[2]。貼花
文は，胴部の肩・中位・下半に配する例，胴部3箇所に大型文を配する例，全てを省略し貼付しない例があ
る。肩部および胴中位には圏線をめぐらしている例が多い。

　東京富士美術館（pl. 2-16, no. 34, 器高 32.9cm），旧富士美術館（器高 25.5cm, 世界陶磁 11, 1976, no. 39），大
阪市立東洋陶磁美術館 2 点（pl. 2-17a. b, no. 10876, 器高 22.0cm, no. 10907, 器高 33.8）[3]，出光美術館（pl.
2-18, 器高 35.2cm, 弓場紀知 1995, no. 18），旧萬野美術館（器高 36.5cm, 萬野 1988, no. 83），British Museum 品（pl.
2-19, OA1936-10-12.209, 器高 26.5cm），ボストン美術館（Boston1964, no. 91, 器高 34.3cm）などの三彩品があり，
天理参考館（pl. 2-20, 天理 1988, no. 19, 器高 33.0cm），クリーブランド美術館（pl. 2-21, no. 1987.148, 器高

27.3cm）は胴部の形態が卵形と球形の中間形で，弦文を密に10本以上いれ，喇叭状脚部裾の形態も他の類例と異なる。両者は，金属器の削り痕を模した横線文や，竜把手に付けられている刻線文の丁寧なつくりは，初唐期の竜耳瓶の遺制が看取できる。これらの三彩品と類似する白釉球形胴弁口瓶として，ギメ美術館（Musee Guimet1987, no. 10, 器高27cm）をあげる。兵庫県姫路市池の下遺跡（英賀保駅周辺遺跡）から検出された頸部破片は，この第3形式の有頸弁口瓶のタイプであり，球形胴であろう（本書Ⅱ-8）。

　これらと同形ではあるが，器高が15cmに満たない小型の三彩や藍彩例はかなり多く，西安市東郊長楽坡（pl. 2-22, 陝西博1981, no. 72, 器高16.5cm），V&A.（C36-1911），コペンハーゲン工芸美術館2点（pl. 2-23, no. 69-1949, 70-1949），東京富士美術館（pl. 2-24, no. 39, 藍彩, 器高8.9cm），東京国立博物館（TG2420），揚州市双橋村収集（器高9.5cm, 文物1987-7, p. 35, 揚州市博1996, no. 33）などがあり，いずれも焼造の中心は8世紀とみる。これらには強い造形意欲が感じられない。

　要するに，白釉および三彩弁口瓶は，北斉および北周末に白釉として出現し，これらは卵形無頸・貼花文・筒状高台の特徴を有し（第1形式），初唐期には突帯文をめぐらした頸部をのばし，卵形胴に円盤形の脚部をつけ（第2形式），やがて盛唐期を中心にして三彩陶にみるように球形・有頸突帯文・扇形高台（第3形式）へと変遷する。

（3）異形の弁口瓶

　以上の2種類の形態と部分的には類似しているが，やや異形の弁口瓶が少数みられる。

　その第1は，卵形胴に近く，貼花文を多用する白瓷弁口瓶である。バレルコレクションの白瓷弁口瓶（pl. 2-25, no. 38/173）は，器高36.8cmの痩身で，頸部の2箇所に明瞭な弦文をまわし，弁口部・撫肩部に蓮華文と対葉文の貼花文を配し，2本紐組の竜柄を付け，脚部はラッパ状に開き，外底は削り出す。白化粧してかけられた釉は剥落がかなりみられる。この貼花文の意匠は，7世紀の前半期と考える富山市佐藤記念美術館蔵の白瓷竜耳瓶のそれと同形であり，並行した年代を設定したいが，頸部の突帯文と裾を広げる扇形高台の形態を見ると，第3形式への移行期の所産と考えたい。故宮博物院蔵白釉品（pl. 3-26, 李輝柄1996, no. 162, 器高26.5cm）は，無頸形で，肩に蓮華文・パルメット文などの貼花文を不規則に貼付し，板状把手に竜首をつけ，脚部はこれも扇形に開き，黄白色の白瓷釉が脚部の直上までかけられている。脚部が喇叭形に開く点からみると，一見異様ではあるが，盛唐期の第3形式である。

　西安市三橋村出土の白釉竜把手弁口瓶（器高30.2cm）も頸部に人面文，胴部に蓮華文と蓮弁文を2段に貼付し，3箇所に弦文をかなり細くめぐらし，竜把手にも蓮花文と鋲文などが密接して貼り付けられている。釉の剥落が多く，瓷質化していない軟質陶器であり，脚の形態は上記2点と同じである（pl. 3-27, セゾン美術館1992, no. 32）。これら3点の白瓷は，小型の貼花文を多用するなどやや異質ではあるが，高台の形状、頸部の弦文をみると，第3形式の特徴を合わせもち，それへの移行期の所産と考える。

　第2は有頸品で，ＭＯＡ蔵の黒釉弁口瓶（pl. 3-28, 器高39.5cm, ＭＯＡ1982, no. 10）と，バレルコレクションの三彩鶏頭瓶一対（pl. 3-29, no. 16, 38.187, 器高51.3cm）である。よく知られている前者は，帯状の把手の先端に螭竜形を付け，弁口をはむ形につくる。頸部の2本の弦文，球形胴にちかい形，扇形の脚部の形態は，第3形式の三彩有頸球形胴品と接近しており，初唐以前の黒釉瓶とすることは難しい。後者の三彩品は，弁口状の先端に

pl. 3-30b, 緑釉弁口瓶底部および把手，大和文華館

pl. 3-30c

鶏頭そのものを貼付し，球形胴からのびる把手は竜頭で，途中で竜足が頸部を支える形につくる。胴部・脚部の形態からみれば，基本的には上記の類例の多い第3形式の一群にいれられ，部分的に異形の要素があるといえよう[4]。これらは，異形のようにみられるが，貼花文などの添加装飾を取りさり器形をみれば第3形式に近い要素をもっている。

a. Barlow c, b. San Francisco, c. BM.
fig. 3. 三彩駱駝俑部分

第3に，緑釉弁口瓶として，大和文華館（pl. 3-30a, b, c., no. 715, 器高 40.0cm）とギメ美術館（MA1384, 器高 37.5cm, 東洋大観 1975, no. 17）に同形品がある。3本紐を2箇所で結束した把手を弁口に取り付け，全体の形はいわゆるオイノコエ形であり，大和文華館品ではカセた黄緑色釉が全面にかかり，外底の大部分は淡褐色の露胎で糸切り放し痕がみられるが，その外周に薄く緑釉が付着している（pl. 3-30b）。おそらく本品の原形は釉薬で下部の器台と接合されていたと考えられる。これらと非常に類似した緑釉の器形が，河北省蔚県楡潤M1唐墓から出土している（pl. 3-31, 考古 1987-9, pp. 786-787）。細めの頸部をのばす器形，3本紐組の把手を2箇所で結束したつくりなど，上記2点と似ており，器台と接合され，これには鳳首蓋がつけられているので，本品も鳳首瓶の可能性がある。この墓は唐代前期と報告されており，形式からみても7世紀中葉前後の年代を考えたい。

唐墓壁画に弁口瓶とみられる器形が描写されている。主要な墓と葬年を列記すると，李震墓（pl. 3-33, 顕慶5年・660），房陵公主墓（pl. 3-32, 咸亨4年・673, 群馬県博 1989, 64図），李賢・章懐太子墓（神竜2年・706, 群馬県博 1989, 福岡市博 1992）がある。また，嗣聖元（684）年の河北省南和郭祥墓（688年合葬）出土の陶女俑（33号）のなかに，侍女に抱えられた弁口瓶（文物 1993-6, pp. 20-27），さらに三彩駱駝俑の腰附近に提げられた弁口瓶については，例えば，バローコレクション（fig. 3a, S17a），サンフランシスコ・アジア美術館（fig. 3b, B60S95），BM.（fig. 3c, OA1936.10-12.228），出光美術館（出光美 1986, no. 48），洛陽関林出土品（洛陽博物館編『洛陽唐三彩』no. 50, 河南美術出版社）などがある。

これら壁画および駱駝俑を通じて，描写されている弁口瓶は金属器とみられる。例えば房陵公主墓（pl. 3-32）に代表される侍女が左手の指先に金属ないし玻璃製の高杯をつまみ持ち，右手にもつ瓶は，鋭い形態に描かれ，李賢墓は，ほぼ同形であり，金器のような淡色に彩色されており，陶製品とは考えにくい。房陵公主墓の別の箇所の壁画をみると，侍女の左手にもつ托盤は稜花形につくられ，ボストン美術館蔵の金銅製八稜盤（Boston1964, no. 145）と同じ金属製と思われる。したがって，その右手に提げる長頸の弁口瓶もまた金属（銀）器と考えるほうが自然であり，口沿部が弁口形ではなく嘴口である点も付加すれば，銀器の可能性が高い。これらは，従来陶瓷器を描写していると漠然と考えられてきたようであるが，金銀器の表現とみたほうが良いであろう。ただし全てが金属製とはいえないようであり，李震墓（pl. 3-32）の侍女では，右手に皿を捧げ，左手の瓶は陶製の雰囲気がある。

三彩駱駝俑の鞍に貼付された瓶では，BM.品が第2形式の球形胴であるのに対して，バローコレクション（S17a），サンフランシスコ・アジア美術館品と洛陽関林出土品が第1形式の長胴の形を呈していることは，後述する銀器との関連で興味をひかれる。いずれにしても，壁画や俑に写実性の限界があることを前提にしており，かつこれらの多くが金属製と見られ，陶製は明器のために作られたと解される。

194　Ⅱ　隋唐白釉陶瓷の推移と三彩陶の形式

34. 青瓷鳳首瓶，故宮博物院（中美全集1991），35. 青瓷鳳首瓶，河北滄州市第1磚廠（河北出土瓷器），36. 白釉鳳首瓶（東博2005），37. 白釉鳳首瓶，ミネアポリス美術館（長谷部楽爾1973），38. 白釉鳳首瓶，大和文華，39. 三彩鳳首瓶，白鶴美，40. 三彩鳳首瓶，L.Wannieck旧蔵（世界陶磁11），41. 三彩鳳首瓶，個人蔵（水野清一1965），42. 三彩鳳首瓶（東博1988），43. 三彩鳳首瓶，個人蔵（世界陶磁1976），44. 白釉鳳首瓶，バローコレクション，45. 三彩鳳首瓶，西安蘭家村唐墓（李炳武主編1998）

pl. 4.　(1) 鳳首瓶

2．鳳首瓶

口沿部を鳳首形につくる瓶には，鳳首形蓋を被せるタイプと，口頸部自体を鳳首形につくるタイプに2分でき，白釉・緑釉・三彩釉がある。これらも中国における出土例の明らかなものは非常に少なく，遺跡から遊離して保管されている。貼花文を主とする煩雑なまでの装飾に眼を奪われることなく，器形からみると，弁口瓶と同じく3形式に分けて考えてみたい。

（1） 第1形式

第1形式とするのは，故宮博物院所蔵（pl. 4-34，総器高 41.3cm，中美全集 1991, no. 36）の青瓷鳳首瓶と河北省滄州市第1磚廠出土品（pl. 4-35，器高 39.5cm，滄州市文物局保管，出土瓷器・河北 2008, no.16）であり，施文の細部は異にするが類似している。盤口，長卵形の胴部，短く束を立て直立してから覆皿状に広げる脚部から構成されている。

故宮博物院品にみられる鳳首蓋は，頭上に冠毛を頂き，鷹をおもわせる鋭い嘴をもち，把手の竜首の入る部分に抉りをいれた（栓状カ）蓋で，口沿部は蓋と同形の嘴状につくる。滄州品は蓋を欠失しているとみられるが，口沿部は盤口であり嘴状の形ではない。釉はともにわずかに黄色みを帯びた青色であり，故宮博物院品は，とくに透明度が高く細かい氷裂文がみられ，報告では青釉とされ，安定した白鉛釉が出現する以前の製品であろう。 施文は貼花と劃花技法をもちい，口沿部・頸部などに連珠文と圏線文で区切り施文する点では両者は共通しているが，文様の意匠は異なる。

故宮博物院品（pl. 4-34b）は，頸部の連珠文の下にパルメット貼付の刻花俯蓮文と半パルメット文と続き，胴部上半に連珠文で縁取りされた6箇の円形貼付の主文，下半に6箇の摩尼宝珠貼付文をめぐらし，腰を刻花仰蓮文で支えている。脚部は連珠文を挟んでパルメット貼付の刻花俯蓮文が，隙間なく施文されている。竜柄は，4足を胴部にへばり付くようにし，その体部には半裁竹管文で鱗がきざまれており，上端の一部は欠損している。胴上半の主文は，胸をはだけ，巨腹をだした力士が足拍子をとって踊る姿であり（fig. 4a-34 部分），葡萄・流雲文とともに，連珠文圏内の右下に水注と1羽の鳥が表出されている。この瓶と鳥について，インド神話にある，ガルーダが天界の霊水のはいった甘露の壺を手に入れる説話と結びつける興味ある見解がある（百田篤弘 1994, pp. 68-88）[5]。

fig. 4a, pl. 4-34（部分）．故宮博物院

滄州品の施文も同様に，びっしりと，胴部の3段に 8-10 箇の小型の貼付文がみられ，故宮博物院品と同様に，連珠文口沿の下に，連珠文を挟んで刻花蓮弁文・刻花半パルメット文・連珠文とつづき，胴部には連珠文枠内に獣面文，連珠文・火炎葡萄文・獅子面文と連続し，腰には複弁蓮弁文貼付文，脚部には幅広の刻花蓮弁文で支えているのが特徴といえよう。竜柄も故宮博物院品と同巧である。

fig. 4b, pl. 4-38b（底部）．大和文華館

これら2点の貼花文鳳首瓶は，豊かな装飾性から異様な器種にみえるが，基

196　Ⅱ　隋唐白釉陶瓷の推移と三彩陶の形式

本的には卵形胴に嘴状の蓋付き注口部をつけ，脚部は束状に直立させて，裾を開いて接地する形である。頸部と胴部の連結部および脚部の2箇所に連珠文リングの装飾をめぐらしている。これらの装飾文様は，河北・景県の封氏墓出土の青瓷尊を想起させ，釉調も共通しており，北朝後半期に年代設定ができる。さらに後述するように，これら鳳首瓶は，第1形式銀瓶との類似性が強いと考えられ，年代的にも符合している。

　これらに近い形式とするのは，卵形胴ないし，むしろ胴の下半部がふくらむ，いわゆる下膨形の鳳首瓶である。類例からみると，東京国立博物館（pl. 4-36, TG645, 器高 28.1cm, 東博 2005, no. 47），ミネアポリス美術館（pl. 4-37, no. 50.1, 器高 30.cm, 長谷部楽爾 1973, no. 3），大和文華館（pl. 4-38, fig. 4b, no. 5, 蓋欠損, 現器高 28.cm），個人蔵（東博 1994, no. 03, 器高 29.cm）の4点を確認できる。蓋は鳳首形の栓状につくり，嘴状口沿に挿入し，下脹胴，把手は2本紐の接合であり，脚部の形態は，弁口瓶のセェルニスキー品などの第1形式と同じであり，筒状に短く直立してから覆皿状に広げ，外底も同様な抉りをいれた形状につくるなどの点で一致している（fig. 4b, 大和文華品底部）。釉も，これらは光沢の少ないマット状で，カセており，黄色みをおびるものが多く，その点では白釉竜耳瓶とも共通した特徴をみせている。これらには貼付文はない。

（2）第2形式

　ここで第2形式鳳首瓶とするのは，卵形胴に脚部は突帯文を束状部にいれ，平底の器形であり，弁口瓶の形式に類似するが，鳳首を付けている点が異なる。新古の2タイプがあり，いずれも三彩陶である。

　古式とする資料は，白鶴美術館（pl. 4-39, no. 1-47, 器高 35.5cm, 白鶴 1989, no. 24），ワニエック（L. Wannieck）旧蔵品（pl. 4-40, 器高 36.8cm, 世界陶磁 11, 1976, no. 117），森村家蔵（pl. 4-41, 器高 37.7cm, 水野清一 1965, no. 1）があり，クリーブランド美術館蔵の青瓷鳳首瓶（器高 42.1cm, 弓場紀知 1995, 挿図 41）もやや異質ではあるがこのグループである。新式とするのは，東京国立博物館（pl. 4-42, TG2172, 器高 32.5cm, 東博 1988），個人（pl. 4-43, 器高 34.1cm, 世界陶磁 1976, no. 199），ボストン美術館（no. 50.878, 器高 30.1cm）の各蔵品である。

　古式の三彩鳳首瓶に共通する特徴は，長卵形胴に，柑子口をおもわせる肥厚した口沿の一端に型作りの鳳首を接合すること，頸部に4条の突帯をめぐらすこと，肩から腰まで弦文ないし圏線文によって区分し，多数の貼花文を貼付すること，脚部は上記第1形式の白釉貼花文瓶のリング装飾の遺制とみられる突帯文を束状部にいれ，平底であること，把手は黍の草茎かとみられ，肩から口沿部を結んでいる。さらに注目されることは，これらの三彩3点-白鶴・ワニエック・森村家-の貼付文の意匠は相互に同一の陶范が用いられている可能性がある。白鶴美術館品の単蓮弁文（fig. 5b）・胴中位の鳳凰文（fig. 5c）とその間のパルメット文[6]の3種は，森村家蔵のそれら3種と同型であり，ワニエック旧蔵品の胴部中央以外のパルメット文3種とも同一関係にある。さらに3点の草茎形の把手も同一范型から造られたものと見られるほど類似している。さ

fig. 5. pl. 4-39b, b. c. 白鶴美術館鳳首瓶貼花文

らに，ワニエック旧蔵品の胴部中央の文様は，隋代前半と考えるハーグ青瓷罐（OCVO78-30）の胴部上方の貼花文と同巧である（本書Ⅰ-1，pl. 2-4 参照）。

これら古式とした三彩鳳首瓶と，上記の白釉貼花文鳳首瓶との間には，頸部と裾部に蓮弁文を配置することや，突帯文や圏線などで区分して貼花文を配する点に，共通した製作意図と継承性を看取できる。しかし，鳳首部分を蓋から口沿部に取り付けたこと，脚部の連珠文リング装飾が消失したこと，把手の意匠の相違など，異なる要素がおおく，なによりも貼花文のデザインにおいて両者に共通するものはなく，年代的なヒアタスと系譜上の相違が認められる。

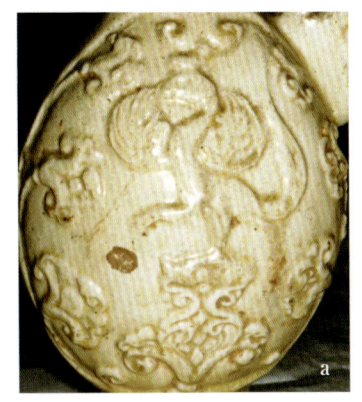

a. Balow C. b. ASM.
fig. 6. 鳳首瓶胴部鳳凰文

第2のうちで新式とした三彩鳳首瓶は，鳳首の頂部に口沿を付加し，頸部の突帯文は1-2本と少なくなり，脚部の束部分が消えて円盤削り出し高台となり，把手の草茎の意匠が簡略化されている諸点において，古式と異なる。貼花文は，頸部と裾にみられた蓮弁文が消えて，胴部のみに宝相華とパルメット文が貼付されているが，古式の貼花文の意匠と共通するものはない。ボストン品は，鳳首部が大きくバランスがわるいが，胴部に弦文を密にいれ，上掲の天理参考館蔵三彩弁口瓶に類似している。これらの脚部の形状は，弁口瓶の年代を勘案するとき初唐期と考えられる。

(3) 第3形式鳳首瓶

この形式は笵型成形の扁平鳳首瓶で，白釉と三彩品があり，同一施文の意匠がみられる。このうち白釉は少ないようであり，バローコレクション（pl. 4-44，235，器高32.9cm），ハーグ美術館（no. 18-50，器高33cm），ジャカルタ国立博物館（器高33.0cm，陶磁大観1977）品，個人蔵（器高33.8cm，浦上蒼穹堂，図録no. 46）などがある。

これらに比べて，三彩例は非常に多く，東京国立博物館（TG616，TG670，東博1988），天理参考館（器高33.3cm），松岡美術館（器高33.0cm，松岡美1991, no. 28），東京芸大資料館（器高28.3cm，東京芸大1990, no. 250），福岡市美（器高33.0cm，福岡市美1992, 陶78），MOA美術館（獣面文，器高27.8cm，MOA1982, no. 18），BM.（獣面文，1936.10-12.1），テンプル・ニューザムハウス（no. 1.311-66），アシュモレアン美術館（no. 152），ストックホルム東アジア博物館（no. 1973-24, 陶磁大観1976），サンフランシスコ・アジア美術館（B60P214, 器高34.0cm），故宮博物院（李輝柄1996, no. 208, 器高33cm），西安・碑林博物館（宝相華文，京都文化博1994, no. 131, 器高31.0cm）などを挙げうる。

これら扁平鳳首瓶は，上記の第2形式のうち新式の三彩貼花文鳳首瓶との間に，形式的な前後関係がみいだせる。新式の三彩貼花文鳳首瓶との相違点は，鳳の顔が造形され，頂部は単純な口沿から基部に巻草文をいれ，嘴に珠を衡えさせ，頸部の突帯文は消滅し，脚部は円盤削り出しから喇叭状に開いている。この脚部形状の変化は，弁口瓶第3形式とした形と軌を一にしている。把手の形状は簡略化

fig. 7. 銀製弁口瓶，ASM.

198   Ⅱ   隋唐白釉陶瓷の推移と三彩陶の形式

されているが，黍の草茎形をのこしている。相違点はあるが，それは貼花文を貼付する技法から全体を陶范成形することによる違いに起因しているのであろう。

　球形から偏平に変わった胴部の意匠は，新式のそれとは全く異質であり，騎馬狩猟文・飛翔する鳳文・獣面文・獅子昆崙奴文・宝相華文などがある。このうち，飛翔鳳文と騎馬狩猟文[7]を表裏にいれる例が非常に多く（上記所蔵品で注記のないもの），しかもそれらの白瓷・三彩陶ともに相互に文様がよく似ており，同種の範型によって造られていることは確実である。この場合，把手を右に置いた時，正面には鳳，背面には狩猟文を配置している。2点の獣面文は脚部に蓮弁文を入れるが，これも類似している（fig. 6）。

46. 三彩鳳首瓶，洛陽市塔湾盛唐墓（洛陽市博 1980），47. 三彩鳳首瓶，河南・永城市唐墓（河南文考研他 2002）

pl. 4．（2）鳳首瓶

　このタイプの出土例として，甘粛省天水県（華石 1985, 図 157），西安市三橋藺家村唐墓（pl. 4-45, 陳安利 1998, pp. 30-31, 器高 34cm），洛陽市塔湾盛唐墓（pl. 4-46, 洛陽市博 1980, no. 98, 器高 32cm），同関林唐墓（洛陽市博 1980, no. 99, 器高 30cm），洛陽市北邙山葛家岑出土（洛陽工作隊 1990, no. 92, 陶瓷全集 7・1983-no. 24 宝相華，器高 32.8cm, no. 62, 器高 32.2cm），河南省永城市唐墓（pl. 4-47, 河南文考研他 2002, pp. 150-151）があり，おおむね盛唐墓である。このように類似例が多くあることは，かなり大量に製作されたことを意味しており，一部を除いて丁寧なつくりのものは少なく，施文が不鮮明な資料が多いが，相当多数が同范関係である。これらの製作の盛期は 7 世紀の武則天期から 8 世紀前半であろう。なおこの形の銀製品（fig. 7, アシュモレアン美術館, no. 1971.244）もあるが，これに類似する文様は陶瓷器には見出せない。

　なおこれらの他に，ギメ美術館には，新彊ムシュク出土の緑釉梨形水注（器高 27.5cm, EO1061）があり，また器高さ 10cm に満たない小型鳳首瓶例が青瓷（越窯, 寧波市文物管理委員会保管）および白瓷（ハーグ美術館, no. 393-35）にある。

3．銀製瓶の形式と年代

　これら弁口瓶と鳳首瓶が金属器の影響を強く受けていることは既に指摘されているところであるが，具体的に論じたものは少ない（久保惣 1986, Rawson J. 1982）。

　主として銀器ないし鍍金を施した銀器で，嘴状の口沿をもち，把手を付けた水注には，脚部の形態と把手の取り付きの相違によって，北朝から唐代において 2 形式に大別できる。

　第 1 の形式とする銀瓶は，卵形胴に嘴状の蓋付き注口部をつけ，脚部は束状に直立させて，裾を開いて接地する形である。頸部と胴部の連結部および脚部の 2 箇所に連珠リングの装飾をめぐらしている。把手は胴中位から湾曲しながらのびて，頸と胴の連結部に接合する。この形式の資料としては，南ウクライナのマーラヤ・ペレシチェピナ村の一括出土品中の金製瓶（pl. 5-48, 器高 36cm, エルミタージュ美術館 no. Z524, 東博 1985, no. 149），胴部にササン朝王たちの統治の成功を象徴するセンムルブを打出す銀製瓶（pl. 5-49, 器高 33cm, エルミタージュ美術館 no. Ta6 л48, 東博 1985, no. 79）などがあり，この形態は 5-7 世紀にササン朝ペルシアで創造され（東博 1985, B. I. マルシャーク no. 149, 図版解説），やがて注口の先端部が筒型となり，後半部のみに蓋がつくように変化するのが，ササン朝ペルシア崩壊後の 8-9 世紀とされている（エルミタージュ美術

館 no. K3 5752, 東博 1985, no. 155)。

　この第1形式銀瓶の年代を示す良好な資料として，北周の天和4（569）年の寧夏固原県李賢夫妻墓から出土した鍍金銀壺（pl. 5-50a. b. 通器高37.5cm, 寧夏回族自治区博他1999, no. 75）があり，胴部に男女3組の人物群像図を打出し，頸部・脚部・同裾に連珠文をめぐらしたリング装飾がみられ，鴨嘴状の口沿，頂部に人頭文を付ける把手は，頸部と胴部を結び，その2箇所の接合部に獣頭を付ける（文物1985-11, pp. 1-16, 中国公司1988, no. 27）。これもササン朝ペルシアで製作されたと報告されている。中国における出土例は希少である。

　一方これらと異なる銀瓶第2形式として，把手が胴部から嘴状の口沿に取り付けられる形に変化し，卵形胴は同じであるが，脚部が直立し，ラッパ状に開き，リング状装飾はみられない形式である。この例として，ペルム州マリツエバ村出土の鍍金銀製有翼駱駝文瓶（pl. 5-51, 39.7cm, エルミタージュ美術館 no. S11, Маршак 1971, T7, 東博1985, no. 129）があり，胴部に打出された有翼駱駝文はソグディアーナ神のシンボルの一つであり，嘴状口沿に付く把手には，やはりソグディアーナ神の象徴である竜頭と3-5葉パルメット文が，胴部と脚部などにもパルメット文がみられる。本品は確実にソグディアーナの製品と考えられている。出光美術館蔵の女神図鍍金銀瓶（pl. 5-52　器高35.8cm, 出光・白鶴1976, no. 61）もこの形式に属する。水平に突出す口沿部，14の突帯を積み重ねる頸部，胴部には葡萄唐草文で縁取られた内に5人の女神像を，周囲には楽人・鳥獣・蓮華文などがそれぞれ打出し技法で造形されている。脚部は頸部と同様な突帯文をめぐらし，扇形に開く倒盤口状につくり，把手は胴部と口沿部を結んでいる[8]。

　この形式の年代を示唆する銀瓶が，内蒙古自治区赤峰区昭烏達盟アオハン（敖漢）旗李家営子のM1墓から出土している（pl. 5-53, 器高28cm, 考古1978-2, pp. 117-118, 内蒙古1983, no. 69）。無文であるが，喇叭状に開く脚部の裾に連珠文をめぐらし，口沿部に取り付く把手の先端に八字髭をたくわえ，短髪を後ろへ梳きあげた人頭部を貼付し，注口部にむかって稜をつけて細口にする。蓋は欠失しているとみられる。随伴する鍍銀盤が西安市何家村出土品に類似し，盛唐の年代を考えている。さらに，球形胴で喇叭型に裾を開く三彩弁口瓶の形に類似している銀瓶の例は少ないが，河北省寛城県大野峪村出土の，把手を欠損している銀瓶は，胴部は球形ではあるが，喇叭形の脚をつけ，遼代の製品と報告されている（pl. 5-54, 器高36.5cm, NHK大阪1992, no. 28）。

（5）銀瓶と鉛釉瓶との影響関係

　このソグディアーナ系の銀瓶と鉛釉弁口瓶・鳳首瓶との影響関係について考えてみたい[9]。

　鉛釉陶弁口瓶と鳳首瓶の中で，銀瓶と類似する要素がみられるものは，滄州出土（pl. 4-35）と故宮博物院蔵（pl. 4-34）の青瓷貼花文鳳首瓶である。すでに述べたように，全体の形姿，口径部，胴部貼花文，筒型脚部の形状，算盤玉状の装飾などは，寧夏回族自治区の固原県李賢夫妻墓出土の鍍金銀製把手瓶と類似している。しかし，李賢夫妻墓出土の鍍金銀製瓶の口沿部は，通常の注口形であり，鳳の嘴形とはいえない。その他の，例えばセンムルブ文鍍金銀瓶においても注口形は同様である[10]。

　年代的にも，すでに述べているように，その李賢夫妻墓の埋葬年である569年と上記青瓷瓶が北朝後半期の製作に関わるという推定と一致している。故宮博物院品の装飾をみると，腰に貼付されている摩尼宝珠文は，アシュモレアン美術館蔵の青瓷貼花文尊（ASM. 1956.964）の頸部貼花文や，鞏県第1窟平棊（東北隅）の石彫文様（中美全集1989, 72図）よりも精巧である。さらに，その裾にある刻花蓮弁文の中心部分にパルメット文を重ねる類似の意匠は封氏墓群，湖北省武昌県鉢盂山392号など出土の青瓷貼花文尊にみられるが，両鳳首瓶の肩部にみられる半パルメット文を片切り彫りにする技法は，封氏墓群例などの青瓷貼花文尊にはない。滄州品の複弁蓮弁文は封氏墓，ネルソン青瓷貼花文尊など同巧である（本書I-1参照）。こうした個別の

200   Ⅱ　隋唐白釉陶瓷の推移と三彩陶の形式

48. 金製瓶，エルミタージュ（東博 1985），49. 銀製瓶，エルミタージュ（東博 1985），50a. b. 鍍金銀壺，寧夏固原県李賢夫妻墓（寧夏博他 1999），51. 鍍金銀製有翼駱駝文瓶，エルミタージュ（東博 1985），52. 女神図鍍金銀瓶，出光（出光・白鶴 1976），53. 銀瓶，内蒙古赤峰区李家営子 M1 墓（内蒙古 1983），54. 銀瓶，河北寛城県大野峪村（NHK 大阪 1992），55. 56. ガラス弁口瓶，ペルシア出土（町田市博 1990）

pl. 5.　銀製・ガラス製瓶

施文の類似性を検討すると，青瓷貼花文尊・罐との個々の文様の共通性，器面全体を埋める華飾な製作意志の共通性を看取でき，この両鳳首瓶は，製作年代は北朝後半期と考える。

すなわち，資料は多くないが，銀瓶のなかに嘴形や弁口形のものは確認できない。言いかえれば，銀瓶では鳳などの鳥形を意識した造形意図はないといえよう。これに対して，鳳首瓶は第1形式の出発点からして盛唐期にいたるまで口径部を鳳首につくり，一方，弁口瓶は第1形式において，鶏冠と眼を配置する嘴形をもち，第3形式の盛唐期では単純な弁口形になり鶏頭の意識は衰えているが，バレルコレクションの三彩球形胴貼花鶏頭瓶（pl. 3-29）にみるように基本形は鳥形である。

重言すれば，鉛釉弁口瓶と鳳首瓶は，鳥形の造形意匠を終始保持しているのに対して，銀瓶にはそれが当初からみられない。すなわち両者の間に直接的な模倣関係はないといえるが，構成部位に類似した要素は認められる。連珠文装飾を頸部と脚部にめぐらしている点は顕著な類似要素である。あるいは第1形式の弁口瓶の把手先端に，人頭や猿猴などを指止めのような位置に貼り付けることは，李賢墓やアオハン旗李家営子M1墓などにみられ，銀瓶にもあることによって，両者に影響関係を認める根拠の一つとなってきた。この人頭などの把手装飾は，7世紀と推定されているペルシアガラス瓶にもあり（pl. 5-55, pl. 5-56，町田市博1990），こうした構成要素の個別な類似をもって，鉛釉瓶と銀瓶さらにはガラス瓶との間に影響関係を認めるのは，ミクロをもってマクロ化する誤りである。沈思すれば，北朝後半期を中心とした瓶などの銀器やガラス器に広範に使われていた先端的な装飾意匠を鉛釉瓶もまた採用していたのであり，それが上記の青瓷貼花文瓶2点に典型的に表現されていたと考えている。これら鳳首瓶は，ソグディアーナとササン朝ペルシアの両系統の銀瓶の形式を合わせもち，かつ南朝青瓷の施文技法をも一部に採用しているとみられるが，むしろ北朝陶瓷器としての個性が発揮され，新たに創造された独自の器形といえよう[11]。

[注]
(1) 白釉弁口瓶において，口沿部を鶏頭につくるものがあるのは，鳳首瓶などとともに中国陶瓷器における創意であろう。第2形式の銀瓶の口沿部がほぼ中央部で細くなるために稜がつき，三角形の側面観をもっているが，白釉品は，これを鶏冠に見立て，その下に眼を表現しているものがある。セェルニスキー美術館品では，三角形を削りだしその下に小さく重圏文をいれて眼を表現して，嘴状の注口部とあわせて，鶏頭を表現している。ギメ美術館蔵の緑釉弁口瓶の貼花蓮華文も，眼を表しているとみるが，多くの口沿部は無文であり，眼を表現したものは少ないが，鳥形の造形を意図している。ギメ美術館の緑釉弁口瓶は，深い緑色が器面をつつみ，頸部下は釉薬がたまって濃いめに発色して景色をつくる。その美しさは，類例に乏しいこととあいまって，本品の価値を一層たかめている。貼花文のうち，8弁蓮華複弁文は八重のように中房にも弁花をいれて二重にする。この形式の蓮華文は，麦積山石窟第122窟正壁右側脇侍菩薩の胸垂下飾，同第5窟左右壁脇侍菩薩の宝冠・耳飾などに同巧例がみえ，これらは隋から初唐に位置づけられている（中美全集1988, vol. 8）。初唐末から盛唐期では蓮華文の形状が変わり，例えば竜門石窟奉先寺西壁南側の普賢菩薩の瓔珞や，同北壁東側の天王像鎧の両胸の蓮華文は，内部は重圏文で外周の蓮弁は連珠文に変形している（中美全集1988, vol. 11, 図161・166）。
(2) 天理参考館所蔵の狩猟文鉛水瓶（器高29.7cm）の器形がこれらと類似しており，盛唐期と考えられている（天理1988, no. 61）。
(3) この内のno. 10907の胴部と肩部に貼付された宝相華文は，大宰府観世音寺出土の三彩三足罐の型くずれた状態で類似している。
(4) MOA品については，初唐を降らない時期に位置づけられている。故宮博物院の白瓷弁口瓶（李輝柄1996, no. 250）は，わずかに青みをおびた釉薬が，長く延びた脚部ま

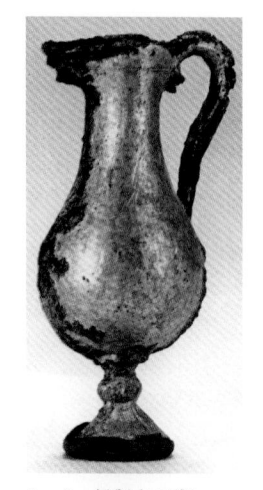

fig. 8. 鉛製弁口瓶
西安市国綿工54号墓
（陝西省考古研）

202　Ⅱ　隋唐白釉陶瓷の推移と三彩陶の形式

でかかり，五代と位置づけられている。
(5) 腰巻きをつけた裸形の力士の舞踏を，もともと拘尸那掲羅城の末羅族（力士族）による七日供養の伎楽にもとづくモチーフとする見方がある（井手誠之助「陸信忠考」美術史研究355, p. 86）。
(6) このパルメット文は，旧林原岡山美術館蔵の三彩三足壺の貼花文の一つとも同型とみられる。
(7) 狩猟文の意匠は，銀製八稜鏡のそれと同じであり，例えば西安市韓森寨出土品（兵庫県博1996, no. 87）では4人の騎馬狩人の間に桂花樹文を挟むが，扁平鳳首瓶の騎馬狩人の四周にも同一文様がみられる。
(8) 主文の女神像をササン王朝時代のイラン高原で崇拝されたアナーヒター（Anahita）女神であり，本品をササン朝ペルシア製とする意見がある（深井晋司1968, pp. 146-166）。
(9) これらの2形式の銀瓶について，すべてササン朝ペルシアの所産とされてきたが，後者はサマルカンドを中心におくソグディアーナ（粟特）地方の製品とする意見がある（Маршак 1971, 考古学報1994-2, pp. 173-189）。このマルシャークの説にたいして，異論も出されているようであり，B．П．ダルケビッチは，マルシャークがソグディアーナの銀器と考定した資料を再分類し，東北イランあるいはカザフスタン地方の製作と推定した。両者がソグディアーナの製品とみなしたのは，上記の鍍金銀製有翼駱駝文瓶である（田辺勝美1981, pp. 61-62）。これら銀器の生産地推定は本稿の目的ではないので，ソグディアーナ製品説の銀瓶の意味で使用して論をすすめる。
(10) 青瓷貼花文鳳首瓶の全体のプロポーションは，ササン朝ペルシア銀器，例えばセンムルブ文様鍍金銀瓶（エルミタージュ美術館，東博1985, 図79）に近く，口沿部を短く直立して嘴口につくり，頸部から長卵形の胴部への移行線，束状の脚部と，そこに巻かれたササン朝ペルシア系銀瓶に特有のリング状の突帯を，故宮博物院の鳳首瓶では粒の大きい連珠文で表現している。把手は両系統の銀瓶ともに板状が多いが，ブルンマー・コレクション（アメリカ）の青銅製瓶は螭竜様の動物形につくり（深井晋司1968, 挿図100），また把手を口沿部に取り付ける方法はソグディアーナ系の特徴である。銀瓶では胴部の対面した位置に，縄目文などで囲まれた開光部を設け，象徴的な意味を有する動物文などを施文し，その外の空間をパルメット文などで充填している。
(11) このことに関して，見落せないのは鳳首形の蓋であり，ソグディアーナやペルシアの金属器にはみられない，中国以外の地域では現出していない独自性である。こうした瓶と鳳首との結びつきについて「東南アジア方面から請来された天竺伎の楽器である鳳首箜篌の鳥首に想をえて，ガルーダと甘露の壺の説話にもとづいて創出された」とする見解（百田篤弘1994, p. 74）は，これに関するほとんど唯一の説明であり，非常に興味ふかく，正鵠を射ているようである。

　脚部に球形を付ける鉛製の弁口瓶もあり，盛唐期にも継続している。西安市東郊西北国綿工廠住宅小区54号墓随葬品がある（fig. 8, 陝西省考古研, no. 101）。

[English Summary]

Style and Chronology of the Sui and Tang Petal-Mouth Vase, Phoenix-Head Vase, and Silver Vase

Two distinct vase forms, the petal-mouth and the phoenix-head, made as white stoneware and three-color lead glazed ware respctively, can be considered representative of Sui and Tang dynasty ceramics. In this study, the vases are grouped according to shape and date, and their relationship to metalware is explored. Petal-mouth ewers can be divided into two types: those without necks, dating from around the first half of the seventh century (fig. 1), and those with necks, dating from the latter half of the seventh to the eighth century (fig. 7-10).

The former type resembles the Sogdian silver goblet (fig. 21), but the forming of the mouth into the shape of a chicken's head is original to the ceramic version. The rare type of phoenix-head ewer illustrated in fig. 24 resembles the silver vessel in fig. 25, and displays both Sogdian and Sasanian-Persian characteristics. It was produced earlier, during the Northern Dynasties period. The white porcellaneous ware in fig. 26 can be dated to the first half of the seventh century, as can the piece shown in Fig. 28, with its three-color glaze and areas of applied decoration. The pilgrim flask (fig. 30) was made between the end of the seventh and the first half of the eighth century.

5．隋唐扁壺の系譜と形式

　隋唐期の白瓷・青瓷・鉛釉陶の扁壺については，器形に大きな変化はないが，偏胴部の一部に奇異な文様があり，それらを西アジア的文化の影響と表現されているが，それが具体的に例証されたことはない。そこで扁壺の形式をさぐり，一部の文様に中央アジアのソグド系文化との類似性があることを検証したい。

1．隋唐以前の青銅製・陶製・青瓷扁壺

　扁壺の淵源は，戦国から漢代の青銅製扁壺とみられる[1]。短頸，偏円胴，方形脚台から構成され，胴部はまっ直ぐな平面をなし，遊環を付ける両側面と直角をなす。戦国期の天理参考館品（銀錯羽状地文銅扁壺，器高 31.1cm，水野清一他 1966，14 図）の文様は，レンガ積状に区切られた中に羽状獣文をいれ，漢代では，シカゴ美術館蔵品（鳳凰菱文青銅扁壺，1937.122，器高 22.5cm，大阪東洋 1989，24 図）は，胴部の桃形の帯文で輪郭された内に，菱形文と鱗状文を，頸部には鋸歯文と菱形文，その下に双鳥と双鹿文を鏨で刻んでいる。フリアギャラリー蔵品では金銀錯雲雷文（金銀錯雲雷文扁壺，no. 15.103，器高 31.2cm，Freer1967，図版 95）や，方形の脚を付ける扁壺（線刻文怪獣文銅扁壺，サックラーコレクション，器高 26.8cm，樋口隆康 1973，図版 77）がある。陝西・漢中市安中機械廠西漢墓 M1・M2 出土の蒜頭形扁壺 3 件（器高 24.4，最大胴径 24cm，考古与文物 1982-2，pp. 111-112，図版 12-15）も偏円胴，方形脚台であり，口沿を蒜頭形につくり，棕縄が脚部から両鋪首に結ばれている。

　これら胴部施文では，桃形（ハート形，中国ではこれを鶏心形と表現することがある）の輪郭内に施される例がかなり共通してみられる。例えば，西安市文物中心収蔵の鍍金扁壺（器高 17.5，口径 5.6，足径 10.6x5.5cm，考古与文物 1994-4，p. 4，図 1-11）は，戦国末期とみられ，直立した口沿を肥厚させ，胴部に二重に桃形突起をほどこす。陝西・宝鶏市盗掘収集の扁壺（器高 10.5，口径 3.6，最大胴径 10.8cm，考古与文物 1990-4，p. 19，図 2-5）も，扁円胴の両面に大きく桃形突起を型造りし，内側は無文である。山東・泰安市角峪出土で胴部に花葉文をいれている扁壺（器高 25.5cm，弥生博 1997，42 図）も，頸の下で交わる桃形の輪郭がみられる。

　これらの青銅器を模倣した陶製扁壺が漢代につくられている。青銅器のように胴部を平板に作るものとして，浙江・余杭県反山出土の青瓷扁壺（器高 28.5cm，文物精華 1992，15 図）があり，扁平な胴部に同心円を五重にめぐらし，波線文をいれ，方形脚台をつけ，縦系でもあり，青銅器の器形に近いが，この形は類例が少ないようである。陶器の成形に規制されて丸みをもつ形が多いようであり，甘粛・定西県巉口村 M1 墓出土の緑釉扁壺 2 件（器高 19，口径 7cm，考古与文物 1982-2，図版 9-1）は，直立した口頸部，両肩に長方形横系をつけ，泥質紅陶に緑釉をかけた型造りで，青銅器とは異なり丸みをもつ形につくるが，胴部には桃形突起をいれ，青銅器の模倣がうかがえる。遼寧・旅大市老鉄山西麓貝墓出土の灰陶扁壺（京大考古学研究室，器高 12.4cm，世界陶磁 1982，Fig. 112）は，横長胴部，長円形の台脚，口沿は直立肥厚，胴部にはこれもハート形に交叉する型押し文をいれる。

　つぎに，西晋代に越州窯を中心とした地域で青瓷扁壺がみられ，青銅器を継承している部分とともに，新しい装飾も現われている。年代の基準となるのは，江蘇・呉県獅子山 M1 西晋墓の「元康五年七月十八日」（295 年）銘磚墓出土の青瓷扁壺（pl. 1-1，南京市博物館，器高 25.6，口径 6.8，底径 13.0x20.1cm，考古 1963-6，p. 305，

図版 3-1, 南京博物院 1963, 144 図) である。直立した頸部から口沿に圏線をめぐらし, やや横長胴, 肩の左右に各 1, 胴部下に横方向に連系をつけ, 倒置元宝形の台脚でおわる。底内は露胎で褐紅色, 釉は淡緑色透明の青瓷釉で, 越窯産品であろう。施文は, 肩に印花菱形帯文を珠文帯文ではさみ, 胴部は桃形の輪郭線を珠文帯で飾り, 交係部に鋪首各 1 を貼付する。これを遡り, 呉の永安 2 (259) 年の磚地券をともなう南京市北郊郭家山 M7 号墓から類似品が出土しており (考古 1998-8, pl. 1), この形式が呉末にあることが判明している。

これらの紀年銘共伴品とよく類似しているのは, 1958 年に南京市栖霞山張家庫前頭山 1 号墓出土品 (考古 1963-6, p. 305) である。口頸部のつくり, 横系の配置, 横長の偏円胴, 裾拡がりの台脚など類似部分が多く, 印花文の配置と形態もよく似ており, 桃形の交点に貼付された獣面鋪首が倒置しているのが上掲品との少ない違いである。

以下に示す青瓷扁壺も, 器形はこれらと一致し, 横系の数と施文がわずかに異なるだけである。浙江・上虞市百官鎮出土の小型品 (浙江省博物館, 器高 12.8, 国家文物局 1995, 70 図) は, 印花の菱形文を珠文帯ではさむ円文を並列接合して桃形につくり, その結合上部に獣面鋪首を貼付している (繭山康彦 1973, 183 図)。故宮博物院蔵品は器高 14cm で台脚を付けない平底の器形とみられ (器高 14cm, 李輝柄 1996, 17 図), 施文も類似している。ボストン美術館・ホイットコレクション品 (no. 50.1047, 現在器高 22.2cm, Boston1964) は, 脚部が欠損しているが, 肩の印花施文は上記の南京・前頭山 1 号墓品などと同じであり, 胴部の桃形文の下辺を巻上げている点が異なる。

このように呉末から西晋の青瓷扁壺は, 漢代の緑釉扁壺の形態を基本的には継承しているが, 新たに印花文を肩・偏胴部・脚台に施文し, 漢代には見られない獣面鋪首を貼付し, 桃形の輪郭には新たに珠文帯でめぐらす装飾に注意しておきたい。これが, 隋唐期の扁壺の偏胴部の周囲に桃形にめぐらされる連珠文の淵源とみられるからである。この時期, 偏胴部に丸みの少ない器形も作られているようであり, 江蘇・金壇県白塔恵羣出土の青瓷扁壺は, 胴部に線刻で「紫是會稽上虞范休可作坤者也」「紫是浦土也」とあり, 浙江上虞窯の産品と考えられ (鎮江博物館, 中美全集 (上) 1991, 184 図, 器高 23.2cm), 上掲の余杭県反山出土の漢代の青瓷扁壺と同様に, 鼠形の系が縦方向に貼付されているが, 桃形などの印花文はここにはない。

2. 第 1 形式 – 白瓷扁壺

北朝から盛唐代の扁壺, いわゆる Pilgrim flask には, 白瓷・青瓷・褐釉・緑釉・三彩釉陶が確認でき, 以下に論証するように, 胴部形態にはおおきな変遷はみられず, 口沿形態の相違が時期の推移を示すとみられる。偏胴部の型押し文は, 多様のようにみえるが, これも整理すると, パルメット文・獣首文・胡旋舞文・鳥文・葡萄文・双魚文などに分けられ, 各々のなかで推移があとづけられる。そこで, 施文の違いを基本として, 器形と組み合わせて, 以下の形式に分類すると理解が容易になる。

第 1 形式は, 白瓷と白釉陶がほとんどであり, 撫肩で, わずかに縦長の偏胴に, 外反する口沿をもつ頸部と比較的低い高台をつける。この形式は, 双耳の形態と偏胴部の文様によってさらに二分できる。

第 1 形式 a とするのは, 肩には小型の釦状, ないし小型の横型の双系を貼付し, 胴部には五葉のパルメット文をいれる。ビクトリア・アルバート博物館 (V&A. と略記) 品 (pl. 1-2, C. 894-1936, 器高 35.6cm) は, 口沿部を欠損しているが, 全体に黄白色の玻璃質の透明釉がかけられ, 側面の釉だまりは淡緑色を呈し, 全体に細かい氷裂文がみられる。高台は均質に灰白色を呈し無釉であり, 化粧土がかけられていると観察する。外底は浅く, 幅広の高台が削り出され, 高台内側は赤みが周回し, 畳付きには焼成時に付着したとみられる炭化物が目跡状に数箇認められる。胎土, 釉調からみて, 白釉陶ではなく, 高火度白瓷と考えるが微妙な と

ころにある。施文は，垂下する五葉パルメット文が桃形の枠内に，浅く箆で刻まれる。これには系が付いていない。

これに類似しているのがボストン美術館品で（pl. 1-3, 器高 28.8cm, Acc. no. 50.1792, Boston 1964），口沿を外反し，小型のループ横系をつけ，V&A.品とほぼ同形の五葉パルメット文を倒置して，左右から半パルメット文で包む形をとり，全体の枠は桃形にしている。釉調はわずかに緑色をおび氷裂文のある透明釉で，高火度焼成品とみる。

これらの白瓷扁壷の年代について，一部で 10-12 世紀にさげる意見もあるが[2]，おおむね隋唐期とされている。従来，出土資料がなかったが，1990 年に，西安市熱電廠 M64 墓から発見された（pl. 1-4, 器高 26cm, 西安市文物保護考古研究所，考古与文物 1991-4, p. 75, 図 23-1）。これは，V&A.品よりも少し小型で，破面をみると焼成温度はやや低いようであるが，施文はきわめて類似し，五葉パルメット文が箆刻され，黄白色をおびた釉が厚めに施されているために明瞭さが少なく印花文のようにみえる。釉溜まりは淡緑色に呈発し，畳付きから外底は無釉であり，ピンクがかった褐白色軟質の胎土が観察できる。系の片方は欠損しているが，胴部はいわゆる鶏心形に作られている。

この M64 墓には紀年銘資料を伴っていないが，青瓷四耳盤口壷（器高 41.4cm）が共伴している。これは胴部および頸部の太さからみて，壷であり，盤形口沿は，その中位で鋭く反転した形を呈し，頸部・頸肩交接部・肩部に突帯文がめぐり，胴部は膨らみのある球形を呈し，腰をしぼり，平底におわる。細かい開片をみせる光沢のある青瓷釉は黄緑色を呈し，下半部までかけられ，外底には 8 箇の乳釘（目跡）が不規則にのこる。これに最も類似しているのは，開皇 20（600）年に葬られた安徽・亳県の王幹墓出土品（器高 32.4cm，考古 1977-1, 図版 12-2）である。肩に突帯文を貼付し，尖端形の縦丸四系をつけ，上記壷と類似した形の盤口をのせている。釉薬も流し掛けである（本書 I-2 参照）。したがって，この M64 墓は，隋代の 600 年前後の造営と推定でき，この形式の白瓷扁壷の年代の一点が推定できる。

パルメット文の陶瓷器への施文は，6 世紀代にみられ，このような整った形式は初唐まで下げる資料もなく，細かな年代幅は設定できないが，M64 墓の年代と矛盾するところはない。桃形に枠取りする意匠は，すでに注意してきたように，漢代の青銅器・陶器，呉・西晋代の青瓷に共通しており，これらの白瓷においても，それを継承している点は十分に注意されよう。

同じくパルメット文をいれるギメ美術館蔵の緑釉扁壷（pl. 1-5, EO. 2933, 器高 19.8cm, 陶磁大観 1975, 5 図）は興味ふかい。胴部の文様は，上記白瓷品と類似するパルメット文であるが，周囲に連珠文が桃形枠取りにめぐらされている。器形は，撫肩ではなく，やや横広胴で，角形の横系がつけられ，直立する頸部から口沿は折り返したような形で肥厚させている。施文をのぞいて，器形は次にのべる第 2・3 形式である。施文のなかでも，パルメット文の周囲に計 5 箇の蓮華文がみられ，これも第 2 形式の故宮博物院品，第 4 形式のシカゴ美術館品などに共通していることも看過できない。いわば，第 2 形式とそれ以下の形式をつなぐ存在であり，肥厚する口沿の形態からみて，7 世紀中葉前後の年代を想定したい。

第 1 形式 a の扁壷は，漢代の青銅器および陶器，西晋代の青瓷扁壷の形態を継承している部分が少ない。すなわち，横長の胴部を縦長にし，口沿を直立から外反形にし，大きく扇形に開く高台を低くし，胴部にはパルメット文を大きく配置するなど，相違する点が多い。しかし，横系を貼付することと，胴部施文の輪郭を桃形にする事，とくに後者は，漢代以来の意匠をここでも根強く継承しているが，桃形輪郭線に連珠文つけることは消去されている。

この第 1 形式 a の扁壷は，白瓷という新しい素材を得て，漢代以来の扁壷の形式から脱し，新鮮な感覚をもって，隋代に創造された器形といえよう。さらに注意されるのは，こうした白瓷扁壷を継承する器形は，

以下に論ずるように，盛唐期には姿を消し，高火度の飴（褐）釉と低火度の鉛釉において，形式を模倣した残滓がみられるにすぎないことである。

第1形式ｂとするのは，同じく外反口沿，撫肩の杏葉状であるが，両肩にやや簡略化した葉文形系を付け，胴部にはパルメット文ではなく，獣首文を型押ししている。ほぼ同型の白瓷品を3点確認できる。そのなかで，大業4（608）年に葬られた西安・李静訓墓出土の白瓷扁壺（pl. 1-6，器高8.8cm，中国考研1980，p. 15，図版18-1）は，耳を立て，怒髪を付した憤怒相の獣首の正面観が型押しされ，その口の左右は忍冬葉を衡む形のようであり，その外周に珠文各10箇をめぐらした頂に心形を配し，全体として桃形につくる。青みをおびた釉は氷裂をみせ，脚部の上までかけられ，外底は浅く抉る仮圏足につくる。露胎の脚部の胎土をみると必ずしも高温に上がっていない。器高8.8cmの小型の明器品である。

上海博物館品（pl. 1-7，器高8.7cm，汪慶正1991，80図）が，大きさ，釉調，施文もこれとほぼ一致しているが，桃形頂部がやや型くずれ状に不鮮明になっている。ロイヤル・オンタリオ美術館品（pl. 1-8，no. 922.20.10，Mino. Yutaka1974）は，口頸部を欠損し，不正確に後補している。印花文は鮮明であるが，桃形の頂部が李静訓墓品と異なる。これら3点はいずれも小品であり，同笵ではないが，相互にきわめて類似している。

この第1形式ｂも，李静訓墓例を基準にすると，ａと近い隋代の年代が想定でき，口沿形態が共通した指標となり得る。

このｂ形式の獣面文は抽象化されているが，徐氏芸術館の青瓷獣面文扁壺（pl. 1-9，器高20.5cm，徐氏芸術館1993，65図）は，上記3点にくらべて大型であり，青瓷釉の相違があり，やや異質であるが一応ここに記述する。迫力をもつ憤怒獣面文を型押し，牙の間から五葉パルメット文を垂下させ，第1形式ａとの関連をうかがわせ，左右にも半パルメット文を配している。しかも桃形に近い輪郭をつくり，双系は，下記のボストン美術館蔵の胡旋舞文緑釉扁壺と同じくパルメット文を明確に型造りし，第2形式以下との関連性をうかがわせ，北斉まで遡る可能性がある。

もちろん盛唐になっても憤怒の獣面文は，三彩扁壺としてつくられている。蘇州市磚瓦廠の出土品（器高7.8cm，考古1986-9，p. 860）は，憤怒の形相の獣面文であり，ほぼ同じ施文が個人蔵の2例（器高5.3cm，水野清一1965，グラビア4図下，器高7cm，Menten1948，no. 88）にある。これらはいずれも器高が8cmにみたない矮小化した小型品である。

3．第2形式－胡旋舞文の扁壺

第2，3，4形式の扁壺は，ほぼ共通した器形と双系をつけるが，主として偏胴部の文様によって，3形式に分けたほうが理解しやすい。これらの器形に共通しているのは，胴部最大径を中位ないしやや下半におき，短く直立する頸部から口沿部を肥厚させていることである。その肥厚部分が小さい形から，約2cmまで肥大させる形に変移し，かつ蒜頭口も出現させる。双系はパルメット形を貼付し，盛唐期に入ると簡略化する傾向性がうかがえる。施文で共通しているのは，偏胴部に桃形などの，その多くは連珠文で縁取りした輪郭線をめぐらせた内に型押し文をいれる点である。

第2形式とするのは，胡旋舞文扁壺である。緑釉・黄釉・三彩の鉛釉と，白瓷，青瓷がある。よく知られているように，河南・安陽の北斉范粋墓（武平6・575年葬）出土の黄釉楽舞文扁壺4点（pl. 1-10・11，器高20.3cmなど，河南博物院，中国国家歴史博物館蔵，文物1972-1，pp. 47-57，図版7）が基準である。4点のうち2点は頸部など欠損している。偏円胴の最大径を下半におき，短い頸部から口沿は0.8cmほど小さく肥厚させる。系を側縁と連続させてつくる点は，武平7（576）年の河北・磁県の高潤墓出土の緑釉扁壺（器高12.5cm，考

古 1979-3, pp. 235-243）が，器形とともにこれによく類似している。しかし，この形の系は，この形式の他のほとんど全てと異なる。

型押し文をみると，中央の蓮座の上で踊る1人の小さな人物は，右の手足をあげ，左足を軸として腰を回転して，顔を反転する動的な姿が表現され，周囲の楽人の服装とは異なり，舞女であろう。その右側に舞手と目をあわせて，双手をあげて手拍子をとる人，横笛をふく髭をたくわえた男性が表現され，この横笛は岑参の詩に「君聞かずや，胡笳の声最も悲しきを，紫髯緑眼の胡人吹く」とある胡笳（蘆の葉を巻く笛）に相当するのであろう。舞女の左側には，紐で結ばれた鏺を叩く人と，五弦琵琶の弾奏者がいる。いずれも高鼻深目で，襟を折り返し，袖をしぼる長めの胡服をつけ，腰に帯をしめ，長靴をはく，胡人の様相である。楽舞文の上に五

fig. 1. 石刻胡旋舞文，寧夏・塩池県唐墓（文物 1988-9, 陝西博 1990）

葉パルメット文が左右の半パルメット文にはさまれ，頸部には連珠文がめぐっている。これらの范埣墓出土で，河南博物院と中国国家博物館にそれぞれ保管されている計4点の施文扁壺は同范と観察できる。

これは，健舞曲のなかにある「胡旋舞」あるいは，これに近いとみられる「胡騰舞」の情景を表しているとみられる。胡旋舞は，飛旋急転する舞いと，鞠上で急急転旋するものとがあり，胡騰舞も跳躍的な舞踊であるが，両者の違いは具体的には明らかにしえない。胡旋舞では，2から4人の乙女が舞い，笛・鼓・銅鏺などの7人の奏者に，琵琶・箜篌などの弦楽器も加わっているとみられる（石田幹之助 1967, pp. 25-43），この場合の「胡」はソグドの地，すなわち康国（Samarqand），米国（Maimargh），史国（Kesh），倶国（Kumedh）であり，胡地に由来する舞である[3]。寧夏回族自治区・塩池県唐墓の墓門（文物 1988-9, p. 54, 図 24.25, 陝西博 1990, 187図）に刻まれた胡旋舞にその情景がみられ，小さい花氈の上で回転する様が表現されている（fig. 1）。さらに，開元9（721）年建立の西安・興福寺碑の側面（王羲之書大雅集字，碑林博物館，毎日新聞社 1980, 55図）には，蓮華文の上で舞う姿が表現されている。

これらに型押し文が類似した緑釉の小型例がある。ボストン美術館品（pl. 1-12, 器高 13.4cm, ACC. no. 50.883, Boston1964, no. 83）は，口沿を短く折り返し，系は五葉の明瞭なパルメット文につくる。楽舞文は，范埣墓例とほとんど同型といってよいほど類似している。しかし，楽舞人の上にパルメット文がなく，鋭い輪郭線にし，頸部に連珠文がない点が異なる。もっとも頸部の連珠文は，范埣墓品以外では少数例である。

楽舞文ではあるが，上記品と意匠が若干ことなる緑釉と褐釉品がある。寧夏回族自治区固原県糧食局宿舎建設で出土した緑釉品（fig. 2, 現高 11cm, 固原県文物管理所，文物 1988-6, p. 52）は頸部を欠損しているが，連珠文をいれた桃形輪郭線をつくり，その頂部に五葉パルメット文をつけ，楽舞文を型押しする。中央の舞者は，半パルメットを両側につける蓮華座の上で踊り，両側に手拍子の人，その上下四人は，弾琵琶・吹笛・撃金友・弾箜篌[4]の胡人であり，いずれも蓮華座に跪坐し，隙地には1+8弁蓮華文をいれる。

固原県出土品の類似例は，故宮博物院蔵の黄釉品（中華国宝 1998, p. 49），BM.（pl. 1-13, OA1949.10-10）にも類似の緑釉楽舞文品がある。奇異な人物像が表出されているリーズ博物館蔵の緑釉扁壺（pl. 2-14, Leed, no. d-2, 器高 13.2cm）も楽舞文とみる。右向きの横顔，右手は踊るよう

fig. 2. 緑釉胡旋舞文扁壺，寧夏・固原県糧食局宿舎（文物 1988-6）

に挙げ，伸ばした左手の先に容器を持ち，足は立て膝をしている。人物の左右には，周囲に珠文を大きく回し，中心に蓮華文をおき，珠文の蓮華文も配し，頸部にも珠文でうめている。これら小型品は，口沿部の折り返しの幅が，范粋墓・ボストン品に比較して，やや広くなっていることを注意したい。これは他の形式にも共通する傾向性であり，のちの三彩陶ではかなり肥厚がみられる。同じ楽舞文ではあるが，北斉末から，おそらく初唐の間で，少しずつ口沿部が変化し，盛唐では肥大化しており，ここに年代の推移が読み取れる。

4．第3形式−鳥・竜文扁壺

第3形式とするのは，偏胴部に鳥・竜文などを型押した緑釉・褐色青瓷釉・白釉の一群である。双竜文などをこの形式に含めるのは，器形はもとより，主文を囲む輪郭線が共通する点にある。

ベルリン東アジア博物館緑釉品（pl. 2-15，器高18.5cm, Inv. Nr. 1958-6, Berlin-Dahlem, no. 53, 1970）の特徴は，小型で肥厚した口沿と，第2形式よりも裾を高く広げた高台をもち，パルメット形の系をつけ，口沿に連珠文をめぐらす。頸部には蓮華文・鶏心形文・パルメット文をいずれも印花し，高台にも波線文の間に印花パルメット文をいれる。連珠文で縁取りされた枠内の主文は，羽根をひろげた1羽の怪鳥が双頭の蛇形竜をくわえる図であり，その周囲に大柄な花文1，丸文3，方形文4などを配している。

この主文意匠については，鳳凰文とする説明や，イラン系の怪鳥とし，パルメット形系とあわせて，非中国的なものとする見解があるが，これは金翅鳥（迦楼羅, garuda, suparna）と考える。金翅鳥は，インドの神話では火・太陽を神格化したもので，竜を常食とし，姿は鳳凰のように美しく，鳥王とされ，大乗経典では天・竜・阿修羅などとともに八部衆の一とされている[5]。上掲品で鳥がくわえているのは，蛇のように見えるが，頭部は竜形につくられており，蛇身双頭竜である。

新彊維吾尔自治区・キジル石窟において金翅鳥は，窟頂中軸帯に，日天・月天・風神などとともに天象図の中央部に描かれ，人頭鷹身，双頭双身鷹形，鷹形の3種があり，いずれも双頭蛇形竜を口にくわえる姿に表される（キジル石窟第34, 38, 167窟窟頂，キジル1983-85）。クムトラ石窟第23窟の主室窟頂中軸帯の天象図（pl. 2-16，クムトラ石窟第23窟天象図，第46窟の窟頂，クムトラ1985）では，日天・飛鳥二羽と，口に双頭の蛇形竜をくわえ，飛翔する金翅鳥が描かれている。また第46窟の窟頂中軸帯にも，日天・人頭鳥身で2匹の蛇形竜をくわえた金翅鳥・風神・立仏2・月天の順に並べられている。

このように金翅鳥の表現は種々あるが，上記扁壺の怪鳥は，蛇形竜をくわえたまさにこの金翅鳥である。さらに，看過できないのは怪鳥の周囲にある印花文である。一見空間をうめる文様にすぎないようにみえるが，異なる4種類である点に意味がある。ベルリン品の左下の大型花文は日天を，左上に月天を，他の円文・方形文は星座を表現していると考えられる。類似の意匠例として，トルハン・アスターナ出土の伏羲女媧絹画（読売1979, 113図，吐魯番1995, 351-355図）では，伏羲女媧氏の蛇身の上下に太陽と月を，周囲に丸文を星座様に長方形につないで天空を表している（fig. 3）。この扁壺の4種類の印花文も同様な意味を考えたい。石窟の開鑿年代考定はかなり難しいようであるが，キジル第167窟は4から6世紀前半，クムトラ第23窟は，600年前後とする見解がある。

偏胴部に竜文を印花するものがあり，輪郭の形状と印花文をいれる点で上記2点の金翅鳥と類似している。すなわち出光美術館蔵（pl. 2-17，器高20.4cm，浦上満1991, 1図）と，MOA美術館蔵の白釉双竜文扁壺（器高16.5cm, MOA1982, 12図）は，

fig. 3．伏羲女媧絹画，トルハン・アスターナ（読売1979）

5. 隋唐扁壺の系譜と形式　209

1. 青瓷扁壺（南京博物院 1963），2. 白瓷扁壺，V&A.，3. 白瓷扁壺，Boston Museum（Boston1964），4. 白瓷扁壺，西安熱電廠 M64 墓（考古与文物 1991-4），5. 緑釉扁壺，Guimet（陶磁大観 1975），6. 白瓷扁壺，西安・李静訓墓（中国考研 1980），7. 白瓷扁壺，上海博物館（汪慶正 1991），8. 白瓷扁壺，Royal Ontario（Mino. Yutaka1974），9. 青瓷獣面文扁壺（徐氏芸術館 1993），10. 11. 黄釉楽舞文扁壺，范粋墓（文物 1972-1），12. 緑釉楽舞文扁壺，Boston Museum（Boston1964），13. 緑釉楽舞文扁壺，BM

pl. 1. 隋唐扁壺（1）

210   Ⅱ　隋唐白釉陶瓷の推移と三彩陶の形式

14. 緑釉扁壺, Leed Museum. 15. 緑釉鳥文扁壺, Berlin-Dahlem(Berlin-Dahlem1970). 16. クムトラ石窟第23窟天象図（クムトラ1985）. 17. 白釉双竜文扁壺, 出光美（浦上滿1991）. 18. 緑釉蟠竜文扁壺, 出光美. 19. 緑釉人物文扁壺, BM. 20. 褐釉葡萄文扁壺, Chicago Art(大阪東洋1989). 21. 褐釉葡萄文扁壺, V&A.(陶磁大観1975a). 23. 三彩葡萄文扁壺, Royal Ontario(Pradon. M. 1961). 24. 三彩葡萄文扁壺, Den Haag(Jansen B1976)

pl. 2. 隋唐扁壺 (2)

5. 隋唐扁壺の系譜と形式　211

22. 緑釉葡萄文扁壺, 陝西合陽県井郷（陳安利他 1998), 25. 三彩胡人馴獅文扁壺, 洛陽電話設備廠墓（孫新民他 2004), 26. 三彩胡人馴獅文扁壺, Chicago Art(大阪東洋 1989), 27. 三彩葡萄文扁壺, Boston Museum(Boston1953), 28. 褐釉葡萄文扁壺, 黒川古文化研究所, 29. 褐釉葡萄文扁壺, BM, 30. 藍釉鳳凰文扁壺, 上海博物館, 31. 三彩葡萄文扁壺, 蘇州婁葑郷唐墓（考古 1985-9), 32. 三彩唐草文扁壺, Bristol Museum, 33. 三彩葡萄唐草文扁壺, BM., 34. 緑釉葡萄文扁壺, BM., 35. 三彩葡萄文扁壺, 江蘇連雲港（南京博物院 1963)

pl. 3. 隋唐扁壺（3）

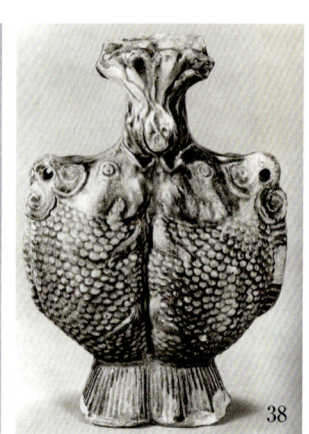

212　Ⅱ　隋唐白釉陶瓷の推移と三彩陶の形式

36. 三彩双魚文扁壺，咸陽・南里王村 M26 墓（兵庫歴博 1996），37. 三彩双魚文扁壺（個人蔵），38. 三彩双魚文扁壺，永青文庫（水野清一 1977），39. 三彩魚型扁壺，山東青州市（山口県美 1986），40. 三彩魚型扁壺，揚州唐城（名古屋市博 1981），41. 三彩魚型扁壺，V&A.，42. 青釉人物文扁壺，太原玉門溝（山西陶瓷 1984）

pl. 4. 隋唐扁壺 (4)

対面する竜と，その間にパルメット文・蓮華文・同心円文などを挟み，頸部には鶏心形文，脚部には複線波文をいずれも印花技法で配している。MOA 品では頸部には獣面文をつけ，胴部主文は出光品と類似し，脚部には印花同心円文をめぐらしており，この 2 点はベルリン品などと同巧である。

さらに出光美術館蔵の緑釉蟠竜文扁壺（pl. 2-18a. b., 器高 19.7cm）もこの系列に属するとみられ，胡人とおもわれる鬚をたくわえた男性を頸部に貼り付け，小型蓮華文帯・連珠文・蓮華文の輪郭内に蟠竜を配している。これらの全ての口沿の折り返しが相対的に狭く，同時代性をうかがわせる。こうした 2 群の扁壺の文様は，金翅鳥を原形として，その一部を抜粋した形で文様を構成したと考える。

BM. 蔵の緑釉人物文扁壺（pl. 2-19, OA1936.10-12.3）は，全く異質の文様にみえるが，上記品と口頸部，パルメット文系，高台の形状，および偏胴部の輪郭線が類似しており，さらにその空地の印花六弁蓮華文は，上掲のベルリン博物館などの緑釉品と共通している[6]。主文は 2 人の人物で，向って右には膝上に琴を抱えて弾じ，それに対面して，左手に杯をもち立て膝の人物であり，いずれも顔に髭と鬚髯をたくわえている。型押し後に箆刻されている。

この人物文で想起されるのは，竹林七賢図であり，南京西善橋南朝大墓出土の磚（文物 1960-8.9 合刊，p. 36，中美全集 1986，98 図，名古屋市博 1981，63.64 図）を参考にすると，弾琴するのは嵆康で，酒杯をあげているのは阮籍あるいは山濤とおもわれる[7]。よく知られているように，正倉院北倉に蔵する金銀平文琴（正倉

院 1994, p. 268) の頭部に, 類似した竹林七賢図がみられ, 胴内銘から唐の開元 23 (735) 年に唐で制作されたと考えられる。

その他にも酒杯をかたむける意匠があり, テンプル・ニューザムハウス博物館蔵の緑釉扁壺 (no. d-2, 器高 13.2cm) は, 輪郭のつくりと, 左右の蓮華文の意匠は, 上記の BM. 品と類似している。右手に酒杯をもつ人物が, 踊るかのごとき足の動きをしており, 胡飲酒図であり[8], 口沿を厚く肥厚させ, 輪郭線を印花円文ではなく, 珠文帯にし, 魚子文を密にいれている点で後出であり, 盛唐までさがると推定する。

5. 第 4 形式 – 葡萄文扁壺

連珠文の桃形の枠内に, 葡萄唐草文を共通要素として, 中心に舞楽・獅子・鳳などを組み合わせる施文である。褐 (飴) 釉陶と鉛釉陶がある。

第4形式a とするのは, 高火度の褐釉がかかる扁壺である。胴部最大径をほぼ中位におき, 偏胴部の中心に楽舞の人物をいれるが, 全体に煩瑣なまでに葡萄唐草文などでうめ, 楽舞文と組み合わせるところに, 文様の特徴がある。形式的に先行するのはシカゴ美術館蔵の褐釉品 (pl. 2-20, 器高 24cm, no. 1924.270, 大阪東洋 1989, 47 図) である。中心に垂下する束パルメット文をはさんで, 左に舞者が, 右に楽人が, ともに蓮華座の上に立つ形姿である。

女性かとみられる舞者は, 半裸で肩に領布が掛けられた童女のようである。楽人は, 前面と背面では顔の向きが異なり, 横笛と竪笛の違いがあり, 肩から垂らされているのは頭巾か, あるいは長い黒髪であろうか。正倉院中倉に蔵せられる蘇芳地金銀鼓楽絵箱 (正倉院 1988, 88 図) の蓋表に, 宝相華を背景として, 蓮華座の上で片足を軽く浮かせ, 領布を飜がへして舞う童子を中央に表し, その前で花座の上に胡座して鼓を打つ童子, 同じく花座の上で竪笛をふく童子を左右に配する金銀泥で描かれた文様があり, これと類似した要素がある (fig. 4, pl. 2-20 部分)。

つぎに興味ぶかいのは, 全体をしめる葡萄唐草文が, 下辺の 2 頭の舌を出した獅子の口から吐き出されたモチーフである[9]。獅子と葡萄唐草文の組み合わせ例は, 正倉院中倉の沈香金絵木画水精荘箱 (正倉院 1988, 65 図) の床脚に象牙の透し彫りで, 鳳凰などとともにみられる。この扁壺の両端には下向きの竜文があり, 空地を 9 弁の蓮華文 4 でうめ, これらすべてを, 上辺に珠文, 下辺にパルメット文をおき, 連珠文でつづり桃形にして囲尭する。隙間に配された蓮華文は, すでに見てきた形式に共通している意匠である。

連珠輪郭文は他の形式にもみられ, これを皮袋の鋲文の形態模写とする安易な見方があるが, 草原民族 (アルタイ人) の民具例 (草原のシルクロード展 1981, 210-213 図, 皮革製容器, 19-20 世紀) においても鋲文は見出せず, ま

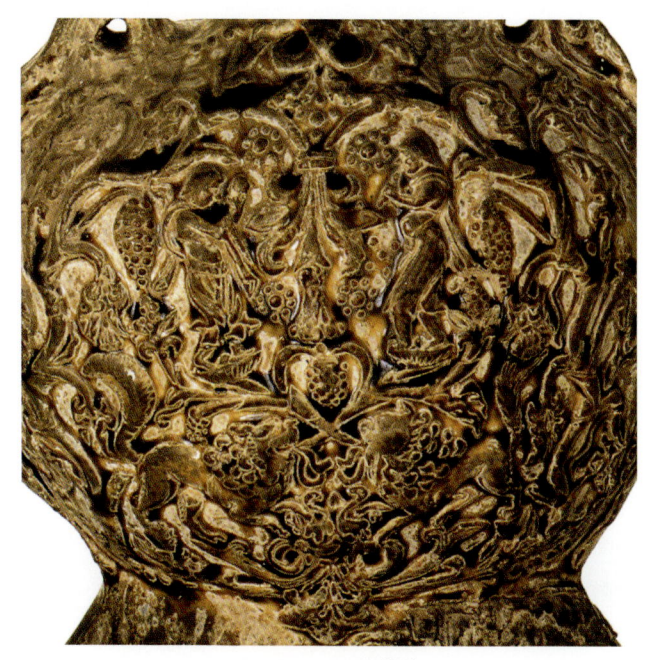

fig. 4. pl. 2-20 部分

た実用的にも鋲は不適であり，西晋代の青瓷などにみられる桃形連珠文の遺制とみる。

シカゴ美術館品と類似しているのが，V&A.（pl. 2-21, C. 432-1920, 器高 21.5cm, 陶磁大観 1975a, 16 図）と，ギメ美術館（器高 25cm, Guimet1987, p. 46）にあり，いずれも褐釉であるが，唐草文はやや硬化している。シカゴ美術館品と比較して，V&A. 品では，楽舞文は非常に類似し，ほぼ同一のポーズをしているが，獅子および竜文は消え，葡萄唐草文は同根から全体をおおうが，文様は花唐草文に変わり，輪郭連珠文も略されている。双系は明解なパルメット形をなし，シカゴ美術館品よりも型が良いが，口沿部の折り返しが厚唇になっている。ギメ美術館品は，文様にシャープさを欠いているが，楽舞文は前二者と類似し，唐草文が連珠枠文内に入れられている。河北・内丘県邢窯跡から出土した黄釉扁壺（器高 21cm, 文物 1987-9, 彩色挿頁上）の施文・法量がこれによく似ている。生産窯の一点がこの窯にあることは確実である[10]。

これら三者に共通する器形の特徴は，口沿部に 2.5cm ほどの肥厚部をもつ形態になっていることである。シカゴ美術館品もその傾向があるが，他者と比較するとまだそれほど顕著ではない。この口沿の肥大化は，以下の緑釉品から三彩陶になると，施文の簡略化と並行して，一層顕著となる。

この複雑な文様から舞者一人を抜き出し，周囲に宝相華唐草文を配し，珍珠文の地に施文するタイプが三彩を主として少数の緑釉陶にある。緑釉陶例として，ギメ美術館品（EO2435, 現高 14.0cm, 陶磁大観 1975-1, 単色図版 18 図）は頸部を欠損しているが，偏胴部に童女かとみられる 2 人が，小型の花氈の上で片足で旋回し，天衣様の領布を頭上に翻して舞う姿が写され，簡素化されてはいるが宝相華唐草文が，両側から被っている[11]。この文様は，三彩陶の多くに引き継がれ，あいかわらず桃形の輪郭線はここでも生きており，陝西・合陽県井郷出土の緑釉品は，ギメ美術館品と類似しており，高台に唐草文を型押ししており，第 3 形式 a の緑釉品などと共通している（pl. 3-22, 陳安利他 1998, pp. 48-49）。

この文様の三彩陶では，ロイヤルオンタリオ美術館品（pl. 2-23, 器高 12.5cm, Pradon. M1961, 106 図）のように肥厚した口沿形と，高台を大きくする器形とともに，蒜頭口につくるハーグ美術館品（pl. 2-24, ハーグ美術館, OC. 2-1928, 器高 16.3cm, Jansen B1976, 49 図）がある。出土例では，洛陽市文物工作隊が 1998 年の調査で洛陽市電話設備廠 C5M1045 盛唐土洞墓を検出し，三彩胡人馴獅扁壺が発見されている（pl. 3-25, 中国文物報 1998 年 10 月 14 日, 孫新民他 2004, no. 80）。葡萄唐草文が宝相華唐草文に変わり、地文に珍珠文をいれる共通した特徴が出現してくる。シカゴ美術館蔵品（pl. 3-26, no. 1941.623, 器高 19.0cm, 大阪東洋 1989, 53 図）では，上記品と類似した舞人の右に，走駆する雄獅子に跨がるような人物が型押しされている。開元 9（721）年建立で，唐僧の大雅が王羲之の字を集めて刻んだ興福寺碑の側面に，獅子に跨がる胡人と，その上に胡旋舞が唐草文のなかに表現されており，その組み合わせと同一意匠である（張鴻修 1998, no. 41）。ロイヤルオンタリオ美術館，シカゴ美術館，ハーグ美術館の各蔵品，および洛陽市 C5M1045 墓品は，胴部の文様はおそらく同范と観察でき，この意匠が大量に生産されたことを物語る。この形式は，第 2 形式の胡旋舞文の省略形とも考えられるが，ひとまずこの葡萄文形式に含ませておきたい。

上記の施文と少し異なる三彩陶例として，ボストン美術館蔵品（pl. 3-27, 器高 20.5cm, Boston1953, 40 図）は，パルメット文でかこまれた内に，ふくよかな形姿の女性が左手に酒杯をかかげ，右手は丸椅子にもたれている。個人蔵（器高 18.8cm, 水野清一 1965, 単色 4 図）は，花文の上の舞者と金鐃を叩く人を配し，別の個人蔵の小型品（器高 5.2cm, 水野清一 1977, 挿図 22）は，唐草文の間に，琵琶と笛の人物を配する楽舞文であり，いずれも胡旋舞文の系譜にあると考えるが，葡萄唐草文と組あわさるところに時代の推移をみる。これら三彩陶は，かなり大型の肥厚した口沿につくり，高台を高くする器形の共通した特徴をもっている。同じく胡人が踊る文様のテンプル・ニューザムハウス博物館蔵の緑釉品（器高 13.2cm）も，モチーフはここにはいる。

扁壺における蒜頭口は，後述の第 4 形式 c や第 5 形式にもあり，盛唐期になって三彩陶扁壺と結びついて

出現したと考える。この形態は，第5形式の双魚形扁壺に多いので，昇滝の鯉魚とむすび流水の表現とする見解もあるが，このような楽舞文でも見られるわけであり，それは考えにくい。のちにも触れるが，蒜頭口は，漢代の青銅扁壺にもすでにみられ，形状から推定すれば，蓮実をつつむ蓮弁形が自然な解釈であろう。

第4形式bとするのは，偏胴部に，鳳文と葡萄唐草文と結合した意匠であり，連珠桃形の輪郭，パルメット形の双系は，上記第4形式aと類似し，褐釉品では，釉調や胎土も近く，同一窯の産品の可能性がある。口沿は厚くつくり，褐釉と三彩陶があり，これも三彩陶になると口唇部が肥大化する。

黒川古文化研究所蔵品（pl. 3-28，陶102，器高21.9cm）とBM.品（pl. 3-29，OA1936.10-12.253，器高23.4cm）は，釉薬が厚くたまる箇所や欠損部などの不明確な部分もあるが，同じ笵型でつくられたと認定できる。飴色に呈発する高火度の青瓷釉，脚より上部は化粧がけされ，緑黄色，釉溜まりは濃黄緑色のガラス質であり，釉の剥落箇所が多い。外底は褐灰色を呈する露胎であり，BM.品では焼成時の残滓がほぼ全面にみられ，正立しがたい。

珠文を桃形につないだ輪郭の中央から小型のパルメット文を垂下させ，その上にやや大きな珠文1をつける意匠は，上記の第4形式aのシカゴ美術館品などと一致する。枠内の鳥は，右脚をあげて飛翔せんとする鳳文とみられる。左右対称に配された葡萄文は，3回転の茎の左右に，萼をもつ葡萄房，茎から小さく巻く蔓，9弁の花文と，分枝部にはこれを扇形にのぞかせ，この9弁花はaのシカゴ美術館品でも中央に並列している。葉の表現はみられない。類品として，メトロポリタン美術館（no. 26.292.44，器高21.9cm，Mowry. R. D1996，p. 83），天津市芸術博物館品（器高20.5, cm，天津市芸術博物館蔵瓷選集）に褐釉品があり，文様はよく似ているが，上記2点と比較すると施文が不鮮明であり，シャープさにかけ，輪郭の連珠文数も異なる。

これらを簡略化したとみる三彩陶の遺例として松岡美術館品（器高18.7cm，松岡1991，27図）があり，口頸部を筒状に肥厚させ，パルメット文の耳はかなり変形している。珍珠文を地文として，中央は翔鳳文であり，両側からかこむ唐草文に葡萄はみられないが，萼の上に扇形花をかさねた空想花は，ペリオが敦煌石窟より将来した錦断片に（ギメ美術館），葡萄唐草文と組み合わされ，かつ翔鳳文もみえる[12]。他に鳳凰文で藍釉の多い小型品（pl. 3-30）が上海博物館暫得楼コレクションに，同じく器高5cmにも満たない三彩品で鴛鴦文（ブリストル市立博物館，N2385，器高6.9cm ）もある。さらに，この翔鳳文は，白釉および三彩鳳首瓶のなかにほぼ同一意匠の文様がみられるのを注意しておきたい。

第4形式cとするのは，三彩陶で，偏胴部の施文に葡萄唐草文と対葉文とを組み合わせるもので，器形は上記三彩陶と同じく肥厚口沿と蒜頭口の二種がある。基準となるのは，江蘇・蘇州市婁葑郷の小型唐墓出土の三彩品（pl. 3-31，考古1985-9，図版5）である。この形式に共通する直立する頸部に硬化した肥厚口沿をつけ，系は鴛鴦形につくる。パルメット文様は，中心の小円圏文に四対葉文であり，周りにこれも簡略化した葡萄唐草文をいれる。三彩盤の内底にもしばしば型押しされている文様と同じである。このパターンで，細かくみれば異なるが，珍珠文をいれるブリストル市立博物館（pl. 3-32，N2421，器高16.5cm）やBM.（pl. 3-33，OA1947.7-12.21，器高14.7cm）などがある。

緑釉例では，BM.の葡萄唐草文品（pl. 3-34，OA1936.10-12.243）は，萼付き葡萄・裂開する葉・巻蔓を写実的に表現し，第4形式aのシカゴ美術館品などにも見られる蓮華文を両肩に配している。これは西安大明宮遺址から出土した葡萄獅子文方磚（王仁波1992，91図）の意匠と共通したところが看取できる。系や口沿の形態が他のものと異なる[13]。

蒜頭口につくる三彩品では，江蘇・連雲港出土（pl. 3-35，器高18.9cm，南京博物院1963，156図），陝西歴史博物館品（陝西歴史博物館1998年10月展示品），個人蔵（Amsterdam 1925，Ⅶ図），ギメ美術館品（器高18.5cm，Liongoldshmidt1958）などの文様は共通し，いわゆる宝相華文を主文にし，半パルメット文を桃形の縁取りに

いれる。この文様も三彩盤は内底にしばしばみえる[14]。

6. 第5形式・蒜頭口双魚文扁壺

　双魚文扁壺は隋唐期では三彩陶にあり，2形式に分けられる。そのうち**第5形式a**は，咸陽市南里王村M26墓出土（pl. 4-36，器高15.5cm，考古与文物1993-6，p. 48，2図5，員安志1993，43図，兵庫歴博1996，105図）の一対の形式である。口沿部に櫛歯文，頸部は2段に花弁状文に型造りし，双胴部には，眼・鰭・魚鱗・背鰭文から櫛目文の尾鰭をつくり，双耳は変形しているがパルメット文のおもかげを残している。これは白・橙色に藍釉がかけられた釉色であるが，個人蔵品（pl. 4-37，器高18.1cm），永青文庫美術館品（pl. 4-38，器高20.5cm，水野清一1977，34図），バレルコレクション品（38/200）などは通有の三彩釉であり，これにも器高5cmに満たない小型品がBM.などにある。

　この口頸部の装飾について，口から流れる落水に，鯉が竜門を登って竜になるという登竜門の吉祥の故事の表現とする見解があるが（水野清一1977，p. 103），第4形式の楽舞葡萄文にもみられ，さらに西漢銅扁壺の出土例もあり，双魚（鯉）文と必ずしも関連していない。むしろこれは，口沿の櫛歯文は蓮実を表現し，下から蓮弁がこれを包みこむ形である。吉祥文とするならば，連（蓮）年有余（魚）と理解でき，魚文それ自体でも，美味・豊穣・富貴などの吉祥の象徴であろう。

　第5形式bとするのは，双魚を並列した形に連結し，いわゆる鯉口につくり，両側の背鰭につけられた系と，高台左右の孔を通して，魚型穿帯瓶につくる。山東省・青州市（益都）出土例（pl. 4-39，器高24.5cm，呂常凌1996，71図，山口県1986，93図）では，栓形で方形鈕に穿孔された小さな蓋があり，蓋もまた紐で通じていたのが本来の姿であろう。類例は，揚州唐城（pl. 4-40，文物1977-9，図版1，名古屋市博1981，82図），V&A.（pl. 4-41，C. 88-1939，器高24.4cm），国立故宮博物院（謝明良1993，pp. 82-97）などにある。

　この魚型穿帯瓶とは別に，出光美術館（器高21.2cm，出光1986，74図），インドネシア国立博物館（no. 2727，器高18.0cm，陶磁大観1977，52図）品等は，穿帯瓶形の両面に魚を線刻する，いわば魚文穿帯瓶である。銅川耀州窯遺址から出土した黄釉および緑釉の穿帯瓶（陝西考研1992，彩版9）は，第5形式aとの中間形を呈している。

　これら両タイプについては，優れた研究があり（矢部良明1979，pp. 210-213，謝明良1993，pp. 82-97），ここでは謝明良の見解を紹介したい。こうした三彩陶を一括して晩唐・五代期の所産と考える矢部良明の意見に対して，謝明良は，穿帯瓶のなかで魚型と魚文に様式の相違と年代差があり，魚文穿帯瓶が五代・北宋初めの10世紀後半とする見解（長谷部楽爾・世界陶磁1977）に従って，揚州唐城の魚型穿帯瓶は，越州窯青瓷劃花魚型瓶（PDF. 251）とならんで，それよりも様式として先行し，盛唐三彩陶の特徴を遺している。この類似品が長沙窯の褐釉品にあり，さらにこれらと類似した銀器（考古1977-5，p. 334，図12）が，遼寧・昭盟喀喇沁旗窖蔵から，貞観12（796）年の刻銘品と共伴している。したがって，銀器品の模倣の時間差，穿帯の細部の相違などを考慮して，揚州品は9世紀晩唐期の作品の可能性が大きいとしている。

　この謝の見解に付加することはないが，魚型穿帯瓶の釉調は，魚文型のそれよりも盛唐期の三彩陶に近く，相対的に形式の硬化が進んでおらず，第5形式a（盛唐期）から連続している感があり，bは中唐から9世紀晩唐とする見解を首肯したい[15]。

7. 小　結

　この稿を閉じるにあたり，上記の形式分類では考え難い特殊な形態の扁壺2点をあげたい。
　山西・太原市西郊玉門溝出土の青釉人物獅子文扁壺（pl. 4-42，器高 27.5cm，山西省博物館，考古 1963-5，p. 263，山西陶瓷 1984，24図）は，撫肩，長円形で，淡青黄色の高火度とみられる釉薬がかけられている。施文は型押しで，正背面とも同じであり，口沿（一部欠損）と高台に連珠文と蓮弁文が施され，中央に荷花花苞を右手に掲げる男性は，長髪・短鬚，深目高鼻で，腰に束帯をした長衣，高腰靴をつけた胡人であり，その左右に首を正面にむけ，尾をあげて蹲坐する獅子は，閉口と張口につくられる。その背に接して舞球（弄玉）をする人物各2人が表されている。さらに両側面に，巨耳細目の象頭が浮雕され，鼻から連珠状の花綵を垂れて，それが正面の枠取りになっている。
　この文様はかなり特異にみえるが，仏像台座などに広範にみられる献花供養人図の一種とみる。例えば，鞏県第3窟外壁には，博山炉をかかげる地神を間に挟み，対面する獅子と献花する供養人が並列している（鞏県第3窟外壁，中美全集 1989，77図）。雲崗第11窟西壁仏龕には，涅槃仏を中心にして献花供養人と獅子が両端に浮き彫りされている。獅子と象との組み合わせも同第35-1窟西壁仏龕にみえる（雲崗石窟 1990，83，209図）。この意匠は類例が多いが，さらにモチーフが一致するのは，1957年に河南・襄県孫庄から出土した北斉天保10（559）年の銘をもつ張嗷鬼造仏碑像（金申 1994，200図）であり，下辺中央の博山炉の左右に蓮華をかかげる供養人と顔を正面に向ける獅子が対称に刻まれている[16]。さらに，初唐期とみられる河北・正定県開元寺地宮発見の浮雕石函にも類似した意匠が刻まれている（文物 1995-6，pp. 63-68）。
　口沿部と高台にみられる連続した蓮弁文は，陶瓷器には例は少ないが，石窟にはしばしば使用されており，例えば雲崗だけを例にとっても，第1・2・5・6・7窟主室（雲崗石窟 1989，8，12，45，115，146図）など多数の類似例をあげられる。中心の男性は，「職貢図巻」のなかで，亀茲，胡蜜丹，白顯の国使に類似しており，いずれかは特定できないが胡人である。象鼻から花綵を垂らす例として，ブハルト（Bharhut 1956, Bharhut Pl. xl Ⅳ, fig. 160）などにあり，舞球は雑伎の散楽にもあり，正倉院中倉蔵の墨絵弾弓（正倉院 1988）にもみえる。
　要するにこれは，個々に文様を研討すると，すでに中原の仏教彫刻などにみられる一般的な献花供養図であり，供養人が胡人である点のみが特異といえる。しかし，中原における胡人の多数の存在を考えるとさほど特異な，西方的な文様ではなく，北朝の石雕のなかに既に定着している意匠の一つである。
　このことは，隋唐期の扁壺全体に共通していることと考えている。扁壺自体が西アジア文明の影響をうけた所産であるという主旨の見解が広くみられるが，器形においては，戦国から漢代の青銅器および西晋代の青瓷扁壺との系譜関係があとづけられる[17]。文様においても，偏胴部に共通してみられる桃形の枠取りは，青銅器以来の継承である。
　金翅鳥など怪異とみられる文様も，そのオリジンはインド・西アジアにあるとしても，東漢代において四川省楽山麻濠東漢「伊武孫」崖墓の墓門に浮雕（中美全集 1968，p. 3）としてみられ，タリム盆地の西域北路に沿ったキジル，クムトラ，アスターナなどの石窟・古墓出土品などに類似性が求められる。胡旋舞文も，寧夏はもとより，西安・興福寺碑側にも表現されており，遅くとも8世紀の初頭ころまでには，中原において使用されている。この碑側には，胡旋舞文・馴獅子文・鳳凰文が宝相華唐草文で綴られており，第4形式としたシカゴ美術館や黒川古文化研究所の褐釉葡萄唐草鳳文扁壺を想起させる。
　第1から第5形式にわたる白瓷・黄褐色釉・緑釉・三彩扁壺のうち，生産窯について明証をあげ得るのは，河北・内丘県邢州窯の黄釉楽舞葡萄唐草文と青瓷印花花文品にすぎないが，白瓷は，鞏義窯・邢州窯にくわえて河南・鞏県窯，河北・定窯があり，緑釉・三彩陶もこれらに陝西・黄堡窯，河南・宝豊窯・魯山窯・登

218　Ⅱ　隋唐白釉陶瓷の推移と三彩陶の形式

封窯などをくわえた窯の産品の可能性が考えられる。第4形式の葡萄唐草鳳文扁壺の青瓷については，現段階では生産窯の明証を見出せないが，安徽・寿州窯，山東・淄博窯，河南・安陽（橋南）窯および上記の河北・河南の窯をふくめた地で焼造されたと考えられるが，特定できる研究段階にはない。

　そうすると，これら華北の隋唐期に生きた陶工が，金翅鳥・胡旋舞・葡萄唐草などの，いわゆる胡の色彩のつよい文化に接する機会が存在したわけである。絵画や彫刻に携わるっていた胡人が存在したように，陶工自身が，胡の地域の出身者であるという想定も成り立つが，陶工の周辺に日常的に胡人と接し，あるいはそれが商胡であった環境が存在したのであろう。長安西市附近にとくに多数の胡人が居住し，商賈が重価を以て宝物を求める説話にみるように，広範な地域で胡人が活躍していたことがうかがえる（石田幹之助1925, p. 557）。長安の子女が相競って胡服・胡帽を用い，胡人が作り販売していた胡食を庶民が好み，李白の「胡姫，酒肆の中」に詠われているように胡酒をたしなみ，胡楽・胡旋舞を楽しむ情景が中原の都市ではみられたようであり，こうした隋唐代における胡文化の流行の一端が，扁壺の文様に表出されたと考える。

［注］

(1) 『博古図録』に「扁壺」とあるが，自名の器に「長區容2斗」とあり，「區」と呼ばれていた（樋口隆康『中国の銅器』p. 65, 中央公論美術出版，東京，1967）。また，『説文』に「木太皿」酒器なり（林巳奈夫『漢代の文物』p. 248, 1976, 京都大学人文研究所）とある。この他に青銅扁壺として，河南・新蔡県李橋郷の西漢墓出土例は，胴部の全体に桃形を表している（文物1989-9, pp. 95-96）。

(2) W. Watosonは，白瓷扁壺の年代について，V&A.品は隋唐の鉛釉扁壺の形態と模様を復活させたものであり，10世紀，ボストン品は，河北あるいは遼の白瓷で，10ないし12世紀としている（W. Watoson1984, p. 146）。

(3) 胡騰舞の舞者は女性が多いようで，車のように曲転し，あるいはゆるく回り，急に足を蹴り（環行急蹴），節に応じて，腰を反らす，と表現されている。また，横笛・琵琶などの糸管とあるので，弦楽器と管楽器が奏せられていた。
　　唐末の段安節の『楽府雑録』「舞工」の条に「健舞・軟舞・花舞…」があり，健舞曲のうちに「…胡旋・胡騰が有る」とする。前者においては，2人ないし3から4人の乙女が，「緋の襖，錦の袖，錦綾の渾襠袴，赤皮の靴，白袴奴」（旧唐書・音楽志巻二八）の服装で，「笛鼓二，正鼓一，小鼓一，和鼓一，銅鑔二」（通典巻一四六）を用いる。しかし，白居易の「新楽府五〇篇第八，胡旋女」に「心，弦に応じ，手，鼓に応ず」とあり，琵琶，箜篌などの弦楽器が奏されていたとみる。楽工の服装は「皂き糸布の頭巾，緋の糸布の袍，錦の衿褾」（通典・康国楽の条）とある（石田幹之助1976, pp. 25-43）。なお，范粋墓の報告者はこの楽舞は，北魏から隋唐代に，西域から伝播したと史料にみえる「亀茲楽」であろうとしている（文物1972-1, p. 49）。

(4) 箜篌は，二，三弦の竪琴とされているが，ここには五弦が表現されている。

(5) 金翅鳥の石刻例として，四川・楽山県麻濠の東漢崖墓「尹武孫」墓門楣浮雕に「金翅鳥含蛇図」があり（中美全集1988, p. 3, 雕塑編12, 人民出版社，北京），すでに漢代に境内にみられる文様である。

(6) より細かくみると，蓮華印花文5と小型の同心円文10が地文にみられる。竹林七賢磚には背景として九種の樹木があるが，円文はみられず，この扁壺独自の意味が付加されているのかもしれない。

(7) 晋書巻四九の稽康（223-262年）伝に，彼は琴の名手であり，傲岸清高の人と記されている。阮籍（210-263年）伝には「酒を嗜みてよく嘯（ウソブキ）ず」とあり，長嘯忘形の人物であり，山涛（205-283年）も八斗の酒を定量とする介然不群（ひとり群を超出す）の人と記されている（原田淑人1973, pp. 354-367）。

(8) この種の類似図は『信西古楽図』にもみられる（正宗敦夫校訂，覆刻日本古典全集，現代思潮社，1977，東京）。

(9) 双獅子文が半パルメット文の唐草文を衡える図は，西安・何家村唐代窖蔵から銀鍍金鋺が出土している（大阪市立美術館他編『金龍・金馬と動物国宝展』107図，大阪21世紀協会，1987，大阪）。

(10) 河南・鞏県窯からも施釉以前の素焼扁壺片が出土している。施文は人物・山水文とある（考古与文物1984-1, p. 75, 3図）。

(11) この舞文とほぼ同型とみられる文様は，ロイヤルオンタリオ美術館蔵の三彩弁口瓶（器高24.2cm, no. 920.1.83,

Chinese Art in the Royal Oriental Museum, 1972, 20 図）などにもみられる。

(12) ペリオ将来の翔鳳文錦断片については，扇形花を重ねた空想花，萼付き葡萄房，茎の分枝部に苞などを配し，その間に「吉」の漢字銘があって，翔鳳文とともに，「葡萄唐草が祥瑞的意味でうけとられていたこと，すなわちいわゆる"瑞錦"のモチーフとして愛用されていたことが考えられる」（林良一『東洋美術の装飾文様－植物篇』p. 242, 1992, 同朋舎出版，京都）。

他に翔鳳文と葡萄唐草文との結合例として，1970年西安何家村窖蔵出土の竜鳳文銀鋺では（韓伝編著『海内外唐代金銀器萃編』図 107, 三秦出版社，西安，1989, 陝西歴史博物館蔵），内底に葡萄唐草文にかこまれて展翔，尾を揚げて走る姿の鳳文を刻む。外面には六転の葡萄唐草文の各中心に鸚鵡と奔獅を，外底に蟠竜を刻んでいる。この葡萄唐草文は，萼付き葡萄，自然葉とともに扇形花をかさねる配置構成である。

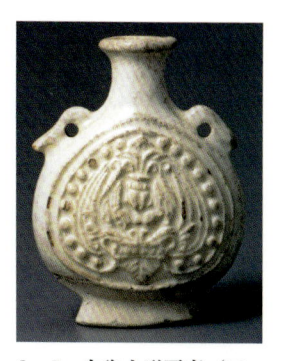

fig. 5. 白瓷小形扁壺（三上次男 2008）

西安発見の兎鈕竜鳳文玉鎮（陝西博物館編『陝西出土文物』1976）に，葡萄蔓のなかに鳳および竜が対向して配置されている。いわゆる海獣葡萄鏡も，瑞獣を葡萄唐草文でかこむ構図であり，この形式の扁壺と同じモチーフといえる。

(13) 出光美術館蔵の黄釉花唐草文双胴瓶（器高 19.5cm）は，2箇の瓶を連結して偏円形を呈するものであり，扁壺とは異なる。宝相華様の同型の対葉文を肩に4，胴に8箇，その間に唐草文などを配し，黄褐色の鉛釉が軟質の胎土にかけられている。厚唇口からみて盛唐期の所産であろう。

(14) 河北・内丘邢州窯跡出土の青瓷印花扁壺と報告されているものもこの対葉文とみられる（文物春秋 1997 第 38 期，p. 10, 3 図 -7)。

(15) 謝明良の論文では，この他に魚型壺の資料を，潮州筆架山窯・銅川耀州窯，東南アジア発見資料，さらに魚型飾りに関する文献史料が集成されている。中文の故であろうか，わが国では引用されることが少ないので紹介した。

(16) 獅子と人物を組み合わせた文様として，正倉院南倉に蔵せられる白橡綾几褥があり，熱帯風の樹木の下に獅子を御する南国風の容貌や服装をした人物が配されており，サーサーン朝ペルシアの影響をうけたものとされている（正倉院 1987-89, 図 138)。

(17) 扁壺形の容器が駱駝の鞍に付けられている三彩例はかなり多い。隋代に遡上する緑釉駱駝俑としては，出光美術館（器高 32.1cm, 弓場紀知 1995, 図 8）やストックホルム東アジア美術館（Kinesiska gravfiguriner, fig. 3, 1987）品がある。これらが革製品であり，金属器や陶瓷器でないことは言うまでもなく，青銅製や陶瓷製の扁壺が携帯用の水筒の役割を果たしたことはないであろう。陶瓷器扁壺－絲綢之路－西方文明と結ぶイメージ的な見解には従いがたい。

［追注］西安・李静訓墓出土の小形白瓷扁壺（pl. 1-6）などの類似品が三上次男コレクションにあるので掲示する（fig. 5, 三上次男 2008, no. 27, 器高 8.5cm)。

[English Summary]

Lineage and Style of Sui and Tang Pilgrim Flasks

In this article the author analyzes the lineage and style of pilgrim flasks of Sui. and Tang dynasty China. Pilgrim flasks of this period include white porcelain, celadon-glazed porcelain, yellow and green-glazed earthenware, and three-color glazed earthenware. Their shapes do not show great changes over time, but the flasks can be classified chronologically by the shape of the mouth. Their bodies are decorated with designs such as palmette, animal heads, Hu dancing, birds, grapes, and paired fish, and can be classified into the following 5 groups.

Group I-a is exemplified by the works in the Victoria and Albert Museum (pl. 1-2) and Museum of Fine Arts, Boston (pl. 1-3) collections, characterized by molded palmette designs on the bodies. Pieces similar to these have been found in the M64 tomb in Xian city which dates to the middle Sui dynasty. Group I-b, exemplified by the work from the tomb of Li Jingxun in Xian (pl. 1-6) have stamped animal head designs. Similar pieces are in the collections of the Shanghai Museum (pl. 1-7) and the Royal Ontario Museum, Canada. The pilgrim flask with celadon glaze and animal mask design in the Tsui Museum of Art also belongs to this group, all of which date to the Sui dynasty.

Group II is made up of flasks with Hu dancer designs, famous examples of which are the yellow-glazed pieces from the tomb of Fan Cui (dated 575) at Anyang (pl. 1-10, 11). A piece in the Museum of Fine Arts, Boston (pl. 1-12) is also similar. The Palace Museum piece (pl. 1-13) and the British Museum piece (pl. 2-14) have similar designs, but since the mouths are comparatively thick, they are estimated to date from the mid-7th century.

The examples in group III have bird designs. A green-glazed piece in the Museum fur Ostasiatische Kunst, Berlin (pl. 2-15) shows a design of a garuda from Indian mythology with a double-headed dragon in its bill, a motif of which similar examples can be found in the wall paintings at the cave temples of Qizil (pl. 2-16) and other places.

The grape scrolls which adorn those in group IV can be divided into 3 groups. Group a is connected with the dancing design. Examples in the Art Institute of Chicago (pl. 2-20) and the Victoria and Albert Museum (pl. 2-21) are dated to the mid-7th century. The Gemeentemuseum Den Haag has a three-color glazed piece (pl. 3-24) with a design which is a component of the designs of the above two flasks. The group b is connected with the phoenix design. The pieces in the Kurokawa Institute of Ancient Culture (pl. 3-28) and the British Museum (pl. 3-29) have thick mouths and are believed to date from the mid-7th century. Group c consists of three-color glazed ware whose mouths are very thick as seen in the piece in the Bristol City Gallery. This characteristic pravides the basis for dating these flasks.

Group V consists of three-color glazed pieces with paired fish designs. Including examples with bulb-shaped mouths (pl. 3-35), they date to the mid-Tang dynasty. However, pieces like the ping vase in the shape of two fishes (pl 4-39) from Yidu county, Shandong province, date to the late Tang dynasty.

One opinion says that the bird, Hu dancing, grape scroll, and other designs on these pilgrim flasks were influenced by west Asian culture. However, these designs are found at Buddhist sites from around the 6th century in the eastern part of the Tarim basin as well as Tang-dynasty Buddhist sites in the middle part of China. The shapes of Sui and Tang pilgrim flasks are descended from bronzes of the Warring States period, and the designs were selected by the potters in northern China from Central Asian (Chinese Turkistan) designs as the culture of this region became popular in China.

6．三彩陶枕と筐形品の形式と用途

　唐代において三彩"陶枕"とよばれている一群のものは，中国においての出土報告例は少ないが，わが国の遺跡では，三彩陶のなかで最も出土点数の多い器種である。その形態をみると，基本的に，A類：凹面形陶枕－枕面（頭部が載る面）が凹面形（撥形を含む）と，B類：筐形品－6面全てが平板な直方体形の2種類があり，他に，兎・獅子・虎・犀形の座の上に凹面形の枕面を付ける形象枕がある。これらのうち後述するようにB類とした直方体形には頭枕の機能はなく，6面すべてに施文，施釉された筐（櫃）形の明器であり，A類とした凹面形のみが陶枕である。いずれもが軟質の陶胎で，素胎と絞胎があり，三彩・緑・黄色の鉛釉がかけられている[1]。

1．陶枕と筐形品の形式と文様

　形態と大きさが類似する三彩品などについて，従来から一括して陶枕と呼ばれてきたが，注意深く観察すると，形状・施文および施釉部位に大きな相違があり，これが陶枕と櫃（筐）という機能的な相違に直結する重要な要素と考えている。施されている文様に関しても両者に共通するものは少ない。

A．凹面形陶枕の文様

　枕面を凹面につくり，施文し，側面とともに施釉されているが，底面には施文されることはなく，かつ露胎のままが多いが，単彩釉を薄くかけた例もあるが，施文はない。この特徴は，陶枕であることが確実な形象形，さらには宋代以降の磁州観台鎮窯や景徳鎮窯製品に代表される陶枕と共通している。この形は枕として自然であり，枕面が水平では睡眠には不都合であり，また枕として底面に施釉する必要はないわけである。逆に，これらのしごく当然な特徴を有していないB類の直方体形は，枕としての機能性に欠けている。以下，枕面の文様を分類し，その意味と淵源をさぐってみたい。

　陶枕に施文された唐花対葉文とよばれている意匠は，より複雑で整備されたものから，かなり簡略化されたタイプまであり，大別して3種類にわけられ，各々のなかでも変化がみられる。凹面形の枕面では，唐花対葉文と唐花唐草文が施文されている。

①　唐花対葉文

　ストックホルム東アジア博物館品（pl. 1-1, no. HM0649, 長 12.0, 高 6.0, ストックホルム 1976, no. 33）は，凹面形の形態であり，中央部分は両側面からわずか0.6cm凹面になっている。その枕面に，8弁唐花文を中心にして，外周に8弁対葉文をめぐらす二重唐花文を型押しする。上面の四隅には，4分割された対葉文形を各々に配している。下面は，平坦で，やや硬質な胎土に，クリーム色をおびた釉がかけられ茶色に呈発する無文で，短辺3箇所にすこしコゲ痕がみられる。河南省周口市の東南にある頃城市飼料廠唐墓出土の陶枕の枕面は，藍と橙色に塗り分けられた二重の四周帯のなかに，やや簡略化した唐花文印刻花している（pl. 1-2, 高 5.6cm, 張松林他 2006, no. 216）。

　日本出土の三彩陶については別稿があるので（本書Ⅱ-8参照），簡述したいが，群馬県新田郡新田町境ケ谷戸遺跡2号住居跡から検出されている陶枕は，上記品とほぼ同一文様で同笵品の可能性がある（小宮俊久

1992, pp. 22-28, 新田町 1994, pp. 12-13)。8世紀中葉の土器を伴う竪穴住居跡の張り床の下から発見され，復原すると 11.9 × 9.8cm となり，高さは不明であるが，四隅の印花文も一致するが，配色は異なり，こうした同型品ではないかと考えられるものでも，彩色は任意におこなわれている。上面は，ほぼ平板にみえるが，わずかではあるが凹形になっている[2]。

大安寺講堂前面土坑出土品（以下，大安寺跡と略記する）のなかで，R-360・378・380 などが，図上復原されているように，四隅にパルメット形の霊芝文を配し，中心は4弁対葉文で，内部に飛（瑞）鳥1羽を印花している（fig. 5-1）。これは上・側面を凹形にし，短辺に縦刻線をいれる。この底面は，遺存する破片からみて無文・黄釉であろう[3]。

出光美術館の唐花対葉文品（出光美術館 1987, no. 39, 12.8 × 10.0cm）は，これらと類似した施文であるが，上面を輪郭線で区切り，唐花文に，小型の間弁をいれた対葉文がやや略化されており，四隅の施文も省略されている。配色も前二者と異なるが，上面凹形にする点では同じである。

fig. 1. 永泰公主李仙蕙墓（群馬歴博 1989）

fig. 2. 敦煌第 217 窟藻井・唐花文（林良一 1992）

これらに共通する文様は，すでに指摘があるように，三彩三足盤の中心部のそれと類似している。例えば，個人蔵（世界陶磁 1975, no. 59），バレル・コレクション，BM. 品（0A1968.4-22.21）など，三彩洗ではセルニュスキー美術館（MC. 9540）などがあるが，子細にみると，対葉文の下端がこれらは巻きこみ葉にして，それを連鎖状にしており，大安寺跡出土品がこれに該当するが，それ以外の陶枕では省略化されている。またストックホルム品などにみるように，四隅の施文も器形の相違から同じではない。しかし，共通した意匠であることは確かであり，陶枕が盤などの意匠を模倣したことも考えられないこともないが，モデルになった原形が別に存在したはずである。

類似した対葉文の意匠を求めると，年代が明らかな資料として，永泰公主李仙蕙墓（神竜2・706年葬）の墓蓋には，8弁花文・雲頭文・扇形文・対葉文が組み合わせられ，細部では異なっているが基本的には類似の意匠である（fig. 1）。同じく墓道と前室の間の藻井図案もよく類似している（群馬歴博 1989, no. 158）。陶枕では四隅にも4等分された花形文を配している点に注目すると，窟頂藻井の文様がよく似ている。盛唐の景雲年間（710-712年）の造営と考えられている敦煌第 217 窟藻井の唐花文は，蓮花・パルメット文系の合成花文の絶頂期のものと考えられているが，正方形の枠取りの四隅には，対葉形花文を4等分した意匠が配されており，これらが青・緑・朱・白・黒などの暈繝彩色による唐花文である（fig. 2, 林良一 1992, p. 359）。こうした複雑な唐花文を，印花文で陶枕に写すことは技術的にも不可能に近いであろうが，他にも敦煌第 372，329，322 窟など，いずれも初唐期に位置付けられている藻井の意匠に，陶枕上面の唐花対葉文の原形をもとめたい。

② **唐花唐草文**

唐花の側面観を主文として唐草で並列する意匠である。上面は凹形，下面は無文であり，凹面形品にだけみられるようである。文様構成としてもっとも整っているのは，シアトル美術館品（pl. 1-3, 16.3 × 11.6, 高 7.2cm, Prodan. M. 1960, no. 120）であり，唐花の側面観として，萼・子房・子葉・花弁を丁寧につくり，花茎で連接して，その上下に花文をおき，長円形にめぐる茎には，半パルメット状の巻葉を，左右対称に配置している[4]。

この意匠は，銀器などに類似例があり，白鶴美術館蔵の鍍金双鳥文銀盒（白鶴美術館 1988, no. 74）の蓋の外周には，対葉文をつなぎ，各内および接合部に唐花文をいれているが，シアトル三彩陶枕の方が唐花の表

現は丁寧である。同じく白鶴美術館の鍍金龍池鴛鴦双魚文洗（白鶴美術館1988, no. 49）の外面の対葉文内にみる唐花唐草文は，唐花の角度は異なるが，類似した意匠である。西安市何家村出土の独角獣宝相華文銀盒蓋（韓傳1989, no. 210）の周縁をめぐる対葉形唐草文も類似しており，上記の白鶴美術館品をふくめて，シアトル美術館の陶枕は，対葉形唐草文のうち，対葉形を略して，その内部の唐花文を連接した形態と理解できる。

V&A. (pl. 1-4, C644-1921) は，シアトル品の便化した意匠であり，中央下端の巻草の表現は，白鶴美術館銀鍍金洗に類似している。東京国立博物館品（pl. 1-5, TG2429, 東博1988, no. 266, 14.7 × 9.6, 高6.7cm）は，さらに簡便化しており，唐花文・唐草文・結節部花文の各々がかなり硬化した表現になっている。これには，両脇に四弁花文を縦列している。

さらに唐花唐草文の類似資料を求めると，永泰公主李仙蕙墓石刻，西安市何家村出土蓮弁鳥獣文金鋺（陝西博1987, no. 180），ネルソン・ギャラリー銀鋺（56-72, Nelson 1973）など，主として初唐末に位置づけられている資料がある。さらに唐花の側面観は，三彩三足盤など多数の類似例があり，例えば，洛陽関林2号墓出土品（洛陽市博1980, no. 106）をあげておきたい。

③ C字形唐花文

この文様は，唐花文の萼の表現とみられ，中心をめぐってC字形文（中国では雲頭文と称す）を配している。リーズ・テンプル・ニューザム博物館品（pl. 1-6, 1.178/66, 高7.9cm）では，凹形の上面に，子房＋6弁と間弁の周囲にC字形文を配し，四周を直線文帯で画し，枠取りにつくり，白と橙色で点彩している。下面はうすく施釉されている。これをさらに簡便化した文様が，ロイヤルオンタリオ美術館品（1918-20, 11.9 × 9.2, 高5.5cm, FEA. 1949, no. 4, pp. 404-405）であり，四弁C字形文とその外周に花文をつけ，周縁帯をつくり点彩する。浅い凹形で，下面はクリーム色に施釉されている。BM. 品（pl. 1-7, TOC. 1987-1988, p. 42, 長さ19.7cm）は，長さ19.7cmをはかり，例外的に大きく，中央部がわずかに凹型になっている。上面は，3分割され，中央に上記のテンプルニューザム品の意匠によく類似した印花文があり，両脇には四弁花文を内にして菱形に花弁を表し，点彩帯文を四周にめぐらす。下面は露胎である。

大安寺跡出土品のなかに，このC字形唐花文があり，小片を図上復原して，内行するC字6箇を連鎖するもの（R-364），やや大きいC字を4箇むすぶもの（R-363），4箇のC字文を連珠文で囲むもの（R-359），少なくとも3種類がみられる。これらの類例を探し出しえない（fig. 7-4・5・6）。

陶枕におけるC字形文は，かなり簡略化されているが，テンプル・ニューザムハウス博物館やBM. 品の文様は，敦煌壁画などに類似点を見出せる。例えば，敦煌第103, 333, 372のいずれも窟頂藻井部にあり，制作年代は初唐から盛唐と考えられている（敦煌文物研1981, 図57・83・157）。先述の唐花対葉文とも共通し，簡略化されてはいるが，藻井と陶枕との意匠のあいだに類似した関係が認められる。

④ 双鳥花文

鳥文には，鴛鴦[5]・双鴨・双鶴文がみられ，これに蓮花文などの花文を組み合わすが，これを略したものもある。陶枕の形態は，上面を凹形につくり，下面には文様はなく，無釉が一般的である。

鴛鴦文の出土例として，洛陽市孟津県朝陽鎮（北邙山前）李村唐墓出土品（pl. 1-8, 6.0, 12.5 × 10.0cm, 洛陽市博1980, no. 94, 東博1998, no. 64, 孫新民他2004, no. 62）がある。向き合う鴛鴦は，蓮花文の上にのり，そこから延ばす花茎が中央でむすばれ，口にくわえた花で上部もむすばれ，四隅に（蓮）花文からのばす葉文を配置している。右側面に1孔を穿っている。東京国立博物館品（pl. 1-9, TG2428, 高6.0, 120 × 10.0cm, 世界陶磁11, no. 220）は，これと大きさがほぼ一致し，文様も同范の可能性がある。しかし，色彩はかなり異なり，ともに緑色の地に鴛鴦を白塗りにするが，後者は藍彩を要所に使い，橙色の発色とともに鮮やかであ

る。前述したように，型は同じでも彩色は多様で，規格性は認められない。ミネアポリス美術館品（pl. 1-10, no. 50.46.164，幅5.7cm，Minneapolis museum website）も文様は一致し同一の范型が使用されたと推察できる。個人蔵品（pl. 1-11a. b., 12.1 × 9.9，高5.8cm）では枠取りして上記品と類似した鴛鴦文をいれているが，大きさからみて同范ではない。枕面は両端からわずか0.8cm下がっているにすぎず，枕面でも小破片では形式判定は難しい。底部の周囲に側面から茶色釉が流れて付着しているが，大部分は露胎で，支釘痕がみられる。この文様のうち，鴛鴦はそのままであるが周囲の花文などを省略した個人蔵品は（Lall J. J. 1986, no. 32, 長11.7cm），蓮花座文から下接する花文をのこし，他はすべて略し，両脇に点彩帯文をつける例もある。

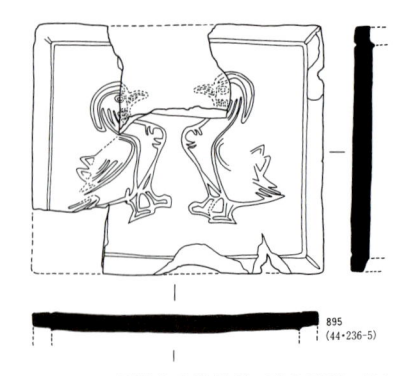

fig. 3. 三彩鴛鴦文陶枕片，城山遺跡（浜松市博1981）

福岡市鴻臚館跡SB-32から検出された三彩陶の小片は，この文様の中央部上端であり，右側の鳥の頭部から嘴の一部がのこり，Y字形にひらく花茎から簡素な花文と，その右に葉文の一部が遺存している。上記品と同じように，緑地に藍彩された色がわずかにうかがえる（福岡市教委1991，巻頭図版上，本書Ⅱ-8参照）。静岡県城山遺跡から検出された3個体分の陶枕は，同一法量（fig. 3, 高6.7, 12.2 × 10.0cm）に復原でき，同一の鴛鴦文であり，鳥文以外はすべて省略されており，周縁をフレーム状に画している。上面はわずかではあるが凹形につくられ，12片すべてが2次的な火をうけて黒茶色に変色しているが，褐・緑・黄色がかろうじて認められる。8世紀中葉から後半にかけての層位から一括して検出されている（浜松市博1981，第49図）[6]。大安寺跡出土品のなかにも，類似の鳥文があり（fig. 7-3），R-362・076は，城山遺跡例と類似したシンプルな意匠であり，これとは別にR-375・079では嘴の先端に5弁花をついばむ文様で，凹形品がみられ，ここには少なくとも2個体の鳥文が確認できる[7]。

この意匠は「鴛鴦貴子」の表現である。鴛鴦は「朝倚而，暮偶，愛其類也」（朝は倚り合って互いに相愛す）と，成偶または夫婦和睦の義であり，君子の花である蓮花は，花と実と同時に生ずるところから子供が早く生まれる意であり，連と同音同声によって，「連生貴子」のように，引続き貴士が生まれる寓意である（野崎誠近1928, pp. 344-346）。鴛鴦の文様のある蒲団を被れば良縁ありという例えもあり，まさにこの意匠は，寝具としての枕の意匠にふさわしいものである。

fig. 4. 双鴨文錦片，トルハン・アスターナ遺跡（考古1972-2）

これらの鴛鴦文の意匠は，唐代の出土古裂に類例がみいだされる。トルハン・アスターナ古墓のうち，1968年発見の108号墓は，開元9（721）年銘の調布を共伴している紀年銘墓であり，ここから樹下鴛鴦文蝋纈紗が検出され，黄地に白色で，樹下に，相向う一対の鴛鴦と，周囲には東京国立博物館蔵の陶枕と類似した花文がみられる（fig. 4, 考古1972-2, 図版6-1）。

さらに，唐代の銀器，とりわけ盒の甲面の意匠のなかにも類似意匠を摘出できる。西安市何家村出土の鴛鴦（双鴦）衡綬紋銀盒（韓傳1989, no. 208，陝西博他2003, no. 39）の蓋甲の文様は，鴛鴦の嘴の上下に，綬と蓮花が衡えられており，蓮花座の下および左右に蓮花文を配している。陶枕では，綬を欠き，蓮花文を草花文状の花に略化し，上方に霊芝文のような形をいれるが，本来は，蓮葉の形であろう[8]。

細部の表現も，鏨と印花の違いによるのであろうが，陶枕では細かな表現はない。白鶴美術館蔵の鍍金双鳥文銀盒（白鶴美術館1988, no. 74）の施文はシンプルであり，鴛鴦が花文を衡え，周囲に唐草文をめぐらす

のみであり，フリーア美術館の銀盒（韓傳 1989, no. 216）では，鴛鴦の周囲に草花と蝶を散文状に配している。インデアナポリス品（韓傳 1989, no. 217）では，周囲に唐草文をめぐらしているが，中央には鴛鴦文だけである。

このように，銀器においても主文の鴛鴦は変らないが，周囲の加飾文には精粗の差がみられ，陶枕においても同様な関係がある。鳥文を，鴛鴦ではなく，鴨文や双鶴文にした例もあり，前者では，故宮博物院品（pl. 1-12, 李輝柄 1996, no. 212, 12.2×9.8, 高 5.5cm）は，二重の枠取りをした開光内の蓮花座上に，頭を交叉させた鴨をおき，周囲には子鴨を配し，蓮池に遊ぶ鴨の親子を表現している。揚州汶河西路出土小片は，この意匠の右下の 1 羽の子鴨である（文物 1984-3, p. 67 図 14）[9]。

双鶴文の例は，Meiyintang コレクションにある（pl. 1-13, 長 12.5, 高 5.7cm, Krahl. R. 1994, no. 275）。藍地に白塗りされた鶴を並立し，嘴を合せる双鶴対舞の姿が表され，縦線によって画された両脇には四弁花文を各 4 箇ならべて帯状文にする。このように長方形の画面を画して施文する例として，西安市王家墳村唐墓出土の三彩櫃のミニチュア品（世界陶磁 1975, no. 223, 高 13.4cm）があり，4 脚をつけた形態の櫃の上面両脇に，6 弁花文を各 4 箇縦列しており，意匠としては，本陶枕の文様と共通している。兎形の台座をつけて，鶴文を凹形の枕面に表現した陶枕例はかなりあり，山口県立萩市美術館・浦上記念館品（HUM/T142U, 長 12.7, 高 6.7, 萩美術館 1996, no. 44）では，流れる雲の間に飛翔する 1 羽の鶴が表現されている。「鶴の寿は千歳」などから長寿の表意であろう。

同じく双鳥文を連珠環内に配置する三彩陶例がある。これは上面に四周帯でかこみ，連珠環のなかに鴨かとみられる双鳥文を配する筐形品である。完形例は少なく，故宮博物院蔵では（pl. 1-14, 16.5×11, 高 7.5cm, 李輝柄 1996, no. 211），刻線円環内に，4 箇を一単位とする珠文帯の枠をつくり，その内側の上下にパルメット文を対面させ，中央に展翅した双鴨文を配置する。形態は大型の直方体形であり，上面はわずかに凹型になり，下面は無釉露胎である。福岡・大宰府史跡蔵司跡出土の小片（九歴 1979, p. 10）は，8 世紀後半から 9 世紀前半代にかけての包含層から検出され，側面の残存部分が少ないが凹形に復原され，大安寺跡出土の R-361 などがこの文様であり上面を凹形にするとみられる。こうした連珠環文をめぐらす意匠が，中央アジア出土の布などに例があることは，すでに指摘されているとおりである。トルハン・アスターナ遺跡出土錦片のなかに類似例がもとめられる。1969 年発見品（考古 1972-2, 図版 8, Nelson1975, no. 255）は非常に類似し，双鴨文のデザイン，周囲の連珠文 4 箇を一単位とした環文が一致しており，双鴨の足が長方形の上に乗っている点と，パルメット文がみられない点のみ異なる（fig. 5）[10]。1966 年 48 号墓出土の「貴」字孔雀文錦は，鳥文部分の全形はうかがえないが，連珠文内に孔雀一対を表しており，596 年および 617 年の紀年銘資料を共伴している。また北区 1967 年 92 号墓から出土した連珠双鴨文緯錦には，4 箇を一塊とした連珠をめぐらした 8 角形内に向い合う一対の鴨を配する小片であり，この墓からは高昌の延寿 16（639）年および唐の総章元（668）年の墓誌が共伴しており，初唐期の年代である（考古 1972-2, 図版 8-2, 朝日新聞 1973, no. 24）[11]。

さらに興味をひかれる資料として，上掲の故宮博物院陶枕に印花された連珠環双鴨文と同形とみられる文様が，松岡美術館蔵の三彩馬俑（fig. 6, 松岡美術館 1991, no19, Eskenazi1974, no. 11）の四脚がのる台板上に，3 列

fig. 5. 連珠環双鴨文錦片，トルハン・アスターナ遺跡（考古 1972-2）

fig. 6. 三彩馬台板印花鴛鴦文（松岡美術館 1991）

11箇印花されている。すべて直径6.5cmの同一の范型であり，故宫博物院品の陶枕の円環文の直径はこれよりも少し大きく同范ではない。三彩馬の台に印花することに意味を見いだせないが，他にも個人蔵の三彩馬俑にほぼこれらと同一とみられる施文品がある (Schloss Collection 1984)[12]。台板に印花文を有する例自体がめずらしいが，その文様が陶枕の意匠と一致しているわけであり，両者は中原の同一の三彩陶工房で製作されたものであろう。その地の陶工はすでに連珠環文の意匠を自己のものとし，西域とは異なる可愛らしい双鴨文を内に配して，中原の意匠に仕立て直しているといえる。

以上の双鳥花文陶枕の形態は，文様構成に精粗の差異はあるものの，上面が凹形を呈し，ややその湾曲度が小さいものを含めて，共通した器形的特徴をもち，下面は無釉例が大多数を占めていることを再確認しておきたい。さらに上述したように，「鴛鴦貴子」の意匠からみると頭枕としての用途に的確な意匠である。同様な表象として，親・子鴨は子宝を，比翼の鶴も連理をそれぞれ表現し，頭枕の意匠としてふさわしいと思われる。

⑤　その他の文様

上記の文様に属さない絵画文の少数例がある。ボストン美術館品は (no. 61.169, 高6.3, 長12.8cm, Boston 1978, no. 73)，凹形の上面中央に，胡人に引かれた1頭の駱駝の情景を表し，上方の両隅に分割された唐花文，左下に四弁花文1を，それぞれ印花する陶枕である。底面は施文されず，琥珀色の釉がかけられ，小さな目跡があり，右側に小孔をあける。洛陽出土品で，六弁花を4×5に枕面に並列する文様構成品がある (pl. 1-15, 周立他 2007, pp. 602-603)。緑地に素弁を白と橙色に交互に丁寧に塗り分けている。上記のボストン品にみる花文捺印であり，後述する直方体形品に施文されることが多い花文は四弁と八弁であり，六弁は確認できないが，異なる器形でほぼ類似した文様が使用されている少ない例として注意したい。

同じく凹形上面形で，4隅に四弁花文を配し，中央に憤怒の鬼面文を表す文様品が徐氏芸術館図録 (pl. 1-16, 長12.5cm, 徐氏芸術館 1993, no. 135) にみられる。本品も下面は無釉・無文である。

さらに彩色のみで印花文などを施さない無文陶枕もある。大安寺跡出土の三彩陶枕のなかに，上面を刻線によって輪郭を表し，彩色のみにより装飾するものがある。これは被火し，損壊しているが完形であり (pl. 2-18, 12.3×9.8cm, 高さ5.6cm, 奈文研 1967, pp. 1-5) 上面を凹形にし (湾曲率は両側面を結ぶ面から0.6cm下がる)，外輪郭に橙釉と藍釉を互文にし，二重の刻線で囲まれた中央部は薄く黄・緑釉がかかるだけであり，印花文はみられない。底面は，フラットであり，薄く黄釉が均質にかけられている。こうした類品は内外の資料のなかに見いだせない。大安寺跡品とは器形が異なる無文陶枕として，陝西・銅川黄堡鎮窯跡出土品のなかに三彩釉のみの陶枕がある。前面を低く，後面をやや高く，かつ長くした台形状を呈し，中央に1孔をあけ，上面は凹形で，下面は無文・無釉である (pl. 1-17, 長12.5-17.5, 幅12.5, 高8-9.2cm, 陝西考古研 1992下，図39-5, 彩版14-3)。同形で，ほぼ同大・同巧の青釉，白釉品も出土しており，寧波出土で「脈枕」とされた素文青緑釉枕がこの形態であり (長13.3×9.8, 高7.3cm, 文物 1985-8, p. 86)，さらに絞胎陶枕のなかで，とくに晩唐五代期の産と考えられている花文を表面に貼り付けた黄釉枕などと，これらは類似する要素が認められる。枕面の施文の有無は，精粗の相違であろう。

⑥　形象脚座陶枕

この他に形象脚座の上に皿形の枕面をのせる陶枕がある。枕面は長円形ないし，稜形につくり，脚座には型作りで獅・牛・虎などを，平板の上にのせている。出土例を求めると，陝西・銅川黄堡鎮窯跡から犀牛座の上に海棠花辺形 (長さ15cm) が検出されている (陝西省考研 1992上, pp. 59-60)。陝西省内唐墓出土品とみられる陶枕として，渭南市 (獅座，刻花折枝文 11.5×7.6, 高7cm)，西安市黄雁村 (虎座，24×11cm, 高10cm, 陳安利 1998, pp. 70-75) があり，枕面はわずかではあるが凹面 (中部微下凹) となり，底面は露胎である。陝西・

鳳翔県隋唐墓群のなかの県城南関磚廠 M4 土洞墓から，三彩臥牛形陶枕1が検出され，盛唐墓と報告されている（pl. 2-19，現高 6.3cm，陝西考古研究院 2008-2, p. 291）。詳細な報告ではないが，この時代設定の可能性はある。

出光美術館品（pl. 2-20，長 14.3cm，弓場紀知 1995, no. 59）は，獅型の台座である。枕面では周縁を四稜形につくり，沿を斜めに削り，中央に鉄釉輪郭線で唐花文を印花しており，色釉の混ざりを防ぐために，文様が硬化し，簡素化した唐花文の感は否めない。なお，この周縁の破片が，三重県斎宮跡第 157 次調査と京都市右京三条三坊九町の SK321 から検出されている。ともに獅型の台座である（本書 II-8 参照）。

B. 直方体（筺）形の文様

直方体（筺・櫃）形は，上下面，4側面を，土板で貼り合わせるタタラ成形で，予め竹ベラでみがいて平滑にし，上下（焼成時に支釘痕がのこる面を下面とする，以下同じ）面にも施文・施釉され，側面は同一文の施文がされているものと，施釉だけのものがある。接合はドベでし，粘土紐で補強している。大きさは，長辺 11-12，短辺 9-10，高 5-6cm の小型である。これらは上面が凹型ではないことが陶枕としての機能性を欠き，また底面に不必要な文様と釉薬が施されていることは，これが別の使用目的であったことを示唆させる。これらの点について後節で再び論ずることにして，まず実態を把握するために，これらを文様の相違によって分けて述べたい。施文は，組み立て後で，単体の四弁花文1箇の型を用いて，1箇ずつ押印していると推定できる。

① 四弁花文直方体形

以下に示す四弁花の印花文をほどこす製品は，平板の直方体であり，上述の A. 凹面形品ではこの文様は少数の例が確認できるにすぎない。彩色は，緑・橙・白色であり，花文形に a-d の相違があるが，彩色との相関関係はみとめられない。施文はまた，印花文の輪郭には，黒あるいは茶褐色の彩色がみられる彩印花文である（葉葉 1983, pp. 75-82）。同じ四弁花文ではあるが，つぎの4種類に大別できる。

a. もっともシンプルな意匠は，単弁四弁花文であり，洛陽安楽窩東岡唐墓出土品（pl. 2-21，洛陽市博 1980, no. 118），ベルリン東アジア博物館（pl. 3-44, Robert Schmidt 1924）にみられる。上・下面の中央の円文（子房）の四囲に配する単弁文を1単位として，5×6箇を並捺し，4側面は白斑文にする。大安寺跡出土品のなかで R-046・071 の2片の同一個体がこの文様である（奈文研 1967，八賀晋 1981, pp. 26-29，巽淳一郎 1984, pp. 935-956, fig. 7）。

ベルリン東アジア博物館品は，後にふれるが，中位で二分し，開閉できる三彩櫃であり，頭枕ではないことが確実である。個人蔵品（pl. 2-22，水野清一 1977, no. 20）のなかに，子弁形を 1+8 にして八弁花とするものがあり，四弁花ではないが，単弁であるのでここに含める。また，韓国・慶州味呑寺跡出土の小片にこの形の印花文がみられる（清州博 1989, no. 22）。また三彩杯の側面にも同形文が使われている。

b. 四弁花文ではあるが，子房の四囲にハート形の突起をつけ三裂花弁形につくる（素弁三裂四弁文）。この意匠の類例がもっとも多く，花弁に大小の相違がある。上・下面に 4×6，5×6箇，長側面に 3×6箇，短側面に 3×5箇の同一文を印花し，側面は施釉のみとする例もある。これの類例として，V&A.（pl. 2-23, C. 923-1935），上下面に枠取りして四弁花文をいれる例として，福岡東洋陶磁美術館（福岡東洋陶磁 1999 図録 no. 19），和泉市立久保惣美術館などの蔵品がある。

掬粋巧芸館品は（pl. 2-24, no. 140），上下面とともに全側面にも施文している。長野県佐久市大字小田井・前田遺跡 18 号住居跡（前田遺跡 1989），京都市南区東九条西山王町出土（京都埋文研 1980），奈良市法華寺町（平城京左京二条二坊十二坪，橿原考研 1985）の小破片も同じであろう。これを黄釉絞胎の長側面に2段×6箇で

施文した例もある (pl. 2-25, 繭山龍泉堂 1976, no. 304)。

　大安寺跡品でも，この花弁形が大多数を占めており，R-366 は，平板な上面と短辺が遺存し，短辺側に 3 × 5 箇の四弁花文がみられ，上面の小口部分に印花文の一部が押印され，成形後に施文されていることがわかる。R-368 は，施釉状態，焼損状況からみて，この下面と推定でき，上・下面ともに同一文様である。

　よく知られているように，大安寺跡品は，延喜 11 (911) 年焼亡の後に，一括して投棄された土坑と考えられており，陶枕の多くは，2 次的な火をかぶっている。接合された破片でも，焼損した部分と本来の面とが隣りあったものがあり，個体数を判別することがかなり困難である。くわえて，この四弁花文では，上・下面が同一施文であるので，この判別が難しく，火ぶくれ状態の破片では目跡の有無が確認できず，側面がのこる破片については，その釉の流下状態で判定し，下面については，四周に釉薬がたまる傾向が認められるので，それらを根拠として，上・下面を推定した。その結果，この b の文様をもつ個体数は，11 個体，前述の a タイプが 1 個体，次の c タイプの文様品が 1 個体あり，計 13 個体分，正確にはこれ以上と推定する[13]。

　この四弁花文直方体形が筐（櫃）形に加工された例がある。いずれも使用頻度の高い三裂花弁形の意匠である。次の 2 点の資料があり，1 つは，神功 2 (698) 年に葬られた西安・独孤思貞墓出土の三彩陶竈で，上面に釜と火墻，短側面に焚口をひらくミニチュア品で，西壁龕内から陶俑および明器 60 件とともに随葬されており，この b グループと大きさ，意匠が同じで，直方体である (pl. 2-26, 11.5 × 8.7cm, 中国考古研 1980, 図版 58, pp. 38)。これによって，この種の四弁花文品が，7 世紀の末には確実に存在していることがわかるとともに，直方体形を加工して明器としている例である。他の 1 は，ボストン美術館品 (pl. 2-27, Acc, no. 50.2120, 11.5 × 8.7, 高 6.1cm, Boston1964) で，四弁花文の意匠は，上記のものと同じであるが，櫃形につくられている。鍍金された止め金と各側面に把手をつけ，すべての周縁に銀縁をまいている[14]。独孤思貞墓品とともに，この四弁花文直方体品が，ここでは陶枕ではなく，筐形品として使われている例である。

　さらに，この筐形品に四脚を付けた西安王家墳村第 90 号盛唐墓土の三彩銭櫃 (pl. 2-28, 15.5 × 12.1cm) は，その上面に類似の 6 弁花文を印し，一部を開口して銭櫃につくる (文物 1956-8, p. 29)。類品は，Reitberg 美術館 (pl. 2-29, 全高 18.3cm) などにあり，上掲のボストン美術館品と同じような施錠具が付けられ，4 側面に鬼面文とパルメット文が貼付されている。これら四脚品の本体部分は，通常の直方体形品よりも 3cm ほど大きいが近似値である。

c．a と b を組合わせ子弁・花弁をそなえて，花弁として整った形とする意匠をもつ重三裂四弁花文がある。戸栗美術館品 (pl. 2-30, 戸栗美術館 1987, no5) があり，1 単位がすこし大型になるので，花弁数は 3 × 4 箇と少ないがこのタイプである。大安寺跡出土例のなかにも，同一個体とみられる R-371・379 が検出されており，揚州汶河西路出土の小片もこのタイプである (文物 1984-3, p. 67 図 14)。この文様は，盛唐代にはしばしば見られるものであり，陝西・礼泉県唐越王李貞墓 (開元 6・718 年) 出土の三彩騎馬女俑の女性がかぶる胡帽にこの意匠が描かれている (文物 1977-10, 陳安利 1998p. 143)。

d．上記の b と類似しているが，上・下面の四周に幅 1cm 弱の枠取りをして（四周帯），b と同じ形の四弁花文を並べる。画面が小さくなったので，弁花数は，上・下面が 4 × 5 箇と減り，側面は枠取りをしないので b の箇数とおなじである。西安・韓森寨唐墓出土 (pl. 2-31, 陝西歴史博物館，陳安利 1998, p. 65)[15]，鞏義市博物館 (pl. 2-32, 孫新民 2004, no. 61)，アメリカ個人蔵 (OCS1955) を例示できる。同じ意匠で，四側面には四弁花文を施こさない例はかなり多く，たましん美術博物館 (pl. 2-33, たましん 1992, p. 16)，和泉市立久保惣記念美術館，福岡東洋陶磁美術館 (福岡東洋陶磁 1999, no19)，香港求知雅集珍蔵品 (香港 1981, p. 13) などの各蔵品を掲げたい。

　このように，四弁花文の形態など細部での相違があるが，基本的には共通する要素が多い。大きさは，高

6. 三彩陶枕と筐形品の形式と用途　229

fig. 7. 大安寺跡出土品（奈文研 1967）

さ 4.4 から 7.0 の間であるが，その大多数は 5cm 前後，長辺の長さは 10.5 から 11.6cm で，11cm 前後，短辺は，8.4 から 9.7cm で，ほとんどは 9cm 台である。のちに例示する唐代の陶枕はいずれもこの程度の大きさであり，この法量のみをもってこれら四弁花文陶枕を非実用の陶枕明器と規定したり，あるいは実用品としての「脈枕」と推測するのは早計である。

さらに共通する特徴をまとめると，このグループには，6面ともにすべて平板な直方体であり，上・下面とも同一の施文・施釉されている。この特徴は，晩唐以降の確実に実用品とみられる長沙窯，磁州観台鎮窯，耀州窯などで製作されたとみられる陶枕が，上面が凹状を呈し，下面には施文はもとより，施釉されていないことと大きな相違点である。したがって，これら四弁花文筐形品は，製作の当初から上・下面のいずれをも見ることができるように意図されていたものであり，枕とは別の用途が考えられる。こうした推測をすると，三彩陶竈の明器につくる独孤思貞墓品，櫃形品としてつくるベルリン東アジア博物館，ボストン美術館

品は，特殊な例外ではなく，所期の目的にかなう製品の可能性がでてくる。当初から筐につくられた四弁花文の遺品（長さ 11，高 4.4cm）もあり，被蓋のようであるが，前の大戦で失われたようである (pl. 3-44, Robert Schmidt 1924, tafel. 16)。これらの櫃形品も小型であり，独孤思貞墓の竈と同様に，ミニチュアの明器の可能性があるが，すくなくとの枕としての機能性は当初から欠いていると云えよう。

② 唐花文

1999 年に群馬県佐波郡赤堀町大字今井三騎堂の多田山 12 号古墳から出土した製品の文様は，やや簡略化された唐花文である（群馬県埋文 2004, pp. 284-285）。中心の円形の子房（緑）から 8 弁の子葉（白）と，同数の花弁（橙・緑）を配置し，四周を直線で囲んでいる。復原された破片のうち大片は，目跡 1 と側面に釉溜まりがあることから判断して，下面であり，小片は釉の流れからみて，上面である。すなわち，本品は，上・下面ともに同文であり，かつ平板な直方体形を呈する形式である[16]。

これと類似したものが江西・瑞昌県范鎮郷唐墓から発見されている（南方文物 1999-2, pp. 8-10）。四周の隅に 3 弁花を入れている点が異なるが，直方体形で，上下面に施文し，短側面に 1 孔をうがつ三彩筐形品である（10.7 × 8.7, 高 5.2cm）。調査時には，墓は破壊されていたが，青銅製の塔形頂合子・塔式柄香炉・蓋鉢各 1 点の仏器とともに発見されたと報告している。

このように，対葉文をつけずに唐花文を略描体にしている意匠では，フランクフルト工芸美術館蔵品（pl. 3-34a, b, c. 11.1 × 8.8, 高 5.0cm, no. 不明）が興味ふかい意匠である。6 面全てに施文され，上，下（支釘痕 3）面は，四周帯内に簡略化された唐花文をいれ，4 側面も枠取り内に四弁花文にさらに四弁を積み重ねる文様を，長辺に 3, 短辺に 2 を印花している三彩直方体の筐形であり，ここには陶枕というイメージからかけ離れている。個人蔵品（pl. 3-35a, b. 10.9 × 9.3, 高 5.1cm）も四周帯内に簡素な唐花文を上下にいれ，4 側面にも同様な唐花文を印花し，施釉は，白→橙→緑色の順序で塗布され，輪郭線は茶色の鉄釉をいれている。

それらの他に，愛知県陶磁美術館（pl. 2-36, 11.7 × 9.3, 高 5.3cm, no. 2488），個人蔵（水野清一 1977, 91 図），Meiyintang コレクション（Krahl. R. 1994, 長 11.6, 高 5.3cm）があげられる。愛知県陶磁美術館品は，中心の 6 角形（白）から 6 弁花（橙・緑・白）を二重にかさね，これも上・下面とも同一の文様であり，直方体形につくる。直線で画された四周帯文は白と緑色で点彩する。個人蔵品には，四弁花文を二重にし，四隅にも花弁各 1 を配置するシンプルなものがあり，四周を直線で囲み，上・下面とも同一文で，直方体の形式である[17]。

Meiyintang コレクション品は，4 弁 + 8 弁の周囲に C 字形文を配し，四隅にパルメット文をいれており，これも直線で四囲をかこみ，直方体の下面もほぼ同文とされている。さらに本例で興味をひくのは，4 側面に，b タイプとした四弁花文を配列していることであり，四弁花文をもつ形態と同じ属性をもつと考えられる。上海博物館品（11.1 × 9.7, 高 5.5cm, 汪慶正他 1991, no. 71）も，地が珍珠文になっている点が変化しているが，櫛歯状の直線で四周を画し，4 弁花に葉文などを付けた唐花文と，四隅に回転蓮花文かとみる同心円文をおき，上下同文とみられる。

以上，簡略化された唐花文をもつ一群の筐形品は，四周を直線で囲む上下面が同文で，直方体形につくる特徴を共有している。大きさは，長辺 10.2-11.7, 高さ 5.3-5.5cm の範囲内であり，四弁花文をいれる筐形品とほぼ同大である。

これらとやや趣を異にする直方体形として，西安市東郊壩橋出土品（pl. 2-37, 陳安利 1998, p. 67）は，直方体形（10.8 × 8.6, 高 6cm）の各面にフレームを刻み緑彩にし，上下面に，5 弁の梅花文を 5 列 × 4 列に印花・彩色し，短側面には奔鹿 1 頭，長側面にはそれを追跡するかのように疾駆する 1 騎が表される狩猟文であり，いずれの周囲には巻草文がみえ，地は珍珠文であり，型押しの後に，文様を刻出したのであろうか。

C．絞胎

　絞胎をもちいた上面凹形品と直方体形との 2 種類の器形があり，釉は三彩と黄釉がある。また，これらとは別に，上面に丸文や団花文を貼付する黄釉半絞胎陶枕があり，晩唐五代期に位置づけられているが（矢部良明 1979，pp. 20-21），これについては本書Ⅱ-8 の文末にまとめてのべる。

　上面凹形品の成形は 2 種類があり，一つは絞胎の粘土板（タタラ）を中型に巻き付けて側面をつくるので隅丸形になり，上面に絞胎を貼り付け，下面は通常の粘土板を使い，これらをドベで貼り付けている。施釉は下面には施されていないが，下面の周縁には釉がはみ出している。この形式の出土例として，鄭州市の西，栄陽市茹菌唐代窯跡から黄釉絞胎品が出土し（pl. 3-38，13 × 10，高 6cm，考古 1991-7，pp. 664-666），上面と 4 側面は紅胎に黄色胎を組み合わせて練り合わせた全絞胎，下面は絞胎ではなく紅陶の胎土板を用いている。側壁の上方に 1 孔をあける。1956 年に河南・陝県劉家渠唐墓出土の黄釉絞胎例は（pl. 3-39，14.8，高 7.5cm，中国人民美術 1983，no. 23），側面の前側に絞胎が幅広く途切れ通常の粘土板がみえ，絞胎陶を表面に貼り付ける半絞胎の手法と考えられる。底部は紅色の胎土であり，絞胎ではない[18]。

　成形の他の一つは，河南省博物院が収蔵している絞胎陶枕（pl. 3-40，高 6.5cm，張松林他 2006，no. 561）にみる技法であり，4 側面を平板の全絞胎を貼り合わせ，上面には湾曲する絞胎板を貼り，下面は通常の粘土板を貼り合わせている。これは黄釉と一部に緑釉で彩色しているようである。ボストン美術館品（pl. 3-41，no. 50，1965，Boston1964）も基本的にはこの技法であるが，上面および長側面も湾曲させた全絞胎を用い，長 16.3，高 11.5cm と法量も類品と比較して大きく，他例と異なる印象をあたえる。釉は黄・緑の 2 色がかけられ，下面に目跡が認められる。

　これに対して，直方体形品は，6 面すべてに絞胎が用いられ，かつ底面も施釉されている。河南・臨汝県紙坊郷唐墓の随葬品は（pl. 3-42，10.6 × 8.9，高 5cm，考古 1988-2，p. 187，図版 8-5），黄褐色釉が全面にかけられ，共伴の三彩陶からみて盛唐期に位置づけられる。上掲とは別の河南博物院所蔵も直方体形であり，紅胎と黄胎の練り合わせであり，大きさも三彩筐形品とかわらず（10.5 × 9，高 5.2cm），透明釉がかけられている（文物 1989-11，p. 19）。

　絞胎に三彩釉をかける直方体形の例として，緑とやや赤みのある褐色釉をかけた出光美術館品（pl. 3-43，11.3 × 8.6，5.4cm，出光美術館 1987，no. 41，弓場紀知 1995，no. 58），白地部分がやや多く，少し大型の故宮博物院品（pl. 3-45，上面 15.4 × 9.2，下面 13.1 × 8.0，高 7.2cm，李輝柄 1996，no. 213），Meiyintang コレクション（Krahl. R，1994，no. 277，幅 4.7 × 10.9cm），すでに四弁花文の項でふれた b タイプの四弁花文を象嵌状に長辺に印花して，これを絞胎板と組合わせた例（長 10.7cm，繭山龍泉堂 1976，no. 304）がある。これらはいずれも上面と下面に絞胎平板を用い，施釉されていることが特徴である。

　ここで，大安寺跡出土の絞胎陶枕をまとめて観察すると，胎土は，白土に茶色をまじえて練り上げ，成形後に黄釉をかけているが，一部には緑釉を流したものがみられる。絞胎を表面に貼り付けた破片はなく，内面まで全絞胎である。ただ，栄陽県茹菌唐代窯跡出土例と同じように，6 面体のうち，底面は絞胎ではなく，白胎に黄釉をかけた破片（R-353）がある。6 面体の貼り付け方は上記と同じである。器形には，ここでも 2 種あり，直方体と，上面を凹形にしたものである。小片では判別が難しいところがあるが，前者として R-329，明らかに後者として，R-38，23，187 を確認でき，38 は，凹形の上面の一部と長側辺をのこす破片で，短側面の R-326 と同一個体とみられ，この底部は平板で，絞胎ではなく黄釉をかけたものである。すなわち，上面凹形の底面は，他の三彩陶枕例と同様，無文であり，絞胎ではなく，下面を見せる製作意図がない。絞胎品にも原則的な特徴が共通している。

　この他に，奈良市菅原町（奈文研 1995），京都市中京区西ノ京中御門西町（平安京右京 2 条 3 坊 2 町，京都埋

文研 1977),同下京区塩小路通新町東入る東小路（左京 8 条 3 坊 7 町，京都埋文研 1982),大宰府史跡市の上遺跡（高倉洋彰他 1973) から，いずれも黄釉絞胎陶の破片が出土している（本書 II-8 参照)。

⑦　奈良三彩（国産）筥形品

　大安寺跡講堂跡出土品のなかに，同じく無文であるが，他の陶枕の破片と異なり，肉厚で，内面の調整が非常に粗い一群がある。遺存状態のよい R-345+346 接合品は（pl. 3-46)，各板の厚さが 1.3cm をはかり，平板な上面および側面には緑・橙・白の 3 色がかけられているだけで，印花・刻線文はみられない。釉薬の流れから推量して下面とみられる残存の小部分は無釉である。類似の破片として，下底片の R-342, R-337 などがあり，肉厚で内面の調整が粗雑である。また，R-343 は，短側面と下底の一部をのこす破片で，厚さ 0.6-0.7cm で，唐三彩陶（厚さ 0.5-0.6cm）よりも少し厚いだけであるが，内面はナデ調整されているが凹凸がのこり，下底には薄く黄色の透明釉がかけられている。同様の内面調整で，R-348 は短側面片で，長方形に輪郭線が刻まれ，三彩釉がかけられている。

　このように大安寺跡の出土品のなかに，通常の 3 倍にちかい肉厚で無文，内面の調整が粗雑なつくりのもの，ないしやや肉厚であり，輪郭刻線の装飾をもち，内面調整が粗いつくりの破片が認められる。凹形の上面をもつ形態は確認できず，すべて平板なつくりとみられ，全体の法量は，他の肉薄のものとかわらない。破片数は 10 片前後である。

　これらの破片について，注目される報告が出されている（沢田正昭・巽淳一郎 1984, pp. 242-249)。報告の記述にしたがうと，これらを III 類とし，製作の際，粘土板は，粘土塊から切り出したものではなく，粘土塊を叩き出して平板にしている。組み立て方においても，上面及び底面の内側に相当する面の 4 周と，側面の短辺の二辺を周辺より 1 段低く抉り入れ，その部分に各平板をはめ込んで組み立てる。また，平板を使用せず，筥型の内型を利用する例もみられる。

　これらの破片の胎土の蛍光 X 線分析を試みたところ（試料数 5 点)，他の大安寺跡出土片と異なり，ルビジュウムの含有量が多い傾向があり，千葉県内出土の奈良三彩陶および，京都・近江・奈良系の緑釉胎土と材質が類似している。この報告から，これらが国内産であるとみられる。わが国出土の三彩陶枕のなかで，埼玉県岡部町熊野遺跡 5 次 3 号住居跡（愛陶 1998, A-2)，石川県羽咋市寺家遺跡 10A6（石川埋文 1988) などは，肉眼的にはこれらと特徴を共通している。

2．器種と用途の相違

　まず，これまで述べてきた三彩および黄釉絞胎の凹型の陶枕と直方体形品の 2 器種の生産窯について，まとめておきたい。鞏義市黄冶窯跡（大・小を合わせてこの名称とする）の胎土は，褐白色と微紅色の軟陶で，白化粧はしているものと無いものがある。三彩品は，施釉前の未製品で，四弁花文の小片 1 が報告されているにすぎないが（神野恵 2010, p. 53)，報告書にもれているのであろう。形象陶枕は数点が報告されている。多いのは黄釉および少数の緑釉絞胎で，全 6 面すべてが絞胎と，底部のみは絞胎をつかわず淡褐色と紅色の素胎と，すべて素胎で，絞胎の薄い粘土を貼り付けるものがあり，後者が多いように見受けられる（孫新民 2002, p. 103, 河南文考研他 2005, pp. 73-78)。中型(なかがた)に布を巻いているようであり，内面にその痕跡がある（奈文研 2006, 神野恵解説, pp. 50-100)。黄冶窯跡の南にある鞏義白河窯跡からは，やはり施釉前の四弁花文と絞胎のいずれも筥形品が報告されている（河南文考研他 2009, pp. 216-217)。黄冶および白河窯跡跡から 2 器種の三彩および黄釉・緑釉絞胎品が製作されていたことは確実であるが，報告が少なく将来の調査にまちたい。

　これに対して，長安礼泉坊窯跡では，直方体形品と凹型陶枕の両者が発見されている（pl. 3-47, 48, 陝西

省考研院 2008-1，彩版 32-33）。文様は，四弁花文，唐花文など豊富にみられ，日本出土品の窯跡同定の可能性があるが，精査が必要である。この他に，西安市の北にある銅川市黄堡窯跡から三彩陶枕などが報告されているが，施文のあるものはみられない（陝西考研 1992）。

　以上，各形式について例示して分類を試みてきたが，これを整理すると次のように集約できる。器形に基づいて2器種に分けると理解しやすい。

A類：上面を凹形にし，下面を無釉とする器形である。この形に属する陶枕の文様は，唐花対葉文，唐花唐草文，双鳥花文，連珠環双鳥文，絵画文，彩色文である。これらは，すべて下面には文様がなく，露胎ないし透明釉がかけられる。これに対して，

B類：直方体形で，6面は平板を貼り合わせている。この器形に属する文様は，四弁花文と唐花文であり（国産品を除く），これらは下面にも上面と同じ文様がみられる。絞胎陶は，A・B類両者の器形がある。以下，この分類にしたがって，用途など両者をめぐる問題を考察したい[19]。

　結論からのべると，A類の上面を凹形にし，下面を無文・無釉とする器形は，種々の枕（腕枕・脈枕・袖枕）としてではなく，「頭枕」としての実用品である。B類の直方体形品で，上下面に施文・施釉する器形は，枕としての機能・特徴を欠き，明器としての（銭）櫃（筺）と考える。

　まず，A類を考察の対象とするとき，第1に，これを枕の実用品とする理由は，形態と施釉方法において，晩唐五代期の，頭枕の実用品として疑うところのない長沙銅官窯製品の黄釉鉄絵・白釉緑彩品などの特徴と一致していることにある。窯跡出土品48件をみると，枕面の微凹でないものもあるが，枕面には釉下彩絵文，底面は露胎であることは貫かれている特徴である（長沙窯課題組編1996『長沙窯』pp. 89-90, 紫禁城出版社, 北京）。その他例示するまでもないが，実見・調査したアシュモレアン博物館（no. 不詳），セルニュスキー（M. C. 9523），サンフランシスコ・アジア博物館（He Li, no. 189），上海博物館（顧麗江寄贈品），故宮博物院（李輝柄 1996, no. 135）などの各蔵品のすべてが，上面凹形，下面無文・露胎である。さらに貼花文絞胎品や，これら晩唐期から宋代につづく観台磁州窯，寿州窯，耀州窯製陶枕など，すべて凹形，下面無文・露胎であることは重言を要しない。すなわち，こうした属性をもつことが枕の特徴である。

　第2に，この形態の陶枕が，頭部を支える枕，すなわち「頭枕」として実用品であるのか否かである。これを否定して，ミニチュアの頭枕の明器であるとする意見[20]，あるいは腕枕（書枕），脈枕，袖枕などとする見解は，いずれもこれらが小型であり，頭を支えるものとしては小さすぎるという認識から生じている。あらためてA類の三彩および絞胎陶枕を計測（括弧内は平均値）すると，長辺は11.7-16.9cm（12.8cm），短辺は9.0-11.6cm（9.8cm），両端高さは5.5-7.2cm（6.1cm）である。確かに現在の枕に比べて小さく，宋代あるいは晩唐の陶枕と比較しても小型であることは否定しがたい。上記した晩唐期に位置づけられる長沙銅官窯陶枕の計測・平均的な値は，長さ14.5-16.5，幅10.0-12.7，高7.6-9.5の範囲にある。盛唐陶枕に比較して，長く，高くなっているが，A類品はこの数値の範囲内にあり，高さが少し低い。後掲する晩唐・五代墓出土で頭枕として使用されている磁州窯系凹形陶枕の高さは9cmをこえており，少しずつ高枕にする傾向が看取できる。

　この大きさの問題の解決を困難にしているのは，唐墓からこれらA・B類ともに検出例がきわめて少ないことにある。盛唐期においてA類品の出土例の検出は，洛陽市孟津県朝陽（北邙山前）李村唐墓出土の鴛鴦文品のわずか1例に過ぎない。陶枕ではなく，注意される出土資料として石枕がある。甘粛・天水市石馬坪発見の磚墓（隋代後半から初唐期）の棺床上におかれた木棺（腐食）の頭部下から1箇の蛇紋岩製の素文石枕が原位置で検出され，凹形で，その大きさは，長さ14.5，幅8.6，両端高6.2，中央高5.4cmである（考古1992-1, pp. 46-54）。これは上記の盛唐の陶枕と比較すると，平均で長辺はやや大きいが，短辺は小さく，高

さはほぼ同じであり，上記したA類品の法量の範囲内に確実におさまっている。湖南・長沙赤峯山2号初唐墓の頭部の下の位置から滑石質刻花石枕1が検出されており，上面がわずかに凹む形で，正面に針刻文がみられ，法量は11.5×9.7，高5cmである（文物1960-3, pp. 56-58）。これは三彩陶枕よりも，むしろ小型であり，法量の範囲内におさまる。これらは実際に死枕として使用されているので，A類陶枕は，比較対象資料がわずか発見されているにすぎない欠点があるが，当時の法量としては小型ではなく，これが頭枕として通常の大きさと考えられる[21]。

第3に問題となるのは，上記の事象と関連しているが，北朝から盛唐・中唐代までの墓において，遺体の頭部にA類陶枕がおかれていたことを推定できる資料を摘出しえないことである。A類陶枕の出土例は，上掲のように1例であり，その出土状況は不詳である。

隋・初唐から盛唐・中唐までの古墓資料約286件を抽出しているが（本書I-2参照），その出土資料の中には陶枕の例を見出せない。このなかで，頭蓋骨や木棺の一部が残存し，かつ盗掘が少なく，郭棺が原状を保っているとみられる唐墓においても，頭部の下ないしその周囲から陶枕に類するものは見出し得ない[22]。

あるいは死枕として，木枕や石枕の使用も想定できるところであり，事実，北魏太和8（484）年卒の大同・司馬金竜墓出土の彩色のある木枕や（残長26.2, 幅14.8cm, 文物1972-3, p. 24），西安南郊唐書君夫人墓群M5出土木枕では，長さ約20cm（考古与文物1985-9, p. 71）があり，陶枕よりも大きい木枕がみられる。また石枕例も上記の他に，開皇2（582）年合葬の武帝孝陵夫妻墓から弯月形石灰枕1例（法量記載なし，考古与文物1997-2, p. 12），西安隋唐585号墓の石灰質菱形枕例（中国考古研1965, p. 21）がある。

しかし，陶枕を頭部の下にすえた例は探し出しえず，木枕・石枕の少数例をのぞくと，頭枕は使用されていない例が圧倒的に多く，隋から中唐において，頭枕をすえることは，むしろ例外的な葬法ではないであろうか。わずか1例ではあるが唐墓の出土例があるので，すべてを否定することはできないが，一般的には，陶枕をふくめて死枕を使うことは少ないと考える。

晩唐から五代期になると陶枕の古墓出土例が急増する。煩瑣を恐れずに列挙すると，洛陽・后梁高継蟾墓（開平3・909年葬）出土の白釉凹形陶枕（16×12, 高9.1cm）は，頭部の下とみられる位置から検出されており，死枕といえる（文物1995-8, pp. 52-59）。大和5（933）年葬の江蘇・趙思虔夫人墓からも，線刻花文陶枕（17.8-16.6×12, 高11-10cm）が遺体の頭部下から発見されており（文物1957-3, p. 72），晩唐期と報告されている長沙黒曹門M7から黄釉鉄絵蓮華文の凹形陶枕が出土し（考古学報1982-4, p. 522），五代期とみられる江蘇・連雲港市1号墓の頭部の位置から白釉凹形陶枕（16.4×9.7, 高8.8cm）1がおかれ（考古1987-1, p. 53），河北・曲陽県澗磁村4号墓から白釉桃実形陶枕（枕面7.5×6.6, 高2.8cm）1, 同6号墓から刻花蓮華文凹形白釉陶枕（13-15×10.5, 高10cm）1の，いずれも磁州窯系の陶枕が検出されている（考古1965-10, p. 509, 図2）。

さらに宋代以降については，棺内に陶枕を置くことは普通のようになるとみられ，一例をあげると，江蘇・塩城市土坑墓M6から，上下凹面の楔形の青黄釉刻印花花文陶枕1（17.2×8.4, 高9.2cm）が随葬されている（考古1999-4, p. 37, 図12）。このように，中唐以前では考えられない資料数の陶枕が死枕として使われている。ひるがえって，唐代において，A類陶枕の墳墓出土資料がきわめて少ないとはいえ，盗掘によって持ち出され各地の美術館等に現存していることも事実であり，随葬品として埋納されていたと考える。

第4に，陶枕は埋葬以外の，実生活で使用されたか否かという点では，揚州汶河西路の小鴨文破片は，生活遺跡からの出土例であり，実用品とすることができる（pl. 3-49, 揚州市博1996, 附図2）。双鳥花文で解釈したように，「鴛鴦貴子」，「連生貴子」を寓意するその意匠は，寝具としての頭枕の使用をうかがわせるに十分である。さらに，考察の対象としなかった獅子・犀牛・兎などの座の上に枕面を接合した三彩陶枕もこの遺跡から発見されている。このうち，揚州教育学院内の唐代文化層出土の三彩犀牛枕は，長方形の凹形面

6. 三彩陶枕と筐形品の形式と用途　235

1. 唐花対葉文陶枕（ストックホルム博物館 1976），2. 唐花対葉文陶枕，河南・項城市唐墓（張松林他 2006），3. 唐花唐草文陶枕，シアトル美術館（Prodan. M. 1960），4. 唐花唐草文陶枕，V&A．，5. 唐花唐草文陶枕，東博（東博 1988），6. C字形唐花文陶枕，Leed Museum，7. C字形唐花文陶枕，BM．（TOC. 1987-1988），8. 双鳥花文陶枕，洛陽・李村唐墓（東博 1998），9. 双鳥花文陶枕，東博（世界陶磁 11），10. 双鳥花文陶枕，Minneapolis museum（Minneapolis museum website），11a. b. 双鳥花文陶枕，個人蔵，12. 鴨文陶枕，故宮博物院（李輝柄 1996），13. 双鶴文陶枕，Meiyintang C．（Krahl. R. 1994），14. 双鳥文筐形品，故宮博物院（李輝柄 1996），15. 六弁花文陶枕（周立他 2007），16. 鬼面文陶枕（徐氏芸術館 1993），17. 三彩無文陶枕，陝西・黄堡鎮窯跡（陝西考古研 1992）

pl. 1.　三彩陶枕・筐形品

236　Ⅱ　隋唐白釉陶瓷の推移と三彩陶の形式

18. 三彩無文陶枕, 大安寺跡 (奈文研 1967), 19. 三彩臥牛形陶枕, 陝西・城南関磚廠墓 (陝西考古研 2008-2), 20. 三彩獅型陶枕, 個人蔵 (弓場紀知 1995), 21. 三彩四弁花文筐形品, 洛陽安楽窩東岡唐墓 (洛陽市博 1980), 22. 三彩四弁花文筐形品, 個人蔵 (水野清一 1977), 23. 三彩四弁花文筐形品, V&A., 24. 三彩四弁花文筐形品 (掬粋巧芸館 1989), 25. 黄釉絞胎四弁花文筐形品 (龍泉堂 1976), 26. 三彩陶竈, 独孤思貞墓 (考古研 1980), 27. 三彩四弁花文櫃形品, ボストン美術館 (Boston1964), 28. 三彩四脚銭櫃, 西安王家墳村 90 号 (文物 1956-8), 29. 同左, Reitberg 美術館, 30. 三彩四弁花文筐形品 (戸栗美 1987), 31. 三彩四弁花文筐形品, 西安・韓森寨墓 (陳安利 1998), 32. 三彩四弁花文筐形品, 鞏義市博 (孫新民 2004), 33. 三彩四弁花文筐形品, たましん美博 (たましん 1992), 36. 三彩四弁花文筐形品, 愛知陶磁美, 37. 三彩狩猟文筐形品, 西安東郊壩橋 (陳安利 1998)

pl. 2.　三彩陶枕, 筐形品

6. 三彩陶枕と筺形品の形式と用途　237

34a, b, c. 三彩唐花文筺形品，フランクフルト工芸美術館，35. 三彩唐花文筺形品，個人蔵品，38. 黄釉絞胎陶枕，荥陽市茜茵唐代窯跡（考古 1991-7），39. 黄釉絞胎陶枕，河南陝県劉家渠唐墓（中国人民美術 1983），40. 黄・緑釉絞胎陶枕，河南省博（張松林他 2006），41. 黄・緑釉絞胎陶枕，ボストン美術館（Boston1964），42. 黄褐色釉筺形品，河南・臨汝県紙坊郷唐墓（考古 1988-2），43. 三彩筺形品，出光（弓場紀知 1995），44. 三彩四弁花文筺形品，ベルリン東アジア博物館（Robert Schmidt1924），45. 三彩筺形品，故宮博物院（李輝柄 1996），46. 奈良三彩（国産）筺形品，大安寺跡講堂跡，47. 48. 三彩陶枕・筺形品片，長安礼泉坊窯跡（陝西考研院 2008-1），49. 三彩小鴨文陶枕片他，揚州市汶河西路（揚州博他 1996）

pl. 3. 三彩・絞胎陶筺形品，陶枕窯跡出土破片

に一対の胡蝶文を陰刻し，その枕面の大きさは 11.6 × 8.1cm，高 6.6cm である。この遺構は，生活廃棄物などが古河道に堆積したと報告されており，実際に使用されてものであり，大きさも上記凹形陶枕と類似した数値である（考古 1990-4, 図版 3-1）。

寧波和義路遺跡の唐代第 1 文化層からは，伏獣の台をつけた褐釉陶枕と，漆製枕（19.2 × 14, 高 6.4cm）が出土し，9 世紀中葉に比定されている（文物 1976-7, 図版 6-4, 東方博物 1, p. 261）[23]。

この形態の陶枕を，頭枕ではなく，腕枕（書枕）・脈枕・袖枕とする見解は，小型であることを主たる根拠にしており，上述のようにそれは成り立たない。しかし，本来頭枕として製作されたものを，他の目的に転用して使用した可能性まで否定することはできないであろう。これは陶枕に関して本質的な問題ではないであろう[24]。

これに対して，B 類の特徴は，上下面に施文されていることにあり，天地を逆にしても使用できることを，製作の初めから意図されているものであり，下面を露胎とする頭枕の製作目的からはかけ離れている。この場合 A 類と異なり，上面が平板であることは，枕説を必ずしも否定する根拠にならない。海棠式や兎形枕など頭枕とみられるが，これらの上面は平板かわずかに凹形である。B 類が枕の使用を目的としていない理由は，上下両面が使用できる点にある。

この形態は，上掲のように唐墓から 4 例以上の出土が確認できる。すなわち，三彩四花弁花文 a タイプの洛陽安楽窩東岡墓，d タイプの西安・韓森寨唐墓，黄釉絞胎陶品として河南・臨汝県紙坊郷唐墓であり，梅花文・狩猟文の西安・東郊霸橋出土品も唐墓の可能性がある。いずれも墓室の内部の位置は明らかにしえないが，随葬品の一つである。

B 類の法量は（平均値），長辺 10.0-11.7（11.1cm），短辺 8.4-9.7（9.1cm），高さ 4.4-6.1（5.2cm）であり，A 類と比べると，いずれも 1cm 前後小さく，わずかではあるが，B 類は小型に作られている。

この形態の「陶枕」の用途について，腕枕，（明器）筐形品ではなく，「器座」とする意見がすでに提出されている（葉葉 1983, p. 30）。法器・仏像・経巻などをこの上にのせた台座を想定している。葉葉（呉同）の意見は，この形態を磚形器とよび，まず小型であるので頭枕説は誤りであること，唐人は肘を机につけて運筆するので，碗枕は使用しないことなどで，これらの説を否定する。ついで，大安寺跡から大量に出土したことを重視し，講堂は伝法の場であるから，寝るための枕や，写経の碗枕を並べおく所ではないこと，開基であり，在唐 10 余年の僧道慈がこれらを目的的に請来し，磚形器（B 類）と小枕（A 類）はともに器座として使用した可能性が極めて大きいとする。ついで，謝明良も，この見解を発展的にほぼ継承し，A・B 類ともに宗教儀物として「仏経，什器を載せた台座あるいは経巻などをおさえるいわゆる文鎮である可能性は多い」とする（謝明良 1985, pp. 34-36）。謝は，1994 年にこの見解を一部訂正し，甘粛・天水唐墓出土の石枕，法門寺水晶枕，京都大学蔵石枕などとの類似から，三彩凹形品（A 類）を枕と認定したが，B 類については言及していない（謝明良 1994, p. 196-200）[25]。

この形態が，枕としての用途を目的にして作られたものではないとすると，どのように使用されていたかを推定することは，現段階では困難である。推測できる第 1 は，すでに唱えられているように，器座あるいは文鎮という筐形の実用品であり，この見解には首肯できるところが多い。1999 年に報告された前掲の江西・瑞昌県唐墓からは，青銅製柄香炉など仏具 3 点と B 類三彩唐花文品が共伴したことが確かであるならば，禅僧墓と推定されており（南方文物 1992-2, pp. 8-10），この形式の製品が仏具の一種であり，報告では脈枕としているが，法器・仏像・経巻などをこの上にのせた台座と想定する資料となりうる。

第 2 は，上述したように B 類と同形・同大品を改造したうち，長安・独孤思貞墓出土の三彩陶竈形品や，西安王家墳村第 90 号盛唐墓土の三彩銭櫃とされているものはあきらかに明器であり，ボストン美術館の櫃

形品も墓に納められていたことも考えられ，小型である点からみても明器の想定ができる。そうすると，改造していない筐形品自体もなんらかの明器の可能性があり，実生活において，これよりも大型の筐形を呈するものを，小型化して明器としたのではなかろうか。例えば，（銭）櫃を想定しているが，現段階では，これ以上の推測をはさむことを控え，新資料の出現に俟ちたい。

　いわゆる「陶枕」と称されてきた器物は，形態と法量において，異なる2種類があり，それらがきわめて類似しているために，混同してその性格が論じられてきた。本稿においては，その差異を明らかにし，かつ，遺物から読み取れる情報以外を極力排除して考察をすすめた。結論にいたらない課題は重いが，「陶枕」研究にわずかでも資するところがあれば幸いである。

[注]
(1) 前稿においては，頭枕と筐形明器の機能の違いについての主旨に変更がないが，記述が文様に重点をおいているために，この大きな相違について理解されていないことを反省した。本稿では，器形に基づき分け，その後に文様について言及するように構成全体を変更し，新資料を若干追加している。

(2) この2号住居跡は，2度にわたって拡張され，9.0 × 7.9mと，この時期では他のものに比べて大型であり，竈が2基つけられ，おびただしい土器片とともに，円面硯2片，「入」，「人田」の墨書土器などが検出されている。調査者の小宮俊久（旧新田町，現太田市教育委員会）と再検討したところ，残存する2側面を垂直にして計測すると，欠損している中心部近くで，両端から2mm程度ではあるがわずかに凹形になっている。さらに，内側に墨痕かとみられるものが付着している。

(3) 前稿では，大安寺跡出土三彩陶について巽淳一郎1984に触れなかったことを恥じ，お詫びする。また器形の分類，製作技法，文様の名称などについては，神野恵（奈文研2010, pp. 49-76）に示唆を受けた部分が多い。この論考は大安寺跡出土三彩陶を細かく分析したものであり，導かれるところが多く，唐三彩陶枕研究に一石を投じるものと評価している。前稿で使用した文様名称などより的確と考えられるものは，神野論文にしたがって一部変更している。さらに，筐形品の製作技法についても，詳細に論じられている。

　さらに，大安寺跡出土の三彩陶には1片ごとにR-番号が付けられている。一覧表などを示せばわかりやすいと考えるが，後日の検証に耐え，正確を期すために煩瑣ではあるが，あえてこの番号で表示する。詳細については，巽淳一郎1984, 神野恵2010を参照されたい。

　残存部分が無文である側面および底面を観察すると，すでに報告されているように「各面の接着順序は，短辺に長辺を重ね，上面・下面をこれに接着する。各板の接着面に薄く粘土をおき押圧して密着している」（奈文研1967, p. 2）。4箇所の角は面取りされる例がある。側面の穿孔位置はR-105にみるように短辺の右下隅にちかいところにあり，中央とはかぎらず，R-365のように長辺に穿孔する場合もある。長辺が湾曲する器形の底面は無釉例（R-120, R-49）と，上記の完形品例やR-184のように黄釉を薄くかけたものと2つの方法が認められる。

(4) 小片から類品のないものを復原された報告者である八賀晋の観察に敬意を表し，のちに復原が試みられているが（橿原考研1993）原本を載せたい。また韓国・慶州皇竜寺跡出土の小片があるいはこのタイプの文様の可能性がある（清州博1989, no. 21）。

(5) これらのうち，多くは頭部に冠毛がみられるので，雄鳥の鴛と考えられ，双鴛文とする方が正確かもしれないが，通例にしたがい鴛鴦文とする。

(6) この破片は，概報では枕面が凹面に実測しており，筆者も確認しているが，修復後の本報告書では平坦になっている。凹面は0.6-0.8cm下がるだけであり，曲面を正確に実測することは，小破片では

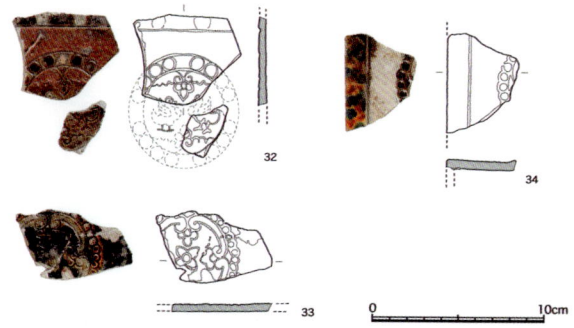

fig. 8. 大安寺跡出土品（神野恵2010, pp. 49-76）

240　Ⅱ　隋唐白釉陶瓷の推移と三彩陶の形式

難しいところがある。
(7) 神野恵報告では，鴛鴦の周囲に花文をいれる個体1を確認し，計3個体があるとされている（fig. 8，神野恵 2010，pp. 49-76）。
(8) 盒の意匠として蓮花・鴛鴦を組合わせるのは，盒（he）と同音同声の合（he）をあわせて「和合如意」「鴛鴦貴子」を表現しているのであろう。
(9) 同様な意匠で，子鴨を省略したものがMeiyintangコレクションにある（Krahl, R. 1994, no. 274, 長 12.3，高 6cm）。
(10) 墓番号不明，この資料は，考古1972-2の概報および朝日新聞社1973などには所載されていない。
(11) 他にも遺例を挙げることができ，一例をあげると，クリーブランド美術館蔵の布（1996.2a）は，ソグディアーナ将来とされ，嘴を合せる双鳥が連珠文環内に表現され，メトロポリタン美術館（41.119, Watt1998）にもある。しかし，こうした意匠が唐代にはすでに中原の地で製作された工芸品にしばしば使われ，手慣れていたとみられ，西域的な意匠と強調するのは適当とは思えない。
(12) これについては，後藤修（当時松岡美術館学芸員）のご教示によるところが多い。
(13) 同一個体と推定する破片は以下のとおりである。
　　R-366・368，R-374・1001，R-046・071，R-050・055，R-373・057，R-073・R番号なしの小片。cタイプのR-371・379。大安寺跡出土三彩陶は約40個体と報告されている（神野恵2010, p. 49）。
(14) 印花は，上下面に各30，左右面に各15，前後面に各18あり，短辺に1孔，下面に3箇の支釘痕。銀製蝶番・鎖・把手などは生漆で器体に接着され，金銀平脱鏡などの漆成分と同一であり，唐代につけられたものである（葉葉＝呉同1983）。
(15) この種のものは，上下面が同一であるので，両面の写真を示すことがほとんどないが，本品は，兵庫歴博1989，no. 26において，目跡のある下面が図示されており，同一文であることが確認できる。なお，陳安利1998，香川1998, no. 35にも同一品が展示されている。
(16) この横穴式古墳は，7世紀第4四半期に構築されたと考えられており，本品が前庭に廃棄された年代「多田山Ⅵ期」は，その前庭部の構築時とみられる層位から出土し，その上層の硬化面から，8世紀前半代の平城宮Ⅱあるいは Ⅲ 形式とされている平瓶を検出している（群馬県埋文2004, pp. 248-292）。したがって，本品は，遅くとも7世紀第4四半期までにはこの地に請来されていたと推定できる。調査者である深澤敦仁のご教示によるところが大きい。
(17) 本品は実見しえないが，図示されている面に目跡が確認でき，釉薬の流れの状態をふくめて，これは下面である。次の上海博物館品も同様な理由で。写真で示されているのは下面であり，上下同じ文様と推定する。
(18) 東博蔵の三彩陶枕（TG2053）の成形も，側面が隅丸に近く，この中型巻き付けとみる。絞胎は側面の上半までであり，通常の粘土の表面に絞胎を貼り付ける，いわゆる半絞胎であり，その部分だけ施釉している（12.2×8.7，高 7.4cm, 東博1988, no. 268）。
(19) 陶枕の用途などについての専論として，Dart. R. P. 1949（vol. 1-4, pp. 28-29），葉葉（呉同）1983，謝明良1994などがある。謝明良には，この他に1985, pp. 29-36，および同上の国際検討会発表レジメ，1992があるが，その後結論を修正されているので，本稿では，最新の1994年の論文を引用した。
(20) これらA類品を，随葬用の模型品（ミニチュア）とする考えは，すでに指摘されている通り（三上次男1984, p. 11），大型枕の存在例が極めて少ない状況を勘案すると，この説は成立しがたい。
(21) もちろん大型の石枕もあり，河南・堰師市李郁墓（会昌3・843年卒）出土の滑石枕は，扁長方形で，27.4×15.4，高5.6cmであり（考古1996-12, p. 16），陝西・法門寺地宮（咸通15・874年）に埋納された水晶枕（12.0×6.8，高9.8cm）があり（『法門寺畫冊』p. 146，中国陝西旅遊出版社，西安，1990），晩唐になると大型化の傾向がうかがえる。盛唐期においても，A類陶枕のなかで，シアトル美術館蔵の唐花唐草文陶枕では，各16.3×11.6，高7.2cmと石枕よりも15-20%程度大きい例もあげられる。
(22) 隋から中唐までの検索した古墓資料の内訳は，隋57，初唐79，盛唐104，中唐46件である。そのうち，墓室の遺存状態が良好として抽出できるのが38例あり，太原・斛律徹墓（595年，文物1992-10, p. 3），安徽・□爽墓（607年，考古1977-1, p. 65），西安・田元徳墓（611年，文物1957-8, p. 65），湖北・呉国妃揚氏墓（638年，文物

1985-2, p. 86), 遼寧・蔡達須（643年, 文物1998-3, p. 8), 山西・楽士則, 楽道仁墓（659・684年, 考古1965-9, pp. 462, 464), 鞏義市M6墓（考古学報1996-3, p. 368), 河南・趙洪達墓（考古1965-8, p. 386), 長沙咸嘉湖墓1（考古1980-6, p. 506), 河北・郭祥墓（684年, 文物1993-6, p. 21), 山西・崔弩墓（689年, 文物1987-8, p. 44), 河南・宋禎墓（706年, 考古1986-5, p. 432), 長治市・李度墓（710年, 文物1989-6, p. 44), 河南・李景由墓（738年, 考古1986-5, p. 443), 洛陽・安菩夫妻墓（709年, 中原文物1982-3, p. 22), 西安・薛莫墓（728年, 考古1956-6, p. 48), 臨潼関山唐墓（考古与文物1982-3, p. 24), 河南・鄭洵墓（778年, 考古1996-12, p. 8), 長沙・王清墓（832年, 考古1985-7, p. 619), 河南・李存墓（845年, 考古1984-10, p. 910) などが、そのなかでも非常に良好な状態であるが、頭部下には何もおかれていない（卒・葬年）。その後、2011年までの主な唐墓を瞥見したが同じ傾向にある。また、西晋から北斉・隋の間に、青瓷あるいは白釉陶枕の遺例を見出せない。

　五代墓のなかに、棺内ないしその頭部付近からの出土例があり、実際に墓に置かれていたものであり、その大きさは、三彩陶枕と変わらない。河北・定窯跡調査中に発見された五代墓出土の白瓷品は凹形枕面、底部露胎で、長さ13-15, 幅10.5, 高8.3-10cmであり（考古1965-10, pp. 509-510), やはり定州古墓発見の「官」字銘をもつ白瓷陶枕も、枕面長さ15.7, 幅11.6, 高9.1-9.9cmである（文物春秋1997-2, p. 87)。同じく江蘇・連雲港市五代墓M1発見の淡黄色釉の陶枕の形は定窯白瓷品と同じで、その大きさも長さ16.4, 幅9.7, 高8.8cmである（考古1987-1, pp. 51-54)。漆木枕が残っている例として、928年に下葬された武漢市武昌区M1王氏墓の頭部に置かれたとみる木枕は折り畳み式で、枕面に刻花文があり、その大きさは長さ18.3, 幅8.8cmと陶枕よりも少し大きいが、隣接しているM2の木枕は、長さ15.2, 幅8.8, 高7.6cmである（江漢考古1998-3, pp. 67-72)。これらからみて、三彩陶枕が小型であるので頭枕ではないという説は成り立ちがたい。

(23) 兎形の座をもつ陶枕は、兎は月をみて孕むという寓話を表象し、邪気をはらう獅子形座の陶枕も同様な意味の頭枕であろう。

(24) 謝明良は、腕枕説について、唐筆の構造や唐人の写字習慣からみて成り立ちがたいこと。正倉院文書写経所公文、鎌倉中期の中村南渓「稚児文殊像」および同時期の絵巻等に、腕枕の用語や場面の記載がない理由によってこれを否定している。また、脈枕説については、寧波出土報告（文物1982-8, pp. 91-93）の出土状況からみて医療用具との推定は誤りがあるとしている（謝明良1994, pp. 198-199)。

(25) 用途を考える資料として、呉同、謝明良ともに、大安寺跡の出土状況などから類推されている。中国側に良好な資料がない現状ではやむを得ないであろうが、日本と中国とでは、唐三彩陶に対する取り扱いが異なることは十分に予測されるところである。道慈が帰国時に三彩陶枕を持来し、彼が在唐10余年で、唐におけるこれらの用途に精通していたであろうという仮説を積み重ねても、所詮は状況証拠にすぎないわけである。さらに日本では、祭祀遺跡や寺院以外として、古墳前庭部、竪穴住居跡、郡衙推定遺跡などからも陶枕が検出されているわけであり、こうした状況からみて大安寺跡の出土例をもって使用目的を推定することは、恣意的にならざるを得ないのではなかろうか。

[後記]

　三彩陶枕と筐形品は、子細に観察すると形状、施釉が明らかに異なり、当然その用途も異なると考えられる。しかし、わが国をはじめとして中国、欧米の図録、論文等ではおしなべて陶枕と表記されている。2000年に、長年にわたって御指導をうけた高宮廣衛先生の古希記念論文集に、この論文を発表したが、読まれることが少なく、現在まで名称は相変わらずである。細かく観察すれば、誰でも気がつくことと思っている。

　この遺物は、中国はもとより欧米の美術館等に大量に収蔵されているが、いずれも遺跡から遊離した資料であり、墳墓などからの出土例は極めて少ない。ここに研究を阻害している要因がある。

　この論文の契機は、奈文研において、大安寺出土の三彩陶破片全ての調査を許されたことにはじまる。これらの破片について触れた論考は既に発表されていたが、全破片を調査することはなかった。本文中に煩わしくR番号で表示したが、のちにこの論文が批判を受けるために必要と考えている。この寺の講堂に、何故に大量の40箇（神野恵説）体以上の三彩陶が集積されていたのか、最大の謎は未解決である。

7．隋・唐・奈良期における香炉の研究

　本稿は，隋・唐代の鉛釉陶・青瓷・白瓷・白釉・石製の香炉について，その形式の推移について述べ，渤海三彩陶をはさんで，わが国の奈良三彩香炉との関係について触れようとするものである。

　香炉の名称については，中国では「薫炉」が多く使用されている。それは，長沙市湯家峰発見の西漢・張瑞君墓出土の銅器に「熏爐」刻銘が記され，その他に漢代の銅器のなかに自名器がいくつかあり，さらに長沙市馬王堆１号墓出土の遣策２２０号に「熏盧」とある遺物が該当することに基づいており，燻鑪（盧）などの用字もある（林巳奈夫1976, pp. 217-218）。しかし，晩唐の陝西省法門寺地宮から発見された「監送眞身使随眞身供養道具及恩賜金銀寶器衣物帳」（「衣物帳」と略記）では「香爐」と記され，かつこれに該当する銀製品が確認できる。さらに経典中に「彼の人王，手に香爐を擎げて，衆の名香を焼き，経を供養する時，其の香煙の気は，一念の頃に於て遍く三千大千世界に至る」（金光明経四天王護国品第十二）とあり，他に「衆寶妙香爐」（法華経分別功徳品）や「各の香爐を持ちて，共に高楼に登る」（賢愚経第六）という用例もある（佐野眞祥1970, pp. 248-250）。わが国の史料中にも，のちに触れる天智紀や寺院資材帳などに香炉（爐）の用例がおおいので，本稿ではこれを用語としたい。

　香炉のうち居香炉・吊り香炉は，炉身・鏤孔蓋・承盤の３部位から構成されているが，後者は承盤を付さない。三足炉（鍑）や豆形炉など形態的・機能的に類似しているが，鏤孔蓋を欠いており，また柄香炉は陶瓷製品がないので本稿では除外したいが，三足炉については，わが国にも遺品が多くみられるので考察の対象としたい。

　香炉の形式は，以下に述べる博山炉，温壺形平底香炉，火舎（盆）式香炉，金属製香炉に分けて，それぞれの年代について考察し，奈良三彩香炉について考えたい。

（１）博山炉

　漢代以来つくられたいわゆる博山炉は，銅器を写して鉛釉陶・青瓷などで隋代まで作り続けられ，その後出現する香炉の基本構成は，時代をこえて，この博山炉を祖形としていると考える。

a．形式

　東晋の陶製香炉を覗見すると，鎮江市池南山の東晋隆安２（398）年墓出土の越窯系青瓷博山炉は（器高20.8cm），蓋は毎層５峰の山形を３段に重ねて，峰の後ろに10箇の香烟を出す鏤孔をつくり，全体に一種の火炎状ともみえる。炉体は，低い空心柱に支えられ，承盤の上にのっている（鎮江博1997, pp. 103-104, 南京市博1980, no. 85）。

　北方にも同様な陶器がみられ，河南・偃師李園34号西晋墓は，小さく山峰を表現し，その下に大きく２段にわたって月牙形の鏤孔をひらき，球形炉体から承盤を接続させている（fig. 1, 通高12cm, 考古1985-8, pp. 729-730）。東漢の緑釉博山炉のなかには，蓬莱山説を表現しているものもみられ，大阪市立美術館蔵品を例にあげると，蓋では，重畳する山稜・走獣・雲文などが浮彫りされ，承盤に水をはり東海とし，蓬莱などの三座仙山にみたて，香烟ただよい，山景朦朧とした仙境の説話を表現しているかの如きである。こうした東漢の緑釉博

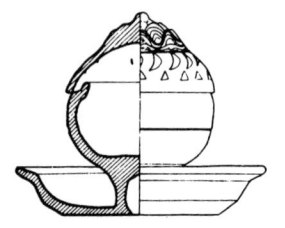

fig. 1. 陶製香炉，河南・偃師李園34号西晋墓（考古1985-8）

山炉に比較して，例示した晋代陶器は，いずれも蓋の装飾はかなりシンプルであり，稜線に沿って3条の刻線をいれる単純な山岳文であり，漢代の蓬莱山に比べて表現が簡素となっている。開皇15 (595) 年葬の安陽・張盛墓に随葬されていた青瓷博山炉は，過渡的ともいうべき装飾性をもち，塔形にのばす蓋は，博山を表わしている鋸歯形の鏤孔を2段にめぐらしている。豆形につくる炉身を有節脚の上におき，承盤は隋代の形式と通じている (fig. 2, 器高15cm, 考古 1959-10, p. 659)。晋代以前の博山炉の形式を継承しつつ，次代への芽生えも感じられる資料である。

さて次に，北朝・隋から初唐にかけて華北地域で作られたとみられる白瓷と緑釉博山炉は，これら晋代陶器に比べて過剰なまでの装飾をほどこしている。

fig. 2. 青瓷博山炉，安陽・張盛墓（考古 1959-10）

現在確認できる遺例として7点をあげたい。緑釉品は，貞観8 (634) 年の墓誌を共伴する陝西・長安県北原・豊寧公主合葬墓出土品（pl. 1-1, fig. 3, 通高 36.3cm, 考古与文物 2000-4, 封面写真，陝西省考研他 1993, 131 図，故宮月刊 186, 1998）があり，故宮博物院（pl. 1-2, 総高 31cm, 李輝柄主編 1996, no. 81），出光美術館（pl. 1-3, 承盤欠損，器高 28.4cm, 出光美術館編 1987, no. 18）の3点である。白瓷品は，大和文華館（pl. 1-4, YB33, 通高 38.2cm, 大和文華館 1991, no. 33），ボストン美術館（pl. 1-5, 通高 27.5cm, ヤン・フォンテイン他編 1978, no. 17），大阪東洋陶磁美術館（寄託品，蓋欠損），ホノルルアカデミー美術館（pl. 1-6, 1993.1, 通高 24.8cm, William Watoson 1984, no. 137）の各所蔵品である。

これらは，器形・装飾・法量においてほぼ共通しているので，このなかで最も良好な状態をたもつ大和文華館の白瓷香炉を中心にしてのべたい。

まず蓋に関して（pl. 1-4b），型造りされた摩尼（火炎・如意）宝珠文をパネル状に立てて3段に重畳させる。2段目は宝珠形を連珠文でつつみ，上下の珠文包みとは少し異なっている。この文様は，長安県北原・豊寧公主合葬墓，故宮博物院品，出光美術館品とほぼ類似し，同一工房の作の可能性がある。さらに，この意匠は，すでに指摘したように，菩薩像などの宝冠にみられ，かつ，北斉の山西・庫狄廻洛墓出土の黄釉貼花蓮華蓮弁文尊の頸部と裾部，同じく山西・婁叡墓出土の緑釉褐彩貼花文灯の灯盞部にある。前者は，太寧2 (562) 年，後者は武平2 (570) 年の墓誌をともなっている（本書 I-1 参照）。仔細にみれば，この博山炉品の施文のほうが，つくりが丁寧で緻密な構成である。鈕は，柱状部を長めに延ばした宝珠形であり，その周縁に香烟を出す3孔が穿たれており，炉身に子母口で被蓋する。

蓋の加飾文について，ホノルル白釉品は，2段にパネルを並列に貼付し，宝珠文の細部に違いがあるが，ほぼ共通した意匠である。緑釉品は，3段ともに宝珠文など，厳密にみれば大和文華館品の文様とは異なるが，緑釉3点では共通した意匠であり，単位パネル文は，隆線を用いて，宝珠形の子房を連珠文でパルメット様に包み3段にかさね，出光美術館品は下段に，この単位文の間に幅広で稜をもつ全パルメット文を挟んでいる（fig. 3）。この意匠は，山東・溜博市北斉墓出土の黄釉貼花蓮華文尊の胴部中位に貼付され，棗椰子束文と結合したものに類似する（文物 1984-12, pp. 64-67）。

炉身部については共通し，幅広で弁端に反りをもつ蓮弁を，半球碗形の周りに貼り付けており，弁幅に大小をつけて，間

fig. 3. 豊寧公主墓（陝西省考研他 1993）蓋

弁を挟むことによって立体感をだし，大和文華館品は9弁，ボストン品では明瞭な鎬をもって16弁をかぞえる。炉身を支える柱脚には，1から2匹の蟠竜が蟠り，その頭部や前足で炉身を支え挙げている。ボストン品ではその蟠竜は蓮弁座の上にのり，緑釉陶の2点は円盤の上に据えられ，承盤に接合しているので，この部位を欠損している出光美術館品も本来は同様の構造と考えられる。

柱脚に蟠竜を付す意匠は，大海中にありて，竜王が住む竜宮説話に関係していると考えられる。竜宮には宝珠瓔珞の七宝が飾られ（海竜王経巻三讃仏品），竜王は宝珠を愛し，水をはった大海の底である承盤から出現し，蓋に飾られた宝珠を含もうとしている仏教思想の表現である。同じく博山炉と称されているが，ここには既に神仙の思想は少なく，仏教がとりわけ興隆したとされる北斉から隋代にこの意匠が用いられた意味が理解できよう。仏殿の卓中央に置かれ，その香烟が三千大千の世界に至ることを願い，仏を供養する焼香を具現した仏具である[1]。

ホノルル品は，他と異同点がみられ，まず通高が10cmほど低く，鈕は，2段に円錐台座を重ねて宝珠形につくる。炉身も小型の蓮弁を2段に並列する意匠であり，柱脚は，蟠竜形ではなく，中位に3凸線を節状にめぐらすシンプルなつくりである。これら蓋・炉身の本体は，球形を半裁にした単純な器形であり，いずれも加飾文によって特異な器形にみえ，かつ博山炉の呼称もこれによりいっそう特殊性を付与している。

承盤は，口径16-25cm前後で，口沿部の立ち上がりが鋭く，開脚部も力感のあふれたつくりである。北斉末から隋代の青瓷高足盤に類似形態があり，北斉武平2（570）年の山西・婁叡墓（文物1983-10, p.11），隋代では，開皇7（587）年の安陽・韓邕墓（中原文物1986-3, pp.42-43），開皇9（589）年の安陽・宋循墓（考古1973-4, pp.232-233），仁寿3（603）年の安陽・卜仁墓，大業3（607）年の安徽・□爽墓（考古1977-1, pp.65-68），西安市白鹿原の大業11（615）年の劉世恭墓（考古学報1956-3, pp.49-53）など紀年銘共伴資料を多く例示でき，この盤の形態が北斉末から隋代に中心があることに誤りない。

施釉は，蓋と脚の内面をのぞいて総釉であるが，大和文華館品は脚部以下には施されない。少し黄色みを帯びた高火度白瓷釉がかけられ，大和文華館品とホノルル品では，蓋縁に溜まった釉薬が透明なガラス質の結晶となり，淡緑色を呈する。これらは低火度鉛釉ではなく，白瓷釉がかけられていることを示している。

b．製作年代

これら7点の製作年代について，上述したように，初唐の紀年銘品の存在，承盤の形式，個々の部位が北斉・隋・初唐の灯や尊と類似していることによって，年代幅は確定できる。さらに視点を変えて，北朝石造仏の下方の方座彫刻との関連を探ってみたい。北魏・東魏・北斉・西魏・北周をつうじて，石造仏方座前面の中央に博山炉，その左右に蹲踞する獅子・比丘・裸形の力士を配している。中央の香炉は，蓮弁文座で接地する形と，小力士が捧げ持つ形があり，周囲に接して荷葉やパルメット文を背景にする意匠もある。香炉の表現には巧拙があるが，洛陽市孟津翟泉収集の北魏の石造菩薩三尊像の台座では，炉身には仰蓮弁文，蓋には博山形が明確に重畳刻花され，有節脚の下は3蓮弁文で飾る（fig.4a, 中国対外文物展1986,

fig. 4a. 石造菩薩三尊像台座，洛陽市孟津翟泉収集（中国対外文物展1986）

fig. 4b. 道教四面石像（大阪市美1976）

no. 128)。天保6 (555) 年と推定される道教四面像 (fig. 4b, 大阪市美 1976, no. 254) や, 西魏の 535-545 年と みられるネルソンアトキンス美術館碑像 (Nelson Gallery1972, p. 32) などの線刻文で同様な意匠がみられる。 北周の天和3 (568) 年銘の天尊三尊像にも同位置に, 獅子を従えたこれに類似した彫像がある (東京芸大 1962, no. 16)。さらに, 河北・曲陽県修徳寺出土の白石像では, 天保6 (555) 年銘の無量寿如来坐像や天統6 (566) 年銘の双菩薩思惟像でも, 宝珠鈕の蓋は火炎状に表現され, 炉身は蓮弁文を重ね, 承盤を小力士が頭 と双手で捧げもつ形である (全国基本建設文物展 1954, 図版 27, 28), 同開皇5 (585) 年銘弥勒三尊像 (楊伯達・ 松原三郎訳 1985, 口絵2)。大阪市立美術館蔵品のなかで (大阪市美 1986, pp. 179-183), 北斉・白玉二仏並坐像 (67, Ⅲ-10), 西魏・大統8 (542) 年刻銘の三尊仏坐像 (79, Ⅶ-27), 北周・保定5 (565) 年刻銘の五尊菩薩碑像 (79, Ⅶ-40) など, 石像仏の台座に香炉が表現された類例は多数ある。

　こうした石雕品に表現された博山炉は金属製とみることも可能ではるが, それを北朝資料に見いだすこと は難しい。やや類似している青銅製香炉があるが (藤井有鄰館, 通高 10.2cm), シンプルな蓋つくりであり, 博山炉ではない。一般に南北朝において青銅器にみるべきものは少ないとされているが, 石雕に表現された 博山炉は, 同時代の金属器のなかで見出しえず, あるいは陶瓷器を描写した可能性がある。もしそうである ならば, おそらく緑釉博山炉は, 北魏後半まで遡上する可能性があるが, 二重に仮説を積み上げた論法であ り, 慎重にしたい。

　博山炉にもどると, 現存7例のうち, ホノルルアカデミー白瓷品が, 博山文蓋・蓮弁文炉身・有節脚・摩 尼宝珠・台座宝珠鈕・承盤など, 上記の石雕香炉にもっとも類似している。石雕に蟠竜文脚はみられないの で, ホノルルアカデミー白瓷博山炉が北朝石雕の台座香炉との形態的関係が直接的である。いずれにしても, これらには完成した白瓷釉がかけられていることから判断して, 白瓷品に限れば, 現在の研究状況からみて, その製作年は, 北斉末の570年代を遡ることは難しいであろう。

　その他の博山炉について, 承盤の形態, 蓋の摩尼宝珠文の共通性からも北斉まで遡る可能性があるが, そ の中心は隋代とみられ, 上述の豊寧公主合葬墓は, 貞観8 (634) 年の墓誌をともない, その生産は唐の前半 までを含めることができる。重言すれば, 陶瓷製博山炉は, 北斉に緑釉陶として出現し, その末に高火度釉 としての白瓷が現れ, 低火度白釉陶も併存し, 隋・初唐を通じて, 共通した意匠をもって生産が続けられた と考える。生産窯については, 鞏義市白河窯跡から宝珠文を重畳した白釉陶胎の蓋片が検出されており (pl. 1-7, 河南文考研他 2009, p. 130), 生産窯の一つが明らかになってきた。ここを含めて河南省北部地域を推定 しておきたい。

　さきに注意したが, これらの博山炉の基本形は, 半裁球形＋承盤であり, 加飾なパネルを立てないシン プルな香炉が少数ながら例示できる。BM. 蔵白瓷香炉は (pl. 1-8, OA1936-10-12.145), 半裁された球形を蓋・ 身に子母口で合わせ, やや太い有節脚柱を承盤にのせている。小円形で香烟が立ち昇るかのような線刻をつ ける鏤孔が2段にあけられ, 宝珠鈕をつける。承盤の形態は上記品と同形であり, 近接時期の所産と考える。 やや褐色気味の胎土にかけられた釉薬は, 黄白色を呈し, 釉たまりは灰釉状になる高火度釉である (通高 11.5cm)。ストックホルム東アジア博物館品は (OM1981-0032, 11.0cm), 承盤を欠いているが, 基本形は BM. 品とおなじであり, 蓋の鏤孔は, 全体で1花を表現しているようで, 鈕の位置に1孔の花芯から, 放射線状 に花弁を4段にわたって開いている。釉色はこれも黄白色の高火度釉で, 氷裂がみられる。いずれも, 上記 博山炉にくらべて, 貼花文のない関係で, 小ぶりであるが基本形は同じである。さらに, 北宋越窯青瓷, 磁 州観台鎮窯そして景徳鎮窯青白瓷など上記の球形が香炉の基本形として続いている。逆に遡れば, 博山香炉 は漢代の青銅品から宋代陶瓷器まで, 香炉の基本形として継起している形態といえる。

　これらは実用にも供したとみられ, バレルコレクションには侍女が博山炉を奉げもつ加彩釉立俑がみられ

246　Ⅱ　隋唐白釉陶瓷の推移と三彩陶の形式

(fig. 5, 38/158-162)，隋の 595 年に葬られた安陽張盛墓出土の俑と類似した形式であり，こうした香炉が仏具として使用されていたと考える。

（2）温壺形平底香炉

　平底の筒型胴で上部をドーム形にし，開口し，宝珠撮みをつける栓状蓋を落とす形態の温壺形（手焙形）香炉であり，緑釉陶，白瓷，滑石製がある。北斉末に，白瓷の出現とともに新たに創られた器形とみられ，東晋の青瓷や金属器のなかにこの形は探し出しえない[2]。以後，隋代から盛唐まで連続し，この間で，形態は2分できるが，陶瓷製は遅くとも唐代の後半には姿を消している。この温壺形香炉は，仏具としての使用とともに，衣服や身体の臭気を除去するために焚香の用途が想定される。

a．北朝から初唐前半期

　現在のところ朔上する紀年銘資料は，北周の大象元（579）年に亡くなり，仁寿元（601）年に合葬された尉遅運夫妻墓（陝西・咸陽市機場北周墓葬）随葬品である（pl. 1-9, fig. 8-1，員安志編 1992, p. 99, 図版 224，中国出土瓷 2008, 15, p. 54）[3]。胴部のほぼ2/3の長さを占める長条形の鏤孔が，3箇所各4本あけられ，その窓を刻線で囲むようにする。底部近くに2条の凸棱をつけて，無釉の外底は浅く圏足に削っている。底径と器高が 6.2cm と同じであり，この比率は隋代にもつづくが，盛唐期には底径が大きくなる。釉調は，高火度釉の白瓷であり，こまかい氷裂があり，蓋は欠失しているとみられる。邢州窯白瓷の胎土，釉調である。

　隋代では，この形態で，法量もほぼ同じ小型の白瓷香炉がみられ，大業 4（608）年に葬られた著名な西安市・李静訓墓品は，同形で，全面に氷裂をみせ，釉溜まりでは淡青色に呈発している。器高 7.6cm であり，白瓷を志向しているとみられるが，胎土もわずかに赤みを帯びているので青瓷釉のようになっている。長条形の鏤孔は4箇所にあけられている（pl. 1-10，中国社会科学院考古研 1965, p. 15）。また紀年墓ではないが，安陽市橋村隋早期墓から発見された完存の香炉は，3箇所の長方形鏤孔の下と間に花草文を刻み，蓮華文をいれた宝珠形蓋を遺存する淡青色釉品で，白瓷を志向している隋初の産品とみる（pl. 1-11, fig. 8-2，総高 9.8cm，考古 1992-1, pp. 37-45）。西安市陝棉十廠唐墓出土品（pl. 1-12，器高 6.0cm，橿考研 2010, no. 68）も白瓷釉であり，露胎の底部はやや幅広で浅い圏足を削り出している。

　これと同形の緑釉香炉が，大業 3（607）年に合葬された西安市東郊の椿夫妻墓から出土している。3条の鏤孔3組をあけ，上記の白瓷品と同じく蓋に施した蓮弁文を肩に線刻し，底部近くに凸棱をめぐらし，尉遅運夫妻墓品などの白瓷とつくりが類似している（fig. 8-3，文物与考古 1986-3, pp. 22-31）。以上はいずれも器高 7cm 前後の小型品であり，随葬品である。

　こうした小型品とともに，器高 20cm 前後のほぼ同一形の香炉が緑釉と白瓷で出土している。緑釉香炉は，長安県北原の豊寧公主合葬墓から緑釉博山炉（pl. 1-1）などと出土しており，初唐の貞観 8（634）年の墓誌銘をともなっている（pl. 2-13，考古与文物 2000-4，陝西省考研 1998, 130 図，故宮月刊 186, 1998）。黄緑色を呈する緑釉が，わずかに濃淡のむらを見せながらかけられ，胴部上半に圏線をはさんで，長条形と半パルメット文円盤形鏤孔各2組がひらかれている。その円盤形鏤孔は，中心の円文

fig. 5. 加彩釉立俑，バレルコレクション

fig. 6. 侍女立俑（サンフランシスコ・アジア美）　fig. 7. 灰陶加彩侍女俑（張盛墓）

から半パルメット文を回転花文状に鏤雕している（器高 21.5cm）。

これと同形・同大の白瓷香炉3点を例示できる。器形および半パルメット文鏤孔の形状は緑釉品ときわめて類似しており，同一工房の産品と考えられる。1つは，サンフランシスコ・アジア美術館品で（pl. 2-14，器高 20.3cm，B660P140，He Li 1997，no 127），2は出光美術館蔵品である（pl. 2-15 器高 19.6cm，弓場紀知 1985，pp. 79-99 蓑豊 1998, no. 13）。ともに，白色胎土の内外によく融解した白瓷釉が底部をのぞいてかけられ，外底部は露胎にする。他に個人蔵品で竜文を環状珠文の内に刻んでいる資料がある（器高，18.9cm）。

サンフランシスコ・アジア美術館には，類似の白瓷香炉を抱いた細面，痩身の侍女立俑がある（fig. 6，高 25.4cm，B60P299）。さらに，著名な開皇14（594）年安陽・張盛墓随葬の灰陶加彩侍女俑群のなかに，同様の形状の香炉を抱いた1体がある（fig. 7）。いずれも身長から割り出すと，香炉の器高は 20 から 25cm 程度であり，この大きさのものは焚香の実用品と考える。

この時期と考える滑石製香炉が東京大学教養学部駒場博物館にあり（pl. 2-16, fig. 8-4, no. 60-3, 通高 15.0cm, 東大美術館 1985, p. 39），身高 13.1cm，底径もほぼ同じ大きさであり（器高比は 1.1），隋代の所産と考える。肩に小円孔と十字花の両側に鼉竜形文各2箇を対面にあけ，別の対面に小円孔を配し，上記の半パルメット文の切り取り形ともみられる。形式的には隋代まで朔上できる石製香炉である。厚くつくる内底には褐色の付着物がみえ，実用に供されていたものであり，鏤孔から上は香烟が滲みついたような灰黒色で光沢を帯びているが，蓋は外底と同色で汚れがなく，使用時に蓋がはずされていたことが想定できる。同じく滑石製香炉として掲げられる出光美術館品（出光美術館編 1989, no. 333）は，上半部全体に忍冬唐草文を鋭く，力強く雕鏤し，頂部には平型蓋を被せ，5つの鏤孔を巴形にあける。底部近くに1線をいれ，外底は内刳り状に轆轤成形がなされている。器高比は 0.9 であり，雄渾な彫刀の動きからみると，初唐の作を考えさせ，河南・洛陽出土で，永徽5（654）年葬の王素墓誌の四辺に彫られた唐草文との共通性がある（北京図書館 1999, p. 114）。

以上例示してきた白瓷・緑釉香炉の形式は，北斉末期の570年代から，隋代を中心に盛行し，初唐前半までおよぶ時期につくられたと考える。その生産窯に関しては，現在のところ明証はないが，白瓷は邢窯を中心とした河北地域，緑釉香炉も同形品の存在からみて隣接窯の産品と推測する。

b．初唐後半から盛唐期

こうした隋代の温壺形平底香炉の形式は，その後少しずつ形状は変化して盛唐に続いているが，資料数は少なくなり，この平型香炉の盛期は過ぎたと考えられる。

その変化の第1は，全体のプロポーションに表れ，器高に対する底径の比率が，隋代では 1.0-1.2 と器高が底径よりも大で，相対的に細身であるが，以下にのべる三彩陶などは，器高の比率が 0.7 前後と低くなり，いわゆるずんぐりとしてくる。第2は，鏤孔に関して，長条形と半パルメット文鏤雕がみられたが，初唐後半からは長条形の形状の変化と，新たに月牙形などが現れる。

この時期においては，石製香炉が，紀年銘共伴資料の存在と，陶瓷器の形態がパラレルになって，その変遷を追跡できる。嗣聖元（683）年に埋葬された湖北・鄖県の李徽墓から出土した滑石製香炉は，身部高 6.4cm に対して底径 9cm と（器高比 0.7），前代にくらべてずんぐりとなり，胴部の肩に近い位置に3箇所にあけられた鏤孔は，3条と少なく，かつ短くなっている（pl. 2-17，文物 1987-8, pp 30-42）。こうした器形の傾向性は，河南・偃師李園村発見で，開元17（729）年埋葬の袁氏墓出土の宝珠蓋をともなう石製にもみられ，底径が通高よりも大きくなり，さらに鏤孔に小円形を3箇くみあわせた形が出てくる（pl. 2-18，高 9.7，底径 11.1cm，中国社会科学考古研 2001，図版 43）。鏤孔の形が隋代では，長めの長条形が主流であるが，ここにきてそれが短くなる。同じく偃師李園村の李存墓（845年葬）発見品は，蓋をドーム形に被せる形式に変わり，

248　Ⅱ　隋唐白釉陶瓷の推移と三彩陶の形式

　従来のとは異なる要素が多い。これらはいずれも木棺脇と頭部に随葬されており，埋葬の際に香が薫かれていたことが推測でき，単純に明器とすることはできない。ロイヤルオンタリオ美術館の石製品では，花弁文と勾玉文・雲文を左右対称に開け，器高11.6，底径16.0cmのずんぐり形である (fig. 8-6, 弓場紀知 1985, p.85)。これなど従来なかった鏤孔形であり，三彩香炉に共通した特徴である。

　三彩香炉についてみると，遺存状態の良好なシュツッガルト・リンデン博物館蔵の三彩香炉は (pl. 2-19, 総高11.4cm, OA24.7666L)，器高と底径の比率は0.7で，4条の鏤孔は短くなり，かつ月牙形鏤孔を間に挟んでいる。蓋が遺存し，圏足を玉璧状に浅く削り出している。白釉の上に橙褐色と緑釉を重ね塗りし，蓋裏・内面・外底は無釉であり，やや硬質の淡褐色土である。同じく三彩香炉である出光美術館品は，器高15.8cmで，底径との比はこれも0.7となり，長条形鏤孔も隋代のそれと比較して短くなる。緑釉の上に橙褐色釉をかけ，内面にも透明釉がみられ，無釉の外底部は内刳りの仮圏足につくる (出光美術館編 1987, no. 38)。

　この時期の白瓷香炉も少数ながら遺例があり，セルニュスキー美術館蔵品 (MC9766) は，器高比0.8で，4条の長条形鏤孔が3箇所にあけられ，黄色みを帯びた白瓷釉が外底部を除いてかけられている (pl. 2-20, Musee Cernuschi1992)。山形・掬粋巧芸館品は (pl. 2-21, 掬粋巧芸館 1988, p. 13)，器高10.5cmでほぼ類似の形態であり，4条長条形鏤孔のあいだに月牙形をあけ，仮圏足に削り出し，腰まで白瓷釉がかけられている。これらは隋代の白瓷香炉に比較して造形的力の衰退は否めない。中唐以降にこの温壺形平底香炉の陶瓷器遺例を探し出しえないので，おそらく盛唐まで存続しこの形式は姿を消したと見られる。河南・偃師李園村の会昌5 (845) 年に葬せられた李存墓から出土した石製香炉は，盒形で，蓋を胴中位まで被せる形式に変わり，鏤孔も十字花をめぐる水草文に刻んでいる (fig. 8-7, 考古 1984-10, pp. 908-914)。この形態は，北宋越窯青瓷などにみられる球形蓋を被せる盒形に近づき，平底香炉の終焉形であろうか，陶瓷器には確認できない。

(3) 火舎 (盆) 式香炉

　火舎式香炉とする器形は，宝珠鈕

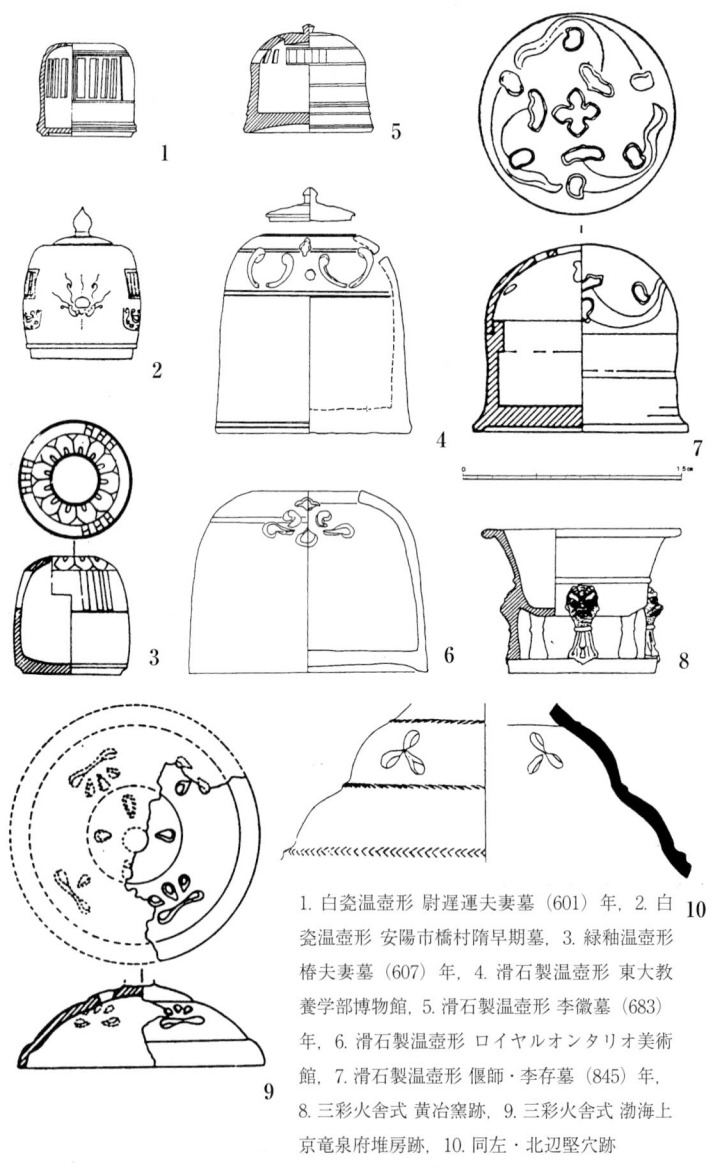

1. 白瓷温壺形 尉遅運夫妻墓 (601) 年, 2. 白瓷温壺形 安陽市橋村隋早期墓, 3. 緑釉温壺形 椿夫妻墓 (607) 年, 4. 滑石製温壺形 東大教養学部博物館, 5. 滑石製温壺形 李徽墓 (683) 年, 6. 滑石製温壺形 ロイヤルオンタリオ美術館, 7. 滑石製温壺形 偃師・李存墓 (845) 年, 8. 三彩火舎式 黄冶窯跡, 9. 三彩火舎式 渤海上京竜泉府堆房跡, 10. 同左・北辺堅穴跡

fig. 8. 温壺形・火舎式香炉集成図

をつけ鏤孔のある半球形蓋，炉身は盆形に通常5脚をつけ，さらに居香炉ではこれらを支える承盤の3部分から構成されている。蓋と承盤を欠失しているものも多いが，本来はこの組み合わせであり，中国では五足炉，盆式炉などとよび，三彩陶が多く，『倭名類聚抄』で火舎香炉と呼ぶものに該当する。

a．三彩香炉

三彩火舎式香炉の蓋には，透かし窓を大きくし，ブリッジ状にのこす華麗な技巧が施された王冠形蓋を被せる遺例3件を確認できる。バッファロー科学博物館品は（pl. 2-22, 通高24.1cm, Martie W. Young, no. 25），7本のブリッジで開光し，その上下に葡萄顆粒文とパルメット文を貼付し，有節宝珠鈕を聳立させている。出光美術館（pl. 2-23, 器高22.0cm）もこれによく類似し，蓋の下辺に五弁花文を貼付しているが，それはバッファロー科学博物館品の炉身に同一文がみられ，その他の共通した特徴からみて，両者は，同一工房の制作の可能性がつよい。

これに対して，ネルソンアトキンス美術館品は（pl. 2-24, 器高17.5cm），やや小型で，3本のブリッジの間を，貼花文で連結させ，炉身の形態も異なる（Nelson Gallery 1973, no. 34-160）。王冠形蓋の類似形態の破片が鞏義黄冶窯跡から発見されており，上記3点はこの窯の製品の可能性がある（pl. 3-25, fig. 8-8, 河南省鞏義市文管 2000, 彩版7-2・3, 53-5・6）。

王冠形以外の形態の蓋は，遺存例は少ないが，シンプルであり，鞏義黄冶窯跡出土破片から復元すると，口径16，鈕をのぞいた器高6cmほどの半球形を呈し，偏平ではなく，その頂部に宝珠鈕を貼付け，甲盛部に4から8箇の元宝（猪目）形の鏤孔を開けており，これを4箇組み合わせて花文につくる例もある。蓋沿は水平にのばし，炉身口沿にあわせ，子母口ではめこんでいる。これらも黄冶窯跡から発見されている（河南省鞏義市文管 2000, 彩版6-2・4・5・6, 彩版7-1, 考古与文物 1984-1, p. 76 図4-5）。

炉身には2形態があり，体部をほぼ直立させるものと，口沿に向かって斜行させ広げる形態である。前者の出土例では洛陽李楼下庄唐墓（pl. 3-26, 洛陽博物館 1980, no. 100），BM品（OA1937.7-16.33）などは，器高の低い平型であり，これは遺例が相当数あり，個人蔵（水野清一 1977, no. 88），上記のバッファロー科学博物館・出光美術館品などは，やや深めの盆型を呈している。セルニュスキー美術館品（pl. 3-27, MC9591）の類似品が河北省内丘県西関村古墓群が発見され，邢州窯製品としている（河北文物 website, 2010.1）。

後者の体部斜行形では，鞏義黄冶窯跡出土品に類例がみられ（河南省文物考古研究所他 2002, nos. 52・53），ネルソンアトキンス美術館，個人蔵（水野清一 1965, no. 40）もこの形態である。

両形態とも口沿を水平にのばし，平型体部では1から3条の約線をめぐらす例があるが，直立・斜行を問わず，ほとんど全ての体部下半付近に一条の明瞭な突帯をいれるのは，金属製香炉の模倣であり，その下に脚を貼付する。

脚は，5本が多く，その形態には，褌をつけ腹部に護鏡をつけた力士が炉身を担ぐ形象，高鼻・長嘴の面相の猛禽類（鷹）の表現，王冠形蓋品の脚は控えめな表現の葉状華足であり，三彩三足炉や金属製香炉に多い獣脚とは意匠を異にしている。

この脚は，環状台座で支える形と，直接承盤に貼付する形式がある[4]。前者は黄冶窯跡出土品に多く（pl. 3-25, 河南省文考研 2002, no. 52），上掲の洛陽李楼下庄唐墓品もこのタイプであり，他にはバッファロー科学博物館，出光美術館の王冠形蓋品，個人蔵（水野清一 1965, nos. 40上）もこの形式である。直接承盤に釉薬で貼付する形式もあり，いずれも上記品のBM. （OA1937.7-16.33），セルニュスキー（pl. 3-27, MC9591），個人蔵（水野清一 1977, no. 88）がある。

承盤は，内外ともに無釉が多く，脚から流れ落ちた釉薬が付着している。上記の王冠形蓋を被せる精品では，承盤にも施釉され，バッファロー科学博物館品と出光美術館品では，ほぼ同形であり，その形式も上述

の隋代の白瓷および緑釉博山炉の承盤のシャープさをいくらか継承している。しかし，それ以外の承盤の口沿・腰屈曲部・接地部など張りがなくなり，時間の推移を看取できる。

三彩火舎式香炉のなかで，注目されるのは，黒竜江・寧安県三陵渤海国墓出土の三足香炉である（pl. 3-28, 中国文物精華 1997, no. 14）。この他に，黒竜江・牡丹江市寧安渤海鎮の遺跡から検出された香炉として2点をあげうる。その1は，中国社会科学院による上京竜泉府の宮城西区堆房遺跡出土の三彩鏤孔蓋片である（中国社会科学考古研 1997, pp. 104-106）。その2は，東亜考古学会による東京城北辺竪穴跡出土の三彩2片である（原田淑人 1939, 図版 103）。これらについては渤海三彩陶の可能性があるので，本書Ⅱ-9で述べたい。

b．白瓷・青瓷香炉

三彩陶以外の火舎式香炉について触れると，白瓷・青瓷・絞胎陶がある。

それらのなかで，上海博物館蔵白瓷香炉は，わずかに青みを帯びている釉調であり，古式な様相をみせる（pl. 3-29, 汪慶正他 1991, no. 79）。口沿を水平に折る炉身の上半部には，4本の圏線をめぐらし，突帯で仕切った下半部に5脚をつける。脚の装飾は，全パルメット文と葡萄様の顆粒，下半には突帯文の下に巻草文を型造りにする葉状華足である。釉薬で接合された承盤の形は，接地部を肥厚させる箇所や口沿の立ち上がりの鋭さにおいて，大阪東洋陶磁美術館やボストン美術館蔵の白瓷博山炉のそれに類似しているが，これは炉身と同じように口沿を水平に折り返す点は異なる。炉身および承盤の形態は，三彩香炉とは異なり，白瓷博山炉や青銅器の特徴を有しており，形式的にみると三彩香炉に先行すると考えたい。類例が他には見いだしえないので，これ以上の論はさけるが，形式的変遷を追うとき注目される資料である。

ホノルル・アカデミー蔵の多足香炉（pl. 3-30, 2158.1, 器高 14.4cm）も隋代の初期白瓷器とみられる。体部に凸線をつくり，口沿をわずかに外反させる碗の高台脇に12箇の脚を貼付けて炉身とし，やや高い筒状台をもつ承盤が支えている。細かい氷裂をみせる透明な白瓷釉がかけられている（William Watoson1984, no. 264）。他に絞胎陶例は少なく，黄釉絞胎貼花文火舎式香炉の個人蔵品をあげる（口径 15.0, 器高 10.7cm, Los Angeles County no. 266）。

江南地域において，青瓷では，江西省豊城県羅湖窯（唐代洪州窯）製品と考えられている火舎式五足炉が隋墓から報告されている（考古与文物 1991-2, pp. 39-45）。盆形炉身は，三彩陶にみられたと同様の斜行と直立形があり，体部に凸隆線を数条めぐらせ，蹄足を付けている。湖南・長沙近郊の隋唐墓群のなかで，初唐墓とされている M162 出土の黄釉五足火舎式香炉（通高 10cm, 考古 1966-4, pp. 205-208）も形態は，上記青瓷と類似している。いずれも蓋を欠損し，全形の判明する資料が欠けている。さらに，湖南・湘陰県隋大業6 (610) 年の買地券を随伴する古墓から，陶製火舎式品が発見され，青銅器に類似した弦文がめぐる（文物 1981-4, pp. 39-43）。

このように江南地域の青瓷火舎式香炉は，隋代には出現しており，華北地域では火舎式は三彩香炉の出現まで待たなければならないような様相と理解することもできようが，上記の上海博物館蔵の白瓷香炉と下述する北周銅器の時期を勘考すれば，華北隋代においても火舎式香炉が現在していた蓋然性がある。

反対に唐末では，周知の臨安水邱氏墓（天復元年・901）に青瓷褐彩雲文香炉がある。蓋は，鏤孔をあけた蕾形鈕をつけた兜鉢形で，ここにも4段に鏤孔をひらく（pl. 3-31, 文物 1988-10）。炉身は盆式であり，獣（人）面獣脚を5本つけ，さらに承盤に替わる形であろうか，格座間8を開く台座を接続させ，それらに如意状雲文を褐釉で描いている。蓋を兜鉢形に高くつくるところは同時代の法門寺銀製香炉に類似し，晩唐から北宋の傾向性が看取できるが，炉身などの形態については盛唐以来の継承である。

c．金属製香炉

上述の陶瓷製の火舎式盆形香炉が，金属製品を模倣していることは確かである。隋唐の金属製香炉の資料

は多くはないが，形態的には火舎式盆形であり，他の形式はみられず，さらにこの形式は北宋に継続する．蓋・炉身の形態は，三彩香炉が基本的には類似しているが，金属器に特有な微細な線刻文・複雑な形の鏤孔・瓔珞・獣面遊鐶・獣脚など，三彩陶では表現でき難い豊かな装飾性がある．

華北地域で遡る資料として，北周の咸陽市王徳衡墓に随葬されていた銅製盆形香炉がある．小品ではあるが，浅くわずかに斜行する盆形炉身の底近くに5本の脚を付け，脚間の位置に4箇の遊鐶を付ける．シンプルな形姿であるが，これが隋唐の金属器・三彩陶の基本形とみられ，上海博物館

1. 銅製盆形　咸陽・王徳衡墓（567年），2. 石槨侍女刻図　陝西・李寿墓（631年），3. 銀製香炉　西安・何家村

fig. 9. 金属製香炉

白瓷品と類似し，影響を跡付けられる．蓋は欠失している（pl. 3-32, fig. 9-1, 器高5, 口径6.5cm）．この墓は，建徳5（576）年葬年の墓誌を伴っており（員安志編 1992, pp. 51-52），華北において，隋代以前に火舎式青銅香炉がすでに出現していた資料として提示したい．

唐代の貞観5（631）年に葬せられた陝西・三原焦村の李寿墓の石槨内壁に刻まれた侍女図のなかに，金属製とおもわれる火舎式香炉を2人の女性が運び持つ図がある（fig. 9-2, 文物 1996-5, p. 36）．浅い蓋に鏤孔がいくつもあけられ，体部直立の炉身，5脚とその間の炉身に遊鐶がつけられている．この石槨内壁線刻図のなかで，2人以上の侍女で運んでいる器物は，他には大型の棋局があるだけであり，この香炉はかなり重い実用品の表現である．

この形式は唐代以降も継承されたとみられ，陝西・臨潼県新豊鎮の慶山寺塔地宮（741年埋納）も基本的には同形であり，遊鐶の基部に獅子が3連鎖鐶をはみ，5脚も同形の獅子面と獣足につくる（pl. 3-33, 東博 1998, no. 40）．先の北周の王徳衡墓品に比べて装飾性が豊かになっている．さらに，白鶴美術館蔵の2点の青銅香炉の内，鍍金獣脚香炉は，特異な八角形で，3羽の鳥鈕であるが，被せ蓋・平型盆式など唐代の他の香炉と同巧である（pl. 3-34, 通高18.1cm, 白鶴美術館 1988, no. 97）．また，他の1点の鍍金がよくのこる透彫獣脚香炉も炉身遊鐶基部文の省略，甲高蓋など，慶山寺塔地宮品と相違点はあるが基本形は同じである（通高23.3cm, 大阪市美 1978, no. 37）．

これらとほぼ同時期と考えられている西安市何家村出土の銀製香炉は（pl. 3-35, fig. 9-3, 文物 1972-1, p. 41），蓋・罩（とう）・炉身の3層（炉身内底に「三層五斤半」墨書）からなり，通高30.9cmと高いが，基本形は同じである．直立・平底の炉身の中位に，3本の沈線をめぐらし，4連遊鐶をつけ，5本の素文脚を溶接する．炉身と雲文状金具で固定された罩の装飾は桃形忍冬文の鏤孔を5箇所にあけ，半球形蓋にもパルメット・巻雲文鏤孔を3段にあけ，蕾形鈕をつけている．藤井有鄰館蔵の流雲文透彫香炉も中位に罩をつける器形の共通性がある（通高17.8cm, 大阪市美 1978, no. 193）．

ここで唐代の三彩香炉との異同点をみると，炉身については，金属ではその材質の関係で体部直立形であり，三彩陶にある斜行形はみられない．多くは響銅製とみられ，炉身に数条の約線がつけられており，これが唐三彩陶においても忠実に模倣されている．蓋については，慶山寺地宮品は花形鏤孔を，3段につくられた上・中段に配置し，黄冶窯跡品でもこうしたシンプルなものはある．しかし，何家村品のように蓋および罩が一体となって蓋を構成し，器高を高くし，4段にわたる鏤孔装飾を施すものは金属香炉としても少ないのであろう．

しかし，先にのべた王冠形蓋をもつ三彩香炉は，これも類例は3例を挙げ得るにすぎないが，何家村品と共通したところが看取できる。三彩陶は，通高24cm程度で少し低いが，王冠部に花文・パルメット文を貼付し，銀器の鏤孔と同じ効果をねらい，かつ銀器では不可能なブリッジ状に大きく鏤孔状空間を生み出す独自な創造性が発揮されているといえよう。

　脚については，金属製では獅子形獣面・獣脚が多いようであるが，三彩陶では，力士形象，猛禽類（鷹），葉文である。北朝の石仏・石碑のなかの尊像の下に，例えば西魏・大統4（538）年刻銘の石造三尊仏の下段に，博山炉を挟んで左右に獅子，その外側に金剛杵をもつ力士像がしばしば表出されているが，唐代になって，これらが火舎式香炉と結びついて，力士形象や獅子形脚となったと考える。

　三彩香炉との相異点のなかで，これら金属製香炉には承盤が付属しておらず，遊鐶が付いているものが多いことである。遊鐶の本来的な機能は，全体を吊り下げて使用するところにあり，実際の使用法はともかくとして，機能的には承盤は不要である。これに対して，三彩香炉には遊鐶例はなく，承盤が付属しており，いわゆる居（すえ）香炉である[5]。

　遊鐶と承盤の有無を示す好例が，咸通14（873）年に閉扉された陝西・法門寺塔地宮に埋納されていた香炉のうちに明らかにできる。ここからは，柄香炉をのぞいて4件が埋納されており，そのなかで鍍金臥亀蓮華文垂飾銀製香炉及炉台は獣脚の間には，垂飾文をつけるが遊鐶をつけず，同様な獣脚と垂飾文をもつ承盤の上にのっている。炉底に「咸通十年（869）文思院造」など5行48文字が鏨彫りされている（pl. 3-36, 兵庫県歴博1996, no. 22, 法門寺2008, p. 238）。いわゆる「衣物帳」に「香爐脚香炉一副並臺蓋朶帶共重三百八十兩」に該当し，本来から承盤（台）付きである。これに対して，青銅象頭神像付獣脚香炉は，「衣物帳」に該当品を見いだせないが，蓮蕾鈕の上に象頭神をおく特異な作例であり，獣面から花形垂飾をもつ遊鐶をつけ，承盤は付属していない。このように承盤と遊鐶は機能的相異を示す。

　晩唐期の作例を示す法門寺地宮埋納の香炉も，金属器特有の華麗な施文がみられるが，基本形は初唐以来変わることない火舎式である。三彩香炉も，唐代においては，すべてこの火舎式であり，金属器として盛行していた香炉，あるいは先行する白瓷の形態に影響を受けつつ，一部では王冠蓋品にみられるような個性的な陶技を発揮していたと考える。

　さらにこの形式は北宋にも継承されている。河北・定県静志寺舎利塔塔基に埋納されていた太平興国2（977）年の刻銘をもつ銀製鍍金鳳凰文獣脚香炉は（文物1972-8, pp. 39-51），実用品ではなく埋納用とみられているが，火舎式・半球形蓋・3獣脚であり，唐代品に比べて力を欠くところが感じられるが，形態は同じである。静志寺舎利塔塔基からは，同形の白瓷5獣脚香炉も発見されている。これとは別の形態として，浙江・霊石寺塔出土の青瓷盒形で，998年に奉納された銘文があり，蓋全体に唐草文鏤孔をあける越窯青瓷中で屈指の精美さを誇る香炉があり，類似形は景徳鎮窯でも青白瓷としてつくられている（浙江省博物館編2000, no. 198）。この形式は晩唐越窯まで遡り，かつわが国の緑釉香炉との関係もでてくるが，これら北宋を中心とする香炉については別に稿をおこしたい。

（4）奈良三彩香炉との関係

a．正倉院香炉と玉虫厨子図香炉

　わが国の香炉について言及しようとするとき，正倉院宝物中の4点の香炉と，法隆寺玉虫厨子須弥座正面図に描かれた香炉は避けられない課題である。前者の実見はかなわないので先学の観察に依拠して所見をのべたい。

　正倉院中倉には（居）香炉4合が伝わり，いずれも火舎式である（正倉院1988, 図版99, 光森正士1993, 図

7. 隋・唐・奈良期における香炉の研究　253

1. 緑釉博山炉, 豊寧公主合葬墓 (陝西省考研他 1993), 2. 緑釉博山炉, 故宮博物院 (李輝柄主編 1996), 3. 緑釉博山炉 (出光美術館編 1987), 4a. b. c. 白釉博山炉 (大和文華館 1991), 5. 白釉博山炉, ボストン美術館 (J. Fontein 他編 1978), 6. 白釉博山炉, ホノルルアカデミー美術館 (William Watoson1984), 7. 白釉博山炉蓋片, 鞏義市白河窯跡 (河南文考研他 2009), 8. 白瓷香炉, BM., 9. 白瓷温壺形香炉, 咸陽市・尉遅運夫妻墓 (出土瓷 15, 2008), 10. 白瓷温壺形香炉, 西安市・李静訓墓 (中国社会科学院考古研 1965), 11. 白瓷温壺形香炉, 安陽市橋村隋早期墓 (考古 1992-1), 12. 白瓷温壺形香炉. 西安市陝棉十廠唐墓 (橿考研 2010)

pl. 1. 香炉 (1)

254　Ⅱ　隋唐白釉陶瓷の推移と三彩陶の形式

13. 緑釉温壺形香炉, 長安県豊寧公主合葬墓（考古与文物 2000-4, 陝西省考研 19989）, 14. 白瓷温壺形香炉, サンフランシスコ・アジア美術館（He Li 1997）, 15. 白瓷温壺形香炉, 出光（養豊 1998）, 16. 温壺形滑石製香炉, 東大美術館, 17. 温壺形滑石製香炉, 湖北鄖県李徽墓（文物 1987-8）, 18. 温壺形滑石製香炉, 河南偃師李園村袁氏墓（中国社考古研 2001）, 19. 三彩温壺形香炉, シュツッガルト・リンデン博物館, 20. 白瓷温壺形香炉, セルニュスキー美, 21. 白瓷温壺形香炉（掏粋巧芸館 1988）, 22. 三彩火舎式香炉, バッファロー科学博物館（Martie W. Young 1991）, 23. 三彩火舎式香炉, 出光（弓場紀知 1995）, 24. 三彩火舎式香炉, ネルソンアトキンス（Nelson Gallery 1973）

pl. 2.　香炉（2）

7. 隋・唐・奈良期における香炉の研究　255

25. 三彩火舎式香炉, 鞏義黄冶窯跡（鞏義市文管 2000), 26. 三彩火舎式香炉, 洛陽李楼下庄唐墓（洛陽博 1980), 27. 三彩火舎式香炉, セルニュスキー MC9591, 28. 三彩火舎式香炉, 黒竜江寧安県三陵渤海墓（中国文物精華 1997), 29. 白瓷火舎式香炉, 上海博（汪慶正他 1991), 30. 白瓷火舎式香炉, ホノルル・アカデミー（William Watoson 1984), 31. 青瓷褐彩雲文火舎式香炉（浙江博 1999), 32. 銅製盆形香炉, 咸陽王徳衡墓（貟安志編 1992), 33. 金属製火舎式香炉, 陝西臨潼県慶山寺塔地宮（東博 1998), 34. 青銅火舎式香炉（白鶴美 1988), 35. 銀製火舎式香炉, 西安何家村（文物 1972-1), 36. 鍍金臥亀蓮華文垂飾銀製香炉, 法門寺塔地宮（法門寺 2008), 37. 白石火舎式香炉, 正倉院中倉（正倉院 1988), 38. 金銅火舎式香炉, 正倉院中倉（同左）

pl. 3.　香炉 (3)

256 Ⅱ 隋唐白釉陶瓷の推移と三彩陶の形式

39. 金銅製高杯, 群馬観音塚古墳 (群馬県歴博 1999), 40. 二彩釉稜形火舎片, 柏原市鳥坂廃寺講堂仏壇土坑, 41, 44. 三彩炉身, 緑釉緑彩蓋, 大津市南滋賀廃寺, 42. 三彩炉身部, 大津市穴太廃寺講堂跡, 43. 三彩釉炉身, 坂戸市山田遺跡 33 号竪穴住居跡

pl. 4. 香炉 (3)

版 30, 31)。その内訳は，白石火舎甲・乙 2 合（口径 40.0, 通高 22.6cm），金銅火舎 1 合（口径 44.0, 通高 19.0cm），白銅火舎 1 合（口径 21.0cm）である。白石および金銅火舎は，口径 40cm をこえ，唐代金属器および三彩火舎式香炉の口径が，15-25cm 程度であり，これらは 2 倍の大きさである。

白石火舎は（pl. 3-37），粗粒不均質な糖晶質の大理石製で，口沿を幅広く甲盛り状にのばす形態であり，炉身に 3 本の約帯をめぐらし，その中位に付けられた 5 脚は，獅子が後脚を踏ん張って，前脚を炉身の側壁にかけ，炉を支えている形姿で，そのたて髪と前脚の毛に岩緑青を塗っている。脚間につけられ縄のような螺旋条遊鐶は，5 弁花形鐶座に取り付けられる。鋳銅製で鍍金された脚・遊鐶は炉身に穿った孔に柄を差し，楔とめにする。「鐶の上の石膚に，鐶が擦れてついた傷があり，吊り下げて用いたことがあったと推測」されている（光森正士 1993, p. 187）。炉内には灰が堅く塊となって残存し，同形・同大品が他に 1 あり，また大理石は大陸産と考えられている（正倉院 1988, 図版 99）。

管見の範囲では，唐代にこの形式の石製香炉は確認できず，非常に大型であり，また獅子前脚がこのように支え持つ形態も知らない。

金銅火舎は（pl. 3-38），惣型鋳造によって作られたとみられ，白石製と同形の浅い盆形炉身で，遊鐶を付けない居香炉である。口沿の形状は白石火舎と同形であり，炉身中位に 2 条の凸圏線をめぐらし，底部は平底にし，全体を轆轤仕上げにしている。約帯の位置に付けられた 5 獣脚は基部を獅噛形とし，鎬状の鋭角稜を 5 蹄につくる。炉身との接着は白石火舎と同じく，柄差し楔留めである。なお，この火舎には墨書碑が付属し（表）「定坐火爐壹合奩肆合　右依員検納如件」（裏）「五月廿三日史生河内豊継」とあり，本来は蓋を備えていたとみられる。

この火舎では，炉身の約帯を 1 箇所にまとめるのは何家村出土例があり，また獣脚の蹄に近い位置でいちだん細くする形は慶山寺品にあるが，獅噛形の下に鋭く稜を削り出すことはしていない。唐代香炉では，白

石香炉と同じく，こうした大型品は確認できず，後述の奈良三彩火舎式香炉
は，鳥坂廃寺出土品が大型であるが，その他は口径 25-28cm 程度である。

　白銅火舎は，口沿形態，2本の約帯，平底など上記金銅火舎と同じであるが，
大きさがほぼ半分と，いわば通常の火舎式香炉である。脚はすべて後補で，
外底に「東大寺」墨書銘があり，東大寺羂索院から宝庫に移入された品と推
定されている（奈良博 1977, no. 53）。天平勝宝 4 (752) 年 6 月 23 日付け「買
新羅物解」のなかに，「白銅香爐壹具」とあり，これが本品に相当するのか
確証がないが，正倉院香炉のなかに新羅から請来されたものが含まれている。
いずれにしても，これら正倉院火舎と奈良三彩火舎との関係が課題となる。

　次に，玉虫厨子須弥座正面図については議論があるところであるが，器物
に限定してのべたい（fig. 10）。既往の研究によると，a. 上段には飛天が向か
い合い，香華の飾りのついた蓋付きの器を棒持し（散華供養），b. その下の
中段には香煙ゆらぐ大香炉（焚香供養），c. さらにその下に豪華な盤上の合子
状の容器，d. 最下段に豪華な供養台の上に容器（供物供養），の 4 種が描かれ
ていると解されている。問題は，c. の合子状容器であり，これを舎利壺と考
えて，「舎利供養」図と解釈していたのに対して，上原和は，図像構成と宮
殿部諸仏との関係からみて，「讃仏供養」図と考えている。この c の容器に
ついては，春山武松の「合子つまり蓋附きの容器で，供物として瑠璃，玻璃，しゃこ，
瑪瑙などが盛られて
いるのであろう」説を引用している（上原和 1991, pp. 86-87, 275-281）。

fig. 10. 玉虫厨子須弥座正面図，
上原 1991, pp. 86-87,
275-281

　a については図が小さすぎて判らないので割愛するが，b と d はいずれも脚を有するが，5 脚ではあるが
遠近観が乏しく，ほぼ並列する描法をとる。b は基部素文の獣脚が容器の底部付近に付けられ，接地部で 3
蹄にしている。香烟をあげていることから香炉とされている。d については，供物台の容器とされているが，
これも 5 脚であり，盆状容器で 5 脚は香炉以外に遺例を探し出しえない。左右の霊獣との構図からみてもこ
れもまた香炉ではなかろうか。ただし，いずれもかなりラフな表現であり，実際の香炉との照合は難しい。

　問題の c 容器は，やや扁平な半球状の盏に，同形の蓋が被せられ，鈕は左右に突起をもち，十字形の鈕表
現である[6]。鈕座およびそれよりも少し下がった甲頂部に突起文が左に 4，右にすくなくとも 3 がみえる。
月桂冠様の飾りをつける脚部上半は膨らみをもち，有節をいれて，以下は開脚につくり，小型の蓮弁座の上
に据えられている。これらが俯蓮弁 20 弁で側面を飾られた浅い盤の上におかれ，盤面には 7 箇所以上の中心
点をもつ小円文も描かれ，正倉院の刻彫蓮華仏座にみるような，蓮実を表しているのであろうか。

　この容器の形態に近いとみられるのは，ともに 6 世紀代に築造された群馬県観音塚古墳および千葉県金鈴
塚古墳出土の青銅製高杯である（pl. 4-39, 群馬県歴博 1999, no. v-16・17）。前者は金銅製であり，深めで 3 箇
所に圏線をいれる銅鋺形に，宝珠鈕で甲盛のある蓋と，脚をつけ，皿状の承盤の中心に据えている。後者の
金鈴塚古墳品も同形の蓋と鋺部に，有節開脚の脚を接合し，承盤口沿は立ち上がりの鋭い形状である。法隆
寺献納宝物の響銅製鍍金脚付鋺（N255, 高 12.3cm）も類似した器形であり（東博 1996, no. 273），菊文鈕座が
あり，上記 c の甲頂部の突起文に該当する表現であろうか[7]。

　玉虫厨子の制作年代と制作地については諸説があり，それに言及する力はないが，須弥座正面図の香炉の
形式年代に関してのべれば，北朝末から隋代を中心にして初唐初めにおよぶ期間と考える。その理由は，す
でに述べたところであるが，装飾のない火舎青銅香炉，火舎式青瓷・白瓷香炉，そして古墳出土の有蓋高
杯が共伴して存在していた期間が，この 6 世紀から 7 世紀の前半である。これらの香炉および高杯の製作地

258　Ⅱ　隋唐白釉陶瓷の推移と三彩陶の形式

が那辺にあるのかは議論の分かれるところであるが、古墳の年代からみて6世紀代にこの形式の香炉がわが国に存在していたことは確実であり、その形を理解していたことになるが、現時点では残念ながら製作地には言及できない。

b．寺院資材帳記載の香炉

寺院資財帳（以下「寺院名」で略記する）にみる香炉には居香炉と柄香炉があり、区別されて表記されている場合がある[8]。

天平年間に作成された「法隆寺」と「大安寺」に「單香爐」と表記されているのが居香炉とみられ、法隆寺の場合は「口徑三寸二分高三寸六分」（小尺で口径9.4、高10.6cm）の白銅製小型品である。柄香炉とは法量の表記で区別でき、「法隆寺」で並列して記されている「鍮石長一尺五寸」（30.9cm）は柄香炉であり、正倉院蔵の銅製柄香炉の長さ（28.0-44.0cm）の数値の範囲内におさまる。

「仁和寺」のなかで「渤海金銅香爐壱具、爐一柄、……白角香爐壱具、爐一柄、純金御香爐壱具」のように興味深い名称もあるが、これは数詞からみて柄香炉である。同寺資財帳では、これに並列して「銀火舎壱口、加蓋大九両……、金銅火舎、有蓋」のような明確な火舎式香炉の表現もあり、重量は大4から9両（150.0-337.5g）であり、ここでは銀壺・銀箸匙・火鏡など焼香具とともに金銀蒔絵牙象笥に納められている。

資財帳のなかで両者の判別がむずかしい表記もあり、「観世音寺」にみえる「鏤白銅香器壱合、口径六寸四分、深8寸一分……」の鏤香器は、法量からみると中型で鏤孔蓋をもつ居香炉の可能性がある。「安祥寺」に「金銅鏤香呂、四五合」と類似した表現もこれを裏付ける史料といえよう。「観世音寺」には蓋の有無が記されているので、鏤孔のある蓋がつく火舎式香炉とみられるが、脚については記載はなく、法量を明記したものも少ない。「大安寺」に上記の「單香」と並記して「合香爐弐拾肆具」とあり、これは柄香炉の可能性がある。個々の資財帳によって表記は異なり、前後の資材の表現方法で判別せざるを得ない例である。

資財帳に記載されている香炉保有数として、「法隆寺」10具（居1・柄9）、「大安寺」40具（居16・柄24）、「安祥寺」51具（居カ45・不明6）、「広隆寺」2具、「信貴山」3具、「観世音寺」3具（居2・柄1）、「仁和寺」20具（居5・柄15）、東寺6具（居6）が数えられ、雄寺では40具をこえる香炉が保有されている[11]。

材質としては、白銅（法隆寺・広隆寺・観世音寺・仁和寺）・鍮石（安祥寺・仁和寺）・金銅（安祥寺・仁和寺）・金（仁和寺）、銀（仁和寺）、瑠璃（仁和寺）、紫壇（仁和寺）、白角（仁和寺）があり、このうち鍮石は、天然の真鍮であり、法隆寺献納の鵲尾形柄香炉（N280）がこれと考えられており、「安祥寺」には「木香呂」もあり、正倉院や仁和寺の紫壇金鈿柄香炉のようなものであろうか。これらのなかに三彩香炉とみられるものは無く、金属製などが正式

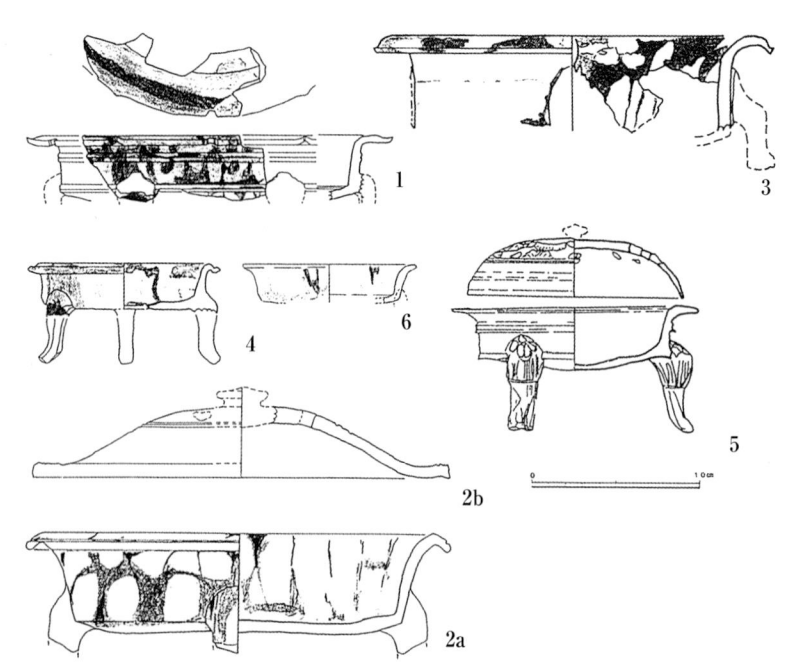

fig. 11. 奈良三彩火舎香炉実測図　1. 鳥坂廃寺講堂跡、2a. b. 南滋賀廃寺、3. 穴太廃寺講堂跡、4. 平城京左京八条三坊十一坪、5. 名古屋市八事一堂跡

な香供養具として使われていたとみられる。

　古代史料のなかにおける香炉は，皇極紀元年7月「大寺（百済大寺）の南の庭にして……蘇我大臣，手に香爐を執りて，香を焼きて願を発す」とあり，天智紀10年11月23日内裏西殿の仏像の前で「大友皇子，手に香爐を執りて，……蘇我赤兄臣等，手に香爐を執りて」とあるのは，いずれも柄香炉とみられ，焼香がおこなわれている。天智紀8年10月19日「天皇，藤原内大臣の家に幸す。大錦上蘇我赤兄臣に命して，恩詔を奉宣ふ，仍，金の香鑪を賜ふ」とあり，天皇家に純金香炉が既に保持されていたことが知られる。続紀天平勝宝8（756）年五月壬申「御葬之儀如奉仏，供具に獅子座香爐あり，……花縵，蓋繖之類」の獅子座は，正倉院蔵の金銅および白石火舎にみる獅子形5脚であろう[9]。

c．奈良三彩火舎式香炉

　いわゆる奈良三彩陶とみられる香炉は，そのほとんどは火舎式であり，それ以外の形式は少ない[10]。わが国出土品は小片が多いので，代表的な数例について述べたい（fig. 11）。

① 柏原市高井田戸坂・鳥坂廃寺講堂仏壇拡張部土坑，二彩釉稜形火舎1片，大阪府教育委員会 （pl. 4-40a, b, fig. 11-1）

　奈良前期までには創建され寺の講堂土坑から二彩盤・緑釉瓶各1片および延喜通宝約20枚と共伴して検出された。鍔状口沿で復元径は43.4cmと非常に大型であり，鍔端に小型の突起と凹状切込み各1箇所がのこり[11]，炉身部深さ6.5cm（径比6.7）で，その上・下方に各2条の突帯文をめぐらす。脚の剥離痕が炉身下半にみられ，別に破片端を剥脱痕とみると6脚であり，さらに口沿凹状切込みを脚貼付の中間とみると，6脚に復元でき，口沿は6稜の可能性がある。脚の基部の剥離形態からみて素面ではなく，獣あるいは人形の頂部に類似した脚であろう。

　胎土は灰白色，表面は橙褐色でやや硬く，白化粧はみられない。釉は内外底をのぞいてかけられ，剥離箇所がおおく，釉煮え現象をおこしており，2次的に被火しているとみられる。口沿端部内外は，三彩釉には見られない朱色に呈発しているが，これは緑釉が，被火によって変化したものである。内側面の緑釉の下方は剥落しているが帯状に白釉が施されていたとみられ，内底近くから無釉となる。外側面は，緑釉がかけられ，一定間隔で銀化と剥落が観察され，白釉が鹿の子状に配置されていた可能性が考えられ，全体として二彩釉陶である。

　本品のように口径40cmをこえる大きさは，上記正倉院蔵の金銅および白石火舎にあり，浅い炉身と明瞭な突帯文をめぐらす点は，正倉院上記品や何家村出土の銀製香炉の直模といえる。唐三彩火舎でも，洛陽李楼下庄唐墓出土品やBM.（OA1937.7-16.33）のように相対的に浅く，明瞭な突帯文をめぐらすものもあり，本品との類似性をうかがわせる。逆に奈良三彩陶では，器高比が3以上ではある点では共通するが，突帯文例はなく，脚も素文である。本品は被火しているために本来の釉調がつかめないが，器形的にみると，これは奈良三彩陶ではなく，金属製香炉の模倣をつよく意識した中国製三彩火舎の可能性がある。ただ，こうした大口径の陶製火舎は中国では未発見であり，国産か中国製か決め難いところである。

　cf.『河内高井田・鳥坂寺跡』pp. 18-19, 大阪府文化財調査報告19. 1968

② 大津市南滋賀町南滋賀廃寺　三彩炉身，緑釉緑彩蓋各1　近江神宮（pl. 4-41, 大津市歴史資料館寄託）

　炉身は口径25.0cm，浅い器高であり，径高比は4.5である。素文4脚が中位に接合され，口沿は下方に折り曲げられ，沈線がめぐる。施釉方法は，外面では緑釉で下向きの花弁を連続させ，橙褐釉をそれに重ね，各弁の中を白釉にしている。内面では釉の剥離がいちじるしいが，緑釉で花弁を，縁どりを線状にのこって

いる橙褐釉で描き，いわゆる鹿の子文にしているようである。いずれも筆による塗布である。胎土は，淡褐色，軟質の細土であり，内底の一部に炭化物の痕跡が認められる（fig. 11-2a）。

この破片とは別に，大津市滋賀里町甲・崇福寺跡採集の蹄足1がある。白色・軟質の胎土に，光沢をのこす緑釉がかけられ，白地をのこして橙褐釉がかけられ，内側には透明釉が施釉されている。

緑釉緑彩の蓋は，口沿の残存部が少なく現状での復元口径は25cm前後である（報告書では径9寸9分，高さ約1寸六分）[12]。鈕部位は遺存せず，中位に明瞭な圏線がはいり，猪の目形鏤孔は2箇所で確認できる。蓋裏は淡緑に呈発しており，淡く緑釉が施され，その上に濃いめの緑釉で条線で施文しているとみる。正倉院二彩釉瓶などと同様な釉調である（fig. 11-2b，実測図は新たに作成したものである）。

　　cf.『大津京址（下）』『滋賀県史跡調査報告9』pp. 87-89, 滋賀県，1935,
　　　　梅原末治「正倉院尊蔵の所謂三彩釉器に就いて」美術研究137号，pp. 155-172, 1944
　　　　『近江出土の施釉陶器―多彩釉，緑釉，灰釉，瀬戸，美濃』滋賀県立近江風土記の丘資料館，1986
　　　　『滋賀県史跡調査報告9』p. 86, 1935,『大津京址（下）』『滋賀県史跡調査報告13』1935

③　大津市穴太下大門・穴太廃寺講堂跡　三彩炉身部1, 滋賀県教育委員会（pl. 4-42, fig. 11-3, 安土城考古博物館）

8世紀後半から9世紀にかけて再建された講堂跡から炉身部が検出されている。淡白黄色の軟質・細土にかけられた釉は剥落がいちじるしいが，光沢をのこしている。白黄色に呈発する地に橙褐釉を任意の間隔で塗り分け，緑釉を5箇所程度にかけ分けている。外面の釉はほとんど剥落しているが，明瞭な圏線内にのこり，炉身の中位よりも高い位置に蹄脚が付けられている。復元口径23.8cm, 底部は欠損しているが，径高比は4前後である。胎土・釉調からみて奈良三彩陶と考える。

　　cf.『穴太遺跡発掘調査報告書Ⅳ』pp. 206-207, 滋賀県教育委員会他，2001

④　奈良市東九条町（平城京左京八条三坊十一坪）東堀河跡，三彩釉炉身1片，奈良市教育委員会（fig. 11-4）

東堀河下層（8世紀）から，三彩小壺と共伴して検出された復元口径11.5cmの小型品である。ほぼ直立する浅い体部で，突帯文は認められず，口沿は斜め下方へ折り曲げられ，端部を引き出して丸くおさめる。底部近くに面取りを施した脚をつけ，3ないし4脚とみられる。胎土は卵白色で，緑釉と白釉を各6分して塗り分け，脚基部に褐色釉がのこる。こうした火舎の器形・装飾は，唐三彩や金属火舎の製作から離れており，直接的な影響は感じられない[13]。

　　cf. 奈良市教育委員会『平城京東市推定地の調査Ⅱ第4次発掘調査概報』p. 22, 1984
　　cf. 玉田芳秀「施釉土器の成立と展開―古代前半期を中心として」『古代の土器研究』p. 71, 1994

⑤　名古屋市天白区天白町八事富士見が丘・八事一堂跡―無釉蓋・炉身，愛知県陶磁美術館（fig. 11-5）

緑釉の緑彩花文三足盤・香炉・碗などと共伴して発見された。白釉白胎で，炉身に2条の突帯をめぐらし，脚は基部に陽刻四弁花文をいれる。蓋には陰刻花紋が精緻に彫られ，猪の目形鏤孔があけられている。これらは黒笹90号窯式期とされている。復元口径24.9cm。

　　cf. 愛知県教育委員会『愛知県知多古窯址群・昭和35年度報告』愛知県教育委員会，1961

⑥　坂戸市片柳新田・山田遺跡33号竪穴住居跡，三彩炉身部，埼玉県埋蔵文化財センター（pl. 4-43）

復元口径10.4cm, 炉身高2.2cm（径高比4.7），口沿を外反させ，内側はかるく削り調整し，外底へ鋭角に曲げている。脚剥離痕が残存部に1箇所あり，5脚ないしそれ以下の脚が推測できる。黄白色の細土の内外面に，鉛釉が縦方向に塗り分けられている。黄白色に呈発した下釉に緑釉が6箇所ほど塗布され，その緑釉の範囲のほぼ中心に橙褐色釉がかけられている。内外面の色釉は整合しておらず，外底面は黄白色釉である。

この器形には，唐三彩や金属器火舎式香炉の特徴はみられない。

この破片は住居跡床面近くの覆土から検出され，この遺跡の中では大型の床面積（東西6.05m）であるが，一般的には特別に大きいとはいえない。9世紀初めを含む8世紀後半の土器を主とし，9世紀中葉とみられる土師器が小数検出されている。

　　cf.「山田遺跡・相撲場遺跡発掘調査報告」『埼玉県遺跡調査会報告18』pp. 84-90, 浦和, 1973

⑦　京都府木津川市馬場南遺跡第2次調査 SR01　三彩香炉　京都府埋蔵文化財調査研究センター（fig. 12a, b, c.）

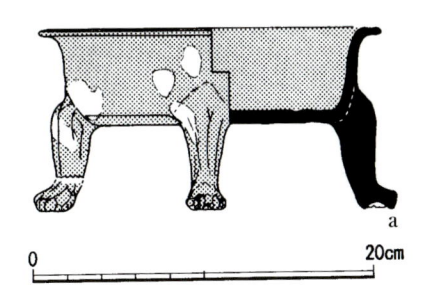

ほぼ完形にのこる三彩火舎形香炉で，炉身口径 20.2, 底径 15.3, 身高 5.9, 総高 10.8cm をはかる中型品である。4脚を貼り付け，内1脚は基部から，他の1脚は中位から折損しているが，のこる2脚は，中心線から左右に各2と脚内側にも面取りがなされた獣脚につくり，4刻線をいれて指を表現し，接地面に凹面をつくり，掌球を表す。胎土は灰白色で，比較的硬質であり，白化粧はみられない。

施釉は，白基礎釉の上に橙色釉が塗られ，その上に大部分を占める緑釉が施されている。釉色は，胎土の明度が低いので，暗く呈発し，部分的に緑釉が黒緑色になっているが，内側面は比較的鮮やかな三彩釉である。内底と外底は施釉がうすく黄緑色を呈している。脚接地面には焼成痕が無く，外底に円環の焼台痕が固着しているので，円筒形の焼台が使用されていたとみる。内底には3箇の三叉トチン痕とみられる炭化物の付着があり，別の個体が置かれていた。

fig. 12a, b, c. 三彩香炉, 木津川市馬場南遺跡（京都府埋文 2010）

この香炉が検出された箇所は，掘立柱SB01をめぐる溝のうち，改修後（SD2002）の溝中のようで，大量に出土した土師器は平城宮土器Ⅳないし Ⅴ から Ⅵ の間におさまり，平安京遷都までには廃絶している。なお，この遺跡から「松雄寺」墨書土器などが発見され，第2期建物・溝は寺院に伴うものと考えられている。

　　cf. 京都府埋蔵 2010『京都府遺跡調査報告集第138冊』京都府埋蔵文化財調査研究センター, pp. 82-84

⑧　奈良県桜井市山田　山田寺跡第4次調査，東面回廊跡LL09区灰褐色砂質土出土，三彩香炉
奈文研飛鳥資料館（fig. 13a, b, c.）

釉調・胎土・成形・調整などから判断して，奈良三彩陶である。

破片には，2箇所に焼成前穿孔があり，1箇は径1.4cmの正円形であり，他の1は内面でわずかに確認でき，穿孔の下端が斜めに削られた箇所が0.4cmのこり，その下に1.5cmの部分に緑釉が垂下している箇所がある（fig. 13b 写真右端）。この穿孔痕は円形ではなく，やや長手の形で，例えば猪目形の鏤孔が想定できる。内面の成形および指ナデによる乱雑な痕跡をみると，成形時，この正円形は頂部から少し下がった位置にあけ

られた蓋であり，外面にもこの孔を中心にして轆轤調整の同心円擦痕の一部を見ることができる。これらの穿孔状態からみて，2種類の鏤孔を穿った三彩香炉の碗形の蓋の残片と判断する。しかし，器種は確定できるが，図のような成形時の状態を基にすると，釉薬が横方向に流れていることになる。施釉時に，白釉の上に緑釉，その上に黄茶（橙）色を横方向から釉薬かけていることになる。釉はいずれの色もマットで淡い発色である。

奈良三彩香炉の蓋には良好な資料がないので，筑後国衙跡第31次調査出土の緑釉（復元）品を例示する（fig. 14，愛陶1998，no. C-394）。山田寺残片は，宝珠鈕をめぐる外側第1列の円孔とその外側の猪目穿孔と推定する。

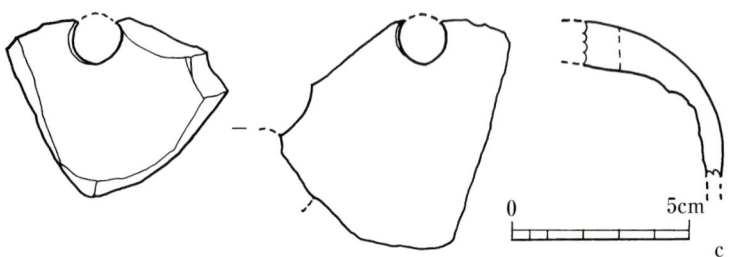

fig. 13a, b, c. 三彩香炉片，山田寺跡（奈文研2007）

なお，この遺跡からは，同様の正円形鏤孔をもつ緑釉あるいは三彩陶（日本製）の破片が3片以上検出されており，相当量の類似の香炉が存在したことがわかる。

cf. 奈良文化財研究所編2007『大和山田寺跡』本文編 p.348, 吉川弘文館，東京

この他に三彩ないし二彩釉火舎としては，以下のものがある。
＊奈良市西大寺西町1-1-5西大寺跡，1986年度調査Ⅳ区遺物包含層，二彩釉陶，西大寺

fig. 14. 緑釉香炉　筑後国衙跡（愛陶1998）

釉はほとんど剥落し，口沿直下の外面にわずかに緑釉がのこる大型火舎の破片である。cf. 奈良県教育委員会・奈良文化財研究所『西大寺防災施設工事・発掘調査報告書』p. 69, 西大寺，奈良，1990
＊薬師寺西僧坊第3房前室跡―二彩炉身，奈良文化財研究所

炉身は直立ではなく，口沿を外反する形，浅い炉身は平底につくり，口沿外面に緑・白の二彩釉，内面および底部外面に白釉がかけられている。復元口径約24cm。cf. 奈良文化財研究所『薬師寺発掘調査報告』p. 153, 1987, 奈良
＊大安寺寺域西南隅，西中房南列西方の南北棟礎石建物（推定小子房）―炉身，この他大安寺旧境内から5片が検出されている。cf.『史跡旧大安寺境内Ⅰ』p. 443, 奈良市教育委員会，1997
＊佐原市本矢作・東野遺跡―高橋照彦2002論文，炉身，口径20cm，集落跡
＊城陽市久世廃寺：講堂跡から脚の一部が検出され，緑・白釉が確認できる。cf. 城陽市教育委員会，『城陽市埋蔵文化財調査報告第10集』pp. 32-366, 1981

この他，実見していないが，遺跡名として，以下のものが報告されている。

長岡京市長岡京5条-2坊-12坪，姫路市辻井遺跡（『兵庫県埋蔵文化財調査年報昭和57年度』p. 153，兵庫県教育委員会，1985），丹波三つ塚遺跡（『丹波三ツ塚遺跡Ⅲ』市島町教育委員会，1981），興福寺一乗院跡，奈良市佐紀池（法華寺『奈良国立文化財研究所昭和51年度調査概報』p. 38, 1977），紀伊国分寺跡，群馬県佐波郡境町（現伊勢市）十三宝塚（『十三塚第5次発掘調査概報Ⅳ』境町教育委員会，1981），千葉県八千代市向境遺跡，飯田市堂垣外遺跡（『古代陶器の変遷』上田市立信濃国分寺資料館，1994）。

d．小結

ここで，奈良三彩火舎式香炉について，次の3点を指摘しておきたい。第1は，大きさからみると，火舎式香炉は，炉身最大径が15cm以下の小型品，20-25cmの中型品，40-45cmの大型品に三分できる。わが国遺跡出土の奈良三彩香炉の多くはこの小型品であり，唐三彩火舎式香炉も大部分はこの大きさであり，法隆寺「單香爐」は銅製であるが「口径三寸二分」と小型品である。中型品としては，鞏義市黄冶窯跡に施釉以前の口径23cmの素胎品があるので（河南省鞏義市文管2000，図版16-2），製作されていたことは確かであるが，同窯跡出土品のほとんどは小型品に属する。わが国出土の中型例では，穴太廃寺，南滋賀廃寺，薬師寺西僧坊第三房前室跡，無釉ではあるが八事一堂跡品などがあり，上記の正倉院蔵白銅香炉がこの大きさである。観世音寺資財帳にみえる「鍮白銅香器壱合」を居香炉とするならば，「口径六寸四分」の中型品である。

口径40cmをこえる大型香炉としては，上記正倉院蔵の白石および金銅製品があるが，中国においては金属器・三彩陶ともに小・中型であり，大型品はみられない。この点で位置づけが難しいのが鳥坂廃寺出土の復元口径43.4cmを測る二彩釉品であり，大きさの点では中国製香炉にはみられない大型品である。

第2に，奈良三彩火舎式香炉の炉身部は，唐三彩のそれに比較して，いずれも浅い。炉身最大径と炉身高との径高比を求めると，正倉院蔵品の中・大型金属・白石品ともに3.5-4.4，南滋賀廃寺品4.4，坂戸市山田遺跡品4.7，穴太廃寺品も4前後であり，平城京左京八坊三条十一坪の東堀河跡出土の小型品でも3.3の比率を示している。唐の金属器も浅めにつくり，何家村出土の銀香炉は4.1である[14]。これに対して，唐三彩火舎式香炉では，いずれも3.0以下の数値であり，鞏県窯品は2.5前後の数値を示し，相対的に炉身部が深くつくられている。これは，奈良三彩香炉のモデルをさぐる際に関係してくる。注意しておいた渤海国王墓出土の三彩香炉の比率が3.2の数値を示すのは興味をひかれる。

第3に個々の部分について，唐三彩香炉との異同点についてふれておきたい。炉身の形態は，唐三彩陶では斜行と直立の2形態があり，明瞭な突帯文が下半部にめぐらされているが，奈良三彩陶では，器高が浅いので直立形のみであり，突帯文はみられず，穴太廃寺品に細い沈圏線1条が残るのが希少例である。脚については，唐三彩陶では，力士・猛禽類・華足形であるが，奈良三彩陶では素文，猫足形であり，脚数では，遺存例が少ないが，南滋賀廃寺品は4であり，唐三彩陶の通常5脚と異なる。唐三彩陶ではほとんど必須の承盤に関しては，奈良三彩陶では遺存例がなく，その有無については不明である。上述の径高比の彼我の相異をふくめて，奈良三彩香炉は，唐三彩香炉のもつ細部の特徴がみられず，これを模倣したとする明証をあげることは難しい。

蓋については，南滋賀廃寺の二彩釉品がわずかな比較対象例であるが，形状は被せ蓋であるのに対して，鞏義市黄冶窯跡品では子母口であることが大きな相違点であり，渤海三彩陶の可能性がある香炉が被せ蓋であることが注意される。これは罐蓋など彼我のつくりの相異に共通している。さらに唐三彩陶では口沿から甲盛がはじまるのに対して，南滋賀廃寺品では緩傾斜につくる。元宝形の鏤孔は配列は異なるが，単位形は類似している。

金属および石製香炉と奈良三彩香炉との関係をみると，すでに指摘したように，炉身の径高比が何家村出

264　Ⅱ　隋唐白釉陶瓷の推移と三彩陶の形式

土銀香炉や正倉院蔵4点に近い数値をしめし，全体のプロポーションが類似している。奈良三彩香炉の中型品と何家村品と細部を比較すると，口沿を蒲鉾状に彎曲させて折り曲げる形，底部への移行部を斜めに面取り状につくること，素文の脚の形状など，何家村品が遊鐶をつけて吊り香炉の機能をもっていることを除いて，類似する要素が多いといえる。しかし，炉身の沈圏線を省略しており，穴太廃寺品でもわずかにその痕跡がたどれる程度の線であり，山田遺跡出土例のような小型品でも，その痕跡はみられない。

すでに指摘されているように，これら奈良三彩火舎式香炉は，唐三彩香炉ではなく，金属器および石製品を模倣していると考えられる[14]。しかし，この模倣に際して，三彩陶製作者が細部については，ほとんど省略しているといえる。

[注]
(1) 白瓷蟠竜文燭台は，博山炉と共通している。例えば，大阪市立美術館（AC92,器高23.1cm）や町田市立博物館（器高23.6cm）品など，同形の承盤と類似の蟠竜文で，前者は胴部に雲気文を印花した2匹の蟠竜が複式蓮弁文の上に足を踏ん張っている。クリーブランド美術館品も蓮弁座がある（William Watson 1984, no. 26）。白瓷博山炉と同じ窯の製品と考える。緑釉燭台で複式蓮弁文の台座に多節柱を立てる器形が，開皇12（592）年の西安市・呂武墓（中国科学院考古研1965, 図版38-6）や，湖南・長沙市初唐墓から蓮弁座に据える青瓷燭台があり，隋から初唐に共通する意匠である（考古1980-60, pp. 506-511）。三具足として，博山炉とともに卓上に置かれ，類似した意匠が組合わされて用いられていた姿を想定できる。
(2) 金属器をモデルにしたとする考えもあるが，該当する資料もなく，かつ実用器の材質として金属は不適であろう。
(3) 陝西省考古研究所1998, 125図および員安志他1993, 3図記載の長安県南里村唐墓出土品は，尉遅運夫妻墓と同一品である。
(4) 脚が直接接地する形（コペンハーゲン美術館，no. 67/1949）も少数例がある。
(5) 炉身の遊鐶基部に獣面を鋲留め装飾する模倣であろうか，三彩香炉のなかにも花文を貼花する例が王冠蓋品などにある。
(6) 十字形鈕に近い形態として，韓国・武寧王陵（523年卒）随葬の銀製有蓋鋺があり，柱状の鈕の中位に花弁をまくために十字形とみることもできる。この鋺には銅製托が付いており，高杯ではなく，cとは異なる（韓国文化財管理局1974, 図版64）。あるいは相輪状の突起をつける場合も十字形に表現できる。正倉院蔵の塔鋺形の赤銅合子（通高12.2cm）にも同様な十字形鈕がみられる。
(7) 正倉院蔵の金銅大合子（南倉二七, 高29.0cm）は脚が短く直立し，盤状の高台をつけており，類似品であるが，開脚していない点では異なる。蓋に三重相輪の塔形をつけており，これも十字形鈕に略描することもありうる。この種の合子は，ストゥーパを模した器形であり，本来舎利容器の用途であるが，正倉院では香合として使われたとみられる（光森正士1993, p. 188）。
(8) 奈良・平安時代を中心とする火舎香炉史料
　　天智紀8年10月19日「天皇，藤原内大臣の家に幸す。大錦上蘇我赤兄臣に命して，恩詔を奉宣ふ，仍，金の香鑪を賜ふ」
　　『続日本紀』天平勝宝8（756）年五月壬申「御葬之儀如奉仏，供具に獅子座香爐あり，…花縵，蓋繖之類」
　　『法隆寺伽藍縁起并流記資財帳天平19（747）年』「合香爐壹拾具,丈六分白銅單香爐壹口　口徑三寸二分高三寸六分,
　　　佛分参具　二具鑰石一長一尺五寸,一長一尺三寸八分,一具白銅長一尺三寸,
　　　彌勒佛分白銅壹具長一尺四寸
　　　法分白銅弐具一長一尺二寸五分,一長一尺九寸五分
　　　塔分赤銅壹具長一尺五寸
　　　通分白銅弐具長一尺九寸八分」
　　『大安寺伽藍縁起并流記資財帳』天平19（747）年

「合香爐弐拾肆具

　佛分十八具之中　一具銀重三斤十両二分，一具鍮石，一具牙，一具赤銅，十三具白銅，法物一具鍮石，

　常住僧物一具

　高麗通物四具

　合単香並香金品并其盤弐拾弐口　佛物単香十六具，常住僧物香鋺四合　其盤二口」

『法隆寺縁起并資財帳』天平宝字 5（761）年「鍮石香爐一具　花形錦坐具一枚，褥一枚，表科子錦，裏緋綾，奉納講法花経料　大僧都行信」

『東大寺献物帳』天平勝宝 8（756）年「銀薫鑪壱合」

『銅火舎付属木札銘　正倉院御物』

　表（墨書）「定坐火爐壹合奮肆合，右依員檢納如件」

　裏「五月廿三日史生河内豊継」

『仁和寺御室御宝物宝録』

　「金銅火舎壹口　有蓋

　　銀火舎壹口　加蓋，大九両，同壷弐口　一口大三両三分，一口大三両一分，同莒弐合　一合大六両一分，一合大三両一分，同箸匙并台各壹枚　并小三両二分，同火鏡壹枚　加雑具，小刀壹柄」

(9) 天台座主良源僧正遺告のなかに，同僧が所持していたとみられる道具のなかに「香爐四具」（鍮石・銀・白銅・新銅各 1 具）とある（竹内理三 1972，天禄 3 年 5 月 3 日）。

(10) この他に緑釉火舎と報告されている竃形品があり，上記温壺と形態は類似しているが，これは移動式竃の機能と考えられるので除外する。また緑釉鏤孔香炉については別に考えたい。

(11) 口沿に幅 1cm ほどの凹状切込みは類例のない細工であり，その機能は推定し難いが，脚の中間に切り込まれているとするならば，吊り香炉の遊鐶に関連した柄穴状の機能であろうか。

(12) 蓋は，現状では 8 片になり，報告書所載の口沿部破片 1 片は現存せず，復元高さは 5cm 前後であろう。この他に三彩碗，二彩釉盤，多口瓶の破片がある。

(13) この他に，隣接する平城京左京三条八坊・東三坊坊間東小路東側溝から火舎が出土している。

(14) 平安時代以降の経塚や埋納遺跡出土の金属製火舎式香炉においても，小型品で，炉身は浅く，蹄（猫）脚は 3 になる。例えば経塚副納品では（奈良博 1977, no. 185, 190, 191），和歌山県・那智経塚，京都市・花背別所第 1 経塚（口径 10.7cm），和歌山県・伝白浜経塚（口径 10.8cm）にあり，径高比は 5.0 前後の数値である。兵庫県勝福寺蔵の金銅火舎は，3 脚の中型品であり（口径 24.1cm），その径高比は 8.1，群馬県上栗須寺前遺跡 5921 土坑出土の銅製 3 脚火舎の比率は 6.0（群馬県教委 1996, p. 421）と，いずれも浅い。

(15) 矢部良明は，奈良三彩のなかで，金属器を手本とした器形として，薬壺形式の有蓋壺（大小），浄瓶，火舎香炉，仏餉鉢（鉄鉢），平盤，碗形の鋺鉢，皿，双耳瓶などをあげ，手本が実在しない器形として，多嘴壺，長頸の大瓶，杯があり，木製品が手本と推測されるものとして太鼓胴があり，そのほかに塔，硯，瓦，山岳系置物を掲げて，「祖型を提供した盛唐三彩と奈良三彩の器形を比較してみると，同一の器形を全く認めることができないという結果を得る」（矢部良明 2000, pp. 48-55）。

　その他に，両者の関係に触れたものとして，高橋照彦は「正倉院三彩の鼓胴や小塔…の器形も唐三彩に類品があるわけではない。陶枕は，奈良三彩として普遍的な器種ではない。（奈良三彩は）基本的には須恵器あるいは金属器などと共通した形態を採用……。奈良三彩は必ずしも唐三彩のコピー製品を作るのに熱心ではないことがあきらか……」としている（高橋照彦 2002, p. 373）。

［中文要旨］

矢于隋・唐及日本奈良时期的香炉研究

通过对北朝・隋・唐时期，绿釉・白瓷・三彩・石製・金属製等的各类香炉的演变形式的阐述，并涉及有关渤海三彩陶的

266　Ⅱ　隋唐白釉陶瓷の推移と三彩陶の形式

一些问题，试析奈良三彩的香炉与其的关系。

①博山炉（pl. 1-1～8）

a. 从北朝、隋到初唐，中国华北地区所产的白瓷和绿釉的博山炉数量较少。在绿釉产品中，有长安县北原・丰宁公主合葬墓（634年）的出土品（pl. 1-1），在白瓷产品中，有日本大和文华馆（pl. 1-4），美国火奴鲁鲁公立美术馆（pl. 1-5）的收藏品。

b．这些产品拥有共同的特徵，其盖部的模印摩尼宝珠纹（pl. 1-4）呈直立状。大小莲瓣贴于呈半球碗形的炉身周围，其下由螭龙柱脚与承盘相组合而成。

c. 就这些器物的製作年代而言，绿釉产品与北齐的铅釉尊、灯等有共通的意匠，而白瓷品，则以隋代为中心，在初唐的纪年墓中也有出土的实例。

②温壶形平底香炉（pl. 1-9～12, pl. 2-9～21）

a. 其造型为平底，腹部呈筒形，圆顶，敞口，宝珠形塞状盖的温壶形（手焙形）香炉。

b. 白瓷的小型器物在尉迟运夫妻墓（579年卒601年合葬）中有出土（pl. 1-9）。同一形状的器物还有李静训墓（608年葬，pl. 1-10）出土的白瓷器，椿夫妻墓（607年葬）出土的绿釉器等。

c. 器高20cm左右，与小型器物造型相同的，还有绿釉香炉（pl. 2-13）和白瓷香炉（pl. 2-14）。其生产年代从北齐末期的570年开始，盛行于隋代，一直延续到初唐前半期。另外，滑石制香炉（pl. 2-16）也应为同一时期的产品。

d. 初唐后半期至盛唐期，从石製香炉（pl. 2-18），三彩香炉（pl. 2-19）等例证可以看出，其底经变大，造型粗矮，镂孔的形状也发生了变化。

③火舍（盘）式香炉（pl. 2-22～24, pl. 3-22～31）

a. 火舍（盘）式香炉，其盖呈镂孔的半球形，带宝珠钮，炉身呈盘形，通常有5足。居香炉则再加一承盘，由盖、炉身、承盘三部分组成。

b. 在三彩火舍（盘）式香炉中，存有以华丽的技巧制作成王冠形盖的遗例（pl. 2-22～24）。其炉身的形状有两种，一种呈直筒状（pl. 3-26, 27），另一种是口沿向外翻且呈倾斜状的（pl. 3-25）。以5足为多，足有力士、猛禽类等形状。渤海地区出土的三彩香炉和中原地区出土的三彩香炉不同（pl. 3-28）。除三彩陶器外，还有少量的白瓷（pl. 3-29, 30），青瓷、绞胎的香炉。

④金属製香炉，在咸阳市王德衡墓（576年葬）的随葬品中有铜製盘形香炉出土（pl. 3-32）。其造型似乎为隋唐金属器、三彩器的标准形。

⑤奈良三彩香炉（pl. 4-40～44）除火舍（盘）式以外，其他形式不见。与唐三彩香炉相比，炉身部浅，无承盘，盖的形式不同，似模仿金铜（pl. 3-38），石製品（pl. 3-37）等的造型。（方伸・翻訳）

[English Summary]

Research on Incense Burners from the Sui, Tang, and Nara Periods

This paper establishes the stylistic development of green lead-glazed, white porcelain, three-color lead-glazed (*sancai*), stone, and metal incense burners manufactured from the Northern Dynasties through the Sui and Tang Dynasties. Lead-glazed wares from the Bohai region are inserted into this chronology, and mention is also made of three-color(*sansai*)ware made in the Nara period in Japan.

(1) Boshan-type incense burner(pl. 1-1～1-8)

a. From the Northern Dynasties through the Sui and early Tang Dynasties, boshan-type incense burners of white porcelain and green lead-glazed ware made in the northern region have been found in relatively small numbers. A green lead-glazed piece(pl. 1-1)was discovered in the Fengning Gongzhu family tomb(burial date of 634)in Beiyuan, Changan county. White porcelain pieces can be found in the collection of the Yamato Bunkan Museum(pl. 1-4)and the Honolulu Academy of Arts(pl. 1-5), as well as in other collections.

b. These specimens share the features of molded applique panels in the form of *mani* jewels luted to the cover(pl. 1-4), a hemispherical body decorated with large and small lotus petals applied in relief, and a stand with dragon-shaped legs and circular tray.

c. These green lead-glazed incense burners also share common design characteristics with green lead-glazed jars and lamps made in the Northern Qi Dynasty. White porcelain versions were mostly made in the Sui, and specimens have been excavated from dated graves from the early Tang.

(2) Incense burner in the shape of a wine warmer (pl. 1-9, pl. 2-9〜21)

a. This type has a flat base, a cylindrical median with a dome-shaped upper part, a flared mouth, and a cover in the shape of the Buddhist flaming jewel.

b. Small white-ware specimens of this type were excavated from the family tomb of Wei Chiyun (d. 579, burial date of 601; pl. 1-9) and the grave of Li Jingxun (buried 608; pl. 1-10). A similar shape, in green lead-glazed ware, was found in the Chun family tomb (burial date of 607).

c. Larger specimens with heights in the range of 20 cm. share a common shape with smaller vessels of green lead-glaze ware (pl. 2-13) and white ware (pl. 2-14). These were made from the end of the Northern Qi in the 570s, reached a peak of production in the Sui, and continued to be manufactured through the first half of the Tang. Incense burners made of talc (pl. 2-16) are also thought to have been produced during the same period.

d. As demonstrated in incense burners of talc (pl. 2-18) and three-color ware (pl. 2-19), from the latter half of early Tang through the high Tang, the base becomes wider, giving the vessel a stocky appearance. The shape of the smoke holes also changes.

(3) Vessel (Tray) Type Incense Burner (pl. 2-22, pl. 3-22〜31)

a. This type is composed of three parts. A hemispherical, perforated cover is topped by a knob in the shape of the flaming jewel. A tray-shaped body is usually supported by 5 legs These legs attach to a circular tray that supports the entire ensemble.

b. Also in the the tray-shaped category, in three-color ware, is an unusual type with a cover in the form of an ornately decorated crown (pl. 2-22〜24). There are two variants, one with straight walls (pl. 3-26, 27) and one where the walls flare outward, culminating in an everted mouthrim (pl. 3-28). Five support legs are common, usually assuming the form of a wrestler or bird of prey (pl. 3-25). Three-color ware incense burners excavated in the Bohai region differ from those of the Chinese heartland (pl. 3-29, 30). In addition to the three-color ware versions of this shape, there is a small number of white porcelain, celadon, and marble-ware versions.

(4) A bronze tray-type incense burner excavated from the tomb of Wang Dechong 王德衡 (buried 576; pl. 3-32) in the city of Xianyang is regarded as the prototypical form for the metal and three-color ware incense burners in the Sui and Tang dynasties.

(5) All of the Nara three-color ware (Nara *sansai*) incense burners (pl. 4-40〜44) are made in the form of vessels; other types are unknown. Compared with incense burners in Tang three-color ware, the body is shallow, there is no circular tray, and the lid shape differs. It is thought that they are copies of talc (pl. 3-38) and metal versions (pl. 3-37) from China.

8．日本出土唐代鉛釉陶の研究

はじめに

　本稿は，日本出土の唐代三彩陶に代表される鉛釉陶器，すなわち緑釉陶・多彩釉陶・絞胎陶についての考察である。これらについては，近年の発見数の増加とともに，すでにいくつかの成果が提出され[1]，これらの研究に導かれて，わが国出土の隋唐代の鉛釉陶器について考えるところを披瀝し，批判をあおぎたい。

　研究の前提として，第一に，個々の出土品について観察をおこない，その大部分は破片であるので，可能な限り復元的な考察をくわえたい。第二に，出土遺跡の性格について，報告書および調査者の見解を理解し，逸脱しないことである。

　論を進める前に，三彩陶などの用語について明らかにしておきたい。本稿においては，鉛化合物を主成分とする釉薬に彩料を加えた低火度釉陶器を，単彩（緑釉・褐釉），二彩，三彩（3色以上の彩釉・多彩釉）にわける。従来，わが国の表記では慣習的に，三彩は3色を表す意味ではなく，多彩釉の類称とされ，二彩もまた三彩のなかに含めていた。この概念を変える理由は，漢代以来の鉛釉陶単彩が，南北朝から隋代にはいると，白釉緑彩などの二彩陶として出現し，やや遅れて北朝末に三彩釉陶が現れるという過程が明らかになってきていることにある。三彩陶の出現については，従来，初唐代と考えてきたが，別項で述べたように北朝末の紀年銘共伴資料が出現しており，三彩陶に「唐」を冠するのは用語として適切ではない。もちろん，これ以降，単彩・二彩釉が三彩陶と併存してつくられたことは重言の要はない。しかし，三彩陶出現のプロセスや意味を理解するためには，その前段階としての二彩釉陶を間にはさむことによって，より論理的な説明が可能となろう。また，小片のため遺存部が2色以下の場合でも，3色以上があることが推測される破片は，三彩陶と記す。

1．唐代鉛釉陶出土遺跡の概要

　まず2013年時点でわが国出土品として確認できる鉛釉陶について，遺跡別に説明したい。これは多少煩雑な記述を伴うが基礎的なことであるので許されたい。現在確認できる盛唐以前の鉛釉陶を出土する59遺跡（下記の平城京内遺跡などの大規模遺跡を1と数えると33遺跡）である。この数値については，従来遺跡数で表示することが多かったが，大規模遺跡では複数出土し，遺跡数ではやや混乱がみられる。

tab. 1　日本出土鉛釉陶地名表（2013.6.1 現在）

no.	遺跡・遺構名	性格	検出鉛釉陶（片）	保管施設
1-1	鴻臚館跡第4次調査SB32	官衙	緑釉印花花文碟，白釉緑彩碗各1	福岡市埋文センター，東京国立博物館
-2	鴻臚館跡第5次調査pit23	同上	三彩陶枕1*，緑釉陶10（SK75）*	鴻臚館跡展示館
-3	鴻臚館跡第7次調査SK255	同上	白釉緑彩碗*，緑釉柳斗文碗各1	鴻臚館事務所
-4	鴻臚館跡第19次調査SD1240	同上	黄釉半絞胎陶枕1，青緑釉陶枕1	福岡市埋文センター
-5	鴻臚館跡第21次SK15017	同上	三彩碗1*	鴻臚館事務所
2	福岡市柏原M遺跡包含層	住居	三彩印花文碟13	福岡市埋蔵文化財センター
3	福岡市東入部遺跡群第10次調査G2区包含層	住居	三彩罐蓋1*	福岡市埋蔵文化財センター

8. 日本出土唐代鉛釉陶の研究　269

4-1	大宰府史跡第60次調査（蔵司跡南）包含層	官衙	三彩陶枕1*	九州歴史資料館
-2	大宰府史跡・観世音寺跡SD1300	寺院	三彩三足炉片1+3*	九州歴史資料館
-3	大宰府史跡・観世音寺跡SB72	同上	黄釉半絞胎片1	九州歴史資料館
5	太宰府市市の上遺跡	住居	黄釉半絞胎陶枕1	九州歴史資料館
6	宗像市沖ノ島第5号・7号遺跡	祭祀	三彩貼花文長頸瓶23*	宗像大社宝物館
7	苅田町谷遺跡Ⅰc地区2号pit	住居	三彩陶枕1*	苅田町歴史資料館
8	備後寺町廃寺講堂基壇上層	寺院	三彩瓶*	広島県立歴史民俗資料館
9	若江遺跡（廃寺）第38次調査	寺院	三彩三足炉*・黄釉全絞胎碗*各1	東大阪市立博物館
10	鳥坂廃寺講堂仏壇拡張部土坑	寺院	二彩稜形火舎1	大阪府立狭山池博物館
11-1	奈良市大安寺町1他，大安寺跡講堂前面土坑	寺院	三彩筥形品*，陶枕*約200片	奈良文化財研究所
-2	大安寺跡第68次調査金堂跡北辺焼土層SK24,	同上	三彩陶枕1*	奈良市埋蔵文化財センター
-3	大安寺跡第92次調査　南大門跡基壇覆土上層	同上	三彩陶枕1*	奈良市埋蔵文化財センター
12-1	奈良市五条町204-1（右・五・一・十五）	邸宅	三彩印花文杯2*	奈良市埋蔵文化財センター
-2	奈良市八条町792-1（左・七・二・六）	邸宅	三彩六曲杯1*	奈良市埋蔵文化財センター
-3	奈良市菅原東遺跡SD200（右・二・三・四）	官衙	緑釉全絞胎陶1*	奈良市埋蔵文化財センター
-4	奈良市法華寺町五双田265-1他（左・二・二・十二）	官衙	三彩陶枕1*	奈良市埋蔵文化財センター
-5	奈良市二条大路南一丁目（左・三・二・八他，南西包含層・長屋王邸宅	邸宅	三彩盤1*	奈良文化財研究所
-6	奈良市二条大路南一丁目（左二・二・五），東二坊間西側溝SD5021最下層・長屋王邸宅	邸宅	三彩盒蓋*	奈良文化財研究所
-7	奈良市大宮町2丁目153-13, 14（左・三・四・十一）	邸宅	白釉円面硯1*	奈良市埋蔵文化財センター
-8	平城宮東院園池地区6ALF，整地土	官衙	緑釉全絞胎枕1*	奈良文化財研究所
13	橿原市醍醐町133-1（藤原京右二・三・東南坪）	邸宅	三彩俑2*	橿原市千塚資料館
14	御坊山3号墳	古墓	三彩蓋硯1*	奈良県立橿原考古学研究所付属博物館
15	安倍寺回廊跡	寺院	三彩獣脚1*	奈良県立橿原考古学研究所付属博物館
16-1	坂田寺跡奈文研第1次調査	寺院	褐釉獣脚1	奈良文化財研究所
-2	坂田寺跡奈文研第2次調査　井戸SE110	同上	三彩盤4	奈良文化財研究所
-3	坂田寺跡奈文研第2次調査包含層	同上	三彩罐2，白釉緑彩小罐1*	奈良文化財研究所
-4	坂田寺跡奈文研第7次調査回廊雨落溝B	同上	三彩曲杯1*	奈良文化財研究所
-5	坂田寺跡奈文研第8次調査掘立柱建物雨落溝	同上	三彩印花文陶枕1*	奈良文化財研究所
17	右京区嵯峨大沢町4，大覚寺御所跡SD43	寺院	三彩陶枕1	大覚寺
18-1	左京区北白川大堂町56，北白川廃寺下層	寺院	三彩三足炉2*	京都市埋蔵文化財研究所
18-2	京都市左京区北白川小倉町別当町70番地，整地層（SI第1-1層）	寺院	白釉緑彩印花輪花文碟1	京都市埋蔵文化財研究所
19-1	上京区出水通知恵院西入田村備前町236-10，HQ-73，SK07	邸宅	緑釉印花稜花碟1	京都市埋蔵文化財研究所
-2	中京区西ノ京町中御門西町25朱雀第八小内（右・二・三・二）	邸宅	三彩罐*，白釉緑彩碗，黄釉半絞胎陶枕各1	京都市埋蔵文化財研究所
-3	中京区錦小路通烏丸東入ル元法然寺町（左・四・四・五）	不明	三彩陶枕3*	京都市埋蔵文化財研究所
-4	下京区烏丸通花屋町下ル常葉町（左・七・三・十五）	邸宅	黄釉全絞胎罐頸部1*	京都市埋蔵文化財研究所
-5	下京区塩小路通烏丸西入東塩小路町614,（左・八・三・二），SD29	邸宅	黄釉半絞胎陶1	京都市埋蔵文化財研究所
-6	南区東九条西山王町27-1他,（左・九・三・十六），暗灰色砂泥層	邸宅	三彩陶枕1*	京都市埋蔵文化財研究所

270   II   隋唐白釉陶瓷の推移と三彩陶の形式

-7	下京区仏光寺通東洞院東入ル（左五・四・二）	邸宅	黄釉全絞胎罐 1*	京都市埋蔵文化財研究所
-8	下京区五条烏丸町高砂町（左六・三・十）SK283	邸宅	黄釉全絞胎罐 1*	京都市埋蔵文化財研究所
-9	中京区壬生西大竹町 12 他（右・四・二・六）	邸宅	二彩瓶 1	京都市埋蔵文化財研究所
-10	中京区壬生西大竹町 12（右七・一・二，三），朱雀大路西側溝（SD465，B 第 3 層）	邸宅カ	白釉緑彩罐片 1*	京都市埋蔵文化財研究所
20	縄生廃寺塔心礎	寺院	三彩碗 1*	文化庁
21	城山遺跡 A10B30 区第IV層	官衙	三彩陶枕 12*	浜松市博物館
22	上ノ段遺跡 41-13 グリッド	官衙カ	三彩陶枕 1 個体分*	沼津市埋蔵文化財センター
23	前田遺跡 H18 号住居跡	住居	三彩陶枕 1*	佐久市教育委員会
24	屋代遺跡群町浦遺跡 C 区（CM-9，C0-6）	住居	三彩陶枕 1*	更埴市教育委員会
25	諏訪前 A（四ノ宮下郷）遺跡 SE06 下層	官衙	二彩小罐 1*	平塚市教育委員会
26	向台遺跡谷包含最下層	住居	三彩筥型品 1*	千葉県文化財センター
27	安房国分寺推定金堂跡	寺院	三彩獣脚 1*	館山市立博物館
28	熊野遺跡第 5 次調査第 3 号竪穴住居跡覆土中	住居	三彩陶枕 1*	岡部町教育委員会
29	境ケ谷戸遺跡 2 号住居跡	住居	三彩陶枕 1*	伊勢崎市教育委員会
30	多田山 12 号古墳前庭部	古墓	三彩陶枕片 1 個体分*	群馬県埋蔵文化財調査事業団
31	阿賀野市山口遺跡	官衙カ	三彩琴頭 1*	新潟県埋蔵文化財事業団
32	静岡市ケイセイ遺跡 SR01 内	官衙カ	三彩筥形 2*	静岡市埋蔵文化財センター
33	三重県斎宮跡第 157 次調査	官衙	三彩陶枕 1	斎宮歴史博物館
34	芦屋廃寺 62 次調査 c 層	寺院	三彩印花梅花文杯 1*	芦屋市埋蔵文化財センター
35	淡路国分寺跡表採	寺院	三彩杯 1*	南あわじ市埋蔵文化財センター
36	姫路市池ノ下遺跡	寺院カ	三彩弁口瓶 1*	兵庫県立考古博物館
37	備前国分寺講堂跡	寺院	三彩陶片 1*	赤磐市山陽郷土資料館
38	福山市宇治島祭祀遺跡	祭祀	三彩罐 2*	香川県埋蔵文化財センター，広島大学考古学研究室
39	熊本市二本木遺跡第 28 次 F 地点	寺院	三彩陶枕 2*	熊本市教育委員会
40	酒田市城輪柵跡 IM113 地点	官衙	緑釉半絞胎陶枕 1	酒田市教育委員会
41	奈良市西大寺旧境内，平城京跡右京一条南大路北側溝（SD101）	寺院	三彩三足炉片 1*	奈良市埋蔵文化財センター
42	福岡市博多区祇園町 317，318 番，博多遺跡群第 50 次調査	不明	黄釉全絞胎瓶または罐 2 片	福岡市埋蔵文化財センター
43	奈良市大森町，平城京左京五条四坊十五・十六坪，五条条間北小路北側溝出土，第 557・568 次調査	邸宅カ	三彩碗 1*，三彩長径瓶 1*	奈良市埋蔵文化財センター
44	久留米市安武町野瀬塚遺跡 B 地点 SB40 柱穴内	集落	橙釉小盂蓋片	久留米市埋蔵文化財センター

①鴻臚館跡，大宰府史跡，平城京跡，大安寺跡，坂田寺跡，平安京跡などの大規模遺跡は調査地点によって枝番を付した。
②平城京と平安京の（ ）内の表示は左右京・条・坊・町（坪）を略記している。
③保管場所については，管理団体ではなく，可能な限り実際に保管している施設を表示した。
③番号 31 以下は，前稿発表（2003 年 10 月）以降に発見または調査漏れの追加資料であり，地域順の統一性がない。
④遺物の*印は，盛唐以前を，無印は中・晩唐以降の鉛釉陶を各々示す。

1. 福岡市中央区城内　鴻臚館跡，福岡市埋蔵文化財センター（以下別処保管の表示の無い破片）8 世紀後半から 11 世紀前半の唐宋代陶瓷器が大量に検出され，そのなかに鉛釉陶器を少数ながら見いだせる。

1-1　鴻臚館跡第 4 次調査，SB-32 根固め，緑釉印花花文碟（fig. 1-1a，1-1b，東京国立博物館展示），白釉緑彩盤各片 1

　この 2 片とも 1989 年の第 4 次調査 SB-32（第III期建物）根固め埋土から検出。緑釉印花花文碟は，口径 14.1cm に復元でき（4.2×3.0cm，厚さ 4mm），口沿内側をわずかに肥厚させ，内面には円形の花芯から花文を印花で表している。胎土は，黄白色できめ細かい軟質であり，やや暗い緑色に発色する釉がむら状にかけ

られ，光沢がある。類例は，見いだせないが，施文は盛唐の形式ではなく，晩唐－五代の手法とみる。また白釉緑彩碗は小片であるが（2.0×1.5cm），内面は白釉緑彩で口沿下に段がある。

cf.『福岡市鴻臚館跡5発掘調査概要報告－鴻臚館跡19』，福岡市埋蔵文化財調査報告書第416集，福岡市教育委員会，1995

1-2　鴻臚館跡第5次調査pit23，三彩陶枕片1[(2)]，鴻臚館展示館（fig. 1-2a, b.）

この調査地区は，鴻臚館跡の南門に近い位置にある掘立柱建物2棟の一部と便所と推定される土坑などが検出され，鴻臚館内では中心部から離れた場所である。

fig. 1-1a. 緑釉印花花文碟片，第4次

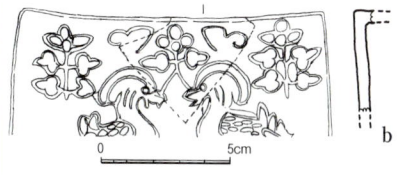

fig. 1-2a, b. 三彩陶枕片，5次

検出された三彩印花鴛鴦文陶枕の小片は，陶枕の中央部上端の破片であり，白釉の上に緑と藍色を塗り分けており，上面を凹形につくり，残存する小片で天板が0.2cm下がっている。右側の鳥の頭部から嘴の一部がのこり，逆Y字形にひらく花茎から簡素な花文と，その右に葉文の一部が遺存している。胎土はきめ細かい黄白色であり，天板小口に側板を貼り付け，内側に補強粘土がわずかに残っている。こうした鴛鴦文の出土例として，洛陽市孟津県朝陽（北邙山）前李村唐墓出土品（洛陽市博1980 no. 117，東博1998，TG2428）があり，これと類似している東京国立博物館品（TG2428，東博1988，no. 265，高6.0，12.0×10.0cm）とは，大きさがほぼ一致し，文様も類似しているが同一型ではない。この種の鴛鴦文が，金銀製盒蓋やトルハン出土の染織品にしばしば見られることが既に指摘されている。SK119から三彩陶の小片とSK75などから緑釉陶10片を検出している。この種の陶枕および筥形品については，本書Ⅱ-6を参照されたい。

cf.『福岡市鴻臚館跡Ⅰ発掘調査概報』巻頭図版上，pp. 100-134，福岡市埋蔵文化財調査報告書第270集，福岡市教育委員会，1981

1-3　鴻臚館跡第7次調査SK255，白釉緑彩碗，緑釉柳斗文碗片各1（fig. 1-3a, b, c.），鴻臚館事務所

白釉緑彩陶片は，鴻臚館跡の南辺に近い位置で，建物跡と土坑から構成されている遺構の出土である。2点ともSK255から検出され，9世紀を主とし10世紀の越州窯青瓷などが共伴している。白釉緑彩陶片は碗の口沿部に近い個所で，黄白色胎土に緑釉が流しがけされており，一部に釉薬が剥離している。こうした白釉緑彩碗は，他の遺構からも発見されており，国内では京都市西の京・朱雀第八小学校内遺跡からも検出され，生産窯としては鞏義市黄冶窯と邢州窯（千年邢窯2007，p. 252）から破片の出土がある。

緑釉柳斗文碗片は，陶范成形品の内外篭目文の底部破片であり，わずかに上げ底につくる。軟質で白灰色胎土の内外に薄く緑釉がかけられており，白化粧は確認できない。類似した小片が第3次SK01から検出さ

272　II　隋唐白釉陶瓷の推移と三彩陶の形式

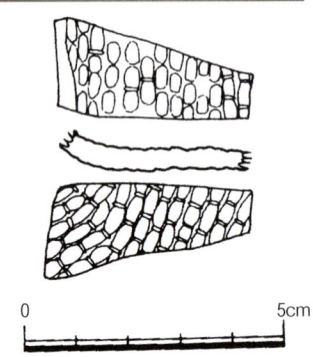

fig. 1-3a, b. 白釉緑彩碗片，緑釉柳斗文碗，第7次

れている（『鴻臚館跡14』p. 65, 2004）。類似している白瓷柳斗文碗がBM.(fig. 1-3c, OA1973.7-26.227) にあり、同形の銀製品もあり（OA1926.39.14）口沿に3本の沈圏線をめぐらす口沿帯から半球状に陶范成形された体部につづき、白釉が上げ底の外底部にもほどこされ、10-11世紀の年代が表示されている。さらに、陝西・五代黄堡窯跡からは范模が出土している（陝西考古研 1997, p. 213）。これらの陶瓷器の器形は、唐末五代の銀器の直模であり、白釉緑彩柳斗文碗もそれにつづく五代から北宋前期の製品と考える[3]。

fig. 1-3c. 白瓷柳斗文碗，BM.

cf.『福岡市鴻臚館跡14発掘調査概要報告』p. 60, 福岡市埋蔵文化財調査報告書第783集，福岡市教育委員会，2004

1-4 鴻臚館跡第19次調査SD1240, 黄釉半絞胎陶枕，青緑釉陶枕1（長沙窯）片各1, 福岡市埋蔵文化財センター（fig. 1-4）

出土遺構は，鴻臚館第III期建物SB1228を斜断する中世期の溝である。黄釉がほとんど剥落しているいるが，表面に絞胎を貼付した半絞胎の小破片で，胎土は赤褐色で白化粧が見られる。この他にSK1262から長沙窯製の青緑釉陶枕1から検出されている（報告書 p. 32）。

cf.『鴻臚館跡13発掘調査概報』p. 16, 福岡市埋蔵文化財調査報告書第745集，福岡市教育委員会，2003

1-5 鴻臚館跡第21次調査SK15017A, 三彩鉢片1, 鴻臚館事務所（fig. 1-5a. b.）

平成15年度調査地区の南辺から検出した SK15017A は，瓦溜まりであり，9世紀後半の越州窯青瓷碗などが含まれている。三彩碗（底径11.2cm）は，白色胎土の内外にに白化粧され，内面には中心から同心円状に緑色の点文をめぐらし，その間に少数の橙色点が彩色されている三彩品である。点彩文碗の類例は探し出せないが，高台の形，外面に流下する緑釉の状態などからみて，盛唐期，黄冶窯の製品と考える。

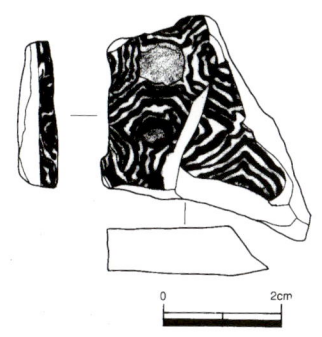

fig. 1-4. 黄釉半絞胎陶枕片，第19次

この他に鴻臚館跡第47次調査において SK1264 下，SF1117 などから白釉壺4片が発見されている。鉛釉とみるが彩色は確認できない。

cf.『鴻臚館跡16発掘調査概報』pp. 58-61，福岡市埋蔵文化財調査報告書第875集，福岡市教育委員会、2006

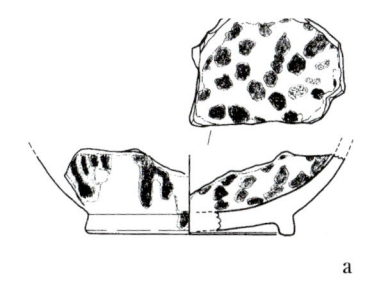

fig. 1-5a, b. 三彩碗，第21次

2. 福岡市南区柏原林崎，柏原M遺跡包含層，三彩印花文碟片 13，福岡市埋蔵文化財センター（fig. 2a, b.）

SB-01 建物の南側包含層中から1個体分が破片状態で出土。胎土は白色軟質で，器肉は3mmと薄い。報告書で復元されたように，口径15cm程度，器高2.5cmの型造り5輪花碟である。施文はすべて印花陽文であり，内底は三重の木瓜形で縁取りし，内側5個所にパルメット文，その間を半円弧で結んでいる。内側面は矢羽帯文によって区画し，菱形繋文（七宝繋文）をめぐらしている。

詳細な報告書の実測復元図に導かれて，残余の小片をつなぎ合わせると，中心に7弁花，その周囲に5葉文を陽印花する文様配置とみる。釉は，外面は白黄地に緑釉を斑点状にかけた二彩釉，内底部の花文に橙褐色釉を加彩して三彩釉としている。釉薬のなじみが良くなく，内外側面など剥落して純白の胎土がみえる[(4)]。白釉緑彩印花文の類似した碟が邢州窯にある

fig. 2-a. 三彩印花文碟片（復元図），福岡市柏原M遺跡（福岡市教委 1988）

fig. 2-b. 白釉緑彩印花文碟片（弓場紀知 1995）

274　II　隋唐白釉陶瓷の推移と三彩陶の形式

(口径14.8, 高2.4cm, 千年邢窯編輯委2007, p. 211)。本品と類似している三彩印花文碟がペルガモン博物館イスラム美術館にある ((fig. 2b. 口径13.7cm, 弓場紀知1995, no. 83)。

共伴陶瓷器には，長沙窯青瓷貼花文水注，越州窯青瓷水注・双系壺・透彫香炉・碗・碟などがあり，晩唐期に中心がある。また，この遺跡の性格については，「郷長」「左原補」などの墨書土器から筑前国早良郡比伊郷の郷長の居館とする考えがある。

　　cf.『柏原遺跡群VI』pp. 208-209, 福岡市埋文調査報告書第191集, 福岡市教育委員会, 1988

3.　福岡市早良区大字東入部　東入部遺跡群第10次調査G2区包含層，三彩罐蓋片1，福岡市埋蔵文化財センター (fig. 3-a, b, c.)

8-9世紀の遺物包含層から出土。三彩罐の蓋の破片であり (復元口径14.2cm)，大きさからみて，いわゆる万年壺タイプの蓋とみられ，鍔沿 (幅1.5cm) から1圏線を境にして，削り調整されたドーム形の甲につづいている。胎土は肌色，粒子はやや粗く，軟質で，白化粧はないので，緑・橙釉の明度は低く，白地は黄色に発色している。洛陽出土の花文罐蓋を参考に例示する (fig. 3-c, 周立他2007, p. 528)。これは白・緑・橙に藍釉で甲を3分割する意匠である。三足炉の蓋の可能性もある。

遺構は，奈良から平安時代の32棟以上の掘立柱建物群 (2×3〜5間規模) からなり，この地点を官衙とする明証はないが，周辺地区の調査からみて，それに関連する可能性をもつ集落跡と報告されている[5]。

　　cf.『入部VI－東入部遺跡群 第3次・第10次調査報告』pp. 185-186, 福岡市埋文調査報告書第485集, 福岡市教育委員会, 1996

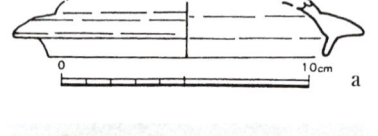

fig. 3a, b. 三彩罐蓋片, 福岡市東入部遺跡群第10次 (福岡市教委1996)

fig. 3-c. 三彩罐蓋, 洛陽 (周立他2007)

4-1　福岡県太宰府市大字観世音寺字蔵司489　大宰府史跡第60次調査 (蔵司跡南) 包含層，三彩陶枕片1，九州歴史資料館　(fig. 4-1a, b)

礎石建物群のある蔵司跡の台地から南に5mほど下がった地点で，包含層である暗灰色粘土層から検出された。共伴した土器は，8世紀後半から9世紀前半代にかけてのもので，整地の際混入したものと報告されている。この時期に，建物5，井戸1，築地2がつくられている。この破片は，三彩陶枕長辺上面の一部であり (厚さ4mm)，フレームをつくり，連珠環のなかに鴨かとみられる双鳥文を配する。胎土は白色で，かなり肌理こまかく，内面辺部に側面を接合した痕跡が観察できる。大安寺出土のR-361などがこの文様であり，完形例が故宮博物院に蔵されており (李輝柄1996, no. 211)，4箇を一塊とする珠文帯の内側からパルメット文を対面してのばし，展翅した双鳥文を印花する。形態は大型の直方体形であるが，下面は無釉露胎である。蔵司出土例の上面は凹形に正しく復原図示されている。大安寺出土小片のなかに (R番号なし) 上面を凹形にするとみられる例があり，これらは筐形品ではなく，陶枕である (本書II-6参照)。

　　cf.『大宰府史跡昭和54年度発掘調査概報』p. 10, 九州歴史資料館, 太宰府, 1979

4-2 福岡県太宰府市大字観世音寺

大宰府史跡・観世音寺跡SD1300,三彩三足炉片1+3,（1977・1989年発見品），九州歴史資料館（fig. 4-2, a, b, c, d, e, f, g, h, i, j）

観世音寺の南大門跡からつづく築地でかこまれた外郭の東外側の位置に，南北に掘削された排水溝から検出された。出土の層は，8世紀後半

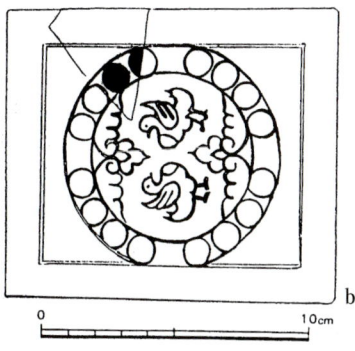

fig. 4-1. 三彩陶枕片，第60次

から12世紀前半の遺物を共伴し，三彩陶は「偶然流れ込んだ状態をしめしている」（高倉洋彰他 1978, pp. 70-82）。

その後，1989年の第119次調査によって他に4片が検出され，最初の破片とあわせて5片は，同一個体の三足炉の上半部であり，すでに詳細な報告がされている（岡寺良 2010, pp. 43-52）。この報告に導かれて，これらを改めて観察し，前拙稿を以下のように修正したい。口沿は（fig. 4-2c）短く屈曲し，内側下部は無釉で轆轤横ナデがみられ，その上部から外面に白色釉が薄くかけられ，その上に緑釉が2cmほどの間隔をおいて塗布され，内側に垂れ流れている。化粧土は胴部も含めて内側には施されていない。口沿部は器面が荒れており，被火しているようである。口唇内側に，0.7 × 0.3ほどの粘土が付着しており，これに対応する外面に，ほぼ同大の炭化物の付着が認められ，重焼された蓋ないし他の器種の支釘痕である。胎土は灰褐色，軟質で，復元口径は14.4cm。胴上半部（fig. 4-2a.）の肩に，この器種に特徴的な沈圏線がめぐり，内面には，化粧土がなく胎土の上に釉薬が直接かけられているため，黄色を呈し，器面に粒子が浮きでている。外面は全体に白色釉がかけられ，大小各1の貼花文がのこり，大は宝相華文あるいは菊花文，小は纓花文であり，両者は接近しており，この沈圏線の円周は21.6cmであり，計算上は最大6箇所に貼り付けることが可能であるが，残存部左側のスペースを考えると，4箇所ほどのセットではなかろうか。

宝相華文は，型崩れが著しく，原型はさぐりにくいが，中心の雌蕊のまわりに乳頭状の突起文が2列各6箇の雄蕊と，間弁をはさむ6花弁がめぐる。色釉は，中心部は橙色，その周囲を緑に塗るが，いずれも粗放である。纓花文は，緑釉が塗られており，これはまったく型崩れはなく，上部中心の短い茎から花芯をさげ，左右に巻文をだして花冠とし，下半部は花弁の表現であろうか，細く隆起線を放射状にのばし直線花絮を配する文様である。2つの貼花文から緑釉が，白釉上をうすく流下している。胴部の他の1片は（fig. 4-2b）は，上掲のメダリオンと同形であるが，異様な灰黒色を呈している。しかし，よく観察すると，下に緑釉がわずかにみえる箇所があり，炭化物が付着していると考える。内面の上半は淡褐色であるが，下半部は表面と同様な灰黒色が薄く塗布されているように変色している。他の纓花文は（fig. 4-2h），上掲（fig. 4-2a左側）と同形であり，表面が剥離している箇所があるが，全体に緑釉がかけられ，周囲にも鮮やかに緑が発色している。この貼花位置が，上掲の大小セットよりも下がった圏線上にあり，あるいは大小貼花文を組み合わせた下の箇所の間に，この小型の纓花文を挟む意匠も想定できる。

宝相華文あるいは菊花文の類似例として，江蘇省鎮江地区句容県茅山収集品（文物 1980-6, p. 69），V & A. （fig. 4-2i, C. 86-1939），河南博物院蔵品（鞏義市文管 2000, 彩版4-2）のそれぞれ胴部に，型崩れしていない貼付文がある。本破片は型崩れがひどく対比は正確とはいえない。しかし，この型崩れをもって盛唐の後半やそれよりも降る時期とする意見もあるが，とくにその根拠は見いだし難い。隣接する纓花文は正常な形を保ち，一方だけが崩れていることは，范型の単なる巧拙にすぎないと考えるのが穏当であろう。

276　Ⅱ　隋唐白釉陶瓷の推移と三彩陶の形式

fig. 4-2. a-h 三彩三足炉片，観世音寺跡（九歴 1978，岡寺良 2010）

　纓花文は，後述する奈良市西大寺出土三足炉破片と，これに類似する佐野美術館蔵品の肩部に天地逆に貼付された例（佐野美術館 1991，no. 100，器高 15.4cm）があり，ここではハンブルグ美術館品（fig. 4-2-j，Kat. Nr. 16，口径 15.5，器高 12.5cm，Rose Hempel1974，no. 1）を細長く変形して例示する。

fig. 4-2-j. 三彩纓花文，ハンブルグ美術館（Rose Hempel1974）

fig. 4-2-i. 三彩宝相華文，V&A.

4-3　福岡県太宰府市大字観世音寺　大宰府史跡・観世音寺跡 SB72，39-1 次，黄釉半絞胎片 1，九州歴史資料館（fig. 4-3a. b.）

　絞胎を内外面に貼り付け，3a の左面はわずかに凹み，上端部にも施釉されている。裏面 3b の下半にも薄く絞胎が貼り付けられているが，その上半は黒灰色で平滑な面となり調整時のカキ目がみえる。陶枕とした場合では内外面に絞胎を貼り付けるこ

とはないので，器種については現時点では不明である。

 cf.『大宰府史跡―昭和 52 年度発掘調査概報』pp. 40-41，九州歴史資料館，1978

  『大宰府史跡―平成元年度発掘調査概報』p. 86, 100, 九州歴史資料館, 1990

  岡寺良 2010「大宰府・観世音寺出土の唐三彩」九州歴史資料館研究論集 35, pp. 44-52

fig. 4-3a．b．半絞胎陶片　観世音寺

5. 福岡県太宰府市大字通古賀字市

の上，市の上遺跡，黄釉半絞胎陶枕片 1，九州歴史資料館（fig. 5-a，b.）

 遺跡は，大宰府政庁跡の西南約 1 キロにあり，1977 年の調査によって，掘立柱建物 1・井戸 5 などが検出され，刳り貫き井戸中から，9-10 世紀前半の土器・瓦などとともに，黄釉半絞胎陶枕の破片が出土している。1965 年にも隣接部が調査され，掘立柱建物群が検出されており，推定「西市」周辺の集落跡である。厚さ 4mm 前後の軟質で微紅色をおびた白色胎土に，厚さ 3mm の絞胎を貼り合わせており，角は丸くなり，陶枕長辺の上面と側面の一部とみられる。側面の小口に貼り合わせられた下面は素地のままである。氷裂文がみられる黄釉がかけられ，下端部に釉溜まりがある。底面は通常無釉であるが，周縁部分には釉薬がまわる例がある。これは，晩唐・五代の時期とみる[6]。

 cf. 高倉洋彰他 1981「観世音寺出土の唐三彩」考古学雑誌 64-1, pp. 70-82, 日本考古学会, 東京

  横田賢次郎 1981「大宰府出土の唐三彩と絞胎陶」月刊考古学ジャーナル No. 196, pp. 18-22, ニューサイエンス社, 東京*

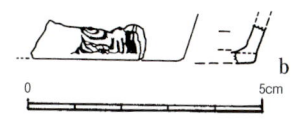

fig. 5．黄釉半絞胎陶枕片，太宰府市市の上遺跡

6. 福岡県宗像市大島村沖ノ島第 5 号・7 号遺跡　三彩貼花文長頸瓶片 23，宗像大社宝物館（fig. 6a, b, c, d, e, f）

 1954 年の第 2 回調査によって，7 号岩蔭遺跡の 3 箇所から 5 片（内 2 片接合），1969 年の調査によって，第 5 号遺跡から 18 片が発見され，両者の破片は接合し，5 号遺跡が原位置と報告されている。

 口沿部は，復元口径 8.6cm，白色胎土は器肉 5mm 前後と薄く，口端近くの内面に 1 本の沈圏線をめぐらし，外側は口沿から 1.5cm さがった位置に段をつけて頸部に続いており，(fig. 6-c) の no. 13 は頸部破片で，厚さ 4mm，外面のみ緑釉である。no. 14 は底部で，外面緑釉で端部は無釉であり，脚部接地箇所であるが極小片で復元はできない。この 2 片を含めて，外面は脚部にいたるまで暗緑色釉がかけられ，白釉斑は確認できず，三彩の貼花文が暗緑色釉に浮かぶ意匠であり (fig. 6-b)，こうした外面全てに緑釉が施された三彩長頸瓶の類例を知らない。従来，この口沿外面については，報告書等で言及されることはなく，写真も発表されていなかった。2013 年初春，神社側のご好意で実見することができ，全面緑釉であることを知り，その意外性に驚いた。

 口沿上面部分も緑釉がかけられ，蝋抜きされた白釉で丸い先端の 6 花弁を描き，その中央に橙色をくわえ，ヒルガオ科にみられる漏斗形花冠（花弁）を表現し，花弁の外側にも白釉で間弁を挟んでいる。一見無造作の筆致にみえるが，計算され，手慣れた表現である (fig. 6-a)。胎土は褐白色の陶胎であり，白化粧は確認できない。(fig. 6-c) の no. 11 と 12 は，外面は緑釉，内面に緑色と白色が塗り分けられており，口沿上面に

278　Ⅱ　隋唐白釉陶瓷の推移と三彩陶の形式

接合する破片であるが，その位置は明らかにできない。

　こうした口沿部の白斑加彩の技法は，三彩女性俑の長袍などの衣服にしばしばみられ，染織工芸の纐纈のなかの綁紮法における鹿胎・酔眼纈などといわれる染織文様から影響をうけた技法であり，女性俑の文様から器物に応用されたと考える（方伸 2001, p. 23）。この技法は，東京国立博物館（TG668）の三彩長頸瓶にも

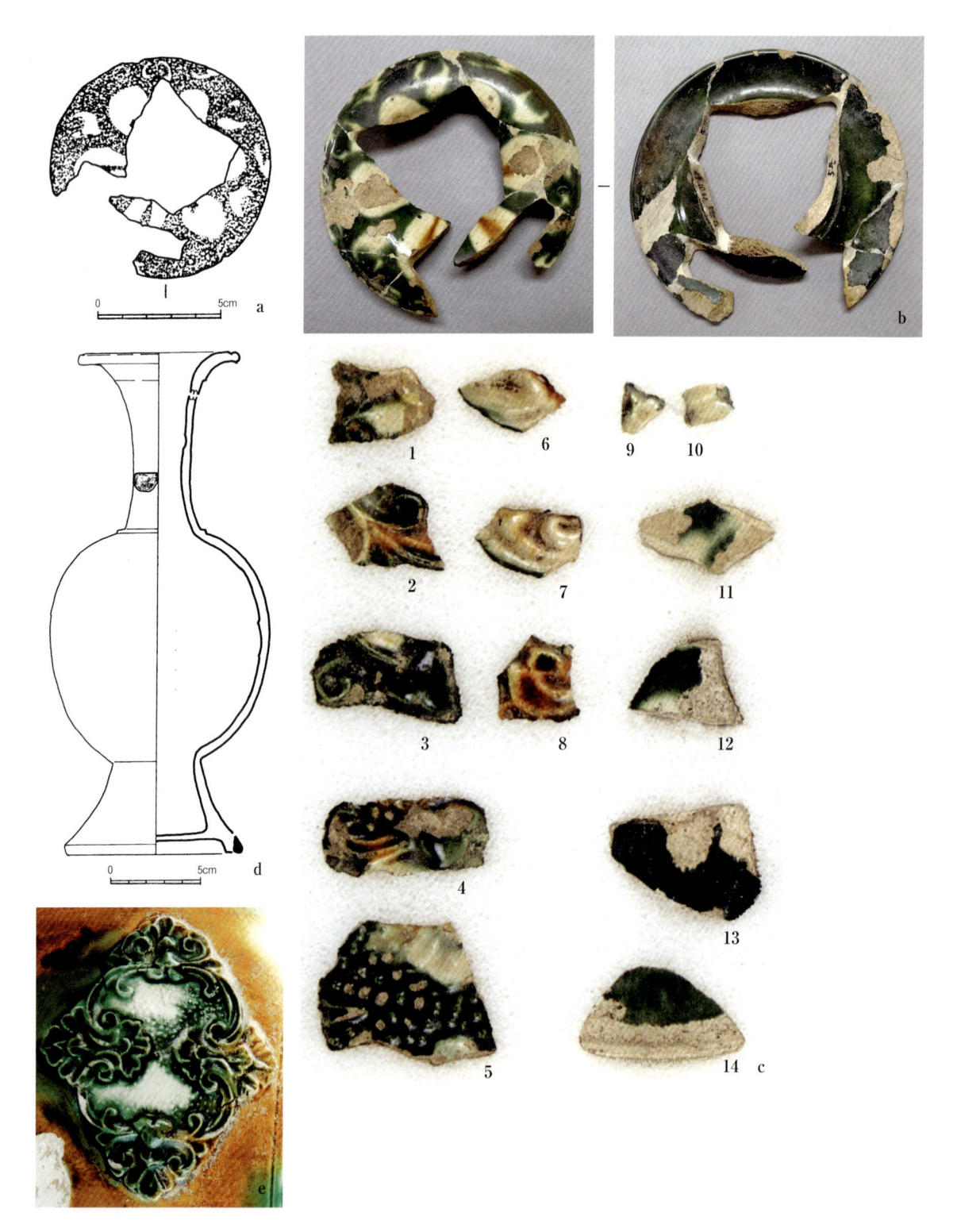

fig. 6.　a-d. 三彩貼花文長頸瓶片，福岡県沖ノ島第5号・7号遺跡，e. 三彩三足貼花文壺，洛陽（周立他 2007）

見られる。

　口沿・頸部・底部以外の残存する破片（fig. 6-c）を子細にみると，すべて貼花文（メダリオン）の破片であり，no. 10 は 6 と接合するが，9 と 7 が 1958 年の報告書では接合するとしているが，誤認であろう。結局，遺存する貼花文破片は 9 である。

　貼花文 9 片の文様を観察すると，唐草文の茎に緑彩色の蕾が付き，fig. 6-c の no. 5 にみられるように，上辺に白彩花弁が浮きあがり，地の珍珠文（魚子文）は，1+6 ないし 1+7 の同心円（七星）文につくる。no. 6 から 10 の白釉は花弁であり，合せて宝相華唐草文とみるが，類似例を見つけ出せず，復元図の作成はむずかしい。これらの貼花文についての観察は，9 片が同一箇所の貼花文とした場合であり，三彩長頸瓶では，肩部と胴部に各々 3 ないし 4 箇所の貼花文があり，肩・胴部の各々で同一文様の場合が多いが，異なる例もあり，復元の問題は簡単ではない。残存している貼花文は，胴部に貼り付けられた主文と考えるが，長頸瓶の主文は通常 3 ないし 4 面にあるが，これら 9 片は釉調が類似しており，その内の 1 面のみが遺存したことになる。

　これら破片の内面はすべて無釉であり，外面の緑釉を施す前にドベで貼付され，三彩釉で緑・橙・白に塗り分けられたと考える。この意匠が宝相華唐草文と，地文を珍珠文で埋める文様構成で類似しているのは，洛陽出土の三足貼花文壺の胴部に貼花されたものがある（fig. 6-e，周立他 2007, pp. 504-505）。色調や細部意匠は異なるが，文様構成は類似しているが，この意匠の貼花文も類例は少ない。全体の器形の類似品についてはすでに指摘されているように，山西省大原金勝村 3 号墓（考古 1960-1, pp. 37-39）と東京国立博物館（TG668）があり，前者の肩部の貼花文は宝相華文＋珍珠文である。メダリオンの意匠，緑釉を基調とする点では前者にくわえて，BM. 品（fig. 6-f, OA1968.4-22.22，器高 28.3cm）も類似している。

fig. 6-f. 三彩貼花文長頸瓶, BM.

　　cf. 宗像神社復興期成会 1958『沖ノ島―宗像神社沖津宮祭祀遺跡』pp. 223-224, pl. Ⅶ, 宗像神社，東京
　　　岡崎敬編著 1979『宗像沖ノ島』pp. 164-169, 宗像神社復興期成会，福岡

7. 福岡県京都郡苅田町谷遺跡Ⅰc地区 2 号 pit，三彩陶枕片 1，苅田町歴史資料館（fig. 7）

　この陶枕破片は，短側面から上面がわずかにのこる端部であり，上端部ですでに内傾斜が明瞭にみられ凹面が形成され，陶枕である。その上面は，濃い緑釉にヘヤーピン形の刻線がのこり，緑釉がつまり，その線の脇に白色と橙色がわずかにのこる。この刻線文は，ストックホルム東アジア博物館蔵の唐花文陶枕（HM0649）の四隅に刻まれている対葉文の一端の可能性もあるが，小片であり，それ以上の復元はできない。側面は，白斑文の上に濃淡のある橙色釉がかけられており，施釉の濃い箇所は焦げ茶色，淡い箇所は橙色を呈している。この釉の流下からみて陶枕の上下を決めた。胎土は淡褐色の軟質であり，内面は平滑であり，側面に上面をのせて接着しナデ調整がなされた痕跡がある。

　この遺跡は，舌状丘陵下に形成された奈良から平安時代にかけての集落跡であり，本破片が検出された c

fig. 7. 三彩陶枕片，福岡県谷遺跡

280   Ⅱ　隋唐白釉陶瓷の推移と三彩陶の形式

地区には，柱筋は揃っていないが2×3間規模の掘立柱建物11棟が確認され，その注穴の一つから発見された。久留米市安武町野瀬塚遺跡と規模は小さいが郷長の集落構成に類似している。
 cf.『谷遺跡調査報告書―福岡県京都郡苅田町所在遺跡の調査報告書』pp. 41-42, 苅田町教育委員会, 1990
  なお，伝大分市稙田町出土の三彩壺は，奈良三彩陶とみられる（田中作太郎1955）。

8. 広島県三次市向江田町大字寺町　備後寺町廃寺講堂基壇上層　三彩瓶片1, 三次市教育委員会, 広島県立歴史民俗資料館　(fig. 8a, b.)

 この寺跡は，三次盆地の東部，旧三谷郡にある。標高240mの丘陵南斜面を削平して小面積につくられ山岳寺院の雰囲気をもち，法起寺式の伽藍遺構がよくのこっている。飛鳥後期（7世紀後半）の創建とされ，軍守里廃寺のモチーフをもつ百済系軒丸瓦が出土し，『日本霊異記』記載の三谷寺と推定されている[7]。

 講堂磚積み基壇中央部の上層（W4区1T）攪乱層から1980年に出土した胴部片と，1981年に東面回廊出土の脚部があり，それらは同一個体である。胴部片は，釉薬のよく残存する部分と，火を受けて表面が変質した部分が接合できる。胎土の破面は淡紅色がかった白色精製土で，無釉の内面は淡い白橙色を呈し，細かく轆轤目がつよくのこる。脚部接胎の付け根で折損し，裾開きの脚片は，抉りをもって露胎の肉薄の底部をつくり，摩滅して，黒灰色の炭状の付着物がみえる。

 釉は，橙・緑色を斑状に白塗りし，明るい発色であり，胴下半部は2次的な火を受けて融解しているが，褐・緑・白色の痕跡が認められ，脚部では橙色を主にして緑釉をかけて白斑点がのこる。メダリオンの痕跡や白化粧は認められない。

 器形は，長卵形の胴部中位以下から脚部の破片で，長頸を付けた瓶とみられ，メダリオンを欠くが沖ノ島遺跡出土長頸瓶と同形である。本品の復元胴径10.7cmからみると，器高21-24cm, と推定できる（cf. 洛陽市博1980, no. 97, 根津美術館1988, no. 40）。本品は，器形・調整および釉調からみて，盛唐以前の三彩陶であり，晩唐と考えることはできない[8]。
 cf.『備後寺町廃寺―推定三谷寺跡第2次発掘調査概報』pp. 24-25, 三次市教育委員会, 1981
  『備後寺町廃寺―推定三谷寺跡第3次発掘調査概報』pp. 20, 三次市教育委員会, 1982

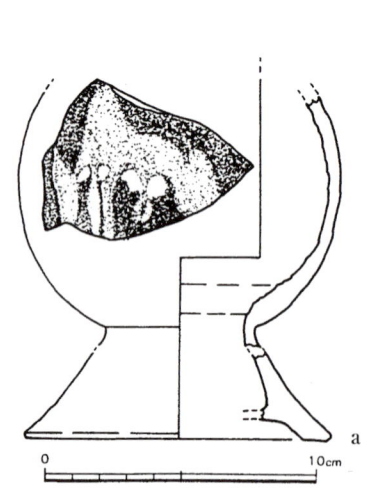

fig. 8. 三彩瓶片，三次市備後寺町廃寺

9. 大阪府東大阪市若江遺跡（廃寺）第38次調査　三彩三足炉，黄釉全絞胎碗各1片，東大阪市立博物館（fig. 9a. b. c. d.）

　いずれの破片も原位置から移動しているので遺構別に記載することを避ける。若江廃寺は，飛鳥時代後期に推定郡寺として創建され，白鳳時代に堂宇が整備され，「天平十二年」銘丸瓦が出土している。

　絞胎碗の出土状況は，江戸時代に機能していたと考えられる井（水）路内からで，古墳時代後期から奈良時代の緑釉鉢などとともに発見された。三足炉は，若江城内堀の天正元年から8年に堆積した層中から奈良三彩陶などとともに出土し，いずれも2次堆積の土層中であり，本来の包含層である若江廃寺から，削平されて移動したと考えられている。

　三彩三足炉と考えられる小片は（fig. 9a. b.），最大胴径23.3cm，2本の沈圏線に挟まれた肩部であり，大きさから判断して遺存箇所は，メダリオンの内で従文とみる8弁の花文1（径2.0cm）であり，主文部分は未発見である。胎土は褐白色，硬質であり，器肉は5mm，内面には黒くこまかい斑点を含む黄褐色釉がかけられている。表面はかなり風化し，とくに花弁上の釉薬は剥落しているが，弁間に橙釉がかすかにみられ，緑釉をかけ，変色している白色地をいれた三彩釉である。

　黄釉絞胎碗は（fig. 9c. d.），高台径8.6cm，内部まで練り上げであり，平底の碗の底部（器肉5mm）を予め薄くつくり，そこに別造りの円盤を貼付け内刳りを削り出して圏足につくる（器肉4mm）。縞文は白と赤茶色を呈し，釉薬はほとんど剥離しているが，わずかに残る部分は黄色ないし黄緑色に発色している。高台は端部を欠損しているが残高5.5mm，幅8mmであろう。内底に，支釘痕1が認められる。

　絞胎碗の圏足の成形に2種類があるとされている。上海博物館蔵品でみると，1つは，圏足部分は絞胎ではない粘土を接合し，他の1は，圏足も絞胎にするもので，これは型造り成形と考えられているが（上海博物館集刊8, pp. 263-264, 2000），本例をみると，型造りではなく，絞胎を圏足に貼り付ける成形もあるといえる。

　cf. 福永信雄・津田美智子 1990「若江遺跡出土の唐三彩」pp. 8-12，東大阪市文化財協会ニュース vol. 5, no. 1，東大阪市文化財協会

　『若江遺跡第38次発掘調査報告書』pp. 121-122，東大阪市教育委員会，1993

10. 大阪府柏原市高井田戸坂・鳥坂廃寺講堂仏壇拡張部土坑，二彩稜形火舎片1，大阪府立狭山池博物館（fig.

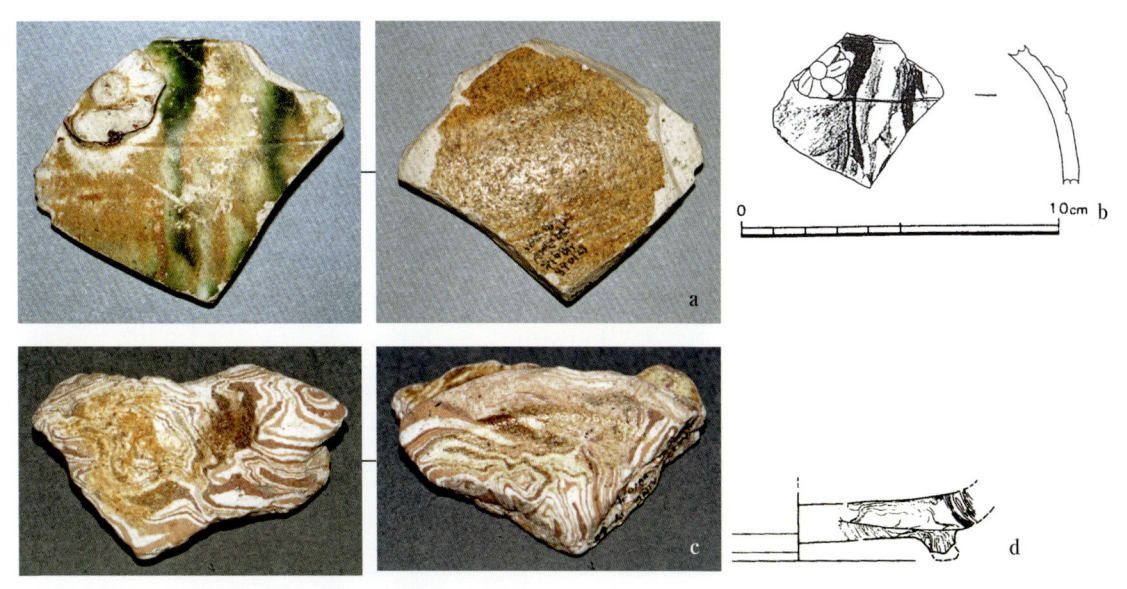

fig. 9.　三彩三足炉片・黄釉全絞胎碗片，東大阪市若江遺跡

10-a, b.)

　奈良前期までには創建され寺の講堂土坑から，二彩盤・緑釉瓶各1片および延喜通宝約20枚と共伴して検出された。鍔状口沿で復元径は43.4cmと非常に大型であり，鍔端に小型の突起と凹状切込み各1箇所がのこり，炉身部深さ6.5cm（径高比6.7）で，その上・下方に各2条の突帯文をめぐらす。脚の剥離痕が炉身下半にみられ，別に破片端を剥脱痕とみると6脚であり，さらに口沿凹状切込みを脚貼付の中間とみると，同じく6脚に復元でき，口沿は6稜の可能性がある。脚の基部の剥離形態からみて素面ではなく，獣あるいは人形の頂部に類似した脚が付けられていたの可能性がある。

　胎土は灰白色，表面は橙褐色でやや硬く，白化粧はみられない。釉は内外底をのぞいてかけられ，剥離箇所がおおく，釉煮え現象をおこしており，2次的に被火している。口沿端部内外は，三彩釉には見られない朱色に呈発しているが，これは緑釉が，被火によって変化したものである。内側面の緑釉の下方は剥落しているが帯状に白釉が施されていたとみられ，内底近くから無釉となる。外側面は，緑釉がかけられ，一定間隔で銀化と剥落が観察され，白釉が鹿の子状に配置されていた可能性が考えられ，全体として二彩釉陶とみる。

　本品のように口径40cmをこえる大きさは，正倉院蔵

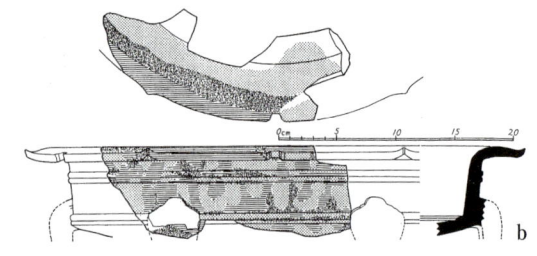

fig. 10. 二彩稜形火舎片，柏原市鳥坂廃寺

の金銅および白石火舎にあり，浅い炉身と明瞭な突帯文をめぐらす点は，正倉院品や西安何家村出土の銀製香炉の直模といえる。唐三彩火舎でも，洛陽李楼下庄唐墓出土品やBM.(OA1937.7-16.33)のように相対的に浅く，明瞭な突帯文をめぐらすものもあり，本品との類似性をうかがわせる。逆に奈良三彩陶では，器高比が3以上である点では共通するが，突帯文例はなく，脚も素文である。本品は被火しているために本来の釉調がつかめないが，器形的にみると，金属製香炉の模倣をつよく意識した中国製三彩火舎の可能性があるが，こうした大口径で浅い火舎の中国出土例はなく，奈良三彩陶の可能性もあり，決め難い。

　　cf.『河内高井田・鳥坂寺跡』pp. 18-19，大阪府文化財調査報告19，1968*

11. 奈良市大安寺町大安寺跡　三彩筥形品および陶枕片約200，奈良文化財研究所・奈良市教育委員会
-1 講堂前面土坑，1966年，奈良国立文化財研究所調査（11-1a, b, c, d, e, f, g）

　出土状況について報告書の記載にしたがうと「これらの遺物は，金堂と講堂の間に一面に堆積した焼土層の中から検出したもので，…とくに講堂前には東西8m，南北3.5m，深さ50cmの土坑があり，このなかに遺物が充満していた。これらの遺物は延喜11年の講堂焼亡に関係して一括投棄されたものと考えられる」（奈文研1967, pp. 1-2）。2013年の奈良市埋文センターの調査では，この焼土層中から11世紀代の土器が共伴している。

　検出された三彩陶の破片について，奈文研の許可を得て，そのすべてを調査したところ，少数の国産品のなかに三彩広口瓶・脚部も含まれているが，大多数は唐三彩陶片であり，奈良三彩陶片は10片ほどである。

　陶片の多くは，2次的な火を受けている。接合された破片でも，焼損した部分と，罹災していない破片が隣りあったものがあり，個体数を判別することがかなり困難である。総破片数は，当初の報告にしたがい約200片あり，いくつかの破片が接合されているが，現在の計測数もほぼこの近似値で，30個体以上とする原

報告にしたがう。筐形品および陶枕の多くの形式がここから検出されており，これについては，別に考察をくわえているので，出土した形式を略述する（本書Ⅱ-6参照）。

　量的に多いのが上下面に四弁花文を印花する筐形品であり，少なくとも13個体はこの形式であり，正確にはこれ以上を占めている。四弁花文にも，四花弁を略する子弁文，子房の四囲にハート形の突起をつける四弁花形，両者を組み合わせて整った四弁花文に細分できる。これら四弁花文品は，平板な直方体の筐形品で，上下面に同一施文・施釉がなされており，枕としての機能性はない（fig. 11-a, e）。

　唐花文タイプでは，唐花対葉文は，上面を凹形にし，四隅にパルメット形の霊芝文を配し，中心は4弁対葉文で，内部に飛（瑞）鳥1羽を印花している。C字形唐花文は，内行するC字6箇を連鎖するもの，やや大きいC字を4箇むすぶもの，4箇のC字文を連珠文で囲むもの，少なくとも3個体がみられる（fig. 11-1c, d, f.）。

　鳥文形式は，静岡・城山遺跡例と類似したシンプルな意匠の個体と，これとは別に嘴の先端に5弁花をついばむ文様で，凹形品がみられ，ここには少なくとも2個体の鳥文が確認できる。さらに、連珠環双鳥文品は，上面にフレームをつくり，連珠環のなかに鴨かとみられる双鳥文を配する筐型品であり，上面を凹形にするとみられる陶枕の小片もあり，形態は2種類であろう（fig. 11-1b）。

　類例のない無文陶枕があり，凹形にした上面を刻線によって枠取りし，彩色のみを施すものであり，フラットな底面は，薄く黄釉が均質にかけられている（fig. 11-1g）。絞胎陶片をまとめて観察すると，胎土は，白土に茶色をまじえて練り上げ，成形後に黄釉をかけているが，一部には緑釉を流したものがみられる。絞胎を表面に貼り付けた破片はなく，内面までの全絞胎である。ただ，6面体のうち，底面は絞胎ではなく，白胎に黄釉をかけた破片がある。器形には，ここでも2種あり，直方体と，上面を凹形にしたものが多い。後者の底面は，他の三彩陶枕例と同様，無文，白素地のままであり，下面を見せる製作意図がない。2013年末に，奈良市埋蔵文化財センターが奈文研調査地の西隣接区を発掘し，類似した51片以上の三彩陶を焼土中から発見している。

　cf. 奈良国立文化財研究所建造物・歴史研究室 1967「大安寺発掘調査概要」奈良国立文化財研究所1967年度年報，pp. 1-5，奈良

　巽淳一郎 1984「大安寺の土器類」『大安寺史』pp. 935-9566，大安寺，奈良*

　神野恵 2010「大安寺陶枕再考」『河南省鞏義市黄冶窯跡の発掘調査概報』pp. 49-76，奈文研，奈良

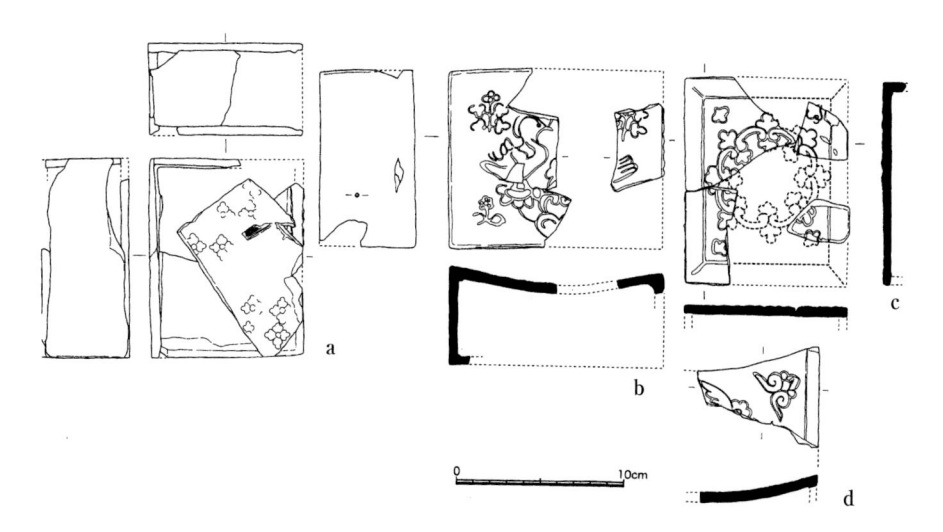

fig. 11-1. 三彩筐形片，陶枕片，奈良市大安寺跡講堂（神野恵 2010）

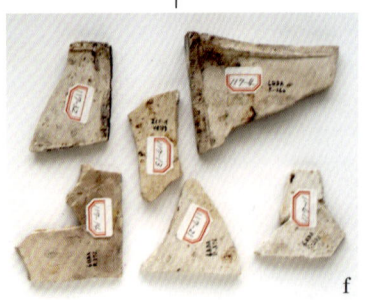

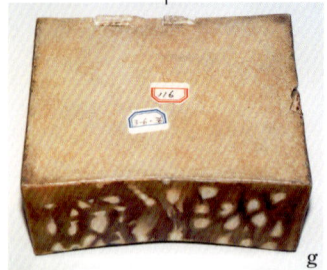

284　Ⅱ　隋唐白釉陶瓷の推移と三彩陶の形式

fig. 11-1. 大安寺講堂前面土坑出土の三彩陶枕・筐形品

11-2　1995年第68次調査　大安寺金堂跡北辺焼土層SK24，三彩陶枕片1，奈良市埋蔵文化財センター

　大安寺推定金堂と講堂の間を東西に通る市道の下水道埋設工事に伴う調査で，推定・延喜11 (911) 年の焼土層が被る土坑SK24から出土。陶枕の中心部に近い唐花文の一部であり，花弁の中心は白抜き，弁内は橙色で，輪郭線はその釉が溜まり黒茶色にみえる。花弁の外周囲は緑色の鹿の子状に白抜きされ，光沢をよくのこしており，火を受けていない (fig. 11-2a.)。奈良文化財研究所保管の大安寺跡資料のなかで，R-360/378/380などの文様と同じであり，群馬・境ケ谷戸2号住居跡とも同文である。小片ではあるが，中心部はわずかに反り，上面が凹型の陶枕である。内面は，わずかに褐色をおびる白色であり，ナデ調整がされて平滑である[9]。

　　cf.『奈良市埋蔵文化財調査報告書平成7年度』pp. 108-110, 奈良市教育委員会，1999
　　　『奈良市埋蔵文化財調査報告書昭和54年度』pp. 26-27, 奈良市教育委員会，1980

11-3　第92次調査　南大門跡基壇覆土上層　三彩陶枕片1，奈良市埋蔵文化財センター (fig. 11-2b.)[10]

　南大門跡の調査で検出。陶枕上面の破片であり，幅2mmの沈線で縁取りをして，そのなかに刻線がわずかにみられ，唐花文タイプかと推定できる。全体が火ぶくれし，黒緑色を呈している。周縁帯は緑と白を互文にしている。内面は平滑であり，側片を接合した痕跡と，粘土板切り取りの痕跡がみられる。厚さは5mmである。

　　cf.『奈良市埋蔵文化財調査報告書平成12年度』p. 90, 2002, 奈良市教育委員会
　　　『大和を掘る20-2001年度発掘調査速報展』p. 38, 奈良県立橿原考古学研究所付属博物館，2002

12-1　奈良市五条町204-1（右京五条一坊十五坪）　三彩印花文杯片2，奈良市埋蔵文化財センター (fig. 12-1a, b.)

　中世の土取りによる削平のため井戸2基のみを検出し，住居跡とみられ，官衙推定地とは考えられない。三彩印花花文杯2片（同一個体）は遺物包含層から検出され，胎土は軟質白色，白化粧はなく，光沢のある釉であるが，剥落が著しく，とくに印花陽文の凸線部分はほとんど剥落している。器肉は底部5mm，体部

fig. 11-2. 三彩陶枕片，第68次，92次調査，大安寺金堂跡北辺

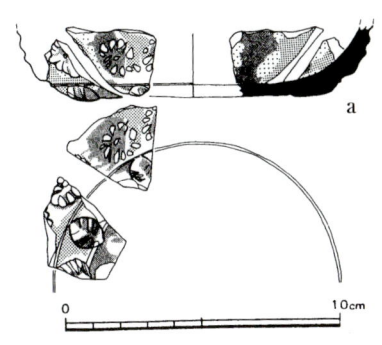

fig. 12-1. 三彩印花文杯片，奈良市五条町（右京五条一坊十五坪）

7mmの厚さであり，外側面に，12-14弁を1単位とした花文を密に17箇（復元）をめぐらし，隆線をはさんで葉文と，底部中心近くに花弁文かとみられる文様を，いずれも印花陽文で配しており范型でつくられている。内面は無文で，白・緑・橙色釉を塗り分け，透明釉がかけられている。東京国立博物館に，こうした花弁文を側面に2段にわたってめぐらし，外中心にも花文1を配する類似意匠の杯があり（TG683，口径10.1cm），盛唐期三彩陶である。

cf.『奈良市埋蔵文化財報告書　昭和62年度』pp. 34-35, 奈良市教育委員会, 1987*

12-2　奈良市八条町 792-1 SE09（左京七条二坊六坪）　三彩印花文六曲杯片 1, 奈良市教育委員会（fig. 12-2a, b.）

　掘立柱建物 6，柱列 2と井戸 2などが検出されているが，いずれも小型であり，出土土器も大型品や良質のものがなく，庶人の住居跡とみられる。この三彩印花文杯片は，SE09井戸底部から，平城宮土器Ⅲ（天平年間，730-750年）の特徴をもつ土師器などと共伴して検出された。復元口径 9.2，器高 2.4cm，厚さ 5mmを測り，六曲杯とみられ，外面に最大幅 1.1cmの花弁を並列し，その弁間に唐草文をいれ，珍珠地文に，いずれも陽印花文でつくる。褐白色軟胎で，内外面ともに，白・緑・橙色が鮮やかに発色し，光沢のある透明釉で塗り分けられている。

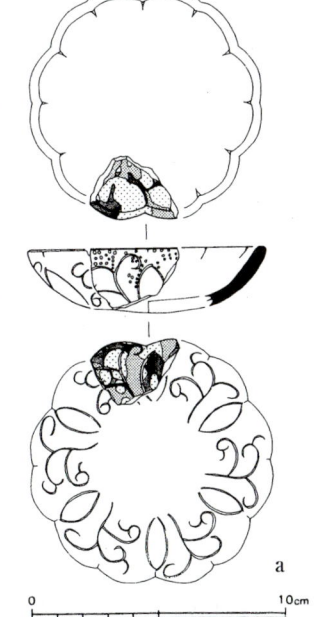

fig. 12-2. 三彩印花文六曲杯片，奈良市八条町（左京七条二坊六坪）

286　Ⅱ　隋唐白釉陶瓷の推移と三彩陶の形式

　三彩曲杯や方形盃とよばれている器形には，花弁文を大きく配して，珍珠文をいれる類例があるが（上海博物館暫得楼陶瓷館，松岡美術館の各蔵品），本例と意匠が類似しているものを見出せない。

　cf.『奈良市文化財調査報告書　昭和60年度』pp. 31-35，1 奈良市教育委員会，1986*

12-3　奈良市菅原東遺跡293次調査　SK603（右京二条三坊四坪），三彩全絞胎陶片1，奈良市教育委員会，（fig. 12-3）

　奈良時代の後半に掘立柱建物がコの字型に整然と建ち，多数の甕が据え付けられ，酒甕の可能性も考えられる。近くの二条三坊二坪のSE501から「酒司」木簡が出土し，それとの関連も考慮され，公的な建物と推定されている。SK603検出面の直上から出土している。

　絞胎陶は，貼付けではなく，内面まで茶赤色の練り上げ胎土であるが，内面は縞状が不鮮明であり，白色軟胎。小片の範囲内では反りはない。釉薬は，剥離している部分が多いが，若草色の間に橙色がわずかに観察でき，わが国出土絞胎陶では少ない三彩釉がかけられていたことが考えられる。

　cf.『奈良市埋蔵文化財報告書　平成6年』pp. 15-19，奈良市教育委員会，1995

12-4　奈良市法華寺町字五双田265-1他（左京二条二坊十二坪）三彩陶片1，奈良市教育委員会，（fig. 12-4）

　報告書刊行後に判明した破片であり，ハート形四弁花文2箇がのこる小片であり，わずかに褐色をおびる白色軟胎で，内面は平滑で少し赤く呈色する箇所がある。厚さ6mm，四弁花の輪郭線は茶色，緑地に橙色を花芯にいれ，大安寺跡などわが国の出土例が多い文様である。釉薬の流れからみて，側面ではなく上下面のいずれかとみる。包含層からの出土で，近くに「相撲所」墨書土器が検出され，それの関連遺構の可能性があるが[11]，三彩垂木瓦も出土し，離宮跡の可能性も考えられている。筐形品と考える。

　cf.『平城京左京二条二坊十二坪』奈良市教育委員会，1997

fig. 12-3. 三彩絞胎片，奈良市菅原東遺跡（右京二条三坊四坪）

fig. 12-4. 三彩陶片，奈良市五双田（左京二条二坊十二坪）

12-5　奈良市二条大路南2丁目（左京二条二坊・三条二坊）長屋王邸宅跡，三彩碗片1，奈良文化財研究所
　三条二坊八坪南西包含層（灰褐色土地山上面）（fig. 12-5a, b.）

　奈良時代の包含層から検出した三彩陶片であり，器肉が0.45-6mmと碗としてはやや厚く，体部復元で20cmをこえ，盤形品の口沿下から底部屈曲部付近の可能性がある（河南文考研2002 p. 57，112）。砂粒を含まない灰褐色細胎であり，焼成は堅緻である。白化粧はなく，釉は，緑・藍・橙と白の4色が内外にかけられ，光沢をもち，緑釉中に気泡が多く含まれている。

12-6　（左京二条二坊五坪）奈良市東二坊坊間西側溝SD5021最下層，三彩盒蓋片1，奈良文化財研究所（fig. 12-6a, b, c.）

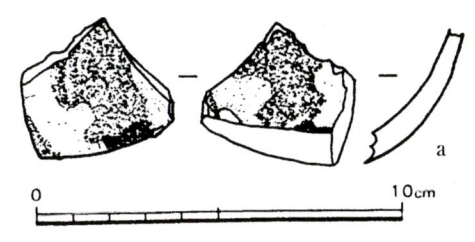

奈良時代初めに近い最下層から検出された平型盒の甲部片であり（復元口径10.1cm），銀化および一部には焼成時の火ぶくれした痕跡があり，光沢のある釉は暗黒藍色・緑釉を主とし側面に橙と白色を塗り，内面は淡緑黄色に発色する透明釉がかかる。胎土は，淡黄褐色，甲上に支釘痕1が認められ，通例の三彩盒のように縁辺部近くに段をもっている。類例として，山西省大原金勝村3号墓出土品は，直径9.5cmとほぼ同形同大とみられ（考古1960-1, p. 39），また，V&A.(C13-1935, C129-1936)，アシュモレアン美術館（fig. 12-6c, ASM224），東京国立博物館(TG1120, 2423)などに三彩盒の作例をみいだせる。

fig. 12-5. 三彩碗片, 奈良市（左京二条二坊・三条二坊）長屋王邸宅跡

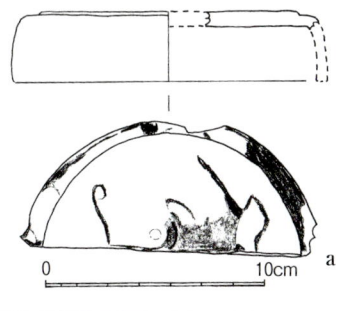

fig. 12-6b. 三彩盒蓋片，（左京二条二坊五坪）

fig. 12-6c. 白釉緑彩盒，アシュモレアン美術館 ASM224.

cf. 奈良国立文化財研究所編『平城京左京二条二坊・三条二坊―長屋王邸・藤原麻呂邸の調査』p. 278, 奈良県教育委員会, 1995

この他に，奈良市佐紀町平城宮佐紀池宮推定地から三彩陶片（『奈良国立文化財研究所年報1997－Ⅲ』奈良国立文化財研究所，1997）の出土が報告されている。

12-7 奈良市大宮町2丁目153-13, 14（左京三条四坊十一坪），白釉獣脚円面硯片1，奈良市埋蔵文化財センター，(fig. 12-7a. b.)

平城京左京三条は宮域にも近く邸宅が多い地であり，当該地の調査においても，掘立柱建物（2間×3

fig. 12-7-a. 白釉獣脚円面硯片, 奈良市大宮町（左京三条四坊十一坪）

fig. 12-7-b. 白釉獣脚円面硯, 邢州窯（千年邢窯編輯委員会 2007）

288　Ⅱ　隋唐白釉陶瓷の推移と三彩陶の形式

間以上と5間以上の柱列）を検出している。白釉円面硯は，包含層から発見された台部と獣脚をのこす小片である。基底部径は15cmほど，5爪の指をもつ獣脚は13脚に復元できる。胎土は乳白色，軟質である。白色鉛釉が基底部を含めて全体にかけられ，斑点状に剥離している部分が多いが，脚間には本来の状態をのこしている箇所があり，銀化現象を呈している。東京国立博物館品（TG2336，面径8.6，底径14.3cm）は白瓷釉のようであるが，邢州窯産の白釉品を提示する（fig. 12-7b，千年邢窯編輯委会 2007，p. 47）

　　cf.『奈良市埋蔵文化財報告書昭和62年』pp. 38-39，奈良市埋蔵文化財センター，1987
　　　千田剛道「平城京出土の唐・統一新羅陶器」MUSEUM, no. 461，p. 36，1989

12-8　奈文研1997年調査，東院園池地区黄褐色整地層出土，緑釉全絞胎陶枕片1，奈良文化財研究所（fig. 12-8a，b.）

小片でわずかに緑釉が付着しており，残片にわずかな凹面があるので陶枕とみる。8世紀後半（平城Ⅲ後半）の層位から発見されている。

fig. 12-8.　緑釉全絞胎陶枕片，平城宮東院園池地区

　　cf.『奈良国立文化財研究所年報1976』奈良国立文化財研究所，1977

13.　奈良県橿原市醍醐町133-1（藤原京右京二条三坊東南坪）三彩俑片2，橿原市千塚資料館，（fig. 13a，b.）

出土遺跡は，二条大路に面する数棟の掘立柱建物が検出され，官衙的な建物ではなく，宮に比較的近い距離にあるので上級官吏クラスの邸宅が考えられる（市教委・平岩欣太教示）。三彩俑片は，土坑から発見され，飛鳥Ⅲ式土器（7世紀後半）が共伴している。遺存部分は，3片が接合し上下長さ11cmで，軟質の褐白色胎土に，ほとんど剥落した橙色釉がかかり，2本の縦溝線内に，赤茶色に釉溜り状態でのこっている。さらに凹部には淡く緑釉がみられる。これとは別に同一個体で緑釉がのこる小片1がある（fig. 13a）。1990年度調査。

三彩人物俑の破片であり，淡い色彩からみると女性俑における衣服を表現した箇所と推定できるが，それがどの部位なのかが決め難い。

fig. 13.　三彩俑片，橿原市醍醐町133-1

多くの女性俑の衣服をみると，腰骨の上付近から長裙を着け，そこに縦条線がみられるが，遺存片とはカーブが異なり，下半身は考えにくい。上半身は，単衣の短い衣である衫を着け，そのうえにショール様の襞が表現された掛物とする意匠や，袖が締まる襦を着け，胸の前で拱手する姿では，開けられた胸元付近や，袖の下肢に襞線が出る。遺存部の曲面からみて，こうした箇所の衣服の表現と考えたいが，十分に納得できる箇所の一致例は探し出せない。これが女性俑の一部であり，もし立像とするならば，高さ25-50cmはある。廃棄年代などについては後述したい。

　　cf.『大和を掘る──1990年度発掘調査速報展11』p. 28，1991，奈良県立橿原考古学研究所付属博物館
　　　『図録　橿原市の文化財』p. 85，橿原市教育委員会*，1995[(12)]

14. 奈良県生駒郡斑鳩町竜田　御坊山3号墳　三彩蓋硯1，奈良県立橿原考古学研究所付属博物館 (fig. 14a, b, c.)

　総高5.2cm，硯台最大径6.75cmを測り，蓋は，被蓋式で，甲盛形を呈し，圏線による円座の上に宝珠鈕をつけ，内面に3箇の針状支釘痕がある。硯台上面はほぼ平坦であるが，中心部にむかって少しへこみ，細かい氷裂の中に墨が入りこんだ痕跡がみえる。U字形の墨受け溝（海）の外沿部が硯台よりもわずかに高い。脚は10箇の滴足で，凹状の外底の外周に3箇の針状支釘痕がある。

　胎土は，破面箇所でみると灰白色で，硬質であり，白化粧はない。施釉について，白と緑釉を基本としているが，部位に

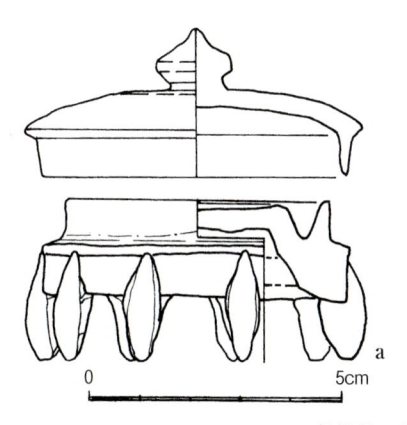

fig. 14. 三彩蓋硯，奈良県御坊山3号墳

よって少し異なる。蓋甲部は，白釉，緑釉，橙褐釉と，白色の斑文であり，橙褐釉は，緑釉が厚くかかっている箇所の上に重ねられ，それらの剥落は著しいが，酸化炎などによる変化ではなく，施釉である。したがって本品は，緑釉ないし白釉緑彩陶ではなく，三彩陶である。鈕座沿は緑色で銀化が著しく，その内側は白緑色である。橙褐色がわずかにみられるのは，この甲部と鈕のみである。蓋沿は2-4mmの幅で釉薬が厚くなり，銀化が著しく，土銹状のよごれが付着している。被蓋側面は緑釉に白色斑文であり，その端部に釉薬が溜り銀化し，灰色ないし褐色気味の箇所もある。蓋裏は，薄く施釉され，若草色を呈し土銹が付着しており，中心からすこしずれて3箇の支釘痕がのこる。

　硯台部分の施釉の状態は，いわゆる陸部から海，さらに蓋受けの立ちあがり側面については淡緑色に発色しており，銀化によってかなり白くみえており，白鉛釉が淡緑色になった可能性もある。滴足およびその接着縁帯には，濃い目の緑釉がかけられ，白色斑文にされている。滴足端部は，緑釉がたれて厚く溜まったために著しく銀化して，膜がかかり，露胎の汚れのように見えるが，ここは焼成時に接地していない。内くぼみの外底部分には，若草色の釉薬がうすくかかる[13]。

　この三彩蓋硯の生産地として，朝鮮半島の百済三彩とする意見がある（臼井克巳2000, p. 111[14]）。しかし，緑釉の発色，白斑文，支釘痕，および硬質で白瓷胎に近い状態をみると，鞏義市黄冶窯を中心とする中原の産品とする見解を否定する根拠は見出せない。寧夏回族自治区固原にあり初唐の651年および661年に亡くなった史索岩夫婦墓から出土した緑釉獣足硯は，大きさも直径6cmとほぼ同じであり，環台を付ける点は異なるが，その釉調は，濃い目の光沢のある緑釉であり，御坊山3号墳品との相違点は見出しがたい（固原博1996, pp. 35-36，固原博1999, no. 111）。さらに，詳細は公にされていないが，王仁波の教示によると，665年の陝西省李震墓出土の環状底部につくる滴足深緑釉硯台も類似している。

　滴足硯の年代については，7世紀の初期から中期にかけてであり，8世紀に入ると見られなくなるとする見解や（李知宴1993 pp. 262-269），隋唐になると，10本以上の足をもつ多足円形硯が増加し，それらは水滴足が圧倒的に多く，その大部分は隋から唐前期までに属すという意見（吉田恵二1992, p. 172），あるいは，共伴遺物のガラス筆管が西安・李静訓墓出土品と類似から，この滴足硯を隋から初唐に至る時期の産品とする意見があり（土橋理子1982, p. 50），7世紀代の産品と考える。

290   Ⅱ　隋唐白釉陶瓷の推移と三彩陶の形式

　中国における滴足硯は，すでに指摘されているように，四川・万県冉仁才夫婦墓（永徽5・654年葬），西安・羊頭鎮の李爽墓（668年歿），初唐と報告されている湖南・長沙市赤崗沖2号墓，同じく左家塘36号墓がある。いずれも青瓷釉であるが，形状としてはよく類似している。上記の固原・史索岩夫婦墓の緑釉品をはさみ，三彩釉の盛行時期を考慮すると，御坊山3号硯の生産年を7世紀中葉と考える。
　御坊山3号古墳の内部主体は横口式石郭に漆塗陶棺が入れられ，壮年期男性の遺骸頭部右側にこの硯が随葬されていた。この古墳の年代については，7世紀中葉から後半・末とする見解に分かれている。
　　cf.『竜田御坊山古墳付平野塚穴山古墳』pp. 12-40, 奈良県立橿原考古学研究所，1977

15. 奈良県桜井市大字阿倍　安倍寺回廊跡, 三彩獣脚片1, 奈良県立橿原考古学研究所付属博物館 (fig. 15a, b.)

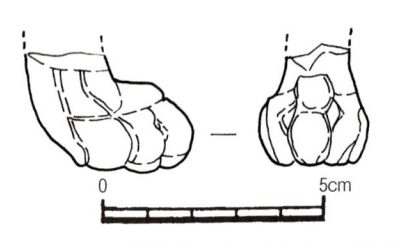

fig. 15.　三彩獣脚片，桜井市安倍寺回廊跡

　推定講堂の南で，金堂との間をめぐる回廊上から出土した。獣脚の端部の小片であり，白褐色軟質の胎土に白・緑・橙色釉がかけられ，脚指間には緑釉がよくのこり，一部は足裏までまわっている。脚の接地面は無釉であるが，足裏の表現は細かく，土踏まずまで写実的に表現され，全体に丁寧なつくりの獣脚である。他に貼付け高台が剝離した二彩碗1片が出土し，淡い黄土色をおびた胎土に，緑・黄色の釉がみられる。
　　cf.橿原考古学研究所編『安倍寺跡環境整備事業報告—発掘調査報告書』
　　　 p. 17, 1970, 桜井市

16. 奈良県高市郡明日香村大字坂田　坂田寺跡第1次・2次・7次・8次調査，三彩陶枕他　奈良文化財研究所

　坂田寺は，用明天皇2年，鞍作多須奈，あるいは推古14 (606) 年に鞍作鳥による創建の伝承をもつ尼寺である。1972年以来の発掘調査によって，奈良時代の遺構が検出されている。
　以下に掲出する-1, -2は，釉調および胎土からみて奈良三彩陶の可能性がある。

-1　奈文研第1次調査　褐釉獣脚片1 (fig. 16-1)
　推定金堂跡を囲む回廊の北外側にある苑池状遺構から出土し，時期的には幅がある。三足炉獣脚は，白褐色のやや硬い胎土に，褐色釉が基部には厚くかけられて茶黒色，爪部では薄いために褐茶色に発色し

fig. 16-1.　褐釉獣脚片，第1次

剥離している部分がある。内側および側面は無釉であり，指頭痕調整がみえ，爪部は4縦線によって5爪に表現されている。

中原でつくられた三足炉は，胴部に三彩釉をかけても，獣脚部分は褐・橙色など単彩の例が多く，またその外面基部には施釉されても，爪付近は露胎ないし薄くかけている。さらに，獣脚の正面に縦筋線をいれる例がおおいが，本片のように側面にのみ配する破片は少ない。

-2 奈文研第2次調査 井戸SE110, 三彩盤片4 (fig. 16-2)

上記-1に南接する調査区において，8世紀後半-9世紀初めの井戸SE110の直上から三彩盤片4が検出され，この井戸からは「阪田寺」，「厨」などの墨書土師器が出土している。盤の体部端から底部にかけての破片2と，折り返して肥厚させた

fig. 16-2. 三彩盤片，第2次調査

口沿部片2である。胎土は褐色をおびた白色で，厚さ1cm，口沿片は硬質である。底部片は表裏に施釉され，いずれも淡緑色の地に橙色が点彩されており，釉の厚い箇所は暗茶色に発色し，内底の表面はざらざらしている。外底に支釘痕が認められないが，底の中央部ではない故であろうか。口沿は，黄釉地に褐色が点彩されており，内面に釉がない部分があるので，底部とは同一個体ではない可能性がある。

中原産の盤は，通常外面を単彩にし，体部下半まで施釉され，外底部に釉はおよばない。また，こうした形態の肥厚口沿は盛唐ではみられず，かつ，釉調も中原のものとは異なる印象を与える。正倉院三彩陶のなかには，外底部にも施釉される大平鉢があり，また上京竜泉府（渤海東京城）出土品のなかに，釉調が類似しているものがある（東亜考古学会1939, fig. 103）。生産窯がいずれにあるのか，現段階では決め難いが，奈良三彩陶の可能性がある。中国産とすれば，鞏義市黄冶窯および陝西・黄堡窯以外の地域の産品であろう。

-3 奈文研第2次調査包含層 三彩罐片2, 白釉緑彩小罐片1 (fig. 16-3a, b, c, d.)

3片ともに井戸SE110の南側削平面から検出され，10世紀後半以前の年代が与えられる層位である。罐は，肩と胴部下位の同一個体の破片で，器肉は6.5-8mmと通常の厚さで，2本1組の隆線が3箇所にめぐる。褐白色硬胎にかけられた釉は，外面では風化が著しく，剥落も見られ，淡緑・橙・白色釉が薄く流しがけられ，内面はわずかに淡緑色に発色する透明釉が薄くかけられ，部分的にやや濃い目に緑色を呈している。胴部3箇所に隆線をめぐらす点は，いわゆる万年壺には見られず，器形としては三足炉の可能性がたかい (fig. 16-3a, b, c.)。

この破片について渤海三彩陶とされる根拠は，堅く焼き締まった12-13mmの肉厚の素地，2本一組となった弦文，褐色と淡い黄色が茫然とまじりあった釉調，内面の淡く澄んだ緑釉および全体の印象・直観である（矢部良明2000, pp. 121-122）。これらの特徴は，中原の三彩罐にもみられるものであり，かなり硬質の胎土も鞏義窯跡出土品にもあり，肉厚は指摘された数値の半分であり，2本一組弦文も少数ながらみられる。ただ釉調については，上京竜泉府出土の陶片（東大考古学教室保管）および同報告書（原田淑人1939）や器形から推測して渤海産の可能性がある吉林省和竜市八家子鎮北大墓出土の三彩瓶や黒竜江省寧安県三陵墓出土の三

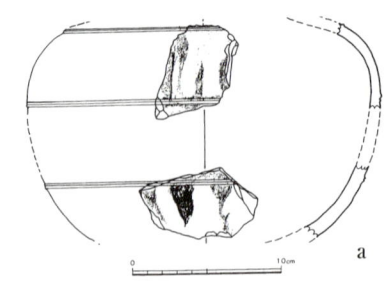

292　Ⅱ　隋唐白釉陶瓷の推移と三彩陶の形式

彩薫炉（文物精華 1997 nos. 13・14）とは異なる。指摘したように，渤海三彩陶の同定は，資料の絶対量が不足しており，中原三彩陶にない器形が確実な根拠になるが，小片で，釉薬が風化している場合は渤海三彩陶と推測することは難しく，中国側の資料の増加をまって同定を考えざるをえない（本書Ⅱ－9参照）。この破片については釉薬の化学組成，鉛同位体比の分析から，国内産の可能性が指摘されている。（降幡順子他 2012，pp. 19-34）。

　白釉緑彩片は，小罐の頸部への立ち上がりをわずかに残す肩部の小片であり，白色と緑釉がかけられ，内面は口沿部のみ施釉され胴部は露胎とみられ（fig. 16-3d.），器形に関して，これも大阪市立東洋陶磁美術館蔵の器高 4.9cm に類似した小型三足炉の可能性がある。中原の産品である。

fig. 16-3．三彩罐片，白釉緑彩小罐，第2次

-4　奈文研第7次調査回廊雨落溝B，三彩曲杯片1（fig. 16-4）

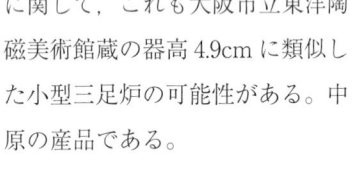

　三彩小片が，推定金堂につづく南面回廊の雨落溝B中から検出された。内面に緑・橙・白色の光沢のある釉がかけられ，曲杯の溝ののこる外面は，珍珠文地に印花文がみられ，橙色の単彩にしている。

-5　奈文研第8次調査掘立柱建物雨落溝，三彩印花文筥形片1（fig. 16-5）

　推定金堂の西側外にある掘立柱建物の雨落溝中から検出された。この建物の造営は8世紀であり，雨落溝からは8世紀前半の土器が多数出土し，10世紀後半には廃絶している。厚さ5.7mmの平板な破片であり，茶色の輪郭線をもつ8弁とその外周に花弁1が印花された唐花文であり，弁中付近は不規則に橙彩され，光沢をのこす緑・白色の三彩にする。白色胎土で，内面は平滑に調整されている。

　この意匠は，後述する群馬県・多田山12号墳出土品と同じであり，器形は，上下平坦な同一文をもつ直方体であり，本品の花弁の1つに釉はぜ状にのこるのは支釘痕とみられるので（fig. 16-5左上端），この破片

fig. 16-4. 三彩曲杯片，第7次　　　　fig. 16-5. 三彩印花文筥形片，第8次

は筥形品の下面であろう。

 cf. 『飛鳥・藤原京発掘調査概報5』p. 35，奈良国立文化財研究所，1975
  『飛鳥・藤原京発掘調査概報22』p. 75，奈良国立文化財研究所，1992
  『飛鳥・藤原京発掘調査概報23』p. 74，奈良国立文化財研究所，1994

17. 京都市右京区嵯峨大沢町大覚寺御所跡 SD43 出土，二彩台座片1，大覚寺（fig. 17）

 大沢池にそそぐ素掘り蛇行溝の9世紀の堆積層から検出された。三彩陶枕片は，厚さ5mm，側板箇所で，2次的に被火している。二彩台座は（13.5×10.0 cm），長円四弁花形で面取りがされ，4獣足の剥離痕，表面に緑釉がかけられ，面取り箇所は赤変，裏面は，無釉で淡橙色を呈し，墨書がみられる。盛唐期の台座は，大小を問わず長方形であり，面取りや施釉はないので晩唐期以降の所産である。

fig. 17. 二彩台座片，京都市大覚寺御所跡

 cf. 『史跡大覚寺御所跡発掘調査報告書―大沢池北岸域復元整備事業に伴う調査』pp. 95-96，大覚寺，1994，京都

18-1. 京都市左京区北白川大堂町56（北白川廃寺）90KSKE 第1面遺構検出中出土，三彩三足炉片2，京都市埋蔵文化財研究所（fig. 18-1）

 三彩陶2片は，いずれも褐白色軟質の胎土で，内面の調整痕が共通した特徴をもち，器肉7mmの厚さで，同一個体とみる。施釉されている破片は，上辺に幅1.2mmの明瞭な沈圏線を刻み，下辺には釉薬の下端を示す無釉箇所がみられ，曲率および器肉厚さからみて，胴部を球形に張る三足炉の胴中位から少し上の部分の破片である。一方，無釉の破片の上辺に，わずかに橙色釉が付着し，これは胴部中位から下がった箇所の破片と推定する。無釉部分には横方向に箆削りの痕跡がみえる。胴部に沈圏線をめぐらす器形として，長頸瓶・盤口瓶があるが，曲率からみて適合せず，三足を付さない罐・罎も可能性としては考えられるが，三足炉の蓋然性が高い。施釉は，脚外面，胴部下底の部分までかけられるが，胴部中位が無釉となっている箇所もある（河南文考研 2002, p. 47）。寺院遺跡から三足炉が出土していることに注意をしておきたい。

fig. 18-1. 三彩三足炉片，北白川廃寺

 cf. 『北野廃寺・北白川廃寺発掘調査概報―平成2年度』p. 9，1991，京都市文化観光局

294 Ⅱ 隋唐白釉陶瓷の推移と三彩陶の形式

18-2. 京都市左京区北白川小倉町別当町 70 番地，整地層（SI 第 1-1 層），白釉緑彩印花輪花文碟片 1，京都市埋蔵文化財研究所（fig. 18-2a. b.）

fig. 18-2a. 白釉緑彩印花輪花文碟片，北白川小倉町別当町

fig. 18-2b. 緑釉陶印花文盤，揚州市博 1996

　口沿を小さく押して輪花にした碟の小片であり，器肉厚さは 2.5mm ほどである。白釉地に緑釉が掛けられ，外面は緑釉が口沿から縞状に垂れている。内側面は縦重線で区画して陽印花文を施しているがその文様は判然としない。整地層は，飛鳥時代から奈良前期と平安時代前中期の遺物が混在し，この破片は調査区南西部の整地層から発見されている。

　文様構成は異なるが揚州唐城三元路工地から出土し，内側面を 4 弁葵花（輪花）形に区分けし，内底に竜文を印花する盤（口径 14.6，器高 4.3cm）が類似したところがある（fig. 18-2b，文物 1985-10，pp. 72-80，揚州市博 1996，no. 36）。晩唐期，鞏義市黄冶窯製品とする意見がある。

　cf.『京都市内遺跡試掘立会調査概報—平成 6 年度』pp. 77-81，京都市埋蔵文化財研究所，1996

19-1. 京都市上京区出水通知恵光院西入田村備前町 236-10，SK07（平安宮内裏跡），緑釉印花稜花碟片 1，京都市埋蔵文化財研究所（fig. 19-1a, b.）

　遺跡は，内裏内廊の東北部，淑景北舎の東部と推定されている地点で，SK07 から越州窯青瓷・邢州窯白瓷・篠窯緑釉陶などと共伴し，10 世紀前半の遺構と報告されている。体部の破片であり，白色の軟質胎土の内外面に，光沢をもち，濃淡をみせる緑釉がかけられている。内面には，矢羽文で区画された内に，花文が陽印花文であらわされ，口沿は 5 輪花に復元できる。上記 2. の福岡市柏原 M 遺跡出土の三彩印花文盤と文様は類似し，さらに西安出土の緑釉碟とは法量（口径 13.5cm）を含めて非常に類似している（fig. 19-1c，中国上海人民美術出版社 1983，図 106）。邢州窯でも類似施文の緑釉白彩印花文碟がつくられている（邢窯千年 2007，p. 211）

fig. 19-1. 緑釉印花稜花碟片（平安宮内裏跡）

fig. 19-1c. 緑釉白彩印花文稜花碟，西安市出土，（邢窯千年 2007）

　cf.『京都市内遺跡試掘立会調査概報—平成 2 年度』pp. 28-38，京都市埋蔵

8. 日本出土唐代鉛釉陶の研究　295

文化財研究所, 1991

19-2. 京都市中京区西ノ京中御門西町 25, 朱雀第八小学校内遺跡（右京二条三坊二町），三彩罐, 白釉緑彩碗, 黄釉半絞胎陶枕片各 1, 京都市埋蔵文化財研究所（fig. 19-2a. b. c.）

-1 三彩罐（fig. 19-2a, 暗茶褐色砂泥混炭層出土）片は，灰白ないし淡褐色の軟質胎土に白化粧はなく，三彩釉をかける。白抜き緑釉地に茶橙色釉を流しているが，緑は暗く発色し，全面にピンホール状にはじけている。しかし，晩唐三彩陶にしばしばみられるような縞状に流しがける意匠ではなく，白点彩抜きである。内面は表面が剥離しているが，横ナデ痕と，一部に淡緑と橙色の釉薬が残存しており，おそらく内面の一部にも施釉されていた器種とみる。胴部の曲率からみて，広口の罐であろう。

-2 白釉緑彩碗（fig. 19-2b, 茶褐色砂層出土）の小片（2.1 × 3.1cm）は，白化粧のかけられた白茶色の胎土（厚さ 3mm）に明るい緑鉛釉が点彩され，光沢のある透明釉がかけられている。口沿をかるく外反させる小碗である。これは盛唐の製品ではなく，中・晩唐以降と考える（本書 I-4 参照）。

fig. 19-2. 三彩罐・白釉緑彩碗・黄釉半絞胎陶枕各 1 片（右京二条三坊二町）

-3 黄釉半絞胎陶枕（fig. 19-2c, 暗茶褐色砂層）は，軟質の紅胎の表面に，薄く絞胎を貼り合わせ，その角を面取り状につくり，黄釉をかけた破片であり，晩唐・五代の製作と考える。

　これらは，いずれも包含層からの出土であるが，この地は，平安期において貴族の邸宅の可能性がある。

　cf.『平安京右京二条三坊，京都市立朱雀第八小学校校舎増築に伴う試掘調査の概要』昭和 52 年度，55 年度，京都市埋蔵文化財研究所，1977, 1980

19-3. 京都市中京区錦小路通烏丸東入ル元法然寺町（平安京左京四条四坊），三彩陶枕片 3, 京都市埋蔵文化財研究所（fig. 19-3）

　3 片があるが，胎土・釉調からみて，同一個体の唐花文陶枕である。唐花文の刻文をのこすのは 2 × 1cm ほどの小片であるが（右

fig. 19-3. 三彩陶片（平安京左京四条四坊）

296　Ⅱ　隋唐白釉陶瓷の推移と三彩陶の形式

端の小片），群馬・境ケ谷戸遺跡2号住居跡にみる唐花対葉文の中心部か四隅，あるいは簡略化した群馬・多田山12号古墳出土の唐花文の一部であるのか判別できない。比較的大きい2片は，側面箇所であり，釉の流下状態から上下が判別でき，いずれも上下面を側面小口に貼り合わせている。これは上面が凹型になる陶枕の可能性がある。平安時代後期の整地層出土。

　　cf.『平成元年度京都市埋蔵文化財調査概要』pp. 37-38, 京都市埋蔵文化財研究所，1994

19-4. 京都市下京区烏丸通花屋町下る常葉町ピット39出土（左京七条三坊十五町），黄釉全絞胎罐頸部片1，京都市埋蔵文化財研究所（fig. 19-4）

fig. 19-4.　黄釉全絞胎罐頸部片（左京七条三坊十五町）

　平安中・後期の建物跡に関係するピットからの出土である。肩部破片は，断面が茶色の全絞胎であり，それに接合する頸部は絞胎ではなく，灰色の硬質胎土であり，頸部に通常の胎土を接合する罐の例は博多遺跡群50次調査など他にもある。濃いめにかけられた釉は暗茶黄色に発色し，表層は釉煮えとみられる気泡破裂がみられる。内面の頸部屈曲部まで釉がながれており，器形は罐である。一般に絞胎陶は，比較的小品が多いが，盤・豆・罐などの大・中型の器種もある。博多遺跡群79次調査からも同様な罐の破片が検出されている。

　　cf.『京都市高速鉄道烏丸線内遺跡調査年報Ⅰ』pp. 123-129, 1974・1975年度，京都市埋蔵文化財研究所，1979

19-5. 京都市下京区塩小路通新町東入ル東塩小路579-10（左京八条三坊七町）SD29出土，黄釉半絞胎陶片1，京都市埋蔵文化財研究所（fig. 19-5）

　この破片は，淡褐色の軟質胎土に絞胎を貼付し，黄釉をかけた半絞胎品であり，器肉は8mmとやや厚めであるが，筐型品とすることに若干の疑問がのこる。また，盛唐の製品ではないと考える。

fig. 19-5.　黄釉半絞胎陶片（左京八条三坊七町）

　SD29からは，長沙銅官窯製品とみられる黄釉褐彩罐（あるいは執壺）片・越州窯青瓷碗・碟も検出されており，9世紀末から10世紀に埋没した溝である。報告書では「この溝の上流か両岸に輸入陶磁器や多量の緑釉陶器を保有し得る階級に属する人々の邸宅の存在が推定できる」と述べている。

　　cf.『平安京左京八条二坊』pp. 81-85, 京都市埋蔵文化財研究所報告6，1982

19-6. 京都市南区東九条西山王町27-1（左京九条三坊十六町），暗灰色砂泥層出土，三彩筐形品片1，京都市埋蔵文化財研究所　（fig. 19-6a, b.）

　三彩四弁花文の直方体形品が2次的堆積土中から出土している。中世においては30基ほどの井戸が検出

されているが，それ以前の遺構は不明である。平安時代後半の八条院邸宅に近いが，平安前半期では邸宅ないし京戸の可能性があり，官衙跡の可能性は少ない。

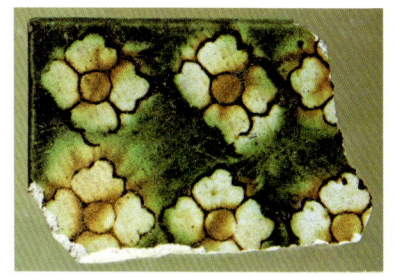

遺存している部位は，筐型品

fig. 19-6. 三彩筐形片（左京九条三坊十六町）

の上面と側面の一部であり，四弁花文は，中心の子房の四囲にハート形の突起をつけて花弁形にし，輪郭線は象嵌状にし鉄釉を入れている。側面にも長辺に 2，短辺に 1 箇の花弁文が遺存し，復元形は，上・下面に 5 × 6，長側面に 3 × 6，短側面に 3 × 5 箇の四弁花文を印刻する。支釘痕の位置からずれているのでその有無は確認できないが，側面の釉薬の流れからみて，遺存箇所は筐形の上面である。胎土は，破面でみると，白色で白化粧はなく，器肉厚さ 5-6mm，やや硬質であり，内面には指頭などの調整痕がみられる。

cf.『平安京左京九条三坊―京都駅南口地区第 1 種市街地再開発に伴う埋蔵文化財発掘調査概報，昭和 54 年度調査』京都市埋蔵文化財研究所，1980[15]

19-7. 京都市下京区仏光寺通東洞院東入ル（左京五条四坊二町）土坑 432-B，黄釉全絞胎罐片 1，京都市埋蔵文化財研究所（fig. 19-7）

全絞胎の罐あるいは瓶など大形品であり，内面に白化粧土が薄くかけられ，絞胎が透けてみえる。外面は滑らかに黄釉がかかる。博多遺跡群（本書 no. 42），京都市 19-4 と類似した破片の状態である。調査区の第 2 面の土坑 432 は，平安後期の落ち込み 5 の埋土の可能性が高く，鎌倉時代の大量の土師器碟

fig. 19-7. 黄釉全絞胎罐片（左京 5 条 4 坊 2 町）

などとともに，高麗青瓷菊花宝相華文象嵌破片も検出されている。この地は，平安後期では高階泰仲の邸宅地で，1 町四方の規模と推定されている。落ち込み 5 は，この邸宅の園地の一部と推定されている。この黄釉全絞胎罐は，金代の製品と考える。

cf.『平成 4 年度京都市埋蔵文化財調査概要』pp. 25-30，京都市埋蔵文化財研究所，1995

19-8. 京都市下京区五条烏丸町高砂町（左京六条三坊十町）黄釉全絞胎罐片 2，SK283（大），SK172（小）京都市埋蔵文化財研究所（fig. 19-8）

大小各 1 片であり，大片

fig. 19-8. 黄釉全絞胎罐片（左京 6 条 3 坊 10 町）

298   Ⅱ　隋唐白釉陶瓷の推移と三彩陶の形式

は11世紀代の土坑の出土であり，外面下半は被火で釉薬が変色している。小片は，上記の19-7と類似した絞胎であり，鎌倉時代の土坑から検出されている。別個体であろう。いずれも金代の製品と考える。発見地は，平安時代後期では白河・鳥羽・崇徳・近衛の4天皇が御所とした小六条殿（小六条院・北院）が存在している。この他に六条三坊は具平親王の千種殿，白河上皇の中院など貴族の大邸宅が建ち並んだ地域であり，平成2年度の調査で邸宅にともなう園地，流路などを検出している。

　　cf.『平成10年度京都市埋蔵文化財調査概要』pp. 39-43, 京都市埋蔵文化財研究所, 2000

19-9. 京都市中京区壬生西大竹町12他（右京四条二坊六町），二彩瓶片1，I21G区包含層，京都市埋蔵文化財研究所（fig. 19-9）

　外面は被火しているために赤色が目立つが，濃い箇所の緑釉が変色したものと考えると，白釉との二彩釉陶であり，白化粧が確認できる。器形は瓶の胴部中位から頸部にかけてと見られ，現状での最大復元径は10.4cmである。内面は轆轤横ナデの痕跡がつよく見られ，灰白色の硬質の陶土である。

fig. 19-9. 三彩瓶片（右京4条2坊6町）

　遺構は，平安前期に条坊跡の溝などと，掘立柱建物数棟と井戸などが検出されている。宅地部はすくなくとも4分の1町以上が班給された地区と報告されている。

　　cf.『昭和62年度京都市埋蔵文化財調査概要』pp. 45-48, 京都市埋蔵文化財研究所, 1991

19-10. 京都市中京区壬生西大竹町12他（右京七条二坊二・三町），白釉緑彩罐片1，朱雀大路西側溝（SD465, B第3層），京都市埋蔵文化財研究所（fig. 19-10）

　白釉の上に濃い緑釉がかけられている破片であり，胎土は軟質で淡褐色であり，内器面は無釉で黄褐色に変化している。罐胴部の破片であろう。この地は，西鴻臚館の北端付近にあたり，朱雀大路の西側側溝を検出し，とくに7条坊門小路との交差する地点付近のSD465は，土器破片数1,667と多数があり，その内訳は土師器と須恵器で85％以上を占め，黒色土器，緑釉陶などもあり，10世紀後半に位置づけている。他に長沙窯青瓷水注片2，奈良三彩陶片1があり，この白釉緑彩罐片もここから検出されているが，晩唐から北宋期のものであろうか。

cf.『昭和59年度京都市埋蔵文化財調査概要』pp. 31-33, 京都市埋蔵文化財研究所, 1987

　この他に，実見できなかったが，京都市内からは以下の鉛釉陶の出土が報告されている。

　宅地とみられる右京区花園中御門町（右京一条四坊四町）包含層，三彩陶片1，二彩小壺片1

fig. 19-10. 白釉緑彩罐片（右京7条1坊2・3町）

(『平成2年度京都市埋蔵文化財調査概要』pp. 94-96, 京都市埋蔵文化財研究所, 1994), 4分の1町以上の面積の宅地で, 平安前期の掘立柱建物, 柵列などを検出した中京区壬生西大竹町12他（右京四条二坊六町）, 三彩陶器片（『昭和62年度京都市埋蔵文化財調査概要』pp. 45-48, 京都市埋蔵文化財研究所, 1991), 西鴻臚館跡とみられる下京区朱雀木町・堂口町（右京七条一坊二・三町）鉛釉陶器片（『昭和59年度京都市埋蔵文化財調査概要』pp. 31-33, 京都市埋蔵文化財研究所, 1987) がある。平安京右京において三彩獅子頭1が検出されている（『平安京右京内5遺跡』第17図, 平安京調査報告第23輯, 古代学協会, 2009)。平安京右京九条一坊, 西寺跡（南区唐橋西寺町）から三彩罐（あるいは三足罐）3片が報告されている。

この他に西寺跡から三彩瓶3片の出土があるが実見していない（『昭和52年度京都市埋蔵文化財調査概要』pp. 66-67, 京都市埋蔵文化財研究所, 2011)

20. 三重県三重郡朝日町縄生字中谷　縄生廃寺塔心礎　三彩碗1, 文化庁　(fig. 20)

半球花弁文碗で, 蓮弁文とみられる花弁文を5-7段積み重ねる文様構成である。底に二重に圏線をめぐらし, 内側の中心に四弁花文とその周囲に数箇の小花文を, 外側に同一形の四弁花文9をならべる。側面には珍珠を6-7箇いれた花弁文を5段に配し, 口沿および内面は無文である。釉は, かなり濃いめの緑・黄褐色と, うすく黄色みをおびた白色であり, 内底に目跡をのこしている。

瓦積み基壇中央に据えられた花崗岩製の塔心礎の中心に穿たれた舎利孔に, 鉛ガラス製内容器を蛇紋岩製外容器に納め, その蓋として用いられていた。この寺は, 出土瓦の形式などからみて, 7世紀後半代に創建されたと推定されており, 塔心礎に埋納されていたので, 遅くともその時点までには, おそらく7世紀中葉には, わが国に請来されていたと考える[16]。この半球形碗は, 大別して, 本品のように, 小型の花文などを繰り返して施文するものと, 唐草文などを体部にめぐらす少数例があり, ともに銀器鋺（白鶴美術館蔵）にその原形がもとめられる。前者には, 花弁文, 十字花文, 同心円文のタイプがある。これらに形式的に前後はあると考えられるが, 縄生廃寺の出土例からみれば, その生産年代を7世紀中葉まで遡る可能性がある。すでに指摘されているように（朝日町教委1988, p. 35), 出光美術館蔵品（口径9.0cm, 出光1986, no. 52) が側面の花弁文や珍珠文の入れ方がこれに類似している。しかし, 外底中央部の文様が不鮮明であり, とくに内圏は小花文かと思われるが, 判然とせず, 両者を同一の陶笵品とするのは難しい。外圏は, 縄生廃寺品と類似する四弁花文であり, 圏線側は1弁省略されて, 3弁花になる。側面の文様では, 左右からのびる曲線が弁先でくいちがっているものが観察され, 意識的に花弁文の表現と理解できる。釉調は本品のほうが明度が高い明るい色調になっている。類品についてはすでに述べた（本書II-2参照）。

cf. 『縄生廃寺跡発掘調査報告』朝日町教育委員会, 朝日町[17], 1988*

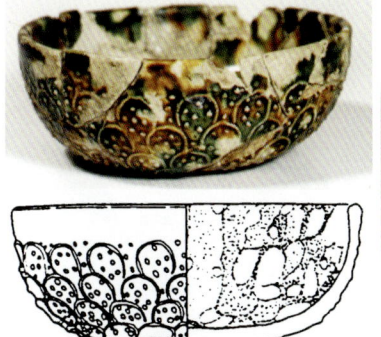

fig. 20. 三彩碗, 三重県朝日町縄生廃寺

300　Ⅱ　隋唐白釉陶瓷の推移と三彩陶の形式

21. 静岡県浜松市若林町（旧浜名郡可美村）城山遺跡 A10B30 区第Ⅳ層，三彩陶枕片 12，浜松市博物館（fig. 21a, b, c.）

　検出された破片は3個体分の陶枕であり，同一法量（高6.7cm，12.2×10.0cm）に復原でき，同一の鴛鴦文であり，鳥文以外の花文などはすべて省略されており，周縁をフレーム状に画している。上面はわずかではあるが凹形につくられ，12片すべてが2次的な火をうけて黒茶色に変色しているが，褐・緑・黄色がかろうじて認められる。8世紀中葉から後半にかけての層位から一括して検出されている。大安寺講堂跡前面土坑出土品（R-362・076）のなかにも，城山遺跡例と類似したシンプルな意匠な陶枕片がみられる。

　この遺跡において検出された掘立柱建物は倉庫2棟であるが，報告書では，文字資料などを根拠として，隣接する伊場遺跡とともに，遠江国敷智郡の郡衙としている。これらの三彩陶片は，倉庫跡付近の包含層から検出されている。

cf. 浜松市博物館編『城山遺跡調査報告書』第49図，静岡県浜名郡可美村教育委員会，1981*

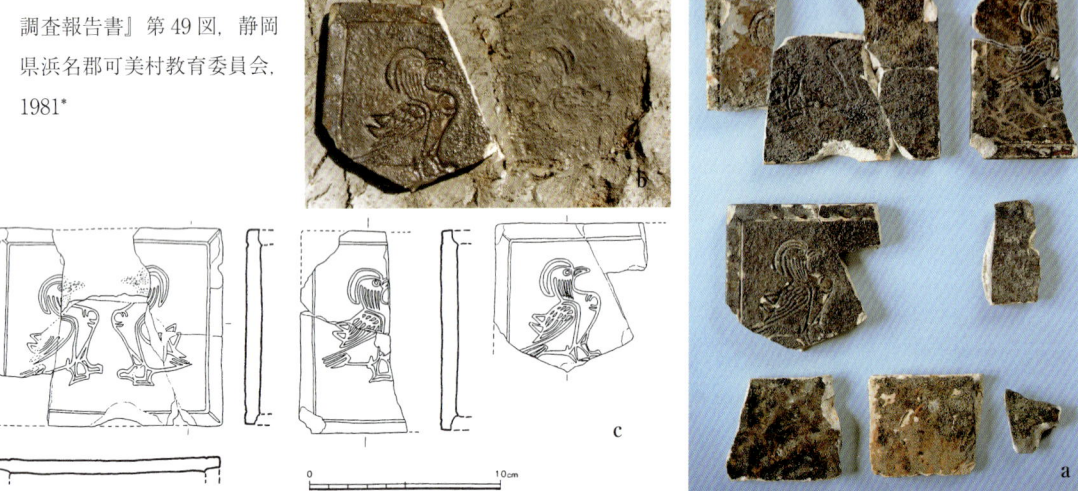

fig. 21. 三彩陶枕片，浜松市城山遺跡（浜松市博 1981）

22. 静岡県沼津市大手町上ノ段遺跡 41-13 グリッド　三彩陶枕 1 個体分，沼津市埋蔵文化財センター（fig. 22a, b, c, d.）

　唐三彩陶枕の破片が2/3個体分発見されている。この遺跡は，JR沼津駅の鉄道用地の再開発に伴う調査であり，5,000㎡の面積のうち，東側は，奈良～平安時代の竈を伴わない竪穴住居跡が多数検出され，西側では，かなり大型の掘立柱建物が数棟と柵列などを検出している。三彩陶破片は，1997年に，41-13グリッドの掘立柱建物検出面の覆土中から発見され，付近からは緑釉陶器碗が相当数出土し，なかに「倉」刻銘碗

fig. 22. 三彩陶枕片，沼津市上ノ段遺跡（a. c. 復元品）

も含まれる。

　三彩陶枕は，上面を凹形にし，下面は無釉・無施文の形態であり，短辺9.9cm×長辺12.4cm，高5.0cm，凹面度は0.6cmをはかり，こうしたものは頭枕である。上面の型押し文は，中央に唐花文，四隅に対葉文を配するもので，花芯部分が未だ見つかっていないが，ストックホルム東アジア博物館蔵品（HM0649，長辺12.0cm，高6.0cm）と施文および法量が類似しており，さらに，群馬・境ヶ谷戸遺跡第2号住居跡出土品とも施文がほぼ似ている。しかし，四隅の対葉文は，少し省略形であり，左右対称文ではない。上面は緑彩白抜き，

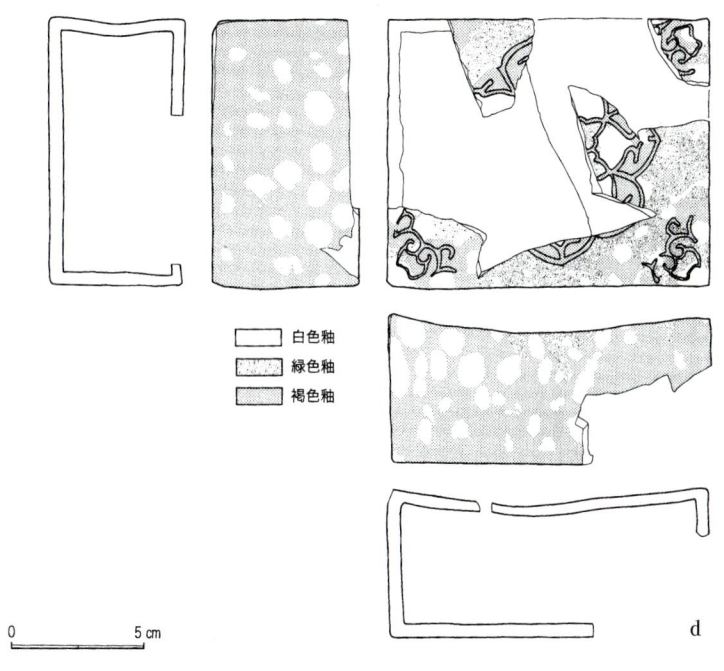

fig. 22. 三彩陶枕片，沼津市上ノ段遺跡

4側面は褐色を帯びた橙色に白抜きであり，下（底）面は無釉で不定方向にヘラ磨きがなされ，側面からの釉薬が0.5～1.5cm幅でながれ，釉溜まりは暗茶色を呈しており，焼台痕跡は認められない。胎土は，白色軟質であり，やや粉状を呈し，白化粧はない。貼り付けは，短辺の小口に長辺と上下面をおき，内部から粘土で補強する通常の製作手法をとっている。この遺跡については，郡衙周辺の集落跡とする考えがある。
　cf.『上ノ段遺跡発掘調査報告書』pp. 132-134，沼津市教育委員会，2004＊

23. 長野県佐久市大字小田井　前田遺跡 H18 号住居跡，三彩陶片 1，佐久市教育委員会（fig. 23）

　5.0×4.5mと通常の大きさの竈付き竪穴住居跡で，三彩陶片は住居跡の覆土第1層から出土。この住居跡は，前田遺跡Ⅵ期の9世紀中葉から後半に位置付けられている。この遺跡は，8世紀に入ると突如として集落が形成され，1世紀あまり継続した後，忽然として姿を消しており，計画村落と考え，東山道の長倉駅ないし塩野牧の経営に係わった人々が居住者とする説がある。
　三彩陶は，四弁花文直方体形で，遺存部分は2.3×1.8cmで，厚さは6mmをはかり，褐白色で白化粧はなく，内面に斜行ナデ痕が

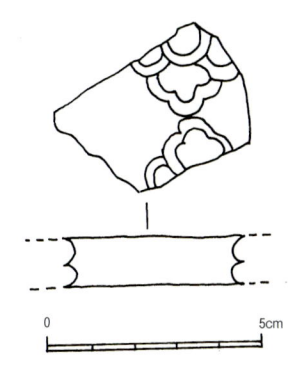

fig. 23. 三彩片，佐久市前田遺跡

みとめられる。この四弁花文は，類例の多いタイプであり，中心の子房の四囲にハート形の突起をつけて花弁形にし，輪郭線は象嵌状に鉄彩する。花弁文は2箇のこるが，このタイプの四弁花文は，上・下面に5×6，長側面に3×6，短側面に3×5箇の同一文をひとつずつ印刻しており，大安寺出土例でもこの花弁形が多数をしめている。遺存部位は，緑釉の流下状態から推測して側面とみる。陶枕ではなく，筐形品である。

302　Ⅱ　隋唐白釉陶瓷の推移と三彩陶の形式

　三彩匣形片のなかで，この意匠の類例がもっとも多く，掬粋巧芸館 (no. 140)，V&A.(C. 923-1935) などがあり，京都市南区東九条西山王町出土（京都市埋蔵文化財研究所），奈良市法華寺町（平城京左京二条二坊十二坪）の小破片も同じである。これを絞胎の長側面に2段×6箇で施文した例もある（繭山龍泉堂 1976, nos. 304）。

　　cf.『前田遺跡（第Ⅰ・Ⅱ・Ⅲ次）鋳師屋遺跡群』pp. 82-86，佐久市教育委員会，1989
　　　『鋳師屋遺跡群―前田遺跡』pp. 501-503，御代田町教育委員会，1987

24.　長野県更埴市雨宮　屋代遺跡群町浦遺跡C区（CM-9, CO-6），三彩陶片1，更埴市教育委員会（fig. 24）

　この遺跡は，古代においては，200棟の竪穴住居跡と10棟の掘立柱建物によって構成された集落であり，埴科郡家推定遺跡の東側に隣接している。3片の三彩陶が検出され，うち1片が唐三彩片であり，左端に印花円文がみえる（fig. 24b，報告書 p. 362 第542図5，他の2片は奈良三彩陶）。出土位置からみると，平安前期の竪穴住居である住477，住482の覆土の可能性がある。小片で内面がほぼ半分の厚さで剥離し，やや粗い褐白色の胎土をみせ，釉は2面に緑地に橙色をながしており，遺存破片に釉薬の溜まりがみられないので，側面の上辺の一部の破片とみる[18]。

fig. 24.　三彩片，更埴市町浦遺跡

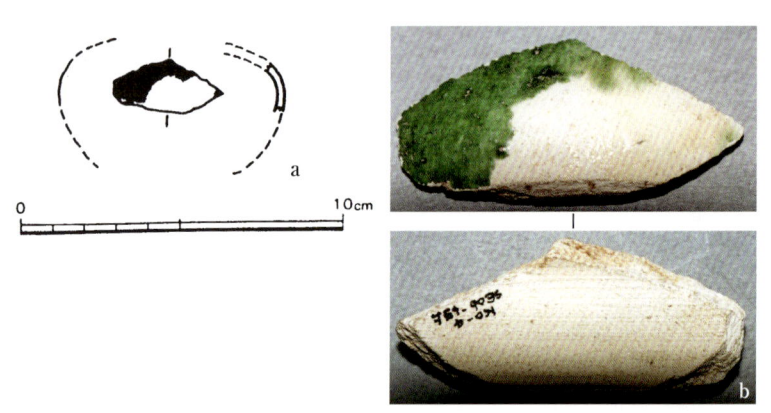

fig. 25.　二彩小罐，平塚市諏訪前A遺跡

　　cf.『長野県更埴市屋代遺跡群』p. 362，更埴市教育委員会，2000

25.　神奈川県平塚市四之宮　諏訪前A（四ノ宮下郷）遺跡SE06下層　二彩小罐片1，平塚市教育委員会（fig. 25a, b.）

　いわゆる薬壺形の小壺の肩から下がった部分とみられる小片であり，褐色をおびた灰白色，軟質胎土で，内面は無釉で，横ナデの痕跡がある。表面は，白化粧はなく，淡く緑黄色を呈する白釉と明度の高い鮮やかな緑釉がかけられ，遺存部分では二彩釉であるが三彩陶の可能性もある。国産とする見解もあるが，唐三彩陶であろう。

　遺跡は，相模国府域推定地で，竪穴住居跡と掘立柱建物に接した井戸群のひとつから，7世紀末から8世紀の土器などとともに検出されている。

　　cf.『四之宮下郷』pp. 476-477，平塚市遺跡調査会，1984

26.　千葉県印旛郡栄町大字酒直字向台467-7　向台遺跡谷包含最下層，三彩筥型品片1，千葉県文化財センター（fig. 26a, b.）

奈良・平安時代の集落跡に接する谷部から緑釉陶器・畿内産搬入の土師器などと共伴出土したが、これらは、向台遺跡の東側にある大畑I遺跡から一括して廃棄されたものと推定されている。大畑I遺跡は、65棟の大規模掘立柱建物・井戸などが検出され、政庁・正倉は確認されていないが、下総国埴生郡衙関連の建物の可能性が指摘されている。したがって、向台遺跡はそれに隣接する集落である。陶片は、谷遺物集中地点の包含層最下層で粘土に密着し、緑釉・灰釉陶器は包含層の上層から出土している。三彩陶片は、3.2×2cm、厚さは6mm、紅胎ではなく、純白に近いきめ細かい胎土であり、白抜きに緑・橙色がかけられ、内面には側面と接合する面がのこり、外面の緑釉の溜まりからみて、この破片は筐型品の側面と底面との接合部である。

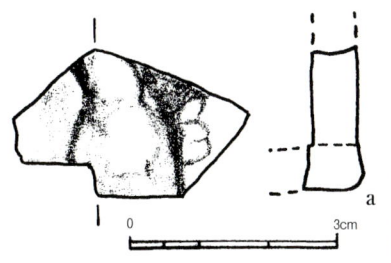

fig. 26. 三彩陶片, 千葉県向台遺跡

cf. 千葉県埋蔵文化財センター『主要地方道成田安食線道路改良工事地内埋蔵文化財報告書』p. 330, 1998

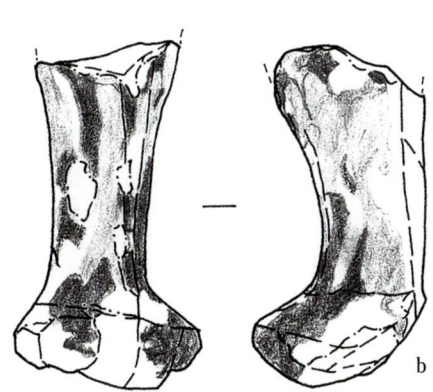

fig. 27. 三彩獣脚片, 館山市安房国分寺跡

27. 千葉県館山市国分 959-2 安房国分寺推定金堂跡, 三彩獣脚片 1, 館山市立博物館 (fig. 27a, b, c.)

金堂基壇東端瓦溜り最下層から出土。現存長さ4.9cmで、正中線の表裏にへら削りで稜をつくり面取りし、指は3爪に刻む。胎土は細かい石英粒を含む白土に化粧土をかけているようである。光沢のある釉は、黄白色を呈する白釉をかけ、緑と橙色を筋状に塗り分けており、裏面は白釉のみであり、接地面の一部にも施釉されている。大きさからみて、三足炉の脚部であり、この器種の出土例が、わが国の寺院跡に集中していることに注意しておきたい。

cf. 『安房国分寺址』pp. 75-76, 館山市教育委員会, 1980

28. 埼玉県大里郡岡部町大字岡 2920, 熊野遺跡第5次調査第3号竪穴住居跡覆土中, 三彩陶枕片 1, 岡部町教育委員会 (fig. 28a. b.)

304　Ⅱ　隋唐白釉陶瓷の推移と三彩陶の形式

　熊野遺跡は，7世紀第3四半期に，大規模掘立柱建物，石組み井戸などがつくられ，畿内産土師器が大量に持ちこまれている。しかし，8世紀初頭になると，これらの遺構は姿をけして，通常規模の掘立柱建物と竪穴住居で構成される集落となり，この三彩陶片は，8世紀後半の通常規模の竪穴住居跡上層から検出されている。約1キロ北の中宿遺跡からは，倉庫が20棟以上検出されており，正倉と考えられ，奈良時代の榛沢郡家もその付近に中心があるとみられ，したがって，第5次検出の遺構は，郡家周辺の集落と考えられる。

　三彩陶片は，白褐色の胎土をみせる内面上辺と左辺の小口面の一部に接合面がのこり，上辺は中央部に向かって残存部で1mm下がり，左辺は小口面が斜行している。したがって，上面凹型を呈する陶枕の短辺上隅部分の破片と推測する。白化粧はなく，緑・茶・黄白色の光沢のある釉がかけられ，表面に小さい気泡がみられる。

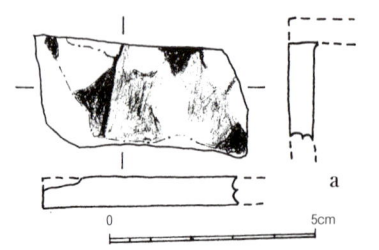

fig. 28. 三彩片，埼玉県熊野遺跡第5次

　榛沢郡は，武蔵国の北辺に位置し，利根川をはさんで上野国新田郡と佐波郡の三彩陶出土遺跡に隣接している。

　cf.『古代の役所―武蔵国榛沢郡家の発掘調査から』pp. 3-27，岡部町教育委員会，2002

29. 群馬県太田市新田大字村田　境ケ谷戸遺跡2号住居跡，三彩陶枕片2，新田町教育委員会（fig. 29a. b.）

　この遺跡は，奈良時代を主体とする竪穴住居跡15棟，掘立柱建物5棟などを検出した集落跡である。この2号住居跡は，2度にわたって拡張され，9.0×7.9mであるが，この調査区のなかではとくに大きいわけではない。竈が2基つけられ，おびただしい土器片とともに，円面硯2片，「入」，「人田」の墨書土器などが検出されている。

　三彩陶は，8世紀中葉の土器を伴う竪穴住居跡の張り床面の2箇所から別々にわかれて検出され，復原すると上面凹型で，11.9×9.8cmの陶枕となる。

　この種の陶枕のなかでストックホルム東アジア博物館品（ストックホルム1976）が最も整った文様構成であり，凹形の上面に，8弁唐花文を中心にして，外周に8弁対葉文をめぐらす二重唐花文に型押し，上面の四隅には，対葉文形を4分割して配する。下面は，平坦で，やや硬

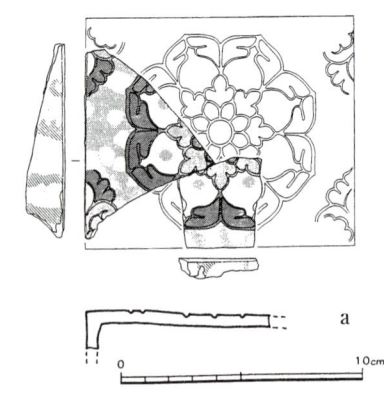

fig. 29. 三彩陶枕片，群馬県境ケ谷戸遺跡（新田町教委1994）

質な胎土に，クリーム色をおびた釉がかけられ茶色に発色する無文である．

境ケ谷戸遺跡 2 号住居跡出土品は，これに類似し，四隅の印花文も一致するが，配色は異なり，こうした同型品ではないかと考えられるものでも，彩色は任意におこなわれているようである．上面は，ほぼ平板にみえるが，わずかではあるが凹形になっている．この施文品では，形態は，四弁花文と同様な直方体形と，上部を凹形にし，なかには長側面をも凹形にする 2 種類がみられる．底部破片は発見されていないが無文と考える．

cf. 小宮俊久「境ケ谷戸遺跡出土の唐三彩」月刊文化財 No. 348, pp. 22-28, ぎょうせい，1992, 東京※

『境ケ谷戸・原宿・上野井Ⅱ遺跡』pp. 12-13, 新田町文化財調査報告第 13 集，1994

30. 群馬県佐波郡赤堀町大字今井三騎堂（現伊勢崎市） 多田山 12 号古墳前庭部，三彩筐形片 1 個体分，群馬県埋蔵文化財調査事業団（fig. 30a, b.）

この古墳は，7 世紀第 4 四半期に築造された直径 33m の円墳で，埋葬施設は全長約 6m の切石積石室であり，盗掘のため遺物は鉄釘のみである．三彩陶片は，前庭部の玄門袖石に近い範囲 50cm ほどの狭い箇所からばらばらに割れた状態で 18 片が検出された．その層位は，古墳築成時の硬化面と，平城宮ⅡあるいはⅢ式の横瓶片出土の上層硬化面の間の層位である．筐形品の文様は，やや簡略化された唐花文で，中心の円形の子房（緑）から 8 弁の子葉（白）と，同数の花弁（橙・緑）を配置し，四周を直線で囲んで枠取りしている．復原された破片のうち大片は，目跡 1 と側面に釉溜まりがあることから判断して，下面であり，小片は釉の流れからみて，上面である．すなわち，本品は，上・下面ともに同一文であり，かつ平板な直方体形を呈す

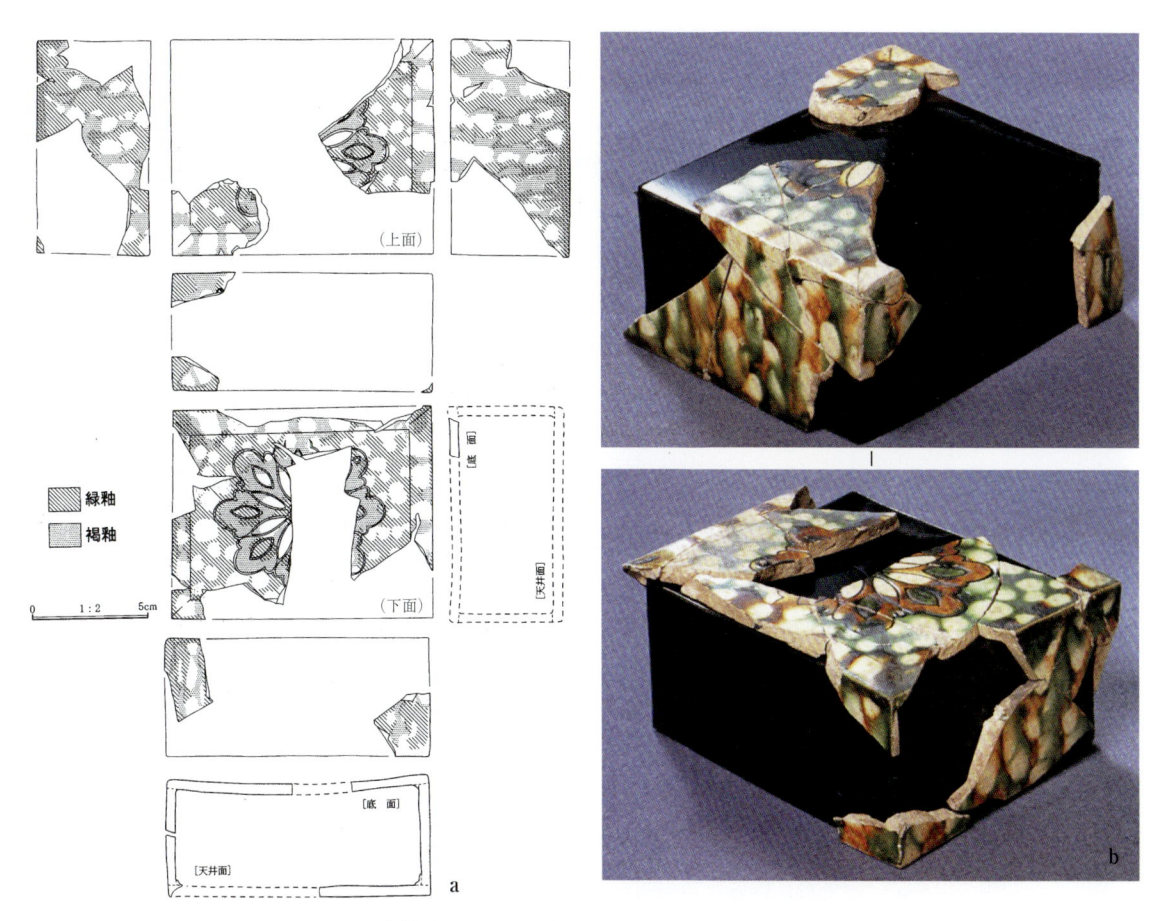

fig. 30. 三彩筐形片，群馬県多田山 12 号古墳（群馬県埋文 2004）

る筥形品である。

　これと類似したものが江西・瑞昌県范鎮郷唐墓から発見されている（南方文物 1999-2, pp. 8-10）。四周の隅に3弁花を入れている点が異なるが，直方体形で，上下面に施文し，短側面に1孔をうがつ三彩筥形品である（10.7×8.7, 高5.2cm）。調査時には，この墓は破壊されていたが，青銅製の塔形頂合子・塔式鎮柄香炉・蓋鉢各1点の仏器と共伴したと報告されている。陝西歴史博物館蔵の類例からみて8世紀中葉の年代と考えられる。このように，対葉文をつけずに唐花文を略描体にしている類例はいくつか掲げられるが，詳細は本書Ⅱ-6を参照されたい。なお，現在までのところ，この遺跡がわが国における盛唐代の三彩陶出土地の北限である[19]。

　　cf. 深澤敦仁他「多田山古墳群　佐波郡赤堀町今井」平成11年度調査遺跡発表会資料 p. 8, 群馬県埋蔵文化財調査事業団, 前橋，1999

　　　「多田山の歴史を掘る」vol. 2, pp. 1-8, 群馬県埋蔵文化財調査事業団, 前橋，2000

　　　群馬県埋文2004『多田山古墳群　第1分冊』pp. 284-285, 群馬県埋蔵文化財調査事業団，北橘村※

　この他に唐三彩陶の可能性があるとされている岐阜県恵那市正家廃寺講堂跡・金堂跡出土の鮮やかな色彩の三彩罐片があるが，奈良三彩陶と考える[20]。

　以下，前稿発表時点で見落としていた資料，発表後に新たに発見された資料を追加しておきたい。

31. 新潟県阿賀野市山口遺跡，阿賀野市山口字城ケ窪2887他，三彩琴形片1（fig. 31a, b.）

　小片ではあるが，古琴の形を忠実に模している三彩弾琴女子俑の一部と考える。琴頭の位置に7本の弦（絃）を付ける刻み目があり，古琴（七弦琴）の特徴を正確に写している。琴面はゆるい曲面につくり，両側面に2本の溝をつける。施釉は，曲面に黄白色に呈発している基礎白鉛釉が塗られ，その上に明度の高い藍釉，琴頭には基礎釉の上に茶色を呈する褐釉が被っており，藍釉がわずかに下にみえる箇所がある。右端はやや雑にナデ調整され，指頭痕がみられ，褐色釉が表面から流れ，緑釉の斑点もあるが，これは琴の施釉ではなく俑の本体からの飛び釉と考える。残存幅3.4cmであり，厚さ0.5cmとともに本来の大きさである。

　この破片を俑の一部と判断する根拠は，裏面の状態にある。琴頭の端部に1.8×1.0cm, 深さ0.1cmの長方形の剥離した黄褐色を呈する痕跡がみられ，本来，この大きさで低い台が貼り付けられ，女子俑の左膝の上に付けられていたと考える。加彩俑の類例でも，琴は膝からわずかに浮きあがった取り付けであり，膝と密着していない。裏面のこの剥離箇所をのぞけば，琴の長軸方向に粒子が動いた痕跡があり，削り調整がされ，両端付近に基礎釉が付着している。胎土は，淡褐色の軟質陶胎であり，白化粧の痕跡はみられない。また，古琴には琴柱はなく，徽とよぶ印が琴面に13箇つけられているが，徽はこの残存部に続く位置であり，この破片の写実性から推量すると，徽は藍彩で付けられていたかもしれない。

　こうした七弦琴を膝にのせた加彩の弾琴女子俑が相当数例示できる。北魏の洛陽市老城北盤竜塚にある元邵墓（建義元・528年葬）随葬の（fig. 31-c, 高12cm, 考古1973-4, pp. 218-224），東魏興和3 (541) 年の墓誌をともなう河間市南冬村所在の邢晏墓品（fig. 31-d, 高13.6cm, 『中国音楽全集Ⅱ』図2.2.6f），西安市収集品（fig. 31-e, 王仁波他1992, no. 21, 高22.5cm）。唐代では，洛陽市孟津西山頭唐墓に随葬された伎楽俑10件のうちにあり（fig. 31-f, 文物1992-3, pp. 1-8），湖南・岳陽市桃花山唐代墓（fig. 31-g, 『中国音楽全集・湖南巻』図2.1.5e），などがある。サンフランシスコ・アジア美術館（fig. 31-h, AsianArt Museum of San Francisco, Li H. 1997, no. 183）は状態のよい例である。元邵墓例にみるように，跪座女性の右膝上にのせ，左指は徽をおさえて音階を調節し，右手の指を拡げ弾く形に作る。西安市収集品では琴頭を意識的に下げる形にし，湖南岳陽市唐墓品では琴が忠実に表現されており，洛陽孟津唐墓では古琴はないが，手の形からみて弾琴俑と推定できる。

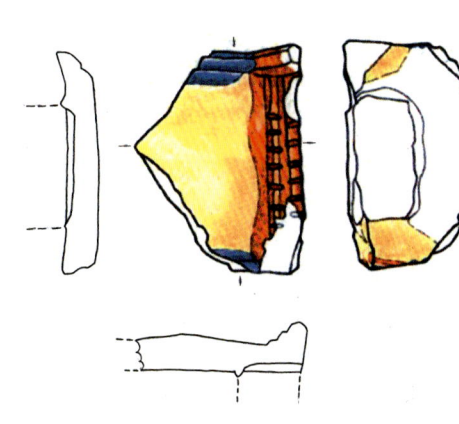

河間市の邢晏墓品では、琴頭から琴尾まで七弦が表現され、琴は膝からわずかに浮いている形に接着している。これらはいずれも加彩俑であり、三彩品の類例をさがしだし得ない。盛唐期には三彩駱駝載楽俑などが作られており、単体で三彩笙などを奏する女子俑があり（出光美1999, no. 32, 33, 高22-23cm）、三彩弾琴女子俑が存在している可能性が十分に考えられる。

cf. 新潟県埋蔵文化財センター2011「山口遺跡現地説明会資料」

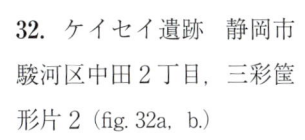

32. ケイセイ遺跡 静岡市駿河区中田2丁目、三彩筥形片2（fig. 32a, b.）

筥形三彩陶の小片2が、第7次と第8次調査において、検出遺構の東端をほぼ

fig. 31a.b. 三彩琴形片、阿賀野市山口遺跡、-c. 加彩伎楽俑、洛陽市元邵墓（考古1973-4）、-d. 伎楽俑、河間市邢晏墓（『中国音楽全集Ⅱ』）、- e. 加彩伎楽俑（王仁波他1992）、-f. 加彩伎楽俑、洛陽市孟津西山頭（文物1992-3）、-g. 加彩伎楽俑、湖南・岳陽市桃花山、（『中国音楽全集・湖南巻』）、-h. 加彩伎楽俑、サンフランシスコ・アジア美（Li. H. 1997）

南北方向にある流路（SR01）内において、約40m離れた地点から検出しており、同一個体である。

比較的大きい第8次調査検出片を観察すると（写真右）、遺存する3面に共通して、各辺から約7mmの内側に定規を用いて直線で区画され、輪郭を作っている。遺存していないとみられる他の1面も同一の施文がされていると考えられる。この帯状の範囲に、淡緑色（若草色）の色釉が薄くかけられ、隅の部分は、黄白色が見られ、本来は緑釉の間に白色を点彩する文様構成と考える。三彩陶の白色部分は、しばしば黄色みがかかり、淡橙色に近い色彩になる傾向がある。輪郭線の内側は、第8次片は緑釉が濃く発色しており、主文

308　Ⅱ　隋唐白釉陶瓷の推移と三彩陶の形式

fig. 32a. b.　三彩筐形片，静岡市ケイセイ遺跡（静岡市教委 2012）

の痕跡は確認しがたいが，第7次品に四弁花文とみられる押圧痕が1箇所を確認できる。第7次調査検出の小片は（写真左），輪郭線の幅，釉調，胎土と厚さが，第8次調査片と一致しており，検出状態も類似しており，同一個体として誤りはない。

　胎土は淡褐色であり，微紅色ではなく，軟質陶胎で，厚さは5mmである。接合は各面の端部を斜めに削り，内面から同質の胎土で補強し，第7次品では丁寧にナデ調整している。遺存破片の面は平坦であり，6面のすべてに施文・施釉されていると考えられ，焼成時に下面となり，支釘痕が残ると，上下を判別できるが，このような端部では支釘痕の位置から離れており，かつ釉薬の垂下状態の状態によって可能ではあるが，この小片では上下面の判別は難しい。白化粧は，観察できず，これが白色釉を黄白色に発色させている因となっているのではなかろうか。釉薬の表面は光沢が少なく，一種のカセた状態となっているが，被火した痕跡はなく，また露胎の内面にもその痕跡はなく，おそらく流路内で釉薬が剥落に近い状態になったと推測する。

　三彩筐形品の類例として西安市東郊の韓森寨唐墓出土品（fig. 32c, 長11.22, 高5.3cm, 陝西博物館 1998, p. 64) があり，本破片とは色彩は異にし，正確にいえば二彩釉陶であるが，意匠は共通している。6面のすべてに四弁花文を並印し，上下面には刻線による枠取りをつくる意匠である。すでに述べたように，筐形品の施文は，四弁花文が大部分を占めており，6面に配置する意匠と，側面は緑色ないし橙色釉に白色釉を斑点状にいれる，いわゆる鹿の子紋様にする意匠がある（本書Ⅱ-6参照）。出土破片においても，わずかに四弁花文の一部が確認できるが，押圧が浅いのであろうか，連続するとみられる文様のほとんどは明かではない。また，遺存する破片の3面，おそらく6面のすべてに輪郭線が刻まれ，地文を緑釉に，四弁花文を白釉に塗り分ける意匠とみられ，これは類例をみない丁寧な施文であろう。

fig. 32-c.　三彩筐形品，西安韓森寨唐墓（陝西博物館 1998）　fig. 32-d.　三彩四弁花文筐（Boston1964）

　本破片検出の意義について述べると，本破片が，流路内の堆積層のうち，ⅢC層から8世紀後半代の須恵器とともに検出された意義は大きい。従来，この主の三彩陶で，中国はもとよりわが国出土例で，年代を推測できる出土例は非常に少ない。例えば，最大量の三彩陶を検出している奈良・大安寺講堂前面土坑の年代は，10世紀前半の火災によって廃棄されたことが判明できる年代であり，直接的には生産年代と離れている。中国においても，上掲の韓森寨出土例も唐墓とされているだけであり，韓森寨地区は広く，宅地化し

8. 日本出土唐代鉛釉陶の研究　309

ており，踏査しても正確な出土地や墳墓の様相など不明のままである。そうした意味で，本破片が8世紀後半の須恵器と共伴し，廃棄年が明かになり，この地にもたらされてからの時間的な経過を考えれば至極自然な状況といえるが，この当然なことが証明されたことに大きな意義を認める。

　この筥形三彩陶について，従来「陶枕」として表示することが内外の研究者に共通している認識である。しかし，すでに論究したように，上面を凹面にし，下面が無釉とする形式は，唐代において実用の頭枕であったことは確かであるが，この筥形品は，頭枕とは異なり，実用の筥形を模した明器である。この形は，身辺にある小物入れとして蓋が開閉する実際に使用された筥であったことは，ボストン美術館蔵の三彩四弁花文筥（fig. 32-d, Acc. no. 50.2120,11.5 × 8.7cm）に少数例ながらあり，明器では蓋の開閉が略されていると考える。ただし，三彩陶枕の凹面は両端の高さからわずか0.6cm湾曲しているに過ぎないので，請来者が，両者の相異を認識していたか否かは疑問である。

　次の問題は，この三彩筥形品を駿河のこの地に，奈良時代に請来した人についての解釈である。このことに関連して明らかになりつつある発見として，東海道の国衙・郡衙およびその周辺遺跡から三彩陶が検出されている。すなわち，千葉県向台遺跡，平塚市諏訪前A遺跡，沼津市上ノ段遺跡，静岡県城山遺跡，そして有度郡衙の可能性が考えられているケイセイ遺跡が加わり，いずれも筥形品陶枕，小壺などの掌中にはいる小品であり，東海道に点から列としてつながる分布状況なってきた。これらをもたらしたと推定する水手・射手などの唐における行動は，わずかに円仁の『入唐求法巡礼行記』に散見しているが，彼らは帰国の直前に揚州などの都市の市場において，土産物の購入に走り，その中に，三彩陶が単に物珍しいことと，一人あたりの船内持ち込み容積・重量制限内で小型品であることによってこれら小品を購入をしている。彼ら請来者は，唐国滞在中にそれを使用していたわけではなく，色鮮やかさから唐の雰囲気をかぎ取っていたのかもしれない。彼らにとって，筥形であれ，陶枕であれ，どちらでもよいことであったに違いない。

　帰国後，彼らは任務をまっとうしたことを出身地の郡衙に報告し，3年間（後に10年間）の課役が免除される規定になっており，郡衙への帰朝届け出は必須の事項である。その際に，唐の雰囲気のあふれる三彩陶を土産物として，手渡す行為は自然であろう。円仁の行記の中に，帰国の途次で伝染する病にかかり，命が尽きるまえに陸に放逐される悲惨な情景描写のなかに「我が病若し癒えなば村里尋ねていかん」と遙か唐土からふるさとへの思いをのこしている。遣唐使船の出発は北東風が吹く旧暦の3月頃であり，帰国は南風にのれる7月ごろが多いので，彼らは底知れぬ不安をいだいて難波津を出て，半年ぶりに無事帰国でき，駿河の国に入り，嬉々とした表情をして不尽の高嶺を仰ぎみて，あるいは共に船出した同郷の亡友のことを胸中に思いつつ，有度郡衙の門を入る壮年の男の姿が浮かび上がる。

cf. 静岡市教委 2012『ケイセイ遺跡－第8次・第10次発掘調査報告書』静岡市教育委員会，静岡

陝西歴史博物館 1998：『中華国宝―陝西珍貴文物集成』陝西人民教育出版社，西安

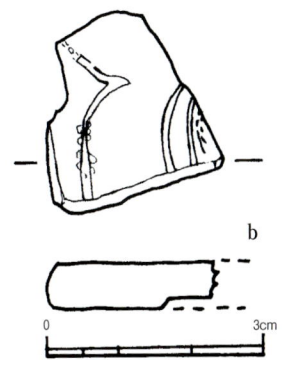

fig. 33a-c.　三彩陶枕，三重県斎宮跡第157次

310 Ⅱ　隋唐白釉陶瓷の推移と三彩陶の形式

33.　三重県多気郡明和町　斎宮跡 157 次調査，三彩陶枕片 1（fig. 33a．b．c．d．）

　　この小片は，斎宮跡の中央部である柳原地区の北西隅の調査区の表土から検出している。柳原区画は（推定官衙域），「内院」推定地の北隣に位置し，三彩陶枕の発見地は，この中心部のさらに北側の後背地とみられ，かつ遺構面でからではなく，表土から検出したものである。

　　脚台を付けた陶枕の枕面（碟部）の端部破片であり，稜形口沿の一部がのこり，器肉は 0.6cm，ほぼ水平で，端部は斜めに削り，裏面にも施釉されているが，残存片の端の釉薬の剥離からみると脚部に接続する位置付近と推定する。胎土は淡褐色の軟質であり，枕面は，端部と同じく稜形細線が刻まれ，，その内側にも同様とみられる二重線文が施文されている。これら細線には茶ないし黒茶色を呈する鉄釉が入れられているが，この施文方法は他の三彩陶枕あるいは三彩筐型品などに共通している。釉は，白色の上に緑と橙色が塗られており，白化粧は確認できない。

　　この種の三彩陶枕の生産窯として，鞏義市黄冶窯とともに，邢州内丘窯製品とする意見もある（申献友 2002「河北古瓷窯与唐三彩」中国古陶瓷研究第 8 輯，pp. 109-125）。この窯の製品として河北省新安県唐墓出土品を掲示する（fig. 33-d，趙慶鋼他 2007『千年邢窯』p. 221，文物出版社）。

　　ここで形象脚座陶枕について触れておくと，形象脚座の上に碟形の枕面をのせる陶枕である。枕面は長円形ないし，稜形につくり，脚座には型作りで獅・牛・虎などを，平板の上にのせている。出土例を求めると，陝西・銅川黄堡鎮窯跡から犀牛座の上に海棠花辺形（長さ 15cm）が検出されている（陝西省考研 1992 下，pp. 59-60）。陝西省内唐墓出土品とみられる陶枕として，渭南市（獅座，刻花折枝文 11.5 × 7.6，高 7cm），西安市黄雁村（虎座，24 × 11cm，高 10cm，陳安利 1998，pp. 70-75）があり，枕面はわずかではあるが凹面（中部微下凹）となり，底面は露胎である。陝西省鳳翔県隋唐墓群のなかの県城南関磚廠 M4 土洞墓から，三彩臥牛形陶枕 1 が検出され，盛唐墓と報告されている（現高 6.3cm，陝西考古研究院 2008-2，p. 291）。詳細な報告ではないが，この時代設定―盛唐期の可能性はある。

　　国内では京都市右京三条三坊九町の SK321 から検出されている（堀内明博他 2009『平安京内 5 遺跡』p. 34，古代学協会，京都）。獅形の頭部で，口を阿形にし，顔から鬣の表現も明瞭に型抜きされており，遺跡遊離品として，獅子型の台座をつける三彩枕が BM. にある（fig. 33c，OA1947.7-12.12）。枕面は周縁を四稜形につくり，沿を斜めに削り，中央に線刻如意頭形内に十字花を配して，色釉の混ざりを防ぐために，いずれも線刻されており，文様が硬化し，簡素化した唐花文の感は否めない。出光美術館品（長 14.3cm，弓場紀知 1995，no. 59）も同例である。

　　cf. 斎宮歴博 2010『史跡　斎宮跡　平成 20 年度発掘調査概報』
　　　斎宮歴史博物館，明和町

34.　芦屋廃寺　三彩印花梅花文杯片 1　兵庫県芦屋市西山町 129 番地，129 番地 1・2（第 62 地点）（fig. 34a, b, c.）

　　杯体部の中位の型造りの小片である。外面に隆線で円文 5 を組み合わせて梅花文が確認でき，その周囲にも円文の一部がみられるので，花文をかなり密接した文様構

fig. 33-c.　三彩陶枕，BM.

fig. 33-d.　三彩陶枕，河北・新安県唐墓（趙慶鋼他 2007『千年邢窯』）

fig. 34a-c. 三彩印花梅花文杯片，芦屋市芦屋廃寺

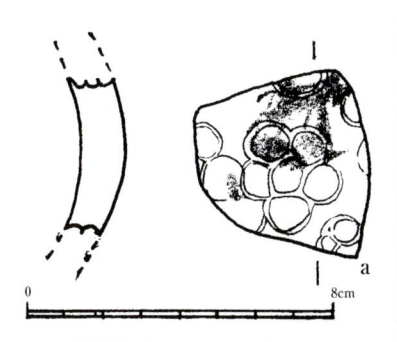

fig. 34d. 三彩陽印花文杯，M. Malcom Collection（Durham1967）

成と推定する。胎土は淡黄白色であり，表面は釉が剥落し淡茶色を呈し，外面には白化粧の一部がのこり，破片右上に，緑釉と白釉が明色で呈発し，左側の梅花文の外側に橙色がわずかにのこり，本来，三彩釉がかけられていたとみる。内面は，上辺に緑釉がのこるが，右辺は釉・白化粧ともに剥落し，暗色になり，横ナデの痕跡がある。下辺は，白釉と緑釉が化粧土の上に残るが，大部分は釉のみ剥落しているが，2次的な被火は認められない。小片のために天地も推定であるが，三彩陽印花梅花文半球形杯と考える。こうした意匠の杯の類例は少ないようであり，次の2例を提示する。①英国ダラム大学マルコム・コレクション（M. Malcom. Collection, Durham1967-20）品は，花弁と重圏文を配置し，藍・白・橙色で縦方向に塗りわける（fig. 34c，口径9.5cm）。②東京国立博物館蔵品（TG683，口径10.1，器高3.6cm）も花弁文を横列し，縦方向に施文する意匠に両者は共通性が認められる。本破片もこれらから類側すると，口径10cm前後の大きさであろう。わが国出土の杯は他にあるが，その多くは無文であり，本品のような陽印花文は初例である。

　2006年度の調査によると，この破片は，3層（B・C・D）からなる基壇築成土の内，C層から検出され，その上を覆う整地面Ⅱからは，白鳳から平安前期の瓦が出土している。したがって，この破片は，平安前期まで下がらない層位から検出されたことになる。

　この地は，奈良時代には「摂津国菟原郡」（『法隆寺伽藍縁起并流記資財帳』天平19・747年）であり，郡内8郷の中に，賀美郷と葦原郷（葦屋郷の誤記カ）を含み，芦屋川右岸には葦屋郷の存在が推定される。周辺には，三条九ノ坪遺跡から652年とみられる干支銘木簡，石製銙帯の出土，深江北町遺跡から「驛」銘墨書土器と承和年間の木簡，津知遺跡から大型建物の検出等，山陽道に面して官衙的な性格をもつ遺跡が集まっている。その中にあって，古墳時代以来，この地に勢力を広げていた在地豪族層が主導して創建されたのが芦屋廃寺と考えられ，菟原郡における一郡一寺と想定できる。この唐三彩杯は，奈良時代において菟原郡内から徴発され，遣唐使船で渡唐し，帰国できた人が無事の御礼に芦屋廃寺に奉納した唐物の一つと想定している。

　cf.『平成11・12年度芦屋市内遺跡発掘調査』pp. 66-78，芦屋市教育委員会，2006

35. 淡路国分寺跡　兵庫県南あわじ市八木国分331，三彩杯1　南あわじ市教育委員会（fig. 35a, b, c.）

　本格的な調査が実施される以前の1983年に，寺域の西北の鉄塔移設にともなう調査で発見された小片である（遺物N-1001，黒褐色土，寺北壁西端，830803出土，波毛資料）。杯の体部の破片であり，内外面ともに厚く白化粧され，外面には緑・橙・白色の釉が塗り分けられている。内面の上半部は，化粧土が剥落して露胎をみせるが，下半部には緑釉がのこり，銀化現象がみられる。注意をひくのは小豆（黒茶）色の胎土である。軟質の点では，類例の多い淡褐色土と変わらないが，日本出土品三彩陶で，こうした色調の製品は未発見で

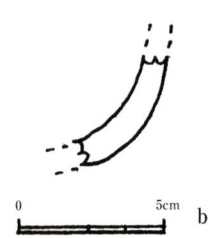

312　Ⅱ　隋唐白釉陶瓷の推移と三彩陶の形式

fig. 35a-b. 三彩杯片，兵庫県淡路国分寺

fig. 35-c. d. 彩陶片，西安礼泉坊窯跡（陝西省考古研 2008）

ある。窯跡においては，鞏県窯製品の多くは淡褐色であり，西安礼泉坊窯跡のなかに少数例ではあるが，小豆色の胎土があり（fig. 35c, d., 陝西省考古研 2008，彩図版 28），本例は，礼泉坊窯の製品の可能性がある。この小片を蛍光 X 線による胎土分析で唐三彩陶であると推定した三辻利一の慧眼に敬服する。

　この他に，第 18 次調査において，講堂隅土器溜まりから検出された長さ 7cm の把手の胎土は淡褐色軟質土であり，唐代の鉛釉陶にみられるものである。残念ながら釉薬はすべて剥落しており，彩釉陶の確証が得られない。

　cf. 三原町教委1993『淡路国分寺 - 三原町埋蔵文化財調査報告第 2 集』pp. 80-82，蛍光 X 線分析報告は図版 32，
　　　N-1001 試料，三原町教育委員会

36. 池ノ下遺跡 H 地区 69 区包含層（英賀保駅周辺遺跡第 4 地点）兵庫県姫路市苫編，三彩弁口瓶片 1　兵庫県立考古博物館（fig. 36a, b, c, d, e.）

　弁口瓶の口沿から頸部基部まで遺存し摩滅の著しい破片である。口沿部は先端を両側から押さえて尖らせ，俯瞰すると三角形につくり，把手に接続する口沿箇所が失われているが，ほぼ全形が確認できる。口沿最大長 6.4cm，頸部基部までの高さは 9.4cm，頸部突帯箇所の径は 2.9cm をはかる。頸部中位に，2 本の突帯文（幅 0.4cm）を貼り付け，その内側は轆轤成形時の絞り込みの凹凸がみられる。基部は段をつけて胴部に接胎する箇所まで遺存している。胎土は，灰白色で，淡桃紅色ではなく，ゴマ状の黒粒子が多数混じり，ところどころに淡赤色（1.5 × 1.0cm 不整形）の斑点がみられ，素焼き時の痕跡と考える。白化粧が部分的に残存している。釉の多くは剥落しているが，外面は，緑と橙色が点在する形でのこるが白色釉は確認できず，内面の口沿近くは緑黄色，頸部中位以下は，黒みを帯びた緑色を呈しており，白化粧の有無と関係している。破片のすべての端部は摩滅し丸みをおびている。これは，川の流れのなかで廻転して流され，端がすべて磨滅し，かつ釉薬の大部分が剥離している状態もこの摩滅に因がある。したがって原位置は，発見地よりも北方にある遺跡であり，そこから流されたと考える。

　この破片は，7-1-1 地区において洪水などで運ばれてきた褐灰色混礫層から出土し，奈良時代から平安時代前半までに限定される遺物－円面硯，須恵器転用硯，墨書土器（「中殿」），緑釉陶，平瓦，石帯等と，邢州窯白瓷碗底部片が共伴している。この夢前川右岸下流域に，山本（山所）廃寺とあわせて，官衙あるいは寺院跡に特徴的な遺物が検出されている（鐡英記 2008）。こうした特異な瓶は，寺院での使用が想定され，目的

的に請来されたと考えている。

　わが国おいて唐三彩弁口瓶の発見例は他にない。すでに指摘したように、瓶などの中型品の出土例は少なく、長頸瓶が三次市備後寺町廃寺、福岡県沖の島、三足炉が大宰府蔵司、東大阪市若江遺跡、館山市安房国分寺などに限定されている。これら中型品は、筥形品や陶枕三彩陶とは異なり、注文主からの要求に応えて請来されたと考えている。この遺跡も、こうした勢力が存在したことが三彩弁口瓶の検出によって推考される。

　本破片の大きさと口頸部形態からみて、東京富士美術館蔵の三彩貼花文弁口瓶が比較的類似している（fig. 36-e, 東京富士美1991, no. 34）。本破片の頸部の高さからみて、器高は29.7cm前後と推定できる。

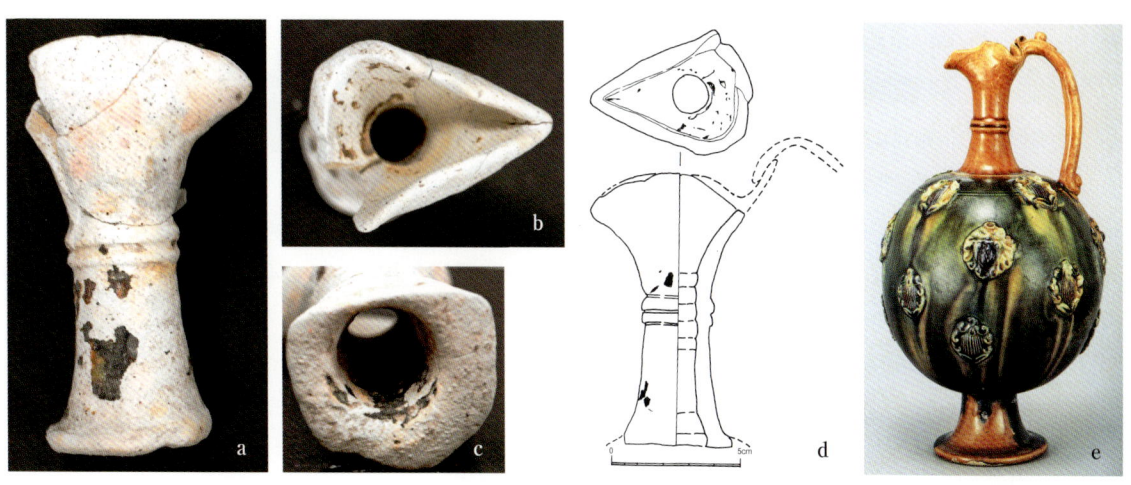

fig. 36a-d. 三彩弁口瓶片，兵庫県姫路市苫編池ノ下遺跡

fig. 36-e. 三彩貼花文弁口瓶（東京富士美1991）

cf. 鐵英記 2008「英賀保駅周辺遺跡第4地点」『平成19年度兵庫の遺跡発掘調査成果報告会』pp. 1-4, 兵庫県立考古博物館
　兵庫県教委 2012『池の下遺跡』pp. 261-262, 兵庫県教育委員会

37. 備前国分寺跡　岡山県赤磐市馬屋備前国分寺講堂跡，三彩陶片1　赤磐市山陽郷土資料館（fig. 37a, b.）

　非常に小さい破片であるが、唐三彩陶枕ないし筥形品の上面端部と推定する。その根拠は、表面に白色円文装飾があり、無釉の破片内面の右端に横ナデの箇所があり、その他はナデ調整であり、このヨコナデ調整箇所は2枚の板を貼り合わせる際にみられる痕跡である。さらに残存する小片では釉薬の流れが観察されないので、側面の可能性は少ない。通常、陶枕ないし筥形品の接合は、側面板の上に上下面を貼り合わせるので、本片も上面端部に近い箇所と推定する。胎土は、鞏県窯にみられる黄白色の精製土で、白化粧掛けがされているとみられ、白色釉の上に橙・緑色釉がけられ、全面に氷裂があり、剥落している箇所があ

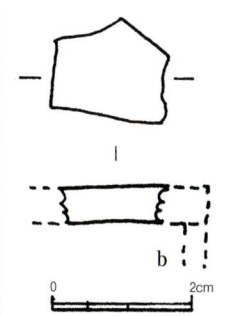

fig. 37. 三彩片，岡山県備前国分寺跡

314　Ⅱ　隋唐白釉陶瓷の推移と三彩陶の形式

fig. 38a-c. 三彩罐片，福山市走島町宇治島

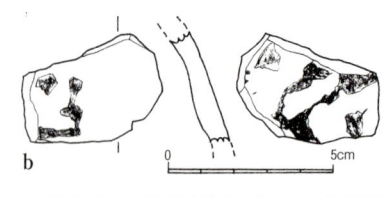

fig. 38-c. 三彩罐，洛陽出土（洛陽博 1985）

る。小片のため，陶枕か筐形品の区別はできない。

38. 広島県福山市走島町宇治島　採集三彩罐片1，香川県埋蔵文化財センター，安藤文良収集資料，広島大学考古学研究室（fig. 38a, b, c.）

　宇治島は，福山市鞆の浦と香川県の紫雲出山とを結ぶ線上の瀬戸内海にうかぶ無人島である。周囲は約4.5km，北東4.6kmに大飛島が位置している。1973年と74年に広島大学によって発掘調査が行われ，北の浜祭祀遺跡として確認され，奈良三彩小壺，緑釉碗・碟・長頸瓶などを検出している（川越哲志他1974「福山市宇治島北の浜遺跡の調査－第1次，第2次」）。安藤文良は古瓦の収集でよく知られ，香川県埋蔵文化財センターに収集品が2011年に寄贈された。そのなかの三彩陶1片である。

　図示（遺物番号406）したように小片であるが，小型罐の頸部下の屈曲部の下から胴部上半にあたる部位である。内外面共に釉薬の多くは剥離しているが，さらに剥離した器面も2次的な汚れで褐灰色を呈しているが，破面では白色の精製土である。外面の釉薬は，白（黄白色），緑，橙（茶）色の順で，頸部から塗り分けられており，ガラス質であり，白化粧は確認できない。内面は淡黄緑色であるが，本来は白色釉が塗られていたとみられ，釉下の胎土に横ナデの痕跡がある。小片のために胴部径など計測不能であるが，小型罐と推定でき，洛陽出土品（fig. 38c, 器高6cm, 洛陽博1985, no. 92）を例示しておきたい。この器種では把手の有無があるが，本破片ではどちらともいえない。いずれにしても小型三彩罐である。

　広島大学保管片は，器肉10mmと厚く，低明度の三彩釉がかけられた罐の下半部とみる。

39. 熊本市二本木遺跡二本木遺跡第28次調査F地点，三彩（鴛鴦文）陶枕片1，（fig. 39a. b. c. d. e.）

　同一個体とみる三彩陶枕破片2点は少し離れた地点から検出している。破片1は（p-14グリッド，Ⅲb層），4×5間で四囲を溝で囲まれた掘立柱建物（SB01）内の8世紀後半とみられる包含層から検出された。破片2（n-15, Ⅲa層）はその北側にある並堂の掘り込み地業中から9世紀後半の土層から検出した。これらの建物は，国衙に隣接する寺院跡と考えられている。このタイプの類例は，管見では故宮博物院にあり（fig. 39e, 李輝柄1996, no. 212），奈良・大安寺跡から3片，大宰府・蔵司跡から1片が確認されている。四面体に近い直方体であり，枕面はほとんど水平であるが，底面は無釉，無文である。側面にも，茶褐色，緑色に白色を点彩している。遺存破片の1は（fig. 39b），枕面に1.2cm幅の枠取りを，鋭利な線でいれ，その内側の円文枠内に，円文を4箇ずつ並べる文様構成であり，1箇と両隣がわずかに遺存している。円文枠と直線の距離が近いので故宮博物院品でみれば，上下ではなく左右のどちらかの位置であろう。枕面は被火して釉が煮えた状態にあるが，直線枠取り内は茶（橙）色地に白色と緑色釉をぬり，その内側内は茶（橙）色地，内側の円内の地は，現状では茶褐色にみえるが，緑地に白色を塗っていることは，円文内の楔形にのこる緑釉から推定でき，そこに白釉円文を浮き上がらせている。中心に鴛鴦文があると推察するが，その破片は検出

されていない。

成形は、貼り合わせであるが、内面の遺存状態からみて、側面板に枕面をかぶせて接合したとみられ、破片2の隅部ではドベ接着後に補強粘土をいれている（fig. 39a 右）。胎土は、白色に近い淡褐色であり、不純物の混ざりはない。底面は未発見であるが、無釉であり、平板で淡褐色胎土の破片がある可能性をのこしてい

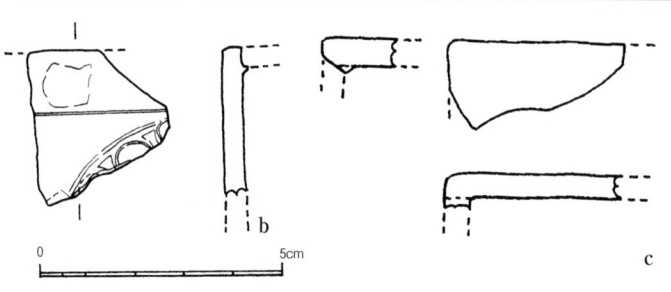

fig. 39a-c. 三彩（鴛鴦文）陶枕，熊本市二本木遺跡

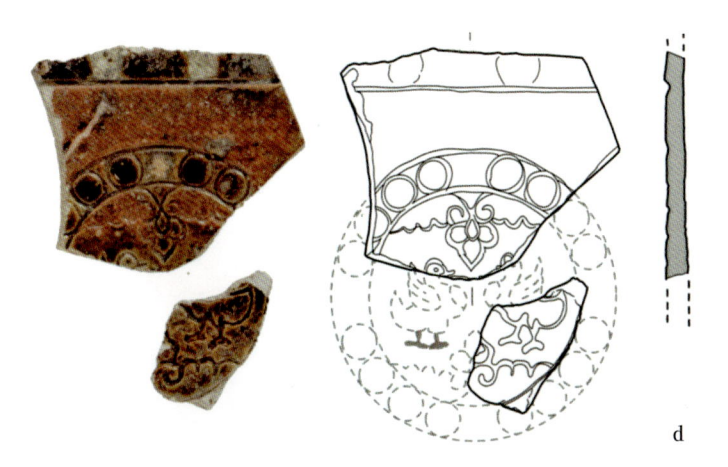

fig. 39-d. 三彩（鴛鴦文）陶枕，大安寺講堂（神野恵 2010）

fig. 39-e. 三彩（鴛鴦文）陶枕，故宮博物院（李輝柄 1996）

る。成形について詳細な研究が大安寺講堂出土品を資料としてある（fig. 39d，神野恵 2010，pp. 49-76）。
　cf.『二本木遺跡群Ⅴ－第28次調査区 E-I・K・L 地点－発掘調査報告書』熊本市教育委員会，熊本，2005

40. 城輪柵跡　山形県酒田市城輪柵 IM113　緑釉半絞胎陶枕片 1，酒田市教育委員会（fig. 40a, b, c.）
　1993 年に発見されている半絞胎小片である。上面とわずかに残存する側面に緑釉が滑らかにかけられ、胎土は軟質の褐灰色陶胎であり、厚さ 0.6cm の上面に 0.2cm の厚さで茶色縞文様を呈する絞胎を貼り付けている。内表面は淡い小豆色で、ナデ調整により平滑で、幅 0.7cm の黄色釉が付着しており、側面か底面にあけられた孔から施釉時に流れ込んだとみられる。側面板に上面の天板をのせて接合しており、接合時の補強粘土はなく、その接着箇所で折損している。基部が残存する側板には絞胎の痕跡がないので、半絞胎は天板にだけ貼り付けたとみる。側板の稜はわずかに丸みをおび、その下にかすかに横線があるので、箆により面取りされた後、ナデ調整されていると考える。こうした調整は筥形品になく、絞胎陶枕のほとんどが稜を丸めている。小片ではあるが、残存部は側板に対して天板が水平で凹みが確認できないので、陶枕の左右どちらかの隅に近い部分と推断する。
　この陶枕を復元すると、灰褐色の陶胎で、上（枕）面を凹ませてつくり、穿孔、焼成した後、上面のみに

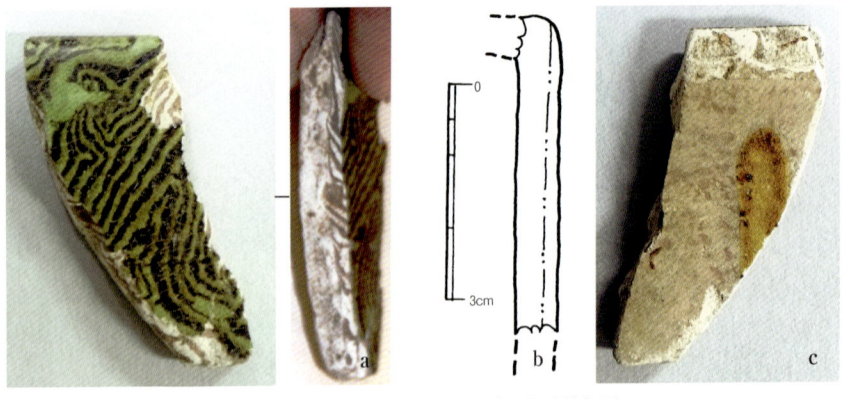

316   Ⅱ 隋唐白釉陶瓷の推移と三彩陶の形式

fig. 40. 緑釉半絞胎陶枕片,酒田市城輪柵跡

絞胎を薄く貼り付け,底面をのぞいて緑釉をかけて再び焼成したと考えられる。半絞胎であること,文様が単純な木理文であることからみて,晩唐・五代期に位置づけられ,褐灰色胎土からみて,おそらく鞏義市黄冶窯跡の産品の可能性があるが,この窯では黄釉が多く,緑釉例の報告はない。

城輪柵跡からは越州窯青瓷碗などが検出され(酒田市教委1998),さらに出羽国分寺跡に比定されている堂の前遺跡と政所の地名がのこる後田遺跡からも越州窯青瓷香炉などとともに邢州窯白瓷碗が検出されており,城輪柵跡周辺に出羽国の官衙・寺院の中心があり,9世紀代に初期貿易陶瓷が搬入され,そのなかに緑釉半絞胎陶枕があったと考える。

　　cf.『国指定史跡城輪柵跡―史跡城輪柵跡保存整備事業報告書―』酒田市教育委員会 1998
　　　山口博之 2010「奥羽の初期貿易陶磁器」『北方世界の考古学』pp. 79-100,すいれん舎,東京
　　　山形県立博物館編 2012『出羽国100年』山形市

41. 奈良市西大寺南町 578 次調査,西大寺旧境内,平城京跡右京一条南大路北側溝(SD101),三彩三足炉片1,奈良市埋蔵文化財センター(fig. 41a. b. c.)

　この側溝は幅 1.8m,深さ 0.45m で,8世紀中ごろの土器,瓦を主とし,平安初期の遺物も含まれ,溝埋土から検出された三彩三足炉の肩部破片である。軟質の胎土は,淡褐色を呈し,微紅色ではなく,白化粧は

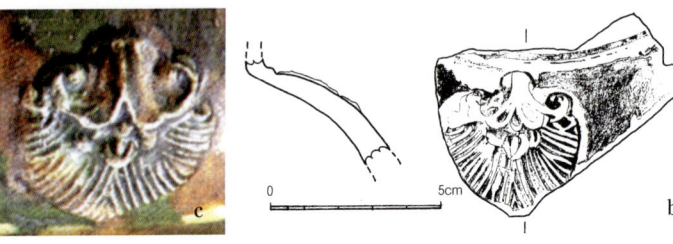

fig. 41a. b. 三彩三足炉片,奈良市西大寺旧境内(平城京跡右京一条南大路北側溝),-c. 三彩三足炉宝相華文(佐野美術館1991,部分)

されていない。轆轤横ナデ調整の内面では,口沿よりも下の一部に暗茶色の付着物がみられ,破面にはないので,焼成時に生じたものであろうか。頸部との接合箇所まで残存し,突帯がめぐらされ,肩のはる形であり,貼花文とともに三足炉であることは誤りない。残存部の地に濃緑色釉がかけられ,その面にメダリオンが貼り付けられ,橙色が塗布され,頸部にかけても橙色が施釉されている。貼花文は,上部から4本の茎がのび,その両端は巻き上げ,その下に3葉とそこから放射線状に30本ほどの隆起線をのばし(左上線に型崩れがある),ここに橙色釉が施されていたとみるが,茎の上面や隆起線上は摩滅し,釉は溝内などの凹部にのこる。この形のメダリオンは,宝相華文(奈文研2003,p. 11)の1/4を変形した意匠と考える。類似例は少ないが,佐野美術館蔵の三足炉の肩部に天地逆に貼付された例をかかげる(fig. 41-c,佐野美術館1991,no.

100，器高15.4cm）。

cf.『奈良市埋蔵文化財調査年報』平成19（2007）年度，奈良市教育委員会，2010＊

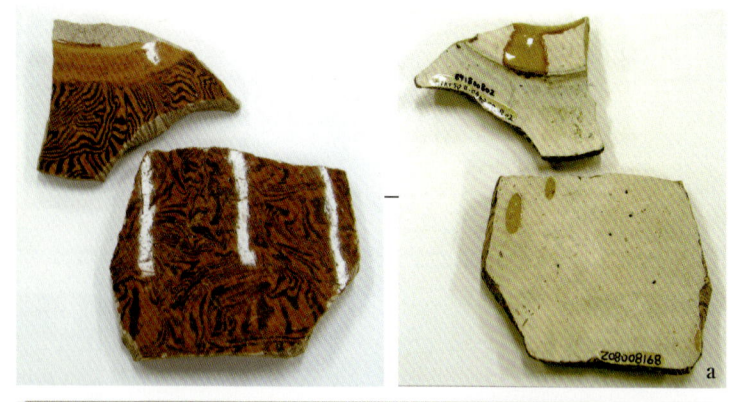

42. 福岡市博多区祇園町317，318番，博多遺跡群第50次調査　黄釉全絞胎瓶または罐2片，福岡市埋蔵文化財センター（fig. 42a，b.）

この破片は，第2面の遺構検出時に出土しており，この面は，13世紀代とみられているが，一部は12世紀後半代と報告されている。

破片は頸部下の肩にあたる2片であり，全絞胎で光沢をもつ黄釉が外面にかけられ，内面は白化粧土が全体に掛けられているとみる。頸部に絞胎ではない白胎土が接胎されており，わずかに残存する頸部の曲率は小さく，小口の器形とみる。外面の良好な発色からみると，白化粧がかけられているのであろう。器種および白胎土と接胎する技法，13世紀代の層位からの検出を考えると，晩唐代の鞏義市黄冶窯跡の製品ではないであろう。

cf.『博多21』福岡市埋蔵文化財調査報告書第249集，p. 8, 96，福岡市教育委員会，1991

fig. 42. 黄釉全絞胎瓶または罐片，博多遺跡群第50次

43. 奈良市大森町，平城京左京五条四坊十五・十六坪、五条条間北小路北側溝出土　第557・568次調査　三彩碗片1，三彩長頸瓶片1，奈良市埋蔵文化財センター（fig. 43a，b，c.）

2片共に胎土は灰白色ないしわずかに桃色をおびた軟質土である。fig. 43-aは，高台を付けない碗の底径は9cmほどであり，内外共に白・緑・橙色の順に三彩釉が塗布され，発色も良い。fig. 43-b右の長頸瓶の頸部破片の内面は無釉であり，上辺はやや開き始めているので，口沿からすこし下がった部位と見られ，径は小さい。これら2片は，奈良三彩陶と考える意見があるが，胎土の質と発色からみて，唐三彩陶と考える。

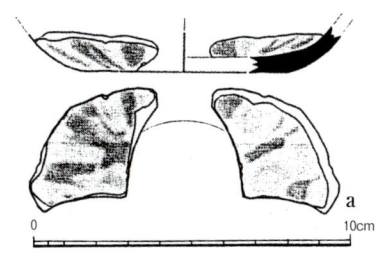

cf.『奈良市埋蔵文化財調査年報　平成18（2006）年度』p. 23，奈良市教育委員会，2009

44. 久留米市安武町野瀬塚遺跡B地点SB40柱穴内

fig. 43. 三彩碗片，三彩長頸瓶片（平城京左京五条四坊十五・十六坪）

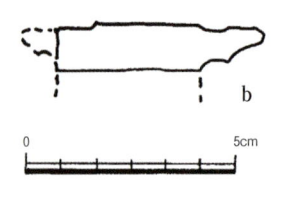

318　Ⅱ　隋唐白釉陶瓷の推移と三彩陶の形式

橙釉小盃蓋片1，久留米市埋蔵文化財センター，(fig. 44a, b, c)

　蓋は復元直径3.8cmで，上面の橙色釉の濃い施釉箇所が焦げ茶色，淡い箇所が橙色に呈発する方法であり，光沢のある表面に氷裂がみられ，白化粧はない。その中心に直径1.5cmほどの盛り上がりが正円でのこり，一部に擦痕があるが，鈕はなく，焼成時の痕跡もみられない。蓋裏には栓の突起の基礎箇所がのこり（直径2.1cm），周沿は橙色釉がかけられている。直径2.1cmの突起の基部残存箇所が高さ1mmほどのこり，栓の破損面は褐色，陶胎であり，破面に調整痕が見られ，ドベ接着が剥離したのであろうか。この蓋は，口径からみて小盃の蓋と推定するが，小盃に蓋ののこる遺例は少なく，栓蓋例は他にないであろう。形状および施釉状態から推定して，この器形以外には考えにくい。鞏義市黄冶唐三彩窯出土品（44-c）を例示する。

fig. 44. 橙釉小盃蓋片，野瀬塚遺跡，橙釉小盃　鞏義黄冶窯（鞏義市文管2000）

　この遺跡は，低台地上にある掘立柱建物群からなる集落で，この破片を検出した第Ⅲ期建物（8世紀末から9世紀中頃）は，真北に方位を揃えた10棟以上の建物群の内，14×2間の長大な南北棟の柱穴内から検出されている。墨書土器のなかに「三万（三潴）大領」，「三万少」などがあり，報告者であり夭折した富永直樹は，筑後国三潴郡にあった8郷の内の田家郷の「郷家跡」ではないかと考えている。

　cf. 久留米市史編纂委員2004『久留米市史12巻』久留米市，pp. 727-734
　　　河南省鞏義市文管2000『黄冶唐三彩窯』彩版30-2，通高5.5，口径3，底径4.5cm

2．日本出土の鉛釉陶の諸問題

(1) 三彩陶の製作開始年代

　近年の研究の深化によって，北朝から隋・初唐の鉛釉陶器について判明しつつあり，わが国においてもその出土が確認できる。三彩陶の初源については，墓誌による紀年銘共伴資料を根拠にして，670年代から出現するとされ[21]，これ以降の7世紀後半から8世紀前半の三彩陶の形式編年は紀年銘共伴資料によってたどれる。ここに基準をおいて，三彩陶の相対的編年をおこなうと，670年代以前に遡上せざるを得ない一群の資料が析出できる[22]。一方，白瓷竜耳瓶など三彩陶と共通する器形を形式的に並列して研討すると，隋代に位置付けられる最古式の白瓷竜耳瓶に続く形式があり，それが上で析出された一群の三彩陶と形式的に類似している。したがって，三彩陶最古の形式は，相対編年の示すところに基づくと660年代よりも遡上し，遅くとも初唐後半に出現した可能性がある。紀年銘資料は，群氷の一頂にすぎず，これに大幅に依存する危険性を内包している。重言すれば，三彩陶の出現は，遅くとも650年代，さらに遡上して7世紀第2四半期の可能性がある。日本出土例も，この考えで矛盾する事無く説明でき，かつ従来わが国への三彩陶の請来を遡らせても7世紀末とする無理な束縛から解放できる。その詳細は本書Ⅱ-1，Ⅱ-2を参照されたい。本稿では，盛唐以前の三彩陶と表現する場合は，8世紀中葉以前で，少なくとも7世紀前半を含む用法であり，

煩雑さを避けるために，これを唐三彩陶と記し，中・晩唐三彩陶と区別する。

つぎに，晩唐五代の鉛釉陶については，すでに優れた論説が提出され（矢部良明1979），その関心が惹起され，新資料の発見もあり少しずつ明らかになってきている。しかし，安史の乱後から晩唐以前の，いわゆる中唐については資料が少ない状況はつづいている。そのなかにあって，河南・偃師杏園唐墓群は中唐以降，随葬品として三彩陶は報告されていないが，晩唐においては，緑釉および黄釉陶の小形罐などの単彩鉛釉陶が使用されている状況を示している（社考研2001）。さらに，鞏義市黄冶窯跡の調査によって，中唐から晩唐前半を通じて鉛釉陶生産が継続されている状況が判明してきた[23]。

唐三彩陶のわが国への請来は，その生産が開始される7世紀第2四半期まで遡上する可能性があり，中唐，すなわち9世紀前半までの期間内に設定できる。このうち，廃棄年代が推定できる遺構では，8世紀前半代が多く，平城京七条二坊六坪・同二条二坊五坪，平塚・諏訪A，埼玉・熊野遺跡，群馬・境ケ谷戸遺跡，群馬・多田山12号古墳，ケサン遺跡などが挙げられ，9世紀以降の廃棄例も多い。逆に遡り7世紀後半に廃棄および埋納されたとみられるのは，藤原京右京二条三坊東南坪，奈良・御坊山3号墳，三重・縄生廃寺であり，それらの請来年代は，遅くとも7世紀中葉と考える。

（2）日本出土鉛釉陶の基本的属性

筑紫館・鴻臚館跡からは，越州窯青瓷に代表される唐宋代の陶瓷器が10万片のオーダーで検出されている。にもかかわらず盛唐以前の鉛釉陶は，4個体分の破片が検出されているにすぎない。

鴻臚館跡出土の越州窯青瓷などの初期貿易陶瓷器の大多数が9世紀以降に生産年代をもつものであり，それ以前のものは少数である事実を加味しても，もたらされた三彩陶を主とした鉛釉陶はきわめて少ないといえる。こういう現象は，わが国全体のなかに敷衍したときにも指摘できることであり，9世紀前半以前の鉛釉陶の出土は総量としても，1遺跡当たりの点数としてもきわめて少なく，このことは，わが国にもたらされた鉛釉陶のもつ基本的な性格に係わることである。

鉛釉陶の出土点数が少ないことは，これらが交易のルートにのって恒常的・継続的・組織的な構造で，わが国にもたらされたものではないことを示している。すなわち，すでに指摘したように，貿易陶瓷器にたいして，「請（将）来陶瓷器」という概念を与えて，これを区別した。この概念のなかには，単発的・偶然的・私的な要素が大きな割合を占めて，わが国にもたらされたという意味を考えている[24]。

よく知られている橿原市（藤原京右京二条三坊東南坪）出土の三彩人物俑が，どのような目的で請来され，使用されたのかを説明することは難しい。出土遺跡は，二条大路に面する数棟の7世紀後半の掘立柱建物の一つで，下級官人クラスの住人が考えられている。これを人物俑とするならば，所有者にとって，何らかの目的的な入手情況，例えば凶明器としての使用を目的にしたとは考えがたく，せいぜい室内の単なる装飾品で，のちに廃棄されたと推測する。すなわち，一部の器種をのぞいて，使用目的にそって意図的にもたらされたとは考えがたいこと，これが請来陶瓷の具備している一つの性格である。

中国における三彩陶の種類として，鎮墓獣・各種の人物動物俑・模型類・建築用材および器類がある[25]。これらのうち，日本出土の器種は，三足炉・罐・長頸瓶・陶枕・筥形品・碗（杯）・火舎・盒・俑であり，火舎・盒はわずか1片ずつにすぎない。さらに，彼我の情況を比較してみると，日本出土品は種類が少ないことは当然として，竜耳瓶や灯形品に代表される大型品がなく，かつ鳳首瓶のような実用に供し得ない器種は含まれていない。逆に，日本出土品では，後述するように実用に供したとみられる三足炉・長頸瓶・罐・盤・弁口瓶・火舎などの中型品と，筥形品・陶枕・碗（杯）のような掌中にのるような小型品が多いことを注意したい。この点に日本請来品のもつ特徴の一つがある。

（3） 鉛釉陶出土遺跡の性格と器種

　前章で紙数を割いて出土遺跡について詳述したのは，最近の論調のなかに，その点がないがしろにされて，誤れる方向に結論が導かれているのが散見するからである。例えば，庶人の住居とみられる遺構を，都城内に位置するただそれだけの理由で，官衙などとの関連を求める論旨があり，その実体を見誤ることを恐れる。そこには，唐三彩陶などの鉛釉陶を特別視して，官衙・寺院などと結び付けないと，その存在が説明できない理由があるようである。特別視するという前提自体から離れ，アプリオリな思い込みを捨象して，出土状況を率直に注視することによって再考する必要性を感じている。

　盛唐以前の鉛釉陶を出土する59遺跡（上記の平城京内遺跡などの大規模遺跡を1と数えると33遺跡）を，一律に論ずるのではなく，ここでは前章をまとめて，遺跡の性格と出土鉛釉陶の器種との関係を中心に再考したい。

　tab. 2. は鉛釉陶の出土器種と遺跡数との関係を示し，破片数ではない。わが国出土品の全体についての特徴は，第1に，筐形品，陶枕，碗（杯）の小形品を検出した遺跡が34箇所で，全遺跡数59の約60％を占めている。なかでも陶枕の占める割合が非常に多い。第2に，中形品である三足炉，長頸瓶，罐は少ないが，寺院跡の発見例が多い。第3に遺跡別では，寺院が多く，次いで平城京，平安京内の貴族邸宅と官衙からの検出例が多く，その需要層を示唆している。第4に，陶枕などの小形品は，東国の農村集落跡からの出土が比較的多い。

　以下，遺跡の性格ごとに述べたい。

a. 寺院跡　24遺跡—熊本・二本木（陶枕），福岡・観世音寺（三足炉），広島・寺町廃寺（瓶），岡山・備前国分寺（筐形品），兵庫・芦屋廃寺（杯），淡路国分寺（杯），姫路坂ノ下（弁口瓶），大阪・若江廃寺（三足炉），

tab. 2　日本出土の器種別，遺構性格別の盛唐三彩陶検出遺跡数

	筐形品	陶枕	碗（杯）	三足炉	長頸瓶	罐	弁口瓶	盤	火舎	盒	硯	俑	計
寺院	2	5	5	6	1	1	1	1	1				23
古墓・祭祀	1	1			1						1		4
官衙	1	7	2			1						1	12
京内邸宅		1	3		2	4		1		1	1	1	14
農・漁住居		5				1							5
包含層		1											1
計	4	20	10	6	4	8	1	2	1	1	2	2	

＊平城京跡，平安京跡などの大規模遺跡は調査地点の枝番号でカウントした。
＊この表は破片数または個体数ではなく，検出遺跡数であり，大安寺講堂前出土遺跡は，筐形品，陶枕ともに各1とした。
＊「京内邸宅」は平城京，平安京において貴族の邸宅を，「農・漁住居」は農村・漁村・山村集落内の建物と各々推定されている遺跡である。「官衙」は，都城内と国衙・郡衙推定地をあわせた数である。

大阪・鳥坂廃寺（火舎），奈良・大安寺（陶枕，筐形品），安倍寺（三足炉），坂田寺（盤，杯，陶枕），北白川廃寺（三足炉），三重・縄生廃寺（杯），安房国分寺（三足炉）

　大安寺跡に代表される大量の陶枕および筐形品が強い印象をあたえているが，これは異例な，特殊な事例と考えたほうがよい。この約200片という異常に多い破片数は，個体数にすると50を下らないであり，中国における1遺跡の発見数をはるかに超えているばかりではなく，中国の墳墓から出土し，世界各地の美術館などに現在保有されているこれらの器種の総数に匹敵している。したがって，大安寺跡を基において，これを一般化して，わが国出土の陶枕・筐形品の用途や分布などに論及することは難しい。

　大安寺においては，凹型形・直方体形の唐三彩陶枕，筐形品と奈良三彩陶枕が同時存在であるのは，これらが区別して意識されることなく，講堂もしくは金堂でおこなわれた仏事の際に用いられていた。しかし，これら大量の陶枕・筐形品の使用方法と目的について，具体的に明らかにすることは難しいが，この寺にお

いては，これらが意識的に請来された目的的な器種であったことは確かである。陶枕や筐形品1個体が単独で発見される他の遺跡の場合とは異なる入手経緯，経路であろう。すなわち，このことを日本出土の三彩陶一般の属性に敷衍することは誤りをおかすであろうし，あくまでも大安寺の特殊例である。言を重ねれば，200数十片（+約50片）出土と，わずか1片が検出されている遺跡とを同一の土俵で論ずることはできない。

大安寺におけるこれらの用途に明解な回答を出すことは残念ながら難しい。ここでは宗教儀礼に関連する器物であり，仏具を載せる台座や，経典を押さえる文鎮類としての用途説を紹介するにとどめる（謝明良1994）[26]。

寺院跡出土品を通観すると，陶枕，筐形品，杯などの小型品もあるが，中型品ともいうべき三足炉・長頸瓶・火舎，とりわけ集落跡などにはみられない三足炉が，検出されている点が注意される。すなわち，観世音寺，西大寺，若江廃寺，安倍寺，北白川廃寺，安房国分寺の6寺院跡から発見されている。さらに，これらの出土位置に眼をむけると，観世音寺や若江廃寺のように2次的な位置に移動したものもあるが，安倍寺・安房国分寺では，金堂基壇跡やその回廊付近から発見されている。

これらの点は，三彩三足炉が，寺院において，この器の本来的な用途にしたがって用いられていたことを示唆させる。それは，日本製の三足炉（火舎）が，寺院跡から多く出土することと軌を一つにしており，この器種は寺院における必需品の一つである。慶州朝陽洞出土の三彩三足炉や太宰府市立命寺遺跡出土の青瓷三足炉が蔵骨壺に転用されていたために，中国外出土三彩陶がその本来の用途とは別である印象をあたえている傾向があるが，それを拡大解釈するのは，三足炉の寺院出土例が多い事実を重ねると誤りであろう。この器種に限れば，わが国では本来的な用途を，理解していたことになり，さらにその目的で請い求めたものと考えている。

寺町廃寺出土の長頸瓶も講堂磚積み基壇中央部から検出され，仏花瓶あるいは浄瓶としての用途を推測させ，鳥坂廃寺の火舎も講堂仏壇付近から検出されており，この種中型品は，使用目的に適合するように，器形が選択されて意識的に請来されたと考える。こうした唐での使用法に一致するものと，転用例とを一緒にして結論を出すのは慎むほうがよいであろう。池ノ下遺跡の性格を決めることは難しいが，同一地区から円面硯，転用硯，墨書土器（「中殿」），緑釉陶，平瓦，石帯，邢州窯白瓷碗片などが共伴しているが，瓦の出土点数は少なく，寺院跡ではなく官衙関連遺跡の可能性もある。しかし，この破片は原位置ではなく，上流から流されたものであり，三彩弁口瓶の存在から逆に思考すると，この特殊な器形は寺院において浄瓶として機能したと考えられる。いずれにしても，この種の中型品が畿内と，山陽道などを含めたその周辺地域が多いことは注意される。

三重・縄生廃寺塔心礎の滑石製舎利容器の蓋として被せられていた三彩碗は，転用例であるが，このような場合，上記のように仏堂舎において使用されていたのではなく，むしろ奉納された，すなわち次項の祭祀的な意味をもっている。

b. 古墓・祭祀遺跡　4遺跡―福岡・沖ノ島第5号遺跡（長頸瓶），広島・宇治島遺跡（罐），奈良・御坊山3号墳（蓋硯），群馬・多田山12号古墳（筐形品）

沖ノ島の場合，遣唐船の航路から外れており，律令制下のこの島における祭祀が，遣使と直接関係する史料は承和度以外にはみられず，むしろ海人族としての宗像氏の航行安全祈祷地の側面がある。御坊山3号墳の硯では，墨痕と玻璃製筆軸からみて，被葬者の案上の愛用品がそのまま随葬されたとみられる。多田山12号古墳前庭部の場合は，出土層位からみて，古墳築成以降に，墓前でおこなわれた葬祭儀礼に用いられ，陶片の分布範囲から推測すると，あるいはこれは墓前で砕破されたことも考えられる。古墳周辺に居住し，生前これを所持していた人物が浮かび上がり，後述するように，彼の経歴のなかに遣唐使船乗船者であったと

考える。宇治島遺跡は，大飛島の西隣に位置し，同じく奈良三彩小壺も検出されており，航海安全祈願の祭祀遺跡奉納品であり，小片ではあるが三彩罐と推定できる。

c．官衙跡　9遺跡——福岡・筑紫館・鴻臚館（陶枕，碗），福岡・大宰府蔵司（陶枕），平城京右京二条三坊四坊（絞胎陶枕），平城京左京二条二坊十二坪（陶枕）

地方官衙：静岡・城山遺跡（陶枕），静岡・上ノ段遺跡（陶枕），神奈川・四ノ宮下郷遺跡（小壺）。新潟・阿賀野市山口（琴頭），静岡・ケイセイ（筥形品）

鉛釉陶は，福岡・筑紫・鴻臚館跡や大宰府蔵司跡の官衙遺跡からは，あわせて5片を検出しており，官衙遺跡全体の鉛釉陶の出土量からみればほぼ半数であり，請来の門戸の位置にあったことは重言の要はない。しかし，前述したように，この数量は，鉛釉陶が，貿易陶瓷器とは異なり，請来陶瓷の概念で理解できることを再認識させる。平城京右京二条三坊四坊と平城京左京二条二坊十二坪の遺跡は，前者は「酒司」墨書土器が検出され下級官衙関連の遺構とみられる。後者は「相撲所」墨書土器が検出され，それの関連遺構の可能性があるが，三彩垂木瓦も出土し，離宮跡の可能性も考えられている。

地方官衙跡と推定されている5遺跡については，静岡・城山遺跡と上ノ段遺跡は，ともに郡衙跡と推定されている掘立柱建物付近から検出されている。しかし神奈川・四ノ宮下郷遺跡（小壺）や，福岡・東入部遺跡（罐蓋）も，官衙遺跡そのものではなく，その周辺村落出土例である。

このように，大宰府関係官衙，中央の下級官衙がおよび郡衙など官衙関係遺跡出土の鉛釉陶は，周辺の集落遺跡を含めても，12遺跡を挙げうるにすぎず，全体からみれば決して大きな割合を占めているとはいえない。従来，平城京内や平安京内検出品を，機械的に官衙出土とし，わが国出土遺跡の属性を決めるような乱暴な論は実態に則しているとはいえない。

これらの官衙関連遺跡と考えたなかで，もう一歩踏み込んで，鉛釉陶が，その官の保有品としての存在であったのかは疑問である。出土遺構のなかでとりわけ郡衙の場合，唐三彩陶は，政庁域と推定されている範囲からの検出例はなく，いずれもその周辺に展開したとみられる建物跡からである。国衙や郡衙域の境界を画定することはきわめて困難であるが，鉛釉陶の出土位置をみると，官的な保有品とは認定できず，むしろ周辺集落住民の私物と考えられる。くわえて，その多くがが陶枕や筥形品であり，これは下述の集落跡出土品の傾向となんら変わるところがない。これらを官衙が保有してどのような使途や意義があるのか，官衙遺跡出土品として特別な意味を有しているとは考えられない。

ここで想起されるのは，国産の緑釉陶器の出土遺跡が類似した出土傾向をもつことである。従来，緑釉陶器は，官衙とかかわりの深い遺跡から出土すると見られていたが，仔細に検討すると，官（国）衙の政庁域ではなく，その近辺から多くみられ，官衙と緑釉陶器の直接的な関係を示しているのではなく，国司の私的な奢侈品と評価する見解がある（尾野善裕 2002，pp. 41-42）。緑釉陶器と鉛釉陶とは，出土量もまったく異なり，需要形態も違うが，出土遺構では共通性をもち，いずれも官衙そのものが保有していたとは考えがたい。

d．住居跡　農漁山集落と平城京などの京内邸宅では意味を異にする。

＊農漁山集落7；福岡・谷遺跡（陶枕），福岡・東入部遺跡（罐蓋），長野・前田遺跡（陶枕），長野・町浦遺跡（陶枕），千葉・向台遺跡（筥形品），埼玉・熊野遺跡（陶枕），群馬・境ケ谷戸遺跡（陶枕）

＊都城京内邸宅7；平城京右京五条一坊十五坪（杯），平城京 左京七条二坊六坪（六曲杯），平城京左京二条二坊・三条二坊・長屋王邸宅（盤・蓋盒），藤原京右京二条三坊東南坪（俑），平安京右京二条三坊二町（罐），平安京右京四条二坊六町（瓶），平安京左京四条四坊（陶枕），平安京左京五条四坊二町（罐），平安京左京六条三坊十町（罐），平安京右京七条一坊二・三町（罐），平安京右京七条三坊一五町（罐），平安京左京九条三坊十六町（陶枕）

住居跡出土例は，農漁山村集落と都城域に分けられ，前者では掘立柱住居跡とともに竪穴住居跡も相当数がある。

まず，農漁山村部における集落跡として，福岡・谷遺跡の場合は，掘立柱建物は小規模であり，その配置も規則性はなく，通常の農山村集落である。周辺に古墳があり，古代寺院があるとしても，とくにそれらとの関係を示唆できるような遺物も検出されていない。現在においても，平野の端の山沿いに散在する集落であり，山村に近い景観を呈している。群馬・境ケ谷戸遺跡の場合も，掘立柱建物群のなかにある通常規模の竪穴住居跡から検出されたものである。同じく，竪穴住居跡の出土例として，埼玉・熊野遺跡，佐久市前田遺跡，長野・屋代遺跡群町浦遺跡がある。郡家域内に竪穴住居も存在したみられるが，これらの住居跡自体はそれに関連するような特別の存在とする根拠は見出せない。千葉・向台遺跡も，埴生郡衙関連の建物に隣接する集落跡の廃棄物遺構の出土である。

これらの竪穴住居跡から，共通して三彩陶枕が検出されていることは注意される。わが国全体として陶枕の発見例が多いわけではあるが，こうした集落にもたらされた三彩陶枕はいかなる存在であったのか。上野国など東国における竪穴住居は特別な存在としても，これらの集落の農民が三彩陶枕を所持していたことをいかにして解釈できるのかが問われているわけである。実用に供したとも考えられず，単に珍奇な（続紀天平2年4月甲子）あるいは珍異な（天武紀4年正月1日）唐物程度の意味をもっていたに過ぎないのであろう。古墓の項にいれた多田山12号古墳（筐形品）もまた，集落の被葬者の後裔が所持していたものであり，東国に多いことも注意される。

つぎに都城における住居跡出土例として，平城京内の左京七条二坊六坪遺跡は，掘立柱建物や井戸などが検出されており，三彩六曲杯は中国での出土点数が少ない。同じようなことは右京五条一坊十五坪遺跡から検出された三彩印花花文杯も稀少なものであり，上記の東国などの集落出土品にはみられない。いずれもどの程度の官人の邸宅であるのか解らないが，小形品ではあるが優れた三彩陶器である。

平城京内では長屋王邸宅出土の盤や盒蓋は，群を抜いた良質の三彩陶であり，庶人の住居出土品とは明らかに異なる。稀少例の白釉円面硯を検出した左京三条四坊十一町の地は，宮域にも近く邸宅が多い地であり，大形の掘立柱建物（2間×3間以上と5間以上の柱列）を検出している。居住者が判明している長屋王邸宅をはじめとして，平城京内の邸宅出土の三彩陶などの入手は，東国など他所とは異なる請来方法が推測され，後述したい。

平安京内の貴族邸宅などから検出されている盛唐の鉛釉陶は少なく，三彩陶枕を出した左京九条三坊十六町遺跡は，京戸の住居跡の可能性があり[27]，他に左京四条四坊五町にあり，三彩陶枕は2遺跡である。中型品は，北白川廃寺から三彩三足炉，貴族の邸宅跡と推測されている右京二条三坊二町から三彩罐などの中型品を析出できるが，その他の中型品は黄釉全絞胎罐である。平安京の場合は，平城京からの転居などに伴い，三彩陶の請来から時間が経過した後に廃棄されたものであり，平城京と同一には扱えない。その理由以上に，平安京遷都に重なる中唐期（766-835年）では三彩陶の生産と墳墓への随葬は途絶していると考えられる。例えば，河南偃師李園唐墓群や鞏義市芝田唐墓群などの紀年銘墓では，盛唐期までは三彩陶の随葬は盛行していたが，安史の乱をすぎると途絶し，緑釉や黄釉陶の単彩鉛釉陶が少数随葬され，白瓷器などに変化し，少なくとも三彩陶随葬の葬葬慣習は消えている。従前から説かれているように，三彩陶の焼造は8世紀中葉までであろう。従って，勝宝度や宝亀度の遣船で三彩陶を入手することは困難であり，中心都城ではあるが平安京出土品が少ないのは当然である。

（4）鉛釉陶の入手経緯

　盛唐以前の鉛釉陶がわが国にもたらされた経路として遣唐船による蓋然性がもっとも高い[28]。いうまでもなく，7-8世紀において，送迎使を含めて，日唐間の十数次にわたる交渉は，この船の往来によっている。しばしば触れられる日羅や日渤交渉によって唐三彩陶が請来されたとする考えは，とくに根拠を明示できるものではなく，推測の域をでていない。この場合，唐から新羅ないし渤海へ，三彩陶がどのような状況でもたらされて，それが両国においてどのような形で受容され，その一部がわが国に再び移動した状況，両地域における廃棄・埋納の考古学的例証，その数量を含めた課題が新たに生じてくるわけであり，これらの実証なくして推測をかさねることはできない[29]。

　わが国からの遣唐使は，総員250名から650名に達する使節団であるが，正・副使等が長安に赴いた間，それ以外の大多数の人々は滞在地である揚州・楚州・蘇州などに留まっている。以下この状況が比較的判明している承和の最後の遣唐使の例を，『入唐求法巡礼行記』（小野勝年1964，足立喜六・塩入良道1970，以下『行記』）にしたがって述べたい。盛唐三彩陶の生産停止後の時代であるが，遣唐使の動向を具体的に把握できる史料はこの旅行記をおいて他にない。

　この時は入唐できた511人のうち，入京したのは，大使・判官2・録事2・通事1・請益生2・射手1カならびに雑職あわせて35人であり，残りの476人の人々が約4ヶ月間揚州に滞在している[30]。残留者で記録されているのは，監督する責を負う判官1・録事1，それに次ぐ知乗船事，下級官人である史生や（新羅）訳語，（請益・留学）学問僧・画師などであり，これらの人を除くと，船師・船匠・船工・（梢師）・挟杪・水手長・水手・射手・都匠・番匠・鍛工であり，いずれも船舶運行関係者で，かつこれらの人々が，遣唐使船において人数的に大多数を占めている。しかも「第一舶の水手，射手六十余人」（『行記』開成4年正月5日）とあり，1隻の乗船者120-140名の半数はこの水手，射手が占めていた。天平20（748）年に揚州からの鑑真和上の舶では，乗組員35人の内18人は水手と記されている。

　このように遣唐船の半数以上は，船舶の運行・修理関係者と，傔従をふくめた下級官人である。彼らが4個月に及ぶ揚州・楚州滞在中の行動は『行記』のなかに断片的にうかがうことができ，遣唐大使一行が長安から楚州に帰還し，帰国の準備に入った時点で，市で雑物を購入する記録がしばしば見られる。

　「(揚州禅智寺の東辺において)長官の傔従白鳥清岑……留学等四人，香，薬等を買うが為に船を下りて市に到る（開成四年二月二十日）」，「……大使の傔従粟田家継（画師）は，先日物を買うが為に船を下りて市に往けり（同二十一日）」，「……射手身人部貞浄は，市に於いて物を買い，……[唐人強凌で禁足されていた]第四舶の射手，水手二人は免ぜられ……史[生]越智貞厚は，先日市に往いて物を買う（同二十二日）」等と記されている。

　すなわち，史生・画師・傔従[31]・水手・射手など，いわば下級者が揚州の市場において，唐土から国への土産物として，雑物を買い求め，そのなかに勅断の色（交易禁止品）を購入したために捕縛された者もいたために，記録されている。これより数日前に，揚州残留者全員に，いわば購入資金として絹などが給付され，それをもって市に赴いている。雑物の品名は香，薬等以外は明記されていないが，購入できた唐物のなかの一つとして8世紀代ならば，唐三彩陶などの鉛釉陶が含まれていた可能性がある。この遣船時では，三彩陶の生産はほぼ停止していたと考えられるので，購入は不可能であったとみるが，それ以前の16次におよぶ遣船帰国時における滞在地での土産品購入の顛末も似たような状況と推定できる。その際土産物は，船載であるので，大型品や重いものは避けられたようで，入唐時ではあるが，持参品に関して「船載に限り有り」という表現もみられる（承和3年5月5日付け僧実恵書簡）。したがって，三彩陶でも一部中型品を含み，小型品で，かつ購入者が知識階級とは云い難いので，その買物を選ぶ基準が珍奇な唐物にあったと推測する。

唐三彩陶が長安などの市で販売されていたことが，この推測を裏付ける。唐三彩陶が，墳墓随葬品だけではなく，実用器であることは，すでに指摘されているところで，洛陽皇城内の隋代の子羅倉（塩倉）が，唐代に磚瓦作坊になり，その包含層から三彩三足炉・小壺などが発見され（考古 1981-4, p. 313），揚州唐城手工業作坊跡の調査においても，盛唐期とみる三彩小盂，小執壺，刻花器片が発見されており（文物 1977-9, pp. 16-30, 文物 1980-3, pp. 11-16），おそらくこの遺跡出土とみられ，鞏義市黄冶窯産品の可能性がたかく，わが国でも出土している四弁花文および鳥文陶枕，刻花文盤がある（揚州市博 1996）。器だけではなく，人物俑も揚州木橋遺跡から発見されている（文物 1980-3, pp. 17-20）。長安城西市遺跡の盛唐期の飲食店舗と推定されている付近の路面から三彩釉器が検出され，日常の生活用器として西市で購入できたことを示している（考古 1961-5）。さらに長安滞在のわが国の遺使が市で唐物を購入している史料がある（717年，『冊府元龜』巻974, 外臣部・褒異）。

揚州の市の調査は少しずつ行われているが，唐代において益州（四川省成都市）とならんで「揚一益二」と称せられ，天下一の商業都市であった揚州市場において，盛唐代では三彩陶などの鉛釉陶が売買されていた蓋然性は高く[32]，下級入唐者が，揚州の市で買い求めた土産物としての唐物のなかに，小型三彩陶が含まれていたと推測する。

（5）鉛釉陶の請来者

ここで再び，上述した鉛釉陶のわが国での出土状況を，遺跡の性格と器種との相関から，さらに集約すると，A．中型品ともいえる三足炉・長頸瓶・火舎が寺院の講堂ないしその近辺から検出されていること，B．陶枕・杯などの小型品が，都市部および農村部を問わず，個人住居跡や地方官衙の周辺住居跡から検出されていること，の2形態に分けられる。

まず，Aの場合，香炉としての三足炉・火舎，花瓶あるいは浄水瓶としての長頸瓶は，寺院においては必需品であり，それらが実際に使用されたとみられる場所から検出されている。このことは，これらの器種が，揚州などの市において，意識的，目的的に選択されて購入されたと考える。これが検出された寺院の関係者が購入したのか，あるいは依頼された随員が器種を指定して求めたのか，確かめる術はないが，帰国後，それぞれの寺院に施入されたと推測する。

備後寺町廃寺講堂基壇上層から検出された三彩瓶は，施入の例として考えられる。この寺は，伊予国越智郡の大領の祖が百済から生還できたことに感謝して寺をつくったとされ（『日本霊異記』上巻第7・第17話），これに比べれば三彩瓶の喜捨は小事である。唐物が遺使の帰国後に伊勢大神宮に奉られたように，格はまったく下であるが，遺使の中で，その地の出身者による寺社への奉納の場合もありえよう。縄生廃寺塔心礎に納められた三彩碗は，まさにそのようなケースとみられ，下に述べるように，周辺集落から徴用された水手・射手のような人が，無事帰還したお礼として，この寺に寄進し，それが舎利容器の外蓋に転用された想定が成り立つであろう。

唐物といっても必ずしも唐地で購入したと限定することもできない。上記の三谷寺の仏像をつくるために，禅師が都にのぼり財を売り，「金丹等物」を購入した話が収録されている。下述のように，唐物が都の宮市で販売されており，それを直接的ではないにせよ，入手できる機会があったわけであり，寺としての必需品の一つとしての唐物を国内で調達することも考える余地がある。

Bのケースがわが国出土例の大部分を占め，遣唐使随員によって，珍奇な唐物として市において購入され，帰国後，個人保有，寄贈，喜捨・施入されたとみる。この場合，長屋王邸宅跡や貴族の邸宅と推定されている平城京右京五条一坊十五坪遺跡から検出された三彩印花花文杯などは，他と異なり，上手な中型品を含む

三彩陶が発見されているのは，所有者が，遣唐使の中枢官人との関係があり，贈与行為の結果と考えられる。あるいは，内裏の建礼門前で，宮市がひらかれ，唐物が置き並べられ，内蔵寮の官人や内侍等が交易をしているので，そこで購入することも可能であった（『続日本後紀』承和6年10月25日条）。都市部において下級官人あるいはそれ以下と推定されている住居跡からの出土は，彼らが史生や傔従など下級の随員として，自ら購入し個人保有となり，それが平安京への転居なども含めて移動し，廃棄されたものと考える。

問題となるのは，西海道の一部，東山道の信濃・上野，東海道の遠江・駿河・相模・武蔵・上総と広範囲で，農山漁村の竪穴住居に象徴される住人および郡衙等の周辺集落住人が保有していた場合である。彼らと遣唐使との接点として考えられるのは，遣唐使の一員として徴用された水手および射手である。遣唐使船のほぼ半数を構成する彼らは，船載の関係で，陶枕に代表できる小型三彩陶わずか1個を，市で土産物として購入し，帰郷後，珍奇なもの，ただそれだけの理由で保有していた。それらの所有者として，遣唐使随員のなかで想定できるのは水手および射手以外には考えられない。しかも西海道・東山道・東海道に偏在する出土分布は，徴用された彼らの本貫地を示している。

射手および水手などについてはほとんど分からないし，史料の少なさの故であろうか，研究も進んでいない。『行記』のなかでは，その姓名が記された方がおり，わずかにその姿が浮かび上がる[33]。

まず射手については，『行記』に「相公（大使）は，……射手左近衛丈部貞名等を差わして請益僧を慰問し」（839年7月21日）とあり，丈部貞名は，左近衛に所属していたようで，前年7月に「射手丈部貞名等，大使の所従り来たりて云う」と，揚州へ向かう小船では大使と行を共にしており，また請益僧慰問の使いを果たしていることなど，大使の側近的な特殊な存在である。射手大宅宮継や上教継も大使と同行しており，相い似た立場が想定され，それによって姓名が記録されているのであろう。

この記事で注意されることは，丈部貞名のように，射手が衛門府の衛士のなかから，勇敢便武の輩として選抜されたことである。その衛士は，正丁の徭役の一つであり，各地域の軍団の兵士のなかから選ばれているが，京畿からは徴発されず，畿外，四方国（ヨモツクニ）の力役とみなされ（直木孝次郎1960，ヒストリア28号），さらに西海道や山陽道は徴発を免れていた可能性がある（笹山晴生1985, pp. 34-63）。そうすると，防人と同じように，東海道・東山道を主とした兵士，すなわち律令農民の正丁から徴発されていた可能性がある。

射手身人部貞浄のように，「市において物を買い，先日捉われて州裏に閉縛せられ」ことによって偶々姓名が記録されているわけで，大部分の射手は，各地から徴用され，異郷の環境のなかで「水手，射手六十余人は，皆並びに病に臥して辛苦」し，本郷の村里を想い，「第一船の匠（船工），運（水手），射手等五十余人，寺に来たりて……念経」し，ひたすら無事帰郷を願っていた無名の人々である。

幸いにして唐から帰還できた射手は，難波津から東海道・東山道などの郷里への帰郷を許されるが，その帰途，本貫地の国衙や郡衙に立ち寄り，帰国報告をし，あるいはその際に唐物の一部を置いていった場面も想定される。彼らは，水手と同じように，一定期間課役が免じられ，その竪穴住居には唐物が不釣合いな状況で置かれていたのであろうし，請来者の死にあたって，墓前に奉げられたことも想定できる。

水手についても，史料は多くを語っていない。遣唐使船のなかで，船師・柁師・挾杪・水手長は，水手よりも上級の技術者である。『行記』などのなかでもわずかに記されている[34]。

これに対して，水手は官米などの沿海運漕に従事する者であるが，天平宝字5（761）年の征新羅計画の記事に，その実数はともかく，東海道・南海道・西海道の17,360人の水手が，おそらく海人（海部）集団のなかから徴用されている（鈴木靖民1985, pp. 552-569）。多くの水手のなかからどのようにして遣唐使船に徴用されたのかは明らかにしがたい。「水手一人，先より病に沈んで将に死に臨まんとす。病人は……語って云う。我が病若し癒えなば村里を尋ねていかん」（『行記』839年5月1日）と遥かに村里を想い逝った無名の人々で

ある。

　そうしたなかで，『行記』に姿をみせる丁勝小麻呂（よほろのまさおまろ）は興味ふかい。彼は，はじめ水手として乗組み，上陸後，円仁の従者に選ばれ，丁雄満と称した。円仁の求法旅行中常侍し，835年には円珍に従って再び入唐し，通訳の責を果たした才覚のある人物である。「丁勝」は，豊前国仲津郡丁里の戸籍に記載され，丁は元来秦民の氏名で，丁勝は勝部百八十種部中の丁氏である（小野勝年1964，第1巻，p. 163）。この地からもおそらく以前から複数の水手が徴用され，その内の才覚をみせたのが勝小麻呂であり，それ以外にも丁氏一族が水手として乗り組んでいたと考えられる。仲津郡は現在の福岡県京都郡であり，丁里の場所は厳密にはわからないが，今川・祓川流域の山脚小盆地とすると（門脇禎二1960 pp. 135-148），さきに例示した陶枕が発見された集落である福岡県苅田町・谷遺跡の範囲内である。

　水手の本貫地の中心は西海道とみられる。承和3（836）年に筑紫を出発した遣唐使第3舶は，暴風のため，破損した船舶を修造する間，大宰府別奏に「宝字，宝亀の例に准じて，使人を入京せしめ，水脚は郷に還すべし」とある。水脚すなわち水手などは，当時大宰府が疲弊していた理由もあり，帰郷させているわけで，本貫地はさほどの遠方とはおもえない。西海道を主とし，南海道・山陽道を含むと考えられ，京師，畿内を本貫とする水手に内位が叙せられているので（延喜式部省式・上），ここからも徴発されている。このように西国各地の港津から徴発された水手は，遣唐中は搖役を免ぜられ，帰国後は『賦役令』外蕃還条では，3年の課役が免ぜられ，慶雲4（707）年には「水手らに復十年給ふ」と延長されている。射手と同様に出身の郡衙などに使命を全うしたことを報告し，ある場合はそこに土産品を差し出したり，寺院へ謝恩として唐物の奉納もしていたであろう。西海道から京畿までの沿海部から発見されている小型三彩陶は，それが寺院や官衙を含めて，水手が請来者であったと考える。

　このように盛唐三彩陶をもたらした人々の姿がほのかに見えてきたが，その出土地は，現在59遺跡にすぎないが，近い将来もっと増加することが予測されることを述べて擱筆したい。

［注］
（1）近年国内で発表された唐代三彩陶を中心とする鉛釉陶器に関する研究として，主なものは以下のとおりである。
　　愛宕松男 1987「唐三彩雑考」・「唐三彩続考」『東洋史学論集・第1巻，中国陶瓷産業史』pp. 97-150, pp. 151-172, 三一書房，東京
　　岡崎敬 1975「近年出土の唐三彩について－唐・新羅と奈良時代の日本」MUSEUM291, pp. 11-19, 東京国立博物館
　　謝明良 1985「唐三彩の諸問題」『美学美術史論集』pp. 3-290，成城大学大学院文学研究科，東京，
　　謝明良 1994「日本出土唐三彩及其有関問題」『中国古代貿易瓷国際学術研討会論文集』pp. 191-223, 国立歴史博物館，台北
　　矢部良明 1979「晩唐五代の三彩」考古学雑誌 1965-3, pp. 215-230, 日本考古学会，東京
　　愛知県陶磁資料館 1998『日本の三彩と緑釉－天平に咲いた華』愛知県陶磁資料館，瀬戸市
　　矢部良明 2001『唐三彩と奈良三彩』日本の美術5, 至文堂，東京
　　弓場紀知 2002「東アジアの鉛釉陶器の意義と陶磁史上の位置づけ－西アジアとの比較において」『国立歴史民俗博物館研究報告』第94集，pp. 353-369，佐倉市
　　楢崎彰一 2000「日本出土の唐三彩とその性格」瀬戸市埋蔵文化財センター研究紀要第8輯，pp. 1-16, 瀬戸市
　　奈良文化財研究所埋蔵文化財センター編 2002『唐三彩関係文献目録』埋蔵文化財ニュース No. 109, 奈良
　　　2003年以降の唐三彩陶関係の論文・報告は本書II-6に記した。この他に趣味的雑誌に掲載されたものもあるが割愛する。これらの論考について個別に論評することは控えるが，全体としていえることは，個々の出土品と遺跡について，詳細な考察を加えていないので，論理の飛躍や事実誤認が散見する。なお，遺跡数については，平城・平安京内出土品など報告書に簡単にふれられ，かつ実見できない資料がこの他にある。また，掲載図の出典は＊印を

328　Ⅱ　隋唐白釉陶瓷の推移と三彩陶の形式

つけ，筆者の実測になる図および報告図に補筆したものにつては印をつけていない。

(2) この種の器形は，旧稿では一括して「陶枕」としてきたが，筐型（6面平坦・直方体形）と上部凹型形の2種類があり，後者は頭枕が本来の用途であるが，前者は枕としての用途は考えられない。詳細については，本書Ⅱ-6論文を参照されたい。

(3) この種の柳斗文は，銀器の模倣であり，1978年に内蒙古昭烏達盟バイリン右旗白音漢出土銀杯（口径10.4，器高5.6cm，内蒙古博1983, no. 84-1）やBM.(OA1926.3-19.14)がある。後者の銀器は，山西省（Beihuangshan）窖蔵の出土品とされており，箍を想起させる口沿帯に6-7本単位の楔形の刻線を8個所に入れ，底部を上げ底状にする形状および法量など，白瓷器はこれを忠実に写し，唐末五代の製品と考えられている。なお，鴻臚館跡出土の1-3は，側面の部位と考えていたが，田中克子の指摘に従い，本文で訂正したように，底部破片である。

(4) これについては，すでに報告書で述べられているように，内底の文様は異なるが，ベルリン国立イスラム美術館所蔵の三彩印花蝶文5輪花碟に類似している。さらに同館には三彩印花花文碟があり（口径13.7cm，弓場紀知1995, no. 83），内側面や木瓜形縁取りなどの文様は，柏原M遺跡品に比べてわずかに省略されているが，主文の意匠などこちらがより類似している。

(5) なお，この他福岡市内遺跡の鉛釉陶器として2点がある。福岡市博多区駅南3丁目55・56の表採品として緑釉印花陶片（cf.『瑞穂—福岡市比恵台地遺跡』pp. 138-139，日本住宅公団九州支社，1980）と，福岡市西区十郎川団地の十郎川遺跡から，白釉緑彩陶1片が出土している。1.9×1cmの小片であり，胎土は赤みのあり，白化粧がかけられ，緑斑彩，器形は碗の可能性があるが判然としない。試掘トレンチからの採集品で，小片で器形が判然とせず，出土状況も良好でないので番号から除いている（cf.『十郎川一－福岡市早良平野石丸・古川遺跡』p. 75，住宅・都市整備公団九州支社，1982）。

(6) 絞胎陶の製作には3種類があり，いずれも三彩・黄釉・緑釉陶があり，①胎土全体を絞胎で作り施釉②白色胎土に絞胎を貼付し施釉③絞胎を貼付し，団花文を嵌入し，丸文を捺印し施釉する。その年代は大約①は盛唐，③は河南・密県城法海寺旧跡塔基出土の三彩舎利方塔の紀年銘にみるように五代・北宋初頭であり，②はその間の晩唐・五代と考えられ，正式な報告書は刊行されていないが，市の上出土陶片は，これに該当する。久留米市御井町字二本木出土の緑釉絞胎碗（個人蔵）は，宋代とみる。なお，旧稿では絞胎陶について不十分な記述であったので，文末に絞胎陶について別稿にまとめている。

(7) 三谷寺については，『日本霊異記』の第七縁，現報説話として，三谷郡大領の先祖が，白村江の戦いの後，百済国から禅師弘済を招請して造立した寺とある。cf.『日本霊異記』新日本古典文学大系，上巻 pp. 18-19，岩波書店，東京，1996

(8) この他に，広島県府中市元町602-1の備後国府跡（金龍寺東遺跡）から二彩陶片が検出されている（fig. 45，府中市文化財資料室）。5.9×3.1cmの破片であり，胎土の色調は内部は茶褐色，表面は灰白色を呈し，軟質であり，下面は表面が剥離しているが現存器肉1.0cmと厚い。上面に直径1.1cm前後の竹管正円文が少なくとも6個が捺印され，その各管文内は黄白色，外は濃い玻璃質の緑釉である。小片から類推すれば，緑釉白斑文の平板な器種であり，イスラム陶器の可能性がある。これを検出した苑地遺構（新）は，平安末～中世初め頃と報告されている。(cf.『府中市内遺跡7－備後国府跡（金龍寺東遺跡）』pp. 44-53，府中市教育委員会）。なお，新市町の吉備津神社裏山遺跡出土の緑釉陶枕は宋代の製品である。

さらに，島根県松江市乃木福富町，福富Ⅰ遺跡の掘立柱建物群を検出した6区隣接地からの採集品として緑釉罐1片がある（島根県埋蔵文化財センター）。罐の胴部破片とみるが，3本の細線がめぐり，白化粧がかけられ，釉は剥落が著しく，わずかに緑色釉がのこる。唐代鉛釉陶とする決め手にかける（cf.『福富Ⅰ遺跡・屋形1号墳——一般国道98号建設予定地内埋蔵文化財発掘調査報告書2』図版2，島根県教育委員会，1997）。

(9) この他に，1979年の奈良市大安寺町331-1（大安寺西小学校）において，SE03井戸から三彩広口瓶の口沿部直下の破片が検出されている。唐三彩陶の疑いもあるが，こうした器形は盛唐にはみられず，奈良三彩陶とみる。

fig. 45. 白斑文緑釉陶片（広島県府中市・備後国府跡）

（10）大安寺南大門跡において検出されたことは注意される。ただし，1片であり，整地の際の移動も考えられ，出土位置について論ずることは避けたい。

（11）平城京左京三条一坊一坪の調査（平城第 486 次）において，「右相撲□」、「□撲司」などと記した墨書土器や硯や奈良三彩陶が出土している（奈文研ニュース No. 44, 2012）。

（12）橿原市（藤原京右京五条四坊下ツ道東側溝）出土の二彩滴足硯 1 片（橿原市教育委員会）については中国製の可能性があるが，釉薬が剥落し，判然としない（cf.『図録橿原市の文化財』p. 85, 橿原市教育委員会，1995）。

（13）李知宴が細かくこれを観察し，これを緑釉滴足硯とし，以下のようにのべている。蘸（さん）釉法（浸しがけ）でなされ，釉層の厚みが一定せず，部分的に剥離現象をおこす。硯台上面（陸），外底，蓋裏は透明釉がかかるが，酸化炎焼成のため，黄色みをおびる。緑釉は，釉層が薄い部分は淡緑色あるいは黄緑色を呈し，「焼成温度が高くなかったので，釉薬が胎土表面に十分溶融浸透することがなく，釉による密合層ができなかった。このため釉層面において，一部に凝固作用がおこり，釉層がまとまって剥落した」とする（橿考研 1993, pp. 262-269）。

（14）百済三彩陶とする見解は，硯の外堤下半が厚ぼったく作られていることに着目し，その類似の形態が，扶余郡・錦城山朝王寺跡出土品や伝扶余付近出土品などにあること，御坊山例の蓋とよく似た形態の灰色土器が，扶余郡・官北里遺跡で数多く出土していることを推定の論拠とし，百済三彩陶は未発見であるが，その可能性は捨てがたいとする（白井克也 2000, p. 111）。

（15）次の京都市埋蔵文化財研究所保管陶片は，いずれも実見したが，唐代の三彩陶ではない。

緑釉絞胎小花文陶枕（愛知県陶磁資料館図録 1998A-10）京都市中京区錦小路通烏丸東入元法然寺町出土，器肉 6.5mm の褐色胎土に断面茶色の絞胎を貼付し，竹管文をもちいて小花文を印刻し，緑釉をかけた如意頭形陶枕である。これは，河南省密県法海寺旧跡出土の 998 年在銘の三彩舎利容器に代表されるように，北宋のものであり。唐代に遡ることは考え難い。大阪東洋陶磁美術館（大阪東洋美 1984, no. 3）や河南博物院に類品がみられる。

三彩盤（同上図録 A-9）京都市下京区塩小路通新町西入る東塩小路町出土，この砕片は，茶褐色の粗胎に白化粧し，線刻花文をいれて，光沢のある三彩鉛釉をかけたものであり，弯曲の状態からみて，盤底部の中央に近い個所である。泉州磁竈窯の周辺において，南宋代に焼造されたものである。

さらに京都府城陽市久世廃寺 SK8101 瓦溜りから検出された広口壺の口頸部破片について，唐三彩陶とする意見があるが，器形・胎土・塗布釉薬の観察からみて，奈良三彩陶である（cf.『城陽市埋蔵文化財調査報告第 11 集』p. 5, 城陽市教育委員会，1982）。

（16）出土した山田寺式および川原寺式軒丸瓦が，8 世紀に降る事例があり，縄生廃寺の創建は必ずしも 7 世紀代に限定できないとする意見もある（尾野善裕 2001「奈良三彩の起源と唐三彩—技術／意匠の系譜について」美術フォーラム 21, 第 4 号, p. 58, 醍醐書房，京都）

（17）三重県松阪市伊勢寺町字世古，伊勢寺廃寺跡の 1988 年調査によって検出された三彩彫塑 2 片がある（三重県埋蔵文化財センター『伊勢寺廃寺・下川遺跡ほか』三重県教育委員会，1990）。これは釉薬の発色が非常によく，波文を線刻し，唐三彩陶の可能性も考えられるが，東大寺二月堂仏餉出土の二彩波文甎（奈良県立橿原考古学研究所付属博物館）と似ており，奈良三彩陶としておきたい。

（18）飯田市美篶笠原堂垣外遺跡出土の三彩陶片は，小片であり判別が難しいが，中国製の可能性がある。飯田市考古資料館，cf.『古代陶器の変遷—信濃への流れ』上田市立信濃国分寺資料館，1994

（19）山形県酒田市城輪　城輪柵（出羽国府）跡出土片は，晩唐の緑釉半絞胎陶枕とみる。なお，出羽国飽海郡屋代郷の大物忌神（遊佐町）に 17 次遣唐使帰国後に，従四位下を授け，神封二戸を授ける興味ふかい記事がある（『続日本後紀』承和 7 年 7 月 26 日条）。

（20）正家廃寺三彩罐 19 片については（『正家廃寺発掘調査報告書』pp. 24-33, 恵那市教育委員会，1994『正家廃寺・寺平遺跡発掘調査報告書』p. 14, 恵那市教育委員会，2000）は，奈良市大安寺第 30 次調査検出の三彩罐（『奈良市埋蔵文化財調査報告書昭和 62 年度』pp. 65-66, 奈良市教育委員会，1988）と類似し，器形からみて奈良三彩陶とみるが，三彩釉が明るく発色し，和歌山県高野口・一里山古墓出土の三彩蓋付壺（重文，京都国博）に類似している。

（21）2003 年現在，朝鮮半島製品を含めて，年代として初唐以前の鉛釉陶とされるものの中で注意されるのは，以下の 3 点であり，本書の I -4 で論及している。

330　Ⅱ　隋唐白釉陶瓷の推移と三彩陶の形式

①長崎県壱岐郡勝本町立石東触　双六古墳，白釉緑彩貼付花文　②同・勝本町百合畑触字笹塚，笹塚古墳，緑釉碗1片（cf. 長崎県文化財調査報告書106集『県内古墳詳細分布調査報告書』「笹塚古墳」長崎県教育委員会，1992）
③奈良県武市郡明日香村　石神遺跡第11次調査　緑釉突起文碗（あるいは高杯）2片，奈良文化財研究所

(22) 三彩陶の紀年墓出土品では，よく知られている李鳳墓（675）年以前の紀年銘墓では，672年に葬せられた山東省陵県神頭鎮の東方合墓（三彩炉・瓶・盤・寿星各1，人民網2002年3月21日），陝西省では，王仁波氏の教示によると，671年趙王李福墓（三彩罐片2），665年李震墓（緑釉硯台）が出土している（王仁波1982，pp. 139-150）。なお，麟徳元（664）年の鄭仁泰墓出土品は二彩釉である。

　　本文の三彩陶の初源に関するこの個所は，学史的意味があるので，旧稿のままとした。本書（Ⅱ-2，補注1）で述べているように，三彩陶の初源は，武平元（570）年に葬られた山西省太原市の北斉婁叡墓に随葬された三彩盂の発見により大幅に朔上している。その項でも触れているように，隋代から初唐にかけての三彩陶の資料が少なく，明器としてその時期には随葬例が少なかったとみられる。しかし，旧稿の「初源は7世紀第2四半期まで朔上する可能性」とする表現は，その時期において随葬品として少なかったと補正することによって未だ生きていると考えている。紀年銘資料に寄りかかる危険性と相対編年の有効性についても考えは変わっていない。

(23) 河南・偃師杏園唐墓群では，元和9（814）年葬の鄭紹方墓から三彩水盂が随葬され，器高6.2cmの小品ではあるが，白黄色地に橙・緑がかけられた三彩陶で，白釉緑彩の同形の水盂がM0954墓にみられる。緑，橙の単彩鉛釉の罐は，大中元（847）年葬の穆惊墓から緑釉および黄釉罐や大中12（858）年葬の盧夫人墓から黄釉蓋罐検出されている（社考研2001，彩版15，16）。これらは，胎土および釉調からみて鞏義市黄冶窯品に類似している。この窯跡の層位的な調査において，晩唐期では三彩陶は少なくなり，小型化しているが，白釉緑彩陶，黄釉絞胎陶と高温焼成の藍彩釉器物が焼造されていたことが判明している（奈文研2006，p. 10）。

(24) 唐三彩陶がアジア各地で出土例が増え，交易商品として存在したことはもはや否定できない，とする感想もしばしば見られるが，現状のような出土数では，商行為を伴う貿易陶瓷と規定することはできない。また，晩唐以降に生産された単彩鉛釉陶は，輸入システムの変更に伴い，総量が総体的に増加する可能性があるので，盛唐三彩陶と一律に論じることはできない。

(25) このうち，器類だけを掲げても，杯類（耳杯・高足杯・象首形杯），盤類（三足・七星盤・高足盤），壺・注子（竜耳瓶・鳳首瓶・扁壺），罐類（三足炉・万年壺・台付罐），瓶類（長頸瓶・浄瓶），碗類（三足碗），盆類（花盆），尊類（人形形），その他に，鉢・盂・奩・灯・硯・器座・盒など多様である。（　）内は代表例。

(26) 718年に帰朝し，大安寺の平城京移転にあたった道慈が，これら三彩陶の請来に深く関与していたとする考えがあるが（岡崎敬1975，pp. 11-19），とくに明証のあるものではなく，否定する根拠もないが，積極的に支持する状況証拠も見出しがたい。道慈は，在唐16年にして唐における陶枕の用途に熟知し，彼がこれを請来し，大安寺においても唐と同一用途であったはずとする仮定そのものに根拠がうすく，唐三彩陶の生産が盛唐に限定されるとする旧説と，遣唐使帰朝年とを連結して導き出された考えである。道慈を陶枕とからませる立論自体から脱却したい。また奈良三彩陶の技術導入にあたって道慈が関与したとする説に対しても批判がある（高橋照彦2002）。なお，天平19（747）年に作成された『大安寺伽藍縁起并流記資材帳』（竹内理三1962，pp. 366-382）のなかに，「畫龜甲枕壱　裏白壇」と雑物の一つに木製枕が記載されているが，陶枕の存在をうかがわせる史料はない。また，水瓶として「漢軍持…胡軍持」の記載があり，唐物の器物の存在が他にもうかがわせる。

(27) 平安京九条三坊十六町遺跡が，平安後期になって，八条院として平氏との関係がうかがえるが，唐三彩陶とは時期を異にしている。さらに東寺と結びつける論は成り立ち難い。

(28) 遣唐使船によって請来されたとする場合，何回目の使節によるものであるかの想定もしばしばなされている。それらのほとんどは，唐三彩陶の生産開始を7世紀末とし，その停止を安史の乱の8世紀中葉とする考えに規制されて，第8次（704年帰国，以下同じ）～11次遣唐使船（754年）とし，なかでも道慈の帰朝する第9次（718年）を中心にしている。しかし，その生産開始年代は，すでに触れたように，旧稿においても7世紀中葉には出現し，安史の乱後の中唐においても，盛唐と少しの変化を見せながらも，あまり識別のできない三彩陶がつくられている。したがって，晩唐五代の三彩陶は別にして，唐三彩陶の請来機会は，第2次船（654年）から第17次船（805年），あるいは最後の遣唐使船の帰国する834年までの間の可能性に広げられる。わが国の遺跡出土の場合，7世紀後半から8世

紀前半が多く，この間の遣唐使船10回（その内3回は送使）の帰国時にもたらされたものが多いと見られ，そのどれが最も主たるものであるかなどの推測や議論は，明証は見出しがたく，あまり実りある意義のあるものとは思えない。

(29) 朝鮮半島における唐代三彩陶は，慶州・朝陽洞（三足炉）と，慶州・皇竜寺跡（陶枕・黄釉全絞胎片），同・味呑寺跡（筐形品），同・月城（壎，玩具鈴），同・蘿（壺），同・京王（鉢，筐形品），洞・皇南洞（三彩片）が発見されている（大邱国立博物館2004, pp. 64-67）。他に出土品の可能性がある三彩三足炉と罐各1が国立中央博物館に保管されている（清州博物館1989）。渤海領域出土の唐三彩陶については，本書Ⅱ-9で述べており，渤海地域で生産された土器との形状の類似性から渤海三彩陶を析出し，中原産品と分けた。

(30) 開成4（839）年2月6日の項に「上都に赴かざる二百七十（人）」ともあり，それより前に36人が楚州に先発しており，さらに上陸後に数名の病死者が記録されているが，人数が整合しない。承和7年9月に帰国後，加階された人数は391名である。

(31) 傔従白鳥清岑は，第二船頭の長岑高名判官と同族で，傔従を同族から選ぶ場合があった。越智貞厚は，伊予国越智郡の人で，帰国後，大宰大典に任じ，のち隠岐守となり，新羅人と共に反逆を謀ったと密告されている（佐伯有清1985-2, pp. 259-292）。

(32) 揚州唐羅城は，大都督府と官府衙門が集中する唐子城を，北西の蜀岡におき，その南に南北に長い方形の羅城をつくっていたとみられる。その中央を東西に貫流する官河があり，市はその周辺にあったと推測されている。

(33) 『行記』のなかにみられる射手および水手関係史料は以下のとおりである。

　　838（開成3）年7月2日「先日遣わす所の射手壬生開山と大唐六人なり」
　　838年7月12日「迎船を催さんが為に通事大宅年雄，射手大宅宮継等を差わして」
　　838年7月17日「射手大宅宮継は，押官等十余人と与に…来る」
　　838年7月20日「射手丈部貞名等，大使の所従り来たりて云う」
　　838年8月1日「水手丁勝小麻呂（丁雄満）を給わり，仕うて求法の馳侍に宛てんことを謂う」
　　839年2月20日「先に入京せる使内…雑使山代吉永，射手上教継…十余人一船に乗って来る」
　　839年2月22日「射手身人部貞浄は，市において物を買い，先日捉われて州裏に閉縛せられ，今日放たれ来る」
　　839年3月22日「第一船の水手瓱稲益は，楚州館に在りて史生越智貞厚の傔人の飛喪に逢うに縁り，月内に限り船に駕するを許さず」
　　839年7月21日「相公（大使）は，…近江権掾粟田家継及び射手左近衛丈部貞名等を差わして請益僧を慰問し」

(34) 『行記』838年8月10日「船師佐伯金成は痢を患うて数日を経たり」
　　同8月21日「准船師糸麻呂等赴来る。…水手長佐伯全継は掘港鎮に在りて死去す」のような，船師や水手長は，水手とはことなる。承和の遣唐使人とみられる佐伯直長人はもと讃岐国の人で，左京に移貫し，賜姓されており，船師佐伯金成と水手長佐伯全継はこれとかかわる可能性がある（佐伯有清1985-1, pp. 221-258）。また，天平6年「出雲国計会帳」にみえる「筑紫府梶師従八位下生部勝麻呂」や，天平勝宝6年に蘇州より帰航船の火災の際，梶師として船を救った川部酒麻呂は，肥前松浦郡人であり，この功により十階を授けられ，当郡員外主帳に補せられ，宝亀6年に外従五下に叙せられているが，通常の梶師は郡司主政・主帳クラスにも達していない白丁である（森田悌1998, pp. 279-313）。

(追注1) 唐三彩陶などの唐代鉛釉陶のわが国への請来は，遣唐使船によると考える。上述したように，寺院などに施入された三足香炉など中型品や，長屋王邸宅などで所持されていた良質品は，いずれもそれらの需要に応えるために目的的に，計画的に入手されたと考えるが，陶枕・筐形品に代表される小型品で，しかも東国の集落などからの出土品は，射手や水手など下級の乗船者や船舶運行者が掌中に入れてもたらされたと考えている。この点に関しては論旨に変更はない。

　ところが，射手・水手についてその実態は不明であり，彼らは遣唐使船にどのような経緯で徴発されたのか，すなわち，出身地，徴発基準など史料がないので研究が行われていない。遣唐使船の乗船者の50%以上を占めるこれらの人々に関しての研究が欠如している。その欠を補うのが，唐代鉛釉陶発見遺跡ではなかろうか。

直接史料が不足しているなかにあって,『続日本紀』天平宝字5 (761) 年11月丁酉の条記載の新羅遠征計画に伴う節度使設置に関連した状況と,時期をほぼ同じくする防人集団の組織・編成のなかに解決の糸口が隠されているように思う。まず新羅遠征計画史料は

　以従四位下藤原恵美朝臣朝獦為東海道節度使,正五位下百済朝臣足人,従五位上田中朝臣多麻呂為副,判官四人,録事四人,其所管遠江,駿河,伊豆,甲斐,相模,安房,上総,下総,常陸,上野,武蔵,下野等十二国,検定船一百五十二隻,兵士一万五千七百人,子弟七十八人,水手七千五百廿人,数内二千四百人肥前国,二百人対馬嶋,従三位百済王敬福為南海使,(中略)紀伊,阿波,讃岐,伊豫,土佐,播磨,美作,備前,備中,備後,安芸,周防等十二国,検定船一百廿一隻,兵士一万二千五百人,子弟六十二人,水手四千九百廿人,正五位下吉備朝臣真備為西海道使,(中略)判官四人,録事四人,筑前,筑後,肥後,豊前,豊後,日向,大隅,薩摩等八国,検定船一百五十二隻,兵士一万二千五百人,子弟六十二人,水手四千九百廿人皆免三年田租,悉赴弓馬,兼調習五行之陣,其所遣兵士者便役造兵器,

　東国の兵士と水手が他の2道から徴発された人数よりも多く,肥前国と対馬嶋が東海道節度使の下に属している奇妙な問題があり (長洋一1986, pp. 257-286),この新羅遠征計画の船数は394隻であり,水手・兵士数も相当して多く,遣唐使船と数的な比較は無意である。しかし,水手・兵士の動員計画は,この時点では停廃されていた防人の制度と類似し,防人は軍防令の規定にはないが,多くは東国から徴発されている。既述したように,遣唐使船の1隻に水手・射手六十余人が乗船している(『行記』開成4年正月5日)。この数字は,天平20 (748) 年に揚州からの鑑真和上の舶では,乗組員35人の内18人は水手と記されており,遣唐使船の乗員130人に合わせると,計算上1隻あたり69人ほどが水手であるという数字に符合している。「水手は西日本からの動員が多くを占めている」とする感想があるが (森公章2010, p. 33),しかし新羅遠征計画では東海道の水手7,520人が最多であり,これは肥前・対馬嶋2,400人を含んだ数字であり,3海道はいずれも4,920人と同数の水手動員数であるが,上引の甲斐・上野・下野などの海に接していない国からは兵士が徴発されたとみる。しかし,その中にあって肥前国は1国で水手2,400人と異常に多い数であり,新羅遠征計画の操船者が肥前の水手集団に主力がおかれていたことを物語っている。

　新羅遠征計画では,各国から節度使以下に引率されて,肥前国に集結する計画とみられるが,防人の場合も各国ごとに国庁に集結し,国司などが部領使になって,難波津に至り,専使に率いられて大宰府に至り,管下の防人司の隷下に入り,辺境の防守に任られた。遣唐使船の構成員はどのようになっていたのであろうか。大使・副使などとその傔人,留学生・僧などは難波津に集結し,ひとまず博多津まで運行した。万葉集防人歌の大伴家持の文に「難波御津に,大船に真櫂繁貫,朝凪ぎに,水手整え…」とあり,東海道から徴発された水手が,この時点で乗船しており,遣唐使船の場合も,こうした形をとったことが推察できる。ただ防人と状況が異なるのは,射手・水手にとって,かなり危険度の大きい外海への航海と,耽羅などの異国不時着の交戦の危険性が強くあり,より優れた人々を選ぶことが要求される。これを防人や新羅遠征計画のように,各国の選定に任せておいたのであろうか。遣唐使船四船の性能の優劣を決めるのに一悶着しているわけであり,より優秀な水手と射手に関しても,各国任せではなく,直接厳しく,しかも少数の人員を選抜していたのではなかろうか。その際,より有効な方法として,難波津から博多津への航海は困難性は低く人員を少なくでき,大宰府において,操船などに関わる人々を,知乗船司・柁師などの上級船員が,防人集団の中から少数精鋭者を選抜したのではないであろうか。射手の場合も,弓馬を巧とする東国の防人のなかから選抜されたと推定する。防人の3年間の期限以内に帰国できるし,危険の見返りに渡航中の給付や帰国後の免税処置もある。

　このように防人集団から射手・水手などの下級乗船者が大宰府において選抜されたことを示す史料はない。しかし,東国防人歌の作者の出身地は,遠江・駿河・相模・上総・下総・常陸・信濃・上野・下野・武蔵の10国が判明し,その内,遠江 (城山遺跡),駿河 (ケサン遺跡,上ノ段遺跡),相模 (諏訪前A遺跡),安房 (安房国分寺跡),下総 (向台遺跡),上野 (境ケ谷戸遺跡,多田山古墳),武蔵 (熊野遺跡) と10国中の7国 (9遺跡) から唐三彩陶などの鉛釉陶が検出されている。これくわえて東山道の信濃 (前田遺跡,屋代遺跡) をあげると,東国の唐代鉛釉陶の発見がこの地域に集中している。これらの遺跡所在地から,水手・射手が徴用されたことを示す明証である。

(追注2) 水手・射手が東国出身者に限定されていないことは言を俟たない。とりわけ肥前国は,上引の新羅征討計画で特別な位置にある。これに関連して,佐賀県唐津市中原遺跡から「戍人」すなわち「防人」木簡が発見され,数

少ない防人配属地が明らかになった意義は大きい。第8号木簡に「甲斐国□〔津カ〕戌□」とあり，甲斐国からの防人であり，筑紫に留まっていた旧東国防人が天平神護2 (766) 年から延暦8 (789) 年の間に記されている。くわえて，この遺跡から相模型の土師器杯が検出されており，彼らもこの松浦川河口を守る使役についていた。この遺跡発見の別の木簡に「大村戸主川部祖次付日下部」があり，この「川部」は勝宝4 (752) 年に遣唐使船の柁師に「川部酒麻呂」として活躍が記されている姓であり，玄界灘に面した地域に広がっている海人であり，彼らも水手あるいは柁師として遣唐使船の乗船候補者とみる。この中原遺跡の遺物を調べさせていただいたが，奈良三彩陶，緑釉陶などがあるが，唐代鉛釉陶は現時点では検出されていない。近い将来，この地域から発見されることを期待している。

cf. 佐賀県教委2007『中原遺跡Ⅰ-西九州自動車道建設に係わる文化財調査報告書 (4)』佐賀県教育委員会，佐賀

小松譲「唐津市中原遺跡発見の戌人（防人）木簡と相模型杯」日本考古学協会2012年度研究発表資料集，pp. 793-803, 福岡

小松譲「佐賀中原遺跡（第22・24号）」木簡研究第28号，pp. 212-214, 木簡学会，2006, 奈良

（追注3）遣唐使研究は近年においても盛んに行われているようにみえる。しかし，上述の水手・射手などの乗船者の大多数を占める人々の研究や，船の建造に関する問題など，史料が欠如している故に等閑視されたままである。遣唐使船の建造地は安芸国などとされているが，その候補地も俎上にあがることは少ない。安芸国での造船候補地として，①三原市本郷舟木郷②呉市倉橋町（万葉集の「長門島」に比定，船適材の霹靂から「霹靂（カントキ）神社」の存在）③安芸国佐伯郡（遣唐大使粟田真人乗船の遣唐使船名称「佐伯」からの類推）があるが（渡邊誠教示），いずれも深化した研究とは言いがたい。難波津までの回航に伴う操船者，加重のための積載品，難波津から博多津までの操船者に建造者が乗船している可能性など，実態解明までに難しい問題が山積しているといえよう。

［追補］絞胎陶について

　唐代から宋代まで続いて生産されている絞胎を用いた器種として，陶枕が多いが，筐・碗・杯・罐・盤が確認でき，釉薬は黄釉が多く，緑釉および三彩釉をかけたものもある。胎土は，2種類があり，全絞胎はすべてが絞胎であり (pl. 1-1, 鞏義市文保2000，彩版69)，内外（表裏）とも同じとなる。これに対して胎土の1/3ほどの外（表）面に絞胎を貼り付ける半絞胎があり (pl. 1-2, 同上，彩版67)，全絞胎から半絞胎へ変移する。

　主要な絞胎生産窯とみられる鞏義市黄冶窯跡の発掘調査の成果に基づいて考えると，絞胎陶の90％以上を占める陶枕について，盛唐から中唐においては全絞胎で作られ，半絞胎は晩唐に始まり，宋・金代につづいている。こうした年代観は，2003年に実施された小黄冶Ⅱ区の土層堆積状態で確認されている(注)。旧稿では，絞胎陶について認識が甘く，除外した資料もあったが，その原因は年代決定の根拠をもっていなかったことが一因である。絞胎陶は，河南省の修武当陽峪窯など磁州窯系の窯でも生産されているが，わが国出土の11世紀以前の破片は鞏義市黄冶窯の産品が多いと考えている。その窯跡が発掘調査されて絞胎陶を層位的に検出した事例は重要である。そこであらためてわが国出土破片を再調査した。以下，鞏義市黄冶窯跡の絞胎陶に限定して小論をすすめる。

　資料の多い陶枕の形態で年代を考えると，底面（支釘痕のある面）にも施釉され，上面を水平につくる形は，陶枕ではなく筐形品として分別されることは既に述べた。河南省臨汝県紙坊郷発見の盛唐墓随葬品(10.6 × 8.9 × 5cm)に筐形品があり，全絞胎である (pl. 1-3, 考古1988-2, pp. 186-187)。全絞胎筐に白・緑・橙色の三彩釉をかけた例 (pl. 1-4, 李輝柄1996, no. 213)，さらに上下面を全絞胎，短側面を撹拌文，長側面には四花を印花し，印花と絞胎の技法を組み合わせて黄釉をかけている例もあるが少ない (pl. 1-5, 龍泉堂1976, no. 304)。これらの筐形品は盛唐の所産と考える。

　これら筐形品を除いて，絞胎陶枕は上面の形で，筐形・（隅丸）長方形・扇形・如意形にわけられ，全絞胎と半絞胎がある (中原文物2003-4, pp. 79-82)。ここでいう筐形枕は，全絞胎であり，この形とあわせて盛唐期のものと考えられ，直方体で上面を凹ませ，下面を露胎のままにし (pl. 1-6, 鞏義市文保2000, 彩版62)，小形（長辺10-14，短辺5.5-9.5，高4-7.6cm）で，各稜は垂直に貼り合わせているが，わずかに丸めている。窯

跡出土の隅丸長方形枕の形は中唐期に出現し，半絞胎で，4隅を丸くつくり，各稜は面取りして丸くつくり，上面は凹ませ，円形花文や菱形文装飾を貼り付けている (pl. 1-8)。この形式で，側面には絞胎を貼り付けないものもある。上記の筺形枕よりも少し大きく，鄭州博物館品では，長辺14.7，短辺10.5，高8cmほどであり，河南省陝県劉家梁唐墓出土例では側面の一部に絞胎を貼り付けていない (旧中国歴史博物館蔵)。扇形枕は上辺を一長一短につくり，全絞胎枕もあり，黄釉と緑釉がかけられている (pl. 1-7, Boston1964, no. 118, acc. no. 50.1965)。この他に半絞胎で印花文などの例があり，鄭州市北宋墓から出土している。如意形枕は上面を如意形につくり，印花文などを施している (pl. 2-9, 鄭州市文考研2006, no. 569, 河南博物院蔵)。これら2形は，いずれも半絞胎で，黄冶窯の産品とされており，北宋期に位置づけられている。

枕以外の器種のうち，全絞胎の黄釉碟 (口径12.4, 高2.3cm) が鞏義市芝田鎮M89の7世紀第3四半期と考えられている唐墓に随葬されている (pl. 2-10, 鄭州市文考研2003, pp. 198-201, 鄭州市文考研2006, no. 574)。これに白釉三脚をつけた全絞胎盤 (口径32.6, 高8.3cm, Boston Hoyt collection, no. 50.1979) がある (pl. 2-10)。碗でも貼り付け高台を除いて全絞胎品があり (東洋陶磁美術館，口径8.4, 高3.6cm)，腰を張った形の碗も大和文華館 (pl. 12, 口径12.0, 高8.0cm, 大和文華館1991, no. 46) と Dhram Univ. で実見している。こうした全絞胎品は，706年に埋葬された懿徳太子墓発見の馬体と騎射人物俑が黄釉絞胎陶であり，7世紀後半から遅くとも8世紀初頭には製作されている。絞胎に緑釉をかけた資料は窯跡でも少ないようである (pl. 2-13)。黒川古文化研究所蔵の全絞胎の脚付碗 (高足杯) は，体部側面と底部にに5弁花を表現しており，半絞胎ならば容易な技法とみられるが全絞胎ではかなり難しいであろう。碗と脚は継ぎ目が観察でき，無釉の外底部に花弁が表れている (pl. 2-14, 器高88.1, 口径11.5, 底径6.6cm, 黒川陶 no. 116)。

鞏義市黄冶窯跡では黄釉陶枕は報告されているが，それ以外の，とりわけ罐などは少ないようである。絞胎陶は，杯・罐・陶枕など小形品が多いが，河南省の磁州窯系で当陽峪，宝豊清涼寺，新安，栄陽茹個窯でも生産されている。山西・渾源（界庄）窯跡でも小形品が報告されているが（考古2002-4, pp. 60-68），同じく山西・平陸県集津倉遺跡から発見された黄釉半絞胎小罐 (器高10.1cm) では，口頸部に白胎を接合している (出土陶瓷・山西 no. 174)。さらに大同市の金正隆6 (1161) 年埋葬の徐亀墓出土の全絞胎鉢 (口径16.8cm) では口沿部を白胎にめぐらし (出土陶瓷・山西 no. 83)，この他にも杯 (同上書 no. 148)，盤 (同上書 no. 149) のいずれも口沿部に白胎を接胎している。金代の製品で，山西省に窯跡があると考えられる。遼寧省朝陽営州路遺跡からも山西品と類似した白胎口沿の絞胎破片が発見されている (遼寧文考研2011, p132)。

わが国出土の絞胎陶を見ると，別表に表示したように，すべて11片のうち，全絞胎は4片で碗・罐・陶枕である。他の7片すべては半絞胎陶枕と罐であり，黄釉が大多数を占めている。半絞胎が晩唐期から生産されたと考えると，絞胎陶の請来を一括して遣唐使船によってもたらされたものとする事は誤りとなる。すなわち，半絞胎品は，初期貿易陶瓷器とともに輸入された商品のなかに含まれていたと見直すことが正鵠を得ているのであろう。平安時代後半から鎌倉時代とみられる出土状況をしめす黄釉絞胎罐など (博多遺跡群34，平安京) は，鞏義市黄冶窯跡ではなく，山西や河南の金代に生産された製品が輸入されたと考えている。

(注) 奈文研2006はこの調査概報であり，堆積層位の写真が所載されている (pl. 3)。土層については，調査者である郭木森・趙宏 (河南省文物考古研究所) が詳細に記述している (中国古陶瓷研究第13輯, pp. 401-408)。小黄冶II区の土層堆積は11層に分けられ，第3・4が宋・元，第5層から7が晩唐，第8・9層が中唐，第10層が盛唐，第11層が初唐とされている。第11層では三彩陶はみられず，第8層に全絞胎，第7層と第5層で半絞胎枕をそれぞれ検出している。半絞胎は晩唐期に比定する第7層より上層から検出されている。日本出土品に関して，黄冶窯跡の調査をうけて，全・半絞胎を区別して年代の点で，再考することが必要となり，訂正している。

［後記］

　本稿は，2003年に発表した同名論文を基にして大幅に資料を追加しているが，日本出土品のもつ属性については前稿を継承しているが，新しい見解を付け加えている。出土遺跡数については，大規模遺跡の取り扱い方によって異なる数字が出てくるが，前稿よりも大幅に増加している。その因は，新発見遺跡や前稿の見落としなどとともに，盛唐代の鉛釉陶と晩唐以降のものとを識別したことがある。その背景に鞏義市黄冶窯跡の発掘調査による成果があり，一例を示すと，絞胎陶の年代基準を読み取れ得たことがあり，それにより遺跡数の増減があるが，現状では増加している。南海道の瀬戸内海側の遺跡は必ず出土すると確信して，讃岐国府跡について，保管者に無理にお願いして大量の土師器のパンコンテナーから鉛釉陶を見つけ出そうと試みたことがある。結局，この無謀な企ては3日間の完全な徒労におわったが，全国の出土遺跡数はさらに増加すると秘かに予測している。脱稿した2013/05/15日現在も出土遺跡を追い求め続けており，このテーマは私のパトスと体力にかかっているエンドレスなものになってしまった。

[English Summary]

Research on Tang Lead-Glazed Wares Discovered in Japan

　This article considers archaeological finds of Tang *sancai* (three-color ware) excavated in Japan, analyzing the characteristics of the sites, the circumstances of acquisition, and other problems. The main conclusions are as follows.

(1) As of January 2011, Tang lead-glazed wares have been discovered from 52 sites in Japan. Thirty-five of these sites have yielded Tang *sancai* made before the middle of the Tang era.

(2) Tang *sancai* made before the mid-Tang has come from eleven temple sites, three tombs or ritual sites, nine *kanga* (government office) sites, and twelve residential sites. The majority of these sites have produced one sherd apiece suggesting that these were non-trade rather than trade ceramics.

(3) Vessel forms from Japan are limited with many small ceramic pillows and bowls (cups). Medium-sized pieces such as three-legged incense burners and long-necked vases are mainly recovered from temple sites. In addition, small-sized examples of late Tang and Five Dynasties two- and three-colored wares have been discovered.

(4) Evidence from commemorative epitaphs in tombs suggests that the production of Tang *sancai* began in the 670s, but similar Sui vessel shapes raise the possibility that these ceramics date as early as the second quarter of the 7th century.

(5) Tang *sancai* was brought to Japan from the middle of the 7th century probably by official envoys to the Tang.

(6) Three-legged incense burners and long-necked vases were essential objects in temple rituals and were brought by persons connected to the Tang envoys. The many pillows excavated from the Daianji temple were also brought in a similar fashion.

(7) Small sized articles such as pillows and cups were brought to Japan in a rather random way and were regarded as simply rare and curious Chinese objects by their owners.

(8) Tang *sancai* discovered from regional government offices comes from areas outside the official administrative buildings suggesting that they were private rather than public possessions.

(9) Lower class members of the Tang envoy missions such as sailors and archers purchased Tang *sancai* as souvenirs, in the markets in Yangzhou and other cities. These wares have been discovered in both the western and eastern parts of Japan.

(10) Fine quality wares discovered from urban areas are thought to be gifts from Tang envoys to aristocrats, although smaller pieces may be souvenirs brought back by junior members of the envoy missions.

336　Ⅱ　隋唐白釉陶瓷の推移と三彩陶の形式

1.三彩全絞胎片，鞏義市黃冶窯跡（鞏義市文保 2000），2.黃釉半絞胎片，鞏義市黃冶窯跡（鞏義市文保 2000），3.黃釉筥形品，河南臨汝県紙坊郷唐墓（考古 1988-2），4.三彩筥形品，故宮博物院，5.黃釉全絞胎印花文筥形品（繭山龍泉堂 1976），6.黃釉全絞胎筥形陶枕，鞏義市黃冶窯跡（鞏義市文保 2000），7.二彩釉扇形全絞胎陶枕（Boston1964），8.黃釉隅丸長方形半絞胎陶枕（奈文研 2006）

pl. 1.　絞胎陶枕，筥形品

9. 緑釉如意形印花文陶枕（鄭州市文考研 2006），10. 黄釉全絞胎碟，鞏義市芝田鎮 M89（鄭州市文考研 2006），11. 黄釉全絞胎三足盤（Boston Hoyt collection），12. 黄釉全絞胎碗，大和文華館，13. 緑釉半絞胎陶枕，鞏義市黄冶窯跡（鞏義市文保 2000），14. 黄釉全絞胎高足杯，黒川古文化研究所

pl. 2. 絞胎陶枕，碟，三足盤，高杯，碗

9. 渤海三彩陶の実像

はじめに

　三彩陶は，主として唐代の東アジアにおいて共通して生産された陶器である。唐の中原の地で生産された「唐三彩陶」が基準になり[1]，おそらくこれを模倣する形で，朝鮮半島の実体不詳の「新羅三彩陶」，そして中国東北部・沿海州の「渤海三彩陶」，わが国の「奈良三彩陶」が，ほぼ同一期間内に出現している。各地域でさまざまに異なる陶瓷器が生産されているなかで，三彩陶はほとんど唯一の共通した施釉陶であり，「三彩陶文明圏」と称してもよいであろう。何ゆえにこうした現象が生じてきたのかは，しかも共通して短期間で姿を消した理由など，興味ふかい研究対象であるとともに，大きな課題である。

　この時期の陶瓷器生産において，華北地域で盛んに作られていた青瓷・白瓷は，同時代の周縁アジア世界においては，その技術的な制約により，模倣することができず，ひとり三彩陶が広がって共通の陶器になったことは，その技術の伝播を可能とした国家間の人々の動き，三彩陶にたいする社会的な要求が－それは各地域で多少の異なりはあったみるが－それらの背後に存在していたと思われ，こうした文明の共通性と異質性は興味がひかれるところである。

　ところで，この三彩陶文明圏ともいうべきものの一翼をになうと見られる「渤海三彩陶」については，その存在を否定する見解もあり（李紅軍1995），あるいは渤海三彩陶とはいかなる属性を有しているのか等について，明確でない部分が多い。これらは，質量ともに資料が少ないことに起因しており，現在の段階でこれについて論及し，一定の結論をうることは困難のようであるが，既往の資料を整理し，将来の発見に備える必要性に意義を見出し，ここに小論を提起しておきたい。

1. 陶瓷器交易の条件

　まず唐代の東アジアにおける陶瓷器交易の一般的な状況にふれ，渤海が果たしていた位置を確認しておきたい。中国陶瓷器が国外に交易されるのは，早くとも8世紀後半からである。しかし，一定量が，継続的に交易されるのは，9世紀の前半からとみられる。もちろんそれ以前から中国陶瓷器が国外の地にもたらされており，例えば朝鮮半島における南北朝以前の古越瓷の出土，わが国の法隆寺伝世の青瓷四耳（丁子）壺，さらに8世紀前半を中心とする唐三彩陶の発見などがある。しかし，これらは量的に少なく，継続的に交易が行なわれていたとは云いがたく，「請（将）来」の概念で考えている。相当量の陶瓷器が交易され始めるのは，9世紀前半からであることは，アジア各地の遺跡出土例から実証できる。

　継続的に一定量が交易されていたとするときに，「一定量」とはどのくらいを示すのであろうか。よく知られている韓国・新安海底沈没船から引き揚げられた陶瓷器は約23,000点であるが，この船の船倉の半分はすでに流失しており，本来の積載量は，おそらくこの数字の倍程度が推測される。琉球が明国から交易していた陶瓷器は，沖縄県内のグスクなどからの出土数と，『歴代宝案』などの史・資料を勘案すると，1（船）回あたり7万点，25万トンと推定できる（亀井明徳1997, pp. 44-45）。

　遺跡からの出土例としては，平安時代のわが国の交易地である博多遺跡群の調査において，冷泉7-1遺跡は約1,000㎡の調査面積であるが，ここから34,302片の中国陶瓷器が検出され，個体数にすれば10,000箇を

下らない数量である。博多遺跡群からは1回の調査で少なくとも10,000片以上の中国陶瓷器が出土し，すでに200次をこす調査を重ねており，膨大とする数量の単位を推定できる。

さらに1遺構からまとまって大量に出土することも多く，博多第56次調査地点のSK0281では，1辺1メートル前後の木箱のなかに投棄されたかのように，ほぼ同一規格の白瓷碗500個体以上が発見され，地下鉄祇園町駅出口の建設時に発見された井戸から，竜泉窯青瓷204，同安窯系青瓷95，その他青白瓷器などの計351箇以上がほとんど完形に近い状態で出土している。ここから帰納されることは，一定量とともに，同一窯系の陶瓷器と，同一器種が一括して，上記の数量の単位で発見されていることであり，これが交易地として認定できる条件といえよう。

陶瓷器交易が行なわれていたことを示す継続的一定量とは，こうしたオーダーの数量と内容とが伴っていると考えられる。積載量，輸入港とともに，積出港もまたこの単位の陶瓷器の出土が推定される。例えば，浙江省寧波（明州）の唐・宋期の市舶務の所在地附近と推定されている東門口埠頭遺跡においては，計数の報告はないが，大量の越州窯青瓷が検出されている（林士民 1981，pp. 105-129）。また同・和義路遺址においても800点ほどの越州窯青瓷が検出されている（寧波市考古研 1996，pp. 243-280）。

さて，渤海国の存続年内（698-926年）における貿易陶瓷器として越州窯青瓷が最も多く，ついで青瓷では湖南省長沙銅官窯，広東省窯，白瓷では河北・定窯と邢州窯などの製品があげられる。越州窯青瓷は，浙江・北部の上虞市，余姚市，慈溪市から寧波市にいたる杭州湾に沿う紹寧地域に生産窯がひろがり，その積出港は上記の明州である。陶瓷器のように重量があり，しかも大量さが要求される唐物では，生産窯と積出港との間が水運によって連結されていることが要求される。

唐代の白瓷の場合は，国外での出土量が少なく，わが国においては遺跡数では唐代越州窯青瓷などが200箇所以上から検出されているのに対して，白瓷はその1/3であり，破片数においても1/8である（土橋理子 1993，p. 226）。生産窯数の相対的な少なさとともに，生産窯が市舶務の所在地と離れていることに一因があるのであろう。

さて，渤海国の領域の考古学的調査は未だ十分には行なわれていないようであり，唐代陶瓷を出土する遺跡の報告はすくない（徐苹 1986，謝明良 1998）。渤海国が陶瓷器貿易に関与していたならば，寧波や博多のような単位で陶瓷器を出土する遺跡が存在するはずであるが，現在までのところそうした報告に接していない。貿易陶瓷器の生産窯跡から離れている地理的な条件は，越州窯青瓷はもとより，河北省で焼造された白瓷などが，この国を通じて，わが国へもたらされるルートの存在の可能性を考えるむきもあるが，渤海国を通じての，貿易という商業行為レベルの陶瓷器の動きは少なかったといえる。

従来，渤海の領域で，俎上にあげられる資料として，第1に上京竜泉府の系里坊遺跡などから，玉璧高台の邢州窯白瓷，東半城1号仏寺遺址から長沙窯黒釉水注の，いずれも9世紀代に中心をもつ陶瓷器が検出されている。第2にクラスキーノ寺院跡およびニコラエフスカヤⅡ土城址から，ほぼ同時期の越州窯青瓷碗が発見されている（ゲルマン 1999，49図）。第3に，黒竜江省寧安県三陵渤海国墓出土の三足香炉などの資料があり，これに東亜考古学会『東京城　渤海国上京龍泉府址の発掘調査』などの資料をつなぎあわせて渤海の陶瓷像を描こうとこころみたのが拙稿 1999「渤海三彩陶試探」である。しかし，ここ数年の間に中国側の発掘報告書がまとめられ，中国社会科学院考古研究所編著 1997『六頂山与渤海鎮　唐代渤海国的貴族墓地与都城遺址』，吉林省文考研 2007『西古城』，黒竜江省文考研 2009『渤海上京城』などの刊行によって，情報量が増大し，渤海三彩陶の実像にせまれる段階に近づいている。そこで新刊行の報告書等と，ロシア科学アカデミー極東人民歴史・考古・民族学研究所，アルセーエフ博物館，吉林省文物考古研究所，吉林大学辺彊考古研究中心，黒竜江省博物館，内蒙古地域窯跡踏査などの調査成果を加えて新たに稿をおこしたい。

2．渤海施釉陶に関する既往の見解

　渤海の領域から発見されている陶器は，緑釉陶器・三彩陶器・灰黒色硬質土器の3種類にわけられ（原田淑人1939，pp. 68-71），現在では，灰黒色硬質土器を（泥質）黒灰陶とよび，硬質，高温焼成され，器表を研磨して，銀衣のような光沢が生じている土器で，印花文を施すものも少数ある。これに，軟質，粗製の挟砂灰褐色陶がある（考古研1997，pp. 88-109）。このうち鉛釉陶に焦点をしぼって，その特徴を析出してみたい。

　まず渤海三彩陶および緑釉陶について従来の見解を整理すると（三上次男1981，pp. 144-145，朱栄憲1979，pp. 88-101，彰善国2006，pp. 127-136），三彩陶には，杯・碗・盤・高杯が発見されているが，建築用材や副葬品例は存在しない[2]。灰白色の胎土に，緑・褐釉で文様をあらわし，全体を淡黄釉でおおい，白色胎土はみられず，白化粧をしていないため，釉色は黒ずみ，明るい唐三彩とは違っている。緑釉陶については，鉄分の多い赤褐色の胎土に白化粧され，濃緑の釉は明るく光っている。壺などの容器の他に，鴟尾・鬼瓦・柱座・蓮華文瓦当などがあり，東京城，半拉城，延吉市西古城子遺跡から発見されているが，窯跡は未発見である。

　さらにこれらの破片について胎土と釉薬の化学分析がされている（山崎一雄1998，pp. 16-17）。三彩陶と平瓦が試料とされ，三彩陶では三上次男が上京竜泉府白廟子寺院跡から採集した碗の口沿部で，白色軟質の胎土に緑・褐・淡黄色の釉がかけられている。緑釉瓦は，東京大学考古学研究室に残されている「宮Ⅳ－Ⅴ」と注記されている破片であり，灰白色軟質の胎土に淡緑色の釉がかかっている。分析の結果は，三彩陶・瓦の胎土はともに未分解の長石を含み，ムル石もクリストバル石も生成していないから，素焼きはされず，焼成温度は低く，ともに1,000度以下と推定され，白化粧は施されていない。

　さて，現在，東京大学考古学教室および同総合資料館に保管されている東京城跡出土の鉛釉陶器および瓦などは少なく，報告書に記載されている資料の多くは，戦後返還されたようである（東亜考古学会　1939）。現存する陶片のうち三彩容器とみられるのは2片（fig. 2），緑釉陶2片で，他は二彩平瓦および緑釉柱座の破片がある[3]。

　容器のうち fig. 1-2 （c/1107-2，竪穴出土）は，脚部の破片かとみられるもので，外面に淡緑・黄とわずかに橙色がみられ，内面は露胎で，ヘラ磨きされ，器面は淡褐色を呈しているが，新たな破面にみる胎土は軟質白色であり，白化粧はみられない。現存する緑釉陶の2片の胎土はいずれも赤褐色の粗質であり，白化粧がないために暗緑色を呈している。pl.1-11の3は小皿とみられる小片であり，暗緑とやや明るい緑釉が斑になり内外にかけられている。他の1片は（C/11073，Ⅳ= 14礎）口沿を折り曲げる盤の破片であり，内面にも施釉されている。これらの胎土中の鉄分含有量は，他のものと異なりかなり高く3％をこえているだろう。

　施釉瓦については，淡黄色に呈発するが，山崎の分析試料平瓦は，切断面でみると胎土は白色軟質であり，未分解の状態の粒子が観察できる。胎土・釉調が分析試料片と同じである fig. 2 の左は，淡黄色に緑釉が筋状に流れる白釉緑彩陶である。他に緑釉瓦があり，灰白色の胎土に濃緑色釉がかけられている。東大総合資料館に保管されている緑釉柱座の胎土・釉調もこれらに類似している。

　胎土中の Fe_2O_3 の含有量は，分析試料の瓦では1.66％であり，肉眼観察において，他の淡緑釉瓦・緑釉瓦や，fig. 2 および pl. 1-8 の三彩獣脚も白色胎土であり，おそらく鉄分含有量はこの数値に近いとみられる。三上提供試料の三彩陶の Fe_2O_3 が2.55％とかなり鉄分が多く，南宋竜泉窯青瓷など青瓷胎土と近い比率であるが，こうした灰色に近い胎土は実見できる東大資料中にはみられない。掲示写真（山崎一雄1992，p. 30）でも粒子をふくむ粗胎とみられる。出光美術館所蔵の東京城採集の三彩陶片は（三上次男1981，145図），明度の低い色調を呈し，粗胎である。

東京城報告書には，三彩陶容器6片がカラー写真で記載されているが，pl. 1-11-3の緑釉小片をのぞいて東大考古学研究室には現存していない。これは小片で器種の判別は難しいが，これらを写真と上記の実見の結果から推定すると，胎土はかなり白く鉄分含有量が1%台で，白化粧はなく，緑・橙（褐）に白色釉もみられ，その一部は黄色気味になってはいるが，全体を黄釉で覆うようにはみられず，かつ明るい色調の三彩陶である。白色透明釉の部分が黄色に呈発するのは，低温焼成の場合しばしば生ずる現象のようであり，施釉後の焼成も低温であったことが考えられる。

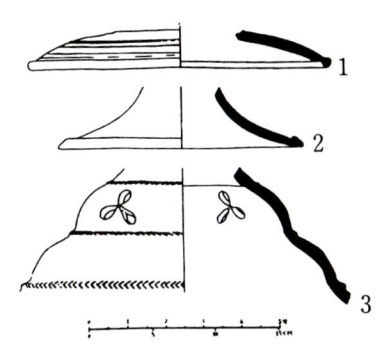

fig. 1. 三彩片，緑釉片実測図，東京城跡（東亜考古学会　1939）

　このように見ると，渤海三彩陶ならびに緑釉陶の胎土には2種類があり，現在，実見し得る東大総合博物館保管の三彩陶の胎土は，白色・軟質であり，鉄分の含有量がおそらく1%台で，焼成温度はかなり低いと観察できる。後述するE. Lゲルマンが，写真で示された沿海州のクラスキーノ土城内寺院（Kraskinskiy temple, 克拉斯基諾古城）出土の二彩陶2片は，いずれも上記の胎土・釉調の特徴と類似していると判断できる。しかし，一方においてゲルマンは渤海遺跡から出土した緑釉・三彩陶の釉薬は，暗く，くすんでおり，唐三彩陶に特徴的な色

fig. 2. 三彩片，東京城跡，東京大学総合資料館

彩の美しさや鮮やかさがないと述べている（ゲルマン1998）。したがって，釉陶器の胎土は2種類あり，細純・白色で釉が鮮やかに呈発するものと，粗質・細砂粒を含み，釉色が暗く黄色を呈するものがあり，前者を中原産，後者は渤海産品としており，この見解は現在でも主張されている（考古研1997, p. 104）。また，研究状況をまとめた論考も発表されている（考古1999-8, pp. 74-80）。

　このような渤海三彩陶などに関する従来からある見解，すなわち現在の段階では，胎土・釉調に2種類があると考えるならば，白色胎土をもち，かなり明度のたかい発色の三彩陶は中原産となり，上記の李紅軍氏は，渤海領域から出土した三彩陶は，すべて唐三彩陶であるとする見解が生まれることとなる[4]。胎土や釉調に基づくと，かなりあいまいな部分が生じるので，本稿では，主として，器形に着目して中原施釉陶にはなく，渤海の灰釉陶にみられるものを析出して，それとの類似性をもつ施釉陶を渤海産の指標として考察を進めていきたい。

3．渤海領域における施釉陶

　渤海施釉陶が出土している遺跡は，牡丹江流域にある上京城（竜泉府）遺跡とその周辺，図們江流域の和竜市西古城跡と周辺古墓，その下流にあるクラスキノ土城跡を含めて，ロシア沿海州地域のなかでは芬河流域ウスリークス周辺の寺院跡など，主として3地域に分けられる（fig. 4）。

1. 上京城（竜泉府）遺跡とその周辺：渤海上京竜泉府遺跡は（寧安県渤海鎮，原名東京城鎮），1963年以来の発掘調査によって資料数が増加している（考古研1997, pp. 104-107）。くわえて，黒竜江省文考研2009『渤海上京城』上・中・下の大冊は，不明部分の多かった渤海三彩陶研究に大きな光明をもたらしている。

　施釉陶は，宮城西区の堆房遺跡を中心として1,500片以上が検出されていると報告されて，さらに第2, 3, 4，および50号宮殿等からは，おびただしい量の緑釉および三彩釉の屋根瓦，鴟尾，獣頭などを検出しており，これら建築材が，外部から搬入されたことは考えがたく，施釉陶がこの地で生産されていたことは確実

である。施釉陶器の器形は，盤・盆（双耳淺鉢）・双系罐・壺・三足器・器蓋・硯台・缸があり，胎土と釉調をみると2種類に分けられ，a. 胎土が灰白色ないし灰黄色で細かい精土であり，白化粧されているとみられ，釉は白色をベースにして緑・橙色を重ね塗りし，明度のたかい発色である。緑釉および緑釉緑彩陶もここにふくまれる。報告されている多くはこの範疇に属している。b. 報告されているのは少数であるが，胎土に砂粒をふくみ，白化粧がないようであり，釉色は暗く呈発している。報告書では前者が中原産で，後者が渤海産としている。

器種別に瞥見すると，盤は口沿を「く」字状に折り曲げ，平底につくる特徴があり（口径 31-42，底径 22.5-34，高 5.3-6.7cm），黄釉，緑釉で，いずれも緑および赭黄釉を口沿から間隔を開けて数条垂下させる彩色の復元完形品がある（pl. 1-1）。上記のbであげた粗胎の盤の例として，器形を一にする三彩陶（pl. 1-2）を掲示しておきたい（黒竜江省文考研 2009，図 61）。

盆としているのは，器高が深く，盤よりも大型で双耳を付ける器形であり，口沿および底部の形状は類似している。破片では両者の判別は難しいようであるが，白色釉に橙色および緑釉を塗っている三彩陶がある（pl. 1-6）。これら盤・盆の施釉陶と，（泥質黒）灰陶と口沿など器形および法量の特徴が類似しており，これらが渤海産の土器の形を明らかにモデルとした施釉陶である。さらに，特徴的な口沿形態は，中原産の三彩陶などにはみられない形であり，この2点を根拠にして，これらは渤海産と考える。この点では奈良三彩陶が中原の器形の模倣ではなく，須恵・土師器に施釉していることと共通している。

三彩双系罐は（pl. 1-6, 口径 22.8, 底径 10, 高 19cm），中原三彩陶にはみられない器形であり，灰陶に類似形がある。提示した罐は黄・浅緑・紫色釉に発色した大型品である。1997 年の調査で路街跡，内城城垣跡，坊墻跡の遺構が検出され，出土した三彩罐片 1（口径 25cm）は内面は浅黄色釉，外面には緑と黄褐色釉が欠けられ，無系であるが，上記の双系罐に類似した器形である（北方文物 1999-4, pp. 42-49, 挿図 3-8）。

器物は小破片が多いので器種を決められないものが多いなかで，三彩鉢（缸）は，肥厚した口沿の下に綾杉文，その下と胴部下半に巻草文をめぐらせ，胴部は白釉を基礎釉として橙，緑釉を流しかけている（pl. 2-19, 口径 31.2cm, 1 号宮殿）。口沿は緑・白・橙色釉を塗り分けており，その器形，精緻な巻草文装飾とともに，中原三彩陶にはみられず，それを凌駕する美的水準に到達しており，渤海三彩陶の極致ともいえる。胎土は，砂を挟む陶質であり，釉面に小さな剥離がみられる。

盤あるいは鉢の口沿部破片として白色胎土の2片（pl. 2-21, 22）と，粒子をふくむ粗胎のものとがある（pl. 2-23, 24）。白色胎土では化粧土をかけていないようであり，緑釉紡輪片（pl. 2-25），器形不明であるが，白釉緑彩陶（pl. 1-26）の澄んだ色調を掲示しておく。三彩蓋を2片あげるが（pl. 2-27, 28）後者の釉面に黒い斑点が浮きあがっている。この他に三彩長頸瓶片1，三彩陶の破片9片が報告されており，いずれも白色陶胎に三彩釉がかけられている。

三足器も灰陶に同形があり香炉とみられる施釉陶で，脚の接着部に貼花文がみられる（pl. 1-7）。例示品は獣脚ではないが，東亜考古学会調査品に黄釉が施され，灰白色で軟質胎土の獣脚の破片が保管されている（pl. 1-8）。こうした香炉の蓋は多く報告されている。被せ蓋で，頂部に（宝珠形）鈕をつけるとみられ，甲部に猪目形を花弁状に組み合わせた鏤孔を4箇所にあけている（pl. 1-9, 径 16.7, 高 5.6cm）。同じく（pl. 1-5）の右上の破片には鏤孔があり，白・緑・橙色を塗り分けた三彩香炉蓋である。

ここで上京府の北側4キロにある三陵屯4号墓（黒竜江省寧安県三陵郷三星村）出土の三足香炉に言及したい（pl. 1-10, 中国文物精華編輯委員会編 1997, no. 14）。通高 18.1cm の平型で，大きい鈕座に精美な宝珠鈕をつけ，扁平な伏鉢形蓋の4箇所に，間弁をいれた4弁花の鏤孔をひらき，鍔状にのばした口沿を炉身に被蓋する形式である（推定蓋径 21.5cm）。鏤孔箇所を白釉に塗り，緑釉を上に被せており，橙褐色を加えた施釉で，白胎

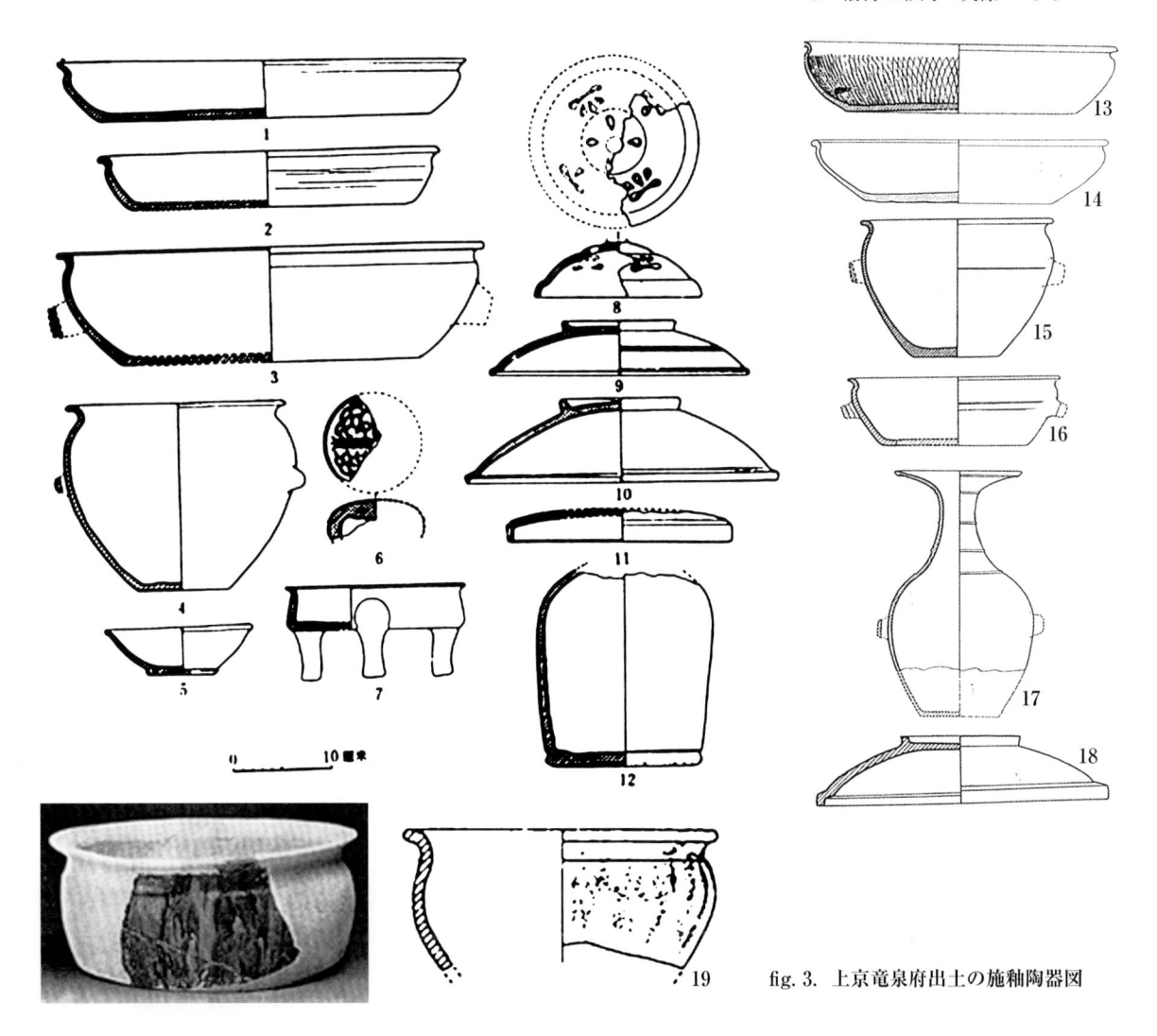

fig. 3. 上京竜泉府出土の施釉陶器図

で発色もよい。これに対して，炉身は，胎土が異なり，発色が黒味を帯びており，不明瞭な3本の圏線がみられ，獅子面獣脚3が，口沿直下に貼付されている。

これと鞏義市黄冶窯跡出土の三彩火舎式香炉との異同点をあげると，蓋については，口径に対する蓋高が低く，偏平であり，黄冶窯品は半球形である点，および被せ蓋形式であり，黄冶窯品が子母口形式をとる点が異なる。座を含めて宝珠鈕，元宝形を組み合わせる鏤孔，いずれもそのままではないが類似例は黄冶窯跡品にあり，蓋の釉調も黄冶窯品との相違点は挙げ難い。しかし，炉身については，径高比が大きな浅い器形であり，突帯文がなく，胎土の鉄分の含有量が多いとみられ，黄冶窯跡などに類似例を探しだしえない[5]。

この炉身の類例を求めるならば，開元29 (741) 年に埋納された陝西・慶山寺塔下主室発見の響銅製香炉がある（東京国立博物館編1998, no. 40）。これは獣面獣脚6本が口沿下に鋲止めされ，被蓋の形，より簡素化された花形の鏤孔などの特徴をみせ，三陵屯渤海国墓三彩香炉が，中原の三彩香炉ではなく，こうした響銅香炉を直接コピーしたことを推測させる。この形態は，黄冶窯品には確認できないものであり，渤海三彩陶の資料数が絶対的に少ない状況下で，論ずるのはさけたいが，この三彩香炉炉身は渤海の領域で生産された可能性が考えられる。

これとは別に，東亜考古学会による東京城北辺竪穴跡出土の三彩2片である（fig. 1-3, pl. 1-11, 原田淑人編著1939, 図版103）。鍔状口沿から，縄目文突帯で仕切りをして，2段に甲盛りを重ね，その中段に四花弁形

344　Ⅱ　隋唐白釉陶瓷の推移と三彩陶の形式

の鏤孔をあける。釉は，黄色ぎみの白釉，緑釉，橙褐釉で花弁状に縦に塗り分けている。この内の三彩香炉蓋が中国国家博物館に展示されていたが，返還品の一つである（pl. 1-12）。このように有段蓋は，金属製香炉にはみられ，上掲の慶山寺塔や藤井有鄰館品などがあるが，黄冶窯跡では確認できない。

　この他に鏤孔は確認できないが三彩蓋が確認でき，口径23，高3.4cm に復元できる破片がある（pl. 1-9）。また環状鈕内にも施釉した黄釉橙彩の蓋があり（pl. 1-13），同形品が灰陶に数多くある。この他の器種では緑釉壺，三彩硯台の施釉品があり，いずれも灰陶と類似した器形である。

　屋根材として緑釉，三彩釉が掛けられているものがかなり大量に製造されている。緑釉筒瓦をはじめとして（pl. 1-17），三彩獣頭は緑釉を基本にして，鼻，口に橙色と白色をいれて三彩陶にし（pl. 1-18），三彩鴟尾も検出されている。もちろん施釉されていない丸・平瓦も出土しているが，施釉瓦類の大量の存在は，中原から搬入されたものではなく，この地に鉛釉陶の製作工房が存在したことは確実である。

　また，この上京城跡からは，邢州窯白瓷かとみられる碗片（pl. 2-29）が検出されており，中原から陶瓷器の搬入があったことも確実である。しかし，中原三彩陶にはみられない装飾技法，灰陶と類似する器形の施釉陶器，大量の施釉瓦類の存在から推断して，この地で渤海施釉陶が焼造されていたと考える。

2. 図們江流域の和竜市西古城跡と周辺古墓

　中京顕徳府に比定されている西古城を中心として，和竜市の図們江流域に遺跡が分布している（fig. 4）。図們江の支流である海藍江右岸に，貞孝公主墓をふくむ竜頭山古墓群（田村晃一 2011, pp. 83-104），左岸和竜北大墓群があり，施釉陶が発見されている。そのなかで西古城の内城地域から，緑釉筒瓦・熨斗瓦・獣頭が検出されているが，上京城に比べて発見数は少ない。泥質紅陶胎であり，いずれも白化粧することによって，澄んだ緑色に呈発している。三彩陶で印花文装飾を施した缸の破片が検出されている。口の大きい甕で（口径13.5，高46.3，底径108cm），横系を付け，肩と腹部に印花宝相華唐草文をめぐらせ，緑釉の上に橙色釉が塗

fig. 4. 図們江流域渤海遺跡分布図

られている。こうした施文は中原産とは考えられない (pl. 1-15, 16)。緑釉盤口沿は粗質な胎土である (pl. 2-23)。

海藍江を見下ろす右岸の岡の上に，竜頭山渤海王墓群が営まれている（和竜市頭道鎮竜海村竜頭山）。793年に葬られた貞孝公主墓をはじめ（ソウル大2003），第3代文王皇后墓（M12），第9代簡王皇后墓（M3，830年葬）など渤海王室墓群がある。この貞孝公主墓からわずか50mはなれた隣接地に，営造された大型磚室塔墓がM10であり，被盗されていたが墓室内から三彩女侍俑4，同男俑1，緑釉獣形1，同馬頭1などの施釉陶が残されていた (pl. 2-30, 31, fig. 6，考古2009-6，pp. 23-39)。これらの俑は，白化粧されているようで，緑・白・橙色の釉が全体に滑らかにかかり，衣の襞などのつくりも丁寧である。緑釉を多用している点が特徴の一つである。

女侍俑は，襟がまっすぐではない丸襟であり，筒袖のゆったりとした長袍はいわゆる団領であり，胸前で拱手し，腰から長裙は床までたれ，足先がわずかにみえている。こうした形態の女侍俑は中原三彩俑にしばしばみえるが，頭髪が異例である。ここでは頭の中央から分けて耳飾りでおさえた髪形であり，沿海州から発見された青銅女人像に類似しており（東北亜歴史財団2009，pp. 316-317)，中原の女侍俑では髪を高々と髻に結う例がほとんどである。この点が本品をして中原産とにわかに決められない根拠である。男俑は，貞孝公主墓の壁画を参考にすると，侍衛あるいは内侍とみられ，簡素な幞頭をかぶり，4本の紐で頭を包む四帯巾で，そのうち2本の紐を頭上で，2本後頭部で結んで固定させ，それを垂らして飾りとしている。この形式は上京竜泉府出土の硯に刻まれた人物に見ることができるが (fig. 5，朝鮮遺跡遺物1991，第3巻，no. 491)，隋唐には普遍的に用いられた冠帽であり，渤海もこれに倣ったと考える。服は，丸襟の団領であり，長袍で胸前で拱手し，腰をわずかにかがめ，長裙は床までたれている点や衣の襞など女侍俑と同じく丁寧な作である。

fig. 5. 硯刻人物図，上京竜泉府（朝鮮遺跡遺物1991）

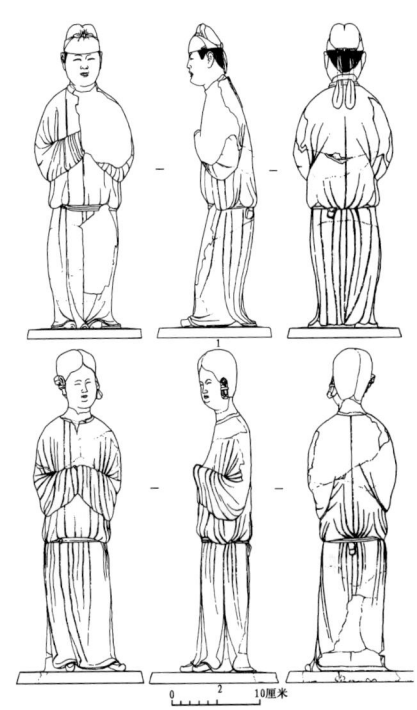

fig. 6. 三彩男・女侍俑，竜頭山M10号墓（考古2009-6）

これらいずれの男女俑は台板が楕円形で，中原産では通常は（長）方形ないし高い台座にのせている点も中原品と異なっている。報告者も生産地については慎重であり，将来に結論をゆだねている。その他にも女侍俑1が紹介されており，橙色を多用し，上記のM10品とは様相を異にするが（魏存成2008，口絵彩版），詳細な報告がないのでここでは割愛する。

竜頭山古墓群の南に165基の石室墓からなる和竜北大墓地群があり，1988年その内のM7号竪穴石室墓（未盗掘）に三彩長頸壺1と黄釉絞胎碗1が随葬されていた。M7墓の木棺に被葬されていたのは壮年女性と8才以前の小児である。この三彩長頸壺は (fig. 7b, pl. 2-32，文物1994-1，pp. 35-43，文物精華1997，no. 13，図4，図5，器高18.1，口径8.6，底径7.8cm)で，白陶胎に，白・橙・緑釉の順に鉛釉が塗り分けられ，内面にも浅黄・浅緑色釉が施され，無釉の平底である。口沿の一部は欠損しているが，白色素地のために釉色はかなり明るく発色している。報告者は「壺の形は，北大古墓群，竜海古墓群（延辺博1983）出土の陶瓶と基本的に相似し，中原出土の三彩器に比較して，その色彩は似ず，あでやかな美しさが不十分である」として，これを渤海産の三彩陶と考えているようである。

写真で見る範囲内で所見をのべると、この形態の瓶は中原の製品、すなわち唐三彩陶にはみられない。唐三彩瓶の形式は、白瓷と共通する形態をもち、卵形胴長頸瓶、台脚長頸瓶、球形胴長頸瓶の3形式にわけられる（本書Ⅲ-3, 4参照）。北大M7墓出土瓶は、一見ポピュラーな形態であるが、中原の長頸瓶とは異なり、報告者が指摘するように、黒色灰陶瓶に類似した形態が確認でき、これは渤海三彩陶と考えられ、灰陶双耳瓶の形態と類似している。また類似品は管見の範囲内で、美術館所蔵品などの中に類例を抽出できない。もしこれを渤海三彩陶と認定するならば、従来指摘されてきた渤海三彩の釉色の暗い特徴とはやや異なり、上述の実見した観察にちかい。白色透明釉の箇所が黄色を呈しているのは、すでに指摘されている低温焼成によるとみられる。

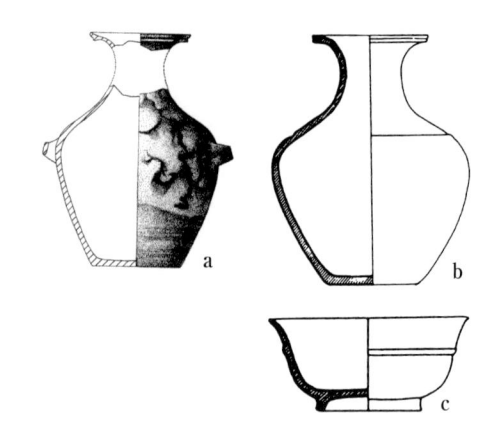

fig. 7a. 緑釉長頸壺、六頂山墓群M5墓（考古2009-6）、b. c, 三彩長頸瓶・黄釉絞胎碗、和竜北大M7（文物1994-1）

　この三彩瓶の胴部に双系をつけた渤海灰陶の形で、緑釉が施された長頸壺が六頂山墓群M5から検出されている（fig. 7a, 考古2009-6, pp. 1-14, 挿図, 口径14.6, 底径12.6, 推定高33cm）。胴部中位まで施釉され、緑彩が施されているようであるが、形態からみて渤海産施釉陶と考える。報告では三彩瓶としている。敦化市にある六頂山墓群は、貞恵公主墓など渤海貴族墓地であるが、施釉陶の検出は報告されていない（考古研1997, pp. 4-42）。

　M7墓にもどり、黄釉絞胎碗については（fig. 7c, pl. 2-23, 口径11.6, 底径6.1, 器高5.4cm）、報告では言及していないが、これは中原の製品に形態的に類似している。内面の一部に緑釉の条線が描かれ、絞胎に黄釉が外底をのぞいてかけられ、腰折の典型的な盛唐期の特徴のある器形である。同形の白瓷・三彩品は、永泰公主李仙蕙墓（神龍2年・706）、陝西・李貞墓（開元6年・718）、西安・西北国綿五廠29号墓（開元20年・732）、同65号墓（開元6年・718）、褐釉品は鶴壁市王仁波墓（開元26年・738）などで紀年銘を伴って発見され、8世紀前半代の製品である。

　さらに黄釉絞胎碗は、8世紀の前半期とみられる西安王家墳90号（口径16.1cm, 文物1955-9, 文物1956-8, pp. 29-32, 五省文物1958, 図版76-1）に出土例があり、他に大和文華館品はやや縦長につくり（口径12.0cm, no. 79）、東京国立博物館（TG608, 口径9.5cm）、クリーブランド個人蔵（口径16.5cm, Los Museum1957, no. 263）にも類品がある。こうした絞胎陶器は鞏義市窯跡からも出土しており（中原文物1981-3, 図版4-3）、形態の共通性からみても、中原の産品と考えられるが、渤海の地で模倣された可能性も否定できない。両者の組み合わせから推定して、このM7墓が8世紀の前半から中葉につくられたとみられ、渤海三彩陶がすでにこの時点で存在していたことが考えられ、中原との時間的な差は大きくないであろう。この墓からは他に蚌殻5（bang, 蛤の一種で貝殻内に真珠ができる）が発見されている。

　同じく黄釉絞胎陶枕1が竜頭山古墓から発見されているが（pl. 2-34, 魏存成2008, 口絵彩版）、他の報告などには記されてはいない。これは中原の製品と考える。さらに、醬褐釉双系罐1が1973年の調査で発見され、また三彩女侍俑もあるが詳細はわからない（魏存成2008, pp. 250-251）。

3. 沿海州地域の施釉陶

　この地域の施釉陶の資料も断片的であり、まとめて記述することは難しいが、現状で判明している資料を拾い上げていきたい（fig. 8）。

　施釉陶が発見されている遺跡は、図們江下流のクラスキノ土城、芬河流域のアナニエフスカヤ土城、アプ

リコソフスキー寺院，その南にあるマリアノフカヤ土城の各遺跡から少数の破片が発見されている。そのなかで，1980年から継続調査されているクラスキノ土城の西北部に位置している寺院跡などから，越州窯青瓷碗，邢州窯白瓷が出土している。小片のため正確に器形は分からないが緑釉緑彩の罐と盤（pl. 2-37），長頸瓶の頸部（pl. 2-35）については，白色ないし白化粧土の上に施釉されている。三彩罐とみる破片は砂質の灰色の胎土に白化粧が施されている（pl. 2-37）。上記の上

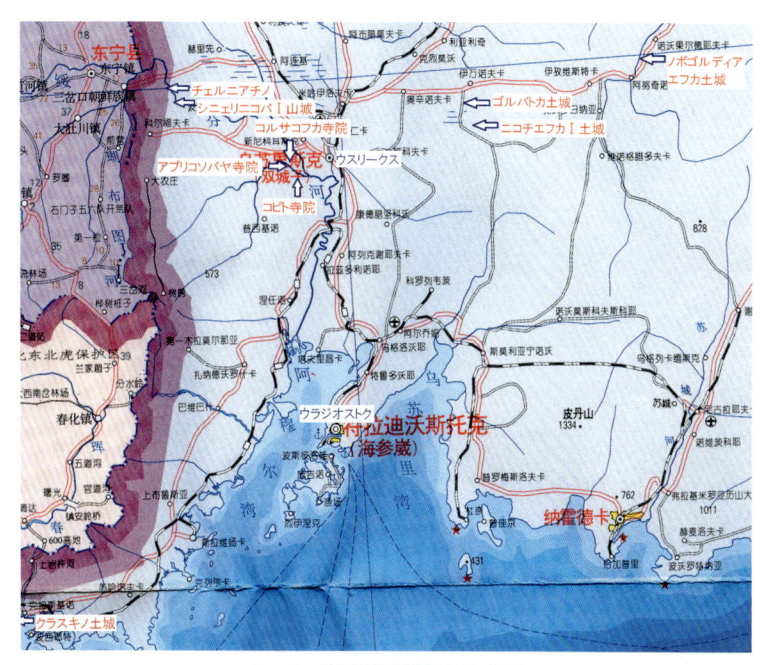

fig. 8. 沿海州渤海遺跡分布図

京竜泉府出土施釉陶でみたように，釉調や胎土の色調で渤海産か否かを決めるのではなく，渤海灰陶と器形の類似性に基づいて判別しているので，器形が分からない小片では判別が難しい。以上はロシア科学アカデミー極東支部に保管されている資料であり，他にクラスキノ土城出土品として黄釉網代文水注の完形品があるが，これは中原に同形で施釉も類似し，淡紅胎とあいまって，渤海施釉陶ではないであろう。

マリアノフカヤ土城から出土の緑釉小壺は，粗い胎土に氷裂のある釉がかけられているが，同形で同サイズの灰陶が共伴しており，渤海産品と考える（ゲルマン1998講演レジュメ）。同遺跡から出土の緑釉盒の身部破片は胎土が白い平型品であり，中原でも同形品は焼成されている（pl. 2-39，アルセーニエフ博物館展示）。アプリコソスキー寺院跡出土の三彩陶のうち，三彩三足香炉の獣足の特徴は，指の部分の整形にあり，中原の獣足でも型造り後に手をくわえることがあるが，これは角形の削り，いかにも荒削りの武骨なできである（pl. 2-38）。竜泉府出土獣足（pl. 1-8）もつくりに類似要素がある。同じくこの寺院跡出土の三彩型物とアナニエフスカヤ土城出土の三彩陶型物は（pl. 2-41），佛像とその台座花文であり，上京竜泉府跡出土の三彩陶との間に違和感はない。

沿海州地域の施釉陶は，依然として浦塩の霧につつまれている感を否定できない。金・元代になると華北はもとより景徳鎮窯の製品が相当量この地域にもたらされており，この地の渤海三彩陶の製品の認定は明証をあげることは難しいが，わずかに霧の晴間がのぞきつつある。

4. 黒竜江省哈爾濱市顧郷出土の三彩小壺

現在の哈爾濱市は，唐代においては渤海の領域であり，看過できない資料がある。単品で発見されたようであるが，哈爾濱市顧郷屯出土の三彩小壺を紹介する（fig. 10，黒竜江省博物館展示）。

これは器高5cmほどの小壺であり，口沿を開き，短い頸部から「工」字形の横長胴部につづき，平底でおわる。高台わきまで白化粧され，釉薬とのなじみが悪く，口沿と胴下半部では剥落がいちじるしい。胎土は，釉薬の剥離面でみるとかなり黒味のつよい色調にみえるが，一部の破面では白灰色のようであり，化粧土の下が釉薬から溶媒が滲透

fig. 9. 哈爾濱市顧郷屯，三彩小壺出土位置図

して灰黒色に変質しているのではなかろうか。釉は，緑を主にして，橙色をくわえ，白色を点状に散在させている。

器形は，中原三彩陶にみられるが，胎土は，鞏県小黄冶窯や黄堡窯では，色調は悪くとも褐色であり，白化粧もあるが，本品のような状態を呈するものはみられない。一方，渤海三彩陶では，白斑にする施釉法の例をあげられない。長安礼泉坊窯の出土品中に類似する色調の胎土をもつものがある（陝西考古研2008，図版28-2）。

中原三彩陶の可能性があるが，明確に窯跡を比定できない。仮に中原三彩陶とすれば，北限の地の発見であり，注目される。これが出土した遺跡は，哈爾濱市中心部の紅博広場から西南に3.7キロの郊外であり，北に松花江を望む台地上にあり，古墓随葬品と推定する（fig. 9）。

fig. 10. 三彩小壺，哈爾濱市顧郷屯，黒竜江省博物館

小　結

わが国でつくられた奈良三彩陶の器形は，唐三彩陶の模倣ではなく，基本的に須恵器の器形であり，これに三彩を施釉している。壺など類似しているように見えるが，蓋，口沿の形や，胴部最大径の位置などは異なり，唐三彩竜耳瓶や鳳首瓶など特殊な器形を模倣することなく，須恵器の杯，盤，多嘴壺などに施釉し，「奈良三彩は必ずしも唐三彩のコピー製品を作るのに熱心ではなく，それは日本側の主体的行為であった」（高橋照彦2002, pp. 373-378）とする見解がある。

渤海三彩陶もまさにこの状況にあり，上記したように特異な形態の盤，双系罐，香炉など，この国が従前から黒灰陶で焼造してきた器形を三彩あるいは緑釉を施し，自国が必要としている使用目的に適合させている。それら施釉陶の用途について詳らかにできないが，まとまって検出されている上京竜泉府宮城西区の院落の一つである24号遺跡（66×20 m）は「堆房」すなわち倉庫跡であり，「日用器皿」と報告されている。宮城内の宴などにおいて，供膳用に使われたのであろうか。わが国の奈良三彩陶の用途は①小壺など祭事用②瓶・鉢など仏事用③蔵骨器に分けられ，供膳用は少ない。唐においては主に墳墓の明器であり，一部は容器として使用されていたことは既に述べているとおりである。

このように，東アジアにクレセント形にひろがっている三彩陶の焼造と用途は，各地で主体的におこなわれ，模倣しているのは施釉技術だけであるといっても過言ではなかろう。この技術について，各国からの遣唐使のなかの技術習得生が獲得したと考えるのが自然であり，わが国の場合は，飛鳥期にはすでに存在していた鉛ガラスや鉛釉製造技術を下地にして，朝鮮半島や渤海からではなく，唐から8世紀の前半代に移入された技術とする意見を支持する。『延喜大蔵省式』にある遣唐使随員のなかの「玉生」を鉛施釉の技術習得生と考える意見は首肯できる（高橋照彦2002, pp. 391-394）。

ひるがえって渤海の場合は，それに該当する史料は探し出せない。しかし，大欽茂（738-793年間在位）の時期には，熱心に遣唐使を派遣し，『冊府元亀』などの記録から拾うと，56年間に45回をかぞえ（濱田耕索2000, pp. 42-44），わが国とは比較にならない多さである。技術者の存在は各国ともに遣唐使派遣目的の一つであるから，そのなかに陶工がいた可能性はあるが「玉生」のような存在は史料にはみえない。しかし，施釉陶技術，とりわけ三彩釉陶は，渤海で焼造されたことが判明したわけであり，唐からの技術移入によって生まれたものであることが証明されたということができる。新羅の三彩陶については不明の部分が多く，唐三彩陶の出土遺跡数は増加しているが，新羅国内産は緑釉陶とともに三彩陶は確認されていない。新羅の頻繁な遣使の状況を考えると，日本や渤海以上に施釉技術の習得に努めた状況が推測できるが，出土資料はそ

れを物語っていない。

　冒頭で述べた「東アジア三彩陶文化圏」が成り立つ共通性とは，三彩陶そのものの属性にある。この焼きものは，陶瓷器としては耐久性，実用性にかけており，一部では実用に供せられているが，焼きものとして主たる位置を占めてはいない。その反面，唐代において主流を占めていた青瓷や白瓷などと比べて，華麗な色彩と造形の豊かさは群を抜いていた。それ故に三彩陶は，中原では専ら凶明器として，墓室の随葬品が焼造目的である。それが周辺国家，とりわけわが国においては西方の国からの「珍貴」な焼きものとして取り扱われ，墳墓への随葬品として使われてはいない。国産の奈良三彩陶は，蔵骨器として確認できるが，それも少数例であり，生産も短期間であり，のちに継続しない傍流であったことは確かであり，やはりここでも「珍貴」な焼きものと位置づけられている。

　渤海の場合は，上京城跡の調査で三彩陶生産が明らかになりつつあり，大量の建築用材とともに，在地産の灰陶などと器形をほぼ同じくする三彩陶の発見によって，これらが実用品として，あるいは儀式用として宮殿では使用されていたことを物語っている。もちろん渤海古墓の随葬品としても使われているが，その点を含めて，わが国のあり方とは異なっている。やはり，この国が唐帝国との政治的・経済的距離がわが国との密度の違いがあり，より一層，唐帝国を模倣いていたことが三彩陶の存在形態に現れていると考える。

［注］本稿は，1999年に発表した「渤海三彩陶試探」を，ほぼ全面的に修正した新稿である。
(1) 本稿において「唐三彩陶」は，厳密に言えば，北斉から唐代の間に生産された鉛釉陶である。
(2) この見解は全面的に誤解である。屋根瓦としての獣頭に三彩釉が施されており，後述する上京竜泉府跡や西古城跡から発見された獣頭には白釉と緑釉の部分が多いが，口および鼻の一部に橙色がみられる（吉林省文考研 2007『西古城』文物出版社）。
(3) わが国出土の三彩陶で，渤海産説があるのは，奈良・坂田寺跡出土の三彩罐胴部，盤口沿部・底部，獣脚である（「坂田寺第2次の調査」飛鳥・藤原宮発掘調査概報 5，国立奈良文化財研究所 1975）。これらは奈良三彩陶とする化学分析の結果が報告されている（本書 II-8 参照）。
(4) ゲルマン（Eugenia I. Gelman）が紹介された沿海州地域出土の渤海期の陶瓷器として，越州窯青瓷，邢州窯白瓷などがあり，中原からこの地域に相当量の陶瓷器がもたらされている。さらに，唐三彩陶は，隣接する唐の領域である遼寧省朝陽市を中心とした地域から出土しており，唐三彩陶が渤海の地に将来されたことも十分に想定できる。主なものとして，朝陽・韓貞墓（744年）－三彩3足罐1，小犬1（考古 1973-6），朝陽微生物研究院墓－三彩3足罐1（文物 1982-5），朝陽綜合廠2号墓－三彩盃1（文物資料叢刊 6，1982）をあげる。
(5) ここで比較対象とした中原三彩陶とは，窯跡の調査が進行して明らかになりつつある河南・鞏県（大・小黄冶，白河）窯，陝西・長安礼泉坊窯，銅川市黄堡窯である。あらたに判明しつつある河北・邢州窯の製品については詳細が不詳であるので，対象にいれていない。
(6) これは出土品ではなく「土民から譲り受けた」とされる獣脚であり（原田淑人 1939, pp. 82），5指が削りだされ，釉は，淡い燈色・すこし黄色みをおびる白色・淡緑色が施され，足裏にも，うす緑色の釉がかけられ，胎土は白色軟質で，長石とおもわれる結晶が観察できる。
(7) 三彩陶では獣足のみで，これに獣面を組み合わせる例はすくない。両者を組み合わせる河北・景県大王庄出土の長胴形の三足罐（器高 18.6cm，華石 1985，no. 159）はむしろ少数例である。
(8) この破片について，旧稿では報告書の記述にしたがい器座とのべたが，香炉の可能性があると考える（pl. 1-12，旧中国歴史博物館展示品）。東亜考古学会によって発掘された破片は，中国に返還されたと思われるが，その所在がわからないが，少なくともこの破片は，掲載品に該当し，旧中国歴史博物館にある。
　　この形式の薫炉とは別に，碗形の火炉と覆鉢状の台を接合した豆とよばれる器形が三彩陶などにある。紀年銘をもつ早い例として，山西・長治市の崔拏墓（永昌元年 689）年出土の青瓷豆（文物 1987-8, pp. 43-48，口径 13cm），灰陶品であるが7世紀末の年代が想定される山西・太原市金勝村第5号墓（考古 1959-9, pp. 473-475），

河南・堰師市李嗣本夫妻墓（景竜3年709）出土の三彩豆（口径10.2cm, 考古1986-5, pp. 429-457），河南・堰師市杏園村の鄭洵夫妻墓（大暦13年・778）出土の白瓷豆（口径18, 通高9.3cm, 考古1996-12, pp. 1-23），盛唐期とみられる河南・臨汝県盛唐墓（考古1988-2, pp. 186-187），同・鄭州市西陳庄唐墓（文物1995-5, pp. 23-39），洛陽関林60号墓および同竜門香山寺2号墓（洛陽市博1980, no. 108・109）のいずれも三彩豆を挙げられる。遺存例では，大阪市立東洋陶磁美術館（篠田博之・めぐみ寄贈品），個人蔵（水野清一1965, グラビア版41上），テンプル・ニューザムハウス Temple Newsam House 三彩品（蔵品番号1, 136-66, 口径13.5cm）がある。しかしこれらの豆に蓋が遺存した例がなく，薫炉としての機能が十全ではない。臨安・水邱氏墓出土の越州窯青瓷褐彩雲文油灯は，この豆の器形から覆鉢部分を取った器形であり，これには凝固した油脂が器内に盛満しており，豆は油灯器としての使用が考えられる。

(9) 遼三彩陶薫炉とみられるサンフランシスコ・アジア美術館品（B60P215, 器高10.1cm）や，出光美術館の緑釉薫炉（器高21.4cm, 出光美術館1987, no. 410）では，水平に縁をのばす点は渤海期のものと異なるが，類似した獣面・獣脚がみられるのは興味をひかれる。ただこの形式の薫炉は，観台磁州窯跡からも発見されており，遼三彩陶に限定されるものではない（北京大学1997, 図133）。また突帯に縄目文の装飾を施す台脚例は，唐三彩陶では探し出し得ないが，渤海陶器円面硯などに類似例がみられる（朱栄憲1979, p. 91）。

(10) ロシア沿海州出土の施釉陶については，ロシア科学アカデミー極東人民歴史・考古・民族学研究所のエフゲニア・I・ゲルマン博士の直接のご教示によるところが多い。とくに1997年に出光美術館での講演，1998年の「渤海をめぐる古代東アジアの交流」（國學院大學），2005年の国際シンポジュウム「中世北東アジアの動態研究」（ウラジオストク）において資料の提供を受けた。また，Dr. ゲルマンが刊行を準備している "Middle Age Glazed Pottery and Porcelain in Primorie" のなかに，クラスキーノ土城など検出の三彩破片があり，そのなかで口沿を屈曲させる盤，子母口の盒，大型壺などは，唐三彩陶にはない形とみられる。渤海に独自の器形から「渤海三彩陶」の属性を検討するのがよいのではなかろうか。未刊本の閲覧を許された Dr. ゲルマンのご好意に謝す。

9. 渤海三彩陶の実像　351

1. 赭黄釉盤, 上京竜泉府 (社考研 1997), 2. 三彩盤, 上京竜泉府 (同左), 3. 緑釉盤片, 西古城跡 (吉林文考研 2007), 4. 三彩釉口沿片, 上京竜泉府 (社考研 1997), 5. 三彩蓋片 (黒竜江文考研 2009), 6. 三彩双系罐, 上京竜泉府 (社考研 1997), 7. 三彩三足香炉 (同左), 8. 黄釉獣脚片, 東亜考古学会, 9. 三彩香炉蓋 (社考研 1997), 10. 三足香炉, 黒竜江・三陵屯 4 号墓 (中国文物精華 1997), 11. 三彩片, 東京城 (原田淑人 1939), 12. 三彩香炉蓋, 中国国家博, 13. 黄釉蓋, 上京城 (社考研 1997), 14. 三彩釉片 (同左), 15. 三彩印花文缸, 西古城跡 (吉林文考研 2007), 16. 緑釉印花文缸, 西古城跡 (同左), 17. 緑釉丸瓦, 上京城 (黒竜江文考研 2009), 18. 三彩獣頭, 上京城 (黒竜江文考研 2009)

pl. 1. 渤海出土の三彩・緑釉陶 (1)

352 Ⅱ 隋唐白釉陶瓷の推移と三彩陶の形式

19. 三彩缸片，上京城（黒龍江文考研 2009），20. 三彩缸片，上京城（同左），21. 三彩缸片，上京城（同左），22. 黄釉缸片，上京城（同左），23. 緑釉鉢缸片，上京城（同左），24. 緑釉鉢缸片，上京城（同左），25. 緑釉紡輪片，上京城（同左），26. 白釉緑彩片，上京城（同左），27. 三彩蓋片，上京城（同左），28. 三彩蓋片，上京城（同左），29. 邢州窯白瓷碗，上京城（李陳奇他 2010），30. 三彩女侍俑，和龍市龍頭山 M10（考古 2009-6），31. 三彩男侍俑，和龍市龍頭山 M10（考古 2009-6），32. 三彩長頸瓶，吉林和龍県北大渤海墓 M7（文物 1994-1），33. 黄緑彩絞胎碗，（文物 1994-1），34. 黄釉絞胎陶枕，吉林和龍県龍頭山墓（魏存成 2008），35. 白釉緑彩片，クラスキノ土城寺院跡，ロシア極東人民研，36. 三彩仏像型物片，アブリコソスキー寺院跡，アルセーニエフ博物館，37. 緑釉緑彩罐・盤片，クラスキノ土城寺院跡，ロシア極東人民研，38. 三彩三足香炉獣足，アブリコソスキー寺院跡，アルセーニエフ博物館，39. 緑釉盒片，マリアノフカヤ土城，同左，40. 緑釉緑彩長頸瓶頸部，クラスキノ土城寺院跡，ロシア極東研，41. 三彩仏像型物片，アナニエフスカヤ土城（ゲルマン 1999）

pl. 2. 渤海出土の三彩・緑釉陶（2）

Изучение трехцветных керамических изделий Боххайского царства.

В данном докладе мы расскажем о керамических изделиях на территории Боххайского царства, охватывая период в 250 лет, начиная со второй половины 7 века до первой половины 10 века.

1. Привезенные из царства Тан изготовленные при высокой температуре цветные керамические изделия.

Кроме керамики Боххайского производства（сделанная из глины черная и серая керамика）, существует цветная керамика, а именно окрашенная при высокой температуре красителем из полевого шпата и окрашенная при низкой температуре красителем из свинца керамика. В Боххайском царстве первая керамика представлена изготовленной в царстве Тан голубым фарфором Юеяо и Changsha Yao Kiln, а также белым фарфором, произведенным в Xing Yao Kiln. В Shanging Long Quan Hu （замок Донгджинг） на памятнике Jilifang был найден диск в виде ободка от белого фарфора Xing Yao Kiln, на памятнике Dongbang Cheng 1 была найдена пипетка, покрытая черной глазурью Changsha Yao Kiln, в любом случае вся эта керамика относится к середине 9 века（рис. 2–5・12, археологические исследования 1997, чертеж 94）. На памятниках Краскино и Николаевка 3 были практически одновременно найдены голубые керамические чаши Юеяо（Герман 1999, чертеж 49）.

Среди привезенной из Китая керамики в рассматриваемый период чаше всего встречается голубой фарфор Юеяо, однако интересен феномен, что Япония была изначально связана с другим азиатским регионом. Белой керамики найдено относительно немного. В Японии на более чем 200 памятниках был найден голубой фарфор Династии Тан, и только одну треть составляют находки белого фарфора, среди осколков белый фарфор составляет одну восьмую.

На территории Боххайского царства произведено не достаточное количество археологических раскопок, отчетов о нахождении керамики тоже мало（Ху Ронг 1988, Хсиех Минг Лиан1998）. На настоящий момент в научном музее истории и этнографии г. Владивостока хранится 44 сосуда и не более 100 осколков керамики, найденной на памятниках Боххайского царства（Герман 1999）. Если говорить о том, что Боххайское царство привозило керамические изделия из царства Тан, количество этой керамики было очень не большим. На японском памятнике Курокан этого же периода было найдено несколько десятков тысяч предметов. Принимая во внимание эти находки нельзя согласиться с мнением, что керамика завозилась в Японию через Боххайское царство. Хотелось бы обратить внимание российских ученых на проблему керамических изделий царства Тан.

2. Особенности керамических изделий, окрашенных с помощью свинцовых красителей, найденных на Боххайских памятниках.

Количество материалов, которое нам удалось изучить чрезвычайно мало. Мы ограничиваемся материалами докладов с археологического симпозиума Toa 1933-34 гг. о зеленой и трехцветной керамике, окрашенной свинцовыми красителями, что была найдена на памятнике 寧安県東京城址 Ningan Dongjing castle site и сохранившимися материалами.

В настоящее время в Токийской археологической лаборатории и в хранилище материалов есть небольшое количество найденной на крепости Донгджианг керамики, окрашенной свинцовыми красителями, а также черепицы. Большинство отчетов - это возвращенные после войны отчеты. Среди сохранившейся до настоящего времени керамики трехцветных сосудов - 2, сосудов зеленого цвета - 2, кроме этого есть осколки плоской нижней черепицы и 緑釉柱座 green lead glazed pillar stand.

На фотографии 1 справа（С/11073, найдено в жилище татэана）артефакт похожий на осколок ножки сосуда, снаружи цвет светло-зеленый, желтый, немного красно-коричневый, внутри 露胎 unglazed, обработан шпателем. Поверхность сосуда светло-коричневая, но видный на поверхности скола 胎土 body clay мягкий, белого цвета, следов 白化粧 white slip не видно.

У двух экземпляров сохранившейся до настоящего времени зеленой керамики 胎土 body

ам к сожелению пока не удалось. Проанализированная нами зеленая черепица как и предполагалось ранее была произведена в Боххайском царстве, а трехцветная керамика по своему составу очень похожа на чесlаукрасно-коричневый грубого качества, 白化粧 white slip нет, поэтому цвет темнозеленый. На фото 3 вверху небольшой предмет предположительно маленькая тарелка, с внутренней и наружной стороны окрашена в темнозеленый и светлозеленый цвета. Еще один артефакт（С/11073, Ⅳ = 14 ）осколок котла с загнутым венчиком, внутренняя часть окрашена. Содержание железа в 胎土 body clay по сравнению с другими артефактами высокое - более 3 %.

Что касается окрашенной черепицы, то она светло желтого цвета. Исследования 山崎一雄 Dr. Yamazaki Kazuo плоской черепицы показали, что в разрезе 胎土 body clayбелая и мягкая, в распадшемся состоянии можно наблюдать частицы. На фотографии 1 слева артефакт со схожим 胎土 body clayи 釉調 glaze, к светло желтому цвету добавлена зеленая краска, керамика двухцветная. Кроме этого есть зеленая черепица, к серо-белому цвету добавляют темно-коричневый краситель. По составу и цвету очень похож на 緑釉柱座 green lead glazed pillar stand, хранящийся в хранилище при Токийском Университете.

При анализе черепицы выявлено, что содержание Fe2O3 1,66%, невооруженным глазом видно, что у светлозеленой черепицы изеленой черепицы, а также 白色胎土 white body на рис. 1-2, содержание железа близко к этому показателю.

На фотографии 2 часть предположительно трехцветного котла на 3 ножках. Это не найденый в ходе археологических раскопок артефакт, а полученный от местных жителей-аборигенов 獣脚 animal shaped legs, (原田淑人 Dr, Harada Shukujin1939, p. 82), его скоблили 5ю пальцами, красители светло коричнево-красный, белый с желтоватым оттенком, светло-зеленый, с внутренней стороны ножки окрашены светло зеленым(с/1061). 胎土 body clayбелый и мягкий, кристалл, предположительно полевой шпат. По форме выглядит как трехцветная керамика царства Тан, доказательств того является ли артефакт трехцветной Боххайской керамикой или нет пока нет.

В отчете о замке Донгджинг есть цветные фотографии 6 трехцветных керамических изделий(фото 3). В археологической лаборатории Токийского Университета они не сохранились за исключением небольшого зеленого фрагмента керамики. По небольшому фрагменту трудно судить что это был за сосуд, предположительно это часть 台脚(рис. 1-3) и крышки(рис. 1-1). Судя по описанным выше исследованиям, 胎土 body clay очень белый, состав железа не превышает 1%, 白化粧 white slip нет. Видны зеленый, красно-коричневый(коричневый), белый цвета, хотя часть фрагмента желтоватого цвета, мы не предполагаем, что сосуд был окрашен в желтый цвет, скорее наоборот это трехцветный сосуд со светлой основой. Пожелтение частей окрашенных белыми прозрачными красителями иногда встречается при обжиге при низкой температуре.

Таким образом, существовавшее до недавнего времени мнение о трехцветной Боххайской керамике и зеленой керамике(Миками Цугио 1981, pp. 144-145, 朱荣憲 Zhu Rong-xian1979, pp. 88-101, 山崎一雄 Dr, Yamazaki Kazuo1998, pp. 16-17), отличается от точки зрения, что керамика с большим содержанием железа окрашена в 3 цвета: зеленый, коричневый и желтый, белого цвета не видно, оттенки цветов темные.

В рамках доступных на настоящее время исследований было выяснено, что у трехцветной керамики с грубым или мягким составом белый цвет наблюдается при содержании железа около 1% и при обжиге при низкой температуре. По фотографиям Германа Е. И. двух двухцветных сосудов, найденных на храме Краскинского городища(Краскинский храм,) можно судить, что особенности 胎土 body clay・釉調 glaze схожи с вышеописанными артефактами. Однако, Герман пишет, что найденная им на Боххайском памятнике краска для зеленой и трехцветной керамики темная и мутная, она не может придать керамике красивый яркий цвет, характерный для трехцветной керамики Тан(Герман 1998). В отчете о Shangjing Long quan Hu говориться о существовании двух видов 施釉陶器 glazed ceramics, окрашенные чисто белыми красителями яркие по цвету сосуды, привезенные из 中原 north central China, и грубого качества с мелким песком, окрашенные темно желтым цветом Боххайские сосуды(археологические исследования 1997, 104).

Эта точка зрения на Боххайские сосуды существовала до настоящего момента, а именно 胎土 body clayсерого цвета, содержание железа 2,5%, отсюда цвет темный. Увидеть это нрепицу. Таким образом, на настоящем этапе, если предполагать возможность существования 2 видов по 胎土 body clay・釉調 glaze характеристикам, будет очень сложно различить достаточно светлую, сделанную из белой 胎土 body clay, трехцветную керамику и трехцветную керамику Тан.

Ⅲ　唐宋代青瓷の系譜と編年

1. 越州窯と竜泉窯－転換期の青瓷窯

　江南の青瓷を代表する2大窯系ともいうべき越州窯と竜泉窯の研究は，近年，既往の学説の転換が迫られている。

　中国陶瓷器の研究は，いうまでもなく中国の考古学的調査の進展によるところが大きく，新中国成立以来の考古学の発掘調査，とりわけ文革終息後の1970年代以降の調査によるところが多い。そこで，ここ50年ほどの越州窯と竜泉窯の青瓷に関する研究の成果を回顧し，どのような事実が明らかになり，そこから析出されてきた課題とは何か，それによって従来の学説のどの部分の転換が迫られているのかをみつめ，次への展望を考えたい。

1. 越州窯青瓷研究の成果と課題

　越州窯青瓷は，黄緑色を基調とするオリーブの実の色あいと，焼成時に付いた目跡をのこす特徴をもっている。そのなかで優れたものは「秘色」の名でよばれ，この語は『源氏物語』などにも散見し，さらに9世紀はじめの書簡中に「越垸」の用語もあり，わが国でも名実ともにしられていた青瓷である（本書Ⅲ-3参照）。

（1）窯跡に関する研究の状況

　越州窯の窯跡に関する研究としては，古くは松村雄蔵，プルーマーの踏査記があり（Plumer1937），また竜泉窯などいくつかの窯跡採集品を図示したパルムグレンの業績がしられている（Palmgren1963）。これらの中で，松村の九巌窯をふくめた調査記録には，上林湖畔に点在する窯跡が，不十分ながらも個別に記述されており，今日においても資料的価値をもっている（松村雄蔵1927）。

　越州窯の中心は慈溪市の上林湖窯にあり，1957年に浙江省文物管理委員会によって，窯跡の分布調査が実施され（金祖明1953），この広範囲にひろがる窯跡の全体像の片鱗をのぞくことができるようになった。しかし，これはゼネラルサーベイであり，これを出発点として，個別の窯跡の調査が次第に行われつつある。例えば1995年に上海博物館でおこなわれた「秘色瓷学術討論会」のレジュメなどのなかで，童兆良「上林窯工」の報告には，慈溪市上林湖越窯遺址文物保管所が中心になって，組織的に個別の窯跡の調査が進行している状況がうかがえる。ただ残念なことに利用できるような形で報告がなされていなかった。しかし，最近10年の研究状況は一変し，上林湖と周辺の古銀錠，白洋湖（慈溪市博物館2002），寺竜口（浙江省文考研他2002）などの各窯跡が調査され，資料の豊かな蓄積がすすめられている。

　さらに，越窯が上林湖窯跡だけではなく，浙江省の各地に類似した青瓷が焼造されていることが次第に明らかになったことである。それは第1には，上林湖窯に類似した青瓷は，紹寧地域と呼ばれている上虞市の窯寺前村（汪済英，文物1963-1, pp. 1-43），紹興市（沈作霖，南方文物1993-4），明州（寧波）に近い寧波市鄞州区の東銭湖の周辺や（李輝柄1973，李士民1999），南にさがった象山県などに窯跡（李知宴1979）が確認されている。さらに杭州より西側の臨海県・徳清県（朱建明1990）から湖州市など，浙江省北部の杭州湾をめぐる広範囲で唐代以降，共通した特徴をもつ青瓷が焼かれており，これらを現在では一括して「越州窯」と呼んでいる。

第2は，この越州窯青瓷に類似しているが，器形・文様などで異なる要素ももつ青瓷が，浙江省の南西部の甌江流域に展開されている（温州市文物所1999，温州市博物館『温州古陶瓷』文物出版社，北京）。中心は温州市の西山窯（浙江文管，文物1965-11，pp. 11-21），永嘉県（張翔，考古1962-10）にあるとみられ，それよりも南部の瑞安市（浙江文管，考古1962-10），泰順県，北部の黄岩窯（浙江文管，考古1958-8）を含む地域である。これらの調査は，一部を除いて70年代以前におこなわれたものが多く，詳細は不明の部分が多い。断片的な資料をつなぎ合せると，刻花文において，越州窯よりも彫りが深い力強い施文がみられ，線刻文では越州窯とは意匠のことなる花文があり，黄岩窯のように，櫛目文を多用する手法は，越州窯には少ない。温州窯のなかに，灰白色の胎土に，浅青色に呈発した釉色をもち，いわゆる「縹瓷」といわれる青瓷がある（出光美術館1982）。

　これら甌江を中心とした青瓷窯を「甌窯」とよんでいるが，この江を遡った地が竜泉窯であり，のちに触れるが，竜泉窯もまた越州窯系統の窯であり，その出発点を理解するためにも，甌窯がさらに調査されることが望まれる。

　第3は婺州窯である。浙江省の中央部の金華市を中心にして，義烏・東陽（朱伯謙，考古1964-4）・武義（金華文管，考古1987-5）・衢州（貢昌，考古1989-7）・江山などの市県にひろがる。西周から焼造されていたようであるが，唐代以降に窯が増加し，ここもまた越州窯系統の青瓷を作っている。次第に状況がやや判明してきており，唐・北宋代では，越州窯に地方色を加味した製品であり，同じ線刻文や刻花蓮弁文でも鋭さがなく，胎土もやや粗いものが多いようである。のちに，乳濁釉や鉄絵青瓷をつくり，元代まで続いている（貢昌1988）。この窯跡もまた2010年代になって詳細が明らかになってきた（方竟成主編2011）。

　第4の越州窯系青瓷として挙げられるのが竜泉窯である。従来この窯は，越州窯系統とは別の独立した窯系に分けられ，年代的にも後出とされてきた。しかし，最近の研究では，竜泉窯もまた唐代に，越州窯などの影響を強く受けて成立したことが実証されつつある。これが，冒頭でふれた従来の学説に転換をせまる問題点の一つであり，次項であらためて論じたい。

　このように，越州窯系統の窯跡は，浙江省を中心にして，大別4系統があるが，その中心が狭義の越州窯にあり，また江西省景徳鎮の揚梅亭窯や広東省梅県窯などのように類似した越州窯系青瓷が省域をこえて拡がっており，この青瓷窯が唐宋代の江南地域の窯業生産に及ぼした影響力ははかりしれない。しかし，越窯を唯一の淵源として唐宋代の江南地域に広がっていったとする解釈は正鵠を得ていないであろう

（2）越州窯青瓷研究の問題点

　戦前における越器研究は，陳万里の『越器圖録』（陳万里1936）を嚆矢とするといってもよく，上林湖窯採集の施文された越器が，克明に図化されており，現在においても十分に活用できる資料である。陳にはその他においても越器にふれ，浙江省の青瓷研究の大綱をたてた（陳万里1946，1956）。米内山庸夫は，主に文献史料研究から出発してこの窯に取り組み（米内山庸夫1954），彼が南宋官窯跡から採集した資料が公刊されている（常盤山文庫2009）。

　その後も専論の形をとった研究はすくないが，資料的に重要な発見として，一つは，900年に埋葬された銭寛墓など，銭氏関連の古墓出土の越州窯青瓷であり（浙江省博，文物1979-12），五代の様相が明らかになった。他は874年に収められた陝西省法門寺地宮出土の13点の青瓷であり（陝西省法門寺考古隊1988，陝西省文考研2007），埋納目録の記載によって「秘色」瓷器の実体の一端が理解できるようになった。

　これらの資料をもとにして，器形の変遷と装飾文の推移が主なテーマとなっている。その成果と課題について次の2点をあげたい。

2．唐代玉璧高台の出現と消滅時期の考察

1．はじめに

　唐代の中国陶瓷器のなかに，高台を玉璧形につくる碗などの器形がみられることは，よく知られている。この器形は，北方の邢州窯や定窯白瓷，浙江省を中心とする越州窯青瓷などにおいて，唐代の後半から五代にかけて盛行したと考えられている[1]。そして，この玉璧型高台は，鉛を溶媒とするわが国の緑釉陶器や，朝鮮半島の高火度青瓷としての「高麗青瓷」にも模倣形をつくらせ，唐代の一定の時期に，碗・皿などのモデルとしての役割をもっていたといえよう。すなわち，特定の期間に，東アジアに共通した器形が広がっており，何故にこうした現象が生じたのか興味ふかいテーマでもある。

　上述の，この器形が生産されたある一定の時間幅を，厳密に設定できるならば，唐とその周縁地域とは模倣に要する時間差が予想されるとしても，複数の地域を結ぶ共通のスケールができ，東アジアの古代窯業における紐帯の具体相を浮かび上がらせることができるのではなかろうか。このような問題をいだきながら，中国における玉璧高台の出現から消滅にいたる時間の経過を可能な限り厳密に追跡しようとするのが本稿の目的である。

　論を進めるまえに，まず玉璧高台の定義を明確にして，いたずらな混乱を招かないようにしたい。玉璧高台，すなわちわが国では，蛇の目高台，韓国ではヘンムリコと通常よばれている高台の形態は，碗，鉢，皿（碟），唾壺などの底部中央を浅く抉り取ることによって，幅の広い高台を作り出すものである。もし認識の相違が生じるとすれば，この「幅の広さ」をどの程度の範囲まで許容するかという点にある。tab. 1に示したのは，現在日本と中国の研究者が異論のないとおもわれる，いわば典型的な玉璧高台の計測表である。抉り部分が底径にしめる割合をみると，0.30-0.60の範囲内にはいり，すなわち高台底径幅の狭くとも底径の40％以上（実際幅はその半分の20％）である。通常の輪高台は抉り部分が当然のことながら95％以上あり，幅広の高台のイメージをもつ12世紀の福建省窯製白瓷唇口碗においても，高台の抉り部分の割合は80％以上である。越州窯青瓷碗で，輪高台幅がやや広いタイプでも75％前後の抉り部分であり，玉璧高台の抉り部分の底径にしめる割合を30から60％と考えたい[2]。

　しかし，以上の数値は寧紹地域の越州窯青瓷の計測値であり，地域が異なると数値を異にする例がでてくる。例えば長沙窯青瓷では，別表窯跡出土品にみるように，抉り部分の底径にしめる割合が0.20-0.12ときわめて低い，すなわち外底の中心部分をわずかに抉り取り，非常に幅の広い高台につくる。くわえて，長沙窯青瓷の特徴として抉り部分の中心を兜巾状に削り残すタイプも，平坦に削るタイプと併存している。これらの特徴は，いずれも北方白瓷や越州窯青瓷とは大きく異なる地域的な特徴と考えるが，逆にこうした玉璧高台が長沙窯およびその影響を受けたと推定される広東地方青瓷窯の同定的研究に資するといえる（何翠媚1992, Sumarah Adhyatman 1983）。

　「蛇の目高台」の名称は，わが国で広く使用され一般的で捨てがたいが，東アジアに共通するキイワードという点を考慮すると，中国で一般的な「玉璧高台」，それの省略形としての「璧高台」ないし「璧底」を使用したい。これの対語としての「輪高台」とほぼ同義とみられる中国語の「圏足」は，一部の中国研究者が「璧型圏足」のように単に「高台」を意味するとおもわれる使用例があるので，誤解をさけるためにわが

形式的にさかのぼる五管瓶など，従来越州窯と認識されていたものが，竜泉窯の産品の可能性が強まったわけである。したがって，竜泉窯の開始期を北宋中期（11世紀中葉）とする考えは，修正をせざるを得ない。

　従来，竜泉窯は越州窯とは別個の窯系と考えていたが，浙江省の他の地域と同様に，遅くとも中・晩唐から越州窯の影響を強く受けて，そのコピーから出発した様相が明らかになったといえる。逆にみれば，竜泉窯ひとりだけが，越州窯から独立した存在であったと考えることの方が不自然であろう。唐宋代の江南地域における青瓷生産において越州窯の果たした役割は大きいと認めざるをえない。

　最近，上林湖地域の窯跡調査がすすみ，南宋官窯や竜泉窯青瓷と類似したものが，この地域で焼造されており，したがって，越州窯から竜泉窯へという図式ではなく，両者は，唐代から併存しながら，前者は少なくとも南宋までは焼造をつづけていたといえる。越州窯の終焉をさげ，竜泉窯の創始を上げて考えたほうがよく，近い将来，両窯跡の調査の進展によって，その具体相がさらに明確になってくるであろう。

[後記]

　本稿は，越州窯青瓷と竜泉窯青瓷に関して，その研究史を簡単に述べ，竜泉窯青瓷の生まれ出てくる過程を探ろうとした論考である。1998年に杭州市・浙江省博物館で行われた「竜泉窯青瓷国際学術研討会」における朱伯謙の見解は，私にはかなり衝撃的であり，従来，越州窯青瓷と考えてきた青瓷を竜泉窯製品であるとし，その現物を特設展の展示品で示され，私は窯跡同定の根拠を朱氏に逐一質問したが，理解できない部分が多かった。あれから15年後の2012年10月に，竜泉窯青瓷研究の進展をさぐるために，浙江省博物館と浙江省文物考古研究所の研究者と時間をかけて，優秀な通訳であり，中国美術の専門家でもある方伸氏の助けを借りてじっくりと議論したが，彼らは朱伯謙説をほぼ全面的に否定するものであった。これもまた私にとっては衝撃的であり，帰国後，自分の考えを修正したが，十分に消化できない論考になってしまった。本章は，以下の章節でのべる越州窯青瓷と竜泉窯青瓷への前書きとして受け取っていただくことを願う。

　朱伯謙は，2010年6月1日に85歳で逝世された。かつて，馮先銘，汪慶正と並び古陶瓷研究における「鉄三角」とよばれていた先学が旅だたれた。

2. 唐代玉壁高台の出現と消滅時期の考察

tab. 1 玉壁高台計測表 (単位mm)

器種	出土遺跡	口径	器高	底径	抉り径	抉／底	高台高	文献
青碗	大宰府史跡38次調査 SD865	—	—	59	20	0.34	3	大宰府史跡昭和51年概報 p.35
白碗	同上	146	43	58	21	0.37	4	同上
白碗	大宰府史跡46次調査 SE1340	—	—	75	22	0.30	5	大宰府史跡昭和52年度概報 p.96
白碗	同上	148	40	78	57	0.73	5	同上 壁底か幅広輪高台か境界, 報文壁底
白碗	大宰府史跡70次調査 SK1685	168	45	71	34	0.47	5	大宰府史跡昭和56年概報 p.18
白碗	大宰府史跡70次調査 包含層	—	—	57	29	0.52	5	大宰府史跡昭和56年概報 p.25
白碗	同上	—	—	64	36	0.56	7	同上
青碗	同上	143	48	50	15	0.30	4	同上
青碗	同上	146	48	58	30	0.51	4	同上
青碗	大宰府史跡70次調査 SK1800	141	49	60	19	0.32	3	大宰府史跡昭和56年概報 p.43
青碗	同上	—	—	72	57	0.79	7	同上 高台幅0.7cm報文では壁高台に分類
青碗	大宰府史跡74次調査 SD205	156	49	71	55	0.77	3	同上 p.82 輪高台
青碗	大宰府史跡76次調査 SD320下層	138	46	52	17	0.32	5	同上 p.120
青碗	大宰府史跡76次調査 SD2012	—	—	61	48	0.79	5	同上 p.128 輪高台
青碗	大宰府史跡76次調査 暗灰色砂層	174	87	85	73	0.86	7	同上 p.135 輪高台
青碗	大宰府史跡84次調査 灰褐色土層	—	—	57	26	0.46	5	大宰府史跡昭和58年度概報 p.45
白碗	大宰府史跡85次調査 茶褐色土層	—	—	61	34	0.56	6	同上 p.66
緑碗	大宰府史跡85次調査 SD2015A	137	34	64	32	0.50	4	同上 p.55
青碗	大宰府史跡104次調査 暗灰色土層	122	47	49	37	0.76	3	大宰府史跡昭和62年度概報 p.7 輪高台
白碗	大宰府史跡117次調査 SD3400	—	—	66	39	0.59	5	大宰府史跡平成元年概報 p.23
青碗	同上	144	45	56	18	0.32	4	同上
青碗	同上	—	—	59	36	0.60	3	同上 粗製越磁B類
青碗	福岡市鴻臚館跡 SK01	—	—	70	24	0.34	6	鴻臚館跡Ⅱ p.14
青碗	福岡市十郎川遺跡 Ⅰ-8区	152	51	67	27	0.40	5	十郎川一 p.61
白碗	同上	162	42	70	34	0.49	6	同上 p.72
白碗	福岡市徳永遺跡 Ⅱ区3層	143	42	64	37	0.58	5	徳永遺跡 p.39
白碗	同上 同上	156	49	70	36	0.51	5	同上 p.39
青碗	同上 Ⅱ区3層下	—	—	62	26	0.42	3	同上 p.38
青碗	同上 Ⅱ区3層	—	—	68	32	0.47	3	同上 p.58
青碗	同上 Ⅱ区4層	151	50	58	25	0.43	4	同上 口沿内彎 p.80
青碗	福岡市柏原M遺跡包含層	154	49	56	21	0.38	4	柏原遺跡群Ⅵ p.213
白碗	川内市麦之浦貝塚	151	42	68	36	0.53	3	麦之浦貝塚
白碗		—	—	62	31	0.50	5	
白碗		—	—	61	37	0.61	5	
青碗		—	—	77	48	0.62	5	
青碗		—	—	69	32	0.46	5	
青碗		—	—	63	27	0.43	5	
青碗	京都市平安京3条3坊3町 SX07	144	45	59	18	0.31	4	平安京右京三条三坊
青碗	同上	170	55	66	36	0.55	4	同上
白碗	河北邢窯跡出土品	—	—	72	42	0.58	6	葉喆民「唐代北方白磁と邢窯」貿易陶磁研究7 p.77-104
白碗	河北定窯跡出土品	—	—	70	38	0.54	4	同上
青碗	浙江慈渓市上林湖窯	157	50	70	29	0.41	5	出光美術館保管窯跡出土品
青碗	浙江余姚窯跡	—	—	65	27	0.42	4	出光美術館保管窯跡出土品
青碗	同上	—	—	58	21	0.36	3	同上
青碗	同上	—	—	55	20	0.36	3	同上
青碗	同上	145	49	64	25	0.39	5	同上
青碗	同上	—	—	58	30	0.51	4	同上

国で一般的な「輪高台」をもちいる。「平底」は，わが国の考古学用語としては，胴あるいは体部から連続し，高台を削り出すことのない形態を示しているが，中国では唐三彩罐などに典型的にみられるように，低い高台を削り出すが，外底部を抉ることのない平坦な底の形態を指している。形態的にはわが国の前期弥生式壺にみられ円盤貼付底に類似しており，中国でも平底のほかに「餅底」や「円餅足」と表現される場合があり，この用法もあるがが，煩雑になるので，餅底の意味で「平底」として使用する。

2．玉璧高台の消長

　唐代から北宋代の高台形態の変遷を追跡するために，中国における紀年銘資料および紀年銘共伴資料（これらを合わせて紀年銘資料と略記）を考察の基礎におき，わが国の出土資料編年と結合して考察したい。
　唐が始まる618年から，越州窯青瓷がほぼ盛期をすぎるとみられる北宋中期の1050年までの約430年間で，墓および塔基などの紀年銘資料およびそれに準ずる年代を確実に推定できる資料は，1993年3月現在，tab. 2のように239件を報告書等から摘出できる[3]。そのうち青瓷，白瓷をあわせて玉璧高台が出土しているのは18件であり，この他に無名墓であるが，年代推定が可能な資料は6件である。初出は天宝9（748）年で，最後は咸通15（874）年である。まず主な出土例証をあげ，時期別にその消長をみつめてみたい。

（1）萌芽期としての 7-8 世紀

　玉璧高台の初見と現在考えられる資料は，四川省邛崍窯製とみられる青瓷碗で，体部を内弯させ，円唇で，無釉の玉璧高台につくる。内底の釉下に「天宝七（748年）載牛時造」の彩書とその左右に人物，雲文などの青褐色に呈発する鉄釉がみられる。これらは道教における祈禳作法で，駆邪除怪の内容をあらわしているとされ，特殊な用途に用いるのであろう。これより先行して，広東省電白県の2例，すなわち竜朔元（661）年の許夫人墓出土の青瓷碗，および神功元（697）年に没した子游の子息夫妻墓（姓名不詳）から出土した青瓷碗9点のなかに，餅底の中心部は残して圏状に抉り取り，やや幅広の高台につくるものがあり，平底と共伴している（fig. 1-1, 2, 3）。同じく広東地方窯の産品と考えられる張九齢墓（開元29・741年葬）随葬品のなかに玉璧高台の碗がみられる（fig. 1-6, 7, 8）。これらは典型的な玉璧高台とは言い難いが，のちにも触れるように，平底の技術的改良型として玉璧高台が登場してくることを示唆する早期の例である。またこの形態は，上記の邛崍窯とあわせて，邢州窯や越州窯が必ずしも嚆矢ではないようであり，両窯の産品と考えられる資料で，7世紀後半まで遡上可能なものは現時点では確認できない。
　ついで白瓷碗の玉璧高台で最も遡上できるのは，湖南省益陽市嚇山廟の広徳元（763）年の紀年銘をもつ鄧俊墓である。出土の青瓷罐，碗などすべて平底であるが，1点のみ共伴した白瓷碗の底部は，明確に玉璧形に抉り取っている。底径8.2で高台幅が2.3cmであるので，前記の比率では0.56，すなわち底径のおよそ半分を抉り取っている。肉厚な白胎に，玻璃質で透明な白釉が底部をのぞいてかけられ，釉下に化粧釉が施されているようである（fig. 1-4）。形態からみると，北方の白瓷とは異質のようで，報告者は，窯跡は判然としていないが，南方白瓷窯の産品の可能性があると指摘している。この碗と形態的に類似しているものが大宰府史跡第46次調査ＳＥ1340から出土している[4]。こちらも肉厚であり，施釉部位，法量が一致し，8世紀後半から9世紀前半の土師器と共伴している（fig. 1-5）[追注1]。
　紀年銘は不明であるが，8世紀の第3四半期ないしは第4四半期の公算が大きい玉璧高台の2資料がある。その第1は，1955年に西安市王家墳出土の白瓷璧底唾壺で，雪白釉がよく融解した邢州窯の産品とみられ，その形状は中唐期を下がることはない。第2は，江蘇省儀征市・劉夫妻墓出土の斗笠形の典型的な越州窯青

瓷碗であり，玉璧高台をもち，釉は外底にはおよんでいない（fig. 1-9）。共伴の青瓷罐，盒などは平底である。惜しむらくは墓誌の一部が不鮮明になっているが，「安史肇乱」（755-763）の記載があり，この乱の記憶が薄らいでいない乱後ほど遠からない時に葬送されたと考えられ，8世紀第3四半期内の可能性がある。

　8世紀の第4四半期になると，玉璧高台資料は確実に増加傾向をみせる。貞元8（792）年の葬年である西安市・西県令夫人史氏墓から出土した青瓷碗は，下半は露胎のままで，黄色味をおび精製品ではないようであるが，玉璧高台につくる。越州窯青瓷碗として紀年銘を伴う最古の資料は，貞元10（794）年浙江省諸曁市茶場の唐墓出土品で，口の大きく開いた玉璧高台碗1点がある。しかし，この資料については報告書がなく残念ながらこれ以上の詳細は知りえない。同じく諸曁市の浬浦郷（諸M1）の無名氏墓から出土した青瓷碗1は，越州窯系の諸曁窯跡産品に類似すると報告されており，玉璧形矮底をのぞいて施釉され，体部に4道の綾条文が刻まれている。乾元重宝（758-759）のみが数枚副葬されており，8世紀後半とみて誤りないであろう。上記の江蘇省劉夫妻墓とあわせて，8世紀第3四半期の可能性を秘めつつ，遅くとも8世紀の第4四半期までには，越州窯において玉璧高台が出現したといえる。邢州窯など白瓷においてもほぼこれに並行して玉璧高台が出現した蓋然性が高い。しかし，いぜんとして平底のままにしている例もあり，貞元8（792）年山西省長治市宋嘉進墓に随葬されていた白瓷碗は唇口斜壁で玉璧高台そのままの形態である。

（2）盛行する9世紀前半期

　9世紀の前半期で紀年銘資料としてリストアップできるのは31件あり，この中に4件の瓷器製墓誌が含まれるので，容器は27件である。このうち玉璧高台につくるものは12件あげられ，その他は平底および輪高台が計3件，他は底部の状態が不明である。すなわち，平底，輪高台と併存しながらも，玉璧高台はこの時期に最も盛行する底部の形態となる。

　白瓷，越州窯青瓷につづいて長沙窯においても玉璧高台の紀年銘資料があらわれる。湖南省武昌市唐墓（M164）から出土している青瓷碗はわずかに黄色をおびた青瓷釉の満釉で，底の25％ほどを抉る玉璧底である（fig. 1-10, 11, 12）。盤の底部はこれとは異なり外底中心部を兜巾状に削り残しており，同時期に2種類の形態がある。これらに平底の青瓷灯盞が共伴し，いずれも長沙窯産青瓷とみられ，貞元20（804）年の墓誌銘がともなう。少し溯って建中2（781）年の長沙窯としては古い紀年銘をもつ武昌市唐墓M40出土の盤口壺は平底である。

　さらに9世紀前半期の長沙窯青瓷を追うと，元和12（817）年の浙江省象山県南田島の沈氏二□墓から4点の長沙窯小碗が検出され，いずれも玉璧高台である。共伴する青瓷大碗は低い輪高台，蟠竜壺は平底である。長沙窯の玉璧高台は大和6（832）年，長沙市黄泥坑・王清墓の青瓷碗2，碟5にもみられ，碗のうち1は，平底，他の1は玉璧高台で，外底中心部を底径の20％以下を抉り取る，非常に幅の広い高台で，畳付をのぞく満釉である。碟も同様な玉璧高台であり，これには内外底に大きく方形露胎をのこす特徴的な部分があり，碗，碟ともに長沙藍家坡窯などに相似の青瓷が検出されている。会昌2（842）年の紀年銘をもつ安徽省巣湖市環城・伍氏墓からは，白釉碗2，青釉碗1，牙黄色釉鉢1が出土しているが，いずれも外底の抉り部分が非常に小さく，長沙窯特有の玉璧高台の特徴を示している（fig. 1-13, 14, 15, 16）。共伴して長沙窯青瓷釉下鉄絵文水注（平底）など5口がある。長沙窯青瓷でほぼ時期的に近い資料をみると，青瓷盤口壺，罐では平底，碗と盤は玉璧高台，唾壺は平底と輪高台，盞は平底にするのが共通した傾向のようであり，この窯跡において玉璧高台の盛行時期は9世紀前半に集中している[5]。

　つぎに9世紀前半期の越州窯青瓷について探ると，開成5（840）年の墓誌銘をもつ安徽省合肥市の船型磚墓から出土した3口の青瓷碗は，体部を直線的にのばし，玉璧底につくる唐代越州窯製品の典型的形態であ

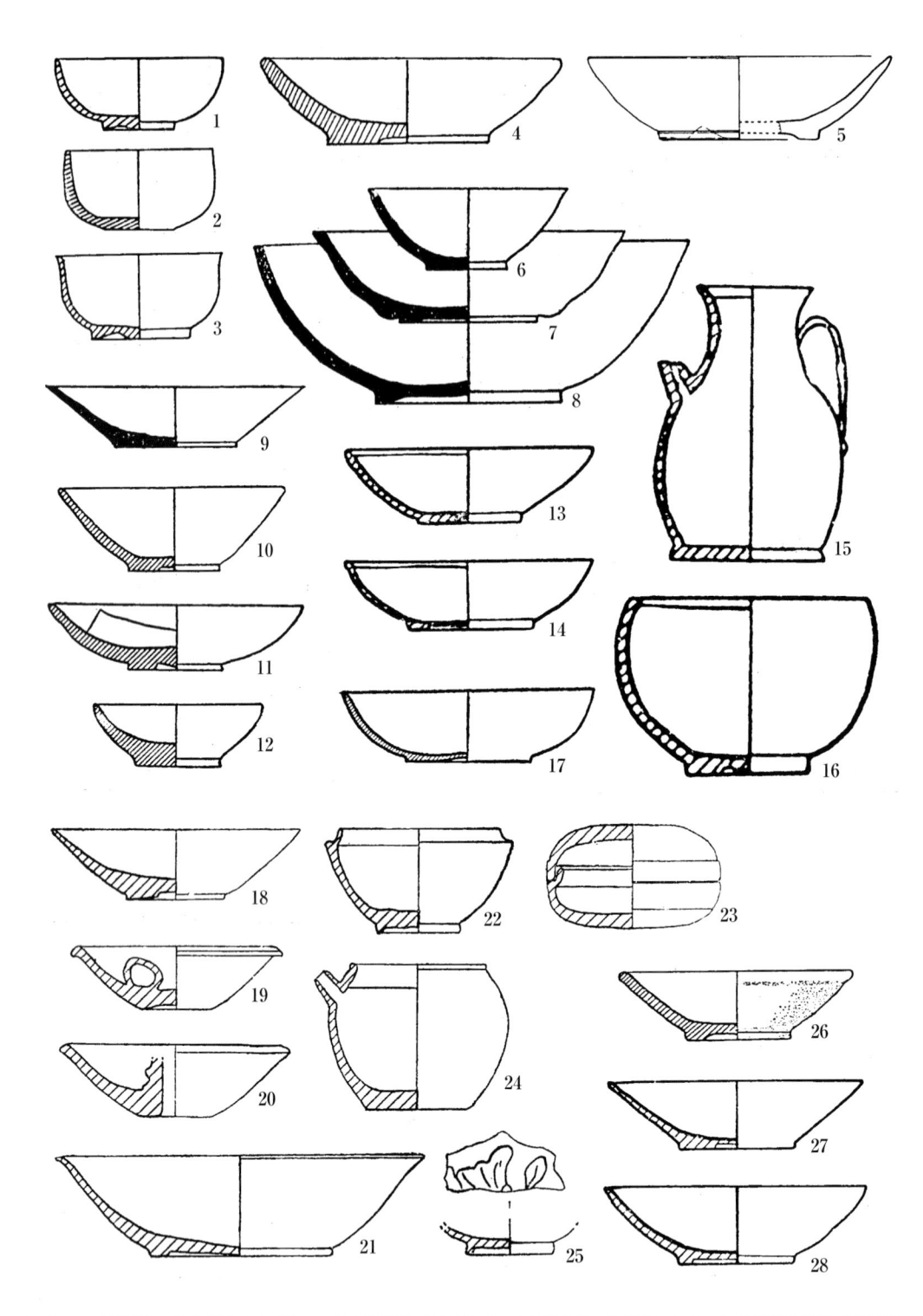

368　Ⅲ　唐宋代青瓷の系譜と編年

1. 2. 3. 広東子遊の子夫妻墓（697年），4. 湖南鄧俊墓（763年），5. 大宰府史跡ＳＥ1340，6. 7. 8. 広東張九齢墓（741年），9. 江蘇儀征劉夫妻墓（安史の乱後），10. 11. 12. 湖南唐墓Ｍ164（804年），13. 14. 15. 16. 安徽伍氏墓（842年），17. 河南鄭紹方墓（814年），18から25. 寧波市碼頭（9世紀後半），26. 陝西李文貞墓（819年），27. 28. 江蘇□府君墓（820年）

fig. 1.　青瓷玉璧高台碗他実測図　　　　　　（　）内は葬年

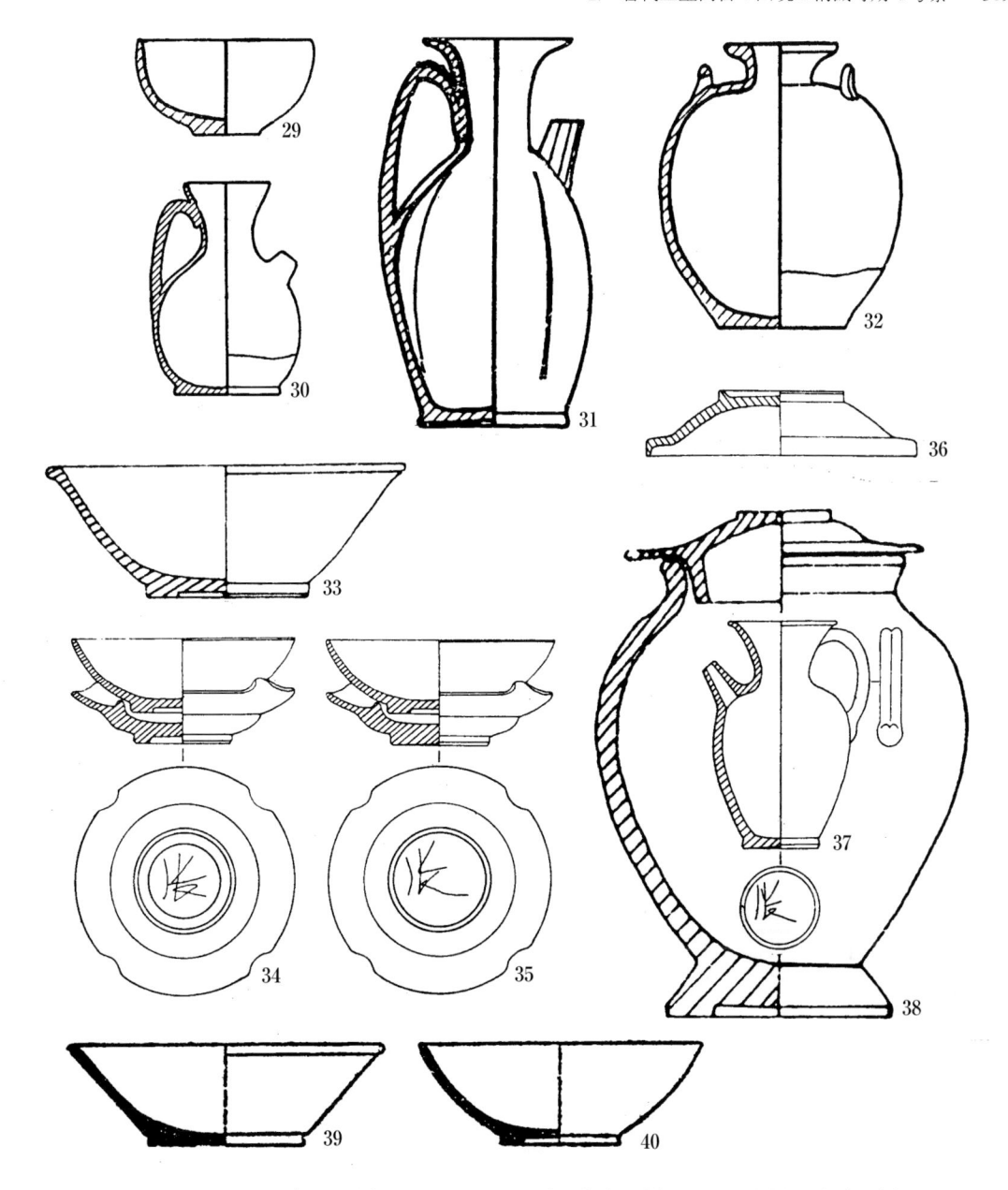

29 から 32. 江蘇□府君墓（820年），33 から 38. 河北劉府君墓（856年），39. 40. 広東姚潭墓（858年）
fig. 2. 青瓷玉璧高台，平底碗実測図　　　（　）内は葬年

る（口径 14.2，底径 5.3，高 4.2cm）。共伴する白瓷双系壺は平底である。これより先，浙江省上虞県紅光張子山の貞元 17（801）年墓出土の碗は，同省諸曁県貞元 10 年墓（前記）と同様に玉璧高台の越州窯青瓷碗が出土しているが，これも残念ながらその詳細な報告はない。また元和 9（814）年，河南省偃師市杏園村・鄭紹方墓出土の青瓷碗は玉璧高台状に削るが，淡赭黄釉であり，器形からみて越州窯製品か否か決めがたい（fig. 1-17）。

浙江省寧波市和義路遺跡からは，多くの越州窯青瓷玉璧高台碗が出土し，青瓷印花雲竜文「大中二年（848）」陽印花銘で，高台抉りの浅い輪高台碗が相当数共伴しているので時期の一端が明らかである。9 世紀前半期にこの底部形態が主流をしめ，輪高台も共伴していたことを示している[追注]。この越州窯青瓷は，上林湖窯の産品と報告され，同じく上林湖施家窯出土の褐彩文字「除敬…禹廟」と書かれた璧底碗もほぼ同一

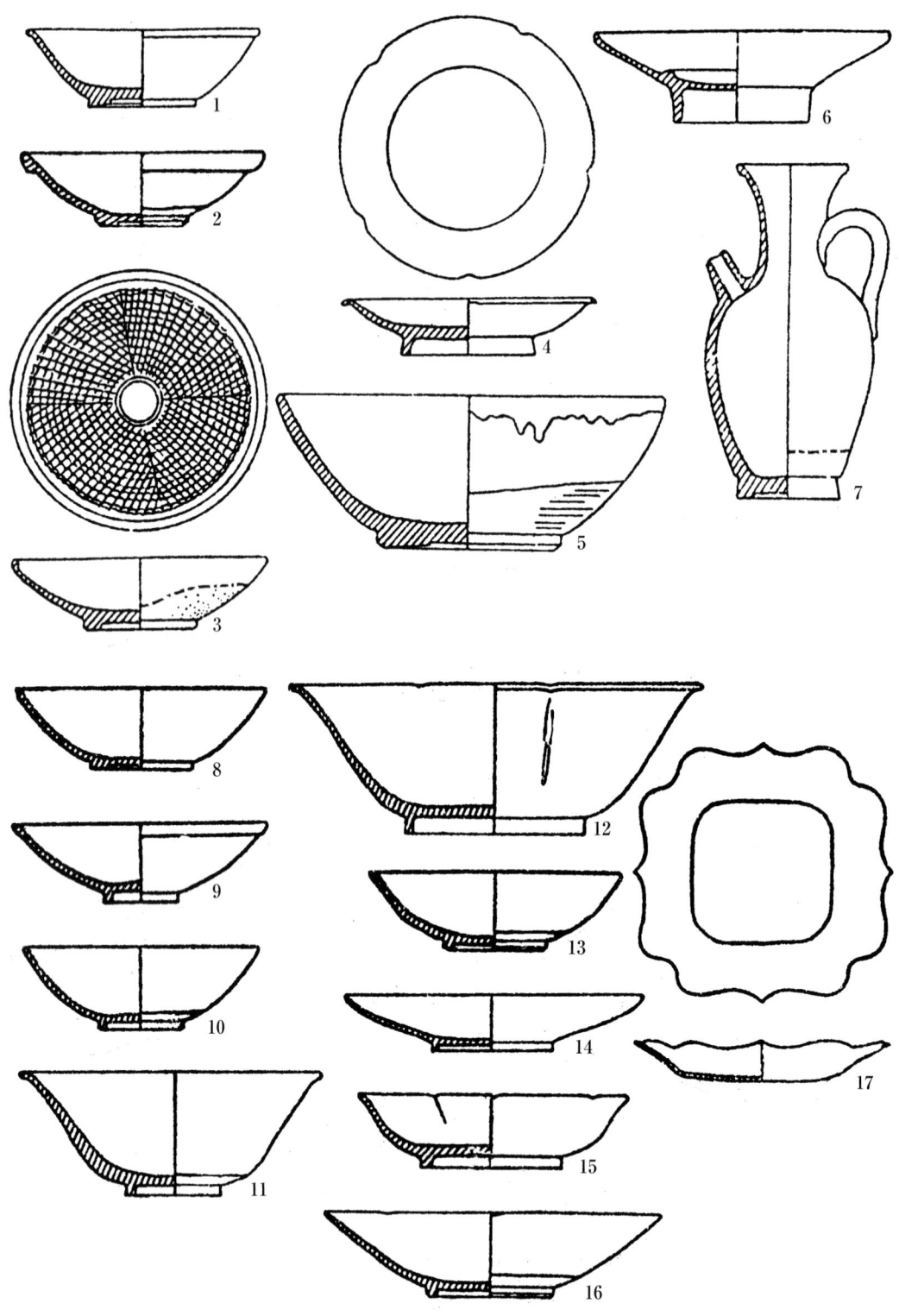

370　Ⅲ　唐宋代青瓷の系譜と編年

fig. 3. 定窯跡出土白瓷器実測図, 1-7 晩唐層, 8-17 五代層

時期とみてよい。ただ和義路遺跡のような包含層の場合短時間に埋没したとする根拠もなく, 時間幅を考慮すべきであろう。同様の性格をもつ寧波市東門口唐代 (第5) 文化層出土品は (fig. 1-18～25), 上記「大中二年」層出土遺物と完全に一致していると指摘されているが, 輪高台皿 (A－Ⅰ類) と同碗A－Ⅲ類 (fig. 7-11 タイプ) を含み, 玉璧高台が碗の多数をしめている。このほかにも越州窯青瓷で紀年銘を有する資料が散見

するが，その多くは平底の水注，罍，瓶などである。婺州窯青瓷の演変（編年）においても，唐中晩期の碗のおおくは玉璧底あるいは幅広圏足，五代になると罐，水注をも碗と同様に輪高台になると考えられている（中国古窯址報告 1984. 貢昌 pp. 25-28）。

　白瓷についてみると，やはりこの9世紀前半期に玉璧高台の紀年銘資料が集中している。元和14 (819) 年に葬送された陝西省西安市・李文貞墓 (M2) から出土した璧底碗は，唇口を肥厚させ，やや肉厚の胎土である (fig. 1-26)。江蘇省鎮江市からは唐代の墓誌をともなう磚室・土坑墓16基が報告され，そのうち鄭夫人墓M10 (大和8・834年)，同弘夫人墓M12 (会昌6・846年) から円唇玉璧底碗が出土している。しかし同王淑寧墓M14 (大中2・848年) 出土の碗は「璧型足」と報告されているが，抉り部分が0.75とやや大きく輪高台に近づく削り出しである。同じく鎮江市で無名墓ではあるが，9世紀前半期と推定できるM19土坑墓からは，越州窯青瓷碗2口が出土し，いずれも斗笠形で典型的な玉璧高台をもっている。

　西安市白廟村（長安城延康坊）にある西明寺は，初唐の顕慶元 (656) 年に高宗により発願，658年に建成された。道慈・空海などわが国入唐留学僧の滞在と，奈良市大安寺創建に密接な関係をもつ名刹であったが，武宗 (841-846) の激しい廃仏思想により破壊された。おそらくその時点の廃棄層とみられる層から，白瓷璧底碗が40片以上発見されている。邢州窯白瓷と報告されているが，なかに「盈」字刻銘の璧底1点がある。内丘邢州窯跡出土陶片に同一刻銘品があり，それも玉璧高台であり，別に平底もある。のちに現れる「官」「新官」刻銘品がすべて輪高台であることと対比して，年代の相違を示す興味深い資料である（中国古窯址報告 1987. 内丘県文物保管所‐賈忠敏・賈永禄報告）。いずれにしても，西明寺跡から玉璧高台白瓷碗の大量の出土は，この形式の盛行が，越州窯青瓷とともに，9世紀前半にあったことを示唆している。

（3）消滅期としての9世紀後半

　玉璧高台は，850年代には同じように紀年銘資料のなかに現れている。邢州窯白瓷とみられる璧底資料は50年代に2例ある。その1は，河北省臨城県・劉府君墓出土の白瓷である。碗2，蓋罐1，托子2の高台は璧底ではあるが (fig. 2-33, 34, 35, 36, 37, 38)，いずれも抉り部分を大きくとり，その割合は0.59と輪高台に近い。托子のうち1は輪高台である。なおこれらの底部には「張」字が刻まれ，共伴の墓誌は，大中10 (856) 年である。他の1例は，広東省広州市の著名な姚潭墓（大中12・858年）の出土品で，邢州窯製と報告されている白瓷唇口璧底碗ではあるが，これもまた抉り削り取り部分が0.6である。同形の2口の碗の他は平底である (fig. 2-39, 40)。

　青瓷においても，浙江省慈渓市上林湖東吞南山脚の朱氏墓出土青瓷罌には「維唐故大中四 (850) 年歳次庚午八月丙午朔胡璽妻朱氏四娘于此租地自立墓在此以恐于后代無志故記此器」の銘文があるので知られているが，この高台は玉璧形である。同時に出土した碗も璧底のようであり，いずれも上林湖窯の産品であることは言を要しない。ところが，これら850年代の3例を最後として，白瓷における後述の1例をのぞいて，青瓷における玉璧高台は水の引けるかの如くその特徴的な姿をかき消し，新しいスタイルに変貌していくのであろう。

　ある形式が存在しなくなることを論証することは難しい。単に考古資料が未発見の場合があるからである。しかし，玉璧高台は，この時点で消滅し，共存していた輪高台へ転換していくことを，つぎの2つの事例で証明したい。

　上述の大中10 (856) 年に玉璧高台白瓷碗を検出した河北省臨城県・劉府君墓と (fig. 2-33～38)，つぎに述べようとする，咸通11 (870) 年の卒年が記されている趙天水夫妻墓は，同一地域で，わずか14年の時間差にすぎない。ところが，後者の咸通11年墓から出土している邢州窯白瓷碗2，盂1のいずれもが輪高台で

ある (fig. 7-1, 2)。隣接地のほぼ同一の墓域群内において，生産窯も近い同じく邢州窯白瓷を，おそらく同じようなルートで入手したこの臨城県の2つの墓での相違は，両者の間に流れた14年の歳月によると考える。

青瓷の例を提示しよう。西安市法門寺地宮は，真舎利が保存され，晩唐代の皇室が保有していた最高級文物が埋納され，咸通15 (874) 年に封閉された。この著名な埋納品のなかに，越州窯青瓷13口と白瓷3口の計16口の陶瓷器がふくまれている。「監送真身使随真身供養道具及金銀宝器衣物帳」に「秘色瓷」と明記されていたことによって，その意味するものが明確になった。秘色瓷の内訳は，五輪花碗5，盤6であり，盤と碗のうち3口は平底であり，その他はすべて輪高台である。ここには，玉璧高台の片鱗さえみえない。越州窯生産組織を主導していたと考えられる上林湖周辺の生産窯において，この時点までにすでに玉璧高台技術が消え，輪高台へと転換が終わっていたことが十分に推定できる。この地宮に埋納されていた遺品のうち，銀製函に埋納の3年前にあたる咸通12 (871) 年に造ると刻銘されているように，これら遺品は長く保管されていたものではなく，地宮封閉に近い時点で製作されたものと考えられるので，越州窯青瓷の底部形式，正確には成形技術の転換時期も850年代末から874年の間に起こったとみられよう。

法門寺地宮出土の白瓷について興味深いのは，2口の白瓷碗のいずれもが唇口玉璧高台である。上記の咸通11年墓例と矛盾しているが，まだ邢州窯白瓷ではこの形式が存続していたのである。しかし，この法門寺地宮例を最後として，白瓷においても，青瓷と同様に，輪高台へと転換している。そのことは，9世紀の第4四半期以後，1050年にいたるまでに摘出し得た52件の紀年銘資料中に，青瓷はもとより白瓷においても，1点の玉璧高台も見出すことができないことによっても証明できる[6]。もちろんある時点ですべての旧形式を破棄して転換するわけではないし，それはむしろ不自然である。河北省曲陽県澗磁村定窯窯跡の調査をみると，晩唐層では，玉璧高台と平底で大半を占め，碗はすべて玉璧高台であるが，托と大型盆（鉢）などでは幅の広い輪高台に削り出している。その上層である五代層では，大部分の器形の底部は低い輪高台で占められているが，少数ながらT4②では玉璧高台との共伴関係がみられる。おそらく9世紀第3四半期から第4四半期移行時期を中心とした前後では両者が併存する段階を推定できよう (fig. 3, 考古1965-8)。青瓷の場合，晩唐以前の窯跡調査が不十分でよるべき確実な資料を得られないので推定を重ねざるを得ないが[7]，白瓷よりも玉璧高台の終焉紀年銘が早い。したがって，9世紀第3四半期が輪高台との併存時期にあたるのであろう。

いずれにしても，晩唐の9世紀第4四半期から，10世紀の五代においても，もちろん北宋期においても輪高台が全盛となる。重言するならば，玉璧高台の消滅は，越州窯，長沙窯などの青瓷窯および邢州窯など北方白瓷窯において，9世紀の第3四半期のなかで生じたと推定する。

（4）窯跡出土品にみる玉璧高台碗

窯跡出土品は，同時期の形式のちがう陶瓷器の組合せを理解することが可能であり，この点は随葬品では限定的である。しかし，中国における窯跡発掘調査の方法は，厳密性に欠けていることは否めないので，注意深く報告書を読み取り検討したい。

①上林湖窯跡

慈渓市上林湖窯跡およびその周辺にある白洋湖，里杜湖窯跡などの調査は，浙江省文物考古研究所や慈渓市博物館などにより1957年以来断続的におこなわれ，その途中経過が2002年に公表された（慈渓市博物館編2002）。この報告書において，越州上林湖窯址で発掘された青瓷についての編年観が図示されており，唐宋代における碗をとりあげるとfig. 4のとおりになる（上掲書図54一部変更）。

形式として，深腹，浅腹，斜壁，高圏足に4分し，各窯跡出土で類似したものを組合せている。年代設定は，この組合せの中で紀年銘共伴墓の年代をあてはめている。例えば，第3期の根拠として，越王李貞墓 (718

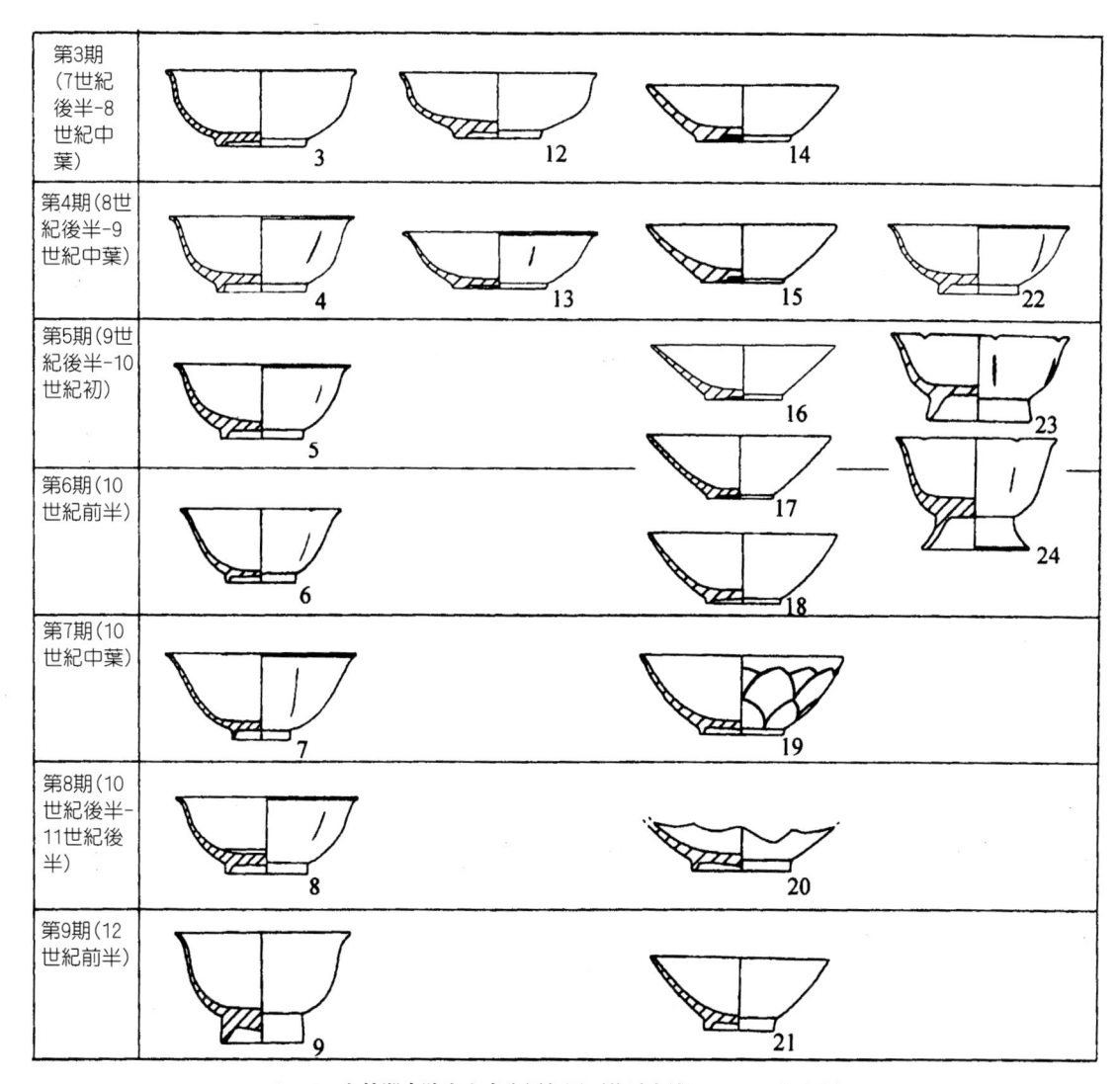

fig. 4. 上林湖窯跡出土青瓷編年図（慈渓市博 2002，一部改変）

年）深腹碗，北京市王公墓（754年）碗，船山県古埠窯址出土の天宝（742-755）年銘鉢をかかげている。生産窯における編年として，ほぼ首肯できるが，各形式の組合せは，上林湖窯跡のなかで別の地点や同一層位ではない資料がふくまれており，日本的な厳密さは求められない。これに基づくと，玉璧高台碗は，7世紀後半に始まり，大きな器形の変化がなく，10世紀初頭まで焼造されていること，外反口沿，深く弧をえがく体部，短い輪高台形式と並行して作られていることがわかる。上述の遺跡出土年代の設定が，同じく紀年銘共伴資料に基づいているので，おおきな差異はないことは当然の帰結であるが，その開始年代について明確な証明はない。

②邢州窯跡（fig.5）

邢州窯では，河北省臨城県と内丘県に分かれており，1987から91年の間に，両県文物研究所などで実施しているが，そのなかで臨城祁村の試掘調査分を図示する（邢台市文管・臨城文管 2007, pp. 68-112）。祁村窯跡の出土白瓷は，比較的小範囲で層位も近く，各期の組合せに問題はないようである。年代の設定は古墓随葬品により，例えば第3期では洛陽162区76号墓（784年墓誌）と河南伊川斉国太夫人墓（824年）を根拠にし，第4期は法門寺地宮（874年封閉）などに基づいている。ここでも玉璧高台の開始時期を7世紀まで朔上させ

第3期（7世紀末 -9世紀初頭）　　第4期（9世紀初頭 -10世紀初頭）

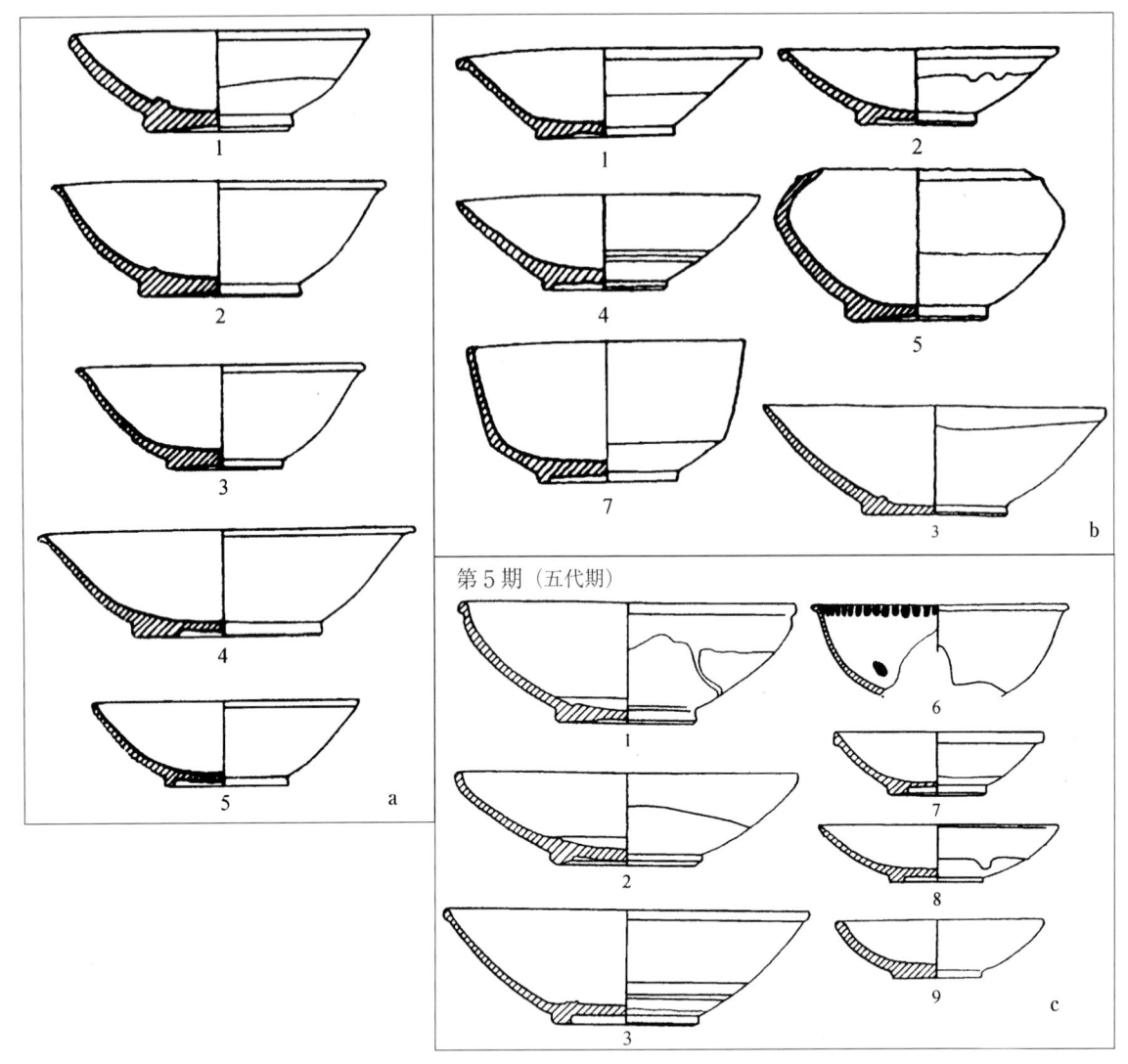

fig. 5a. b. c. 邢州窯跡出土白瓷碗・碟編年図

る根拠は明証されていない。第5期については，第4期晩唐の上の層から検出された遺物であるので，五代時期に設定している。

　各時期で輪高台および平底が共伴している。輪高台は，隋墓随葬品や内丘，臨城にある邢州窯跡出土の白瓷碗の多くは平底であるが，一部に筒型碗がみられ，隋代に開始されている。初唐とみられる緑釉唾壺に「倭圏足」の名称で輪高台がある（考古与文物 2010-3，pp. 7-21）。

③鞏義白河窯，長安礼泉坊窯跡（pl. 1）

　鞏義市黄冶窯跡を流れていた黄冶河を遡った白河窯跡では，北斉の時期から青瓷とともに白瓷器を焼成していたようであり，唐代では白瓷・青瓷とともに三彩陶および少数の釉下藍彩陶を焼成している（河南省文物考古研究所他 2009，奈文研他 2012）。この窯の製品の多くは白化粧が施され，白瓷および藍彩釉瓷は瓷胎であるが，三彩陶は陶胎とみる。玉璧高台碗では，筒型の匣鉢内に三叉形支釘をあいだに挟み，畳焼きされている。釉中の鉄分によって灰色にちかい色調のものも見られる。報告されている陶瓷器は，北斉・隋代品を除くと盛唐内におさまると考える。長安礼泉坊窯跡でも同様な状況である（陝西考研 2008，図版 111, 112）。

　結論からさきに示すと，7世紀から8世紀，さらに9世紀後半に至る間，すなわち初唐から晩唐に至る，

ほぼ唐代全体をつうじて，底部成形の主流は平底にある。輪高台の初源は7世紀中葉にあるが，8，9世紀を通じて玉璧高台とともにつくられ，10世紀初頭から底部成形のなかで大きな割合を占めはじめ，それ以後の今日にいたるまで底部形態の普通のありかたとなっている。玉璧高台は，平底の改良形として，輪高台への橋渡しとしての役割を果たしている。

3．平底，輪高台への転換

（1）主流としての平底

まず唐代には平底が多いことは重言を必要としないが，二，三の例示をしよう。

初唐期の資料では，まず浙江青瓷として，永徽2（651）年の浙江省永昌朱村墓出土の青瓷四系罐，盤口鶏頭壺，碗の各1点は婺州窯製品とされているが，これらはすべて餅底形の平底である。同省衢州市M20墓（武徳8・625年葬）も婺州窯青瓷とされ出土陶瓷器7点すべてが平底につくる（fig. 6-1, 2）。西安市・李爽墓（総章元・668年）も青瓷瓶，白瓷盤など共伴の陶罐を含めた6点すべてが同じように平底である。南方の泉州磁竈窯産品と報告されている咸亨2（671）年の泉州市河市唐磚室墓（M1）から青瓷18点が出土し，盤口双系壺など法隆寺伝世四耳壺との関連をうかがわせるものを含んでいるが，これらはすべて平底である[8]。

北方白瓷についてみると，西安市の牛弘満墓（咸亨3・672年）からは，頸と肩にメダリオンを貼付した瓶と鼓腹の罐など計3点の白瓷はいずれも平底であり，同4年の紀年銘墓である遼寧省朝陽市・左才墓の随葬品としての柑子口青瓷瓶と白瓷四系罐はともに平底である。永徽2（651）年の紀年銘をもつ陝西省張士貴墓では白瓷唾壺2点のうち1点は平底，他は輪高台で，両者併存の早期の例として注意され，青瓷と白瓷の平底盤口瓶などが共伴している。麟徳元（664）年の鄭仁泰墓の場合も青瓷輪高台碗に白瓷壺と黒釉鉢のいずれも，平底形が共伴する。同年に合葬された河南省張君夫妻墓の白瓷盃など7世紀中葉の紀年銘墓出土品の白瓷など多くは平底で占められている（fig. 6-3）。いわゆる汲み出し型碗は（本書I-4参照），范粋墓（575年葬），卜仁墓（603年葬）など隋代から初唐にみられる小品の平底形である。長沙地域の青瓷においても同様であり，隋代以来，高足杯などの一部の器形をのぞいて平底が普遍的な形態であり，湖北省・呉国王妃楊氏墓（貞観12・638年葬）の長沙窯青瓷としては古い紀年銘資料として，卵型胴の盤口壺など15点の平底青瓷を挙げておきたい（fig. 6-5〜10）。平底は，前代以来継続する伝統的な底部形態といえよう。

盛唐期の7世紀第4四半期から8世紀中葉においてもこの傾向は変わることはない。例えばこの時期を代表する唐三彩陶において，長頸・鳳首瓶，弁口水注，三足壺・盤，高杯のように撥形，台形高台，あるいは三足を貼付するものを除いて，罐，竜耳瓶，水注，盤，杯，鉢など平底につくるのが一般的である。白瓷について，罐や壺などの器種は平底につくるのは当然であろうが，西安市・独狐思貞墓（神功2・698年）や洛陽市・盧夫人墓（天宝9・750年）の一対の罐の例をあげておきたい。景竜3（709）年葬の河南省洛陽市の安菩・何夫妻墓からは三彩陶とともに白瓷が16点まとまって出土しているが，罐，瓶などすべて平底であり，唾壺は平底仮圏足と報告されているので，平底で中心部をわずかに凹ます形態とみられる。

青瓷においても，浙江省江山市周氏墓は上元3（676）年の紀年銘をもち出土の盤口壺，碗など11点すべてが平底である。同じく江山市王墳崗上M1は天宝3（744）年磚銘をもち，出土の醤釉罐など3点すべて平底である。ここでは近接地の開皇18（598）年，大業3（607）年のいずれも隋墓出土青瓷の平底の伝統を継承しているわけであり，これら青瓷の多くは婺州窯産品と報告されている。福建省についても，上元3（676）年の莆田県唐墓では，この地域窯産とみる青瓷31点の全資料が平底である（fig. 6-11, 12, 13, 14）。広東地域でも開元29（741）年の張九齢墓においては，青瓷9点のうち1点が玉璧底，盆もそれに近い削り出しで

376　Ⅲ　唐宋代青瓷の系譜と編年

pl. 1.　1-7. 鞏義白河窯, 8, 9. 長安礼泉坊窯跡（河南省文物考古研究所他 2009, 陝西考研 2008, 奈文研他 2012）

あるが，他の7点は平底であり，この地方の産品とみられる。すなわち，平底は地域差がなくほぼ全土でつくられた底部の形状である。

つぎの中唐期の8世紀後半から9世紀の第1四半期になると，前述したように，玉璧高台の出現によって少しずつ様相に変化がみられるが，いぜんとして平底が主体を占めることにかわりない。白瓷においては，貞元8 (792) 年葬の山西省長治市宋嘉進墓では青瓷4点のすべてと，邢州窯の玉璧高台と同形の斜壁円唇の白瓷碗2点は平底のままであり，この時点ですでに玉璧高台白瓷碗は存在していると推定しているが，平底も併存している。青瓷の碗では玉璧高台になっても，壺，瓶では平底を続けている。さきに例示した8世紀後半の江蘇省儀征・劉夫妻墓，8世紀末と推定できる浙江省諸曁県土壙墓M1の資料はそのことを示している。9世紀に入っても，元和9 (814) 年に葬られた河南省・鄭紹方墓では，碗のみ玉璧底，他の青瓷唾壺，盂，白瓷罐はすべて平底である（fig.6-17, 18)。大型の容器が，碗，皿のように平底から輪高台へ変化するのは，後述するように，10世紀にはいってからとみてよい。

湖南・長沙窯においても，平底がいぜんとして主流であり，前節で白瓷玉璧高台の資料として掲げた湖南省鄧俊墓 (763年葬) では，共伴する長沙窯青瓷罐をはじめとして碗，小碗，灯火皿のすべてが平底である。同様なことは，貞元20 (804) 年の武昌市唐墓M164，玉璧高台碗および盤が出現しつつも皿は平底であり，元和12 (817) 年の浙江省沈氏二□墓では玉璧高台小碗と平底蟠竜壺が共伴している。元和15 (820) 年の江蘇省鎮江市の□府君墓では容器としての盂，瓶の長沙窯製品は平底である（fig.2-29, 30, 31, 32)。長沙窯においては，碗，皿と一部の唾壺以外の瓶，罐，水注などは終始平底のままであり，輪高台へ転換することはないが，これは長沙窯の終焉時期に関係してくるのであろう。

9世紀第2四半期からの晩唐期においては前節で述べたように，第3四半期までの間は玉璧高台がかなりの割合で主要な底部の形態となり，輪高台も併存し，したがって平底の占める割合は相対的には少なくなる。

こうした変化は窯の相違ではなく，この時期の南北の白瓷・青瓷窯で共通して，同時性をもっているようである。碗，皿のような小型品がまず玉璧高台に変わり，いわゆる袋物は相変わらず平底である段階として，大和8年 (834) 江蘇省鄭夫人墓や開成5 (840) 年安徽省合肥市船型磚墓の2例をあげたい。前者では白瓷碗は直口玉璧高台であるが長沙窯双鳥花貼付文水注は平底，後者では邢州窯白瓷平底壺1と越州窯青瓷玉璧高台碗3が共伴している。これらより年代的にわずかに溯り，鄭夫人墓に隣接する9世紀の第2四半期の宝暦2 (826) 年の江蘇省・殷府君墓では越州窯青瓷碗，水注，長沙窯水注すべてが平底である。9世紀の30年代に小型品の底部を抉り，大型品は平底のままとする例があるといえる。

こうした傾向は，しばらく続き840年代でも安徽省巣湖市・伍氏墓にみられるが，やがて大型品の底部も平底から玉璧や輪高台に変化する。その初期の資料として，大中4 (850) 年の刻銘を有する浙江省上林湖・朱氏四娘墓出土の青瓷玉璧高台罌があげられ，同一の玉璧形態かとみられる青瓷碗が共伴している。しかし，大型品の底部を平底から璧底にすることは，天地を逆転して底を削る，おそらく煩わしさからあまり盛行していないようであり，前引の広州姚潭墓 (858年) 例があるが，資料は少ない。

この変化の道筋は，平底から璧底ではなく，輪高台も併存する道程である。越州窯製品において，咸通12 (871) 年西安市・張淑尊墓出土の青瓷八稜瓶は輪高台として現れ，ついで3年後の法門寺地宮出土の同じく八稜浄水瓶も輪高台であり，共伴する越州窯青瓷碗，盤もすでに玉璧高台がその姿を消し去っていることは，前節で述べたとおりである。もっとも大型品における底部形態がすべて変化したわけではなく，平底は依然として継続しており，10世紀以降も消滅することはないけれども，すでに主たる位置を輪高台に譲っている。

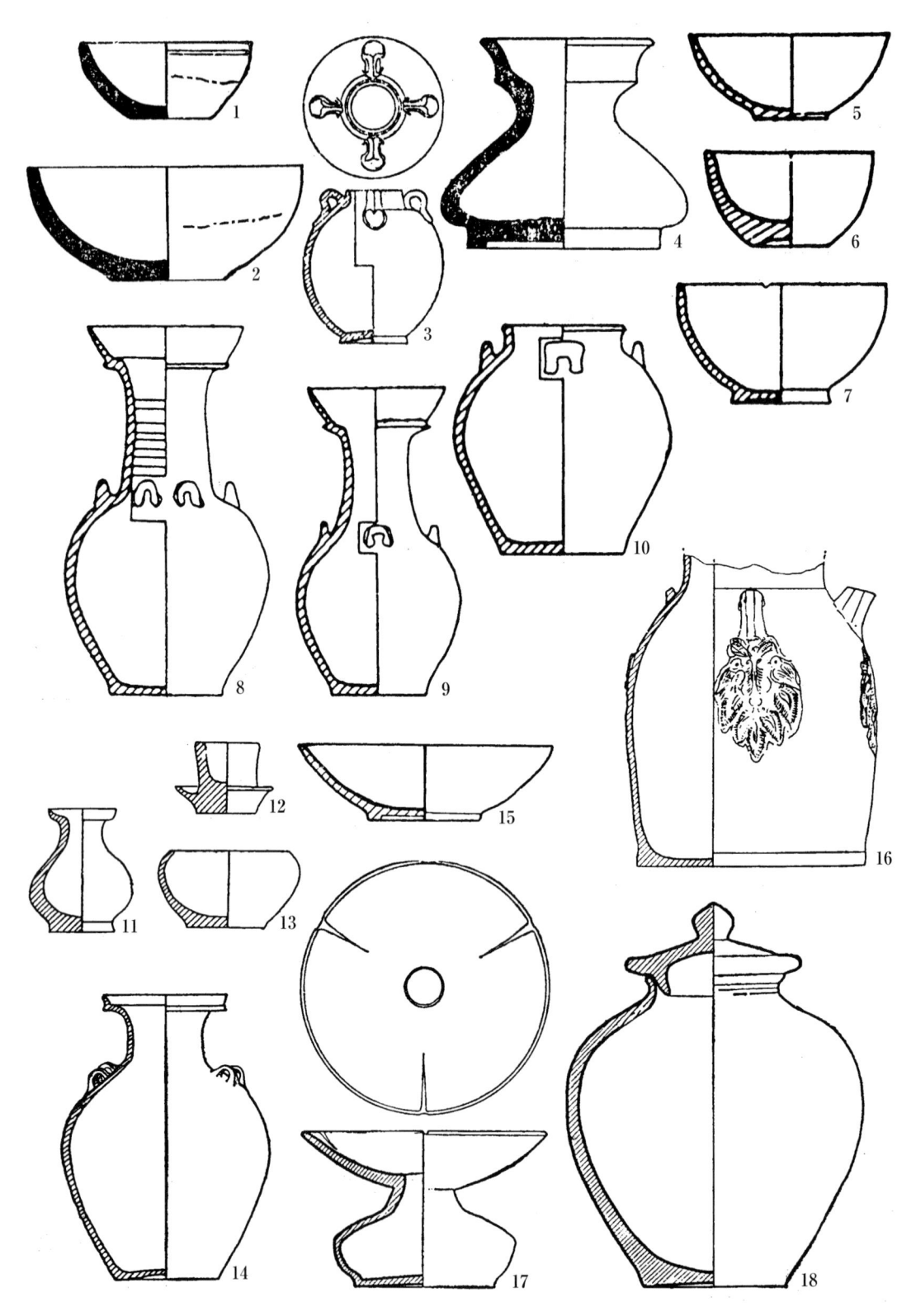

378　Ⅲ　唐宋代青瓷の系譜と編年

1. 2. 浙江衢州市M 20 墓（625年），3. 河南張君夫妻墓（664年），4. 河南裴氏墓（620年），5-10. 湖北楊氏墓（638年），
11-14. 福建甫田唐墓（676年），15. 江蘇鎮江M 19，16. 同M 10，17，18. 河南鄭紹方墓（814年）（scale out）

fig. 6. 青瓷平底形実測図　　　　　　　　　　　　　　（　）内は葬年

（2） 9世紀後半中葉からの輪高台

　輪高台が遅くとも7世紀中葉には出現するが，継続的に底部成形技法として現れるのは，晩唐の9世紀第3四半期から第4四半期への移行期ごろである。その根拠として，上述の越州窯青瓷瓶の870年代の，咸通年間の2資料と，同じく咸通11（870）年の河北省・趙夭水夫妻墓出土品を掲げたい。この資料は玉璧高台の終焉資料との関係ですでに述べたが，邢州窯白瓷碗2，同盂1のいずれもが輪高台である（fig. 7-1, 2）。そして10世紀に入ると輪高台は，あたかも堰を切ったかのごとく底部成形の本流となり，青瓷，白瓷の大部分は輪高台に変わり，それ以後今日まで継続しているといえる。平底は一部の大型品や粗製品にはあいかわらず採用されて，一定の役割を果たしてはいるがもはや底部成形としての傍系の位置に退いたといえよう。平底の盛行時期については，後述する寧波市和義路遺跡の出土状況からみると，9世紀中葉まで朔上させることも可能である。

　10世紀以降のことをひとまずおいて，輪高台の初源はもちろん9世紀後半にあるのではない。唐代だけをとってみても，開明2（620）年の卒年である河南省洛陽市裴氏墓の随葬品としての白瓷唾壺は，底径の約72％が削りだされており，やや幅広，低くはあるが輪高台と認定できる（fig. 7-3, 4）。これとほぼ同型同大の白瓷唾壺が永徽2（651）年の陝西省張士貴墓から平底の唾壺とともに出土しており（fig. 7-5），すでに初唐段階から輪高台はつくられている。青瓷でも664年に埋葬された鄭仁泰墓から出土した青瓷六輪花碗は，北宋代の製品かと見誤るような太く短い，完全な輪高台であり（fig. 7-6），広東地方窯の製品などにみられる簡素な削り出しとは異なる，例外的な存在である。

　盛唐から中唐にかけても少数の輪高台がみられるが，詳細がわからないものが多いなかにあって，天宝4（745）年の陝西省・雷姓夫人墓随葬品としての白瓷碗3点は，確実に輪高台と認定できる。ただし，底径に比する抉り部分は72％位で，かつ浅く，五代以降のものとは異なる。至徳2（757）年の洛陽市16工区－76墓や大中4（848）年江蘇省・王淑寧墓各出土の白瓷碗もこれに似ており，輪高台から体部を直線的にのばし，口沿で軽く外反させ，後者の抉り部分は75％と幅広い高台であり，このころから中唐，晩唐代を通じてみられる器形である。邢州窯跡出土品でみると，第3期の初唐期は平底であるが，中唐期とされた第4期では平底と玉璧形が併存して，碗，研磨碗にやや幅広で低い輪高台がみられる[9]。その後も輪高台は点々と紀年銘資料にあらわれてくる。元和12（817）年の浙江省・沈氏二□墓から出土している青瓷大碗4点は生産窯の記載はないが越州窯系統の青瓷で，明らかに輪高台である（fig. 7-7, 8）。さらに寧波市和義路（旧称遵義路）出土で「大中二（848）年」印花青瓷皿は浅い輪高台であり，後述する日本出土品に類似品があり，9世紀前半の製品である。

　このように初唐以来，輪高台は丁寧にさぐると紀年銘資料のなかに現れ，断片的な資料を結び合わせると，邢州窯白瓷の碗・唾壺・托では，初唐からみられ，抉り部分が70％台と幅広い高台ではあるが，玉璧高台とは異なる形で存在している。越州窯系統の青瓷でも，中唐頃から輪高台はみられ，とくに体部を中位で屈曲させる碟類（fig. 11-21, 22）は玉璧高台の出現と同じく8世紀後半の早い時期から登場しているようである。同形の白瓷碟もあり，河北省孫少矩墓（咸通5・864年葬）から検出されており（fig. 11-23），大宰府史跡第70次調査濁茶色土層出土品も同形である[10]（fig. 11-24）。しかしながら，その数は，この時期においては，平底や玉璧高台と比較するとき少数派であり，かつ散発的に現れるに過ぎず，一部を除いて，それが継続して生産された痕跡はつかみがたい。連続性という点が形式設定のひとつの条件とするならば，輪高台が安定した形で，底部成形に採用される時期は，上述のように，9世紀後半中葉をまたなければならない。この時点以降，輪高台が底部成形の基本形となったことは，tab. 2に示すとおり，大多数が輪高台であることによって理解できるが，若干の説明をこれにくわえたい。

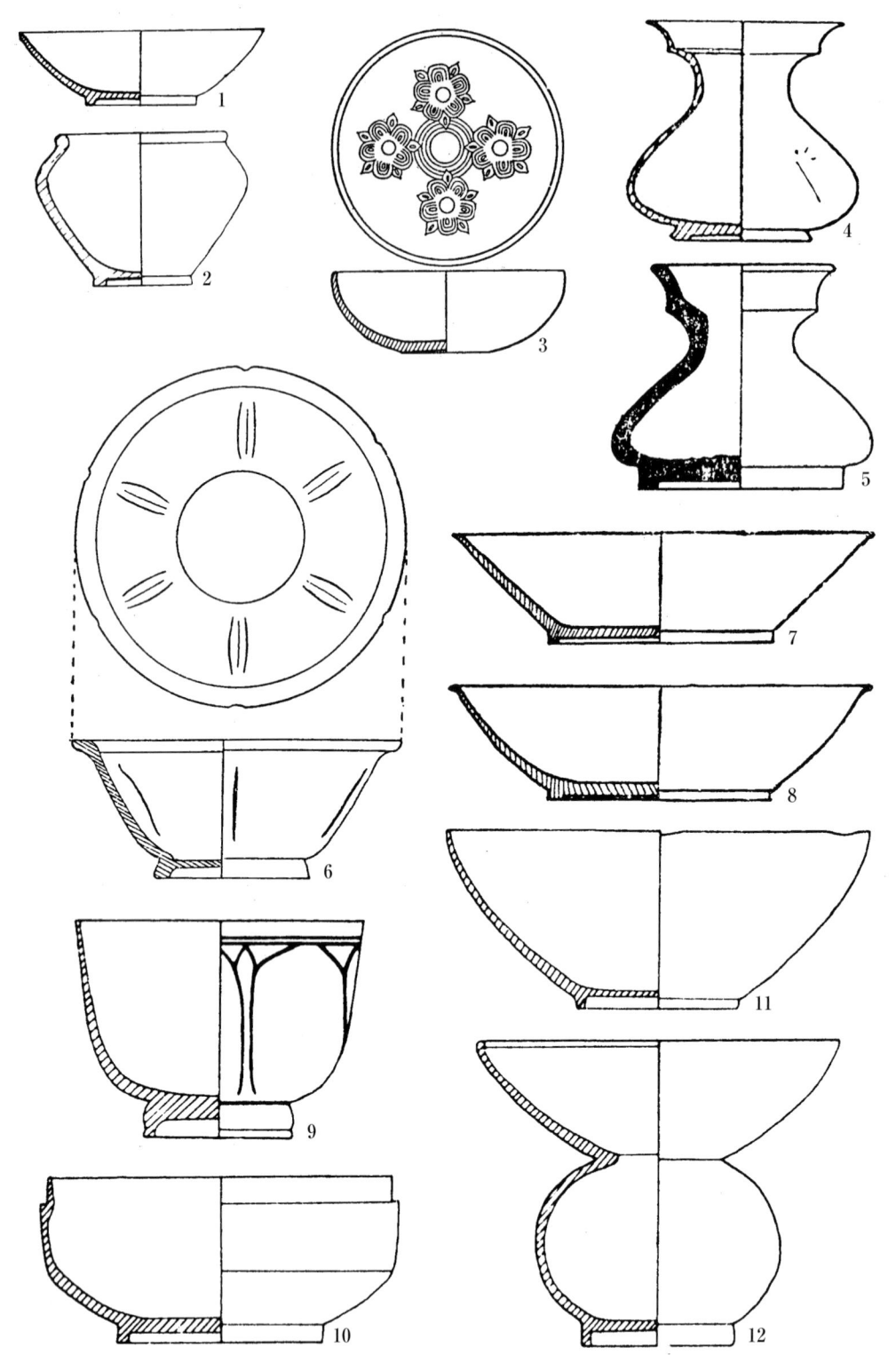

380　Ⅲ　唐宋代青瓷の系譜と編年

1. 2. 河北趙天水墓 (870年), 3. 4. 河南裴氏墓 (620年), 5. 陝西張士貴墓 (651年), 6. 陝西鄭仁泰墓 (664年), 7. 8. 沈氏二□墓 (817年), 9-12. 福建王審知夫妻墓 (932年)

fig. 7. 青瓷輪高台実測図　　　　　　　　( ) 内は葬年

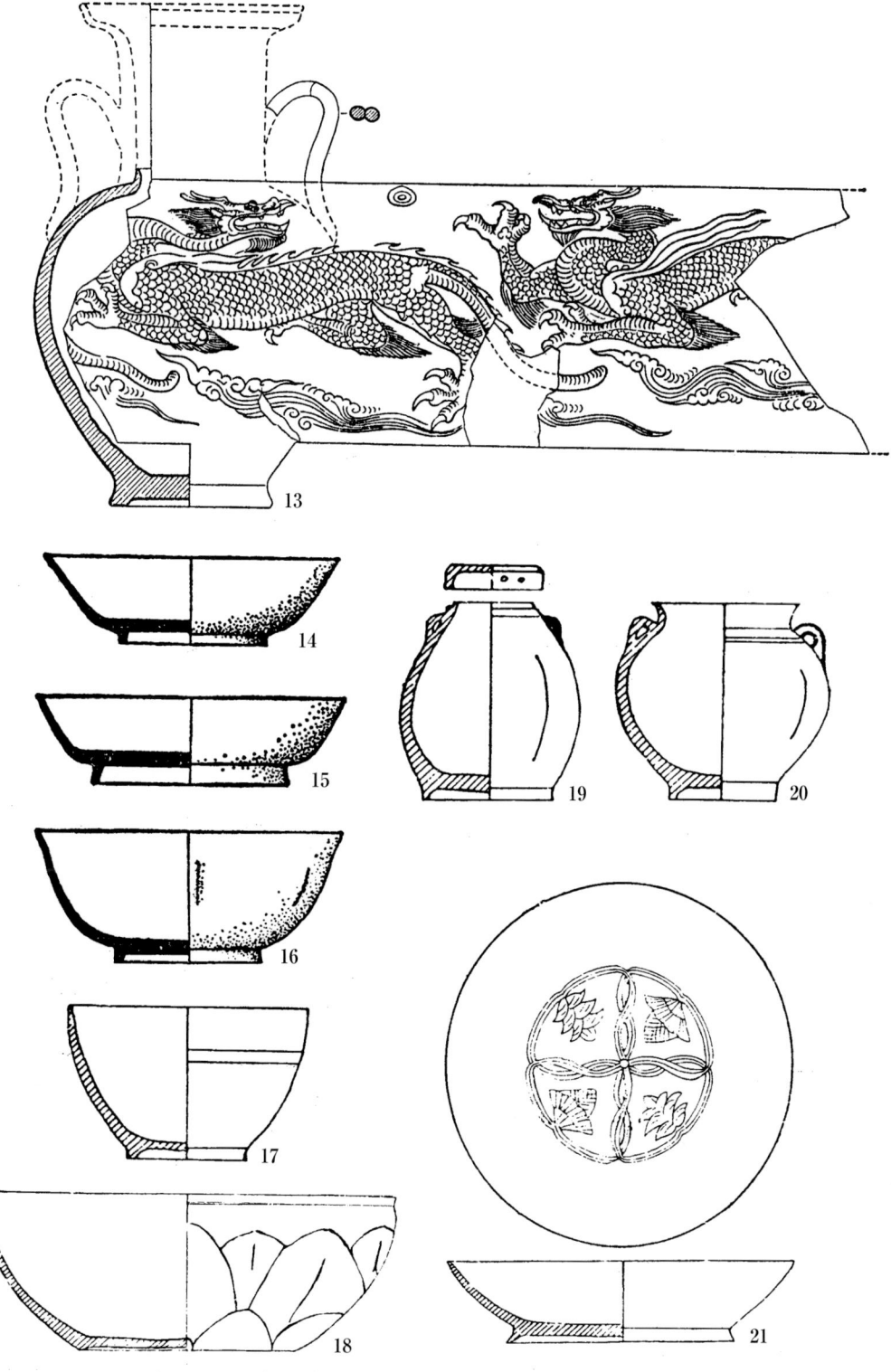

13. 浙江呉漢月墓（952年），14. 15. 16. 浙江杭M 32，17～21. 浙江南市塔（961年）
fig. 8. 青瓷輪高台実測図　　（　）内は葬年

まず第1に，輪高台への変化は，「官」・「新官」刻銘白瓷碗などの資料を追跡することによってはっきりと看取できる。この刻銘白瓷については，「かつて900年代の後半から1000年前後にかけた数十年間にわたって焼造されたことが確実に提言できる事柄である」とされていたが（矢部良明 1973），その後の新資料の出現によって，出現の時期は大幅に溯上し，9世紀末葉の可能性がでてきた。その根拠となるのは，呉越王銭氏の祖であり，乾寧2（895）年に卒し，光化3（900）年に葬送された浙江省臨安市・銭寛墓から出土した19点の白瓷と，その翌年に亡くなった彼の妻である水邱氏墓の17点の白瓷である。いずれも「官」または「新官」の銘があり，そしてこれらはすべて輪高台である。この銘が従来の見解より1世紀近く早く出現することが判明し，その後もこの銘を有する輪高台資料は11世紀中葉の熙寧年間（1069-1077）とみられる赤峰市無名氏墓出土例にいたる約123点が出土しており，それらの碗，碟，盤，罐などは少数の平底をのぞいてすべて輪高台で占められている。罐などのいわゆる袋物も輪高台に変わってきた[11]。

　これらの白瓷は定窯製品とみられるが，「官」・「新官」銘のない定窯白瓷の底部成形も輪高台であることは説明を必要としないであろう。大和5（933）年江蘇省連雲港市・趙思夫人君王氏墓からは，定窯白瓷の器種が豊富で，かつ数も多い良好な出土資料であるが，その13点すべてが輪高台である。10世紀後半の北宋期になっても同様である。もちろん10世紀以降，玉璧高台の紀年銘資料を見出すことはできず，それが姿を消し去ったと説明する必要がなくなった。

　第2に，10世紀初頭からの青瓷について覗見しよう。上記の水邱氏墓からは，越州窯青瓷25点が随葬されており，油灯や罌など釉下褐彩絵巻雲文の存在でよく知られているが，五輪花碗はもちろんこと，罌などの大型品においても輪高台につくる。天福6（941）年の杭州市・文穆王銭元瓘王墓から出土した越州窯青瓷の瓶1，水注1，洗6はすべて輪高台であり，すでに大型品にもこの技法が一般的であったことを示している。またこの瓶の胴部全体に浮き彫り様に竜文が刻まれ，水注胴部にも劃花文がめぐらされており，このころ以降越州窯における刻花・劃花文が盛行すると考える。もっとも，越州窯青瓷の刻劃花文などの初源はもっと溯るわけであり，上記の釉下褐彩文は別としても，上海博物館蔵の会昌7（847）年の劃花文水注と大中2（848）年寧波市和義路出土の印花雲鶴文碗の共伴品があり，その後しばらくは紀年銘共伴の古墓随葬品の例はあげられないが，下述するように和義路遺跡の五代晩期・北宋早期文化層（946-985年）から碗・碟・托に刻劃花文が継続してみられる。940年代以降は広順2（952）年の銭元瓘氏の次妃である呉漢月墓（fig. 8-13），応暦8（958）年の北京市・趙徳鈞・夫人種氏墓など五代からはじまり，多数の類例がある北宋へと施文は連続していくのである。

　北宋の越州窯青瓷の底部が輪高台であるか否かは，もはや問題の対象にならないが，竜泉窯青瓷と考える太平戊寅（978年）銘の碗，盤，刻花蓮弁文瓶（上海博物館），唐草文壺（ボストン美術館蔵）のいずれも撥形高台であることを例示するにとどめるが，むしろこの時期においては輪高台の形態が注目されよう。いわゆる撥高台の出現は上記の太平興国3年を基準にされているようであるが，細かくみるとこれはさらに溯り，和義路遺跡では大中年間（847-859年）の9世紀中葉にあり，建隆2（961）年に建立された浙江省東陽県南市塔出土の青瓷盤は明らかな撥高台（喇叭形圏足）であり（fig. 8-21），連続してつくられた流れの一端を示している資料である。今まで述べてきた寧波和義路遺跡は青瓷編年に大きな意義をもつので，次に述べたい。

（3）生産窯近接の外銷関連遺跡の越州窯青瓷編年

　寧波和義路遺跡は，寧波市海曙区に属し，甬江と姚江が交わり奉化江となり外海に続く地点にあり，かつての海運碼頭の地で，外銷陶瓷の生産窯にも近いことは重言の要はない。1973年に和義路に沿って4区にわけて調査され，そのうち古代東門内の第3区（125㎡）の層位が良好な状態を保っていたようであり，最上

2. 唐代玉璧高台の出現と消滅時期の考察　383

［五代晩期・北宋早期文化層］（946-985年）前後

［唐代第1文化層］大中年間（847-859年）前後を含めた9世紀中葉

fig. 9（1）. 寧波和義路遺跡層位別出土の碗・碟編年図

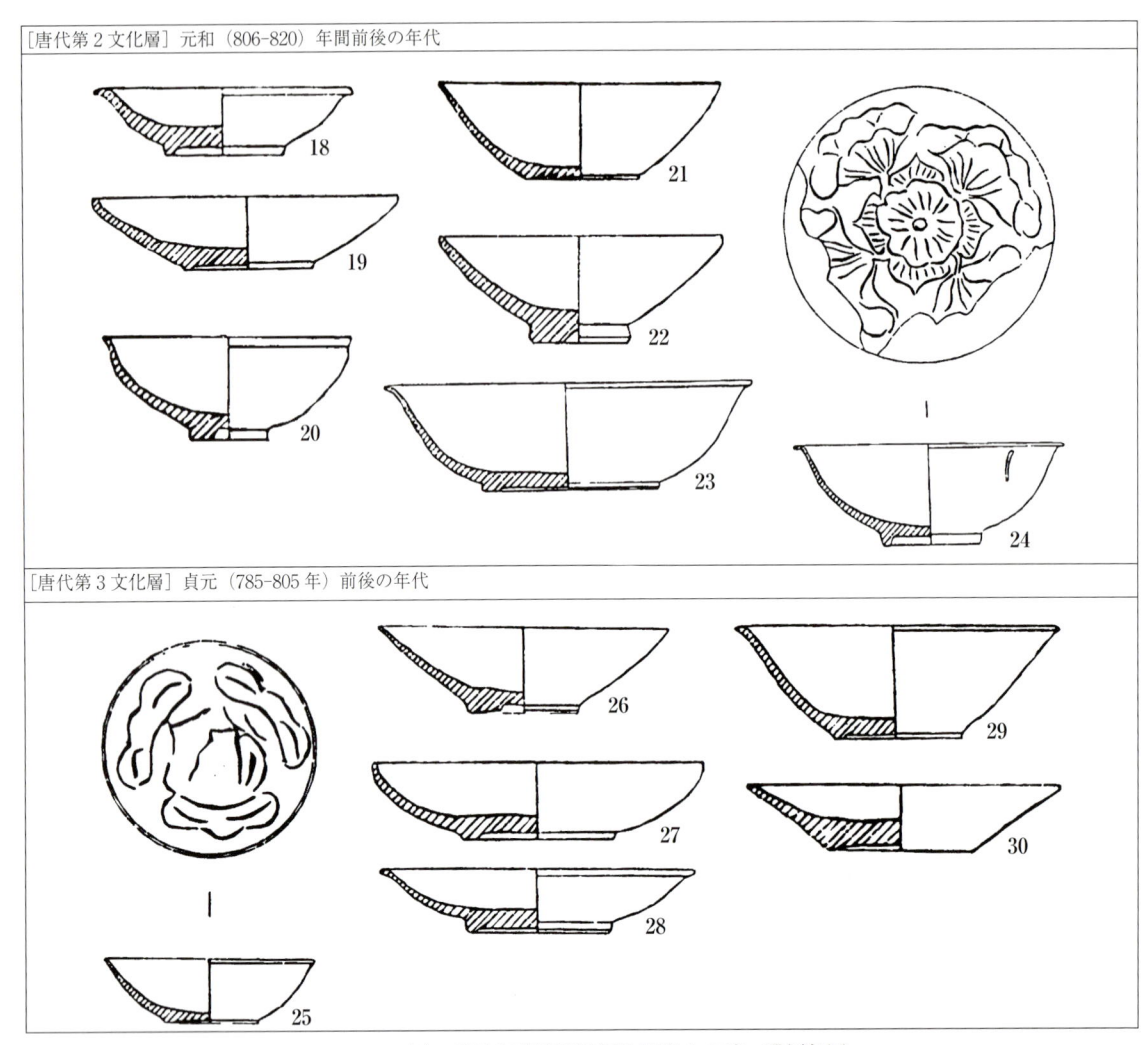

384　Ⅲ　唐宋代青瓷の系譜と編年

［唐代第2文化層］元和（806-820）年間前後の年代

［唐代第3文化層］貞元（785-805年）前後の年代

fig. 9（2）. 寧波和義路遺跡層位別出土の碗・碟編年図

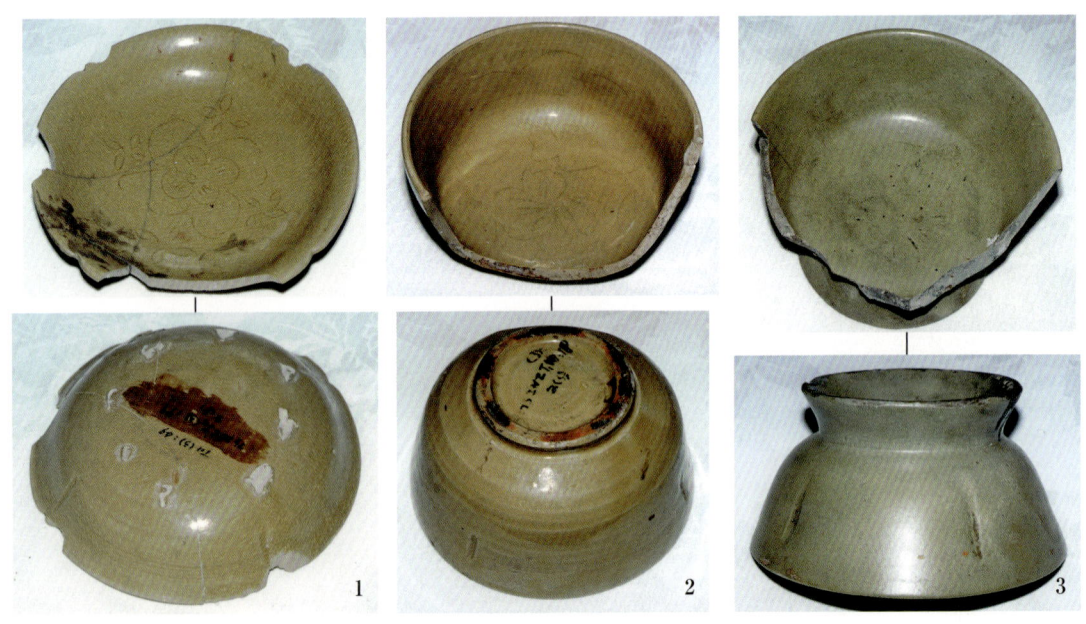

pl. 2. 寧波和義路遺跡出土の碗・碟（1）

2. 唐代玉璧高台の出現と消滅時期の考察　385

1-6：唐代第1文化層，7-12：唐代第2文化層，5. 大中2年銘, 6. 大中□□銘
pl. 3. 寧波和義路遺跡層位別出土の碗・碟（2）

層の第1層から第6層まで遺物が分けて検出され，かつ紀年銘青瓷，銭貨も出土し，各層の年代決定に役立っている（寧波市文物考古研究所・林士民1997, pp. 243-280)[12]。限定された破片を調査した範囲内の所見を前提にして，越州窯青瓷の碗と碟について述べたい（fig. 9, pl. 2, pl. 3)。

[五代・北宋早期文化層]（第2文化層）：撥形高台と直立高台があり，口沿を輪花する形，無高台の輪花皿がある。この層位からは玉璧高台碗は検出されていないようである。内底には細かい線刻で鸚鵡，双鳳文，唐草文を刻む。年代の根拠は，寧波市袁従章墓（946年）出土碗，杭州市呉漢月墓（952年）出土碗，上林湖竹園山窯出土「太平戊寅」（978年）銘碗・盤，寧波市東銭湖郭家峙窯出土の985年刻銘碾磑共伴の碗・盤であり，五代晩期から北宋早期（946-985年）前後と考える。

[唐第1文化層]（＝第3文化層）：碗形品では，斜腹玉璧高台形では外面体部下半は露胎である。陽印花文「大中二年」銘のように短く，やや幅広の高台を有する形である。内底に太く刻花文を配する例では，碗と器高の低い碟形品は，口沿を4ないし5輪花につくる。碗の高台は貼り付け撥形であり，高台畳付が匣鉢底に接地し，支釘痕は内外底ともにみられない。さらに同様な装飾の無高台の碟があり，これらは満釉であるが，外底部に支釘痕をみせている。これら刻花文の碗と碟はこの層での検出数が多い。この層位の年代は，上記の「大中二（848）年」雲鶴文壽字文（pl. 3-5, fig. 9-14)，玉璧高台を随葬する紹興市古墓（851年)，同じく玉璧高台碗と「大中四年」刻銘の罌を随葬している慈渓市上林湖朱氏四娘墓（850年）など大中年間（847-859年）に紀年銘資料が集中してみられるのでその前後を含めた9世紀中葉と考えられる（pl.2-1～3, pl.3-4, 5, 6)。

[唐第2文化層]（＝第4文化層）：玉璧高台碗は相当数が見られ，内底に7-8箇の環状支釘痕，外底には焼け焦げ痕をのこしている。碟では内底に印花花文・波涛竜文・双魚「王」字文などをおした装飾が目に付き，唐第1文化層にみられた刻花花文碗もあり，これらの内底には支釘痕が環状にみられるが，低い高台をもつやや大形碟では外底にも施釉され，畳付に焼成時の痕跡がある。この層位の年代は，碗のなかに象山県沈氏二□墓（817年）と相似し，図示していないがこの層位出土の唾盂と執壺は紹興市北海王府君夫人墓（810年）出土品など，元和（806-820）年間の紀年銘を有する古墓などの出土品に類似しているので，元和朝前後の年代を設定している（pl. 3-7～12)。

[唐第3文化層]（＝第5文化層）：碗・碟の器形は限定されており，玉璧高台の碗・碟が相当数あり，平底と低く幅広の高台を削り出した碗がこれに続いている。平底碟で内底に刻花花文を粗略に配するものがある。碗では斜腹が多いが，弧腹で口沿を外反する器形もある。諸曁市茶場墓（794年）と，上虞市紅光張子山墓（801年）の随葬のいずれも玉璧高台碗と類似しているので，貞元（785-805年）前後の年代と考える。

4．玉璧高台再論－日本出土品での点検

唐代から北宋にいたる底部成形の変遷をみるとき，前節までに縷々説明してきたように，初唐以来，あるいはそれ以前から，平底が基本的な形態であり，玉璧高台は，8世紀中葉に出現し，9世紀前半に盛行した形態であり，その後半には衰退しつつ，9世紀第3と第4四半期の交の移行期を境として輪高台に漸次変化していった。10世紀以降になると，輪高台は器形の大小をとわず底部形態の主流となり，玉璧高台は完全に姿を消した。したがって玉璧高台は，せいぜい3世代の陶工の技術改良への模索の結果に生まれた輪高台への過渡的産物といえよう。

これまで高台の形状の変化を追跡することを述べてきたが，実はこれは唐代窯業における技術的改革の過程を追ってきたのが趣意である。玉璧高台という形態は，平底の技術的改良形として本来的に出現したものである。餅底形の平底では，底部が肉厚となり体部の厚さと差が生じるために，乾燥および焼成速度が異な

り，底部にヒビ，ワレが入りやすくなる。そのために，底部中央を抉ることにより乾燥・焼成速度を均一に保とうとしたのである。したがって，これは使い勝手のよさとか，美的な配慮ではなく，主に製作技術的な平底の改良形である。そして輪高台という，より有効な形態の技術的改良によって自然的に淘汰されていった。輪高台の形状が，高さが低く幅が広い形態から，高く，細いものに変遷するのは，玉璧高台の改良形から出発し，底部の抉り部分が浅小から深広へと改良を重ねた過程を反映しているといえよう。

玉璧高台への転換を匣鉢の採用と結びつけて説明する考えも興味ふかい。定窯白瓷焼成においては，匣鉢の採用は，8世紀後半頃に邢州窯の影響をうけて開始され，いわゆる漏斗状匣鉢の形制に規制されて，窯詰量を増すために碗は浅形で，口沿部を折り返す唇口にし，器壁角度は45度位に，底部と匣鉢との接触面積を小さくするために外底中心を抉り，高台の高さも低くおさえた。匣鉢採用が器形を規制したと説明し，ついで輪高台への移行は金銀器からの影響を強く受け，底径が小から大，高台の高さが低から高，器肉が厚から薄へと変化し，これに対応して匣鉢に円形塾餅を使用するようになる[13]。

越州窯における匣鉢の採用は唐代後期に始まるとされているが，その際1匣1件とは限らず，碗の精製品においても1匣鉢に複数箇を重ね焼きにしている。慈渓市上林湖窯跡採集資料でみると (fig. 10-6, 11)，11は体部下半を露胎にするB類であり，4箇が重ね焼きされ，最上の1箇の内底には目跡はない。3および7もB類で内底に目跡があり，概して粗製品にいれられるB類は1匣鉢複数箇の焼成とみてよい。6は，高い脚を貼付した器形と平底碗の重ね焼きであるが，これもB類である。ところが，逆に精製の総釉A類品はすべて1匣1件かといえば，確かに1，2，4，5，9のように内底に目跡のないものが多いが，8に示した玉璧底は内外に緑黄色の釉薬が平滑にかけられた精製品であるが，内底に8箇の目跡がみられる。また10の総釉皿は，鄞県窯跡出土で，これにも内底に圏状に黄白色砂が付着し体部には重ね焼きの下位の破片が固着している。このように，精製品は1匣1件の傾向性は認められるものの，すべてに普遍できるわけではない。

玉璧高台は越州，婺州，長沙，邢州，定窯，江西・広東地方などの唐代窯でおこなわれたことは例示したが，これらにとどまらずさらに広汎にほぼ中国全土に広がっている。例えば，著名な河南省鞏義白河窯 (pl. 1)，中・晩唐のやや粗製青瓷が多くみられる江蘇省宜興潤衆窯[14]，洪州窯跡とみられる江西省豊城羅湖窯では，南朝から唐代青瓷が発掘調査により検出され，多くの平底と共伴して，兜巾状に底部を抉り壁底につくる形がみられ，江西豊城県羅湖窯 (中国古代窯址報告 1984, pp. 73-93)。さらに，広東地方窯，四川省彰県瓷峰窯 (中国古代窯址報告 1984, pp. 292-309)，山東省棗庄市中陳郝郝南窯 (中国古代窯址報告 1984, pp. 374-385)，山西渾源窯 (中国古代窯址報告 1984, pp. 416-421)，広東梅県水車窯 (香港大学馮平山博物館 1985, p. 132) などでも確認でき，唐代に陶瓷器生産を行っていた全てに及んでいたと言えよう。

さてつぎに，上述してきた玉璧高台の出現から消滅の年代観を日本出土資料によって点検してみよう。近年の調査のなかで，福岡市徳永遺跡Ⅱ区は出土遺物の総量がおおく，まとまりがある (fig. 11-2～10)。遺構は包含層であるが，報告書に図示されているものだけでも，越州窯青瓷71，壺8，蓋3，邢州窯系白瓷碗3，長沙窯系青瓷水注2，緑釉陶器26片 (低い輪高台碗など) で，これに大量の土師器と須恵器が共伴している。層序も明確であり，第3層から第6層は若干の時期差があるようにみるが報告ではまとめて，主として土師器の編年に基づき，9世紀中葉から後半と推定している (福岡市教委1991，第242集)。ここにみられる越州窯と邢州窯の碗74片のうち，輪高台は第3層から検出された2点のみであり，これも高台を幅広くかつ浅く削り出す形態 (A類―Ⅲ) であり，玉璧高台にちかい。他の72片は青瓷，白瓷ともにすべて典型的な玉璧高台である。

青瓷・白瓷と土師器，須恵器が共伴し，それらの編年研究によって，廃絶ないし埋没年代が9世紀中葉以

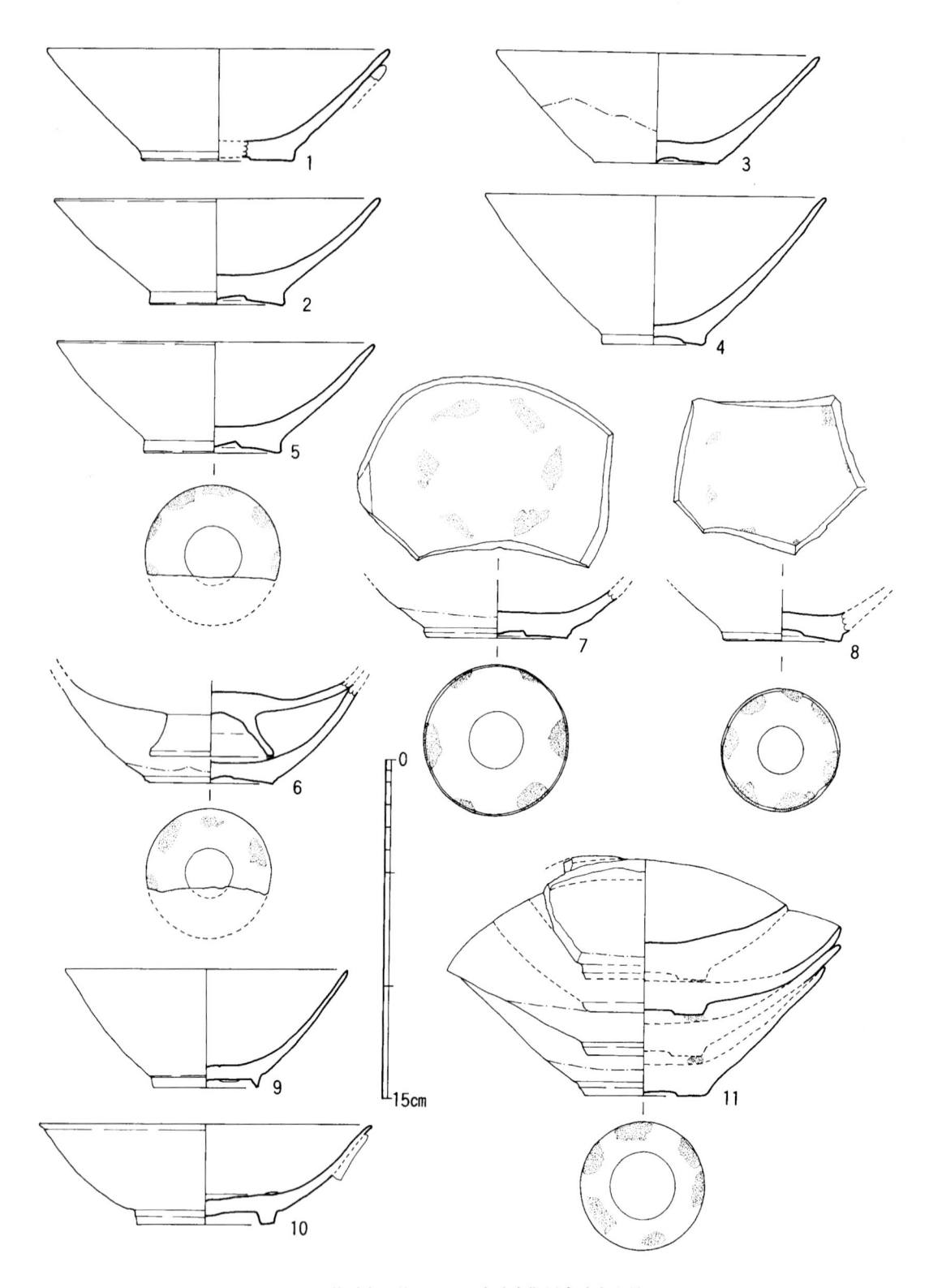

388　Ⅲ　唐宋代青瓷の系譜と編年

fig. 10. 慈渓市上林湖および寧波市鄞州窯跡出土品

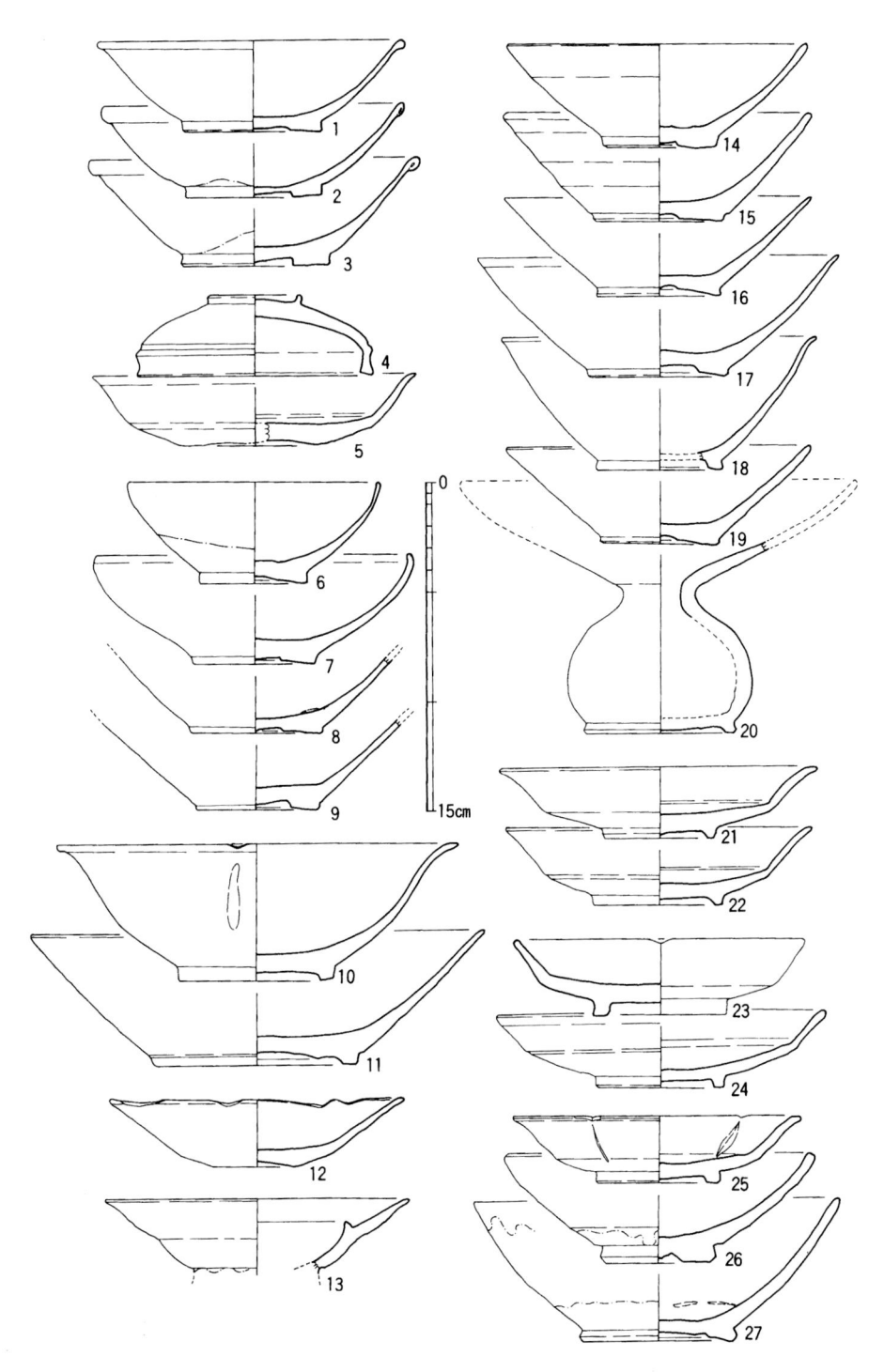

2. 唐代玉璧高台の出現と消滅時期の考察　389

1. 京都市・西寺跡, 2. から10. 福岡市・徳永遺跡Ⅱ区包含層 (6. 福岡県笠寺採集), 11. 福岡市・下山門遺跡H 4, 12. 大宰府史跡SD 320最下層, 13. 14. 同下層, 15. 大宰府史跡SK 1800, 16. 17. 平安京右京3条3坊3町SX 07, 18. 同2条3坊15町SD 14, 19. 21. 平城京東3坊大路東側溝, 20. 平城宮6AAⅠ (32次) SD 4090, 22. 京都市広隆寺, 23. 河北易県・孫少矩墓 (864年卒), 24. 26. 大宰府史跡第70次調査濁茶色土層, 25. 胆沢城3 a層, 27. 北九州市・寺田遺跡 (1. 2. 3. 13. 23. 24. 白瓷, 他は青瓷)

fig. 11. 日本出土青瓷・白瓷実測図

前と推定されている大宰府史跡の遺構出土例を 2, 3 掲げよう (九歴 1982, 第 46, 70, 76 次調査)。この時期の良好な遺構は多くないが第 76 次調査 SD320 の最下層は 8 世紀後半とされ越州窯青瓷輪花平底杯が 1 点出土しているが (fig. 11-12), その上の下層は 9 世紀前半で玉璧高台碗の越州窯青瓷と邢州窯白瓷各 1, 同輪高台托 1 (曲陽県定窯跡晩唐層から玉璧高台と共伴して同形品がある, fig. 3-6) の組合せである (fig. 11-13.14)。第 46 次調査 SE1340 は 8 世紀後半から 9 世紀初頭と推定され, ここから典型的な邢州窯玉璧高台唇口碗と, 高台幅が 1cm をこえる肉厚直口白瓷碗 (fig. 1-5) を検出している。同じく第 70 次調査の SK1800 は 9 世紀中葉とみられているが, 越州窯の粗製平底碗 2 (内 1 は fig. 11-6 タイプ), 精製玉璧高台碗 1 (fig. 11-15) と徳永遺跡第 3 層でもみられた抉りが 70% 台の幅広高台碗 (A 類-Ⅲ, fig. 11-11 タイプ) 1 片を検出している。

大宰府史跡以外では, 福岡市三宅廃寺 8 号溝 (福岡市教委 1979, 第 50 集), 福岡県津屋崎町在自下ノ原遺跡溝 (亀井明徳 1992-1, pp. 31-39), 佐賀県神埼市下中杖遺跡 SE201 (佐賀県教委 1980), 熊本県八代市興善寺志水遺跡第 1 号土坑 (熊本県教委 1980), 同菊池市赤星水溜遺跡 3, 4 号住居跡 (熊本県教委 1977), 鹿児島県川内市麦之浦貝塚 (川内市 1987) などは, いずれも 9 世紀中葉以前の廃棄年代を推定しており, 玉璧高台の青瓷または白瓷碗を少数ながら出土している。下ノ原遺跡の場合, 越州窯青瓷碗はわずか 1 片ではあるが, 大量の須恵器, 土師器とともに溝中から検出され 8 世紀後半から 9 世紀初めの年代が与えられよう。

平城京東三坊大路東側溝 SD650 は天長 5 (828) 年と同 7 年の紀年銘木簡を検出している。溝埋土は上 (B), 下 (A) 2 層であり, 出土土器は, それぞれ 9 世紀後半と前半に想定されている (fig. 11-19, 21, 奈文研 1974, pp. 65-66, 147-150)。SD650A からは, 越州窯青瓷輪高台皿 (A-Ⅲ I 類, fig. 11-21), 盆の口沿片, 玉璧高台深鉢, 平底壺が, 同 B からは青瓷玉璧高台碗, 壺, 邢州窯白瓷玉璧高台碗, 同輪高台碗などを確認でき, 玉璧底が多い。東大寺仏餉屋の竈灰層は 9 世紀前半と推定され越州窯青瓷玉璧高台碗 2 が出土している (奈良県教委 1984)。

このように日本出土例においても, 9 世紀中葉以前においては, 青瓷, 白瓷ともに碗では玉璧高台がほとんどを占め, 輪高台が少ないことが実証できる。しかし, さきに指摘した寧波市和義路出土の「大中二年」(848) 銘碟と類似する輪高台で, 体部中位で稜をつけて屈曲し, 低く高台を削り出す皿-Ⅰ類は, 9 世紀前半代には現れているようで, 下中杖遺跡 SE201 では, 玉璧高台白瓷および青瓷などと共伴している。この皿は, 上記の平城京東三坊大路東側溝, 太秦広隆寺 (fig. 11-22) にも出土例をもち, 同型の白瓷皿 (fig. 11-23〜25) とともに, 玉璧碗型品と同時存在である。

9 世紀後半およびそれ以降と推定されている遺構出土品のなかに, 青瓷, 白瓷ともに王璧高台が含まれている。そのいくつかを例示すると, 筑後国府第 59 次調査朝妻地区 SK2817 は 9 世紀末とされているが, 青瓷玉璧高台と平底碗, 白瓷玉璧高台と輪高台輪花皿が共伴している (久留米市教委 1985)。福岡・波多江遺跡 1 号竪穴住居跡では, 玉璧高台青瓷碗 2 片が 9 世紀中葉から後半の土師器と共伴し, 越州窯青瓷の需要階層に再考をせまる資料でもある[15]。平安京右京三条三坊 SX07 は 9 世紀中葉から後半の土器を大量に検出した浅い落ち込みであるが, 青瓷では玉璧高台碗がおおく, 平底杯と輪花輪高台碗も組み合わさり, 白瓷においても輪高台を少数含むセットを示し, 9 世紀後半の生産窯での組合せを再現している感がある[16] (fig. 11-16.17)。胆沢城跡第 43 次調査北端地区 3b 層は, 承和 10 (843) 年, 嘉祥元 (848) 年の漆紙を検出しているが, すでに指摘されているように 9 世紀後半の遺物も含んでいるこの層からは越州窯玉璧高台碗と輪高台とみられる白瓷杯の口沿部片が出土し, その下の第 4 層からは玉璧高台白瓷碗がみられる。逆により上層の 3a 層からは輪高台の白瓷輪花杯 (fig. 11-25), 青瓷杯・碗が出土している[17]。

10 世紀に入ると玉璧高台が消失する例とともに, 逆にいぜんとして玉璧高台が出土する遺構も列挙できる。例えば, 大宰府史跡 SD205A からは延長 5 (927) 年の題簽木簡が出土し, 10 世紀前半の土師器編年の

標識的遺構となっているが，ここからは越州窯青瓷碗で器形の判明するもの30片中，輪高台が28片と大多数を占めることは，中国における生産状況をよく反映しているが，玉璧高台も2片ふくまれている（九歴1982）。平安京右京二条二坊SX1からは天暦7（953）年墨書銘の緑釉碗と共伴して越州窯青瓷玉璧高台碗が検出されている。これらの資料をもって，玉璧高台の年代が，あるいは生産が「量的には少ない」という注釈をつけながら，10世紀前半までは継続していると考え，逆に伝世した遺物とするのは重大な錯誤である[18]。

　こうした現象は端的にいえば，生産地から離れた消費地におけるきわめて自然な現象で，入手から廃棄までの過程に比較的長い時間が経過していることを物語っているにすぎない。むしろ大宰府史跡SD205Aが示唆することは，中国陶瓷器の生産年代と，土師器編年研究に主として基づく廃棄年代観との間に50年以上のずれが生じていることを，図らずも証明していることになる。薬師寺西僧房の天禄4（973）年焼土層から出土した白瓷および青瓷の玉璧高台例も，生産年代はこの年号より以前，正確には，はるかに以前を示している資料であり，むしろ入手から100年以上も所持していた点に紀年銘との関係で別の意義があるのかもしれない（奈文研1987）。

　もともと中国陶瓷器の年代とは，生産年代をもって語らねばならないわけであり，廃棄年とか，保管期間などの，1点1点のすべてが異なる，いわば数えることが不可能な時間の経過，un-countableな時間を含めた年代観は成り立たない。年代の表現があいまいな，あるいは時間幅を大きくすれば，この誤差を無視あるいは等閑視し，廃棄年と混同した年代観も成り立つが，これに組みするつもりはない。中国内の古墓や窖蔵出土品にも，生産から埋納や保管までの間に個別に異なる時間が経過しているわけであるが，検出される陶瓷の多さ，頻度にみる普及度はわが国の比ではなく，生産からの時間差が一世代以内におさまると考え，現在の編年観の範囲内にあるという仮定の上に立論している。日本出土貿易陶瓷器の年代観が，従来こうした点において，方法論上のシビアな点検なしで行われてきた観があり，自省をするとともに，もし今後もこうした方法論を無反省に増幅させ続けると，生産地での年代との間にズレが生じ，わが国の貿易陶瓷編年研究が，あたかもわが国内のみで存立しているかのような，孤立した鎖国的な貿易陶瓷研究になることを危惧する[19]。

　本論にたち戻って，わが国の出土資料をみると，9世紀前半代の碗においては，底部形態は玉璧高台が相当数を占めているといえる。この小論の冒頭において，玉璧高台はある一定の時期に東アジアに共通した形態であるとのべたが，その時期とは9世紀前半を中心としてその前後を若干含む期間である。緑釉陶器の一部は，越州窯青瓷の倣製品であることは言を要さない。このうち，いわゆる東海系，近江系，長門系は大部分が貼付高台であり，玉璧形もみられるが，それは単なる形態模写であるので，ひとまず別考するとして，削り出し高台の京都系（洛北・洛西・篠古窯跡群）碗，皿を考察対象とし，東アジアにおける共通性を論じよう[20]。

　9世紀初めから前半に比定されている栗栖野13号・20号窯では平底（円盤高台）がおおく，玉璧高台が現出しているようであるが，如何せん資料の絶対数が少ない。ただ栗栖野13号窯のものが平城上皇没年の天長元年（824）廃絶のSE715・311から出土している。9世紀中葉から後半に比定されている能満寺境内窯においては，平底とともにかなり多くの玉璧高台がみられ，同時に輪高台が出現している。この形式の製品は，北野廃寺SK20から出土し，これは元慶8年（884）の焼土に伴うものとされている。したがって遅くともこの時点までには輪高台も並行して焼成されていたといえよう[21]。つぎの10世紀に入ると，標識とされる洛西の大原野古窯跡群小塩1号窯では輪高台が全盛となり，平底は少数混在してはいるが，玉璧高台の姿は消えている。これ以降11世紀初頭とみられる緑釉陶器の衰退までの間，輪高台が底部形態の主たるものであることは言をまたない。

　近年調査された洛西古窯跡群の9世紀後半と報告されている大原野灰方1・2号窯跡の緑釉陶をみると，

394　Ⅲ　唐宋代青瓷の系譜と編年

　　45.75％，同様にして碟 45.7％，罐 5.7％，盤 1.6％，灯盞 0.8％，その他瓶・壺・盆などが 0.4％となり，細かい数字が掲げられているので参考になる。南京博物院（鄒厚本）「江蘇宜興潤涑窯」『中国古代窯址調査発掘報告集』pp. 51-58 文物出版社　1984

(15)　福岡市教委 1982『今宿バイパス関係埋蔵文化財調査報告（波多江遺跡）第 6 集』　福岡県教育委員会。福岡市博多区井相田遺跡ＳＫ 05 の平安時代の水田跡から越州窯青瓷盆身の出土もあり，北部九州における初期貿易陶瓷器の需要層はその幅をさらに下位までひろげられよう。

(16)　『平安京右京三条三坊　京都市埋蔵文化財研究所調査報告第 10 冊』　1990，平安京内において，9 世紀中葉以前の中国陶瓷器の出土例はきわめて少なく，烏丸線 60 溝 1 から白瓷片 1 が報告されているにすぎない（『京都市高速鉄道烏丸線内遺跡調査）年報　1976 年度』1980）。また長岡京跡では右京四条四坊ＳＸ 02 から越州窯玉璧碗 1 点が出土し，8 世紀末とされているが，詳細な報告をまちたい（『長岡京市埋蔵文化財センター年報　昭和 61 年度』1988，『古代の対外交渉－第 26 回埋蔵文化財研究集会資料』1989　pp. 793）。なお，この項については森　隆の教示によるところが多い。

(17)　『胆沢城跡－昭和 58 年度発掘調査概報』水沢市教育委員会　1984，伊藤博幸「胆沢城跡の土器編年」会津シンポジュウム「東日本における古代中世窯業の諸問題」発表資料，共伴する灰釉陶器については，楢崎彰一『愛知県知多古窯跡群』　1961，および前川要から，3 a 層は K-90，3 b 層は K14 あるいは 90，4 層は K14 が，それぞれ主体を占めているとの教示をうけた。

(18)　注 1 参照。中国陶瓷器の入手年を考古学的に把握することはまずもって不可能であり，いきおい陶瓷器の年代廃棄年代とイコールに考え，そのしがらみから抜け切れていない。方法論として同様なことを継続すると，資料の増加をみてもこうした錯誤の再生産をしているだけに過ぎなくなる。

(19)　土師器研究を否定しているわけではなく，むしろ有力な研究方法のひとつと評価するにやぶさかではないが，これをあたかも金科玉条のように振り回し，中国陶瓷器の編年観を規制する無教養さと，安直な記号化とそれへの追随は，学問研究とは無縁なものであろう。中国陶瓷器においても，保管期間があり生産年と埋納，廃棄年との間に時間差が当然ながら考えられる。しかし唐宋墓に随葬されている陶瓷器は黄泉国での糧食を盛る容器として，被葬者の周囲にあるものが用いられたとみられ，卒年との同時代性がつよい。また陶瓷器の入手の容易さの点からみても，中国外との場合とは比較にならないわけであり，生産年と紀年銘との差異は小さいと考える。地宮の埋納の場合も，法門寺地宮で指摘したように，数年以内の生産品が収められている。

(20)　緑釉陶器については以下論文・報告に基づき，多くの研究者の教示によるところが多い。

　　　楢崎彰一「平安時代の彩釉陶器製作技法の伝播」名古屋大学文学部研究論集史学 15，1967

　　　北田栄造『栗栖野瓦窯跡発掘調査概報』，『京都市内遺跡試掘立会調査概要　昭和 60 年度』京都市埋蔵文化財研究所　1986

　　　坂東善平他「幡枝町発見の平安時代の須恵器窯址」古代学研究 57　1970

　　　宇佐晋一「緑釉土器址本山遺跡とその周辺」古代学研究 15・16　1956

　　　寺島孝一「石作窯跡の発掘調査」古代文化 31-11　1979

　　　百瀬正恒「平安時代の緑釉陶器－平安京近郊の生産窯について」『中近世土器の基礎研究』1986

　　　前川要「平安時代における緑釉陶器の編年的研究」古代文化 41-5　1988

　　　前川要「平安時代における施釉陶瓷器の様式論的研究－様式の形成とその歴史的背景　上・下」古代文化 41-8・10　1988

　　　森　隆「平安時代の磁器型窯業生産」貿易陶瓷研究　12　1992

　　　高橋照彦「平安初期における鉛釉陶器生産の変質」史林 77-6，1994

　　　高橋照彦「日本古代における三彩・緑釉陶の歴史的特質」国立歴史民俗博物館研究報告第 94 集，佐倉

(21)　緑釉陶器における輪高台は，東海系では 8 世紀前半からすでにおこなわれているわけであり，また須恵器の伝統的な形態でもあり，中国陶瓷器の高台形態の変遷とは同一には論じられない要素がある。

(22)　平尾政幸 1990「平安京の緑釉陶器」三重県埋蔵文化財センター・斎宮歴史博物館『緑釉陶器の流れ』所載

(追注 1）河北省邢台威県侯貫鎮古墓群出土の随葬品のなかに白釉瓷盞で玉璧高台 1（口径 13.6，高 3.8，底径 7.2cm）

があり，灰白色細かい胎土に，白釉が厚めに欠けられ，内底に 3 支脚痕がある。この古墓群からは隋代の緑釉圏点文杯 2 が発見されているが，漢代から唐代までの古墓群であるが，被盗されており，玉璧高台碗の共伴関係は不明である（河北省文物考古研究所 2007『河北省考古文物集 3』，p. 168，科学出版社，北京）。発見地からみて邢州窯白瓷の可能性が高い。大宰府史跡第 46 次調査 S E 1340 出土品に類似している。

（追注2）前稿では高麗青瓷における玉璧高台の開始時期に言及したが，鉛釉（緑釉）陶と高火度釉という決定的に焼成技術が異なるものを比較するのは無理であり，この部分は撤回したい。新羅と高麗初期の緑釉陶についての情報を得ていないが，青瓷との比較は前提条件が多い。高麗青瓷の玉璧高台の出現は，10 世紀末以降，11 世紀前半とする見解が出されている（博多研究会誌第 8 号，pp. 41-75）

＊中国の報告書から転載した実測図の縮小率は原則として統一したが，原報告書の縮小率に厳密さを欠くものがおおく，転載のこの図をもちいて法量などを論ずるのは適していない。

[後記]

本稿の作成は，1990 年 12 月，東洋陶瓷学会から推されて，今は亡き楢崎彰一先生と韓国で開かれたシンポジウム「韓国瓷器発生に関する諸問題」に出席したことを契機としている。高麗青瓷発生に直接関連して，玉璧高台（ヘンムリコ）の年代を厳密におさえることが私に与えられた課題であったが，満足な提言もできず，内心忸怩たるおもいで初冬の寒々としたソウルの街を独り徘徊した想い出がある。その後，玉璧高台の焼成技術，法量などの相違などいくつか鍵を求めて試行錯誤を重ね，資料の収集を試みてきたが，結局基本点からの再出発と方法論の自省から導き出されたのが本稿である。

本書への所載にあたって「窯跡出土の玉璧高台」および「生産窯近接の外鎖関連遺跡の越州窯青瓷編年」の稿を新たに追加し，1993 年以降の新資料のうち，根幹に関わる部分に資料の追加をすることによって，旧稿をおおきく修正している部分があり，本稿を定稿としたい。

[Summary]

Inquiry into the Origins and Decline of the "Bi"-Disc Shaped Foot Ring in the Tang Dynasty

This paper deals with the beginning and ending phases of the wide "bi"-disc shaped foot ring, based on dated specimens found in China (tab. 2) and the samples discovered in Japan. These results are as follows:

① The definition of a wide "bi"-disc shaped ring foot is that the inner space does not exceed by 0.65 for the diameter of foot. A large number of specimens range between 0.3 through 0.6 except for Changsha blue celadon. (cf. tab. 1)

② The asterisk mark in tab. 2 denotes the wide "bi"-disc shaped foot ring, and the oldest specimen is celadon bowl from the Qiong kilns dated to 748. In the second half of the 8th century the wide "bi"-disc shaped foot ring definitely appeared on white porcelain and Yue celadon. (fig. 1:4-9)

③ The wide "bi"-disc shaped ring foot widely appeared in the first half of the 9th century (fig. 1:10-28; fig. 2). The wide "bi"-disc shaped foot ring was mainly adopted for small vessels such as bowls of the Yue kilns, Changsha celadon bowls, and Ding white porcelain bowls. This characteristic appeared on specimens found in Japan, and its presence is concentrated in the first half of the 9th century. (fig. 8)

④ After 850 the wide "bi"-disc shaped foot ring, however, ceased to be pruduced. The specimens with incised date of the 850 for the Yue kilns and 874 for Ding white porcelain were the last recorded appearance, and it was replaced by a standard foot ring. (fig. 5)

⑤ As for the development of the technique of shaping the foot in the Tang dynasty, most wares had flat bases, but the wide "bi"-disc shaped foot ring as appeared as a developed base, and the "bi"-disc foot ring was replaced after the second half of the 9th century.

⑥ The standard foot ring and wide "bi"-disc shaped foot ring were used simultaneously, especially on some large celadon bowls (fig. 7:10, 11), spitoons (fig. 7:4, 5, 12; fig. 8:20), celadon dishes (cf. fig. 8:21), and white porcelain dishes (fig. 3:14, 15, 16)

⑦ In Japan the wide "bi"-disc shaped foot ring was adopted on green lead-glazed wares during of the first half through the middle of the 9th century, and this adaptation was contemporary with the time in which a wide "bi"-disc shaped foot ring prevailed widely in China (fig. 11).

tab. 2　唐－北宋　紀年銘資料 (1993年3月現在)

西暦	年号	出土遺跡	出土陶瓷器	文献
620	開明2	河南洛陽市 斐氏墓	白瓷－唾壺1(矮圏足－低い餅底底径の2～3%を削出す)・印花牡丹文鉢1	考古1978-3
625	武徳8	浙江衢州市 M20墓碑銘	黒釉碟1, 青瓷－碗1・碗3 (全平底)	考古1985-5
631	貞観5	陝西三原県陵前李寿墓	白瓷四系罐1, 青瓷壺1, 黒釉碗 (詳細不明), 俑	文物1974-9
635	貞観9	遼寧朝陽市于家窩鋪 張秀夫妻墓	陶－壺3・碗2・硯・桶16	文物資料6
638	貞観12	湖北安陸県王子山呉国王妃楊氏墓	青瓷－六系盤口壺7・四系盤口壺4・四系罐1・碗3 (碗1は璧底カ他は平底)	文物1985-2
638	貞観12	広西全州県鳳凰郷趙氏墓	青瓷－盤口四系壺2・碟1・碗5・硯1	考古1987-3
639	貞観13	陝西西安市532号 段元哲墓	青瓷－四系罐1, 矮圏足唾壺1, 陶器罐2	西安郊区隋唐墓
651	永徽2	陝西礼泉県張士貴墓	白瓷－輪高台唾壺1・平底唾壺1・四系罐1・蓋1, 青瓷－平底盤口瓶1・四系罐1 (陝西省博物館蔵)	考古1978-3 中国陶瓷全集7
651	永徽2	浙江藍渓県永昌朱村墓	[婺州窯]青瓷－四系平底罐1・盤口平底鶏頭壺1・小平底碗1	中国古代窯址報告 浙江藍渓永昌唐墓未刊稿
654	永徽5	四川万県冉仁才墓	俑, 青瓷－唾壺・盤・硯・鉢・盃・勺・瓶・燭台・器座	考古学報1980-4
656	顕慶1	河南洛陽市越王府執杖・帯使墓	双系罐, 陶俑	中原文物1986-3
658	顕慶3	陝西礼泉県昭陵陪塚尉遅敬徳夫妻墓	瓷碗1	文物1978-5
661	竜朔1	広東電白県許夫人墓	青瓷－碗1・碟3	文物1990-7
664	麟徳1	陝西礼泉県昭陵陪葬鄭仁泰墓	青瓷－六輪花輪高台碗1, 白瓷－平底壺2・罐蓋5, 黒釉平底鉢2, 藍彩罐蓋1, 緑釉四系陶罐3 (中国	文物1972-7, 文物1980-7 歴史博物館蔵 中国陶瓷全集7, 図25・26
664	麟徳1	河南新郷市張君夫妻墓	白瓷孟1, 醤釉碗1 (共平底)	文物資料6, 中原文原文物1972-2
665	麟徳2	陝西西安市568号・劉宝墓	黄緑釉矮圏足唾壺1, 陶罐1	西安郊区隋唐墓
667	乾封2	陝西西安市韓森寨段伯陽墓	白瓷堆花高足鉢1	文物1960-4, 文物1979-1, 世界陶磁全集11
668	総章1	陝西西安市羊頭鎮李爽墓	青瓷－平底瓶1・四系罐2・壺1, 黒釉碗1, 白瓷平底盤1	文物1959-3
671	咸亨2	福建泉州市河市唐墓M1紀年銘磚	青瓷－双耳盤口壺・四系罐等18 (全平底) －泉州磁竈郷産説	考古1984-12
672	咸亨3	陝西西安市山門口牛弘満墓	白瓷－貼花平底瓶1・平底罐2	文物資料1
672	咸亨3	河南洛陽市李遇墓	俑	中原文物1982-2
673	咸亨4	遼寧朝陽市左才墓高宗初年	白瓷四系罐1, 青瓷瓶1 (全平底), 陶罐5	文物資料6
ナシ	7C.後半	陝西礼泉県昭陵陪葬無名宮人墓	青瓷璧底四系罐1, 陶桶11	文物1987-11
675	上元2	河南安陽市楊楢・李夫妻墓	青瓷唾壺1, 青釉陶双系罐2, 陶壺5	文物資料6
675	上元2	陝西礼泉県阿史那忠夫妻墓	白瓷双耳平底壺2, 黒釉罐片1	考古1977-2
675	上元2	陝西富平県呂村李鳳・劉氏合葬墓	白瓷－平底壺2・鶏頭瓶2・獣系瓶2, 三彩－双聯盤1・長方形榻2	考古1977-5
676	上元3	福建甫田県城郊公社唐墓 (紀年銘磚)	青瓷－盤口瓶2・四系罐1・双系罐5・碗3・托杯8・碟2・盤1・唾壺2・小孟1・虎子2・才季器1・鉢1・小鉢1・小瓶1・小瓶2・小盆1 (全平底)	考古1984-4
676	上元3	浙江江山県　周椎等氏墓 (M6)	[婺州窯]青瓷双系盤口壺1, 青瓷・醤釉9, 醤釉双系罐1 (全平底)	考古学集刊3
678	儀鳳3	寧夏固原県　史道徳墓	陶瓶1・罐4	文物1985-11
679	調露1	山西長治市　王深合葬墓	緑釉陶壺2, 俑	考古1957-5
682	永淳1	陝西礼泉県　李孟姜墓	俑300, 鎮墓獣2	文物1977-10
684	嗣聖1	湖北鄖県　李徽墓 (M5)	青瓷－四系罐13・双系罐1・盤口四系帯流罐1, 醤釉四系罐5, 灰黄釉四系罐6, 白彩陶鉢2, 白瓷硯, 黄釉碟1, 褐釉碟1, 三彩－花弁形鉢1・竜首型押文杯1・瓶1・角杯1	文物1987-8
689	永昌1	山西長治市安昌村崔挐・同夫人申氏合葬墓	青瓷灯1, 三彩罐1, 陶罐3	文物1987-8
690	天授1	湖北鄖県閻婉墓 (M6)	陶鉢1・陶罐1	文物1987-8

III 唐宋代青瓷の系譜と編年

694	延載 1	江蘇鎮江市西陽彰山 伍松超墓（M1）	[越]青瓷六系盤口平底壺 1	考古 1985-2
694	証聖 1	河南偃師県杏園村 李守一・夫人陳氏墓	三彩俑 4，加彩俑 2，陶罐 2（李守一 657 年終）	考古 1986-5
695	長寿 3	陝西西安市張家坡 郭属夫妻墓	陶罐 2・陶灯盞 2	西安郊区隋唐墓
697	神功 1	広東電白県霞洞壚 子游ノ子夫妻墓	青瓷－罐 1・碗 9（餅底碗を抉る形あり）	考古 1986-1
698	神功 2	陝西西安市灞橋 独孤思貞墓	白瓷－四系平底罐 1・矮圏足・碗 1，青瓷矮圏足碗 1（中国歴史博物館蔵）	唐長安城郊隋唐墓
703	長安 3	河南偃師県 張思忠墓	三彩－鎮墓獣 2・俑 29，黄釉－竜柄平底壺 1・平底罐 3，陶硯 1	考古 1986-11
703	長安 3	甘粛武威管家坡 牛府緒合葬墓	双系灰陶罐 1	文物 1956-5
705	神龍 1	広東梅県大墓岌 2 号墓	青瓷平底盤「神龍元年乙巳歳」碑銘	香港中文大 広東出土晋至唐文物
706	神龍 2	陝西乾県餓徳太子・李重潤墓	三彩－碗 2・耳杯 2・細頸壺 2・硯 2，緒釉－碗 5・鉢 3・豆 1・盤 1・薫炉 1・三足炉 2，黄釉盤 1，陶盤 6（701 年没）（乾県博物館蔵）	文物 1972-7 中国陶瓷全集 7 図 10，11，37
706	神龍 2	陝西乾県永泰公主・李仙憲墓	三彩器碟 104－碗 10・碟 9・杯 1・高足平底杯 3・三足炉 5・盆 6・瓶 1・罐 23・鉢 2・平底注盆 2・盤 1 他，赫釉釜瓶 1，緑釉平底瓶 1，三足壺（701 年没）陝西博物館蔵	文物 1964-1 中国陶瓷全集 7 図 27・28・41〜43
706	神龍 2	河南偃師県新城 崔沈墓	青瓷－平底罐 2・杯 7，白瓷盤 1	文物 1958-8
706	神龍 2	河南偃師県杏園村宋禎墓	三彩竜柄平底壺 1，風字陶硯 1	考古 1986-5
708	景竜 2	陝西西安市 203 号・郭恒夫妻墓	陶壺 1	西安郊区隋唐墓
708	景竜 2	陝西長安県南王村韋洞墓	加彩俑 157	文物 1959-8
709	景竜 3	河南洛陽市安菩・妻何氏合葬墓	白瓷－唾壺 1・瓶 1・浄瓶 1・碗 6・小盂 3・小杯 4，青黄釉灯 2（全平底），三彩盤 1	中原文物 1982-3 考古 1986-5
709	景竜 3	河南偃師県杏園村李嗣本・夫人淮陽慮氏合葬墓	加彩俑 74，三彩豆 1，平底陶罐 1（李嗣本 675 年卒）	考古 1986-5
709	景竜 3	河南偃師県杏園村 李延禎墓	加彩俑 56，平底陶罐 11	考古 1984-10
709	景竜 3	陝西西安市洪慶村 独孤思敬・夫人元氏墓	紅陶塔形壺 2（夫人 703 年葬），陶俑 31	考古 1958-1
710	景雲 1	山西長治市 李度墓	青瓷平底罐 5，三彩抱鴨壺俑 1	文物 1989-6
711	景雲 2	陝西乾県乾陵 章懐太子・李賢墓	緑釉花盆 1，彩絵塔式壺 1（684 年没 706 年葬 711 年合葬）	文物 1972-7
711	景雲 2	河南温県 楊履庭墓	陶罐 1，加彩俑 26	考古 1964-6
714	開元 2	河南洛陽市載令言墓	加彩俑（北京大学国学門研究所旧蔵）	世界陶磁全集 11
718	開元 6	陝西礼泉県 李貞墓	三彩－盤 1・高足盤・平底碗 2，黄釉深腹圏足碗 2，褐釉圏足小碗 2・平底小碟 7，白瓷倉 4（旧中国歴史博物館蔵）	文物 1977-10 中国陶瓷全集 7 図 4
720	開元 8	河南洛陽市 劉氏墓	加彩俑（Hobson;The Early Ceramic Wares of China）	
721	開元 9	陝西西安市灞橋 窨思泰墓	青瓷平底洗 1	文物 1960-4
723	開元 11	陝西西安市西郊 鮮于庭誨墓	三彩俑 21，紅胎俑 103（旧中国歴史博物館蔵）	考古 1958-1 中国陶瓷全集 7 図 15，47，48 文物精華 59-1，唐長安城郊隋唐墓
726	開元 14	陝西西安市洪慶村 李仁夫妻墓（M305）	陶器座 1・陶硯 1	西安郊区隋唐墓
728	開元 16	陝西西安市東郊薛莫・夫人史氏墓（M4）	陶灯器 1，彩絵陶壺 2	考古 1956-6
733	開元 21	河南陝県劉家渠 M1001 合葬墓	平口短頸陶瓶，双系小罐，大罐 1，陶倉 1（詳細不明）	考古 1957-4
738	開元 26	河南偃師県杏園林 李景由・夫人盧氏合葬墓	紅彩塔形陶壺 3（盧氏 731 年卒）	考古 1986-5
738	開元 26	山西太原市晋祠 8 号 要志墓	青瓷碗 1（詳細報告なし）	文物 1958-2
740	開元 28	陝西西安市等駕坡村 思勗墓	白釉瓷碗 1	唐長安城郊隋唐墓
741	開元 29	広東韶関市羅源洞 張九齢墓	[広東地方窯]青釉－陶罐 4・陶盆 1・陶碗 2・陶盤 1，黒釉陶罐 1（壁底碗，盆高台削り出し，他は平底）	文物 1961-6 香港中文大 広東出土晋至唐物
744	天宝 3	浙江江山県王墳崗上碗銘 M1 墓	[婺州窯]醤釉－盤口壺 1・碗 1・油灯碟 1（全平底）	考古学集刊 13

2. 唐代玉璧高台の出現と消滅時期の考察

744	天宝3	遼寧朝陽県　韓貞・夫人雙氏墓	三彩－三足壺1・小犬1, 黄釉－碗1・双系瓷壺1, 彩絵灰陶蓋壺1（韓貞736年葬）	考古 1973-6
745	天宝4	陝西西安市韓森寨　雷姓夫人宋氏墓	白瓷輪高台碗3, 彩絵陶罐2, 俑51	考古 1957-5 陝西省出土唐俑選集
745	天宝4	陝西西安市経五路　蘇思勗墓	白地彩絵陶壺2, 俑	考古 1960-1 唐長安城郊隋唐墓
748	天宝7	陝西西安市高楼村　呉守忠墓（M131）	彩絵壺, 瓷盒蓋, 俑	文物 1955-7
748	天宝7	旧中国歴史博物館収蔵	[邛窯]＊青瓷璧底碗1「天宝七載牛時造」釉下青褐彩書	文物 1984-10
750	天宝9	河南洛陽市関林　盧夫人墓	白瓷平底罐4	考古 1980-4
751	天宝10	江蘇蘇州市 □許夫人墓（M32）	施釉陶平底壜1, 青釉陶灯碟1	文物資料 6
754	天宝13	北京市海淀区清河　王徽墓	黒釉碗1, 彩陶蓋罐4, 瓷盤1（全平底）	考古 1980-6
756	天宝15	広東韶関市羅源洞　推定張九皋墓	白瓷平底罐1・罐蓋1, 青釉平底碗1・六系平底罐1・同蓋1	考古 1964-7
757	至徳2	河南洛陽市16工区－76合葬墓（夫）	白瓷圏足碗1・仮圏足罐1, 青瓷碗3・圏足盤2（圏足詳細不詳）	文物 1956-5 考古 1957-4
758	至徳3	陝西西安市　和光墓	俑	文物 1958-10
763	広徳1	湖南益陽県鄧俊墓（M30）	青瓷－罐5・小碗1・碗1（長沙窯演変示意図唐中期）・灯1・四系壺1（全平底）＊白瓷璧底碗1（江南白瓷窯産品説）	考古 1981-4 中国古代窯址報告 湖南陶瓷
767	大暦2	河南陝県劉家渠 M1036	陶灯蓋, 粗瓷碗, 小陶俑（数量記述なし）	考古 1957-4
773	大暦8	江蘇蘇州市 汝南和氏墓（M31）	醤釉盤口平底陶壺1	文物資料 6
ナシ	唐中期	陝西西安市王家墳	[邢州窯]＊白瓷璧底唾壺（陝西省博物館蔵）	文物 1979-1 李知宴中国陶磁史
ナシ	8C.後半	江蘇儀征 劉夫妻墓（安史乱以降）	青瓷－＊璧底碗1・平底罐1・平底盒1, 醤釉四系平底壺1	考古 1991-2
778	大暦13	浙江省出土	青瓷墓誌	世界陶磁全集 11
780	建中1	陝西西安市　郭家灘　張堪墓	加彩俑	同上
781	建中2	湖南武昌市唐墓 M40	[長]青瓷盤口平底壺1	考古 1986-1
784	興元1	河南洛陽 16 工区－76 号合葬墓（妻）（圏足の詳細不詳），夫 758 年葬	白瓷圏足1, [越カ]青瓷圏足盤1, 黄釉碗1	文物 1956-5 考古 1957-4
787	貞元3	陝西咸陽県底張湾 郯国大長公主墓	加彩俑	陝西省出土唐俑選集
792	貞元8	陝西西安市 西昌県令夫人史氏墓	＊青瓷璧底碗1（外体部下半露胎）	考古与文物 1988-3
792	貞元8	山西長治市 宋嘉進墓	青瓷-注壺1・罐2, 黄釉注壺1（全平底） [邢カ]白瓷碗2（平底）	文物 1989-6
794	貞元10	山西太原市晋祠馬崇仙・夫人裴氏合葬墓	青瓷碗1, 高脚陶盤3（詳細不明）	文物 1958-2
794	貞元10	浙江諸曁市牌頭茶場墓	[越]青瓷一＊璧底碗1・壺1（諸曁市文管蔵未発表1971年調査）	中国陶瓷全集 4 文物 1975-8, 姚仲減元報文中
ナシ	8C.後半	浙江諸曁市土坑墓 M1	[諸曁窯]青瓷一＊四輪花璧底碗1・盤口・壺1・盤1（乾元重宝共伴 758年以降）	考古 1988-6
801	貞元17	浙江上虞県聯江郷紅光帳子山墓	[越]青瓷広口瓶1・硯1＊玉璧底碗も出土カ（上虞市文管会蔵）	中国陶瓷全集 4 李知宴中国陶磁史
801	貞元17	陝西西安市白鹿原　李良墓	白瓷瓶, 加彩俑	考古学報 1956-3
804	貞元20	湖南武昌市唐墓 M164	[長]青瓷一＊璧底碗1・＊璧底盤1・平底碟1	考古 1986-12
804	貞元20	陝西西安市路家湾 柳昱墓	加彩俑	陝西省出土唐俑選集
807	元和2	広東広州市横枝岡 范琮墓（M10）	陶器（詳細不明）	文物 1956-3
807	元和2	陝西西安市韓森秦 董楹墓（M603）	陶罐2	西安郊区隋唐墓
808	元和3	浙江徳清県秋山郷寺后	[徳清窯]黒釉粮器1（平底）「元和三年十月十四日潤州勾容縣甘唐郷延徳里趙金妻任氏根器」（徳清県博物館蔵）	文物 1989-2
808	元和3	湖南長沙市 都司坡窯第4文化層 T1③	[長]「元和三年正月三十日造此印子田壬宰記」罐耳笵陶刻武昌 M46（考古 1986-12） 出土双系罐と類似（長沙市文物工作隊保管）	考古学報 80-1 中国陶瓷全集 8 図 115
808	元和3	陝西西安市小土門村　朱庭圮墓	加彩俑	陝西省出土唐俑選集

III 唐宋代青瓷の系譜と編年

810	元和5	浙江紹興市古城村王淑文夫人墓	[越]青瓷一水注2・唾壺1（故宮博物院蔵）・盤2（1は花文）・盒1	陳萬里青瓷史略 瓷器与浙江, 世界陶磁全集11 故宮博物院蔵瓷選集
810	元和5	湖南長沙窯出土	[長]青瓷長方形碾槽1	考古学報1982-4
812	元和7	河南石家庄市振頭村　楽安孫公墓	[長]青瓷胡人歌舞文貼花水注1（類似品考古1980-1, 文物1960-3）	考古1984-3
814	元和9	河南偃師県杏園村・鄭紹方墓	青瓷一＊璧底碗1・平底唾壺1・盂1, 白瓷平底罐2	考古1986-5
817	元和12	浙江象山県南田島　沈氏二□墓	[長]青瓷－＊璧底小碗4・輪高台大碗4, 黄釉平底蟠竜壺2	考古1990-11
818	元和13	陝西西安市韓森寨　張氏十八娘墓（M609）	陶罐1	西安郊区隋唐墓
819	元和14	浙江嵊県升高二村　唐墓カ	[越]青瓷－蟠竜罍1「元和拾肆年四月一日造此罌値－千文」刻銘・広口高台碗1・多角瓶1（嵊県文管蔵）	中国陶瓷全集4 図140
819	元和14	陝西西安市 李文貞墓M2	＊白瓷唇口璧底碗1	考古与文物1981-2
820	元和15	江蘇鎮江市西南麟肥廠□府君墓（M7）	[長]青瓷点彩水盂（平底）2, 褐釉双系平底瓶1	考古1985-2
823	長慶3	浙江上林湖（慈渓県鶴鳴場－小山文献）出土 慈渓県鶴鳴鎮東奉山（陳文献）出土 銭姚夫人墓誌	[越]青瓷墓誌「唐故彭城銭府君姚夫人墓志并序…」（上海博物館蔵）	陳萬里青瓷史略 小山冨士夫・支那青瓷史稿, 上海博物館中国美の名宝2
823	長慶3	出土地不明	[越]青瓷鉄絵虎図四耳壺1 デビッドコレクション「長慶三年太業癸卯弟子－□□□敬造佛前供養」	小山冨士夫・唐宋青瓷 (P. D. F. of Chinese Art)
825	宝暦1	陝西西安市韓森寨 董笈墓（M601）	陶罐1	西安郊区隋唐墓
826	宝暦2	江蘇鎮江市西南麟肥廠殷府君墓（M9）	[越]青瓷－水注1・碗1（全平底）, [長]青瓷1点 青緑葉状花文彩平底水注1	考古1985-2
830	大和4	上海市旧上海県諸翟 陳琳夫妻墓	青瓷－長頸平底瓶1・平底執壺1	考古1984-7
832	大和6	湖南長沙市黄泥坑 王清墓	[長]青瓷－＊璧底碗2, ＊浅黄釉璧底碟5, 黄釉罐（平底）7	文物1953-9, 考古1985-7 湖南陶瓷
834	大和8	浙江嵊県	紀年刻銘堆竜瓷磬（1972年出土詳細不明）	文物1975-8 未報告
834	大和8	江蘇鎮江市西南燐肥廠鄭夫人墓（M10）	＊白瓷璧底碗1, [長] 黄緑釉貼花双鳥花文平底水注1	考古1985-2
834	大和8	江蘇揚州市韋署・夫人鄭氏合葬墓	青瓷片, 黄釉壺3, 醤釉壺1, 灰陶盤口壺1, 灰陶壺2（韋署821年葬）	考古1958-6
836	開成1	旧中国歴史博物館収蔵	[邛]青瓷碗1「開成元年十月造用・水・火・日月星辰・土木」釉下彩	文物1984-10
838	開成3	河北邢台市夏侯氏墓	緑釉獅子	文物1959-9
838	開成3	河南陝県劉家渠（M5）	陶壺, 双耳小壺	考古1957-4
838	開成3	出土地不明	黄釉褐彩鉄絵碗1「開成三年九月…」東京国立博物館蔵	世界陶磁全集11
840	開成5	安徽合肥市機関区 船型磚墓（姓不明）	[越]＊青瓷璧底碗3, [邢窯]白瓷平底壺	文物1978-8, 中国陶瓷全集4
842	会昌1	浙江余姚市出土	[越]青瓷盞型墓誌（詳細不明）	中国陶瓷全集4
842	会昌2	安徽巣湖市環城 伍氏墓（M2）	白瓷－＊璧底唇口碗1・＊璧底鉢1・輪高台荷葉形茶托1, ＊青瓷璧底碗1カ[長沙窯カ], [越]青瓷－瓜割文水注2・飛禽草花文水注2・水注1（全平底）	考古1988-6 湖南考古4
845	会昌5	陝西西安市郭家灘 張漸墓	加彩桶	陝西省出土唐俑選集
845	会昌5	河南偃師県杏園村 李存墓（M54）	白瓷－平底罐1・輪高台唾壺1	考古1984-10
846	会昌6	江蘇鎮江市西陽彰山 弘夫人墓（M12）	＊白瓷璧底碗1, [長]青瓷点彩平底水盂1	考古1985-2
847	会昌7	出土地不明	[越]青瓷劃花文瓜割水注1「会昌七年改為大中元年三月十四日清明故記之耳」（1937年上海市場, 上海博物館蔵）	陳萬里青瓷史略 中国陶瓷全集4
847	大中1	出土地記載ナシ	[長]大中元年銘芦間飛雁壺1	考古学報1982-4
848	大中2	浙江寧波市遵義路（原名和義路）	[越]青瓷－印花雲鶴文「大中二年」銘輪高台碗, 劃花文五輪花碟, その他多数, 輪・璧高台共伴, 遺跡の性格上時間幅あり（寧波博物館蔵）	文物1976-7

2. 唐代玉璧高台の出現と消滅時期の考察　401

848	大中2	江蘇鎮江市西陽彰山 王淑寧墓(M14)	白瓷輪高台碗1（報文璧底であるが2/3以上抉り出し輪高台に近い）	考古1985-2
ナシ	武宗年間カ	陝西西安市白廟村 西明寺	[邢]白瓷－*璧底碗40片以上・[盈]刻*璧底碗片1武宗(841～846)廃仏時ヵ	考古1990-1
ナシ		浙江慈溪市 上林湖施家土斗窯	[越]青瓷「除敬…禺廟」褐彩文字璧底碗1	考古1983-12
ナシ		河南登封県曲河窯	*白瓷璧底碗	文物1964-3
850	大中4	浙江慈溪市上林湖東呑南山脚 朱氏四娘墓	[越]青瓷罌（璧高台）1「維唐故大中四年歳次庚午八月丙午朔胡蟶妻朱氏四娘于此租地自立墓在此以恐于后代無志故記此罌」（浙江省博物館蔵－旧中国歴史博物館展示，青瓷碗1（璧底）	文物1957-6 考古学報1959-3 文物1975-8
850	大中4	安徽巣湖市半湯郷 李府墓	[長]青黄釉一平底碗1・盒1	考古1988-12
850	大中4	江蘇揚州市祁江県漢河解少卿・妻察氏合葬墓	[長]青瓷彩点葉状文罐1，醬釉双系罐1（解少卿は大和9-835年卒）	文物1973-5 世界陶磁全集11
850	大中4	河南陝県会興鎮 劉家渠(M64)	白瓷－水注1・立獅1，灰青変藍釉器口片2	考古1957-4
850	大中4	陝西西安市韓森寨・何溢墓(515)	白瓷器蓋1	西安郊区隋唐墓
851	大中5	浙江紹興市墓カ	[越]青瓷盤（璧底カ）	林士民香港大発表
851	大中5	甘粛平涼県四十里舗 劉自政莫	[邢]白瓷平底鉢1	考古与文物1983-5
853	大中7	浙江海寧市徐歩橋墓	[越]青瓷五輪花碟1（海寧県博物館蔵）	中国陶瓷全集4 考古学報1980-1
855	大中9	湖南長沙市 蘭岸嘴窯T2③④出土	[長]「大中九年五月二十八日□□」題詩銘水注	
856	大中10	河北臨城県 劉府君墓	[邢]白瓷－*璧底碗2・平底刻「張」注子1・蓋罐1（璧底に近似）・器蓋1・碗托3（2は平底，1は底径の1/4を抉る璧・輪高台の中間形）	文物1990-5
856	大中10	湖南長沙市 蘭岸嘴窯出土	[長]彩絵芝草鼓「大中拾年拾月参 造鼓價」計量器（長沙市文物工作隊保管）	考古学報1980-1 中国陶瓷全集8
858	大中12	広東広州市新村第1号姚潭墓	[邢ヵ]白瓷－*璧底（底径1/2抉る）碗1・平底カ碗1・瓷盒1，陶罐6	文物1954-8,文物1956-5 全国基本建設工程中出土文物展覽図録
858	大中12	陝西西安市韓森寨・路復源墓(M420)	青瓷一罐2・茶托1	西安郊区隋唐墓
860	大中14	浙江杭州市 朱南娘墓	[越]青瓷四系壺1（故宮博物院蔵）	小山冨士夫・陶磁大系36
864	咸通5	河北北易県北韓村孫少矩墓	白瓷一注子1「盈」刻銘・蓋四輪花輪高台碟1，青瓷一瓶1・座1，陶器	文物1988-4
866	咸通7	浙江余姚市樟樹周家店穎川府君墓	[越]青瓷有蓋罐型墓誌1（浙江省博物館蔵・1972年出土）	中国陶瓷全集4 中国陶磁史
867	咸通8	江蘇無錫市寺頭枕巷 皇甫雲卿墓	[長]青瓷褐緑彩串珠文双系罐1（850年揚州解少卿・妻察氏合葬墓出土品と相似）	文物資料叢刊6
869	咸通10	河南偃師市杏園林 李悦墓	白瓷平底罐4，陶硯2，塔形罐1	考古1986-5
870	咸通11	河北臨城県 趙天水夫妻墓	[邢]白瓷碗2・盂1（全輪高台）	文物1990-5
871	咸通12	陝西西安市棗園 張叔尊墓	[越]青瓷八稜瓶1（輪高台）（法門寺瓶と相同，別に故宮博にも1口あり）	文物1960-4 文物1988-10 馮先銘論文
874	咸通15	陝西扶風県法門寺地宮	[越]秘色瓷14（八稜浄水瓶輪高台1・五輪花碗5－平底3，輪高台2，銀釦碗2平底盤6，璧底ナシ）[邢]白瓷－*唇口璧底碗1・瓶1	文物1988-10，考古与文物1988-2
877	乾符4	河南鄭州市上街区 鄭逢為墓(M45)	瓷碗1，黒釉平底双系罐1，陶碓1	考古1960-1
886	光啓2	江蘇揚州市五台山 渤海呉公夫人衛氏墓(M1)	双系青白釉罐1，褐釉四系罐1，青瓷盤口壺1，白瓷小碗1，青瓷鉢3（詳細不明）	考古1964-6
887	光啓3	浙江慈溪市上林湖呉家渓唐墓	[越]青瓷盤罐蓋罐型墓誌1「中和五年歳在乙巳三月五日終於明州慈溪県上林郷…。光啓三年歳在丁未二月五日殯于當保貢窯之北山…」（中国陶瓷全集4図149）	東南文化1989-2 栃木県博浙江文物展図録 中国古陶瓷2
890	大順1	江西南昌市 熊氏十七娘墓	白瓷－碗1・碟1（高台形状は報文に記載なし，『中国江西省文物展』陳柏泉論文に璧底碗）	考古1977-6
898	乾寧5	浙江寧波市 東門口瑪頭遺社 大中2年～乾寧5年の間	「乾寧五年」銘磚出土層共伴品	浙江学刊1 考古1975-3
ナシ		河北臨城県内丘邢窯跡	[邢][盈]多数	故宮院刊1989-4
900	光化3	浙江臨安県 錢寬墓(M23・895年没)	[越]青瓷－盆・四系・蓋各1（全平底），「官・新官」銘白瓷19・碟10・碗2・平底執壺1・海棠杯1・盤1・粗製碗4（全輪高台）	文物1979-12，栃木県博浙江文物展図録
900	光化3	浙江慈溪市上林湖 水中馬氏夫人墓	[越]青瓷罐型墓誌1一帯蓋・盤形矮圏足座（慈溪県文管会蔵）	文物1988-12
901	天復1	広東広州市 王換墓	灯盞1，陶瓶2	文物1956-5

III 唐宋代青瓷の系譜と編年

901	天復1	浙江臨安市西市街明堂山銭寛夫人水邱氏墓（M24）	［越］青瓷25－平底釉下褐彩巻雲文油灯1・同雲気文罌1・同香炉1・五弁花碗1・輪高台双系平底罐15・四系壜2・平底粉盒2・油盒1・器蓋1，白瓷17－「官・新官」杯2・盤9・平底注壺3・碗2・杯托1（全輪高台）白瓷浙江窯産品説（臨安市文管会保管）	浙江学刊1，中国陶瓷全集4 考古1983-12
ナシ	10世紀初頭 五代前半頃	浙江臨安市 板橋 呉随□墓（M21）	［越］青瓷11－四系褐彩巻雲文罌1・平底鉢1・双系釜形器1・双系「官」刻罐5（輪高台）・平底洗1，粗圏足碗1，褐彩器蓋1（臨安市文管会蔵）	文物1975-8 中国陶瓷全集4
909	開平3	湖南長沙市石渚窯	［長］陶枕1「開平三年六月廿八日開造　夏月二女使用」刻銘	中国古代窯址報告
918	光天1	四川成都市老西門外 前蜀高祖王建墓	青瓷碗2，黄釉四耳壺2・六耳壺1，褐緑彩四耳壺1	前蜀王建墓発掘報告
918	貞明4	河北曲陽県墓	［定］白瓷－花口鉢・脈枕他（曲陽県文化館蔵）	中国陶瓷全集9，報告未刊
920	貞明6	湖南長沙市石渚窯	［長］褐彩絵双鴛文銀錠形陶枕1「貞明六年」銘	中国古代窯址報告
922	竜徳2	浙江慈渓市上林湖 鉄網山窯	［越］青瓷罐型墓誌1「死于貞明六年庚辰歳三月二十九日葬于龍徳二年十月初三己酉日…」（考古学報1959-3に拓影全文）	考古学報1959-3 文物1958-8
927	順義7	江蘇干江県蔡庄（推定）楊行密墓	白瓷－輪花碗3・盂1，［婺力］青瓷－碗2・盤1（全輪高台）	文物1980-8
930	長興1	福建福州市戦坂郷 劉華墓	孔雀藍釉陶瓶3，青瓷－長頸平底瓶6・碟1，白瓷輪高台碗1	文物1975-1，海交史1985-2 福建文博1984-1
932	長興3	福建福州市 王審知夫妻墓（925年卒改葬）	［定］白瓷－「易」盒2・碗2，［越力］青瓷－劃花蓮弁文碗1・唾盂水注片1（全輪高台）	文物1991-5 東南文化第3輯
933	太和5	江蘇連雲港市 趙思虔夫人君王氏墓	［定］白瓷－唇口大碗1・唇口碗1・奩1・粉盒3・葵弁口大碗1・花弁口盤4・三弁口盤2・小盂1（全輪高台），劃花文陶枕1	文物1957-3，江蘇省出土文物選集
937	天福2	河南洛陽市西郊隴海鉄路北邙山 無名墓	白瓷碗1，陶罐1，「天福二年」銘陶硯1	文物1957-11
941	天福6	浙江杭州市玉皇山 文穆王銭元瓘墓（杭M27）	［越］青瓷－輪高台浮雕双竜文瓶1・劃花文水注1・方盤4・鳳形劃花蓋3・平底碟2・洗6（65年浙江文管調査・1浙江省博物館蔵）	文物1975-8，考古1975-3 浙江文物，中国陶瓷全集4
945	保大3	南京市南唐高祖李昪・夫人宗氏合葬墓	白瓷－碗・碟，黄緑袖碗，俑	南京博物院南唐二陵発掘報告
946	保大4	安徽合肥市農学院種植区湯氏県君墓	白瓷－平底盒2・輪花碗1・洗1・高足杯1・蓮弁文水注1，黒釉双系平底壺2	文物1958-3
946	開運3	浙江寧波市火車駅　袁従章墓（寧M24）	碗，「官」双甑罐，杭州三台山無名墓（考古1984-11）出土品と相似	未報告
946	開運3	河南伊川県窯底郷 李俊墓	陶罐2，彩絵陶盤1	文物1958-2
ナシ		浙江杭州三台山杭M32墓（銭氏家族墓）	［越］青瓷－碗5・洗2・瓜稜水注1・盞托1・盆1（全輪高台・無文）	考古1984-11
952	広順2	浙江杭州市施家山 呉漢月墓（銭元瓘次妃・杭M26）	［越］青瓷－劃花雲文竜瓶片1・瓜形注子1・劃花雲文器蓋1，白瓷唇口輪高台碗1	考古1975-3，杭師院学報1960 杭州考古1期
953	保大11	安徽合肥市肥河農業社姜氏墓	白瓷碗4，瓷碗2，帯釉陶罐1	考古1958-7
954	保大12	江西九江県南唐墓	青瓷18－花口碗2・唇口小碗1・盤2・碟10・鉢・壺	江西文物1991-3 香港大学景徳鎮出土陶瓷
955	広政18	四川彭山県観音郷 宋琳墓	陶器－罐・盞・壺・奩・俑，青灰色瓷器1	文物1958-3
958	応暦8	北京市南郊 趙徳鈞・夫人種氏合葬墓 夫・天顕12（937）年卒	［定］白瓷「官」銘片2（輪高台カ）・－輪高台盒1，青瓷刻花蓮弁文輪高台碗1	考古1962-5
958	乾和16	広東広州市石馬村 南漢王劉晟墓	［広東地方窯］全出土陶磁器187点－青瓷器33四系・六系・夾系平底罐，陶器154点内六系罐147（故宮博物院蔵）	考古1964-6 文物1954-9・10 考古1975-1 香港中文大学 広東出土五代至清文物
959	応暦9	遼寧赤峰市大営子駅馬（皇帝娘婿）贈衛国王沙姑墓	青瓷－五輪花小碗2［越］・小碗18（全輪高台），白瓷－「官」輪花大碗5・大碗2・「官」輪花覆輪盤2・長頸水注1，彩絵壺1，罐7（全輪高台）	考古学報1956-3
961	建隆2	浙江東陽市南市塔（建隆2年建立）	［婺］青瓷－蓮弁文碗2・劃花文撥高台盤1・瓜稜罐1・鉢1・撥高台托1	考古1985-1

2. 唐代玉璧高台の出現と消滅時期の考察　403

961	建隆2	江蘇蘇州市虎邱雲岩寺塔納置品	[越]青瓷－碗2（第2層）・劃花蓮華文輪高台碗・托（第3層）（蘇州市博物館）	文物1957-11，江蘇出土文物選集，中国陶瓷全集4
965	乾徳3	江蘇南京市 南唐高祖李昇長子環・夫人鍾氏墓	白瓷－輪花碗2・碗片1，黄釉小碗1，青瓷碗5，褐釉水注1	南京博物院南唐二陵発掘報告1951
970	開宝3	浙江温州市西郭大橋石柱下	[越]青瓷「開寶三年太歳庚午…□僧道徒…」刻銘碑片1	考古1965-3
977	太平興国2	河北定州市5号塔基・静志寺真身舍利塔塔基	[定]白瓷－「官」碗5（輪台碗）・刻花浄瓶4・浄瓶15・碗6・刻花蓮弁文輪高台碗2・盒30・貼花双系炉8・帯蓋五足薫炉2・柳斗杯4・海水文海螺1・釦口洗1・同盤1・托盞2，劃花蝶文平底洗「太平興国二年五月廿二日施主男弟子呉成訓銭参拾足陌供養舍利」，青瓷刻蓮弁文碗1，緑釉波浪文浄瓶1，黄釉刻花鸚鵡文壺1，その他35（河北定州市博蔵）	文物1972-8，文物1975-12中国陶瓷全集9
978	太平興国3	浙江慈渓市上林湖窯（伝）	[越]青瓷「太平戊寅」刻銘碗・刻花蓮弁瓶1・・唐草文盒1・唐草文壺1・花文盒（ボストン美術館）	上海博物館蔵瓷選集The Charles B. Hoyt collection inthe Museumof Fine Arts, Boston, 1964
978	太平興国3	浙江慈渓市上林湖竹円山Y41東呑 遊源区瓦牌山窯	[越]青瓷-「太平戊寅」銘輪高台碗・盤・「官様」銘輪高台劃花蓮弁文碗	中国陶瓷研究2 考古学報1959-3
ナシ	10世紀中～後半	遼寧法庫県葉茂台墓b	[定窯系]白瓷－輪高台「官」金銀釦口飛鳳刻文碗2・「官」大碗2・五花弁盤1，[景]影青瓷2，[耀]青瓷3，[窯未定]青瓷9，[遼]鶏冠壺・鶏腿缶軍・碗等17（全輪高台）	文物1975-12 中国陶瓷全集17
985	雍煕2	浙江寧波東銭湖 郭家峙窯または984年	[越]紀年銘磯確共伴青瓷碗・盤・水注（1978年調査）	中国古陶瓷研究3 文物1982-8
986	統和4	遼寧朝陽市 耶津延寧墓	白瓷輪高台小碗2	文物1980-7
988	端供1	出土地不明	「端供元年戊子歳十二月造」刻銘盒蓋（故宮博物院蔵）	中国陶瓷通史
991	淳化2	出土地不明	碗の内側に刻銘（故宮博物院蔵カ）	中国陶瓷通史
995	統和13	北京市八宝山遼韓佚・夫人合葬墓または統和29（1011）年	[越・上林湖窯]青瓷－線刻人物座飲図水注1・鸚鵡文注碗1・蝶文托1・碟1・無文碗2，[定]白瓷碗・唾壺・蓮華文蓋罐・小罐，[景]柳条文鉢（全輪高台）	考古学報1984-3
995	至道1	出土地不明	[定]白瓷蓋壺1「…至道元年四月日弟子□岩記」刻銘（河北定州市博物館蔵）	中国陶瓷全集9
995	至道1	河北定州市城関鎮 浄衆院塔基（6号塔基）	[定]白瓷－竜頭蓮弁文浄瓶1・蓮弁文瓶1・浄瓶4・刻花瓶11・凹弦文盆11・劃花盒1・刻花盒4・刻字壺1，三彩浄瓶1，その他12	文物1972-8
998	咸平1	浙江黄岩県霊石寺塔	薫炉1，粉盒1	東南文化1991-5
998	咸平1	出土地不明	青瓷蓮弁文四系壺1「上虞窯匠人頂覇造粮　罌一個献上新化亡見五七郎咸平元年七月廿日記」（上海博物館蔵）	中国陶瓷全集4図199 浙江学刊1
999	咸平2	河南密県 法海寺塔基	白瓷盒2，三彩舎利容器「咸平元年十月三日張家記」1・方塔2（下層石函に「咸平二年八月葬」刻銘）	文物1972-10
1000	咸平3	河南鞏義市西村郷 元徳李后陵	[越]青瓷－劃花竜文盤1・同雲鶴文盒1・巻雲文碗1，[定]白瓷37－「官」盤8・飛鳳文盤3・芒口碗26，黒釉斗笠形碗4・瓶14	華夏考古1988-3
1000	咸平3	江西九江市宋墓	青白瓷鉢1	中国陶瓷史 江西文物1983-1
1002	咸平5	江西九江市宋墓	青白瓷鉢1	中国陶瓷史 江西文物1983-1
1005	統和23	遼寧喀左県 王悦墓	白瓷大碗1，灰陶－盆1・三足双系盤1・器1・罐1	考古1962-9
1012	大中祥符5	浙江寧波市鄞県区小白市第3号窯採集	[越]青瓷水注1「天童…寺舎…大中祥符…月日弟子」刻銘	考古1964-4
1013	開泰2	河北順義県 浄光舎利塔基	[定]白瓷－官人型水注1・水注1・浄水瓶4・小瓶1・盤托5・蓮弁文小罐3・盒1（全輪高台）首都博物館蔵	文物1964-8 中国陶瓷全集9
1017	開泰6	河北遷安県 韓相・同夫人劉氏合葬墓	白瓷－水注・輪花碗，緑釉皮嚢壺	考古1973-5
1025	天聖3	江西瑞昌市黄橋 陳僧義墓	[越]青瓷盤口瓶1，[景]影青褐斑点彩盒1・同碗2，青瓷蓮弁文碗1	文物1986-1
1035	景祐2	江西瑞昌市大徳山林場内宋墓（地券）	青白瓷－六輪花輪高台碟1，青瓷双系盤口壺1，醤釉双系罐2	文物1986-1
1037	景祐4	江西徳安県河東 蔡清墓	青白瓷－鉢1・盆2・水注2	文物1980-5 江西文物1979-1
1038	重熙7	遼寧阜新県晋国夫人墓	青白瓷碗2，黄釉・緑釉皮嚢壺他	文物1958-2
1038	景祐5	江蘇南京市中華門外丁家山 杜鏑夫人墓	青白瓷唐草文梅瓶1（1027年没）	考古1963-6 中国二千年の美展図録
1040	宝元3	江西徳安県義峰山　濮陽呉墓	青白瓷－鉢1・盆（数量不明）・水注1	文物1980-5

III 唐宋代青瓷の系譜と編年

1044	慶暦4	山西太原市小井峪村 劉仲方・夫人安氏合葬墓	青瓷塔式大罐1, 加彩陶壺3, 緑釉小壺1	考古1963-5
1045	慶暦5	南京市江寧区東善橋鎮 徐的墓	青白瓷碗1, 黄釉甕1・四系瓶2, 陶器-鉢2・壺10	考古1959-9
1045	重熙14	遼寧寧城県「重熙十四年」刻銘石函	白瓷-倣定窯六弁花碟2・倣定窯菊弁碟2・瓶2	考古1964-11
1047	慶暦7	江西彭沢県劉宗墓	白瓷壺1, 豆緑釉碗1, 俑	考古1962-10
1050	皇祐2	広東潮州市北郊窯上埠	窯道具	陳萬里青瓷史略

1 年代は卒年ではなく，葬年順を基本とし，夫妻合葬墓の場合は，最終葬年を表記した。また紀年銘共伴資料でも陶瓷が出土していない遺跡は割愛した。

2 陶瓷器の窯跡名は，原則として報告書に記載されているものを，[ ]内に省略名で示した。[越（州）]，[婺（州）]，[長（沙）]，[定（窯）]，[邛（州）]，[景（徳鎮）]の各窯名である。

3. 文献の省略名は次のとおりである。

文物参考資料→文物，考古通訊→考古，文物資料叢刊→文物資料，浙江省文物考古所学刊→浙江学刊，海交史研究→海交史，中国古代窯址調査発掘報告集→中国古代窯址報告，杭州師範学院学報→杭師院学報，陳萬里『中国青瓷史略』→青瓷史略，小山冨士夫『青瓷』陶磁大系36・平凡社版→小山陶磁大系36

なお中国陶瓷全集は上海人民美術出版社編・美之美社版，中国陶瓷通史は中国陶瓷史（中国硅酸塩学会編，文物出版社1982）の日本版・平凡社である。

4. ＊印は玉壁高台

3. 唐代の「秘色」瓷の実像

　「秘色」瓷器という表現が，唐・宋代の中国と平安時代のわが国の史料に共通してみられ，わが国では「ひそく」と読ましている。この意味は，現在の浙江省慈渓市の上林湖窯に代表された越州窯青瓷器のなかで，優れた青瓷に付けられた名称である。なぜ「秘色」と称されたのかは，これが宮廷への供進品であって，臣下・庶民の使用を禁止したことによると，説明されてきたが，必ずしも至当な見解とはいえないようである。しかし本稿はこの点に深入りするつもりはない。

　陝西省西安市から約110キロ渭水を遡行した扶風県の法門寺十三層八角碑塔（真身宝塔）は，1981年8月，おりからの霖雨で塔の半面が突如崩壊した。この寺は後漢代の創建で，釈迦牟尼の手指の舎利が安置されているため，関中塔廟の始祖と尊称されていた。625（武徳8）年に法門寺の称をとり，唐の高宗，中宗の帰依をうけて宮廷とつよく結ばれ，晩唐の諸宗は仏舎利を納める地（下）宮を造り，874（咸通15）年正月4日にその門を閉じ，四層の木塔を建立したとされている。この塔は明代に至って倒壊し，今回，再び倒壊した八角十三層磚塔が万暦年間に再建された。

　1987年に塔基の発掘調査がおこなわれ，唐代創建の地下宮が検出された。地宮は全長21.12mで前・中・後の3室からなり，仏指舎利4枚が七重の金銀製宝函などに納められ，このほかに奉献品として，金銀器121件，瓷器16件，琉璃器20件，珠宝玉器23件，漆器，紡織品，貨幣などがある。入り口に置かれた2通の石碑のうちの「監送真身便随真身供養道具及金銀宝器衣物帳」（以下「衣物帳」と略す）に奉献物品の名称，数量，器重，奉献者名などが刻まれていた。これによって，唐代の遺物と名称の照合が可能となった。

　「衣物帳」のなかに，「瓷秘色椀七口内　二口銀稜　瓷秘色盤子　畳子共六枚」と刻まれた物品名があり，一方納められていた青盃は13点であり，その内訳は，碗7点（内銀稜碗2），盤6点と「衣物帳」の記載と完全に一致している。これと別に邢州窯白瓷2点と青瓷八稜浄水瓶1点が別の地点から発見され，地宮内出土陶瓷器は計16点となる。青瓷は，いずれも浙江省上林湖窯の製品と考えられている。

　1995年の1月に上海博物館がこれら「秘色瓷」について国際シンポジウムを開催し，海外の研究者がはじめて手に取って調べることを許した。会場は，上海博物館が当時新築中のために，上海市公文書館でおこなわれ，青瓷14点のうち6点が会場に運ばれ公開された。幸い筆者はこのシンポジウムに招かれ研究発表する機会も得たので，秘色瓷の手のぬくもりのある内に一文にまとめてみた。また，その後法門寺博物館を訪問し，全てを実見することができた。

1.「秘色」の史料

　法門寺出土の秘色瓷については後に触れるとして，まず，わが国古代の史料にみえる「秘色」の使用例を抽出し，それらがどのような状況で使われていたのかを検討することに由って，日本における唐物受容の問題を考えてみたい。

　すでに論じたようにわが国には大量の越州窯青瓷が輸入され，近年の発掘調査によって全国各地の古代遺跡から発見されている（亀井明徳1986，pp. 49-93）。すでにその遺跡数は300箇所を超えているだろう。南は鹿児島県大島郡喜界島の遺跡，北は秋田市秋田城跡の，すなわち九州の南島から本州島の北端付近にまで及

んでいるが，沖縄諸島と北海道の遺跡からの出土例は現在のところない。1遺跡当たりの出土数は，1片から数片が平均的であり，出土破片数の総数5,000片を超えているだろう。地域別の遺跡出土数では九州がそれ以外の全ての地域の総数に匹敵している。これらとは別に，輸入の門戸である福岡市鴻臚館跡では，1988年に本格的な発掘調査が開始される以前の表面採集において約2,500片，開始後の正確な計数はないが，50,000片以上は検出されているであろう。

出土する器形は碗，碟が大部分を占めることは当然として，他に壺・鉢・水注・盒・唾壺・香炉・托である。これらは広義の越州窯製品であり，精製品と粗製品の2種類がみられ，前者は上林湖窯，東銭湖窯等の杭州湾沿岸（寧紹）地域および甌窯，婺州窯，福建懐安窯の産品が含まれている。わが国に輸入が開始される年代は8世紀後半ないし末期からであり，9世紀前半段階では大宰府を中心とした九州地域に供給されているようであるが，その中葉以降には平安京に優品が運ばれている。全体として10世紀代から11世紀前半代の製品が多い。なお，この時期では越州窯以外の青瓷の輸入量はきわめて少ない。

このような大量の越州窯青瓷の需要を背景として，これを表現する言葉としての「秘色」あるいは「越垸」が同時代の文献史料に登場してくる。管見のおよぶ範囲では「秘色」の使用例はtab.1の3例を挙げることができる。

tab.1 「秘色」記載史料

番号	年号	出典	史料
史料1	天暦5（951）年6月9日	吏部王記	九日，御膳沈香折敷四枚，<u>瓶用秘色</u>
史料2	天暦6（952）年～天禄元（970）年頃	宇津保物語 藤原の君	（絵解）ここは帥（大宰帥滋野真菅）殿。檜皮屋，御倉どもあり。（中略）主もの＜まいる＞。台二＞具，<u>秘色の坏</u>ども。娘ども朱の台，かねの坏とりてまうほる。男ども朱の台，金椀して物フベしとす。透箱，餌袋おきて，男ども居並みタリ。ヨコハ娘ども居並みて，綾，うす物，繍遣る。
史料3	寛弘3（1006）年頃	源氏物語 末摘花	うちとけたる宵居のほど，やをらいり給ひて，格子のはさまより，み給ひけり。されど，みづからは，見え給ふべくもあらず。几帳など，いたく損はれたる物から，年経るにける立処変わらず，おしやりなど乱れねば，心もとなくて，御達四五人いたり，御台，<u>ひそく</u>やうの，唐土の物なれど，人わろきに，何のくさはひもなく，あはれげなる，まかでて人々食ふ。隅の間ばかりにぞ，いと寒げなる女房，白き衣の，いひしらず煤けたるに，きたなげなる褶，ひきゆひつけたる腰つき，かたくなしげなり。

史料1の『吏部王記』は醍醐天皇の第4皇子である重明親王（906-954年）の日記断簡である。前後の日録が欠落しているが，宮廷内での忌火御膳を供える際の作法に関するものとみられる。膳の上に，四種類の食物を供えるために折敷が四枚並べられ，沈香と瓶が置かれ，その「瓶は秘色を用いる」とある。951年の記録であり，「秘色」に関してわが国では最古の使用例である。後の室町時代の一条兼良が著した『花鳥余情』には，『うつほの物語』の「ひそくのつき」と併せて「今案秘色はあをき茶碗のたくひをいふなり」と注釈している。

史料2はその『宇津保物語』の場面であり，女主人公である源正頼の娘の「あて宮」を巡る求婚譚である。求婚者の一人として登場する滋野真菅は，齢六十を数え大宰府からの帰任の途次に妻を亡くしている。絵解の中に彼はみずから三百石の筑紫船を所有し，絹織物等の唐物を大宰府から入手していると記されているが，これは彼が大宰府の長官という地位を利用することによって可能となったと考えられる（亀井明徳1995-2）。したがって彼の邸宅に唐物が大量にあっても不思議ではなく，それをあて宮への贈物としようとしている。上掲の史料は食事の情景で，主人である滋野真菅自身は「秘色の杯」を用い，娘，男どもが金椀を使用し，陶瓷器と金属器に区別があるように看取できる。『宇津保物語』には異本が多いが，この用語部分は諸本に共通している。

史料3は源氏が，関係をもった女性の一人である末摘花の邸内に秘かに入り，格子の間から中を覗いている情景描写である。末摘花の邸内は貧窮のために荒れており，几帳は傷み，四，五人いる女房達は煤けた白

い着物を着て寒そうにし、粗末な食事を摂っている。御台（食卓）の上に「ひそく」のような唐物があるけれども古びて不体裁で、何の趣も風情もない。末摘花は、かつて栄華を極めた常陸宮の娘であったが今は没落した生活を送っており、そこに古びた秘色の食器、おそらく碗が使用されているのである。

以上の3例が「秘色」に関する史料の全部である。これらの史料からまず、遅くとも10世紀中葉の段階で、唐物の陶瓷器を表すのにわが国の宮廷内では「秘色」という言葉が用いられていたと言えよう。

2．「秘色」の出現時期と「越垸」史料

中国における「秘色」の用例は晩唐の9世紀中葉前後から出現していると推定できる。しばしば引用される唐代の詩文をみると、「秘色」の文字は、陸亀蒙の「秘色越器」と徐貴の「貢余秘色茶盞」の2例がある（小山冨士夫 1943, pp. 45-59）。各々の詩文が詠われた年代の特定は困難であるとしても、両詩人ともに9世紀の80年代の没年である。前者は、中和年間（881-885年）の初めに没したとみられ、後者の卒年もまた不詳であるが、873年前後には在世している。したがって、これらの詩は9世紀中葉から880年代頃までの作品とみられる。一方、彼ら以前に越州窯青瓷に触れた詩文、例えば陸羽の『茶経』は越瓷を礼賛し詳述しているにもかかわらず「秘色」の表現は見られず、施肩吾の「蜀茗詞」、顧況の「茶賦」等も同様である。これらは詩文であるので史料的価値を過大視する事はできないが、「秘色」の用語の使用は9世紀中葉以前には遡れないのではなかろうか。これら詩文と法門寺の埋納年である874年を勘案すると、9世紀の中葉・後半が「秘色」の用語の使用開始年代ではなかろうか。さらに越州窯における貢窯の開始とも関係しているのであろう。貢窯の確実な史料は、上林湖呉家渓窯の付近から出土した光啓3（887）年の越州窯青瓷の墓誌罐の誌文中に「明州慈渓県上林郷……當保貢窯之北山」と刻まれおり、これ以降に官窯的な制度が整ってきたと考える。

10世紀になると、既知のように、五代期に多数の例を挙げることができ、例えば宝大元（924）年、清泰2（935）年、天福7（942）年、開宝2（969）年、開宝6（973）年の史料であり、北宋では熙寧元（1068）年に「秘色」の使用例を抽出できる。したがって、「秘色」の言葉が最も普遍的に使われたのは10世紀の中葉前後から11世紀後半代といえよう。これらの用例は、「秘色瓷器」（数量記載なし）、「秘色瓷器　五十事」、「金稜秘色瓷器　二百事」、「同　百五十事」、「金釦瓷器　百五十事」、「金釦越器　百五十事」、「金銀陶器　五百事」、「越器　五万事」、「瓷器　万一千事」とある。秘色瓷器と金釦越（瓷）器はそれぞれ50から200口程度であり、それ以外の万単位の数量の越（瓷）器とが分別されて貢進されている。各々の実体は必ずしも明確とはいえないが、本稿ではそれには触れずに将来の課題として残しておきたい。

再びわが国における「秘色」使用例をみる時、上述したように951年が初出であり、中国で最も使用されていたと同一時期に、わが国においても「秘色」を唐物の陶瓷器の代名詞として認識していたといえる。その背景にはこの10世紀が平安京において越州窯青瓷の出土量が最大に達していた事実が存在し、大量の青瓷の輸入と同時に「秘色」という特殊な名称も伝えられ、かつ貴族層においてその名称が固定化していたと考える。

すでに論じたところではあるが、わが国においては9世紀の中葉頃から、唐物の陶瓷器を国産品と区別して表記している（亀井明徳 1986, pp. 115-137）。その要旨を述べると、唐物には初期の段階では「大唐」ないし「唐」を冠して「大唐瓷瓶」、「唐白瓷湯垸」と表記している。10世紀中葉以降は「仁和寺御室御物目録」（950年勘録）にみるように、簡潔に「茶垸」をもって唐物の陶瓷器を表し、「青茶垸」や「白茶垸唾壺」の形で使われている。当時の輸入量から推定して、前者は越州窯青瓷を、後者は邢州窯白瓷を各々指している。

これに対して，日本製の陶瓷器は「青瓷」，「白瓷」のように「瓷」を用いるのが一般的である。このような区別は，貞観9（867）年に勘藤された「安祥寺伽藍縁起資財帳」が嚆矢であり，寺院資財帳等では両者は明確に区別されて，表記されている。

しかしながら，さらに踏み込んで「天目」あるいは「処州」青瓷等のような窯名あるいは来歴などを冠した詳細な表記は13世紀以降になって現れる。したがって「秘色」は唐物の陶瓷器のうち青瓷を示す用語であるが，具体的に「越州窯」製の青瓷として当時認識されていたことは証明できない。さらに，「秘色」という表現が，青瓷の内の優品をとくに区別して指していたか否かは疑問である。史料3の描写は，前後の文章全体が荒廃した生活を描写しているとはいえ，秘色を「唐土のものなれど」古びて，不体裁と表現し，風情の無い象徴物として描いている点，文学作品とはいえ，作者に特別な，美しい物として認識されていたとは考えがたい。

しかし「越州窯」青瓷という表現が古代のわが国に全く伝わっていなかった訳ではない。わずか1例ではあるが9世紀中葉の史料にこの用例がみられることを注意したい。以下に紹介する史料は前掲の拙稿では見落しており，高野雑筆付収「唐人書簡」のなかに見出される。この史料については，近年では高木訷元が紹介され，石井正敏が交渉史の史料として論究されている（高木訷元1981，pp. 50-90，石井正敏1988，pp. 1-16）。これについて両氏の見解に基づいてその概要を述べよう。

嵯峨天皇の弘仁年中，皇后橘嘉智子の要請をうけて入唐した恵萼が，承和14（847）年6月頃，杭州塩官県霊池寺の義空を同道して帰国した。義空は平安京東寺の西院に止住し，のちに皇后は嵯峨に壇林寺を建立し，ここに義空を移住せしめ，これがわが国の禅宗の初伝とみられる。

来日した唐僧義空にあてた唐人の書簡が約17通が残っており，その中で注目されるのは，徐公直，徐公祐兄弟の書簡である。兄の公直は蘇州に住み『行歴抄』など円珍関係史料に散見し，衙前散将などの肩書をもつ大商人であり，弟の公祐をわが国にしばしば送り唐物交易をおこなっている。両者ともに義空の俗弟子の関係とおもわれる。書簡中に年紀は欠けているが，大中年間（847-859）と推定できる史料に「吾六月初明州を発して，廿日鴻臚館に到る」とあるように，公祐は大宰府鴻臚館跡に長期に滞在し，日唐間を往来し入唐僧などとの連絡，兄からの書状や贈り物をもたらしている。

＜史料A：徐公祐から義空宛＞
閏十一月二十四日「（前略）謹んで白茶垸五口、越垸子五對（内閣本－越垸十五對，宝寿院本－越垸五對，早稲田大学本－越垸子十對）、青瓶子一、銅匙三對を奉る。」
＜史料B：唐客徐公祐から唐僧義空宛書簡　九月十一日＞
「（前略）昨に唐より来るに、家兄（徐公直）書信を具有せしむ。京に到る日に、伏して検視を望む。茶一斤、白茶垸（宝寿本－白茶埦，内閣文庫本－白茶椀）十口、公祐謹んで献上す。伏して惟見るに軽鮮を貢めざらんことを。」

史料Aは，閏12月の誤写と推定すると，大中3（849）年に当たり，鎮西の鴻臚館に滞在していたとみられる公祐から，東寺西院にいた義空への贈物として，陶瓷器では白茶垸5口，越垸（子）5対，青瓶子1が掲げられている。「茶垸」については，史料Bにもみられ，上述したとおり，中国から輸入された陶瓷器を示す用語である。この語の使用例として貞観9（867）年に恵運によって勘録された「安祥寺伽藍縁起資財帳」をあげていたが，それを遡る史料である。さらに「安祥寺伽藍縁起資財帳」は，大中元（847）年に，唐人張支信等の船で，明州から恵萼，義空と同じく帰国した入唐僧恵運が持ち帰った物品を記載している。ここでは「大唐研鉢」や「大唐瓷瓶」などのように「大唐」を付けることによって唐物であることを明示してお

り，必ずしも「茶埦」が唐物陶瓷器を示す用語として固定していないとも考えていた。しかしここに唐商人による「茶埦」の呼称の確たる例の存在によって，すでに9世紀中葉にはわが国で唐物陶瓷をあらわす言葉として用いられていたと考える。

史料Aにおいて「越埦（子）」の用語に注意したい。これは「埦十五對」か「埦子五對」かなど決めがたい。「埦子」の類例は管見の範囲では見いだせないが，「子」は接尾語として「碟子」・「盤子」・「瓶子」・「茶托子」などと同様に考えることができる。したがって「越埦（子）」は越州窯青瓷の茶碗と考えてよいであろう。この時点で，唐商人と唐僧という，いわば唐人間に交わされた書簡とはいえ，特定の生産窯を冠した用語が存在したことは興味深く，わが国にこうした知識が伝わっていた可能性がある。しかし，残念ながら平安時代に「越埦」の用例は他には確認できない。数詞としての「對」は，「北条貞時十三年供養記」に「青磁鉢六對大小　饒州埦六」とあり，大小の組合せを示しているのか，あるいは「佛日庵公物目録」に「青磁湯盞台二對」とあり，茶托との組合せであろうか，どちらとも決めがたい。

3．法門寺奉献の「秘色瓷」

さて法門寺地宮の奉献品のうち陶瓷器16点について，その約半数を実見できたのでここに覚え書きとして残し，若干の考察をしたい。まず16点の出土状態に注意すると，前室から白瓷葫蘆形瓶1，中室の前室寄り入り口付近から青瓷八稜瓶1と白瓷玉璧高台碗1が接して置かれていた。その他の13点すべては，中室から后室への通ずる中央に銀製風炉が据えられ，その真下の漆盆の中に入れられていた。1点1点が紙に包まれ，それらを重ねてさらに絹で包まれて二重の漆盆に収められていた。

「衣物帳」には「（前略）其身到内后　相次賜到物一首二十二件………秘色椀七口内二口銀稜　瓷秘色盤子疊子共六枚（後略）」と記されており（韓偉1991, pp. 27-37），点数からみても「秘色瓷」と表記されたのは，この漆盆内の13点であり，白瓷2点はもちろん，青瓷八稜瓶も，厳密に言えばここでは秘色瓷とされていない。

「衣物帳」の細かい分析によると，遺物は懿宗の卒年（咸通14年-873年7月）以前の物を「恩賜」，その後の物を「新恩賜」と分けて記載してあり，秘色瓷器は前者に属すること，「真身到内后」とは，仏骨が同年四月八日に法門寺に到る，の意であり，それに相次いで122件の恩賜品が納められたなかに秘色瓷が含まれている。したがって，秘色瓷器の法門寺への搬入時期は873年4月以前である。越州窯のおそらく上林湖周辺窯で焼成され，長安まで運ばれた時間，後述するが陶瓷器の包み紙が宮廷の絵画下書きのようなものが使われており，一定期間帝王の賞玩品であった時間，これまた後に触れるが，出土の青瓷瓶の類似品が咸通12（871）年墓から出土していることを等を根拠として，これら秘色瓷器の生産年代は872年あるいはそれ以前の近い時期になる可能性がある（陸明華1995）。

これらの陶瓷器については，既に以下のような報告と直接関連する論説が出され，⑪の報告書には詳細な公刊物のリストが掲げられている。

① 法門寺考古隊「扶風法門寺唐代地宮発掘簡報」考古与文物 1988-2
② 陝西省法門寺考古隊「扶風法門寺塔唐代地宮発掘簡報」文物 1988-10
③ 法門寺考古隊「法門寺文物簡介」
④ 石興邦 1989「法門寺地宮珍宝」陝西人民美術出版社
⑤ 法門寺画冊編集単位編 1990『法門寺』
⑥ 韓偉・王倉西「法門寺塔地宮出土秘色瓷幾個問題的探討」上海秘色瓷討論会発表要旨，1995年1月

410　Ⅲ　唐宋代青瓷の系譜と編年

⑦　韓偉・韓金科「法門寺出土唐代秘色瓷初探」同上
⑧　盧建国・韓金科「扶風法門寺塔基出土金銀平脱秘瓷的初歩研究」同上
⑨　汪慶正編 1996『越窯，秘色瓷』上海古籍出版社（1995年秘色瓷国際研討会論文集）
⑩　韓金科主編 2007『'98法門寺唐文化國際學術討論會論文集』文物出版社，北京
⑪　陝西省考古研究院，法門寺博物館，宝鶏市文物局，扶風県博物館編著 2007『法門寺考古発掘報告』，文物出版社，北京
⑫　法門寺博物館・韓生編 2009『法門寺文物図飾』文物出版社，北京

「衣物帳」に記載されている「秘色」青瓷13件とその他に地宮出土の3件の陶瓷器は以下の通りである。

tab. 2　「衣物帳」記載の秘色瓷

衣物帳名称	衣物帳原件数	考古標本号	考古定名	重量	口径	底径	器高	腹深
瓷秘色椀	七口・内二口銀棱	FD4:004	鎏金銀棱平脱雀鳥団花文秘色瓷碗(*2)	596	23.7	10.3	8.2	7.1
〃	〃	FD4:005	〃	660	〃	〃	〃	〃
〃	〃	FD4:006	侈口秘色瓷碗	902	24.5	11	6.8	6.2
〃	〃	FD4:007	〃	780	24.8	11	7.2	6
〃	〃	FD4:008	〃	610	24.5	11	6.8	6.0
〃	〃	FD4:009	葵口圏足秘色瓷碗	617	21.8	9.9	9.2	7
〃	〃	FD4:010	〃	610	〃	〃	9.4	〃
瓷秘色盤子	共六枚	FD4:011	五弁葵口大凹底秘色瓷盤(*3)	855	24	11.4	6.2	4.8
〃	〃	FD4:012	五弁葵口小凹底秘色瓷盤	925	24	8.2	7.2	5.6
瓷秘色疊子(*1)	〃	FD4:013	五弁葵口浅凹底秘色瓷盤	695	25	14.4	4.2	3.2
〃	〃	FD4:014	五弁葵口凹底斜腹秘色瓷碟	800	25.3		4	3.4
〃	〃	FD4:015	五弁葵口浅凹底深腹秘色瓷碟	522	20.6	13.2	4.8	3.7
〃	〃	FD4:016	五弁葵口浅凹底深腹秘色瓷碟	540	21	9.7	4.8	3.4
		FD4:002-1	八棱浄水秘色瓷瓶	615	2.2	腹径11	21.5	
		FD4:003	白釉瓷碗	207	14.6	8.1	4.4	3.6
		FD3:004	白釉小葫蘆瓷瓶	20	0.6		5	

(*1)　疊子は，「子」は接尾語であるが，「疊」は器物の名称ではなく，「衣物帳」の記載では，積み重ねた状態にある器物の意であろう。「衣物帳」の他の箇所に，玻璃製盤が11枚重なって納められたものを「玻璃疊子」と記載し，単に銀碟10枚が重なっている名称を，「碟子」だけとしている。「衣物帳」記載の「疊」は，碟子の古称に当たるとする考えもある（陸明華 1995，宋伯胤 1995, pp. 1-8）。
(*2)　碗は，口径が20cm以下で，器高が5cmをこえるものをさし，口径が20cmをこえるものは，わが国では「鉢」の名称を与えている。
(*3)　盤は，口径20cm以上で，器高が5cm以下，碟は，口径が10cm，器高2cm前後の小皿をさしている。
　　　報告者が「考古定名」とした表示においてもFD4:013を盤とし，わずか数mmが違うFD4:014などを碟とするなど混乱している。名称についての，これ以上の混乱を避けるために，「衣物帳」と報告書の記載に従う。

　1995年の秘色瓷研討会においては，大部分が机上に並べられ，実際に手にとって見る機会を与えられたので，発掘報告書と対照しながらまとめてみたい。名称や遺物番号は報告書⑪に基づき，現在の名称とは異なる点があるが，原則的に「衣物帳」の記載に従う。これら13件の秘色瓷は，地宮中室の黒漆円木盒の中に納められており，青瓷八棱瓶と白釉瓷碗も同じく中室の入り口右側から単体で置かれていた。

　「瓷秘色碗」は3形式に分けられる。

一式：口沿は薄くつくられ，五輪花（葵口形）に切り込みをいれ，休部に縦線を外面から押していれる。朝顔状に開く形態で，高さ2.1cmの高台は外側にやや開いている。高台の内側釉の釉切れの状態からみて付高台である。釉は青緑色を呈し，009は畳付きの釉を削り，010は拭き取り焼台に接している。内外底に目跡はない。包まれていた薄紙に簪を頭にさした仕女の図柄が描かれ，外壁に眉目冠帯などの仕女の墨痕と紙片が付着している。FD4:009（pl. 1-1），FD4:010（pl. 1-2）。

二式：口沿を水平に折り曲げ，丸い体部，わずかに上げ底の鉢形品である。外底に白色の牙状の目跡（支釘跡）が16から20箇程度がめぐっており，中央部に釉が煮えた痕跡が認められる。釉は滑らかに融解し，氷裂文

はなく，青味をおびた緑色である。これにも仕女図の墨痕が残っている。FD4:006 (pl. 1-4)，FD4:007 (pl. 1-3)，FD4：008 (pl. 1-8)。

三式：直立する高台をもつ底部から直線的に体部をのばす斜腹形で，口沿と高台に銀稜を付け，5輪花に口沿に刻み目をいれている。内面は青黄色釉がかかり，細かい氷裂文がみられる。体部の外面4箇所に，金の薄い延板で相対する双雀団花紋を貼り付け研出した平脱技法とみられる。2口出土しており，これが「衣物帳」にいう「内二口銀稜」に該当する秘色瓷と考えられている。FD4:004 (pl. 1-6)，FD4:005。

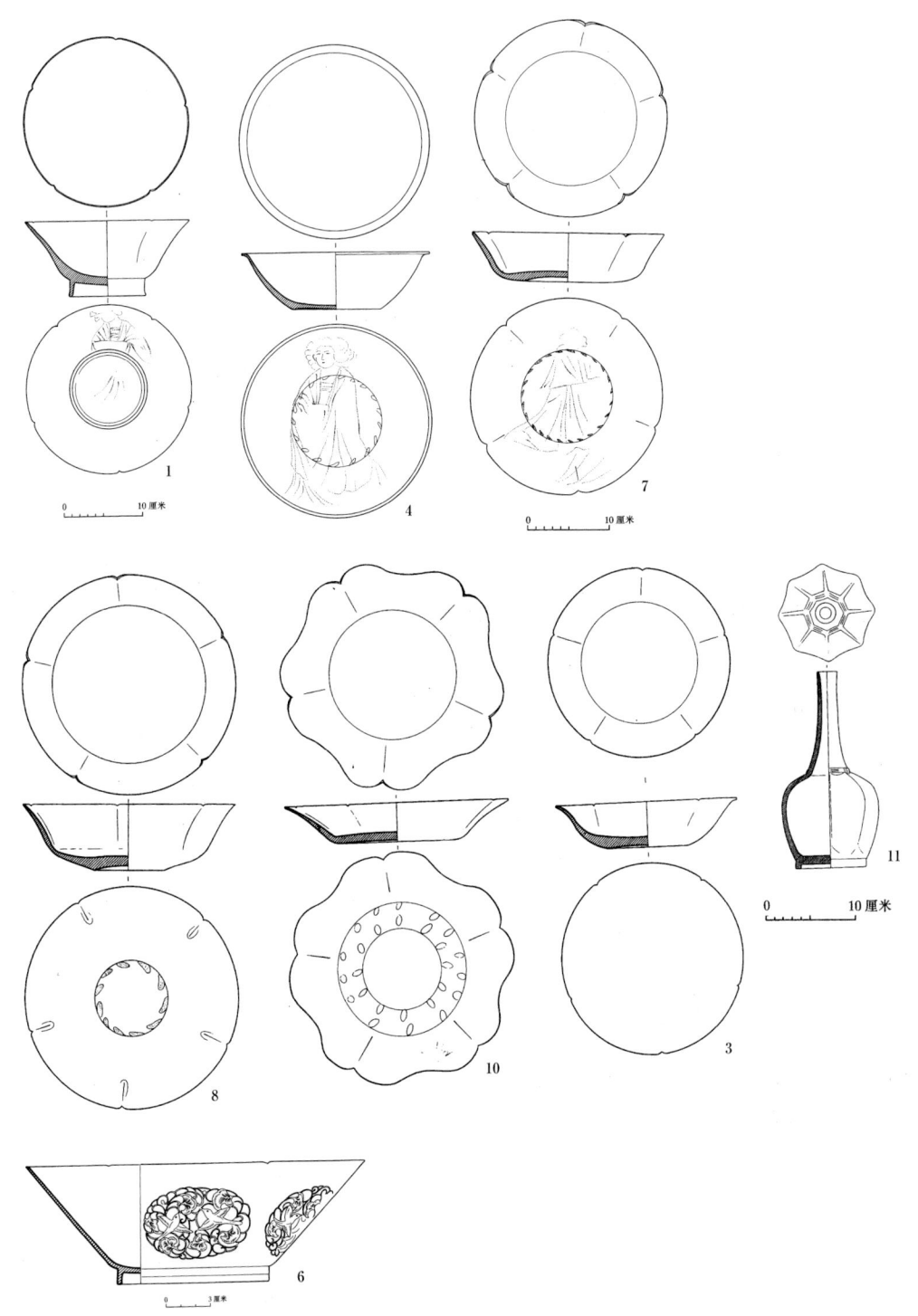

fig. 1. 法門寺地宮埋納の瓷秘色椀，瓷秘色盤子，青瓷八稜形瓶実測図（法門寺博物館編 2009）

412 Ⅲ 唐宋代青瓷の系譜と編年

1. 侈口秘色瓷碗, 2. 葵口圏足秘色瓷碗, 3. 4. 5. 侈口秘色瓷盤, 6. 鎏金銀棱平脱雀鳥団花文秘色瓷碗, 7. 8. 9. 葵口秘色瓷盤（法門寺博物館編 2009）

pl. 1. 法門寺地宮埋納の瓷秘色瓷

10. 葵口秘色瓷盤，11. 青瓷八稜瓶，12. 白釉瓷碗，13. 白釉葫蘆形瓶（法門寺博物館編 2009）
pl. 2. 法門寺地宮埋納の瓷秘色盤他

「瓷秘色盤」は3形式に分けられる。

一式；口沿5箇所に三角形に切り込みを入れて五弁蓮華形につくり，軽く外反させる。体部には縦線を，外面から押さえて凹線，内面は凸線となり，外底部中央部はあげ底状を呈し，目跡はその周囲にみられる。総釉で，青緑色の釉薬がむらなく融解し，開片はない。外底などに紙痕と仕女図像の墨痕がみられる。FD4：011（pl. 1-7），FD4：012（pl. 1-8），FD4：015（pl. 2-10）

二式；器高の低い皿形品で，口沿を大きく五弁の葵花形につくり，開き，底部はわずかに内くぼみの平底である。釉は青緑色を呈し，光沢をもち，外底の目跡は二重にめぐり，面取りされた腰部分にも付いている。FD4：013，FD4：014（pl. 1-9）

三式；口沿を外反させ，短く水平にのばし（平折），口唇部五箇所に切り込みをいれ，体部に縦線を外部から押さえることによって付ける。内凹みの平底であり，灰青色の釉がかけられ，目跡が二重にめぐり24箇ほどあり，中央部の釉は煮えた状態で米糊状を呈する。口沿に絹が，内外壁に包　紙がそれぞれ付着。FD4：016

青瓷八稜瓶；FD4：002-1（pl. 2-11），1口，八稜に面取りされた細頸につくり，3条の凸弦文を頸底に飾り，胴部は蓮弁文状に界線を凸出させ，高台に接する部分では面取りをして独立した弁を表現している。高台は短くほぼ直立に削り出されている。釉は薄く施され，青色を呈する総釉であり，滑らかにむらなく融解し，瓶口の内面を除いて，開片は認められない。畳付に数カ所の目跡があり，浅灰色の胎土を観察できる。地宮中室入口右隅の銀稜円漆木盒に接しておかれていた。出土時，この瓶内には29枚の五色宝珠が収められ，口の上には1箇の大きな水晶宝珠が置かれていた。本瓶の類似は，西安市東園・咸通12（871）年張叔尊墓出土の青瓷八角長頸瓶があげられ（段紹嘉1960），全体の形姿，頸の基部にめぐらされた3条の弦文，通高22.9cmの大きさもほぼ同じである。北京・故宮博物院所蔵品も類似しているが，これには弦文がない。上海博物館蔵の「大中元（847）年」刻銘の青瓷劃花文瓜割水注の高台のつくりと施軸方法が本品とよく似ている。これらは上林湖庄基，后施呑窯跡などから類似の破片が採集されている。

白釉瓷碗；FD4：003（pl. 2-12），口沿を折り返して肥厚させ，体部は斜腹でわずかに弧をもち，玉璧高台につくる。白色の精土に白釉が施されており，外底は露胎である。口沿の一部が欠損。地宮中室入口右側の青

瓷八稜瓶と 20cm 離れた位置から出土。

白釉葫蘆形瓶；FD3：004（pl. 2-13），1 口，小口葫蘆形，邢州窯産品。腰以下は露胎であり，茶色に汚れているが，口内の胎土は白色精製土である。地宮前室出土。

　これら秘色瓷器について，共通した特徴をみると，釉色がいわゆるオリーブ・グリーンではなく，基本的に青みの強い色調である。中国の表現を借りると，青緑色あるいは湖緑色であり，唐代の越州窯青瓷に多い蓬色あるいは青黄色ではない。北宋代に青色に呈発した越州窯青瓷が一部にみられるが，唐代にはこの種の色調はきわめて少ないといえる。玉璧高台の碗や面取り短口水注という唐代に属することの明確な越瓷のなかに，法門寺秘色瓷器と釉色が共通しているものは見出しがたい。

　胎土は瓶の畳付の状態などからみると，一般的な唐代の越瓷が灰色の色調のものが強いのに対して，白灰色で粒が細かく，精製され，器肉が薄く作られている。焼成方法は，碗，盤ともに内底に目跡を残すものはないので単件で匣鉢内において焼成されたと考える。上海博物館蔵の海棠式大碗の内面には 16 箇の目跡を残し，唐代の大型品においても 1 つの匣鉢に複数箇を入れる重ね焼きをしているようであるが，それらと対比される。秘色瓷器の目跡は外底のみで，個々の目の大きさは若干小型とはいえ，FD4-015 にみるように 2 重にめぐり，煩雑な感は否めないのは技術的な制約であろうか。

　器形についてみると，まず大型であること，すなわち全て口径 20cm 以上である。唐代の精製品では，上海博物館蔵の海棠式大碗は長円形を呈し，口径 32.2 × 23.3cm を測るが，これはむしろ例外的であり，一般には小型品が多いが，少数例を掲げることはできる。江蘇省蘇州市七子山 1 号磚室五代墓から，越州窯青瓷金釦碗（口径 14.8cm）1，方盒 1，蓋罐 1 とともに，后室におかれていた青瓷洗は口径 19.8，高 9cm の凹底である。この墓は呉越王銭氏の王族関係者墓と考えられている（文物 1981-2, pp. 37-45）。他にも河南・鞏義市元徳李后陵墓から口径 35.8cm の青瓷盤が発見されている。上林湖 Y37 窯跡からも口径 35cm をこす盆形品があるが（慈溪市博物館 2002, pp. 47-48），少数例である。

　五代・北宋になっても碗，盤において口径 20cm を超す大型品は粗製品にはあるが，精製品ではきわめて少ない。碗, 盤ともに同時代の陶瓷器との類似例は，金銀器に模本があり，その倣製品とする考えがある（陸明華 1995, pp. 1-21）。例えば，FD4-006 などは，同じく法門寺地宮埋納の塗金銀葵口小礁と器形は類似している。

　青瓷 14 件の底部形態に注目すると，平底 11 件と圏底（輪高台）3 件であり，いわゆる玉璧高台を有する器形はない。玉璧高台は唐代に盛行する形式と考えられてきたが，その出現と消滅時期がより限定できる。唐代の墳墓等から出土する越州窯青瓷の紀年銘資料を集成すると，玉璧高台の出現は，浙江省諸曁市茶場唐墓（794 年）が確実な資料としては最古である。しかし江蘇省儀征県劉夫婦墓はこれを遡る 770 年代の蓋然性があるので，その出現は 8 世紀第 3 四半期と第 4 四半期の交におかれる。9 世紀前半代の資料は多く，この時期に碗の高台形式として，越州窯だけではなく，邢州窯白釉瓷，長沙窯青瓷でも広く採用されている。しかし，850 年の刻銘を有する上林湖の朱氏墓出土の青瓷罌を最後として越州窯では急速に姿を消し，輪高台が主流となる。邢州窯白釉瓷では 870 年代の資料があり，消滅時期は少し遅れるが，法門寺出土品を最後として，この窯でも輪高台が主流となり，法門寺以降の紀年銘資料は確認できないが，遅くとも 10 世紀初めには姿を消す高台の形式であろう。

　この推移を日本出土品で検証すると，9 世紀後半の遺跡から出土例が多い。これは日本に輸入され，使用された後に廃棄される迄の時間を考慮する必要があり，したがって中国での年代観におおむね符合している。大宰府史跡で 927 年の紀年銘木簡と共伴する層から出土した 30 片の越州窯青瓷の内，輪高台が 28 片と大多数を占め，玉璧高台はわずか 2 片にすぎない。

したがって，玉璧高台と輪高台が並存していた時期から，前者が消滅する形式転換が行われた時点に法門寺出土品が位置づけられると考える。なお，この詳細については，本書Ⅲ-2を参照されたい。

おわりに，法門寺から出土した秘色瓷は形および釉調の点からみて，晩唐の越州窯青瓷と共通するところが少なく，特異な形式の特徴を有している。この13点の青瓷は，秘色青瓷器として実物と名称が一致する唐代における唯一の資料であるから，これらをもって秘色青瓷器とすることに異議はない。しかし，それをおしなべて，五代から北宋にみられる多くの秘色瓷器にこの概念を及ぼすのは誤りであろう。銭氏から貢進された秘色瓷器は「秘色瓷器五十事」あるいは「金稜秘色瓷器百五十事」と表記され，質的にも数量的にも異なっているようであり，五代・北宋にはその時点での秘色瓷器の基準があったと考える。

秘色瓷器は晩唐のなかにあって特異な製品であり，上林湖窯のなかで特定の窯で焼造されたとみられる。それが上林湖のどの窯跡であるのか，貢窯，官窯，「官様」刻銘青瓷，金稜秘色瓷器など，残されている課題は多く，越州窯秘色瓷研究はその端緒が開かれ始めた段階といえよう。

本稿の前半部分は，1995年1月16日，上海博物館主催「越窯・秘色瓷学術討論会」における発表原稿に手を加えたものである。発表は英語でしかも時間がきわめて制限されていたので意を尽くすことができなかったので，本稿をもって定稿とする。後半部分の法門寺出土陶瓷器については実見した観察記録を発掘報告書で補い新たにつけ加えた。

陶瓷（磁）器，青瓷（磁）などの「磁」と「瓷」の使い分けは，日・中両国および時代によって異なり，一種のねじれ現象を呈している。本稿では原則として中国側史資料については「瓷」を，日本側については「磁」を使用した。平安時代の寺院資財帳などでは「瓷」が使用されていたことは，既に証明している（亀井明徳1986「初期輸入陶瓷器の名称と実体」『日本貿易陶磁史の研究』pp. 94-114）。さらに室町時代の名称については，拙稿2009『元代青花白瓷研究』pp. 75-107において詳細に触れているので参照されたい。

[English Summary]

The Term *Mi Ce Ci* Mentioned in Japanese Historical Documents

A great deal of Yue ware was imported to Japan, and it has been excavated at ancient sites all over the country in recent years (Kamei, 1986). As of 1993, 185 sites have produced 2,252 excavated fragments (Tuchihashi, 1993). Additionally, although there is no official number, more than 50,000 piecies of Yue ware have been excavated at the Korokan site in Fukuoka City, which is the gateway for imports. The types which are found are mainly bowls and dishes. They are Yue ware in a broad sense and there are two kinds, a fine and coarse grade. The former ones include the products of the Shanglinhu kilns, and it is possible that the latter ones are from the Jinhua kilns or Fujian-district kilns. These imports began in the latter half or the end of 8th century, and there were many products which were made between the 10th and the first half of 11th century.

Related to the importation of this large quantity of Yue ware, the term "*Mi Ce Ci*" appears in some documents as the term representing these ceramics.

1. There are three examples where "*Mi Ce Ci*" were used in Japanese ancient documents.

The oldest one is the record in which "*Mi Ce Ci*" bottle was used at the religious ceremony at court in 951. And it appeared in the novel *Utsubomonogatari*, which was written around the same time. The other is the famous novel *Genji monogatari* which Murasaki Shikibu wrote in the early part of 11th centry. "*Mi Ce Ci*" written in the exactly same Chinese characters, was used as the term which represented ceramics made in China.

2. In the literature of the Tang dynasty, the term "*Mi Ce Ci*" was not used before the middle of the 9th century, and it first appeared from the 870s. I. judging from the date of the FamenTemple, I consider that the term "*Mi Ce Ci*" was used from the middle of 9th century. After this period, there many references between the 920s and 970s. Therefore, it can be considered that from about the middle of 10th century untill the first half of 11th Century, that the term "*Mi Ce Ci*" had come to be used universally.

3. Because of this, the term "*Mi Ce Ci*" in Japan was also used, at the court of Heian-kyo in Kyoto,

as the equivalent of Chinese imported ceramics. It is the same time when it was used most frequently in China. Yue ware appears in a great number of 10th century sites in Heian-kyo, so the appearance of the term corresponds timely with the increase of the ceramics.

4. The Yue ware *Mi Ce Ci* bowls, discoverd at the FamenTemple, have a full ring-shaped foot, not wide, the flat and *Bi* disc shaped foot. The disc shaped foot had appeared from the latter half of the 8th century, and had flourished in the first half of the 9th century, but it had changed to the ring shaped foot from the 870s. White Ding porcelain bowls changed in the same way. The disc-shaped foot which was discovered FamenTemple, was quickly succeded the ring-shaped foot. Therefore, the bowls discovered at this temple stand as a turning point.

4．続・日本出土の越州窯陶瓷の諸問題

はじめに

　1975 年「日本出土越州窯陶瓷の諸問題」（亀井明徳 1975, pp. 51-97）を発表し，わが国の貿易陶瓷研究を出発させた。当時，越州窯青瓷は鴻臚館跡採集資料はあるものの，全国的にはきわめて少ない出土資料であり，出土分布遺跡も十分な調査ができなかった。分布の南限については，その後調査して，種子島の西之表市現和西俣枯木ガスミ古墓とし，さらに，同じく南種子町茎永松原遺跡と考定した（亀井明徳 1978, pp. 1-4）。しかし，さらに南の喜界島に所在を確認し，南限は大幅に拡大することとなった。この点を補い，南西諸島にもたらされた中国陶瓷器に関しても 1993 年の論文（亀井明徳 1993）を，新資料の出現によって補訂する続考でもある。

　本稿においては，鹿児島県大島郡喜界町大字小野津の八幡神社境内の祠内にあった陶瓷器と，それにまつわる「五つのカメ」伝説の実像をもとめ，あわせて南島における喜界島の歴史的位置付けと，ここで展開された陶瓷貿易について論及したい。

　小野津は，喜界島の北西に位置する港に面して小集落が形成され，その北の端に八幡神社がある。"五つのカメ"はこの境内の草叢にかつて並置され，のちに祠に収められていたが，現存は 3 箇であり，かつ盗難をおそれ，現在，中央公民館に保管されている。まず，これら 3 箇の陶瓷器についてのべたい。

１．小野津八幡神社保管の陶瓷器

A．青瓷刻花文水注（pl. 1-a, b, c, d, e, f.）

　この青瓷水注（執壺）は，浙江省北部の杭州湾沿岸部の寧紹地域，いわゆる越州窯において，北宋後半に焼造され，わが国出土品では類例が少なく，優れた製品である。

　まず，この水注の特徴をあげると，口沿部は欠損し，注口・把手のほとんども欠いているが，残存高 20.5cm，復元器高 22cm 前後と推定でき，底径 8.0cm，胴部最大径 13.2cm である。胴部に縦方向に凸稜雙線を削り出して，6 区画に瓜割状にわけ，各々に施文している。とくに対面する区画内には，凸稜雙線をはさんで，二重線で木瓜文形の輪郭をつくり，その内部に牡丹花ないし菊花文を大きく簡素に，片切り彫りで施文している。雕線は明確で，手馴れた技法である。把手および注口基部にもさらに簡略化された刻花文がみられる。

　胴部と頸部との境に，2 段にわたって隆起圏線を作り出し，頸部から口沿にかけて，大きく喇叭状に開く形にしている。欠損する把手は，平形で 2 本の縦沈線をいれたものが，肩から口沿下まで付けられていたとみられる。注口は基部のみが残存し，断面円形，曲線形で先端部を水平に切断した曲流口形状と推定する。高台は，短く直立させた削りだしである。肩に印花文のパネルは付けられていない。

　胎土は，比較的白い灰色であり，化粧土はなく，釉は透明であり，青灰色を呈し，高台付近から底部は暗赤色を呈し，器面があれているが，本来は高台直上まで施釉されていたとみられ，凸稜雙線の溝中にわずかに黄色の釉の残滓が認められる。高台畳付と外底は無釉で赤茶色を呈している。外底に焼成時の墊圏跡が灰色円圏状に付着し，畳付にも焼成時の砂が固着している。ほぼ 1,000 年間にわたり，開口した祠ないし草叢

418　Ⅲ　唐宋代青瓷の系譜と編年

pl. 1-a, b, c, d, e, f.　青瓷刻花文水注，小野津八幡神社

に置かれていたために全体に苔が付着し，とくに下半部では顕著であり，それを除去するために，刷毛により強くこすられたために，器面に無数の擦痕がみとめられる。

(2) 越州窯青瓷水注の類品

北宋越州窯青瓷水注には，口沿形態で大別すると，盤口形と喇叭形があり，肩に印花文を施した将棋駒形（パネル）立てるものと無いものがある。この喜界島水注の特徴である，喇叭形口沿・有隆圏線肩・凸稜雙線・片切り彫り牡丹文の諸要素と類似している青瓷は，浙江省のなかで，上虞市窯寺前窯，金華市婺州窯，慈渓市上林湖窯，里杜湖栗子山窯などにある (fig. 1)。その中で全体の形態と施文によって，上林湖窯地区では皮刀山・黄鱔山，里杜湖窯地区では栗子山の各窯跡出土品が良く似ている。隣接する両地区は，唐代では明州慈渓県，五代からは余姚県に属しており，運河で東行して明州からわが国に輸出する至便な窯業地帯である。これらの発掘調査品のうち，fig. 2 は里杜湖窯の Y3, 9, 12 検出の執壺である。ここでは窯跡出土品の組み合わせが判明しており，その相対年代と，里杜湖窯上記窯跡から出土している青瓷碗が湖北麻城で発掘した北宋政和 3 (1113) 年墓随葬碗と相似している（文博 1987-2）。したがって，その生産年代は 11 世紀後半から 12 世紀前半と考えられている（慈渓市博物館編 2002, pp. 180-196）[1]。

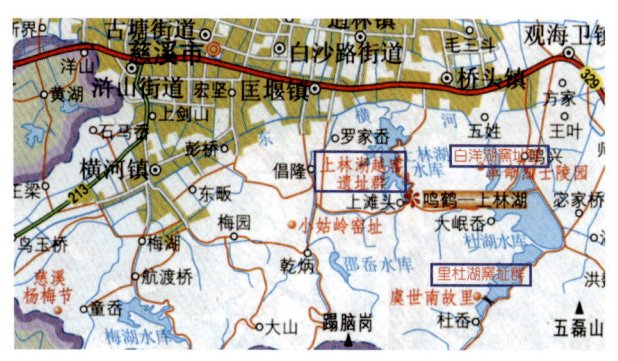

fig. 1. 寧紹地区・越州窯跡分布図

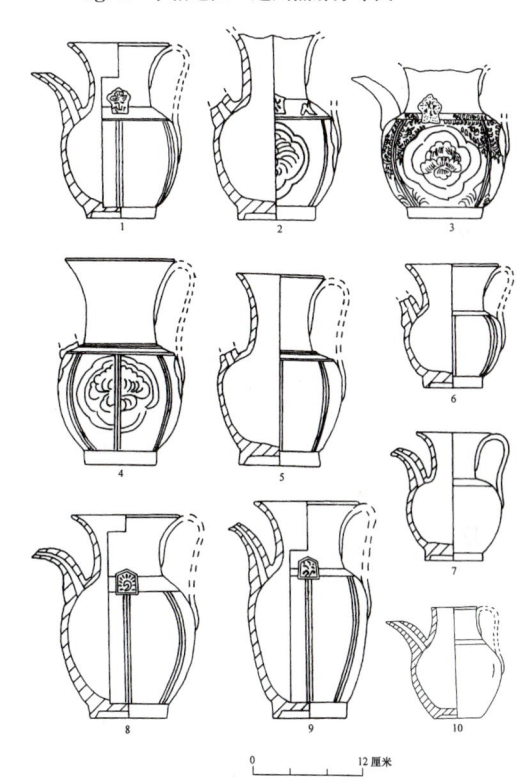

fig. 2. 里杜湖窯跡執壺実測図（慈渓市博物館編 2002）

(3) 博多遺跡群出土青瓷水注の類品

日本出土品で，上記の諸特徴を具えているのは，博多遺跡群出土の以下の 2 例である。

① 博多遺跡群第 6 次調査，福岡市博多区冷泉 155 番地 B 区下層出土。『高速鉄道関係埋蔵文化財調査報告 V, 博多, 高速鉄道関係調査 (2), 付編 博多遺跡群第 6 次調査略報』pp. 157-159, fig. 15-7, 福岡市教育委員会, 1986, (fig. 3a, b)

頸部の下端から胴部中位までの半身の破片である。灰色の胎土に暗緑色釉がかけられ，光沢を

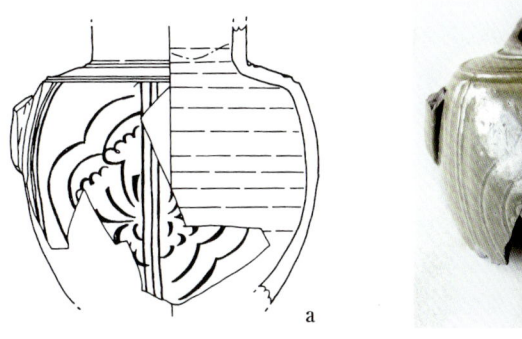

fig. 3a, b. 博多遺跡群第 6 次調査出土水注片（『博多遺跡群第 6 次調査略報』）

つが氷裂はなく，よく融解している。内面は，残存する頸部の一部に釉が認められるので，それよりも上の口沿内面には施釉されているが，それ以下は無釉で，淡茶色，横ナデ線がみられる。やや細身の胴部との境には2箇所に段がみられる。凸棱瓜刻線によって，6区画されており，両側から各0.5cm幅の溝を削りだし凸帯をつくり，その中心の幅0.5cmの中央に縦線をひいて瓜棱とする。この縦線をはさんで，二重線木瓜文形の内に，牡丹花状を片切り彫りで表現している。

把手の基部が残存し，平たい紐状に2本の沈線をいれており，またその下にも片切り彫りで，簡素な施文がある。いずれも復元値であるが，肩部径は，10.6，胴部最大径は12.6cmと推定できる。本品は，喜界島水注と非常に類似している。

② 博多遺跡群第80次調査　福岡市博多区冷泉町304-1，SK-145出土
『博多51－博多遺跡群第80次調査報告』p. 58，福岡市教育委員会，1996，(fig. 4a, b.)

出土状況が比較的良好であり，土師器坏（ヘラ切・糸切り混在）・丸底坏・白瓷碗などが共伴し，12世紀前半の廃棄土坑とみられる。

胎土は，①にくらべて粗く細かい粒子が混在し，灰色のために，釉色は暗い緑色に呈発し，焼成も良いとはいえず，外底では縮み現象をおこし，灰白色の目跡が円圏状

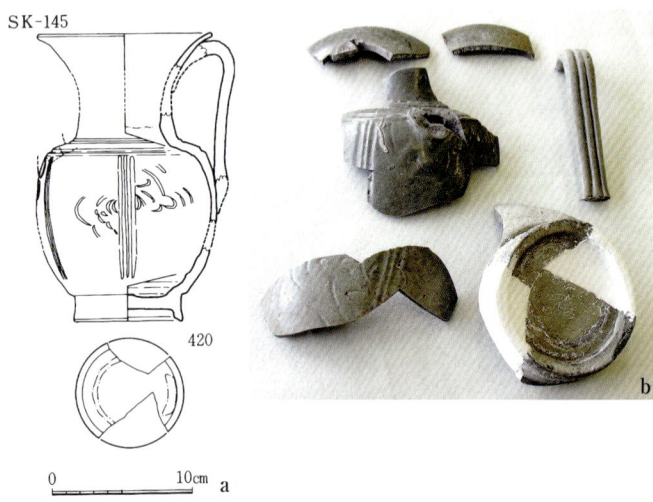

fig. 4. 博多遺跡群第80次出土水注片（『博多51－博多遺跡群第80次調査報告』）

に釉上に固着している。いわゆる生焼けに近い。そのため施文は明瞭ではないが，基本的に①と同じであり，凸棱瓜刻文により6区画され，木瓜文形内に花文を片切り彫りにする。幸いなことに，注口部を除いて，ほぼ全形を復元できる部位がのこる。底径7.6，胴部最大径12.9，口径12.3cm，復元器高20cm程度である。喜界島水注は，ほぼこの大きさに近いが，わずかに大きいとみる。

喜界島水注と極めて類似しているのは，以上博多遺跡群出土の2点であり，この他に，胴部に施文をもたないが，類似品は博多遺跡群HKT139などから検出されている。

B．褐釉双系注口付壺（fig. 5a, b, c, d.）

褐釉双系注口付壺で，現在，口沿を欠損する胴部上半と，下半部の2つの破片に分かれている。頸部は直立し，その肩との境に，両端を隆起させ平板状の幅1.5cmの縦系を対に付けている。胴部は，中位に最大径をもつが，かなり歪になっており，わずかに瓜割状の沈線を胴部上半にいれ，肩に径3.5cmほどの注口基部の孔が開けられているが，対面の把手部分は付根箇所のみ確認できる。円盤貼り付け状の平底でおわる。胎土は，茶褐色で5mm程度の厚さであり，細かい石粒が無数に含まれた陶胎である。釉薬は，胴部中位よりも下までかけられているが，胎土とのなじみが悪く，剥落が著しく，肩と頸部にわずかに残る。黒茶色を呈し，釉下に朱色をおびる箇所があり，また釉薬が溜まっている箇所は，藁灰釉の色調を呈している。底径9.1，胴部最大幅21.1cmをはかり，器高は25cm程度であろう。

これは，中国産褐釉陶器とみられ，福建省福州の懐安窯の胎土に類似しているようであるが，本品には，化粧土はなく，釉色も異なるようである。これに近い洪塘窯の釉色のなかに類似例の可能性があるが，ここでは福州付近の窯の産品としておきたい。年代についても確実な情報は出せないが，博多遺跡群では11世

紀には類似した形態の資料があり，こうしたものは形態の変化を追跡することが困難であるが，11から12世紀前半代と考えておきたい。形態類似資料として福州市省農業庁工事現場の出土品がある。博多遺跡群出土例などについては，田中克子の教示によるところが多い（田中克子他1999, pp. 137-194）。

C．須恵器双耳長胴瓶（fig. 6a, b.）

　口沿を欠損しているが，喇叭形ないし盤口であろう。最大径は胴部におき，全面に条線叩き痕がみられ，両系はいちじるしく退化している。この瓶の生産窯について，鹿児島県日置郡金峰町の中岳山麓須恵器古窯跡の可能性があり（上村俊雄1984, pp. 191-204, 上村俊雄・坪根伸也1985, pp. 157-174），そのなかで荒平須恵器窯跡産品に類似しているとする見解がある（池畑耕一教示）。

　こういう形態の双系瓶は，北部九州でもつくられており，佐賀県北方町西宮裾出土例などがあり（祐徳博物館保管，亀井明徳1980, p. 7 図版11），11世紀後半から12世紀に推定できる。

2．"五つのカメ" 伝説の実像

　これら現存する3点については，「五つのカメ」伝説があり，また近年，喜界島池治在住の正本洋子により絵本がつくられ，喜界島の幼児・児童のすべてに贈られたので，島内ではよく知られている（正本洋子2002, pp. 1-40）。正本が主として参考とされたのは，三井喜禎『喜界島古今物語』である（三井喜禎1965, pp. 224-226）。三井は，小野津校に在職し，伝説を聞き取り，『曙の小野津』を著して，喜界島のなかでも小野津については最も精通されていた。

　これらによると，昔，琉球のあるところに，11歳を頭に5人の子供をもった一人の女性がおり，王様に上納する絹布を織らされていたが，上納期日に間に合わせるために，5人の子供を小舟に乗せ，一つずつ壺をあたえ，それに紐を結び，子供たちと合図をはかっていた。ところが，母親が機織に熱中している間に，その合図がとぎれ，舟が姿を消してしまっていた。狂気して，探しもとめたが，夜の闇のなかで，絶望する。母親は「あの子供

fig. 5a, b, c, d.．褐釉双系注口付壺，小野津八幡神社

fig. 6a, b．須恵器双系長胴壺，小野津八幡神社

たちがどこでもいい，無事着陸するように，神となって拝まれるように」と，祈るほかはなかった。舟は，波のまにまにゆられ，喜界島小野津の御神山海岸の泊に漂着し，5人の子供は，カメを一つずつ抱えて上陸した。ところが，しばらくしてヤドカリ（アママー）と遊んでいたとき，舌をかみ切られ，苦しみながら5人ともに死んだと伝えられた。死後，御神山の林中に葬られ，各々の上にそれらの壺が置かれたとされ，もと，その場所には，トビ（ベ）ラ海桐花が生えていたらしいが今（1933年）はない。

fig. 7. 小野津集落空撮，喜界町企画観光課 1992

五つのカメは，豊凶を占うモノとして八幡社の境内の草むらに5箇並べておかれていたが (fig. 12)，現在は3箇のみであり，写真の右2箇が盗まれている。祠におさめられる以前は，草むらに並置されていたので，苔が付着し，須恵器瓶は緑釉のようになっていた写真ものこり，その苔を硬い刷毛で擦ったために，水注では縦方向の無数の擦痕がある。小野津八幡社は (fig. 11)，集落の北にあり，その社殿から北に80 mくらいの草むらに祠がある[2]。

さて，この伝説の骨子となっているのは，①琉球のあるところに5人の子供をもった母親がいたこと，②その女性は，選ばれて，王様に上納するために絹布を織らされていたこと，③各1箇のカメを持った5人の子供を載せたせた舟が行方不明になったこと，④その舟は小野津の御神山海岸の泊に漂着したこと，⑤5人の子供は，アママーに舌をかみ切られて，死亡したこと，⑥死後，御神山の林中に葬られ，カメは各々の上に置かれた。

これらを，個別に検証して，この伝説が，なんらかの実際におこった出来事を核として，長い年月の経過とともに，付加され変容したと思われることをはがして，歴史的な事実に到達したい。その前提となっているのは，すでに詳述してきたように「五つのカメ」のうち現存する3箇が存在し，1100年前後という年代を示している厳然とした事実である。南島において，自らの所で生産されていない同一時期の陶瓷器が，少なくとも昭和初年まで5箇並んで，置かれていたことは，歴史的事実として否定できない。

くわえて，1100年頃の埋葬の形態が，喜界島の山田半田遺跡などの調査によって，子供とみられる小型の土坑墓が，並列して発見され，南島の墓制の状況がはじめて明らかにされ，伝説と符合しているという事実である。この2つの考古学的な事実のもっている意味を厳粛にうけとめて考えをすすめたい (fig. 8)。

まず第1に，5人の子供，すなわち，母親の住んでいたところが「琉球」と伝えられていることについて考えたい。「琉球」という場合，1609年に薩摩による琉球侵攻以前の，いわゆる古琉球の範囲とした場合，15世紀後半には，北は種子島まで及んだ南西諸島のほぼ全域をその版図としていた。そのなかで，喜界島が最後まで琉球王に抵抗していたが，1470年には征服された。こうした広範囲の支配は，第一尚氏による三山統一と並行ないしそれよりも少し後とするならば，15世紀前半をさかのぼることはない。『球陽』においても，琉球の英祖王の時，すなわち1266年に，大島がはじめて入貢し，これを契機にして諸島また年々朝貢するに至ったとあるが，これは歴史的な事実として検証することは難しい。まして，今，考えようとしているのは1100年頃の，南西諸島において「琉球」という国名は存在していないと考えられる。すなわち，この伝説における「琉球」とは，少なくとも，15世紀前半に，南西諸島が琉球国の治下になった以降の時点で，伝説に付加された名称と考えられよう。

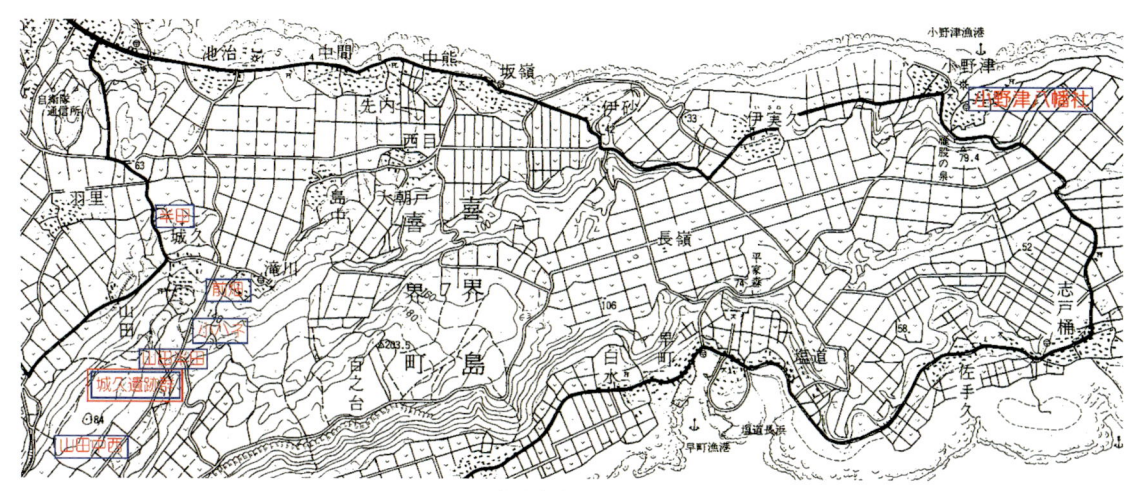

fig. 8. 喜界島東半部遺跡分布図

　そうすると，5人の子供たちは，どこに住んでいたのであろうか，すなわち，どこから流されたのであろうか。子供の体力，小舟による漂流を考えるとき，漂着地域の海流が鍵をにぎるであろう。

　沖縄から奄美付近の海流は，北上する黒潮本流が，沖縄本島および奄美大島北西側70-80海里を通り，トカラ列島で東にほぼ90度方向を変える（第11管区海洋速報website）。この影響を受けて，黒潮本流から奄美大島および喜界島北方海域に，南東方向に海流があり，これとは別に奄美大島東側には北東ないし北方向に0.3-0.9ノットの海流が流れている。沖縄本島および徳之島以南の東側の海域では，南ないし南東方向の海流である。したがって，海流の方向からみて，沖縄本島はもとより徳之島以南から，奄美大島および喜界島の東側海域への流れに乗った漂着の可能性は低いのに対して，奄美大島・加計呂麻島東海岸からは，北ないし北東の海流によって喜界島に漂着する可能性がある。この海域は，海水温が冬季でも21度を超えており，小舟とはいえ，海水に浸かっていない場合ならば，子供の体力でも2-3日間以上の生存確率は高いとみられる[3]。

　ここで，同じく小野津に伝わるヒガン・マシュカナ（浦富）という女性の話を紹介したい。1609年頃，薩摩藩は大島各島に検地帳作成のために竿入奉行を派遣した。現在の加計呂麻島諸鈍生馬にマシュカナという美しい娘がおり，奉行が妾にしたいと両親に申し込んだ。娘は，これを拒否し，父母は，ウツワ舟を造り，身のまわり品・食料・水・薪炭など一切を積みこみ，娘を洋上に押し出した。当時，喜界島でも竿入をしていたが，ある日，

fig. 9. 越州窯水注復元位置，喜界町教育委員会撮影

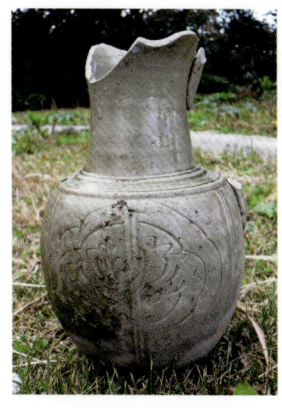

fig. 10. "五つのカメ"祠内旧状，喜界町教育委員会撮影

小野津のウンガ（御倉）屋敷で，竿入れ計等をしていると，海上遠く，三味線を弾きながら声高らかに歌う女の声が聞こえてきた。浜辺の人が山と集まって，彼女を出迎えた。その後，マシュカナは，小野津の役人と結ばれ，神宮の海岸に群生するアダネ山を切り開いて庵をつくり，5人の子運にめぐまれた（三井喜禎1965, pp. 134-145）。

この話は，薩摩治下のことではあるが，"五つのカメ"の伝説を考える時，符合する部分があり参考となる。ここでは，喜界島小野津に漂着した子供たちは，奄美大島や加計呂麻島の東海岸から，北上する海流にのって喜界島北端に近い小野津に，漂着したと推定したい。沖縄本島および徳之島以南の島から流されてきた可能性は，海流からみて低く，「琉球」からというのは事実ではないと考える。

　第2に，母親が，上納する絹布を織っていたという内容の検討をしたい。絹は上質であり，この地域で織られていたとするならば紬であろう。紬は，本繭よりも劣るとされる太くて節の多い玉繭から紡いだ手撚りの玉糸や，くず繭と呼ばれる変型した繭から紡いだ紬糸を機織りの緯線・経線の片方，もしくは両方に用いて織った布である。現在ではよく知られている大島紬は，久米島紬からから伝えられたとされ，その久米島紬は，『琉球国由来記』によれば，1521年に明から伝えられ，1595年に琉球各地で行なわれているので，大島紬は早くてもその頃であろう。薩摩藩への貢納布として，紬が記録に残っているのは1661年からであり，租税の代納とされ，15-45歳までのすべての女性に課され，一種の人頭税となった。したがって，伝説の「絹布の上納」は，薩摩藩への上納が，付加されたものであり，1100年頃の事実とは考えられない。

　しかしながら，布の上納ということは一概に否定されるものではなく，絹布ではなく，木綿布や芭蕉布は伝統的に南西諸島各地域で古くから行なわれているわけである。とりわけ後者は，芭蕉の皮部をはいで，灰汁につけて煮て，繊維を糸につむぎ，無地の芭蕉布や，藍染にされた生糸で，絣におられる上布がある。問題は，これらの布を上納させられた機関の存在である。これについての推考はひとまず後にまわして，母親が絹布を織っていたという話は，歴史的には薩摩藩治下のことが付加されたことを指摘しておきたい。

　第3に，11歳を頭にする5人の子供の年齢構成が具体的に記され，その母親の姿はみえるが，その夫というべき男性の影が，この伝説のなかにはいっさい見えてこない。行方のわからなくなった時，母は狂気して，髪を振り乱し，着物の裾もあらわになるのを気にすることもなく，四方八方を探し，山のハナバナにも登って海の彼方もながめたが発見できないまま夜の戸張りがおりた。この夜までの探索の間に，あるいはその後まで，終始，夫のことについてはなんらの話もでてこない。おそらく，この女性は，寡婦だったのではなかろうか。夫を亡くし，上納布を課せられていた貧しい母親として，唯一，子供の将来に自らの生きがいをかけ，精一杯気張って，身を粉にして働いていた女性の姿をみる。

　第4に，小野津の御神山（オガミヤマ）海岸の泊に漂着したとき，5人の子供がそれぞれカメをもっていたとされているが，この点は疑問が生じる。なぜならば，彼らがおそらく奄美大島を出るときに，これら5点の陶瓷器は，同島にポピュラーに存在していたのであろうか。明らかに否である。すでに紹介したところであるが，名瀬市小湊古墓遺跡から，11世紀代の白瓷碗・斗笠形天目碗・須恵器甕などが副葬されており，確かにこの地域に，優れた陶瓷器が搬入されていた（亀井明徳1993, pp. 8, 11-45）。しかし，それは，ほとんど唯一の特別な事例であり，全島の陶瓷器の分布調査や笠利町宇宿貝塚遺跡などの状況は，13世紀以降になると，相当量の中国陶瓷器が搬入されているが，それを遡る事例は少ない。

　くわえて，伝説を忠実にみれば，貧しい女性の家に，南西諸島で発見されたなかで，もっとも優れた中国陶瓷器を含むものを所持していたということは考えがたい。そうすると，かれら5人は，最初から亡くなるまでの間，現存するようなカメはもっていなかった。死亡した後に，カメは5人の遺体の上に，だれかによって置かれたことになる。喜界島には，1100年の時点に，これらの陶瓷器が存在したことが，城久遺跡群の調査によって実証できる段階になっており，問題は誰が彼らを埋葬したのかという点にあり，ここでは早急な結論をさけて，次の問題にうつりたい。

　第5に，5人がアママーに舌をかみ切られて死亡したことは，奇異に感じられるが，起こりうる出来事と考える。幕末に名越左源太が著した『南島雑話』のなかに，アママーすなわち「あまん蟹は大和のヤドカリ

fig. 11. 小野津八幡社背景　　　　　　　fig. 12. "五つのカメ" 配列状態, 喜界町公民館展示

蟹と同類なり。されども海浜近くの人家の床の下に這出, ……大なるは茶家程, 小は五, 六寸廻り, 且大小数十出入す」「大和の宿借り蟹と形少く異なる。大なるは壱尺弐, 三寸廻り, 小なるは八, 九寸廻り」と, 非常に大型の蟹であり, これに舌をかみ切られ, 死亡したこともありうる話である（国分直一・恵良宏 1984）。

　さて最後にのこる問題は, 彼ら 5 人を御神山の林中に, 誰が埋葬したかである。その前提として, 5 つのカメが現地に並置されている昭和初期に撮影された写真が 1 枚のこっている（fig. 12）。すなわち, カメが置かれていたのは, 現在の祠の場所である。ここを「御神山」と称しているが, 旧地形は平坦な原生林（藪）であり, 小野津集落全体が平坦であり, 小高い場所はない。「御神山」は拝み所の意味であろう。ともかく, 現在の祠の位置に, 昭和初年以前には 5 つのカメが並置されていたといえる。町文化財指定以前は, この地につくられた祠におかれていた（fig. 10）。

　まず, かれらがいわゆる風葬ではなく, 土葬であることは, 城久遺跡群から検出されている土坑墓によって明らかである。そのうちの山田西遺跡 SK3, D-5 Ⅲからは, 白瓷小型唇口碗（口径 15.8, 底径 5.4, 器高 5.7cm）と, 白瓷皿（口径 10.4, 底径 2.9, 器高 1.7cm）が組み合わされて副葬され, 11 世紀後半から 12 世紀初めまでの年代を示している。山田半田遺跡 SK11 土坑墓は新旧 2 つの方形土坑墓が切りあっているようであり, 古遺構からは景徳鎮窯白瓷盒と銅鋺各 1 と火葬骨が, 新遺構からは大型の白瓷鉄絵鉢 1 が副葬されており, 12 世紀前半から中葉までに火葬して埋葬されている。この時期, すべてが火葬であるとは限らないが, 少なくとも風葬ではなく, 土中に埋葬されている。したがって, 5 人の子供は, 埋葬され, 副葬品として, カメ, 実際には瓶であり, 花瓶ともなりうる水注が, 埋められることなく, それぞれの墓の上に置かれていたのである。現在ある 3 箇の瓶は, いずれも奄美大島での発見例はなく, かつ, 青瓷水注などは博多遺跡群でも僅少なものであり, 伝説中の母親が子供にもたせられるようなものではない。子供たちが, カメをもって舟にのったとしても, 副葬された瓶とは別物である。

　何ゆえに彼らが丁重に葬られたのであろうか。伝説を忠実に復元すれば, 彼らは漂着してきた浮浪児のような印象をうけるが, それならばかくも丁重に埋葬される理由は発生しない。

　ここからは, ひとつの推測である。5 人の子供たちは, 衰弱して漂着したことが, 小野津だけではなく喜界島の人びとの知るところとなり, 当時の為政者, おそらく城久に館を構えていた者の耳にも達していた。子供たちは小野津の人びとを中心として, 手厚い看護を受けて回復に向かっていたが, 突然彼らはアママーに舌をかみ切られ, 急死してしまった。小野津の人びとはもちろんのこと, 為政者もまた, これを異常な出来事とみて, 彼らに神性を与え手厚く葬ることによって, たたりを恐れたのである。副葬された陶瓷器は, 為政者が当時所持していたなかで, 最高級のものが提供されたと推測したい。

5．城久遺跡群の性格

　喜界島水注の生産年代は，11世紀後半から12世紀前半，生産窯は，越州上林湖窯・同　里杜湖窯など寧紹地域などの諸窯が確実にあげられ，生産量と輸入量から推定して，越州上林湖窯・同　里杜湖窯の産品の可能性が高いであろう。

　この水注とは別に，平成15年度から継続的に大規模調査が行われている城久遺跡群から検出された中国陶瓷器について所見をのべたい。

　まず，山田中西遺跡においては，掘立柱建物周辺からから越州窯青瓷碗10点，が検出されている（喜界島教委2006, pp. 1-52, 喜界島教委2008, pp. 64-66）。いずれも精製品であり，やや幅広に高台をけずり，端部に面取りを施し，体部はふくらみが少なく直線的にのばし，fig. 13-aの126

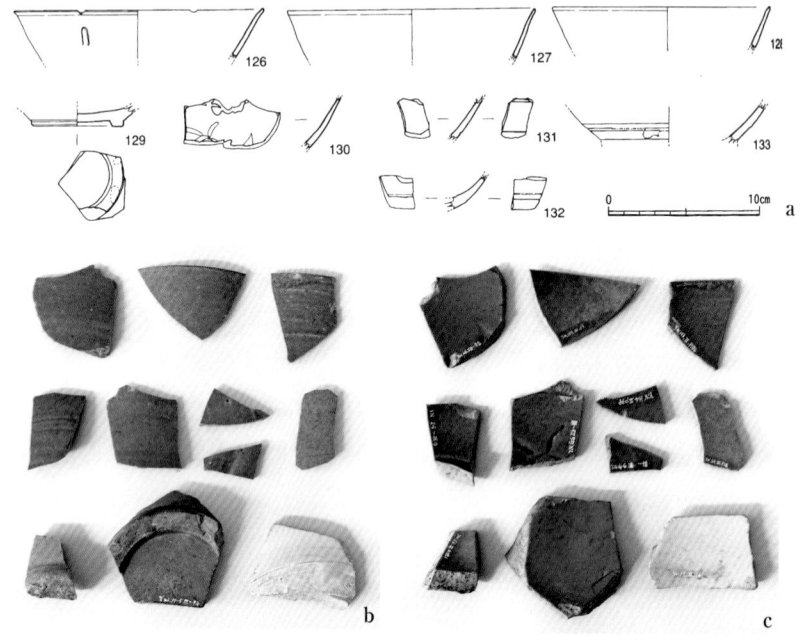

fig. 13. 山田中西遺跡出土の越州窯青瓷，邢州窯白瓷（喜界町教委2008）

は輪花口沿につくる器形である。越瓷特有のややくすんだ暗黄緑色の釉色である。130の内面には，やや太めの線によって刻花荷花文がみられ，碗ではなく皿（浅碗）の可能性がある。他に133は邢州窯白瓷碗である（fig. 13a, b, c.）。山田半田遺跡からも越州窯青瓷碗8片を検出している（喜界島教委2009, pp. 147-149, fig. 14a, b, c.）。この中に含まれている粗製品は，鴻臚館跡や大宰府史跡での出土量は多いが，全国的には少ない種類である。精製品であるfig. 14bでは内底に線刻花文でかざり，出土例は多くはない。

　これらの越州窯青瓷は，従来，8世紀後半から10世紀前半の年代があたえられているが，この期間をより狭く限定できないであろうか。上林湖窯跡の出土状況のなかで，荷花芯窯跡（Y37）検出品が，器形として類似している。ここからは，「会昌三（843）年七月廿日」刻銘の匣鉢が発見されており，報告者は，この窯の年代を9世紀後半から，呉越水邱氏墓（901年卒）の10世紀初頭の間としている。しばしば引用されている寧波市和義路遺跡の唐代第1文化層検出の「大中二（845）年」印花鷺文が内底にみる碗は，低い高台で外底にも施釉されており，山田中西遺跡Ⅰ，no. 129や山田半田遺跡no. 147の器形である。日本出土品のなかで，鴻臚館跡SK255（福岡市教育委員会1994, pp. 17-19），大宰府史跡70次SK1800（九州歴史資料館1982, pp. 37-46）からも類似の青瓷碗が検出されており，共伴する土師器杯からみると，9世紀中葉と考えられる。

　粗製青瓷については，平底で外底中央部を凹状につくる通有の形式であり，生産地を福建省福州市懐安窯付近とする見解がだされている。さらに，鴻臚館跡SK255にみられるように9世紀中葉には，すでに輸入されている（田中克子他1999）。したがって，これら両遺跡に越州窯青瓷がもたらされたのは9世紀後半から10世紀前半の間と推定したい。

　南西諸島における越州窯青瓷の出土については，既に報告しており（亀井明徳1993, pp. 11-45），従来の南

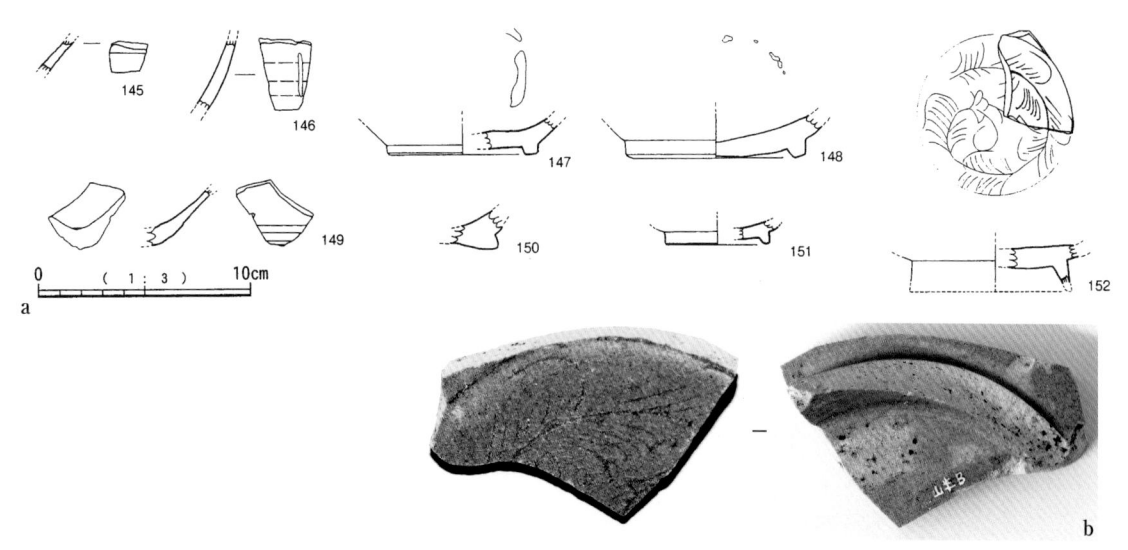

fig. 14. 山田半田遺跡出土越州窯青瓷実測図（喜界町教委 2006）

限は，種子島の西之表市現和西俣枯木ガスミ古墓であり，その後，同じく南種子町茎永松原遺跡から発見され，それが従来の南限であった（亀井明徳 1978, pp. 1-4）。いずれも 9 世紀から 10 世紀前半代と考えている。今回，山田中西および山田半田遺跡からの出土は，大幅に南限域を拡大したことと，その背景に意義がある。現在のところ，他にトカラ・奄美諸島，さらに沖縄地域から越州窯青瓷の出土報告例に接していない。

越州窯青瓷が検出された遺構の性格を，全国的にみると，官衙・寺社・古墓・貴族富豪層宅地などに比定できるが，西海道南部についてみれば，国府・国分寺という官的な色彩がつよい遺跡とその周辺や，上級官人と推定される古墓から検出されている[4]。この山田中西および山田半田遺跡も，遺構および他の遺物から推定されているように官的な施設に保管されていた什器のひとつと考えるのが妥当であり，ここに内外交易の基地的な，あるいは市的な性格を付与するには量的に不十分である。

喜界島出土の中国陶瓷器については，すでに九学会調査団・鹿児島県教育委員会・熊本大学考古学研究室などによって分布調査が実施されているが，いずれも 13 世紀以降のものである。奄美大島の場合は，宇宿貝塚第 3 層など 12 世紀に遡っており，かつ筆者が詳細に報告した名瀬市小湊古墓では，白瓷碗・黒釉斗笠形碗など 11 世紀後半から 12 世紀前半の陶瓷器が発見されており，喜界島の至近の地にもたらされていた（亀井明徳 1993, pp. 11-45）。山田中西および山田半田遺跡は，それをはるかに遡る年代であり，掘立柱建物の官衙遺構が存在していたことが確実である。

城久遺跡群の中国陶瓷器は，越州窯青瓷とは別に 11 世紀後半から 12 世紀の福建省で生産された白瓷などを中心とする遺物群があり，こちらの方が量的には多い。例えば山田中西遺跡では，越州窯青瓷 10 片に対して，福建省閩江流域産の白瓷碗・皿 147 片があり，10 世紀後半から 11 世紀中葉とみられる高麗青瓷および朝鮮系無釉陶器は 29 片が検出されている（喜界町教委 2008, pp. 133-135）。さらに注意されるのは，それ以降の，すなわち 13 世紀の竜泉窯青瓷は 4 片と数が少なく，大宰府史跡では普遍的にみられる陶瓷器がここでは発見されていないようである[5]。こうした状況は，山田半田遺跡でも同様であり，越州窯青瓷の出土とつなげると，この城久遺跡群に中国陶瓷器をはじめとして外側から搬入された遺物群は，9 世紀後半から 12 世紀までの間をもって盛期とすることができ，かつトカラ列島以南の奄美大島をはじめとする南西諸島では発見されていない中国陶瓷器がここだけが突出して出土している現象を説明することが求められている。それは，城久の地に置かれていた官衙が，大宰府の廨として南島支配の権力を掌握するとともに，直接的に物

資の交流を担っていたからである。

　以下に述べる長徳3（997）年の奄美嶋人すなわち南蛮人の蜂起・反乱事件の鎮圧の際に，大宰府が，貴駕島に下知して南蛮人を捕進しており，この島になんらかの所職が存在したと考えざるを得ない。喜界島において，明確な官衙遺跡が発見されたことによって，貴駕島は現在の喜界島とみるのが合理的であり，それ以外に想定の余地はない。山田中西遺跡の土器22片のなかに，南西諸島に広く分布する兼久式土器はみられず，大宰府系土師器と考えられている。山田中西遺跡あるいは城久遺跡群は，この所職の位置に該当するのであろう。しかも，それは9世紀中葉からすでに存在し，おそらくそれを遡る時点から南島経略の拠点として，すなわち，初見史料よりも朔上して，南島における中核的な官衙施設が，この地に設置されていたと推定する。

　南島の朝貢が神亀4（720）年あるいは天平7（735）年の高橋連牛養の南島派遣を含めても（鈴木靖民1987, p. 377），史料から消えたことによって，律令国家は南島を放棄したとする考えもあるが，考古学の成果はこれを否定した。かつてのように，信覚・球美という沖縄までその力が及んでいたかは難しいが，少なくとも掩美・夜久・度感・伊藍嶋など薩南諸島は，その後も，平安時代の少なくとも11世紀中葉まで継続して朝貢の範囲と考えざるをえない。

　奄美嶋人蜂起・反乱については，すでに専論があるが（永山修一1993, pp. 419-464），その原因については不明なところが多く，論究されていない。同氏の研究に導かれて，この事件についてふれたい。この事件が発生した長徳3（997）年には，6月13日に高麗国から牒状が送られ，侵略の意図があるので，対馬などの警固を厳重にするとあり（『小右記』），10月1日には，大宰府が飛駅して，「高麗国人が対馬・壱岐島を虜掠し，また肥前国に着いて虜掠を欲す云々」（『小右記』）と記している。この記事につづいて，大宰大弐である藤原有国の書状が披読され「奄美嶋者が海夫等の宅を焼亡させ，財物を奪取し，また男女を執え舟に載せて持ち去る。なお海上に浮きて犯を成すの由云々，……奄美嶋者は，兵具を帯びて船に乗り，国や嶋の海夫等を掠奪す。筑前・筑後・薩摩・壱岐・対馬，或いは殺害或いは放火し，人物の多くを奪取し，海上に浮く。又，当国人にして，処々の合戦の間において，奄美人の矢にあたる。またその数有り，ただし当国人の多くは奪取され，既に三百人に及ぶと。府解文に云うところ，先年，奄美嶋人来たりて，大隅国の人民四百人を奪取し，同じく以って将に去る」（『小右記』）。さらに，これに続いて，高麗国の艤兵船五百艘が日本に向かっていることが記され，この情報をもたらした大宰大弐藤原有国自身が，これを浮言と否定している。

　すなわち，高麗国と奄美嶋人の侵入が同時に出来したような情報の混乱がおきており，諸卿周章の状態にあった。したがって，『小右記』の記事も両者が混合している可能性があり，例えば，奄美嶋人が対馬・壱岐はもとより，筑前・筑後まで侵入したことは疑問であり，先年は大隅，今回は薩摩へ侵入したのではなかろうか。同日の『権記』では，南蛮の賊徒が蜂起し，肥前・肥後・薩摩等の国に侵犯したとあり，侵入したのは，両者で共通している薩摩と考えるのが穏当であろう。

　同年11月2日，大宰府，飛駅して「南蛮四十余人をうち獲る」（『日本紀略』後篇十）とあり，翌，長徳4（998）年9月14日には「大宰府は，貴駕島に下知し，南蛮を捕進している由を言上す」（『日本記略』），さらに翌，長保元（999）年7月30日には「大宰府は，南蛮の賊を追討している由を言上する」（『日本紀略』後篇十一）として，一応，997年に発生した奄美嶋人蜂起は鎮圧されたようである。しかし，この蜂起の原因は根深いところにあったようで，ほぼ20年後の寛仁4（1020）年にも，「南蛮賊徒が薩摩国に到り，人民等を虜掠したため，追討の官符を大宰府に賜う」（『左経記』）とある。この一連の反乱に対して，始終大宰府が関与し，貴駕島の所職がその統制下にあったことは明白である。

　やや煩雑に史料を紹介したが，要は①奄美嶋人，すなわち南蛮賊徒が997年に蜂起し，兵具を所持した舟

をもって，薩摩国等に侵入し，殺害・放火・財物を奪った。②戦闘において，当国人300人が奪われ，多数が殺傷されたが，40数名の賊徒を捕捉した。③大宰府が，貴駕島に下知して，南蛮賊徒を捕進した。④南蛮人の蜂起・侵入は，このとき以前にもあり，大隅国の人民四百人が奪われ，またそれ以降も反乱は続き，一時の鎮圧では解決できない問題を内包している。

この奄美嶋人の範囲は，おそらく当時の大宰府でも把握してないであろう。想定できるのは，奄美大島を中心にして，現在の奄美諸島・トカラ列島・大隅諸島の，いわゆる薩南諸島の範囲を一応考えておきたい。大宰府が鎮圧のために下知したのが，貴駕島であり，そこに南島経営の所職があったことは，上記のとおりである。なぜ，その所職が，喜界島におかれていたのか，薩南諸島の中で，大島のように耕地面積がより大きな島に置かれなかったのであろうか。これについては何らの証すべき資史料はないが，奈良後半ないし平安初期の段階での在地勢力の強弱にあるのではなかろうか。権力の中枢が置かれるところは，在地勢力との葛藤をより少なくするために，つねに抵抗の弱い地，微視的にみても下層に遺跡がないところに設置されている。喜界島がそうした地であったのではなかろうか[6]。

天長元（824）年に多褹嶋が廃止されたことは，南島が放棄されたことと説かれているが，経営の拠点をより南進させ，おそらくこの前後に貴駕島に所職をおいたと考える。従来多褹嶋に設置していた，南島からの朝貢のための中継拠点の役割をここに担わした。くしくも城久遺跡群の山田中西遺跡の越州窯青瓷の年代はそのことをほぼ正確に映し出している。その後も，大宰府にとって，南島経営の拠点はここにあり，奄美嶋人の蜂起・反乱を鎮圧するために，大宰府が下知したのは，この嶋の所職であり，ここには一定の軍事力が確保されていたのである。

『長秋記』天永2（1111）年9月4日に「喜界嶋者来着紀伊国事」とあり，喜界島は中央にあきらかに認識されているが，この時点で弱体化していた大宰府による南島統制が行われていたのかは微妙である。嘉禄3（1227）年，十二嶋地頭職が島津忠義の所領となり，代々相伝されるが（石井進1969, pp. 369-371,），以下にのべるいわゆる「貴海島征伐」の結果であることは既に指摘されている。

すなわち，『吾妻鏡』文治3（1187）年9月22日の記事に，頼朝が，宇都宮所衆信房に対して，天野遠景と共に貴海島を追討せよと厳命したが，古来この島に帆船で渡航したものはいない。しかし平家在世の時，薩摩国住人阿多平権守忠景がこの島に逐電したために，筑後守家貞を派遣しようとしたが，風浪のため断念している。翌2月21日の天野遠景の書状によると，遠景の家来である信房が5月17日に貴賀井嶋に渡り，合戦の末に敵を帰降させた。このことは，貴海島＝貴賀井嶋＝貴駕島＝喜界島に，その時点で，薩摩国住人阿多平権守忠景にとって，貴海島の状況が分っていて，頼るべき軍事力があると認識されており，天野遠景は，遠方で計画が一時頓挫しながらも，結局，追討して源氏の勢力下におく価値を有していた島といえる。喜界島の名称は，この他にも貴賀井島・鬼海島・鬼界島などあるが，薩南諸島の総称である「きかい」や硫黄を産出している記述の場合をのぞくと，現在の喜界島と解して矛盾は生じない[7]。

最後にのこされた課題は，奄美嶋人すなわち南蛮人は，何故にこうした蜂起・反乱を起したのであろうか。あまり明確な説明はみられず，「南海特産品をめぐる経済関係に原因している可能性は高い」（木下尚子2003, p. 127）という見解がある。経済関係のトラブルによってこの重大事件が生起されたというのは具体的には，よく理解できない。

『権記』の筆者である藤原行成は，この反乱を「蜂起」と記しており，大隅・薩摩などで捕捉された人は300-400人規模であるが，蜂起者数は，これに倍する人数が想定される。南蛮すなわち奄美嶋人が，主導者のもとに少なくとも数百人単位で，命を懸けて闘うというのは，温暖・温厚なこの地の人びとにとって，生半可のことではない。意識として，理念をかかげるだけの闘争が永続しないことは，われわれの苦い1960

年代の実体験を省みれば重言を要しない。家族の命を守るために，みずからの命を賭けざるを得ない限界状況に追い込まれた時のみ，人びとは団結して，戦闘行為に突入できる。結果として海賊的行為をしていたであろうが，所期の目的は，やむにやまれない奄美人民の蜂起であり，10世紀の薩南諸島がそれ程の過酷な状況におかれていたのであろう。

人びとの生活を限界状況に陥れたのは，この地に過酷な税の負担が課せられていたのではなかろうか，南海特産品とされている品目（鹿皮・檳榔・夜久貝・法螺貝・蘇芳・赤木・紫草）は，商品として交易の対象になっていたことは否定しがたいが，これらは，8世紀初め以来，朝貢品として強制されていた課税対象物品ではなかろうか。のちの14世紀前半の千竈氏は，島ごとに「郡司職」をおき，そこから獲得される経済的果実は「年貢」とよばれ，各島の交易品を徴収していた（村井章介 1997, pp. 106-137）。この方式を大宰府は，貴駕島において所職に代行させて，その実務は，薩摩国の阿多氏や千竈氏の前身勢力が行い，かれらの苛烈な行為に対して蜂起したのであり，薩摩・大隅国に来襲しているのは，ここが目的地，真の敵であると見抜いていたのであろう。

これに加えて，過重な労働課役があり，貴駕島の官衙建設と維持は，奄美大島などから労働力を徴発しなければ，人口が多いとはいえない貴駕島だけでは無理であろう。南島経営の史料は天平以降消えているが，官衙遺跡は顕然として存続し，多褹嶋司の廃止後は貴駕島に移動し，両者に越州窯青瓷が奇しくも結びついている[8]。

時代は下って，1466年，琉球三山の統一を成し遂げた尚徳王に対して，最後まで抵抗したのは奇界島である。『中山世譜　尚徳王』によれば，海船50余艘，2千人の兵がこの島を取り囲んだが，島人は港口に柵を立て，塁を築いて抵抗している。このことは，古琉球時代においても，他の薩南諸島に比べて今だ強力な軍事力が保持されていたといえる。性格は異なるとはいえ，その淵源は，9世紀まで遡るといえる。

先に五つカメの論述のなかで，母親が布を上納させられた機関の存在ついて言及し，これを後述するとした。すなわち，1100年頃，奄美大島などは，貴駕島にあった大宰府の廰としての政治権力の下に支配され，のちに先島にかけられた定額人頭税のような酷税が課せられていたのではなかろうか。

[後記]

賢明な読者は，この論文が，阿部謹也氏の名著『ハーメルンの笛吹き男―伝説とその世界』を意識しているのではないかと，お気づきかもしれない。2006年7月，台風接近で荒れる喜界空港に着いて，3箇の陶瓷器を町指定文化財にするので意見をきかせてほしいということで，中央公民館を訪れた。その最初に眼についたのは，職員の机の上に置かれていた正本洋子『五つのカメ』の絵本である。この時，なぜか私の脳裏に浮かんだのはハーメルンの笛吹き男の伝説である。現存3箇の陶瓷器を調査し，城久遺跡の埋葬形態を見聞し，絵本の作者である正本洋子氏のお宅を訪問しお目にかかれた。氏の亡父所蔵の書き込みがある『喜界島古今物語』をいただき，その思いは，ますますふくらんでいった。「五つのカメ」伝説は，後にいろいろな要素が付加されてはいるが，本当にあった歴史的事実であると確信した。

正直に吐露すれば，阿部氏の書に感激し，2006年春，ドイツ北部にあるハーメルンの町に行き，笛吹き男がたどった道，街中の子供が消えてしまった史実を追体験して，中世に生きた人びとの姿を，考古学の方法で描写できないのであろうかと模索しつづけた。中国陶瓷について，いくつかの論文を公にし，日々前に進んでいるような自覚はあるが，陶瓷器は出てきても，そこに生きる人間の姿は，わずかに垣間見える程度の貧しさである。とは言っても，考古学の実証的方法を堅く守り，学際的研究の名の下に，そこから逸脱することを意識的に避けてきたし，その方向性は今後もつづけるつもりであり，他の分野の成果を借用して核心部分を論ずることを恥としている。

その点で，やはり，この論文は，私の学問研究においてあだ花かもしれない。阿部氏を評した石牟礼道子氏は「氏の文

章が，知識の集成にとどまらぬ泉のような明晰さをそなえているのは，人生のある境域をくぐり抜けた位相から出てきていることはたしかである。学問も人間の表現である以上，この世の深淵にみずから立ちうることを供犠としてさし出す描写力が問われている」（石牟礼道子 1988，pp. 305-315，）。泉のような明晰さに欠け，そこからは，はるかに遠い描写力ではあるが，私の能力からみればこれが限界かもしれない。関係する諸氏，とりわけ喜界町教育委員会の方々の導きに満腔の謝意を表する。また，手元にある伊藤助左衛門，名越左源太補訂『南島雑話』は，永井昌文教授（九州大学医学部・解剖学）から院生時代にいただいたものである。この書をあらためてみると，実に豊富な資料によって満たされており，自己の貧しさを知らされるとともに，亡き先生との縁を感じている。

2006年9月9日，古都カラコルム遺跡出土陶瓷器の調査のために滞在中のウランバートルで，阿部謹也氏の訃報に接した。ご冥福をお祈りする。本稿の基となったのは，2006年8月25日に喜界町教委に提出した町文化財指定調書である。さいわい3点の陶瓷器は，同年秋に指定され，町の公民館に保管されている。旧稿の原題は「南島における喜界島の歴史的位置―"五つのカメ"伝説の実像―」（東アジアの古代文化，129号，2006年）である。この論文は，私の学問の方法論から逸脱していることを危惧し，本書に所載することを最後まで躊躇していたが，やや思うところを吐露できる最後の機会と考え掲載した。この題名は，私の出発論文への先祖還りの思いもある。

［注］
(1) 越州窯青瓷水注の類品出土の窯跡出土例は以下の通りである。
　① 上虞市窯寺前窯跡：汪済英「記五代呉越国的別一官窯」文物 1963-1，pp. 43-49，図 2-6
　② 金華市婺州窯跡：貢昌「五代北宋婺州窯的探討」『景徳鎮陶瓷第26期』pp. 131-138 図 5-3，1984
　　②以下⑦　までは，慈渓市上林湖窯跡：慈渓市博物館編『上林湖越窯』科学出版社，北京市，2002　に掲載。上林湖竹園窯跡 p. 75，Y41:80，図 37-5，Y41:106 図 41-9，10世紀後半〜11世紀後半
　④ 上林湖皮刀山窯跡 Y43:24，p. 83 図 43-5，Y43:30，p. 84 図 43-1，12世紀前半
　⑤ 上林湖黄鱔山窯跡 p. 88，Y26丙26，p. 88，図 46-5，12世紀前半
　⑥ 里杜湖栗子山窯跡 p. 187 図 90-2，Y9:2，図 90-2，Y9:3，図 90-4，Y3:1，11世紀後半〜12世紀前半
　⑦ 里杜湖栗子山窯跡 p. 189 図 91-2，Y9:7，図 91-3，Y12:4，11世紀後半〜12世紀前半
　⑧ 里杜湖．栗子山窯跡，p. 187，図 21-7/8，林子民『青瓷与越窯』，上海古籍出版社 1999

　　これらを通観すると，形式的に遡上できるのは，①上虞市窯寺前窯跡品であり，やや横長い胴部の対面に，明瞭な瓜稜双線をはさんで，くずれていない木瓜文形とその内に線刻で鶏心状の花文をいれ，把手および注口の各基部

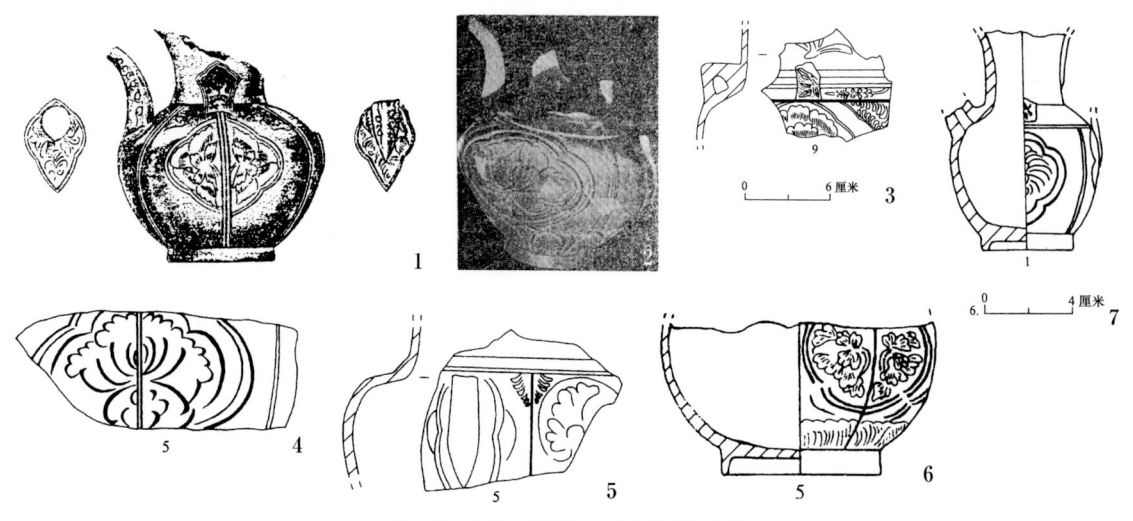

fig. 15. 1-7，窯跡出土越州窯青瓷水注

には線刻花文を配し，肩部には印花文を施した駒形のパネルを立てている。こうした線刻の施文技法は，北宋前半期の 10 世紀後半から 11 世紀前半に位置づけられる（fig. 15-1）。②の婺州窯跡品も木瓜文形内に花文を力強く刻み，その下辺の腰部に陽刻蓮弁文を並列させており，おそくとも北宋前半期である。

上林湖窯跡発掘品のなかにも，形式的にこれらと類似している③の Y41:80 や Y41:106 があり，木瓜文形内に線刻花文，その周囲にも線刻文を配しており，①・②と同一時期の産品とみる。あるいは，共伴青瓷器からみると，五代まで遡る可能性も考えられる。⑦にあげた内で里杜湖，Y9:3 も，木瓜文形内の文様はやや簡略化されているが，その周辺の隙間にも細かく施文されており，古い形式をのこしていると考える。

⑦にあげた里杜湖の Y9:2, Y3:1, ⑧里杜湖 Y9:7, ④上林湖 Y43:30, ⑨里杜湖．栗子山窯跡品などが，喜界島水注と，喇叭形口沿・有隆圏線肩・瓜稜双線・片切り彫り牡丹文など，形態および施文において，非常に類似した製品である。これらは発掘調査品であり，組み合わせが判明しており，報告者の見解は 12 世紀前半としている。里杜湖窯跡群は，白洋湖の南側に杜湖をはさんで続く位置にあり，その内の栗子山で類似した破片を実見している（fig. 1）。これに類似した施文を有する執壺は寧紹地域では広範に焼造されていた可能性がある。

(2) 近年，コンクリート造りの祠におさめられていた。明治の末ころに盗難にあい，時の島司であった富田嘉則が買い戻してあるのを聞いた小野津の村人が百円を支払って返品してもらい，一時小学校に保管してあったが，その後，もとの場所に遷したとの事である。5 つカメが並置されている写真は（fig. 12），中央公民館の方に調べてもらったところ，昭和 3, 4 年ころ，海岸通りに住んで写真屋とうどん屋を営んでいた松崎さんの撮影によるが，この方は内地から来た方なので，その後の消息はつかめない。その後に，現地に祠をつくりおさめたていたが，いつのころか 2 箇が紛失してしまった。

(3) 名瀬―喜界間の船舶は 1946 年では 5-8 時間，現在フェリーでは 2 時間かかり，薩摩治下以前はマーラン船とよばれたジャンク船に似た帆船が結んでいた。この海域の海水温度は，夏季では 28-29℃，冬季でも 21-22℃である。海水につかっている場合の生存率は，水温 15 から 20℃では，12 時間まで生存が可能であり，21℃以上の場合，生存時間はそれ以上であり，体温の低下よりも個人の疲労程度に影響されるとされている（鹿児島海上保安部 website）。

(4) 越州窯青瓷と邢州窯白瓷などを初期貿易陶瓷の概念を与えたが，本稿ではその南限について考察した。かつて南限と考えていた種子島の遺跡についても，多禰国府跡の所在地調査の副産物の発見であった。ひるがえって北限については，かつて岩手県胆沢城，徳丹城，山形県後田遺跡，秋田県鵠沼城，秋田城の各遺跡を確認している。山形県酒田市城輪柵遺跡から緑釉絞胎筐形片（晩唐期），出羽国分寺に想定される堂の前遺跡からは越州窯青瓷碗，後田遺跡からは越州窯青瓷香炉蓋片と邢州窯白瓷が検出されている。後田遺跡も，城輪柵と堂の前遺跡の中間に位置し，6×2 間の掘立柱建物を検出し，国司館に想定されている（山形県立博物館編 2012, p. 20）。このように，周辺地域での初期貿易陶瓷器は，官衙や国分寺遺跡など国家権力と結びついてモノが移動していると考えているが，この考えは 1975 年発表の越州窯陶瓷の受容体に関する見解を踏襲しており，その後，別の新見解に接していない。なお，平安時代末までに貿易陶瓷器が東北地方のどこまで到達しているかについて調査したが，青森市三内丸山遺跡付近までであり，現時点では下北半島まで達した報告はない（亀井明徳 2005, pp. 60-62）。

(5) カムイヤキ陶器は 365 片と多数を検出しており，この時期も 11 世紀後半から 13 世紀前半に位置づけられ，さらに炭化材の加速器質量分析法（AMS 法）による暦年代は 1050 年から 1150 年の間の数値をだしている（喜界町教委 2008, pp. 93-99）。

(6) 永山修一は 1993 年発表の論文において，下知の対象となるような貴駕島という行政単位の実在性はほとんど証明不可能であるが，…大隅国の熊毛郡・馭謨郡といった島嶼部にあった行政単位が便宜的に貴駕島として取り扱われたとも思えるのだが。と述べている。

(7) 島名の比定は本稿の目的ではないので，既往の見解をみるにとどめる。

『平家物語』諸本（延慶本・長門本・百二十句本・源平盛衰記，永山 1993, pp. 437-439））にみられる薩南諸島を整理すると，13 世紀後半から 14 世紀初めの南西諸島の認識として，長門本に「さつまかた（薩摩潟）とは惣名であり，きかいは十二の嶋」からなっているとし，両者を十二島の総称としている。「きかい」が南島の総称としてふさわしい価値が認識されている。

端五島（昔ヨリ日本ニ随フ島ナリ）―「油黄ノ島（＝いわうかしま・いわうが嶋・硫黄島），アコシキノシマ（＝

ちとの島・あこしき)，白石ノ島 (＋くろしま＋やくの嶋)」。奥七島 (いまた我てうにしたかハす) —「ゑらふ・おきなは・きかいか島」が挙げられるが，「阿世納・阿世波」については，端・奥が判別できがたいが，奥七島の可能性がある。これらの島名のうち，おきなは・きかいか島は，素直に考えて現在の沖縄，喜界島であろう。あこしきは，悪石島，ゑらふは，この場合は沖永良部島とみられる。永山説ではこれらの島名の比定を，『薩隅日地理纂考』の薩摩国河辺郡の条などを引いて，端五島は，現在の三島村に属する硫黄島・黒島・竹島と，口之永良部・屋久島とし，奥七島は，トカラ列島の口ノ島・中之島・臥蛇島・平島・諏訪之瀬島・悪石島・宝島に推測している。この推測では『平家物語』諸本中の「ゑらふ・おきなは・きかいか島」の奥七島の史料は無視されてしまう。「白石ノ島，阿世納，阿世波」とあわせて比定はむずかしい。ただし，これは地理情報として不正確なもののようである (村井章介 1997)。

　嘉元四 (1306) 年四月十四日付け千竈時家譲状記載の「薩摩郡河辺郡，同十二島此外五島」では，「くち五嶋」と別に，「わさのしま，きかいかしま，大しま，ゑらふのしま，七嶋，とくのしま，やくしまのしものこほり」とあり，千竈氏は，遅くとも弘安 2 (1279) 年から十二島に対する所職は，郡司職であり，地頭権は島津氏が相伝している (永山修一 p. 445)。この文書中で，きかいしま＝喜界島，大しま＝奄美大島，七島＝トカラ列島 (口之島・中之島・臥蛇島・平島・諏訪瀬島・悪石島・宝島)，ゑらふのしま＝沖永良部島と口之永良部島の 2 説，とくのしま＝徳之島の比定は，現在の島名とすることに首肯できるところであるが，「わさのしま」については比定できる島がなく，臥蛇島説がある (村井章介 1997・橋本雄 2005)。現在，無人島となっている臥蛇島保管の陶瓷器については既に報告している (亀井明徳 1993，pp. 11-45)。

(8)　9 世紀以降史料が消えているので，薩南諸島は，国家領域の外であるとしていた議論は，城久遺跡群の発見によって消滅した。国家およびそれに類する権力は，一度獲得した徴税機構を簡単に手放すことはなく，そのような柔弱な権力など存在しない。権力の構成体が変質しているのである。周縁・境界などの議論は，私には，あるいはその該当地域に実際に住んでいる人々には，遠方の研究者が机上で考える，空虚であり，実感を伴う実り多い議論とは思えない。

[追補] 城久遺跡では，鉄滓や鞴の羽口が発見され小鍛冶が行われているが，ここから 4km ほど南西部にある崩リ遺跡から，土坑や全長 13m の溝，製鉄による鉄滓や炉壁とみられる破片を検出した (愛媛大東アジア古代鉄文化研究センター・村上恭通，2013 年 5 月，日本考古学協会総会報告)。砂鉄からの製鉄生産遺跡と考えられ，小鍛冶だけではなく製鉄がこの喜界島で 12 世紀には行われていたことが確認された。発表では製品についての言及はなかったが，ここに置かれていた小権力機構にとって常備することが必要である武器・武具が生産されていたと考えるのは当然のことである。

5．竜泉窯青瓷創焼時期の具体像

はじめに

　竜泉窯が宋，元，明代をつうじて，中国における青瓷生産の主導的役割をにない，その製品が内外の需要に大きな位置を占めていたことは重言を要しない。竜泉窯様式ともいうべき，青瓷としてひとつの型式を確立させたわけであるが，創焼時期とその具体相については，不明な点が多く，最近15年ほどで学説が大きく動いてはいるが，明確な考えが提出されていない状況にある。したがって，本論考も限定された資料の範囲内で，2012年時点での見通しをのべるにとどまらざるを得ないが，最近の中国の研究者がこの課題にどのような意見をもっているのか，彼らとの議論を重ねて，見解をのべたい。創焼時期の解明は，その後に続くこの窯の長い繁栄の出発点であり，避けてはとおれない問題と考えている。

　まず，最近15年間にどのような見解があり，それがどのように変遷し，現在の立脚点を位置づけてみたい。

1．晩唐期成立説

　竜泉窯青瓷の出現時期をめぐる問題は，1990年代以前の考えとして通説となっていたのは，遅くとも南朝から唐代には開窯していたようであるが，それは独自のスタイルをもったものではないと考えられる。竜泉窯が，他と明らかに異なる，自らの様式を確立して本格的な生産を開始した時期，これを竜泉窯の開始時期と規定するならば，それを北宋後期の11世紀後半に考え，越州窯と入れ替わるかのように登場したと理解されていた（矢部良明1975「宋代青磁の展開」pp. 179-222）。

　1998年，この問題に資料をあげて竜泉窯様式は晩唐期に独自の型式をもって出現したとする見解が朱伯謙から提示され，同年に浙江省博物館で開催された「'98竜泉窯青瓷国際研討会」で発表され，同館でこれに関連する遺物も公開された（朱伯謙1998, no. 17-27）。碗，多角瓶，鉢，蓋盒などが例示されており，碗では玉璧高台（同書no. 22），5輪花印花臥牛文（同書no. 23）などでは外底または高台畳付に施釉されており，寧紹地域（紹興から寧波に至る杭州湾南岸地域）の越州窯青瓷ときわめて相似した特徴をもっている。これら掲示された青瓷の出土地は麗水市渓口瓦磚土坑墓にみられるように墳墓であり，麗水市に集中し，これら類似した破片が麗水市呂歩坑，慶元市黄壇村，松陽県界首村水井嶺頭の窯跡で少数ながら確認できるとされた。

　しかし，玉璧高台碗などは，寧紹地域の青瓷との判別が困難であり，搬入された可能性も否定できず，5輪花印花臥牛文碗は印花文をふくめて北宋の器形の特徴を有している。さらに，例示された古墓および窯跡について，管見の範囲では考古学的な報告はないようである。この見解はかなり唐突に現れ，その後これを補強する資料の発表や支持する意見もないようである。ただこの魅力的な説は完全に否定されたわけではなく，同書no. 21の外底露胎で越州窯青瓷にもある斜直腹碗については，金村窯跡下層から少数発見されているようであり，形式は晩唐であり，近い将来のさらなる発掘調査で確認できる可能性をのこしている。浙江省内外の晩唐五代期に，例えば距離的に遠い景徳鎮黄泥頭窯でも五代の青瓷は寧紹地域と相似した青瓷から生産を開始する傾向が共通してみられるからである[1]。

2．五代・北宋早期成立説

　これより以前，中国の研究者は，早くから開始時期を五代末から北宋早期としたが，例示する資料のなかに，北宋後半と考えられているものが含まれ，必ずしも説得力のある説ではなかった（任世龍 1981，馮先銘 1982，李知宴 1983）。また竜泉窯青瓷とされているものが，従来，越州窯青瓷と考えられてきたものであり，両者の判別が明確ではなく，理解を困難にしていた。

　ところが，1989 年に，浙江青瓷の代表的研究者である朱伯謙は，竜泉窯の開始に関して明証をあげて論じ，その時期を「五代末から北宋早期」とする考えであり，その時点で多くの研究者の支持をえていた。その根拠として，朱伯謙は次の資料を掲げる[2]。

a．竜泉金村宋代窯の最下層から北宋早期と考えられる堆積層を発見し，その産品は淡青色釉の青瓷であり，温州市西山など甌窯青瓷に相似し，その強い影響を受けたとみられる。

b．a の出土品は，竜泉市茶豊公社（茶封郷墩頭村）土洞墓出土の五管瓶（多嘴壺），劃花双系盤口蓋瓶，執壺（水注）の，いずれも竜泉窯製品と相似している。以下，これらの青瓷を竜泉茶豊墓品と記す（文物 1979-11，浙江竜泉県図書館文物管理小組「竜泉新出土的 3 件北宋早期青瓷器」）[3]。

c．b の 3 点は，温州市西廓大橋頭石橋橋脚台下出土で，開宝 3（970）年銘瓷質碑文に共伴して出土した甌窯水注，瓶とすべての点で相似している（考古 1965-3）。

d．c 出土の盤口長頸蓮弁文壺は，上海博物館蔵で底部に「太平戊寅」（978 年）刻銘の蓮弁文壺と相同である（上海博物館 1983）。したがって，これらすべてが相似しているので金村窯最下層出土の淡青色青瓷は五代末北宋早期に位置づけられ，竜泉窯の開始時期を示していると，結論する。これらの論拠を再点検して，実証的に的確かどうか考えてみたい。

竜泉金村窯最下層出土品の年代

　まず例示された竜泉金村窯について再考したい。竜泉市南部は，海抜 1500m の琉華山をはじめとして郁郁葱葱の崇山峻嶺の間に，北に竜泉大窯，南に金村窯の 2 大窯が烟火をあげていた。その小梅鎮に属す金村窯は，1960 年，森林軽便鉄道建設のため調査がおこなわれ，4km ほどの狭長の地帯に 16 箇所の窯跡が確認され，そのうち第 16 号窯跡の発掘調査がおこなわれた。その結果，この窯跡最下層の遺物が竜泉窯東部および南部の全窯跡をつうじて現在までのところ最古のものと考えられ

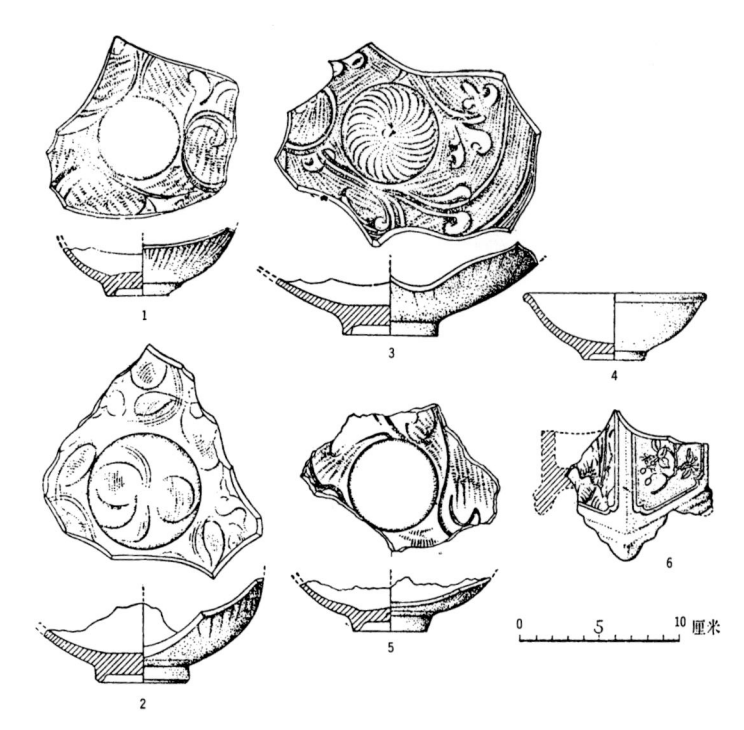

fig. 1．金村第 16 号窯跡最下層（張翔 1988）

るに至った（張翔 1989, pp. 68-98）。そこで，その年代について研討し，竜泉窯開始時期について考察を試みてみたい。

金村第 16 号窯跡は，Y1，Y2 の 2 窯が上下に重なった状態で検出され，いずれも長条形斜坂式竜窯である。最初に作られた Y1 は残存長さ 50m，最大幅 2.8m，同傾斜 18 度。この Y1 の廃棄後に築かれた Y2 は，長さ 29m と短く，窯門は 5 箇所がある。探溝 T1，T5 においては 3 層に分けられ，各層間には砂が挟まっている。その層序関係は第 1 層－T5，Y2，第 2 層－T5，Y1，T1，第 3 層－T5，T1 である。操業期間は長く，遺物の年代からみると北宋から南宋にわたって継続したことがわかり，廃棄品の堆積状況も非常に厚く，本来窯床は山脊に築かれて，両側の低所に廃品を捨てていたが，長年の堆積により，両側が高くなり窯床は凹所になってしまった。残存する匣鉢の配列の復元からみて 1 回に焼成できる量は大小 2 万箇以上と推定されている。

さて問題となる最下層の第 3 層の出土青瓷について報告書の記述にしたがって紹介しよう（fig. 1, pl. 1-1, 2）。この層の遺物は少数で，器種も少なく碗と盤などである。釉は灰青，青黄，炒米黄がおおく，胎土は灰ないし灰白色で，この種の製品はできがよい類いであるが，炒米黄色を呈し，胎土の灰ないし灰黄色のものは焼成不良である。口沿は外反し，底は肉厚で凸状を呈するものもあり，いわゆる鏡は明瞭につくる。外底は露胎で，執餅が高台内に融着している破片がある。装飾の特徴は，碗，盤の大部分は内外の両面に刻花文がなされ，外面には直条（綫条）文，内壁には花草文を篦で刻み，隙地には櫛によって之字形点綴文をいれる。内底の中心に輪式（団花）菊花文をいれるものがある。

両面無文の小碗は少ないようであり，fig. 1-1，2，3 のような施文が多く，なかでも 3 が最も整美された典型品であり内底中心に輪式菊花文，側面に刻割花花卉唐草文をいれ，口沿に綫条文を配する。双層碗（俗称孔明碗）も 1 例出土し，外面には弁内に櫛文をいれた蓮弁文がある。盤は碗と同じような施文のものと，内面にのみ菊花文と篦文を施すものがある。6 は，六面方体の小片で，外壁は印花文，内外に青緑色の釉が厚くかけられ，1 例が例示されている（浙江省博物館編 2009, p. 108）。

これらの最下層出土青瓷が現在竜泉窯において最古の製品と考えられているものである。報告者はその時期を北宋早期とし，五代呉越末期まで溯れる可能性があるとしている。報文中にはその根拠を挙げていないが，前述 a から d の理由と考えられる。そこで，あらためて金村窯第 3 層出土青瓷の年代について考えてみたい。

筆者はかつて浙江省文物考古所が調査した山頭，太白山窯跡出土品について，同研究所の朱伯謙，任世龍等の指導を受けて調べ，その出土品を竜東第 1 期と規定した（本書Ⅲ-7 参照）。その竜東第 1 期は，BY22 を標識としているが，その産品の特徴は，碗において①透明な薄い施釉で外底露胎。②施文は外面を篦による綫条文，内面は篦による片切彫り花文で，一部に内底中心に輪式菊花文，内側面に片切彫り花文をめぐらし，隙地を之字形点綴文でうめる。しかしこうした丁寧な施文は少ない。碟などでは外面の綫条文を省略する。③底部は厚く，内底に圏線をいれ，明確に見込みを形成し，凸条に盛り上がり，肉厚である。この竜東第 1 期の年代を日本出土品を検証することにより，11 世紀末葉から 12 世紀の第 1 四半期に位置づけ，同窯跡の報告者である任世竜の北宋末期に近い見解であることを表明した（亀井明徳 1992, pp. 5-27）。

この成果を基にして，金村窯第 3 層出土品をみると，まさに竜東第 1 期の諸特徴と一致し，上記①，②，③のいずれもが該当する。微妙に違う点を挙げれば，上記②の後半の丁寧な施文は竜東第 1 期では非常に少なく，隙地の点綴文が省略されているものが多い。それに対して，金村窯跡第 3 層は，掲げられている資料は少ないけれども，いずれもがこの点綴文を多用している。竜東第 1 期では姿を消そうとしている丁寧な施文が金村窯第 3 層では盛行しているといえる。そうならば，金村窯第 3 層を竜東第 1 期に先行する一形式前の段階のものと認識できるのか，あるいは，竜東第 1 期の中における精品と粗製品の相違として理解し，同

5. 竜泉窯青瓷創焼時期の具体像　437

1, 2. 金村第16号窯跡最下層（浙江省博2009），3a.–d. 青瓷五管瓶，竜泉市茶豊墓（朱伯謙1998），4a.–c. 青瓷長頸瓶，竜泉市茶豊墓（同左），5. 青瓷執壺，竜泉市茶豊墓，6. 寧波市小白市第3号窯跡，大中祥符5年刻銘片（考古1964-4），7. 開宝3年銘瓷質碑文，温州西郭大橋頭（温州市博2001）

pl. 1. 竜泉窯青瓷（1）

438　Ⅲ　唐宋代青瓷の系譜と編年

8. 金村窯跡出土片（浙江省博 2009），9. 青瓷執壺，温州西廓大橋頭河床（温州博 2001），10a.‐c. 青瓷長頸瓶，竜泉市博物館，11. 青瓷長頸瓶，C. D. Malcolm 蔵（M. Medley1976），12. 青瓷長頸瓶，Ingram Collection（M. Tregear），13. 青瓷長頸瓶（Boston1972），14. 青瓷五管瓶，浙江省博物館

pl. 2.　竜泉窯青瓷（2）

5. 竜泉窯青瓷創焼時期の具体像　439

一形式のなかに包括すべきものなのか，にわかに決めがたいし，決める根拠となる資料を現状ではもっていないが，仮に前者の場合とすると，その実年代は，一世代前として，11世紀後半におくのが自然であろう。後者の場合であると，竜東第1期並行の11世紀末がその上限となる。いずれの場合を想定しても，ここに例示された金村窯第3層出土青瓷を五代末はもとより，北宋早期の10世紀後半まで，約100年さかのぼらせることは考え難い。したがって，現時点で，金村窯第3層を竜泉窯開始時期の窯とするならば，その創窯は11世紀の後半，溯上しても11世紀中葉をこえることはできないという結論にならざるを得ない。

　この論文で挙げられた資料は，竜泉窯創焼期をしめすとは考えられないが，この窯跡から五代・北宋早期資料が発見される可能性は十分に予測でき，それは越州窯に類似した青瓷と考えられる。すでに北宋中・後期と考えられる破片が発見されている（pl. 2-8）。朱伯謙説の根幹にある金村窯最下層の北宋早期説が成り立ちがたいことはb.以下の論拠と深く関連しているが，すでに20年以上前の想定であるから，これをもって全否定することなく，立論をあらため，個別に正否を検証していきたい。

3. 竜泉市茶豊墓出土青瓷

　竜泉茶豊墓の3点の青瓷は北宋早期成立説の鍵をにぎる重要資料である。1976年に竜泉市茶豊公社（茶封郷墩頭村）の山の斜面の土洞墓とみられる土穴から3件の青瓷が水利工事中に発見され，竜泉県図書館文物管理小処が整理し簡単な報告をしている（文物1979-11, p. 95）。まず五管瓶は口径8.2，底径9.5，通高39.5cmをはかり，絹のような光沢をもつ淡い青色の釉薬が薄くかけられている（pl. 1-3a, b, c, d. 朱伯謙1998, no. 36, 37, 38）。蓋は，弁先を反転させた覆（俯）蓮をめぐらせ，頂部には池塘のなかに4羽の水鳥が戯れる情景つくり（pl. 1-3d），中央の荷葉のなかに花蕾形の鈕をつける。覆蓮弁の下の円筒形の下端には2本の弦文をめぐらす。瓶部は，卵形の胴に直口をつけ，高台は低く，わずかに外反する。肩に水波堆貼付文をめぐらし，その上に立てられた五管は，7稜に面取りされた荷茎形で，管端は4歯の突起状をなす。胴部の主文は覆垂蓮弁文で，葉脈は主脈を太く削り出し，側脈は

15. a, b. 青瓷長頸瓶, Haags Gemeentemuseum, 16. a, b. 青瓷「太平戊寅」年刻銘瓶, 上海博物館

fig. 2. 竜泉窯青瓷(3)

線刻で細かくいれ，4段にわたり鱗状に並べる。この下端は削り出し複凸線によって6分に瓜割りされ，各区には細線刻花文が配されている (pl. 1-3b)。外底部は，施釉され，高台端部に焼成時の痕跡がある (pl. 1-3c)。胎土は，灰白色で，淡青色の釉が滑らかにかけられている。この器形は北宋後半になると胴部が重ね餅状になり，竜泉市藍巨郷独田村の熙寧3 (1070) 年墓以下類例が多く，茶豊墓品が北宋中期以前の五管瓶であることは誤りない (浙江省博 2000, no. 2000)。

つぎに，長頸瓶は，口径 10.6，底径 8.5，通高 40.1cm で，蓋は水波堆貼付文をめぐらした中央に花蕾形の鈕をつける (pl. 1-4a)。胴部は，細くのびる頸部にシャープな形で2本の弦文をめぐらす盤口をつけ，頸部基部の肩部に双系を貼付し，肩部の系間に花卉文各1を線刻している。肩を最大径として下端を収斂させたスリムな形姿である。肩と胴部中位につけられた水波堆貼付文が大きな装飾的特徴である (pl. 1-4b)。外底にも施釉されており，高台畳付，同内側は釉が削りとられて露胎とし，畳付に灰褐色の珪砂8箇が固着している (pl. 1-4c)。

執壺は，口径 6.9，高さ 17.5，底径 6.5cm をはかり，盤口で，長頸の基部に上記2点と同じやや華奢な系をつけ，胴部は削り出し凸雙線で6区画している。曲線注口をつけ，把手は2本紐を接合して盤口下に貼付している。灰白色の細かい質の胎土に淡青色の透明な釉が，一部ではやや厚めにかけられ流下している (pl. 1-5)。

これら3点の生産窯について，越州窯ではなく，竜泉金村と慶元上垟が交わる處とする意見がある (朱伯謙 1998, p. 79)。胎土と釉調からみて甌窯青瓷の可能性を考えている研究者もいるが，北宋甌窯青瓷にしばしばみられる釉薬の透明で玻璃の質感ではない。台州市黃岩区沙埠鎮下山頭窯跡出土の北宋中期とみる執壺片は，胎土は白くはないが内外に施された釉の透明感がつよい[4]。これらの青瓷3点が竜泉窯跡群の至近の地から発見され，竜泉窯の開始時期の明証の一つとして重要な資料であることは誤りのないところである。

これら3点の青瓷については，生産窯の同定と製作年代が問題である。生産窯については，竜泉窯説と甌窯説がある。これら3点のうち五管瓶と長頸瓶の胎土が灰白色であり，釉色もそれを反映して透明性があり，北宋後半に一般的にみられる竜泉窯青瓷とは異なり，甌窯の胎土・釉調に近いのではないかという印象に基づいた考えである。他の1点の執壺の釉調は北宋竜泉窯により類似している。しかし，断片的な資料ではあるが，金村窯から採集されたとみられる北宋早期と考えられている破片は，胎土は灰白色に淡青色で透明性の強い釉がかけられているおり，茶豊墓の2点に類似している (pl. 2-8)。改めて金村窯で北宋早期に青瓷が焼成されていた可能性が指摘できる。

くわえて，瞥見しただけであるが，茶豊墓遺跡は，竜泉市から20kmほど南下して大窯へ通じる竜泉渓に沿った道筋にあり，竜泉窯跡群の中の渓口窯跡に近い山間部である。現在の常識的な印象をはさむのは望ましいとは思っていないが，甌窯など他所から搬入する勢力が存在したとするよりも，近場の製品を随葬した蓋然性が強いと考える。

つぎに問題となるのは，これら3点の製作年代である。この点について，朱伯謙説が上引の c. であり，c の温州河床出土の執壺はいわゆる喇叭口であり (pl. 2-9)，茶豊墓出土の執壺の盤口との違いは無視できないものの，鼓胴，曲線の注口と把手の形状，胴部の削り出し瓜割凸線 (瓜稜) など類似し，開宝3年 (970) 銘瓷質碑文 (pl. 1-7) との共伴関係から北宋初期としている[5]。

しかしながら，この温州の河床遺跡の報告をみると，この碑の断片は，長さ34m の大橋の橋脚の石柱下から出土し，建橋時の祭文の内容とみられている。ところがこの調査中に河床の中から瓜稜壺 (執壺)，双系壺，碗，皿などの大量の残片を採集し，同時に天禧，熙寧，元祐，政和，崇寧などの11世紀から12世紀前半代の北宋銭を採集した，と述べられており，年代を異にする遺物が出土している。すなわち，残念なが

ら紀年銘碑と陶瓷器，銅銭とは考古学的にいう共伴品ではないようである。採集品であるから，このこと自体責められることでなく，紀年銘碑を含む前後の幅のある年代にあるとしておきたい。報告では続けて，河床中に遺留していた陶瓷器と北宋銭は，青瓷の主産地であった西山窯から甌江への輸送途中で失落したものではないかと述べている（考古1965-3，p. 157，温州市文物処編2000，pp. 218-219）[6]。

再びあらためて，この河床から出土した青瓷瓜棱執壺の年代について考察すると，喇叭口，長頸，長円瓜棱形，長弧形注口をつけ，低い高台の畳付を除いて透明に近い淡青黄色釉が欠けられ，細かい氷裂がでている（pl. 2-9，温州博物館編2001『温州古陶瓷』no. 97）。茶豊墓の執壺とは盤口と喇叭口との相違はあるが，この両形態ともおそくとも晩唐代から平行してつくられている。器面を削り出す瓜棱についてみれば，寧紹地域の産であるが寧波市鄞州区（旧鄞県）小白市第3号窯跡から出土した大中祥符5（1012）年刻銘破片（pl. 1-6，考古1964-4，pp. 182-187）が絶対年代をさぐる資料である。ほぼ類似した特徴をもつ器形は甌窯西山窯にもみられる（文物1965-11，pp. 21-34）[7]。

4．茶豊墓出土の青瓷の年代

茶豊墓出土青瓷3点の年代をさぐるために，類似した器形，器面に施された施文，凸棱瓜刻文・波形堆文・刻劃花蓮弁文・細かい線刻雲あるいは花文を手がかりにしたい。

上記の凸棱瓜刻文は，茶豊墓の執壺と五管瓶の腰に共通してみられ，2雙線を刻む同一文様である。この凸棱瓜刻文は晩唐から北宋後期までの長期間にわたって器面を瓜割状にする簡素な装飾文である。竜泉窯青瓷とみられる盤口双系長頸瓶では（pl. 2-10，竜泉市博物館保管），茶豊墓の五管瓶と長頸瓶にみられる凸棱瓜刻文の間に線刻雲気文をはさみ，反り花形の蓋を被せ（pl. 2-10b, c.），澄んだ淡青色に近い釉調を共通してもっている。長頸瓶だけをとっても，他にも類似器形と装飾を有する青瓷瓶が竜泉市博物館にあり（朱伯謙1998，no. 44），執壺ではAshmolean Museum（fig. 11, Gompertz1980, M. Tregear, no. 188）が茶豊墓品に類似している。

この凸棱瓜刻文装飾と波浪形貼花文（Pie crust band）を同一個体に組み合わせる青瓷長頸瓶があり[8]，最も近いのは，Captain Dugald Malcolm所蔵瓶で（pl. 2-11），肩と胴にめぐる水波堆貼付文，蓋にも同様の貼付文の中心に鈕をつける（M. Medley1976, fig. 66）。茶豊墓出土品に比べて胴部がより卵形に近く，双系も太いなど若干の差はあるが，まず同時期のきわめて類似した製品である。

同様な青瓷はかなり例示でき，Ingram Collection品に，pl. 2-10bの蓋と同じく，施文された花弁を反り返らせ，小形の花茎鈕をつけている（pl. 2-12，M. Tregear, no. 187）。類似した蓋をもち，波浪形貼花文を肩と胴中位にめぐらし，盤口，長頸，反り花を被せる瓶もあり，これらは茶豊墓長頸瓶と器形および装飾文が共通している。さらに，これらと器形を共通した盤口双系長頸瓶で，返り花形蓋を被せ，波浪形貼花文に刻劃花蓮弁文で器面をかざるものがある（pl. 2-13，Boston，no. 50.1048，Boston1972）。

茶豊墓の五管瓶に類似し，凸棱瓜刻文で刻花蓮弁文をつける竜泉窯品があり（pl. 2-14，浙江省博物館保管），長頸瓶でも茶豊墓品と器形が類似し，凸棱瓜刻文と刻花蓮弁文を胴部全体にかざるものがある（fig. 2-15a, b，Haags Gemeentemuseum, oc5-87）。外底は次の上海博物館品と同じく総釉で，外底に環状の塾圏の痕跡がみられる。上海博物館所蔵の「太平戊寅」太平興国3（978）年刻銘の青瓷刻花蓮弁文長頸瓶については，竜泉窯の産品と考えられている（fig. 2-16a, b）。以上のべてきた青瓷は，外底にも施釉され，釉上に塾圏がめぐる焼成方法をとり，北宋後期の竜泉窯で普遍化する外底無釉とは異なっている。

要するに，茶豊墓出土の青瓷五管瓶，長頸瓶，執壺と，蓋，盤口，長胴，低高台などの器形の特徴の類似

性と，凸棱瓜刻文装飾＋波浪形貼花文＋刻花蓮弁文の装飾文様の類似性をあわせてみると，かなり多くの類似品を掲出でき，大中祥符5（1012）年刻銘破片（pl. 1-6）と「太平戊寅」太平興国三（978）年刻銘（fig. 2-16）を絶対年代の基準とすると，北宋早期，すなわち，10世紀後半から11世紀第1四半期に位置づけることができる。茶豊墓出土青瓷が竜泉窯の様式を現出した重要な資料とするならば，この時をもって創焼時期と考える[9]。

[注]

(1) 「'98竜泉窯青瓷国際研討会」では浙江省博物館の別館に竜泉窯青瓷を集中した特別展が開かれ，その会場で今は亡き朱伯謙氏と直接質疑を交わすことができたが，竜泉窯と越州窯青瓷との相違点の説明は私には理解できなかった。1991年の竜泉竜東地区窯跡調査の出土品を，古びた旧浙江省文物考古所で1週間にわたり丁寧に教示していただいた学恩のある先生に対して，私は朱説に首肯せず非礼があったのではないかと危惧している。2012年10月，上海博物館での元青花瓷国際学術研討会の終了後にひとり杭州に赴き，竜泉窯研究者数人とこのテーマで議論することができた。そのひとりは沈岳明であり，1991年に浙江省文物考古所の若き研究者として机をはさんで教えてくれた方であったが，すでに同所の研究員になり，現在の竜泉窯の成立について煮詰めた議論を交わした。彼は全体として朱説に否定的であったが，金村窯下層に晩唐青瓷で越州窯に類似したものの存在と，近く相当量が発見される可能性を示唆した。杭州では博物館の李剛，若い活力のある王屹峰，有能で親切な通訳である魏祝挺，くわえて旧友の方伸夫妻などのお世話になり，実り多い西湖畔の秋日をすごした。

(2) ここで云う北宋早（前）期，中期，後（后）期の3時期区分について，中国の研究者はあまり明確にしていないが，私は次のように設定して論をすすめている。

北宋早期：960年の太祖・趙匡胤による建国から，大平興国3（978）年の呉越国の滅亡，1004年の「澶淵の盟」，1007年の昌南鎮を景徳鎮への改名，「大中祥符」年号などを含み，真宗の没する1022年までで，10世紀後半から11世紀第1四半期。

北宋中期：1044年の西夏との和睦が成立し，開封に市がひらかれ，生活がある程度安定し，士大夫階級が支配権をにぎり，文化が隆盛する「慶暦の治」の時代で，11世紀第2四半期と第3四半期。

北宋後期：1080年に始まる「元豊の改革」から，徽宗帝（1100-1125年）の時代で，1118年に金との「海上の盟」を結ぶが，1126年「靖康の変」により滅亡するまでの，11世紀第4四半期から12世紀第1四半期。

(3) この茶豊墓出土の他に竜泉県三渓古墓から1959年に刻花覆蓮文五管瓶（高30，底径8.4cm）が出土し，茶豊墓出土品に類似している（浙江省軽工業庁他1966，図版1）。

(4) 台州市黄岩区沙埠鎮下山頭窯跡出土の北宋中期とみる執壺の把手基部の破片で，単線凸棱瓜刻文

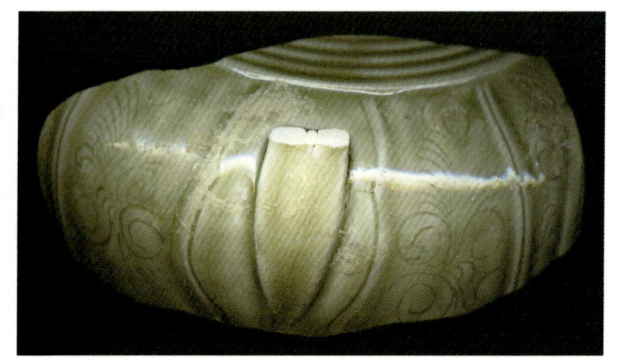

fig. 3. 青瓷執壺片，台州市黄岩区下山頭窯跡

の間に線刻花文を入れ，肩に圏線をめぐらしている。胎土は淡灰色であるが，釉は明るい緑色で透明感があり，薄く内外にかけられている（fig. 3）。

(5) この碑文の裏面に「…開寶三年太歳庚…□僧道徒」とあり，オリーブグリーンの釉がかけられている（温州博物館編2001『温州古陶瓷』no. 98，文物出版社，北京）。

(6) この他に，1959年の竜泉大窯の発掘調査において，もっとも古いと考えられたのは乙区T10で，厚さ0.58mの廃品堆積坑から碗と水注をはじめとして大量の遺物を検出している。図示された青瓷について，かつて北宋早期とする意見もあったようであるが，報告書で朱伯謙は，「元豊三（1080）年」の多嘴壺よりも造形的に古朴であるので，これよりすこし遡る年代の北宋中期と考えている。11世紀中葉前後を示すとみられる。筆者は，碗，碟の施文から

みて竜東第1期平行と，少し降る年代を想定する。朱伯謙1989「竜泉大窯古瓷窯遺址発掘報告」『竜泉青瓷研究』pp. 38-67。
(7) この小破片の文字は，注口の下に4行で刻まれ「天童…寺捨カ（報告書では舎）…大中祥符囗…月日弟子」の一部残存している干支を囯子（「壬子」1012年ヵ）としている。
(8) 波浪形貼花文の紀年銘共伴資料はすくなく，浙江省武義宋墓出土の黒釉長頸瓶の肩と胴部にみられ，元豊6（1083）年銘の墓誌が伴っており，11世紀の後半の年代である（李知宴，童炎「浙江省武義県北宋紀年墓出土陶瓷器」文物1984-8）。この紀年銘は灰釉筒形陶器に刻まれ「九政自造自大□元豊六年八月十九日元」とある。婺州窯と推定される青瓷罐，平型盒，青白磁の水注，蓮華文碗5、碟5などに共伴して，黒褐釉罐が2点あり，そのうちの1に波浪形貼花文のものがある。報告では武義蜈蚣山窯の産品と推定している。
(9) 竜泉窯五代北宋早期の開窯説の根拠となる文献資料としてしばしば引用されているのが庄季裕『鶏肋編』である。そのなかの「処州竜泉県……又出青瓷器，謂之秘色，銭氏所貢蓋取此。宣和中禁廷制様須索，益加工巧」の記事に関して，朱伯謙は，秘色は越瓷のこととして一応否定されるものの，呉越国が興国3年の降宋以前に，竜泉窯は小規模ながら生産をおこなっていたと考えている。同じ文献史料について李知宴は，秘色は，越州窯の影響を受けた竜泉窯青瓷のことをさし，それが五代のことではなく宣和（1119〜1125）すなわち北宋末の状況を述べている，としている。したがって，この史料は竜泉窯開窯期を説明する根拠にならいことになる。

[後記]

　本稿は，拙稿「竜泉窯青瓷創焼時期への接近」貿易陶磁研究 No. 12, pp. 141-157, 1992 日本貿易陶磁研究会に発表した論文を一部引用しているが，論証，結論を異にした新稿である。不尚の息子を悟とすかの如く，懇切な指導を受けた朱伯謙先生を2011年に失い，かつまた先生の考えに異を唱える結論になってしまった事に対して，内心忸怩たるものがある。竜泉窯の開始時期について，現在の私の考えは，北宋早期説であるが，その明証を求めて，金村窯最下層の既出の資料を否定し，現時点で新資料を探すために，浙江省の数人の研究者と議論を交わしたが得るところは少なく，結局，竜泉茶豊墓出土品に開始時期の年代を求めた。晦渋な表現を積み重ねるだけで徒労におわったが，これが開始時期研究の現状を反映しているのではないかと，自己弁護しているに過ぎないのかもしれない。
　それにしても，茶豊墓出土の3点の青瓷と，これらに接近している時期の青瓷の胎土が灰色ではなく白色に近い明度をもち，釉調に透明感があり，北宋中期以降の竜泉窯青瓷の特徴である緑色を基調とする釉色と異なることに違和感をおぼえる。

6. 元豊三年銘青瓷をめぐる諸問題

1. はじめに

　北宋の「元豊三（1080）年九月十五日」と同一年月日が刻銘された青瓷瓶と多嘴壺の存在はよく知られている。ひとつは，ロンドン大学附属の旧 Percival David Foundation of Chinese Art（PDF. 略称）蔵「青瓷蓋付双系瓶」であり，他のひとつは，奈良市の大和文華館が所蔵する「青瓷多嘴壺（五管瓶）」である。これら2点の青瓷は，数すくない北宋の紀年銘青瓷ということで刮目されていることは言うまでもないが，それ以上にこれらが，北宋青瓷史の転換点にちょうど位置する資料として，単に紀年銘品の意味をこえる重要性をもっていると考える。

　すなわち，唐代からつづいた越州窯青瓷は，北宋に入ると高品質かつ生産量の増大をとげ，ピークに達したが，それは同時に衰退への途でもあった。およそ11世紀の中葉を境として，さしもの越州窯も質が低下し，おりから浙江省南部の甌江上流域に竜泉青瓷窯がこれに取って替わるかのごとく勃興してきた。この竜泉窯が本格的な青瓷生産を開始した時期については意見がわかれるところであり，中国研究者の多くは北宋の初め，すなわち10世紀中葉をその嚆矢としている。これにたいして筆者はこれを11世紀中葉とかつて推定し，その根拠について詳しくのべたが[1]，現在では，10世紀後半から11世紀の初めを，その創焼時期と考えている（本書III-5参照）。

　越州窯青瓷の紀年銘資料として，最も年代の下がるものは，江西省瑞昌県黄橋発見の1025（天啓3）年墓出土の盤口瓶であるとされ[2]，これ以降に確実に越州窯製品と認定できる紀年銘資料は未発見とされていた。そこで元豊3年銘の上記2口の青瓷の生産窯が問題として俎上にあがってくるわけであり，もし仮にこれらを越州窯製品とするならば，11世紀後半に至ってもなおこの窯は生産を継続していた。もし逆にこれらを竜泉窯の産品と同定すると，現在のところ確実な紀年銘をもつ北宋の竜泉窯青瓷のひとつとすることができ，その創窯時期を考えるうえで看過できない資料となるわけである。すなわち，これら2口の青瓷は，越州窯から竜泉窯へと交替する北宋青瓷史の分岐点を示す鍵層的な遺物として位置づけられる。

2. 旧PDF.所蔵の青瓷瓶

　これら2点の青瓷はすでに周知のものであるが，資料的な評価を受けることがあっても，美術作品として優れていないためであろうか，とくに取り上げて観察されることがなかった。そのため，2口とも生産窯の同定などの考察を進めるうえで基礎的資料が欠けているようである。さらに，同一紀年銘であるけれども，それがあたかも偶然かのごとくおもわれ，両者をまとめて考察されたこともない。そこでまず各々について紹介し，そののち両者の密接な関係について，考察をこころみたい。

　旧PDF.所蔵の瓶（以下デビット瓶とする）については，残念ながら実物を調査する機会をもっていないが，同所の館長であった Dr. RosemaryE. Scott（ローズマリー・E. スコット）から全ての詳細な資料の提供を受けたので，おおよそのことが判明した[3]。この青瓷瓶は，高さ38.1cmをはかり，長卵形の胴部は，縦に2本の隆線を削り出し6区画に分割する，いわゆる瓜割につくり，各区画に2行の銘文が刻まれている。肩には小型の双系を貼付し，基部に3本の沈線をめぐらす細い頚部をのばし，シャープではなく曲線的な盤型の口をつけ，口沿部には焼き歪みがみられ水平ではない。蓋は端部を荷葉形に反転させ，簡素な蕾形のつまみ

をつけている (fig. 1-a, b)。

　胎土は，濃い灰色の陶質であり，釉薬は，むらのある灰緑色を呈し，高台脇など部分的に黄色に変化している。外底はほとんど釉薬はかけられていない露胎で，赤褐色に焦げており，また支釘（目痕）の痕跡は認められず，畳付に焼成の痕跡がある。この底部の特徴は，大和文華館蔵の多嘴壺の底部と同じ状態である。

　つぎに，6区画，各2行に刻まれた銘文は，1字1字は比較的丁寧に彫られており，判読は困難ではないが，一部意味が理解しがたいところがある。1行は4字を原則としているようであるが，6字と5字の行もある（fig. 2，上段）。

　　元豊参年
　　閏九月十五
　　圓日願焼上色　　（「上色」の左側に箆刻壺の図）
　　粮甖承貯
　　千万年香
　　酒歸去伯年
　　歸後應益
　　千子万孫
　　永招冨貴
　　長命大吉
　　受福無量
　　天下太平

［釈文］　元豊3年，閏9月15圓日，上色の粮甖を焼きて，千万年の香酒を承け貯えんことを願う，歸り去りて伯年，歸りて後，應に益千子万孫に，永く冨貴を招き，長命大吉なるべし，受福無量にして，天下太平なるべし。

　元豊3年の閏月の9月15日，すなわち満月の日に，素晴らしく上出来の粮甖を焼く，それは「上色」の左に線刻されているような蓋付の容器である。「甖」はあまり使用されない字のようであるが，『古今事物考』に「今喪家棺斂中必置粮甖者，……昔魯哀公曰，夷斉不食周粟而餓死，恐其魂之飢也。故設5嚢，今之粮甖即其遺意」とあり[4]，「粮甖」と同じく「粮甖」は，1般的には飲食糧を入れる甕の意とおもわれが，ここでは刻銘されたこの瓶を指し，これに千万年の長きにわたり香る酒を貯えることを願う。黄泉へ歸りて百年経過した後までも，ますます千子万孫に，永久に冨貴を招来し，長命にして大吉であり，無尽の福を受け，天下太平であることを願う。

　この銘文では，この瓶を焼いた人物と，被葬者との関係があいまいであり，刻銘者の記載もなく，全文の意味するところが理解しにくい[5]。この点を解明するためには，つぎの大和文華館蔵の多嘴壺の銘文とあわせて考察することが必要である。

3．大和文華館所蔵の青瓷多嘴壺について

　この多嘴壺は，1937年に重要美術品に指定され，旧蔵者の小倉武之助氏から美術商の手を経て，1949年に大和文華館の所蔵となり現在に至っている。器高25.5-25.7，口径8.3，底径10.8cmを測る青瓷である。5段に餅重ねし，各段の最大胴径は下から15.9-15.2-14.4-12.9-10.6cmと逓減し，3段目と4段目の境付近から5本の管を起立させている。蓋は当初から失われており，口沿は短く直立し，その上面は施釉後に掻き取られて露胎にされ，焼成後の粗い擦痕が全周にわたってみられる（fig. 1-2-a, b, c）。

各段に施された蓮弁文は，複線の輪郭線で表現され，各弁の外周を浅く片切彫りにし，わずかに弁を浮き上がらせているが，鎬はなく肉盛りのない平板な形である。3，4段目の文様は不鮮明で，片切彫りの彫線が弱い。荷茎状の五管は，口唇に8-11箇所の刻み目を入れているが，不揃いで乱雑である。管部の面取りは，体部側をのぞいて4ないし5面体にするが，幅に狭広があり，粗い削りである。管はすべて不通であり，底から3分の2程度に褐色土が詰まっている。

釉は，高台の内抉り部分を除いてかけられており，やや灰色を帯びた透明な淡い緑色であり，いわゆるオリーブグリーンの色調ではない。光沢はあるが大きな氷裂文はみられず，五管の付け根に溜まった釉は玻璃質で透明な緑色を呈する。胴部下半の半面は黄白色の釉色である。胴内側にも1部を除いて施釉され，黄色味のない淡い青色を呈し，内底には，管内に詰まっていたものと同質の土がみられる。

削り出された高台は，高さ1.5cmで，畳付にも施釉され，表面は黒灰色の砂状のものが付着し凹凸となり，いわゆるクッツキがみられる。高台の内側も全周にわたって施釉され，黄灰色を呈する。外底は，赤みをもつ褐色の露胎の部分と，2条の釉薬が垂れ流れた部分，さらにその釉薬を拭き取ったとみられる極めてうすく釉薬がのこる箇所があり，横方向のナデ調整痕が釉下にみられる。4箇所に粘土の固着はあるが，支釘の痕跡は認められず，焼成時は畳付が匣鉢と接していたと考えられる。胎土は，破面でみると灰色であり，越窯青瓷に多い少し赤みのある色調ではない。

最下段の蓮弁文内の各中央に刻まれた文字は，デビット瓶の文字と比較すると丁寧ではなく一部，とくに5，6行目が判読しにくいが，以下のとおりと考えられる[6] (fig. 2，下段)。

元豐三年

又九月

十五圓日

增添福壽

邕且之進

与何十二

婆百年

後應益

安孫子

富貴

長命大吉

［釈文］ 元豐三年　又九月十五圓日，福壽を增添し，邕を且之に進め，何十二婆に与う，

百年の後，應孫子を安んずべし，富貴にして長命大吉ならん。

　　デビット瓶と同じく元豐3年の「又」すなわち閏，9月15圓日，福壽をますます増し，邕すなわち香酒（香草と黒黍とを混ぜて醸した酒）をまずここに進上（たてまつり）し，何十二婆に与え，百年後にいたるまで，ますます子孫の安寧，富貴，長命大吉を願う。

すなわち，被葬者とみられるのは何十二婆である。何姓の老婆であり，「十二」は，いわゆる排（輩）行であり，一般に同じ宗族の兄弟，従兄弟などの中での年齢順の数の称呼として使われている。つまり，姓の下に李十二，李十三のように年齢順の数字を添えて呼ぶわけであり，唐代に盛行し，以後使われることが少なくなり，また男子に使用されることが多いといわれている。しかし，南宋・紹興3 (1133) 年江西省瑞昌紀年銘墓の買地券に「故亡人劉三十八郎墓在此山」とあり，同じく淳祐3 (1243) 年の買地券に記載されている福州市北郊の黄昇氏は黄五二と称されている。したがって，排行は南宋においても使われることがあっ

たようで，唐代に限るものではない[7]。また，女性の例として，唐高宗の第十二姉にあたり，永淳元（682）年に昭陵の近くに陪葬された臨川公主李孟姜氏は，排行十二と称するので，男性のみの呼称ではない[8]。

したがって，この五管瓶（多嘴壺）は，江南に多い姓である何氏一族の墓におさめられた副葬品であり，デビット瓶の銘文と合わせて考えると，何十二婆の葬送に際して，彼女の近親者が上色の粮罌（瓶）を焼き，その中に香酒（鬯）を入れ，千万年の間保たれんことを願い，まず神に進上するとともに，死者である何十二婆にそれを与え，百年後に至るまで，嗣子孫孫の安寧，富貴，長命大吉，天下大平を祈願する，と解釈できよう。

4. 2口の青瓷の邂逅

さて，これら2口の青瓷を個別に検討してきたが，ここで両者がきわめて密接な関係を有していたことをあらためて指摘しておきたい。すでに触れたように，これらは同年同月同日につくられ，同じ墓の随葬品として埋置されていたと推定できる。そしてさらに，同一人によって銘文が刻まれていることも確実である。

両銘文にはじつに210文字が共通している。それは「元・豊・年・九・月・十・五・圓・日・子・應・益・後・孫・冨・貴・長・命・大・吉」で，その書体で類似している文字をあげよう。「元」の2画から3画目のくずす形，「豊」の豆部分の崩し方，「月」の内部の横線の書き方，「子」の字，「應」にみられるかなり乱暴な崩し方，「益」の上半部の形，「後」の行人偏，「孫」の偏と終わり3画の形態，「冨」の上半，「貴」の貝部最後の2画の略しかた，「長」のやや変形した書き癖，「命」の左右の高さの違い，「大」の3画目を右

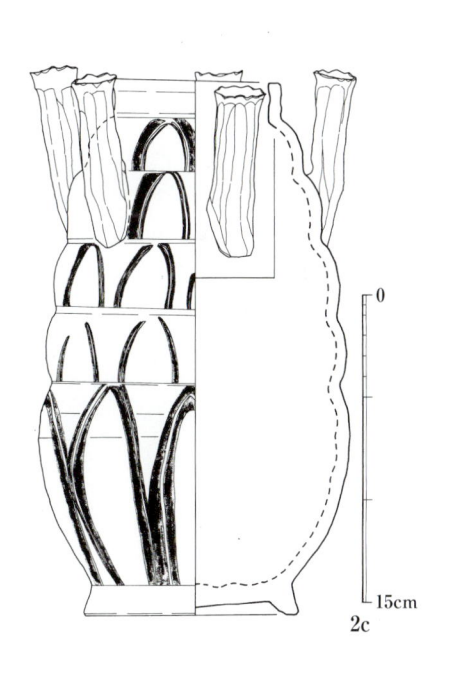

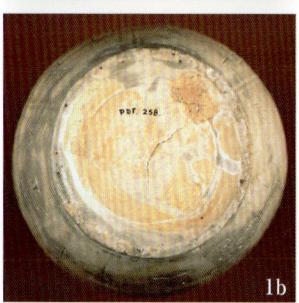

1. a, b. 青瓷長頸瓶，旧PDF. 所蔵，旧PDF. 提供，2. a, b. 青瓷多嘴壺，大和文華館

fig. 1. 元豊3年銘2口の青瓷

448　Ⅲ　唐宋代青瓷の系譜と編年

（上）旧 P. D. F. 所蔵長頸瓶
元豊参年
閏九月十五
圓日願焼上色（「上色」の
左側に窯刻壺の図）

粮穀承貯
千万年香
酒歸去伯年
千子万孫歸後應益
永招富貴
受長命大吉
天福無量
下太平

（下）大和文華館所蔵多嘴壺
元豊三年
又九月
十五圓日
増添福壽
國目之進
与何十二
婆百年十二
後應益
長安孫子
富貴子高盈
長命大
吉

fig. 2. 青瓷長頸瓶・多嘴壺銘文

に延ばす癖など，極めてよく似た部分として指摘できる。あえて少し相違する文字をさがすと「圜」，「年」を挙げることもできようが，彫りにくい位置によっての違いかもしれない。これはまさに同一人物がこの2口の銘文を刻んだことに疑いの挟む余地はなく，その刻銘は施釉前になされている。

こうした文字にみられる同一人の筆跡は，当然のことながら文章の構成もよく似ている。冒頭に年月日，後半には「應益」から始めて，孫子に富貴，長命大吉を願う同じ文言をならべる。こうしたものは墓誌や買地券の一部にもみられる慣用句ではあるが，それにしても両銘文は軌を一にしていると言える。この2口の青瓷は，同一の陶工によって，刻銘されたと考えられる（fig. 2）。

ところでこのように容器に刻銘する意味，すなわち葬送に関与した人はどのような目的をもって刻銘したのであろうか。焼きものを表示した刻銘品は多いとはいえないが，稀例でもないようである。若干の類例を検討すると，浙江省徳清県秋山郷出土の黒釉粮罌（器高34.7cm）の胴部下半に「元和三年十月十四日潤州勾容県甘唐郷延徳里趙金妻任氏粮罌」と刻まれている[9]。すなわち，これは元和3（808）年に，趙金氏が妻任氏の死に際して，黄泉での穀物を入れた罌を埋納したことを記す刻銘である。同じく浙江省に例をとると，紹興県文物管理委員会の収集品の青瓷盤口瓶（高さ26cm，上海博物館蔵）の腹部に「上虞窰匠人項覇造粮罌瓶一個献上新化亡霊王七郎咸平元年七月廿日記」とある[10]。これは上虞窰の陶工のひとりである項覇が故王七郎の墓に納めるために粮罌瓶1箇を焼成し献上したのであり，上記の徳清県例と類似している。

すこし時代をさかのぼらせて青瓷神亭壺（穀倉）の亀跌碑上銘文のなかに，デビット瓶や大和文華館多嘴壺と類似した趣旨の銘文がある。江蘇省呉県獅子山出土品に「元康」「出始寧　用此霊缶　宜子孫　作吏高　其楽無極」とあり，元康（291-299）年間，始寧（上虞市西南部）の地でつくられた，此霊缶を用い，子孫に宜しく，高位の官吏と作（な）り，其の楽しみ極まり無し，の字句が分けて刻まれている。呉代の浙江省紹興市古墓出土例に「永安三年時　富且洋（祥）宜公　卿多子孫壽　命長千意（億）　萬歳未見英（殃）」とある。時に永安3年（260），富かつ多幸で，公卿に宜しく，子孫は多く，寿命は長く，千億万歳にわたって英（わざわい）をみず，の意味である。これら銘文は，墓誌とは別に，死者のために黄泉での穀物を副葬し，子孫の安寧を祈願している[11]。

もちろん容器の刻銘にはこれらとはやや意味を異にしている例もある。浙江省余姚市の上林湖近くから出土した青瓷壺の胴部に「維唐故大中四年歳次庚午八月丙午朔胡璽妻朱氏四娘于此租地自立墓在此以恐于后代無志故記此罌」とある[12]。大中4年（850）に胡璽氏の妻朱氏の四娘（排行）がここに土地を租借して，自ら墓を立てるが，后代にその記録が無くなることを恐れこの罌に記す，の意味であり，前例のように直接供養，奉献の意ではなく，買地券あるいは墓誌にちかい内容である。他に紀年銘と価格などを記す例もあり，浙江省山乗県升高二村出土の青瓷に記された「元和十肆年四月一日造此罌　価値一千文」を挙げておきたい[13]。

ひるがえって，デビット瓶と大和文華館多嘴壺の銘文を考えるに，両者に香酒および㫖と明記され，黄泉国における飲料を副葬したことを示しているわけで，上記の粮食や穀物と同じ意味と目的である。香酒という品目例はおそらく少ないであろうが，南宋の江西省出土の買地券のなかに「命奄黄泉　今将銭禾酒物于地主張堅固処……」とし，つづけて「所有亡人衣木万年粮食等……」とある[14]。したがって，この刻銘はけっして特異な例ではなく，かなり古くから行われている葬送儀礼の習俗といえる。この墓に別に墓誌があったか否かは推定が困難ではあるが，本来的には墓誌と容器への刻銘は別の意味をもつと考える。

2口の青瓷はかって同じ墓に収められていたことは，上記の銘文に照らしてほぼ誤りのないところである。ところが北宋代において，この両器種の組合せの類例を求めることは難しい。なぜならば，青瓷五管瓶の確実な出土例は，わずか竜泉県茶豊墓と同・三渓古墓の2例を挙げるにすぎないからである。茶豊墓は別に論じたように（本書Ⅲ-5参照），10世紀後半から11世紀初頭の年代が与えられるが，竜泉窰製品とされる青

瓷五管瓶，盤口瓶そして水注の3点が共伴している[15]。同様にして，出土地不明品は世界に散在しているにもかかわらず，青瓷盤口瓶の確実な出土例も極めて少ない[16]。ほかに類例を求めることができないけれども，青瓷五管瓶と盤口瓶は茶豊墓例のようにセットとして副葬され，さらに青瓷水注も伴っていたことも想定できよう。

青瓷五管瓶は実用品ではなくいわゆる明器であろうが，それは北宋の浙江省における葬送儀礼にともなう特有のものではなかろうか。これも出土例がわずか2例なので，推定にすぎないけれども，青白瓷日月壺（瓷堆塑蓋瓶）が景徳鎮窯を中心として生産され，主として江西省内の墓に埋納され，瓶内に稲谷（穀）等の粮食を盛る例と同じような属性[17]，すなわち，青瓷五管瓶は，香酒を入れて埋納する目的で，越州窯および竜泉窯でつくられ，主として浙江省の限定された地域の特有な習俗として使用されたものではなかろうか。浙江省以外の地からこれが発見された徴証はうかがえない。

最後に，これらの青瓷の生産窯の問題について触れておこう。デビット瓶について英国研究者は越州窯系 (Yueh Type) と考えている。大和文華館蔵の五管瓶についても同様な意見が大勢を占めているようである[18]。ところが中国の研究者は古くから，これらを竜泉窯青瓷とみている。最初にこの意見を表明しているのは，陳萬里とおもわれ，『中国青瓷史略』1956年のなかで，早期竜泉窯の宝貴的歴史材料と表現している。この見解はその後も継承され，朱伯謙は，こうした釉調，胎土，造形をもつ青瓷は，越窯と甌窯の全てにおいてみられず，竜泉窯特有の産品であるとし，これら2口は，同一の陶工によってつくられた可能性が強いとしている[19]。同じく浙江省文物考古所の任世龍も同一の意見である[20]。さらに1991年秋，来日された朱伯謙を大和文華館におつれし五管瓶を実見していただいたが，竜泉窯青瓷であることを再び強調された。

本品を竜泉窯青瓷とする当否について，つぎのように考えている。釉調，胎土の色調，形態などいずれも重要な検討要素とは思うが，それらは客観的あるいは普遍的な判断がしにくい部分がある。そこで，高台部分の施釉法に注目したい。すなわち，それは装窯方法に直接関連し，焼成方法に大きな影響をおよぼす要素であるからである。この2口は，高台の外側はもとより内側および先端部（畳付）にも施釉し，外底内抉り部は施釉後に拭きとり，露胎にしている。埶餅は施釉された畳付に接する焼成方法であり，いわゆる目跡は認められない。竜泉窯における外底施釉方法が，北宋早期を代表する上海博物館蔵の「太平戊寅」(978年)刻銘青瓷蓮弁文瓶の場合，外底内抉りにも施釉され，そこに輪状に連続した目跡がついている[21]。北宋後期と考えている竜泉大窯第3号窯跡T10は調査した遺構中最下層の出土青瓷では，デビット瓶と大和文華館五管瓶と同様に，畳付まで施釉され，外底内抉りは露胎で，そこに埶餅の痕跡がみられる[22]。この方法は，やはり竜泉窯とみられている金村窯跡第3層でも類似した方法をとり，以後の竜泉窯で踏襲する技術である[23]。すなわち，北宋竜泉窯のなかで施釉方法すなわち焼成法が変化している。この点からみると，元豊3年銘の2口の青瓷は，竜泉窯製の可能性が強いと考えたい。

終わりに，上述してきたようにこの2口の青瓷は，かつて同一の人が銘文を刻み，同じ墓に納められていたわけで，本来一緒にあるべきはずにもかかわらず，今日では世界の西と東の地に別れて保管されている。こうした状況は第2次世界大戦以前に生じたこととみられる。従来別々にとりあげられることが多かったこの2口の青瓷が，本稿において邂逅できたことを述べ擱筆としたい。

［注］

(1) 拙稿1992「竜泉窯青瓷創焼時期への接近」貿易陶磁研究12号，pp.141-157，日本貿易陶磁研究会，東京
(2) 瑞昌県博物館「江西瑞昌発現両座北宋紀年墓」文物1986-1, pp.70-72
(3) デビット瓶について，紹介している文献は次のものがある。

G. St. G. M. Gompertz, "Chinese Celadon Wares" pl. 22, Sir Percival David, "Chinese Connoisseurship", pl. 26d, W. B. R. Neave-Hill, "The Arts of the Sung Dynasty Exhibition", OA (N. S.) Vol. 6, 1966, pp. 55-57

これらの紹介はいずれも短いものであり，銘文については英文抄訳であり，全文について公表し，考察をくわえられたことはない。本稿の作成にあたって，PDF.(University of London, Percival David Foundation of Chinese Art, Schoolof Oriental and African Studies) の curator Rosemary E. Scott より，全銘文を明らかにできる5枚の写真をいただいた。1996年，旧 PDF. に1年間滞在中に，あらためてこの瓶を克明に調査できた。

(4) 『古今事物考』については，劉翔「江西高安県漢家山元墓」(考古 1989-6, pp. 537-540) の引用に基づいている。『事物起原・吉凶典制部』にも同じ記述がある。また「壜」は異体字で，内外の辞書にはみられない。

(5) デビット・ファンデーション図録 Margaret Medley 1977 "Illustrated Catalogue of Celadon Wares" PDF. London にはこの銘文についてつぎのような抄訳をのせている。和訳すると以下の通りとなる。

「元豊3年9月15日に，私はつぎのような願いをこめて，この素晴らしい壺を焼きあげた。その願いは，数千数万年の間この中の香酒が保たれ，百年後，この壺が私の子孫に伝わり，私が千子万孫をもち，かれら子孫たちが裕福でかつ常に高位，高官につけ，永久に富貴で長命大吉であること，そして天下太平であること，これらが私の願いである。」

(6) この銘文のうち不鮮明な5，6行目について，『世界陶磁全集10』の1955年（河出書房）では「…上日之進　古何十二　婆…」とし，1978年の『世界陶磁全集12』（座右宝刊行会編，小学館）刊行の矢部良明論文でもこれと同じである。写真で掲示したように，このようには判読できず，また意味が通じないのではなかろうか。最も不鮮明な4行目は4字からなり，冒頭の文字は「邕」と読むことができ，以下は「且之進」である（松原朗専修大学教授教示）。

(7) 劉礼純，周春香「江西瑞昌発現南宋紀年墓」考古 1991-1, pp. 92-94
福建省博物館「福州市北郊南宋墓清理簡報」文物 1977-7, pp. 1-6

(8) 陝西省文管会「唐臨川公主墓出土的墓志和詔書」文物 1977-10, pp. 50-59, ただし墓志をみると「排行十一」と刻まれている。

(9) 徳清県博物館　章海初「浙江徳清発現唐代黒釉粮罌」文物 1989-2, p. 96, この刻銘は，文字が露胎であり，施釉後焼成以前に陰刻されている。

(10) 沈作霖「介紹1件宋咸平元年粮罌瓶」浙江省文物考古所学刊 1981, p. 197, この青瓷は，製作年代，窯名，陶工名，器名そして用途，すなわち，中に粮食を入れ随葬の明器とする，など明らかにできる資料である。

(11) 張志新「江蘇呉県獅子山西晋墓清理簡報」文物資料叢刊3 1980年, pp. 130-138
紹興古墓については，陳万里 1956『中国青瓷史略』p. 4, 同「中国歴代焼制瓷器的成就与特点」文物 1963-6, pp. 26-41, 南京市化繊廠の東晋墓出土青瓷鶏頭壺の底部に「罌主姓黄名斉之」とあるのも同様な意味とみられる。

(12) 「文物工作報導－浙江省余姚発現唐大中4年瓷壺上有銘款43字」(張徳懋) 文物参考資料 1957-6, pp. 92-93

(13) 朱伯謙 1981『中国陶磁全集4－越窯』上海人民美術出版社，上海，この他に明らかに墓誌のものとして，余姚市樟樹周家店出土の咸通7年(866)の青瓷罐形墓誌，余姚市上林湖出土の光啓3年(887) 罐形墓誌があり，いずれも浙江省博物館蔵，上記文献参照。

(14) 劉玲他「江西分宜和永豊出土的宋俑」考古 1964-2, p. 72, 青白磁日月壺1と買地券が出土している。

(15) 浙江省竜泉県図書館文物管理小組「竜泉新出土的3件北宋早期青瓷器」文物 1979-11, p. 95, 『龍泉青瓷』文物出版社　1966年

(16) 管見では，「江西省瑞昌発現両座北宋紀年墓」文物 1986-1, pp. 70-72 で報告されている，天啓3年(1125)墓から青瓷盤口壺1があり，越州窯製品と報告されているが，やや違和感がある。

(17) 郭遠謂「江西南昌朱姑橋元墓」考古 1963-10, p. 576

(18) 1955年の『世界陶磁全集10』で，田中作太郎氏は「その釉色から，青瓷の焼成地で名高かった，浙江省の麗水県の産とみられる」とし，竜泉窯に近い窯を考えているようである。竜泉窯も越州窯系統の窯であるから，その分別は難しいことはたしかであるが，といって，分けられない，あるいは分けることに意味はないとする見解は，生産的な議論を生み出さないと考える。

(19) 朱伯謙 1989「竜泉青瓷簡史」『竜泉青瓷研究』pp. 1-37 文物出版社，北京

452　Ⅲ　唐宋代青瓷の系譜と編年

(20) 任世龍 1981「竜泉青瓷的類型與分期試論」中国考古学会第3次年会論文集，文物出版社，北京
(21) 上海博物館 1983『上海博物館蔵瓷選集』図28，文物出版社，北京，および実見による。
(22) 朱伯謙 1989「竜泉大窯古瓷窯遺址発掘報告」『竜泉青瓷研究』pp. 38-67, 文物出版社，報告された最下層は乙区T 10 出土品であり，これと釉調，施文が酷似しているT 11 出土品を実見した（浙江省博物館房庫保管）。
(23) 11世紀末葉から12世紀の竜泉窯青瓷の年代については，拙稿1992「草創期竜泉窯青瓷の映像」東洋陶磁19，東洋陶磁学会，東京を参照。
　　大和文華館蔵五管瓶について，旧稿作成時では銘文に関してはデビット瓶の資料が未見であったため，銘文解釈を一部誤ったので，ここに再考し，両者をあわせて考察した。

［追補］この初稿は1994年3月に発表しており，PDF. の実物を見ることがなく，Rosemary E. Scott 氏から詳細な写真を戴いた。その2年後に，専修大学からロンドン大学に招請研究者として1年間派遣され，PDF. に籍を得て，じっくりと見つめる時間を与えられた。この間のことなど拙稿2010「1970年から2010年の中国陶瓷史研究」専修大学人文科学年報40号，pp. 83-115，専修大学，東京，で触れたので割愛したい。その PDF. も既に British Museum に吸収されてしまい，懐旧の情を禁じ得ない。

[English Summary]
　　　Various Problems Concerning Celadon Inscribed "Third Year of the Yuanfeng Era"

　Both the celadon covered vase with two small lugs owned by the Percival David Foundation of London University and the "celadon vase with five spouts" owned by the Museum Yamato Bunkakan in Nara were inscribed with the date of 15th day, 9th month of the third year of the Yuanfeng era what we would now call September 15, 1080. These two celadons are famous for this inscription, which is rare for Northern Song celadons. They are also are regarded as important materials demonstrating the turnlng-point of Northern Song celadon history. This writer estimates that it was the middle of the llth Century when Longquan kilns commenced the intensive production of celadons, and that the above-mentioned celadons are not Yuezhou kilns' products but rather produced by Longquan kilns at this initial stage. Furthermore, it is almost certain that, based on the inscription style, these two celadons were engraved by the same person, and were originally placed in the same grave.

7. 12世紀竜泉窯青瓷の映像

　本稿の原題は「草創期竜泉窯青瓷の映像」(東洋陶磁 vol. 19, 1992)である。この時点で，竜泉窯がどのように生まれ，勃興してくるのかについて明瞭な意見はなかった。その当時，筆者は浙江省文物考古所の研究者に教えを受けて，竜泉窯東部地域の窯跡発掘調査資料を10日間にわたり実測調査し，意見を交換し，彼らは10世紀の中葉に竜泉窯は焼造を開始していたことを考えていた。しかし，その実態については，少数の器種をあげている段階であり，それがより明らかになったのは1998年，浙江省博物館で行われた竜泉窯青瓷国際学術研討会まで俟たなければならなかった。本稿を発表した時，筆者は，竜泉窯東部地域で最古の資料がこの青瓷窯の草創期にあたるとし，くわえて「元豊三年」銘紀年銘資料などを援用し，11世紀後半説を提唱し，本稿はその主旨で貫かれている。しかし，その後，従来越州窯青瓷とされていたものが，初期竜泉窯青瓷と考えられるようになり，越州窯の製品について180度の変更がせまられた。したがって，本稿は，発表時の主旨とはことなり，竜泉窯青瓷の草創期の映像ではなく，量産体制にはいり，外銷も盛んになり始めた12世紀の実態をさぐる論文となった。このころからわが国に竜泉窯青瓷が輸入されるようになり，博多遺跡群でも検出され，その実態を追跡する意義のある論文と確信しているので，文章の一部を修正した以外は，発表時の形を変更していない。

1. 竜泉東部地域の窯跡調査

　浙南・竜泉の地は，温州より甌江を湖上すること150キロにある。竜泉(処州)青瓷は，宋，元，明とおよそ600年の長期にわたり，国内はもとより，四海にもたらされ，貿易陶瓷器の首座に位置づけられることは贅言を要しない。

　窯跡は，甌江上流の竜泉渓の両岸，麗水，雲和，竜泉，慶元の各県にまたがり，1979年の調査では約300箇所が確認されている。さらに，これらの地域に隣接する福建省の松渓，甫城などの地域，および泉州同安窯に代表される竜泉窯の影響が色濃く認められる窯群なども含めて，巨大な青瓷窯体系を形成している。

　貿易陶瓷史上に占める竜泉窯の雄大な役割は，おおよそ次の2点に要約でき，その第一は，流通範囲の広さにある。宋代以降のアジア，アフリカの「蕃夷」の地で，中国陶瓷器が輸出された地域のうち，竜泉窯製品を欠落しているところは無いであろう。越州窯，長沙窯の青瓷をはじめとして，福建・広東産の白瓷，黒・褐釉陶器なども広く行きわたっているとはいえ，おそらく竜泉窯青瓷はそれらを遥かに凌駕しており，ひとり景徳鎮窯体系の青花白瓷があるいは量的に桔抗しているかもしれない。とりわけ，南宋から元代の竜泉青瓷は，今日，人跡の杜絶した山間の地や南海の孤島からもしばしば検出されている。すなわち，流通範囲の広がりの点において，竜泉青瓷こそ最もグローバルな貿易陶瓷器といえよう。

　第二に，竜泉窯は，華南地域の陶瓷器の生産体制に強烈なインパクトを与えている。それはまず，先進する越州窯体系の青瓷を竜泉窯形式に転換させることから出発し，次いで華南の地に陸続として青瓷窯を成立させた。北の磁州，耀州，定窯などが，その様式の伝播という形で，一定の影響力をもっていたことは確実であるが，窯業生産の体制そのものの変更や創始を迫る力を有していたかは疑問である。その当否は本稿の主題でないのでさておき，竜泉窯はその力を有していたと考える。しかし，ここでもまた景徳鎮窯との桔抗

が看取できる。例えば，福建省南部の南安窯では，竜泉窯の直系ともいえる同安窯スタイルの青瓷生産を主力とし，同時に宋代景徳鎮窯の倣製青白瓷をも焼造し，自己の生き残りにかけている。浙江から広西に及ぶ窯業地帯に，竜泉窯青瓷の生産技術は強く，深く浸透し，さらにベトナム，タイへと間接的とはいえ，その影響力が波及しているといえよう。

さて，本稿は，浙江省文物考古所（現 浙江省文物考古研究所）が行った竜泉東部地域の窯跡発掘調査の成果に注目し，竜泉窯の揺籃期から独自の型式を確立する時期までの過程と，その製品について瞥見しようとするものである[1]。

本論に入る前に，既往の竜泉窯跡の主な発掘調査について簡述しておこう。まず1960年代の調査には次の二つの成果がある。

①金祖明「竜泉渓口青瓷窯址調査紀略」考古 1962-10, pp. 535-538
②朱伯謙・王士倫「浙江省竜泉青瓷窯址調査発掘的主要収穫」文物 1963-1, pp. 27-36

両者とも浙江省文物管理委員会による調査で，①は小規模な調査ではあるが，南宋－元・明代の窯跡を検出している。その中でも，渓口瓦窯垟窯は彷南宋官窯とも呼ばれるように，胎土は灰黒（鉄骨），釉層が厚く，透明で，青銅器写しの器形もみられる。南宋・烏亀山官窯が調査されたことにより，この窯の製品との対比が具体的に理解できる段階になった[2]。②は，現時点において，大窯および金村窯について知ることができる唯一の報告である。この両窯が竜泉窯全体の中で主導的立場を担っていたとみられ，報告では，時期別に窯構造，焼造方法，主な出土品について簡潔に記述されている。

次いで窯跡の調査は，1970-80年の間に，竜泉県東部地域のダム（緊水灘水庫）工事に伴う緊急調査として，浙江省文物考古所など5チームが分担して実施された。いずれも概報が公にされ，本報告が準備されているようである。これらは発表順に次の5報告で，その窯跡位置はfig.1のとおりである。なお，浙江省文物考古研究所の実施窯跡⑤については，2005年に『竜泉東区窯址発掘報告』（文物出版社，北京）が刊行されている。

③中国社会科学院考古研究所浙江工作隊（蒋忠義執筆）「浙江竜泉県安福竜泉窯址発掘簡報」考古 1981-6, pp. 504-510
④李知宴「浙江竜泉青瓷山頭窯発掘的主要収穫」文物 1981-10, pp. 36-42
⑤緊水灘工程考古隊浙江組（任世龍執筆）「山頭窯與大白岸—竜泉東区窯址発掘報告之一」浙江省文物考古所学刊 1981-11, pp. 130-166
⑥上海博物館考古部（孫維昌・鄭金星執筆）「浙江竜泉安仁口古瓷窯址発掘報告」上海博物館集刊第三期 1964-4, pp. 102-132
⑦中国歴史博物館考古部（李作智・李知宴執筆）「浙江竜泉青瓷上厳児村窯址発掘報告」中国歴史博物館報 1986-8, pp. 43-72

③の安福窯は，南宋後半から始まり，元，明に中心があり，大形品は少なく，碗・碟・を主に焼造しているようである。④は故宮博物院による調査の簡報で，山頭窯のうち一基を発掘し，南宋期の窯跡である。⑤については以下の節で

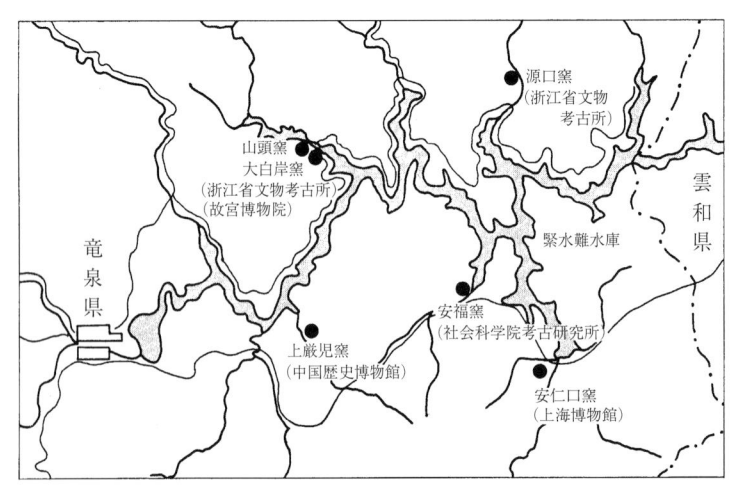

fig. 1. 竜東地区窯跡分布図　（　）内は発掘調査機関

詳述するが，竜東地区の全調査の中では，この山頭・大白岸窯が最も古く遡り，北宋後半・末に開窯され，南宋，元，明に継続している。南宋後半期には黒釉碗の生産もみられる。浙江省文物考古所は，このほかに源口窯と雲和県水碓坑窯も調査している。それらすべての本報告書作成の準備が進められ，2005年に本報告書が刊行されている。

⑥の安仁口窯は，嶺脚・入窯湾・碗圏山の各支群のうち17基を調査している。そのうち資料的にまとまりのある報告は，入窯湾3号（12世紀後半-13世紀前半），碗圏山3号（13世紀），嶺脚窯（14世紀前半）があげられ，山頭・大白岸窯では少ない時期の資料である。⑦の上厳児窯の調査は，窯構造や工房について詳述されており，製品はY1（13世紀後半-14世紀初），Y2（14世紀前半）に分けられ，後者に良好な資料のまとまりがみられる。

2. 竜東青瓷の三段階

浙江省文物考古所の「山頭窯與大白岸1竜泉東区窯址発掘報告之一」は，出土品を層序別に記述し，正確な実測図とともに，中国の窯跡報告書の白眉となっている。この報文の中には，金鍾湾窯（竜東BY22），上段窯（竜東BY13），対門山窯（竜東BY15），碗扱山窯（竜東BY24）の4窯跡が記載され，主に北宋後半-南宋前半の時期（12世紀）が多い。報文では，これを2時期，すなわち第1期を北宋末期，第2期を南宋前・中期に分けている。こうした成果に基づいて整理を試みると，筆者はこれらを三段階の変遷に層位的および型式学的に跡づけることが可能かつ有効であると考える。まず各階梯について碗形品を中心に述べ，次節でその各々の段階の時期設定を試みたい（fig. 2）。

竜東地区において最も古式と考えられるのはBY22で，これを竜東第1段階とする。この窯は，他の調査窯跡と異なり，灰原の堆積が相当に薄く，焼成期間が短いので，層次を分けることができないとされている。碗に共通する特徴は，釉が薄く透明で光沢感があり，外底を露胎として塾餅で支える一匣一件の焼成であり，形態的には底部と腰の器肉がすでに厚くなっている。さらに施文における重要な共通点として，体部外面に篦による片切彫りの綾条文（＝斜直綾条文，折扇文）がある。小碗と碟形品にはこの施文のみられないものが多いが，通常の大きさの碗のほとんどに片切彫り綾条文が施され，この段階の明徴といえる。

これらの特徴を共有し，碗は口沿部を外反させる形と，直口の2種類がみられる。fig. 2-5は，軽く端反りにする形態で，内面は片切彫り蓮花唐草文で，隙地は櫛を多用し余すところなく充填している。これに対して，1～4の器形は，口沿がわずかに内弯気味の直口で，施文は側面にだけある。fig. 2-1では，篦により内底に団花菊花文，内側面に蓮花唐草文をめぐらし，隙地を櫛により「之」字形点綴文（雷光文，zigzag文）でうめ，内口沿も主に櫛を用いての平行線文をめぐらす。透明で気泡の多い，豆青色を呈する釉は高台脇までかかり，畳付には砂が付着している。2は内底の施文は略されるが，1と同じモチーフで，「之」字形点綴文がみられる。3は内面の施文が簡化されているもので，片切彫りで簡便な花文を刻むが，櫛は一切使われていない。釉は透明，ガラス質であり，高台部は露胎となっている。4の体部外面の綾条文は篦によるものではあるが，間隔が狭く（3-5mm），数条ずつを一単位として間をあげる施文は櫛目文のやり方と類似している。

綾条文とともにBY22に共通する器形的特徴は底部の厚さにある。内底に圏線を入れ，明確に内底を鏡として形成し，凸状に盛りあがる肉厚の底である。こうした底作りは，越州窯系青瓷にはみられないものであり，これ以降の竜泉窯青瓷碗に継承される特徴がすでにこの段階で現出している。

もう一点注意されるのは，この窯跡で量的に多数を占めるのがfig. 2-4の簡便化したタイプであり，1, 5は極めて少ないことである。丁寧な施文方法を考慮すれば，1, 5が先行する形式で，2～4を後出とする時間

456　Ⅲ　唐宋代青瓷の系譜と編年

的先後関係を設定することも可能であるが，同時期の精粗の差とみることもできる。今回の窯跡調査の範囲だけでの安易な結論は慎み，ひとまず，BY22で両者が共伴するという当然の事実を尊重して，後日の調査に俟ちたい。

　つぎに，小碗と碟について，碗では普遍的な綾条文は，一部の盤を除いて，認められない。小碗7と高台付碟9の内面は，1の碗と同じように，片切彫り花文の周辺すべてを「之」字形点綴文でうめている。無高台碟の10は，碗4と同じように，簡化された篦彫り花文にやや太い櫛目文の使用がみられるが，このタイプは器形の変化に乏しいようである。外底は露胎である。8の小碗の外面は櫛目文を伴う蓮弁文で，すでにこの段階までに現われるとともに，後出の29でもほぼ同様の施文の碗がみえ，両者の識別は難しい[3]。

　つづいて第Ⅱ段階として，BY13・T1：(1)を掲げる。この段階の特徴は，碗体部外面の無文が出現し，しかも前段階の明徴である綾条文タイプと共伴することにある。器形は前段階と共通するところが多い。11，12のように，口沿が外反する器形に綾条文が残存し，内面は片切彫りによる蓮花唐草文で，内底と内面3箇所に蕾と開花する蓮花を布置し，これらを繋ぐ唐草文は2-3回反転を加えて巻き文にする。そして，これらの文様空間を櫛目文で隙間なくうめてはいるが，前段階にみられた「之」字形点綴文はすでにその姿を消している。

　この綾条文碗と共伴する外面無文の13から16，17，18に共通する器形的特徴は直口である。内面の施文には2種類が認められ，13，14のように片切彫り蓮花唐草文以外の隙地を櫛目文でうめる加飾法は，11，12と基本的に共通している。これに対して15は，櫛目文が花文内のみに施されるが，16のように櫛をほとんど使用していないタイプも新たに登場してくる。釉は高台脇の面取り部分までかけられ，外底は露胎である。すなわち，このBY13・T1：(1)の碗には次の3タイプがあることになる。

　a．口沿外反，綾条文，内面は片切彫り＋櫛目文
　b．口沿直口，綾条文なし，内面は片切彫り＋櫛目文
　c．口沿直口，綾条文なし，内面は片切彫りのみ

　こうした組み合せは他の窯でもみられ，BY24・T5：(7)ではfig.3-1～3のように，aとbが共伴し，同じくbとcの組み合せは，BY24・T4：(4)にみられる。他のBY13・T1：(1)の出土品として，いわゆる暖碗（通称「諸

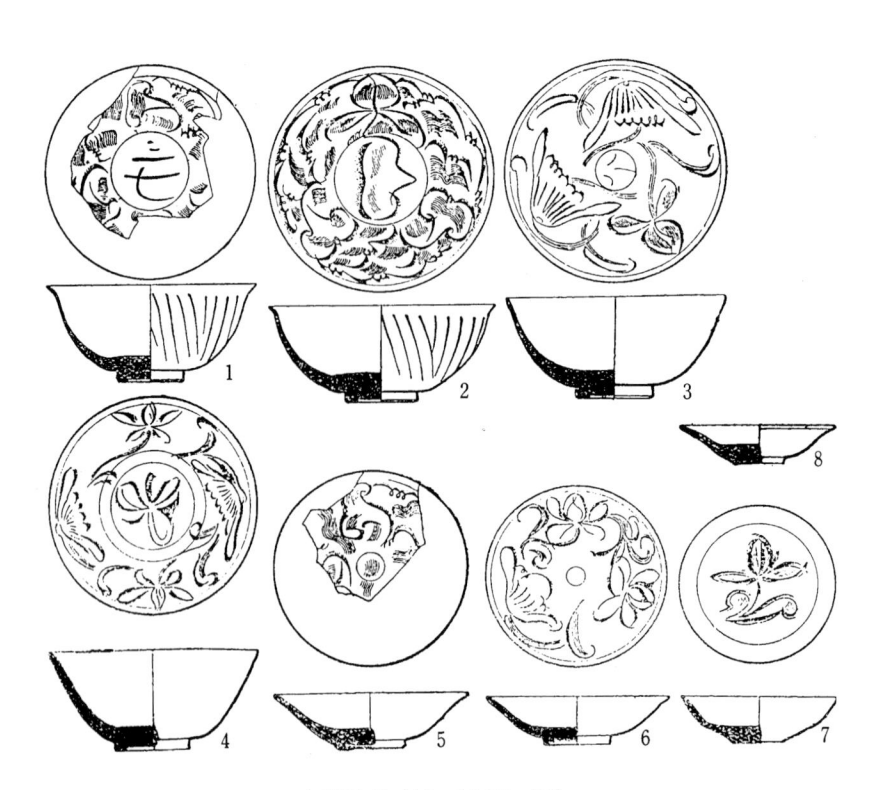

1-3:BY₂₄T₅（七），4-8:BY₁₃（下）
fig. 3. 竜東窯跡の青瓷

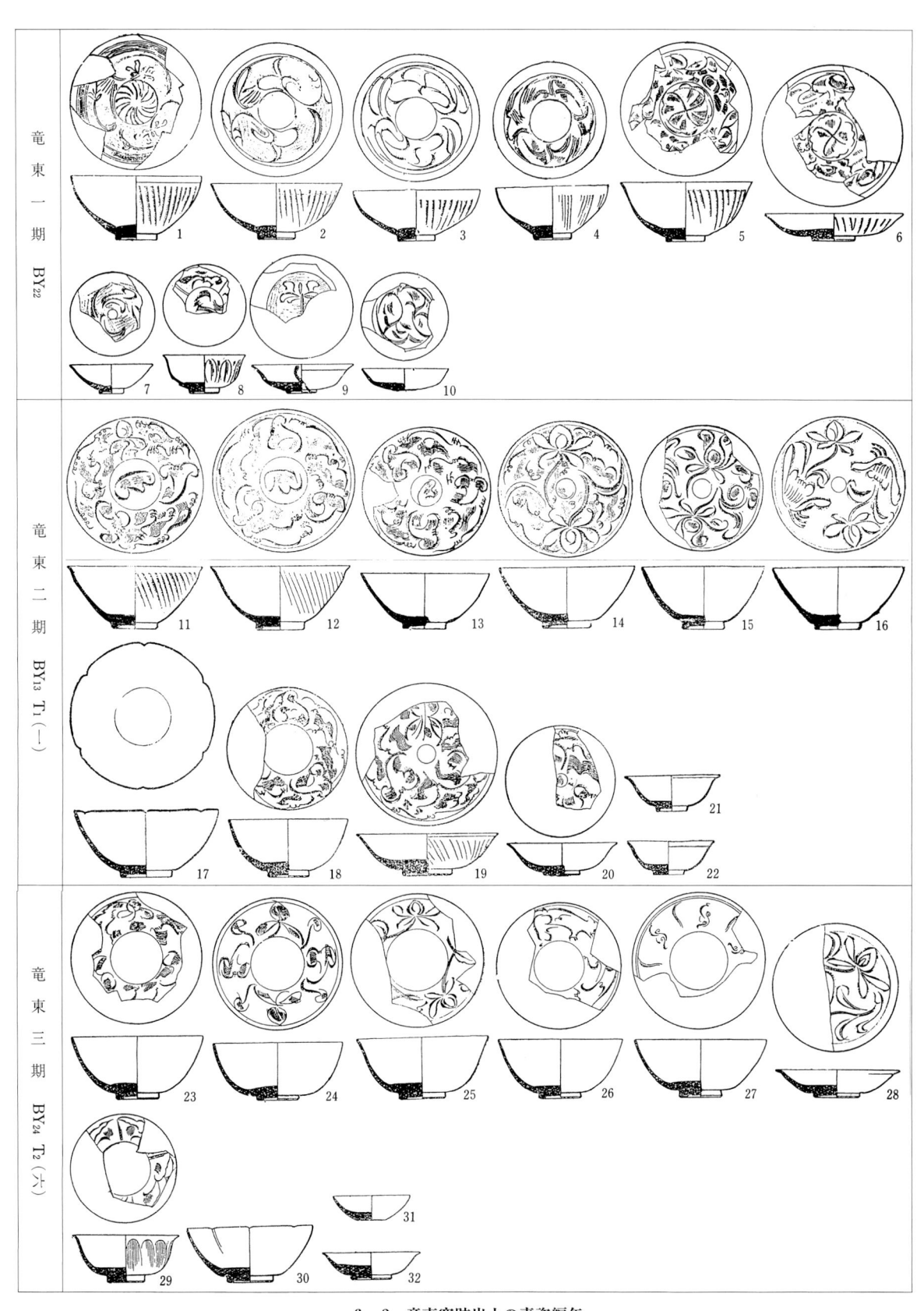

7. 12世紀竜泉窯青瓷の映像　457

fig. 2. 竜東窯跡出土の青瓷編年

葛碗」）も共伴している。その施文は，上方の碟の内底は片切彫り牡丹文で，花文内のみ櫛目文で加飾し，その口沿には1に似た平行線文をめぐらしている。下方の鉢の体部にはfig. 2-8の小碗にみる蓮弁文を刻んでいる[4]。また無文の六輪花碗fig. 2-17もこれらとセットになって出現している。碟形品についてみると，第1段階と同じく盤の19の外面に綾条文がみられるが，碟の外面は無文である。施文に関しては，20は篦と櫛を使う前記bタイプで，碗の11～14と共通しているが，第1段階の7や9のような「之」字形は点綴文はすでにみられない。この層からは無高台碟の報告はないが，類似の組合せをみせるBY13（下）を例示する（fig. 3-4～8）。この組合せでは，碗はcタイプで，a，bの組合せはみられない。碟のfig. 3-5はfig. 2の20に類似し，同13の碗と，fig. 3-6の碟は，同図4と各セット関係をもつ碗・碟である。無高台碟のfig. 3-7は，花文内に櫛目文を入れるが，隙地は無地のままにしている。第Ⅱ段階に近接するBY13・T1：（三）やBY13（上）には，片切彫り蓮弁文のみで，花弁内にも櫛目文を欠落した装飾の碟がみえ，fig. 2-16の碗とセットをなすとみられる。

　つぎに第Ⅲ段階については，BY24・T2：（六）が最適の資料である。この段階の特徴は次の2点に集約できる。第一は，碗の形態が微妙ながらも変化していることにある。すなわち，腰部分の直径が大きくなり，腰部の丸味がよりいっそう強調され，これと連動して，竜泉窯独自の底部の厚みがいっそう増している。これら形態の変化は，焼成時における歪みや，いわゆるへたり等による損失をミニマムにおさえるための技術改良に起因するものであろう。第二の特徴は，第Ⅲ段階までに残存していた体外面の綾条文は完全に消滅し，一部の特殊なものを除いて無文となり，かつ内面においても前記cタイプ，すなわち篦による片切彫りのみによる施文を基本としている。

　fig. 2-23，24は基本的には篦による片切彫り蓮花文であるが，24にみられるように，4花の弁内に櫛目を入れている。釉は浅緑のガラス質で氷裂文があらわれ，内底は凸状にふくらみ，かつその中央は突起している。露胎の外底に墊餅が固着している。前段階に生まれたcタイプは25に例示でき，施釉は高台脇までで，無釉の外底内刳り内に墊餅を用いて焼台とした一匣一件の焼成法である。27は新たに出現した文様構成のようで，内面は篦により6花弁に区画（s字形複桟文）し，各弁内に蔓巻状文（鈎蕚状雲文）を入れている。この種の文様構成は，わが国出土品をはじめとして，かなり普遍的にみられるが，その出現時期を第Ⅱ段階とする資料もある。fig. 4-2はBY24・T5：（八）の組み合せで，同1とともに第Ⅱ段階の施文の特徴をもっているが，その器形をみると，両者とも腰部に広がりと丸味をもっている点を重視し，若干の疑問を残しつつ，この文様構成を第Ⅲ段階の出現と考えておきたい[5]。これら23-27の碗の内底が，第Ⅰ，Ⅱ段階のそれに比較して，広くなっていることは前述のとおりであるが，ここが無文であることもBY24では共通している。しかし，この点は他の窯の同段階産品に普遍化できるか否かは疑問であり，むしろ特殊な現象と考える。

　30は輪花碗で，暗緑色に白い堆線が内面にみられる。内外無文で，内底に印花で「金玉満堂」銘のものがここに確実に共伴し，後に触れる「河濱遺範」銘も同一段階の所産である[6]。29は小碗で，内面に片切彫りで蕉葉文を配し，葉中と，外面の丸い形の単弁蓮弁文に，各々櫛目文をいれる。この外体部の蓮弁文＋櫛目文の結合は，第Ⅰ段階の小碗，第Ⅱ段階

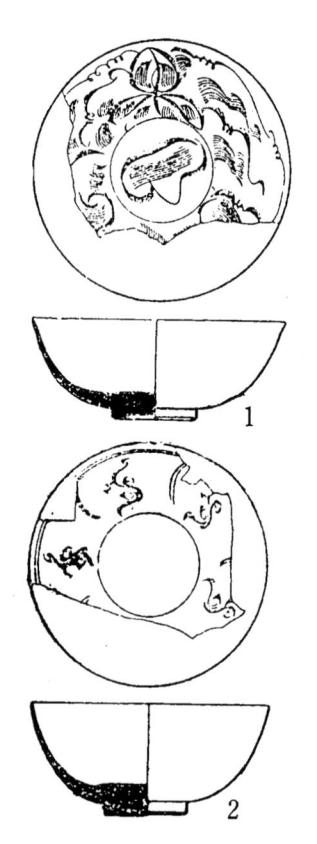

fig. 4. 竜東窯跡出土の青瓷．
1，2：BY₂₄T₅（八）

の暖碗にすでに現出しているが，この層には筒形碗や大鉢などにもみられ，第Ⅲ段階に普及，盛行する傾向を認める。碟形品の 28 は碗 25 とセットになる文様構成で，箆のみで櫛の使用はない。

この BY24・T 2：(六) で最も注目されるのは，青瓷大形瓶（または壺）の口沿部片が出土し，その頸部に近いところに「□□圁淳熙□□」刻銘が横位にみられることである。これを「淳熙」とすると 1174-89 の年代を示しており，したがって，この層の絶対年代を示す有力資料を獲得したことになる[7]。

3．各段階の年代比定

前節において，竜東地区の窯跡出土品のうち主に青瓷碗をとりあげ，三段階に区分した。報告者の時期区分はこれと若干異なり，対照すると tab. 1 の通りである。

tab. 1　竜東窯跡出土品時期区分

亀井	窯跡名	報告書（任世龍）	窯跡名
竜東Ⅰ	BY22	第 1 期（北宋末期）	BY22
竜東Ⅱ	BY13・T1：(一)	第 2 期（南宋前・中期）	BY13・T1：(一)，BY13・T1：(三)，BY13，BY24・T5：(七・八)，BY24・T4：(三・四)，BY24・TY2：(六)，BY24・T1：(五)
竜東Ⅲ	BY24・T2：(六)	第 3 期（南宋中・後期）	BY24・T3：(五)，BY24T1：(二)，RY24・T3：(一)

筆者は，報告書の第 2 期について，形式的に分割でき層位的にも裏付けられるので，これを二分した。そして紀年銘をもつ BY24・T 2：(六) ＝「淳熙」を竜東Ⅲ期に独立させる。混乱を少しでも避けるため，筆者の区分名称には「竜東」と付記した。報告書の執筆者である任世龍は，上表（　）内のように各々の時期の実年代を推定し，第 2 期

fig. 5．安徽・宋墓出土の「庚戌（1190）年」墨書銘青瓷碗（安徽省博 2002）

についてはその根拠を示している。一つは前述の「淳熙」銘で，他の一は fig. 2-30 に類似し，安徽省績渓県宋墓出土の輪花「河濱遺範」銘碗の外底の「庚戌年元美宅立」墨書銘であり（fig. 5，安徽省博 2002，no. 70），庚成年を紹熙元（1190）年としている[8]。このほかに，第 2 期窯跡出土品の劃花産品が，麗水淳熙五（1178）年墓，遂昌慶元元（1195）年墓出土品と類似していると述べている[9]。第 1 期については特に根拠を示していないが，従来の編年観のなかから推断された慎重な結論と思われる。北宋代の墓には白瓷の随葬は多いが，青瓷は極めて少なく，該当時期の紀年銘共伴の資料はほとんどない。その点で，上記 BY24・T 2：(六) の「淳熙」銘陶片は貴重であり，後述の日本側資料と照合しても，この窯の出土品，すなわち筆者の分期した竜東Ⅲは 12 世紀の後半に位置づけられる。これを除くと，中国側に年代比定の直接的資料が欠如しているので，日本出土品で該当する，あるいは類似する青瓷資料を見出して実年代について考察を進めたい。

まず**竜東Ⅰ段階**の類品を日本出土品で求めると，次の資料があげられる。fig. 6-1 は，都市計画道路博多駅・築港線関係（以下，築港線と略記する）第一次調査の SE39 出土の竜泉窯青瓷碗である[10]。これは現在，所在不明で実査できないが，図，写真から判断して，竜東第Ⅰの fig. 2-1 に類似している。内面の口沿下に二条の圏線をめぐらした内に，箆にて波文線を刻み帯とし，その下に片切彫り花文と隙地を「之」字形点綴文でうめる。内底はほぼ平坦で，菊花団花文を片切彫りにしている。外側面も片切彫り綾条文で加飾されている。釉は，面取りされた畳付までかけられ，深いオリーブ色で氷裂をもっている。器形は内弯気味の体部，内底の鏡はほとんどなく平坦である。この井戸遺構からの共伴品として，土師器は箆切り放し底が 90％ を占め，糸切り放し底を陵駕する。白瓷碗では，Ⅱ，Ⅳ類が多く，青白瓷碗，越州窯系小碗，竜泉窯碟，高麗青瓷輪

460　Ⅲ　唐宋代青瓷の系譜と編年

1. 築港線第1次 SE39, 2. 博多第6次（冷泉155, 森本朝子原図）, 3.-7. 築港線第2次 SK683,
8. 博多第39次 SK749, 9. 博多第37次 SK749 木棺墓, 10. 築港線第4次 SE144

fig. 6. 博多遺跡群出土の竜泉Ⅰ, Ⅱ期の青瓷

花碟なども検出し，時間幅はあるが，ほぼ12世紀第1四半期に中心がおかれ，その前後の遺物を含んでいる。同じような破片は博多遺跡群第6次調査からも出土している（fig. 6-2）。さらに，第2図1の類品は，博多遺跡群第37次調査のp.1086から小片を検出している。内外面とも文様構成は同じようであり，胎土は白味が強く，釉も若草色に呈発している。共伴品は少ないが，12世紀前半-中葉代と考えられる廃棄年である[11]。

fig. 6-3から7は，同じく築港線第2次調査 SK683 の出土品である。この遺構は木棺墓で，副葬の漆塗りの化粧箱内に，湖州八稜鏡，櫛，鋏，鑷，櫛払い，刷毛，褐釉小壺，水引などが納められ，棺外に青瓷碗1，同碟4，土師器皿6，同杯1が副葬されていた。3の青瓷碗は fig. 2-4 に，青瓷碟は同9に各々の類似している。まず，この碗の形態は，内弯する体部をもち，内底は圏線をもって分かち，内底を凸状に成形している。施文は，外面に片切彫り綾条文を，内面には片切彫りで3箇所に花文を配し，余地を細かく櫛目文でうめている。しかし，この碗の場合，彫りが浅く，文様は鮮明とはいい難い。釉はマットで，淡緑色の透明であり，高台の上半までかげられる。外面の口沿下に焼成時の窯滓の付着がみられる。

青瓷碟4点（fig. 6-4から7）は，同形，同大で，ほぼ相似のデザインである。六輪花とし，内面に堆線状のわずかな隆起線がみられる。高台が輪状ではなく，上げ底状に削り出している点が fig. 2-9 と異るが，その成形は丁寧で，回転削りで作り，轆轤ナデ調整され，露胎は赤変して焼成時の塾餅痕の砂が付着している。また一部には外底の釉をふき取った形跡がある。内底には片切彫り花文一輪が刻まれ，隙地はすべて「之」

字形点綴文で執拗なまでにうめつくし，fig. 2-9 と類似している。彫りは浅いとはいえないが，濃緑色釉が厚目にかけられているため，4を除いて細部の文様は鮮明ではない。4は，他の碟がマットな釉の状態であるのに対し，透明で光沢をもつ釉となっている。すべての碟の体部外側に焼成時の窯滓が融解して薄く付いている。これら青瓷と共伴した土師器はすべて糸切り底で，杯の口径は 15.4cm である。この木棺墓の年代について，報告者は 12 世紀第 2 四半期から中葉と考えられているようで，妥当な見解といえよう。したがって，これら青瓷の生産年代は，これを遡る時期に求められる。

fig. 6-8 は，口径 14.5cm の小碗で，体部は直線に近い形でのびる。分割し，各々に蕉葉文状の施文をし，隙地を櫛目文でうめている。釉は高台脇までであり，外底は露胎である。釉色は灰緑色を呈する半透明で，なめらかな光沢をもち，器面に均一にかけられ，氷裂はみられない。胎土は肌理こまかく，灰白色である。この破片は，博多遺跡群第 39 次調査の II 面下の包含層の出土である。

これらのほかに竜東 I に属するとみられる碗の小片が博多遺跡群の調査で検出されている。同第 4 次調査の出土品では[12]，いずれも口沿部であるが，外反ないし直口の形で，外面には綾条文がいずれにもみられるが，片切彫り施文とともに，一部には，太線の側にあらためて斜めに彫りを入れる片切彫りもみられる。内面の施文は曲線櫛目文を多用し，主文は箆刻み文である。釉調は，マットなものと，黄色の強い透明で光沢をもつ破質のものとがある。この遺跡の出土状況は，いずれも包含層中であり，12 世紀代とみられるが，それ以上の限定は難しい。また，同第 37 次調査の SK728 からも出土し，緑黄色の透明釉のかけられた碗の小片である。共伴は，白瓷碗，碟であり，11 世紀末まで遡る可能

1. 大宰府史跡 SX864, 2. 同 SX629, 3.-9. 博多祇園町駅出入口 2・3 SE01

fig. 7. 日本出土の竜東 III 期の青瓷 (1)

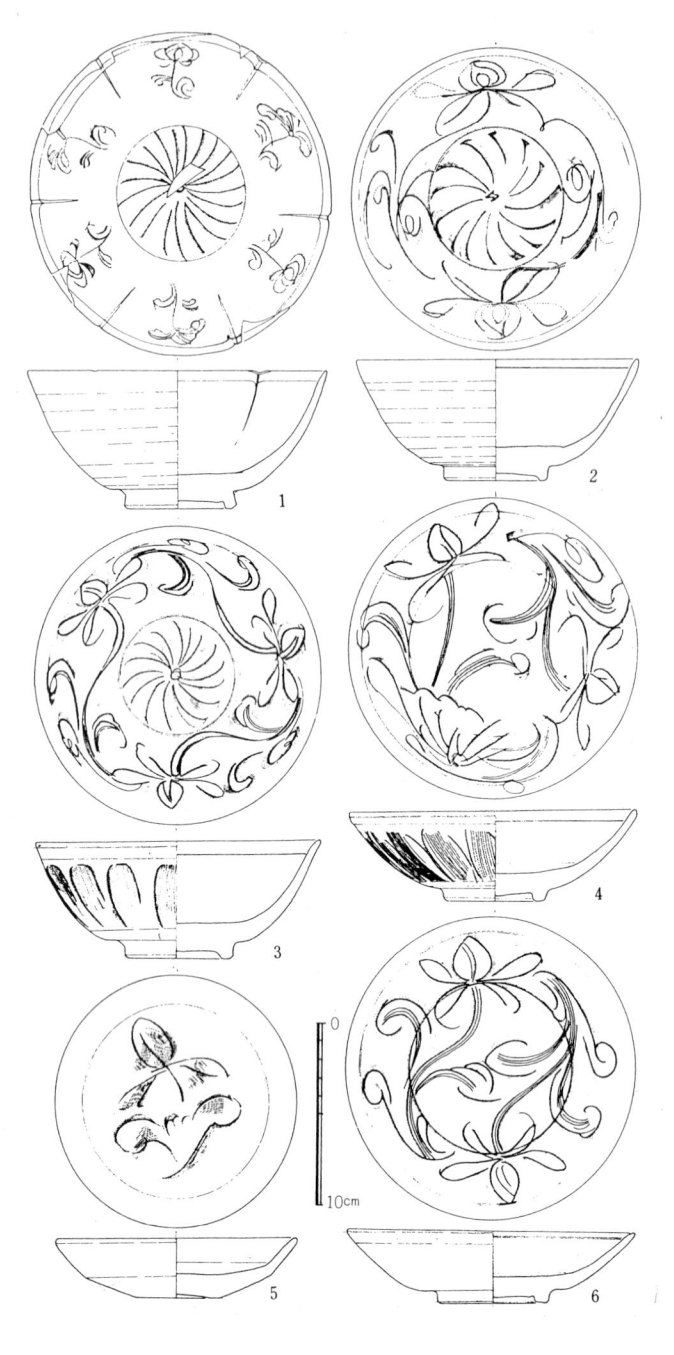

462　Ⅲ　唐宋代青瓷の系譜と編年

1.-6. 博多祇園町駅出入口2・3 SE01
fig. 8. 日本出土の竜東Ⅲ期の青瓷（2）

性をもっている。

　次に**竜東Ⅱ段階**の窯跡出土品に対応する資料を探ってみよう。まずfig. 6-9は，博多遺跡群第37次調査SK749木棺墓に副葬されていた青瓷碗である。施文順序を観察すると，まず箆を用いて内底に1，内側面に3の蓮花文を配し，それらを唐草状の巻文で繋ぎ，これら主文の隙地を細かく櫛により曲線をもってうめる。その後に，あらためて最初の箆刻線に沿うようにして，一部は少し離れて，片切彫り様に陰影をつけるために浅く斜めに彫っている。このために櫛目文の一部は消されており，片切彫りといっても一挙に彫文するのではなく，一種の擬似片切彫りといえよう。外面はまったく無文であり，暗黄緑色の釉は高台脇までかけられている。露胎の外底は灰色を呈するが，内刳り部分に径2.7cmの褐色斑がみられ，墊餅痕である。底部は肉厚で（1.7cm），体部は内弯気味の直口である。内底の蓮花文と櫛目文が磨滅しており，長期間の使用を経た後に，土師器など卒時に接近した時期の産品とともに埋納されたことを物語っている。このタイプはfig. 2の13，14と同一である。ほかに副葬された土師器小皿4点はいずれも糸切り底であり，高台付小皿1点も共伴している。遺構の年代は12世紀中葉から後半とみられる。

　fig. 6-9と同じタイプの青瓷碗の出上例はかなり多いが，10は築港線第4次調査のSE144掘方より検出されたものである。この井戸内からはfig. 2-10に類似した青瓷碟が検出されており，内底に片切彫りで2つの花文を配し，櫛目文でうめる文様構成で，暗緑灰色の透明釉が外底脇まで施されている。掘方内の共伴品では，小形の青瓷水滴（器高8.4cm）があり，縦線により八瓜形にし，胴部にも浅く横圏線を入れる竜泉青瓷である。このほかに12世紀前半代とみられる青白瓷盒，白瓷碗Ⅵ類，同碟などと，土師器皿は箆切り放しと糸切り放しの混在であり，12世紀の第2から3四半期を遺構の廃絶年代とみる。

　竜東Ⅱの青瓷は，わが国の出土状況のなかで，竜東Ⅲの青瓷と共伴していない例がみられる。上掲の

fig. 6-9, 10 もその例である。窯跡出土品で竜東Ⅱに限定される fig. 2-13, 14 についてみると, 築港線第4次調査 SK1221 (fig. 2-10 タイプ青瓷碟, 白瓷碗Ⅵ類, 青白瓷盒等出土), 博多遺跡群第36次調査 SE36 (同上青瓷碟, 篦刻双魚文碟など出土) のいずれにおいても竜東Ⅲの製品とは共伴していない[13]。したがって, 竜東Ⅱは一つの独立した段階を成しているといえよう。

つぎに, **竜東Ⅲ段階**に相当する青瓷は, Ⅰ, Ⅱに比較するとかなり多く出土し, 竜泉窯青瓷の輸出はこの段階から本格的に開始されたといえる。まとまった資料として次の3例を掲げよう。fig. 7-1 は, 大宰府史跡 SX864 木棺墓の副葬品である[14]。これは内底に蓮花文をいれるが fig. 2-25 に相当し, 蓮花文3を内面に繋いで配し, 片切彫り施文ではあるが櫛目文はまったくなく, 外面にはもはや綾条文の姿はみられない。共伴して糸切り底杯 (口径16.2cm) が出土し, 12世紀後半期と考えられる。fig. 2-27 に類似する碗の出土例も多いが, 同じく大宰府史跡 SX629 木棺墓の出土品 fig. 7-2 では, 五輪花とし, 複線片切彫りによって内面を区画し, その内に篦により花文を配している。淡緑色に呈発し, 高台脇まで施釉されている。共伴の土師器小皿 (口径8.8-9.0cm) はすべて糸切りである。12世紀後半の時期である。

もう一例を挙げると, 博多地下鉄関係調査の祇園町駅出入口2・3地点の1号井戸は, 多くの完形品を含む300箇以上の中国陶瓷器を検出している[15]。そのうち報告されている青瓷碗120点 (fig. 7, 8) が竜泉窯製であり, fig. 2 の竜東Ⅲとの類似関係で分類すると, 25に近いタイプが56点 (多くは内底にも花文) と27タイプが61点, あわせて117点と全体の97%を占める。他は竜東Ⅱ段階の13の類品が2点と, 27に近いがより丁寧な施文が1点ある。この井戸の年代について, 報告者は12世紀半ばから後半に位置づけているが, ほぼ首肯できる見解である。この遺構は少し特殊である。出土品のいずれもが「火熱により影響を受けてはいるか, ほぼ完形に復元し得る状況で……消費者の手に渡る以前の段階で火災にあい, 商品価値を失ったため井戸中に廃棄されたもの」と考えられている。そうすると, 消費地における陶瓷器の組み合せとして, いわばあまり手垢のついていない状況といえそうである。97%という高率で第Ⅲ段階の青瓷碗が生産窯と同じ状況でまとまりを見せている点と, 2点は前段階に生産されたものが確実に混在しているという背馳する両面を事実として認めたい。これが消費地における普通の組み合せであろう。

そこで, これら竜東第Ⅰ, Ⅱ, Ⅲ段階の各時期について考えをまとめておこう。まず第Ⅲ段階は既述のように,「淳熙」銘および「庚戌年元美宅立」墨書銘等によって, 12世紀の第3四半期末から第4四半期と考えられている。日本出土資料においても, これと矛盾することなく, 12世紀後半のうちでもその後葉に中心をおくことができる。さらに, 普遍的にみられる鎬蓮弁文を並列して刻む竜泉窯青瓷刻花蓮弁文碗 (fig. 2-29 タイプの蓮弁を除く) は, この段階にはなく, 次の段階, すなわち13世紀から出現するとみられ, これを含まないことによって第Ⅲ段階の終末を12世紀末とみる[16]。

次に, 遡上して第Ⅰ, 第Ⅱ段階については, いずれも日本出土例では遺構に時間幅があるが, 両者は一定の先後の傾向性をもっているようにみえる。第Ⅰ段階に該当する青瓷の出土遺構の時間幅は, 11世紀第4四半期に上限をおき, 12世紀第1四半期から中葉に及んでいる。これに対し, 第Ⅱ段階のそれは, 12世紀第1四半期の遺物を含み, 下限は第3四半期にある。少ない資料ではあるが, 両者には微妙な時期差を看取できる。両段階の中心時期について, 性急な想定をすると, 第1段階を12世紀第1四半期, 第Ⅱ段階を同第2四半期と考えることもできる。しかし, 現実にそれ程限定することは困難であるので, ここでは竜東第Ⅰ, 第Ⅱ, 第Ⅲの各段階を12世紀を3分割して。各々前, 中, 後期に分け, 第Ⅰには11世紀末葉に遡ることも含めて結論としたい。

4. 収斂される問題点

　さて，ここに竜泉窯青瓷創焼時期についての残された課題の輪郭がしだいに鮮明に浮かび上がってきた。すなわち，竜東地域において，現状では最古の竜東第Ⅰ期（BY22）は，遡上しても11世紀末葉であり，これをもって竜泉窯の創焼ということは到底考えられない。ならば，この竜東第Ⅰ期という確実な地点に視座をすえて，これを遡る窯の存在と時期，そこで作られた竜泉窯製品とは一体どのようなものであろうか。

　この課題について，まず既往の見解を整理することから始め，問題の所在をより鮮明にしたい。

　矢部良明は「宋代青瓷の展開」（『世界陶瓷全集』12巻，1977，pp.179-229）において，越州窯から竜泉窯への浙江青瓷の転換の動きを，主として内外の博物館所蔵品を縦横に駆使し，明快に説明している。正確を期すため，煩瑣をおそれず，少し長くその要旨を引用しよう。「筆者は，龍泉窯の特色をそなえた青磁は，北宋後期の十一世紀後半には出現していると観察している。その諸源のとして，……東京国立博物館蔵の青磁多嘴壺，青磁蓮弁文長頸瓶と英国のアシュモリアン美術館蔵の青磁牡丹唐草文梅瓶を列挙することができる。これらの共通した特徴は，第一に，釉色が青緑色を呈して……露胎の素地が赤く焦げることが多い。装飾面では蓮弁文様に特色があり，蓮弁は先が丸くなり，各弁は櫛目で空間を埋める略体描法が目立ち，……しかし，器形・装飾法ともその造型は越州窯の系譜をそのまま受け継ぐものであって，越州窯のよどみない造型展開の過程の中で龍泉窯が生れ，窯業の主流が越州窯からしだいに龍泉窯に移っていったと解釈されよう」と論じる。

　ここに例示された3点の青瓷を11世紀後半に位置づけ，氏の「宋代越州窯・龍泉窯青磁編年試表」（同書付載）では，越州窯青瓷で元豊3年（1080）銘の長頸瓶（PDF.旧蔵）および同紀年銘の牡丹文多嘴壺（大和文華館蔵）より先行する欄にこれら3点をおいている。そして「越州窯のよどみない造型展開の過程」の証として，アシュモリアン美術館の青瓷牡丹唐草文梅瓶の「片切彫で花弁の輪郭をとって，各弁に櫛目を入れる手法の陶片は……越州窯系黄岩窯の製品に認められ」，同じく西ドイツのシーゲル・コレクションの青瓷宝相華文長頸瓶（竜泉窯・12世紀前期）にも黄岩窯と宝相華文において共通するものを認めている。そして「黄岩窯は，……龍泉窯と文様の上でなんらかの関連をもっていた可能性が濃い」と指摘する。

　ついで，竜泉窯青瓷の特徴と12世紀の指標として次の2点をあげる。第一は，高台削りと施釉について，11世紀前半の越州窯青瓷蓮弁文多嘴壺「では内刳りまで総釉となり，丸く目痕を残して越州窯独自の底造りになっているが」，11世紀後半の竜泉窯と考える青磁唐草文多嘴壺（東京国立博物館蔵）「では内刳りまで施釉した後，内刳部分の釉を拭き取った痕跡をみせ」，12世紀前期の青瓷多嘴壺（竜泉窯）「の高台に至ると高台畳付半ばまで施釉して，内刳りはまったく露胎である。じつは，この施釉方法は，12世紀では袋物のみでなく，碗鉢の類にも共通している」と施釉位置の推移を指摘している。

　第二の指標は「青瓷，青白瓷を含めて，12世紀に華南で流行する装飾法は，劃花文様の余白を，（中略）細かい点綴文をぎざぎざに折り重ねて破線を連らね，埋めつぶしていく空間処理法である。（中略）すでにその萌芽は北宋後半の龍泉窯系の青磁に認められるが，この装飾法が器面の広い部分に施されるのは，12世紀になってからのようである。しかも越州窯の遺品や報告の多くにこの文様が認められないのも，越州窯の消滅を考えるよい典拠を与えてくれる」としている。

　以上，竜泉窯青瓷の焼造開始を11世紀後半におき，それが「越州窯のよどみない造形展開の過程から生れる」とする矢部良明の考えは，明快にして説得力をもつ一つの理論を構築している。

　もっとも，竜泉窯が越州窯の継起的発展のなかで，とりわけ直接的には甌（東甌）窯の伝統を継承しているという，より具体的な指摘は，すでに1963年に朱伯謙・王士倫の両氏によって主張されている（前記文献

②)。朱伯謙の考えを承継し，任世龍は「竜泉青瓷的類型與分期試論」（『中国考古学会第3次年会論文集』1981）の短い論文のなかで，次のように自説を展開している。

　竜泉青瓷を6期に分けて，その第1期を北宋前期にあて，その特徴として，胎土は白胎でわずかに青灰色をおび，器壁は比較的均等に薄く作り，内外の全てに淡青色釉が薄くかかり，光沢をもつこと。装飾手法は蕉葉，巻草，雲文，鸚鵡，蓮弁等を繊細な劃花と双綫刻文とし，その部位は，碗，碟では内面と器心，あるいは外側面に施し，両方にする場合もある。瓶，壺などの外面には，しばしば劃花文と肩には凸弦文を刻み，腹部には隆線文を配する。これらの胎質と釉色は甌窯青瓷とすこぶる近似し，瓷質墊圏と白色泥点間隔支墊の装焼方法は北宋前期の甌窯と越窯に相似し，瓶，壺類の装飾は婺州窯にも同じものがみられる。そして，第1期の製品として，竜泉県茶豊公社土洞墓出土の青瓷五管瓶，長頸瓶ならびに執壺の3点（竜泉県図書館蔵）を提示している（本書Ⅲ-5参照）[17]。

　つづいて第2期は，北宋中・後期とし，その特徴は，灰白胎，青緑色薄釉で，内外の両面を劃花と櫛点文で繁密に加飾する。第1期の釉に比べて少し厚く施されるが，いぜんとして薄く玻璃質感をもち，青緑色で，わずかに灰あるいは青に黄色味を帯びた色調も少なくない。墊焼の窯具は，第1期のような瓷質墊圏などを用いず，粘土製の円型墊餅（いわゆるハマ）に改良されている。装飾は，第1期の単綫浅刻に対し，浅い浮離の花文と「之」字形曲折櫛目文となり，外壁にはしばしば綾条文（斜直綫）が刻まれる。瓶壺類の造型と装飾は前段階と顕著に区別でき，例を五管瓶（多嘴壺）にとると，第1期の白胎淡釉の五管瓶は，円肩痩腹で，管を肩に立て，管下に印捺文，胴の上半部に双刻綫の仰蓮，下半部に瓜綾（凸線文）を飾る。これに対して，第2期では，胴部が多級分層し，上方は小さくなり，五管は肩から胴部に立つように変わる。「元豊三年」刻銘の五管瓶と同蓋付長頸瓶は，いずれも竜泉窯製品であり，越州窯と誤認されている。このほかに，竜泉古墓中から出土した扁平な蓋付罐内の銅銭のうち最晩のものが「治平元宝」（1064-67）であるので，ひとまず第1期産品の下限のうち最も早い年代として設定しておく。任氏の説の梗概である。

　以下に竜泉窯の任世龍による時期区分と特徴についての説明がなされているが，当面の課題から離れるので，年代のみを示すと，第3期を両宋の際から南宋中期，第4期を南宋中期から元代前期，第5期を元代中期から明代前期，あるいはやや後，第6期を明代中期以後としている。

　そこで，任氏設定の竜泉第1期から3期までの年代を整理すると，右のように図示できそうである。

　このタイムテーブルで第一に問題となるのは，任が竜泉第1期として例示した竜泉県茶豊公社土洞墓出土の3点の青瓷の年代である[18]。

　第二の問題として生ずるのは，この11世紀中葉前後から元豊三年（1080）頃まで，すなわち任の区分する竜泉第1期に該当する竜泉青瓷とはどのようなものが具体的に掲げられるのであろうか。すでに掲示されている遺品のほかに，どのような資料が析出できるのであろうか。

　第三に，筆者が竜東第Ⅰ期とした年代は12世紀初めからであり，任は竜泉第2期を11世紀の80年代に遡ぼらせて考えている。もちろんこうした細い絶対年代を限定することに，正確さと，大きな意味があるとは思えないが，竜東第Ⅰ期は竜泉第2期の後半に該当し，その前半の部分に空洞があいているようにみえる。これに該当する青瓷を抽出できるであろうか。これらの問題点について，現時点で可能な限りの資料を提出して，その見通しを論じたい。

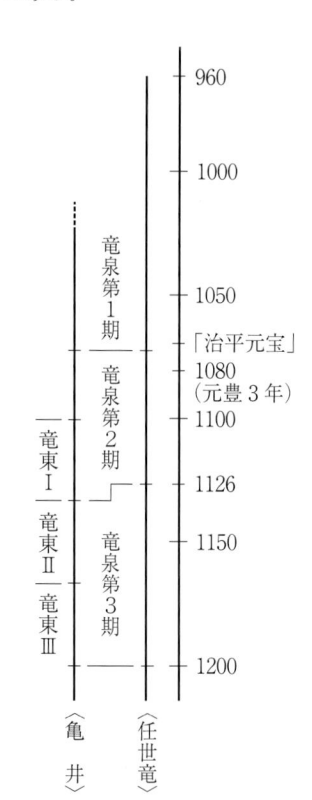

〈亀井〉	〈任世竜〉	
		960
	竜泉第1期	1000
		1050
		「治平元宝」
		1080（元豊3年）
竜東Ⅰ	竜泉第2期	1100
		1126
竜東Ⅱ	竜泉第3期	1150
竜東Ⅲ		
		1200

5. 竜泉第1期青瓷の析出

まず第三の問題から始めよう。なぜならば、すでに竜東第Ⅰ期という確実な立脚点をわれわれはもっているわけであり、それらに似而非なる、かつ型式的に連続するものが求められるからである。

煩瑣ではあるが、もう一度竜東第Ⅰ期の碗形品の特徴をまとめると、全体が肉厚のうえに、とりわけ底部を厚くして重心を低くし、圏線をもって内底と体部との境を区切り、それらに起因するのであろうが、竜東第Ⅲ期ほどではないが底径を大きくし、北宋越州窯系青瓷碗に比較すると、はるかに腰の張った丸味を帯びた形に作っている。文様は、体部外面の片切彫り綾条文、内面には蓮花唐草文などを片切彫りにし、隙地を「之」字形点綴文で充填しつくしている。装焼方法は、高台内刳りを露胎として、墊餅で支えた一匣一件の方式である。

こうした竜東第Ⅰ期から遡上して、竜泉第2期前半に該当するものを、まず窯跡出土の断片的資料から追求しよう。かつて窯跡調査報告（6ページ文献②）によって、最も古い形式として提示されたのは fig. 9b-1, 2 である。1の碗の形態は、実測図から判断する限り、竜東第Ⅰ期に類似し、内底の圏線の有無が気にかかるが、すでに内底中央に凸状の盛り上がりが現われている。体部内外面の施文についても竜東第Ⅰ期の特徴をもち、総じて、それを遡上する可能性は薄い。2の水注については、器形を比較する考古資料がないが、胴部の彫法を見る限りにおいて、1の碗と同時期と考えられる[19]。同じく大窯出土の3は青瓷碗（浙江省博物館倉房保管）で、底径約6.5cm、外面の綾条文は片切彫りで丁寧に刻まれ、中心の花文は同様に切れ味のよい鋭い彫刀で深く刻まれ、隙地を「之」字形点綴文でうめる。透明な釉は高台脇までかけられ、豆青色に発し、露胎の外底に墊餅痕がみられる。施文は竜東第Ⅰ期と基本的には同じであるが、器形は先行する可能性をもっている。

fig. 9b-4 は金村窯の出土品である。内底器心には、初期の竜泉窯の一つの指標の感がする菊花文を団花形にし、内体面には片切彫り花文と「之」字形点綴文で充填し、外面は粗く片切彫り綾条文をつけている。釉は透明で、ガラス質の緑色で、高台脇まで施し、畳付に少し釉がまわっているが、内刳り部は露胎で、径2.5cmほどの赤褐色の円斑部があり、墊餅がおかれた痕跡を示している。内底の中心が少し隆起し、底部の厚さは1.7cmと厚く、体部は少し丸味をもつが、むしろ直線的にのびているといえる。形態としてはすでに竜東第Ⅰ期に近づいている[20]。ガラス質の釉調や「之」字形点綴文による隙地処理をみると、いわゆる同安窯系櫛掻文（猫掻文、以下同安窯系青瓷と略記する）青瓷を想起させる。「之」字形点綴文は、竜泉窯では長期にわたって継続した文様ではなく、一部は竜東第Ⅱ期まで残存させてはいるか、主流は竜東第Ⅰ期までのようである。主題からそれるが、同安窯系青瓷は、竜東第Ⅰ期までの段階に竜泉窯から影響を受け、12世紀中葉頃までに、それを若干変形させて自己のものとして焼造を開始したと考えられる。それ以後は、福建省の他の陶瓷にみられるように、このデザインを墨守して生産をつづけたわけであり、同安窯青瓷への別れみちは、竜東第Ⅰ期までに生起したと考えられる[21]。

以上、窯跡出土品の極めて少数の資料をみると、竜泉第2期の前半の可能性があるのはわずかに3のみであり、他は同第2期の後半、すなわち竜東第Ⅰ期並行と考えた方が妥当である。やはり、竜泉大窯や金村窯など竜泉南西部の主窯の報告が未刊の現段階では、これ以上の言及は難しいようである。

それならば、わが国の出土品のなかで、竜泉第2期の前半、および第1期まで遡上させ得る資料はないであろうか。博多遺跡群の出土品のなかに、これに該当すると思われる数点の資料を析出できる。これらは、任説で掲げた第1、第2期のいくつかの特徴のうち、装焼方法という明確な技術的特徴を基にして二分できる。

その一は、高台脇まで施釉し、外底を露胎とし、圏状の墊餅痕がみられる青瓷碗である。fig. 9a-6 は、築

港線関係の第4次調査，SK1072出土の竜泉窯青瓷碗である。透明な釉が高台脇まで施され，暗緑色で耀州窯青瓷に近い色調である。露胎の高台内刳りはフラットで，中心のみを凸状に残す削りで，径2.4cmの黄砂が圏状に付着し，塾餅痕をみせている。墨書花押銘がある。器形は，あまり腰を張らず，ゆるく曲線をもってのび，口沿は外反する。内底は，それを画する圏線がまったくみられず，したがって凸レンズ状の盛り上がりもない。施文は，外面に片切り彫り綾条文が明瞭に刻まれ，口沿下に一条の圏線が浅くめぐらされている。内面は，デフォルメされた蓮花文を片切り彫りで鮮明に深く刻み，隙地のすべてを櫛による「之」字形点綴文でうめている。口沿下に圏線をはっきりと囲続し，それ以上は無文である。外面体部中位に灰黒色の窯滓が付着している。以上の観察から，この青瓷碗は，内底の作り方において，竜泉第2期後半（竜東第Ⅰ期）のものとは明らかに異なっている。施文，装焼方法を共通にしながらも，その器形において連続した先行形態として理解できよう。この碗を検出したSK1072は，深さが検出面から1.3m，1.5×1.3mの長内形を呈し，床の近くから遺物がまとまって出土し，土坑墓と考えられている。この青瓷碗と同一レベルの出土品は，約16片あり，白瓷碗，高台付碟，平底碟など，青瓷は越州窯青瓷牡丹文碟，黄釉鉄彩鍔縁盤，土師器は丸底坏，篦切り小皿1，糸切り小皿，坏（径16.4cm）各1などであり，これらに11世紀後半から12世紀初葉とみられる高麗青瓷印花牡丹文小皿が共伴している[22]。したがって遺構の時期は，11世紀後半に上限を，下っても12世紀第2四半期と考えられる。

同様な器形的特徴をもつ資料を掲げよう。fig. 9a-7は，築港線第一次調査SE40出土の竜泉窯青瓷の小碗（口径13.4cm）である。小形の高台から一直線に体部をのばす器形は，竜東第Ⅰ期の碗にはみられない。内底はわずかに凸起させている。加飾は外面にはなく，口沿下に不明瞭な圏線を一条めぐらすのみである。内面は，器心の菊花団花文をはさんで花卉唐草文を対置し，いずれも片切り彫りで深く刻み，隙地はすべて櫛目文でうめる構成である。釉は畳付までかけられ，淡いオリーブ色，透明で，氷裂文はみられない。無釉の高台内の中央に径2.3cmの茶褐色の塾餅痕がみられる。装飾においては竜東第Ⅰ期に並行し，器形においてはこの時期を遡る型式である。これを検出したSE40の共伴品は，

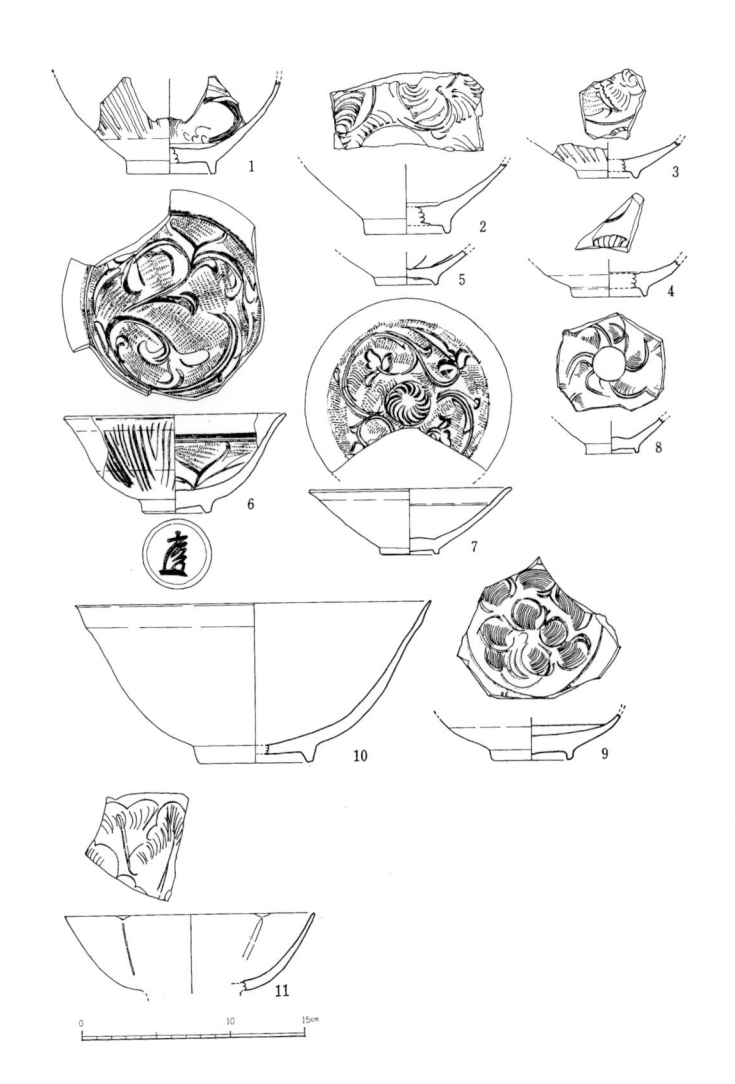

1.-5. 8.-10. 博多遺跡第6次（冷泉155），6. 博多築港線第4次SK1072，7. 同上第1次SE40（森本朝子原図），11. 竜泉金村窯跡

fig. 9a. 日本出土の竜泉窯，金村窯出土の青瓷

白瓷碗,青白瓷菱形文盒,土師器丸底坏,同小皿(篦切と糸切)などであり,遺構の上限を11世紀第4四半期,下限を12世紀第2四半期におけるであろう[補1]。

上の2点は,焼瓷方法と装飾の点において竜東第Ⅰ期の特徴をもっているが,器形の点において,竜東第Ⅰ期で確立され,以後継続する竜泉窯碗のスタイルとは明らかに異り,内底部の形態は越州窯系青瓷のそれに近い,先行的型式の特徴を示している[23]。したがって,これらは,竜東第Ⅰ期の製品に似而非なるものとして,この時期内の型式ではあるが先行するものとして,すなわち竜泉第2期の前半の空洞部をうめる形態として認識したい。

つぎに,その2の施釉形態は,外底内刳りを含めて施釉される,いわゆる総釉で,しかも越州窯系青瓷とは釉調,胎土ともに異なり,竜泉窯青瓷に類似する一群の資料がある。いずれも博多遺跡群第6次調査(冷泉155番地)の包含層の出土品である[24]。fig. 9a-1 は,口沿部を欠損するが,高台から腰を張ることなく直線的に体部をのばす形で,内底は一段低くして平坦で,かつ無文である。内側面の文様は,片切彫りで4つの円弧に分け,各弧内を細かい櫛目文でうめ,その中心に小さく弧文を片切彫りしている。このパターンは,前記の築港線 SK683 木棺墓出土の碗と同じモチーフであるが,本品の方が彫りが深い。外面の綾条文は複線で,密につけられている。釉は黄緑色,透明で,畳付から外底のすべてにかけられ,外底の中央に灰白砂の塊が付着し,瓷質塾圏を示している。

fig. 9a-3, 4 はともに小片であるが,相似の碗である。内底に片切彫りで菊花団花文を入れ,3では花文と点綴文を,4では前記1と同じような片切彫り弧文と櫛目文を,それぞれ施文している。釉はともに黄緑色の総釉であり,内刳りの高台際に灰砂粒が点在している。2は,1と形態が相似し,直線的にのびる体部をもち,内底を圏線を境にして凹ませる。金村窯出土品 (fig. 9b-4) と文様と釉調がよく似ている。強いガラス質で透明な総釉で,氷裂文が全面に細かくはいり,緑黄色を呈する。胎土は白灰色で細緻である。内側面に施された菊花文様は,片切彫りで歯牙状の彫刀痕をみせ,力感がある。外底中央に瓷質塾圏があったとみられるが,その部分は釉とともに剥離している。任世龍の教示によると,金村窯で総釉のものは未発見であるとされ,本品を同窯の産品とすることはできないが,施釉以外の点において,前掲の金村窯品と相通ずる点が多い[25]。

上に例示した4点の碗は,いずれも包含層の出土品で,厳密な年代比定は難しいが,大約11世紀後半から12世紀前半の間とみてよい。これらは形態的には竜泉第2期の碗と異なり,焼成方法においてもより北宋越州窯系青瓷に近い瓷質支釘による一匣一件であり,先述の任分類の竜泉第Ⅰ期の特徴に適合する。これら第Ⅰ期の資料はまだ乏しいが,博多遺跡群においては決して稀有なものではなく,共伴資料の明確な資料の検出が期待できる[26]。

これとは別に,右の竜泉第Ⅰ期資料を検出した同じ遺跡の,同一包含層およびその下層から越州窯系青瓷を検出していることを付記しておこう。fig. 9a-9 は,灰緑色に呈発する総釉で,外底に灰色の珪砂が径3.5cm の円圏状に付着している。内底を広く沈線で囲み,片切彫りで花文を刻み,弁内を細かく櫛目文でうめ,内側面にも篦文があるようで,その痕跡がみられる。狭義の越窯青瓷とは異なるところが多い。10も暗緑色の釉が内外面にかけられ,釉調は越州窯系青瓷の典型的な鉢とみられる。やや疑問と思えるのは,残存する底部約1/3内に支釘等の焼台痕はみられず,これにかわって畳付が施釉後に削り取られ,この部分に塾圏をおいての焼成とみられる点である。越州窯系青瓷にこうした装焼方法の存在をしらない。あるいは,これは北宋前半の竜泉窯青瓷の可能性がある。この破片は前掲1などと同一層から検出されている。この種の焼成方法は,博多遺跡群第2次調査で検出された刻花蓮弁文瓶(同報告書 no. 330)にもみられ,しかもこの瓶は前掲9の碗と類似の釉調と彫法を示している。

fig. 9b. 金村窯跡発見の青瓷（3．大窯出土）

これらの資料は，現時点において越州窯系青瓷とみられているが，これらは龍泉窯青瓷との継続点に位置している青瓷の可能性があるので，別に述べたい[補2]。

6. 龍泉窯第一世代の模索

前節までに，龍東第I期という確実なる指標をもとにして，龍泉第2期前半と同第1期の資料をわが国出土品に，いわば遡上する形で求めてきた。

1990年6月，浙江省文物考古所において，朱伯謙は2箇の陶片を呈示された。それは筆者にとって衝撃的なものであった。金村（YI）窯における採集品である。図示した1点（p. 467の fig. 9a-11）は体部小片で，高台直上まで遺存し，灰白色の胎土にわずかに緑色をおびた浅青色の透明釉がかかり，内底など釉溜り部分は緑色を呈し，氷裂が少しみられる。復元口径16.8cm，口沿に刻目を入れ，体部に縦線を押し出している。体部外面には，北宋期越州窯系青瓷にしばしば見られる花弁文を，輪郭を箆彫り，その内側を毛彫りで，各々表現している。高台部は欠損しているが，遺存する体部内外に施釉されている。釉調，文様表現，いずれをとっても越州窯の製品に類似している。まさに金村窯製の越窯倣製品といえよう。この種の陶片は，金村窯でも稀に発見されるようである。年代は越州窯系青瓷の編年観にしたがえば，北宋前半期のものである。龍泉窯が越州窯との継起的関係を示唆する破片である。

他の1箇は写真で示す fig. 10 で，同じような意味で倣耀州窯系青瓷碗と表現できよう[27]。小形の底から直線的にのびる体部，わずかに外反する口沿，外面には片切彫りの綾条文が間隔は不均一ではあるが密につけられ，口沿下の一線をもって止めている。内側では，やはり口沿下に無文帯を残し，以下はすべて印花宝相華文でうめている。胎土は灰白色，釉は透明度の強い氷裂文をもつ緑色，外底内剝部分は露胎で畳付に釉が少し付着している[28]。これはま

fig. 10. 金村窯跡出土の青瓷碗片

470　Ⅲ　唐宋代青瓷の系譜と編年

さに耀州窯系青瓷の細部にまで忠実な倣製品である。この倣製青瓷と耀州窯系青瓷との見分け法は，化粧土の有無にある。耀州窯は胎土が深灰色なので化粧土がほとんど例外なくみられ，断面の釉下に白い膜層が線として鮮明にみえる[29]。これに対して金村窯出土のこの倣製品は，灰白色の胎土のため化粧がけを必要としないようである。この種の陶片も，fig. 9 a-11 と同様に，出土例は極めて少ないようである。

fig. 11. 甌窯出土の青瓷（出光 1982）

　この 2 片は，倣越窯，倣耀州窯といえるが，実は後者もまた文様については，甌窯において類似品がみられる[30]。したがって，これが直接，耀州窯から竜泉窯への技術伝播によるものとする考えを一概には否定できないが，おそらく温州・黄岩県をはじめとする甌窯で一度倣製された耀州窯の再版の可能性が強いのではなかろうか。しかし，その当否は本稿の主題から少しはずれ，かつ甌窯製品を実見した機会が少なく，報告も十分とはいえないので，とりあえず右の点を含めて，竜泉金村窯における倣甌窯青瓷としておきたい[31]。

　これら 2 片の出土状況や他の竜泉窯青瓷との関係など詳らかではない。その時期が竜泉第 1 期並行なのか，あるいはそれを遡上する時期設定が必要であるのか，現在のところ追究できる資料をもたない。しかし，初期竜泉窯の段階，すなわち 11 世紀末以前のある時点で，甌窯青瓷のコピーを試み，しだいに模倣品から脱脚し，竜泉窯独自の形式を確立していく過程が竜泉第 1 期から第 2 期前半といえよう。その間にあって甌窯青瓷の影響は色濃くみられる（fig. 11）。例えば，前述の黄岩窯以外でも，竜泉第 1 期の碗にみられる内底を凹め，団花菊花文を片切彫りにし，内壁に巻草文を同手法で刻み，櫛点文で空間を充填させる碗は，温州の西南，泰順県石頭面山窯にみられる。また温州市西山窯では体部外面に綾条文を刻む意匠が出土し，他にも金村窯産品と相似のものの存在がすでに指摘されている[32]。もちろん甌窯以外の窯からも影響を受けているとみられ，第 1，2 期竜泉青瓷の色調は耀州窯青瓷の釉調に近似し，また「之」字形点綴文は景徳鎮窯の影響を受けたとみられ，竜泉窯第 2 期を中心として盛んに施文されたが，やがて廃棄されたデザインである。周辺の先進の窯の技法を模倣し，自己存立の基盤にすえ，咀嚼し，脱皮していったしたたかさこそ，衰退しつつある越州窯系青瓷体系を横にしながらも生き残っていく竜泉窯揺籃期の姿であろう。

　私は，この小論の冒頭に，竜泉の地は甌江を朔上すること 150km の地にあると記した。南北を洞宮山と仙霞嶺，西を武夷山の山稜に遮られた竜泉地域にとって，ほとんど唯一の文明交流路は甌江の流れであろう。竜泉青瓷を満載し，吃水線を深く沈めた帆船が下ったその路は，同時に温州の人と物が朔上する路でもあった。竜泉窯濫觴の地は，竜東地域ではなく，おそらく大窯あるいは金村窯の周辺とみられ，そこに倣甌窯青瓷を焼造した一群の第一世代の人々がいたのであろう。彼らは，自己の存亡をかけて試行錯誤を重ねながら，装焼技法に象徴されるような技術革新の道を開いていく，模索し，葛藤する草創期竜泉窯陶工の映像が，やがて鮮明に写し出されるであろう[補3]。

[注]

(1) 筆者は，1990年6月から7月にかけて，浙江省考古文物所（＝文物考古所）を独り訪れ，竜東地区窯跡の調査者である朱伯謙，任世龍の両氏をはじめとして，若き陶瓷学者であった沈岳明・芮国耀氏など同研究所の多くの方々から数日間にわたり，窯跡出土品についての懇切きわまりない指導を受けた。小稿はその成果であり，両氏の見解に従うところが多いが，言葉の不十分さ等から，筆者の理解が十分でない点があることを危惧する。

(2) 渓口瓦窯垟窯の出土資料では，筆者が実見した浙江省博物館倉房（庫）保管品がまとまっている。また南宋官窯博物館は，竜窯と工房跡に覆屋をかけ，出土品の展示館と併せて，杭州市立として，1990年秋に烏亀山下に開館が予定され，2002年に杭州南宋宮窯博物館として開館した。

(3) 櫛目文を弁内に入れる蓮弁文は，竜泉窯の初期から出現しているようで，多嘴壺，瓶の腰部施文等としてみられる。越窯でも蓮弁内に毛彫りで脈線を表現しているので，その後嗣と考えられるが，竜泉窯では便化し，固化している。

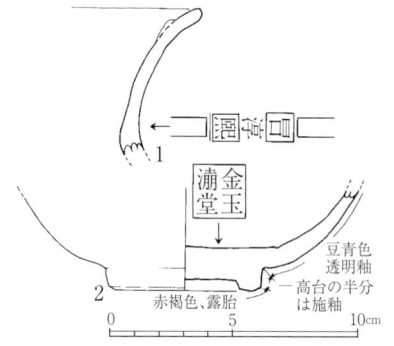

fig. 12. BY₂₄T₆（六）出土の青瓷

(4) 暖碗の日本出土例は少ないが，博多遺跡群第4次調査（冷泉7番地）にみられ，皿部の口沿に篦と櫛による圏線文があり，BY13・T 1：（一）の出土品と類似している。朱伯謙はこの形を「骰盆」とも呼んでいる。

(5) この花弁形に区画された内に刻まれた文様は，しだいに簡便化され，雲文と誤記されることもあるが，本来的には植物文である。fig. 4-2はよく整った形態であり，fig. 2-27の文様と比較すると，形式的には先行型といえる。

(6) 「金玉満堂」銘青瓷碗はfig. 12下のとおりで，氷裂文をもつ豆青色の透明釉が高台脇までかかり，畳付から内は露胎で赤褐色を呈する。内底中央に「金玉満堂」銘が不鮮明な方格内に印されている。

(7) 青瓷瓶または壺の頸部外面の「淳熙」銘について，「熙」の字は，傍の一部は見えるが，判読は難しい。任世龍は，想定される窯の年代からみて，「淳祐」（1241-52）ではなく，「淳熙」と推定された。復元口径22.5cm，明るい豆青色釉がかけられている（fig. 12上）。

(8) この碗は安徽省博物館の蔵品で，『龍泉青瓷』（文物出版社，1996年）に収載されている。同書では「庚戌」年を大中祥符三（1010）年としているが，任世龍はこれを熙寧元（1070）年に該当するとした（次注任論文）。

(9) これらの古墓出土例は，任世龍「竜泉青瓷的類型與分期試論」（『中国考古学会第3次年会論文集』文物出版社，1981）に列記されているが，その詳細については触れていない。

(10) 都市計画道路博多駅・築港線の大博通りの道路拡幅工事に伴う埋蔵文化財の発掘一調査は，1982年から同87年の間，5次にわたって実施され，その報告書は次のとおりである。

『都市計画道路博多駅築港線関係埋蔵文化財調査報告Ⅰ　博多』福岡市埋蔵文化財調査報告書第183集，福岡市教育委員会，1988

『同上Ⅱ博多』同第183集　同上，1988

『同上Ⅲ博多』同第204集　同上，1989

『同上Ⅳ博多』同第205集　同上，1989

『同上Ⅴ博多』同第221集　同上，1990

(11) 博多遺跡群第37次調査（駅前1丁目129・西鉄ビル）は，1988年に調査を行ない，土坑，井戸，木棺墓などを検出し，12世紀に年代の中心をもち，その前後を含んでいる。

『博多16－博多遺跡群第37次調査報告』福岡市埋蔵文化財調査報告書第244集，福岡市教育委員会，1991

(12) 博多遺跡群第4次調査（博多B地点，博多区冷泉町7-1地内遺跡）の報告書は，図版編が刊行されている。

『博多Ⅱ』福岡市埋蔵文化財調査報告書第84集，福岡市教育委員会，1982

(13) 博多遺跡群第36次調査（博多区祇園町42）の報告書は下記のとおりであるが，注（11）に示した報告書にも補遺編として，その一部を掲載した。

『博多13－博多遺跡群第36次調査報告』福岡市埋蔵文化財調査報告書第228集，福岡市教育委員会，1990

472   Ⅲ 唐宋代青瓷の系譜と編年

(14) 大宰府史跡ＳＸ864 および 692 の報告書は下記のとおりである。
　　『大宰府史跡　昭和 51 年度発掘調査概報』九州歴史資料館，1977
　　『同上　昭和 50 年度発掘調査概報』同上，1976
(15) 『福岡市高速鉄道関係埋蔵文化財調査報告Ⅳ，博多－高速鉄道関係調査』福岡市埋蔵文化財調査報告書第 105 集，福岡市教育委員会，1984
(16) 青瓷蓮弁文碗と篦による劃花文碗 (fig. 2-25, 竜泉窯系Ⅰ類) との先後関係は窯跡において層位的にも把握されているようである。朱伯謙の御教示によると，竜泉大窯杉樹連山窯 T10 において，前者と倣官窯青瓷がＹ２層から，後者がその下層のＹ３・Ｙ４層から出土し，さらにその下層から櫛を多用する青瓷が出土している。
(17) 浙江竜泉県図書館文物管理小組「竜泉新出土的 3 件北宋早期青瓷器」文物 1979-11，p. 95，図版 8
(18) 竜泉県茶豊公社土洞墓出土の五管瓶は，『龍泉青瓷』所収の同形品（図版 1）と類似している。蕾形の鈕，端部を反りかえす複弁形の蓋，五管は面取りされ，肩にはフリル様帯文をめぐらしいる。胴部は複線縦筋文で分割し，3 から 4 段に俯蓮を刻む。これらの実年代を解き明かすことが竜泉窯創焼年の確定に近づく道であるが，確たる年代を与える考古資料をもっていない。
(19) この水注について，矢部良明は前掲論文で British Museum 蔵の牡丹唐草文水注と酷似しているとし，ともに北宋末期と考えている。
(20) この陶片と同じとみられるものが寧波市和義路東門口碼頭遺址から出土している (fig. 13-4)。
　　林士民「寧波東門口碼頭遺址発掘報告」『浙江省文物考古所学刊』1，1981，pp. 105-129
(21) 宋墓副葬の青瓷は少ないが，福建省順昌県大坪林場墓に資料がみられる。遺構は磚室の夫妻合葬墓で，男室から青黄釉刻花碗 1 と青灰釉印花茶盞 2 が出土している (fig. 13, 1-3)。いずれも口沿

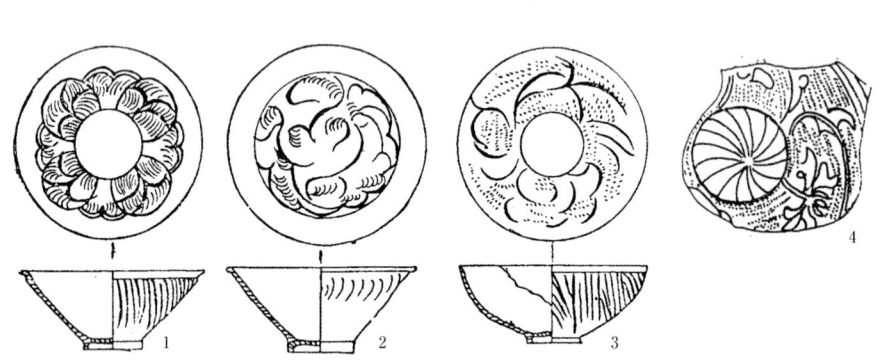

fig. 13. 1-3：福建順昌大坪林場宋墓，4：寧波東門口碼頭遺址

をわずかに外反させ，体部は直線的にのばし，底部は肉厚ではないが，1 については内底が圏線で画され，2 にはそれがみられない。この男室の埋葬年代を，出土宋銭のうち「元豊通宝」(1078-85 年) の存在と，次の鋳銭である「崇寧通宝」(1102 年) が無いことを根拠として，元豊年間と推定している。これとは別に，女室から出土の 3 は，竜東第Ⅰ期とした fig. 2-2 に近いもので，内底が凸レンズ状になり，体部にも丸味がついており，男室出土品より後出である。女室出土青瓷を竜東第Ⅰ期並行と推定し，男室の 2 口の青瓷はそれを遡る時期と考えられる。しかしながら，調査者である曽凡は，これらすべての青瓷を同安窯産品としている。そう考えると，同安窯系青瓷の創焼時期を 11 世紀後半まで遡上させる必要があり，またこれらの青瓷窯の系統関係をあらためて考えなおす必要が生じる。しかし，1，2 のような器形とデザインをもつものは同安窯系青瓷で見かけないが，いかがであろうか。いささかの疑問を吐露し，後日の実見を期したい。曽凡「福建順昌大坪林場宋墓」文物 1983-8，pp. 35-39
(22) 高麗青瓷については香本不苦治，鄭良謨の御教示を受けた。
(23) 「越州窯」と表記した場合，広狭義の二通りがあるが，近年中国の研究者はこれを狭義に使う場合が多い。そこで混乱を避けるために，狭義の越州窯を，(東) 甌窯，婺州窯と並べて「越窯」と簡記し，これら 3 窯を括って「越州窯（青瓷）体系」と表記したい。
(24) 『博多遺跡群第 6 次調査略報－福岡市博多区冷泉 155 番地の調査』福岡市埋蔵文化財調査報告書第 126 集，福岡市教育委員会，1986，付編Ⅱ
(25) 任世龍は黄岩県沙埠窯の産品の可能性があるとしている。
(26) 博多遺跡群と並んで，竜泉第 1 期，2 期の青瓷出土の可能性をもつ平安京内および周辺遺跡について，次のよう

な11世紀中葉-12世紀中葉の代表的遺跡の出上品を調査したが，1例を除いてすべて白瓷と越州窯系青瓷であり，竜泉窯青瓷を確認できなかった。その1例は，烏丸線no. 58トレンチの土坑18出土の青瓷碗であり，竜東第Ⅰ期のfig. 2-3に該当する。外面は片切彫り綾条文を全面に刻み，内面は花文のみで櫛目文は使われていない。釉は透明な玻璃質で，細かい氷裂文をみせ，暗緑色を呈し，高台脇までかけられている。畳付は焼成後の仕上げで研磨され，露胎の外底には塾餅痕の黄砂の付着がみられる。共伴品は少ないが，平安後期の遺構と報告されている（『京都市高速鉄道烏丸線内遺跡調査年報Ⅲ』1981），また土御門烏丸内裏跡溝Ⅰは11世紀後半の遺構で，白瓷碗などと共伴して越窯の碗，盆，蓋の小片を検出している。この蓋の胎土は灰色，釉はオリーブグリーンではなく，緑青色で，他の越窯製品と異なっている。

(27) ここでいう耀州窯系とは，陝西省銅川耀州窯，河南省臨汝県厳和店窯，同宝豊県青竜寺窯，甘粛省天水県秦窯など，いわゆる北方青瓷という意味で使用する。

(28) このような施釉方法と塾餅による装焼法から判断すると，この倣耀州窯系青瓷の年代は竜泉第1期ではなく，第2期の可能性も考えられる。

(29) 耀州窯系では化粧掛けをしないと主張される方がいるようであるが，銅川耀州窯址の採集品では，化粧掛けが明確に認められる。

(30) この倣耀州窯系青瓷片の文様は，『近年発見の窯址出土中国陶瓷展』（出光美術館，1982）図録所載の浙江温州窯跡採集のno. 86の内面印花文に類似している。また黄岩窯（沙埠窯）採集の印花宝相華文にも通じている。なお，同書掲載の黄岩窯採集品no. 89-91の4点は，『中国二千年の美』図録（毎日新聞社，1965）所載no. 132-135と同一品である。

(31) 矢部良明が竜泉窯の明徴をそなえ，11世紀後半に位置づけた青瓷唐草文多嘴壺（東京国立博物館蔵）をあらためて観察すると，五段の餅重ねのうち，中2段の花卉唐草文は耀州窯にみられる宝相華文であり，黄岩窯（沙埠窯）にも類似している。裾1段目の牡丹唐草文も黄岩・竺家嶺窯で手慣れた彫法がみられ，この竜泉窯製多嘴壺の加飾は，単純化すると，耀州窯＋黄岩窯を含めた甌窯のデザインの結合といえる。

(32) 金祖明「温州地区古窯址調査紀略」文物 1965-11, pp.

［補注］

(1) 竜泉窯第1期の開始時期について，掲示した博多遺跡群出土の数片の総釉碗形品から想定できることは次の点である。①これらの出土状況は良好ではないが，おおよそ11世紀中葉を遡ることはない。

②問題となる11世紀前半では，越州窯系青瓷の出土はあるが，竜泉窯青瓷の可能性をもつものは日本から出土していない。しかしこの点も，仮に竜泉窯においてはこの時期に焼造を開始していたが，輸出するまでに至っていないという想定も可能であり，わが国で出土していないことが即生産を開始していないということとイコールにすることは論理的にはできない。いずれにしても，第1期竜泉窯青瓷の良好な日本出土資料を獲得することが当面の課題であり，その可能性を有する博多遺跡群の調査が近い将来期待できる。

(2) 岩手県平泉町の柳之御所跡第21次調査から，竜泉第1期とみられる小片が検出されている。灰色の胎土に暗緑透明な釉が畳付から一部遺存する外底までかけられた総釉である。遺存部に支釘跡はみられないが，外底にあると考えられる。施文は，内面が片切彫りと「之」字形点綴文，外面は綾条文が浅く刻まれている。この遺跡から出土する中国陶瓷は12世紀のものにほとんど限定されているが，本品はそれを遡る生産年代であろう。いずれにしても，第1期竜泉窯青瓷が博多遺跡群に限定された特殊な出土品ではなく，注意すれば，わが国にかなりの範囲で流通していたと推察できる。三浦謙一「柳之御所跡出土の中国陶瓷」『貿易陶瓷研究』10, 1990

(3) 脱稿後，『竜泉青瓷研究』（浙江省軽工業庁編・文物出版社，1989）が公刊され，本稿でふれた竜泉大窯跡と金村窯跡の各発掘調査報告と，朱伯謙「竜泉青瓷簡史」など9篇の論考が集められている。竜泉窯について，初めて本格的にまとまった論集であり，今後の青瓷研究に資するところ大である。さらに2005年に『竜泉東区窯址発掘報告』浙江省文物考古研究所編，文物出版社が刊行されている。

＊本稿で使用した実測図のうち，報告されているものについては各報告書より転載したが，筆者の責により加筆修正している。

[English Summary]

Archaeological View of Longquan Celadon in the 12th Century

1. Research on the Eastern District of Longquan county

Longquan celdon played a significant role in ceramic trade. Excavations of the kiln sites have been carried out since 1979 with excellent resuets. *Shantouyou and Dabaian-First Excavations of Ancient Porcelain Kiln Sites in lhe Eastern District of Longquan County*), issued in 1981 as one of the site reports on by the Archaeological Institute of Zhejiang Province, is an excellent work and describes the excavated artifacts with stratigraphically organized measured drawings from the second half of the Northern Song dynasty to the first half of the Southern Song dynasty. I studied and examined them in 1990 under the guidance of Mr Zhu Boqian and Mr Ren Shilong, who had actually led the excavations. This article intends to demonstrate a chronology of Longquan celadon in its incipient period based on these results.

2. Three stages of twelfth-century Longquan celadon production in the eastern district of the county

Concerning celadon bowls fired in the era from the late Northern Song to the first half of the Southern Song, I classify them chronologically into three stages, that is, Longquan Ⅰ, Ⅱ, Ⅲ. Bowls of Longquan Ⅰ have thin glaze and bare outer bases, and individual pieces are fired on disc supports. The outside of the bowls is decorated with a linear pattern carved with a spatula. On the inside, a lotus-flower design is carved with a spatula and the space is filled with a zigzag pattern. On the other hand, two types co-exist in Longquan Ⅱ bowls. One is decorated with a carved linear pattern on the outside and the other has no such decoration. The interior is decorated with a carved flower design similar to Longquan, however the space is decorated with a curved comb pattern instead of the zigzag pattern of the former stage, and some of them do not have any pattern in their space. Two points are notable as characteristics of Longquan Ⅲ bowls. One concerns the form, that is, the profile of the lower wall becomes rounded and the base is made more thickly. The other point is connected to the decoration. The linear pattern disappears totally and the outside comes to have no decoration in this stage. A considerable number of these bowls have this type of decoration and it is possible the type originated in the Longquan Ⅱ stage. Bowls with foliate rims which have stamped marks such as 「金玉満堂」 or 「河濱遺範」 are found in this Longquan Ⅲ stage and at the same time small bowls decorated with lotus petals and a comb pattern are popularized.

3. Dating of the stages

Few materials which point to the actual dates of there phases are known in China. The Longquan Ⅲ stage has two materials bearing dates. One is a celadon bottle shard excavated at a kiln site and it is incised with characters including 「淳熙」, a reign mark datable from 1174 to 1189. The other is a celadon bowl, excavated at a Song tomb in Anhui Province, the base of which has characters in ink equivalent to 1190. Therefore Longquan Ⅲ can be presumably dated to the last third of the twelfth century. Excavated materials in Japan support this dating. No dated material is yet found for the other stages, however, archaeological materials excavated in Japan suggest that Longquan Ⅰ may be dated to the first third of the twelfth century because Longquan Ⅰ bowls are found among remains at the Hakata sites of Fukuoka prefecture, and that Longquan Ⅱ be centred in the second third of the century because bowls of this stage are excavated at the same sites.

4. Earlier views on the beginning date of Longquanware

Longquan production is supposed to have started before the early twelfth century, when the Longquan Ⅰ stage presumably began. Mr Yoshiaki Yabe expressed the thought that celadon vases such as a meiping decorated with carved peony scroll in the Ashmolean Museum, Oxford and a tall-necked vase decorated with carved lotus petals in the Tokyo National Museum were among the earliest Longquan wares, datable to the second half of the eleventh century. Mr. Ren Shilong classified Longquan celadon into six periods and he set the first of them, Longquan I, to the early Song dynasty using three celadons excavated from a tomb in Longquan county. However I myself presume these pieces are more likely to belong to the middle eleventh century than to the early Song. No datable materials excepting these for the first Longquan ware phase are found in Chinese excavation reports. I, therefore, offer my view on the beginning of the Longquan kilns on the basis of Japanese excavations.

5. Celadon of Longquan I stage and its lineage

Some celadon pieces resembling the Longquan ones are found in Hakata sites. They are fully glazed including the inside of the base and they differ from Yue celadon wares in clay and glaze. Their bases have spur-marks of body clay common to Longquan I wares.

The shards of this kind are not yet many, but it is highly possible they are dated to the second half of the eleventh century. One other group can be pointed out, that is, celadon bowls with an unglazed outer base and with a trace of a ring support in the base. These have elements of decoration in common with Longquan I wares. On the other hand the former, in distinction to the latter, has no circular line around the interior wall of the inner base which has no convex swelling, and the side profile is straight. The glaze resembles that of Yaozhon celadon. This type can be assigned to the Longquan II stage because materials of the type are excavated together with Koryo dynasty Korean celadon wares presumably dated from the second half of the eleventh century to the early twelfth century.

Firstly Longquan I phase celadon is strongly influenced by the Ou kilns in southeastern Zhejiang province. Two pieces shown in figs. 10-11 and 12, similar to Yue- and Yao-ware celadons in decoration and glaze, come from excavations of the Chinson kiln, Longquan county, and they are imitations of Ou kiln wares. Longquan is considered to have started imitating Ou products and established an original style in the early twelfth century.

8．北宋早期景徳鎮窯白瓷器の研究

はじめに

　景徳鎮窯において，白瓷および青白瓷の生産が，いつごろ，どのようなプロセスをへて開始されるのかは，重要な研究課題である。中国の研究者も，この興味あるテーマに取り組み，成果をあげつつあるが，良好な遺構の発掘調査が少なく，いぜんとして不明瞭な部分が多いといわざるを得ない。また，近年の大宰府鴻臚館跡・博多遺跡群・大宰府史跡などの調査によって，景徳鎮窯の11世紀前半代の製品ではないかと推定できる破片が，少数ながら検出されており，さらに東南アジアの古墓出土品などのなかにも，これに該当するものがある。これらをも合わせて研討し，景徳鎮窯における北宋白瓷器の出現開始時期の様相を考えようとするのが，本稿の目的である。

　ここにいう北宋早期とは，10世紀の後半から11世紀の前半期を考えており[1]，景徳鎮窯とは，主として現在の景徳鎮市域の窯跡をさし，周辺の楽平・万年・上饒・鷹潭などの地域の窯跡を含める。ただ調査資料の関係で，やや離れているが南豊・九江の窯跡など江西省北東部にある窯跡を含めている。これらの広範な地域を，景徳鎮窯に含む理由は，現在の段階では，北宋早期白瓷が，これらの地域でも生産されており，しかも景徳鎮市域の窯跡出土品の形態と共通するところが多く，その判別が困難であることによる[2]。しかし，これら地域あるいはより広範に華南地域における白瓷生産の開始にあたって，景徳鎮窯が主導とし，それらの魁と位置付けるのは，軽軽には結論できないようであり，そうした考えは私自身ももっていない。

1．五代の青瓷・白瓷器

　景徳鎮窯における陶瓷器生産は，五代期の10世紀前半に青瓷生産から開始されたと考えられ，それを朔上する資料の報告もなく，実見したこともない。北宋早期の白瓷を研討するために，五代期の青瓷から論をおこしたい。なぜならば，五代期の青瓷碗と碟は，釉色の相違をこえて，北宋早期の（青）白瓷と，その形態において共通した要素が多いからである[3]。

（1）五代陶瓷器の特徴

　まず青瓷と白瓷の碗・碟に共通する特徴として，すでに指摘されているように（文物1982-5, pp. 85-93），内底および圏足接地面（高台畳付き）に，6-16箇の牙状の支釘痕がみとめられる。圏足は，口径のおよそ半分と大きく，かつ高さは，5mm前後と低く，幅広につくるのは，焼成時に支釘でささえて変形や倒壊を防止するためである。

　口沿部の形態は，碗・碟ともに，唇口・外反・直口の3種類に分けられ，それぞれに体部の形態は，斜行腹（直線形）と弧腹（内弯形）の2形態があり，直口の口沿に5箇ほどの刻目をほどこし，（葵）花口につくるものがあるが，それ以外に加飾文は認められず，内底に圏線様にみえるいわゆるシッタ痕跡をもつものがある。圏足接地面には施釉されているが，外底（圏足内側）は無釉である個体と，一部をのぞいて施釉されている場合があり，黄泥頭窯跡では両者が混在している。焼成は，匣鉢を用いず，耐火粘土を用いて，塾柱の上に12-13箇の碗を置いて重ね焼きする，いわゆる支釘畳焼法である[4]。

（2）青瓷・白瓷碗の形態

　青瓷が先行してつくられ，五代の後半期からは白瓷生産と並行した短い期間が存在していたとみられ，湖田・楊梅亭・石虎湾・南市街・黄泥頭の各窯跡が主要な五代景徳鎮青瓷・白瓷窯跡とされ，なかでも黄泥頭窯跡は規模が大きい（劉新園1992, pp. 8-13）[5]。

　青瓷碗は，圏足で，胎土は暗灰色であり，釉色は越窯系統に共通するが，やや明度の低い黄緑色で，融解が十分でなくカセ気味の釉調が散見され，刻割花文などの加飾は見いだせない。五代層からは匣鉢は検出されず，塾柱がみられる[6]。五代後半の上林湖越州窯は，すでに1匣1件焼成であり，加飾文をもつものも多く，釉色も光沢をもち，明度が高く，これらに比べて，景徳鎮五代青瓷器は劣っている。

　青瓷碗の器形は，口沿の形状によってa. 唇口，b. 外反，c. 直口に3分でき，体部は弧腹と斜行がある。資料を例示すると，

a. 唇口では，体部を斜行にする浅腹形と弧深腹の2種類がある。楊梅亭窯跡からは，圏足接地面のみ釉薬を削り取り，外底には施釉された碗と，同様の施釉方法の白瓷碗が採集されている（出光美術館1982, no. 226）。

b. 外反口沿形は，黄泥頭窯跡出土品として，弧腹形（fig. 1, 景徳鎮陶瓷歴史博物館庫房）や，口沿を横に短く折り曲げ，口唇部5箇所に浅く刻み目をいれて花口につくる碗があり，体部にヘラ削り痕跡がのこる（pl. 1-1, 景徳鎮陶瓷歴史博物館）。同形品は，江西省文物考古研究所が楽平市で収集した6件の青瓷のなかにもみられる（江西文物1991-3, pp. 42-43, 口径18.7cm）。

b. 直口碗は，花口につくる斜行形（文物1980-11, 図14）と弧腹の両者が確認できる（香港大学1992, 図3）。古墓随葬品としても発見されており，景徳鎮市近郊墓出土碗は花口ではなく，カセた感じの黄色みを帯びたものであり（pl. 1-2, 同上, 図4），江西省高安市東方紅郷院背熊村品は（高安市博物館蔵），5花口・出筋にし，内底と圏足接地面には9箇の支釘痕がある（李輝柄2000, no. 200）。

　これらの青瓷の年代を決める良好な資料が，南唐保大12（顕徳元年・954）年の買地券をもつ江西省九江市大塘村周一娘墓随葬品である（fig. 1-4, 5, 江西文物1991-3, pp. 80-85）。ここからは，5弁花口外反碗2，小碗2，腰折れ碟2，外反碟10，壺1が出土し，碗・碟の内外には7-11箇の目跡が，圏足接地面と内底に付着し，シッタ痕もあり，口径に対する底径比は0.48であり，底径が口径の約2分の1とかなり大きい。釉色は厚い部分が青灰・深灰，薄い箇所は青黄色・灰黄色と表現され，満釉であり，これらは湖田窯五代遺存堆積層品と類似していると報告されている[7]。

　これに対して，五代白瓷碗は，上記したように器形と焼成方法は青瓷と共通している。すなわち，内外底に支釘痕をもつ支釘畳焼法であり，底径は大きく，口径の約半分をはかる。口沿部の形態は，a. 唇口，b. 外反，c. 直口の3種類に分けられ，それぞれに体部の形態は，斜行腹と弧腹の2形態がある。花口を除いて加飾文はなく，圏足の高さは，5mm前後と低く，内底のシッタ痕の有無は，両者がある。施釉の位置は圏足接地面まではみられ，外底は一部を除いて無釉であり，これも青瓷とかわらない。胎土はかなり白く，釉色は純白に近いか，影青釉とはいいがたいが，わずかに青みを帯びるものも見られる。後述する北宋早期にはかなり黄色の釉色を呈する例が散見されるが，この時期のものは，釉薬がよく融解し，白さが目を引くのは興味ふかい。

　fig. 1-3は南市街窯跡の唇口碗で，灰白色に呈発した釉は圏足接地面までかけられ，13箇の支釘痕がのこり，圏足内は露胎である。内底にはシッタ痕，外体部には削り調整痕が顕著にみとめられ，唇口は折り曲げではなく，削り出しでつくる。これの口径に対する底径比は0.41である。同窯跡からは，白瓷胎に，純白に近くよく融解した釉がかけられたものもみられる（pl. 1-4）。

これに対して，黄泥頭窯跡出土の唇口・弧腹碗（景徳鎮陶瓷歴史博物館庫房, pl. 1-5）をみると，口沿は中空の折り返し形で，ゆるい内弯体部からほぼ垂直に削られた低い圏足につづき，接地面には牙状の支脚痕がついている。よく融解した光沢をもつ白釉はわずかに青みをもつ白色であり，焼成不良品の場合は，褐色陶胎で，白黄色に呈発している。この釉調のうち，かなりの割合で純白を呈するものがあり，北宋早期や，さらにのちの影青とは異質である。同形品は楊梅亭窯跡（出光美術館 1982, no. 227），内小里大屋下窯跡に出土例をあげることができる（香港大学 1992, no. 8）。唇口・弧腹形には口径 23.8cm の鉢形品もある（香港大学 1992, no. 9）。

直口碗として黄泥頭窯跡出土の（pl. 1-6）は，釉調は（pl. 1-5）とよくにており，これは外底にまで施釉されている。シッタ痕がみえ，口沿5箇所に小さく切り込みをいれて花口につくる。楊梅亭窯跡採集の白瓷直口斜行壁碗と青瓷直口丸型碟が出光美術館の陶片室に展示されている。

（3）青瓷・白瓷碟の形態

碟の器形は，碗と共通してa. 唇口，b. 外反，c. 直口に分けられるが，外反口沿碟には，腰部で稜をつけて斜行を反転させる，いわゆる腰折れ形がある。

白瓷碟についてみると，a. 唇口・弧腹形は景徳鎮窯跡から出土している（fig. 1-9, 香港大学 1992, pp. 65, 挿図4）。b. 外反・腰折れ形について，黄泥頭窯跡品（pl. 1-7, 景徳鎮陶瓷歴史博物館庫房）でみれば，圏足上で明確な稜をもって折れ，斜行した体部は口沿で短く水平にのばす。シッタ痕跡の近くに11箇の支釘痕があり，施釉された圏足接地面にも同様にみられる。光沢をもち氷裂のない純白に近い釉薬はよく溶け，わずかに青みがあり，外底は無釉である。南市街窯跡の碟（fig. 1-11, 口径 15.5, 底径 7.6, 器高 2.8cm）は，底径比が 0.49 と口径のほぼ半分と大きく，圏足脇を水平に削り，丸い体部から，軽く外反口沿につくる。同様な碟は，湖田・白虎湾・楊梅亭の各窯跡で発見されている（周鑾 1998, p. 24）。また同形で，内底には支釘痕がないものが黄泥頭窯跡などから発見されている。

これら2形態に加えて，c. 弧腹・直口形のいわゆる丸皿が，黄泥頭窯跡（景徳鎮陶瓷歴史博物館庫房）・湖田窯跡・白虎湾窯跡・柳家湾窯跡（fig. 1-15, 香港大学 1992, no. 12）などから出土し，内外に支釘痕をみせ，釉調も上記例と同じである。五代白瓷碟の主要な形態は以上の3種類である。

青瓷碟も同様な器形がみられ，これらの年代は，上記の954年の紀年銘を共伴する江西省九江市大塘村周一娘墓出土品が良好な資料である。口沿外反で腰折れ形（fig. 1-13），唇口・弧腹形（fig. 1-10）があり，前者は，鳳凰嘴（香港大学 1992, no. 5），後者は，湘湖上街（香港大学 1992, no. 6）の各景徳鎮窯跡で同形の白瓷碟が確認できる。いずれも内底と圏足接地面に支釘痕があり，青瓷碗の焼成・施釉方法と共通している。

白瓷碟について注意されるのは，上記のc. 弧腹・直口形で圏足接地面には支釘痕があるが，内底にはこれがみられない一群が確認でき，豊湾塢口・新村大隊の各窯跡（pl. 1-17, 香港大学 1992, no. 10・11）から発見されており，いずれも体部を外側から棒状のもので押圧して5花口につくる。湖田窯Ｈ区の五代層からも検出されている（文物 2001-2, p. 44, 図 7-4）。釉色はわずかに青みないし黄色みを帯びた白色である。中国の研究者は，これらは匣鉢を使用した単件支釘仰焼と想定し，五代晩期から北宋早期の産品と考えている（香港大学 1992, p. 115）。上記の黄泥頭窯跡発見の腰折れ形も同様な焼成方法とみられる（pl. 1-9）[8]。

このように，五代における青瓷と白瓷の碗・碟は，ほぼ同じ形態で，かつ同じ焼成方法をとっている。これらの絶対年代を決められる資料は少ないが，上記の954年の江西省九江市大塘村周一娘墓出土青瓷と南京二稜出土の白瓷器の造形が一致していることを主な根拠にしている（劉新園 1992, p. 12）。南京二稜は，943年葬の李昇稜と962年葬の李璟稜であり，前者からは唇口・弧腹碟と直口・弧腹で葵口碟が，後者からは直

口・斜行腹で葵口碗および唇口・斜行腹の小碗がそれぞれ随葬されている。いずれも形態の類似性を根拠にして景徳鎮窯品の年代設定をしているが，安徽繁昌窯跡[9]，邢州窯または定窯白瓷である可能性もある（南京博物院 1957, pp. 49-54）。

さらに匣鉢使用の開始時期については，次節で紹介する北宋983年の九江市尋陽陶墓および986年九江市阿周女墓など出土の白瓷器を根拠にして，北宋の開始前後を境にして，景徳鎮窯において始まり，焼成方法に大きな転換をむかえたと考えられている。

2. 北宋早期の白瓷碗と碟

北宋早期の白瓷は，五代青瓷および白瓷を基本的に継続し，器形的には大きな変化は認められないが，口径に対する底径の比率に変化が生まれていることが指摘されている。すなわち，五代期の碗の特徴として，口径と底径の比率（底径比）が約1：0.49と，底径が口径のほぼ半分と大きいこと，圏足は低く，かつ肉厚であり，現今の1：0.36とは異なるとされている（文物 1980-11, p. 50）。これに対して，北宋中期になると，圏足は，高く細くなり，小型化する傾向があり，これらは焼成方法の変化に対応している。中期の底径比の数字は示されていないが，少数例ではあるが計測すると，代表的な高圏足碗では0.28，斗笠形碗では0.22と非常に小さい。北宋早期白瓷においては，底径比がどの程度の数値をもつのかは，検討に値する。

北宋に入っての最大の変化は，匣鉢の使用であり，外底部を露胎にし，disk状の墊餅（輪状焼台・ハマ）を用いての1匣1件の仰焼法であり，外底部分にはその痕跡がみられる。匣鉢は，すべて漏斗状（V字）形である。圏足接地面には施釉され，色調は五代白瓷の純白から，青みが増えて，いわゆる影青釉に近づいてはいるが，北宋中・晩期にみられるような透きとおるような青白瓷は少ない。焼成の状態によっては，黄色のつよい破片もあり，窯内は必ずしも安定した焼成状態とは考えられない。体部外壁に刻花蓮弁文が出現するが，伝統的な花口を除くと，この他の加飾文は見いだしえず，また，青瓷生産は，基本的には消滅し，白瓷および青白瓷にシフトしている。

（1）碗の形態

白瓷碗の器形は，体部を内弯させる弧腹形が主流となったようにみられ，それらは口沿形によって，a 唇口，b 外反，c 直口の3形態がある。これらは五代青・白瓷碗と共通した特徴をもつとともに，北宋中期に出現する器形への変化の兆しを看取できる。また，五代の青瓷・白瓷にしばしばみられた体部を直線的にのばす斜行壁で，唇口につくるタイプは減少しているようであるが，弧腹形との差は微妙である。釉は，圏足接地面まで施され，圏足内側（外底）は露胎にするが，腰以下，圏足から外底全てを無釉とするものも相当の割合でみられる。釉色は，五代白瓷と異なり，いわゆる影青に呈発しているものが出現しているが，透明度は高いが，淡い黄緑色，灰白色のものもある。

a. 唇口形碗で体部を直線的にのばす斜行形は，北宋早期でも早い時期が想定されている南豊白舎窯跡の符家山堆積下層から検出されており，口径18cmと大きいものがあり[10]，これは江西省金渓県小阪・里窯跡からも発見されている（fig. 1-20）。その上層の10世紀末想定の中層からは，唇口・弧腹形（器高4.2cm, 底径比0.37）と，浅く斜行壁に近い形（fig. 1-16）が検出されている（考古 1985-3, p. 224）[11]。

弧腹形でも，浅腹と深腹があり，黄泥頭窯跡の浅腹形（fig. 1-19）についてみると，器高は5.1cm，口沿の折り返しによる肥厚幅は1.1cm，底径は6.8cmで，厚みは0.5cm前後で，中空と押圧の両者がある。口径は小片のために正確には計測できないが，15.7cmで，底径比は0.43である。腰以下は露胎であり，低く幅の

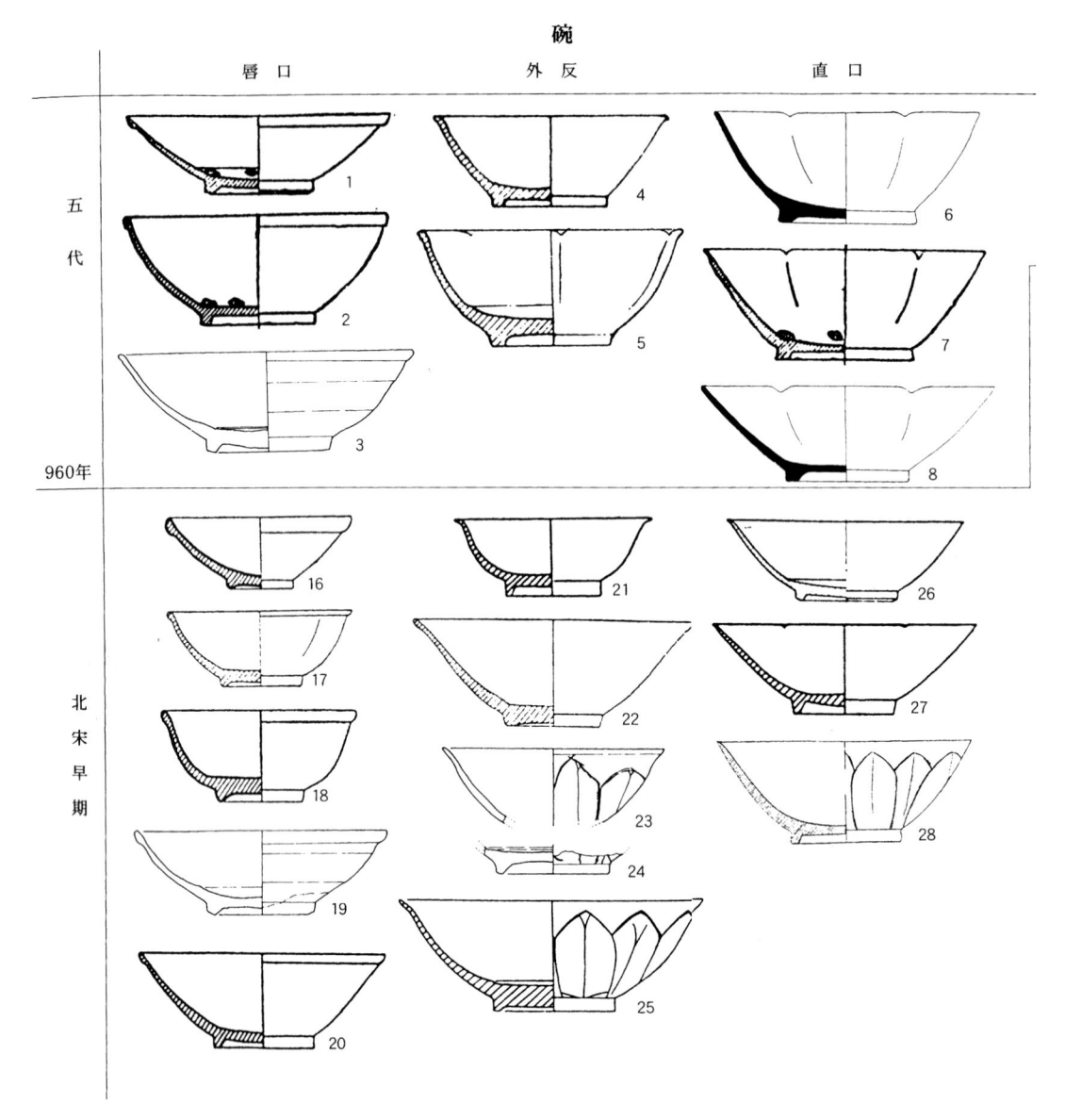

480　Ⅲ　唐宋代青瓷の系譜と編年

碗

| | 唇口 | 外反 | 直口 |

五代

960年

北宋早期

1・2・7・26. 湖田窯址（劉新園・文物 1980-11），3・11・33. 景徳鎮南市街窯址，6・8・9・12・14. 景徳鎮窯址（李一平 1992），4・5・10・13. 江西・九江市周一娘墓（954年），15・17・22・31・32・37. 景徳鎮柳家湾窯址，18・29・30・34・35. 南豊県白舎窯址，40・41. 湖田窯址 H 区 H 8 灰坑，19・23・24. 景徳鎮黄泥頭窯址，16・20・21・27・36・39. 江西・金渓県小陂・里窯址，25. 福州市五大夾道遺址，28. 遠寧・義県蕭相公墓（1030年頃），38. 江西・九江市尋陽陶墓（983年）

fig. 1（1）. 景徳鎮窯系五代・北宋早期の青瓷・白瓷器

広めの圏足は，12世紀代にわが国などから出土する福建省産の唇口白瓷碗と類似している。釉は，淡い黄緑色であり，影青色からは遠い。深腹形の柳家湾窯跡出土品（fig. 1-17）は，口沿を小さく肥厚させ，外壁に6条の瓜稜をつけ，底径比は0.46と，五代白瓷碗に近い数字を示し，底径が大きい。内側を斜めに削る圏足は低く，厚く，腰以下は露胎にし，塾餅痕があり，釉色は，完成された影青釉と淡緑白色があり，いずれも透明である。

b. 外反口沿形は，黄泥頭窯跡品（pl. 1-10，景徳鎮陶瓷歴史博物館庫房）にみると，釉はむらなく融解する影青釉となり，圏足接地面まで施されており，口沿の5箇所に小さく刻み目をいれ，内底にはシッタ痕はみられず，外底は無釉であり，塾餅がはまっている。同じく黄泥頭窯跡品では，瓷化した白色胎土に影青釉が，同

碟・鉢

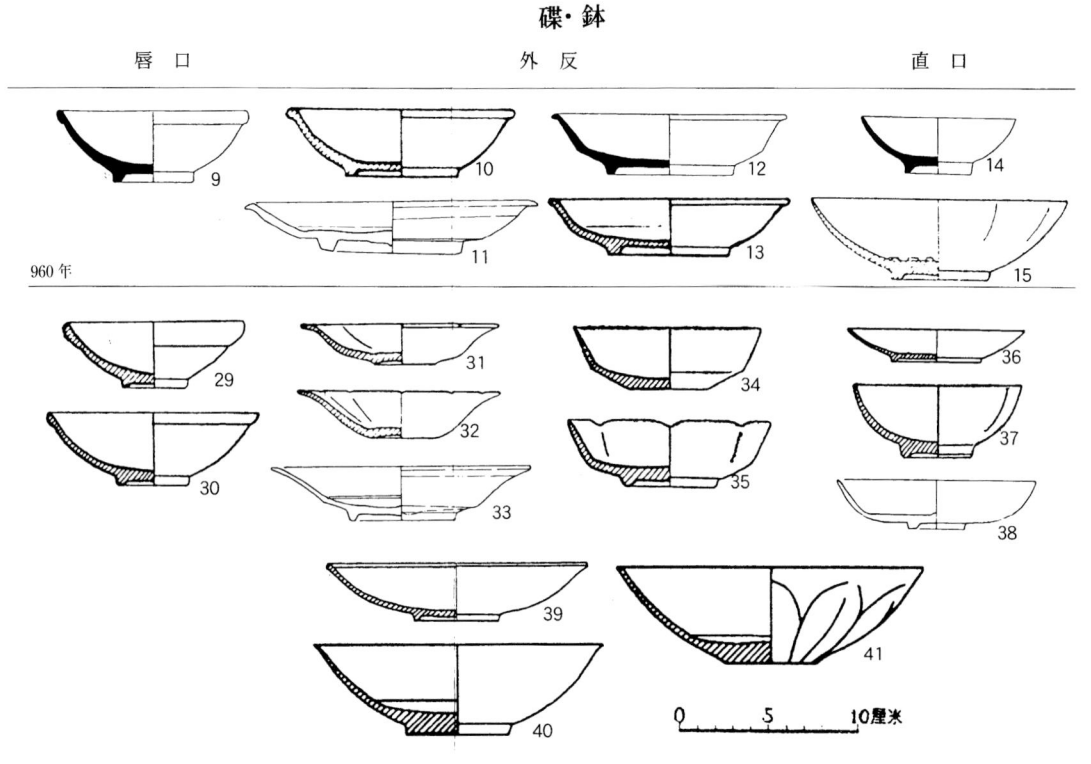

唇口　　　　　　　　　外反　　　　　　　　　直口

960年

fig. 1 (2). 景徳鎮窯系五代・北宋早期の青瓷・白瓷

様な位置にかけられており，圏足は低く，内側を斜めに削るのは共通した特徴の一つである (fig. 1-24)。
c. 直口形は，景徳鎮窯跡例 (fig. 1-26) は浅く広がる形態，底径比 0.43，金溪県小陂・里窯跡 (fig. 1-27) にも類品がみられ，白舎窯跡品は深腹，斂口で底部は肉厚である。この形態の類似例は，江西省瑞昌市の陳僧義墓にみられ (口径 16，底径 6.8，器高 5.8cm，底径比 0.42)，天聖 3 (1025) 年銘の地券が共伴し (文物 1986-1，pp. 70-71)，年代の 1 点がおさえられる[12]。

加飾文についてみると，(葵) 花口のようなわずかな文様を除いて，施されていないものが大部分をしめている。そのなかにあって，体部外面にやや幅広の蓮弁文を刻む外反および直口碗の少数例を挙げることができ，開口形と筒型がある。

pl. 1-11 は，黄泥頭窯跡品で，体部にヘラによって，蓮弁の輪郭線を太く刻み，明瞭な鎬をもち幅広弁 (最大幅 3cm) で丸みがある。圏足は低く，内側を斜めに削り，圏足接地面まで施された釉薬をけずりとっているが，一部は外底にのこっている。釉色は，釉溜りで淡緑色を呈する灰青ないし灰白色で，透明感がつよい。fig. 1-25 は，福州市五代夾道遺址の五代から北宋中期遺構から検出されたものであり (口径 19.2，底径 7.5，器高 6.7cm，底径比 0.39)，青白釉がかかり，景徳鎮窯産品と報告されている (福建文博 1994-2，pp. 37-39)。

直口で同様な刻花 12 蓮弁青白瓷碗 4 件が，遼寧省義県清河門の遼・蕭相公墓に随葬されており，景徳鎮湖田窯あるいは湘胡窯の可能性がつよいと報告されている (口径 15.5，底径 6.6，器高 6cm，考古学報 1954-8，pp. 170-171)。この墓は 1030 年頃に埋葬されたと推定されており，年代判定の資料であり，いずれにも使用痕がある。湖南省長沙市黄泥坑の土坑墓出土品 2 件 (考古 1956-6，図版 10-12，口径 12-18，器高 5.2-7.5cm) もこのタイプとみる。

さらに，町田市立博物館に類似の 2 点があり (pl. 1-12，町田市立博物館 1992, no. 82, 83，口径 13.9-14.6，底径 6.7-7.2，器高 5.3-5.6cm，底径比 0.49)，釉色が白灰色から灰色であり，小さく外反・弧腹で圏足直上から釉が

なく，外底に径 3.5cm の黒色の墊餅痕がみられる。刻花蓮弁文は，間弁をはさみ 10 弁が刻まれ，各弁の最大幅は 3.4cm と広く，鎬も明らかである。これは東南アジア将来品の可能性がある。上掲の湖田窯 H 区土坑 H8 からは，刻花蓮弁文盤が出土している（fig. 1-41，口径 17，底径 5，器高 5cm）[13]。

以上の刻花蓮弁文碗と施文は一致するが，体部を開かずに真っ直ぐに立ち上げる筒型もあり（pl. 1-13），江蘇省連雲港市海州呉窯古墓から出土している（連雲港市博物館蔵，口径 14.6，底径 7.5，器高 6.2cm）[14]。施文・釉調からみて景徳鎮湖田窯産品とされている（李輝柄 2000，no. 158）。

同じく筒型碗の帯温碗酒注が，1983 年に江蘇省鎮江市古墓から発見されている（pl. 1-14，連雲港市博物館）。上記品と蓮弁の形態が類似し，注子蓋を除いて影青釉がかかる。遺跡の詳細な情報は探し出しえないが，11 世紀前半期の随葬品がみられ，景徳鎮窯産品と推定する。上引の遼寧省義県清河門第 4 号遼墓からも帯温碗酒注が随葬されており，ここにも刻花蓮弁文碗がみられ，11 世紀後半の年代と推定する。刻花蓮弁文碗については，定窯との関係で，次章で再考したい。

（2）碟の形態

北宋早期の碟においても，1 匣 1 件仰焼法へ変化するが，形態は五代期と大きく変わるところはない。碗に対応して，口沿で分けると，碟には腰折れ形があり，a 唇口・弧腹形と斜行壁形，b 外反・腰折れ形，c 直口・弧腹形と腰折れ形である。

a．唇口・弧腹形は，江西省南豊白舎窯跡の符家山堆積下層から出土し，開片をみせる青白釉がかけられているが（fig. 1-29・30，口径 11.4，底径 4，器高 3.9cm，底径比 0.35，考古 1985-3，p. 224），この器形の報告例は意外とすくない。江西省瑞昌市白楊鎮宋墓では（南方文物 1993-4，p. 17），11 世紀中葉と推定する高圏足碗と共伴して，この形式とみられる碟が 2 件出土している[15]。

b．口沿を外反させ，短くのばし，腰に稜をもって折れ曲がる形態であり，黄泥頭窯跡出土品（景徳鎮陶瓷歴史博物館庫房）でみると，氷裂をみせる影青釉がよく融解し，圏足接地面までかけられ，外底の半分まで流れている（pl. 1-15）。南市街窯跡採集品も，同形態であるが，圏足脇以下は露胎のままであり，口沿に小さく花口の刻みをいれ，白色瓷胎に白灰色に呈発する釉がかけられている（fig. 1-33）。同じく南市街窯跡品で五代期の（fig. 1-11）とくらべると，体部など類似しているが，底径比が 0.49 から 0.40 に変化している。景祐 2（1035）年銘の地券を共伴する江西省瑞昌市大徳山林場内の無名氏墓からは，口沿を 6 弁の葵口につくる口径 12.5cm の影青釉碟 1 件が随葬されている（文物 1986-1，p. 71）。この器形には，圏足を付けずに臥足にし，口沿を短く水平にのばし，花口にするものが，柳家湾窯跡で報告されている（fig. 1-32，考古 1985-4，p. 366）。

腰折れ形で，口沿を外反せずに直口につくる形は，江西省九江市・阿周女性墓（雍熙 3・986 年）から出土し，5 曲葵口であり，底径比が 0.49 と五代とおなじように大きく，かつ肉厚につくる。影青釉がかけられ，外底は露胎である（pl. 1-17，文物 1990-9，p. 19）。影青釉としては初期の年代を示しており，北宋中期以降のそれとは釉調・造形の点で異なっている。窯跡出土品では杯形品が白舎窯跡にある（fig. 1-34・35）。

次に，c．直口・弧腹形の碟をみると，これも五代の支釘痕をもつ白瓷と形状の変化は少ない。黄泥頭窯跡出土片（景徳鎮陶瓷館蔵）では，体部を外側から押さえて凹線にし，内側は凸線となる 5 花口につくり，内底のシッタ痕が顕著であり，牙白色の釉がかけられている（pl. 1-18）。影青にやや近い白黄色に呈発するものもある。北宋太平興国 8（983）年葬の尋陽陶墓から 2 件出土。内底中心に鶏心（ヘソ状突起）があるが，朔上する紀年銘共伴品である（fig. 1-38，考古 1984-8，p. 733，底径比 0.28）[16]。同形で，碗と同じく幅の広い蓮弁文を刻む碟が，前掲の瑞昌市の 1025 年陳僧義墓に随葬されており（口径 10，底径 5.4，器高 3.5cm，底径比 0.35），

年代の一端をしり得る（文物 1986-1, pp. 70-71）。これには器高の高い碗に近いものも柳家湾窯跡にある（fig. 1-37）。

　ここで碗・碟について，口径を1とした底径比について，筒型刻花蓮弁文碗を除いて，その数値をみると，碗では，1025年の瑞昌市陳僧義墓やほぼ同時期の遼寧省義県蕭相公墓における0.42をほぼ中央値とし，福州市五代夾道遺址出土の刻花蓮弁文碗0.39，白舎窯跡品0.37，黄泥頭窯跡品0.43，柳家湾窯跡品0.46などの数値がえられる。

　碟では，983年葬の尋陽陶墓品0.28，1025年の瑞昌市陳僧義墓品0.35など底径の小型のものもあるが，南市街窯跡品で指摘したように（pl. 1-16），支釘痕のある五代品が0.49で，類似して支釘痕のない碟になると，0.40に変化している。さきに述べたように，五代期の底径比が1：0.49であり，北宋中期では，0.22-0.28の数値を得ている。したがって，北宋早期の底径比は，その中間にあるが，北宋中期よりもむしろ五代の値にわずかに近く，それが全体のプロポーションをして五代のそれを脱皮していないといえる根拠である。

3．北宋期定窯との影響関係

　景徳鎮窯における白瓷生産の契機が，北方においてすでに先進的な地位を確立していた邢窯ないし定窯の技術的・造形的な影響力を受けて出発したとする考えは，十分に成り立つところである。このうち，相当する五代後半から北宋早期の邢窯については詳細がほとんどわからず，あるいはすでに生産が衰退していたことも推測されるので，定窯に焦点をあてて両者の影響関係を検討したい。

　まず，両窯の窯業技術をみると，定窯は饅頭窯で，唐代後期から漏斗状匣鉢（V字形）で塾餅を使用した正焼であり，景徳鎮窯でも，五代末ないし北宋初頭から漏斗状の同形の匣鉢を使用している。匣鉢の形態については，より至近にあり，景徳鎮窯五代青瓷生産では影響関係にあったとみられる越州・竜泉・婺州窯などの浙江省地域では，晩唐からM字型匣鉢を使用しており，景徳鎮窯が定窯と同じ北方で使用されていた漏斗状匣鉢を用いた窯詰技法を採用していたことは，焼成技術における両者の関係をさぐるうえで十分に注意されるところである。

　しかし，景徳鎮の窯構造に関しては，元代には緩斜面に築かれた全長20mほどの竜窯に近い形態で，明代には葫蘆形窯や馬蹄形窯が出現しているが（文物 1980-11, pp. 39-49），宋代については調査例がなく不明である。湖田・黄泥頭・楊梅亭・南市街などの各窯跡の立地をみると，平地に築かれた饅頭窯は推測しがたく，江西・吉州永和本覚寺山嶺窯にみられるような竜窯ではなかろうか（余家棟 1997, pp. 234-254）。宋代に同じく青白瓷を焼成した浙江省泰順玉塔1・2号窯（考古学集刊1, 1981, pp. 212-223）や広東潮州筆架山窯（広東省博物館 1981）のような分室竜窯（階級窯）タイプが可能性として考えられ，この点では定窯のそれとは異なっているとみられる[17]。

　五代から北宋早期に限定し，両窯に共通する器形はある[18]。例えば，石榴盒についてみると，景徳鎮窯産品である徳安県長楽郷・乾興元（1022）年の薛氏墓出土（荘良有 1998, no. 4）や，徳安県星子出土（周鑾書 1998, p. 24, no. 51）の青白瓷品は，1969年に定県出土の白瓷盒（定州市博物館蔵，馮先銘 1981, no. 32）と縦長の器形，石榴形の紐，法量など，よく類似している。

　しかし，碗・碟以外の器形で両窯に共通する形態を指摘するのは難しい。例えば，特徴的な景徳鎮窯早期産品と考える青白瓷貼花蝴蝶結文執壺（水注）や青白瓷折肩鉢は，定窯産品のなかに見いだしえない。前者は，丸みをもつ盤口で，弯曲する注口の基部に鈕を5ないし3輪の蝴蝶結びにする特徴的な紐文を貼付している。その資料は，貼花文はないが同一形態品を含めて，しばしば実見でき，湖田や柳家湾の窯跡から出土し（香

港大学 1992, no. 16・18), 江西省瑞昌県の景祐2 (1035) 年の無名氏墓（文物 1986-1, p. 71), 景祐2 (1057) 年の南城県・陳氏六娘墓（考古 1965-11, pp. 571-576), 治平2 (1065) 年の景徳鎮市舒氏墓 (pl. 1-19, 景徳鎮陶瓷館蔵, 荘良有 1998, no. 16) から発見されており, 故宮博物院 (李輝柄 1996, no. 170) のも蔵品がある。この特徴的な形態の口沿形と貼花文は定窯では見いだしえないが, 景徳鎮三宝蓬窯跡出土の五代青瓷に類品がみられ, 貼花文はないが瓜割とした盤口形執壺である。すなわち, この形態は定窯白瓷の模倣ではなく, 景徳鎮窯における伝統的な青瓷の形を, 北宋早期になって白瓷として蘇らせたといえる[19]。

後者の鉢も景徳鎮窯ではしばしば見られ, 器高 10cm 前後の小型品で, 稜をもって肩で反転する形であり, 九江市の咸平5 (1002) 年・李貞墓（荘良有 1998, no. 2), 徳安県河東の景祐4 (1037) 年・蔡清墓（文物 1980-5, p. 28, 周鑾書 1998, no. 47), 同県の皇祐5 (1053) 年・程氏墓（文物 1990-9, p. 95), 同県星子の建中靖国元 (1101) 年葬の胡氏墓などに少しずつ形態を変化させながら続いている。この器形の鉢もまた定窯白瓷では探しだしえない。すなわち, 景徳鎮窯早期において, 定窯と共通する器形は, 一部をのぞいて, 指摘することは困難である。

次に比較資料が多い五代・北宋早期の碗・碟について両窯の産品の異同点をみたい。曲陽県定窯窯跡の五代層から検出された白瓷の碗・碟は (fig. 2) に示したように, 碗では唇口・外反・直口があり, すべて圏足であり, 外底は露胎で, 圏足接地面付近に砂が付着している。「官」字刻銘品など外底内に施釉されている一部を除いて, 圏足接地面の露胎の状況は同じである。碟についても施釉方法は同一であり, 晩唐および北宋期においては圏足内に施釉するのが多いようであるが, 五代期の窯跡報告では碗・碟のすべて外底部は露胎であると述べられている。碟にも唇口・外反・直口があり, かつ5花口につくるものがある。釉色は, 北宋に入ると牙白色になるが, 五代期はかなり純白に近いものと, 帯青色のものがある[20]。

景徳鎮窯北宋早期の碗・碟の器形が, 五代定窯のそれと近似していることは両者を比較すると明確であり, かつ施釉部位も一致している。焼成方法において, 景徳鎮窯の場合は, 焼台を無釉の圏足内に入れ, 定窯では圏足接地面が塾餅に接して, 砂底になる点が異なっている。釉色に関して五代景徳鎮窯製品がかなり純白に近く, 北宋早期になると黄色みをおびることは, 定窯と時間差をもって整合しているといえる。

加飾文は少ないが, 花口については両者ともに5ヶ所に切り込みを入れ, 外側面をヘラで押圧して, 内側にはいわゆる出筋をつくる点で共通している。花口を除くと, 加飾文は五代定窯においてもほとんどなく, 素文であり, とくに碗は無文が多く, 北宋早期景徳鎮窯においても同じ状況である。そのなかにあって, 少数例として体部側面に施された刻花蓮弁文に注目すると, 北宋定窯白瓷では, 壺・瓶・浄瓶・碗などの類例をあげることができ, とりわけ著名な定州静志寺舎利塔（太平興国2・977 年再建）と, 浄衆院舎利塔（端拱1・988 年完成）の各地宮の出土品のなかにみられる。いずれも間弁をはさみ, 鎬をもつ蓮弁を上下に重ねる重層式であり, 前者は幅広でおおらかな形であるのに対して (pl. 1-20), 後者は先端を尖らし, 細身であり, これ以降このタイプが主流になっている（文物 1972-8, pp. 39-51, 出光美術館 1997)。景徳鎮窯白瓷においても, 罐・執壺などの施文については重層式で, 間弁をもち, 静志寺舎利塔塔基タイプの幅広刻花蓮弁文がみられ, 共通したところが認められる（フスタート出土品, 出光美術館 1984, no. 71・74)。

しかし, 碗について刻花蓮弁文を比べてみると, 両者の間には微妙な相異がある。刻花蓮弁文碗の定窯資料はきわめて少なく（考古 1965-8, pp. 394-412), 小山冨士夫氏採集品（根津美術館 1983, no. 2-3, 4-4) に, やや細身の蓮弁文があるが, 小片のために並列式か否か不明である。碗に刻まれた蓮弁文のほとんどは, 定窯の場合, 重層式であり, 1列に並列するタイプは少ない。例えば, 河南省鞏義市にある北宋皇陵のなかで, 太平興国2 (977) 年に亡くなり, 1000 年に埋葬された元徳李皇后墓出土の白瓷碗も2段にやや細身の蓮弁文が刻まれている重層式である（河南文考研 1997, 図版 68-5)。国立故宮博物院が所蔵する多くの北宋定窯白

瓷碗のなかでも，外体部は無文が大部分をしめ，刻花蓮弁文では並列式はみられず，重層式である（国立故宮博1987, no. 47・105・106）。ギメ美術館蔵の白瓷刻花蓮弁文碗は（EO2935, pl. 1-21），芒口碗で，年代が下がるが，2段蓮弁であり，上段は小型弁を挟んでいる。定窯窯跡から類似意匠の筒型碗が採集されている。

蓮弁を積み重ねることなく並列式蓮弁文碗の資料をさぐると，窯跡出土資料を含めて意外に少なく，管見ではバロー・コレクション（C. 62）に白瓷刻花蓮弁文蓋碗をあげ得るのみである（pl. 2-22）。蓋は鈕を中心にして2段の蓮弁文を放射状に刻むが，筒型の体部では，小型の間弁を挟み，先端を尖らす，やや幅広の鎬蓮弁である（Michael Sullivan 1963, pl. 44b）。牙白色や，圏足接地面のみ露胎にする釉調からみて，北宋定窯の産品である。間弁は，各弁の全長の3分の1以下，したがって小型の弁を，前弁の間から覗かせる表現をとり，重層式も含めて，定窯刻花蓮弁文に共通した特徴である[21]。

景徳鎮窯における碗・盤の蓮弁文は，上掲 fig. 1-23・25・28・41 のように，主弁とほぼ同じ大きさの間弁をはさむ並列式であり，厳密にみると定窯品とは異なり，同工異曲といえる。さらに，景徳鎮窯では，重層式は少ないが，蓋碗には上下段に蓮弁を刻むものもあるが（ボストン・Hoyt コレクション Boston Fine Arts1972 Acc. No. 50.2035 ），この場合は，間弁を挟むことなく，かつ定窯蓮弁にはない櫛目文を弁内にいれている[22]。

景徳鎮窯北宋早期の碗に限定して蓮弁文の形態の類似性を求めるとするならば，五代・北宋越州窯あるいは，時間的には遥かに遡るが豊城市洪州窯の南朝青瓷に多用される幅広で線刻鎬文の伝統を想起させる。前者については，例えば，上林湖竹園山窯跡の碗では並列された蓮弁は大型ではあるが類似する（pl. 2-23）。寧波市鄞州区郭家峙窯跡においても，鉢・台付碗に並列式幅広・鎬蓮弁文である（考古 1964-4, 図5-1・11）。

景徳鎮窯とほぼ並行して白瓷刻花文碗を生産した周辺地域のものをみると，安徽・繁昌窯でも類似品がみられ，繁昌県老壩冲北宋早期 M1 墓出土の盞托は，景徳鎮窯製品と類似した幅広・鎬蓮弁の並列式である（考古 1995-10, 図版 6-6, 文物研究 10, p. 76, 1995）[23]。同じように，湖南省長沙市広場古墓出土品も，上掲の景徳鎮窯産品と類似している（pl. 2-24, 器高7cm, 全国基本建設1956, 図版191）。これは古い報告であり，簡単な記述で詳細は把握できないが，1955年に調査された長沙市寥家湾4号墓実測図に該当するものと同一品であろうか（周世栄1988, pp. 143-144）。この時期の長沙古墓など出土の白瓷器を湖南産とする意見があり，五代墓から支釘痕のある白瓷唇口碗をはじめとして，景徳鎮窯の並行時期の状況とよく似た器形の様相をしめしていることも付加しておきたい（文物 1984-1, pp. 84-93）。

湖南白瓷窯の存否は不明としても，安徽・繁昌窯など，北宋早期華南地域の窯で生産された刻花蓮弁文碗

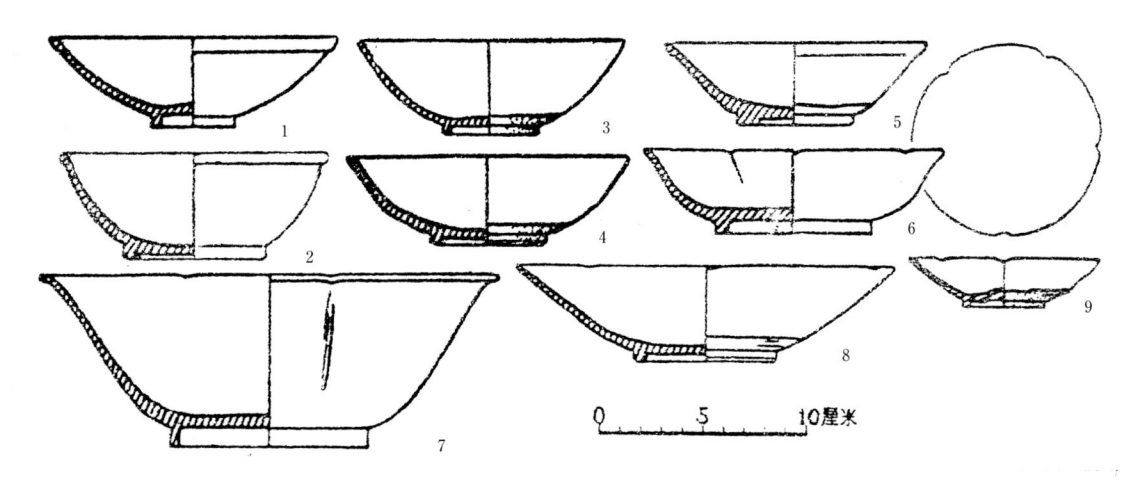

fig. 2. 河北・曲陽県定窯跡五代層出土の白瓷器

の意匠には共通したところが認められ，しかも定窯のそれとは異なっている現象を指摘した。それを踏まえて，景徳鎮窯との関係を推定するならば，五代後半に，定窯から白瓷生産に関する窯業技術の基本部分のうち，明確なのは窯詰技法が，おそらく工人の移動によって受け入れられ，窯構造の詳細は不明ではあるが，饅頭窯は採用せずに，伝統的な竜窯を変えることをしなかったと推測できる。器形については，一部で定窯と同形品があるものの，白瓷執壺や鉢のように定窯にはみられず，かえって景徳鎮窯五代青瓷を引き継いだ形がみられる。

　加飾文に関しても同じことが指摘でき，五代青瓷ですでに施していた花口を白瓷に継承し，刻花蓮弁文についてもモチーフは定窯白瓷にあるとしても，それらとは異なり，むしろ青瓷窯を含めて華南周辺地域の窯でおこなっていた在地の伝統的な文様形態をアレンジしながらも，踏襲したと考えたい。したがって，北宋早期景徳鎮窯は，定窯における白瓷生産の影響を受けて，生産を開始したことは否定しがたいが，そこには自らの技術の力をみつめ，在地意匠を継承しつつ，安定した白瓷生産を生み出そうとした軌跡が看取できる。それは同時に中期以後の華麗な影青刻割文の創生への胎動期といえよう[24]。

3．景徳鎮早期白瓷器の外銷

　わが国出土品のなかに，五代まで遡る景徳鎮窯系青瓷および白瓷は，現在までのところ認められず，すべて支釘痕のない北宋早期からであり，景徳鎮窯で認められる碗・碟のすべての形式が，わが国遺跡出土品において確認できる[25]。

　北宋早期白瓷が最もまとまって検出されているのは，鴻臚館跡 SK01（方形土坑）である（福岡市教委1992, pp. 51-73）。わが国出土の該期白瓷のほとんどの形式がここにみられ，報告書記載の点数だけでも93点があげられている。唇口碗の口沿は折り返して肥厚させるものと，底部から回転ヘラ削りによって体部を調整し，唇口部分を削りのこす形で肥厚した状態に成形する2つの方法がみられる。五代南市街窯跡品のなかに削り残し唇口がみられるが（fig. 1-3），邢窯・定窯碗では，体部上半部まで削ることがなく，したがって唇口削り残し形はなく，折り返し唇口が主とみられる。体部については，鴻臚館跡 SD68出土品（fig. 3-1）のような斜行もあるが，弧腹形が多いようであり，両者の差は少ない（pl. 2-25）[26]。底部については，内底にはシッタ痕があり，圏足端部およびその内側はともに斜めに削り，圏足内の削りは浅く，墊餅痕をのぞくと，福建南宋白瓷碗との区別は小片ではつき難い破片もある。fig. 3-4 は深い器形であり，口沿は折り曲げて唇口につくり，圏足接地面周囲に釉が流れこみ，深鉢形の器形とともに他と異なる要素をもっている。

　鴻臚館跡 SK01 からは，刻花蓮弁文碗が4片以上出土し，(fig. 3-7・8) と共通した特徴をもっている。碟では，(fig. 3-17) のように，腰折れ形で，口沿を直角に折り曲げタイプ，fig. 3-23のように斜行体部で花口にし，28も体部外面から押圧し花口につくる丸皿形がセットとして検出されている。これらの釉色は，白，灰白，黄灰，影青色など種々がみられる。この土坑の埋没年代について，報告書等で11世紀初頭前後とする見解は至当な年代設定と考える。

　同じく，鴻臚館跡 SD1045 は，南北に分断していた自然谷の埋立て地形によって造られた堀（上端幅約22m，深さ3.45m）であり，分層的に遺物が検出されている（福岡市教委2001）。景徳鎮窯系白瓷は3層および4層から各8片が検出され，2層からも4片，計20片の碗と碟が確認され，これらは形式的には差異は認められず，一括して北宋早期の生産年代が与えられる。碗には唇口・弧腹形がおおく，斜行は小片では判別が難しいが少数はその可能性がある[27]。碟は，唇口・外反・直口輪花の形式が確認できる。

　碗・碟ともに，体部下半以下には施釉されておらず，圏足内側に焼台痕がみられ，釉調は黄色気味が多く，

帯青色はなく，例えば報告書の Fig. 38-30 の唇口碗は灰白色で，唇口幅は 1.2cm，中空の折り返しで，内底にシッタ痕がみられる。これらのうち，黄泥頭窯跡品と類似している破片が少なくとも 2 片はある[28]。この他，鴻臚館跡で確認できる北宋早期白瓷器の検出遺構は，SK20B 上層，第 5 次調査 SK56，SK155，SK351，SK1041 などである。

博多遺跡群からも現在までのところ少数ではあるが，碗・碟が確認できる。第 81 次調査で検出された SK12 からは褐釉貼花花文四系壺片 1 を含めて，白瓷碗・碟が発見されており，唇口碗などとともに，(fig. 3-11) の 5 花口直口碗がみられる[29]。この土坑からは，景徳鎮窯編年において北宋中期に位置付けられている圏足の高い青白瓷碗がみられ，かつこの土坑を切る SK13 からは 11 世紀末から 12 世紀初めと考える白黄色釉調の唇口碗が検出されており，SK12 は 11 世紀後半の遺構であり，そこに北宋早期の白瓷が混じりあっていると考える（福岡市教委 1995-2，pp. 16-20）。

同じく博多遺跡群第 85 次調査の 1666 溝状遺構からは越州窯青瓷などと共に (fig. 3-16・20) の白瓷碟を検出している。釉調はともに灰白色であり，白色あるいは影青色とは異なり，16 は弧腹外反形で，内面の口沿下に圏線をめぐらす特徴をもち，20 の平底碟は 5 花口で，体部中位で軽く反転させ，内面の圏線はシッタ痕であろう（福岡市教委 1997，pp. 42-43）。

鴻臚館跡，博多遺跡群と並んで，早期白瓷器が発見されているのが大宰府史跡である。条坊跡 87 次調査の茶褐色土層出土の直口碟 (fig. 3-22，pl. 1-26) は，5 花口で影青釉がかけられ，無釉の外底部の圏足内側に砂の付着がみられるが，焼台痕はない（太宰府市教委 1996，pp. 37-38）。白煅はこれも景徳鎮窯産品の可能性があるとしている。条坊跡 60 次調査検出の SE300 からは越瓷と共伴して刻花蓮弁文碗・唇口碗などが出土しているが，報告ではこの井戸遺構は下層が 1000 年，上層は 1050 年前後に埋没したと推定しているのは興味ふかい（山本信夫 1988，pp. 53-56）[30]。

大宰府史跡からは，刻花蓮弁文碗・碟の資料が出土しており，鴻臚館跡および博多遺跡群出土品とあわせて検討したい。(fig. 3-7・8，pl. 1-27) にみるように，外反口沿の下から幅広で鎬をもつ単蓮弁文を刻み，内底にシッタ痕をもち，圏足は露胎で，その内側に焼台痕をみせている。釉色は，淡緑・白灰・青白色などがあり，いずれも透明である。fig. 3-8 は弁頂部で，刻線を交叉させるくせがあるが，黄泥頭窯跡窯品 (fig. 1-23，pl. 1-11) にも同じくせがみられ，蓮弁の形状・釉調とあわせて，この大宰府史跡新町出土品が，同窯の産品の可能性がある。

これを含めて，大宰府条坊跡 106SX273（太宰府市教委 1996，p. 98），第 81 次調査茶褐色土（太宰府市教委 1995，p. 114），81SX180，60SE300，鴻臚館跡 SX01，SK20B 上層 (fig. 3-28) なども北宋景徳鎮窯の産品と考えられる。

また，博多遺跡群 77 次調査 616 井戸遺構出土の影青釉がかけられた刻花蓮弁文の底部破片は (fig. 3-21，底径 7.5cm)，無圏足であり鉢形品の可能性 (fig. 1-41 に類似) があり，焼台痕がみられ，蓮弁の形は碗と同じである（福岡市教委 1995-1，pp. 28-29）[31]。

わが国において北宋早期景徳鎮窯白瓷の出土は，上記 3 遺跡では確認できるが，ここに限られる理由はなく，10 世紀後半から 11 世紀前半の遺跡では出土することは十分に推定できる。ただ，この時期の良好な遺跡は他には少なく，この 3 遺跡に多くのものがもたらされたことは動かないところである。

問題は，これらのわが国出土品を，景徳鎮窯産品と考える指標とは何かというところにある。器形の類似性は，大きな要素であり，彼我の碗・碟を比較すると，類似しているところは多く，基本的には一致しているといえる。しかし，碗・碟は単純な器形であり，邢窯や定窯にも類品をみいだすことも容易である。釉調については，わが国出土品，景徳鎮窯産品あるいは，同一窯跡出土品においても，その色調・透明度・施釉

部分などに差異があり，くわえて景徳鎮窯産品のごく一部を実見しているに過ぎないわけであり，この点からの確認もかなり難しい。窯跡同定には，文様の比較がかなり有力な手段であり，刻花蓮弁文については上述したとおりであるが，これは少数であり，この時期では大多数をしめる無文品について有効とはいえない。

これらに対して，景徳鎮窯白瓷器の圏足内にみられる塾餅痕跡は，ほとんど唯一といってもよい同定指標である。窯跡出土品で塾餅痕をみると，茶色・褐色・橙色で，環状 (disk) ないし不鮮明で円盤 (biscuit) 状にみえる痕跡もあり，また外周部分に炭化物の茶・黒斑がめぐる場合もあり，直径は底径によって異なるが，3.5-5cm である。その位置は，外底中央が普通であるが，圏足にかかるようにずれている場合もある。この塾餅痕は，宋代景徳鎮窯白瓷・青白瓷を通じてみられる特徴といえる[32]。

上掲 (fig. 3) のわが国出土の底部の判明するなかで，7 のように淡く円圏がみえるものを含めて碗はすべて塾餅痕が確認できるが，碟では 16, 19, 22 はその痕跡は認めがたい。したがって，一部の碟を除いて，わが国出土のほとんどは景徳鎮窯の産品と同定できる[33]。

次にわが国以外の地域出土の早期白瓷器についてふれておきたい。上述したように朝鮮半島からは，伝高麗古墳出土の白瓷盤口執壺がみられ，他に青白瓷筒型盒および香炉，高圏足碗などは北宋中期までの年代を示し，これらが 11 世紀代に半島にもたらされたことを示している。東南アジア地域では，フィリピン古墓出土とみられる唇口碗と小壺が富山市佐藤記念美術館にある (富山佐藤美 1999, no. 3)。碗はやや大ぶり (口径 18.7cm) で，よく融けた影青釉がかかり，露胎の圏足内に disk 形の焼台痕をみせる (pl. 2-29)。

この他刻花蓮弁文小壺 (器高 5.7cm) は小品であるが，蓮弁の形状および影青の釉調が，景徳鎮窯碗と類似している (富山佐藤美 1999, no. 13)[34]。さらに，大宰府史跡新町遺跡出土の白瓷刻花蓮弁文碗の類似品が，マニラのサントス・コレクションで実見している[35]。

また，インドネシアの Kraton Pajanj からは，fig. 1-27 に類似する 5 花口直口碟が発見されている。他に，東南アジアには多数がもたらされていたと思われるが，この白瓷器は，ほとんどが無文であり，かつ釉調も優れているとはいえないので，蒐集されることが少なかったようであり，フィリピン・マレーシア・インドネシアなど管見の及ぶ範囲のコレクションではみいだせない。またマレーシア・サラワク州のクチンデルタ遺跡など，発掘調査がおこなわれた少数の遺跡では南宋以降のものが多く，該当する資料を摘出できない[36]。

エジプト・フスタート遺跡からは，1964 年の出光美術館による調査によって，景徳鎮窯産品が析出され，10 片の北宋早期品が報告されている (出光美術館編 1984, no. 71-80)。ここには，刻花蓮弁文が罐では重層式，碗では並列式がそれぞれみられ，底部に明瞭な焼台の痕跡があり，影青釉がよく発色した上質品である。底径が 11.5cm をはかる盤の破片の底部には，圏足際に 7 箇の大きな支釘痕があり，北宋景徳鎮窯では，碗などの小型品とは異なる焼台の形である[37]。

このように，外銷陶瓷器としての景徳鎮窯産品は，刻劃花文をもつ北宋後期の影青瓷器が注意をひき，あるいは遡っても中期から海外へ輸出されていたと考える傾向があった。しかし，わが国はもとより，資料的には未だ少数ではあるが，東南アジアから西アジアへ，すでに北宋早期の段階，すなわち，景徳鎮窯において白瓷生産を開始した直後から，国外へも販路を求めていたことが明らかにできる。そこには，華南地域において，越州窯および長沙窯青瓷を外銷商品として動かしていた，明州を中心とする商客集団の存在が垣間みえる。北方の邢窯・定窯白瓷に拮抗して，華南地域の白瓷を外銷陶瓷として利するものと捉えた彼等にとって，景徳鎮窯の所在は慈渓や長沙と同一商圏内のほど遠からぬ地といえよう。景徳鎮窯瓷器は，昌江―鄱陽湖―九江を経由して長江の水運に載せれば，流通にさほど困難性は伴なわない。

北宋後半から南宋期の青白瓷，元・明・清代の青花白瓷器へと，外銷陶瓷器としても，一方の首座を維持しつづけた景徳鎮窯の初期の姿は，未だ漠としているが，その一端に薄明をあてることができたと確信する。

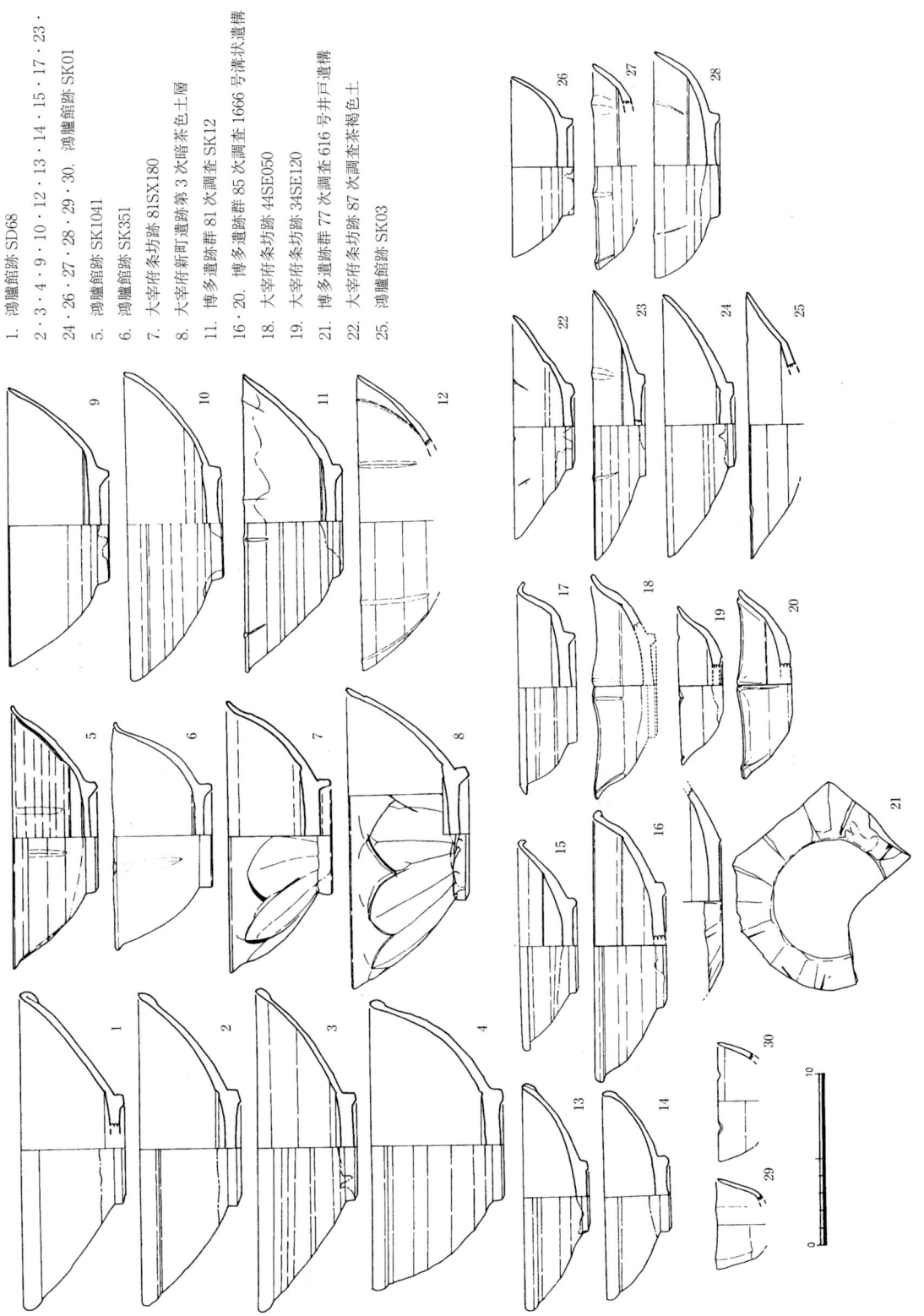

8. 北宋早期景徳鎮窯白瓷器の研究 489

1. 鴻臚館跡 SD68
2・3・4・9・10・12・13・14・15・17・23・24・26・27・28・29・30. 鴻臚館跡 SK01
5. 鴻臚館跡 SK1041
6. 鴻臚館跡 SK351
7. 大宰府条坊跡 81SX180
8. 大宰府新町遺跡第3次暗茶色土層
11. 博多遺跡群 81次調査 SK12
16・20. 博多遺跡群 85次調査 1666号溝状遺構
18. 大宰府条坊跡 44SE050
19. 大宰府条坊跡 34SE120
21. 博多遺跡群 77次調査 616号井戸遺構
22. 大宰府条坊跡 87次調査茶褐色土
25. 鴻臚館跡 SK03

fig. 3. 鴻臚館跡・博多遺跡群・大宰府条坊跡出土の白瓷器

490   Ⅲ　唐宋代青瓷の系譜と編年

［注］

(1) 中国研究者は，北宋早期を，960年（建隆年間）から，1016年の真宗の大中祥符までを想定する考えがあり，ほぼこれに従いたいが，本稿ではすこし幅をもたせた。

(2) 江西省では，吉安永和鎮・吉安臨江・贛州七里鎮・臨川南豊・尋鳥県上甲村窯・全南県渡田坑梅子山の各窯，安徽省繁昌窯，湖北省金口窯，福建省の徳化・泉州碗窯郷・安溪・閩清の各窯，広東省潮安窯などにも北宋早期白瓷があるとみられるが，本稿では，これらは考察の対象から除外している（景徳鎮陶瓷1983，第21期）。

(3) 本稿では，碗は口径20cm以内，器高4.5cm以上，碟（小皿）は器高4.5cm以下，口径10cm以下を基準として分けた。

(4) 支釘の原料は，耐火温度が1,500℃の「断層泥」であり，これに対して産品の原料瓷石が1,200℃で焼成されているので，焼成後に支釘を取ることは容易である（文物1982-5, p. 85）。

(5) この他に劉家塢・竜頭山の各窯跡でも薄い堆積層ながら五代青瓷が確認されており，景徳鎮窯のいくつかで，この時期の生産が推定できる（劉新園・白焜1980, 文物1980-11, p. 40）。

(6) 五代においては，同様な焼成方法が越窯以外の地域ではおこなわれていたようであり，例えば，安徽省歙県窯（故宮博物院1998, p. 251），江西省・贛州七里鎮窯（考古1993-8, pp. 712-715），同豊城市窯里窯・羅坊窯（考古1997-3, pp. 87-88）などで確認できる。

(7) 五代景徳鎮窯業については，李一平「景徳鎮五代窯業初探」（香港大学1992, pp. 55-59）に拠るところがおおい。

(8) 装焼の最上部に置かれたものの内底に支釘痕が付かないのは当然考えられることであるが，ここに例示したものについて一部の景徳鎮研究者は匣鉢入りとしている。その判別理由について定かにしえない。

(9) 安徽省の（皖南）繁昌窯の所在は，五代においては景徳鎮窯と同じく，南唐（937-975年）の領域であり，ほぼ並行して青瓷・白瓷・青白瓷のプロセスで陶瓷器焼造をしている。南唐2陵出土品についても，景徳鎮窯の産品と繁昌窯の識別に議論があり，決しがたい（東南文化1994, pp. 87-92）。かなり細かく両者の注碗の識別について論じたものとして，陸明華論文1986（上海博物館刊第3期 pp. 76-79）がある。

(10) 定窯白瓷碗において，晩唐期が斜行＋玉璧底で，五代・北宋期に弧腹＋圏足へと変化しているが，景徳鎮窯において，同様の体部形態の変化が追認できるか否かについては，良好な出土資料数が少なく，現在の段階では実証できない。

(11) 南豊白舎窯は，景徳鎮窯と離れていて，資料として適切とはいえない。すでに指摘されているように景徳鎮窯製品と区別ができ難いが，北宋期においても純白釉がかなり多いこと，すなわち釉薬中の鉄分の含有量がすくないこと，墊餅の粘土も鉄分が少なく，外底の墊餅痕が黄褐色を呈しないことがある（中国珪酸塩1982, pp. 269-270）。しかし，景徳鎮窯製品と器形的な類似性と，この窯跡の調査のなかで，符家山窯跡のように北宋初頭・早期・中期と分層的な発掘がおこなわれ，図示されているので，(fig. 1) などで用いた。なお，白舎窯跡窯資料は，江西省文物考古研究所に保管されており，実見した。また，江西省金溪県小阪窯跡と里窯跡は，鷹潭の南にあり，景徳鎮窯にも近いので，これを取り上げた（文物編輯委1984, pp. 106-112）。

(12) これら白瓷碗について，層位的な発掘がおこなわれた湖田窯H区調査をみると，T2は北宋と推定される2つの堆積層の下に灰坑（H8, 径2m，深さ0.6m）があり，五代の支釘をもつ青瓷碟1点を含み，北宋期白瓷の一括遺物と考えられる（文物2001-2, pp. 42-62）。ここからは碗・碟の他にも罐・香炉・盤・盂・碾槽が共伴している。図示されている白瓷碗は，唇口弧腹形で，底径比0.34と小さく，細く高い圏足品が検出されている。したがって，この灰坑は，北宋中期まで下がる白瓷器を混在しているとみる。

(13) 刻花蓮弁文白瓷碗は，贛州七里鎮烏頭窯窯跡からも出土しており，これは上記の黄泥頭窯跡品と共通している箇所がみられ（江西文物1990-4, pp. 24-30），その淵源が共通していることを推測させる。

(14) これは，1983年に江蘇省海州呉窯五代墓出土とされているが，報告は探し出し得ない。連雲港市海州からは，1982年に五代・北宋墓が発見されており（文物1987-1, pp. 51-57），その中の4号墓の記述中に，上記刻花蓮弁文碗との関連を推測させる五代末北宋初期墓があり，4号墓はそれと類似していると報告している。この4号墓出土の影青唇口碗などは，景徳鎮窯の編年に従えば北宋初期を考えたほうがよく，仮にこの推測が妥当とすれば，上記品をあえて五代まで朔上させずに，刻花蓮弁文が北宋早期から出現すると考えておきたい。さらに海州南門外から

1973 年に宋墓 12 座が発掘され，北宋初期の青白瓷を含む碗などが検出されているが，これらは，景徳鎮窯産品と限定できず，安徽省繁昌窯の可能性もあり，ひとまず考察の外においておきたい。

(15) この墓からは地券が出土しているが紀年銘がなく，報告では，郷名などから北宋晩期ないし南宋初期墓としている。

(16) 太平興国 8 (983) 年葬の尋陽陶墓出土の碟は，江西省博物館に展示してあり，(fig. 1-38) は，法量は報告書にしたがい，掲出図の形状は実見時のメモによる復元図であり，実測図ではない。なお，盤について参考までに (fig. 1-40, 41) に掲示した。

(17) M 字型匣鉢は，北宋期では，浙江省地域に限定され，南宋以降，福建・広東へ伝播したと考えられる。これら窯業技術に関しては，熊海堂「中国古代的窯具与装焼技術・前后編」東南文化 1991-6, pp. 85-113, 1992-1, pp. 222-238 などを参照するところが多い。熊海堂は，中国から朝鮮・日本を含めた東アジアの窯業技術研究に卓越した業績を遺した。陶瓷器の釉色や造形，装飾だけで陶瓷系統を論じることに対して警鐘をならし，窯業技術の系譜を広域な範囲で論じていた。名古屋大学で故楢崎彰一教授の指導を受けて，その学才を開花させ，南京博物院に職を得てわずかなうちに夭折したその才能を惜しみ，恵与された別刷を読みながら，やっと彼の論文を引用できたことに喜びを感じる。論文には短命なものと，長命なものがあるが，彼の論文は，いぜんとして生きつづけている。

(18) 両窯は，北宋中期以降も，刻割花文・印花文に明らかなように影響関係にあるが，ここでの論旨は，景徳鎮窯における北宋早期と定窯における五代・北宋早期の比較に限定する。この関係を長いスパンで無限定にみると，議論が混乱する恐れがある。

(19) 同一の形態で，貼花文がない青白瓷執壺が安徽省宿松県の元祐 2 (1087) 年墓からにもみられ，繁昌窯産品の可能性が指摘されている（景徳鎮陶瓷 1984, pp. 60-63)。また，伝高麗古墳出土として韓国国立中央博物館に 3 輪蝴蝶結び貼花文白瓷が所蔵されている（李王家 1912, no. 423)。この他に，同書に伝高麗古墳出土の景徳鎮窯と定窯白瓷が，37 点図示されている。

(20) 定窯五代の唇口圏足碗では，外底は圏足直上から無釉なものがある（出光 1982, no. 325)。

(21) 他に並列式の類例を求めると，内蒙古自治区白辛屯遼墓出土の白瓷注碗は，間弁をはさむが，列する幅広の刻花鎬蓮弁文がみられ，定窯の影響をうけた遼の地域窯の製品と考えられている（口径 19, 器高 10cm, 考古 1965-7, 図版 10-3)。蓮弁の形は，上記の静志寺舎利塔出土品と同じく，幅広・鎬蓮弁文であり，景徳鎮窯のものと類似している。

　フスタート出土で，並列式刻花蓮弁文鉢の破片（大英博物館，1932-6.13.31, 復元口径 20.6cm）があり，定窯白瓷と考えられているが，景徳鎮窯の可能性がある。よく類似した鉢の破片が V&A. にも保管されており，アフリカ東海岸のザンジバルの Pemba 島採集と記入されている (C. 1459-1924))。

(22) 湖田窯 H 区出土の青瓷かとみられる（釉剥落）水注の胴部破片には重層式刻割花蓮弁文があり（文物 2001-2, p. 45), 越州窯においても大型品は蓮弁を重層に表現するのが普通である。

(23) ほぼ同時期に定窯を模倣している五代観台鎮窯において，刻花蓮弁文が並列されており（北京大学 1997, 図 24-10), その弁形は，幅が広くなく浄衆院舎利塔タイプであるが，重層式ではない。観台鎮窯の場合は，定窯に同様な並列式蓮弁文が存在した直模なのか，あるいは重層式蓮弁文を模倣時において簡略化したか，いずれかの場合が考えられる。

(24) 刻花蓮弁文の意匠に関して，British Museum 所蔵の白瓷鳳首水注 (OA1936.10-12.206) の裾部分の意匠が，景徳鎮窯のそれと奇妙に類似している。よく知られた白瓷であり，重言する必要はないであろうが，別に述べる機会もないので全体を観察しておきたい。口頸部については，百合口口沿の下に鳳首形を篦と櫛で刻み，目・舌・鶏冠・鰭などを貼付し，前後端部は欠損している。頸部に 5 本のリングを貼付し削りだし成形している。胴部は上・中・下の 3 段に分割され，刻花重層俯蓮弁文・刻花宝相華唐草文・刻花並列式仰蓮弁文であり，篦・櫛および竹管状施文具を使い分けている。

　上段の蓮弁文は篦で輪郭と葉脈を刻み，竹管と櫛をくわえ，上下に間弁をはさみ重層式につくる。この段に注口を差し込んでいたが，基部を残して欠損している。中段の宝相華唐草文も同様な施文具を用いているが，花弁中央に小さい円文を印花する。下段の刻花蓮弁文は，幅広であり，鎬を削りのこして凸線にし，反りのない平板であるが，前後に蓮弁を配することによって立体感をつけている並列式である。露胎にする外底部は，浅く抉り圏足にしており，

圏足の内側にそって茶褐色ないし褐色の砂状のものが付着し，圏足接地面にも赤変した箇所がみられ，焼成時の焼台痕であろう。胎土は，注口欠損部でみられ，白色で硬質の瓷胎で，黒いゴマ状斑点も入っており，器肉は7mm程度とかなり薄い。釉は，白灰色半透明であるが，注口基部の釉溜り箇所では影青釉に近い。この白瓷については1996年に，BM. の Jessica Harrison-Hall に調査を許されて精査した。

すでに指摘されているように，広州西村窯に類似の鳳首水注があり，同窯の産品とする見解が出されている。しかし，鳳首の造形は異なり，その当否を論ずるつもりもないが，少なくとも裾の蓮弁は，広州西村窯の場合は，大多数は櫛による複線であるので異なり，British Museum 品の刻花蓮弁は，景徳鎮窯のそれと類似している。本品が景徳鎮窯の産品とするには，ここに見られる篦・櫛・竹管という特異な施文具を混在させる資料が，少数の簡素な意匠の陶枕を除いて，未発見であり，窯跡同定には将来の調査が俟たれる。

なお，西村窯とみられる資料なかで，旧ロクシンコレクションで，フィリピン Butuan 出土とされている小型品（故宮博物院蔵）が例外的に刻花蓮弁文であるが，先端が尖り，British Museum 品とは異なっている。湖田窯からも鳳首部分の破片が出土しているが（景徳鎮陶瓷学院蔵），これも BM. 品とは造形力に差がある。なおこれら鳳首瓶については，百田篤弘 1994 の優れた研究がある。

(25) 北宋早期の景徳鎮窯白瓷の存在に気がついたのは，1980 年代のはじめである。1977 年に，地下鉄建設に伴って福岡城の内堀外壁石積の発掘調査がおこなわれ，出土遺物のなかで，鴻臚館跡から流入した白瓷の一部が，それに該当するのではないかと考えた（福岡市教委 1983, pp. 48-62）。調査後に，担当者の依頼を受けて筆者が 5 箇の陶片を景徳鎮市に持参し，白焜に見ていただき，そのうちの 4 片について，景徳鎮窯産品の可能性があると，教示を受けた。これが，本稿の最初の契機である。これらとは別に，ここの検出品のなかに，明らかに景徳鎮窯ではないとみられる白黄色でマットな釉調の白瓷大型盤の破片があり，今後の問題として興味をひかれる（同上報告書挿図 A6 の 12-15）。

(26) 折り返し唇口断面が中空になっているか否かで，生産窯の相違があるとする見解もみられるが，あまり有効とも考えられず，景徳鎮窯では両形態が同一窯で採集されている。

(27) 唇口・斜行形の体部の可能性をもつ破片は，報告書（福岡市教委 2001）Fig. 37・38 の 10・15 である。碟のうち唇口は，報告書番号の 37，外反は 34，直口輪花は 36 をそれぞれが該当する。

(28) 黄泥頭窯跡品と類似しているのは，報告書番号で，唇口碗 13, 外反碟 4 である。また，この遺構の 4 層出土片は，上部焼土層からであり，これを永承 2（1047）年の「大宋国商客宿房放火」による炎上と結びつけ，鴻臚館の廃絶期と考えることは蓋然性がある（亀井明徳 1995, pp. 127-128）。なお，第 3・2 層については，鴻臚館跡廃絶後の自然堆積と報告されている（福岡市教委 2001, pp. 37-41）

(29) SK12 出土の褐釉貼花花文四系壺は，このタイプの四系壺としては，古く遡る資料として注意される。また，高圏足の青白瓷碗のわが国出土例は少なく，SK13 の白瓷とともに 11 世紀後半期の白瓷編年を考えるうえで重要資料である。さらに，鴻臚館から博多への交易中心部移動の時期に該当しているわけであり，対宋交易史研究にとっても 11 世紀後半は注視するところである。なお，この遺跡は，博多遺跡群の南端に近く，櫛田神社の東側であり，この付近に 11 世紀代の遺跡が集中している。

(30) 生産年代と廃棄年代のズレがどの程度であるかは，一般法則は成り立たず，個々の陶瓷器によってすべて異なるのは当然であるが，ほぼこの程度の，すなわち 25 年から 50 年くらいのズレがあるケースが多い。

(31) この遺構出土の白瓷は，早期唇口碗などで占められており，越州窯刻花蓮弁文碗などの青瓷が共伴し，報告書に記されているように 11 世紀前半の廃棄年が考えられる（福岡市教委 1995-2, pp. 28-29）。

(32) しかし，これもまた周辺諸窯において塾餅痕の有無に関する情報が欠如しているのが現状であり，その点を議論すれば，さらに隘路にはまり込むことになる。

(33) ただし，(fig. 1-24) について白焜は景徳鎮窯産の可能性を指摘している。

(34) この他に，富山市佐藤記念美術館蔵品（no. 0-039）に，フィリピン将来とされる類似の特徴をもつ刻花蓮弁文碗がある。露胎の外底に塾餅痕をみせ，器形も共通しているが，蓮弁が剣頭状に尖りやや細く，釉色も異なり，年代としては接近しているとしても，景徳鎮窯の産品には見いだせない。類似品が，フィリピンのサントス・コレクションにある。

8. 北宋早期景徳鎮窯白瓷器の研究　493

pl. 1 (1). 北宋早期景徳鎮窯白瓷器

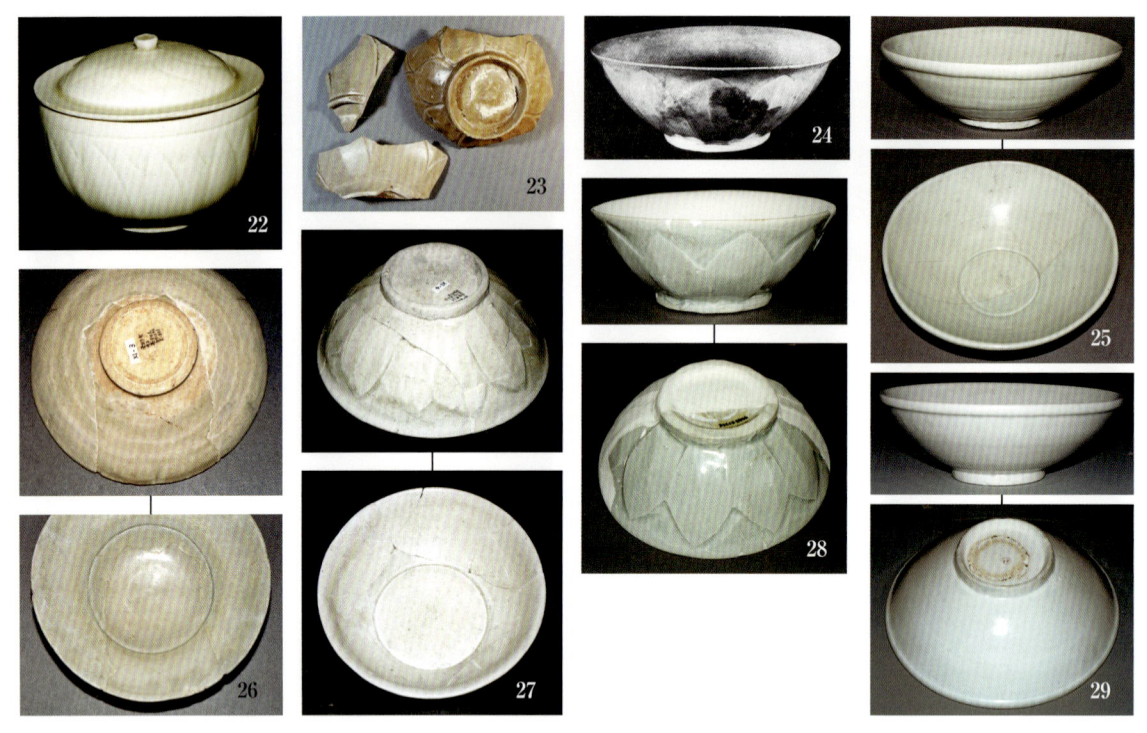

494　Ⅲ　唐宋代青瓷の系譜と編年

1. 青瓷外反口沿碗，黄泥頭窯跡，景徳鎮陶瓷歴博，2. 青瓷外反口沿碗，黄泥頭窯跡，景徳鎮陶瓷歴博，3. 青瓷直口碗，景徳鎮市近郊墓（香港大学1992），4. 白瓷唇口碗，南市街窯跡，景徳鎮陶瓷歴博，5. 白瓷唇口碗，景徳鎮陶瓷歴博，6. 白瓷直口碗，景徳鎮陶瓷歴博，7. 白瓷腰折碟，景徳鎮陶瓷歴博，8. 白瓷花口碟（香港大学1992），9. 白瓷外反口沿碟，黄泥頭窯跡，景徳鎮陶瓷歴博，10. 白瓷外反口沿碗，黄泥頭窯跡，景徳鎮陶瓷歴博，11. 白瓷刻花蓮弁文碗片，黄泥頭窯跡，景徳鎮陶瓷歴博，12. 白瓷刻花蓮弁文碗片（町田市博1992），13. 白瓷刻花蓮弁文碗，連雲港市海州呉墓（李輝柄2000），14. 青白瓷帯温碗酒注，鎮江市古墓，中国国家博物館，15. 白瓷腰折碟，黄泥頭窯跡，景徳鎮陶瓷歴博，16. 白瓷碟片，南市街窯跡，景徳鎮陶瓷歴博，17. 白瓷腰折碟，九江市阿周女性墓，江西省博物館（文物1990-9），18. 白瓷花口直口碟，黄泥頭窯跡，景徳鎮陶瓷歴博，19. 青白瓷貼花蝶結文執壺，景徳鎮市舒氏墓（荘良有1998），20. 白瓷刻花蓮弁文碗，静志寺舎利塔地宮，定州市博（出光1997），21. 白瓷刻花蓮弁文碗，Guimet Museum，22. 白瓷刻花蓮弁文有蓋碗，Balow Collection，23. 青瓷刻花蓮弁文碗片，上林湖竹園窯跡，24. 白瓷刻花蓮弁文碗，長沙市広場古墓（全国基本建設1956），25. 白瓷唇口碗，鴻臚館跡SK01（福岡市教委1992），26. 白瓷直口碟，大宰府条坊跡87次（太宰府市教委1996），27. 白瓷刻花蓮弁文碗，大宰府条坊跡81次（太宰府市教委1996），28. 白瓷刻花蓮弁文碗，鴻臚館跡，29. 白瓷唇口碗（富山佐藤美1999）

pl. 1-（2）. 北宋早期景徳鎮窯白瓷器

(35) 本品は，サントス・コレクション図録（Peralta1982）には登録されていないが，展示資料を調査した。

(36) 中国外の遺跡においては，越州窯など初期貿易陶瓷器と共伴することが多く，中期になると，青白瓷高圏足碗や斗笠形碗がフィリピン国立博物館にあるなど（実見調査），景徳鎮窯産品が増加する。

(37) ここで述べたような北宋早期の景徳鎮窯白瓷は，欧州の美術館にはほとんど収蔵されていない。資料的な価値はあるとしても，美術品としての評価は低い故であろう。ハンブルグ美術工芸博物館に，すこし青みを帯びる白瓷唇口碗（1973.32，口径18.8cm）と，ブリストル市立博物館Schillerコレクションのなかに，同じような釉調の白瓷鉢があり（N5371），露胎の底部に5箇の焼台痕がみられる。

［後記］

　景徳鎮窯については，当然のことながら強い関心をいだきつづけている。関心の一つは，元青花瓷の窯跡についてである。2003年秋，その予備的調査のために，湖田窯跡出土資料を調査する交渉をすすめたが，ほぼ同時期に江西省文物研究所が，この窯址の報告書をまとめているところであり（報告書『景徳鎮湖田窯址』文物出版社，2006），景徳鎮民窯博

物館にのこされていた資料の一部を調査できる範囲であり，本格的に取り組むことは困難であった。しかし，その時の調査の副産物は思いがけない形で生まれ，髙島裕之・田中克子 2005「景徳鎮・明代揺里窯跡出土の陶瓷器」亜州古陶瓷研究Ⅰ，pp.55-67，は明初時期の貴重な窯跡同定資料としての価値がある。

その後 2006 年秋,「景徳鎮国際研討会」への招請があったが，勤務先の要件とかさなり，それへの出席はしなかったが，研討会の前日に「景徳鎮陶瓷館」で開催されていた江西省内出土元青花瓷展では，高安県窖蔵出土品など国外に出品されることがなかった資料を調べることができ，大いに成果をあげ，「中国出土元青花瓷資料集成」（亜州古陶瓷学会編 2004),「日本出土元青花瓷資料集成」（亜州古陶瓷学会編 2005）をへて，2009 年に『元代青花白瓷研究』亜州古陶瓷学会編に結実した。また，膨大な量の元青花瓷を整理した『トローラン遺跡発見陶瓷器の研究』と，『カラコルム遺跡出土陶瓷調査報告書Ⅰ，Ⅱ』2007，2009 はその途中で生まれたものである。これらは SAAT の諸氏の協力の賜物であった。

景徳鎮窯についてのもう一つの関心は，注 25 で触れたように，1980 年代初めに福岡城石垣から発見された鴻臚館跡から流入したとみられる白瓷群であった。その後も博多遺跡群からも同種の破片が発見され，福建地域の産品とは異なり，景徳鎮窯ではないかと仮説をいだき，白焜（景徳鎮陶瓷歴史博物館）に教えを受けるために，2005 年に単身で赴いた。これらの白瓷の生産窯として眼をつけていたのは，黄泥頭窯であった。白焜とすでに破壊されていたこの窯跡を探索し，数片を採集し，景徳鎮陶瓷歴史博物館が保管している同窯跡採集品とともに，これらが北宋早期の産品であると確信した。その成果がこの論文であり，わが国からの出土量は多くはないが，すでに景徳鎮窯の初期から外銷陶瓷としての位置をつくっていたことが判明し，興奮をおぼえた。当時，財政的に廃刊の危機にあった「博多研究会誌 10 号」に掲載して少しでもお役に立てるような心つもりであったが，その効果はほとんどなかった。

9．日本出土の吉州窯陶器について

　本稿は，吉州窯製とみられる一群の施釉陶器について，日本出品品を検討することによって，年代的な位置づけを明らかにしようとするものである。しかしながら，現状ではその出土数が少ないので，日・中の断片的な資料を綴りあわせて考察し，編年的な見通しをのべたい。そのために，まず吉州窯とその製品についての一般的状況，中国の遺跡における出土例についてのべ，ついで日本出土品に論究したい。

1．吉州窯陶器の概要

（1）吉州窯の黒釉陶器

　吉州（永和または東昌）窯跡は，江西省吉安市の東南8キロの永和鎮にある。この地は贛江の西岸に位置し，この河を下ると省都・南昌への水運が通じている。明代の『東昌志・東昌図境記』（抄本）によると，五代に至り，民その地に集り，農耕と製陶に従事す，かくて市をなし，高唐郷臨江里に瓷窯団と云えるものあり，……宋の景徳年間（1004-1007年）鎮市となり，監鎮司を置き，製陶業の管理に当れり，と記されている。宋代に建立された本覚寺塔はその象徴的存在で，窯跡群のなかに今も屹立している。

　現在までに確認されている窯跡数は24箇所あり，2キロ四方に丘状になって遺存している。このうち最大の窯嶺窯跡を中心として，北側の窯は黒釉と彩絵陶を，南側は白釉と黒釉陶を主として焼造しているようである。

　1980年に調査された本覚寺嶺窯跡（Y15）は窯嶺窯跡の東南に位置し，構造は竜窯（長36.8，幅0.42-3.95m，傾斜12-25度）であり，壁面は磚積みで，3回にわたる修造が確認でき，晩唐五代に始まり元代の終りまで継続している。以下その報告書に基づいて述べると，晩唐期の製品は醤褐釉青瓷と（乳）白釉陶であり，越州窯や江西省洪州窯製品と類似し，おおきい支釘痕がみられる。醤褐釉とは，粗胎に薄く施釉され，焼締め陶に近い青瓷をさしている。北宋になると，（乳）白釉陶は継続してつくられているが，青瓷生産は停止し，かわって黒釉陶を新たに創出する。初期の例として，吉安市元豊5（1082）年墓から黒釉罐が出土している（余家棟「試論吉州窯」景徳鎮陶瓷1983年第21期）。（乳）白釉陶の碗は，不透明な白濁釉の粗製品で，内底に吉・太・福・本覚などの文字を印花や褐釉で記すものがある。

　黒釉陶は，北宋末期においてすでに窯変技術を獲得していたようであり，南宋に入ると最盛期をむかえる。器形は碗が最多であり，碟・鉢・瓶・壺・杯・香炉などがある。無文の黒釉陶（素天目）が多いが，特徴的な装飾として，玳玻，剪紙，木葉，彩絵，剔花などがある。玳玻はすなわち，玳瑁の甲，鼈甲に似ているところから名付けられ，黒釉地に灰釉を斑状に施し，窯変によっては海鼠風の釉調に呈発している。窯中で溶解の度が過ぎたものを虎皮斑，不足しているものを点斑文と称している。この灰釉を使い梅花（折枝・団花）・鳳凰・月蝶文などを筆描きしたものが彩絵であり，さらに剪紙細工の型を黒釉地におき，灰釉を吹きつけて二重がけにし，型をはがした後に焼成したのが剪紙技法である。この技法は吉州窯独自のもののようで，梅花・鳳凰・竜・鹿・蝶虫などと，窓枠内に「金玉満堂」・「長命富貴」・「福寿康寧」などの4文字をいれた文字天目とがある。

　木葉天目の製作過程はよくわからないが，蒋玄佁によると，木葉を貼る場所を定め，まずそこに黄釉をぬ

り，その上に腐食させて葉脈だけとなった葉を貼りつけ，全面に黒釉をかけて焼いたと説明している（江西省文物工作隊・吉安県文物弁公室（余家棟・陳定栄）「江西吉州窯遺址発掘簡報」考古1982-5）。

　黒釉陶のなかでは碗形品の生産が多く，高台を小さくつくり，削り出しが浅い点に特徴がある。黒釉をかける前に，白色でやや砂目の胎土に淡茶色の，一種の化粧掛けをしており，また黒釉も建窯製に比較して薄くかけられている。

　黒釉陶と並んで吉州窯を特色づけるの白地黒花（白地鉄絵）で，南宋期に出現するが，元代になって飛躍的な発展をみせる。この窯では磁州窯のそれとは異り，素地に直接鉄釉で彩絵すると説明されている。この点は両窯を識別する重要な指標となりうる。しかし窯跡出土品などをみると，こうした技法のもので描線が茶褐色に発色したものと，白化粧を施された後に彩絵されたため磁州窯に似た黒色彩絵になったものの2種類がみられ，後者の磁州窯製品との判別は文様のものを除いては難しい。器形としては，瓶・罐・盤・壺・香炉・枕などが確認できる。

　白地黒花陶の文様は，吉祥を表わす民間風俗と関係ある写意画が使われているようである。よく使用される文様として，瓶や罐においては胴に6ないし4連弧の開光（窓）をつくり，その内に双鴨戯水，躍鹿，飛蝶，梅花，竹葉などの主文様を描き，開光の外の地文を波涛，蔓唐草，繋文などで充填し，上下の空間に回（雷）文，唐草文などを配する。これも主文を省略して地文様を全面に描く便化描法もかなり多いようである。盤類では双魚戯水の描かれたものが多数を占め，杯類は弦文，梅蝶文が多いようである。これらの白地黒花陶は，北宋の紀年銘墓からは現在のところ未発見であり，江西・新干県界埠公社南宋墓・淳興10（1183）年から彩絵奔鹿文蓋罐（楊后礼「介紹凡件吉州窯彩絵姿器」文物1982-12），江西・南昌灌城・嘉走2（1209）年墓からも同じような罐が出土しているので（陳柏泉「江西出土的凡件宋代吉州窯瓷器」文物1975-3），現段階では12世紀第4四半期が初現といえる。

　緑釉陶は，軟胎・白色で鉛釉がかけられている。器形は中国内の出土例では陶枕が多いが，碗・皿・瓶・壺・香炉・建築物装飾品もある。陶枕の底部に印文で「元祖郭家大枕記号」や「舒家記」銘は，「尹家」などとともに工房名を表わしている。

（2）贛州七里鎮窯と乳釘柳斗文壺

　つぎに吉州窯の黒釉陶とよく似ているのが贛州七里鎮窯の産品である。この窯跡は，吉州永和鎮より贛江を約200キロほど遡上した贛州市の東郊・七里鎮にある。晩唐に焼造を開始し，元代まで続いたようで，青釉，青白釉と黒釉陶をつくっているが，白地黒花陶（白釉彩絵陶）はみられない。このうち黒釉陶に関して，吉州窯との相違点は，吉州窯は胎土が白色，釉は純黒色を呈するものが多く，多彩な装飾文をもつのに対し，贛州七里鎮窯の黒釉は，紅胎であり白胎は少なく，釉は醬褐，醬紅，黒色などであり，兎毫などがない素面のものが多いようである。ただ施釉は先ず褐色の薄釉（化粧掛）をかけた後に，黒釉などをかけるので，この方法は吉州窯と共通している[補1]。

　わが国で擂座柳斗文壺と特異な名称をもつ小壺については，すでに論考が発表され（矢部良明1973, pp. 15-28），またその後，新安沖海底沈没船から発見されたことにより比較的知られている。その生産窯は現在では贛州七里鎮窯とみられており，その壺の装飾名称については，中国で現在一般的に使われている褐釉乳釘柳斗文として，以下気のついた点を少し述べたい。

　この壺の生産窯については，吉州窯とする説があった。乳釘（擂座）の装飾は確かに吉州窯にもみられ，碗の口沿部，壺頸部，香炉口綾部などにめぐらされているが，これが柳斗文（旋渦文）と組み合わされて，一つの器体の装飾に使われている例はないようである。これに対して，乳釘文と柳斗文が同一器体に組みあ

わされて使われたのは贛州七里鎮窯においてである。

つぎに年代観について，前掲の矢部良明は，南宋前期の12世紀頃に初出すると推測している。この乳釘柳斗文壺の系譜をみると，北末期に青白瓷として登場している。安徽省全叔県西石北宋磚室墓は元祐7年(1092)墓誌をもち，青白瓷の良好な資料がまとまって出土している（滁県地区行署文化局，全椒県文化局「安徽全椒西石北宋墓」文物1988-11, pp. 66-71）。そのなかに，青白瓷旋渦乳頭文壺1点が含まれている。円唇，鼓腹で，胴部から底部に半杯形に弦文が刻まれ，これに接して乳頭文10箇がめぐっている。器内壁に施釉（青白釉カ）されているが，外面は露胎である。口径10.4cm, 高さ8.2cm, 景徳鎮窯製とみられる (pl. 1-1)。施釉方法，装飾文，法量などのちの褐釉乳釘柳斗文壺と共通しており，この器形が遅くとも11世紀第4四半期に青白瓷として現われ，やがて褐釉陶に写して贛州七里鎮窯でつくられたと考えられる。

外面は柳斗文ではなく縄文としているが乳頭文をめぐらす壺が南宋初年とみられる窖蔵から出土している。四川省大邑県安仁鎮で1973年に発見された窖蔵から，影青双魚蓮荷碟（倣湖田窯製品カ），影青瓜稜小瓷壺，同粉盒，同瓜稜小罐（湖田窯），玳瑁釉瓶，醬釉瓶（吉州窯）などとともに贛州七里鎮窯の産品と推定できる縄文乳頭文壺が出土している（大邑県文化館（胡亮）「四川大邑安仁鎮出土宋代窖蔵」文物1984-7）。高さ8.5, 口径10cm, 口沿を円唇とし，内面は醬色釉，外側は無釉とし，縄文がこまかく入り，柳斗文と同巧となり，その上沿に乳釘文をめぐらしている (pl. 1-2)。共件の銅器，銅銭などからみても南宋初年とみられるので，贛州七里鎮窯の褐釉乳釘柳斗文壺の初源に近いものと考えたい。12世紀後半代の資料として，江西省清江県轟湖村鶴卵岡，劉椿夫人揚氏墓（乾道7・1171年）がある（黄頤寿「褐釉乳釘柳斗紋茶杯」文物1983-8, pp. 91-94）。この墓からは，景徳鎮窯製の影青雪花文粉盒（径6.6cm）とともに褐細乳釘柳斗文壺（高さ6.2, 口径7.2, 底径2.6cm）1点が出土しており，外面は薄く施釉され，15顆の白釉乳釘と柳斗文，乳釘文の上下に各4道の弦文がまわる。内面は褐色釉が薄くかけられ，贛州七里鎮窯の製品であり (pl. 1-3)。同様に乳釘を2段に回すタイプもあり (pl. 1-4, 江西豊城市出土, 高6.4, 口径7.2cm, 余家棟2002, 図107), 付近から醬褐釉を内面にかけた柳斗文壺も出土している (pl. 1-5, 余家棟2002, 図106)。したがって12世紀の第3四半期には典型的な褐釉乳釘柳斗文が焼造されていると云えよう。(伝) 山梨県北巨摩郡熱見村西割（現北杜市高根町）の出土品はこれらと類似し (pl. 1-6), 新安沈船引揚品のそれの胴部が縦長で，頸部が伸びているのに対して (pl. 1-8, 高さ6.8cm), これらは短頸部で球形胴の形式である点に注目すると12世紀の年代を考えたい。

わが国出土例は非常に少ないので，乳釘柳斗文壺についてはここで述べたい。後述する大宰府史跡第67次（観世音寺子院金光寺推定地）調査の暗灰色土層から1片を検出している（九歴1981『大宰府史跡 昭和55年度発掘調査概報』p. 55）。口沿から胴下半部までのこり，乳釘は透明釉がかけられ淡青色を呈し，外面には鉄渋状の薄い釉が，内面は黒褐釉がそれぞれ掛けられている。胎土は黒色，緻密であり，破面の一部に黒漆が塗られ，補修されたことを示している (fig. 1)。共伴陶瓷に枢府型白瓷などを含み，14世紀前半代とみられる。博多築港線関係第3次調査の第10号溝においても，枢府型白瓷などと共伴し，14世紀代とみられ破片

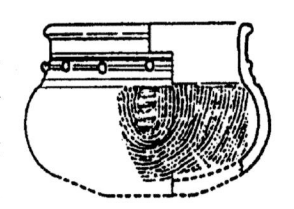

fig. 1. 褐釉乳釘柳斗文壺, 大宰府金光寺推定地, 九歴1981

があり，柳斗文の一部をのこす極小片である（福岡市教委1989『都市計画道路博多駅築港線関係埋蔵文化財調査報告（Ⅲ）博多』p. 111）。新安沖沈没船の年代とも一致するわけで，掲釉乳釘柳斗文壺のわが国への輸入年代がこの頃にあったとみられる。それにしても沈没船の積載陶瓷器約2万点の内にこの壺はわずか数点にすぎず，これがわが国からの出土数の寡少さと符合しているのであろう。

2．中国出土の吉州窯陶器

つぎに中国における古墓などから出土する吉州窯の製品について，主として紀年銘を共伴する資料について，年代順に紹介する。その数は他の窯の製品と比較して少ないが，次節の日本出土品の年代的根拠をさぐる意味で述べたい。

①江西省徳安県王韶夫人楊氏墓　興寧8（1075）年　緑釉陶枕片（陳定栄「吉州窯瓷枕及早期窯口考」考古 1983-9，p.853 注記，写真なし，江西省博物館蔵）

この墓は古く盗掘にあい，調査報告書もないが，紀年銘との共伴が正確とするならば，北宋後半に遡る資料となる。緑釉枕片が出土し，これが吉州窯製緑釉陶枕の器質と一致していると注記されている。緑釉の陶枕は，彩絵や刻花文などの陶枕に先行して焼成されていたようである。窯跡出土品でみると，低温の二度焼きで，「半瓷半陶」と表現され，釉は剥落しやすいと報告されている。またこの種の緑釉陶枕に「舒家記」，「郭立」，「謝」，「陳家号記」，「元祖郭家大枕記号」などの款銘がみられる。

②江西省清江県臨江寒山・南宋淳興年間（1174-1189）墓　緑釉陶枕，現樟樹市博物館蔵（pl.1-10，(黄冬梅「（文博簡訊）江西清江出土的凡件吉州窯瓷器」文物 1987-5，pp.95-96，余家棟 2002，図 139）

隅を丸くした平面5辺形（27×22，高7-9cm）を呈し，中央をわずかに凹めた枕面に蕉葉文4葉が刻まれ，周沿に複線の櫛描文をいれる。側面は水泡文（竹管文）を不規則に印花し，その前面には4箇の大きな支釘の褐色の痕跡がみられ，裏面は薄く施釉されており，これは縦に立てて焼成している。全体に緑釉がかかり，こまかい氷裂文があり，釉の剥離部分には白色の化粧土がみられる。底部に「陳家印置」の款銘がある。

③四川省大邑県安仁鎮窖蔵　醤釉乳釘柳斗文壺1，醤釉碗6，玳瑁釉瓶12，南宋前半期　大呂県文化館蔵（胡亮「大邑近年出土的宋元瓷器」景徳鎮陶瓷 1984 年第 26 期，大邑県文化館（胡亮）「四川大邑安仁鎮出土宋代窖蔵」文物 1984-7，pp.91-94）

銅器（八卦鏡，銅瓶，銅炉，印盒，銅箸，銅銭など），鉄器（鉄鎖，鉄秤など），これらに硯と陶瓷器あわせて 72 件が出土した窖蔵である。陶瓷器は，双系三足青釉（青白瓷）炉1，影青双魚蓮荷印花文碟 16，影青瓜棱小蓋壺1，青釉小蓋碗4，影青瓜棱小罐1，影青粉盒2，緑釉貫耳小瓶1が出土し，これらは北宋後半から南宋前半期の特徴をもっている。報文においても，銅銭中の最晩期の元祐通宝（1080-1093 年）をも傍証に使い，南宋初年の埋蔵時期を想定している。なおこれら影青はいずれも景徳鎮湖田窯の産品と考えている。

これらと共伴して，吉州窯製とみられるのは，醤釉碗，玳瑁釉瓶，醤釉乳釘柳斗文壺がある。醤釉碗は，口径 14.5，底径は 3.5cm と小さく，斗笠形に開くものであり，胎土は黄紅色で厚重であり，油滴状の釉は高台を除いてかけられ，口沿には銅覆輪が付けられている。玳瑁釉瓶は（高さ 15，口径および底径 5cm）鼓腹で，高い高台（5cm）をもっている。胴部に玳瑁釉斑がみられ，内面は満釉であるが，外面の腰以下は無釉である。醤釉乳釘柳斗文壺は（pl.1-2，高 8.5，口径 10cm），内面には醤色の不透明釉がかけられているが，外面は無釉で，縄文と釘文で飾られている。頸部に鉄架の痕跡がみられる。贛州七里鎮窯製品と考えられる。

④江西省新干県界埠公社　淳熙 10（1183）年墓　彩絵奔鹿文罐1　新干県博物館蔵（pl.1-11，余家棟 2002，図 104）

通高 18.2cm で涼帽形の蓋付罐である。蓋の甲には蝴蝶文4羽を向いあわせて描く。身の主文は双面の開光部で，太細複線の木瓜形の内に，躍鹿文と草文を，枠外の地文は蓮華唐草文を，紅褐2色を用いて彩絵し，白色の薄い釉をかけ，底部は無釉である。墓誌が共伴していることによって，彩絵陶の紀年銘をもつ最古の資料であり，12 世紀後半の年代にはこの種の意匠が開始されていることを示している。本品は，次の白地黒花躍鹿文罐（嘉定2，1209 年）出土品に似ている。

⑤江西省南昌県灌城　嘉定2（1209）年陳氏墓，彩絵躍鹿文蓋罐1（pl. 1-12, fig. 2），彩絵蓮文炉1（pl. 1-9, 江西省博物館蔵，余家棟2002, 図126）

　蓋付の罐（通高19, 口径10.4, 底径7.8cm）は，蓋の上面に彩絵折牡丹文をいれ，鈕はなく平坦な形である。身は頸部に巻草文，胴部の対面に窓を開き，躍鹿口衡霊芝文をいれ，その他の空間は牡丹唐草文を，おのおのの筆太に描写し，上下を各2条の線文でひきしめている。全体に薄く白釉が施され，彩絵部分は醤褐色を呈する。

fig. 2. 彩絵躍鹿文蓋罐展開図，余家棟 1986, no. 95

　（香）炉（高さ6.7, 口径10.4, 底径7.8cm）は，寄口で短い三足をつける小形品である。内折れの口沿上部には白地に彩絵細蔓草文をめぐらし，胴部は三分し，上・下帯には白地に2連の回文，中段は黒地に蓮華，蓬莱を白抜きにし，繊細に描いている。外面は薄く施釉されているが，内面，内底は露胎となっている。これら2点は，彩絵の吉州窯としては年代が明確で初期の製品であり，香炉の精妙な文様技法は形式的に彩絵完成期の雰囲気をもっている。

⑥吉州窯跡，南昌市各出土　黒釉剔花梅花文梅瓶，同折枝文香炉，（唐昌朴「近年江西出土古瓷精品介紹」文物1980-2, pp. 73-74）

　剔花の装飾技法は，黒釉をほどこした後，文様部分のみ黒釉を削りとり白地とし，さらにそこに文様細部を彩絵するものである。江西省宜春市出土の剔花折枝文梅瓶は（pl. 2-1, 高さ19.2, 口径4.5, 底径6.8cm, 余家棟2002, 図84），底部畳付を除いた外面すべてに漆黒釉が滑らかにかけられ，胴部は梅折枝文の形に釉が削りとられ白地とし，花芯など細部は醤色釉で彩色されている。対面には梅小枝が剔花されている。1969年南昌市出土の梅花文梅瓶は花芯を残して5弁の梅花形に黒釉を削りとっている（pl. 2-2, 高20.6, 口径4.2, 底径5.5cm, 江西省博物館蔵，余家棟2002, 図83）。

　これら黒釉剔花の技法は，梅瓶，瓶，香炉にみられるが，紀年銘共伴や他の陶瓷器との組み合せがわかる報告に接していない。梅瓶の形態からみると，南宋前半に遡るとは考え難い。さらに14世紀代に入っての，少数ではあるが出土資料中の瓶の形態変化を勘案すると，ここに掲示した黒釉剔花梅瓶などを南宋後半から元代前半期と考えておきたい。

⑦江西省永豊県　延祐6（1319）年陳淑霊墓　彩絵器蓋1（楊后礼「江西永豊県元代延祐6年墓」文物1987-7, pp. 85-87）

　永豊県佐竜公社稜渓大隊から1971年に発見された紀年銘墓で，地券により墓主は延祐6年に葬られた陳淑霊であり，銅鏡（菱花形）1, 青白瓷筒形炉1, 同堆塑瓶（日月壺）2, 同荷葉蓋小罐1, 米黄釉小罐1とともに，吉州窯彩絵器蓋1（径6.4, 高2.2cm, 写真不鮮明）が出土した。側面に紐1をつける。平坦な甲の白地に褐彩で月牙梅花文を描き，側面には弦文を数条まわしている。蓋裏は無釉であるが，中央に褐彩で2字が記されているが判読できない。文様内容からみても，元代後半期の製品と考えられる。

⑧江西省永新県旧城東門外窖蔵　至大3（1310）年－至正12（1352）年　黒釉円圏文玳玻梅瓶1（pl. 2-3, 江西省博物館（楊后礼「江西永新発現元代窖蔵瓷器」文物1983-4, 余家棟2002, 図89）

　この窖蔵は，径1mほどの土坑で，瓷器12件，銅銭1171枚を検出している。瓷器は，青白釉印花竜文浅腹碗（湖田窯製）4, 竜泉窯青瓷貼花竜文盤2, 同条文盤1, 同条文蓋罐（青瓷酒会壺，蓋欠）1, 米黄釉砕瓷小口梅瓶1, 同筒形瓶1, 藍釉花卉文蓋罐1と吉州窯梅瓶である。銅銭のうち最晩のものは至大通宝（1310年初鋳）であり，かつ城壇の改修が至正12（1352）年に行われた記録があり，この窖蔵はその城壇の下につくられているので，至正12年以前で至大3年以降の14世紀前半代の年代が与えられる。

この吉州窯梅瓶は（高20.1，口径2.6，底径6cm），撫肩の部位に最大径をもち，底部にむかって少しずつ収束する。胴部に接胎がなされ，その痕跡は明瞭である。器内は無釉であるが，外面は底足を除いて施釉され，外底内刳り部は褐色を呈する。頸部から胴部すべてに，黒釉に花文様の円圏文が散らされ，玳玻文となっている。形態としては，新安沈船引揚品に類似品がある。この種の製品は吉州窯では多くあるとされている。この瓶と年代的に近いとみられるのが，江西省清江県太孔埠中学出土の彩絵施文瓶である。口径が7.5cmと上記のものに比べて大きいが，高さ23，底径9.6cmとほぼ相似た法量である。器表は黒釉に白彩絵の施文を胴部全体に描き，内面にも薄黒釉がかけられている（pl. 2-4）。

⑨韓国・全羅南道新安郡知島邑防築里道徳島沖合海底（新安沖海底沈没船引揚品）　14世紀前半期

吉州窯製：白地黒花椿花波涛文小瓶1，黒釉玳玻文梅瓶1，黒釉剔花梅花折枝文象耳瓶1，贛州七里鎮窯：黒釉乳釘柳斗文壺1（韓国国立中央博物館蔵，韓国文化公報部・文化財管理局1988『新安海底遺物（綜合篇）』，国立海洋博2006『新安明』）

至治3（1323）年に沈没した船の引揚品で，陶瓷器総数22,040点中で，吉州窯製品3，贛州七里鎮窯製品1が確認でき，この他に両窯の製品の可能性があるもの4点がある。

吉州窯製の白地黒花椿花波涛文小瓶（pl. 2-5a，b，高14.6，口径2.9，底径5.3cm，国立海洋博物館2006，no. 148）は，地文の蔓巻草文を全身にめぐらし，本来主文である開光部が控え目になっている。七花形の窓内に椿花文とその対面に，元青花瓷に類似した特徴的な波涛文を配している。この種の小瓶は，文様の組み合せの違いはあるが吉州窯で多くみられ，口沿と高台脇に黒釉で帯線をつける共通した特徴をもっている。外底部は露胎であり，その色調からみて，胴部には白化粧が施されているとみる。

黒釉玳玻文梅瓶（pl. 2-6，高30.0，口径5.9，底径10.3cm）は，形態は⑧で紹介した黒釉円圏文玳玻梅瓶に近く，ともに撫肩であるが，口沿を外反する点は異なっている。満釉の後に，低い高台部分の釉を粗く削りとって褐色の胎土がみえる。頸部内側に淡茶色の化粧釉がみえ，外面はその上に施釉され茶黒色に黄褐斑文を浮きあがらせている。後述の鎌倉市雪ノ下1丁目210番地出土品と非常によく似ている。もう1点の黒釉剔花梅花折枝文象耳瓶（高15.6，底6.9cm，口沿欠損）は，褐灰色のやや粗い胎土に黒釉が高台部を除いてかけられ，胴部に剔花技法で梅花折枝文を刻んでいる。黒釉は薄くやや黒茶色に呈発している（pl. 2-7）。

贛州七里鎮窯の製品とみられる黒釉乳釘柳斗文壺（pl. 1-7，高16.4，口径14.8，底径6.4cm）は，茶褐色の胎土で，こまかい柳斗文がつけられ，頸部の上，下に各数条の沈圏線をいれ，間に白い石英とみられる乳釘文を点列する。口沿から内側にかけられた釉は黒色を呈する。他の1点は，内外面に黒釉をかけ，頸部がやや長く，小形の白石を貼付する（pl. 1-8）。この器形でpl. 1-5のように外面の上半に施釉するものや，乳釘文はなく外面に玳玻文の同形壺があり，これも贛州七里鎮窯製とみておきたい。

3．日本出土の吉州窯陶器

わが国出土の吉州窯製品とみられる陶器については，早く広島県福山市草戸千軒町遺跡において知られ，また平安京跡の調査においても10数片の出土がみられる。そのほとんどは白地鉄絵（黒花）陶の瓶または罐の一部である。その後，黒釉玳玻陶および緑釉陶も確認できた。

（1）白地鉄絵陶器

草戸千軒町遺跡出土の吉州窯製品は白地鉄絵陶器である（fig. 3）。

fig. 3-1は草戸千軒町遺跡第8次調査（1972年）c2－r大竪穴出土で，暗い赤茶色の横帯線をはさんで上

502　Ⅲ　唐宋代青瓷の系譜と編年

1. 青白瓷旋渦乳頭文壺, 安徽・全叔県西石磚室墓（文物 1988-11）, 2. 褐釉乳釘柳斗文壺, 四川安仁鎮窖蔵（文物 1984-7）, 3. 褐釉乳釘柳斗文壺, 江西・清江県劉椿夫人揚氏墓（文物 1983-8）, 4. 褐釉乳釘柳斗文壺, 江西豊城市（余家棟 2002）, 5. 褐釉乳釘柳斗文壺, 江西・清江（同）, 6. 褐釉乳釘柳斗文壺,（伝）山梨県北杜市高根町（東博 1978）, 7・8. 黒釉乳釘柳斗文壺, 新安沖海底沈没船（国立海洋博 2006）, 9. 彩絵蓮文炉, 江西南昌県陳氏墓（余家棟 2002）, 10. a. b 緑釉陶枕, 江西清江県・南宋墓（同）, 11. 彩絵奔鹿紋蓋罐, 江西新干県淳熙 10 年墓（同）, 12. 彩絵躍鹿文蓋罐, 江西南昌県陳氏墓（余家棟 2002）

pl. 1. 乳釘柳斗文壺, 吉州窯陶器

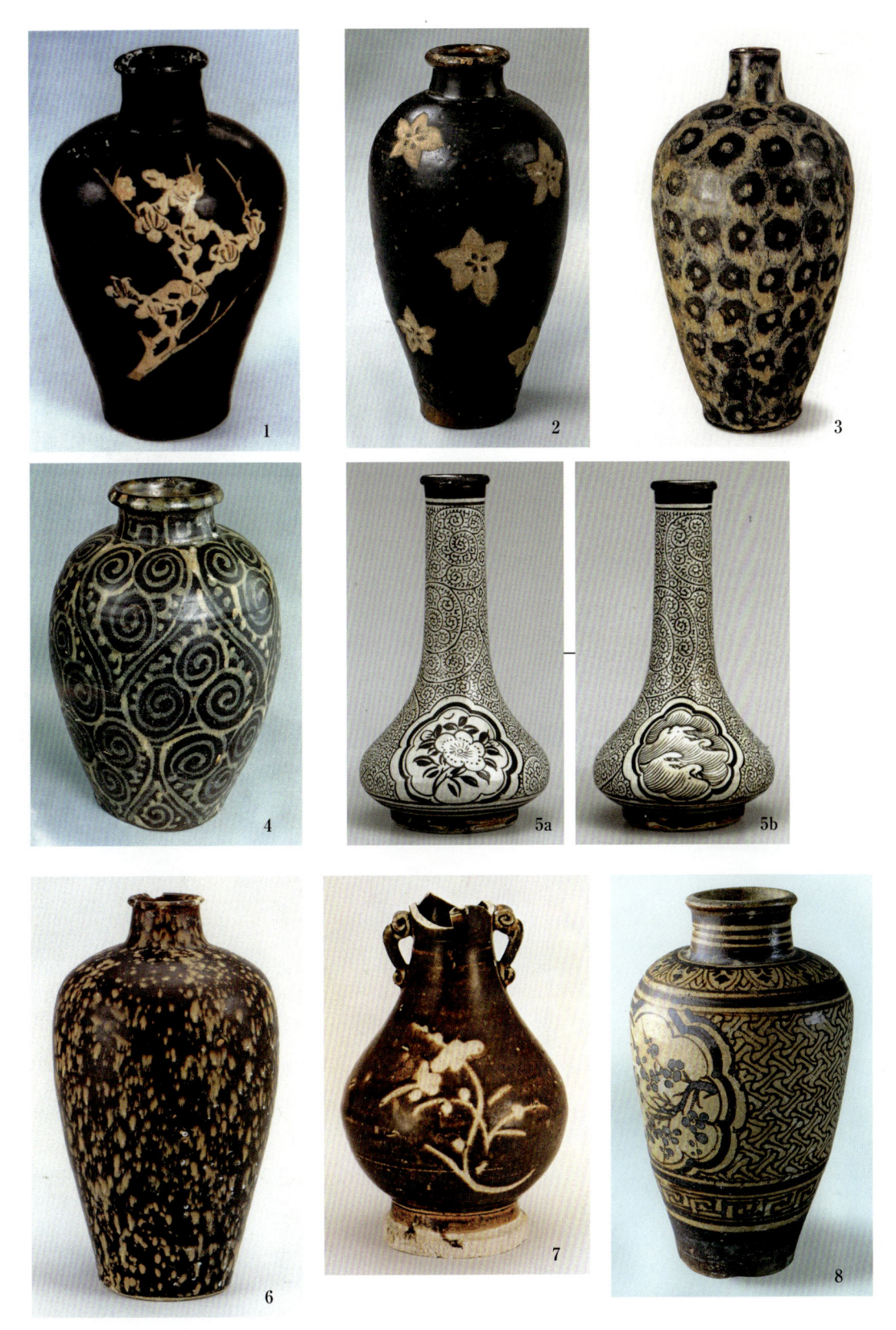

1. 黒釉剔花折枝文梅瓶，江西省宜春市（余家棟 2002），2. 黒釉剔花梅花文梅瓶，南昌市（同），3. 黒釉円圏文玳玻梅瓶，江西永新県旧城東門外窖蔵（同），4. 黒釉巻草文梅瓶，江西清江県太孔埠中学（同），5. a, b 白地黒花椿花波涛文小瓶（国立海洋博物館 2006），6. 黒釉玳玻文梅瓶（同左），7. 黒釉剔花梅花文梅瓶（同左），5～7. 新安沖沈没船，8. 彩絵松竹文梅瓶，永和窯（余家棟 2002）

pl. 2. 吉州窯陶器

504　Ⅲ　唐宋代青瓷の系譜と編年

pl. 3. 平安京遺跡出土吉州窯白地鉄絵陶器片（tab. 1 と照合）

9. 日本出土の吉州窯陶器について 505

pl. 4. 博多遺跡群，鎌倉遺跡出土黒釉玳玻文陶器片（tab. 2 と照合）

pl. 5. 鎌倉遺跡出土黒釉玳玻文陶器片

tab. 1 白地鉄絵陶器出土地名表 （1991年1月現在）

no.	遺跡名	所在地	器形	報告書
1	草戸千軒町遺跡　第8次C2−r大竪穴	広島県福山市草戸町	罐 or 瓶	草戸千軒（ニュース）No. 42, 1976
2	草戸千軒町遺跡　1961・62年度調査	同上		草戸千軒町遺跡遺物編 1966
3	草戸千軒町遺跡　同上調査DⅡ区	同上		同上
4	草戸千軒町遺跡　第27次　SG1790	同上		第27次発掘調査概要同遺跡研究所 1979
5	草戸千軒町遺跡　第12次　SD550	同上		第11-14次発掘調査概要　広島県教委 1974
6	平安京跡・東塩小路町遺跡	京都市下京区塩小路通烏丸 西入東塩小路町	瓶	平安京左京八条三坊京都市埋文研調査報告書第6冊 1982
7	平安京跡・本圀寺跡	京都市下京区堀川通五条下ル柿本町	瓶	昭和57年度京都市埋蔵文化財調査概要 1984
8	平安京跡・二帖半数町遺跡土坑38	京都市下京区烏丸通綾小路下ル二帖半敷町		京都市高速鉄道烏丸線内遺跡調査年報Ⅱ 1981
9	平安京跡・二条城町遺跡	京都市中京区二条城町	盤	昭和57年度京都市埋蔵文化財調査概要 1984
10	平安京跡・大内小学校内遺跡	京都市下京区観音寺町	罐	平安京右京八条二坊二町の調査 1995
11	博多遺跡群第50次調査	福岡市博多区祇園町317・318	陶枕	博多21−博多遺跡群第50次発掘 調査概報 1991

部に巻唐草文，下部に勾連文の線描と，開光部の枠線の一端がのぞき，全体に薄く透明釉がかけられている。この文様は，吉州窯斜家嶺および柘樹下窯出土の陶枕にみられる。内面は無釉で轆轤跡がみられ，わずかに青味をもつ灰白色の胎土である。2もこれによく似た小片であり，1961・62年度の調査で出土している。3も同時の出土品（D地区Ⅱ区）であり，肩の部分とみられ，太く黒茶色の輪郭線をもつ俯蓮内に巻草文を配している。白色の素地に薄く透明釉がかけられており，内面の無釉部分の胎土中にこまかい黒粒子が多く含まれている。これとよく似ているのが4の破片であり，複線の横帯文の上部に巻草文を入れた俯蓮を，下部には1と同じような勾連文を，いずれも白素地の上に黒褐色の鉄釉で描き，透明釉を薄くかけている。胎土は肌理こまかく，青灰白色を呈し，器壁はうすく，内面には轆轤跡をみせている。第27次調査SG1790から出土した4，5も吉州窯製とみられる。報告では草戸編年のⅡ期後半からⅢ期（鎌倉後半−室町中期）とされている。さらにこの他に第12次調査SD550出土の5も勾連文をもつ小片であり，1，4と共通した文様

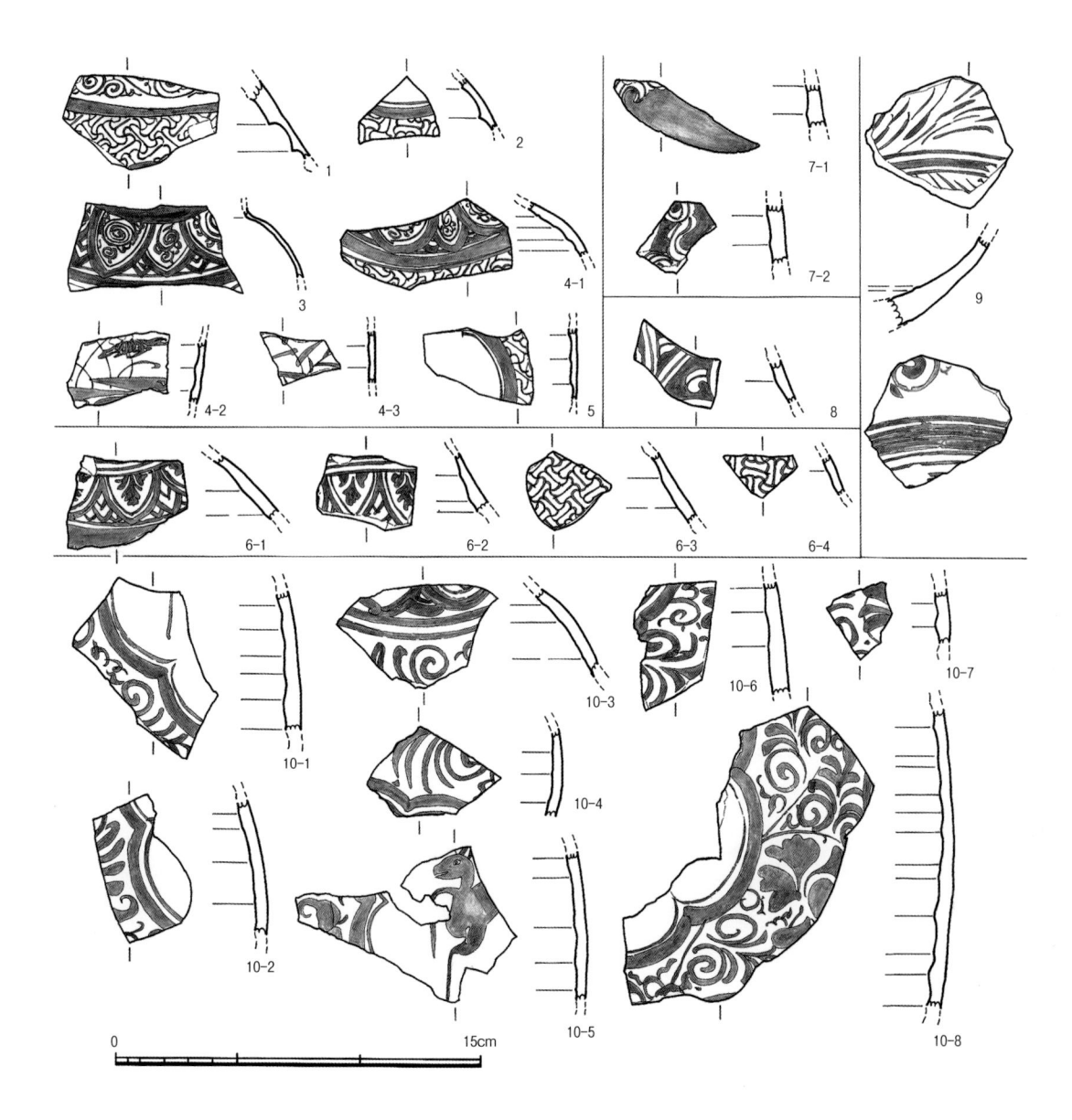

1.-5. 草戸千軒町遺跡, 6.-10. 平安京跡
fig. 3. 日本出土の吉州窯白地鉄絵陶片

である。

　平安京跡の吉州窯製品はtab. 1のように5遺跡, 10数片の白地鉄絵陶 (fig. 3, 6-10, pl. 3も同一番号) と, 後述する1点の黒釉玳玻陶がある。6は東塩小路町遺跡出土の4片で, 同一個体の瓶とみられる。いずれも頸部に近い肩の部分と考えられ, 褐白色で硬い陶胎の表に, 少し褐色をおびた白地をつくり, 彩絵している。勾連文の地文に, 俯蓮を肩部にめぐらせているが, 発色は黒または黒茶色である。勾連文は茶色に呈発している。この文様は, 草戸千軒町遺跡出土2, 4, 5と共通した構成である。7の本圀寺出土の2片も同一個体であるが, 黒釉剔花の技法である。胎土は褐灰色で硬く, 黒釉を厚目にかけ, 文様箇所を削り取って, 茶色の細線で施文している。黒釉と鉄絵部分の境には段がつき, また化粧がけはない。8の小片は褐白色の胎土に黒ないし, 細線は茶色に呈発した鉄絵で, 化粧がけはない。この小片は土坑内から出土し, 共伴陶瓷器は, 白瓷芒口碗・皿, 青瓷竜泉窯鎬蓮弁文碗などであり, 13世紀後半から14世紀前半の遺物が多いようである。

508　Ⅲ　唐宋代青瓷の系譜と編年

tab. 2　黒釉玳玻文陶器出土地名表（1991年1月現在）

no.	遺跡	所在地	器形	報告書	年代
12	博多遺跡群第35次調査 SD56, E7	福岡市博多区上呉服町56	黒釉玳玻碗	博多12-博多遺跡群第35次調査, 1988	14世紀前半
13	同上　　　SE22	同上	同上	同上	
14	博多遺跡群第36次調査 SK56, SK55	福岡市博多区祇園町42他	黒釉玳玻瓶	博多13-博多遺跡群第36次調査, 1990	12世紀後半
15	博多遺跡群第37次調査 SE729, 478, 758	福岡市博多区駅前1丁目129他	黒釉玳玻碗	博多16-博多遺跡群第37次調査, 1991	12世紀後半
16	博多遺跡群第39次調査, 1面下	福岡市博多区店屋町2・3・4他	黒釉玳玻碗	博多14-博多遺跡群第39次調査, 1990	
17	博多遺跡群第50次調査第2面および第3面	福岡市博多区祇園町317・318	黒釉玳玻碗	博多21-博多遺跡群第50次調査, 1991	
18	博多祇園町工区G区遺構外	福岡市博多区祇園町1番	黒釉剪紙花文碗	博多-高遠鉄道関係調査(3), 1987	
19	博多遺跡群第22次調査, F区Ⅲ層	福岡市博多区今泉町189他	黒釉玳玻鉢	博多Ⅲ-第17・20・21・22次調査の概要, 1985	
20	京都・本圀寺・溝306	京都市下京区堀川通五条下る楠本町	黒釉剪紙鉢カ	平成6年度京都市埋蔵文化財調査概要, 1966	
21	鎌倉市北条時房・顕時邸跡, 上層遺構建物1	鎌倉市雪ノ下1-273番地口地点	黒釉剪紙花文碗	鎌倉市埋蔵文化財緊急調査報告書4, 1988	14世紀前半
22	鎌倉市雪ノ下1T目210番地, Ⅱ面10-E	鎌倉市雪ノ下1丁目210番地他	黒釉玳玻瓶	鎌倉市埋蔵文化財緊急調査報告書6, 1990	13世紀後半-14世紀前半

　9は盤の底部に近い部分で，内面に見こみ圏線が黒色にまわっている。10の大内小学校内遺跡出土の8片は同一個体で，筒形の罐と考えられる（fig. 3-10）。外面は化粧がけのないベージュ色の地に，わずかに茶色をおびた黒色彩絵で，薄い透明釉がかけられる。内面は轆轤の凹凸が顕著で，ヨコナデ調整され，褐灰色で黒い小粒子を含んだ胎土であり，硬い陶質である。10-2は肩部の破片で，その他は胴部であり，対面に窓を設け躍鹿文を描き，窓外は筆太の牡丹唐草文でうめられている（10-3）。10-8のやや大形の破片をみると直立する角度であり，やはり罐形品と考えられる。これによく似たものとして，前掲した南昌県嘉定2（1209）年墓出土の彩絵躍鹿文蓋付罐や江西省新干県淳熙10（1183）年墓出土品がある。
　白地鉄絵陶の出土はこの他にもあるが磁州窯との判別が難しく，白地鉄絵枕は博多遺跡群第50次調査において出土し，菱形錦文のデザインであり，窯門嶺出土品に似ている（福岡市教委1991『博多21-博多遺跡群第50次発掘調査概報』）。鳥羽離宮127次調査出土で磁州窯とみられる白地黒釉搔落し牡丹文壺の破片3箇は，いずれも白化粧が灰色土の上にかけられ，吉州窯とは明らかに異なる。磁州窯製品については稿を改め再検討したい。吉州窯では緑釉陶もかなり生産されており，わが国の中世遺跡出土品中に，窯跡の同定し難い緑釉陶が散見され，その一部は吉州窯製の可能性がある。その一例として掲げられるのは，広島県芦品郡新市町吉備津神社裏山遺跡から出土した大形の緑釉陶枕である（新市町教育委員会1990「吉備津神社裏山遺跡の調査他」新市町文化財調査報告2）。緑釉の色調や白色で軟胎の状態からみて吉州窯製の可能性をもっている。共伴の遺物は平安末期の12世紀のものであり，今後の精査によって注目される遺物である。緑釉陶枕は，前述したように吉州窯においては早くからつくられ，江西・徳安県の熙寧8（1075）年墓や江西・清江県淳熙年間（1180年代）墓の例があり，わが国に12世紀代にもたらされた概然性がある。『十訓抄』に「徳大寺の右大臣うちまかせてはひ出でがたき女房のもとへ獅子の形作りたる茶わんの枕を奉るとて」の例のように，「茶わん」は中国陶瓷の使用例と考えられ，平安時代に唐物枕の存在が想定できるが，獅子形陶枕とすれば磁州観台鎮窯製品の可能性がある。

(2) 黒釉玳玻文陶器

　白地鉄絵文陶とともに黒釉玳玻文陶も吉州窯の製品の可能性が高いものである。まだ量的には少ないが，

個別に紹介したい（pl. 4，5，fig. 4，tab. 2 と対照）。

①，②　博多遺跡群第 35 次調査 SD56，SE22（福岡市教委 1988『博多 12 －博多遺跡群第 35 次調査』）

　　fig. 4-12，13 ともに小片である。12 の内面は褐色地にこまかい斑文がみられ，内底中心に茶褐色の不鮮明な花文がはいる。外面は黒茶色を呈し，化粧釉の茶色釉が点状に露われている。外底部は露胎で，淡褐色で硬く，内刳りは浅い。13 も底部に近い小片で，内面の黒釉に月自釉状の斑文がみられ，外面の腰以下は無釉で褐灰色の砂目の胎土をみせている。吉州窯跡出土品に類似している。いずれも小片で全形を知りえないが，12 と共伴して枢府型白瓷皿が共伴しているので，14 世紀前半代の年代が求められる。

④博多遺跡群第 36 次調査　SE729，758，478 が接合（③は瓶形品で⑩の瓶とあわせて後述，（福岡市教委 1991『博多 16 －博多遺跡群第 37 次調査』））

　　pl. 4-15，fig. 4-15 は口沿を欠くが中位以下の破片であり，隣接する 3 箇所の井戸出土品が接合した。底径 3.3cm，小さく高台を削り出し，体部との境には小さな段をつける。腰部には茶色の化粧土のみで，それより上と内面に黒釉を基本として，茶色の斑点状の輪郭内に月白釉が生じている。内底には不鮮明に円圏（径 3.6cm）がめぐり，中心も少し凹んでいる。胎土は褐色をおびた白色で軟かい。この井戸から同時に出土したものは，白瓷碗Ⅳ，Ⅵ類，青白瓷合子・皿，竜泉窯青瓷輪花文小碗，同安窯系青瓷碟などであり，12 世紀後半を中心とする年代が想定できる。この碗の形態が，小形の底から直接的に体部が開く形となり，後掲の⑤，⑩などと異る点に注意しておきたい。

⑤博多遺跡群第 39 次調査第 1 面下（福岡市教委 1990『博多 14 －博多遺跡群第 39 次調査』）

　　16 は腰から丸味をおび体部の開きの角度の小さい丸形の碗である。釉は黒釉玳玻で，外面は高台脇までかかるが，その付近の釉は茶色に呈発し，下釉のみとみられる。内面は玳玻文で，体側 4 箇所に剪紙文がみられるが，文様自体は判然としないが，あるいは飛鳳文ともみられる。外底部は露胎で，低く高台を削り出し，灰色，硬質の胎土である。

⑥博多遺跡群第 50 次調査　第 2 面および第 3 面（福岡市教委 1991『博多 21 －博多遺跡群第 50 次調査』）

　　17 は，第 2 面は 12 世紀後半代を含めるが，大体 13 世紀代，第 3 面は，12 世紀前半を主として，後半までにあてられると，報告されている。図示した fig. 4-17 は，第 2 面出土の小碗で，茶黒色釉に黄白色斑文が内外にみられる。胎土は砂目灰色であり，やや硬い。第 3 面検出品は小片であるが図示した⑥と似ている。

⑦博多・祇園町工区（地下鉄）G 区遺構外（福岡市教委 1987『博多－高遠鉄道関係埋蔵文化財調査報告書Ⅵ　博多－高遠鉄道関係調査 3』）

　　18 は剪紙花文碗で，薄茶色の化粧釉の上に黒釉がかけられ，高台脇で削り取られ，露胎の底部は褐色で砂目であり，高台の内刳りは浅い。内部はあまり丸味をもたずにのびる。内側面の 3 箇所の窓内に牡丹文かとみられる剪紙文がおかれ，文様は黄褐色となっている。この文様は，吉州窯跡出土品にも同じようなものがみられる。地の黒釉は茶色味をおびややカスレた感じである。またこの他に頸部破片も出土しているが吉州窯の胎土と異るので一応除外する。

⑧京都市下京区・本圀寺溝 306（京都市埋文研 1996『平成 6 年度京都市埋蔵文化財調査概要』）

　　20 は鉢形品とみられる肉厚の破片で，体部下半の小片である。灰色で硬質の胎土に，外面は黒釉地に褐灰色の斑文を，内面は青灰色の灰釉がかかり，いわゆる海鼠地となり剪紙黒色の抜き文となっている。清楚な破片であり，もし完器ならば蒼枯な器となろう。

⑨鎌倉市雪ノ下 1 丁目・北条時房・顕時邸跡上層遺構建物 1（鎌倉市教委 1988『鎌倉市埋蔵文化財緊急調査報告書 4』）

510　Ⅲ　唐宋代青瓷の系譜と編年

21は剪紙梅花文碗で，破片ではあるがほぼ全形をうかがえる（口径11.8，底径4.1，高さ4.6cm）。丸味をもった器形であり，口沿部の内側にふくらみをもち，わずかに肥厚する。体下半は削り調整され，畳付の半分は削りすぎて段差がついている。釉は，体部下半までかけられ，それ以下は暗茶色の化粧釉が高台脇までみられる。外底は露胎でうすい褐灰色である。上半から内面にかけられた釉はやや茶色をおびた黒釉である。内面の剪紙梅花文は，中心に1，それ

fig. 4.　日本出土黒釉玳玻文陶器片（tab. 2と照合）

をめぐって5，さらに外周に7花と3重になっている。これを出土した上層建物1は，4×2間の掘立柱建物であり，14世紀前半代を前後する年代と報告されている。

　以上の碗形品に対し，つぎの2点は瓶である。

③博多遺跡群第36次調査　SE56掘方内，SK55（福岡市教委1990『博多13―博多遺跡群第36次調査』）

　14は黒釉玳玻文瓶の胴部下半の破片であり，胴中位の1片はSK55から出土し接合した。光沢のやや鈍い黒釉に，わずかに青味をおびた白色の，いわゆる月白色の灰釉が不規則にかけられている。畳付部分は二段に，かつ無雑作に削られ，褐色のざんぐりとした胎土をあらわし，釉際は赤変している。削り出された外底の内到りにも黒釉がかけられ，高台際は帯状に褐茶色を呈している。内側は轆轤目の凹凸がつよく認められ褐色で少し砂目の胎土が観察でき，内底部に降灰がみられる。別に胴上部の1片がある。底径10.8cmから推定して，器高35cmほどで，小口径の瓶と考えておきたい。共伴するのは，白瓷碗Ⅵ類，竜泉窯青瓷割花蓮弁文碗，同安窯系碗などであり，12世紀後半期と考えられ，遅くみても13世紀の初頭までの廃棄時間内におさまる。

⑲鎌倉市雪ノ下1丁目210番地　Ⅱ面10－E（鎌倉市教委1990『鎌倉市埋蔵文化財緊急調査報告書6』）

　22は上記と同じく底部であり，底径10.5cmと大きさもほぼ同じである。外底にも黒釉がかけられ，黄茶色の斑文が少しみられる。畳付は粗略に，不規則に釉を削りとり露胎にしているが，茶色釉の一部が残っている。遺存する胴下半部では光沢のある黒釉に黄褐色の玳玻釉が滑らかにかけられている。内面は轆轤による凹凸がみられ，暗茶色で光沢のない化粧釉が前面に均質に施されている。胎土は灰褐色で硬い。この破片は，下層遺構面からの出土で鎌倉後期と報告されている。

14, 22の瓶は，ほとんど同一形態といってよく，しいて相違点をあげれば，14の高台の方が面取りが大きく，かつ内刳りもわずかに深いという点であるが，本質的な差異は，少なくとも遺存する胴下半では認められない。新安沖引揚げの瓶と釉調においては22がよく似ている。

4. 小 結

吉州窯製品について中国と日本における出土例を個別に紹介したが，その数はともに少なく，まとまった考察をするのには資料不足を否めない。しかし少数ながらも，現状で一定の見通しが可能のようであり，将来における資料数の増加をまって再検討を加えてみたい。

（1）白地鉄絵陶器について

草戸千軒町遺跡（fig. 3-1～5）と京都・東塩小路町（fig. 3-6）遺跡出土品の文様構成はよく似ている。肩と胴部の破片とみられ，俯蓮，太い横圏線，勾連文とつづき，胴の開光部の花文もみられる。pl. 2-8 に示した永和窯跡出土の白地鉄絵梅竹文瓶のような形であろうか（余家棟 2002，図 78）。

京都・大内小学校遺跡出土品は8片が確認でき（pl. 3-10, fig. 3-10），罐形品と考える。pl. 1-11 の江西省新干県出土の躍鹿文罐に近い製品と推定する。開光部はもとより，地文の牡丹文とそれをめぐる巻草文がよく似ている。そうならば，この大内小学校（本圀寺）遺跡出土品は12世紀後半まで遡りうる資料である。筆太で，よどみなく，伸びやかな筆致は，広州西村窯の白瓷鉄絵や泉州磁竈窯の黄釉鉄絵文陶器の文様を彷彿させる。もちろん化粧掛けの有無や文様の精粗さなど相異点も多いが，ほぼ同時代性と運筆の共通点はこれらの窯が吉州窯からの強い影響を受けた可能性を考えさせる資料を獲得したことになる。

（2）黒釉玳玻碗形品について

碗は形態上3種類に分けられる。すなわちA：底部から直線に近い形で開く，いわば斗笠形ともいうべきものである。これを伝世品で例示すると，重要文化財の玳玻天目茶碗（口径 15.6，底径 4.2，高さ 5.3cm，世界陶磁 12，図 103），同じく重要文化財の木葉天目茶碗（大阪東洋陶磁美術館）がある[補2]。

B；pl. 4-16 に代表されるように，口径は大きくなく，小底から丸味をもって立ちあがる，いわば丸碗形であり，高台は低く，小さい。例えば，国宝で松平不昧公伝来の玳玻剪紙梅花文天目碗，重要文化財で「長命富貴」，「福寿康寧」，「金玉満堂」の文字天目茶碗（口径 12.5，底径 3.3，高さ 6.6cm，世界陶磁 12，図 105）がこのタイプである。

C：体部はやや開き，口沿の内外に建窯製の黒釉碗の匙口に近い形につくる。例えば，鴻池家伝来の双竜文を剪紙で配した玳玻天目茶碗（口径 13.4，底径 3.5，高さ 6.7cm，世界陶磁，12 図 99）がこの形態をとる。いわば建盞形といえる。

黒釉玳玻文碗は，出土品と伝世品ともにこの3種のいずれかに分類できそうである。そこで各々の年代観についてであるが，Aの斗笠形は1例にすぎず，その④であげた紀年銘墓から出土しており，12世紀後半期に中心がある。③で示し四川省安仁鎮窖蔵出土の醤釉碗もこのタイプであり，窖蔵の年代は北宋後半期から南宋前半期と考えられている。日中の出土状況の接点をみて，斗笠形碗の吉州窯での生産は遅くも12世紀前半とみてよいであろう。

Bの丸碗形は中国に良好な出土例がなく，⑤も単純な層位ではない。これに替って⑥もこのタイプであり，12世紀後半から13世紀前半の間とみられる。これに対してCの建盞形の出土資料は13世紀後半から14世

紀前半を示し，A，Bに比べて後出の可能性がある。しかし建窯の器形模倣とするならば，12世紀まで初源は遡る可能性があり，このCタイプは，建盞と同様に器形を変えずに，13世紀後半から14世紀前半まで継続してつくられた形態と考えた方がよいであろう[補3]。

(3) 黒釉玳玻文瓶について

瓶についてのわが国出土例は，良く似た底部破片2点である。このうち，鎌倉市雪の下出土例は (fig. 4-22)，新安沖沈没船引揚げ品とよく似ており，13世紀後半から14世紀前半の製品とみてよい。ところが博多出土の (fig. 3-14) は12世紀後半にまで遡る共伴例を示している。中国の出土例においても，江西・永新元代窖蔵や江西・清江太孔埠中学出土例など，いいずれも元代のものとみられる。しかし，わが国において1例とはいえ，これらを遡る出土例が確認できたわけであり，今後の資料の増加，とくに全形をうかがい得る資料の出現に期待したい[補4]。この稿は1991年段階で資料を集成しており，国内例はすでにこの数倍であろう。しかし，それらをあらためて集成する時間が無いので，その後の出土例として，博多遺跡群第22次調査出土の黒釉玳玻鉢をあげる (fig. 5)。

日本出土の吉州窯陶器は，上述してきたように出土資料が少なく，十分に狙上にのせて論議できる段階でないかもしれない。しかし，少しずつその数が増加していることも確かであり，今日的段階で資料整理を試み，若干の見通しを述べた。本稿が契機となって吉州窯の出土品について関心が高まることを期待したい。

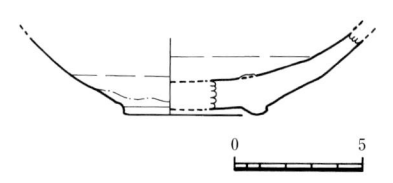

fig. 5. 黒釉玳玻文鉢，博多遺跡群第22次

・吉州窯と贛州七里鎮窯に関する主要な文献は以下のとおりである。
　①荘玄佁『吉州窯―剪紙紋祥貼印的瓷器』文物出版社 1958年，北京
　②江西省文物工作隊・吉安県文物弁公室（余家棟・陳定栄）「江西吉州窯遺址発掘簡報」考古 1982-5
　③楊后礼「介紹凡件吉州窯彩絵姿器」文物 1982-12
　④陳定栄「試談吉州窯的姿塑芸術」文物 1982-12
　⑤江西省文物工作隊・吉安県文物管理弁公室「吉州窯遺址発掘報告」景徳鎮陶瓷 1983年第21期（上掲②とほぼ同じ内容）
　⑥余家棟「試論吉州窯」景徳鎮陶瓷 1983年第21期
　⑦薛翹・劉劫峰「贛南黒釉瓷」景徳鎮陶瓷 1983年第21期
　⑧薛翹・唐昌朴「江西贛州七里鎮窯古瓷窯址調査」『中国古代窯址調査発掘報告集』文物出版社 1984年
　⑨薛翹・陳文華「略談新安沈船中的七里鎮窯瓷器」同上書収載 1984年
　⑩陳定栄（江西省博物館）「吉州窯彩絵芸術及其影響」文物 1985-8
　⑪李輝柄「略談吉州窯」文物 1985-8
　⑫余家棟『中国陶瓷全集15　吉州窯』上海人民美術出版社・美乃美 1986年

[補注]
(1) 柳斗文は，白瓷壺がBM.(OA1973.7-26.227)にあり，鴻臚館跡第7次調査SK255から緑釉柳斗文壺が検出されている（本書Ⅱ-8）。この文様をもつ器形は唐代まで遡ると考えている。
(2) 吉州永和窯や建窯やで宋元代に焼造された文様であり「鷓鴣斑」を室町期の知識人が知っている。雪村梅友の七言絶句「茶筅」のなかに「雪波濤戦起鷓鴣斑」（雪波涛　戦（ふる）い起こす鷓鴣の斑）とある。茶筅にて攪拌すると雪のように白い濤が鷓鴣斑の器内でわきたっている，という意味であろう。黒い天目釉に鷓鴣の胸前の羽毛に似た

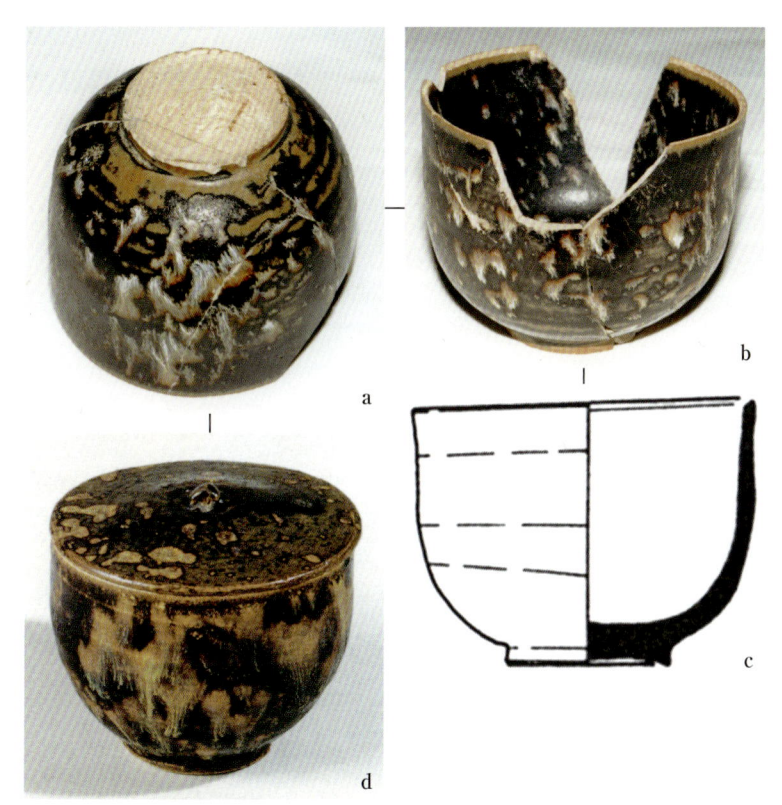

fig. 6a. b. c. 黒釉玳玻天目碗，神戸市祇園遺跡，d. Robert D. Mowry 1995, p. 231

fig. 7a. b. 鉄絵波涛花卉庭園文角形瓶，Bristol City Museum

白濁色の斑点が浮かび上がっている茶碗である。この用語は，今日の研究者間でもあまり頻繁につかわれるものではなく，この史料は見落とされている。雪村梅友は，中国語に巧みであり，獄にもつながれる苦難な在唐23年の生活をへて，元徳元(1329)年に帰国し，貞和2(1346)年に示寂するまで，鎌倉・京都に住しており，その博瞻さには驚愕させられる。『室町殿御餝記』のなかに，「下重　薬器しやこ文鴈二」とあり，これは材質が記載されていないが香合であり，黒地に鷓鴣斑のごとき雁2羽が描かれていたのであろうが，「鷓鴣斑」は禅僧や同朋衆など一部の教養人は知っていたといえる。室町期の陶瓷器の名称については拙稿「日本出土の青花瓷器」『元代青花白瓷研究』pp.75-107, 亜州古陶瓷学会編 2009, 東京に詳述している。

(3) 類例の少ない形の玳玻天目碗が，神戸市兵庫区上祇園町（神戸大学医学部構内）出土している。1994年の祇園遺跡第3次調査，RO43，黒褐色泥砂層出土。この遺跡は，平頼盛邸推定地の東にあたる地で，東西方向の大形堀が検出されている（『平成6年度神戸市埋蔵文化財年報』pp. 63-76，神戸市教育委員会，1997)。この玳玻釉筒型碗（fig. 6-a，b，c，高5.5，口径7.9，底径4.0cm）の器形は特異であり，筒型で細い高台を削り出し（U-shaped bowl)，内外の体部には，黒釉に白濁釉が斑にかけられ，口唇部は無釉となり，その付近は茶色に呈発し，高台外面も同じ色である。胎土は白灰色であり，他の玳玻碗とことなる。江西省吉州市永和窯跡から，類似している玳玻釉製品が検出されているが，いずれも本品よりも体部が丸みを帯びており，本品のような筒型は類例に乏しい。最も近い例として，個人蔵品には蓋がついており，本品も本来は有蓋であったことも想定できる（fig. 6-d，高5.7，口径7.6cm，"Hares Fur, Tortoiseshell, and Partridge Feathers" p. 231)。

(4) わが国には紹介されていないが，優れた意匠の鉄絵波涛花卉庭園文角形瓶を掲げておきたい（Bristol City Art Gallery，N2472，器高15.4cm)。4面の波涛文の地文に，如意頭形の開光部内に，白抜き蓮池文と勾欄を配する庭園

文各2種類を緻密な筆致で描き分けている。小型の頸部に有刺巻草文，その下の平坦面に蝙蝠形の四葉座文，筒部の上下に半裁花葉文をめぐらしている。台部は反転回文であり，露胎に釉を削りとった畳付きでみると，胎土はかなり硬質である。これに類似した文様をもつ破片は吉州永和窯跡から発見されているが，このような完形品をしらない。吉州窯鉄絵品の白眉と考える（fig. 7a, b.）。

[English Summary]

Concerning the Jizhou Wares Excavated in Japan

Jizhou wares fired in Jiangxi province during the Song through Yuan dynasties are unique among black wares. This paper focuses on the following issues, based on the recent archaeology in China and Japan.

(1) A characteristic of Jizhou wares and date of a small jar decorated with comb pattern and row of bosses fired in the Ganzhou kiln, Jiangxi.(pl. 1-1〜8)

(2) A brief examination of Jizhou wares found in tombs in China and their chronology.(pl. 1, 2)

(3) Compared with other imported ceramics, Jizhou wares found in Japan are very few in number. The examples tabs. 1 and 2, were all found in Japan. Iron color on white slip wares(fig. 3, pl. 3), especially the design of one piece seems to connect the design to the iron-decorated wares fired at the Xicun kiln, Guangdong and at the Tongzishan kiln, Guangzhou.

(4) There are three types of shapes for black glazed bowls covered with mottled glaze :

　(a) flaring type(fig. 4-15). (b) globular type(fig. 4-16). (c). Jian ware type(pl. 5-21). Type(a) seems to belong to the first half of the 12th century and seems to have appeared earlier than type(c).

(5) As for vases with mottled glaze, a specimen(pl. 4-14)found in the Hakata sites is contemporary with Chinese ceramics dated to the second half of 12th century, and thus it is a very useful specimen for dating this type of vase.

So far there are few studies on Jizhou wares, therefore I believe that this paper will be important for future study of this type.

10. 中国東北部出土の陶瓷器

1. 吉林省北西部土城発見の陶瓷器

　遼の地域にある土城から発見されている陶瓷器の組成は，灰陶，鉛釉陶，白瓷，青瓷，黒釉陶，茶葉陶などである。このうち，灰陶は，もっとも普遍的に各土城から発見されているが，特定の生産窯があるのではなく，各土城の周辺で焼造されているようである。青瓷以下は，他の陶瓷に比較して，散布状態は多いとはいえない。

　これらの陶瓷器のうちで，遼の土城において普遍的にみられ，かつ標識的な遺物として，白瓷器があり，基本的には内モンゴル赤峰市缸瓦窯，北京市北郊門頭構区竜泉務窯および河北曲陽県定窯の3窯から供給されたものである。もちろんこれ以外の窯，例えば遼寧省遼陽市江官屯窯や上京林東鎮上京窯などの白瓷器も考えられるが，缸瓦窯など3窯は，ある程度状況が判明しており，まず，これらの同定をおこない，これらに属さないものを析出する方法が，現状ではよいと考える。

fig. 1. 吉林省泰州城土塁跡

　遼代土城は金代あるいは元代まで存続している場合があり，土城を例示して，これらの白瓷器について言及したい。まず，吉林省の西北隅にあり，内モンゴル自治区に接している泰州城跡についてふれたい。ここは，遼代の上京道に建置された土城であり，現在は白城市洮北区徳順蒙古自治郷胡里村城四家子古城にある (fig. 2)。遼代早期に，泰州は，上京道臨潢府に属し，東北路統軍司が駐屯し，北方地域をにらむ軍政の重要地であった（任鳳春編2003, pp. 39-42）。

　泰州城跡は，この地域では規模が大きく，周囲は5,748 mのほぼ方形を呈し，現状でも土塁基底部

fig. 2. 吉林省泰州城跡・塔虎城跡位置図

幅25-30，高さ5-7 mである。4面に設けられた馬面は70-100 m間隔で内外につくる双馬面で，四隅には角楼，城門は東西南北の4箇所あり，外側に甕城があるが，門とともに西面の規模が他に比べて大きい。fig. 1は，北面土塁の北門付近である（2006.7.27日踏査）。

　土城内は，全体には平坦であるが，その中にいくつかの土岡があり，大量の建築材料である青磚・灰瓦・黄釉や緑釉瑠璃筒瓦・花縁板瓦などが散布し，また冶鉄作坊区の痕跡が確認されている。この他に，唐・宋銭，鉄製農耕具・馬具，「泰州簿記」銘銅鏡と風鈴なども発見されている。さらに城外に，墓群があり，大型の磚室壁画墓も含まれている。さらに，城外南には5箇所の窯跡が発見されており，主として瓦等の建築材を焼いている。

　pl. 1-4で示したのが，踏査時点で北面土塁内側付近から表面採集した破片である（左上1から右下6）。2・3・5・6は缸瓦窯の産品と同定する。この窯の白瓷器は，胎土は褐白色で粒子がかなり粗いために，白化粧土

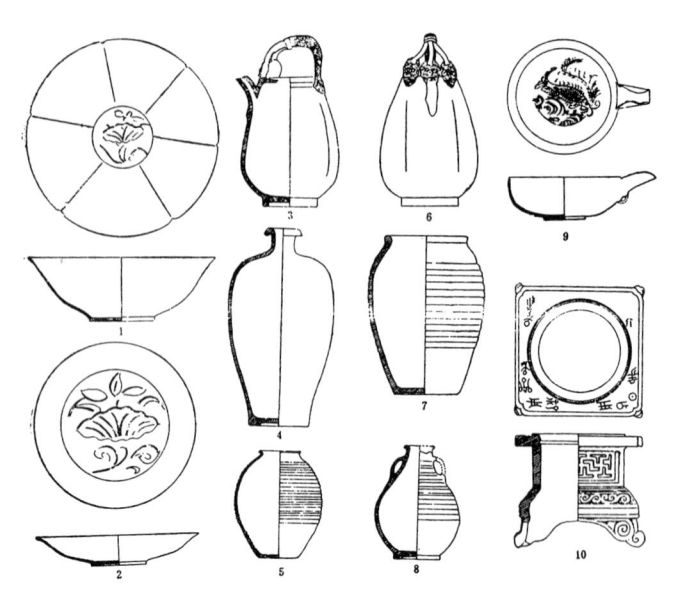

516　Ⅲ　唐宋代青瓷の系譜と編年

fig. 3.　塔虎城採集陶瓷器（文物 1982-7）

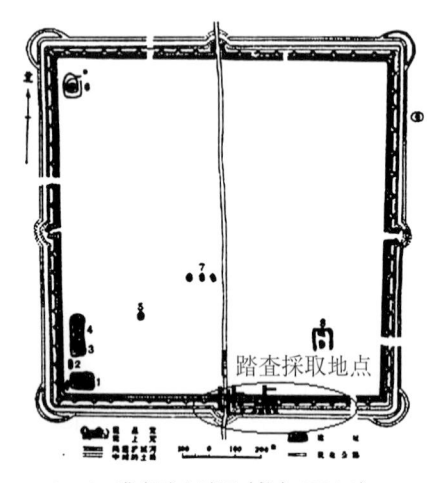

fig. 4.　塔虎城土城図（考古 1964-1）

がかけられており，3では高台上に化粧土のみの箇所がみられ，釉は6のように体部下半以下，外底もすべて露胎である。内底には1.5cmほどの長円形の耐火泥点を3-4箇おくのが特徴である。2のような唇口沿の鉢形品も窯跡から発見されている。5は，白釉刻花填黒彩罐の口沿部である。ざらざらとした粗い褐色の胎土に，口沿の内外に白化粧し，花文の輪郭線を線刻し，櫛も肩に波紋をめぐらし，胎土の灰色が表出している。花文を浮き上がらせるために，その周囲を掻き落すかわりに鉄釉を塗っており，それがかなり斑状になっている。磁州観台鎮窯の掻き落しの効果を意識した簡略技法であり，缸瓦窯跡発見品にあり（pl. 1-2, 3），土城出土品としては，あまり多いとはいえないが，明確に缸瓦窯製品である（路菁2003, pp. 4-27）。この窯では，白釉鉄絵品も製作しており，観台磁州窯との差異は，かなり難しいようである。pl. 1-4の4は，碗の体部とみるが，器肉は2mmと薄く白色を呈し，牙白色で氷裂がみられる。定窯製品の可能性が強いが，上京林東窯の精品との違いは明確にしがたい。

　この定窯白瓷に関連して，遼代の他の土城について紹介したい。泰州城から東へ130kmほど戻った大安市境にある松原市（前郭爾羅蒙古自治区）八郎鎮の塔（他）虎城は，周囲5,181m，現存土塁高さ5-7mの規模であり，遼代中期から金代（錫大城）まで存続している。現在，高速道路によって，南北門が縦貫する形に壊されているが，馬面は各面に16箇あり，70m前後で規則正しく配置され，四隅には半円形土塁を付す角楼，城門は東西南北の4箇所にあり，外側に甕城をつけ，さらに土塁の外側に二重の堀がよくのこっている（fig. 4）。

　1958年の踏査の際，瓦磚などとともに，灰陶・乳白釉，黒花白釉，褐釉，茶緑釉などの陶器を採集し，仿定窯，鈞窯，竜泉窯などの瓷片があると報告されている（考古1964-1, pp. 46-48）。1975年，道路工事に伴う調査が，やはり吉林省博物館によって実施され，多くの陶瓷器などが収集されている。塔虎城採集陶瓷器（fig. 3, 文物1982-7, pp. 44-49）。そのなかで，1・2は定窯と報告された刻花文白瓷器であるが，いずれも芒口であり，金代とみる。3は，把手付瓜稜水注であり，9の醤油釉刻花魚藻文匜は（pl. 1-8），内面に乳白色釉をほどこしている。これら2点は造形および釉調からみて定窯に限定できるであろう。

　問題となるのは，1，2に類似した白瓷の生産窯であり，文末に掲示する（pl. 1-5, 6）は，この土城南面採集の白瓷片であり，pl. 1-5右側2点は缸瓦窯とみるが，左2点は仿定窯の疑いがある。そのうち上は，碗の高台直上の腰部であり，内面に堆線がわずかにみられる。下は，碗底部中心に近い箇所であり，外底に回転削り痕跡と中心に無釉箇所があり，内底にはやや鈍い刻線で施文されている。いずれも，器肉は3-4mm

とわずかに厚く，釉色は牙白色ではなく，灰白色を呈している。この2片はいわゆる仿定窯としたほうがよいであろう。

仿定窯として，竜泉務窯があるが，ここでは碗・碟の内底に印花文はあるが，刻花文を施す資料はきわめて少ないようであり，釉色に牙白色に近いものがあるが，釉面に細かい黒ゴマ斑点が見られるものが多く，また内底の目跡は，団子状ではなく長円形を呈している（北京市文研2002）。

仿定窯のなかで，もっとも定窯白瓷に近いのは，上京林東窯であろう。その精品のなかには，定窯との区別が困難なものがある（pl. 1-7）。定窯の陶工のなかに遼の領域に移置された者がいるようであり，仿定窯が遼あるいは金代において類似した白瓷器を焼成している。その区別では，缸瓦窯と竜泉務窯は目跡の形状の差異が認められるが，上京林東窯の精品には内底に刻花文があり，外底にも牙白色釉が施されるなど，定窯製品との判別は難しいのではなかろうか。しかし，遼・金地域の白瓷器の窯跡同定に，わずかではあるが光明がさしこみつつある。

これらとは別に，吉林省農安市遼塔出土の黄釉絞胎盒（吉林省博物館蔵）は未紹介資料であるので，ここでふれておきたい。農安は，長春市の北西50キロにあり，渤海期では夫余府，遼代にあっては黄竜府，金代には隆安と改称している。この塔は，遼の聖宗期の太平3年から10年間（1023-1030）に建立された高さ44mの八角十三層の磚塔である。

1953年の修築の際に，第10層目に1磚室が発見され，その西北角に小型の磚台が設けられ，台上に木製屋宇がおかれていた。その中に鋳銅製の釈迦牟尼仏，同観音菩薩仏，木製円形骨灰盒と舎利，瓷香炉，瓷香盒，銀製小型円盒，陰刻仏像銀碑が納められていた（農安県文物管理所 pp. 1-5）。これらは，いわゆる地宮と同様な性格の遺構と見られ，11世紀第1四半期前後の創建時点の納入と考えられる（fig. 5）。

発見陶瓷器のうち，絞胎盒は（pl. 1-9），白色と茶色粘土を絞胎にし，蓋身の交合部は白胎のみであり，絞胎を表面に貼り付けた半絞胎である。黄釉がかけられ，器高4，蓋径8cmの完形品で，高台をつける（出土陶瓷2, no. 173, 吉林省博物館 1988, no. 60）。この類例は，遼寧・朝陽輪胎廠附属廠区遼墓（朝陽市博物館 1996）にあり，俗に野鴨文様と表現されている。河南・修武当陽峪窯の産品とする説と（彭善国2003p. 64），上京窯の製品とする見解がある（路菁 2003, p. 33）。他の1点は白瓷香炉で（fig. 6），形態は北京竜泉務窯，観台磁州窯に通有な製品であるが，この形式は普及しているので，窯跡比定はむずかしい。この他に白瓷唇口碗と腰の張った芒口碗が各1点ある。

泰州古城と塔（他）虎城に関しては，高橋学爾の教示によれば以下の文献がある。記して謝す。この古城は，戦前から日本人研究者も関心を寄せている。

【他虎城】

山下泰蔵「塔呼城址」（『満洲史学』1-1, 1936年）

李健才「吉林他虎城調査簡記」（『考古』1964-1）

何明「前郭県他虎城出土的遼金文物」（『文物考古匯編』, 1982年）

何明「記塔虎城出土的遼金文物」（『文物』1982-7）

李嵩岩「塔虎城史話」（『吉林史志』1985-3）

張殿祥「遼代長春州遺址－塔虎城」（『方志研究』1993-2）

fig. 5. 吉林省農安市遼塔

fig. 6. 白瓷香炉，農安県文物管理所

518　Ⅲ　唐宋代青瓷の系譜と編年

　　郭珉「塔虎城為遼長春州及金新泰州故址考」(『金史研究論叢』, 2000年)

【城四家子古城】

　　鳥居龍蔵『満蒙の探査』(1928年, 全集第九集に収録:1975年)

　　瀧川政次郎「遼金の古城址－北満古蹟調査報告」(『満洲古蹟古物名勝天然記念物保存協会会誌』第一輯, 1941年)

　　村田治郎「洮南附近の古城址と遼の泰州」(『満蒙』10-5, 1929年)

　　小村俊夫「洮南『高麗城址』の遺物」(『満蒙』12-6, 7, 1931年)

　　葉秋「洮兒河訪古紀行」(『黒龍江文物叢刊』1984-4)

　　李健才「洮安城四家子古城調査簡記録」(『博物館研究』1987-2)

　　楊俊賢「城四家子－千年古城」(『博物館研究』2000-3)

2. ハルピン市東郊元代窖蔵出土陶瓷器

(1) 遺跡の概要

　中国黒竜江省哈爾浜市から発見された元代窖蔵出土の陶瓷器について, 簡単な報告がすでになされ (考古 1999-5, pp. 93-96), 黒竜江省博物館において, 資料を調査する機会をえたので, これに基づき若干の考察をくわえたい。この地域をさぐる目的は, 中国陶瓷の輸出がいつ頃に, どの地域まで北進しているのかにある。松花江, 小興安嶺をこえて, アムール河の黒花の対岸都市 (ブラゴベシチェンスカ) で元青花瓷が発見されたという Dr. E. I. ゲルマン (ロシア科学アカデミー極東人民歴史・考古・民族学研究所) からの伝聞情報はあるが, 詳細は不明であり, さらにロシアのアムール州などの情報に接することはない。こうした北限の課題はわが国ではほとんど未開拓であるので, 断片的な資料を紹介して, 少しでも資すればと考えて小論をのべたい。

　1989年5月, 綏浜市 (Harbin) の東郊, 香坊区幸福郷水田村において, 導管の敷設工事中に1箇の窖蔵が発見された。黒竜江省博物館および省文管が現場に赴いた時点で, 遺跡はすでに破壊されており, 完形品は持ち去られ, わずかに破片が残されていたにすぎない。施工者などに呼びかけて, 持ち去った陶瓷器を提出させた。遺跡の位置は, 哈爾濱站から東南約 7.5 キロ, 市の北側を東西に流れる松花江の南 5 キロにある。

　遺構は, 地表下, 約 1.5m からみつかり, 1㎡内のなかに, 陶瓷器は 7-8 箇所に分かれて, 1 箇所 10 件前後の大小の陶瓷器が積み重ねられ, 伏せておかれ, その間に, 3 箇の小壺 (小水注) と 1 箇の小罐が配されていた。瓷器の外面には一層の布 (繊維名称は不詳) で包まれていた痕跡があり, 外面に木製容器が認められた。回収された陶瓷器は 88 件である。筆者は, 現地をみる機会はなかったが, この記述から推定すると, この窖蔵は, 1m 四方の木箱のなかに, 碗・盞などを積み重ね, 布で包んで地中に埋められていたと想定できる。この遺跡の位置は, 本書Ⅱ-9 の fig. 9 に示した。

(2) 出土陶瓷器

　現在, これら 88 件の陶瓷器は, 黒竜江省博物館に保管され, その一部は展示されている。簡報とあわせながら, 調査した陶瓷器について述べたい。鈞窯系陶器が最多であり, 定窯系・倣定窯系白瓷, 耀州窯系青瓷, 汝窯系青瓷, 磁州窯系陶器にくわえて, 高麗青瓷 1 件が検出されており, 現在, その出土例としては北限であろう (以下は fig. 7-20, pl. 1 番号※対応)。

a. 定窯系・倣定窯系白瓷・白釉陶:1. は, 白瓷刻花蓮華文盤:浅い皿型品で, 口沿を外側にのばし, 弧腹の体部から, 高台はほぼ直立する。覆焼芒口であり, 外底部にも施釉されている。硬い胎土は灰色にちかく, 釉色は灰色気味に発色し, 釉の厚みは均一にかけられていない。内底にめぐらされた圏線内の蓮華文は, 蓮

葉を広げた上に，花蕾を立てた構図であり，葉脈など写実性があり，明瞭な刻線である。口径 16.8，底径 5.6，高 3.3cm（fig. 7-1）。2. の白瓷刻花双魚文輪花盤は，浅い弧腹から，わずかに内弯する口沿にのび，そこに 6 箇所刻み目をいれて輪花につくり，これに対応して内面に凸線をいれる。これも元代に多い芒口であり，胎土は灰白色の細かい土で，釉は白灰色を呈し，氷裂文は認められない。内底には，水波文に遊泳する双魚文で，その嘴はとがり，腹がふくらみ，燕尾状に刻んでいる。一部分は欠損している。口径 19.8，底径 6，高 3.8cm（fig. 7-2, pl. 1-※2）。これら 2 点は，元代定窯白瓷とみる。この六弁葵口双魚盤と文様が類似しているのは，遼寧省博物館蔵品にあり（馮先銘他 1981），器高が高い碗であるが，芒口で，内底の双魚文，周囲の波文，堆線で区画する点など類似している。3. は，無文の白釉盤であり，器形はやや不整形で，口沿はわずかに外反し，弧腹で，太く直立する高台である。胎土は米黄色を呈し，厚く，白釉は黄色みをおび，外底は無釉である。内底には，長さ約 1.5cm の楕円形の目痕 4 箇がみられる。口径 19，底径 6.8，高 4.4cm（fig. 7-3）。これは，定窯製品ではなく，華北地域の白釉陶とみる。4. は，筒茶碗形の白釉杯であり，腰部分はわずかにふくらみをもつが，体部はほぼ直立し，低い高台をつくる。胎土は，灰白色で，比較的薄手であるが，ロクロ削りの痕跡がみられる。高台上まで施された灰白色の釉は，斑状を呈して，涙痕のような流れをみせている。口径 9.8，底径 4.9，高 6.8cm（fig. 7-4, pl. 1-※4）。

　白釉鉢は 2 件あり，内弯口沿の大型碗で，内底に円圏状に釉剥ぎしている。胎土は，比較的細かく，米黄色を呈し，黄色みをおびた白色釉で，外底にはおよんでいない。口径 24.2，底径 7.2，高 8.4cm（fig. 7-18）。他に類似の釉調の底部破片があり，これも内底は釉剥ぎしている。白釉碗の fig. 7-7 は，口沿を下に巻き込むように外反させる，斜弧腹，小型の高台をつける器形である。胎土は，米黄色，白釉も灰色をおび，氷裂文はみられず，よく融解しており，外底は露胎である。内底に 3 箇の楕円形の目痕が付着している。口径 12.7，底径 4，高 3.6cm（pl. 1-※7）。以上の白釉無文盤以下は，定窯製品の特徴がなく，華北地域の窯の製品であろう。

b. 耀州窯系青瓷：筒型で，腰部をふくらませる形である。体部外面に萱草文を片切り彫りで 2 段に彫っている。外底をのぞいて，施釉されている。口径 12，底径 5.6，高 7.8cm（fig. 7-10）。

c. 臨汝窯青瓷 2 件のうち青瓷杯は，淡い青色釉が，滑らかに融解して高台脇までかけられ，口沿は流下して薄くなり，高台の釉際は茶色の露胎となる。口沿にある破面から，黒灰色の胎土がのぞいている。口径 10.1，底径 6.9，高 6.9cm（fig. 7-5, pl. 1-※5）。青瓷碗（盞）は，斗笠形にちかく，わずかに膨らみをもつ体部から，口沿は外反し，小型の高台を削りだしている。薄い胎土に，淡青色の釉がよく融けて，光沢もある。畳付きに粘土が付着し，焼台使用痕を示している。口径 12.1，底径 3.2，高 4.2cm（fig. 7-9）。

d. 鈞窯系瓷器　大碗，小碗，鉢，盤，碟，茶托など 66 件が検出された。①大碗 14 件：胎土は，米黄色から火石紅色で，口唇部は薄い。釉は，全体に厚くかけられ，ピンホールが多く，口唇部は流れて薄くなり，外底部にはおよんでいない。その色調は，焼成過程で変化し，口沿は米色で，高台は橘黄色や，紫口鉄足がある。(fig. 7-19) は，口沿は黒口鉄足で，釉は，天青色の上に 1 層塗って焼成することにより，深い天藍色を呈している。口径 21.6，底径 6.2，高 10.2cm。②小碗 5 件：わずかに内弯し，尖る口沿，弧腹で，小型の高台がつく形態である。火石紅色の胎土で，天青・天藍色の釉は底までとどいていない。口径 18，底径 5.9，高 7.4cm 前後である。③鉢 6 件：体部はほぼ直立させ，口沿は内弯させる。胎土に砂が混ざり，火石紅色を呈している。厚くかけられた釉は，天青あるいは天藍色であり，口沿は流下して褐色ぎみで，氷裂がみられ，高台脇までかけ，内底中心は無釉としている。口径 11.4，底径 5.6，高 4.8cm（fig. 7-16, pl. 1-※16）。④盤 16 件：その内わけは，大型 6 件，小型 10 件であり，形態はほぼ同じである。内弯する体部に円唇でおさめる。胎土は黄色，火石紅色を呈し，釉は天青色で，外底部には施されていないが，1 点のみ畳付きを除いて満釉で，

520　Ⅲ　唐宋代青瓷の系譜と編年

光沢のあり，大きな紫斑文がある。最大口径16.2，底径6.4，高3.1cm（fig. 7-17, pl. 1-※17）。⑤碟24件：胎土・釉調は上記品と類似し，小さい氷裂文で，外底は無釉である。口径12.2，底径5.2，高2.4cm（fig. 7-8）。これらの碗・盤・碟の底の内外には右回転のロクロ痕があり，外底は鶏心に削る。⑥茶托1件：5輪花形の口沿で，高い高台をもち，淡青色釉が高台の途中までかけられ，火石紅色の胎土がみえる。高3.2，最大直径10.8cm（fig. 7-15, pl. 1-※15）。

e．磁州窯系陶器は2件があり，双系藍彩小罐1は，腰部より上に化粧がけをし，青色の藍釉円文を大きく対面に配し，その間に同色の間文をいれ，口沿の内外に葉状文を配している。口沿から胴部にかけては弦文が顕著であり，腰部の化粧土がない部分は茶褐色を呈し，透明釉がかかる。高台以下は無釉であり，灰色胎土（缸胎）である。双系は基部をのこして欠損している。口径2.9，底径4.9，高11cm（fig. 7-12, pl. 1-※12）。この他に，釉下に醬釉彩絵で，弯月と生き生きした勁草を描いている残片がある。高6.8cm。

f．その他9件　①醬釉小壺2件：茶褐色の胎土に天目釉が不規則にほどこされ，透明釉が腰部までかかる。乳首形のふくらみをもつ頸部，3条の弦文が目立ち，短い注口と紐造り把手を胴部上位に付け，直立する高台を削り出している。口径2.9，底径4.9，高11cm（fig. 7-14, pl. 1-※14）。双系小罐（fig. 7-13）は，胎土は米黄色で，法量は，fig. 7-12とほぼ同じで，口径2.8，底径5，高11.8cm。②醬釉杯1件：筒型の杯であり，深醬釉は腰までかけられ，外底は鶏心状に削る。口径10.4，底径5.2，高6.2cm。③茶葉緑釉碗は大5，小1

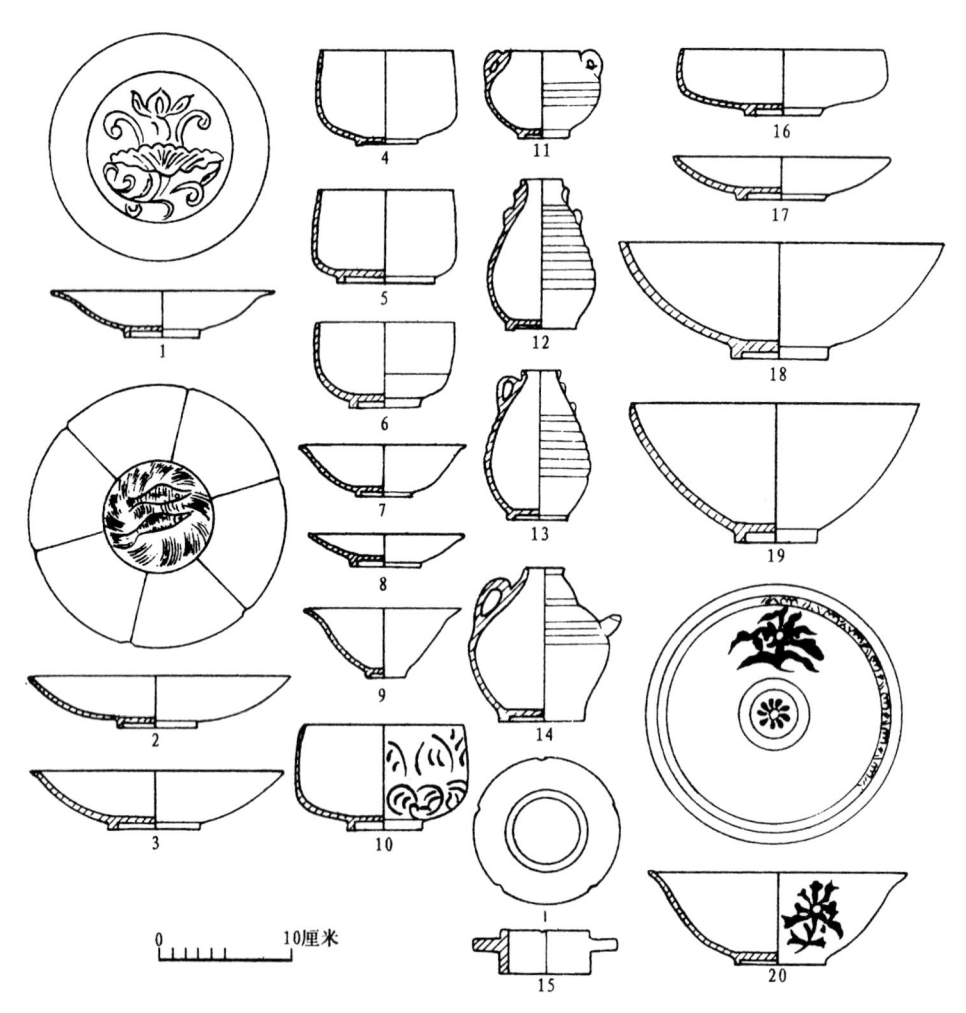

fig. 7．綏浜市水田村窖蔵出土陶瓷器実測図（考古 1999-5）

件があり，外反口沿，斜弧腹で，小型の高台をつけ，胎土は灰褐色で砂をまじえ，釉は，薄くかけられ，気泡がみられ，内底に釉を圏状に削り取っている。器面があれており匣が使われていないことが考えられる。口径 20-22，底径 6.4-7.4，高 7.9-8.8cm。④白釉双系小罐 1 は，茶色の胎土に，腰まで白化粧をほどこし，大きな氷裂のある透明釉をかける。双系は，粘土紐の両側を面取りし，鋭い。器面に炭化物の付着が認められる。口径 10.5，底径 5.4，高 6.1cm (fig. 7-11, pl. 1-※ 11)。

g．高麗青瓷鉢 1 件：黒白象嵌文で装飾する青瓷で，外側面の 4 箇所に，立菊枝文，内面はすべて白象嵌であり，口沿下に，ややくずれて不規則になった巻草文，側面 3 箇所に未開と開花牡丹折枝文を配して主文とし，内底に二重圏線内に菊花文を象嵌している。器肉は薄く，釉はよく融けており，高台内に 3 箇の支釘痕がみえる。口径 19.2，底径 6.6，高 6.8cm (fig. 7-20, pl. 1-※ 20)。高麗青瓷の分布北限ではなかろうか。

小　結

　この窖蔵の年代について，報告では元代としている。その根拠として，倣製定窯大碗・茶葉緑釉大碗・折沿碟などの器形，鈞窯にみる紅斑装飾，底部削りの鶏心，釉調，高麗青瓷などに基づいている。倣製定窯など年代観が決めがたい資料が多いが，筆者も元代の推定に従いたい。

　中国陶瓷器は，金代においてすでに黒竜江（アムール河）まで分布範囲が確認できる。1 例として，綏浜市 (Shuibin) 中興郷墓地群の資料を掲げておきたい。この都市は，哈爾浜市の東北約 430 キロにあり，松花江と黒竜江が合流する手前の左岸にある都市である。この墓地群のなかから，耀州窯青瓷碗，倣定窯白瓷碗が随葬品として検出されている (fig. 8, 文物 1977-4, pp. 40-49)。

　この地は，綏浜市の東北 60 キロで，黒竜江に接して遼代女真が建設した中興古城があり，その西側から 12 座の金代中・晩期とみられる墓地群が 1973 年に調査されている。そのうち，M3 墓からは，金玉腰佩・銀製釧等とともに，定窯盤 2 (fig. 8-1, 8-2)，小碟 7・磁州窯罐 1 (fig. 8-3) などが随葬されていた。すなわち，13 世紀前半代までにはこの地に定窯白瓷器などがもたらされていた。

　哈爾浜市の東南郊にある金上京会寧府からも陶瓷器は検出されている。元代のこの地域は，遼陽行省に属し，現在の哈爾浜付近は，開元路の管轄下にあった。

　中国東北部の地域の陶瓷器情報は少なく，かつ上述した幸福村窖蔵からは，定窯白瓷と高麗青瓷がみられ，この地域では元代の標識的な意義をもつと考えて，実見した機会に紹介した。遼寧省博物館には刻劃花双魚文碗（径 22.0，高 8.0cm）があり，この他に哈爾濱市顧郷出土の三彩小壺（黒竜江省博物館展示）があり，これについては本書 II-9 で紹介し

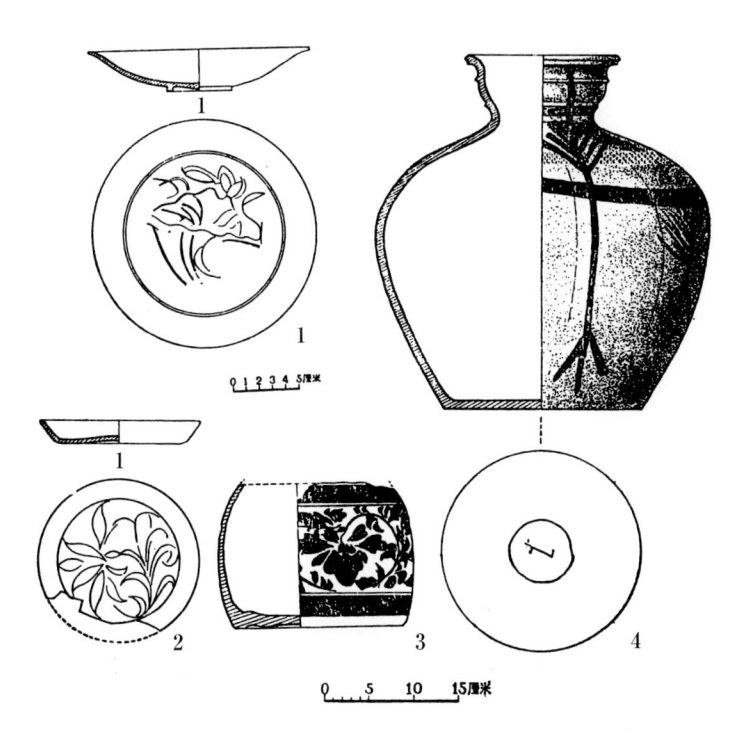

fig. 8．綏浜市中興郷墓出土陶瓷器実測図（文物 1977-4）

522 Ⅲ　唐宋代青瓷の系譜と編年

1.～3. 白釉陶片，缸瓦窯跡（路菁 2003），4. 白瓷片，泰州城跡，5.6. 白釉陶片，塔虎城跡，7. 白瓷刻劃花文碗，上京林東窯（路菁 2003），8. 醬油釉刻花魚藻文匜，塔虎城跡（出土陶瓷 2），9. 黄釉絞胎盒，吉林省農安市遼塔（出土陶瓷 2），
以下，綏浜市香坊区幸福郷水田村窖蔵出土陶瓷器（黒竜江省博物館），※自撮，fig. 7. 番号と照合．
2. 白瓷刻花双魚文輪花盤，4. 白釉杯，5. 青瓷杯，11. 白釉双耳罐，7. 白釉鉢，12. 白釉藍彩瓶，14. 醬釉小壺，15. 鈞窯系托，16, 17. 鈞窯系杯，鉢，20. 高麗青瓷鉢

pl. 1.　遼寧・吉林・綏浜出土陶瓷器

ている。

[注]
(1) 器形の名称は，筆者の考えとは異なるが，混乱を避けて，原報告書にしたがった。ここで紹介した遺物については，2006年7月29日に黒竜江省博物館で調査した。
(2) 中国陶瓷が，黒竜江の北側にどのように分布しているかについては，ロシア側の資料を調べる機会を逸しているので，ここで述べる能力がない。しかし，東経132度線上の近くにある哈爾浜市を真南に下がった，沿海州のウラジオストク周辺については，調査がなされている。すなわち，ウラジオスストクの東側にあるシャイギンスカヤ土城，北側にあるアナニエフスカヤ土城，西側のクラスキーノ土城などから，遼・金・元代の中国陶瓷器の出土が報告されている。ロシア科学アカデミー極東人民歴史・考古・民族学研究所に展示されている資料を，2005年に調査した。主な資料を列挙すると，定窯白瓷印花竜文芒口鉢「尚食局」刻銘・劃花花文堆線輪花芒口鉢，黒釉油滴碗，青瓷碗，鈞窯系碗・三足香炉，景徳鎮窯青白瓷三足香炉・青白瓷印花竜文芒口盤・青白瓷印花花文盒，磁州窯系鉄絵罐などがあり，量的には金代に中心があるように観察される（ゲルマン 1998）。

[後記]
　この報告は，2006年7月に吉林大学辺彊考古研究中心が主催した国際学術研討会「東北亜地区遼金蒙元時期的城市」の成果と，その後に行われたエクスカーションで得た資料について考察をくわえたものである。この研討会に参加した研究者は，中国東北部，ロシア沿海州地域を専門としている中国・ロシアおよびわが国の方々であり，私のように東北地域に初めて足を踏み入れる門外漢は少なかった。研討会では，私は内蒙古とモンゴル・カラコルム遺跡出土の元青花瓷について発表したが，終了後に参会者と城市遺跡を巡検することができた。長春から農安，大安竜虎城，白城をまわって金上京会寧府跡などを踏査し，黒竜江省哈爾濱市（ハルピン）に到る道程であった。遮るものがなく，どこまでも続く玉蜀黍畑を車窓にながめ，この広大な景色を初めて見る高揚とした気持ちとともに，かつての満蒙開拓団の辛苦とその逃避行を思い，やや暗鬱な気分でもあった。ハルピンで旧知のロシア極東学院の研究者との別れに際して，ここから牡丹江を経由してウラジオストックに直接戻ると云われて，私の頭のなかには距離感がなかった。本稿は，再び訪れることができないであろう地で見聞した陶瓷器について覚書をのこしたつもりである。
　翌2007年夏，遼寧省から内モンゴル自治区への踏査を，吉林大学辺彊考古研究中心の彭善国，王培新教授の3名で試みた。この旅では，遼寧省の法庫葉茂台から新民－阜新－朝陽と省の北境にそって続き，河北省に至る遼墓の踏査，そこから出土する北宋定窯白瓷と，想定以上に多い景徳鎮窯青白瓷を実見することと，缸瓦窯白瓷を調査することが目的であった。遼寧省文物考古研究所，遼寧省博物館では開扉して調べることを許され，唐代韓貞墓や葉茂台7号墓随葬の定窯白瓷など主要な遺物の多くは調書を作成することができた。さらに寧城にある遼中京遺址工作站が保管している缸瓦窯跡出土白瓷碗・碟の実測を行い，定窯白瓷との異同点を探求したが，予備調査に終わったのは残念であり，この窯跡の白瓷器は東北部・内・外蒙古地域の白瓷器を考えるとき鍵になる遺物である。鉄路で寧城から赤峰市にはいり，赤峰学院展示室の遺物を見学し，呼和浩特に航空機で抜ける予定であったが，座席がとれず，やむなく北京北站経由の鉄路26時間の旅に変更した。長城を北からと南から2度越えるルートではあるが，華北の台地を車窓から堪能できた。内蒙古博物館で定窯白瓷鉢に鎹で補強されているものが散見されたが，カラコルム遺跡出土陶瓷器で小孔が穿たれている破片をみており，遠隔地への陶瓷器輸送の結果，ヒビ割れが生じてしまい，到着時に補修しているのであろう。これらは現在でも割れているわけではなく，単なるヒビである。いわゆる馬蝗絆青瓷碗も，伊藤東涯が観察記録したようにヒビを補修したのである。その後，呼和浩特から報告前の包頭市集寧路窖蔵検出の元青花瓷などを詳しく調べることができ，旅の最後で興奮を覚えた。『元代青花白瓷研究』亜州古陶瓷学会2009，にはこれらの一部を記したが，この遼寧・内蒙古の資料を集積しているので，機会をつくり公表したい。

中国陶瓷史文献目録—東晋から宋代

〈あ〉

愛陶 1998-1：愛知県陶磁資料館編『日本の三彩と緑釉』愛知県陶磁資料館，瀬戸
愛陶 1998-2：愛知県陶磁資料館編『愛知県陶磁資料館　所蔵品目録Ⅱ』瀬戸
朝日新聞 1973：朝日新聞社編『文化大革命中の中国出土文物』朝日新聞社，東京
朝日新聞社他 2004：『唐三彩展—洛陽の夢』大広，東京
朝日町教委 1988：『縄生廃寺跡発掘調査報告』朝日町教育委員会，朝日町
足立喜六・塩入良道 1970：『入唐求法巡礼行記』東洋文庫 157，平凡社，東京
阿部謹也 1988：『ハーメルンの笛吹き男—伝説とその世界』筑摩書房，東京
安徽省博 2002：『安徽省博物館蔵瓷』文物出版社，
石井進 1969：「九州諸国における北條氏所領の研究」『荘園制と武家社会』吉川弘文館，東京
石井正敏 1988：「9 世紀の日本・唐・新羅三国間貿易について」歴史と地理 394 号，山川出版社
石川埋文 1988：『寺家遺跡発掘調査報告Ⅱ』石川県立埋蔵文化財センター，金沢
壱岐市教委 2006：『双六古墳』壱岐市文化財調査報告書第 7 集，壱岐市教委
石田幹之助 1925：「唐都長安に於ける胡人」史学雑誌 36-7，史学会，東京
石田幹之助 1967：「胡旋舞小考」『増訂　長安の春』所収，東洋文庫 91，平凡社，東京
石牟礼道子 1988：「解説　泉のような明晰」阿部謹也『ハーメルンの笛吹き男』ちくま文庫 720，筑摩書房，東京
出光・白鶴 1976：出光美術館・白鶴美術館編『出光美術館名品展・白鶴美術館名宝展』出光美術館，東京
出光美 1982：『近年発見の窯址出土中国陶磁展』出光美術館，東京
出光美 1984：『陶磁の東西交流・エジプト・フスタート遺跡出土の陶磁』出光美術館，東京
出光美 1987：『出光美術館蔵品図録—中国陶磁』平凡社，東京
出光美 1989：『出光美術館蔵品図録—中国の工芸』平凡社，東京
出光美 1997：出光美術館編『地下宮殿の遺宝』出光美術館，東京
出光美 1999：出光美術館『中国の陶俑』出光美術館
今井敦 1996：「中・晩唐の中国陶磁」東京国立博物紀要 31 号，東京
今井敦 1999：「中国陶磁の意匠と寓意」東洋陶磁 Vol. 29，東洋陶磁学会，東京
員安志 1992：員安志・陝西省考古研究所編『中国北周珍貴文物』陝西人民美術出版社，西安
員安志 1993：員安志他編『物華天宝—唐代貴族的物質生活』香港区域市政局，香港
上原和 1991：『玉虫厨子—飛鳥・白鳳美術様式史論』吉川弘文館，東京
内蒙古 1983：『中国内蒙古　北方騎馬民族文物展』日本経済新聞社，東京
馬自樹主編 1999：『中国文物定級図典・一級品（上・下巻）』上海辞書出版社，上海
馬自樹主編 2001：『中国文物定級図典・二級品』上海辞書出版社，上海
浦上満 1991：浦上満編『白磁—北斉～明永楽』浦上蒼穹堂，東京
浦上満 2011：『中国・朝鮮古陶磁の見かた，選び方』，淡交社，京都
雲崗石窟 1989：雲崗石窟文物保管所編『中国石窟　雲崗石窟第 1 巻』平凡社，東京
雲崗石窟 1990：雲崗石窟文物保管所編『中国石窟　雲崗石窟第 2 巻』平凡社，東京
温州市文物所 1999：『温州古代陶瓷研究』西冷印社，杭州，
温州市博 2001：『温州古陶瓷』文物出版社，北京
ＭＯＡ図録 1982：ＭＯＡ美術館編『ＭＯＡ美術館名品図録　中国陶磁器篇』　メシアニカゼネラル，熱海

NHK 大阪 1992：NHK 大阪放送局編『中国の金銀ガラス展』NHK 大阪放送局，大阪

延辺博 1982：延辺博物館「和竜県北大渤海墓葬清理簡報」東北考古与歴史叢刊　1982 創刊号

延辺博 1983：延辺博物館「和竜県竜海渤海墓葬」博物館研究 1983-3，延吉

延辺博 1994：延辺博物館・和竜県文物管理所「吉林省和竜県北大渤海墓葬」文物 1994-1

王輝他 2000：『黒竜江考古文物図鑑』黒竜江人民出版社，哈爾濱

汪慶正 1991：汪慶正他『上海博物館・中国美の名宝 2』日本放送出版協会，東京

王仁波 1982：「陝西省唐墓出土的三彩器綜述」文物資料叢刊 6，文物出版社，北京

王仁波 1992：王仁波他編『シルクロードの都・長安の秘宝』日本経済新聞社，東京

大分市歴 1990：『中国武漢文物展』大分市歴史資料館，大分

大阪市美 1976：大阪市立美術館編『六朝の美術』平凡社，東京

大阪市美 1978：大阪市立美術館編『隋唐の美術』大阪市立美術館

大阪市美 1986：大阪市立美術館編『大阪市立美術館蔵品選集』大阪市立美術館

大阪東洋 1984：『楊永徳収蔵・中国陶枕』大阪東洋陶磁美術館

大阪東洋 1989：大阪市立東洋陶磁美術館他編『シカゴ美術館　中国美術名品展』大阪市美術振興財団

大阪東洋 1990：大阪市立東洋陶磁美術館編『東洋陶磁の展開』大阪市立東洋陶磁美術館，大阪

大阪東洋 1997：大阪市立東洋陶磁美術館編『入江氏蒐集中国陶磁小品』大阪東洋陶磁美術館，大阪

大原美 1991：大原美術館編『大原美術館蔵品目録』大原美術館，倉敷

岡内三眞 1980：「百済・武寧王陵と南朝墓の比較研究」百済研究 vol. 11，忠南大学百済研究所，公州

岡寺良 2010：「大宰府・観世音寺出土の唐三彩」九州歴史資料館研究論集 35，小郡

愛宕松男 1987：「唐三彩雑考」「唐三彩続考」『東洋史学論集』第 1 巻，三一書房，東京

小田裕樹 2012：「石神遺跡出土の施釉陶器をめぐって」奈文研 2012『花開く都城文化』，奈良

小野勝年 1964：『入唐求法巡礼行記の研究』第 1-4 巻，法蔵館，京都

尾野善裕 2002：「平安時代における緑釉陶器の生産・流通と消費—尾張産を中心として」国立歴史民俗博物館研究報告第 92 集，佐倉

〈か〉

香川 1998：香川県陝西省展準備委員会編『大唐文明展』，高松

橿考研 1985：奈良県立橿原考古学研究所付属博物館『奈良を掘る—1984 年発掘調査概報』，奈良

橿考研 1993：奈良県立橿原考古学研究所付属博物館編『貿易陶磁—奈良・平安の中国陶磁』臨川書店，京都

橿考研 2010：橿原考古学研究所附属博物館編『大唐皇帝陵』，橿原

華石 1985：華石編『中国陶瓷』文物出版社，北京

郭演義 1984：「中国南北方青瓷」『中国古代陶瓷化学技術成就』上海化学技術出版社，上海

門脇禎二 1960：『日本古代共同体の研究』東京大学出版会，東京

河南省文物 1983：河南省文物研究所編『中国石窟—鞏県石窟寺』平凡社，東京

河南文考研 1997：河南省文物考古研究所編『北宋皇陵』中州古籍出版社，鄭州

河南文考研・鄭州市文考研・鞏義市博物館 2002：河南省文物考古研究所・奈良文化財研究所・鄭州市文物考古研究所・鞏義市博物館編著『鞏義黄冶唐三彩』大象出版社，鄭州

鞏義市文管 2000：河南省鞏義市文物保存管理所編著『黄冶唐三彩窯』科学出版社，北京

河南文考研他編 2005：河南省文物考古研究所・中国文物研究所・奈良文化財研究所『黄冶窯考古新発見』大象出版社，鄭州

河南省博 1983：河南省博物館編『河南省博物館』中国の博物館 7，講談社，東京

河南文考研他 2009：河南省文物考古研究所・中国文化遺産研究院・奈良文化財研究所『鞏義白河窯考古新発見』大象出版社，鄭州市

河北文物 1980：河北省博物館・同省文物管理委員会編『河北省出土文物選集』文物出版社，北京

河北省文研 1998：河北省文物管理所『河北省考古文物集 3』科学出版社，北京
河北省邢台市文管 2006：河北省邢台市文物管理所『邢台隋代邢窯』科学出版社，北京
河北文研 2007：河北省文物研究所『珍瓷賞真』科学出版社，北京
上村俊雄 1984：「鹿児島県荒平須恵器古窯址群発見の意義とその問題点について」古文化談叢第 14 集，北九州古文化研究会，北九州
上村俊雄・坪根伸也 1985：「鹿児島県中岳山麓須恵器古窯跡群に関する一考察」古文化談叢第 15 集，北九州古文化研究会，北九州
亀井明德 1978：「現和西俣発見の灰釉陶と中国陶磁」潮流第 2 号，種子島考古学研究会，西之表
亀井明德 1980：『日本やきもの集成 11』図版 11，平凡社，東京
亀井明德 1993：「南西諸島における貿易陶磁器の流通経路」上智アジア学第 11 号，上智アジア文化研究所，東京
亀井明德 1986：『日本貿易陶磁史の研究』同朋舎出版，京都　所収論文，「日本出土越州窯陶磁器の諸問題」pp. 49-93,「初期輸入陶磁器の名称と実体」pp. 94-114
亀井明德 1992-1：「宗像地域出土の貿易陶瓷器」シンポジュウム・東アジアの中の宗像，海人シンポジュウム実行委員会資料，宗像
亀井明德 199-2：「唐代陶瓷貿易の展開と商人」『アジアのなかの日本史』第 3 巻，東京大学出版会，東京
亀井明德 1995-1：『福建省古窯跡出土陶瓷器の研究』都北出版，東京
亀井明德 1995-2：「日宋貿易関係の展開」『日本通史第 6 巻・古代 4』岩波書店，東京
亀井明德 1997：「琉球陶瓷貿易の構造的理解」専修人文論集第 60 号，専修大学学会，東京
亀井明德 2003：「貿易陶瓷器研究の今日的課題」『中世総合資料学の提唱』新人物往来社，東京
亀井明德 2005：「貿易陶瓷器のあり方—東日本を中心にして」季刊考古学第 93 号，雄山閣，東京
亀井明德 2008：「遣唐留学生・井真成墓の位置再考」『地域・文化の考古学』下條信行先生退任事業記念会，松山
亀井明德 2009：『元代青花白瓷研究』亜州古陶瓷学会，東京
何明 1982：吉林省文物工作隊編「前郭県他虎城出土的遼金文物」『文物考古匯編』第 1 期，長春
何翠媚（土橋理子訳）1992：「唐代末期における広東省の窯業および陶瓷貿易について」貿易陶瓷研究 12，貿易陶磁研究会，福岡
韓偉 1989：『海内外唐代金銀器萃編』三秦出版社，西安
韓偉 1991：「法門寺地宮唐代随真身衣物帳考」　文物 1991-5
韓国文化財局 1974：大韓民国文化財管理局編，発掘調査報告書『武寧王陵』日本語翻訳・永島暉臣，学生社，東京
韓国文化公報部・文化財管理局 1988：『新安海底遺物（綜合篇）』ソウル
韓国国立大邱博物館 2004：『韓国文化における中国陶瓷器』国立大邱博物館，大邱
広東省博物館 1981：広東省博物館編『潮州筆架山宋代窯跡発掘報告』文物出版社，北京
広東省博 1992：広東省博物館『広東省博物館蔵瓷選』文物出版社，北京
喜界町教委 2006：『城久遺跡群—山田中西遺跡Ⅰ』喜界町埋蔵文化財発掘調査報告書 8，喜界町教育委員会，喜界町
喜界町教委 2008：『城久遺跡群—山田中西遺跡Ⅱ』喜界町埋蔵文化財発掘調査報告書 9，喜界町教育委員会，喜界町
喜界町教委 2009：『城久遺跡群—山田半田遺跡』喜界町埋蔵文化財発掘調査報告書 10，城久遺跡群，喜界町教育委員会，喜界町
掬粋 1989：掬粋巧芸館編『東洋陶磁の美』掬粋巧芸館，山形県川西町
キジル 1983-1985：新疆ウイグル自治区文物管理委員会・拝城県キジル千仏洞文物保管所編『中国の石窟—キジル石窟第 1-3 巻』平凡社，東京
岸俊男 1977：「防人考」『日本古代政治史研究』pp. 289-316，塙書房，東京
魏存成 2008：魏存成『渤海考古』文物出版社，北京
吉林省博 1988：『吉林省博物館』文物出版社・講談社，東京
吉林省文考研 2007：吉林省文物考古研究所他編『西古城』文物出版社，北京
木下尚子 2003：「貝交易と国家形成—9 世紀から 13 世紀を対象に」『先史琉球の生業と交易』熊本大学文学部，熊本

九歴 1968：『大宰府史跡昭和 52 年度発掘調査概要』—第 46 次調査, 九州歴史資料館, 太宰府
九歴 1979：『大宰府史跡昭和 54 年度発掘調査概報』九州歴史資料館, 太宰府
九歴 1982：『大宰府史跡　昭和 56 年度発掘調査概要』—第 70, 76 次調査, 九州歴史資料館
鞏義市文保 2000：鞏義市文物保管所　劉洪淼・廖永民『黄冶唐三彩窯』科学出版社, 北京
京都市埋文研 1980：京都市埋蔵文化財研究所編『平安京跡発掘資料選』, 京都
京都市埋文研 1982：京都市埋蔵文化財研究所『平安京左京八条三坊』, 京都
京都市埋文研 2010：『灰方窯跡・灰方の塚跡・南春日町片山遺跡・勝持寺旧境内』京都市埋蔵文化財研究所発掘調査報告　2010-8, 京都
京博 1987：京都国立博物館編『京都国立博物館蔵品図版目録　陶磁・金工編』便利堂, 京都
京都文化博 1992：京都文化博物館『旅順博物館所蔵品展』京都新聞社, 京都
京都文化博 1994：京都文化博物館編『大唐長安展』京都文化博物館, 京都
京都府埋文 2010：『京都府遺跡調査報告集第 138 冊』京都府埋蔵文化財調査研究センター, 向日
北九市美 1977：北九州市美術館編『中華人民共和国出土文物展』北九州市美術館, 北九州
来村多加史 1988：「南朝陵墓選地考」網干善教先生華甲記念考古論集, 同記念会刊行, 吹田
金申 1994：金申『中国歴代紀年佛像図典』文物出版社, 北京
金元竜 1979：『武寧王陵』近藤出版社, 東京
金鵬 2009：「隋白釉双竜柄聯腹伝瓶の新解」『中国古陶瓷研究 15』紫禁城出版社, 北京
金弘男 1991：「武寧王陵出土盞の中国陶瓷史的意義」百済文化 vol. 21, 公州大学付設百済文化研究所, 公州
屈志仁 1981：屈志仁編『中国古陶瓷展—求知雅集珍蔵』香港中文大学文物館, 香港
久保惣 1986：和泉市久保惣記念美術館編『特別展示・注器』和泉市久保惣記念美術館
久保惣美術館 1989：久保惣記念美術館編『特別展示・飲器—杯・碗・托』和泉市久保惣記念美術館
熊本県教委 1977：『赤星福土・水溜遺跡』　熊本県文化財調査報告第 27 集　熊本県教育委員会
熊本県教委 1980：『興善寺Ⅰ, Ⅱ』　熊本県文化財調査報告書第 45 集　熊本県教育委員会
久留米市教委 1985：『筑後国府跡・国分寺跡　昭和 59 年度発掘調査概要報告』　久留米市文化財調査報告書第 44 集　久留米市教育委員会
クムトラ 1985：新彊ウイグル自治区文物管理委員会・庫車県文物保管所編『中国石窟—クムトラ石窟』平凡社, 東京
黒川 1990：黒川古文化研究所編『黒川古文化研究所名品選』西宮
群馬県博 1989：群馬県立歴史博物館編『中国唐墓壁画展図録—唐墓壁画集錦』群馬県立歴史博物館, 高崎
群馬県教委 1996：群馬県教育委員会他『上栗須寺前遺跡群Ⅲ 3 区』群馬県教育委員会他, 前橋
群馬県博 1999：群馬県立歴史博物館編『観音山古墳と東アジア世界』図録, 高崎
邢台市文管 2005：『邢台市糧庫遺址』科学出版社, 北京
邢台市文管 2007：『邢窯遺址研究』科学出版社, 北京
ゲルマン 1998：ゲルマン．E. I.「中世沿海地方における遺跡出土の施釉陶器と磁器」渤海をめぐる古代東アジアの交流レジメ, 国学院大学, 東京
ゲルマン 1999：ゲルマン．E. I. (金沢陽訳)「沿海州における遺跡出土の中世施釉陶器と磁器」出光美術館館報第 105 号, 出光美術館, 東京
公州博物館 1998：公州博物館編『公州博物館　武寧王陵』公州
公州博物館 2001：公州博物館編『百済斯麻王—武寧王陵の発掘, その後の 30 年の足跡』通天文化社, ソウル
高至喜 1984：高至喜「長沙出土唐五代白瓷器的研究」文物 1984-1
貢昌 1988：『婺州古瓷』紫禁城出版社, 北京
故宮博物院 1998：故宮博物院編『歴代古窯跡標本図録』紫禁城出版社, 北京
国分直一・恵良宏 1984：名越左源太『南島雑話 1・2』永井家保管本, 東洋文庫 431, 平凡社, 東京
固原博 1996：固原博物館編『固原南郊隋唐墓地』文物出版社, 北京,

固原博 1999：固原博物館他編『原州古墓集成』文物出版社，北京

国立公州博物館 2001：『百済斯麻王』公州

国立故宮博 1987：国立故宮博物院編『定窯白瓷特展圖録』国立故宮博物院，台北

国立清州博物館編 1989：『韓国出土中国陶磁器特別展』清州

国立大邱博物館 2004：『韓国文化における中国陶磁器』国立大邱博物館，大邱

国立海洋博物館 2006：『新安船』韓国国立海洋博物館，木浦

黒竜江文考研 2009：黒竜江省文物考古研究所編『渤海上京城 1998～2007 年度考古発掘調査報告』文物出版社，北京

固原博物館 1996：固原博物館・羅豊編著『固原南郊隋唐墓地』文物出版社，北京

五省文物 1958：同展覧委員会編『五省出土重要文物展覧図録』文物出版社，北京

五島美術館 1985：五島美術館編『五島美術館の名品』東京

小林太市郎 1974：「生死と中国陶瓷」『中国陶瓷見聞録』淡交社，京都

小林仁 2000：「隋俑考」，清水眞澄編『造形と文化』雄山閣，東京

小林仁 2008：「中国北斉時代の俑に見る二大様式の成立とその意義—鄴と晋陽」佛教芸術 297 号，毎日新聞社，東京

湖南省博物館編 2009：『湖南宋元窖蔵金銀器発見与研究』文物出版社，北京

小宮俊久 1992：小宮俊久「境ケ谷戸遺跡出土の唐三彩」月刊文化財 no. 348，ぎょうせい，東京

小山冨士夫 1943：「我国の遺蹟出土の越州窯青磁」『支那青磁史稿』文中堂，東京

〈さ〉

斎宮歴博 1990：斎宮歴史博物館『河南省文物展』三重・明和町

斎東方 1999：斎東方『唐代金銀器研究』中国社会科学出版社，北京

佐伯有清 1985：「承和の遣唐使をめぐる賜姓と移貫」『日本古代氏族の研究』吉川弘文館，東京

佐賀県教委 1980：『下中杖遺跡』佐賀県文化財調査報告書第 54 集，佐賀県教育委員会

佐川美 2005：佐川美術館編『隋唐の美術—中国国家博物館蔵』滋賀・守山

笹山晴生 1985：「五衛府制の成立と展開」『日本古代衛府制度の研究』東京大学出版会，東京

佐藤雅彦 1974：「オリエント・中国における三彩陶の系譜」東洋陶磁第 1 号，東洋陶磁学会，東京

佐藤雅彦 1977：『中国の陶磁器』世界文化社，東京

佐野美術館 1991：『佐野美術館名品撰集』佐野美術館，三島

佐野眞祥 1970：「香爐」『仏教考古学講座Ⅲ』雄山閣出版，東京，

上海博物館 2003：『中国古代白瓷国際学術研討会—論文稿』上海博物館，上海

沢田正昭・巽淳一郎 1984：「大安寺出土陶枕の製作技法と材質」『古文化財の自然科学的研究』同朋舎出版

山西考研 2006：山西省考古研究所他『北斉東安王妻叡墓』文物出版社，北京

慈渓市博物館 2002：『上林湖越窯』科学出版社，北京

社考研 1965：中国社会科学院考古研究所編『西安郊区隋唐墓』文物出版社，北京

社考研 1980：中国社会科学院考古研究所編『唐長安城郊隋唐墓』文物出版社，北京

社考研 1997：中国社会科学院考古研究所編著『六頂山与渤海鎮』中国田野考古報告集丁種第 56 号，中国大百科全書出版社，北京

社考研 2001：中国社会科学院考古研究所編『偃師李園墓』科学出版社，北京

謝明良 1985：「唐三彩の諸問題」美学美術史論集第 5 輯，成城大学大学院文学研究科，東京

謝明良 1986：「関於中国白瓷起源的幾個問題」故宮文物月刊 4 巻 6 期（総42号），台北

謝明良 1993：謝明良「従揚州唐城遺址出土的三彩魚形壷談起」故宮文物月刊 10 巻 10 期，台北

謝明良 1994：「魏晋十六国南北朝墓出土陶瓷試探」国立台湾大学 美術史研究集刊第 1 期，台北

謝明良 1994：「日本出土唐三彩及其有関問題」『中国古代貿易瓷国際学術研討会論文集』国立歴史博物館，台北

謝明良 1998：謝明良編著『中国陶瓷史論文索引 1900-1994』石頭出版，台北

謝明良 2008：『陶瓷手記—陶瓷史思索和操作的軌跡』石頭出版社，台北

白井克也 2000：「日本出土の朝鮮産土器・陶器—新石器時代から統一新羅時代まで」『日本出土の舶載陶磁』，東京国立博物館，東京

彰善国 2006：彰善国「試析渤海遺址出土的釉陶和瓷器」辺彊考古研究第 5 輯，吉林大学辺彊考古研究中心，科学出版社，北京

朱栄憲 1979：朱栄憲・在日朝鮮人科学者協議会歴史部会訳『渤海文化』雄山閣出版，東京

朱建明 1990：「隋唐徳清窯跡初探」中国古陶瓷研究 3，紫禁城出版社，北京

周鑾 1998：周鑾書編『中国歴代景徳鎮瓷器—五代宋元巻』中国摂影出版社，北京

朱伯謙 1988：「竜泉大窯古瓷窯遺址発掘報告」『竜泉青瓷研究』文物出版社，北京

朱伯謙 1989：「竜泉青瓷簡史」『竜泉青瓷研究』文物出版社，北京

朱伯謙 1998：『龍泉窯青瓷』芸術家出版社，台北

山西陶瓷 1984：中国上海人民出版社編『山西陶瓷』美之美，京都

山西考古研 2006：山西省考古研究所・太原市文物考古研究所編『北斉東安王婁叡墓』文物出版社，北京

山西博 1996：山西省博物館編『山西省博物館蔵文物精華』山西人民出版社，太原

山東文物事業管理局他編 1996：『山東文物精粹』山東美術出版社，済南

山東文物 2002：『山東文物叢書 - 陶瓷』山東友誼出版社，済南

山東省考古研他 2006：『北斉東安王婁叡墓』文物出版社，北京

上海博 1983：『上海博物館蔵瓷選集』文物出版社，北京

上海博 1986：「浙江竜泉安仁口古瓷窯跡発掘報告」上海博物館集刊 3，上海

出土瓷器 3- 河北 2008：『中国出土瓷器全集　河北』科学出版社，北京

出土瓷器 5- 山西 2008：『中国出土瓷器全集　山西』科学出版社，北京

出土陶瓷 6- 山東 2008：『中国出土瓷器全集　山東』科学出版社，北京

出土陶瓷 8- 安徽 2008：『中国出土瓷器全集　安徽』科学出版社，北京

出土陶瓷 12- 河南 2008：『中国出土瓷器全集　河南』科学出版社，北京

出土瓷器 15- 陝西 2008：『中国出土瓷器全集　陝西』科学出版社，北京

趙青雲 1993：『河南陶瓷史』紫禁城出版社，北京，

荘良有 1998：荘良有 Rita C Tan『宋元紀年青白瓷』荘萬理文化基金会，香港

徐苧 1986：徐苧編著『中国陶瓷文献指南』軽工業出版社，北京

徐湖平 2001：『南京博物院珍蔵』南京博物院，南京

徐湖平他 1999：『六朝青瓷』上海古籍出版社，上海

徐氏芸術館 1990：『徐氏芸術館掲幕展覧誌慶図録』徐氏芸術館、香港

徐氏芸術館 1993：徐氏芸術館編『陶瓷篇Ｉ—新石器時代至遼代』徐氏芸術館，香港

周世栄 1988：『湖南陶瓷』紫禁城出版社，北京

周世栄 1998：『岳州窯青瓷』渡假出版社，台北

周立他 2007：『中国洛陽出土唐三彩全集　下』大象出版社，鄭州

正倉院 1987-1989：正倉院事務所編『正倉院宝物　北倉・中倉・南倉』朝日新聞社，東京

正倉院 1994：正倉院事務所編『正倉院寶物Ｉ』毎日新聞社，東京

新中国 1972：『新中国出土文物』外文出版社，北京

神野恵 2010：「大安寺枕再考」奈良文化財研究所研究報告第 2 冊，奈良

鈴木靖民 1985：「賦役令外蕃還条覚え書」『古代対外関係史の研究』吉川弘文館，東京

鈴木靖民 1987：「南島人の来朝をめぐる基礎的考察」田村圓澄先生古稀記念会編『東アジアと日本　歴史編』吉川弘文館，東京

静嘉堂 1992：静嘉堂文庫美術館編『中国陶磁展』静嘉堂文庫美術館，東京

清州博 1989：国立清州博物館編『韓国出土中国磁器特別展』国立清州博物館，ソウル

世界陶磁 1976-1：座右宝刊行会編『世界陶磁全集』10 巻（中国古代），小学館，東京

世界陶磁 1976-2：座右宝刊行会編『世界陶磁全集』11 巻（隋唐），小学館，東京

世界陶磁 1981：座右宝刊行会編『世界陶磁全集』13 巻（宋遼），小学館，東京

世田谷美術館 1989：洛陽・遼寧省博物館編『大三彩―洛陽・遼寧省博物館』世田谷美術館他，東京

浙江省軽工業庁他 1966：『龍泉青瓷』文物出版社，北京

浙江省博物館編 1999：『浙江紀年瓷』，文物出版社，北京

浙江省博物館編 2009：『窯火遺韵』浙江古籍出版社，杭州

浙江文考研 1981：緊水灘工程考古隊浙江組「山頭窯与大白岸―竜泉東区窯跡発掘報告之一」浙江省文物考古所学刊 1，杭州

浙江文考研 1981：明同山考古隊「臨安県唐水邱氏墓発掘報告」浙江省文物考古所学刊，杭州

浙江文考研他 2002：『寺竜口越窯址』文物出版社，北京

浙江文考研 2005：『竜泉東区窯址発掘報告』文物出版社，北京

陝西文考研 2007：陝西省考古研究所『法門寺考古発掘報告上・下』文物出版社，北京

全国基本建設文物展 1954：全国基本建設工程中出土文物展覧会工作委員会編『全国基本建設工程中出土文物展覧図録』中国古典藝術出版社，北京

陝西博 1973：陝西博物館・陝西省文物管理委員会『文化大革命期間陝西出土文物』陝西人民出版社，西安

陝西博 1981：陝西省博物館編『陝西省博物館』講談社，東京

陝西博 1990：同書編輯委員会・陝西博物館編『漢唐絲綢之路文物精華』龍出版社，香港

陝西博 1995：同書編輯委員会編『陝西博物館蔵宝録』上海文芸社，上海

陝西歴博 2001：陝西歴史博物館編『三秦瑰宝』陝西人民出版社，西安

陝西博 2003：陝西歴史博物館，北京大文博学院，北京震旦古代文明研究中心編『花舞大唐春―何何村遺宝精粋』文物出版社，北京

陝西考研 1992-1：陝西考古研究所編『唐代黄堡窯址』上・下，文物出版社，北京

陝西考研 1992-2：陝西省考古研究所・員安志編『中国北周珍貴文物』陝西人民美術出版社，西安

陝西考研 1993：陝西省考古学研究所・西安市文物管理処編『陝西新出土文物集粋』陝西旅遊出版社，西安

陝西考研 1997：陝西考古研究所編『五代黄堡窯址』文物出版社，北京

陝西考研 1998：陝西省考古研究所編『陝西新出土文物選粋』重慶出版社，重慶

陝西考古研 2008：『唐長安礼泉坊窯址』文物出版社，北京

陝西省文物 1987：大阪市立美術館他編『金龍・金馬と動物国宝展―中国陝西省出土文物』大阪 21 世紀協会，大阪

川内市 1987：『麦之浦貝塚』川内市土地開発公社，薩摩川内

千年邢窯 2007：趙慶鋼・張志忠編『千年邢窯』文物出版社，北京

草原のシルクロード展 1981：草原のシルクロード展実行委員会編『草原のシルクロード展』同実行委員会，東京

宋伯胤 1995：「秘色抱青瓷之响―記法門寺塔基出土的瓷秘色」上海秘色瓷討論会発表要旨

ソウル大 2003：ソウル大・東京大『海東の盛国　渤海展』ソウル大学校博物館，ソウル

孫新民他 2004：『唐三彩展―洛陽の夢』朝日新聞社・大広，東京

〈た〉

太原市文物考古研究所 2005：『北斉徐顕秀墓』文物出版社，北京

台湾歴博 1997：国立歴史博物館編輯委員会編『館蔵中国歴代陶瓷特展』国立歴史博物館，台北

高倉洋彰他 1973：「観世音寺出土の唐三彩」考古学雑誌 64-1，日本考古学会，東京

高木訷元 1981：「唐僧義空の来朝をめぐる諸問題」高野山大学論叢第 16 巻，和歌山・高野町

高橋照彦 2002：「日本古代における三彩・緑釉陶の歴史的特質」国立歴史民俗博物館研究報告第 94 集，国立歴史民俗博物館，佐倉

竹内理三 1962：『奈良遺文・中巻』東京堂出版，東京

竹内理三 1972：『平安遺文―古文書編第 1 巻』東京堂出版，東京

太宰府市教委 1995：太宰府市教育委員会『大宰府条坊跡Ⅶ』太宰府
太宰府市教委 1996：太宰府市教育委員会『大宰府条坊跡Ⅸ』太宰府
巽淳一郎 1984：「大安寺の土器類」『大安寺史・史料』大安寺，奈良
巽淳一郎 1988：朝日町教委 1988 所載「縄生廃寺塔心礎出土唐三彩椀について」『縄生廃寺跡発掘調査報告』所収
田中克子他 1999：「福州懐安窯貿易陶磁研究」『博多研究会誌第 7 号』福岡
田中作太郎 1955：『陶器全集 2』図版 33，平凡社，東京
田辺勝美 1981：田辺勝美編『シルクロードの貴金属工芸』古代オリエント博物館，東京
田村晃一 2011：「貞恵公主墓と貞孝公主墓の意味するもの」青山考古 27 号，青山考古学会，東京
たましん 1992：中澤富士雄編『東洋古陶磁　たましん所蔵』財団法人たましん地域文化財団，東京
段紹嘉 1960：「介紹幾件陝西出土的唐代青瓷器」文物 1960-4
中国珪酸塩学会 1982-1：中国珪酸塩学会編『中国陶瓷史』文物出版社，北京
中国珪酸塩学会 1982-2：中国珪酸塩学会編『中国古陶瓷論文集』文物出版社，北京
中国公司 1988：中国対外文物展覧公司他編『敦煌・西夏王国展』東宝企画，東京
中国古陶瓷 2009：趙文軍「安陽相州窯的考古発掘与研究」中国古陶瓷研究第 15 輯，紫禁城出版社，北京
中国国家文物局 1995：国家文物局主編『中国文物精華大辞典』上海辞書出版社，上海
中国国家文物局 2004：『中国重要考古発現 2003』文物出版社，北京
中国古陶瓷 2009：中国古陶瓷学会編『中国古陶瓷研究 15 輯』紫禁城出版社，北京
中国上海人民美術 1983：中国上海人民美術出版社編『唐三彩』中国陶瓷全集 7，美乃美，京都
中国石窟麦積山 1987：麦積山文物保管所他編『中国石窟　麦積山』平凡社，東京
中国石窟竜門 1988：竜門文物保管所他編『中国石窟　竜門石窟』平凡社，東京
中国文物精華 1992：中国文物精華編輯委員会編『中国文物精華 1992』文物出版社，北京
中国文物精華 1997：中国文物精華編輯委員会編『中国文物精華 1997』文物出版社，北京
中国窯址報告 1984：文物編輯委員会編『中国古代窯址調査報告集』文物出版社，北京
中国展覧公司 1986：中国対外文物展覧公司『黄河文明展』中日新聞社，名古屋
中国陶瓷全集 1983：上海人民美術出版社『中国陶瓷全集 7―唐三彩』美乃美，京都
中国陶瓷全集 1984：上海人民美術出版社『中国陶瓷全集 28―山西陶瓷』美乃美，京都
中美全集 1986：中国美術全集編輯委員会『中国美術全集　絵画篇 1』人民美術出版社，北京
中美全集 1988-1：中国美術全集編輯委員会編『中国美術全集雕塑 3』人民美術出版社，北京
中美全集 1988-2：中国美術全集編輯委員会編『中国美術全集雕塑編 4』上海人民美術出版社，上海
中美全集 1988-3：中国美術全集編輯委員会編『中国美術全集雕塑編 8』上海人民美術出版社，上海
中美全集 1988-4：中国美術全集編輯委員会編『中国美術全集　雕塑篇 11』上海美術出版社，上海
中美全集 1989-1：中国美術全集編輯委員会『中国美術全集　雕塑篇 13』文物出版社，北京
中美全集 1989-2：中国美術全集編輯委員会『鞏県天龍山響堂山安陽石窟彫刻』，文物出版社
中美全集 1991：中国美術全集編輯委員会『中国美術全集　工芸美術編 1　陶瓷・上・中』上海人民美術出版社，上海
中国歴博 1986：「浙江竜泉青瓷上厳児村窯跡発掘報告」中国歴史博物館館刊第 8 期，北京
朝鮮遺跡遺物 1991：朝鮮遺跡遺物編纂委員会編『朝鮮遺跡遺物図鑑』ピョンヤン
長洋一 1986：「天平宝字五年の肥前国」西南学院大学　国際文化論集第 1 巻，西南学院大学学術研究所
陳安利他 1998：『中華国宝―唐三彩巻』陝西人民教育出版社，西安
鎮江博 1997：鎮江博物館編著『鎮江文物精華』黄山書店，合肥
陳信雄 1994：『越窯在澎湖』文山書局，台南
陳万里 1936：『越器圖録』中華書局，上海
陳万里 1946：『瓷器与浙江』中華書局，上海
陳万里 1956：『中国青瓷史略』上海人民出版社，上海
張翔 1988：「竜泉金村古瓷窯跡調査発掘報告」『竜泉青瓷研究』文物出版社，北京

張福康 1982:「中国歴代低温色釉和釉上彩的研究」『中国古陶瓷論文集』中国硅酸塩学会編，文物出版社，北京
張福康 1987:「論唐三彩的形成和発展」『中国古陶瓷研究』科学出版社，北京
張鴻修 1998:『隋唐石刻藝術』三秦出版社，西安
朝陽市博物館 1966:『朝陽歴史文物』遼寧大学出版社，瀋陽
鄭州文考研 2003: 鄭州市文物考古研究所『鞏義芝田晋唐墓葬』科学出版社，北京
鄭州文考研 2006: 鄭州市文物考古研究所（張松林他）『河南唐三彩与唐青花』科学出版社，北京
出川哲朗他 2008:「黄冶唐三彩窯跡出土陶片の熱ルミネッセンス年代測定」奈良教育大学紀要 57-2，奈良
天津市博 1993: 天津市芸術博物館編『天津市芸術博物館蔵瓷』文物出版社，北京
天理大 1988: 天理大学・天理参考館編『ひとものこころ—隋唐の文物』天理教道友社，天理
陶瓷大全 1987: 芸術家工具書編委会主編『漢唐陶瓷大全』芸術家出版社，台北
東博 1973: 東京国立博物館他編『中華人民共和国出土文物展』朝日新聞社，東京
東博 1978:『日本出土の中国陶磁』東京国立博物館
東博 1979: 東京国立博物館編『シルクロード文物展』東京国立博物館，東京
東博 1985: 東京国立博物館他編『シルクロードの遺宝』日本経済新聞社，東京
東博 1987: 東京国立博物館他編『大英博物館所蔵　日本・中国美術名品展』図録，朝日新聞社，東京
東博 1994: 東京国立博物館編『特別展　中国の陶磁』東京国立博物館，東京
東博 1996-1: 東京国立博物館編『水瓶　法隆寺献納宝物特別調査概報ⅩⅢ』東京国立博物館，東京
東博 1996-2: 東京国立博物館編『法隆寺献納宝物』展覧会図録，東京国立博物館，東京
東博 1998:『東京国立博物館図版目録中国陶磁篇Ⅰ』東京国立博物館，東京
東博 1998:『唐の女帝・則天武后とその時代—宮廷の栄華』NHK，東京
東北亜歴史財団編 2009: 濱田耕策監訳『渤海の歴史と文化』明石書店，東京
東京芸大 1962: 東京芸術大学編『東京芸術大学蔵品目録・古美術　下』東京芸術大学，東京
東京芸大 1990: 東京芸術大学資料館編『東京芸術大学資料館蔵品目録』東京芸術大学，東京
東大美術館 1985: 東京大学美術博物館編『東京大学教養学部美術博物館資料集 1』東京大学教養学部美術博物館，東京
陶磁大観 1975-1:『東洋陶磁大観—ギメ美術館』講談社，東京
陶磁大観 1975-2:『東洋陶磁大観—フィリーア美術館』）講談社，東京
陶磁大観 1975-3:『東洋陶磁大観—インドネシア国立博物館』）講談社，東京
陶磁大観 1975-4:『東洋陶磁大観—ビクトリア・アルバート博物館』講談社，東京
陶磁大観 1976:『東洋陶磁大観—ストックホルム東アジア博物館』講談社，東京
陶磁大観 1977-1:『東洋陶磁大観—メトロポリタン美術館』講談社，東京
陶磁大観 1977-2:『東洋陶磁大観—大英博物館』講談社，東京
陶磁大観 1978:『東洋陶磁大観—ボストン美術館』講談社，東京
東武美 1997: 東武美術館他編『ケルン東洋美術館展』ホワイトＰＲ，東京
常盤山文庫（佐藤サアラ）2009: 常盤山文庫中国陶磁研究会『米内山陶片』常盤山文庫，東京
常盤山文庫（佐藤サアラ）2010: 常盤山文庫中国陶磁研究会『北斉の陶磁』常盤山文庫，東京
戸栗美術館 1987: 戸栗美術館編『開館記念名品展』東京
富山佐藤美 1999: 富山市佐藤記念美術館編『フィリピンにわたった焼きもの—青磁と白磁を中心にして』富山市佐藤記念美術館，富山
敦煌文物研 1981: 敦煌文物研究所編『中国石窟敦煌莫高窟 3』平凡社，東京
吐魯番 1995: 吐魯番地区文物中心主編『高昌壁画輯佚』新彊人民出版社，烏魯木斉

〈な〉

長広敏雄 1946:『大同石仏芸術論』高桐書院，京都

永山修一 1993：「キカイガジマ・イオウガジマ考」『日本律令制論集　下』吉川弘文館，東京

奈文研 1967：奈良国立文化財研究所建造物・歴史研究室「大安寺発掘調査概要」奈良国立文化財研究所 1967 年度年報，奈良

奈文研 1974：奈良国立文化財研究所『平城京発掘調査報告　―平城京左京一条三坊の調査』奈良国立文化財研究所，奈良

奈文研 1987：奈良国立文化財研究所『薬師寺発掘報告』奈良国立文化財研究所，奈良

奈文研年報 1994：奈良国立文化財研究所『奈良国立文化財研究所年報 1993』奈良国立文化財研究所，奈良

奈文研 1995：奈良国立文化財研究所『平城京左京二条二坊・三条二坊発掘調査報告』奈良国立文化財研究所・奈良県教育委員会

奈文研 2003：奈良文化財研究所編『鞏義黄冶唐三彩』奈良文化財研究所史料第 61 冊，奈良文化財研究所，奈良

奈文研 2006：『黄冶唐三彩窯の考古新発見』奈良文化財研究所史料第 73 冊，奈良

奈文研 2007：奈良文化財研究所編『大和山田寺跡』吉川弘文館，東京

奈文研 2010：『河南省鞏義市黄冶窯跡の発掘調査』奈良文化財研究所研究報告第 2 冊，奈良

奈良研 2012：『鞏義白河窯の考古新発見』奈良文化財研究所研究報告第 8 冊，奈良

奈良研 2013：『河南省鞏義市白河窯跡の発掘調査概報』奈良文化財研究所研究報告第 11 冊，奈良

奈良県教委 1984：『重要文化財東大寺二月堂仏餉屋修理報告書』奈良県教育委員会，奈良

奈良博 1977-1：奈良国立博物館編『経塚遺宝』東京美術，東京

奈良博 1977-2：奈良国立博物館編『1977 年正倉院展目録』奈良国立博物館，奈良

奈良博 1988：奈良国立博物館他『シルクロード大文明展・仏教美術伝来の道』なら・シルクロード博協会他，奈良

南京博物院 1957：南京博物院編著『南唐二陵発掘報告』文物出版社，北京

南京博物院 1963：南京博物院他合編『江蘇省出土文物選集』文物出版社，北京

南京博物院 1980：南京博物院編『江蘇六朝青瓷』文物出版社，北京

南京博物院 1981：南京博物院展工作委員会編『南京博物院展』中日新聞社，名古屋

任世龍 1981：「竜泉青瓷的類型與分期試論」『中国考古学会第 3 次年会論文集』文物出版社，北京

任鳳春編 2003：『白城史略』吉林人民出版社，長春

西川寧 1966：西川寧編『西安碑林』講談社，東京

新田町 1994：『境ケ谷戸・原宿・上野井Ⅱ遺跡』新田町文化財調査報告第 13 集，群馬・新田町

寧夏回族自治区博他 1999：『原州古墓集成』文物出版社，北京

根津美 1983：根津美術館編『定窯白磁』根津美術館，東京

根津美 1988：根津美術館編『唐磁―白磁・青磁・三彩』根津美術館，東京

農安県文物管理所：『農安遼塔簡介』発行年記載なし，小冊子

野崎誠近 1928：野崎誠近『吉祥圖案解題―支那風俗の一研究』中国土産公司，天津

〈は〉

博多研究会 2000：森本朝子・片山まび「博多出土の高麗・朝鮮陶磁の分類試案」博多研究会会誌第 8 号，福岡

萩美 1996：山口県立萩美術館・浦上記念館編『開館記念Ⅰ　蒐集家浦上敏朗の眼―館蔵名品展』山口県立萩美術館・浦上記念館，萩

白鶴 1989：白鶴美術館編『白鶴美術館名品選』財団法人白鶴美術館，神戸

橋本雄 2005：「中世の喜界島・南西諸島・環シナ海世界」『古代・中世のキカイシマ資料集』喜界島郷土研究会他，喜界町

長谷部楽爾 1973：長谷部楽爾編著『中国美術第 5 巻　陶磁』講談社，東京

長谷部楽爾 2006：『東洋陶磁史研究』中央公論美術出版，東京

八賀晋 1981：「奈良大安寺出土の陶枕」考古学ジャーナル 196 号臨時増刊号，ニューサイエンス社，東京

濱田耕索 2000：『渤海国興亡史』吉川弘文館，東京

浜松市博 1981：浜松市博物館編『城山遺跡調査報告書』静岡県浜名郡可美村教育委員会
林屋晴三 1992：林屋晴三編『中国名陶展』日本テレビ放送網，東京
林巳奈夫 1976：『漢代の文物』京都大学人文科学研究所，京都
林良一 1992：林良一『東洋美術の装飾文様―植物文篇』同朋舎出版，京都
原田淑人 1939：原田淑人編著『東京城―渤海国上京龍泉府址の発掘調査（東方考古学叢刊甲種第5冊）』東亜考古学会，東京
原田淑人 1973：「六朝磚墓壁刻画七賢図」『東亜古文化説苑』原田淑人米寿記念会，東京
樋口隆康 1973：樋口隆康編著『中国美術』第4巻，講談社，東京
馮先銘 1981：馮先銘編『定窯』中国陶瓷全集9，中国人民出版社編，上海
馮先銘 1982：「竜泉窯与竜泉系諸窯」『中国陶瓷史』第6章，文物出版社，北京
馮先銘 1998：馮先銘主編『中国古陶瓷図典』文物出版社，北京
福井陶芸 1996：福井県陶芸館編『中国陶磁四千年展』福井県陶芸館，福井市
福岡市教委 1979：『三宅廃寺』 福岡市埋蔵文化財調査報告書第50集，福岡市教育委員会，福岡
福岡市教委 1983：福岡市教委『福岡市高速鉄道関係埋蔵文化財調査報告Ⅲ―福岡城址内堀外壁石積の調査』福岡市埋蔵文化財調査報告書第10集，福岡
福岡市教委 1991：『徳永遺跡』 福岡市埋蔵文化財調査報告書第242集
福岡市教委 1992：『福岡市鴻臚館跡Ⅱ』福岡
福岡市教 1994：『鴻臚館跡4』福岡市教育委員会，福岡
福岡市教委 1995-1：福岡市教委『博多45―博多遺跡群第77次調査の概要』福岡
福岡市教委 1995-2：福岡市教委『博多遺跡群第81次発掘調査報告書―博多43』福岡
福岡市教委 1997：福岡市教委『博多遺跡群第85次発掘調査報告書―博多57』福岡
福岡市教委 2001：福岡市教委『鴻臚館跡11―平成11年度の調査』福岡
福岡市博 1992：福岡市博物館編『唐代壁画展』福岡市博物館，福岡
福岡市美 1992：福岡市立美術館編『福岡市立美術館蔵品目録―古美術』福岡市立美術館，福岡
藤岡了一 1939：「越州窯の壷」陶磁 12-1，東洋陶磁研究所，東京
富士美 1991：東京富士美術館編『名品選集Ⅲ中国陶磁』東京富士美術館，東京
北京大学 1997：北京大学他編『観台磁州窯址』文物出版社，北京
北京大学 2009：北京大学考古文博学院他『竜泉大窯楓洞岩窯址』文物出版社，北京
兵庫歴博 1989：兵庫県立歴史博物館編『中国　唐・長安の文物』兵庫県立歴史博物館，姫路
兵庫歴博 1996：兵庫県立歴史博物館編『大唐王朝の華―都・長安の女性たち』兵庫県立歴史博物館，姫路
深井晋司 1968：深井晋司『ペルシア古美術研究―ガラス器・金属器』吉川弘文館，東京
降幡順子他 2012：「飛鳥・藤原京跡出土鉛釉陶器に関する化学分析」東洋陶磁 vol. 41，東洋陶磁学会
方竟成主編 2011『婺州窯精萃』文物出版社，北京
方伸 2001：「中国陶磁にみる三彩女立俑」『邑心』第47号，邑心文庫，埼玉嵐山町
文物精華 1993：文物精華編輯委員会編『中国文物精華1993』文物出版社，北京
文物精華 1997：文物精華編輯委員会編『中国文物精華1997』文物出版社，北京
文物展覧工作委会 1956：『全国基本建設工程中出土文物展覧図録』中国古典芸術出版社，北京
北京市文研 2002：北京市文物研究所編『北京竜泉務発掘報告』文物出版社，北京
北京図書館 1999：北京図書館金石組編『北京図書館蔵中国歴代石刻拓本彙編』中州古籍出版社，北京
ベルリン 1992：京都国立博物館編『ベルリン東洋美術館名品展』京都
法門寺博物館編 2009：王伝他『法門寺文物図飾』文物出版社，北京
陝西省考古研他 2007：陝西省考古研究院，法門寺博物館，宝鶏市文物局，扶風県博物館編著『法門寺考古発掘報告』文物出版社，北京
香港 1981：『中国古陶瓷展・求知雅集珍蔵品』香港求知雅集，香港

香港大学 1985：『広東唐宋窯址出土陶瓷』香港大学馮平山博物館，香港
香港大学 1992：香港大学馮平山博物館及景徳鎮市陶瓷考古研究所聯合主弁『景徳鎮出土陶瓷』香港大学馮平山博物館，香港
香港中文大学 1996：『香港中文大学文物館蔵，学苑匯萃 25』香港

〈ま〉

前田遺跡 1989：前田遺跡調査団編『鋳師屋遺跡群―前田遺跡（第Ⅰ・Ⅱ・Ⅲ次）発掘報告書』佐久市教委，佐久市
毎日新聞社 1980：毎日新聞社編『西安古代金石拓本と壁画展図録』毎日新聞社，東京
正本洋子 2002：『五つのカメ』自費出版，喜界町
松田清 1981：『古代・中世奄美史料』JCA 出版，東京
町田市博 1990：町田市立博物館編『オリエントのガラス』町田市立博物館，東京
町田市博 1992：町田市立博物館編『東洋陶磁―山田義雄コレクション』町田市立博物館，東京
松岡美 1975：松岡美術館編『松岡美術館開館記念図録』松岡美術館，東京
松岡美 1991：松岡美術館編『東洋陶磁名品図録』松岡美術館，東京
松本信広 1941：松本信広編著『江南踏査』三田史学会，東京
松本伸之 1992：松本伸之「法隆寺献納宝物の水瓶について」法隆寺献納宝物特別調査概報Ⅷ，東京国立博物館
松村雄蔵 1927：「越州余姚窯」『陶器講座第 18 巻』雄山閣，東京
三井喜禎 1965：『喜界島古今物語』自費出版，喜界町
三井喜禎：『曙の小野津』孔版，喜界町図書館蔵
村井章介 1997：「中世国家の境界と琉球・蝦夷」『境界の日本史』山川出版社，東京
森田勉 1982：「北九州地方から出土する越州窯青瓷の様相」考古学ジャーナル 211，ニューサイエンス社，東京
繭山康彦 1973：繭山康彦『中国文物見聞』繭山龍泉堂，東京
萬野 1988：萬野美術館編『萬野コレクション撰集』萬野記念文化財団，大阪
三上次男 1978：「百済武寧王陵出土の中国陶瓷とその歴史的意義」『古代東アジア史論集下巻』吉川弘文館，東京
三上次男 1984：三上次男「中国の陶枕―唐より元へ」『揚永徳収蔵中国陶枕』大阪東洋陶磁美術館編，大阪
三上次男 1988：三上次男『陶磁貿易史研究　中』中央公論美術出版社，東京
三上次男 2008：『受贈三上次男コレクション図版目録』出光美術館，東京
水上和則 2001：「北方白瓷の誕生と化粧掛けの役割」東京藝術大学美術学部紀要第 36 号，東京
水上和則 2006：学位論文「唐宋陶瓷技法の研究」東京藝術大学，東京
水野清一 1965 他：『天理参考館所蔵　古代アジア美術展』日本経済新聞社，東京
水野清一 1965：『唐三彩』陶器全集 25，平凡社，東京
水野清一 1977：水野清一『唐三彩』陶磁大系 35，平凡社，東京
光森正士 1993：光森正士編『正倉院宝物にみる仏具・儀式具』紫紅社，京都
蓑豊 1998：『白磁』中国の陶磁 5，平凡社，東京
宮林昭彦・加藤栄司訳 2004：『現代語訳 南海寄帰内法伝』法蔵館，東京
百田篤弘 1994：百田篤弘「鳳首瓶について（一）―隋・唐代鳳首瓶の東南アジア的性格について」東京富士美術館研究誌ミューズ第 2 号，東京富士美術館，東京
百田篤弘 2010：「義浄『南海寄帰内法伝』に見える陶磁製「浄瓶」について」東京富士美術館研究誌ミューズ第 26 号，東京
森公章 2010：『遣唐使の光芒―東アジアの歴史の使者』角川選書 468，角川書店，東京
森達也 1998：「晩唐期越州窯青磁の劃花文について」『楢崎彰一先生古希記念論文集』真陽社，京都
森達也 1999：「宋・元代竜泉窯青磁の編年的研究」東洋陶磁 vol. 29，東洋陶磁学会，東京

〈や〉

矢部良明 1973-1：「五代宋初の「官」字銘白瓷について」MUSEUM267・270，東京国立博物館
矢部良明 1973-2：「遼の領域から出土した陶磁の展開」東洋陶磁 vol. 2，東洋陶磁学会，東京
矢部良明 1979：「晩唐五代の三彩」考古学雑誌 65-3，日本考古学会，東京
矢部良明 1981：「北朝陶磁の研究」東京国立博物館紀要第 16 号，東京
矢部良明 2000-1：『唐三彩と奈良三彩』日本の美術 5，至文堂，東京
矢部良明 2000-2：「日本出土の渤海三彩」『日本出土の舶載陶磁』，東京国立博物館
山形県博編 2012：山形県立博物館編『特別展―出羽国成立 1300 年』山形県立博物館，山形
山口県美 1986：山口県立美術館編『大黄河の文明の流れ―山東省文物展』西武美術館他，東京
山崎一雄 1987：『古文化財の科学』思文閣出版，京都
山崎一雄 1992：「渤海三彩と唐三彩などの釉薬と胎土の比較」東洋陶磁 vol. 19，東洋陶磁学会，東京
山崎一雄 1998：山崎一雄「緑釉と三彩の材質と技法」『日本の三彩と緑釉―天平に咲いた花』図録，愛知県陶磁資料館，瀬戸
山下泰蔵 1936：「塔呼城址」『満洲史学』1-1，満州史学会
山本信夫 1988：山本信夫「北宋期貿易陶磁器の編年―大宰府出土例を中心として」貿易陶磁研究 no. 8，日本貿易陶磁研究会，福岡
大和文華 1991：大和文華館編『大和文華館所蔵品図版目録 7―中国陶磁』大和文華館，奈良
弥生博 1997：大阪府立弥生博物館編『中国仙人のふるさと―山東省文物展』山口県立萩美術館・浦上記念館，萩
弓場紀知 1985：「陶製明器と滑石製明器」『三上次男博士喜寿記念論文集』平凡社，東京
弓場紀知 1995：弓場紀知『三彩』中国の陶磁 3，平凡社，東京
弓場紀知 1996：弓場紀知「北朝～初唐の陶磁―6 世紀後半～7 世紀の中国陶磁の一傾向」，出光美術館研究紀要第 2 号，東京
葉喆民 1988：「再論邢窯」『中国古陶瓷研究』文物出版社，北京
葉葉（呉同）1983：「盛唐釉下彩印花器及其用途」大陸雑誌 66-2，井上隆一訳文，陶説 385 号，1985，日本陶磁協会，東京
揚州市博 1996：揚州市博物館・揚州文物商店編『揚州古陶瓷』文物出版社，北京
楊春棠 1997：河南省文物考古研究所・香港大学美術博物館編『河南出土陶瓷』香港大学美術博物館，香港
楊伯達・松原三郎訳 1985：『埋もれた中国石仏の研究』東京美術，東京
楊文山 2004：「邢窯唐三彩工芸研究」中国歴史文物 2004-1
余家棟 1986：『中国陶瓷全集 15 吉州窯』中国陶瓷全集，上海人民美術出版社，上海
余家棟 1997：余家棟『江西陶瓷史』河南大学出版社，開封
余家棟 2002：余家棟『中国古陶瓷標本―吉州窯』嶺南美術出版社，広州
四日市博 1995：四日市市立博物館『遣唐使が見た中国文化』，四日市
米内山庸夫 1954：「越窯の研究」陶説 1954-1～3，日本陶磁協会，東京
読売新聞社 1979：東京国立博物館他編『中華人民共和国シルクロード文物展』読売新聞社，東京
横田賢次郎 1981：「大宰府出土の唐三彩と絞胎陶」考古学ジャーナル no. 196，ニューサイエンス社，東京
吉田恵三 1992：「中国に於ける円形硯の成立と展開」國學院大学紀要 30，國學院大學，東京

〈ら〉

洛陽博 1985：洛陽博物館編『洛陽唐三彩』河南美術出版社，鄭州
洛陽工作隊 1990：洛陽文物工作隊編『洛陽出土文物集粋』朝華出版社，北京
羅宗真 1980：羅宗真「六朝陵墓埋葬制度綜述」中国考古学会第 1 次年会論文集，文物出版社，北京
同上 1984：羅宗真「南朝宋文帝陵和陳文帝陵考」南京博物院集刊第 7 集，南京

同上 1996：羅宗真『六朝考古』南京大学出版社，南京
李王家 1912：李王家博物館編『李王家博物館所蔵品写真帳』李王職蔵版，京城
李家治 1998：『中国科学技術史—陶瓷巻』科学出版社，北京
陸明華 1986：陸明華「試析一種青白釉注碗的産地」上海博物館館刊第 3 期，上海
陸明華 1995：「唐代秘色瓷有関問題探論」上海秘色瓷討論会発表要旨，上海
李桂芦他 1999：「黒竜江省哈爾濱市郊発現元代瓷器窖蔵」考古 1999-5
李輝柄 1983：李輝柄主編『中国陶瓷全集 5』上海美術出版社，上海
李輝柄 1988：「略談早期白瓷」考古与文物 1988-1，西安
李輝柄 1988：「安徽省窯址調査紀略」故宮博物院院刊 1988-3，北京
李輝柄 1996：『故宮博物院蔵文物珍品全集 31，晋唐瓷器』商務印書館，北京
李輝柄 2000：李輝柄主編『中国陶瓷全集 6』上海人民美術出版社，上海
李紅軍 1995：「渤海遺址和墓葬出土的三彩器研究」中国古陶瓷研究会 '95 年会論文集，文物研究第 10 期
李鍾玫 1997：「百済時代輸入陶磁の影響と陶磁史的意義」百済研究 vol. 27，忠南大学百済研究所，公州
李知宴 1983：「略論竜泉青瓷的発展」中国歴史博物館館刊 5，北京
李知宴 1989：『中国釉陶芸術』軽工業出版社・両木出版社，香港
李知宴 1993：「日本出土の緑釉滴足硯考—併せて唐代彩釉陶瓷の発展について考える」橿原考古学研究所 1993 所載，奈良
李陳奇他 2010：『海曲華風—渤海上京城文物精華』文物出版社，北京
李炳武主編 1998：『中華国宝—陝西珍貴文物集成』陝西人民教育出版社，西安
龍泉堂 1976：繭山龍泉堂編『龍泉集芳・第 1 集』繭山龍泉堂，東京
遼寧文考研 2011：遼寧省文物考古研究所『朝陽営州路出土瓷器』科学出版社，北京
劉新園・白焜 1982：劉新園・白焜「景徳鎮湖田窯各期碗類装焼工芸考」文物 1982-5
劉新園 1992：「景徳鎮窯遺址的調査与中国陶瓷史上的幾個相関問題」香港大学 1992 所載論文
林士民 1981：浙江省文物考古研究所「寧波東門口埠頭遺址発掘報告」浙江省文物考古研究所学刊第 1 号，杭州
林士民 1997：寧波市文物考古研究所「浙江寧波和義路遺址発掘報告」東方博物第 1 輯，杭州大学出版社，杭州
林子民 1999：『青瓷与越窯』上海古籍出版社，上海
林忠幹他 1988：「福建浦城宋元瓷窯考察」中国古陶瓷研究 2，江西省陶瓷工業公司，景徳鎮
路菁 2003：『遼代陶瓷』遼寧画法出版社，瀋陽
呂常凌 1996：呂常凌他編『山東文物精粋』山東美術出版社，北京

Alfred Salmony1926: Bearbeitet von Alfred Salmony *Ausstellung Köln 1926* Verlagf. Bruckmanna. -G/Munchen
Amsterdam1925: *Tentoonstelling von Chineesche Kunst, Exhibition of Chinese Art*, Amsterdam Municipal Museum, Amsterdam
Ayers, Jhon 1968: *The Baur Collection, Geneva* vol. 1, Geneve
Berlin-Dahlem1970:Staatliche Museen Preuβischer Kulturbesitz Museum für Ostasiatische Kunst *Ausgewahlte Werke Ostasiatischer Kunst*, Berlin-Dahlem
Barlow1963: Michael Sullivan *Chinese Ceramics, Bronzes and Jades in the Collection of Sir Alan and Lady Barlow,* Faber and Faber, London
Bharhut1956: Ananda K. *Coomarasaswamy La Sculpture de Bharhut*, Musee Guimet, Vanoest, Bharhut, Parise
Boston1950: Jan Fontein & Tung Wu *Unearthing Chinas Past,* Museum of Fine Art, Boston
Boston1953: *Georges de Batz Exhibition of Chinese Ceramics and European Drawings,* Museum of Fine Arts, Boston
Boston1964: *In The Charls B. Hoyt Collection in the Museum of Fine Arts: Boston, Volume 1,* Museum of Fine Arets, October House, New York
Bristol1948: H. Schubart *The Schiller Collection of Chinese Ceramics, Jades and Bronzes,* City and County of Bristol

Chapman. J.1987: *A New Look at Wine Carriers among Tang Dynasty Figurines,* O. C. S. 1987-88

Christies1995: *Chinese and Japanese Ceramics and Works of Art*, London

ESKENAZI 1973: *ESKENAZI June-July1973*, London

ESKENAZI 1974: *ESKENAZI, Early chinese ceramics and works of art, 13June-12July*, London

FEA. 1949: *Far Eastern Ceramic Bulletin vol. 7*, Amsterdam

Freer1967: J. A. Pope, *The Freer Chinese Bronzes*, Oriental Studies, No. 7, Freer Gallery of Art, Wasington

Fontein. 1973: Fontein, Jan & Tung Wu *Unearthing Chinas Past*, Museum of Fine Arts Boston

Goldschmidt. D. L. 1954: Lion-Goldschmidt *Ceramique Chino. ise* Edition Charles Massin, Paris

Goldschmidt. D. L. 1958: D. Lion-goldschmidt *Ceramique Chinoise*, Edition Charles Massin, Paris, No. 4

Gompertz. G. 1980(第2版) *Chinese Celadon Wares,* Faber and Faber, Museum of Eastern Art, Oxford(IngramCollection)

Guimet1987: Jean-Paul Desroches *Le jardin des porcelaines Musee Guimet*, Paris

Harrisson, B. 1978: *Oriental Celadon,* Het Princessehof ceramic museum, Leeuwarden

Hamburg1990: *Chinesische Keramik*, Museum für Kunst und Gewerbe Hamburg

Hempel, B. R. 1974: *Tausend Jahre chinesische Keramik aus Privatbesitz,* Museum für Kunst und Gewerbe Hamburug, Hamburug

Jansen, B. 1976: Beatrice Jansen, *Chinese ceramiek*, Haaags Gemeentemuseum, Den Haag

Krahl, R. 1994: Regina Krahl *Chinese Cramics from the Meiyintang Collection*, vol. 1, Azimuth Editions, London

Lally. J. J1986: J. J. Lally *Inaugural Exhibition, Chinese Ceramics and Works of Art,* J. J. Lally&Co. Oriental Art, New York, No. 32,

Li. H. 1997: *Chinese Ceramics, The New Standard Guide,* Thames and Hundson, London

Los Angeles 1957: *The Arts of The Tang Dynasty,* The Los Angeles County Museum

M. Macdonald 1972: *A Descriptive and Illustrated Catalogue of the Malcom Macdonald Collection of Chinese Ceramics,* Oxford University Press, London

Маршак1971: Б. И. Маршак *Согдийское Сереъро,* М осква,

Martie W. Young1991: *Early Chinese Ceramics from New York State Museum*, China House Gallery, China Institute in America, New York

Mario Prodan1960: *The Art of the T'ang Potter,* Thames and Hudson, London

Prodan. M1961: Prodan. M , *Chinesische Keramik der T'ang-zeit*, Droemersche Verlagsanstalt Th, Knaur Nachf, München

Malcom Collection1972: I. R. Legeza *Malcom Macdonald Collection of Chinese Ceramics,* University of Durham Publication, Oxford University Press, London

M. Medley1976: *The Chinese Potter,* Charles Scribner's Sons, New York

Menten1948: S. J. F. H. Menten, *Chinesische Grabfunde und Bronzen*, , Herausgegeben von Kunstgewerbemuseum der Stadt , Zurich

Mino, Yutaka1987: Yutaka Mino, Katherine R. Tsiang *Ice and Green Clouds-Traditions of Chinese Celadon,* Indianapolis Museum of Art, Indiana University Press

Musèe Guimet1987: Jean-Paul Desroches *Le jardin des porcelaines,* Musée Guimet, Paris

Nelson Gallery1973: R. E. Taggart *Handbook Nelson Gallery of Art, vol. Ⅱ*, Atkins Museum, Kansas City

Nelson 1975: Nelson Gallery of Atokins Museum *The Chinese Exhibition* Nelson Gallery *Atokins Museum*, Kansas City

New York Museum1991: Martie W. Young *Early Chinese Ceramics-from New York State Museum,* China House Gallery, China Institute in America, New York

Nils Palmgren1963: *Sung Sherds 宋窯器,* Almqvist & Wiksell, Stockholm

OCS. 1955: The Oriental Ceramic Society *The Arts of the T'ang Dynasty*, No. 149, London, Mr and Mrs M. S. Whitehouse

OCS1971: The Oriental Ceramic Sciety *The Ceramic Art of China,* V&A. Museum

Plumer J. M1937: *Long-lost Cheking kiln-sites*, The Illustrated London News. no. 5104, March13

Peralta1982: J. T. Peralta *KATAMANAN- Pottery and Ceramics from the Arturo de Santos Collection*, Manila

Robert Schmidt1924: *Chinesische Keramik von der Han-zeit bis zum ⅩⅨ. jahrhundert*, Frankfurt am Main

Rawson J. 1982: *The Ornament on Chinese Silver of the Tang Dynasty*, British Museum Occasional Paper No. 40, British museum, London

RKM1980: *Kinesiskt ur Rohssk Konstslojdmuseets Samlingar*, Gotrborg

Robert D. Mowry 1995: Robert D. Mowry *Hare's Fur, Tortoiseshell, and Partridge Feathers, Chinese Brown-and Black-glazed Ceramics, 400-1400*, Harverd University Art Museum, Cambridge

Rosemary E. Scott1989: *Percival David Foundation of Chinese Art, A Guide to the Collection*, PDF. London

Ross. E. Taggart1973: *Handbook of the Collection in the William Rockhill Nelso n Gallery of Art and Mary Atokins Museum of Fine Arts*, vol. Ⅱ, Atkins museum

Rose Hempel1974: *Tausend Jahre chinesische Keramik aus Privatbesutz*, Museum für Kunst und Gewerbe Hamburg

Royal Ontario 1968: Henry Trubner *The Far Eastern Collection*, Royal Ont ario Museum , Tronto

Royal Ontario Museum1972: *Chinese Art in the Royal Ontario Museum*, The Royal Ontario Museum, Toronto

Royal Ontario Museum1974: Yutaka Mino *Chinese Stonewares in the Royal Ontario Museum*, The Royal Ontario Museum, Toronto

Royal Ontario Museum1974: *Pre-Sung Dynasty Chinese Stonewares in the Royal Ontario Museum*, The Royal Ontario Museum, Toronto

Schloss Collection1984: *Important Chinese Ceramics Sculpture, Selected Masterpieces from The Schloss Collection*, No. 11, New York

Sumarah Adhyatman 1983: *Notes on Early Olive Green Wares Found in Indonesia*, The Ceramic Society of Indonesia, Jakalta

Temple Newsam House1966: Leeds Art Gallery and Temple Newsam House *Chinese Ceramics*, Leeds

TOC. 1987-1988: J. Rawson, M. Tite, M. J. Hughes paper, Transaction of the Oriental Ceramic Society, London

Tregear, M1976: *Catalogue of Chinese Greenware*, Oxford at the Clarendon Press, Ashmolean Museum, Oxford

Valenstein. S. G. 1997: *Preliminary Finds On A 6 th-Century Earthenware Jar*, Oriental Art vol. XLIII, New York

Valenstein. S. G. 2003: Suzanne G. Valenstein *Western Influences On Some 6th-Century Northern Chinese Ceramics*, Oriental Art Magazine, vol. xlix no. 3, New York

Vancouver1976: *Within the Potter's House* Centennial Museum, Vancouver

Watoson, W 1984: William Watoson *TANG and LIAO CERAMICS*, Thames and Hundson, London

Watt1998: J. C. Y. Watt *When Silk Was Gold, Central Asian and Chinese Textiles*, The Metropolotan Museum

Young. M. W. 1976: M. W. Young *Far Eastern Art in Upstate New York*, Cornell University Publications, New York

挿図出典一覧

1. 本文中で1頁にまとめた写真を **pl.** とし，その他の挿図を **fig.** で表示し，その出典を一覧として明示する。
2. 文献中の所蔵館は略称を用い，「中国陶瓷史文献目録」と一致し，各文献中の番号は引用文献の図および頁の位置を示す番号ないし所蔵館の整理番号である。
3. 自撮・自作は著者撮影および作成である。本文中の出典の表示ではスペースの関係で略記しているので詳細は「文献目録」によられたい。引用文献のない写真および図面は自撮・自作である。

I-1. 南北朝期貼花文青瓷の研究

fig. 1. 貼花文青瓷出土遺跡・窯跡
fig. 2. pl. 1-1 青瓷貼花文尊頸部，封氏墓群
fig. 3a，b 青瓷貼花文尊（部分），封氏墓群
pl. 1. 青瓷貼花文尊
-1. 青瓷貼花文尊，封氏墓群出土，中国歴史博物館保管，『中国美術全集工芸美術編1』no. 228, 1991
-2. 青瓷貼花文尊，封氏墓群出土，故宮博物院，李輝柄編 1996, no. 57
-3. 青瓷貼花文尊，封氏墓群出土，故宮博物院 1996, no. 57
-4. 青瓷貼花文尊，封氏墓群出土，河北省博物館 2008, 出土陶瓷器3 河北，no. 10
-5. 青瓷有蓋貼花文尊 南京市麒麟門外霊山墓，南京博物院，『中国美術全集工芸美術編1』no. 211, 1991
-6. 青瓷有蓋貼花文尊 湖北・武昌県鉢盂山392号墓，出土陶瓷器13 湖北，no. 52
-7. 青瓷有蓋貼花文尊 湖北・武昌県何家大湾193号・劉覬墓，『中国美術全集工芸美術1』227図，1991
-8 青瓷貼花文尊，武漢市武昌区何家壟南朝墓（M335），大分市歴史資料館『中国武漢文物展』no. 26, 1990
-9. 青瓷貼花文六系尊 伝河南・上蔡県，香港芸術館『国寶－中国歴史文物精華展』no. 79, 1997
fig. 4a，b. **pl. 1-3** の頸部，肩部
fig. 5. pl. 1-4 蓋・頸部
fig. 6a，b. **pl. 1-5**，蓋，頸部
fig. 7. pl. 1-6 脚部，出土陶瓷器13，no. 52
fig. 8a. 青瓷刻花蓮弁文長頸瓶，南京宋家梗，南京博物院 1980, no. 107，-8b. 青瓷罐，江蘇・泰州市蘇北電廠文物 1996-11，-8c. 青瓷劃花巻草壺，故宮博物院，中美全集 1991, no. 218
挿図9. **pl. 1-8** 頸部，大分市歴 1990, no. 26

挿図10. **pl. 1-9** 口頸部，香港芸術館 1997, no. 79
fig. 11a，b，c. **pl. 2-1**ASH. 尊頸部，胴部，腰部
pl. 2 青瓷貼花文尊・貼花文罐
-1. 青瓷蓮弁文四系尊 アシュモレアン美術館（1956. 964）, Mary Tregear1976
-2. 青瓷蓮弁文四系尊 ネルソンギャラリー・アトキンス美術館 40-3/3，東博 1994, no. 96
-3. 青瓷貼花蓮華文尊，山東・溜博市溜川区竜泉公社和荘村石室墓，出土陶瓷－山東，no. 35
-4. 青瓷貼花文四系罐，ハーグ・ゲメンテ美術館，no. OCVO-78-30
-5. 青瓷貼花蓮華文五系罐，東博 1994, no. 94
-6. 青瓷貼花文八系罐，安徽・寿県城関南門，安徽省博物館編 2002, no. 19
-7. 青瓷貼花文四系罐，京都国立博物館，『京都国立博物館蔵品図版目録』no. 25, 1987（自撮）
-8. 青瓷貼花文四系罐，故宮博物院蔵，李輝柄編 1996, no. 72
-9. 青瓷刻花蓮弁文蓋罐，フリードリッヒ・M・メイヤー旧蔵，Oriental Ceramic Society no. 32, London, 1971, no. 32
-10. 青瓷刻花蓮弁文四系罐，山東・平邑県于村，呂常凌編 1996, no. 69
fig. 12a，b. **pl. 2-2** の胴部，脚部
fig. 13a，b. 青瓷貼花文尊，太原市沙金村斛律墓，文物 1992-10, p. 12, 図30・31
fig. 14a，b. **pl. 2-3** の実測図，胴部
fig. 15a，b. **pl. 2-4** の肩部，胴部
fig. 16a，b. **pl. 2-5** の肩部，胴部
-c. 青瓷貼花棗椰子束文四系罐，東京大学考古学教室（c-778）
fig. 17. pl. 2-6 の胴部
fig. 18. pl. 2-7 の底部
fig. 19. pl. 2-8 の胴部
fig. 20a **pl. 2-9** の肩部，b. 青瓷貼花文角形4系罐，山東・泰安市博物館保管，山東文物 2002, pp. 175-176
fig. 21a，b. **pl. 3-3** の胴部上半，底部
fig. 22a，b. **pl. 3-6** の灯盞部，脚部
fig. 23a，b，c，d. **pl. 3-4**，5，6 実測図
pl. 3. 鉛釉貼花文尊，鶏首壺，瓶，灯
-1. 青瓷貼花文盤 壺，揚州市西湖郷荷葉村王庄出土，揚州博物館 1996, 20図
-2. 青瓷貼花蓮弁文鶏首壺，揚州市西湖郷荷葉村王庄出土，

揚州博物館 1996, 19 図
-3. 黄釉貼花蓮華蓮弁文尊, 山西・寿陽県賈家荘　庫狄廻洛墓, 『出土陶瓷―山西』no. 10, 2008
-4, -5, -6. 黄緑釉褐彩貼花文灯, 太原市晋祠公社王郭村　婁叡墓, 山西省考古研究所・太原市文物考古研究所 2006
-7a, b, c. 黄釉螭竜柄貼花文鶏首壺, 太原市晋祠公社王郭村　婁叡墓, 山西省考古研究所・太原市文物考古研究所 2006
-8, -9 黄釉鬼面貼花文瓶, 太原市晋祠公社王郭村　婁叡墓, 山西省考古研究所・太原市文物考古研究所 2006

fig. 24 a. pl. 3-9, b. pl. 3-8, c. pl. 3-7b, d. pl. 3-7a 実測図

fig. 25 a. pl. 4-1 貼花文 -b. pl. 4-3 部分, -c. ボストン美術館 50.1851, 器高 41.5cm

fig. 26. pl. 4-6 の胴部人面文

pl. 4. 鉛釉貼花文罐, 瓶, 尊
-1a. 緑釉貼花文罐, セルニヌスキー美術館 MC9916, 自撮
-2. 緑釉貼花文罐, 常盤山文庫, 自撮
-3. 緑釉貼花文罐, 根津美術館, 世界陶磁 11-2 図
-4. 緑釉長頸罐, フリーア美術館 F1906.243, 世界陶磁 11-168 図
-5. 緑釉貼花文罐, V&A, C.175-1932, 自撮
-6. 緑釉貼花文尊　メトロポリタン美術館 no. 1996.15, Suzanne G. Valenstein1997/8, no. 4,
-7. 黄褐釉貼花文尊　個人蔵, 世界陶磁 11- 第 1 図

fig. 27. 貼花文青瓷の胎土分析値図, 自作

fig. 28.-a. 寿州管家嘴窯跡採集の破片, 自撮, -b. 寿州管家嘴窯跡採集の破片図, 考古 1988-8, pp. 735-750 -c. 溜博寨里窯跡採集青瓷貼花文罐片, 窯址報告 1984, 193 図, -d. 安陽橋南窯出土青瓷片, 文物 1977-2

fig. 29. 飛天文, -a. pl. 1-3 封氏墓青瓷貼花文尊, -b 中国石窟竜門 1988, 109 図

fig. 30. 鬼面文, -a. pl. 1-3, -b. 竜門石窟奉先寺洞北壁天王像（中国石窟竜門 1988）

fig. 31. -a. 蓮蕾形宝華文, ASH., 自撮 -b. 石榴形宝華文, 響堂山石窟第 7 洞, 中美全集 1989

fig. 32. 走獣文, 婁叡墓（562 年葬）の墓室東壁, 山西考古研 2006, p. 81

fig. 33. パルメット文, -a. pl. 1-2, -b. 五葉パルメット文, 竜門文保・北大 1987, 109 図, -c. 五葉パルメット文, **pl. 2-2**, ネルソン美術館, 自撮

fig. 34. 回転蓮華文, 青瓷貼花文罐, ネルソン美術館, 東博 1994, no. 96

fig. 35. 樹木文, 中国石窟竜門 1987, 187 図

fig. 36. 火焔宝珠文, a, pl. 3-6 庫狄廻洛墓, -b. 中国石窟麦積山 1987, 第 204

fig. 37. 竜門石窟皇甫公窟石刻挿花尊形　中国石窟竜門 1987, 194 図,

fig. 38.-a. 百済王宮里廃（官宮）寺出土の青瓷陽刻蓮華文瓶片, 崔孟植他 1993, -b. 扶余陵寺跡出土の青瓷陽刻蓮華文瓶片, 大邱博物館 2004, p. 27

fig. 39. 封氏系図

fig. 40. 青瓷貼花文尊, 河南・鶴壁市博物館蔵, 趙青雲『河南陶瓷史』図版 11-37, 紫禁城出版社, 1993

fig. 41 a, b, c. 鉛（黄）釉灯, 尊, 鶏首壺, 山西・太原市迎沢区郝庄郷狄王家峰村・徐顕秀墓, 文物 2003-10, pp. 4-40, 太原市文物考古研究所編 2005『北斉徐顕秀墓』文物出版社

fig. 42. 青瓷鏤空貼花套尊　江蘇・鎮江市鋼鉄廠出土, 出土陶瓷－江蘇, 2008, no. 64

fig. 43. New York Metropolitan Museum 蔵貼花文盒, Valenstein. S. G. 2003, p. 2

fig. 44 a, b, c. 青瓷貼花文 4 系罐, New York Metropolitan Museum, Valenstein. S. G. 2003, p. 8

I-2. 北朝－隋・初唐期罐, 瓶の編年的研究

tab. 南北朝―隋・初唐の青瓷罐・瓶紀年銘等共伴資料

fig. 1. 河北・河南省界地域地図

fig. 2. 青瓷刻花蓮弁文罐（pl. 2-18 図）

fig. 3. 青瓷罐・瓶実測図

pl. 1. 青瓷・緑釉罐
-1. 青瓷刻花蓮弁文罐, 茹茹公主墓, 文物 1984-4, 図版 5-3
-2. 青瓷刻花蓮弁文蓋罐, 安徽池州市貴地区阮橋郷, 安徽出土瓷器 no. 45
-3. 青瓷刻花蓮弁文蓋罐, 河北・呉橋県小馬廠東魏墓, 河北文物 1980, no. 311
-4. 青瓷刻花蓮弁文罐, 東京国立博物館 TG2213, 東博 1998
-5. 青瓷刻花蓮弁文罐, 佐野美術館 1991, no. 98
-6. 鉛釉刻花蓮弁文橋形 4 系二彩罐, 河北・平山県崔昂・前妻墓, 文物 1973-11
-7-a, -7-b. 鉛白釉緑彩刻花蓮弁文環形 4 系罐, 白釉緑彩刻花蓮弁文環形 4 系罐, 安陽・范粋墓, 中国文物精華 1992
-8. 白釉緑彩刻花蓮弁文橋形・環形 4 系罐, 濮陽・李雲夫妻墓, 考古 1964-9, 図版 10
-9. 無系鉛釉罐, 河北・磁県・高潤墓, 考古 1979-3
-10. 白鉛釉 4 系罐, 上海博物館, 自撮
-11. 青瓷刻花蓮弁文罐, 山東・新泰市中東南関村墓, 出

土陶瓷 6, no. 61

pl. 2. 青瓷・鉛釉罐

-12. 青瓷刻花蓮弁文罐, 山東・兗州后李村, 出土陶瓷 6, no. 39

-13-1, -2. 青瓷 4 系罐, 山東・鄒城市天启宙后, 鄒城市博物館, 出土陶瓷・山東 no. 57, 58

-14. 青瓷突帯文橋形・環形 6 系劃花文罐河南・濮陽県, 李雲夫妻合葬墓, 中国文物精華 1992, no. 23

-15. 青瓷刻花蓮弁文罐, 棗庄市中陳郝窯跡, 出土陶瓷 6, no. 46

-16. 青瓷刻花蓮弁文罐, 棗庄市中陳郝窯跡, 出土陶瓷 6, no. 47

-17. 青瓷刻花蓮弁文罐, 山東・臨沂市北十里堡, 出土陶瓷 6, no. 40

-18. 青瓷刻花蓮弁文罐, 咸陽・王士良・妻合葬墓, 陝西考研 1992, 図版 245, pp. 116, 図 6

-19. 青瓷刻花蓮弁文罐, 江蘇・建湖県上岡収集品, 南京博物院 1981, no. 78,

-20. 青瓷刻花蓮弁文罐, サンフランシスコ美術館 B60P154, Li. H. 1997

-21. 青瓷刻花蓮弁文罐, ＭＯＡ美術館, ＭＯＡ図録 1982, no. 9,

-22. 青瓷刻花蓮弁文罐, 山東・平邑県于村出土, 山東文物 1996, no. 69

pl. 3. 青瓷・鉛釉罐

-23. 青瓷襞状突帯文球形胴罐, 河北・景県・高潭夫妻合葬墓文物, 1979-3, 図 41

-24. 青瓷刻花蓮弁文罐, インドネシア国立博物館 no. 3294, 陶磁大観 1977, 6 図, 1977

-25. 青瓷盤口 4 系壺, 咸雍市咸雍機場独孤蔵墓, 員安志 1992, 図版 209

-26. 青瓷襞状突帯文 4 系罐, V&A. (ACC. no. C. 5-1923), 陶磁大観 vol. 6, no. 8

-27. 青瓷 4 系罐, 山東・垣台県旬召村磚廠, 溜博市博物館, 出土陶瓷 6, no. 55

-28. 青瓷蓋罐, 山西・汾陽市梅淵墓（595 年）, 山西博物院, 出土陶瓷 5, no. 31

-29. 青瓷襞状突帯文罐, BM. 蔵品 1924.12-15.43, 自撮

-30. 青瓷襞状突帯文罐, 河北・平山県崔昂夫妻合葬墓, 文物 1973-11

-31. 青瓷襞状突帯文 4 系罐, 崔昂夫妻合葬墓, 文物 1973-11

-32. 青瓷刻花蓮弁文罐, 崔昂夫妻合葬墓, 馬自樹 2001, no. 076

-33. 青瓷刻花蓮弁文罐, 西安咸陽・独孤蔵夫妻墓, 中国文物精華 1992

-34. 鉛白釉緑彩刻花蓮弁文罐, 李雲墓, 中美全集工芸 1, no. 232, 中国文物精華 1992, no. 23

pl. 4. 青瓷・鉛釉罐

-35. 青瓷襞状突帯文罐, ベルリン東洋美術館 no. 1988-27, 自撮

-36. 青瓷突帯文罐, 西安郊区 600 号墓, 社考古研 1965, 図版 34-4

-37. 青瓷襞状突帯文罐, 山東兗州市北門外, 出土陶瓷 6, no. 54

-38. 青瓷突帯文罐, 西安市出土, 西北大学蔵品, 自撮

-39. 青瓷突帯文罐, 陝西歴史博物館, 自撮

-40. 青瓷突帯文罐, 咸陽飛行場 14 号墓, 員安志 1992, 図版 293

-41. 青瓷突帯文罐, 西安・白鹿原 43 号墓, 陝西歴史博物館蔵, 自撮

-42. 緑釉突帯文罐, 西安市東郊, 陝西歴史博物館, 自撮

-43. 青瓷縄目突帯文罐, 山口県立萩美術館, 萩美 1996

-44. 青瓷縄目突帯文罐, 西安韓森寨・段伯陽夫妻墓, 文物 1960-4, p. 50

-45. 青瓷縄目突帯文罐, 陝西・長安県南里王村 154 号墳, 陝西省考古研 1998, no. 127

-46. 青瓷縄目突帯文罐, 西安市西郊運東公司, 出土陶瓷 15, no. 17

pl. 5. 青瓷・鉛釉罐

-47. 青瓷縄目突帯文罐, 寧夏回族自治区固原九竜山 M4 墓, 文物 2012-10, pp. 58-65

-48. 青瓷鼓腹形罐, 西安・李静訓墓, 陝西考研 1982, 図版 18-5

-49. 青瓷鼓腹形罐, 邯鄲市峰峰磁区, 河北出土瓷器 no. 23

-50. 青瓷鼓腹形罐, 山東高唐県北湖 27 号井戸, 山東出土瓷器 no. 56

-51. 青瓷鼓腹形罐, 天津市津南区寶庄子墓, 天津出土瓷 no. 2

-52. 青瓷鼓腹形罐, 伝安陽出土, 慶応大学考古学教室, 自撮

-53. 青瓷紡錘形罐, 西安西北国綿五廠 51 号墓, 陝西考研 1993, No. 82

-54. 青瓷紡錘形罐, 河北任邱市鄭州, 河北出土瓷器 no. 22

-55. 青瓷紡錘形罐, ロイヤルオンタリオ美術館品, Royal Ontario Museum 1972

-56. 青瓷紡錘形罐, クリーブランド美術館品, Mino, Yutaka 1987

-57. 青瓷紡錘形印花文罐, 安徽・合肥市大興鎮宋伏竜村隋墓, 安徽出土瓷器 no. 54

-58. 青瓷紡錘形印花文罐, 安徽・六安県蘇南郷黄集窯跡, 安徽出土瓷器 no. 55

pl. 6. 青瓷・鉛釉罐
-59. 青瓷双系罐，河北・清河県孫建墓，文物 1990-7，p. 52 図 24
-60. 青瓷双系罐，河北・邢台市糧庫遺跡，出土陶瓷 3，no. 39
-61. 青瓷 4 系罐，山東・高唐県北湖 55 井，出土陶瓷 6，no. 78
fig. 4. 青瓷双 2 連系盤口壺，集安市高句麗禹山墓 M3319，出土陶瓷吉林 no. 164
pl. 7. 青瓷盤口瓶・壺
-1. 青瓷倒卵形胴部，橋形系盤口瓶，大同・司馬金竜墓，文物 1972-3
-2. 青瓷鶏首壺，河北・磁県高潤墓，考古 1979-3，図版 9-4
-3. 青瓷鉄点彩盤口壺，温州市双嶼雨傘寺墓，出土陶瓷器 9，no. 71
-4. 青瓷竜柄（鶏頭）盤口瓶，洛陽・宣武帝景陵，考古 1994-9
-5. 青瓷竜柄（鶏頭）盤口瓶，西安長安区・韋乾墓，文物 2009-5
-6. 青瓷蓮弁文盤口瓶，西安長安区・韋乾墓，文物 2009-5
-7. 青瓷盤口壺，河北・呉橋県・封柔夫妻合葬墓，文物 1979-2，挿図 p. 52，出土陶瓷器河北 no. 6
-8. 青瓷盤口壺，安徽当塗県護川鎮竜居村無銘氏墓，安徽出土瓷器 no. 52
-9. 青瓷刻花蓮弁文盤口壺，山西祁県・韓裔墓，山西出土瓷器，no. 11
-10. 青瓷 4 橋形系貼花文鶏首壺，太原・婁叡墓，山西出土瓷器 no. 14
-11. 鉛釉鶏首壺，太原・徐顕秀墓，山西出土瓷器，no. 19
-12. 青瓷竜柄鶏首壺，河南河間県沙窩村無銘氏墓，河北出土瓷器 15
pl. 8. 青瓷盤口瓶・壺
-13. 青瓷竜柄鶏首壺，河南偃師市南蔡庄北魏墓，河南出土瓷器 19
-14. 青瓷橋形 4 系盤口壺，咸陽・王徳衛墓，員安志 1992，図版 118
-15. 青瓷盤口 6 系瓶，咸陽・独孤蔵墓，員安志 1992，図版 206
-16. 青瓷盤口 4 系壺，咸陽・独孤蔵墓，員安志 1992，図版 209
-17. 青瓷環状系瓶，プリンセスホッフ美術館，BP3001W. L. Harrisson1978，no. 5
-18. 青瓷球形胴盤口壺，浙江・嵊県雅致村磚室墓，文物 1987-11，pp. 61-62
-19. 青瓷盤口壺，浙江省博物館編 1999，no. 156

-20. 青瓷 3 系竜柄瓶，山西・梅淵夫妻墓，文物 1992-10，p. 24，図 3-1
-21. 青瓷盤口環状 2 系瓶，西安市李静訓墓，中国社考研 1980，p. 13
-22. 青瓷盤口環状 2 系瓶，咸陽飛行場 14 号墓，挿図 1-7，陝西考研 1992，図版 292
-23. 青瓷盤口環状 2 系瓶，山東鄒城市鳬山街道隋墓，山東出土瓷 no. 48
-24. 青瓷盤口環状 2 系瓶，山東新泰市翟鎮劉官庄隋墓，山東出土瓷 no. 49
-25. 青瓷盤口環状 2 系瓶，山東棗庄市中陳郝窯跡，山東出土瓷 no. 44
-26. 青瓷盤口橋形 4 系瓶，合肥市白水壩隋墓，文物精華 1993，11 図 77.
-27. 青瓷盤口橋形 4 系瓶，安徽鳳陽県臨淮関隋墓，安徽出土瓷器 no. 51
-28. 青瓷盤口壺環状 6 系瓶，安徽合肥市義興郷梁河塘邨隋墓，安徽出土瓷器 no. 49
pl. 9. 青瓷盤口瓶・壺
-29. 青瓷盤口環状 4 系瓶，シカゴ美術館品 no. 1959.299，大阪東洋美 1989，no. 46
-30. 青瓷盤口環状 4 系瓶，伝インドネシア・スマトラ・パレンバン出土，ジャカルタ博物館 no. 1813，陶磁大観 1975-3
-31. 青瓷盤口環状 4 系瓶，ギメ美術館
-32. 青瓷盤口環状 4 系瓶，安徽・亳県王幹墓，安徽出土瓷器 no. 47

I-3. 武寧王陵随葬青瓷杯再考

fig. 1. 青瓷杯・罐・瓶実測図，武寧王陵随葬，-1. 亀井，-2，-4，-5 岡内三眞各実測，3. 報告書
fig. 2. 青瓷罐 -a，-b. 青瓷刻花蓮弁文有蓋 6 系罐，浙江省瑞安市磚室墓，天監 9（510）年銘磚，文物 1996-11
pl. 1. 青瓷杯 1a，b，c，武寧王陵随葬，自撮
pl. 2. 青瓷杯・罐，武寧王陵随葬自撮
-2a，b，c，-3a，b，c，-4，-5，6. 青瓷杯（青瓷盞），自撮
-7. 青瓷碗，河南・安陽県霊芝窯，楊春棠 1997『河南出土陶瓷』p. 35，no. 3
-8. 青瓷碗，浙江・瑞安市塘下鳳山南朝梁天監 9（510）年墓，瑞安市文物館，浙江省博編 2000『浙江紀年瓷』no. 154，文物出版社
-9. 青瓷杯
-10. 青瓷刻花蓮弁文有蓋罐，武寧王陵随葬，自撮
-11. 青瓷刻花蓮弁文罐，武寧王陵随葬，自撮
-12. 青瓷刻花蓮弁文罐，安徽池州市貴地区阮橋郷，安徽

出土瓷器 no. 45
pl. 3. 青瓷罐，黒釉長頸瓶
-1. 青瓷刻花蓮弁文六系罐，ギメ美術館，自撮
-2. 青瓷刻花蓮弁文六系罐，南京市秦淮河，文物展覧工作委会 1956，図版第 116
-3. 青瓷刻花蓮弁文罐，江蘇・泰州市蘇北電機廠窖蔵，文物 1996-11, pp. 35-38
-4. 青瓷刻花蓮弁文有蓋罐，東京国立博物館 TG2213，東博 1994, no. 74
-5. 青瓷角型 6 系罐，江蘇句容市張廟公社東斛村，南京市博物院，自撮
-6. 黒釉 4 系長頸瓶（青磁四耳瓶）武寧王陵随葬・韓国文化財局 1974
-7. 黒釉盤口長頸瓶，浙江徳清県三合劉家山墓，出土陶瓷 9, no. 86

I-4．北朝・隋代における白釉，白瓷碗・杯の追跡

fig. 1. 張盛墓随葬白釉俑，-1 白釉黒彩鎮墓獣 no. 40，-2 白釉黒彩侍吏俑 no. 39，-3 白釉武士俑 no. 36，出土陶瓷 12
fig. 2. 2. 青瓷・緑釉・白釉・白瓷碗実測図
pl. 1. 北朝・隋代の青瓷碗・杯
-1. 青瓷碗，河北省景県高潭夫妻墓，千年邢窯編輯委会 2007, p. 29
-2. 青瓷碗，邢州臨城窯跡，同上，p. 28
-3. -4, -5, -6, 青瓷碗，山西汾陽北関梅淵墓，出土瓷器・山西 2008, no. 24, 25
-7. 青瓷碗，河北平山県崔昂墓，文物 1973-11, pp. 27-33
-8. 青瓷筒形碗，西安郊区無名氏墓 M588, 社考研 1965, pp. 64-87, 図版 36-1
-9. 青瓷碗，ダーラム大学，マクドナルド・コレクション，自撮
-10a.b.c.d, 青瓷碗，伝安陽，慶応大学考古学教室，自撮
-11a, b, c, 青瓷杯，個人蔵，自撮
pl. 2. 北朝・隋代の鉛釉陶（1）
-1. 緑釉碗，山東・封子絵墓，旧中国歴史博物館自撮
-2. 緑釉碗，太原市張海翼墓，文物 2003-10, pp. 41-49
-3. 緑釉碗，安陽県趙明度夫妻墓，考古 2010-10
-4. 緑釉碗，太原市徐顕秀墓，文物 2003-10, 図 82
-5a, b. 緑釉碗，北斉東安王婁叡墓，彩版 146-1, 2, 山西考研 2006
-6a, b. 緑釉碗，北斉東安王婁叡墓，彩版 145-3, 4, 山西考研 2006
-7a, b. 緑釉碗，北斉東安王婁叡墓，彩版 145-5, 6, 山西考研 2006
-8.a, b. 緑釉碗，北斉東安王婁叡墓，彩版 146-5, 6, 山西考研 2006
-9. 青瓷碗，范粋墓，文物 1972-1, p. 57 図 37
-10. 青瓷碗，范粋墓，河南出土陶瓷 no. 20
-11. 緑釉碗，河北省平山県崔昂墓，文物 1973-11, pp. 27-33
pl. 3. 北朝・隋代の鉛釉陶（2）
-1. 緑釉碗，安陽県趙明度墓，考古 2010-10, 図版 12-1
-2a, b, c, d, 緑釉乳釘文杯，長崎県壱岐市勝本町双六古墳，壱岐市教委，自撮，実測
-3a, 緑釉乳釘文杯，国立大邱博物館 1998『中国洛陽』展図録 p. 51, 大邱
-3b, 緑釉乳釘文杯，器高 6.5cm,『徐氏芸術館』1993, no. 64
-4. 白釉乳釘文高足杯，安陽・相州窯跡，中国古陶瓷 15 輯, 2009, 彩図 7, 8
-5. 白釉乳釘文高足杯，安陽・相州窯跡，中国古陶瓷 15 輯, 2009, 彩図 7, 8
-6. 白鉛釉乳釘文碗，常磐山文庫，自撮
-7a, b, c, d, 白釉杯，個人蔵，自撮
-8. 白鉛釉碗，V&A., C.18-1948, 自撮
fig. 3. 内邱西関窯跡採集白瓷・青瓷片，自撮
pl. 4. 隋・唐白瓷碗
-1. 白瓷高足杯，太原市斛律徹墓，出土瓷器・山西 2008, no. 32
-2. 白瓷碗，西安・張𬘘墓，出土瓷器 15・陝西 2008, no. 14
-3. 白瓷碗，西安市西簡家村，陝西歴博 2001, p. 44
-4. -5. 白瓷碗，千年邢窯 pp. 30, 31
-6. 白瓷碗，邢州窯跡，出土陶瓷・河北, no. 24
-7. 白瓷筒形碗，西安蘇統師墓，考古与文物 2010-3, pp. 3-6
-8. 金釦玉杯，李静訓墓，旧中国歴史博物館自撮
-9a, b, c. 白瓷筒形碗，個人蔵自撮
-10. 白瓷筒形碗，BM.OA1973. 7-26, 212・1967.12-12, 1, 自撮
-11. 白瓷碗，西安李裕墓，文物 2009-7, pp. 4-20
-12. 白瓷碗，西安李裕墓，文物 2009-7, pp. 4-20
pl. 5. 唐代白瓷・三彩碗，杯
-1a, b. 白瓷碗，テンプル・ニューザムハウス美術館，no. 1・38-66, 自撮
-2a, b. 三彩杯，テンプル・ニューサムハウス，no. 1・183・66, 自撮
-3. 邢州窯跡，文物 1987-9, 図版 1-3
-4. 緑釉杯，セルニスキー M.C.9541, 自撮
-5. 三彩盅，セルニスキー，M.C.9541, 自撮
-6, 7a, 7b, 三彩碗・高足杯，河南省鞏義市北窯湾唐墓

M6，奈文研 2003，no. 102
-8. 黄緑釉印花同心円文碗，V&A. FE162-1974，自撮
-9a, b. 緑釉筒形杯，フロニンゲン美術館蔵品，no. 1953-93，自撮

fig. 4. 邢州窯出土杯・碗実測図
tab. 1. 北朝・隋代の青瓷・白釉・白瓷碗・杯計測表
fig. 5. 緑釉乳釘文装飾高足杯片，飛鳥・石神遺跡第 11 次調査，奈文研年報 1994，p. 11
fig. 6. 緑釉刻花蓮弁文 4 橋形系罐，考古 2010-10，図版 11-2
fig. 7. 白瓷盤口壺，呂武墓，考古与文物 2004-6
fig. 8.a, b, c. 盂・辟雍硯，白瓷長頸瓶・西安市蘇統師墓，考古与文物 2010-3，pp. 3-6
fig. 9.-a. 邢窯窯跡出土破片，-b. 鞏義黄冶窯跡出土破片，自撮

II-1. 隋唐期竜耳瓶の形式と年代

pl. 1. 青瓷鶏首壺
-1. 青瓷鶏首壺，太原市・辛祥夫妻墓，考古学集刊 1，pp. 197-202
-2. 青瓷鶏首壺，偃師市・M2，考古 1993-5，pp. 414-425
-3. 青瓷鶏首壺，西安市・書乾墓，文物 2009-5，pp. 21-49
-4. 青瓷鶏首壺，出光美術館，出光美 1986，no. 97
-5. 青瓷鶏首壺，大阪市立東洋陶磁美術館 ACC.10898，大阪東洋 1990
-6. 青瓷鶏首壺，河北・河間県墓，河北文研 2007，no. 3
-7. 青瓷鶏首壺，箱根 MOA 美術館，MOA1982，no. 96
-8. 緑釉鶏首壺，太原市晋源区 TM62，文物 2004-6，p. 40 図 13
-9. 青瓷鶏首壺，山東・兗州市后李村，出土陶瓷 6 山東，no. 38
-10. 緑釉鶏首壺，庫狄墓，文物 2003-3，pp. 26-36
-11. 緑釉鶏首壺，太原市小井峪，山西省博 1999，no. 169
-12. 緑釉鶏首壺，韓裔墓，文物 1975-4，pp. 64-73

pl. 2. 青瓷鶏首壺
-13. 緑釉鶏首壺，太原市金勝村，文物 1990-12，pp. 1-10
-14, -15, -16, -17. 緑釉鶏首壺，婁叡墓，山西省考研他 2006，彩版 140-141 他
-18. 緑釉鶏首壺，徐顕秀墓，文物 2003-6，pp. 4-40
-19. 緑釉鶏首壺，高潤墓，考古 1979-3，pp. 235-243
-20. 青瓷鶏首壺，山東・兗州市夏村，出土陶瓷 6 山東，no. 37
-21. 青瓷鶏首壺，梅淵墓，文物 1992-10，pp. 23-27
-22. 白瓷鶏首壺，李裕墓，文物 2009-7，pp. 4-20
-23. 白瓷鶏首壺，李静訓墓，中美全集 1991，no. 11
-24. 白瓷鶏首壺，愛媛文華館，根津美 1988，no. 17

fig. 1. 寿州窯青瓷鶏首壺
-1. 青瓷鶏首壺，安徽・無為県隋代墓，出土瓷器 8，no. 53
-2. 青瓷鶏首壺，安徽・長豊県孫廟郷隋墓，考古 1988-8，図版 6-1
-3. 青瓷鶏首壺，江蘇・連雲港錦屏山，中美全集 1991，no. 13
-4. 青瓷鶏首壺，山東・泰安市旧県隋墓，文物 1988-8，p. 95

fig. 2. 白瓷・三彩鶏首壺
-1. 白瓷鶏首壺，李静訓墓，中美全集 1991
-2. 三彩鶏首壺，Ashmolean Museum, no. 1956.1080，自撮
-3. 三彩鶏首壺，Museum für Hamburg, no. 161，自撮

fig. 3. 竜耳双胴瓶
-1. 白釉竜耳双胴瓶，李静訓墓，中美全集 1991，no. 9
-2. 白釉竜耳双胴瓶，天津市芸術博物館蔵，文物 1977-1，図版 5-1
-3. 白釉竜耳双胴瓶，個人蔵，出光美 1986，no. 299
-4. 青瓷竜耳双胴瓶，ボストン美術館蔵 Acc.54.1126, Boston1964, no. 107
-5. 青瓷竜耳双胴瓶，安徽省博物館，考古 1988-8，図版 6-5
-6. 緑釉竜耳双胴瓶，隋洛陽城宮城出土品，四日市博 1995，no. 47

tab. 1. 竜耳瓶の形式
pl. 3. (1) 第 4 形式・8 世紀の竜耳瓶
-1. 三彩竜耳瓶，偃師市宋禎墓，考古 1986-5，pp. 429-457
-2. 白瓷竜耳瓶，河南・孟津県大樹村墓，考古 2007-4，p. 57
-3. 三彩竜耳瓶，洛陽市竜門鎮第 14 中学，考古 2007-12，p. 54
-4. 三彩および白瓷竜耳瓶，河南・伊川県白元唐墓，考古 1985-5，p. 459，図版 6-1
-5. 黄釉竜耳瓶，鞏義市アルミ工場，鄭州市文考研 2006，p. 162
-6. 黄釉竜耳瓶，Cernuschi Museum, M.C.9538，自撮
-7. 白瓷竜耳瓶，Linden Museum Stuttgart, A.30.856,，自撮
-8. 白瓷竜耳瓶，Kunstindustri Museet Oslo, no. 不明，自撮
-9. 三彩竜耳瓶，Bristol Museum, N2378，自撮
-10.-11.-12. 三彩および白瓷竜耳瓶，鞏義市芝田墓 92HGSM1，鄭市文考研 2003，彩版 21
-13. 三彩竜耳瓶，西安市新西北火車駅唐墓，文物 1990-

7, pp. 43-46
-14. 白瓷竜耳瓶, 西安市紡績医院唐墓, 中国出土陝西 2008, no. 69

pl. 4. 第3形式の竜耳瓶
-1. 白瓷竜耳瓶, 李鳳675年墓, 考古1977-5, 図版9-1
-2. 白瓷竜耳瓶, Barlowバローコレクション, Barlow1963, 自撮
-3. 白瓷竜耳瓶, Macdonaldコレクション, M. Macdonald 1972, 自撮
-4. 白瓷竜耳瓶, 早稲田大学会津八一資料, no. 143, 自撮

pl. 5. 第2形式の竜耳瓶
-1. 白瓷竜耳瓶, 鞏義市北窯湾唐墓M6, 楊春棠1997, no. 12
-2. 白瓷竜耳瓶, 洛陽東郊揚凹村, 中国出土河南2008, no. 88
-3. 白瓷竜耳瓶, 鄭州市出土, 斎宮歴博1990, p. 98
-4. 白瓷竜耳瓶, 故宮博物院, 中美全集1991, no. 43
-5. 白瓷竜耳瓶, サンフランシスコ・アジア美術館 B60P1098, Li.H.1976
-6. 白瓷竜耳瓶, 黒川古文化研究所陶137, 黒川1990, no. 112, 自撮
-7. 白瓷竜耳瓶, 新潟市立美術館, 自撮
-8. 白瓷竜耳瓶, Goteborgユーテボリ博物館RKM37-55, RKM1980, p. 206, 自撮

fig. 4. 第1形式の竜耳瓶
-1. 白瓷竜耳瓶, アシュモレアン美術館, no. 1956.1072, 自撮
-2. 白瓷竜耳瓶, ロスアンジェルス美術館, Los Angeles1957, no. 219
-3. 白瓷竜耳瓶, 出光美術館, 出光美1986, no. 22
-4. 白瓷竜耳瓶, MOA, MOA1982, n.28

fig. 5. 隋－初唐前半の竜耳瓶
-1. 白瓷竜耳瓶, ストックホルム東アジア博物館 OM1966-031, 自撮
-2. 白瓷竜耳瓶, コペンハーゲン工芸美術館88-1949, 自撮
-3. 白瓷竜耳瓶, Stuttgart Linden Museum OA23.830, 自撮
-4. 白瓷竜耳瓶, V&A, C85-1939, 自撮
-5. 白瓷竜耳瓶, ロイヤルオンタリオ美術館918.21.5, Royal Ontario Museum1974

fig. 6. 隋－初唐前半の竜耳瓶
-1. 白瓷竜耳瓶, 西安碑林博物館, 京都文化博1994
-2. a, b. 白瓷竜耳瓶, Stuttgart Linden Museum, OA23.817L, 自撮
-3. 白瓷竜耳瓶, 松岡美術館, 松岡美1991, no. 24
-4. a, b. 白瓷竜耳瓶, 富山市佐藤記念美術館, 自撮
-5. a, b. 白瓷竜耳瓶, 中国国家博物館, 佐川美2005, no. 50

fig. 7. 古式の三彩竜耳瓶
-1. 三彩竜耳瓶, 東京国立博物館TG647, 東博1994, no. 106
-2. 三彩竜耳瓶, ケルン東アジア博物館DL93.5, 東武美1997, no. 26

fig. 8. 貼花文（1）
-1. 〈団花文〉V&A. 自撮
-2. Linden Museum. 自撮
-3. スットクホルム東アジア博物館. 自撮
-4. 〈宝相華文〉東京国立博物館. 自撮
-5. 〈パルメット文〉ケルン東洋美術館. 自撮
-6. スットクホルム東アジア博物館. 自撮
-7. 富山市佐藤記念美術館. 自撮
-8. Linden Museum. 自撮
-9. 富山市佐藤記念美術館. 自撮
-10. 碑林博物館. 自撮
-11. 箱根美術館. 自撮
-12. 碑林博物館. 自撮
-13. ジャカルタ国立博物館. 自撮
-14. 〈蓮華文〉Linden Museum. 自撮
-15. コペンハーゲン工芸美術館. 自撮
-16. 天理参考館. 自撮
-17. 碑林博物館. 自撮
-18. 東京国立博物館. 自撮
-19. 〈珠文帯花文〉コペンハーゲン工芸美術館. 自撮
-20. 東京富士美術館. 自撮
-21. ロイヤル・オンタリオ美術館, Royal Ontario Museum1974
-22. 〈獣面文〉東京富士美術館. 自撮
-23. ジャカルタ国立博物館. 自撮

fig. 9. 貼花文（2）
-1.-2. 鞏義黄冶窯范型・模印, 奈文研2003, no. 75
-3. バレルコレクション弁口瓶頸部. 自撮
-4. 東博三彩鳳首瓶肩部. 自撮
-5. 愛知県陶磁美術館・弁口瓶肩部. 自撮
-6. 鞏義黄冶窯三足炉肩部, 鞏義市文管2000, 図版34, 彩版4-2
-7. 鞏義黄冶窯三足炉肩部素焼片, 奈文研2003, no. 75

fig. 10. 青瓷鶏首壺
-1. 青瓷鶏首壺, 北魏宣武帝景陵墓, 考古1994-9, 図版4-6
-2. 青瓷鶏首壺, 偃師市南蔡庄北魏墓, 出土河南瓷器2008, no. 19

fig. 11. 白瓷竜（螭）柄象首瓶, 張盛墓, 河南出土陶瓷, no. 30

fig. 12. 三彩竜耳瓶図，河南偃師市宋祐墓（左），（右）宋禎墓

fig. 13. 白瓷竜耳瓶頸部・焼成痕

-1a, b 白瓷竜耳瓶, Haags Gemeentemuseum, 自撮

-2a, b 白瓷竜耳瓶, Linden Museum, 自撮

II-2．隋唐期陶范成形による陶瓷器

fig. 1. 二・三彩盃実測図：1.遼寧省勾竜墓, 2.遼寧・朝陽市綜合廠M2墓, 3.湖北・鄖県李徽墓, 4.河北・滄県紙房頭郷前営村M2墓　各報告書

fig. 2. 三彩盃

-1a, b. 三彩盃, リーズ・テンプル・ニューザムハウス博物館, 自撮

-2a, b. 三彩盃, 出光美術館1986, no. 340, 自撮

-3. 三彩盃, Barlow collection, C.6, 自撮

-4. 三彩盃, V&A, C.25-1946, 自撮

-5a, b. 三彩盃, リーズ・テンプル・ニューザムハウス博物館, 自撮

-6a, b. 三彩盃, 上海博物館（暫得楼陶瓷館）, 自撮

pl. 1. 三彩杯，竜耳杯

-1. 三彩竜首形杯, 洛陽市苗湾唐墓, 洛陽博1980, no. 114

-2. 三彩象首形杯, 西安南郊唐墓, 陝西省博1981, no. 87

-3. 三彩竜首形杯, British Museum, OA1929.3-12.1, 自撮

-4. 三彩象首形杯, BM.OA1937.7-16.34, 自撮

-5a. b. 三彩象首形杯, 個人蔵, 自撮

-6. 黄彩鳳首角形杯, ブリストル市立美術館N2380, 自撮

-7. 三彩鳳首角形杯, 陝西歴史博物館, 陝西省文物1987, 65図

-8. 緑釉鳳首角形杯, 個人蔵, Chapman.J.1987, p. 19

-9. 三彩鴨形杯, 故宮博物院, 中美全集1991, no. 73

-10. 緑釉鴨形杯, BM., OA.1972.7-24.2, 自撮

-11. 三彩鴨形杯, BM., OA.1972.7-24, 自撮

-12. 三彩鴨形杯, ブリストル博物館N2379, 自撮

-13. 三彩鴨形杯, マリモン Musee Royal de Mariemont 美術館, 自撮

pl. 2（1）三彩杯

-1. 三彩半球形碗, MOA美術館, MOA1982, no. 17

-2. 三彩半球形碗, サンフランシスコ・アジア美術館, BP60P1595, Li. H. 1997

-3. 半球形銀鋺, ASM, no. 1956.1032, 自撮

-4. 三彩半球形碗, ダーラム大学マルコム・コレクション, 自撮

-5. 三彩半球形碗, 出光美術館, 出光1986, no. 52, 自撮

-6. 三彩半球形碗, 三重県縄生廃寺塔心礎出土, 自撮

-7. 花文銀鋺, 白鶴美術館, 自撮

-8a, b. 三彩半球形碗, 愛知県陶磁美術館, 『図録II』no. 2489, 自撮

pl. 2（2）三彩杯

-9. 三彩半球形碗, バレル・コレクション, 38・212, 自撮

-10. 緑釉半球形碗, バロー・コレクションC70, 自撮

-11a, b. 三彩半球形碗, 鄭州市2006, p. 173

-12. 三彩半球形碗, 大和文華館, 大和文華1991, no. 43

-13. 三彩半球形碗, 洛陽馬坡村唐墓, 洛陽市博1980, no. 98

-14a, b. 緑釉半球形碗, ハーグ美術館, no. 34-36, 自撮

-15a, b. 三彩半球形碗, リーズ・テンプルニューザムハウス博物館, no. 1.264/66, 自撮

-16. 三彩半球形碗, ストックホルム東アジア美術館, Ostasiatiska Museet, HM0591, 自撮

pl. 2（3）三彩杯

-17. 三彩半球形碗, アシュモレアン美術館, no. 228, 自撮

-18. 三彩半球形碗, V&A. FE.18-1991, 自撮

-19. 三彩半球形碗, 香港中文大学文物館, 屈志仁1981.p. 14

-20. 黄釉半球形碗, バローコレクションc.7b, 自撮

-21. 三彩半球形碗, ハーグ美術館, no. 53-3, 自撮

-22. 三彩半球形碗, 大阪市立美術館, 田万コレクション3426, 自撮

-23. 三彩半球形碗, ダーラム大学美術館, Malcom Collection1972, no. 20, 自撮

-24. 三彩半球形碗, プリンセスフォフ美術館, no. 1511

-25a, b. 三彩半球形碗, 山口県立萩美術館・浦上記念館 HUM/T177, 自撮

fig. 3. 三彩牛首形8角杯, ロイヤル・オンタリオ美術館, Mario Prodan1960, no. 99

fig. 4a, b, c, d. e. 白釉獣首角杯, BM.OA1968.4-22.21, 自撮

fig. 5. パルメット文

-a. 石刻弥陀西方図, BM.OA1937.7-16.1, 自撮

-b. 木彫パルメット文頭柱, ローラン出土, BM. OA1928.10.-22.11, 自撮

fig. 6a, b, c, d. 緑釉八角杯, 出光美術館, 自撮

fig. 7. 褐釉獣首八角瓶, ドレスデン美術館旧蔵, Alfred Salmony1926, Tafel. 78.1

fig. 8.a, b. 白瓷八角瓶, メトロポリタン美術館, ValensteinS.G.1975, p. 56, Vancouver1977, no. 10

fig. 9-a.b. 三彩盃, 太原市婁叡墓, 文物1983-1, pp. 1-39図　山西省考古研究所・太原市文物考古研究所2006, p. 134, 彩版137

fig. 10a, b, c. d. 三彩盂, 河南省鞏義市芝田2電廠墓群 M89, 鄭州文考研 2003, pp. 198-208, 朝日新聞社 2004, p. 102, -d. 盂范型, 鞏義黄冶窯, 奈良文化財研究所 2003, no. 84

fig. 11. 三彩曲腹器片, 唐長安城崇化坊寺院跡, 三彩曲腹器片, 文物 2006-9, p. 50

fig. 12. 三彩鴨型杯, 阿南・鞏義市芝田2電廠墓群 M89, 鄭州文考研 2003, 朝日新聞社 2004

fig. 13. 三彩方形盂, 広東省博 1992, no. 34

fig. 14.a. 三彩鳳形角杯, 鄭州市西郊后庄王, 河南博物院, 朝日新聞社編 2004, no. 75, -b. 鳳凰文石闕, 重慶市, 文物 2007-1, p. 72

fig. 15a, b. 白釉飛鳳文半球杯, 鞏義芝田唐墓 (92HGS) M1, 鄭州市文考研編 2003, pp. 191-192, 朝日新聞社 2004, p. 104。

fig. 16a, b. (a) 八稜形三彩碗, BM.OA1930.7-191.49, 自撮, (b) 三彩八稜形碗, 河南省伊川県盛唐墓, 考古 1985-5, 図版 6-2

fig. 17a, b. (a) 陝西省三原県双盛村李和墓石棺蓋人面図, 文物 1966-1, 図 39 (b) 徐顕秀墓壁画侍女人面, 太原市文物考古研究所 2005, p. 40,

II-3. 隋唐水注・浄瓶・罐の形式と編年

pl. 1 (1) 水注 (執壺)
-1. 白釉水注, 個人蔵, 浦上満 1991, no. 50
-2. 黒釉白斑水注, 河南汝窯博物館, 文物 1989-11, pp. 20, 22 図
-3. 黒釉水注, 河南省浚県辛村唐墓, 出土瓷器 12, no. 96
-4. 白釉水注, ストックホルム東アジア博物館, no. 299, 自撮
-5. 三彩水注, 鞏県黄冶窯跡. 河南省文考研他 2005, no. 84
-6. 緑釉水注2点, セェルニュスキー美術館, MC7595-6, 自撮
-7. 白釉水注, 故宮博物院, 李輝柄 1996, no. 164
-8. 白釉水注, 考古研究所 1965 図版 35-1
-9. 藍釉水注, Mario Prodan1961, p. 156
-10. 黒釉水注, 故宮博物院, 中美全集 1991, no. 30
-11. 黄釉水注, 文物 1989-6, pp. 44-50, 11 図, 図版 4-4
-12. 黒釉水注, ケルン東アジア博物館 F73.34, ケルン美術館 1997, no. 28

pl. 1 (2) 水注 (執壺)
-13. 白釉水注 (酒罎), 西安市三橋南何家村, 兵庫歴博 1989, no. 35
-14. 白釉水注 (酒罎), 李輝柄 1996, no. 160
-15. 黒釉水注 (酒罎), セルニュスキー美術館 MC.9562, 自撮
-16. 白釉水注 (酒罎), 故宮博物院, 李輝柄 1996, no. 87

pl. 2. 浄瓶
-1. 響銅浄瓶, 法隆寺献納宝物, 法 245, 松本伸之 1992, p. 85, 東博 1996, no. 125
-2. 白釉浄瓶, 揚州唐城遺址文物保管所, 揚州市博 1996, no. 73
-3. 白釉浄瓶, 陝西・高陵県墳墓, 陝西歴史博物館, 自撮
-4. 白釉浄瓶, 洛陽市竜門禅宗七祖荷沢神会墓, 出土陶瓷 12, no. 47
-5. 響銅浄瓶, 洛陽市竜門禅宗七祖荷沢神会墓, 中国展覧公司 1986, no. 111
-6. 黒釉白斑文浄瓶, V&A., C.874.1936, 自撮
-7. 緑釉浄瓶, 鞏義市黄冶窯跡, 奈文研 2006, p. 103
-8. 三彩浄瓶, 西安市三橋, 陝西歴史博物館, 自撮

pl. 3 四系 (耳) 罐
-1. 白釉四系罐, 李静訓墓, 考古研究所 1980, 図版 18-2, 自撮
-2. 褐釉四系罐, 大阪市立美術館 OM221, 大阪市美 1986, no. 237
-3. 白釉陶瓷四系罐, 個人蔵, 世界陶磁 1976, no. 108
-4. 白釉陶瓷四系罐, 寧夏固原史索岩夫妻墓, 固原博物館 1996, pp. 31-54
-5. 白釉陶瓷四系罐, BM.OA1968.4-22.23, 自撮
-6. 白釉陶瓷四系罐, 西安独孤思貞墓, 考古研究所 1980 図 58-6
-7. 白釉陶瓷四系罐, バロー・コレクション C366, 自撮
-8. 白釉三彩四系罐, 陝西歴史博物館, 自撮
-9. 白釉藍彩四系罐, 河南・鶴壁付近墓, 鄭州市文考研 200, no. 625

pl. 3 白釉・三彩罐
-10. 白釉長胴罐, 偃師李園宋思真墓, 中国社会考研 2001, 図版 15-1
-11. 三彩貼花宝相華文罐, 洛陽金家溝, 洛陽博物館, 中美全集 1991, no. 99
-12. 三彩貼花宝相華文罐, シカゴ美術館 1924.292, 大阪東洋 1989, no. 50
-13. 白釉無頸長胴有蓋罐, 鞏義市 M, 楊春薬 1997, no. 13
-14. 三彩無頸長胴有蓋罐, V&A. C.876-1936, 自撮
-15. 白釉陶瓷球形胴罐, V&A. C.78&a-1935, 自撮
-16. 三彩球形胴罐, コペンハーゲン工芸美術館 79/1949, 70/1950, 自撮
-17. 藍彩球形胴罐, アシュモレアン美術館, 1956.1089, 自撮
-18. 緑釉球形胴罐, テンプル・ニューザムハウス美術館 1.138-66, 自撮

pl. 3 白釉・三彩罐
-19. 褐釉球形胴罐, アシュモレアン美術館 1956.195, 自撮
-20. 黒釉白斑文球形胴罐, 伝・河南鄴県, V&A. C60-1935, 自撮
-21. 白釉陶瓷兎系罐, プリンセスホッフ美術館, 自撮
-22. 兎系白釉藍彩陶瓷罐, Mario Prodan1961, p. 155
-23. 白釉罐, ブリストル市立博物館, Bristol1948, N2404, 自撮
-24. 白釉罐, 香港大学他 1997, no. 16

II-4．隋唐弁口瓶・鳳首瓶・銀瓶の形式と年代

fig. 1. pl. 1-4, パルメット文（弓場紀知 1996）
fig. 2. 西安・北周史君夫妻墓石門柱雕刻人物文, 中国重要考古発見 2003, p. 135
pl. 1. 弁口瓶（1）
-1. 白釉弁口瓶, セェルニスキー美術館 MC.9209Achat1960, 自撮
-2. 白釉弁口瓶, 五島美術館 no. 03-062, 五藤美 1985
-3. 白釉弁口瓶, シカゴ美術館 no. 1964.699, 大阪東洋 1989, no. 58
-4a. 白釉弁口瓶, 弓場紀知 1996, p. 123
-5. 緑釉弁口瓶, ギメ美術館 MA4077, Musee Guimet1987, no. 11
-6. 白釉弁口瓶, ロイヤルオンタリオ美術館 918.22.1, Royal Ontario Museum1974, no. 23
-7. 白釉弁口瓶, 太原市石荘頭村, 出土陶瓷 2008, 5, p. 47
-8. 白釉弁口瓶, シアトル美術館 51.82, Watson.W.1984, no. 73
-9. 三彩弁口瓶, ロイヤルオンタリオ美術館 no. 20.183, Watoson.W.1984, no. 4
-10. 白釉弁口瓶, プリンセスホッフ美術館 BP3002BL, Harrisson, B.1978
-11. 白釉弁口瓶, バウアーコレクション no. 657, 自撮
-12. 白釉弁口瓶, ロイヤルオンタリオ美術館 921.50.3, Royal Ontario Museum1974, no. 24
pl. 2. 弁口瓶（2）
-13. 三彩弁口瓶, 出光美術館, 出光美 1986, no. 32, 自撮
-14. 白釉弁口瓶, ストックホルム東アジア博物館 K15.074
-15a.b. 白釉弁口瓶, 愛知県陶磁美術館, 佐藤雅彦 1975, 原色版 8
-16. 三彩弁口瓶, 東京富士美術館 no. 34, 自撮
-17a.b. 三彩弁口瓶, 大阪市立東洋陶磁美術館 2 点, no. 10907
-18. 三彩弁口瓶, 出光美術館, 弓場紀知 1995, no. 18
-19. 三彩弁口瓶, British Museum, OA1936-10-12.209, 自撮
-20. 三彩弁口瓶, 天理参考館, 天理 1988, no. 19
-21. 三彩弁口瓶, クリーブランド美術館 no. 1987.148
-22. 三彩弁口瓶, 西安市東郊長楽坡, 陝西博 1981, no. 72
-23. 三彩弁口瓶, コペンハーゲン工芸美術館 no. 69-1949, 70-1949, 自撮
-24. 藍彩弁口瓶, 東京富士美術館 no. 39, 自撮
-25. 白瓷弁口瓶, バレルコレクション 38/173, 自撮
pl. 3. 弁口瓶（3）
-26. 白瓷弁口瓶, 故宮博物院, 李輝柄 1996, no. 162
-27. 白釉竜把手弁口瓶, 西安市三橋村, セゾン美術館 1992, no. 32
-28. 黒釉弁口瓶, ＭＯＡ, ＭＯＡ 1982, no. 10
-29. 三彩鶏頭瓶, バレルコレクション no. 16, 38.187, 自撮
-30a.b.c. 緑釉弁口瓶, b. 底部, c. 把手, 大和文華館 no. 715, 自撮
-31. 緑釉弁口瓶図, 河北省蔚県楡潤 M1 唐墓, 考古 1987-9, pp. 786-787
-32. 房陵公主墓壁画, 群馬県博 1989, 64 図
-33. 李震墓壁画, 群馬県博 1989, 25 図
fig. 3. 弁口瓶三彩駱駝俑部分, a.Balow C., b.San Francisco M., c. BM.
pl. 4. 鳳首瓶（1）
-34. 青瓷鳳首瓶, 故宮博物院, 中美全集 1991, no. 36
-35. 青瓷鳳首瓶, 河北省滄州市第 1 磚廠, 中国出土—河北省 2008, no. 16
-36. 白釉鳳首瓶, 東京国立博物館 TG645, 東博 2005, no. 47
-37. 白釉鳳首瓶, ミネアポリス美術館 no. 50.1, 長谷部楽爾 1973, no. 3
-38a. 白釉鳳首瓶, 大和文華館, no. 5, 自撮
-39a. 三彩鳳首瓶, 白鶴美術館 no. 1-47, 自撮
-40. 三彩鳳首瓶, ワニエック（L.Wannieck）旧蔵, 世界陶磁 11, 1976, no. 117
-41. 三彩鳳首瓶, 森村家蔵, 水野清一 1965, no. 1
-42. 三彩鳳首瓶, 東京国立博物館 TG2172, 東博 1988
-43. 三彩鳳首瓶, 個人蔵, 世界陶磁 1976, no. 199
-44. 白釉鳳首瓶, バローコレクション 235, 自撮
-45. 三彩鳳首瓶, 西安市三橋藺家村唐墓, 李炳武主編 1998『中華国宝』pp. 30-31
-46. 三彩鳳首瓶, 洛陽市塔湾盛唐墓, 洛陽博 1980, no. 98
-47. 三彩鳳首瓶, 河南省永城市唐墓, 河南文考研他

2002, pp. 150-151
fig. 4a, **pl. 34**（部分），故宮博物院
fig. 4b. **pl. 4-38**b. 白釉鳳首瓶，大和文華館，底部，自撮
fig. 5. pl. 4-39b. c. 白鶴美術館，鳳首瓶貼花文
fig. 6. 鳳首瓶胴部鳳凰文 a.Balow C., b.ASM.
fig. 7. 銀製弁口瓶，アシュモレアン美術館，自撮
pl. 5. 銀製・ガラス製瓶
-48. 金製瓶，エルミタージュ美術館 no. Z524，東博 1985, no. 149
-49. 銀製瓶，エルミタージュ美術館 no. Табл48，東博 1985, no. 79
-50a.b. 鍍金銀壺，寧夏固原県李賢夫妻墓，寧夏回族自治区博他 1999, no. 75
-51. 鍍金銀製有翼駱駝文瓶，エルミタージュ美術館 no. S11, Маршак 1971, T7, 東博 1985, no. 129
-52. 女神図鍍金銀瓶，出光美術館，出光・白鶴 1976, no. 61
-53. 銀瓶，内蒙古自治区赤峰区昭烏達盟アオハン（敖漢）旗李家営子 M1 墓，内蒙古 1983, no. 69
-54. 銀瓶，河北省寛城県大野峪村，NHK 大阪 1992, no. 28
-55.-56. ガラス弁口瓶，ペルシア出土，町田市立博物館 1990, no. 72, 93
fig. 8. 鉛製弁口瓶，西安市東郊西北国綿工廠住宅小区 54 号墓，陝西省考古研，no. 101

II-5. 隋唐扁壺の形式と系譜

fig. 1. 石刻胡旋舞文，寧夏回族自治区・塩池県唐墓墓門（文物 1988-9, p. 54, 図 24.25，陝西博 1990, 187 図）
fig. 2. 緑釉胡旋舞文扁壺，寧夏回族自治区固原県糧食局宿舎建設地（現高 11cm，固原県文物管理所，文物 1988-6, p. 52)
fig. 3. 伏羲女媧絹画，トルハン・アスターナ出土，(読売 1979, 113 図，吐魯番 1995, 351-355 図)
pl. 1. 隋唐扁壺（1）
-1. 青瓷扁壺，南京市博物館，南京博物院 1963, 144 図
-2. 白瓷扁壺，V&A. C.894-1936，自撮
-3. 白瓷扁壺，Museum of Fine Arts, Boston Acc. no. 50.1792, Boston, 1964
-4. 白瓷扁壺，西安市熱電廠 M64 墓，考古与文物 1991-4, p. 75, 図 23-1
-5. 緑釉扁壺，musée Guimet EO.2933，陶磁大観 1975, 5 図
-6. 白瓷扁壺，西安・李静訓墓，中国考研 1980, p. 15, 図版 18-1
-7. 白瓷扁壺，上海博物館，汪慶正 1991, 80 図
-8. 白瓷扁壺，Royal Ontario Museum, no. 922.20.10, Mino. Yutaka1974
-9. 青瓷獣面文扁壺，徐氏芸術館，徐氏芸術館 1993, 65 図
-10.-11. 黄釉楽舞文扁壺，安陽范粋墓，河南博物院，中国国家歴史博物館蔵，文物 1972-1, pp. 47-57, 図版 7
-12. 緑釉楽舞文扁壺，Museum of Fine Arts, Boston ACC.no. 50.883, Boston1964, no. 83
-13. 緑釉楽舞文扁壺，BM.OA1949.10-10，自撮
pl. 2. 隋唐扁壺（2）
-14. 緑釉扁壺，リーズ博物館，Leeds no. d-2，自撮
-15. 緑釉鳥文扁壺，Berlin-Dahlem Inv.Nr.1958-6, Berlin-Dahlem, no. 53, 1970，ベルリン 1992, no. 50
-16. クムトラ石窟第 23 窟，主室窟頂中軸帯天象図，クムトラ石窟第 23 窟天象図，第 46 窟の窟頂，クムトラ 1985
-17. 白釉双竜文扁壺，出光美術館，浦上満 1991, 1 図
-18. 緑釉蟠竜文扁壺，出光美術館，自撮
-19. 緑釉人物文扁壺，BM.OA1936.10-12.3，自撮
-20. 褐釉葡萄文扁壺，Art Institute of Chicago no. 1924-270, 大阪東洋 1989, 47 図
-21. 褐釉葡萄文扁壺，V&A. C.432-1920，陶磁大観 1975a, 16 図
-23. 三彩葡萄文扁壺，ロイヤル・オンタリオ美術館，Pradon.M.1961, 106 図
-24. 三彩葡萄文扁壺，Gemeentemuseum Den Haag OC.2-1928, Jansen B1976, 49 図，自撮
pl. 3. 隋唐扁壺（3）
-22. 緑釉葡萄文扁壺，陝西・合陽県井郷，陳安利他 1998, pp. 48-49
-25. 三彩胡人馴獅文扁壺，洛陽市電話設備廠 C5M1045 土洞墓，中国文物報 1998 年 10 月 14 日，孫新民他 2004, no. 80
-26. 三彩胡人馴獅文扁壺，Art Institute of Chicago no. 1941.623, 大阪東洋 1989, 53 図
-27. 三彩葡萄文扁壺，Museum of Fine Arts, Boston, Boston1953, 40 図
-28. 褐釉葡萄文扁壺，黒川古文化研究所，陶 102，自撮
-29. 褐釉葡萄文扁壺，BM.OA1936.10-12.253，自撮
-30. 藍釉鳳凰文扁壺，上海博物館暫得楼コレクション，自撮
-31. 三彩葡萄文扁壺，蘇州市婁葑郷唐墓，考古 1985-9, 図版 5
-32. 三彩唐草文扁壺，Bristol City MuseumN2421，自撮
-33. 三彩葡萄唐草文扁壺，BM.OA1947-.7-12.21，自撮
-34. 緑釉葡萄文扁壺，BM.OA1936.10-12.2431，自撮
-35. 三彩葡萄文扁壺，江蘇・連雲港，南京博物院 1963,

156 図

pl. 4. 隋唐扁壺（4）
-36. 三彩双魚文扁壺，咸陽市南里王村 M26 墓，兵庫歴博 1996，105 図
-37. 三彩双魚文扁壺，個人蔵，出光 1986，59 図
-38. 三彩双魚文扁壺，永青文庫美術館，水野清一 1977，34 図
-39. 三彩魚型穿帯扁壺，山東・青州市（益都），山口県美 1986，93 図
-40. 三彩魚型穿帯扁壺，揚州唐城，名古屋市博 1981，82 図
-41. 三彩魚型穿帯扁壺，V&A. C.88-1939，自撮
-42. 青釉人物獅子文扁壺，太原市西郊玉門溝，山西陶瓷 1984，24 図
fig. 4. 黄釉楽舞葡萄唐草文扁壺　pl. 2-20 の部分，Chicago 美術館，大阪東洋 1989，47 図
fig. 5. 白瓷小形扁壺　三上次男コレクション，三上次男 2008，no. 27

Ⅱ-6．三彩陶枕と筐形品の形式と用途

fig. 1. 唐花対葉文，永泰公主李仙蕙墓・墓蓋，群馬歴博 1989，no. 158
fig. 2. 唐花対葉文　敦煌第 217 窟藻井，林良一 1992
fig. 3. 三彩鴛鴦文陶枕，静岡・城山遺跡，浜松市博 1981
fig. 4. 樹下鴛鴦文蝋纈紗，トルハン・アスターナ 108 号墓，考古 1972-2，図版 6-1
fig. 5. 双鴨文錦片，トルハン・アスターナ遺跡，考古 1972-2，図版 8，Nelson1975，no. 255
fig. 6. 連珠環双鴨文（三彩馬俑台上），松岡美術館，松岡美術館 1991，no19，Eskenazi1974，no. 11
fig. 7. 大安寺跡出土品，巽一郎 1984，pp. 935-956
pl. 1. 三彩陶枕
-1. 唐花対葉文陶枕，ストックホルム東アジア博物館品 no. HM0649，ストックホルム 1976，no. 33
-2. 唐花対葉文陶枕，河南省項城市飼料廠唐墓，張松林他 2006，no. 216
-3. 唐花唐草文陶枕，シアトル美術館品，Prodan.M. 1960，no. 120
-4. 唐花唐草文陶枕，V&A．C644-1921，自撮
-5. 唐花唐草文陶枕，東京国立博物館品 TG2429，東博 1988，no. 266
-6. C 字形唐花文陶枕，Leed Temple Newsam 博物館品，1.178/66
-7. C 字形唐花文陶枕，BM.TOC.1987-1988，p. 42
-8. 双鳥花文陶枕，洛陽市孟津県朝陽鎮（北邙山前）李村唐墓，東博 1998，no. 64
-9. 双鳥花文陶枕，東京国立博物館 TG2428，世界陶磁 11，no. 220
-10. 双鳥花文陶枕，ミネアポリス美術館 no. 50.46.164，Minneapolis museum website
-11a. b. 双鳥花文陶枕，個人蔵 1，自撮
-12. 鴨文陶枕，故宮博物院品，李輝柄 1996，no. 212
-13. 双鶴文陶枕，Meiyintang コレクション，Krahl.R.1994，no. 275
-14. 双鳥文筐形品，故宮博物院，李輝柄 1996，no. 211
-15. 六弁花文陶枕，周立他 2007，pp. 602-603，大象出版社
-16. 鬼面文陶枕，徐氏芸術館，徐氏芸術館 1993，no. 135
-17. 三彩無文陶枕，陝西・銅川黄堡鎮窯跡，陝西考古研 1992 下，図 39-5，彩版 14-3

pl. 2. 三彩・絞胎筐形品
-18. 三彩無文陶枕，大安寺跡，奈文研 1967，pp. 1-5
-19. 三彩臥牛形陶枕，陝西省鳳翔県隋唐墓群・県城南関磚廠 M4 土洞墓，陝西考古研究院 2008-2，p. 291
-20. 三彩獅型陶枕，個人蔵，弓場紀知 1995，no. 59
-21. 三彩四弁花文筐形品，洛陽安楽窩東岡唐墓，洛陽市博 1980，no. 118
-22. 三彩四弁花文筐形品，個人蔵，水野清一 1977，no. 20
-23. 三彩四弁花文筐形品，V&A．C.923-1935，自撮
-24. 三彩四弁花文筐形品，掬粹巧芸館 1989，no. 140
-25. 黄釉絞胎四弁花文筐形品，繭山龍泉堂 1976，no. 304
-26. 三彩陶竈，西安・独孤思貞墓，中国考古研 1980，図版 58，pp. 38
-27. 三彩四弁花文櫃形品，ボストン美術館 Acc, no. 50.2120，Boston1964
-28. 三彩四脚銭櫃，西安王家墳村第 90 号盛唐墓，文物 1956-8，p. 29
-29. 三彩四脚銭櫃，Reitberg 美術館，自撮
-30. 三彩四弁花文筐形品，戸栗美術館，戸栗美術館 1987，no5
-31. 三彩四弁花文筐形品，西安・韓森寨唐墓，陝西歴史博物館，陳安利 1998，p. 65
-32. 三彩四弁花文筐形品，鞏義市博物館，孫新民他 2004，no. 61
-33. 三彩四弁花文筐形品，たましん美術博物館，たましん 1992，p. 16
-34a, b, c. 三彩唐花文筐形品，フランクフルト工芸美術館，no. 不明
-35. 三彩唐花文筐形品，個人蔵品，自撮
-36. 三彩四弁花文筐形品，愛知県陶磁美術館，no. 2488
-37. 三彩狩猟文筐形品，西安市東郊壩橋，陳安利 1998，p. 67

pl. 3. 三彩・絞胎筥形品，陶枕窯跡出土破片
-38. 黄釉絞胎陶枕，荥陽市茹菌唐代窯跡，考古 1991-7，pp. 664-666
-39. 黄釉絞胎陶枕，河南・陝県劉家渠唐墓，中国人民美術 1983，no. 23
-40. 黄・緑釉絞胎陶枕，河南省博物院，張松林他 2006，no. 561
-41. 黄・緑釉絞胎陶枕，ボストン美術館 no. 50, Boston1964
-42. 黄褐色釉筥形品，河南・臨汝県紙坊郷唐墓，考古 1988-2，p. 187，図版 8-5
-43. 三彩筥形品，出光美術館，出光美術館 1987，no. 41，弓場紀知 1995，no. 58
-44. 三彩四弁花文筥形品，ベルリン東アジア博物館，Robert Schmidt1924，Tafel.l6
-45. 三彩筥形品，故宮博物院，李輝柄 1996，no. 213
-46. 奈良三彩（国産）筥形品，大安寺跡講堂跡（R-345+346品），
-47.-48. 三彩陶枕・筥形品片，長安礼泉坊窯跡，陝西省考研院 2008-1，彩版 32-33
49. 三彩小鴨文陶枕片他，揚州汶河西路，揚州市博他 1996，附図 2
fig. 8. 大安寺跡出土品，神野恵 2010，pp. 49-76

II-7. 隋・唐・奈良期における香炉の研究

fig. 1. 陶製香炉，河南・偃師李園 34 号西晋墓，考古 1985-8，pp. 729-730
fig. 2. 青瓷博山炉，安陽・張盛墓，考古 1959-10，p. 659
fig. 3. 緑釉博山炉蓋，豊寧公主合葬墓，陝西省考研他 1993，131 図
fig. 4a. 石造菩薩三尊像台座，洛陽市孟津翟泉収集，中国対外文物展 1986，no. 128
fig. 4b. 道教四面石像，大阪市美 1976，no. 254
fig. 5. 加彩釉立俑，バレルコレクション，38/158-162，自撮
fig. 6. 侍女立俑，サンフランシスコ・アジア美術館，B60P299，Li.H.1997
fig. 7. 灰陶加彩侍女俑，安陽張盛墓，考古 1959-10
fig. 8. 温壺形・火舎式香炉集成図
fig. 9. 金属製香炉図
pl. 1. 香炉（1）
-1. 緑釉博山炉，長安県北原・豊寧公主合葬墓，陝西省考研他 1993，131 図
-2. 緑釉博山炉，故宮博物院，李輝柄主編 1996，no. 81
-3a. b. c.，緑釉博山炉，出光美術館，承盤欠損，出光美術館編 1987，no. 18

-4a. b.，大和文華館 YB33，大和文華館 1991，no. 33
-5. 白釉博山炉，ボストン美術館，Jan Fontein 他編 1978，no. 17
-6. 白釉博山炉，ホノルルアカデミー美術館 1993.1，William Watoson1984，no. 137
-7. 白釉博山炉蓋片，鞏義市白河窯跡，河南文考研他 2009，p. 130
-8. 白瓷香炉，BM.，OA1936-10-12.145，自撮
-9. 白瓷温壺形香炉，咸陽市機場・尉遅運夫妻墓，出土瓷 15，2008，p. 54
-10. 白瓷温壺形香炉，西安市・李静訓墓，中国社会科学院考古研 1965，p. 15
-11. 白瓷温壺形香炉，安陽市橋村隋早期墓，考古 1992-1，pp. 37-45
-12. 白瓷温壺形香炉，西安市陝棉十廠唐墓，橿考研 2010，no. 68
pl. 2. 香炉（2）
-13. 緑釉温壺形香炉，長安県北原・豊寧公主合葬墓，考古与文物 2000-4，陝西省考研 1998，130 図
-14. 白瓷温壺形香炉，サンフランシスコ・アジア美術館 B660P140，He Li1997，no. 127
-15. 白瓷温壺形香炉，出光美術館，蓑豊 1998，no. 13
-16. 温壺形滑石製香炉，東京大学教養学部駒場博物館，自撮
-17. 温壺形滑石製香炉，湖北・鄖県李徽墓，文物 1987-8，pp. 30-42
-18. 温壺形滑石製香炉，河南・偃師李園村袁氏墓，中国社会科学考古研 2001，図版 43
-19. 三彩温壺形香炉，シュツッガルト・リンデン博物館 OA24.7666L，自撮
-20. 白瓷温壺形香炉，セルニスキー美術館 MC9766，自撮
-21. 白瓷温壺形香炉，掬粋巧芸館 1988，p. 13
-22. 三彩火舎式香炉，バッファロー科学博物館，Martie W. Young1991，no. 25
-23. 三彩火舎式香炉，出光美術館，弓場紀知 1995，no. 54
-24. 三彩火舎式香炉，ネルソンアトキンス美術館，Nelson Gallery1973，no. 34-160
pl. 3. 香炉（3）
-25. 三彩火舎式香炉，鞏義黄冶窯跡，河南省鞏義市文管 2000，彩版 7-2・3，53-5・6
-26. 三彩火舎式香炉，洛陽李楼下庄唐墓，洛陽博物館 1980，no. 100
-27. 三彩火舎式香炉，セルニスキー MC9591，自撮
-28. 三彩火舎式香炉，黒竜江省寧安県三陵渤海国墓，中国文物精華 1997，no. 14

-29. 白瓷火舎式香炉, 上海博物館, 汪慶正他 1991, no. 79
-30. 白瓷火舎式香炉, ホノルル・アカデミー 2158.1, William Watoson1984, no. 264
-31. 青瓷褐彩雲文火舎式香炉, 臨安・水邱氏墓, 浙江省博 1999, no. 173
-32. 銅製盆形香炉, 咸陽市王徳衡墓, 挿図 9-1, 員安志編 1992, pp. 51-52,
-33. 金属製火舎式香炉, 陝西・臨潼県新豊鎮慶山寺塔地宮, 東博 1998, no. 40
-34. 青銅火舎式香炉, 白鶴美術館, 白鶴美術館 1988, no. 97
-35. 銀製火舎式香炉, 西安市何家村, 文物 1972-1, p. 41
-36. 鍍金臥亀蓮華文垂飾銀製香炉, 陝西・法門寺塔地宮, 兵庫県歴博 1996, no. 22, 法門寺 2008, p. 238
-37. 白石火舎式香炉, 正倉院中倉, 正倉院 1988, 図版 99, 光森正士 1993, 図版 30, 31
-38. 金銅火舎式香炉, 正倉院中倉, 正倉院 1988, 図版 31

pl. 4. 香炉 (3)
-39. 金銅製高杯, 群馬県観音塚古墳, 群馬県歴博 1999, nos. v -16
-40. 二彩釉稜形火舎片, 柏原市・鳥坂廃寺講堂仏壇土坑, 自撮
-41. 三彩火舎片, 大津市南滋賀廃寺, 自撮
-42. 三彩炉身部片, 大津市・穴太廃寺講堂跡, 自撮
-43a, b. 三彩釉炉身, 埼玉県坂戸市山田遺跡 33 号竪穴住居跡, 自撮
-44. 白釉緑彩蓋片, 大津市南滋賀廃寺, 自撮

fig. 10. 玉虫厨子須弥座正面図, 上原和 1991, pp. 86-87, 275-281

fig. 11. 奈良三彩火舎式香炉実測図

fig. 12a, b, c. 三彩香炉, 京都府木津川市馬場南遺跡第 2 次調査 SR01 京都府埋蔵文化財調査研究センター, 京都府埋文 2010『京都府遺跡調査報告集第 138 冊』

fig. 13. a. b. c., 三彩香炉, 奈良県桜井市山田 山田寺跡第 4 次調査, 東面回廊跡 LL09 区灰褐色砂質土出土, 奈文研飛鳥資料館, 奈良文化財研究所編 2007『大和山田寺跡』本文編 p348, 吉川川弘文館, 東京, 自撮

fig. 14. 緑釉香炉 (復元品) 筑後国衙跡第 31 次調査, 愛陶 1998, no. C-394

Ⅱ-8. 日本出土唐代鉛釉陶の研究

tab. 1 日本出土鉛釉陶地名表 (2013. 6. 1 現在)
fig. 1-1a. 緑釉印花花文碟片, 鴻臚館跡第 4 次調査, 自撮
-2a, b. 三彩陶枕片, 鴻臚館跡第 5 次調査, 自撮
-3a, b. 白釉緑彩碗片, 緑釉柳斗文碗, 鴻臚館跡第 7 次調査, 自撮
-c. 柳斗文白瓷碗, BM.OA1973.7-26.227, 自撮
-4. 黄釉半絞胎陶片, 鴻臚館跡第 19 次調査, 自撮
-5a, b. 鴻臚館跡第 21 次調査, 三彩碗, 自撮

fig. 2.-a. 三彩印花文碟片, 福岡市柏原 M 遺跡包含層, 福岡市教委 1988
-b. 白釉緑彩印花文碟片, 弓場紀知 1995, no. 83

fig. 3a, b. 三彩罐蓋片, 福岡市東入部遺跡群第 10 次調査, 福岡市教委 1996, 自撮
-c. 三彩罐蓋, 洛陽, 周立他 2007, p. 528

fig. 4-1a. 三彩陶枕片, 大宰府史跡第 60 次調査 (蔵司跡南), 自撮
-b. 九歴 1979
-2.a～h. 三彩三足炉片, 大宰府史跡・観世音寺跡, 自撮
-i. 三彩宝相華文, V&A. C.86-1939, 自撮
-j. 三彩櫻花文, ハンブルグ美術館, Kat.Nr.16, Rose Hempell 974, no. 1
-3a. b. 半絞胎陶片, 観世音寺, 自撮

fig. 5. 黄釉半絞胎陶枕片, 太宰府市市の上遺跡, 自撮

fig. 6.a～d. 三彩貼花文長頸瓶片, 福岡県沖ノ島第 5 号・7 号遺跡, 自撮
-e. 三彩三足貼花文壺, 洛陽, 周立他 2007, pp. 504-505
-f. 三彩貼花文長頸瓶, BM.OA1968.4-22.22, 自撮

fig. 7. 三彩陶枕片, 福岡県谷遺跡Ⅰc 地区 2 号 pit, 自撮

fig. 8. 三彩瓶片, 三次市備後寺町廃寺講堂基壇上層, 自撮

fig. 9. 三彩三足炉片, 黄釉全絞胎碗片, 東大阪市若江遺跡 (廃寺) 第 38 次調査, 自撮

fig. 10. a. b. 二彩稜形火舎片, 柏原市鳥坂廃寺講堂仏壇拡張部土坑, 自撮

fig. 11-1.a～d. 三彩筐形片, 陶枕片, 奈良市大安寺跡講堂前面土坑, 神野恵 2010
-2. e～g. 三彩陶枕片, 第 68 次調査, 大安寺金堂跡北辺焼土層 SK24, 自撮

fig. 12-1. 三彩印花文杯片, 奈良市五条町 (右京五条一坊十五坪), 奈良市教委 1987, 自撮
-2. 三彩印花文六曲杯片, 奈良市八条町 (左京七条二坊六坪), 自撮
-3. 三彩絞胎片, 奈良市菅原東遺跡 (右京二条三坊四坪), 自撮
-4. 三彩陶片, 奈良市五双田 (左京二条二坊十二坪), 自撮
-5. 三彩碗・三彩蓋盒片, 奈良市 (左京二条二坊・三条二坊) 長屋王邸宅跡, 自撮
-6a. b. 三彩盒蓋片, (左京二条二坊五坪) 東二坊坊間西側溝 SD5021, 自撮
-c. 白釉緑彩盒, アシュモレアン美術館 ASM224, 自撮

554　挿図出典一覧

-7a. 白釉獣脚円面硯片，奈良市大宮町（左京三条四坊十一坪），自撮
-b. 白釉獣脚円面硯，千年邢窯編輯委会 2007, p. 47
-8. 緑釉全絞胎陶枕片，平城宮東院園池地区，自撮
fig. 13. 三彩俑片，橿原市醍醐町 133-1，自撮
fig. 14. 三彩蓋硯，奈良県御坊山 3 号墳，自撮
fig. 15. 三彩獣脚片，桜井市安倍寺回廊跡，自撮
fig. 16-1. 褐釉獣脚片，奈良県坂田寺跡第 1 次調査，自撮
-2. 三彩盤片，奈良県坂田寺跡第 2 次調査 井戸 SE110，自撮
-3. 三彩罐片，白釉緑彩小罐，奈良県坂田寺跡第 2 次調査包含層，自撮
-4. 三彩曲杯片，第 7 次調査回廊雨落溝 B，自撮
-5. 三彩印花文筥形片，第 8 次調査掘立柱建物雨落溝，自撮
fig. 17. 二彩台座片，京都市大覚寺御所跡 SD43，自撮
fig. 18-1. 三彩三足炉片，京都市北白川廃寺第 1 面遺構，自撮
-2a. 白釉緑彩印花輪花文碟片，京都市北白川小倉町別当町整地層，自撮
-b. 緑釉陶印花文盤，揚州市博 1996, no. 36
fig. 19-1a. b. 緑釉印花稜花碟片，京都市田村備前町 236-10（平安宮内裏跡），自撮
-c. 緑釉白彩印花文稜花碟，邢窯千年 2007, p. 211
-2a.～c. 三彩罐，白釉緑彩碗，黄釉半絞胎陶枕各 1 片，京都市朱雀第八小学校（右京二条三坊二町），自撮
-3. 三彩陶片，京都市中京区（平安京左京四条四坊），自撮
-4. 黄釉全絞胎罐頸部片，京都市下京区（左京七条三坊十五町），自撮
-5. 黄釉半絞胎陶片，京都市下京区（左京八条三坊七町），自撮
-6. 三彩筥形片，京都市南区（左京九条三坊十六町），自撮
-7. 黄釉全絞胎罐片，京都市下京区（左京 5 条 4 坊 2 町），自撮
-8. 黄釉全絞胎罐片，京都市下京区（左京 6 条 3 坊 10 町），自撮
-9. 三彩瓶片，京都市中京区（右京 4 条 2 坊 6 町），自撮
-10. 白釉緑彩罐片，京都市中京（右京 7 条 1 坊 2・3 町），自撮
fig. 20. 三彩碗，三重県三重郡朝日町縄生廃寺塔心礎，自撮
fig. 21. 三彩陶枕片，浜松市城山遺跡 A10B30 区，浜松市博 1981
fig. 22. 三彩陶枕片，沼津市大手町上ノ段遺跡，自撮，沼津市教委 2004

fig. 23. 三彩陶片，佐久市前田遺跡 H18 号住居跡，自撮
fig. 24. 三彩陶片，更埴市屋代遺跡群町浦遺跡，自撮
fig. 25. 二彩小罐，平塚市諏訪前 A 遺跡，自撮
fig. 26. 三彩陶片，千葉県印旛郡向台遺跡，自撮
fig. 27. 三彩獣脚片，館山市国分安房国分寺推定金堂跡，館山市教委 1980，自撮
fig. 28. 三彩陶片，埼玉県大里郡熊野遺跡第 5 次調査第 3 号竪穴住居跡，新田町教委 1994，自撮
fig. 29. 三彩陶枕片，群馬県新田郡境ケ谷戸遺跡 2 号住居跡，自撮
fig. 30. 三彩筥形片，群馬県佐波郡多田山 12 号古墳前庭部，群馬県埋文 2004『多田山古墳群　第 1 分冊』図版
fig. 31. 三彩琴形片，阿賀野市山口遺跡，自撮，-a・b，
-c. 加彩伎楽俑，洛陽市元邵墓，考古 1973-4, pp. 218-224
-d. 伎楽俑，河間市邢晏墓，『中国音楽全集Ⅱ』図 2.2.6f
-e. 加彩伎楽俑，西安市収集品，王仁波他 1992, no. 21
-f. 加彩伎楽俑，洛陽市孟津西山頭，文物 1992-3, pp. 1-8
-g. 加彩伎楽俑，湖南・岳陽市桃花山，『中国音楽全集・湖南巻』図 2.1.5e
-h. 加彩伎楽俑，サンフランシスコ・アジア美術館，Li.H. 1997, no. 183
fig. 32a. b. 三彩筥形片，静岡市駿河区ケイセイ遺跡，静岡市教委 2012，自撮
-c. 三彩筥形品，西安韓森寨唐墓，陝西博物館 1998, p. 64
-d. 三彩四弁花文筥，ボストン美術館 Acc.no. 50.2120, Boston1964
fig. 33. 三彩陶枕，三重県多気郡斎宮跡 157 次調査，自撮
-c. 三彩陶枕，BM.OA1947.7-12.12，自撮
-d. 三彩陶枕，河北省新安県唐墓，趙慶鋼他 2007『千年邢窯』p. 221
fig. 34a. b. 三彩印花梅花文杯片，芦屋市西山町芦屋廃寺，自撮
-c. 三彩陽印花文杯，M.Malcom.Collection, Durham1967-20，自撮
fig. 35. 三彩杯片，兵庫県南あわじ市淡路国分寺，自撮
-c, -d. 彩陶片，西安礼泉坊窯跡，陝西省考古研 2008，彩図版 28
fig. 36a.-d. 三彩弁口瓶片，兵庫県姫路市苫編池ノ下遺跡 H 地区 69 区，自撮
-e. 三彩貼花文弁口瓶，東京富士美術館，東京富士美 1991, no. 34
fig. 37. 三彩筥形片，岡山県赤磐市備前国分寺講堂跡，自撮
fig. 38a. b. 三彩罐片，福山市走島町宇治島，自撮

挿図出典一覧　555

-c. 三彩罐，洛陽出土，洛陽博 1985, no. 92
fig. 39. 三彩（鴛鴦文）陶枕，熊本市二本木遺跡，自撮
-d. 三彩（鴛鴦文）陶枕，大安寺講堂，神野恵 2010, pp. 49-76
-e. 三彩（鴛鴦文）陶枕，故宮博物院，李輝柄 1996, no. 212
fig. 40. 緑釉半絞胎陶枕片，酒田市城輪柵跡，自撮
fig. 41. a. b. 三彩三足炉片，奈良市西大寺旧境内（平城京跡右京一条南大路北側溝），自撮
-c. 三彩三足炉宝相華文（部分），佐野美術館 1991, no. 100,
fig. 42. a. b. 黄釉全絞胎瓶または罐片，博多遺跡群第 50 次調査，自撮
fig. 43. a. b. 三彩碗片，三彩長頸瓶片，奈良市大森町（平城京左京五条四坊十五・十六坪），自撮
fig. 44a. b. 橙釉小盂蓋片，野瀬塚遺跡，-c. 橙釉小盂，鞏義黄冶窯（鞏義市文管 2000）
tab. 2. 日本出土の器種別，遺構性格別の盛唐三彩陶検出遺跡数
fig. 45. 白斑文緑釉陶片，広島県府中市・備後国府跡，自撮
pl. 1. 絞胎陶枕，筐形品
-1. 三彩全絞胎片，鞏義市黄冶窯跡，鞏義市文保 2000, 彩版 69
-2. 黄釉半絞胎片，鞏義市黄冶窯跡，鞏義市文保 2000, 彩版 67
-3. 黄釉筐形品，河南臨汝県紙坊郷唐墓，考古 1988-2, pp. 186-187
-4. 三彩筐形品，故宮博物院，自撮
-5. 黄釉全絞胎印花文筐形品，繭山龍泉堂 1976, no. 304
-6. 黄釉全絞胎筐形枕，鞏義市黄冶窯跡，鞏義市文保 2000, 彩版 62
-7. 二彩釉扇形全絞胎陶枕，Boston1964, no. 118, acc.no. 50.1965
-8. 黄釉隅丸長方形半絞胎陶枕，奈文研 2006, no. 55
pl. 2. 絞胎陶枕，碟，三足盤，高杯，碗
-9. 緑釉如意形印花文陶枕，鄭州市文考研 2006, no. 569
-10. 黄釉全絞胎碟，鞏義市芝田鎮 M89，鄭州市文考研 2006, no. 574
-11. 黄釉全絞胎三足盤，Boston Hoyt collection, no. 50.1979
-12. 黄釉全絞胎碗，大和文華館 no. 46, 自撮
-13. 緑釉半絞胎陶枕，鞏義市黄冶窯跡，鞏義市文保 2000, 彩版 69
-14. 黄釉全絞胎高足杯，黒川古文化研究所，no. 116, 自撮

II-9. 渤海三彩陶の実像

fig. 1. 三彩陶片，緑釉陶片実測図，東京城跡，東京大学総合資料館，東亜考古学会　1939
fig. 2. 三彩陶片，東京城跡，東京大学総合資料館，自撮
fig. 3. 上京竜泉府出土の施釉陶器図
fig. 4. 図們江流域渤海遺跡分布図
fig. 5. 硯刻人物図，上京竜泉府，朝鮮遺跡遺物 1991, 第 3 巻，no. 491
fig. 6. 三彩男・女侍俑，竜頭山 M10 号墓，考古 2009-6, pp. 23-39
fig. 7a. 緑釉長頸壺，六頂山墓群 M5 墓，考古 2009-6, pp. 8-9, b. c. 三彩長頸瓶・黄釉絞胎碗，和竜北大 M7，文物 1994-1, pp. 35-43
fig. 8. 沿海州渤海遺跡分布図
fig. 9. 哈爾濱市顧郷屯，三彩小壺出土位置図
fig. 10. 三彩小壺，同上出土，黒竜江省博物館，自撮
pl. 1. 渤海出土の三彩・緑釉陶（1）
-1. 赭黄釉盤，上京竜泉府宮城西区堆房遺跡，社考研 1997, 彩版 5, 黒竜江省文考研 2009, 図 61-1
-2. 三彩盤，上京竜泉府宮城西区堆房遺跡，社考研 1997, 図版 93
-3. 緑釉盤片，西古城跡，吉林文考研 2007, 図版 32
-4. 三彩釉口沿片，上京竜泉府宮城西区堆房遺跡，社考研 1997, 彩版 5
-5. 三彩蓋，上京城，黒竜江省文考研 2009, 図版 198
-6. 三彩双系罐，上京竜泉府宮城西区堆房遺跡，社考研 1997, 図版 94
-7. 三彩三足香炉，社考研 1997, 図版 94
-8. 黄釉獣脚片，東亜考古学会調査品，東大考古学教室，自撮
-9. 三彩香炉蓋，社考研 1997, 図版 95, 魏存成 2008, 口絵彩版
-10. 三足香炉，黒竜江省寧安県三陵屯 4 号墓，中国文物精華編輯委員会編 1997, no. 14
-11. 三彩陶片，東京城北辺竪穴跡，原田淑人編著 1939, 図版 103
-12. 三彩香炉蓋，中国国家博物館，自撮
-13. 黄釉蓋，上京城，社考研 1997, 図版 95
-14. 三彩釉陶片，社考研 1997, 彩版 6
-15. 三彩印花文鉢（缸），西古城跡，吉林省文考研 2007, 図版 32
-16. 緑釉印花文鉢（缸），西古城跡，吉林省文考研 2007, 図版 32
-17. 緑釉丸瓦，上京城，黒竜江省文考研 2009, 図版 276
-18. 三彩獣頭，上京城，黒竜江省文考研 2009, 図版 185
pl. 2. 渤海出土の三彩・緑釉陶（2）

556   挿図出典一覧

-19. 三彩缸片，上京城，黒竜江省文考研 2009，図版 197．
-20. 三彩缸片，上京城，黒竜江省文考研 2009，図版 198
-21. 三彩鉢（缸）片，上京城，黒竜江省文考研 2009，図版
-22. 黄釉鉢（缸）片，上京城，黒竜江省文考研 2009，図版 333
-23. 緑釉鉢（缸）片，上京城，黒竜江省文考研 2009，図版 283
-24. 緑釉鉢（缸）片，上京城，黒竜江省文考研 2009，図版 283
-25. 緑釉紡輪片，上京城，黒竜江省文考研 2009，図版 283
-26. 白釉緑彩陶片，上京城，黒竜江省文考研 2009，図版 283
-27. 三彩蓋片，上京城，黒竜江省文考研 2009，図版 284
-28. 三彩蓋片，上京城，黒竜江省文考研 2009，図版 284
-29. 邢州窯白瓷碗，上京城第 1 号街，李陳奇他 2010，p. 269
-30. 三彩女侍俑，和竜市頭道鎮竜海村竜頭山 M10，考古 2009-6，pp. 23-39
-31. 三彩男侍俑，和竜市頭道鎮竜海村竜頭山 M10，考古 2009-6，pp. 23-39
-32. 三彩長頸瓶，吉林和竜県北大渤海墓 M7，文物 1994-1，中国文物精華編輯委員会編 1997，no. 13
-33. 黄緑彩絞胎碗，吉林和竜県北大渤海墓 M7，文物 1994-1，pp. 35-43 封二
-34. 黄釉絞胎陶枕，吉林和竜県頭道鎮竜海村竜頭山墓，魏存成 2008，口絵彩版
-35. 白釉緑彩陶片，クラスキノ土城寺院跡，ロシア科学アカデミー極東人民歴史・考古・民族学研究所，自撮
-36. 三彩仏像型物片，アプリコソスキー寺院跡，アルセーニエフ博物館展示，自撮
-37. 緑釉緑彩罐・盤片，クラスキノ土城寺院跡，ロシア科学アカデミー極東人民歴史・考古・民族学研究所，自撮
-38. 三彩三足香炉獣足，アプリコソスキー寺院跡，アルセーニエフ博物館展示，自撮
-39. 緑釉盒片，マリアノフカヤ土城，アルセーニエフ博物館展示，自撮
-40. 緑釉緑彩長頸瓶頸部，クラスキノ土城寺院跡，ロシア科学アカデミー極東人民歴史・考古・民族学研究所，自撮
-41. 三彩仏像型物片，アナニエフスカヤ土城，ゲルマン 1999

Ⅲ-1．越州窯と竜泉窯－転換期の青瓷窯

fig. 1. 越州窯青瓷と竜泉窯青瓷
-1 青瓷玉璧高台碗，麗水市城北碧角橋土坑墓，朱伯謙 1998，no. 22
-2. 青瓷五輪花輪花高台印花臥牛文碗，麗水市渓口磚瓦廠土坑墓，朱伯謙 1998，no. 23
-3. 青瓷碗，麗水市碧角橋，朱伯謙 1998，no. 21
-4. 青瓷「太平戊寅」銘水注，上海博物館，自撮

Ⅲ-2．唐代玉璧高台の出現と消滅時期の考察

fig. 1. 青瓷玉璧高台碗実測図，（ ）内は葬年
-1.-2.-3. 広東子遊の子夫妻墓（697）
-4. 湖南鄧俊墓（763）
-5. 大宰府史跡 SE1340
-6.-7.-8. 広東張九齢墓（741）
-9. 江蘇儀征劉夫妻墓（安史の乱後）
-10.-11.-12. 湖南唐墓 M 164（804）
-13.-14.-15.-16. 安徽伍氏墓（842）
-17. 河南鄭紹方墓（814）
-18 から -25. 寧波市碼頭（9 世紀後半）
-26. 陝西李文貞墓（819）
-27.-28. 江蘇□府君墓（820）

fig. 2. 青瓷玉璧高台，平底碗実測図（ ）内は葬年
-29 から -32. 江蘇□府君墓（820）
-33 から -38. 河北劉府君墓（856）
-39. -40. 広東姚潭墓（858）

fig. 3. 定窯跡出土白瓷器実測図
-1 から -7 晩唐層，-8 から -17 五代層

fig. 4. 上林湖窯跡出土青瓷編年図（慈渓市博 2002，一部改変）

fig. 5 a. b. c. 邢州窯跡出土白瓷碗・碟編年図

pl. 1. 1-7. 鞏義白河窯，8，9. 長安礼泉坊窯跡，陝西考研 2008，河南省文物考古研究所他 2009，奈文研 2012

fig. 6. 青瓷平底形実測図，（ ）内は葬年
-1.-2. 浙江衢州市 M 20 墓（625）
-3. 河南張君夫妻墓（664）
-4. 河南裴氏墓（620）
-5 から -10. 湖北楊氏墓（638）
-11 から -14. 福建甫田唐墓（676）
-15. 江蘇鎮江 M 19
-16. 同上　M 10
-17. -18. 河南鄭紹方墓（814）

fig. 7. 青瓷輪高台実測図，（ ）内は葬年
-1.-2. 河北趙天水墓（870）
-3.-4 河南裴氏墓（620）

挿図出典一覧　557

-5. 陝西張士貴墓（651）
-6. 陝西鄭仁泰墓（664）
-7.-8. 沈氏二□墓（817）
-9 から -12. 福建王審知夫妻墓（932）
fig. 8. 青瓷輪高台実測図，（　）内は葬年
-13. 浙江呉漢月墓（952）
-14.-15.-16. 浙江杭 M 32
17-21. 浙江南市塔（961）
fig. 9（1），（2）．寧波和義路遺跡層位別出土の碗・碟編年図
pl. 2. 寧波和義路遺跡出土の碗・碟（1）
pl. 3. 寧波和義路遺跡出土の碗・碟（2）
1-6：唐代第 1 文化層　7-12：唐代第 2 文化層（-5. 大中 2 年銘，-6. 大中□□銘）
fig. 10. 慈渓市上林湖および寧波市鄞州窯跡出土品
fig. 11. 日本出土青瓷・白瓷実測図
　-1. 京都市・西寺跡
　-2. から -10. 福岡市・徳永遺跡 II 区包含層（6. 福岡県笠寺採集）
　-11. 福岡市・下山門遺跡 H 4
　-12. 大宰府史跡 S D 320 最下層
　-13，-14. 同　　下層
　-15. 大宰府史跡 S K 1800
　-16，-17 平安京右京 3 条 3 坊 3 町 S X 07
　-18. 同　2 条 3 坊 15 町 S D 14
　-19，-21 平城京東 3 坊大路東側溝
　-20. 平城宮 6AAI（32 次）S D 4090
　-22. 京都市広隆寺
　-23. 河北易県・孫少矩墓（864 年卒）
　-24.-26. 大宰府史跡第 70 次調査濁茶色土層
　-25. 胆沢城 3 a 層
　-27. 北九州市・寺田遺跡
　（1.2.3.13.23.24. 白瓷，他は青瓷）
tab.1 玉璧高台計測表
tab.2 唐－北宋 紀年銘資料（1993 年 3 月現在）

III-3．唐代の「秘色」瓷の実像

tab. 1.「秘色」記載史料
tab. 2.「衣物帳」記載の秘色瓷
fig. 1. 法門寺地宮埋納の瓷秘色碗，瓷秘色盤子，青瓷八稜形瓶実測図，法門寺博物館編 2009
pl. 1. 法門寺地宮埋納の瓷秘色瓷
　-1. 侈口秘色瓷碗　-2．葵口圏足秘色瓷碗,,-3　-4．-5. 侈口秘色瓷盤，-6. 鎏金銀稜平脱雀鳥団花文秘色瓷碗，-7，-8，-9 葵口秘色瓷盤，法門寺博物館編 2009
pl. 2. 法門寺地宮埋納の瓷秘色盤他，-10, 葵口秘色瓷盤，-11. 青瓷八稜瓶，-12 白釉瓷碗，-13. 白釉葫蘆形瓶，法門寺博物館編 2009

III-4．続・日本出土の越州窯陶瓷の諸問題

pl. 1.1a, b, c, d, e, f. 青瓷刻花文水注，小野津八幡神社（喜界町教委），自撮
fig. 1. 寧紹地区・越州窯跡分布図
fig. 2. 里杜湖窯跡執壺実測図，慈渓市博物館編 2002, pp. 180-196
fig. 3a, b. 博多遺跡群第 6 次調査出土水注片,『博多遺跡群第 6 次調査略報』pp. 157-159, 福岡市教育委員会
fig. 4. 博多遺跡群第 80 次出土水注片,『博多 51 －博多遺跡群第 80 次調査報告』p. 58, 福岡市教育委員会
fig. 5a, b, c, d. 褐釉双系注口付壺，小野津八幡神社（喜界町教委），自撮
fig. 6a, b. 須恵器双耳長胴壺，小野津八幡神社（喜界町教委），自撮
fig. 7. 小野津集落空撮,『空から見るわがまち　喜界島航空写真集』喜界町役場企画観光課，1992
fig. 8. 喜界島東半部遺跡分布図
fig. 9. 越州窯水注復元位置，喜界島町教育委員会撮影
fig. 10. "五つのカメ" 祠内旧状，喜界島町教育委員会撮影
fig. 11. 小野津八幡社背景，自撮
fig. 12. "五つのカメ" 配列状態，松崎撮影，喜界町公民館展示，昭和初年
fig. 13. 山田中西遺跡出土の越州窯青瓷，邢州窯白瓷，自撮，実測図（喜界島町教委 2008）
fig. 14. 山田半田遺跡出土越州窯青瓷実測図，喜界島町教委 2006 pp. 1-52, 喜界島町教委 2008, pp. 64-66, 写真自撮
fig. 15. 窯跡出土越州窯青瓷水注

III-5．竜泉窯青瓷創焼時期

fig. 1. 金村第 16 号窯跡最下層出土青瓷片，張翔 1988
pl. 1. 竜泉窯青瓷（1）
-1. 金村第 16 号窯跡最下層出土青瓷片，浙江省博物館編 2009, p. 108
-2. 金村第 16 号窯跡最下層出土青瓷片，浙江省博物館編 2009, p. 102
-3a, b, c, d. 青瓷五管瓶，竜泉市茶豊墓，朱伯謙 1998, no. 36
-4.a, b, c. 青瓷長頸瓶，竜泉市茶豊墓，朱伯謙 1998, no. 37
-5. 青瓷執壺，竜泉市茶豊墓，自撮
-6. 寧波市小白市第 3 号窯跡，大中祥符 5（1012）年刻銘

破片，考古 1964-4，pp. 182-187
-7. 開宝3年銘瓷質碑文，温州西郭大橋頭，温州市博 2001，考古 1965-3，p. 157
pl. 2. 竜泉窯青瓷（2）
-8 金村窯跡出土片，浙江省博物館編 2009，p. 102
-9. 青瓷執壺，温州西廊大橋頭河床，温州博物館編 2001，no. 97
-10a，b，c. 青瓷長頸瓶，竜泉市博物館，自撮
-11. 青瓷長頸瓶，Captain Dugald Malcolm 所蔵，M. Medley1976，fig. 66
-12. 青瓷長頸瓶，Ingram Collection，M.Tregear，no. 187
-13. 青瓷長頸瓶，Boston，no. 50.1048，Boston1972
-14. 青瓷五管瓶，浙江省博物館，自撮
fig. 2. 竜泉窯青瓷（3）
-15.a. b. 青瓷長頸瓶，Haags Gemeentemuseum，oc5-87，自撮
-16.a. b. 青瓷刻花蓮弁文「太平戊寅」年刻銘長頸瓶，上海博物館，自撮
fig. 3. 青瓷執壺片，台州市黄岩区沙埠鎮下山頭窯跡，自撮

Ⅲ-6. 元豊三年銘青瓷をめぐる諸問題

fig. 1. 元豊3年銘2口の青瓷
-1.a，b. 青瓷長頸瓶，旧 PDF. 所蔵，旧 PDF. 提供
-2.a，b. 青瓷五管瓶，大和文華館，自撮
fig. 2. 青瓷長頸瓶・五管瓶銘文
　-上. 青瓷長頸瓶銘文，旧 PDF. 所蔵，自撮
　-下. 青瓷五管瓶銘文，大和文華館，自撮

Ⅲ-7. 12世紀竜泉窯青瓷の映像

fig. 1. 竜東地区窯跡分布図，（ ）内は発掘調査機関
fig. 2. 竜東窯跡出土の青瓷編年
fig. 3. 竜東窯跡の青瓷，1-3:BY$_{24}$T$_5$（七），4-8:BY$_{13}$（下）
fig. 4. 竜東窯跡出土の青瓷，1，2.:BY$_{24}$T$_5$（八）
tab. 1. 竜東窯跡出土品時期区分
fig. 5. 安徽省宋墓出土の「庚戌年」(1190)墨書銘青瓷碗，安徽省博 2002，no. 70
fig. 6. 博多遺跡群出土の竜東Ⅰ，Ⅱ期の青瓷
fig. 7. 日本出土の竜東Ⅲ期の青瓷（1）
fig. 8. 日本出土の竜東Ⅲ期の青瓷（2）
fig. 9a. 日本出土の竜泉窯および金村窯出土の青瓷
-9b 金村窯跡発見の青瓷，自撮
fig. 10. 金村窯跡出土の青瓷碗片，自撮
fig. 11. 甌窯出土の青瓷，出光 1982，no. 84-91
fig. 12. BY$_{24}$T$_6$（六）出土の青瓷
fig. 13. 1-3:福建順昌大坪林場宋墓，4：寧波東門口碼頭遺址

Ⅲ-8. 北宋早期景徳鎮窯白瓷器の研究

fig. 1. (1), (2)景徳鎮窯系五代・北宋早期の青瓷・白瓷器
fig. 2. 河北・曲陽県定窯跡五代層出土の白瓷器
fig. 3. 鴻臚館跡・博多遺跡群・大宰府条坊跡出土の白瓷器
pl. 1 (1). 北宋早期景徳鎮窯白瓷器（1）
-1. 青瓷外反口沿碗，黄泥頭窯跡，景徳鎮陶瓷歴史博物館庫房，自撮
-2. 青瓷外反口沿碗，黄泥頭窯跡，景徳鎮陶瓷歴史博物館，自撮
-3. 青瓷直口碗，景徳鎮市近郊墓，香港大学 1992，図 4
-4. 白瓷唇口碗，南市街窯跡，景徳鎮陶瓷歴史博物館，自撮
-5. 白瓷唇口碗，景徳鎮陶瓷歴史博物館，自撮
-6. 白瓷直口碗，景徳鎮陶瓷歴史博物館，自撮
-7. 白瓷腰折碟，景徳鎮陶瓷歴史博物館，自撮
-8. 白瓷花口碟，香港大学 1992，no. 10
-9. 白瓷外反口沿碟，黄泥頭窯跡，景徳鎮陶瓷歴史博物館，自撮
-10. 白瓷外反口沿碗，黄泥頭窯跡，景徳鎮陶瓷歴史博物館，自撮
-11. 白瓷刻花蓮弁文碗片，黄泥頭窯跡，景徳鎮陶瓷歴史博物館，自撮
-12. 白瓷刻花蓮弁文碗片，町田市立博物館，町田市博 1992，no. 82, 83，自撮
-13. 白瓷刻花蓮弁文碗，連雲港市海州呉墓，連雲港市博物館，李輝柄 2000，no. 158
-14. 青白瓷帯温碗酒注，江蘇・鎮江市古墓，中国国家博物館，自撮
-15. 白瓷腰折碟，黄泥頭窯跡，景徳鎮陶瓷歴史博物館，自撮
-16. 白瓷碟片，南市街窯跡，景徳鎮陶瓷歴史博物館，自撮
-17. 白瓷腰折碟，江西九江市阿周女性墓，江西省博物館，文物 1990-9，p. 19
-18. 白瓷花口直口碟，黄泥頭窯跡，景徳鎮陶瓷歴史博物館，自撮
-19. 青白瓷貼花蝶結文執壺，景徳鎮市舒氏墓，景徳鎮陶瓷館，荘良有 1998，no. 16
-20. 白瓷刻花蓮弁文碗，定州静志寺舎利塔地宮，定州市博物館，出光 1997，no. 69
-21. 白瓷刻花蓮弁文碗，Guimet Museum，Eo2935，自撮
pl. 1 (2). 北宋早期景徳鎮窯白瓷器

-22. 白瓷刻花蓮弁文有蓋碗, Balow Collection, C62, 自撮
-23. 青瓷刻花蓮弁文碗片, 上林湖竹園窯跡, 自撮
-24. 白瓷刻花蓮弁文碗, 長沙市広場古墓, 全国基本建設 1956, 図版 191
-25 a, b. 白瓷唇口碗, 鴻臚館跡 SK01, 福岡市教委 1992, pp. 51-73, 自撮
-26 a, b. 白瓷直口碟, 太宰府条坊跡 87 次調査, 太宰府市教委 1996, pp. 37-38, 自撮
-27. 白瓷刻花蓮弁文碗, 太宰府条坊跡 81 次調査, SX180, 太宰府市教委 1996, p. 114, 自撮
-28. 白瓷刻花蓮弁文碗, 鴻臚館跡 SK20B 上層, 自撮
-29. 白瓷唇口碗, 富山市佐藤記念美術館, 富山佐藤美術館 1999, no. 13, 自撮

Ⅲ-7. 日本出土の吉州窯陶器について

fig. 1. 褐釉乳釘柳斗文壺, 大宰府金光寺推定地, 九歴 1981
fig. 2. 彩絵躍鹿文蓋罐展開図, 余家棟 1986, no. 95
pl. 1. 乳釘柳斗文壺, 吉州窯陶器
-1. 青白瓷旋渦乳頭文壺, 安徽全叔県西石北宋磚室墓, 文物 1988-11
-2. 褐釉乳釘柳斗文壺, 四川大邑県安仁鎮窖蔵, 文物 1984-7
-3. 褐釉乳釘柳斗文壺, 江西・清江県劉椿夫人揚氏墓, 文物 1983-8
-4. 褐釉乳釘柳斗文壺, 江西・豊城市, 余家棟 2002, 図 107
-5. 褐釉乳釘柳斗文壺, 江西・清江, 余家棟 2002, 図 106
-6. 褐釉乳釘柳斗文壺, (伝)山梨県北杜市高根町, 東博 1978, no. 241
-7. 黒釉乳釘柳斗文壺, 新安沖海底沈没船, 韓国文化公報部・文化財管理局 1988, no. 122, 国立海洋博 2006
-8. 黒釉乳釘柳斗文壺, 新安沖海底沈没船, 韓国文化公報部・文化財管理局 1988, no. 121, 国立海洋博 2006
-9. 彩絵蓮文炉, 江西・南昌県陳氏墓, 余家棟 2002, 図 126
-10.a.b 緑釉陶枕, 江西・清江県・南宋淳興年間墓 緑釉陶枕, 余家棟 2002, 図 139
-11. 彩絵奔鹿紋蓋罐, 江西・新干県淳熙 10 年墓, 余家棟 2002, 図 104
-12. 彩絵躍鹿文蓋罐, 江西・南昌県陳氏墓, 余家棟 1986『中国陶瓷全集 15 吉州窯』no. 95
pl. 2. 吉州窯陶器
-1. 黒釉剔花折枝文梅瓶, 江西・宜春市, 余家棟 2002, 図 84
-2. 黒釉剔花梅花文梅瓶, 江西・南昌市, 余家棟 2002, 図 83
-3. 黒釉円圏文玳玻梅瓶, 江西・永新県旧城東門外窖蔵, 余家棟 2002, 図 89
-4. 黒釉巻草文梅瓶, 江西・清江県太孔埠中学, 余家棟 2002, 図 116
-5.a, b 白地黒花椿花波涛文小瓶, 新安沖海底沈没船, 国立海洋博物館 2006, no. 148
-6. 黒釉玳玻文梅瓶, 新安沖海底沈没船, 韓国文化公報部・文化財管理局 1988, no. 136, 国立海洋博 2006
-7. 黒釉剔花梅花文梅瓶, 新安沖海底沈没船, 韓国文化公報部・文化財管理局 1988, no. 125, 国立海洋博 2006
-8. 彩絵松竹文梅瓶, 永和窯, 余家棟 2002, 図 78
pl. 3. 平安京遺跡出土吉州窯白地鉄絵陶器片
pl. 4. 博多遺跡群, 鎌倉遺跡出土黒釉玳玻文陶器片
pl. 5. 鎌倉遺跡出土黒釉玳玻文陶器片
tab. 1. 白地鉄絵陶器出土地名表
fig. 3. 日本出土の吉州窯白地鉄絵陶片
tab. 2. 黒釉玳玻文陶器出土地名表
fig. 4. 日本出土黒釉玳玻文陶器片
fig. 5. 黒釉玳玻文鉢 博多遺跡群第 22 次
fig. 6.a, b, c. 黒釉玳玻天目碗, 神戸市祇園遺跡,
d. R. D. Mowry1995 p. 231
fig. 7a, b. 鉄絵波涛花卉庭園文角形瓶, Bristol City Museum, 自撮

Ⅲ-8. 中国東北部出土の陶瓷器

fig. 1. 吉林省泰州城土塁跡, 自撮
fig. 2. 吉林省泰州城跡・塔虎城跡位置図
fig. 3. 塔虎城採集陶瓷器, 文物 1982-7, p. 45
fig. 4. 塔虎城土城図, 考古 1964-1, pp. 46-48
fig. 5. 吉林省農安市遼塔, 自撮
fig. 6. 白瓷香炉, 農安県文物管理所
fig. 7. 綏浜市香坊区幸福郷水田村窖蔵出土陶瓷器実測図, 考古 1999-5, p. 94
fig. 8. 綏浜市中興郷墓出土陶瓷器実測図, 文物 1977-4, p. 43
pl. 1. 遼寧・吉林・綏浜出土陶瓷器
-1. 白釉陶片, 缸瓦窯跡, 路菁 2003, 2-9 図
-2. 白釉陶片, 缸瓦窯跡, 路菁 2003, 2-10 図
-3. 白釉陶片, 缸瓦窯跡, 路菁 2003, 2-32 図
-4. 白瓷片, 泰州城跡, 自撮
-5. 白釉陶片, 塔虎城跡, 自撮
-6. 白釉陶片, 塔虎城跡, 自撮
-7. 白瓷刻劃花文碗, 上京林東窯, 路菁 2003, 2-78-1, 2-78-2 図

560　挿図出典一覧

-8. 醬油釉刻花魚藻文匜，泰州城跡，出土陶瓷2，no. 187
-9. 黄釉絞胎盒，吉林省農安市遼塔，出土陶瓷2，no. 173
以下，綏浜市香坊区幸福郷水田村窖蔵出土陶瓷器（黒竜江省博物館），以下自撮，**fig. 7.** 番号と照合
※2. 白瓷刻花双魚文輪花盤，ハルピン市東郊元代窖蔵
※4. 白釉杯，ハルピン市東郊元代窖蔵
※5. 青瓷杯，ハルピン市東郊元代窖蔵
※11. 白釉双系罐，ハルピン市東郊元代窖蔵
※7. 白釉鉢，ハルピン市東郊元代窖蔵
※12. 白釉藍彩瓶，ハルピン市東郊元代窖蔵
※14. 醬釉小壺，ハルピン市東郊元代窖蔵
※15. 鈞窯系托，ハルピン市東郊元代窖蔵
※16，17. 鈞窯系杯，鉢，ハルピン市東郊元代窖蔵，
※20. 高麗青瓷鉢，ハルピン市東郊元代窖蔵

論文初出一覧

I 南北朝青瓷の展開と白釉陶瓷の創造

1. 南北朝期貼花文青瓷の研究：原題「南北朝期貼花文青瓷の研究」東洋陶磁 vol. 28, pp. 79-116, 東洋陶磁学会, 1999, 旧稿に大きな改編はない。

2. 北朝－隋・初唐期罐, 瓶の編年的研究：旧稿「北朝－初唐期青瓷罐・瓶の編年」専修人文論集 61, pp. 21-52, 1998, 新資料の増加に伴い析出資料の全面的な追補, 論旨の訂正を行っている。

3. 武寧王陵随葬青瓷杯再考：原題「公州・武寧王陵墓出土青瓷碗再研討」亜州古陶瓷研究 I, pp. 28-38, 2004, 亜州古陶瓷学会, 遺物に関する前半部分に改編はないが, 後半は新資料の追補で修正している。

4. 北朝・隋代における白釉, 白瓷碗・杯の追跡：原題「北朝・隋代における白釉, 白瓷碗・杯の追跡」亜州古陶瓷研究 I, pp. 39-54, 2004, 亜州古陶瓷学会, 原題と変更がないが, 新資料の追加によって, 部分的に改稿している。

II 隋唐白釉陶瓷の推移と三彩陶の形式

1. 隋唐期竜耳瓶の形式と年代：原題「隋唐期竜耳瓶の形式と年代」専修人文論集 65 号, pp. 51-84, 専修大学学会, 1999, 本文の主旨に大きな変更はないが, 注記は削除し, 補注を付した。なお,「隋唐龍耳瓶的型式与年代（中文）」美術史研究集刊第 6 期, 国立台湾大学芸術史研究所, 台北, 1999 とは修正によって異なる箇所がある。

2. 隋唐期陶范成形による陶瓷器：原題「隋唐期陶范成形の陶瓷器」出光美術館館報 106 号, pp. 64-88, 1999, 大幅な変更はなく, 補注で加筆している。

3. 隋唐水注・浄瓶・罐の形式と編年：原題「隋唐水注・浄瓶・罐の形式と編年」大阪市文化財協会研究紀要第 2 号, pp. 225-240, 1999 と写真の新資料追加の他には改編はない。

4. 隋唐弁口瓶・鳳首瓶・銀瓶の形式と年代：原題「隋唐陶瓷器の研究―弁口瓶・鳳首瓶」大和文華第 101 号, pp. 1-18, 1999, 論旨に大きな改編箇所はない。

5. 隋唐扁壷の系譜と形式：原題「隋唐扁壷の系譜と形式」MUSEUM no. 566, pp. 39-64, 東京国立博物館, 2000, 新資料の追加はあるが, 論旨に大幅な改編はない。

6. 三彩陶枕と筐形品の形式と用途：原題「唐三彩"陶枕"の形式と用途」『琉球・東アジアの人と文化（下巻）』pp. 211-239, 高宮先生古希記念論集刊行会, 2000, 新資料の追加によって論旨をより明確に変更している。

7. 隋・唐・奈良期における香炉の研究：原題「隋唐・奈良期における香炉の研究」亜州古陶瓷研究 I, pp. 1-27, 2004, 亜州古陶瓷学会, 旧稿に大きな改編はないが, 新資料を追加している。

8. 日本出土唐代鉛釉陶の研究：原題「日本出土唐代鉛釉陶の研究」日本考古学第 16 号, pp. 129-155, 2003, 日本考古学協会, 結論部分に変更はないが, 既出資料の再考と新発見資料の大幅な増加によって, 論旨を補強した。

9. 渤海三彩陶の実像：原題「渤海三彩陶試探」アジア遊学第 6 号, pp. 82-98, 勉誠出版, 1999 を, 吉林省出土資料を新たに加えて, ほぼ全面的に改稿している。

Ⅲ 唐宋代青瓷の系譜と編年

1. **越州窯と竜泉窯－転換期の青瓷窯**：原題「越州窯と竜泉窯」『東洋陶磁史－その研究と現在』pp. 58-63，東洋陶磁学会，2002，後半部分を全面的に改稿している。

2. **唐代玉璧高台の出現と消滅時期の考察**：原題「唐代玉璧高台の出現と消滅時期の考察」貿易陶磁研究 no. 13，pp. 86-126，1993，日本貿易陶磁研究会，論旨の根幹に関わる新資料の増加に伴い，旧稿をおおきく修正している部分があり，本稿を定稿とする。

3. **唐代の「秘色」瓷の実像**：原題「唐代「秘色」瓷の実像」専修大学人文科学研究所月報 pp. 1-14，専修大学人文科学研究所，1995，埋納品の実見と報告書の刊行により，若干の修正を加えている。

4. **続・日本出土の越州窯陶瓷の諸問題**：原題「南島における喜界島の歴史的位置―「"五つのカメ"伝説の実像」東アジアの古代文化129号，pp. 84-109，大和書房，2006，城久遺跡出土陶瓷器資料を追加補訂した。

5. **竜泉窯青瓷創焼時期の具体像**：原題「竜泉窯青瓷創焼時期への接近」貿易陶磁研究 No. 12，pp. 141-157，1992日本貿易陶磁研究会，を一部引用しているが，論証，結論を異にした新稿である。

6. **元豊三年銘青瓷をめぐる諸問題**：原題「元豊三年銘青瓷をめぐる諸問題」大和文華 第91号，pp. 1-10，大和文華館，1994，旧PDF．所蔵の当該青瓷を実見した所見を加えているが，論旨に変更はない。

7. **12世紀竜泉窯青瓷の映像**：原題「草創期竜泉窯青瓷の映像」東洋陶磁 vol. 19，pp. 5-27，1992，旧稿では，竜泉窯青瓷の開始時期とした年代設定に誤認があり，その点を修正・変更している。

8. **北宋早期景徳鎮窯白瓷器の研究**：原題「北宋早期景徳鎮窯白瓷器の研究」博多研究会誌 第10号，pp. 1-31，博多研究会，2002，ほとんど改編はない。

9. **日本出土の吉州窯陶器について**：原題「日本出土の吉州窯陶器について」貿易陶磁研究 no. 11，pp. 235-257，追加資料はあるが論旨に変更はない。

10. **中国東北部出土の陶瓷器**：原題「ハルピン市東郊元代窖蔵出土陶瓷器の研究」専修人文論集第81号，pp. 53-65，2007，専修大学学会と，「遼・金代土城出土の陶瓷器の組成―付農安遼塔出土絞胎盒」アジア遊学107，pp. 80-87，勉誠出版，2008の2論文をまとめた。

＊なお本書では，旧稿の写真および図面はほとんど全て入れ替えまたは追補している。

あとがき

　ドイツにおける文学研究をカタログ製造のごとく考え，顕微鏡的に精緻な研究によって文学を理解していることを批判する考えがあるようである。私の研究方法にもその傾向があり，資料を限りなく見落とすことなく集成することを第一としている。最初の職場であった九州歴史資料館において1980年に「青銅の武器展」を企画し，銅剣・銅矛・銅戈を全国から悉皆的に借り集めたことがある。モノを集めただけで本質が解るわけがない，という批判が高名な研究者から指摘され，気持が落ち込んだことがあった。しかし，その後，こうした無謀な試みは寡聞にしてないようであり，その時，作成した図録は引用されることは少ないが，所在地資料としてひそかに使われているようである。役所用語かと思うが「悉皆的」集成は，陶瓷のような遺物研究にとって大切なことと考えている。悉皆的ならばモノの本質が解るのかと問われれば，子供の時の切手蒐集や野球カードを集めることと似ているのかもしれない。現今のわが国の中国陶瓷研究のレベルが，言葉に品がないが，優品のつまみ食い，しかも同じ作品を再三使用し，より興味深い新資料が中国や欧米に存在しているのに，それらを探る努力に欠けている傾向がある。悉皆的資料の収集と分類など，子供の時に憧憬していた植物学者C. Linneの18世紀的な学問水準段階なのであろうか，あるいは停滞する研究状況を慨嘆する年齢に自分がいる故であろうか。

　言うまでもないことであるが，遺物研究では，モノを観察し，手にとって触感と重さを実感して調書を作成することが基本となる。引用文献を掲載した陶瓷の大多数は，実見したものである。本書Ⅱ-2のなかで，ドレスデン博物館所蔵の白釉獅子形杯を例示しているが，これは1926年にウイーンで発行された図録に掲載されており，実物を調べたいので，そこの学芸員と連絡をとりながら同地を2回訪問し，収蔵庫の中まで案内されたが，結局見つからなかった。悲惨な戦禍にさらされたドレスデンの街の崩壊と運命を共にしたという残念な結論に達し，落胆した思いでエルベ川をながめていた。自分の眼で見られない遺物は信じられないという思いがある。ケルン大学東洋美術館所蔵の三彩竜耳瓶を，人気のない展示室で，あまりの美しさに見とれて，あるいは内心は偽物の疑いをも抱いていたが，同館での観察とそれが来日した際にも調べさせていただき，やっと信じることができた。日本出土の三彩陶なども極めて小片1であっても，唐物の可能性があればその1片を調査するために遠方でも伺い，図面の作成をしている。実測図の作成はおもしろいもので，小片1つでも最短10分はかかるので，その間，観察せざるを得ないので，実測途中で，今まで見えていなかったものが見えてくることがある。コピー考古学などの安直な方法は信用することはできない。

　私の文章の形式について，引用文献には該当するページを記入し，美術館資料では館蔵番号を記して特定しているが，文章としては煩雑になることは否めない。こうした記述は，わが国の論文では一部に見られるだけであるが，1970年代にアメリカの美術館に論文を掲載したとき，編集者から強くその点を求められ，引用箇所のページだけではなく，行数についても記すようにと指摘される場合があった。さすがにそこまではしていないが，引用ページの記載は必要なことであろう。くわえて欧米の美術館では図録が発刊されていない館も多く，所蔵品番号の記載は煩瑣ではあるが，後に，どなたかが私の論文を再点検する際に少しはお役に立つのではないかと思い記載した。

　私の使用する用語もわが国の慣行例と異なるという指摘もしばしばあり，親切な編集者が誤字として直し

てくれる。例えば「陶瓷器」の「瓷」が正字であり「磁」は俗字とされ、平安時代の寺院資材目録では「白瓷」と記されている。また中国の専門用語を可能な限り使用している。というのは、せっかく、中国と共通文字である漢字を両国で使っているわけであり、意味がほぼ合致しているならば中国と同じ表記をすることによって、欧米の研究者よりも少しでも相互理解が容易になるメリットがある。私たちが中文の意味をほぼ理解できるように、中国の研究者は日文を読解している。ただし日本語の用字のほうが的確に表現できる表現もあり、例えば「畳付」は言い得て妙であり、簡潔にその箇所を指している。私は考古学的な用語を使用するが、主として茶陶に使われる用字の中で良いと判断した言葉は少数ながら使っている。しかし、「伝世品」、「本歌取り」、「威信財」なども考古学の論文にしばしば登場するが、概念規定があいまいであり、無批判に使うことには懐疑的である。

　それにしても、私のような無名に近い研究者に対して、日本学術振興会は、十数年にわたり科学研究費を補助していただき、国内外の地域における陶瓷研究が遂行することができ、誠にお礼の言葉もない。さらにこの度、研究成果公開促進費を援助いただき重ねて深謝の気持を表したい。また、専修大学は2度にわたる長・中期国外研修の機会を私に与え、援助していただき、事務系の職員の方々を含めた、大学の全ての関係者の皆様や、モンゴル、沖縄グスク、トローラン出土陶瓷の調査等を共に汗を流したSAAT. (Senshu University Asian Archeological Team) のメンバー、これら全ての方々に、厚くお礼を申し述べたい。

　最後に自分が影響を強く受けた恩師について述べることをお許し願えるならば、内藤晃、岡崎敬の2先生である。内藤先生には、静岡大学で考古学へ最初の入口に導いていただくと共に、論理的な整合性を厳しく求められ、曖昧な概念規定を正すことの厳しさなどは今日の私のなかに生き続けている。また、九州大学の岡崎先生は、国内外に資料を悉皆的に探索し、寸暇を惜しまず、終日研究室にこもり資料を組み立てるバイタリティは、その後の私の研究生活の規範となっている。両先生ともに、既に彼岸に旅立たれてしまったが、私にも残された時間は確実に僅かである。

　退休後4年を経て、ここに一書をまとめることができたことを自ら喜ぶとともに、まだ脳裏をよぎる次なる新しい課題への挑戦の意欲が、どうやら残存していることを嬉しく感じている。春風や闘志をいだきて丘に立つ、と強がるほどには体力は衰えつつあるが、最後の刻まで学問的好奇心を持続していきたい希望をもっている。

　原文では、お世話になった研究者への謝辞を述べたが、本書では遺漏を恐れて割愛した。行政機関などで発掘調査に携わっている研究者、博物館学芸員、中国の陶瓷研究者、窯跡まで導いてくれた方々、欧米の美術館の研究者、専修大学の朋友、これら全ての方々へ深い感謝の気持ちを捧げ、お礼の言葉に代えて擱筆としたい。

　　　2013年4月30日

　　　　　　　　　　　　　　　　　　　　　　　　　　武蔵国多摩の横山の茅屋にて
　　　　　　　　　　　　　　　　　　　　　　　　　　　　　　　　亀井明德

著者略歴

亀井明徳（かめい　あきのり）

1939年，東京市生まれ，静岡大学文理学部卒業，

九州大学文学研究科（修士課程）修了，九州歴史資料館学芸課勤務を経て，

専修大学文学部教授，2010年退職。専修大学名誉教授，1988年（九州大学）文学博士

主著：『日本貿易陶磁史の研究』1986年，同朋舎出版社，京都

　　　『福建省古窯跡出土陶瓷器の研究』1995年，都北印刷出版社，東京

　　　『カラコルム遺跡出土陶瓷器の研究Ⅰ，Ⅱ』2007，2009年，専修大学，東京

　　　『元代青花白瓷研究』2009年，亜州古陶瓷学会，東京

　　　『インドネシア・トローラン遺跡発見陶瓷の研究』2010年，亜州古陶瓷学会，東京

中国陶瓷史の研究

2014年2月25日　初版発行

著　者　亀井　明徳

発行者　八木　環一

発行所　株式会社　六一書房

　　　〒101-0051　東京都千代田区神田神保町 2-2-22

　　　TEL　03-5213-6161　　　FAX　03-5213-6160

　　　http://www.book61.co.jp　　E-mail info@book61.co.jp

　　　振替　00160-7-35346

印　刷　藤原印刷株式会社

ISBN978-4-86445-036-2 C3022　　Ⓒ Kamei, Akinori 2014　　Printed in Japan